à Madame Mélanie Bixio
amitié et Dévouement
Alfred Maingeur(?)

HISTOIRE
D'ANGLETERRE

IMPRIMERIE DE H. FOURNIER ET Cie
RUE SAINT-BENOIT, 7

LE CAMP DU DRAP D'OR (1520)

d'après le tableau original conservé au château de Windsor.

HISTOIRE
D'ANGLETERRE

DEPUIS LES TEMPS LES PLUS RECULÉS JUSQU'A NOS JOURS

PAR MM.

DE ROUJOUX ET ALFRED MAINGUET

NOUVELLE - ÉDITION
augmentée de plus d'un tiers

ET

ENRICHIE D'UN GRAND NOMBRE DE GRAVURES
de Tableaux synoptiques, Cartes géographiques, etc.

TOME PREMIER

PARIS
CHARLES HINGRAY, LIBRAIRE-ÉDITEUR
RUE DE SEINE, 10

1844

HISTOIRE D'ANGLETERRE.

APERÇU GÉOGRAPHIQUE.

O[1] appelle *Royaume-Uni de la Grande-Bretagne et de l'Irlande*, le siége et le centre de cette immense monarchie dont les possessions innombrables sont répandues dans toutes les parties du globe[2].

Le Royaume-Uni est un archipel de l'Océan Atlantique septentrional, composé : de l'Angleterre proprement dite, de l'Écosse et de l'Irlande ; au sud, de l'île de Wight et des îles Sorlingues ; à l'ouest, dans le canal Saint-George et dans la mer d'Irlande, de l'île d'Anglesey et de celle de Man ; au nord-est et au nord, des Hébrides, des Orcades et des Shetland. Les îles anglo-normandes de Jersey et de Guernesey ne font pas partie de cet archipel.

---

1. Sceau de la reine Victoria. — La reine, revêtue du manteau royal, portant le collier de l'ordre de Saint-George (la Jarretière), tenant d'une main le sceptre et de l'autre le globe crucigère. Sur les degrés du trône, à droite, la Religion ; à gauche, la Justice. En bas, écusson aux armes d'Angleterre.

2. Voir ci-après le Tableau statistique des Colonies anglaises.

L'ensemble des Iles Britanniques, situé à l'ouest du continent européen, est compris entre le 0°,35 et le 13° degré de longitude occidentale, et entre le 50° et le 61° degré de latitude septentrionale à compter du méridien de Paris. La surface totale en est d'environ 15,800 lieues carrées, et la population de 24,000,000 d'habitants, dont 7,000,000 pour l'Irlande.

L'île principale, la Grande-Bretagne, la plus grande île de l'Europe, est divisée en deux contrées, l'Angleterre et l'Écosse, qui ont longtemps formé deux royaumes séparés et presque toujours ennemis. Un embranchement des monts Cheviots, à l'est, une portion du cours de la Tweed, à l'ouest, la rivière d'Esk et le golfe de Solway forment leur frontière commune.

L'Écosse est un pays de montagnes et de lacs, peu fertile, riche en minéraux, au climat froid et sain, aux rares et étroites vallées.

Nébuleuse et humide, l'Angleterre est d'un aspect différent; une chaîne de montagnes peu élevées, qui part des points culminants des monts Cheviots, la divise du nord au sud en deux grands bassins inégaux, suivant lesquels les cours d'eau prennent leur direction à l'est ou à l'ouest. Le bassin de l'est, légèrement onduleux, parsemé de bouquets de bois, quelquefois de landes stériles, ouvert par de larges et verdoyantes vallées aux gras pâturages, coupé de belles plaines admirablement cultivées, arrosé par d'innombrables cours d'eau, est la partie la plus riche et la plus fertile de l'Angleterre. Plus aride, plus rétréci, plus sombre et généralement montagneux, surtout dans le pays de Galles, le bassin de l'ouest a d'autres richesses. C'est lui qui recèle les abondantes mines de cuivre, de plomb, de fer, d'étain et de zinc, fortune de l'Angleterre. La houille, cette source inépuisable de puissance, se trouve dans les deux bassins, et principalement dans les comtés de Northumberland, de Derby, de Stafford, de Durham et de Glamorgan.

A gauche de la Grande-Bretagne, séparée par les mers connues sous le nom de canal du Nord, mer d'Irlande et canal Saint-George, se trouve l'Irlande, pays généralement plat et marécageux, aux baies nombreuses, aux ports excellents, terre fertile, mais inculte et misérable, et qui n'est encore qu'une plaie hideuse attachée aux flancs de l'Angleterre [1].

La Grande-Bretagne est le pays du monde où l'activité humaine se déploie sur la plus vaste échelle. Là, c'est l'homme qui a tout créé : au dedans, par des cultures perfectionnées, il a rendu fertile un sol ingrat ; par des exploitations gigantesques, il a arraché à la terre les immenses richesses minérales qu'elle recelait, et dix mille lieues de routes, mille lieues de canaux, dont plus de vingt coupent la ligne de partage des eaux, les transportent par tout le territoire. Au dehors, profitant de sa position insulaire qui, en le resserrant chez lui, le forçait à répandre à l'extérieur son activité, il s'est créé une puissance tout artificielle, celle de ses vaisseaux, avec laquelle il remue le monde. Entrepôt de toutes les productions du globe, la Grande-Bretagne les distribue à tous les autres pays, après que l'industrie en a centuplé la valeur. Puissance la plus colonisante qui fut jamais, elle a porté sa langue et son pavillon sur tous les points du monde. Maîtresse de l'océan Atlantique par sa

---

[1]. Voyez pour toute cette description la Carte physique des Iles Britanniques.

TABLEAU STATISTIQUE DES COLONIES DE L'EMPIRE BRITANNIQUE.

	NOM DES COLONIES	DATE ET MODE de L'ACQUISITION		NATURE de la COLONIE	POPULATION			FORCE MILITAIRE				FORME du GOUVERNEMENT	CHEF-LIEU	PRODUITS	DESCRIPTION de la COLONIE
					blanche	de couleur	Total	Troupes européennes régulières	Troupes coloniales régulières	Milices coloniales	Total				
Europe	Gibraltar	Conquis	1704	Possession continentale	14,985	15	15,000	3,500	»	»	3,500	Un gouverneur militaire	Gibraltar	Fruits et légumes	Forteresse imprenable, entrepôt colonial
	Malte	Id.	1800	Île	109,750	»	109,750	2,000	534	»	2,534	Un gouverneur et un conseil	Valette	Manufactures et produits du sol	Station navale de la plus haute importance; très utile la marine anglaise dans la Méditerranée
	Gozzo	Id.	1800		16,534	»	16,534						Gozzo		
	Corfou	Cédée	1814	Id.	65,107	»	65,107	2,046	»	»	2,046	République sous le protectorat de la Grande-Bretagne. Un gouverneur anglais au haut commissaire, un sénat pouvoir exécutif, une assemblée de députés de toutes les îles pouvoir législatif, un sous-gouverneur pour chaque île.	Corfou	Fruits fins, olives, vins, raisins de Corinthe, blé, coton, lin, manufactures diverses	Stations militaires et commerciales, importantes par rapport à la Méditerranée et à l'Orient
	Céphalonie	Conquis	1809	Id.	63,497	»	63,497	307	»	»	307		Argostoli		
	Zante	Id.	1809	Id.	33,536	»	33,536	504	»	»	504		Zante		
	Sainte-Maure	Id.	1810	Id.	17,173	»	17,173	125	»	»	125		Amaxichi		
	Théaki (Ithaka)	Id.	1810	Id.	9,644	»	9,644	50	»	»	50		Vathi		
	Cerigo	Id.	1810	Id.	8,707	»	8,707	67	»	»	67		Kapsali		
	Paxo	Cédée	1814	Id.	5,094	»	5,094	25	»	»	25		Port-Gai		
	Héligoland	Conquise	1807	Id.	2,300	»	2,300	»	»	»	»	Un gouv. et un conseil	Héligoland	Poisson	Station navale; foyer de contrebande pour les marchandises anglaises
Asie	Bengale	Id.	1696	Possession continentale	25,000	40,000,000	40,025,000					Possessions de la Compagnie des Indes orientales. Un gouvernement général, un bureau de contrôle, nommés par le gouvernement anglais; la cour des directeurs, nommée par les actionnaires, le maire des directeurs, de trois membres, entreprend dont une le bureau de contrôle, dans chaque présidence, un président et un conseil.	Calcutta	Sucre, thé, café, soie, coton, laine, bois de charpente, houille, fer, or, diamants, tabac, opium, indigo, épices, etc.	Source de la puissance de la Grande-Bretagne, les produits que chaque année apporte en Europe plus de 200,000,000 fr.
	Agra	Id.	1803	Id.	5,000	32,000,000	32,005,000	14,000	80,000	»	94,000		Agra		
	Territoire au-de-là du Gange	Id.	1823	Id.	500	1,000,000	1,050,500						Arracan		
	Madras	Id.	1639	Id.	10,000	13,000,000	13,010,000	11,000	47,000	»	58,000		Madras		
	Bombay	Id.	1664	Id.	10,000	8,000,000	8,010,000	6,000	24,000	»	30,000		Bombay		
	Scinde	Id.	1842												
	Ceylan	Id.	1796 et 1815	Île	9,000	1,250,000	1,259,000	2,200	1,600	»	3,800	Un gouv. et un conseil	Colombo	Cannelle, sucre, café, perles	Station politique, militaire et commerciale
	Île du Prince Édouard (Penang)	Cédée	1786	Id.	500	35,000	35,500						George-Town	Sucre, opium, muscades	Position précieuse pour le commerce avec la Chine, le commerce de l'opium principalement
	Wellesley-Province	Conquise	1803	P. contin.	»	40,000	40,000	50	500	»	550				
	Malacca	Id.	1825	Id.	162	35,000	35,162						Malacca	Étain, épices	
	Singapour	Id.	1819	Id.	2,000	20,000	22,000	20	200	»	220		Singapore	Épices	Un des plus grands entrepôts de l'hémisphère oriental, population sans cesse croissante
	Hong-Kong (Chine)	Id.	1842	Île	»	»	»								
	Aden (près de la mer Rouge)	Acheté	1838	P. contin.	»	»	»	2	30	»	32		Aden		
Australie	Nouvelle Galles du Sud (Est Australie)	Colonisée	1787	Id.	80,000	5,000	85,000	1,800	100	»	2,000	Un gouverneur, conseil législatif et exécutif	Sydney	Laine, bois, huile, peaux, gomme, tabac	Établissement de déportation; vaste territoire, important station navale, etc.
	Diéménie	Id.	1803	Île	45,000	»	45,000	750	»	»	750	Id.	Hobart-Town		
	Terre de Leeuwin (Ouest Australie)	Id.	1829	P. contin.	2,500	50,000	52,500	85	»	»	85	Un gouv. et un conseil	Perth		
	Sud Australie	Id.	1834	Id.	5,000	100,000	105,000	»	»	25	25	Id.	Adelaide		
	Île de Norfolk	Id.	1787	Île	1,500	»	1,500	50	»	»	50	Un commandant militaire		Bois de sapin, etc.	Pénitencier de la Nouvelle Galles du Sud
Afrique	Cap de Bonne-Espérance	Conquis	1806	P. contin.	50,000	100,000	150,000	1,500	350	»	1,850	Un gouverneur, conseil législatif et exécutif	Le Cap	Vin, huile, laine, peaux, etc.	Stations politiques, maritimes, commerciales et territoriales
	Île Maurice (Île de France)	Id.	1810	Île	15,000	75,000	90,000	2,000	100	»	2,100	Id.	Port-Louis	Sucre, café, épices, etc.	
	Les Séchelles	Id.	1810	Îles	500	7,000	7,500					Un résident	Mahé		Stations politiques et militaires; lieu de relâche pour les navires expédiés aux Indes
	Sainte-Hélène	Colonisée	1651	Île	2,200	2,800	5,000	500	»	500	1,000	Un gouv. et un conseil	James-Town	Huile, épices	Rocher volcanique
	L'Ascension	Id.		Id.	160	35,000	35,160	20	500	400	720	Un commandant		Eau et tortues	
	Sierra-Léone	Cédée	1787	P. contin.	50	5,000	5,050	10	234	400	644	Un gouverneur, conseil législatif et exécutif	Free-Town	Ivoire, gomme, or, bois, peaux, café, épices, coton, riz, etc.	De grande importance, lorsque le commerce d'esclaves aura complètement cessé
	Sénégambie	Id.	1651 et 1816	Id.	»	»	»					Un lieutenant gouv.	Bathurst		
	Corée, Discuss., Annamaboé, Accra	Cédés	1664	Id.	18	18,000	18,018	»	»	»	»	Un gouverneur			
	Fernando-Pô	Colonisée	1827												
Amérique septentrionale	Bas-Canada	Conquis	1759	P. contin.	600,000	5,000	605,000	3,000	»	100,000	103,000	Un gouverneur et une assemblée législative	Québec	Bois, céréales, etc.	Colonies d'une haute importance, politique, maritime, commerciale; lieu de placement de la population que chaque année le sol de la Grande-Bretagne ne peut plus nourrir
	Haut-Canada	Id.	1759	Id.	410,000	10,000	420,000	2,000	»	50,000	52,000	Id.	Toronto (York)	Id.	
	Nouveau-Brunswick	Id.	1650	Id.	122,500	1,500	124,000	»	»	21,000	21,000	Id.	Frédérick-Town	Id., poisson	
	Nouvelle-Écosse	Id.	1623	Id.	147,500	5,000	150,000	»	»	25,500	25,500	Id.	Halifax	Id., houille	
	Cap Breton	Id.	1758	Île	30,000	500	30,500	»	»	»	»	Id.	Sydney	Id., gypse	
	Île du Prince Édouard	Cédée	1763	Id.	33,000	»	33,000	50	»	5,000	5,050	Id.	Charlotte-Town	Céréales et poisson	
	Terre-Neuve	Colonisée	1583	Id.	75,000	»	75,000	»	»	»	»	Id.	Saint-John	Poisson et peaux	
	Territoire de la baie d'Hudson	Id.	1670	P. contin.	5,000	100,000	105,000	»	»	»	»	Un gouverneur	Fort-York	Id.	
Amérique centrale	Guyane anglaise	Conquise	1803	Id.	5,700	86,000	91,710	700	500	5,500	6,700	Un gouverneur et une cour de police	George-Town	Sucre, café, bois, épices	De grande importance commerciale et territoriale
	Honduras	Id.	1650	Id.	525	5,374	5,899	50	300	1,000	1,350	Un gouverneur	Belize	Bois d'acajou	
	Îles Falkland	Id.	1765	Îles	25	»	25	»	»	»	»	Un officier de marine commandant	Port Egmont	Poisson et peaux	Station maritime importante
Antilles	La Jamaïque	Id.	1655	Id.	35,000	320,100	361,400	2,500	200	1,200	3,200	Un gouverneur, un conseil et une assemblée législative	Spanish-Town	Poisson et peaux	
	Les Caïmans	Id.	1655	Id.	100	1,500	1,600	»	»	»	»	Id.			
	La Trinité	Id.	1797	Id.	3,945	55,445	59,045	750	150	3,250	3,700	Un haut gouv. et un conseil	Port of Spain		
	Tabago	Id.	1763	Id.	546	12,894	13,200	10	50	750	900	Un lieutenant gouverneur, un conseil et une assemblée législative	Scarborough		
	Grenade	Id.	1763	Id.	1,000	20,000	21,000	200	50	650	1,200	Un lieutenant gouverneur	George-Town		Les îles des Indes occidentales ont été et sont encore pour l'Angleterre d'un grand usage commercial, elle y prend de pays comme sucre, café, coton, indigo, mélasses, poivre, arrow root, gingembre, fruits, huile, tabac, cannelle, tortues, cuir, etc.
	Saint-Vincent	Id.	1783	Id.	1,200	25,000	26,200	250	»	900	1,200	Id.	Kings-Town		
	Barbade	Colonisée	1628	Id.	15,000	85,000	101,000	600	»	2,500	3,100	Un gouverneur et une assemblée législative	Bridge-Town		
	Sainte-Lucie	Conquise	1803	Id.	1,000	12,000	13,000	500	50	1,430	1,430	Un haut gouverneur et un lieutenant gouverneur, et une assemblée législative	Port Castries	Sucre, café, coton, riz, rhum, cacao, indigo, mélasses, poivre, arrow root, gingembre, fruits, huile, tabac, cannelle, tortues, cuir, etc.	
	La Dominique	Cédée	1763	Id.	750	17,940	18,660	250	»	1,100	1,400		Roseau		
	Saint-Kitts (Saint-Christophe)	Id.	1623	Id.	1,612	21,521	23,135	50	50	1,500	1,600	Un lieutenant gouverneur	Basse-Terre		
	Montserrat	Id.	1632	Id.	500	6,700	7,094	50	»	320	370	Id.	Plymouth		
	Antigoa	Id.	1632	Id.	2,000	33,000	35,000	200	100	1,000	1,300	Un gouverneur et une assemblée législative	Saint-John's		
	Barboude	Id.		Id.	50	1,450	1,500	»	»	»	»	Propriété particulière			
	Névis	Id.	1628	Id.	500	9,500	10,000	50	5	500	540	Lieutenant gouverneur, conseil et assemblée	Charlestown		
	Anguilla	Colonisée	1650	Id.	240	1,800	2,040	»	»	»	»	Magistrats élus	Anguilla		
	Les Îles Vierges	Id.	1666	Id.	730	7,000	7,730	50	»	400	450	Lieutenant gouverneur, conseil et assemblée	Tortola		
	Les Îles Bahama ou Lucayes	Id.	1628	Id.	4,000	16,000	20,000	200	»	250	440	Id.	Nassau		
	Saint-George et les Bermudes	Id.	1611	Id.	4,000	4,500	8,500	600	»	»	600	Id.	St. George		
	Total général de la population et des forces militaires				2,095,229	98,613,094	100,708,323	56,500	156,499	240,400	453,499				

position sur le flanc ouest de l'Europe, elle menace les trois pays les plus redoutables par leur force continentale, la Russie, l'Allemagne et la France, et, tranquille derrière son grand fossé maritime et sa ceinture mouvante de navires, se rit de leurs atteintes. Elle tient la Méditerranée par les trois rochers de Gibraltar, de Malte et de Corfou ; l'Amérique du nord par ses immenses possessions de la Nouvelle-Bretagne ; l'Amérique du sud par les Antilles ; l'Afrique par ses établisssements du Cap, de la Sénégambie et de la Guinée ; l'Océanie par ses colonies de l'Australie (Nouvelle-Hollande) et de la Diéménie. Dans l'océan Indien, elle domine sans rivale, et s'est créé dans l'Asie un empire merveilleux de cent millions d'hommes. Enfin, elle tient aux abords de tous les continents des postes avancés qui, selon sa fortune, sont tour à tour des points d'appui pour la conquête, des centres de refuge pour la retraite, et toujours des foyers d'entreprises pour un commerce qui brave tous les périls et ne connait aucun repos [1].

1. Théophile Lavallée, *Géographie physique, historique et militaire*; Charles Dupin, *Force commerciale de la Grande-Bretagne*.

LA BRETAGNE AVANT LES ROMAINS.

Quelques[1] parties des îles qui portent aujourd'hui le nom d'Îles Britanniques étaient connues des anciens longtemps avant le commencement de notre ère. Des Phéniciens de Gadir (Cadix) venaient chercher sur la côte de Cornouailles[2] l'étain que recelaient d'abondantes mines. Dans le IVe siècle avant J.-C., Himilcon le Carthaginois, après avoir erré pendant quatre mois dans le grand Océan, découvrit aussi les OEstrymnides ; c'est le nom qu'il donne à ces îles dans le journal de son voyage. Les Grecs les découvrirent à leur tour, et les nommèrent Cassitérides, îles d'Étain (κασσίτερος, étain.) Elles étaient connues des Romains avant les guerres de César dans la Gaule.

Lors de la conquête romaine, la Grande-Bretagne, la plus grande des Cassitérides, était divisée en deux portions inégales dont le fleuve de Forth formait la limite. La partie nord se nommait Alben, pays des montagnes, ou Calydon, pays des forêts ; l'autre partie avait pris des Brythons, peuplade qui habitait vers la Tweed, le nom de Bryt ou Prydain, nom qui devint celui de l'île entière et

---

1. Nous devons prévenir le lecteur qu'il ne reste de l'époque que nous décrivons aucun monument réellement authentique. Les dessins que nous donnerons dans ce chapitre, et quelques-uns de ceux contenus dans les chapitres suivants, ne seront donc que des *restitutions* tentées d'après les textes des auteurs anciens qui ont parlé de la Bretagne. Le dessin, pour ces temps où tout est conjecture, n'aura d'autre prétention que d'être la reproduction fidèle et vivante du récit des écrivains, d'abréger leurs descriptions, de les rendre visibles et pour ainsi dire palpables.

Pour les *habitations des Bretons* dont nous donnons ici le dessin, voyez : Borlase's, *Antiquities of Cornwall*, t. III, p. 292 ; Britton's, *Architectural Antiquities*, t. II, p. 57 ; *Archæologia Britannica*, t. XXII, p. 300.

2. Mac-Culloch's *Statistical account of the British Empire*.

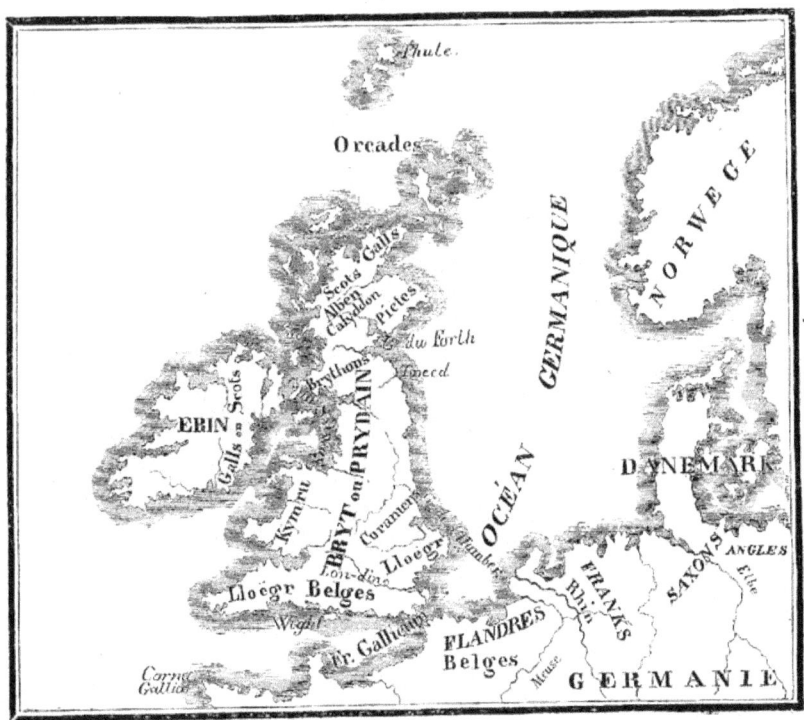

Carte de la Bretagne avant la conquête romaine, dressée par P. Tardieu.

dont les Romains firent Britannia. Dans cette partie habitaient, à l'ouest, les Kymrys (Cambriens) dans le Kymru (Cambrie); au midi et à l'est, les Lloëgrys (Logriens) dans le Lloëgr (Logrie). Selon toute probabilité, les Kymrys, issus d'une même race que les Brythons et les Lloëgrys, et venus comme eux du fond de l'Europe orientale, avaient, à leur arrivée dans l'île, repoussé vers l'ouest et vers le nord les aborigènes, population de race gallique. Des fugitifs, les uns trouvèrent, dans les montagnes inaccessibles du nord de l'île, un asile où ils se maintinrent sous le nom de Gaëls ou Galls, qu'ils portent encore aujourd'hui; les autres, traversant la mer, se réfugièrent dans la grande île appelée Erin[1] par ses habitants, hommes probablement de même race que les aborigènes bretons. Quand, plus tard, les Lloëgrys et les Brythons abordèrent dans la Bretagne, les Kymrys furent refoulés à leur tour le long des bords de la mer occidentale, dans le pays montagneux et sauvage qui prit dès lors le nom de Kymru (Cambrie, actuellement le pays de Galles). D'autres invasions amenèrent encore, au sud, des Belges, sortis du territoire gaulois; à l'est, des Coraniens (Corraniaid), tribu

---

1. L'Irlande. Diodore de Sicile la nomme Irin, « Τὴν ὀνομαζομένην Ἴριν; » les écrivains latins, Ierne Iernia, Hibernia.

de race teutonique. La réunion de ces peuplades diverses formait le peuple que les Romains appelèrent Britanni (Bretons).

Grâce à quelques relations de commerce et à des communications faciles avec le

Guerrier breton des tribus méridionales.

continent, la civilisation des tribus du midi ne différait guère de celle de la Gaule. Au centre et à l'ouest, la barbarie régnait encore. Là, les hommes avaient pour

Breton de l'intérieur de l'île.

vêtements des peaux de bêtes, pour armes des haches de pierre, des lances à la pointe en os. Sans agriculture, sans commerce, sans autre occupation que la chasse

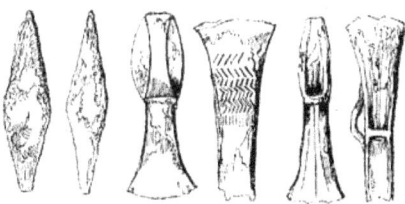

Débris d'armes en pierre et en métal, que l'on croit être du temps des Bretons.

ou la guerre, ils vivaient de chair et de lait. Leurs habitations étaient des huttes grossières, et même, vers les limites du pays de Calydon, ils n'avaient pour abri que les sombres cavernes de leurs montagnes.

Rochers, dans le comté de Nottingham, que l'on croit avoir servi de demeure aux Bretons de ce pays. Des débris d'armes et d'instruments divers trouvés dans ces grottes donnent du poids à cette opinion.

Le druidisme, importé de la Gaule, était la religion de ces peuples. C'était une sorte de panthéisme qui, ayant pour base l'éternité de la matière et de l'esprit, ainsi que la transmigration des âmes, inspirait à ses sectateurs une croyance ardente en un autre monde, et par conséquent le plus grand mépris de la vie. Interprètes de cette religion, les druides étaient tout-puissants sur des hommes grossiers et ignorants. Gouvernement, législature, administration de la justice, éducation de la jeunesse, tout était entre leurs mains ou soumis à leur influence. Les bardes, partie de la classe des prêtres, étaient les poëtes sacrés de la nation ; ils chantaient les louanges des dieux, célébraient la gloire des héros, enflammaient par leurs poésies

Druidesse.   Druide.

le courage des guerriers, et conservaient dans leur mémoire la généalogie de tous ceux qui pouvaient prétendre à la dignité de chef de tribu. Aux druidesses appartenaient le don de lire dans l'avenir et l'art de guérir les maladies ; le peuple les disait douées de la faculté de se rendre invisibles.

Les druides n'écrivaient rien. Loi vivante et intelligente de la nation, ils étaient les dépositaires de toutes les sciences, de toute l'histoire, de toute la poésie, et faisaient parler le ciel et la nature à leur gré. Les forêts étaient leur temple, le chêne leur arbre sacré, le gui de chêne leur symbole mystique. Ils n'ont laissé que des monuments grossiers, appelés menhirs ou dolmens,[1] formés de pierres immenses dont la masse indestructible est parvenue jusqu'à nous.

Peu de documents nous restent sur l'organisation sociale des Bretons. Selon toute probabilité, chaque peuplade en arrivant dans la Bretagne avait conservé son organisation particulière, et y avait formé autant de tribus, autant de petits clans distincts et indépendants, autant de petites souverainetés toutes rivales les unes des autres. Dans le Cantium seulement (le comté de Kent) César compte quatre rois différents : Segonax, Cingetorix, Carvilius et Taximagulus.

---

1. Théophile Lavallée, *Histoire des Français depuis le temps des Gaulois jusqu'en* 1830.

Médaille de Segonax [1].

Quelques noms de chefs, c'est à peu près tout ce que l'histoire nous apprend sur le gouvernement adopté par ces peuplades diverses. Quant à la nature, à l'étendue, à la durée et à la transmission du pouvoir exercé par ces chefs, quant aux droits des hommes libres qui composaient la tribu, tout n'est qu'obscurité, doute et conjecture. Un fait seul est positif, c'est la haine que chaque peuplade portait à ses voisins. De là des guerres sans cesse renaissantes, qu'alimentaient encore des mœurs féroces, l'amour de la guerre, du gain et du pillage, et que la présence d'un ennemi commun et terrible put à peine momentanément suspendre.

[1]. On attribue généralement cette médaille à Segonax, Elle représente : Face — SEGO... commencement du nom de Segonax. Ces quatre lettres sont placées sur une sorte de cartouche carré. Au lieu du grainetis qui entoure souvent les monnaies antiques, une couronne formée de doubles lacs.

Revers — Un grainetis. Guerrier nu, sans doute Segonax, sur un cheval galopant à droite.

Dolmen.

DEPUIS LA PREMIÈRE INVASION DE JULES-CÉSAR

JUSQU'A LA RETRAITE DES LÉGIONS IMPÉRIALES.

(De l'an 55 av. J.-C. à l'an 420 de l'ère vulgaire.)

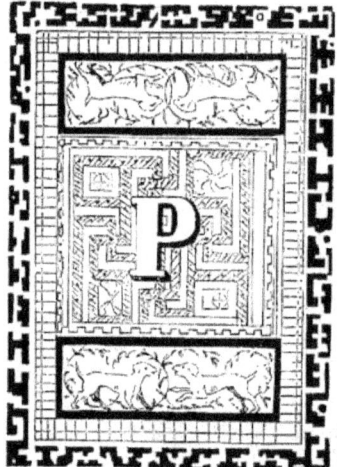

endant[1] les guerres de César dans la Gaule, les habitants de la Bretagne méridionale avaient fourni quelques secours aux ennemis des Romains. César résolut d'en tirer vengeance, et d'ajouter à ses conquêtes celle de *cet autre monde*. A la tête de cinq légions, il débarqua en Bretagne, l'an 55 avant J.-C.

Les Bretons effrayés sentirent alors la nécessité de mettre fin à leurs dissensions et de se réunir pour faire face à l'ennemi commun. Leur sauvage valeur, l'aspect farouche et nouveau de ces hommes nus, tatoués, échevelés, intimidèrent les Romains. L'approche de l'hiver les mettait en danger; trois semaines après leur débarquement ils repassèrent le détroit.

Plus heureux dans une seconde invasion (54 av. J.-C.), aidé d'ailleurs par les dissensions qui déchiraient de nouveau les Bretons, César triompha du courage et des efforts de Cassivelan, guerrier célèbre qui commandait aux Logriens, et qui avait été élu chef des chefs. Mais il y avait loin de la soumission de quelques tribus qui n'attendaient d'ailleurs qu'une occasion pour reprendre les armes, à la soumission de l'île entière. César le savait; aussi ne fit-il en Bretagne qu'un séjour de quelques mois, après lesquels il retourna sur le continent, se contentant d'imposer aux Bretons un léger tribut annuel, qu'Auguste changea même ensuite en taxes sur le commerce qui se faisait entre la Bretagne et la Gaule.

---

1. Cette mosaïque, où l'on a introduit la lettre initiale du chapitre, a été trouvée en Angleterre dans les ruines d'un palais romain. *Antiquarian cabinet*, t. II.

Depuis cette époque jusqu'au règne de Claude, c'est-à-dire pendant quatre-vingt-dix-sept ans, les Bretons conservèrent leur primitive indépendance, et ce fut seulement l'an 43 après J.-C. qu'Aulus Plautius fut envoyé dans la Bretagne pour en effectuer la soumission définitive. Il y débarqua avec quatre légions et de nombreux auxiliaires. Caractacus et Togidumnus, fils de Cunobeline,

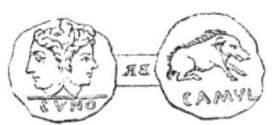

Médaille de Cunobeline [1].

le plus puissant des chefs bretons depuis Cassivelan, résistèrent longtemps aux efforts de l'armée ennemie; mais les auxiliaires de la Germanie, accoutumés à faire la guerre dans les forêts, vainquirent les indigènes et tuèrent Togidumnus.

Claude, instruit des succès de ses généraux, voulut lui-même en recueillir la gloire; il se fit transporter dans la Grande-Bretagne, s'avança jusqu'à Camulodunum [2], et reçut la soumission des Kantiens (Cantii), des Trinobantes et de quelques autres peuplades qui vendirent leur liberté pour avoir la paix. Mais Caractacus n'était pas soumis. A la tête de l'indomptable tribu des Silures, il défendait avec opiniâtreté la liberté de sa patrie. Ostorius Scapula le défit enfin (51). Fait prisonnier, Caractacus fut envoyé à Rome et forcé de figurer dans le triomphe de Claude. La noblesse de son caractère vainquit à son tour les Romains; il reçut de l'empereur la liberté avec une partie de son ancienne puissance.

Sous le règne de Néron, Suétonius Paulinus fut investi du gouvernement de la Bretagne. Reconnaissant que, tant que la religion druidique subsisterait dans ce pays, les peuples se soulèveraient sans cesse à la voix de leurs prêtres, il résolut d'anéantir les druides. A cet effet, il alla les attaquer au cœur même de leur puissance. L'île sainte de Mona (Anglesey) fut envahie, les autels renversés, et les bois sacrés enveloppèrent dans leurs flammes les prêtres et les prêtresses (58).

Cette victoire politique ne mit pas fin à la guerre. Un chef breton avait appelé en mourant l'empereur à sa succession. Mais Boadicée, sa veuve, reine des Icènes, rassembla les bretons, et appela aux armes une jeunesse que les ordres de l'empereur arrachaient pour toujours à sa patrie en l'incorporant dans les légions auxiliaires. Une armée formidable se précipita sur les villes occupées par les Romains. Camulodunum fut réduite en cendres. La neuvième légion tout entière succomba

---

1. On possède un grand nombre de médailles de Cunobeline; celle-ci représente :
Face — CVNO... Commencement du nom de Cunobeline. Tête double imberbe disposée comme celle de Janus.
Revers — CAMVL... Abrégé de Camulodunum, ville de la Bretagne du temps des Romains. Truie ou sanglier couché, tourné à droite. *Essai sur les médailles antiques de Cunobeline*, par le marquis de Lagoy; Ruding's *Annals of the coinage*, 3ᵉ édition.
Les antiquaires ne sont pas d'accord sur le nom moderne de la ville de Camulodunum, beaucoup cependant s'accordent à penser que c'est Colchester.

2. Voyez pour tout ce chapitre la Carte de la Bretagne romaine.

sous les masses qui l'attaquaient. Suétonius, dans l'impossibilité de défendre Londinium (Londres), se vit forcé d'évacuer cette ville importante que les Bretons livrèrent aux flammes, et où ils immolèrent, dit-on, soixante-dix mille Romains. Suétonius était réduit aux dernières extrémités ; il ne lui restait d'autre chance de salut qu'une victoire, et il n'avait pu rassembler que dix mille soldats ; mais les Romains combattirent avec toute l'ardeur du désespoir. Si l'on en croit les historiens, quatre-vingt mille Bretons furent passés au fil de l'épée (58).

C'est au célèbre Agricola (78) qu'il fut donné de conquérir tout le territoire connu de la Grande-Bretagne, d'y former des établissements durables et de pacifier cette contrée. Agricola commença par inspirer aux Bretons une haute idée de son impartiale justice. Il répartit les impôts avec plus d'égalité, et réforma complétement l'administration civile. Alors il s'avança vers le nord, accueillant tous les chefs qui venaient solliciter son amitié, combattant et détruisant les autres. Il s'empara une seconde fois de l'île druidique de Mona, et fit construire une ligne de forteresses ou *prætentura*, qui s'étendait du détroit du Bodotria (Forth) à celui de l'Ituna (la Clyde) ; et continuant à s'avancer vers le nord, il rencontra les tribus

Picte ou Calédonien.

calédoniennes commandées par un chef intrépide, Galawg, en latin Galgacus, les vainquit, et les poursuivit jusque dans leurs impénétrables forêts (80-84).

Ce fut Agricola qui le premier inspira aux Bretons du goût pour les arts de la

MONNAIES FRAPPÉES EN ANGLETERRE SOUS LES EMPEREURS ROMAINS.

paix; il les familiarisa, par son administration éclairée et équitable, avec les mœurs et les habitudes romaines. Les temples, les édifices publics et les maisons particulières adoptèrent les formes de l'architecture italienne; la langue latine fut enseignée aux enfants. Il n'y eut pas jusqu'au costume qui ne se modifiât. Dès ce moment la Bretagne devint tout à fait romaine. Bientôt elle fut assimilée aux autres parties de l'empire et divisée successivement en six provinces : Britannia prima, Britannia secunda, Flavia Cæsariensis, Maxima Cæsariensis, Valentia et Vespasiana, administrées chacune par un gouverneur sous l'autorité suprême du propréteur.

Mais les Romains avaient à combattre dans la Grande-Bretagne d'autres ennemis plus difficiles à dompter que les Bretons. Chaque printemps les hommes de la Calédonie, que les historiens latins appellent presque toujours Pictes, probablement à cause de la coutume où étaient ces peuples de se peindre le corps, passaient la Clyde dans des bateaux d'osier recouverts de cuir et descendaient dans les villes, livrant tout le pays au meurtre et au pillage. Ces irruptions forcèrent les Romains de bâtir aux extrémités de leur conquête deux immenses murailles garnies de tours et prolongées d'une mer à l'autre. Ces remparts portèrent les noms des empereurs qui les firent successivement construire ou réparer, murs d'Hadrien (121), d'Antonin (140) et de Sévère (210). Ils subsistent encore en partie.

Mur de Sévère près de Housestead (Northumberland).

Depuis cette époque, l'histoire de la Bretagne se confond avec celle de l'empire. Il n'y arrive d'autres événements que quelques séditions des légions romaines, quelques usurpations de la dignité impériale par les gouverneurs romains; la seule digne de remarque est celle de Carausius, que Dioclétien et Maximien sont forcés de reconnaître comme leur collègue, et qui meurt après cinq années d'un règne glorieux (288-293), assassiné par son ministre Allectus.

Les Bretons, amollis et efféminés, ne songent pas à profiter des dissensions qui déchirent l'empire pour reprendre leur liberté, et ce n'est qu'à l'invasion des Barbares, lorsque Honorius, pressé de toutes parts, rappelle de l'île les légions romaines (416-420), qu'ils recouvrent, et malgré eux, une indépendance qui bientôt leur sera de nouveau ravie et pour toujours.

Bretons faits prisonniers par des soldats romains.— Bas-relief trouvé en Angleterre.

DEPUIS LA RETRAITE DES LÉGIONS ROMAINES

JUSQU'A LA FONDATION DU DERNIER ROYAUME SAXON.

(De l'an 420 à l'an 584 après J.-C.)

Lorsque[1] les légions romaines se retirèrent de la Bretagne, le gouvernement qu'elles y avaient établi ne laissa que de faibles traces. La forme et le nom même de leurs différentes administrations périrent. Les anciennes coutumes nationales reprirent le dessus; les poëtes désignèrent aux tribus les descendants des chefs de famille dont ils avaient conservé les généalogies dans leurs chants et dans leur mémoire, et la Bretagne fut, comme avant la conquête, couverte d'une foule de petites souverainetés.

Au-dessus d'elles, cependant, s'élevait, cette fois, une haute autorité nationale, dont le siége était sur le territoire logrien, dans l'ancienne ville que les Bretons appelaient Londin. Mais avec l'ancienne forme de gouvernement s'étaient réveillées les anciennes haines nationales. Une rivalité incessante existait entre les Bretons, habitants de la Cambrie, et ceux qui portaient le nom de Logriens. Chacun de ces peuples prétendait au droit de nommer le grand chef national; et celui qui était nommé, désavoué par une partie de la nation, absorbé par des guerres intestines continuelles, était incapable de garder les frontières du pays et de résister aux incursions de plus en plus fréquentes des Pictes et des Scots. Depuis la retraite des armées impériales, ces peuples avaient forcé les remparts destinés à les maintenir

---

[1]. On croit que ce bas-relief, trouvé en Angleterre, représente Odin, monté sur son coursier aux huit pieds, Sleipner. *Antiquarian cabinet*, t. II.

et recommencé leurs incursions avec tant de violence, que les Bretons, remplissant les Gaules de leurs lamentations et redemandant à grands cris des légions, écrivaient à Aëtius, gouverneur de la Gaule : « A Aëtius, trois fois consul, le gémissement des Bretons. Les Barbares nous chassent vers la mer, et la mer nous rejette sous le fer des Barbares ; nous n'avons plus que l'horrible alternative de périr par l'épée ou dans les flots. » Mais ce n'était pas au milieu de l'écroulement de l'empire que les cris des Bretons pouvaient être écoutés et leur misère secourue.

Vers l'année 449, la faible autorité de chef des chefs était entre les mains d'un Logrien appelé Wyrtigern ou Wortigern. Dans l'impossibilité de résister aux invasions des tribus du nord, il résolut d'imiter les Romains en opposant des Barbares aux Barbares, et d'appeler à son aide, contre les Pictes et les Scots, des corsaires germains qui souvent venaient faire des incursions en Bretagne.

A cette époque, le hasard amena sur la côte trois vaisseaux de ces pirates commandés par deux frères appelés Hengist et Horsa. C'étaient deux chefs célèbres antant par leur valeur que par leur naissance ; on les disait petits-fils d'Odin. Wortigern leur dépêcha des envoyés, qui, en échange de la petite île de Thanet formée sur le rivage de Kent par la mer et une petite rivière qui se sépare en deux bras, leur proposèrent de s'engager à combattre les Scots durant un espace de temps déterminé. Les Saxons acceptèrent ces conditions, et, au nombre de seize cents hommes, ils marchèrent avec les Bretons contre les Pictes qui s'étaient avancés au delà de leurs limites ; ils les vainquirent, et les Bretons crurent avoir retrouvé des défenseurs aussi formidables et plus généreux que les Romains.

Toutefois, la générosité n'était pas la vertu des Saxons. Ils instruisirent d'autres bandes d'aventuriers de la richesse des Bretons et de la fertilité de leurs terres. Ils en représentèrent la conquête comme facile, et sollicitèrent des renforts. Cinq mille hommes, portés par dix-sept vaisseaux, débarquèrent bientôt à l'île de Thanet. Les Bretons s'en effrayèrent, et tentèrent en vain de satisfaire l'avidité de leurs défenseurs. Une querelle s'éleva sur le paiement d'un subside ; les Saxons s'allièrent à l'instant aux Scots et aux Pictes, et une guerre d'extermination fut déclarée. Après plusieurs combats dans l'un desquels Horsa fut tué, Hengist conquit sur la rive droite de la Tamise le territoire des Cantiens, et y fonda un établissement appelé Royaume des hommes de Kent ou Kant-wara-rice (457)[1]. La porte était ouverte à la conquête.

Les Saxons, originaires des parties septentrionales de la Germanie et de la Chersonèse cimbrique, formaient diverses tribus connues sous les noms de Jutes, d'Angles, de Frisons ; c'était une vaste confédération de peuplades diverses, associées pour la guerre, le pillage et la piraterie. Tacite a décrit leurs mœurs en décrivant celles des Germains.

« C'est la dignité, c'est la puissance, dit-il, d'être toujours entouré d'une nombreuse troupe de jeunes hommes d'élite ; c'est un ornement pendant la paix, un rempart à la guerre : et ce n'est pas seulement dans sa tribu, mais aussi chez les tribus voisines qu'on acquiert du renom et de la gloire, si on brille par le nombre et le

---

1. Voir la Carte de la Bretagne saxonne.

courage de ses compagnons. On est dès lors recherché par des ambassades; on reçoit des présents; on décide du sort de la guerre par sa seule renommée. Quand on en vient aux mains, il est honteux pour le chef de se laisser surpasser en bravoure, honteux pour les compagnons de ne pas égaler la bravoure du chef. Mais ce qui est infâme et couvre de honte toute la vie, c'est d'être sorti vivant du combat où le chef a péri. Le défendre, le sauver, rapporter à sa gloire leurs propres exploits, c'est là l'engagement sacré des compagnons. Les chefs combattent pour la victoire, les compagnons pour leur chef. Si la tribu où ils sont nés s'engourdit dans l'oisiveté d'une longue paix, les principaux d'entre les jeunes hommes vont chercher les nations qui font quelque guerre, car le repos est importun à ce peuple; les guerriers ne s'illustrent qu'au milieu des périls, et c'est seulement par la guerre, par les entreprises, qu'on peut conserver une nombreuse troupe de compagnons. Ils attendent de la libéralité de leur chef ce cheval de bataille, cette framée sanglante et victorieuse. Des repas, des banquets abondants, bien que grossiers, tiennent lieu de solde. C'est par la guerre et le pillage qu'on acquiert de quoi fournir à ces munificences. »

Aussi la guerre faisait-elle, pour ainsi dire, partie de la religion des Saxons. Odin, le plus grand de leurs dieux, avait été un guerrier redoutable, et l'honneur d'entrer dans le Valhalla (palais des morts), et d'y boire, dans des crânes ennemis, la bière servie par les Walkyries, n'était réservé qu'à ceux qui périssaient dans les combats.

Parmi de tels peuples, l'exemple de Hengist ne pouvait rester longtemps sans imitateurs. Dans l'année 477, de nouvelles bandes d'envahisseurs, sous la conduite d'Ælla et de ses fils, descendirent au milieu du territoire de Kent, repoussèrent les Bretons vers l'ouest et le nord, et fondèrent une colonie qui prit le nom de Royaume des Saxons du sud, Suth-seaxna-rice, par la suite Suth-seax, puis Sussex. Dix-huit ans après (495), une flotte puissante jette encore sur les côtes occidentales une armée commandée par Cerdic. Ce chef et ses successeurs s'emparent du pays jusqu'aux rives de la Saverne (Sæferne), et leur conquête devient le Royaume des Saxons de l'ouest, West-Seaxna-rice, Wessex (519). Pendant ce temps, d'autres bandes s'établissaient sur la rive gauche de la Tamise, s'emparaient de Londres et fondaient le Royaume des Saxons de l'est, l'East-Seaxna-rice, Essex (527).

Le récit des immenses avantages que tous ces aventuriers venaient d'acquérir, répété et amplifié parmi les peuples qui les avaient vomis sur la Bretagne, parvint des marais de l'Elbe jusqu'aux bords de la Baltique. Alors les Anghels ou Angles, qui habitaient cette contrée, la quittent en foule pour venir prendre leur part des dépouilles de la Bretagne. Vers 547, de nombreux vaisseaux, sous la conduite d'Ida et de ses douze fils, abordent entre les embouchures du Forth et de la Twéed. De là, les bandes se répandent à l'ouest et au sud, portant devant elles le ravage et la mort. Elles s'emparent du pays au nord de l'Humber, que les autres Saxons avaient épargné, et y fondent encore deux royaumes, celui de Beornica, Bernicie, et le Deare-rice, Deïra, qui, réunis, formaient le Northan-hymbra-land, Northumberland, pays des hommes du nord de l'Humber. En 571,

Uffa, dont les successeurs ont porté le nom d'Uffingas, fonde le royaume des Est-Angles, East-Englas-rice, ou East-Engla-land[1], au nord de l'East-Seaxna-rice, Enfin, en 584, Crida débarque avec des troupes nombreuses, conquiert le milieu de l'île, qui devient le Royaume des Angles du milieu, sous le nom de Myrcna-rice, Mercie, royaume des marais ou de la frontière, parce qu'il servait de limite au pays que possédaient encore les Bretons.

Tous ces établissements ne se firent pas sans de grands combats et sans une vive résistance de la part des indigènes. Ida, que les Bretons avaient surnommé l'homme de feu, rencontra, au pied des montagnes d'où descend la Clyde, un chef breton qui lui livra de sanglants combats : « L'homme de feu est venu contre nous, dit un poëte contemporain ; il nous a demandé d'une voix forte : Voulez-vous me livrer des otages ; êtes-vous prêts ? Owen lui a répondu en agitant sa lance : Non, nous ne te livrerons point d'otages ; non, nous ne sommes pas prêts. Urien, le chef du pays, s'est alors écrié : Enfants d'une même race, unis pour la même cause, levons notre étendard sur les montagnes, et précipitons-nous dans la plaine, précipitons-nous sur l'homme de feu, et unissons dans le même carnage, lui, son armée et ses auxiliaires. »

Tel était aussi le fameux Arthur, le fondateur de la table ronde, le héros des premiers romans de chevalerie. Mais ses exploits, les treize grandes victoires qu'au dire des bardes il remporta sur les envahisseurs, ne purent sauver son pays ni lui-même. Frappé à mort dans un combat livré à son propre neveu, il succomba à ses blessures. L'ignorance du lieu où il fut enseveli, l'amour que les Bretons lui portaient, le besoin qu'ils avaient de son courage et de son bras, firent longtemps douter de la réalité de sa mort. L'espoir qu'il reparaîtrait un jour et exterminerait leurs ennemis jusqu'au dernier, était pour ces peuples infortunés une consolation à la perte de leur pays et aux atroces cruautés dont ils étaient les victimes.

« D'une mer à l'autre, dit Gildas, la main sacrilége des barbares venus de l'orient promène l'incendie. Ce ne fut, en effet, qu'après avoir brûlé les villes et les champs sur presque toute la surface de l'île, et l'avoir *balayée comme d'une langue rouge* jusqu'à l'océan occidental, que la flamme s'arrêta. Tous les habitants des campagnes avec les gardiens des temples, les prêtres et le peuple, périrent par le fer ou par le feu. Les fragments de mur, les pierres, les autels sacrés, les tronçons de cadavres pétris et mêlés avec du sang, ressemblaient à du marc écrasé sous un horrible pressoir ».

Les malheureux qu'épargnait le bras lassé de meurtre des Saxons, étaient réduits, grâce immense, à une éternelle servitude. Dans le Cornouailles (Cornweallas), et dans le pays montagneux et peu fertile des Cambriens (Weallas ou Cambrie), se retirèrent tous les hommes qui aimaient mieux mener une vie misérable, mais libre, que de servir sous un joug ennemi. « D'autres traversèrent l'Océan pour aller retrouver en Gaule, à la pointe occidentale de l'Armorique, un pays que leurs aïeux avaient peuplé en même temps que la Bretagne, et où vivaient encore des

---

1. Les Angles donnent leur nom au pays. Engla-land, terre des Angles, Angleterre, devient par corruption England, en latin *Anglia*.

hommes issus de leur race et parlant leur langage. Pendant la traversée, ils chantaient sous les voiles avec de grands gémissements : Tu nous as, ô Seigneur, livrés comme des brebis pour un festin, tu nous as dispersés parmi les nations ».

L'œuvre d'extermination s'arrêta enfin. La conquête terminée, les vainqueurs se partagèrent les terres et les habitations des vaincus, et contraignirent les malheureux Bretons à cultiver, comme esclaves, les terres qu'ils possédaient jadis. Mais chez les Anglo-Saxons, la guerre était un besoin, une nécessité de la vie, et quand la résistance des indigènes eut cessé, ce fut contre eux-mêmes qu'ils tournèrent leur fureur de combats. Sept établissements avaient été fondés par les conquérants. Pendant deux siècles, ces sept royautés indépendantes se font constamment une guerre acharnée, et leur histoire n'est que le récit monotone et confus de trahisons, de meurtres et de batailles qui, comme le dit Milton, ne méritent pas plus d'être retracées que les combats des milans et des corbeaux. A peine, au milieu de cette multitude de noms propres sans intérêt, de faits sans résultats, de transactions sans portée, trouve-t-on quelques hommes, quelques actions remarquables. Aussi nous contenterons-nous de présenter, dans un tableau synoptique, les principaux événements de chacune de ces histoires, pour revenir ensuite sur le seul fait vraiment important qui se soit accompli pendant cette période, la conversion des Anglo-Saxons au christianisme.

Anglo-Saxons, d'après le Docteur Meyrick.

HEPTARCHIE ANGLO-SAXONNE.

QUATRE ROYAUMES SAXONS.

ROYAUME DE KENT, capitale CANTORBERY. Comprenant les comtés actuels de Kent, Sussex, Essex, Middlesex.	ROYAUME DE SUSSEX, cap. CHICHESTER, Comprenant les comtés actuels de Sussex et Surrey.	ROYAUME DE WESSEX, capitale WINCHESTER. Comprenant les comtés actuels de Hants, Dorset, Wilts, Berks, Somerset et l'île de Wight.	ROYAUME D'ESSEX, cap. LONDRES, Comprenant les comtés actuels d'Essex, Middlesex, Hereford.
Fondé par Hengist en 457.	*Fondé par Ella en 490.*	*Fondé par Cerdic en 519.*	*Fondé par Erkenwin en 527.*
568. Ethelbert, quatrième successeur d'Hengist, relève le génie guerrier de ses compagnons; aspire à subir Ceawlin, roi de Wessex; est battu dans deux batailles; reprend les armes, défait Ceawlin, s'empare du royaume de Mercie, qu'il rend; il est enfin reconnu bretwalda (ce fut le troisième). Il cède aux conseils de son épouse Bertha, fille de Charibert, roi de Paris, et embrasse le christianisme, lorsqu'en 596 Grégoire-le-Grand envoie le moine Augustin dans la Bretagne; il rédige les premières lois civiles qui aient été données par les conquérants venus du nord; elles diffèrent peu des autres lois des Barbares: le principe des compensations pécuniaires y domine; il meurt en 616. Son fils Eadbald abjure le christianisme pour épouser sa belle-mère; Laurent, successeur d'Augustin, le ramène à ses croyances. Sous Eadbald et ses successeurs, le royaume de Kent s'efface, et reste durant de ses voisins jusqu'au moment où Egbert, roi de Wessex, réunit toute l'heptarchie sous sa domination.	Bède et la chronique saxonne disent formellement qu'Ælla comme le premier bretwalda. L'histoire de ce royaume, le moins puissant et le moins étendu de l'heptarchie, est complètement incertaine; toujours sous la dépendance de ses voisins, sa conquête fut le premier pas que firent les Saxons du Wessex pour s'emparer de la souveraineté de la Bretagne entière.	Ceawlin, 560-594, petit-fils de Cerdic, second bretwalda. Il fait une guerre continuelle aux Bretons, aux dépens desquels il recule les limites de son royaume; il est vaincu par Ethelbert, roi de Kent, et meurt dans l'exil. Kyngeils, 611-643, embrasse la religion chrétienne à la sollicitation d'Oswald, roi de Northumberland et alors bretwalda, qui avait épousé sa fille. 685—689, Ceadwala soumet les royaumes de Sussex et de Kent, fait d'immenses donations à l'église, il renonce à Rome, où il est baptisé par le pape Sergius. Ina, 689-728, termine dans un cloître, après un pèlerinage à Rome, un règne illustré par ses victoires, ses vertus, sa justice et les soixante-dix-neuf lois qu'il publia. Le Wessex est déchiré par des dissensions intestines jusqu'au moment où Egbert, un des descendants d'Ina, est rappelé par les thanes, de la cour de Charlemagne où il s'était retiré pour se soustraire aux embûches de Brithric, qui était emparé du trône. 784-800. Egbert marche contre les Merciens, qui dominaient alors sur toute l'heptarchie, les défait, et, profitant de sa victoire et des dissensions qui déchiraient tous les autres états, met fin à l'heptarchie en faisant passer à l'état de sujets les peuples de Kent, Essex, Sussex et Estanglie, et en soumettant à un tribut ceux de Mercie et de Northumbrie, 827.	Sebert, petit-fils d'Erkenwin et neveu d'Ethelbert, roi de Kent, embrasse, 604, le christianisme à la suggestion de ce prince. C'est le seul fait important de l'histoire de ce royaume. Plusieurs des successeurs de Sebert vont à Rome en pèlerinage, et y finissent leur vie dans un cloître.

EGBERT, roi de Wessex, met fin à l'heptarchie (827).

TROIS ROYAUMES ANGLES.

ROYAUME DE NORTHUMBERLAND, capitale YORK. Comprenant les comtés actuels de Northumberland, Durham, Westmoreland, York, Lancaster.	ROYAUME D'ESTANGLIE, capitale NORWICH. Comprenant les comtés actuels de Cambridge, Suffolk, Norfolk et l'île d'Ely.	ROYAUME DE MERCIE, OU DES ANGLES DU MILIEU, capitale LINCOLN. Comprenant les comtés actuels de Glocester, Worcester, Leicester, Northampton, Bedford, Buckingham, Derby, Nottingham, Hereford, Warwick, Lincoln, Oxford, Chester, etc.
Fondé par Ida en 547.	*Fondé par Uffa en 571.*	*Fondé par Cridda en 584.*
Ce royaume, formé du Deira et de la Bernicie, est souvent divisé et réuni. Ethelfrid, petit-fils d'Ida, roi de Bernicie, épouse la fille d'Ælla, roi de Deira, en chasse Edwin, fils de ce prince, et réunit sous sa domination tout le territoire situé au nord de l'Humber; il bat les Pictes, 603; les Bretons, 613; tue douze cents moines de Bangor qui suivaient l'armée bretonne; défait leur monastère; meurt dans un combat contre Redwald et Edwin, qui avait trouvé un asile auprès de ce roi des Estangles, 616. Edwin réunit le Deira et la Bernicie, 617, et domine l'heptarchie; cinquième bretwalda; sagesse de son administration. Edwin est converti au christianisme par Paulinus, premier archevêque d'York, 626; il périt dans une bataille contre Ceadwalla, prince breton, et Penda, roi de Mercie, 633. Oswald, fils d'Ethelfrid, succède à Edwin, défait et tue Ceadwalla, fait embrasser le christianisme à ses peuples, et domine l'heptarchie; sixième bretwalda; il est défait et tué par Penda, 642. Oswy lui succède, et le venge dans les champs de Winfelsfield, où il défait et tue Penda, 655. Oswy, 7e bretwalda, réunit le Mercie à la Northumbrie; mais avant sa mort sa puissance décline; avec lui, 670, s'éteignent le titre et l'autorité de bretwalda. Jusqu'à la conquête d'Egbert, l'histoire de la Northumbrie n'est plus qu'une série sanglante de guerres, d'usurpations et d'assassinats.	Redwald, le second des Uffingas, quatrième bretwalda, offre un asile à Edwin, chassé du Deira par Ethelfrid, et l'aide à vaincre ce dernier, 616. Ethelbert, le dernier des Uffingas, est assassiné par Offa, roi de Mercie, qui s'empare de l'Estanglie, 792.	La Mercie établie plus vaste des royaumes saxons; comprenant toutes les provinces centrales de l'Angleterre, elle avait pour limites le pays de Galles, refuge des Bretons, et les autres établissements saxons: elle devint très-puissante sous le guerrier et ambitieux Penda, 626-655. Penda périt dans un combat contre Oswy, roi de Northumbrie, dans les plaines de Winfelsfield, où le sang de cinq rois estampés et northumbres, tombés sous ses coups, fut lavé dans le ruisseau de Winfelsfield. Offa, 755-796, soumet plusieurs parties des royaumes voisins, repousse les Bretons dans les montagnes du pays de Galles, pour s'opposer à leurs invasions, creuse un fossé (offa's dyke) de la Wye à la Dee (voy. la carte de la Bretagne saxonne); il souilla sa gloire par le meurtre d'Ethelbert, roi d'Estanglie, dont il envahit le royaume, 792; il va à Rome, 795; s'engage à payer au pape un tribut annuel appelé depuis le denier de saint Pierre; il recherche l'amitié de Charlemagne; meurt en 796. Des divisions intestines déchirent la Mercie et facilitent la conquête d'Egbert, 827.

[1] Parmi les trois anglo-saxons, il s'en trouvait toujours un dont la puissance dominait sur tous les autres, qui, d'après Bède, se reconnaissaient ses vassaux. Ce prince suzerain était désigné sous le nom de bretwalda. Bède en compte sept.

CONVERSION DES SAXONS AU CHRISTIANISME.

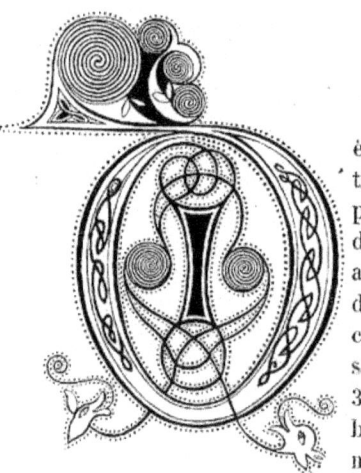

ès[1] les premiers siècles de notre ère, le christianisme avait été introduit dans la Bretagne par les légions impériales, et s'y était rapidement propagé. Des lieux inaccessibles aux armes romaines sont soumis à la foi du Christ, dit Tertullien à la fin du IIe siècle. Au commencement du IVe, saint Alban rougit le premier, du sang des martyrs, la terre de Bretagne. En 314, au concile d'Arles, siégent trois évêques bretons. Au Ve siècle, l'hérésie de Pélage, moine breton, se répand avec une telle rapidité parmi ses compatriotes, que Germain, évêque d'Auxerre, passe deux fois le détroit (429 et 446) afin de la combattre. Pour ramener plus sûrement les Bretons égarés, il joint le courage guerrier à la puissance des raisonnements, et défait un parti considérable de Saxons, aux cris redoublés d'*alleluia*. Cette victoire vaut à Germain de nombreux prosélytes, mais ne peut sauver la Bretagne. Bientôt les Saxons reparaissent dans l'île pour ne plus la quitter. Reculant devant les farouches sectateurs d'Odin, le christianisme est refoulé et relégué avec les indigènes dans les étroites limites du Cornouailles et du pays de Galles, et le paganisme des Saxons règne sur le reste de l'île. C'est à Grégoire-le-Grand qu'il est réservé de l'anéantir. Continuer la domination de Rome sur le monde, non plus par la force, mais par la foi, remplacer l'unité politique par l'unité religieuse, faire succéder un empire chrétien à un empire romain, tel était le vaste but vers lequel tendait avec une habile persévérance le clergé catholique. Lorsque le clergé d'Occident, préoccupé

---

1. Cette lettre est tirée d'un psautier du VIe siècle que l'on croit avoir appartenu à Saint Augustin, premier archevêque de Cantorbéry. — Ce manuscrit est conservé dans la bibliothèque Cottonienne, au British Museum de Londres.

de ses intérêts temporels, abandonna peu à peu cette grande entreprise, la papauté la poursuivit; elle trouva dans les moines le zèle et l'ardeur qui manquaient au clergé séculier, et s'en fit d'infatigables auxiliaires. La vie de Grégoire le Grand fut tout entière dévouée à cette œuvre.

Par ses ordres, des moines romains partirent pour la Bretagne, sous la conduite d'Augustin, l'un d'entre eux. Grégoire le sacra d'avance évêque d'Angleterre. Débarqués dans l'île de Thanet, les moines envoyèrent des interprètes auprès d'Ethelbert, roi de Kent, pour lui faire connaître le motif de leur voyage. Ethelbert, surpris, ne regarda d'abord des prêtres chrétiens que comme des enchanteurs dont il lui fallait se défier; mais il avait pour épouse une chrétienne, Berthe, fille de Charibert, roi de Paris. Berthe employa sur l'esprit du roi toute l'influence qu'elle possédait, et parvint à obtenir qu'il recevrait les missionnaires : toutefois, par un reste d'inquiétude, Ethelbert fit dresser son trône en rase campagne, sous un chêne où, suivant les ministres de sa religion, les maléfices de leurs adversaires ne pouvaient les atteindre. Les compagnons d'Augustin s'avancèrent rangés sur deux files, en chantant des hymnes, et avec tout l'appareil qu'ils purent déployer.

Augustin, par l'organe de ses interprètes, exposa au roi les principaux dogmes de la foi catholique, et finit par lui promettre un royaume dans le ciel et une éternelle béatitude. « Vos paroles sont bien belles, répondit Ethelbert, mais elles
« sont nouvelles pour moi, et je ne saurais abandonner la foi de mes pères pour
« adopter des principes qui me semblent encore douteux. Soyez toutefois les bien-
« venus, je vous sais gré du long voyage que vous avez entrepris; je vous logerai,
« je vous ferai nourrir et je vous laisserai libres d'enseigner partout vos doctrines. »

Encouragés par cet accueil favorable, les religieux entrèrent dans la ville de Kent-Wara-Byrig, Cantorbéry. Une ancienne église bretonne leur fut remise; ils la consacrèrent au Christ, et y célébrèrent avec pompe les cérémonies saintes. Bientôt après, le roi consentit à recevoir le baptême (597), et son exemple fut suivi de presque tout son peuple. « La moisson est grande, mandait Augustin à Grégoire, et les travailleurs n'y suffisent plus. »

SIGILLVM ECLESIÆ CRISTI. Sceau de l'église du Christ.
Ce sceau, qui est du xiiie siècle, représente l'église du Christ, cathédrale de Cantorbéry, dans son état primitif.

Le pape, à la nouvelle de ces succès, écrivit à Ethelbert, lui envoya des présents, de nouveaux missionnaires et de saintes reliques; et comme les Anglo-Saxons, dans leur zèle, détruisaient les temples de leurs anciens dieux, il ordonna de les conserver, de les purifier et de les convertir en églises. Augustin reçut ensuite du pontife le titre d'archevêque, avec le pallium, signe officiel de suprématie, et de plus la faculté de créer et de consacrer douze évêques. Il eut encore celle d'instituer un archevêque dans la ville d'York, lequel devait relever de l'autorité d'Augustin durant la vie de ce prélat, et devenir indépendant et métropolitain après sa mort.

Mais il ne s'agissait pas seulement pour le nouvel archevêque de convertir les Anglo-Saxons, il importait qu'il ramenât au giron de l'église les membres du clergé breton qui s'étaient réfugiés et maintenus dans la Cambrie. Les prêtres bretons s'écartaient peu, dans leurs dogmes, de ceux qu'enseignait l'église catholique. Toutefois ils n'admettaient pas l'action du péché originel, lorsque la créature mourait avant d'avoir pu commettre une seule faute; et ils différaient sur plusieurs points de discipline qui parurent importants à Augustin. Peu habitués à l'usage du comput romain, ils ne célébraient pas la fête de Pâques à l'époque fixée par les décisions des papes; en outre, ils n'étaient ni tonsurés selon les règles de Rome, ni vêtus comme les religieux du continent. Les évêques n'avaient point de rési-

Prêtre breton au VIe siècle, d'après le tombeau de Sain-Jestain-ab-Geraint, à Llaniestin, île d'Anglesey.

dences fixes, et l'archevêque n'avait jamais demandé à Rome le pallium. Augustin signifia à cet archevêque et aux évêques que le pape ne les reconnaissait pas en cette qualité; qu'à lui seul appartenait la direction de tout le clergé de l'Angleterre, et il les invita à une conférence publique sous un chêne, près des bords de la Saverne, afin de leur expliquer les points de doctrine ou de discipline sur lesquels ils pouvaient se trouver en dissidence. La conférence était ouverte, et Augustin avait pris place sous son chêne, lorsque parurent sept évêques et l'abbé de Bangor. Le missionnaire ne se leva point pour les recevoir, et cette apparence de fierté ne disposa pas en sa faveur les esprits des prélats cambriens; ils refusèrent au pape l'obéissance qui leur était prescrite, déclarèrent qu'ils ne lui devaient qu'une soumission de charité fraternelle, et se plaignirent de ce que les missionnaires romains n'avaient pas interposé leurs bons offices, afin d'arrêter les violences et les déprédations que les Saxons convertis exerçaient encore envers eux; et comme, pour toute réponse, Augustin somma les prêtres bretons de le reconnaitre comme archevêque, et de l'aider à convertir les Saxons, ceux-ci répondirent qu'ils ne prendraient jamais pour supérieur un homme qui n'était que leur égal, et que jamais ils ne feraient rien en faveur des envahisseurs de leur pays. « Eh bien! s'écria Augustin, puisque vous ne voulez pas enseigner aux Saxons le chemin de la vie, Dieu en fera pour vous, par un juste jugement, des ministres de mort. »

Peu de temps après, en effet, Ethelfrid, petit-fils d'Ida, roi des Northumbres, poursuivant le jeune Edwin qu'il avait dépossédé et chassé du Deira, et qui s'était réfugié en North-Galles, rencontra et défit l'armée du chef gallois, hôte d'Edwin. Pendant la bataille, les religieux du monastère de Bangor, situé près de là, étaient sortis en grand nombre de leur couvent, et s'étaient mis en prières. Ethelfrid aperçut cette réunion d'hommes étrangement vêtus, agenouillés et sans armes. « Ce « sont des prêtres gallois, lui dit-on, qui prient pour le salut de leurs frères. — Ils « combattent donc contre moi, quoique sans armes », s'écria-t-il, et il les fit tous massacrer et détruisit leur monastère de fond en comble (613). « Ainsi, dit Bède, furent punis par la mort temporelle les perfides qui avaient refusé les avis d'Augustin pour le salut éternel. »

La lutte n'était pas égale entre les pauvres prêtres de la Cambrie et l'église de Rome, qui mit bientôt, en outre, dans la balance, l'épée des rois saxons qu'elle avait convertis. Après une courageuse résistance, les Bretons du Cornouailles devinrent tributaires des Saxons occidentaux; et Offa, roi de Mercie, renferma les Bretons de la Cambrie dans un long rempart et dans une tranchée (Offa's Dyke), qui s'étendaient du sud au nord, depuis le cours de la Wye jusqu'aux vallons où coule la Dee (775). Là, fut établie pour toujours la frontière des deux races d'hommes qui avaient jadis habité conjointement tout le sud de la vieille île de Prydain, depuis la Tweed jusqu'au cap Cornouailles.

La terreur qu'inspiraient les armes des rois anglo-saxons fit peu à peu fléchir l'esprit de liberté des églises cambriennes, et la soumission religieuse du pays s'acheva par degrés; celle du reste de la Bretagne était complète. De toutes les églises d'occident, l'église anglo-saxonne était la seule qui, au VIIe siècle, fût l'œuvre immédiate du saint-siége. L'Italie, l'Espagne, les Gaules, étaient devenues chrétiennes sans le secours de la papauté; leurs églises ne tenaient à celle de Rome par aucune puissante filiation; elles étaient ses sœurs, non ses filles. La Bretagne, au contraire, avait reçu de Rome sa foi et ses premiers prédicateurs. Aussi était-elle, à cette époque, bien plus qu'aucune autre église d'Occident, en correspondance habituelle avec le saint-siége, dévouée à ses intérêts, docile à son autorité, et ce fut surtout avec des moines anglo-saxons que les papes entreprirent la conversion des autres peuples païens de l'Europe, entre autres des Germains. La plupart des missionnaires envoyés aux Bavarois, aux Frisons, aux Saxons : Willibrod, Rupert, Willibald, Winfried, etc., étaient nés dans la Bretagne [1].

Les rois anglo-saxons ne furent pas moins que leurs prêtres soumis au pouvoir et à l'influence des papes. Ils se firent volontairement tributaires de Rome par l'institution du denier de saint Pierre, multiplièrent les donations au clergé, et comp-

Consécration d'une église saxonne, d'après la paraphrase de la Genèse de Caedmon, poëte saxon du VIIIe siècle. Son manuscrit est conservé dans la bibliothèque Bodléienne, à Oxford.

tèrent parmi les grands jours de leur règne la consécration d'une église ou d'un monastère.

---

1. Guizot, *Histoire de la civilisation en France*, t. III, p. 102.

Cet événement était célébré avec tout l'appareil des solennités nationales. Les chefs, les évêques, les guerriers, les sages du peuple, se rassemblaient, le roi, au milieu d'eux, entouré de sa famille. Les murs nouvellement bâtis étaient alors arrosés d'eau bénite, et consacrés sous les noms des bienheureux apôtres Pierre ou Paul. Puis le roi, prenant tous les assistants à témoin des donations qu'il faisait, soit à l'église soit au monastère : « Je veux, disait-il, que les biens que je donne « soient tenus et possédés entièrement et d'une manière royale, de sorte qu'aucun « impôt n'y soit levé, et que ceux qui me succèderont, soit mon fils, soit mes frères, « maintiennent cette donation inviolablement, en tant qu'ils veulent participer à la « vie éternelle, en tant qu'ils veulent être sauvés du feu éternel. Quiconque en « retranchera quelque chose, que le portier du ciel retranche de sa part dans le « ciel ; quiconque y ajoutera quelque chose, que le portier du ciel ajoute à sa « part dans le ciel. » Ensuite, le roi prenait la feuille de parchemin qui contenait l'acte de donation, et il y traçait une croix ; après lui, sa femme, ses fils, ses frères, ses sœurs, les évêques, les officiers publics et tous les personnages de haut rang inscrivaient successivement le même signe en répétant cette formule : « Je confirme par ma bouche et par la croix du Christ[1] ».

Beaucoup des rois anglo-saxons allèrent finir dans un cloître ou dans la ville éternelle une vie trop souvent souillée par le meurtre, l'injustice et la violence. Cependant, ne fût-ce que par les terreurs qu'il donne au coupable, le christianisme adoucit les mœurs des Anglo-Saxons. « Aux jours d'Edwin, dit Bède, une femme, portant son enfant sur son sein, eût traversé l'île entière sans recevoir une injure. » Au VIIIe siècle, l'état intellectuel de la Bretagne était supérieur à celui de la plupart des autres pays de l'Europe ; les lettres et les écoles y prospéraient plus que partout ailleurs. Les établissements d'étude et de science qu'y avait fondés le christianisme, l'emportaient sur ceux du continent. Alcuin nous informe lui-même des objets de l'enseignement qu'on donnait dans l'école du monastère d'York. On lit dans son poëme intitulé : *Des Pontifes et des Saints de l'église d'York :*

« Le docte Ælbert abreuvait, aux sources d'études et de sciences diverses, les esprits altérés. Aux uns il s'empressait de communiquer l'art et les règles de la grammaire ; pour les autres il faisait couler les flots de la rhétorique ; il savait exercer ceux-ci aux combats de la jurisprudence, et ceux-là aux chants d'Aonie. Quelques-uns apprenaient de lui à faire résonner les pipeaux de Castalie, et à frapper d'un pied lyrique les sommets du Parnasse ; à d'autres, il faisait connaître l'harmonie du ciel, les travaux du soleil et de la lune, les cinq zones du pôle, les sept étoiles errantes, les lois du cours des astres, leur apparition et leur déclin, les mouvements de la mer, les tremblements de la terre, la nature des hommes, du bétail, des oiseaux et des habitants des bois ; il dévoilait les diverses qualités et les combinaisons des nombres ; il enseignait à calculer avec certitude le retour solennel de la Pâque, et surtout il expliquait les mystères de la Sainte Écriture. »

C'est un enseignement plus étendu qu'on ne l'eût rencontré à cette époque dans

---

1. Chronique saxonne. — Augustin Thierry, *Histoire de la Conquête de l'Angleterre par les Normands*, t. I, p. 114 et suiv.

aucune école de la Gaule et de l'Espagne, et qui produisit de glorieux fruits. Bède, l'auteur de l'*Histoire ecclésiastique des Anglo-Saxons*, naquit dans la Bretagne, ainsi que cet Alcuin, le maître, le confident, le conseiller de Charlemagne, et le représentant le plus réel et le plus complet du progrès intellectuel de son époque.

Femme saxonne, d'après le MS. saxon Claudius B. iv.

DE LA FIN DE L'HEPTARCHIE A LA CONQUÊTE DANOISE.
(827-1017.)

EGBERT.
(827-836.)

Presque[1] toute l'Angleterre était soumise à Egbert. Les royaumes de Kent, d'Essex et de Sussex étaient confondus avec le sien, et sous sa domination absolue et immédiate. Les rois d'Est-Anglie, de Northumbrie et de Mercie lui prêtaient serment de vassalité, et lui payaient un tribut annuel. Dans la Cambrie seule les malheureux restes des anciens possesseurs de la Bretagne maintenaient avec courage et avec succès leur indépendance.

Mais au moment où la soumission des états de l'heptarchie à un seul chef offrait à des populations dont les mœurs, le langage et les institutions civiles et religieuses étaient partout semblables entre elles, la perspective de la paix et du bonheur, l'apparition d'un nouveau peuple envahisseur vint détruire ces espérances.

---

1. Cette lettre initiale est tirée d'un manuscrit de la bibliothèque Cottonienne conservé au Musée Britannique. Ce MS., intitulé Nero D. IV, a été composé et écrit en l'honneur de saint Cuthbert par Eadfrith, évêque de Lindisfarne de 698 à 721.

En 787, quelques vaisseaux, appartenant à une nation inconnue, avaient débarqué leurs équipages dans l'île de Thanet, pillé et brûlé plusieurs habitations, et remis à la voile avec le produit de leurs vols. Depuis ils s'étaient remontrés deux autres fois sur les côtes de la Northumbrie. La Scandinavie, la presqu'île de Jutland, les îles de la Baltique, étaient la patrie de ces guerriers navigateurs. Issus primitivement de la même race que les Anglo-Saxons, ils parlaient un langage intelligible pour ces peuples ; mais ces signes d'une ancienne fraternité ne protégèrent pas les nouveaux possesseurs de la Bretagne contre de fanatiques ennemis, qui, se glorifiant encore du titre de fils d'Odin, et traitant les Saxons d'apostats, versaient avec délices le sang des prêtres, aimaient à piller les églises et les monastères, et faisaient coucher leurs chevaux dans les chapelles du palais ; c'était ce qu'ils appelaient « chanter la messe des lances ». Leur chef, le roi de mer, brave renommé entre les braves, n'avait jamais dormi sous un toit de planches, jamais vidé la corne remplie de bière auprès d'un foyer abrité. Tous égaux sous un tel guide, ces hommes s'élançaient « sur la route des cygnes », en se riant des vents et des flots. « La tempête, chantaient-ils, aide le bras de nos rameurs ; l'ouragan nous jette où nous voulions aller. »

La première invasion réellement redoutable de ces pirates eut lieu dans l'année 835. Ils choisirent les côtes de Cornouailles pour opérer leur descente, s'allièrent aux Bretons mécontents et à peine soumis, et pénétrèrent avec eux dans le Defena (Devonshire). Egbert les attendait à Hengesdown ou Hengstone-Hill ; il les vainquit dans un combat sanglant et les repoussa jusqu'à leurs vaisseaux. Les Bretons retombèrent sous le joug. Mais la santé d'Egbert était chancelante ; il mourut en 836, et laissa le trône, d'affligeantes dissensions intérieures et la guerre avec les pirates, à son fils Ethelwulf, qui était loin de posséder son courage et son habileté.

ETHELWULF (836-858). — Le règne de ce prince incapable fut marqué par de nouvelles et plus terribles invasions. En 851, cent cinquante navires entrèrent dans la Tamise. Les corsaires brûlèrent Londres, Cantorbéry, et se retirèrent dans l'île de Shepey, où ils prirent leurs quartiers d'hiver. Pour obtenir la protection du ciel contre ces barbares, Ethelwulf publia une charte par laquelle tout possesseur de manoir se vit obligé de donner la dixième partie de ses biens à l'église, et cette obligation fut imposée, non-seulement aux propriétaires du Wessex, mais encore à tous ceux des royaumes tributaires. Le clergé, pour témoigner au roi sa reconnaissance, ordonna qu'un jour de la semaine, le mercredi, serait en entier consacré à prier le ciel, afin d'en obtenir la destruction des Danois. Ethelwulf résolut, en outre, d'entreprendre le pèlerinage de Rome ; et, confiant les rênes du gouvernement à son fils Ethelbald, il partit pour l'Italie, suivi d'Alfred, le quatrième de ses fils (855).

A son retour, il trouva Ethelbald peu disposé à lui rendre le trône, et pour éviter une guerre civile se vit forcé de lui céder le Wessex, et de se contenter des royaumes de Kent, d'Essex et de Sussex. Il se livra alors aux exercices de dévotion qu'il affectionnait, confirma la concession de la dîme qu'il avait accordée au clergé, ordonna que les revenus de l'église seraient exempts à toujours des taxes que le gouvernement imposerait, même pour la défense nationale, confirma le don annuel et à perpétuité fait à Rome de trois cents *mancuses* d'or, et partagea ses domaines privés entre ses enfants, sous la charge de nourrir un pauvre par chaque hide de terre (environ quarante arpents métriques); puis il laissa, en mourant (858), la couronne de Wessex à Ethelbald, et celle de Kent à Ethelbert, son second fils.

ETHELBALD, ROI DE WESSEX (858-860). — ETHELBERT (858-866). — A Ethelbald, dont le règne de deux ans fut souvent troublé par les descentes et les ravages des Danois, succéda, en 860, Ethelbert, son frère, qui réunit les deux royaumes qu'Ethelwulf avait séparés.

Les Danois ne cessaient de renouveler leurs incursions. Parmi les rois de la mer, on distinguait, à cette époque, Ragnar-Lodbrog et ses trois fils, Hubbo, Ingvar et Alfden. Ragnar était Norwégien; il avait épousé la fille d'un roi des îles danoises, et avait d'abord hérité de ses possessions et de sa couronne. Il les perdit par les chances des combats. Alors il se fit roi de mer, et parvint à rassembler une nombreuse troupe de pirates. Après trente ans de succès, après avoir porté l'effroi sur les côtes de la Northumbrie, de l'Irlande, de l'Écosse, dans les Hébrides, dans les Orcades, dans la Petite-Bretagne et dans la Gaule, où ils étaient connus sous le nom de Normands, Northmen (hommes du nord), Ragnar-Lodbrog et ses compagnons construisirent deux vaisseaux d'une dimension jusqu'alors inconnue, et firent voile vers l'Angleterre. Les vaisseaux se brisèrent sur les récifs de la Northumbrie. Lodbrog parvint à se rendre à terre avec ses équipages, et, sans trop s'inquiéter d'une position qui ne leur laissait que l'alternative de la conquête ou de la mort, les pirates se livrèrent au pillage et à la dévastation. Ælla, roi du Northumberland, leur livra combat (865) avec des forces supérieures, s'empara de Ragnar, dont les compagnons avaient presque tous succombé, et le fit jeter dans un cachot rempli de vipères, où il mourut au milieu des tortures les plus atroces, en chantant intrépidement son *chant de mort :*

« Nous avons frappé de nos épées, dans le temps où, jeune encore, j'allais vers l'orient apprêter aux loups un repas sanglant, et dans ce grand combat où j'envoyai au palais d'Odin tout le peuple de Helsinghie. De là nos vaisseaux nous portèrent à l'embouchure de la Vistule, où nos lances entamèrent les cuirasses, et nos épées rompirent les boucliers.

« Nous avons frappé de nos épées, le jour où j'ai vu des centaines d'hommes couchés sur le sable, près d'un promontoire d'Angleterre : une rosée de sang dégouttait des épées; les flèches sifflaient en allant chercher des casques; c'était pour moi un plaisir égal à celui de tenir une belle fille à mes côtés.

« Nous avons frappé de nos épées, le jour où j'abattis ce jeune homme, si fier de sa chevelure, qui, dès le matin, poursuivait les jeunes filles et recherchait l'entretien des veuves. Quel est le sort d'un homme brave, si ce n'est de tomber des premiers? Celui qui n'est jamais blessé mène une vie ennuyeuse, et il faut que l'homme attaque l'homme, ou lui résiste au jeu des combats.

« Nous avons frappé de nos épées ; maintenant j'éprouve que les hommes sont esclaves du destin et obéissent aux décrets des fées qui président à leur naissance. Jamais je n'aurais cru que la mort dût me venir de cet Ælla, quand je poussais mes planches si loin à travers les flots, et donnais de tels festins aux bêtes carnassières. Mais je ris de plaisir en songeant qu'une place m'est réservée dans les salles d'Odin, et que là bientôt, assis au grand banquet, nous boirons la bière à pleins bords, dans nos coupes de corne.

« Nous avons frappé de nos épées ; si les fils d'Aslanga savaient les angoisses que j'éprouve ; s'ils savaient que des serpents venimeux m'enlacent et me couvrent de morsures, ils tressailleraient tous et voudraient courir aux combats ; car la mère que je leur laisse leur a donné des cœurs vaillants. Une vipère m'ouvre la poitrine et pénètre jusqu'à mon cœur. Je suis vaincu, mais bientôt, j'espère, la lance d'un de mes fils traversera les flancs d'Ælla.

« Nous avons frappé de nos épées dans cinquante-un combats ; je doute qu'il y ait parmi les hommes un roi plus fameux que moi. Dès ma jeunesse j'ai versé le sang et désiré une pareille fin. Envoyées vers moi par Odin, les déesses m'appellent et m'invitent. Je vais, assis aux premières places, boire la bière avec les dieux. Les heures de ma vie s'écoulent ; c'est en riant que je mourrai. [1] »

Ethelred I (866-871). — Les cris de Ragnar-Lodbrog furent entendus en Norwége et en Danemark, et, au commencement du règne d'Ethelred, frère d'Ethelbert, huit rois de la mer, vingt iarls ou chefs d'un ordre inférieur, et vingt mille guerriers, sous le commandement de Hubbo et d'Ingvar, parurent sur les côtes de l'Est-Anglie. Le système d'invasion était changé. Les Danois se conduisirent avec douceur envers les Est-Angles, et ceux-ci semblèrent les recevoir en amis. Ils leur laissèrent prendre des quartiers d'hiver, s'approvisionner de vivres et se procurer des chevaux. Au printemps, les Danois reçurent des renforts et se mirent en marche vers la ville d'York, dont ils s'emparèrent. Une bataille sanglante eut lieu sous les murailles de cette ville. Ælla, qui commandait les Saxons, parvint d'abord à rompre les rangs des Danois ; mais ceux-ci se rallièrent et défirent complètement leurs ennemis. Ils parvinrent à prendre Ælla vivant. Hubbo et Ingvar vengèrent horriblement leur père, en dévouant ce malheureux prince aux tortures les plus affreuses (867).

Leur vengeance satisfaite, les fils de Lodbrog résolurent de conserver leur conquête. Ils distribuèrent des terres à leurs compagnons, et appelèrent près d'eux tous les aventuriers scandinaves qui voudraient s'établir dans la nouvelle colonie. La Northumbrie cessa d'être un royaume saxon, et une révolution générale s'y prépara pour le reste de l'Angleterre.

Les Danois employèrent trois années à combiner une nouvelle expédition gigantesque. Leur armée traversa le Humber jusqu'à Lindesey, où elle débarqua. Elle s'avança du nord au sud, massacrant tout ce qui opposait de la résistance, et

---

1. Ce chant n'est évidemment pas celui que chanta Ragnar-Lodbrog ; mais il paraît avoir été composé dans le IXe siècle, par un des compagnons de son infortune, échappé au désastre de Northumbrie

précédée par les flammes du vaste incendie qu'elle alimentait incessamment. La Mercie était ravagée. Les Danois entrèrent sur le territoire des Est-Angles, qui les traitèrent cette fois en ennemis. Le roi d'Est-Anglie, Edmond, qui, peu d'années auparavant, avait regardé avec indifférence l'envahissement de la Northumbrie, forcé de se retirer presque seul dans une forteresse, fut fait prisonnier. Les fils de Lodbrog le sommèrent, mais en vain, de se déclarer leur vassal. On voulut l'obliger à l'abjuration de la religion chrétienne; mais Edmond parut encore plus attaché à sa foi qu'à son indépendance. Alors les barbares le lièrent à un arbre, et s'en servirent comme de but à leurs flèches. Edmond supporta ce supplice avec un grand courage, et le chef des Danois, ne pouvant en arracher une plainte, lui coupa la tête (868).

Les Saxons regardèrent Edmond comme un martyr, et la mort de ce prince fit éclater, pour la première fois, un des traits les plus singuliers du caractère anglo-saxon, le penchant à colorer d'une teinte religieuse l'enthousiasme patriotique, et à regarder comme des martyrs ceux qui, dans les malheurs publics, avaient excité la sympathie nationale par de grandes souffrances ou de nobles dévouements.

Église de Saint-Edmund'sbury (Essex). [1]

L'Est-Anglie devint un royaume danois; le roi saxon fut remplacé par un roi de

---

1. Cette église, qui renferme, dit-on, les restes du roi Edmond, fut construite en l'honneur de ce prince, sous le règne d'Ethelred. Le temps et les restaurations successives n'ont rien laissé subsister qu'on puisse rapporter à l'époque saxonne.

mer, du nom de Gothrun, et la population indigène fut réduite à la servitude. Cependant Ethelred avait battu les Danois à Reading ; mais ceux-ci prirent bientôt leur revanche. Les West-Saxons furent à leur tour défaits à Basing et à Morton dans le Berkshire, et le malheureux Ethelred, grièvement blessé, mourut (871), en laissant à son frère Alfred, à peine âgé de vingt-deux ans, l'héritage de ses infortunes plus que de sa puissance.

ALFRED (871-901). — Alfred, le plus jeune des fils d'Ethelwulf, avait été sacré roi de Wessex dès l'âge de six ans, par le pape Léon IV. A la mort d'Ethelred, il fut appelé au trône par l'assemblée des witans.

Le Wittenagemote.

L'étude avait, dès l'enfance, occupé tous les moments d'Alfred. Il avait appris la langue latine, et mettant à profit les maximes généreuses qu'il trouva dans le petit nombre de livres qu'il parvint à se procurer, et les observations qu'il avait recueillies dans ses voyages, il acquit des qualités qui l'élevèrent au-dessus de la plupart de ses contemporains; mais ces qualités mêmes lui firent des ennemis parmi les grands et le peuple, qui ne comprenaient pas le but des réformes politiques

---

1. Le grand conseil qui assistait les rois anglo-saxons dans tous les actes importants de leur administration, s'appelait Wittenagemote, ou assemblée des hommes sages. L'assentiment de ce conseil est relaté dans toutes leurs lois, et il y a des exemples de concessions révoquées pour avoir été faites sans sa participation. Il était composé d'archevêques, d'évêques, d'abbés, des aldermen (*seniores*) des comtés, et des hommes nobles et sages du royaume. — Wilkins, *Leges saxonicæ*, passim; Hallam's *Europe during the middle ages*. — Le dessin qui représente le Wittenagemote est tiré du MS. Claudius B IV Ce MS. est attribué à Ælfricus, abbé de Malmsbury, qui vivait dans le VIIIe siècle.

auxquelles il travaillait. Le conseil des witans, ou des sages, était surpris de voir un prince gouverner sans prendre son avis. Les juges corrompus, les prévaricateurs se plaignaient de sa rigoureuse sévérité, et les populations ignorantes le haïssaient à cause de son peu d'affabilité. Huit années de combats, huit batailles livrées contre les Danois, la prise d'une de leurs flottes, le territoire de Wessex délivré, soit par des traités, soit par la force des armes, ne suffirent pas pour lui ramener les esprits, et d'affligeantes discordes éclatèrent au moment où l'on apprit que de nouveaux corps de pirates venaient de débarquer, que les détachements d'ennemis vaincus et dispersés sur le territoire s'étaient réunis à eux, qu'ils avaient surpris Chippenham, et qu'ils recommençaient leurs courses et leurs ravages (878).

Au bruit de ces événements, des malédictions populaires s'élevèrent de toute part. Les censures de saint Neod, parent du roi, lui reprochèrent sa hauteur, sa négligence, son despotisme, son immoralité. Dieu le punissait évidemment, et sa providence le rayait de la liste des rois. Les sujets d'Alfred, mal conseillés, et plus occupés de leur propre conservation que de celle de l'état, se refusèrent de le suivre sur le champ de bataille. La vieille proclamation nationale « que quiconque n'est « pas un homme de rien, soit dans les bourgs, soit hors des bourgs, sorte de sa « maison et vienne », resta sans effet.

Mais l'âme d'Alfred, abandonné de tous, était au dessus des coups de la fortune; il congédia ses serviteurs, se retira chez un pauvre paysan, au centre d'un marais formé par la Thone et le Parret dans le Sommerset (*Surmursœtas*), et là, réduit à faire cuire lui-même le pain que ses hôtes partageaient avec lui, il attendit des jours meilleurs. Bientôt il appela secrètement auprès de lui un petit nombre d'amis qui lui étaient restés fidèles, et, sur une petite étendue de terre ferme qui se trouva dans ce marais, et qui depuis fut nommée Ethelingay, île du Prince, il construisit une forteresse en bois. De cette retraite inaccessible, il s'élançait souvent à l'improviste sur les détachements danois qui s'aventuraient dans un pays inconnu, les détruisait et s'emparait de leurs dépouilles. Il sut bientôt que, dans une rencontre avec les ennemis, un de ses aldermen avait vaincu Hubbo, l'un des fils de Ragnar-Lodbrog, et lui avait pris le reafan, fameux étendard enchanté, qui représentait un corbeau, et par la forme de ses plis et les mouvements que lui imprimaient les vents, présageait la victoire ou la défaite.

La nouvelle de la prise du reafan avait relevé le courage des Anglo-Saxons. Résolu alors de faire connaître son existence, Alfred envoya des messagers de confiance à quelques chefs considérables parmi ses anciens sujets, et leur assigna un rendez-vous en armes, près d'une pierre qui portait le nom d'Egbert, à l'orient de la forêt de Selwood, et à peu de distance du camp des ennemis. Dans le courant de la septième semaine après Pâques, les chefs, accompagnés de leurs vassaux, arrivèrent par troupes séparées au lieu fixé par le prince. Lorsqu'ils se furent réunis, reconnus et salués avec joie, Alfred parut au milieu d'eux, et ce prince, qu'ils avaient longtemps cru mort, fut accueilli avec les plus vives démonstrations de dévouement et d'amour.

Avant de tenter une expédition d'où dépendait son salut et celui de l'Angleterre, Alfred prit la résolution de pénétrer dans le camp des ennemis, et de s'assurer par lui-même de leur nombre, de leur discipline et de leurs dispositions. Habitué au langage et aux façons populaires, il se déguisa en ménestrel, et, la harpe sur l'épaule, parvint à s'introduire au milieu de ses ennemis, qu'il ravit par ses chansons guerrières ou amoureuses, et par le talent qu'il déployait en s'accompagnant. Profitant alors de la sécurité des Danois, il examina la position de leur camp, et en remarqua avec soin les côtés les plus faibles. Dès qu'il eut reçu les renforts qu'il attendait, il se précipita sur les quartiers dont il avait reconnu la faiblesse, et, après un combat acharné, défit complétement les Danois. Réduit à l'alternative de capituler ou de périr, leur roi Gothrun promit à Alfred de se faire baptiser, lui et les siens, à la condition qu'on le laisserait se retirer dans l'Est-Anglie. Alfred ne se sentait pas assez fort pour résister aux nouveaux détachements de gens du nord qui pouvaient venir au secours des vaincus. Il voulait, en outre, donner à saint Neod, dont l'influence populaire était immense, des preuves de son profond attachement à la foi de ses pères. Il consentit donc aux demandes de Gothrun, et les vaincus se préparèrent à recevoir l'eau sainte du baptême. Gothrun et trente capitaines idolâtres firent en premier lieu le serment d'observer les conditions imposées, sur un bracelet consacré à Odin; puis ils furent baptisés, et Alfred servit à Gothrun de père spirituel, en lui donnant le nom d'Ethelstan, et le revêtant de la robe blanche des néophytes et du bandeau baptismal. Le traité passé entre Alfred et Gothrun établissait que les deux rois donneraient tous leurs soins à la propagation de la religion catholique, et poursuivraient rigoureusement les apostats; que la vie d'un Danois ou d'un Anglo-Saxon seraient également appréciées devant la loi; que le *weregeld*, prix du sang, et les amendes pourraient être indifféremment payés en monnaies des deux nations, et que, sauf certaines exceptions, le commerce et les communications entre elles seraient libres. Les limites des deux états furent fixées avec soin; c'était: la Tamise jusqu'à Londres, la grande voie romaine, appelée Wetlinga-street, jusqu'à sa rencontre avec la rivière d'Ouse, et le cours de cette rivière jusqu'à la mer.

Peu de jours après la signature du traité, Gothrun et ses compagnons se retirèrent dans l'Est-Anglie, où ils se fixèrent, cultivèrent les terres, et contractèrent peu à peu les habitudes d'une vie sédentaire et civilisée.

La retraite des Danois délivra le Wessex des horreurs d'une guerre qui durait depuis longues années, et permit à Alfred de s'occuper de la réorganisation de son royaume.

Jusqu'alors tout gouvernement avait été impossible. Tous les rapports du roi avec la nation étaient anéantis; il n'y avait même plus de nation. Le pays était entièrement dépeuplé, les campagnes abandonnées, les monastères vides ou détruits. Quinze ans d'une paix à peu près continue permirent à Alfred de fermer ces plaies cruelles. Il pourvut d'abord à la défense du royaume. Jusqu'alors on n'avait connu d'autre ressource, pour s'opposer aux invasions de l'ennemi, que celle des levées en masse. Alfred fit donner des armes aux hommes libres des campagnes, et les divisa en deux classes qui devaient alternativement cultiver la terre ou être prêts à combattre.

La division qui portait les armes, commandée par le roi ou par l'alderman du comté, était nourrie aux dépens de l'état; mais elle ne recevait pas de solde. La défense des villes fut remise au courage des habitants, sous la direction du *Cyning-gerefa* (shériff). Ce système de défense ne suffisait pas encore. Alfred, après avoir fait reconnaître les points les plus vulnérables des côtes et des rivières navigables, prescrivit la construction d'un grand nombre de châteaux destinés à empêcher le débarquement des Danois, ou à les arrêter dans leur marche, s'ils parvenaient à s'établir à terre. Il travaillait en même temps à se créer une marine. Il s'embarqua lui-même, et combattit plusieurs flottes danoises, tantôt vainqueur, tantôt forcé de rentrer dans ses ports. La sagacité de son esprit lui indiqua d'utiles améliorations dans la construction des vaisseaux, auxquels il donna des dimensions doubles de celles des navires du nord, et il distribua si judicieusement les divisions de sa flotte dans les rades et les grandes rivières, qu'il devint impossible à ses ennemis d'échapper à leur surveillance. Aussi, lorsque Hastings, le célèbre roi de mer, qui avait porté le ravage sur les côtes gauloises, tenta d'envahir l'Angleterre, il trouva les Saxons bien préparés à le recevoir. A la tête de ses milices, Alfred le battit en plusieurs rencontres, et après avoir dispersé son armée, vaincu les Danois de l'est, que Gothrun ne maintenait plus, et qui étaient accourus au secours de leurs frères, il força le chef pirate à demander la paix (893).

Hastings s'engagea à quitter immédiatement le sol de la Bretagne, à faire baptiser ses deux fils, à la condition qu'Alfred, de son côté, lui paierait une forte somme d'argent. La convention fut acceptée, mais tandis qu'Alfred et son gendre Ethered remplissaient les fonctions de parrains des fils de Hastings, l'armée danoise tentait de pénétrer dans le Sussex. Alfred, averti, l'atteignit près de Farnham, l'attaqua, et la mit en déroute; puis poussant vigoureusement les ennemis vers la Tamise, dont ils ignoraient les gués, il les jeta dans la rivière où beaucoup d'entre eux se noyèrent, et s'empara de leurs chevaux et de leurs équipages. Hastings était réduit aux dernières extrémités; sa femme et ses enfants étaient prisonniers des Anglo-Saxons; il avait perdu tous ses trésors; il demanda de nouveau la paix. Alfred, toujours généreux, renvoya les prisonniers sans rançon, et se contenta de la parole que lui donna Hastings de quitter pour toujours l'Angleterre. Cet aventurier repassa, en effet, en France, et se fixa enfin dans la ville de Chartres, que lui céda Charles-le-Simple.

Les années suivantes furent encore marquées par les incursions des Danois; mais Alfred les reçut avec tant de vigueur, que, traqués partout, une partie d'entre eux prit la résolution de s'établir chez les Northumbres et les Est-Angles; une autre partie rejoignit Hastings dans la Gaule (897).

Le Wessex semblait délivré pour longtemps de la présence de ces terribles ennemis, lorsqu'Alfred mourut le 26 octobre 901, après un règne de 29 ans et quelques mois.

Par son testament, il divisa ses terres entre ses deux fils Edward et Ethelwerd, ses trois filles, ses deux neveux, son cousin Osferth et sa femme Alswitha. Il y défendait absolument à ses héritiers d'attenter à la liberté des hommes qu'il avait affranchis. « Je veux, dit-il, qu'ils soient les maîtres de leur propre liberté et de leur propre volonté, et au nom du Dieu vivant, je supplie qu'aucune personne ne les tourmente par exaction d'argent ou autre manière, mais qu'on les laisse libres de servir le seigneur qu'ils voudront choisir. »

Alfred avait, au nom de grand que la postérité lui a conservé, d'autres droits que ses succès guerriers. Par ses soins, les plus sages des lois et des institutions de ses prédécesseurs, Ina, Ethelbert et Offa, furent réunies, améliorées et remises en vigueur. Frappé de l'esprit d'insubordination que l'occupation danoise avait introduit, avec tous ses maux, parmi les Anglo-Saxons, il songea à relever la puissance des lois et de l'administration civile, et à rendre régulière l'action de la justice. Il rétablit les divisions territoriales et personnelles qui jadis avaient été en usage, et dont les conquêtes et les dépeuplements successifs avaient fait perdre la trace. On compta les familles, et chaque dizaine avec les esclaves et les terres formèrent un *tything*, comme à l'époque où les Angles s'établirent dans la Grande-Bretagne. Tout homme libre dut être compris dans un tything. Les membres de cette espèce de communauté répondaient réciproquement de leur conduite; ils avaient pour chef un *tything-mann* ou *borsholder*, dont les charges se composaient de la surveillance légale de la commune, et de l'obligation de servir de caution et de lever l'amende que le tything payait, lorsqu'un individu de la communauté, accusé d'un délit, n'avait pas été livré à la justice. La réunion de dix tythings, ou de cent familles de condition libre, forma ce que l'on nommait le *hundred*, canton ou centurie, et plusieurs *hundreds* composèrent le *shire*, comté ou province. Des cours judiciaires, avec des juridictions diverses, furent attribuées au *tything*, au *hundred* et au *shire*, les derniers sous les noms de *hundred-mote* et de *shire-mote*. La corruption et l'ignorance des juges furent châtiées avec une telle sévérité, que, dans l'espace d'un an, on exécuta quarante-quatre d'entre eux pour des jugements iniques et irréguliers. Non moins rigoureux contre le vol et le brigandage, Alfred fit un si grand nombre d'exemples, qu'il parvint à rendre la sécurité à ses villes et aux habitants des lieux les plus éloignés de sa résidence.

Alfred passait sa vie entre les travaux de son administration, ceux de la guerre et les plaisirs de l'étude. Afin de faire naître le goût des lettres parmi ses sujets, il appela près de lui et combla d'honneurs une foule de savants anglo-saxons ou étrangers, tels que Jean, l'abbé de Corbie, Asser de Saint-David, qui nous a laissé des chroniques, le prévôt de Saint-Omer, Grimbald, etc. Il en chargea plusieurs de traduire en langue anglo-saxonne les livres écrits alors en latin, et lui-même donna l'exemple en traduisant l'*Epitome* d'Osorius, l'*Histoire ecclésiastique des Angles*, par le vénérable Bède, la *Pastorale* de Grégoire-le-Grand, pour l'instruction du clergé, et le livre de *la Consolation* de Boëce. Alfred composa aussi des apologues, des historiettes en vers, des allégories. Il établit, en beaucoup de villes, des écoles pour l'instruction du peuple, voulant que tout homme libre sût lire et écrire, et que les ecclésiastiques et les magistrats entendissent la langue latine. Il favorisa les arts que l'on nommait vulgaires et mécaniques, parce qu'il reconnut combien leurs produits avaient d'influence sur les intérêts sociaux; il encouragea l'établissement des manufactures, et récompensa généreusement quiconque inventait un art ou perfectionnait une découverte.

Jusqu'au règne d'Alfred, aucun état social n'avait été possible et ne s'était formé dans la Bretagne, sans cesse en proie à l'anarchie de la dissolution et de la conquête. Alfred arrêta l'irruption des Danois, mit un terme au désordre, et par la vigueur de son gouvernement, la sagesse de ses institutions, favorisa le développement de l'esprit social en Angleterre. C'est là le fait dominant de son règne; c'est ce qui a fait et fera toujours sa gloire.

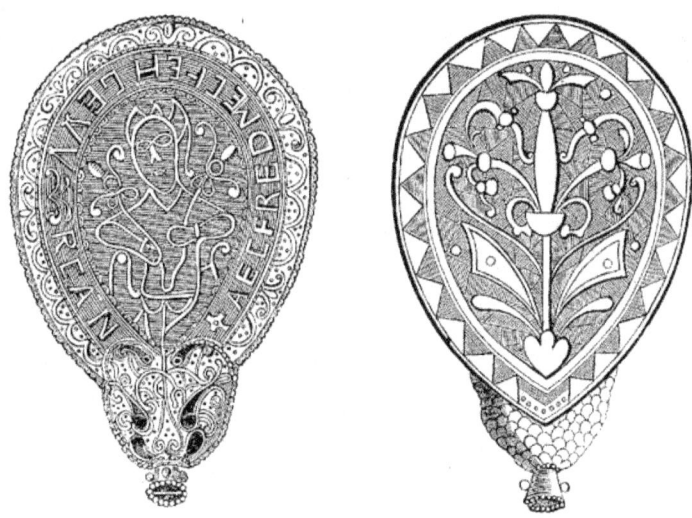

Joyau appartenant au roi Alfred

EDWARD-L'ANCIEN. (901-925). — Les droits d'Edward au trône lui furent contestés par son cousin Ethelwald, qui le réclamait comme représentant d'Ethelred, frère aîné d'Alfred. Le wittenagemote rejeta les prétentions de ce prince, et Edward assura la couronne sur sa tête par plusieurs combats à la suite d'un desquels périt Ethelwald (904).

Les Danois de la Northumbrie et de l'Est-Anglie, qui n'étaient soumis à Alfred que de nom, avaient repris les armes et soutenu Ethelwald. Édward résolut de compléter l'œuvre de son père. En peu d'années, et avec l'aide d'Ethelfleda, sa sœur, veuve d'Ethelbert, comte de Mercie, il reconquit sur eux l'Est-Anglie, délivra la Mercie, enferma les Northumbres dans une ligne étendue de forteresses, et obligea tous leurs chefs à lui prêter serment de vassalité, et non-seulement les

---

1. Le joyau dont nous donnons ici le dessin est un curieux spécimen de ce qu'était au IXe siècle l'art anglo-saxon. Découvert dans l'île d'Athelney, au XVIIe siècle, ce bijou est maintenant conservé au musée d'Oxford; il est d'or pur, et représente, sur la face, le roi Alfred assis sur son trône. Autour est une légende en lettres et en langue saxonnes : Ælfred me haet gewercan; « Alfred me fit faire. »

Danois, mais les Écossais et la plupart des Bretons, reconnurent sa suzeraineté. Il laissa à Ethelfleda le gouvernement de la Mercie ; mais à la mort de cette princesse, en 920, craignant de laisser s'élever près de lui une puissance qui aurait tendu à reconstituer la Mercie en état séparé, il s'empara de la fille d'Ethelfleda, et réunit ce royaume au sien. Alors toute l'Angleterre, depuis la Northumbrie jusqu'au détroit, ne forma plus qu'un seul royaume soumis à la domination immédiate d'Edward. La mort vint surprendre ce prince en 925, au milieu de nouveaux projets de conquêtes.

Edward laissa quatre fils et neuf filles ; les trois fils qui lui survécurent, Athelstan, Edmond et Edred, régnèrent successivement après lui.

ATHELSTAN (925). — Athelstan, débarrassé par la maladie ou le poison, d'un rival, l'*etheling* Alfred (etheling, prince du sang royal), continue les grands desseins de son père. A la mort de Sightric, chef danois de la Northumbrie, il chasse de ce pays ses deux fils Olaf et Godfrid, et le réunit à ses états. Godfrid se réfugie en Écosse. Athelstan y pénètre, ravage le pays, et force le roi Constantin à placer ses mains dans les siennes en signe de vassalité. Les chefs bretons du pays de Galles sont également forcés de reconnaître sa suprématie, et de payer un tribut annuel de vingt livres d'or, trois cents livres d'argent, cinq cents bêtes à cornes, faucons et

Costume des chefs gallois au Xe siècle, d'après un manuscrit gallois de cette époque, où est représenté un chef du pays de Galles que l'on croit être Howell, roi de Gleguising.

chiens de chasse. Les Bretons de Cornouailles, qui s'étaient jusqu'alors étendus depuis le Land's End jusqu'à la rivière d'Ex, et possédaient une moitié du territoire d'Exeter, sont refoulés vers le midi jusqu'au delà du cours de la rivière de Tamar, qui devint dès lors et est encore aujourd'hui la limite du Cornouailles.

L'ambition d'Athelstan était satisfaite. Tous les peuples étrangers à la race saxonne qui habitaient l'île de Bretagne étaient vaincus; l'Angleterre entière était soumise à sa domination; l'œuvre commencée par Alfred semblait terminée, lorsqu'une nouvelle et plus terrible invasion vint tout remettre en question. Vers l'année 937, une immense flotte, commandée par Olaf, un des fils de Sightric, et par Constantin, roi d'Écosse, vint jeter l'ancre dans l'Humber. Aux Danois de la Baltique s'étaient joints les Danois des Orcades, les Galls des Hébrides, armés du long sabre à deux mains qu'ils appelaient *glay-more* ou le grand glaive, les Galls du pied des monts Grampians, et les Cambriens de Dumbarton et du Galloway, portant des piques longues et minces. L'Angleterre était dans l'effroi. Athelstan rassemble ses soldats et accourt au-devant des ennemis. La rencontre des deux armées se fit au nord de l'Humber, dans un lieu nommé en saxon Brunan-Burgh, le bourg des Fontaines (938). En passant à Beverley, Athelstan avait déposé son poignard sur l'autel de l'église, et fait vœu de le racheter royalement si Dieu lui accordait la victoire. Elle fut complète. « Le roi Athelstan, le chef des

Costumes saxons au xe siècle, d'après les manuscrits saxons Cleopatre C. VIII et Tiberius C. VI, de la bibliothèque Cottonienne.

chefs, celui qui donne des colliers aux braves, et son frère le noble Edmond, ont combattu à Brunan-Burgh avec le tranchant de l'épée. Ils ont fendu le mur des boucliers; ils ont abattu les guerriers de renom, la race des Scots et les hommes des navires.

« Olaf s'est enfui avec peu de gens, et il a pleuré sur les flots. L'étranger ne racontera point cette bataille, assis à son foyer, entouré de sa famille, car ses parents y succombèrent et ses amis n'en revinrent pas. Les rois du nord, dans leurs conseils, se lamenteront de ce que leurs guerriers ont voulu jouer au jeu du carnage avec les enfants d'Edward.

« Le roi Athelstan et son frère Edmond retournent sur les terres de West-Sex. Ils laissent derrière eux le corbeau se repaissant de cadavres, le corbeau noir au bec pointu et le crapaud à la voix rauque, et l'aigle affamé de chair, et le milan vorace, et le loup fauve des bois.

« Jamais plus grand carnage n'eut lieu dans cette île; jamais plus d'hommes n'y périrent par le tranchant de l'épée, depuis le jour où les Saxons et les Angles vinrent de l'est à travers l'Océan, où ils entrèrent en Bretagne, ces nobles artisans de guerre, qui vainquirent les Welches [1] et prirent le pays [2] ».

Reconnaissant envers le ciel d'une victoire qui assurait sa puissance, et replaçait sous sa domination toutes les contrées originairement conquises par les Saxons, Athelstan racheta royalement son poignard, en donnant à l'église de Beverley de vastes terres, des troupeaux, des vases d'or et d'immenses priviléges.

Athelstan était de fait souverain de toute l'Angleterre; il voulut l'être aussi de nom, et quittant le titre de roi de Wessex et de roi des Anglo-Saxons, qu'avaient jusqu'alors porté ses prédécesseurs, il prit celui de roi d'Angleterre.

L'Angleterre touchait enfin à cette unité sans laquelle il n'est ni force ni grandeur. La société s'y constituait; les relations intérieures s'étendaient; le commerce commençait à se développer. Pour favoriser ses progrès, et avec une intelligence singulière des éléments véritables de la puissance de sa patrie et des destinées auxquelles l'appelait sa position, Athelstan arrêta que tout négociant qui aurait entrepris avec succès trois grands voyages sur mer, serait élevé au rang de thane (noble). Aussi les rapports de l'Angleterre avec le continent s'étendirent-ils rapidement. Ce pays que sa faiblesse avait tenu, jusqu'au règne d'Alfred, en dehors des affaires du reste de l'Europe, commença dès lors à y exercer de l'influence. Les seigneurs du continent recherchèrent l'alliance des rois de Bretagne. Alfred avait donné sa fille au comte de Flandre; Edgive, fille d'Edward, par son mariage avec Charles-le-Simple, était devenue reine de France; Othon, fils de l'empereur Henri l'Oiseleur; Louis, duc d'Aquitaine; Hugues-le-Grand, duc de France, sollicitèrent d'Athelstan la main de trois de ses sœurs, et en même temps la jeunesse de trois princes destinés à jouer plus tard un rôle dans les affaires de l'Europe, était confiée à l'amitié et à la protection du roi d'Angleterre. Ces princes étaient le jeune

---

1. Wealh, Welsch, nom donné par les nations de race teutonique aux hommes de race celtique ou romaine.

2. Chronique saxonne. Augustin Thierry, p. 158 et suiv.

Louis de France, à cause de cela surnommé d'Outremer, que sa mère Edgive amena en Angleterre lorsque Charles-le-Simple mourut prisonnier du comte de Vermandois; Alain, petit-fils d'Alain III, duc de la Bretagne armoricaine, et qui fut depuis Alain IV, dit Barbetorte; enfin, Hacon, fils d'Harold-Harfager, roi de Norwége, qui lui-même régna plus tard sous le nom de Hacon-le-Bon. Après avoir fait donner à ces princes une éducation royale, Athelstan leur fournit encore, pour retourner dans leur pays, des secours d'armes et de soldats. Il mourut en 940.

EDMOND (940-946). — Le court règne d'Edmond, son frère, ne fut marqué que par quelques soulèvements des Danois de la Northumbrie. Il périt misérablement, après six ans de règne. Il avait réuni ses guerriers et sa noblesse pour célébrer, à Pucklekirk, dans le comté de Glocester, l'anniversaire de la canonisation de saint Augustin, lorsqu'un homme vint insolemment prendre place au banquet royal. On

Mœurs et Coutumes. — Repas saxon, d'après le manuscrit saxon Tiberius C. VIII.

reconnut en lui un brigand célèbre, nommé Leof, banni peu d'années auparavant. Le roi, irrité, saisit le brigand par les cheveux, et il s'apprêtait à le frapper, lorsque Leof lui plongea dans le cœur un poignard qu'il tenait caché. Edmond tomba mort à l'instant (946).

EDRED (946-955). — Edmond avait laissé deux enfants; mais leur jeune âge ne leur permettant pas de gouverner, l'assemblée des witans proclama roi des Anglo-Saxons, des Bretons, des Northumbres et des Païens, Edred, le troisième fils d'Edward (946).

A peine Edred commençait-il à recevoir le serment de fidélité de ses principaux vassaux, que les Northumbres jugèrent le moment favorable, et, commandés par Eric, frère proscrit de ce Hacon-le-Bon, qui avait été élevé en Angleterre, ils arborèrent l'étendard de la révolte. Edred les défit (952), et Eric périt dans le combat, avec cinq rois de mer ses alliés. Ce fut le dernier effort des Northumbres pour recouvrer leur indépendance. Leur territoire, qui avait jusque-là conservé son ancien titre de royaume, le perdit alors et fut divisé en plusieurs provinces. Le pays situé entre l'Humber et la Tees fut nommé province d'York, en saxon Everwic-Scire. Le reste du pays, jusqu'à la Tweed, garda le nom général de Northumbrie, Northan-humbra-land, quoiqu'on y distinguât plusieurs circonscriptions diverses, telles que la terre des Cambriens, Cumbraland (Cumberland), près du golfe de Solway; la terre des montagnes de l'ouest, West-moringa-land (Westmoreland); enfin la Northumbrie proprement dite (Northumberland), sur les bords de la mer orientale, entre les fleuves de Tyne et de Tweed. Les chefs northumbriens, sous l'autorité supérieure des rois anglo-saxons, conservèrent le titre danois qu'ils avaient porté depuis l'invasion; on continua de les appeler ïarls ou eorls, selon l'orthographe saxonne. C'est un mot dont on ignore la signification primitive, et que les Scandinaves appliquaient à toute espèce de commandant, soit militaire, soit civil, qui agissait comme lieutenant du chef suprême, appelé cyng ou cyning (king). Par degrés, les Anglo-Saxons introduisirent ce titre nouveau dans leurs territoires du sud et de l'ouest, et en firent la qualification du magistrat à qui fut délégué le gouvernement des grandes provinces, appelées autrefois royaumes, avec la suprématie sur tous les magistrats locaux, sur les préfets des shires, *shire-gerefas* ou *shire-reves* (sheriff); sur les préfets des villes, *port-reves*; sur les anciens du peuple, *eldermenn*. Ce dernier titre avait été, avant celui d'eorl, le nom générique des grandes magistratures anglo-saxonnes; il fut dès lors abaissé d'un degré, et ne s'étendit plus qu'aux juridictions inférieures et aux dignités municipales [1].

Edred ne régna pas par lui-même: en proie à une longue et douloureuse maladie, il abandonna successivement l'administration du royaume au chancelier Turketul et à l'abbé de Glastonbury, Dunstan. Turketul, descendant d'Alfred, avait commandé les troupes à la bataille de Brunanburgh, et s'y était distingué par de beaux faits d'armes. Après avoir été aussi utile à Edred par ses talents et la sagesse de son gouvernement, qu'il l'avait été à Athelstan par son courage, il demanda au roi la faveur de finir ses jours dans l'abbaye de Croyland. Ce monastère, jadis si célèbre, n'était plus, depuis les ravages des Danois, qu'un amas de ruines où vivaient, dans le plus profond dénuement, trois pauvres moines échappés au massacre de leurs frères. Turketul le releva de ses ruines et le rendit à sa splendeur première.

Dunstan s'était concilié l'amour et le respect du peuple, par une vie entière d'austérités et de rigueurs. Turketul l'appela auprès du roi, lui fit donner l'abbaye de Glastonbury, et ce fut à Dunstan qu'Edred confia l'administration du royaume et la direction de ses biens, lorsque Turketul se retira dans le monastère de Croy-

---

1. Augustin Thierry, t. I, p. 163.

land. L'habileté de Dunstan était aussi grande que sa réputation de sainteté ; son pouvoir devint immense, les grands le redoutèrent à l'égal du monarque, et le peuple le révéra comme un saint.

Ce fut alors qu'il entreprit de reconstituer et de réformer l'église. Pendant les invasions des Danois, la plupart des monastères avaient été détruits, les religieux massacrés ou dispersés, et leurs terres, restées sans propriétaires, avaient été saisies par les rois ou par les thanes voisins les plus puissants. Relever et repeupler les cloîtres, leur rendre leurs terres et leurs richesses, y rétablir la discipline, tel fut le désir de Dunstan ; c'était pour lui un acheminement vers un autre but plus difficile à atteindre, la réformation complète des mœurs et des habitudes du clergé séculier. Dunstan se vouait tout entier à la réussite de ce double dessein, lorsque son protecteur Edred mourut (955).

Edwy (955-959). — Edmond avait laissé deux fils, Edwy et Edgard. A la mort de leur père, ils étaient trop jeunes pour gouverner, et les witans avaient élu Edred ; mais, à la mort de ce dernier, Edwy avait atteint l'âge de dix-sept ans, et l'assemblée des witans le proclama roi des Anglais.

Ce jeune prince, oubliant que tous les rois anglo-saxons devaient leur couronne à l'élection, et que la filiation directe n'était pas une condition nécessaire du choix remis à la décision du wittenagemote, n'avait jamais voulu considérer son oncle Edred que comme un usurpateur. Aussitôt que le sceptre eut été placé dans ses mains, il disgracia les favoris de son prédécesseur, chassa de la cour tous les hommes dont il croyait avoir à se plaindre, confisqua leurs propriétés, les distribua à ses amis, révoqua les concessions faites par son oncle aux monastères, et, en dépit des canons de l'église et des vives remontrances de Dunstan et des évêques, épousa sa proche parente Elgive. Bientôt, cédant à l'influence de cette princesse, que Dunstan et le clergé refusaient de reconnaître comme son épouse légitime, et furieux d'un outrage que Dunstan lui fit à lui-même le jour de son couronnement, en l'arrachant des bras d'Elgive, il disgracia ce prélat et le força de se réfugier en Flandre.

Mais les partisans de l'abbé de Glastonbury étaient nombreux. Les esprits s'aigrirent ; le peuple s'indigna de la proscription du saint abbé ; les moines lui représentèrent Elgive, qu'ils n'appelaient que la concubine du roi, comme la cause des persécutions de Dunstan. L'archevêque de Cantorbéry, Odon, résolut, pour détruire à jamais une influence funeste au clergé, d'infliger à la reine la punition dont une loi d'Ina frappait les femmes qui vivaient en concubinage ; il pénétra dans une ferme où le roi l'avait fait cacher, l'en arracha violemment, et la jeta sur un navire qui se rendait en Irlande. Elgive trouva bientôt le moyen de revenir en Angleterre ; mais c'était entre elle et le clergé une question de vie ou de mort ; des sicaires armés se mirent à sa poursuite, s'emparèrent d'elle, et, par un horrible raffinement de barbarie, lui coupèrent les jarrets à coups d'épée. L'infortunée expira peu de jours après dans les souffrances les plus atroces.

L'animosité des moines n'était pas satisfaite ; ils excitèrent contre Edwy la révolte des peuples de la Mercie, de la Northumbrie et de l'Est-Anglie, en publiant que les malheurs du roi n'étaient qu'un châtiment mérité et imposé par le ciel, pour avoir méconnu les ordres de l'église et envoyé saint Dunstan en exil. Des thanes se réunirent et nommèrent Edgard, son jeune frère, roi des provinces septentrionales, abandonnant à Edwy celles du midi, dont la Tamise formait la limite. Edwy mourut un an après ce démembrement de son royaume (959). Quelques auteurs ont écrit qu'il fut assassiné : tous décrivent sa mort comme misérable et prématurée.

EDGARD (959-975). — Edgard avait à peine quatorze ans lorsqu'il monta sur le trône. Son premier acte, après avoir reçu la couronne de Mercie, avait été d'appeler près de lui l'abbé de Glastonbury, et de le nommer évêque de Worcester. Dès qu'il eut remplacé son malheureux frère (959), il donna l'évêché de Londres à Dunstan, lui restitua ses abbayes de Glastonbury et d'Abingdon, le combla de faveurs, et faisant prononcer l'incapacité de l'archevêque de Cantorbery, Byrthelm, qu'Edwy avait porté au siége métropolitain, il le remplaça par Dunstan.

Dunstan usa de sa haute influence sur l'esprit du roi et du peuple pour suivre ses projets favoris, la réformation du clergé séculier et le repeuplement des monastères. Les prêtres vivaient jadis en communauté, entièrement livrés au service des autels. L'incendie des couvents, le ravage des terres qui appartenaient à l'église les avaient chassés de leurs saints asiles, et les avaient rejetés dans le monde. Les liens de la discipline, une fois brisés, laissèrent ouverture à tous les désordres. Les religieux se partagèrent les revenus des biens qui avaient échappé aux déprédations de l'ennemi, négligèrent les fonctions de leur ministère, s'abandonnèrent au chant, à la danse, à la chasse, à tous les plaisirs des laïques, et beaucoup d'entre eux prirent des femmes que Dunstan et ses collègues ne nommèrent jamais que des concubines. La nécessité avait forcé de tolérer cette existence dissolue, mais la consolidation de la paix vint mettre un terme à toutes les irrégularités. Edgard, conseillé par Dunstan et par les évêques de Winchester et de Worcester, coopérateurs du saint moine et ses disciples favoris, créa une commission composée de prélats qui reçut l'approbation du souverain pontife, et qui commanda le célibat, sous peine de dépossession de bénéfice, à toute personne honorée des ordres sacrés. Les évêques voulurent ensuite rassembler les prêtres en communautés religieuses ; mais ils éprouvèrent une résistance inattendue. Ils recoururent à l'autorité royale, qui leur prêta sa force, dont ils usèrent pour les conduire, jeunes et vieux, anciens et nouveaux, dans les couvents qu'on leur avait préparés, tandis que des moines tirés des abbayes de Glastonbury et d'Abingdon allèrent remplir leurs fonctions dans les églises et les presbytères. Les progrès du monachisme n'eurent plus de limites. Toutes les terres qui jadis avaient été affectées à l'entretien de quelque église ou maison religieuse, et qui avaient fait retour à la couronne, furent rendues aux nouveaux établissements par les ordres d'Edgard. Les particuliers firent la concession gratuite de celles qu'ils avaient achetées. Les grands propriétaires abandonnèrent de vastes domaines, afin de mériter le ciel. De superbes monastères se construisirent de toutes parts, d'immenses richesses y furent attachées, et des foules de novices se présentèrent pour embrasser un état que le roi protégeait. On vit sortir de leurs ruines les vastes abbayes d'Ethelingey, de Winchelcomb, de Malmsbury, de Peterborough, d'Ely, de Thorney, et plus de cinquante autres s'élevèrent leurs rivales et se peuplèrent rapidement. La règle observée dans ces monastères était celle de saint Benoît, modifiée par quelques coutumes nationales.

L'influence de Dunstan avait reconstitué l'église. Ses conseils sages et habiles maintinrent l'ordre et la paix dans tout le royaume, et consolidèrent la puissance d'Edgard. Les habitants de la Northumbrie et de l'Est-Anglie étaient presque tous d'origine danoise ; mais c'étaient eux qui avaient placé Edgar sur le trône de Mercie, et, par politique ou reconnaissance, le roi leur donnait des marques réitérées de son zèle pour leur prospérité.

« Ma volonté, » dit-il, dans une assemblée des witans qui se tint à York, « est que les Danois se choisissent eux-mêmes les lois qui s'adaptent le mieux à leur position particulière, et que les Anglais se conforment aux statuts que moi et mes conseillers avons ajoutés aux anciens règlements. Mais la chose que je désire rendre commune à tous mes sujets, Anglais, Danois et Bretons, dans toutes les parties de mon empire, c'est que le riche et le pauvre jouissent en paix de ce qu'ils ont légitimement acquis, et qu'aucun larron ne puisse trouver un lieu quelconque pour y déposer ce qu'il aurait dérobé. » Après quelques observations à ce sujet, il ajouta : « Je veux donc que les Danois fassent un choix utile parmi leurs meilleures lois. Je leur accorde ce droit, et je le confirmerai aussi longtemps que je vivrai, à cause de la fidélité qu'ils m'ont toujours montrée. Moi et mes witans, nous avons établi, parmi les Anglais, des amendes proportionnées aux fautes diverses, et mon désir est que les Danois en fassent l'application prudemment, et sous mon approbation ; que le comte Oslac, et tous les gens de guerre de ce comté, soient les exécuteurs de ma volonté ; qu'on fasse part de cette résolution aux ealdormen, Elfere et Egilwin, afin qu'elle parvienne à la connaissance de tous, du riche comme du pauvre. Tant que je vivrai, tous ceux qui se conformeront aux lois et à mes ordres, trouveront en moi un maître loyal et bienveillant. » Toutefois, ne s'en rapportant pas uniquement à la fidélité et à la reconnaissance des Danois, il entretint des corps de troupes anglo-saxonnes, qu'il mit en garnison dans les provinces du nord, et fit construire et équiper un nombre considérable de vaisseaux, partagés en trois escadres, et stationnés sur les côtes, de telle manière que, lorsqu'il allait les visiter et présider à leurs manœuvres, il faisait le tour de ses états en s'embarquant successivement sur les diverses divisions.

Jamais roi d'Angleterre n'avait joui d'un pouvoir aussi étendu et aussi incontesté. Le roi d'Écosse, les chefs de l'Irlande, des Orkneys, de l'île de Man, reconnaissaient sa suzeraineté. Les Gallois soumis purgeaient l'Angleterre des loups qui l'infestaient, en payant leur tribut annuel au moyen de quatre cents têtes de ces animaux. Edgard se faisait appeler roi des Anglais et de tous les peuples voisins, monarque d'Albion et roi des rois des îles. Mais toute grande qu'elle parût sous des chefs dont les titres remplissaient plusieurs lignes, l'Angleterre était réellement moins capable de résister à un ennemi extérieur (et les événements ne le prouvèrent que trop tôt), qu'au temps où, réduite à peu de provinces, mais gouvernée sans faste et sans despotisme, elle voyait en tête de ses lois nationales ces simples mots : « Moi Alfred, roi des Saxons de l'Ouest...¹ »

Edgard mourut en 975, âgé de trente-trois ans, laissant de ses deux femmes Elflède et Elfride, deux fils, Edward et Ethelred.

Le roi Edgard et un noble saxon,
d'après le manuscrit Vespasianus A. VIII.

EDWARD, surnommé le MARTYR (975-978). — Edward, fils aîné d'Edgard et de sa première femme Elflède, entrait à peine dans sa treizième année. Il se vit disputer le trône où l'appelait le testament de son père par l'ambitieuse Elfride, seconde femme d'Edgard, qui le convoitait pour son fils Ethelred, âgé de sept ans. Elfride, afin de grossir son parti, embrassa ouvertement les opinions du clergé séculier, qui jugeait le moment favorable pour se délivrer des liens où l'enfermaient Dunstan et ses évêques. A son instigation, l'ealdorman ou comte de Mercie se rangea parmi les défenseurs d'Ethelred, et chassa les moines du royaume qu'il gouvernait; la Northumbrie se déclara aussi contre Edward. On s'armait de toutes parts, et la guerre civile était imminente, lorsque Dunstan, avec l'activité et la force de volonté qui le caractérisaient, couronna le jeune Edward à Kingston, après avoir rapidement convoqué une assemblée de witans, qui, sous sa puissante influence,

1. A. Thierry, t. I, p. 165.

reconnut les droits du fils ainé d'Edgard. Le clergé séculier perdit de nouveau sa cause, et les moines rentrèrent dans les couvents qu'ils avaient forcément abandonnés.

Elfride n'était pas vaincue. Un jour qu'Edward chassait dans le comté de Dorset, il s'arrêta pour quelques heures au château de Corfe, habité par sa belle-mère. Il venait de remonter à cheval, et, suivant l'usage du temps, recevait des mains de la reine une coupe d'hydromel, lorsqu'un assassin lui enfonça profondément son poignard dans les entrailles. Edward tomba, et son pied s'embarrassant dans l'étrier, il fut traîné par son cheval longtemps encore après avoir rendu le dernier soupir (978). Il avait régné quatre ans.

ETHELRED II (978-1016). — Le crime d'Elfride fit monter son fils sur le trône, mais ne lui donna pas à elle-même le pouvoir qu'elle ambitionnait. La puissance de Dunstan était au-dessus de la sienne. Il avait fait élire et avait couronné le jeune Ethelred, et la reine fut bientôt obligée de quitter la cour pour se retirer dans un monastère. Malheureusement, Dunstan ne put aider longtemps le jeune prince de

Portrait de Dunstan dans son costume archiépiscopal, d'après le MS. de la bibliothèque Cottonnienne, Claudius A. iii.

ses conseils et de ses talents. Il mourut, et sa mort fut le signal des calamités nouvelles qui allaient fondre sur l'Angleterre.

Sous un prince lâche et imbécile, « uniquement fait pour dormir, *pulchrè ad dormiendum factus* », dit Williams de Malmesbury, les Danois, que l'énergie de ses prédécesseurs avait tenus en respect, recommencèrent leurs incursions. Ils dévastèrent successivement le Somersetshire, le Cornouailles, le Devonshire, l'île de Portland et celle de Thanet. Ethelred, incapable de les combattre, imagina d'employer le *danegeld* à acheter leur départ. Le *danegeld* (argent danois) était l'impôt qu'on levait pour l'entretien des troupes préposées à la garde des côtes contre les corsaires scandinaves. Les rois de la mer, qui trouvaient un moyen de s'enrichir sans compromettre le sort de leurs compagnons et leur propre vie, acceptèrent les offres et l'argent d'Ethelred, en projetant de revenir l'année suivante et d'exiger un pareil tribut.

Une formidable expédition se préparait en ce moment dans le Nord, sous la direction d'Olaf, roi de Norwége, jadis intrépide pirate, et de Sweyn, que le meurtre de son père avait fait roi de Danemark. Ces deux rois conduisirent quatre-vingt-quatorze vaisseaux dans la Tamise, et pénétrèrent jusqu'à Londres; mais les habitants leur opposèrent une résistance vigoureuse et les éloignèrent de leurs murailles. Les pirates se rejetèrent alors sur le Hampshire, l'Essex, le Sussex, le comté de Kent, portant partout le meurtre et la désolation. Loin de prendre la résolution de les combattre, Ethelred, qui savait qu'on pouvait acheter leur départ, leur offrit des vivres, des quartiers d'hiver à Southampton, et seize mille livres d'argent, que les deux rois de la mer acceptèrent. Olaf visita le roi Ethelred à Andover, y reçut le sacrement de confirmation des mains de l'évêque de Winchester, et s'engagea formellement à ne plus combattre les adorateurs du Christ. Il quitta donc le territoire de la Grande-Bretagne, et son départ força Sweyn à l'imiter.

Mais à chacune de ces invasions, des corps entiers de Danois restaient en Angleterre, dans les terres dont les avaient rendus possesseurs la mort ou la fuite des propriétaires. C'étaient pour les habitants de ces pays autant de maîtres, autant de tyrans; c'étaient autant de facilités offertes aux invasions suivantes.

Ethelred était incapable de se débarrasser de ces ennemis en les combattant ouvertement; il eut recours, pour en purger la terre de Bretagne, à une trahison, dans laquelle il fut secondé par tous ses sujets exaspérés. Le dimanche (13 novembre 1002), jour de saint Brice, fut désigné pour la destruction de tous les Danois. Le sexe, l'enfance, la vieillesse n'arrêtèrent pas les coups des assassins. On égorgea dans les monastères, on tua dans les églises. La mort fut précédée d'outrages et accompagnée de cruautés inouïes. C'était un peuple blessé dans son orgueil, dans ses intérêts, dans ses superstitions, qui se vengeait avec fureur, avec fanatisme, et qui cherchait dans le sang innocent qu'il versait une compensation à tout celui qui était sorti de ses propres veines. La rage des assassins alla si loin, que Guhnilda, la sœur du roi de Danemark Sweyn, l'épouse de l'ealdorman Palig, fut mise à mort sur les cadavres de son mari et de ses enfants. « Que mon sang, s'écria l'infor-
« tunée, retombe, Ethelred, sur ta race et sur ta nation! Ton règne est fini, et ta

ruine commence! » Jamais imprécation, jamais prophétie ne furent plus complétement et plus soudainement accomplies.

A la nouvelle du massacre de leurs frères, les Danois accourent. Rien n'arrête leur marche ni leur fureur. La terreur accablait les Anglo-Saxons; on ne combattait plus, on ne se réunissait plus pour se défendre ; on traitait partiellement avec l'ennemi, on négociait secrètement. Les esclaves soulevés pillaient leurs maîtres et prenaient parti dans les troupes des étrangers. Les villes prises et pillées étaient ensuite livrées aux flammes, et les énormes tributs payés pour acheter la paix ne faisaient qu'attirer sur la malheureuse Bretagne des nuées nouvelles de déprédateurs insatiables.

Dans l'année 1013, Sweyn, dont Ethelred avait déjà plus de vingt fois acheté le départ, reparut encore, et cette fois avec la résolution de conquérir le territoire entier de l'Angleterre. Il s'avança jusqu'à Londres, en détruisant tout sur son passage. Mais Londres était défendu par un célèbre chef danois, Thurchill, dont le roi avait acheté l'amitié. Après avoir pendant trois années ravagé l'Angleterre dans tous les sens, Thurchill avait vendu à Ethelred son alliance et le secours de ses soldats pour la somme de 48,000 livres d'argent. Son courage sauva Londres pour un instant. Mais Sweyn prenant le titre de roi d'Angleterre, fut reconnu en cette qualité par les thanes de la Mercie, de la Northumbrie et du Wessex. Cette défection de la noblesse jeta l'alarme dans la métropole, où Sweyn fit bientôt son entrée en triomphateur. Ethelred, déjà séparé de la reine Emma et de ses deux fils, qu'il avait envoyés à Richard son beau-frère, duc de Normandie, s'expatria lui-même et parut abandonner volontairement son peuple et sa couronne aux mains de l'usurpateur (1014).

Trois semaines après, Sweyn mourait à Gainsborough, après avoir appelé son fils Knut à lui succéder au trône d'Angleterre. Mais les thanes anglo-saxons, joints aux prélats réunis à Londres, envoyèrent un message à l'exilé de Normandie, pour l'inviter à remonter sur le trône, à condition qu'il éviterait à l'avenir les fautes dont les résultats avaient été si funestes. Ethelred se fit précéder par son fils Edward, qui promit en son nom de corriger ce qui avait déplu à la nation, et de prendre en tout les avis du wittenagemote. L'assemblée des thanes fit de son côté un nouveau serment d'allégeance, et prononça une sentence de proscription ou de mise hors la loi (*out-lawe*) contre tout Danois qui prendrait le titre de roi d'Angleterre.

Le premier soin d'Ethelred fut de convoquer une armée, afin de repousser Knut dans les limites qui jadis avaient été fixées aux Danois. Le retour du roi avait excité une sorte d'enthousiasme parmi les Anglais, l'armée fut assez nombreuse pour que Knut n'osât confier ses destinées au sort d'un combat. Il quitta le sol de l'Angleterre avec soixante vaisseaux. Mais avant de partir il se fit amener les otages que son père avait reçus : c'étaient les rejetons des plus grandes familles de l'Angleterre ; et, après leur avoir fait couper les mains, le nez et les oreilles, il les abandonna sur le rivage et retourna en Danemark, afin d'y lever des troupes.

Le malheur n'avait pas corrigé Ethelred, et bientôt on reconnut qu'il était revenu de Normandie aussi indolent, aussi lâche, aussi cruel qu'auparavant. Ses amis l'abandonnèrent bientôt l'un après l'autre. Thurchill, qui l'avait si vaillamment défendu contre Sweyn et Knut, profita du moment où il venait d'en recevoir une somme de vingt mille livres sterling, pour s'enfuir avec neuf vaisseaux et retourner en Danemark, où il se joignit à la flotte que préparait Knut.

Knut débarqua à Sandwich, ravagea tous les comtés maritimes des côtes méridionales et s'empara du Wessex. En ce moment Edmond, fils aîné d'Ethelred, arrivait du nord avec une armée; Edric, gendre du roi, en commandait une autre levée dans la Mercie. Les deux beaux-frères se rencontrèrent; la réunion des forces qu'ils conduisaient devait les rendre formidables, mais la discorde les sépara, et Edric se jeta dans le parti de Knut. D'autres corps, en grande partie composés de Danois d'origine, suivirent cet exemple.

L'année suivante (1016), Edmond se mit à la tête des Northumbres que le comte Uhtred avait rassemblés dans ses vastes domaines. La guerre alors prit un épouvantable caractère: sang pour sang, incendie pour incendie, vengeance pour vengeance. Le comte Uhtred, désespéré des malheurs de ses vassaux, se soumit au roi de Danemark. Knut le fit venir afin de recevoir son serment, et donna l'ordre à des assassins cachés par un rideau de le mettre à mort sous ses yeux.

L'Angleterre marchait rapidement vers une destruction complète, lorsque Ethelred termina sa longue et calamiteuse carrière, le 23 avril de l'an 1016. Ce monarque laissait de sa première femme Elflède: trois fils, Edmond, Edwy et Ethelstan, et de la seconde, Emma, deux autres fils, Edward et Alfred, que leur mère avait confiés au duc de Normandie, son frère.

Edmond côte-de-fer (1016-1017).—Edmond, surnommé Côte-de-fer (ironside), était accouru à Londres à la première nouvelle de la maladie d'Ethelred. Les citoyens le proclamèrent roi immédiatement après la mort de son père. Mais la capitale se trouvait alors dans la position la plus inquiétante: Knut songeait à l'assiéger; les préparatifs de l'attaque étaient terminés; vingt-sept mille hommes, déposés par la flotte danoise à l'embouchure de la Tamise, n'attendaient qu'un signal pour marcher, et les thanes du Wessex avaient prêté, forcément ou volontairement, serment d'allégeance au prince danois. Bientôt les hommes du Nord se rendirent maîtres de la partie supérieure du fleuve; ils parvinrent à priver la ville de tout approvisionnement en coupant les communications, et il ne resta plus aux habitans qu'à périr ou à traiter.

Knut demandait qu'on lui remît la personne d'Edmond et celle de son frère Edwy, pour en disposer à sa volonté; qu'on lui payât, pour la rançon de la reine douairière Emma, et pour celle de deux évêques, qui étaient dans la ville, une somme de vingt-sept mille livres d'argent, et qu'on lui donnât en outre trois cents otages. L'incendie et le pillage devaient être la suite du refus d'acceptation. Cependant ces conditions étaient inadmissibles. Edmond et Edwy, ne voyant plus de salut à espérer dans une plus longue résidence à Londres, songèrent à se procurer des moyens d'évasion. Couchés au fond d'un petit bateau, ils parvinrent à traverser la flotte danoise pendant les ténèbres d'une nuit sans lune, et ils atteignirent un détachement du Wessex, qui s'avançait à leur secours.

En peu de jours Edmond eut rassemblé une armée, et il courut au-devant des Danois. Les deux batailles sanglantes de Scearstan et d'Assington amenèrent un traité qui partagea le royaume entre les deux compétiteurs. La Mercie, le Northumberland, l'Est-Anglie et tout le nord de l'Angleterre, appartinrent à Knut; les provinces méridionales restèrent au prince Edmond, et l'impôt du danegeld, dont le produit devait être affecté aux dépenses de la flotte danoise, fut établi sur les peuples des deux souverainetés. Ainsi, le royaume d'Edmond se trouva tributaire de celui de Knut.

Cette espèce de concordat était à peine signé, qu'Edmond, suivant les écrivains du temps, fut visité de Dieu, c'est-à-dire qu'il mourut subitement (1017). Plusieurs pensent qu'il fut assassiné soit par Edric, soit à l'instigation de Knut. Toutefois le fait est incertain. Il laissa deux fils encore enfants, Edward et Edmond, et fut inhumé à Glastonbury.

Costume des évêques à la fin du xe siècle, d'après le MS. saxon Tiberius C. VI.

DEPUIS L'AVÉNEMENT DE KNUT LE DANOIS

JUSQU'AU RÉTABLISSEMENT DES ROIS ANGLO-SAXONS (1017-1042).

KNUT LE DANOIS
(1017-1035).

I[1] ne se trouva personne à la mort d'Edmond Côte-de-Fer qui osât disputer à Knut la possession du royaume de ce prince; d'ailleurs Knut assura qu'aux termes du concordat passé entre Edmond Côte-de-Fer et lui, à Olney, la couronne devait appartenir de droit au survivant, et quoique quelques amis du roi défunt prétendissent qu'il avait été seulement convenu alors que Knut serait le tuteur des enfants d'Edmond, le prince danois fut élu à l'unanimité, par l'assemblée des witans, roi de toute l'Angleterre.

Le premier soin de Knut fut de se défaire de tous les membres de l'ancienne famille royale qui pouvaient devenir ses adversaires. « Celui, disait-il, qui m'apportera la tête d'un de mes ennemis me sera plus cher que s'il était mon frère. » Il fit saisir les deux fils d'Edmond, les embarqua et les envoya au roi de Suède Olaf, son frère utérin, en l'invitant, dit-on, à les mettre à mort. Olaf ne voulut pas se souiller du sang de deux enfants; mais afin de les expatrier sans espoir de retour, il les envoya au roi de Hongrie, Etienne, qui les reçut et les fit élever comme ses propres fils.

Knut n'ayant plus rien à redouter de ce côté, tourna son attention sur les frères de son prédécesseur, les fils d'Ethelred. Il commença par se défaire d'Edwy, le bien-aimé du peuple, et que l'on avait surnommé le roi des paysans; Edwy fut assassiné au sein de sa famille. Il restait encore deux jeunes princes, qu'Emma, leur mère, veuve d'Ethelred, avait confiés à Richard, duc de Normandie, et en faveur desquels le duc préparait un

---

1. Cette lettre est tirée d'un MS. anglo-saxon de la fin du Xe siècle.

armement. Knut, que pouvait ébranler sur son trône mal assuré la puissance d'un tel ennemi, se hâta de demander à Richard la main de sa sœur, en déclarant que s'il naissait des enfants de cette union, il s'engageait à leur réserver le trône d'Angleterre. Emma, oubliant en un instant que Knut avait disputé la couronne à son premier époux, qu'il était le persécuteur ou le bourreau de toute sa famille, qu'il passait pour l'assassin d'Edmond Côte-de-Fer et de son frère Edwy, ses beaux-fils; qu'en acceptant la main de l'usurpateur, elle dépouillait elle-même ses propres enfants et les mettait au rang des proscrits, accepta la proposition, et le mariage se célébra immédiatement avec de grandes solennités, à la vive désapprobation des Anglais (1017).

Knut et la reine Emma, d'après un manuscrit inédit, appartenant à Thomas Astle, Esq. Emma est ici désignée sous le nom de *Alfgyva Regina*, parce qu'à son arrivée en Angleterre, lors de son mariage avec Ethelred, les Saxons avaient changé son nom normand d'Emma contre celui d'Alfgyva, qui signifiait, en anglo-saxon, *présent des Génies*.

Afin de récompenser les grands qui l'avaient servi, Knut divisa l'Angleterre en quatre gouvernements; il donna l'Est-Anglie à Thurchill, la Mercie à Edric, le Northumberland à Eric, et se réserva l'administration du Wessex. Mais bientôt, peu confiant dans la fidélité de ces chefs, il fit assassiner Edric avec les plus puissants de ses vassaux; Turchill et Eric furent proscrits et leurs propriétés confisquées, partagées et distribuées aux chefs venus de Danemark à la suite du roi.

Knut avait rendu le repos à l'Angleterre, et de crainte que la paix ne fût encore troublée par suite de l'animosité qui existait entre les indigènes et ses Danois, il résolut de renvoyer en Danemark tous ceux qui ne seraient pas absolument nécessaires à la consolidation de sa puissance. A cet effet, il leva sur toute la nation un impôt de 80,000 livres d'argent, qu'il répartit ensuite entre les soldats qu'il renvoyait en Danemark, et il ne conserva pour sa garde que trois mille hommes d'élite, qui composèrent le corps nommé *thing-manna*, ou gens du palais. Dès-lors, tous les soins de ce roi, naguère si cruel, se tournèrent vers la prospérité de son royaume. Il réunit souvent le witenagemote, confirma les ordonnances d'Edgard, et fit promulguer un nouveau code basé sur les anciennes lois, augmentées et modifiées selon les mœurs et les besoins actuels. Les additions portaient entre autres points, qu'aucune héritière, fille ou veuve, ne serait mariée contre sa volonté; dispositions importantes, en ce que les seigneurs ou tuteurs dont elles dépendaient, soit par vassalité, soit par tutelle, vendaient leur main à deniers comptants, sans considérer la convenance de l'union qu'ils imposaient. On remarquait parmi les autres articles l'abolition de la coutume qui permettait aux officiers du roi de lever des provisions gratuites pour le service du roi et de sa suite, quand il était en voyage, et Knut voulut que sa table fût entretenue du produit de ses fermes et domaines. Il proportionna à la richesse des tenanciers le *heriot*, ou droit d'hérédité, qui se payait au trésor, soit qu'ils eussent testé, soit qu'ils mourussent intestat, et il le réduisit à un taux modéré. Il reconnut trois sortes de jurisprudences dans le royaume : celle des Danois, introduite en Est-Anglie et en Northumbrie depuis plus de deux cents ans; celle des West-Saxons et celle des Merciens; jurisprudences qui, du reste, ne différaient guère entre elles que par le taux des amendes attribuées aux divers délits. Il défendit le culte des pierres, des fontaines et des arbres, débris du druidisme, et celui du soleil, de la lune et du feu, restes du paganisme apporté par les premiers Danois; et il menaça les sorciers ou devins et gens à seconde vue de châtiments exemplaires. Enfin, il prohiba l'usage de vendre des esclaves chrétiens en pays étranger, parce qu'on risquait ainsi de placer des adorateurs du vrai Dieu en des mains infidèles, et qu'on les exposait à l'apostasie. Il recommanda aussi aux magistrats la vigilance, la sévérité envers le coupable endurci, l'indulgence envers l'accusé repentant, la rigueur pour le riche et le puissant, la douceur et la miséricorde pour le faible et l'indigent; et il ordonna que tout individu, qu'il fût Anglais ou Danois, serait également astreint à se soumettre à ces lois, passible d'une amende déterminée à la première infraction, d'une double amende à la seconde, et d'une confiscation de toutes ses propriétés à la troisième.

Ces sages dispositions lui conciliaient l'esprit des Anglais, son zèle pour le christianisme lui valut l'attachement du clergé ; il rebâtit les églises que son père et lui avaient brûlées, dota avec magnificence les abbayes et les monastères, et dans une visite qu'il fit à son royaume de Danemark, il y conduisit de nombreux missionnaires, dont les efforts propagèrent rapidement la religion chrétienne dans cette contrée. Tels furent le zèle et la piété de Knut, qu'en 1030 il résolut de se rendre en pèlerinage à Rome. De monastère en monastère, et d'église en église, et après avoir donné dans tous les lieux où il s'était arrêté des marques de sa pieuse libéralité, il arriva dans la ville sainte. De Rome il retourna en Danemark, et pendant son voyage il adressa à la nation anglaise une lettre qui contraste singulièrement avec les premiers actes de sa royauté.

« Knut, roi de Danemark, de toute l'Angleterre, de la Norwége et de la Suède, au métropolitain primat Egelnoth, à Elfric l'archevêque, à tous les évêques et prélats, à tout le peuple anglais, nobles et gens des communes, salut. Je vous fais savoir que je suis allé à Rome, afin d'obtenir la rémission de mes péchés et de prier pour le salut de mes royaumes et des peuples soumis à ma domination. J'avais fait ce vœu depuis longtemps, mais les affaires d'état et divers empêchements m'avaient détourné de l'accomplir. Je remercie humblement le Dieu tout-puissant de m'avoir, une fois en ma vie, octroyé la grâce de visiter les tombeaux des très-saints et bienheureux apôtres Pierre et Paul, et de tous les saints qui reposent soit dans l'enceinte des murs, soit au dehors de Rome, et de m'avoir permis de les honorer et vénérer en personne. Et cela, je l'ai fait parce que j'ai appris de la bouche des sages, mes savants maîtres, que saint Pierre l'apôtre a reçu du Seigneur la puissance de lier et délier avec les clefs du royaume céleste, et j'ai jugé qu'il était utile de solliciter son appui près de Dieu.

« Sachez, en outre, qu'à la solennité de Pâques, il s'est tenu une grande assemblée de personnages illustres devant le seigneur pape Jean et l'empereur Conrad, c'est à savoir tous les chefs des nations, depuis le mont Gargano jusqu'à la mer qui nous avoisine. Ils m'ont accueilli avec distinction, particulièrement l'empereur, et m'ont offert des présents très-précieux, des vases d'or et d'argent, des manteaux et vêtements de prix et de riches étoffes. Je me suis entretenu avec l'empereur, le seigneur pape et autres princes, sur les besoins et griefs des peuples de mes royaumes anglais et danois, afin d'obtenir pour eux une sauvegarde qui leur valût justice et sûreté dans leurs voyages à Rome, et empêchât qu'ils ne fussent retardés dans leur route par les clôtures des monts, et rançonnés par d'injustes et ruineuses exactions. L'empereur et le roi de Bourgogne et d'Arles, possesseurs de la plupart des barrières, et tous les autres princes, me promirent que mes sujets, pèlerins ou marchands, pourraient à l'avenir se rendre à Rome et revenir dans leur patrie sans être retenus aux barrières, ou sans payer des droits illicites et exorbitants.

« J'ai encore exprimé au seigneur pape mon déplaisir des sommes d'argent énormes qui sont exigées de mes archevêques lorsque, suivant l'usage, ils se dirigent vers le siége apostolique afin d'obtenir le pallium, et le saint père a décidé que cet abus ne se renouvellerait pas à l'avenir. Tout ce que j'ai demandé au pape, à l'empereur, aux princes dont il faut traverser les états pour se rendre d'Angleterre à Rome, m'a été de bon cœur accordé, et cet accord, ratifié par serment devant quatre archevêques, vingt évêques et une foule immense de ducs, de comtes et de nobles hommes. J'offre donc à Dieu mes humbles remercîments à la bonté duquel je dois d'avoir si honorablement exécuté ce qui avait été dans mes intentions, et d'avoir satisfait à tous mes désirs.

« Sachez actuellement que j'ai fait vœu au Dieu tout-puissant de régler ma vie selon la droiture, afin de gouverner mon peuple avec équité, et d'observer en tout une exacte justice. Ce que j'ai fait dans mes jeunes ans de contraire à l'équité, j'entends, avec l'aide de Dieu, l'amender entièrement et faire compensation, selon mon pouvoir. C'est pourquoi je prie et requiers les gens de mon conseil, et tous ceux à qui j'ai confié le gouvernement des affaires de mon royaume, s'ils mettent du prix à mon amitié et s'ils veulent sauver leur vie et leur âme, de ne se prêter à aucune injustice par crainte de moi ou en faveur des hommes puissants, et de ne faire tort ni violence à personne, riche ou pauvre, afin que chacun, noble ou non et selon son état, jouisse de ses droits et de ce qu'il possède selon la loi, et ne soit troublé en cela, ni en mon nom, ni en aucun autre, ni sous prétexte des besoins d'argent qu'éprouverait mon trésor; car je ne veux point d'argent levé par des moyens illégaux.

« Je me rends à présent en Danemark avec la détermination de donner la paix à des nations dont la méchanceté ou l'erreur ne tendait à rien moins qu'à priver ma personne de la couronne et de la vie. Mais Dieu a retenu leurs bras et détruit leurs ressources, et sa bonté, en laquelle je me confie, me préservera d'embûches et confondra tous mes ennemis. Dès que cette paix sera conclue, que j'aurai réglé toutes mes affaires dans mes états de l'est, et que les préparatifs de mon embarquement seront terminés, je me propose de retourner en Angleterre. Si, d'avance, je vous ai envoyé cette lettre, c'est afin que la joie que doivent inspirer mes prospérités anime tous les peuples de mes royaumes; car vous n'ignorez pas que, de ma personne et par mes travaux, je n'ai jamais rien épargné afin d'obtenir quelque avantage pour mes sujets. Enfin, vous évêques et vous shérifs de mon royaume d'Angleterre, je vous prie et vous adjure, par la foi que vous devez à Dieu et à moi, de faire en sorte qu'avant mon retour toutes vos dettes envers Dieu soient acquittées, savoir : les *plough-alms* (aumônes ou droits par charrue sur les terres en labour), les dîmes des troupeaux nés dans l'année courante, les deniers dus à saint Pierre par chaque maison de ville ou de village, les dîmes des moissons à la mi-août, et le *kirk-shot* (droit d'église, prémices des semences), à la Saint-Martin, dans l'église paroissiale. Si ces droits n'étaient pas exactement payés à l'époque de mon prochain débarquement, ma royale puissance s'exercerait contre les retardataires, et punirait sévèrement, selon la rigueur de la loi et sans aucune grâce. Portez-vous bien, mes grands et féaux amis. »

Cette attention continuelle de Knut pour le bonheur de ses nouveaux sujets lui avait concilié leur amour. Les Anglo-Saxons combattaient gaîment sous ses ordres, et les nobles le suivaient avec zèle et dévouement. Le plus célèbre de tous était Godwin. C'était le fils d'un pauvre paysan. Encore enfant, il rencontra un jour

dans un bois un chef danois qui, dans une déroute, séparé de sa troupe, s'était égaré ; ce chef lui demanda à quelle distance il se trouvait des points de la côte occupés par les vaisseaux danois, et quelle était la route à suivre pour y parvenir. Ces questions ne pouvaient manquer de le faire reconnaître ; aussi le jeune paysan lui répondit : « Bien fou est le Danois qui attend son salut d'un Saxon! » Le Danois cependant renouvela ses instances, et fit à Godwin les promesses qu'il crut les plus capables de le déterminer. « La route n'est pas longue, dit le jeune homme ; mais
« comment la parcourir? Mille dangers t'y attendent. Les paysans, animés par la vic-
« toire que les troupes d'Edmond ont remportée hier, sont armés et répandus dans
« toute la campagne. Ils ne feraient grâce ni à toi ni à ton guide. » Le Danois lui offrit un anneau d'or. C'était un métal que ne connaissait pas le Saxon; celui-ci l'examina curieusement, puis le rendit au fugitif : « Je n'accepterai rien de toi, lui
« dit-il, mais j'essaierai de te sauver. » Il conduisit le Danois dans la cabane de son vieux père, et quand la nuit fut venue, ils se remirent tous deux en route. Le vieillard alors dit à l'étranger : « Godwin est mon fils unique ; il se livre à
« ta bonne foi. Du moment où il t'aura servi de guide, il ne sera plus en sûreté
« lui-même parmi ses compagnons. Que ton roi donc le récompense et le prenne
« à son service ». Le Danois le promit, et il tint parole.

Suivant l'usage du temps, il donna dans sa tente à Godwin un siége aussi élevé que le sien, le traita comme son fils, et lui enseigna le métier des armes. Le

Danois ; d'après le MS. anglo-danois de la bibliothèque Bodléienne, Caligula A. vii.

jeune pâtre ne tarda pas à se distinguer, et dans la guerre de Knut contre Olaf, roi de Suède, il rendit de tels services au prince danois, que celui-ci le nomma earl ou commandant du Wessex et lui donna même la main d'une de ses filles.

Aidé des talents de Godwin, du courage des soldats et des marins anglais, Knut soumit à sa domination la Suède, la Norwége et la plupart des îles de la mer Baltique. Il prit alors le titre d'empereur du Septentrion, par la grâce du Christ, roi des rois.

Knut vécut encore trois années après son pèlerinage, et ce furent pour ses peuples trois années de paix. En 1035, il mourut à Shaftesbury et fut inhumé à Winchester. Avant son hymen avec la princesse Emma, il avait eu de la fille d'Alfhelm, comte de Northampton, deux fils naturels, nommés Sweyn et Harold. L'aîné avait été placé par Knut lui-même sur le trône de Norwége, et le second, Harold, vivait à sa cour. Emma lui avait donné un fils, appelé Harde-Knut.

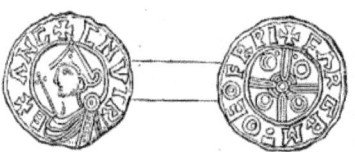

Vase et monnaies du temps de Knut. Ce vase fut trouvé en 1845, à Halton-Moor, il contenait un grand nombre de pièces danoises, la plupart à l'effigie de Knut ; celles-ci sont toutes du même type, et représentent : Face. — Le roi la tête couverte d'un casque et son sceptre à la main avec cette légende : CNUT REX ANGLORUM. Cnut roi des Anglais. Revers. — FARGIRM OEOFRI. Fargrim (nom du monétaire) à York. — Une croix cantonnée de quatre besants.

HAROLD, surnommé PIED-DE-LIÈVRE (1035-1040). — Les articles du traité fait avec Richard, duc de Normandie, lorsque Knut épousa la sœur de ce prince, portaient que les fils qu'il aurait d'elle seraient rois d'Angleterre, à l'exclusion des autres enfants de Knut. A la mort de son père, Harde-Knut se hâta d'abord de se rendre en Danemark. La possession ne lui en fut pas disputée ; mais lorsqu'il songea à revenir en Angleterre, il apprit que le thingmanna, tous les Danois et les Anglais du nord avaient embrassé le parti de Harold. Les Anglais du sud s'étaient déclarés pour Harde-Knut, qui leur semblait un compatriote parce qu'il était né au milieu d'eux, et le comte Godwin avait épousé ses intérêts. Un troisième parti proposait de mettre sur le trône un des fils d'Ethelred, qui vivait toujours en Normandie. La guerre civile paraissait donc imminente, lorsque, dans un witenagemote assemblé à Oxford (1036), les nobles et les prélats arrêtèrent que Harold serait mis en possession de la ville de Londres et de toutes les provinces situées au nord de la Tamise, et que les divisions méridionales appartiendraient à Harde-Knut, à qui l'on assigna pour tuteurs la reine Emma et le comte Godwin.

Le duc Robert de Normandie était mort dans un pèlerinage à la Terre-Sainte, et la minorité du fils qui lui succéda ne présageait plus qu'une protection très-précaire aux deux fils d'Ethelred et d'Emma, déshérités du trône par les intrigues de leur mère. Cependant, Edward, l'un d'eux, dans l'intention de soutenir les efforts de ses amis et de partager leurs périls, résolut de se rendre en Angleterre. Il parvint à rassembler une quarantaine de vaisseaux, et vint débarquer à Southampton.

Edward avait espéré que sa mère, effrayée des progrès de la puissance d'Harold, et déjà secrètement abandonnée par Godwin, dont l'ambition ne s'accommodait pas de l'absence prolongée de Harde-Knut, se déclarerait en sa faveur, ne fût-ce que par crainte ou par politique. Mais il se trompait complètement sur le sentiment de sa mère à son égard, et une armée formidable le força bientôt de regagner les ports de la Normandie.

Le cœur d'Emma n'était ouvert qu'à l'ambition. La prolongation du séjour de Harde-Knut en Danemark et l'accroissement de la puissance de Harold la décidèrent à se rapprocher de ce dernier. Elle lui livra le trésor de Knut, le fit reconnaître par les chefs saxons de l'ouest, et quitta le séjour de Winchester pour s'établir à Londres, près de l'adversaire de ses fils. Elle y était à peine, qu'une lettre fut adressée en son nom aux deux princes qui résidaient en Normandie. Cette missive leur annonçait que les Anglo-Saxons, las du gouvernement de Harold, semblaient disposés à secouer le joug, et peut-être à donner la couronne à l'un des fils d'Ethelred. Elle invitait donc l'un des deux frères à se rendre promptement et secrètement auprès de la reine Emma, afin de s'entendre avec elle et leurs amis sur les moyens de faire valoir leurs droits à la couronne.

Que cette lettre ait été ou non écrite par Emma, les fils d'Ethelred la reçurent avec joie. Alfred, le plus jeune, se mit à la tête de l'expédition. Il leva quelques troupes en Normandie et dans le Boulonnais, se présenta au port de Sandwich, où il apprit que des forces considérables se préparaient à le combattre, revint vers le nord, et débarqua sans obstacle près de Cantorbéry. Le comte Godwin vint à sa rencontre, et lui promit de le conduire en sûreté près d'Emma ; mais la trahison entourait le malheureux Alfred. Les défenseurs de Godwin ont écrit que ce chef avait conçu le projet de se servir du jeune prince pour opérer la délivrance de sa patrie, mais que ses bonnes dispositions se changèrent en malveillance quand il reconnut qu'Alfred se livrait aux conseils d'aventuriers étrangers, auxquels il avait promis des possessions en Angleterre. Godwin se contenta donc de l'amener à Guildford, où il lui fit prendre des quartiers chez les habitants, en dispersant ses troupes d'une manière inusitée, puis il se retira en promettant, disent quelques historiens, de le rejoindre le lendemain ; d'autres affirment que tout était convenu d'avance avec Harold, et que Godwin se hâta de le faire prévenir que ses intentions étaient exécutées. Dans la nuit, les gens de Harold s'emparèrent de Guildford, saisirent les étrangers, qui s'étaient livrés au sommeil, et les garrottèrent. Le lendemain, six cents hommes environ, chargés de liens, furent rangés sur une ligne ; on les compta, et neuf sur dix furent dévoués à la mort la plus cruelle. Alfred, abreuvé d'outrages, à moitié nu, lié sur un méchant cheval, exposé dans toutes les villes de son passage à la dérision de la populace, fut jeté dans un cachot du monastère d'Ely, d'où on le tira bientôt pour le traduire devant un prétendu tribunal, où il était jugé d'avance. Le fils d'Ethelred et d'Emma fut condamné à perdre les yeux par la main du bourreau. Après l'exécution de cette horrible sentence, on ramena le misérable prince, puni comme violateur de la paix publique, au monastère d'Ely, où il ne tarda pas à succomber ; on a même écrit que ce fut sous le poignard d'un meurtrier.

On ne sait si la mère d'Alfred trempa dans ce dernier crime. Peu de temps après, elle fut exilée de l'Angleterre par les ordres de Harold, et se retira en Flandre, où Baudouin lui accorda un asile. Harold triomphant, s'empara des possessions destinées à Harde-Knut, et se fit reconnaître comme roi de toute l'Angleterre. L'archevêque de Cantorbéry, Egelnoth, refusa d'abord de lui accorder l'onction royale, et, plaçant sur l'autel le sceptre et la couronne, il s'écria : « Knut m'a « confié ces insignes de la dignité des rois ; je ne vous les donne pas, je ne vous les « refuse pas ; prenez-les s'il vous convient. Je défends d'ailleurs à tous mes évêques « de procéder à l'accomplissement d'une cérémonie qui fait partie de mes attri- « butions ». Quelques présents abaissèrent ce ton hautain ; Harold donna son manteau royal à l'abbaye de Croyland, et son couronnement eut lieu avec solennité.

Harold mourut en 1040, après cinq ans de règne.

HARDE-KNUT (1040-1042). — Les Anglo-Saxons n'osèrent à la mort de Harold se donner un roi de leur choix, et ils se réunirent aux Danois afin de pourvoir à la vacance du trône. Le fils de Knut et d'Emma, Harde-Knut, fut élu à l'unanimité. Il arriva à Londres avec une flotte nombreuse, et fut reconnu roi sans opposition.

L'un des premiers actes de son gouvernement fut d'ordonner que l'on ouvrît la tombe de son prédécesseur, qu'on exhumât son cadavre, qu'on lui tranchât la tête et qu'on jetât ces débris dans la Tamise. Ces ordres furent exécutés. Des pêcheurs recueillirent les restes de Harold et les ensevelirent ; mais Harde-Knut, instruit de cet acte de piété, fit déterrer de nouveau les restes de son frère et les fit livrer encore aux eaux du fleuve, où d'autres pêcheurs les retrouvèrent. Cette fois, ils furent apportés au cimetière de Saint-Clément, sépulture réservée aux Danois, qui, même dans la mort, prétendaient être séparés des Anglo-Saxons. Harde-Knut en

Dessin et plan de tombeaux danois [1].

même temps envoya des messagers à son frère utérin, Edward, qui résidait toujours en Normandie, le supplia de se rendre à la cour d'Angleterre, le combla de marques d'amitié, et lui donna un établissement convenable à sa naissance.

Le gouvernement de Harde-Knut s'annonçait d'une manière violente et tyrannique. Les Danois recommençaient à traiter les Saxons en peuples vaincus. C'étaient les gens de race indigène qui seuls payaient les impôts, dont ils voyaient passer le produit entre les mains de leurs oppresseurs. Quoique les ordonnances de Knut eussent déclaré que la coutume de fournir au roi des provisions gratuites dans ses voyages était abolie, cette mesure ne profitait en réalité qu'aux Danois, car si le

[1] Ces tombeaux ont été découverts en 1817 dans le Somersetshire. — Une galerie de 57 pieds de long formait, ainsi que l'indique le plan, deux couloirs et trois chambres où étaient déposés des cadavres. On y a trouvé des ossements et des urnes cinéraires, ce qui prouve qu'on n'avait pas encore perdu la coutume de brûler les corps.

roi descendait dans la demeure d'un indigène, ses officiers disposaient de tout ce qu'il possédait, l'accablaient d'insultes, outrageaient à plaisir sa femme, sa sœur, sa fille ou sa servante; et s'il entreprenait de défendre ou de venger les êtres qu'il aimait, sa tête était mise à prix comme celle d'un loup; et il ne lui restait qu'à fuir dans les forêts et à vivre de pillage, en attendant l'heure de la vengeance. Le mécontentement populaire s'augmenta sourdement; l'augmentation de l'impôt du danegeld le fit éclater. Deux collecteurs de taxes, à Worcester, tombèrent sous les coups du peuple, victimes du désespoir qu'ils avaient excité. Le roi, furieux, donna l'ordre à Godwin, comte de Wessex; à Leofric, duc de Mercie, et à Siward, duc de Northumberland, de marcher contre Worcester, d'incendier la ville et la livrer au pillage. Cette volonté cruelle fut exécutée. Les soldats saccagèrent Worcester durant quatre jours et l'incendièrent le cinquième. Les habitants avaient abandonné leurs maisons et s'étaient retirés dans une petite île formée par la Severn; ils s'y retranchèrent et se défendirent avec tant d'énergie, que Harde-Knut jugea enfin convenable et prudent de leur pardonner, et de permettre qu'ils reprissent possession de leurs foyers détruits.

La mort subite de Harde-Knut, arrivée en 1042, mit un terme aux souffrances que son règne promettait aux Saxons, et rétablit la couronne d'Angleterre dans la ligne anglo-saxonne.

Baptistaire danois du prieuré de Kirkburn (Yorkshire).

DEPUIS LE RÉTABLISSEMENT DES ROIS ANGLO-SAXONS
JUSQU'A LA BATAILLE DE HASTINGS (1042-1066).

EDWARD-LE-CONFESSEUR
(1042-1066).

oute la nation anglo-saxonne attendait avec impatience le moment de secouer le joug des Danois. A la mort de Harde-Knut, les circonstances parurent favorables. Les deux derniers rois n'avaient pas laissé de postérité, et l'aîné des fils de Knut, Sweyn, roi de Norwége, était absorbé par les affaires de son royaume. Une armée anglo-saxonne se forma rapidement, proclama Edward, fils d'Ethelred et d'Emma, et frère utérin de Harde-Knut, attaqua les Danois, les refoula de ville en ville, et en contraignit un grand nombre à regagner leurs vaisseaux et à retourner en Danemark. Ces événements étaient déjà fort avantageux à la cause du fils d'Ethelred; mais on attendait avec anxiété le parti que prendrait le puissant comte Godwin. Edward avait accusé publiquement Godwin du meurtre d'Alfred, son frère, et l'on craignait qu'une pareille offense n'eût engendré une haine impossible à éteindre; en outre, le comte pouvait, si telle était sa volonté, s'emparer de la couronne à son profit, et l'on se rappelait qu'il devait toute sa grandeur au parti des Danois, qui l'avait élevé au rang qu'il occupait. Godwin, toutefois, arbora l'étendard en faveur de l'indépendance de la race anglo-saxonne; il se mit à la tête de la nation soulevée, se déclara pour Edward, et contribua de sa fortune et de ses armes à l'expulsion de la race danoise.

Edward était en Normandie lorsqu'un message national lui fut envoyé pour lui annoncer que le peuple l'avait élu roi. Il se rendit aussitôt en Angleterre, et fut couronné par l'archevêque Edsy, dans l'église de Winchester (1042). Edward avait alors quarante ans, et vingt-sept années d'exil et de peines lui avaient fait un caractère de modération qui devait assurer le bonheur de ses sujets. Le but de toutes ses actions fut donc le maintien de la paix, la diminution des charges qui pesaient sur le peuple, la restauration des lois, la propagation de la religion. Ses habitudes étaient celles d'un simple citoyen; mais si ses vertus parurent recommandables, et s'il parvint à se faire aimer, il éloigna souvent le respect par son excessive bonté, et il réprima difficilement la turbulence des nobles de sa cour, qui connurent bientôt la faiblesse de son esprit et son irrésolution.

Les plus grands seigneurs de l'Angleterre, à l'époque de l'avénement d'Edward, étaient le comte Siward, qui gouvernait le Northumberland; le comte de Leicester, Leofric, qui commandait à la plus grande partie de la Mercie; le comte Godwin, dont l'autorité s'étendait sur le Wessex, le Sussex et le Kent. Les deux fils de Godwin, Sweyn et Harold, obtinrent de la reconnaissance d'Edward, le premier, un comté composé du Glocester, du Somerset, d'Oxford et de Berks; le second, un autre comté formé de l'Est-Anglie, de l'Essex, du Huntingdon et du Cambridgeshire. Ces personnages étaient certainement par leur union et leurs attributions plus puissants que le roi lui-même. Ils levaient et commandaient les troupes des provinces qu'ils gouvernaient, y jugeaient souverainement et faisaient percevoir les impôts et les amendes judiciaires; ils jouissaient enfin de tous les pouvoirs des anciens ealdormen, dont le nom seul était changé, et ils y joignaient des prérogatives nouvelles et toutes royales.

Le premier acte de l'administration d'Edward fut d'annuler toutes les donations faites par ses prédécesseurs danois. Comme la plupart des donataires étaient des étrangers, le peuple fut peu touché de leur détresse, et la spoliation s'opéra sans trouble et sans opposition. La nation, d'ailleurs, vit avec joie l'abolition de l'impôt du danegeld, qui cessa naturellement d'être perçu lorsque les Danois formant le thingmanna furent renvoyés en Danemark.

Edward n'avait point oublié que sa mère Emma, en épousant Knut, était devenue tout à fait indifférente au sort des enfants qu'elle avait eus d'Ethelred, et qu'elle avait embrassé la cause du roi Harold, son persécuteur et l'assassin d'Alfred son frère. Emma fut exilée de la cour et ses biens en partie confisqués.

Pour prix des services que lui avait rendus Godwin, Edward s'était engagé à épouser Editha, fille du comte, et le mariage avait été célébré en 1044; mais le roi, dont la haine secrète pour Godwin existait toujours, ne put jamais montrer à sa fille ni confiance ni affection, et quand il se vit forcé de l'épouser pour obéir au serment que Godwin avait exigé de lui, il fit connaître à Editha que, lié par un vœu de continence, il ne pouvait lui accorder que le titre de reine et les honneurs de la couronne. Cette conduite irrita vivement Godwin; d'autres sujets plus graves vinrent bientôt augmenter son mécontentement.

L'une des conditions imposées par les Anglo-Saxons au retour d'Edward, avait été qu'il n'amènerait avec lui qu'un très-petit nombre de Normands, parce qu'on redoutait leur influence sur son esprit. Cependant le roi, qui avait vu s'écouler son enfance en Normandie, qui avait vieilli parmi des hommes dont le langage et les mœurs différaient beaucoup des mœurs et du langage des Anglo-Saxons, n'avait pas mis en oubli les hommes qui l'avaient accueilli dans le malheur, secouru dans sa pauvreté, honoré dans son exil. Il ne put s'empêcher d'admettre avec faveur à sa cour les amis qui ne l'avaient pas délaissé dans ses jours de détresse. La supériorité réelle de leur instruction, la culture de leur esprit, et par-dessus tout, sans doute, l'amitié d'Edward, attirèrent sur eux tous les regards. L'idiome franco-normand parut bientôt le seul digne des hommes de naissance, et tous les courtisans étudièrent et balbutièrent ce langage, en adoptant les coutumes, en imitant les usages et les amusements des Normands ; les gens de loi ne parlèrent plus que le français. On ne s'adressait plus au roi que dans cette langue ; il fallait l'employer si l'on ne voulait essuyer des refus, et l'idiome national, abandonné à la populace, devint un objet de risée au palais du prince. L'influence étrangère se fit remarquer surtout dans le choix des dignitaires du clergé. Les évêchés de Londres et de Dorchester, le siége archiépiscopal de Cantorbéry furent conférés à des ecclésiastiques normands, jadis chapélains d'Edward, qui ne tardèrent pas à obtenir une grande part dans les affaires publiques.

Le peuple s'effraya de cet attachement irréfléchi du roi pour une race étrangère. Les courtisans de la Normandie n'étaient, disait-il, que des fauteurs de troubles et de discordes, qui, sous le masque de l'amitié, sous des apparences de paix, préparaient une nouvelle invasion étrangère. Godwin, qui craignait que ces nouveaux favoris n'ébranlassent sa puissance, déclara hautement qu'il se souvenait de son origine plébéienne, et qu'il croyait de son devoir de résister à l'influence normande. Le peuple souhaitait longue vie au grand chef de terre et de mer, et plaçait au même rang l'irruption danoise et l'alliance normande, dont l'une avait commencé, par les ravages de la guerre, la destruction de la race anglaise que l'autre achevait par l'astuce et la fourberie. Sur ces entrefaites, Eustache, comte de Boulogne, qui venait d'épouser Goda, sœur d'Edward, veuve de Gaultier, comte de Mantes, passa le détroit pour visiter son beau-frère (1051). Il trouva au palais du roi un si grand nombre de commensaux nés comme lui en France ou employant le même idiome, qu'il crut n'avoir point changé de pays. En retournant vers ses états, il se dirigea sur Douvres, ville qui appartenait à Godwin, et y fit son entrée armé de toutes pièces sur son grand cheval de bataille, à la tête de ses compagnons, également armés. Ils se promenèrent insolemment par la ville, et, soit que les logements qu'on leur avait donnés ne leur convinssent pas, soit qu'on refusât de les y recevoir, et qu'ils essayassent de s'en emparer de vive force, il arriva qu'un des hommes de la suite d'Eustache tua un des habitants. Ce meurtre fut le signal d'un engagement général entre les Français et les Anglais. Dix-neuf Boulonnais et un pareil nombre de leurs adversaires furent tués. Le comte prit la fuite pour échapper à la fureur populaire, et n'osant se rendre au port où il devait s'embarquer, il revint à Glocester solliciter la justice d'Edward, ou plutôt sa vengeance.

Edward, en effet, saisit avec une sorte d'avidité cette occasion d'humilier Godwin. Sans ordonner aucune recherche pour découvrir les vrais coupables, il manda le comte de Wessex et lui dit : « Le comte Eustache, mon beau-frère, jouissait de la « paix du roi : elle a été violée par des méchants ; pars à l'instant et va châtier par

« la force des armes ceux qui ont osé attaquer mon parent ». Godwin répondit qu'il ne convenait pas que le roi condamnât sans les entendre des hommes qu'il était de son devoir de protéger; et qu'il fallait citer, selon les formes légales, les magistrats de Douvres devant le roi et les juges royaux. Le refus de Godwin fut approuvé par ses fils et applaudi par une partie de la nation; mais Edward accusa le comte de Wessex de désobéissance et de rébellion, et le somma de comparaître devant le grand conseil. Au lieu d'obéir, Godwin rassembla des troupes dans les contrées au sud de la Tamise; l'aîné de ses fils, Harold, se mit à la tête de celles qui venaient des côtes de l'est, et Sweyn prit le commandement des guerriers des frontières galloises et des bords de la Severn. Ces trois corps d'armée se réunirent sous le prétexte de punir quelques déprédations commises par la garnison normande du château de Hereford sur des propriétés de Harold; mais lorsque Godwin et ses fils se crurent en force suffisante, ils envoyèrent au roi des messagers pour lui intimer l'intention où ils étaient d'obtenir que le comte Eustache et ses gens fussent soumis au jugement des tribunaux nationaux. Edward n'avait pas été dupe des prétextes allégués pour excuser la réunion des vassaux du comte de Wessex, et il s'était déjà mis en mesure de résister à ses attaques, en appelant à son secours Siward, comte de Northumberland, et Leofric, comte de Mercie, auxquels se joignit Radulf, fils de la sœur du roi et du français Gaultier de Mantes, et nouvellement créé par Edward comte de Hereford. Les troupes des deux partis hésitèrent un moment à combattre, et les chefs proposèrent de traiter dans un witenagemote. De part et d'autre on se jura la paix de Dieu et une éternelle amitié, et l'on se donna des otages, comme si l'on traitait d'égal à égal.

Ce fut à l'équinoxe d'automne que l'on fixa la réunion des membres du witenagemote. Edward avait profité de ce délai pour augmenter son armée, tandis que celle de Godwin n'avait voulu servir que durant le nombre de jours déterminé par les tenures militaires, et qu'une partie de ses vassaux s'étaient déjà retirés dans leurs foyers. Cependant, il lui restait encore de nombreux combattants, et il prit possession de Southwark en même temps qu'Edward faisait son entrée à Londres avec une puissante armée, commandée par les favoris d'outre-mer. Godwin et ses deux fils furent sommés de se présenter, sans escorte et sans armes, devant le grand conseil, ouvert au milieu d'un camp et soumis à toutes les influences de la cour. Ils demandèrent des otages pour garants de leur sûreté personnelle à leur arrivée et à leur départ, attendu que le grand déploiement de forces du roi Edward leur donnait de sinistres appréhensions. On ne fit aucun droit à leur requête, et on les somma de nouveau de se présenter avec les douze témoins qui, suivant la loi, devaient attester leur innocence. Durant cette discussion, les insurgés effrayés se dispersèrent graduellement. Les Anglais, d'ailleurs, sans avoir une haute opinion du caractère de leur roi, reconnaissaient son équité, admiraient sa bienveillance universelle, honoraient sa piété, vénéraient en lui le sang de leurs anciens monarques, et ils se serrèrent autour de lui pour le garantir du péril dont ils le croyaient menacé. Sweyn fut le premier à prendre la fuite, et le conseil le déclara *out-lawe*, ou hors la loi. On n'accorda que cinq jours à Godwin, à sa femme et à ses fils Tostig et Gurth, pour quitter le territoire de l'Angleterre. Ils se réfugièrent à la cour de Baudouin, comte de Flandre. Harold et Leofwin s'embarquèrent à Bristol et passèrent en Irlande.

Toutes leurs propriétés furent confisquées, et la reine Editha, enveloppée dans la commune disgrâce, perdit ses biens et fut confinée dans le monastère de Wherwell. L'anéantissement de la grandeur et de la puissance de la famille Godwin laissa le champ libre aux ambitions normandes. Une foule de prélats et d'abbés saxons cédèrent leurs postes à des Français parents de la mère d'Edward. Radulf, déjà créé comte d'Hereford, fut fait gouverneur des marches du pays de Galles ; Eudes commanda les provinces de Somerset, Cornouailles, Devon et Dorset, et la plupart des fonctions naguère confiées à Godwin, à ses fils et à ses partisans, devinrent le partage des courtisans étrangers.

Durant l'insurrection fomentée par le comte de Wessex, Edward, ou plutôt ses amis d'outre-mer avaient sollicité, soit ouvertement soit en secret, la protection de Guillaume-le-Bâtard, duc de Normandie.

Guillaume-le-Bâtard, qui devint plus tard Guillaume-le-Conquérant, était fils de Robert, duc de Normandie, surnommé Robert-le-Diable. Ce prince avait un jour rencontré près d'une fontaine une jeune fille de Falaise, qui lavait du linge,

Ruines du château de Robert-le-Diable, en Normandie.

et dont la beauté lui inspira sur-le-champ un si grand amour, qu'il envoya l'un de ses chevaliers faire des propositions à la famille. Le père d'Arlète, tel était le nom de la jeune fille, n'était qu'un pauvre tanneur, et son premier mouvement fut de refuser les offres déshonorantes de Robert-le-Diable ; mais il alla consulter un saint ermite qui habitait la forêt voisine, et celui-ci lui dit que Dieu le voulait ainsi, et que de grandes destinées reposeraient sur la tête du rejeton de cette alliance. Arlète fut donc conduite au duc de Normandie, qui l'aima passionnément et en eut un fils qu'il fit élever avec soin (1027).

Dans l'année 1037, Robert-le-Diable résolut de se rendre à pied en pèlerinage au saint sépulcre. Ses barons, auxquels il communiqua son projet, lui présentèrent de graves objections au sujet de son absence, qui les laissait sans chef, attendu qu'il n'avait pas d'enfants légitimes. « Sur ma part de paradis, s'écria Robert, je « ne vous laisserai point sans seigneur ! J'ai ici un petit bâtard qui grandit ; il sera « prud'homme, s'il plaît à Dieu, et je suis certain qu'il est mon fils. Je le fais mon « héritier et le saisis du duché de Normandie. Alain, duc de Bretagne, gouvernera « le duché et en sera le sénéchal jusqu'à ce que mon fils soit en âge, et le roi de « France le protégera » (1037).

Guillaume eut dans sa jeunesse diverses contestations avec les seigneurs du Cotentin et les ducs de Bretagne et d'Anjou. Ces guerres lui donnèrent l'occasion de déployer de grands talents militaires, et en peu d'années il devint le souverain le plus redouté que le roi de France comptât parmi ses vassaux.

Le duc de Normandie se rendit avec empressement au désir d'Edward, et parut sur les côtes de l'Angleterre avec une formidable escadre, au moment où la paix venait de se rétablir. Edward n'avait plus besoin de l'assistance de ce puissant voisin ; mais il l'invita à débarquer, et Guillaume, entouré d'une suite brillante de chevaliers, visita les principales villes et les châteaux royaux, laissa partout des marques de sa munificence, et reçut lui-même de magnifiques présents. Il remarqua que la flotte, stationnée près de Douvres, était commandée par des Normands, que des soldats normands composaient la garnison de la forteresse de Cantorbéry, que le clergé ne parlait que le franco-normand, que les chefs de l'armée et les plus simples capitaines avaient adopté ce même langage, et il songea dès-lors qu'il ne serait pas impossible de leur donner à tous un souverain normand.

Cependant le comte Godwin, en sûreté à Bruges, n'y restait pas inactif. Il acheta ou loua des vaisseaux, se mit en mer, et parut sur les côtes de Kent d'où il envoya des messagers dans le Sussex et d'autres provinces, afin d'engager ses anciens amis à prendre les armes en sa faveur. La flotte royale de Sandwich, commandée par Ranulf et Eudes, se mit à sa poursuite, mais ne put l'atteindre, et le comte, rejoint à la hauteur de l'île de Wight par Harold et Leofwin, qui lui amenaient de l'Irlande une petite armée, entra dans tous les ports de la côte méridionale, où ses bataillons se recrutèrent d'un grand nombre de déserteurs. Ses vassaux, et les partisans qu'il avait laissés dans les provinces naguère gouvernées par lui, vinrent en foule grossir son armée. Bientôt il remonta la Tamise jusqu'à Londres, et il prit position en face de la flotte royale et de l'armée d'Edward. Des émissaires secrets

Vaisseau du temps d'Edward-le-Confesseur, d'après le MS. Tiberius B. V, curieux calendrier saxon du xɪᵉ siècle.

se répandirent dans la ville et excitèrent tous ceux qui détestaient l'influence étrangère à prendre parti sous ses drapeaux.

Cependant, avant de commencer les hostilités, Godwin jugea convenable d'envoyer un message respectueux au roi, pour lui offrir sa soumission et solliciter la révision de la sentence qui l'avait condamné. Edward s'y refusa d'abord avec fermeté; mais Stigand, un des évêques de l'Est-Anglie, le convainquit aisément qu'il ne pouvait compter sur la fidélité de ses troupes, qui ne paraissaient nullement disposées à répandre le sang de leurs compatriotes, ou à verser le leur pour les intérêts de quelques Normands. Stigand obtint donc les pouvoirs nécessaires pour négocier avec Godwin; on se donna mutuellement des otages, et le renvoi des étrangers fut la première stipulation du traité. Les Normands n'en attendirent pas la conclusion; ils s'enfuirent en hâte dans toutes les directions. Quelques-uns se réfugièrent au nord, dans les châteaux commandés par des chefs de leur nation. L'archevêque de Cantorbéry, Robert, et Ulf, évêque de Dorchester, montèrent à cheval, ils atteignirent la côte, s'emparèrent d'un bateau pêcheur, et parvinrent au continent après avoir couru les plus grands dangers. Leur fuite avait été tellement prompte, que l'archevêque laissa, avec ses effets les plus précieux, le *pallium*, insigne de sa dignité.

Le witenagemote se réunit à Londres. Godwin et ses fils, bien accueillis du roi, se justifièrent publiquement. On cassa la sentence d'exil; on bannit les Normands, que l'on déclara fauteurs de discordes et calomniateurs des Anglais; et Godwin, comme garant de sa loyauté future, remit en otage le plus jeune de ses fils, Wulfnoth, et son petit-fils Haco, fils de Sweyn. Edward ne se sentant pas assez de puissance pour les conserver, les envoya en garde à Guillaume, duc de Normandie, et il en fut vivement blâmé par ses nouveaux amis, qui voyaient dans cette démarche un reste de sa funeste amitié pour les étrangers. Enfin, Godwin et Harold recouvrèrent les dignités, les comtés et les terres dont on les avait dépouillés; ils reçurent des indemnités, et la princesse Editha sortit du cloître et reparut dans son palais.

Godwin avait formé le projet de mettre Edward sous sa plus absolue dépendance en chassant de l'Angleterre tous les hommes de race normande ou qui s'étaient alliés à des familles étrangères. Il parvint d'abord à placer Stigand au siége archiépiscopal de Cantorbéry; et ce prêtre officia pour la première fois avec le *pallium* abandonné par Robert.

Cependant, malgré ses remontrances, les évêques normands de Londres et de Wilton ne tardèrent pas à être rétablis dans leurs siéges, et Ranulf, Onfroy et plusieurs autres conservèrent ou reçurent des emplois dans le palais.

Godwin mourut (1053). Ses grands biens, sa haute dignité, les gouvernements de Wessex, de Sussex, d'Essex et de Kent, et le commandement des armées passèrent dans les mains de son fils aîné Harold, aussi ambitieux que son père, mais plus affable et plus insinuant. Par une conduite pleine de sagesse et de modestie, il acquit la bienveillance d'Edward, et parvint à se rendre aussi puissant dans l'état que l'avait été Godwin lorsqu'à la tête de l'élite de la nation anglaise il dictait des lois au souverain. Le comte de Northumberland, Siward, vint à mourir, et Harold obtint ce riche gouvernement pour son frère Tostig, à l'exclusion de Waltheof, fils de Siward, qui fut jugé trop jeune pour succéder à son père.

Bientôt les victoires de Harold sur les Gallois vinrent ajouter encore à sa renommée et à sa puissance. Il les atteignit sur leurs montagnes, pénétra dans leurs marais, et les réduisit à un tel désespoir, qu'afin de sauver leurs femmes et leurs enfants, que l'on mettait à mort avec une barbarie sans exemple, ils sacrifièrent leur chef Griffith, après un combat dans lequel ils avaient été défaits, et demandèrent la paix en échange de sa tête. Cet horrible tribut fut présenté en grande pompe à Edward, avec les ornements de la proue du navire de Griffith (1063). Le roi ordonna que tous les Gallois qui dépasseraient les retranchements jadis élevés par Offa seraient condamnés à perdre la main droite. On les contraignit à payer des impôts considérables, et Harold fit élever des pyramides avec ces mots : *Ici vainquit Harold*, dans tous les lieux où une victoire avait signalé son passage.

Harold, par ses actions guerrières, par son esprit insinuant, par des qualités rares à cette époque, s'était enfin concilié l'amitié d'Edward, et lui avait inspiré un confiance si étendue, que le monarque ne prenait aucune détermination, même dans les simples affaires de familles, avant d'en avoir conféré avec le comte de Wessex. Cependant Edward se convainquit que Harold nourrissait l'espoir de monter sur le trône à l'époque de son décès. Il résolut de s'en entendre lui-même avec le saint-père, et prit la détermination de visiter la chaire apostolique, à l'exemple de Knut et d'Ethelwulf, ses prédécesseurs; mais l'assemblée des witans, consultée sur l'opportunité de ce pèlerinage, s'opposa nettement à l'exécution de ce dessein, et quelques-uns des thanes qui la composaient rappelèrent au roi le souvenir de l'aîné des fils d'Edmond Côte-de-Fer, exilé en Hongrie. Ce prince, qui se nommait aussi Edward, était le plus proche héritier de la couronne. Une ambassade alla le chercher en Allemagne, et le jeune Edward se rendit en Angleterre avec sa femme et ses enfants, Edgard, surnommé l'Etheling, Marguerite et Christine. Mais à peine eut-il pris possession du palais qu'on lui avait préparé à Londres, qu'il tomba malade et mourut, tandis que le peuple annonçait par de joyeuses démonstrations la part qu'il prenait à son retour.

Il ne restait plus entre le comte de Wessex et le trône que l'etheling Edward, dont la faiblesse de complexion et l'incapacité morale ne faisaient pas un rival dangereux, lorsque Harold forma, dit-on, le projet de se rendre en Normandie, afin de réclamer du duc Guillaume un de ses frères et un neveu, que Godwin avait jadis livrés à Edward comme otages, et que celui-ci avait cru devoir éloigner de l'Angleterre. Edward en témoigna de grandes alarmes et lui dit : « Je ne veux pas te « contredire, mais ton voyage ne saurait être heureux. Le duc Guillaume te hait ; « il ne t'accordera rien, et le seul moyen de lui faire rendre les otages serait de lui « envoyer d'autres ambassadeurs que toi. Si tu pars ce sera sans mon aveu. »

Harold ne considéra les craintes que lui manifestait Edward que comme les rêves d'un vieillard, et partit avec un simple équipage de chasse, des chiens courants et l'épervier au poing. Les vents contraires le portèrent vers l'embouchure de la Somme, et firent échouer son navire sur le rivage du comté de Ponthieu. Guy, comte de Ponthieu, selon le barbare usage du temps, emprisonna les naufragés, et dès qu'il eut connu la qualité de Harold, en exigea une rançon exorbitante. Le prince anglais parvint à faire instruire le duc de Normandie de sa détention, et Guillaume réclama sur-le-champ la liberté du captif. Le comte Guy ne refusa pas de la lui rendre ; mais il persista à exiger une somme d'argent considérable, que le duc lui fit compter dans la ville d'Eu, et à laquelle il ajouta le don d'une belle terre. Harold fut accueilli à Rouen avec les apparences d'une grande générosité. Guillaume lui remit les otages qu'il était venu chercher, et l'engagea à voir ses villes, à visiter ses châteaux et à partager ses fêtes. En ce moment, le duc de Normandie était en guerre avec le duc de Bretagne, Conan II ; Harold voulut montrer aux Normands et aux Bretons ce que valaient les lances anglaises ; il déploya une grande valeur, et se lia si bien avec le duc Guillaume, que durant toute cette campagne ils partagèrent la même table et la même tente. Un jour, comme ils revenaient vers Avranches et qu'ils chevauchaient côte à côte, Guillaume amena la conversation sur ses prétentions à la couronne d'Angleterre. Le roi Edward, disait-il, avec lequel il avait vécu comme un frère et sous le même toit, durant son exil, lui avait promis de l'appeler au trône d'Angleterre, s'il le recouvrait un jour et s'il mourait sans héritiers directs. « Toi, Harold, puissant dans « ta patrie, tu peux m'assurer la réalisation de cette promesse ; et si par ton « secours cette couronne m'est dévolue, je te le jure, quelque chose que tu me « demandes, je te l'accorderai à l'instant. » Harold, étonné de cette confidence, feignit d'entrer dans les vues de Guillaume, au pouvoir duquel il se trouvait, et lui promit assez vaguement de le servir ; mais Guillaume reprit : « Je crois en ta « parole. Afin de l'accomplir, tu vas me jurer de fortifier convenablement le « château de Douvres, d'y faire creuser un puits d'eau vive, et de le livrer à mes « gens d'armes dès que je t'en requerrai. Tu épouseras ma fille Adèle, et je marierai

« ta sœur à l'un de mes plus hauts barons. Pour gage de ta promesse, tu me lais-
« seras, à ton départ, l'un des deux otages que je t'ai rendus, et je te le remettrai
« en Angleterre, lorsque tu m'y salueras du nom de roi. » Harold, forcé par la
nécessité, crut pouvoir acheter sa liberté par un mensonge ; il donna son adhésion
à tout et promit de livrer la forteresse de Douvres. Mais le Normand entreprit de
le lier autrement que par de vaines promesses. Il convoqua dans la ville d'Avranches
les barons et les seigneurs de la Normandie, se fit apporter les reliques que l'on
vénérait le plus dans les églises du voisinage et les cacha dans une cuve cachée sous
un drap d'or, sur la table du conseil. L'épée nue à la main et la couronne ducale
en tête, il s'assit sous le dais préparé pour lui, et, plaçant deux petits reliquaires
sur le drap qui recouvrait les autres reliques, il dit, en s'adressant à Harold :
« Devant cette noble assemblée, Harold, je te requiers de confirmer par serment ce
« que tu m'as promis, savoir : de me reconnaître pour roi d'Angleterre après la
« mort d'Edward, d'épouser ma fille Adèle et de donner la main de ta sœur à l'un
« des miens. » L'Anglo-Saxon, surpris, prononça ce serment et promit d'en exécuter toutes les conventions, pourvu que Dieu l'y aidât. L'assemblée répéta en masse :
que Dieu l'aide ! et Guillaume, faisant lever le drap d'or, montra au malheureux
Harold combien de saints il avait pris à témoin de sa promesse. Le prince anglais
changea de visage ; le duc de Normandie ne le laissa pas se livrer à ses réflexions ;
il le combla de caresses et de nouveaux présents, et lui donna un vaisseau pour
retourner dans son pays avec son neveu. C'était le frère de Harold que Guillaume
gardait près de lui.

De retour en Angleterre, Harold n'en continua pas moins à se concilier l'amour du
peuple, à le familiariser avec l'idée qu'il pouvait seul hériter de la couronne. Un
événement où il déploya une remarquable modération vint encore ajouter à sa
renommée. Son frère Tostig, comte de Northumberland, avait traité les Northumbres avec une telle cruauté, qu'ils se révoltèrent, surprirent York, en chassèrent Tostig, pillèrent ses trésors, massacrèrent deux cents de ses gardes, et choisirent pour leur comte Morcar, l'un des fils d'Alfgar, comte de Mercie. Morcar
organisa promptement une armée et rencontra celle que commandait Harold, accouru
au secours de son frère. Avant d'en venir aux mains, les insurgés tentèrent de
se justifier. « Tostig, disaient-ils à Harold, est indigne de son rang, et la honte
« de ses actions pourrait même retomber sur son frère. Nous voulons nous sou-
« mettre au roi, mais nous lui demandons une administration équitable et légale.
« Nous sommes des hommes libres, résolus à périr plutôt que de supporter encore les
« injustices que nous avons souffertes. Nous voulons les lois du grand Knut, et nous
« demandons que Morcar soit confirmé dans la dignité de comte du Northumber-
« land. » Harold se fit remettre les preuves des crimes de Tostig, abandonna sa
cause, obtint d'Edward le pardon des Northumbres, leur donna Morcar pour les
gouverner, épousa la sœur de ce comte, et confia la Mercie à Edwin, frère de
Morcar. Tostig se retira en Flandre, auprès de son beau-père, le comte Baudouin (1065).

Le but de Harold, en épousant la sœur de Morcar, était facile à comprendre : il
accroissait sa puissance personnelle en se faisant un allié d'un guerrier redoutable,

qui, d'un mot, mettrait tous les Northumbres à sa disposition, tandis que son frère Edwin, qui lui était dévoué, lui ménagerait au besoin le secours des habitants de la Mercie. De ce moment, il laissa paraitre toutes ses prétentions à la couronne.

Edward était accablé de vieillesse et d'infirmités, et presque uniquement livré à ses pratiques religieuses. Il mourut le 5 janvier 1066.

Tombeau d Edward-le-Confesseur, à Westminster.

Ce tombeau fut élevé par les ordres de **Henri III**, vers 1260, par un architecte italien, nommé Piétro Cavalini. La partie supérieure est en bois, et d'une date beaucoup plus récente.

De sombres pressentiments avaient effrayé le roi à son lit de mort. Il eut des extases et des visions, et souvent il répéta, comme involontairement, des passages menaçants de la Bible : « Le Seigneur, s'écriait-il, a tendu son arc et préparé son « glaive ; il le brandit comme un guerrier ; son courroux se manifeste par le fer et « la flamme! » Les assistants paraissaient glacés de tereur ; mais Stigand, l'archevêque de Cantorbéry, leur dit que les rêves d'un vieillard mourant ne méritaient pas d'être écoutés. Ce fut alors qu'Edward, recouvrant ses esprits, déclara aux grands qui le consultaient sur le choix de son successeur, que Harold, fils de Godwin, était l'homme le plus digne de régner sur l'Angleterre.

Le peuple pleura le bon roi Edward. Long-temps encore il parla avec l'expression du regret des lois et des coutumes dont il avait doté l'Angleterre. On oublia sa faiblesse pour ne penser qu'à sa bonté, sa prédilection pour les étrangers pour ne se rappeler que son origine nationale. D'ailleurs, les vingt-quatre ans de son règne avaient été vingt-quatre années de paix et de tranquillité, et l'on prévoyait que sa mort allait tout remettre en question. Aussi de funestes pressentiments agitaient tous les esprits, et le trouble et le découragement étaient dans tous les cœurs.

Sceau d'Edward-le-Confesseur [1].

HAROLD (1066). — Aussitôt après la mort d'Edward, une assemblée de thanes se réunit à Londres, en appelant dans son sein les citoyens les plus recommandables de la ville. Harold y fut proclamé roi, et le lendemain il se fit sacrer et couronner par

---

1. SIGILLVM EADWARDI ANGLORŪ BASILEI, *Sceau d'Edward, roi des Anglais*. Le roi, assis sur son trône, tenant d'une main son sceptre, terminé en fleur de lys, de l'autre un globe. La couronne est si mal conservée, qu'on peut à peine la distinguer.

l'archevêque d'York, Alfred. A peine fut il question de l'etheling Edgard, le dernier survivant de la race de Cerdic.

Harold sur son trône, d'après un manuscrit de la bibliothèque royale de Paris, intitulé *Liber benedictionum*.

Guillaume de Normandie était près de Rouen lorsqu'un messager lui apporta à la fois la nouvelle de la mort d'Edward et de l'avénement de Harold. Aussitôt le duc partit pour Rouen, et, enfermé dans son appartement, donna des marques singulières de l'agitation de son esprit : il changeait machinalement de siége et de posture, s'asseyait, se levait, se promenait, en gardant un sombre silence. L'un de ses chevaliers, admis à sa familiarité, se hasarda enfin à lui demander s'il croyait au bruit qui courait de la mort d'Edward et de l'usurpation de Harold. « Il est vrai, dit Guillaume, et Harold me fait grand tort ! — Mais ne vous mettez « pas tant en courroux, reprit le chevalier ; s'il n'y a remède en la mort d'Edward,

« il y en a beaucoup aux torts de Harold. A vous est le bon droit; agissez seulement,
« et vous verrez que vous avez de bons, grands et loyaux serviteurs et amis. »

Guillaume commença par envoyer vers Harold un messager chargé de lui reprocher sa félonie. « Le duc des Normands, dit l'ambassadeur, à toi, Harold, fils de
« Godwin, rappelle le serment que tu lui as juré de ta bouche et de ta main étendue
« sur de véritables reliquaires. — Je n'ai fait ce serment à Guillaume, répondit l'An-
« glo-Saxon, que sous l'empire de la force. Ce que j'ai promis n'était pas à moi. Ma
« royauté est au peuple, qui me l'a confiée; je ne saurais m'en démettre sans sa vo-
« lonté. — Mais, reprit l'ambassadeur, tu devais épouser la sœur de mon seigneur,
« et je viens t'offrir sa main. — Et comment l'accepterais-je? dit Harold; je suis marié,
« et ne veux encourir les terribles anathèmes de l'église. D'ailleurs, sans l'aveu de
« mon pays, je ne saurais prendre à femme une étrangère. — Oui dà, répliqua l'en-
« voyé, il m'est avis qu'en Angleterre on a réponse à tout, hors la ligne du devoir.
« Et ta sœur, que mon duc réclame pour la marier à un des siens, ne peux-tu aussi
« me la confier? jamais princesse n'aura reçu plus de soins et d'honneurs. — Elle est
« morte, s'écria Harold : ton maître veut-il que je lui envoie un cercueil et un
« cadavre? — Il te demandera un autre compte, dit le messager: avant la fin de
« l'année il exigera toute sa dette et poursuivra le parjure sur terre et sur mer,
« aidé de Dieu et des saints, pris à témoin de ta félonie. »

De part et d'autre on se prépara à la guerre. Le duc de Normandie savait que si la cour de Rome épousait sa cause, la faveur populaire ne manquerait pas de se prononcer pour son expédition; il se récria donc hautement contre le parjure et la mauvaise foi du roi saxon, et quand il se crut certain d'avoir soulevé la masse des esprits superstitieux, il n'hésita pas à porter devant le saint père contre son ennemi une accusation de sacrilége. Il rappelait l'expulsion de Robert de Jumiéges du siége archiépiscopal de Cantorbéry, s'étendait sur sa parenté avec Edward, sur les intentions manifestées par ce prince en sa faveur, et sur les serments de Harold, prononcés en prenant à témoin les plus saintes reliques, et demandait que l'Angleterre fût mise au ban de l'église et déclarée propriété du premier occupant, sauf les droits du siége apostolique et l'approbation du successeur de saint Pierre. Harold fut appelé en cour de Rome; mais il refusa de se reconnaître justiciable du saint-siége, et n'y accrédita ni ambassadeur ni défenseur.

Alexandre II, assis alors sur le trône pontifical, et gouverné par Hildebrand, archidiacre de l'église romaine, tendait alors dans sa politique à transformer la suprématie religieuse de la chaire des apôtres en souveraineté temporelle sur tous les états de la chrétienté. Il devait beaucoup aux aventuriers normands qui, dans cette première moitié du xie siècle, ayant envahi la Calabre, l'Apulie et la Sicile, s'y étaient créés ducs ou barons, mais s'étaient déclarés vassaux de l'église, et avaient confirmé la suzeraineté du pape en recevant de ses mains des bannières en signe d'investiture féodale. Alexandre favorisait donc tout ce qui portait le nom de Normands, et nonobstant une légère opposition qui se manifesta dans le collége des cardinaux lorsqu'on examina la discussion pendante entre Guillaume et Harold, Hildebrand dicta une sentence que le pape prononça lui-même. Harold et ses adhérents furent excommuniés, et Guillaume de Normandie formellement autorisé à se rendre en Angleterre, afin de ramener ce royaume à l'obéissance due au saint-siége, et d'y établir à perpétuité la perception du cens nommé le *denier de saint Pierre*. Le pontife joignit à l'expédition de la bulle d'excommunication une bannière solennellement bénite, et un anneau sous le chaton duquel était enchâssé un cheveu du prince des apôtres.

Il ne suffisait pas que le pape approuvât l'expédition projetée par le duc de Normandie pour la rendre praticable ; il fallait des secours de toute espèce, des vaisseaux, des armes, des approvisionnements, de l'argent, des guerriers, chefs ou soldats. Guillaume appela d'abord ses parents et ses amis en conseil secret et leur exposa ses projets. Ils furent d'un avis unanime sur l'opportunité d'une descente en Angleterre, et s'engagèrent à le servir de corps et de biens. Comme il s'agissait cependant d'imposer des contributions extraordinaires sur la généralité des habitants du pays, ils invitèrent le duc à convoquer une assemblée de gens de toutes conditions, hommes de guerre, d'église et de négoce, choisis parmi les plus riches et les plus considérés. Ces états se réunirent au château d'Harcourt, à Lillebonne, et délibérè-

Ruines du château d'Harcourt, à Lillebonne.

rent hors de la présence du prince, après avoir reçu ses communications. Le débat fut animé. Les partisans du duc s'étendirent avec adresse sur les avantages que la Normandie devait retirer de cette expédition ; mais leur éloquence eut peu de succès. Ils avaient affaire à des gens qui déclarèrent d'abord que leurs charges étaient déjà tellement accablantes, qu'ils ne pouvaient les payer. Le tumulte était au comble, lorsque la voix du sénéchal de Normandie, Guillaume, fils d'Osbert, parvint à dominer sur ce bruit, et fit entendre ces paroles: « A quoi bon tant de que« relles? Le duc n'est-il pas votre maître? Il a besoin de vous; il est votre seigneur, « et comme tel, votre devoir est de lui offrir, non d'attendre qu'il vous demande. « Montrez que vous l'aimez, et, de par Dieu, s'il arrive à ses fins, il s'en souvien« dra; mais si vous n'agissez de bonne grâce, il l'aura aussi dans sa mémoire. « — Il est notre seigneur, soit, dirent les opposants, nous n'y contredisons point; « nous sommes gens de paix et prud'hommes qui payons bien nos redevances. « Mais n'est-ce pas assez? Nous sommes déjà grevés par ses guerres, nous ne lui « devons aucune aide pour des courses outre-mer, et si ce qu'il entreprend vient à « manquer, voilà notre pays ruiné. » L'assemblée finit par arrêter qu'elle se transporterait tout entière vers le duc, et que le fils d'Osbert prendrait la parole en son nom pour expliquer les motifs du refus.

Lorsqu'ils se trouvèrent en présence de Guillaume, le sénéchal fit l'éloge des hommes qui venaient de lui confier la défense de leurs intérêts : « Il n'y en a pas « au monde de plus zélés que ceux-ci; rappelez-vous les subsides qu'ils vous ont « fournis en mainte occasion; remémorez les services nombreux et onéreux qu'ils « vous ont rendus; peuvent-ils faire davantage? peuvent-ils, selon leur désir, vous « servir au delà de la mer comme en deçà? Eh bien! ils vont le faire; allez en avant, « ne les épargnez point : tel qui n'a fourni jusqu'à présent que deux soldats à « cheval, vous en donnera le double.... » L'orateur fut arrêté par les cris de l'assemblée, que ne put réprimer la présence du duc : « Non, non, s'écriait-on de toutes « parts, cela ne sera pas, nous n'avons pas dit cela! Nous ne sommes tenus qu'à le « servir au pays, et point en terre étrangère. Si nous y consentions, si nous le suivions « outre-mer, il en ferait un droit, il érigerait notre complaisance en coutume : « nos enfants en seraient grevés à tout jamais. Ce ne peut pas être, ce ne sera pas! »

Le duc de Normandie, malgré le courroux dont il fut animé, sentit qu'il serait sans résultat et contraire à ses intérêts de perdre du temps à ramener l'opinion des états; il fit mieux, il appela successivement près de lui les hommes les plus riches et les plus influents, les flatta, les caressa, les pria, en particulier et comme ami, de venir à son aide de pure grâce, les assurant qu'ils ne seraient nullement engagés pour l'avenir; qu'il n'abuserait point de leur libéralité, et qu'il leur donnerait acte de sa parole sur parchemin scellé de son grand sceau. Les premiers gagnés s'employèrent avec chaleur à décider les autres, et Guillaume eut bientôt des vaisseaux, des hommes de guerre tout armés, des soldats, des chevaux, de l'argent, des étoffes et des denrées. Il publia son ban de guerre, promit le pillage de l'Angleterre à tout ce qui savait manier la lance, l'épée, la hache ou l'arbalète, offrit une forte solde aux chevaliers, sergents d'armes, compagnons et piétons, s'engagea à satisfaire au vœu de chacun, quelque exagéré qu'il pût être. Les uns voulaient la main d'une princesse saxonne, ou tout au moins d'une riche et belle héritière; d'autres, une ville, un château, des domaines, un manoir, des esclaves; quelques-uns se contentaient qu'on leur assurât la possession de tout ce dont ils pourraient s'emparer; de plus avides stipulaient une somme d'argent;

Guillaume consentit à tout, même à conférer des dignités ecclésiastiques, et Remi de Fécamp acheta un évêché pour un navire monté par vingt hommes d'armes. Il y eut des duchés et des comtés vendus à des prix semblables. Mais ce fut surtout lorsque la sainte bannière et la bulle papale arrivèrent de Rome, que l'enthousiasme fut au comble. Il n'était fils de bonne mère qui ne s'enrôlât pour son plus grand bien en ce monde et le salut de son âme dans l'autre. Le ban de guerre et les promesses de Guillaume eurent du retentissement dans toutes les provinces qui composent aujourd'hui la France, la Belgique et même l'Italie. Il vint des Bretons, des Angevins, des habitants du Maine et du Poitou, des Gascons et des Provençaux, des Piémontais et des hommes des deux Bourgognes, des riverains du Rhin et de la Meuse, des Artésiens et des Picards. Tout ce que l'Europe occidentale renfermait d'aventuriers et d'enfants perdus accourut sous les drapeaux du Bâtard, et l'avenir de la malheureuse Angleterre, l'incendie de ses villes, la liberté, la vie et les richesses de ses habitants inoffensifs se jouèrent à croix ou pile sur le rivage de la Normandie.

Huit mois furent employés par Guillaume aux préparatifs de son invasion. Tandis que l'on construisait, que l'on équipait ses vaisseaux, qu'on fabriquait des

Armes et armures normandes, d'après la *Tapisserie de Bayeux*.

armes de toute espèce, qu'on réunissait des approvisionnements, qu'on formait les corps de son armée, il se rendit à la cour de France, alors à Saint-Germain, et faisant hommage au roi Philippe, comme son vassal à raison du duché de Normandie, il le pria de l'aider à faire valoir son droit sur l'Angleterre, lui promettant de lui faire hommage de cette couronne, comme la tenant de lui. Les barons de France, convoqués en conseil par le roi, ne furent nullement d'avis de se mêler de cette affaire. « Si Guillaume, dirent-ils, parvient à conquérir l'Angleterre, vous « aurez un vassal qui saisira la première occasion pour vous retirer son hommage et « vous faire mille noises. Aussi puissant que vous, il voudra marcher votre égal ; et « s'il ne réussit pas, la nation anglaise sera votre ennemie à tout jamais. » Le roi de France se borna donc à lui souhaiter toute sorte de prospérités. Il en fut de même du comte de Flandre, son beau-frère, mais non du duc de Bretagne, qui réunit un corps nombreux d'hommes de pied et de cheval, et mit à leur tête Alain Fergent, son fils aîné et l'héritier présomptif du duché de Bretagne.

Pendant ce temps, le roi d'Angleterre, Harold, soutenait une guerre acharnée contre Tostig, son frère, qu'il avait exilé, et dont il avait donné les états à Morcar. Tostig, apprenant la résolution de Guillaume, était venu le visiter en Normandie, et lui avait offert ses services. Le duc lui confia quelques vaisseaux avec lesquels Tostig se rendit en Norwége, et parvint à obtenir des secours de Harald-Hardrada, fils de Sigurd, roi d'une partie de cette contrée et l'un des plus célèbres aventuriers de cette époque, sur la terre et sur la mer. Le Norwégien promit de rejoindre Tostig dès que sa flotte serait en état de sortir du port. Tostig, avec quelques navires, vint alors essayer un débarquement; mais ses soldats furent défaits par ceux d'Edwin, frère de Morcar, et il se trouva heureux de trouver un asile auprès de Malcom, roi d'Écosse. Le roi de Norwége s'embarqua cependant, se joignit à la petite flotte de Tostig qui l'attendait, et leurs vaisseaux réunis remontèrent l'Humber et passèrent dans la rivière d'Ouse. Les deux princes résolurent de s'emparer d'abord de la ville d'York, capitale du gouvernement jadis confié à Tostig. Après une tentative vigoureuse de Morcar et d'Edwin, pour sauver cette cité, les Anglais furent écrasés par les compagnons de Hardrada, et Tostig en reprit possession, ainsi que du titre de comte de Northumberland.

Harold, qui s'occupait alors à mettre les côtes méridionales de l'Angleterre en état de se défendre, apprit la défaite de Morcar. Il choisit à l'instant ses meilleures troupes, et, marchant à grandes journées, il arriva sous les murs d'York peu de moments après la capitulation. Quatre jours à peine s'étaient écoulés depuis la bataille, et Hardrada avait dispersé des détachements dans tous les lieux dont il prétendait faire sa conquête. Les troupes qui s'étaient réunies près de lui et qui l'accompagnaient à York, ne soupçonnant pas la présence de l'ennemi, ne portaient pas même toutes leurs armes défensives, et, à raison de la chaleur, n'avaient conservé que des casques et des boucliers. Les éclaireurs aperçurent un immense nuage de poussière, et voyant briller au travers l'or et le fer des armes ennemies, se hâtèrent d'en prévenir Hardrada, qui dit à Tostig : « Que pensez-vous que ce soit ? « — Tout au plus, répondit le comte, des hommes qui se soumettent et viennent « implorer leur grâce. » Mais il fallut promptement changer d'avis et se préparer au combat. On était alors près de Stamfordbridge, sur le Derwent. Hardrada dépêcha des messagers pour hâter la marche de tous les gens restés au camp ou sur ses navires, et mit son armée en bataille ; il la disposa en demi-cercle, et, se plaçant au centre, il déploya son étendard, que l'on nommait le *ravageur du monde*. Une ligne de lances fichées obliquement en terre, la pointe vers l'ennemi, protégeait les guerriers comme un rempart, et le fils de Sigurd, vêtu d'un manteau bleu et monté sur un beau cheval noir, parcourut le front de son armée en improvisant un chant de guerre, dans lequel il disait : « Nous n'avons point de cuirasses, mais nos casques « brillent au soleil et suffisent à des gens de cœur. Le tranchant du glaive nous déli- « vrera de nos ennemis. » Avant le commencement du combat un détachement de Saxons s'approcha des lignes des Norwégiens, et l'un d'eux demanda d'une voix forte

à parler à Tostig, le fils de Godwin. « Me voici ; que veux-tu ? s'écria Tostig lui-
« même. — Ton frère, reprit le messager, te salue, t'offre la paix et le comté de
« Northumberland. — La proposition est bien tardive, dit Tostig ; et, si je l'accepte,
« que donnera mon frère au noble roi Harald-Hardrada, fils de Sigurd ? — Sept
« pieds de terre pour sa tombe ; car sa taille est plus haute que celle des autres
« hommes. — Que l'on combatte donc ; le fils de Godwin ne délaissera point le fils
« de Sigurd. »

La première attaque ne parut pas favorable aux Anglais ; mais les Norwégiens rompirent l'ordre de bataille qu'ils avaient adopté, et se mirent à poursuivre des détachements isolés. Hardrada, dans la mêlée, fut atteint d'une flèche qui lui traversa la gorge, et il expira sur-le-champ. Tostig alors prit le commandement ; mais sa mort mit bientôt fin au combat (25 septembre 1066). Harold traita honorablement les vaincus, rendit la liberté au jeune Olaf, fils de Hardrada, et le renvoya avec vingt-trois navires dans sa patrie, après en avoir reçu des serments d'amitié. « Mais,
« pendant que ces ennemis s'éloignaient pour ne plus revenir, d'autres ennemis s'ap-
« prochaient, et le même souffle de vent, qui agitait alors les bannières saxonnes
« victorieuses, gonflait aussi les voiles normandes, et les poussait vers la côte de
« Sussex.

L'armée que Guillaume avait réunie était répartie sur environ trois mille navires ou bateaux de toutes dimensions, et le rendez-vous général fut assigné à l'embouchure de la Dive, entre l'Orne et la Touque. Les vents furent longtemps contraires ; mais, vers l'équinoxe d'automne, une brise permit à la flotte de mettre en mer. A peine s'y trouvait-elle qu'une tempête se déclara, brisa des vaisseaux, en jeta plusieurs à la côte, et fit périr des hommes et des chevaux. On parvint à relâcher à Saint-Valery ; mais les vents contraires soufflaient constamment avec fureur, et la marée poussait au rivage des débris et des cadavres que Guillaume faisait enterrer en secret, ce qui n'empêchait pas les soldats d'en exagérer le nombre et de murmurer hautement. Plusieurs même rompirent leurs engagements, et se retirèrent. « Dieu,
« disaient-ils, s'offense de nos desseins. Bien fous sont les hommes qui veulent s'em-
« parer de la terre d'autrui. » Dans cette position, qui devenait plus difficile de jour en jour, Guillaume donna l'ordre de promener processionnellement dans le camp la châsse où l'on conservait les reliques de saint Valery. L'armée se mit en prière, et dans la nuit, les vents devinrent favorables. Les vaisseaux de Guillaume gagnèrent aussitôt la haute mer, celui qu'il montait s'avançant en tête : à l'extrémité du grand mât se voyait, selon les uns, la bannière envoyée par le pape, et, selon les autres, un fanal pour guider dans l'obscurité la marche des autres navires ; les voiles étaient peintes de diverses couleurs ; et à la poupe était une statue d'enfant dorée, qui de la main gauche tenait une trompette d'ivoire, et de la droite semblait désigner l'Angleterre.

Par malheur pour Harold, son escadre, qui surveillait depuis longtemps les mouvements de la flotte ennemie, avait été forcée de rentrer dans les ports, afin de se procurer des vivres. Les Normands, que les vents avaient séparés, ne s'avançaient qu'en désordre, et il eût été facile de les défaire en les attaquant avec énergie. Mais ils ne rencontrèrent personne, aucun engagement n'eut lieu, et le

28 septembre 1066, trois jours après la défaite de Hardrada, Guillaume et son armée prirent terre paisiblement à Pevensey, près Hastings. Le duc de Normandie fit à l'instant fortifier ces deux points, afin de protéger ses transports, et de s'assurer une retraite en cas de revers.

Le débarquement s'opéra avec beaucoup d'ordre ; les archers d'abord, puis les cavaliers et leurs chevaux, puis les ouvriers de toute espèce, avec trois châteaux en bois construits d'avance et dont il ne restait qu'à assembler les pièces, et enfin Guillaume-le-Bâtard, qui bientôt allait quitter ce surnom pour en prendre un plus éclatant. En posant le pied à terre, ce prince fit un faux pas et tomba sur le visage. L'effroi s'empara de ceux qui l'entouraient : « Quel présage ! s'écrièrent-ils, quel « signe de malheur ! — Quoi donc ! dit Guillaume en se relevant, ne voyez-vous « pas que j'ai pris possession de cette terre ? Par la splendeur de Dieu elle est vôtre « autant qu'elle peut s'étendre ! » De ce moment, l'armée normande se crut assurée de la conquête de l'Angleterre, et, regardant comme siennes toutes les richesses du sol, elle commença à piller et à incendier les habitations voisines, et même les églises.

Harold, blessé dans la bataille contre les Norwégiens, était à York quand il reçut la nouvelle du débarquement de Guillaume. Il se hâta de revenir à Londres, appelant de toutes parts les commandants des comtés, et leur ordonnant de lui amener tous les hommes armés. Il fut promptement obéi, et des milliers de soldats vinrent se ranger sous sa bannière ; il en accourut surtout des provinces méridionales, qui se trouvaient plus rapprochées de la capitale ; et s'il eût voulu prendre du temps, les milices du nord seraient arrivées avant la bataille décisive, et probablement auraient changé la face des affaires. Mais, soit qu'il se crût assez fort, soit que le désir d'épargner des désastres à ses peuples l'engageât à délivrer la contrée sans le moindre retard, il se présenta devant l'armée d'invasion avec quatre fois moins de troupes que n'en avait le duc Guillaume. Il est probable que, par la rapidité de sa marche, il avait songé à surprendre son adversaire ; mais celui était sur ses gardes : les intelligences qu'il entretenait en Angleterre l'avaient instruit, et sa vigilance ne se démentait pas un moment. Harold s'arrêta donc devant l'armée normande, et de part et d'autre on se prépara au combat.

Des négociations cependant s'établirent entre les deux adversaires, des espions parcoururent les deux camps, et ceux de Harold lui rapportèrent que presque tous les soldats de Guillaume étaient des prêtres ; ils les avaient pris pour tels, parce qu'ils avaient les cheveux et la barbe rasés, tandis que les Anglais les laissaient croître de toute leur longueur. Le duc de Normandie, qui s'aperçut de la position difficile où s'était placé son ennemi, lui envoya un moine de l'abbaye de Fécamp, chargé de lui représenter ses demandes et de recommencer les sommations. Le moine, admis devant Harold, l'invita donc à céder le trône au duc Guillaume, ou bien encore à soumettre ses prétentions à la décision des lois anglaises ou normandes et à l'arbitrage du pape, ou enfin à disputer la couronne en champ clos, dans un combat singulier. Harold, à son tour, chargea un moine d'aller porter au duc Guillaume la réponse que Dieu jugerait entre eux. Le moine de Fécamp revint à la charge ; il promit à Harold, de la part du duc de Normandie, la propriété du pays situé au delà de l'Humber, et à son frère Gurth les terres qui avaient appartenu à Godwin. Mais en cas de refus, il devait le traiter, devant ses compagnons, de parjure et de menteur, lui reprocher l'excommunication qu'il avait encourue, et lui annoncer que la bulle fatale était apportée par Guillaume. Le moine de Harold à son tour reconnut que le duc de Normandie pouvait bien se targuer d'un droit primitif, mais qu'il était de notoriété qu'Edward, à son lit de mort, avait légué sa couronne à Harold, et que cette seconde disposition annulait de droit la première. Ces discussions n'eurent aucun résultat, les armes devaient prononcer.

On était à la veille du combat qui devait décider des destins de l'Angleterre. Les corps mandés par Harold n'arrivaient que par détachements peu nombreux ; Edwin et Morcar n'avaient pu rejoindre encore le gros de l'armée ; mais une partie de la population des couvents s'était mise dans les rangs, commandée par Leofrik, abbé de Peterborough, près d'Ely, et par l'abbé du monastère de Hida, près de Winchester. Les Normands passèrent la nuit en prières, les Anglo-Saxons dans la débauche et le désordre. Les deux frères de Harold, Gurth et Leofwin, qui avaient pris poste près de lui, employèrent tous leurs efforts pour lui persuader de se rendre à Londres, afin de hâter la marche des secours que l'on attendait. « On ne peut se « dissimuler, disait Gurth, que vous ne vous soyez fait le vassal de Guillaume. Vous « lui avez juré fidélité sur le corps des saints ; il est à craindre que le ciel ne veuille « venger sur vous la violation d'un serment aussi solennel. Nous, nous n'avons rien « promis, et la chose est pour nous une chose licite et juste. Nous ne connaissons des « Normands que leur haine pour notre patrie, et nous la défendrons saintement et « vigoureusement. Si nous plions, vous nous aiderez ; si nous mourons, vous nous « vengerez. » Mais Harold plaisanta de leurs craintes, et déclara que son devoir lui défendait de s'éloigner pendant que les autres sacrifiaient leur vie à leur pays. L'opinion du temps marquait la trahison d'un vassal envers son seigneur d'une telle infamie, et l'on était tellement convaincu que Dieu ne pouvait rester neutre en ces occasions, que, lorsque Guillaume apprit que Harold persistait à commander lui-même son armée, il témoigna sa surprise de ce qu'il osait hasarder sa personne dans un combat.

Ce fut le 13 octobre 1066, dans un lieu nommé Senlac, à environ neuf milles de Hastings, que se livra la bataille. L'évêque de Bayeux, frère utérin de Guillaume, tout armé sous ses ornements pontificaux, célébra la messe, donna la bénédiction à l'armée expéditionnaire, puis monta un grand cheval de combat, et fit ranger la cavalerie. Toute l'armée fut divisée en trois lignes d'attaque : en tête les archers et arbalétriers ; en second ordre la grosse infanterie revêtue de cottes de mailles et de casaques matelassées ; en troisième lieu les chevaliers et les hommes d'armes, en cinq divisions, particulièrement commandées par Guillaume, monté sur un magnifique andalous auquel on avait fait faire un pèlerinage à Saint-Jacques en Galice. Le duc portait au cou, suspendus à des chaînes d'or, les reliquaires sur lesquels Harold avait jadis proféré son serment, et Toustain-le-Beau ou le Blanc élevait à côté de lui la bannière consacrée par le pape.

Harold, qui s'était saisi de l'avantage du terrain, occupait une hauteur défendue sur ses derrières par un bois fort étendu ; il divisa ses troupes en masses serrées, et plaça au centre, point qu'il avait choisi pour lui-même, son étendard royal brodé d'or, orné de perles et de pierres précieuses, et représentant un guerrier qui combattait ; ses frères, Gurth et Leofwin, étaient chargés de le défendre. L'infanterie était soutenue par des espèces de retranchements faits de pieux pointus obliquement enfoncés dans la terre, et sur la puissance desquels Harold comptait beaucoup pour amortir le choc de la cavalerie normande. Le roi des Anglais avait de plus fait disposer des machines propres à jeter des pierres, et recommandé à ses soldats l'usage de la hache de bataille, arme terrible dont il attendait un grand résultat.

Un peu avant l'action, Taillefer, chevalier normand, poussa son cheval entre les deux armées, entonna d'une voix retentissante le fameux chant de Roland, et jetant à diverses reprises son épée en l'air, il sembla défier tous les Saxons. Les Normands, animés à cette vue, poussèrent le cri national : Dieu aide ! et les Anglais répondirent par les mots : Croix du Christ, sainte Croix ! La bataille fut à l'instant engagée.

Les archers et les arbalétriers normands n'obtinrent aucun succès de leurs premières décharges, et se replièrent sur l'infanterie, qui courut avec ardeur à l'attaque des palissades. Les Anglo-Saxons la reçurent courageusement, et à grands coups de hache brisèrent les cottes de mailles, les boucliers et les corselets. Le choc de la cavalerie fut épouvantable, mais elle ne put pénétrer dans les redoutes, ni se faire un passage parmi les pieux, et elle recula en désordre. Les archers s'avancèrent de nouveau, et donnant à leurs flèches une direction mieux calculée, causèrent beaucoup de ravages dans l'armée saxonne. Le combat reprit avec acharnement, et les Normands furent encore repoussés vers un ravin préparé exprès et recouvert d'herbes et de branchages. Les chevaux, en trébuchant dans cette fosse, tuèrent ou mirent hors de combat un grand nombre de chevaliers. Le bruit courut que Guillaume avait péri, et la terreur se répandait parmi ses troupes, lorsqu'il se jeta au devant des fuyards, et, le casque à la main, s'écria en s'élançant vers l'ennemi : « Me « voilà, je vis encore, et, avec l'aide de Dieu, je serai vainqueur ! » Un corps d'Anglais, qui avaient poursuivi les Normands, fut à l'instant enveloppé et totalement exterminé.

Cependant le sort de la bataille était loin de se décider. Une colonne inébranlable d'Anglo-Saxons défiait tous les efforts des Normands, lorsque Guillaume recourut à un stratagème qui causa la perte des Anglais. Il donna l'ordre à une forte division de cavalerie de s'avancer jusqu'aux palissades et de prendre aussitôt la fuite. Les Saxons s'élancèrent tous sur leurs traces ; mais un autre corps normand vint les prendre à revers, tandis que le premier faisait volte-face. Le carnage devint horrible ; on pénétra dans les redoutes, on combattit corps à corps ; Guillaume eut trois chevaux tués sous lui, Gurth et Leofwin succombèrent en défendant la bannière royale, et Harold, qui durant toute la bataille avait montré le plus noble courage, frappé à l'œil d'une flèche lancée au hasard, expira sur les corps de ses deux frères. De vingt chevaliers normands qui avaient fait vœu de s'emparer de l'étendard saxon, les deux tiers avaient péri sous ses coups.

La mort de Harold décida de la fortune du combat, mais ne le fit pas cesser. Des luttes partielles se prolongèrent jusqu'à la fin du jour ; la fuite des Anglo-Saxons devint alors générale ; on ne fit aucun quartier, et les vainqueurs passèrent la nuit sur le champ de bataille. On reconnut parmi les morts l'abbé du monastère de Hida, et douze moines qui avaient constamment combattu près de lui.

Alors se passa une scène de douleur qu'on ne saurait décrire : les mères, les femmes, les sœurs des guerriers anglo-saxons, accoururent de toutes parts, remplissant l'air de cris affreux, à la recherche des cadavres de leurs fils, de leurs frères, de leurs époux. Guillaume leur permit de les enlever et de les inhumer; mais celui de Harold resta sur la terre, et le duc de Normandie ne se rendit à aucune sollicitation. Enfin, la mère de Harold, la veuve du célèbre comte Godwin, envoya un messager au duc, en lui promettant de racheter au poids de l'or les tristes restes de son fils. Mais Guillaume répondit durement : « Il gardait si bien la côte durant sa vie, qu'il « continue à la garder après sa mort! Il n'aura d'autre sépulture que le sable du « rivage. » Cependant, soit en implorant la miséricorde du vainqueur, soit en dérobant la nuit les dépouilles mortelles de l'infortuné Harold, les moines du couvent de

Abbaye de Waltham.

Waltham, que ce prince avait fondé, parvinrent à les recouvrer, et ils les déposèrent dans le chœur de leur église. On raconte que les moines, après avoir vainement examiné cet amas de corps qui gisaient nus et défigurés, sans reconnaître celui de leur bienfaiteur, prièrent une jeune femme que Harold avait aimée de les assister dans leur recherche. On la nommait la belle Edith au Col de cygne. Elle vint sur le champ de bataille, éperdue de douleur et l'esprit égaré; mais elle ne fut pas un instant indécise, et retrouva les restes de son amant. La belle au Col de cygne termina ses jours dans un monastère.

Cette seule bataille livra l'Angleterre à l'armée des envahisseurs, et les efforts des Anglo-Saxons n'eurent par la suite aucun ensemble assez important pour rendre douteux l'affermissement du pouvoir de Guillaume. Les Normands ne quittèrent le champ de bataille qu'après avoir rendu à Dieu de solennelles actions de grâce, et Guillaume ordonna d'y construire, sous l'invocation de la sainte Trinité et du bienheureux saint Martin, un monastère « où l'on trouvera, dit-il, plus de vin pour se « rafraîchir qu'il n'y a d'eau claire dans le meilleur couvent de la chrétienté. » Ce monastère fut appelé l'Abbaye de Saint-Martin-de-la-Bataille; *convéntus sancti Martini de bello.* (Voir la légende du sceau.)

Sceau de l'Abbaye de la Bataille; il représente l'abbaye dans son état primitif.

GOUVERNEMENT, MŒURS ET COUTUMES DES ANGLO-SAXONS.

Ce que l'on peut rappeler du gouvernement, des mœurs et des coutumes des Anglo-Saxons, est nécessairement fort incomplet. Les documents qui nous sont restés de ce temps sont rares, partiels, souvent même ils manquent entièrement. Nous ne retracerons donc ici que les traits les plus saillants de la constitution anglo-saxonne, ceux sur lesquels les écrits des chroniqueurs contemporains répandent une clarté non douteuse.

Une fois maîtres de la Bretagne, les Anglo-Saxons songèrent à se partager le pays. Dans chacun des différents royaumes, on procéda à la répartition des terres, de la même manière probablement qu'à celle du butin. Le territoire conquis fut divisé en parties égales, dont chacune représentait en étendue ce que pouvait cultiver un seul homme et une seule charrue. Cet espace de terrain était nommé *hide*, et comprenait environ quarante arpents. Bède (720) nous apprend que l'île de Wight contenait douze cents hides; le royaume de Sussex, sept mille; celui de Mercie, douze mille. Le cyning, chef des chefs ou roi, reçut une grande partie des terres ainsi divisées. Le reste se répartit entre les chefs inférieurs. Les uns et les autres s'établirent sur ces domaines avec leurs compagnons qui, probablement, et pendant quelque temps encore, continuèrent à vivre autour d'eux. Mais à mesure que l'établissement se consolida, que la résistance des indigènes disparut, le goût et le besoin de la propriété devinrent communs à tous les hommes libres, et bientôt les terres furent les présents qui remplacèrent les

armes, les chevaux, les banquets que les chefs donnaient dans l'origine à leurs compagnons. Elles devinrent une sorte de monnaie avec laquelle les supérieurs reconnurent les services qui leur avaient été rendus, ou ceux dont ils avaient besoin chaque jour. Mais les terres étaient des présents d'une toute autre nature que des repas, des chevaux et des armes. Ceux-ci avaient pour effet de rallier sans cesse les guerriers autour du chef. La concession de domaines, au contraire, les séparait de lui, leur créait une existence distincte et personnelle, leur assurait des moyens d'indépendance. Pour continuer les liens du chef avec ses compagnons, les terres concédées le furent sous des obligations diverses. Ces obligations, longtemps exprimées par le mot vague de *fidélité*, furent plus tard résumées dans le serment suivant que prêtait le vassal à son seigneur en recevant le don : « Au nom de Dieu, disait-il en s'agenouillant et plaçant
« ses mains dans celles de son chef, je promets de t'être sincère et fidèle; d'aimer tout
« ce que tu aimes, et de haïr tout ce que tu hais, conformément aux lois de Dieu et
« des hommes; de ne jamais faire, par mon vouloir ou mon pouvoir, par mes paroles
« ou mes actions, ce qui peut te déplaire, pourvu que tu reçoives mon service selon
« mes moyens, et que tu remplisses les conditions dont nous sommes convenus
« quand je me suis soumis à toi et à ta volonté. » Le suzerain répondait au vassal :

Habitation d'un noble saxon.

Cette gravure est tirée d'un MS. anglo-saxon de la bibliothèque Harléienne, n° 603. Elle est doublement curieuse, malgré la grossièreté du dessin, comme représentation des mœurs et de l'architecture des Anglo-Saxons. Le seigneur, assis sur la porte de sa demeure, entouré de sa femme et de ses enfants, fait l'aumône à de pauvres mendiants. A la droite sont des vassaux armés; à gauche est une chapelle à l'entrée de laquelle est suspendue une lampe.

« Je reçois ton service et te serai bon seigneur. Je te défendrai, toi et ta femme,
« tes enfants et tes bestiaux, quand le cas écherra ; j'empêcherai qu'il te soit fait tort,
« et je partagerai ma terre et mon pain avec toi. »

Les obligations du vassal étaient généralement celles de certains services civils ou domestiques auprès de la personne du suzerain, dans sa maison ou dans sa propriété, et celle du service militaire, à la première réquisition. Le vassal n'avait point alors à s'informer de la justice de la cause qui mettait les armes à la main de son seigneur ; il prenait sa lance dès qu'il était appelé, et le suivait au combat. La vassalité s'établissait encore d'une autre manière : un homme libre se faisait vassal d'un seigneur et se donnait à lui, afin d'avoir droit à sa protection, et de pouvoir se réclamer de sa puissance ; à la mort de son suzerain, il recouvrait sa liberté, et pouvait porter son hommage à un autre [1]. Ainsi, quand Alfred légua plusieurs de ses terres à son fils Edward, il pria les familles de Chedder de choisir Edward pour seigneur, aux mêmes conditions qu'elles avaient autrefois acceptées pour lui-même.

La proportion des hommes à fournir pour le service militaire, relativement à l'étendue des terres possédées, était un soldat par cinq hides de terrain. Les possesseurs de domaines qui n'avaient pas cette étendue de terrain se réunissaient pour fournir un homme auquel ils donnaient une paye de quatre schellings par hide. Ce soldat servait durant deux mois. Quelques villes avaient le choix d'envoyer des hommes ou de payer une somme d'argent déterminée. Dans l'origine, les terres du clergé étaient tenues comme les autres au service militaire ; mais bientôt celles que lui concédèrent les rois ou les grands finirent par être exemptées de toute espèce de prestation, ce qui amena de tels abus, qu'il suffisait à un laïque de se revêtir d'habits monastiques pour obtenir ces exemptions ; il devint bientôt tellement à craindre que la suppression des tenures militaires ne laissât l'état sans défenseurs, que de lui-même, pendant les invasions des Danois, le clergé renonça à cet important privilége.

Les terres étaient encore assujetties à une assez grande variété de prestations, taxes territoriales, droits de justice ou d'administration, indemnités d'ealdormen et officiers publics. Ces impositions étaient fixes ou proportionnelles ; mais il en était une qui excita souvent des réclamations et des désordres : c'était le droit de pourvoyance, qui consistait, quand le roi voyageait dans la contrée, à fournir le logement, les fourrages et des provisions de toute espèce, non-seulement à lui-même et aux grands de sa suite, mais encore à leurs gens, esclaves, serviteurs, compagnons, bouffons, chevaux, chiens et équipages de chasse.

Les propriétés, données par les rois ou seigneurs, leur retournaient à la mort du tenancier ou vassal, à moins que celui-ci ne payât ce que les Anglo-Saxons nommaient *le hériot*, et que les Normands appelèrent *le relief*, ce qu'il faisait en léguant à son suzerain des chevaux, des armes ou de l'argent. Le hériot d'un comte se composait de huit chevaux, dont quatre tout sellés ; de quatre armures complètes, casques, lances, épées, cottes de mailles, boucliers, et de cent mancuses d'or. Le

---

[1] Cette manière était commune en France ; les vassaux par choix s'appelaient *commendati*. (Baluze, cap. 1443, 536.)

hériot d'un thane du roi, c'est-à-dire d'un thane qui relevait immédiatement du roi, était la moitié de celui d'un comte. Un thane inférieur léguait à son seigneur son meilleur cheval et ses armes, et quelquefois ses équipages de chasse. La famille de celui qui périssait dans une guerre entreprise par son suzerain n'avait point de hériot à payer pour conserver ses propriétés.

La population libre des Anglo-Saxons se divisait en deux classes : les *eorl* et les *ceorl*. Les premiers étaient spécialement désignés par le mot d'*ethelborn*, né de noble, dénomination qu'on n'accordait jamais aux hommes dont les ancêtres avaient cultivé la terre, quelque dignité qu'ils obtinssent, quelque service qu'ils rendissent à l'état : on nommait ceux-ci *less-born*, de naissance inférieure. Un titre plus élevé que celui d'ethelborn était celui d'*etheling*, fils de noble; mais il n'appartenait qu'aux enfants et même au premier-né du roi, ou à l'héritier direct du trône par le sang. Au-dessus de tous les ethelborns, aussi bien par la naissance que par la puissance, se trouvait le roi; par la naissance, car les chefs germains descendaient presque tous des héros, des demi-dieux nationaux; par la puissance, car les richesses des rois étaient immenses.

Dès l'origine, leurs domaines avaient été très-considérables; depuis ils s'étaient successivement et singulièrement accrus. Et d'abord, les divers rois anglo-saxons revendiquèrent, comme leur propriété, toutes les terres qui n'avaient pas été occupées dès le commencement de la conquête [1]; puis, lorsque les rois du Wessex eurent vaincu les autres rois saxons, ils réclamèrent pour eux-mêmes les terres appartenant à ces divers princes. Aussi, à la fin de l'heptarchie, leurs possessions étaient-elles immenses dans toutes les parties du royaume [2]. Le domaine royal s'enrichissait encore dans les cas de déshérence, par les confiscations sur les criminels, par les droits de tutelle et de mariage, et par une foule d'autres sources. Ces richesses considérables servaient au roi à se créer et s'attacher de nombreux et puissants vassaux, dont la force soutenait la sienne.

Tous les grands tenanciers de la couronne étaient obligés de venir trois fois par an, à Noël, à Pâques et à la Pentecôte, renouveler au roi leur hommage; cette réunion s'appelait la *curia regis*. Le roi défrayait alors ses tenanciers à ses dépens durant huit jours, et les comblait de présents. Le roi commandait les

---

[1]. Ce sont peut-être ces terres inoccupées qui furent d'abord désignées sous le nom de *Folcland*, par opposition à celles qui, nommées *Bockland*, avaient été transmises par donation écrite ou symbolique. L'alderman Alfred ne lègue à son fils unique qu'un manoir de ses terres, *bockland*, parce qu'il espère que le roi lui donnera un *folcland*. Ces terres étaient cultivées par des gens de la classe inférieure, probablement par des indigènes tenus à des rentes ou autres servitudes, et n'ayant d'autres titres à leur jouissance que la volonté du seigneur. Elles se confondirent bientôt avec celles que le roi possédait par droit de conquête, et les unes et les autres ne furent plus désignées que par le nom de *terra regis*, sous lequel on les retrouve au *Domesday book*.

[2]. Dans le comté de Kent, sur quatre cent trente terres comprises dans ses limites, cent quatre-vingt-quatorze appartenaient au roi Edward-le-Confesseur; le reste était inégalement partagé entre onze personnes, parmi lesquels étaient l'archevêque de Cantorbéry, l'évêque de Rochester, les abbés de Saint-Austin et de Saint-Martin, la reine Editha, les comtes Godwin, Harold, etc.; encore, presque tous tenaient-ils immédiatement leurs domaines du roi, dont ils étaient les thanes pour ce comté. (*Domesday book*).

forces nationales ; il était juge suprême, recevait les appels de toutes les juridictions, jouissait du droit de grâce, nommait ou cassait à volonté les ealdormen, shérifs, juges et baillis ; enfin sa protection, ou sa paix, garantissait de toute insulte, de toute concussion, de toute vexation, les voyageurs et marchands et leurs serviteurs, quand ils se trouvaient sur les quatre grandes routes, sur les rivières navigables, ou à la distance d'environ quatre milles du lieu de sa résidence. A certaines époques de l'année, la paix du roi s'étendait à tout le royaume : cette faveur avait lieu dans les huit jours qui suivaient son couronnement et durant les octaves des trois fêtes à cour plénière.

La monarchie était généralement héréditaire, mais dans la famille plutôt que dans la ligne directe, et, dans plusieurs occasions, on vit préférer au fils aîné du dernier roi, ou le frère de ce roi, ou l'un des fils de ce frère. C'est ce qui arrivait presque toujours lorsqu'à la mort du souverain ses descendants en ligne directe étaient encore enfants. Ethelred Ier et Alfred exclurent de la royauté la postérité de leur frère aîné, et Alfred, dans son testament, établit sur une triple base la légitimité de son titre, savoir : les dernières volontés de son père, l'adhésion de son frère Ethelred, et le consentement de la noblesse west-saxonne.

Les ealdormen, ou comtes, étaient des vice-rois ou gouverneurs civils et militaires. Ils remplaçaient ou représentaient le roi dans leurs *shires* ou comtés ; ils commandaient les soldats de la province, pourvoyaient à l'exécution des arrêts judiciaires, après avoir, comme grands juges, présidé les tribunaux du comté, et jouissaient du tiers des impositions, rentes ou amendes dévolues au trésor royal. Leur office finit par devenir héréditaire.

Les gerefas (shérifs) étaient placés dans les provinces, les ports, les bourgs ou villes considérables : ils veillaient à la perception des taxes, à l'arrestation des malfaiteurs, à l'acceptation des cautions, au paiement des rentes, et représentaient généralement le lord ou suzerain. Ils avaient même, en diverses cours judiciaires, la présidence ou la qualité de juges principaux.

Le corps de la noblesse se subdivisait en plusieurs classes : les thanes du roi, les thanes des ealdormen, les thanes des évêques. Des marchands pouvaient devenir thanes de vaisseau, pourvu qu'ils eussent par trois fois exporté des marchandises sur des navires à eux.

Un *ceorl* possesseur de cinq hides de terre était élevé au rang de thane.

Tous ceux dont nous venons de parler étaient *ethelborn* (nés nobles); les *unethel* (non nobles), commerçants, artisans, ouvriers, laboureurs, étaient compris sous la dénomination générique de *ceorls*. On les subdivisait en deux classes. La classe supérieure consistait en *soc-men*, ou libres *ceorls*, qui tenaient leurs terres par quelque service convenu d'avance, pouvaient se choisir leur seigneur, ou disposer de leurs biens, par vente, testament, donation. Les autres, attachés au sol et considérés comme faisant partie de la propriété, étaient transportables avec elle d'un seigneur à un autre, obligés de donner leur travail personnel en retour de la terre qu'ils cultivaient pour leur propre usage, enfin, sujets à être punis comme fugitifs, s'ils cherchaient à se soustraire à la juridiction seigneuriale sous laquelle ils étaient nés. Ils avaient quelques droits reconnus par la loi, par exemple, dans plusieurs endroits, celui de ne pouvoir être dépossédés aussi longtemps qu'ils remplissaient les services accoutumés; mais d'un autre côté, ces services étaient souvent indéterminés. La volonté du seigneur les réglait seule; celui-ci pouvait à discrétion tailler et taxer ses ceorls. Il exigeait d'eux le *merchetu* ou *gersume*, taxe particulière pour le mariage de leurs filles et de leurs sœurs, et ne leur permettait pas de vendre leur bétail hors du manoir, qu'ils n'en eussent obtenu l'autorisation dans sa cour [1].

On retrouve, dans les formes judiciaires des Anglo-Saxons, l'origine d'institutions qui, sous des noms différents, subsistent encore aujourd'hui en Angleterre.

La juridiction la moins étendue, ou la plus basse, comme disaient les anciens jurisconsultes, était celle de *sac* et *soc :* c'était le droit de tenir les plaids à la porte du château. Ce droit ne s'étendait que sur une localité infiniment restreinte, et tous les genres de délits n'en étaient pas justiciables. En général, les étrangers n'étaient pas tenus de comparaître devant ces tribunaux personnels, qui ne pouvaient infliger de peines qu'aux tenanciers du lord. On les nommait *hall-motes*.

Venait ensuite ce qu'on nommait le *hundredmote*. L'ealdorman, ou le gerefa, et les francs-tenanciers, ainsi que les principaux ecclésiastiques du hundred, le composaient. Ce tribunal tenait séance une fois par mois, et indépendamment des causes ou délits dont il connaissait, et de ses décisions dans les discussions civiles, c'était devant lui que se passaient les contrats de vente et d'échange, et que se faisaient les paiements; car, à cette époque, où personne ne savait lire ni écrire, il fallait une réunion imposante de témoins pour certifier la validité des transactions.

La cour du comté, où le *shiremote*, possédait une juridiction supérieure et plus étendue. Ce tribunal, présidé par l'ealdorman ou l'évêque, qui avaient pour assesseurs des thanes royaux et le shérif, était composé des grands propriétaires, ou vassaux immédiats de la couronne. On y jugeait d'abord les causes relatives aux droits et immunités de l'église; ensuite les amendes et confiscations au profit du trésor royal, et enfin toutes discussions entre des particuliers [2].

Le witenagemote, ou conseil des sages, était la grande réunion des principaux personnages de l'état; il était convoqué de droit aux trois grandes fêtes de l'année, Noël, Pâques et la Pentecôte; accidentellement, par la volonté du roi ou la force des circonstances, à des époques imprévues. On n'est pas d'accord sur les titres

---

1. Lingard, *Histoire d'Angleterre.*

2. Voici un acte saxon très-ancien, où se trouve rapportée une procédure qui eut lieu dans la cour du comté, sous le règne de Knut. Elle donne une idée exacte de la composition et des attributions du shiremote :

« On fait savoir, par ces présentes, que dans le shire-gemot (cour du comté), tenu à Agelnothes-Stanc
« (à Aylston, dans le comté d'Hereford), sous le règne de Knut, siégeaient Athelstan l'évêque, et Ranig
« l'alderman, et Edwin son fils, et Leofwin, fils de Wulfig; et Thurkil-le-Blanc et Tofig assistaient
« comme commissaires du roi; étant présents Bryning le shérif, et Althelweard de Frome, et Leofwin
« de Frome, et Goodric de Stoke, et tous les thanes du comté de Hereford, Edwin, fils d'Enneawne,
« se présenta à la cour, et réclama de sa mère quelques terres appelées *weulintun* et *cyrdeslea*. Alors
« l'évêque demanda si quelqu'un voulait se charger de répondre pour la mère. Alors Thurkil-le-Blanc
« dit qu'il s'en chargerait s'il connaissait les faits, mais qu'il ne les connaissait pas. Alors parurent dans
« la cour trois thanes qui étaient de Feligly (Fawley, à cinq milles d'Aylston), Leofwin de Frome,

qui permettaient d'en faire partie. Les thanes royaux, spirituels ou temporels, le composaient ordinairement. Dans un grand nombre de chartes ont été conservées les signatures des witans; elles excèdent rarement le nombre de trente, et ne s'élèvent jamais à soixante. Aussi, les witenagemotes ne comptaient presque toujours parmi leurs membres que la famille royale, quelques évêques ou abbés, des caldormen, un petit nombre de thanes royaux ou épiscopaux, ainsi que des thanes de la reine et même de certaines abbesses. Les lords ou seigneurs se faisaient accompagner de leurs *fidèles*; mais ceux-ci ne prenaient aucune part aux discussions. Le witenagemote choisissait quelquefois le roi dans les limites des diverses branches de la famille destinée à régner, ou confirmaient le droit de l'héritier. Les lois étaient préparées dans son sein, ou du moins discutées sur la proposition du roi; il connaissait des grandes affaires civiles ou criminelles, appelait devant lui les coupables puissants et leurs complices, et prononçait ordinairement les peines de la confiscation et du bannissement, qu'on nommait mises hors la loi.

Le témoignage était la règle le plus constamment suivie dans ces divers tribunaux. Si, par un acte quelconque, et alors ils étaient extrêmement rares, aucune des parties ne pouvait constater son droit, on recevait le serment du demandeur, et les *freeholders* (teneurs de francs fiefs) ses voisins, venaient, en nombre déterminé par la cour, affirmer sous serment la réalité du fait. Cette déclaration n'avait qu'une valeur mesurée sur le rang de l'homme qui la faisait : ainsi, le serment d'un caldormen était évalué à celui de six thanes royaux, et celui d'un thane du roi, au serment de six ceorls; le roi en était cru sur sa simple assertion, et le serment ne lui était jamais demandé; l'archevêque jouissait des mêmes prérogatives que le roi, et ce privilége avait fini par s'étendre aux grands personnages de l'état.

Quand un homme accusé prétendait prouver son innocence, il avait deux façons de le faire : la première était le serment ou *lada*; la seconde, l'épreuve ou l'*ordeal*.

Dans l'épreuve par le serment, l'accusé prenait d'abord Dieu à témoin de son innocence par toutes les formules qu'il pouvait imaginer; en outre, il choisissait parmi les francs tenanciers ses voisins, déclarés hommes loyaux par toute l'assemblée, douze témoins qui juraient à leur tour que son serment leur paraissait bon et valable. Le nombre des témoins allait, suivant la circonstance, jusqu'à soixante-

« Ægelwig-le-Rouge et Thinsig-Stægthman; ils allèrent vers la mère, et lui demandèrent ce qu'elle avait
« à dire au sujet des terres que réclamait son fils. Elle dit qu'elle n'avait aucune terre qui appartînt à
« son fils, et, enflammée d'une violente fureur contre lui, elle appela Leofleda, sa parente, la femme de
« Thurkil, et lui parla en ces termes devant les thanes : « Voici Leofleda, ma parente, à qui je donne
« mes terres, mon argent, mes vêtements, et tout ce que je posséderai à ma mort. » Ensuite, elle
« s'adressa aux thanes, et leur dit : « Conduisez-vous en thanes, et faites part de ma réponse à tous les
« hommes libres ici assemblés; apprenez-leur à qui je donne mes terres et tous mes biens, et dites-leur
« que je ne laisse rien à mon fils. » Et elle les prit à témoin de tout cela. Ceux-ci firent aussitôt connaître
« à tous les hommes libres tout ce qui s'était passé. Alors, Thurkil-le-Blanc s'adressa à l'assemblée, et
« pria tous les thanes de confirmer à sa femme la possession des terres que sa parente lui avait données.
« Ils accédèrent à sa demande, et Thurkil se rendit aussitôt à l'église de Saint-Ethelbert, en présence et
« avec l'approbation de tout le peuple, et fit insérer le présent acte dans un livre de cette église. » Hickes, *Dissertatio epistolaris*, cité par Hallam, *L'Europe au moyen-âge*, page 19 et 20.

douze, et une partie était tirée au sort ou désignée par les juges. Dans ce dernier cas, l'accusé pouvait en récuser la moitié, et quand ses *compurgatores* (compurgateurs) étaient produits par lui-même ou tirés au sort, les juges jouissaient aussi du droit d'en récuser un nombre déterminé, qui variait d'ailleurs selon les usages des divers comtés. L'avis favorable ou contraire des compurgateurs acquittait l'accusé, ou le faisait condamner à des peines plus rigoureuses que dans le cas où, sans affirmer son innocence, il eût cherché des excuses à son délit.

L'épreuve judiciaire, nommée l'*ordeal*, s'accomplissait avec de grandes solennités. L'accusé fournissait d'abord une caution qui s'engageait à le représenter au terme marqué. Durant trois jours il entendait des messes nombreuses, récitait constamment des prières et jeûnait rigoureusement ; venaient ensuite des exhortations, après lesquelles un prêtre l'adjurait à l'autel de ne point tenter Dieu si sa conscience n'était point entièrement sans reproche, et il ne lui donnait la communion qu'en lui disant : « Puissent les mérites du corps et du sang de Jésus-Christ te mettre en état de « prouver ton innocence ! » Cela fait, l'accusé jurait encore sur les reliques des saints qu'il était étranger au crime qu'on lui reprochait. Il se préparait alors à subir l'épreuve par l'eau bouillante ou l'eau froide, ou par le fer rouge.

Les meurtres étaient d'autant plus communs chez les Anglo-Saxons, que la loi ne punissait pas de mort le coupable, et que tous les membres de la famille de celui qui avait succombé se croyaient investis du droit de le venger, ce qui allumait des haines inextinguibles dans les familles, et presque des guerres civiles. Les lois n'exigeaient d'autre réparation d'un assassinat que le paiement d'une amende. La valeur légale de la vie, le rachat du sang ou *were* suivait une proportionalité fixée par la position sociale. Les hommes libres étaient répartis en trois classes : 1° les twelfhændmen, ou hommes de douze cents, ceux dont le were était de 1200 shillings : c'étaient les thanes royaux ; 2° les sixthhændmen, les hommes de 600 shillings : c'étaient tous les autres nobles ; 3° les thwyhændmen, les hommes de 200 shillings, ou les ceorls. Le were du roi était de six fois celui d'un de ses thanes ; le were d'un etheling était du triple ; et celui d'un ealdorman, du double.

Lorsqu'un homme libre en avait tué un autre, il jouissait d'abord d'un certain temps pour se retirer dans sa forteresse ou son château, ou, s'il n'en possédait pas, pour se réfugier dans une église. S'il se renfermait dans un château, ses ennemis pouvaient l'investir, mais non l'attaquer avant sept jours ; il obtenait le même répit dans une église, chez un ealdorman ou chez un évêque, et neuf jours dans le palais d'un roi ou d'un archevêque. Durant ce terme, il pouvait entrer en accommodement. S'il se rendait prisonnier, ses ennemis étaient tenus alors de le garder sain et sauf durant l'espace de trente jours, et s'il fournissait caution suffisante pour le paiement du were, il était mis en liberté ; sinon, sa personne et sa vie restaient à la discrétion de ses adversaires. Après le paiement du were, la réconciliation était complète et ne devait plus être troublée. S'il était guerrier, il demandait le combat ; alors les vassaux accouraient tous à la défense du lord, de même que le lord à celle de son vassal, et le sang rougissait la terre. Quelquefois l'accusé combattait seul contre son accusateur ; le résultat du combat se nommait dans ce cas jugement de Dieu.

Combat singulier, d'après le MS. saxon de la Bibliothèque Cottonnienne, Cléopâtre, C. VIII.

Le vol ou le brigandage à main armée était le délit le plus ordinaire des Anglo-Saxons; il infestait tous les ordres de la société; on le trouve dans le clergé comme chez les laïques, parmi les thanes comme parmi les ceorls. Les déprédateurs se réunissaient d'ordinaire en bandes nombreuses, arrêtaient et dévalisaient les voyageurs, pillaient les habitations écartées, enlevaient de vive force les bestiaux. De nombreuses lois furent faites par les rois anglo-saxons pour réprimer ces excès, mais la répétition même de ces lois prouve leur inutilité, comme la sévérité des peines portées contre les coupables témoigne de la gravité du mal. Ceux qui avaient été saisis et convaincus étaient pour une première fois condamnés à la restitution d'une valeur triple de celle de l'objet volé; pour la seconde, au paiement du were ou au bannissement, ou même à la mort, les biens confisqués, et la vie remise à la miséricorde ou merci du roi, qui l'arbitrait à l'avantage des personnes dépouillées; la mort sans rémission était la peine infligée à la troisième. Un tiers des biens confisqués était remis au tything dont on avait dérobé les bestiaux ou les meubles, un second tiers devenait la propriété du roi, et le troisième tiers restait à la veuve ou aux enfants du coupable.

Les hommes libres ne composaient guère que le tiers de la population de l'Angleterre, dont les deux tiers étaient conséquemment esclaves. Le nombre de ceux-ci s'augmentait incessamment par les prisonniers faits à la guerre, par les hommes qui, nés libres, étaient réduits en servitude, soit à raison de leur insolvabilité, soit en punition légale de certains délits, soit enfin parce qu'ils se vendaient eux-mêmes, afin de se soustraire aux horreurs de la misère. Les uns cultivaient la terre, d'autres exerçaient certaines professions, d'autres encore recevaient une certaine quotité de terrain et faisaient une redevance à leur lord; mais tous pouvaient, au gré de ce lord, être vendus ou donnés, ou partagés par testament, avec leurs femmes, leurs enfants, leurs chaumières et leurs troupeaux. Il ne leur était pas permis de porter des armes, et les châtiments auxquels on les soumettait étaient ignominieux : c'était le fouet, la marque, le pilori, la lapidation, le bûcher et la potence.

Potence et pilori saxons. Tiré du manuscrit saxon Claudius B iv.

Les prêtres parvinrent à adoucir le sort des esclaves par l'influence de la religion, et par le soin qu'ils mirent à les protéger contre l'oppression des seigneurs. Ils engagèrent ceux-ci à affranchir leurs serfs lorsqu'ils avaient longtemps rempli leurs devoirs avec zèle, ou à leur permettre de se racheter au moyen d'un pécule amassé à la sueur de leur front. Plusieurs prélats instruisirent les leurs dans la religion catholique, les baptisèrent et leur donnèrent la liberté, après avoir établi en principe qu'un chrétien qui venait d'être régénéré par le baptême, était à ce moment exempt de souillure et ne pouvait rester esclave. A leur mort ils rendaient souvent tous leurs serfs à la liberté, et comme ils assistaient les lords et les propriétaires au moment de leur décès, ils ne manquaient jamais de les engager à libérer par leur testament un certain nombre de leurs esclaves, afin d'être eux-mêmes agréables à Dieu.

Les bourgs, les ports, les villes, avaient des coutumes, des priviléges, des charges, des devoirs tellement multipliés et si différents selon les lieux, qu'il serait impossible d'en tirer une induction générale. Des artisans et des bourgeois en formaient la population ; ils occupaient des maisons dont ils payaient une rente fixe à raison du sol, et ils étaient libres de les quitter à volonté ; quelques-uns étaient forcés de venir, dès qu'ils étaient appelés, accomplir le service auquel ils se trouvaient anciennement tenus envers leur lord. Mais ils étaient protégés d'une manière spéciale, jouissaient d'avantages inconnus aux habitants des campagnes, étaient défendus dans les guerres, et formaient entre eux des confédérations qui finirent par leur faire conférer des droits d'une haute importance. La plupart même racheterent leur liberté, leurs prestations obligées, leurs péages royaux, au moyen de sommes une fois soldées, de dons de vaisseaux et d'armes, ou par quelques actions éclatantes et utiles pour le souverain ou le pays.

Si, au VIII⁰ siècle, l'état intellectuel de la Bretagne était supérieur à celui de la plupart des autres pays de l'Europe, cette supériorité dura peu, et les encouragements prodigués par Alfred aux sciences et aux lettres furent bientôt rendus inutiles par les invasions incessantes des Danois. « Avec Bède, dit William de Malmsbury « au commencement du XII⁰ siècle, périt l'amour de la science en Angleterre, avec « lui fut ensevelie la connaissance des événements passés. Il n'y eut plus après lui un « seul Anglais qui enviât la gloire qu'il avait acquise par ses travaux, qui imitât son « exemple, et qui suivit le sentier du savoir dans lequel il avait marché. Quelques-« uns de ses successeurs étaient d'honnêtes hommes ne manquant pas d'instruction, « mais qui passèrent leur vie dans un inglorieux silence, tandis que le grand nombre « s'endormait dans l'ignorance et la fainéantise. »

Il ne reste plus aucun monument de l'architecture des Anglo-Saxons ; cependant plusieurs archéologues anglais prétendent que la tour de l'église de Earl's Barton est

Tour de l'église de Earl's Barton, Northamptonshire.

d'une époque antérieure à celle de l'introduction du style normand en Angleterre. Mais, cette tour n'est évidemment qu'une œuvre grossière d'un ouvrier ignorant, dans laquelle il est impossible de retrouver quelques-uns de ces signes qui caractérisent une habitude de construction, une époque d'architecture. C'est donc uniquement dans les manuscrits anglo-saxons, dans les quelques baptistaires de cette époque qui subsistent encore, et dans les sceaux des anciennes chartes (*voy. les dessins donnés pages* 23, 26, 43, 64, 90, 100), qu'il faut chercher des renseignements authentiques sur l'architecture civile et religieuse des Anglo-Saxons, sur la disposition et la décoration habituelle de leurs édifices, et sur l'état de leurs connaissances dans les arts.

Baptistaire anglo-saxon de la cathédrale de Cantorbéry.

DYNASTIE NORMANDE.

GUILLAUME IER, DIT LE CONQUÉRANT.

ainqueur[1] à Hastings, Guillaume ne marcha pas de suite sur Londres. Fidèle à ses habitudes de prudence, il s'empara d'abord de Romney et de Douvres, s'assura la possession des rivages du sud-est, et attendit l'arrivée de ses renforts. La consternation causée par la défaite et la mort de Harold prévint partout la résistance. Cependant l'Angleterre ne se trouvait pas hors d'état de se défendre; les chefs de la plupart des comtés, qui n'avaient pu prendre part à la bataille de Hastings à raison de leur éloignement et de la rapidité de l'invasion, étaient encore puissants, commandaient à des forces considérables, et pouvaient facilement, soit en se réunissant, soit en attaquant Guillaume sur plusieurs points, l'obliger à subir la chance de nouveaux combats. Il n'en fut pas ainsi : les Anglais avaient perdu toute leur énergie; on eût dit qu'il ne leur

---

1. Cette lettre est tirée de la Bible dite du Cardinal Mazarin, MS. du xie siècle conservé à la Bibliothèque royale de Paris.

restait aucun souci de la patrie, qu'il leur était devenu tout à fait indifférent d'être libres ou esclaves, riches ou pauvres, maîtres ou serviteurs.

Guillaume ayant reçu ses renforts, se remit en marche et se dirigea sur Londres. A quelque distance de Douvres, il rencontra un corps de Saxons armés, commandé par l'archevêque de Cantorbéry, Stigand, et par l'abbé du monastère de Saint-Augustin, Eghelsig, qui demandèrent, au nom des habitants du comté de Kent, et comme condition de leur soumission, la confirmation de leurs lois et de leurs priviléges, séparant ainsi leur cause de la cause nationale. Le duc de Normandie leur accorda tout ce qu'ils semblaient désirer, se réservant d'agir comme il le jugerait convenable lorsque le sort de l'Angleterre serait entre ses mains.

L'archevêque Stigand ne crut pas à la bonne foi de Guillaume, et il se hâta de se rendre à Londres, dont les habitants étaient dans la consternation. Le witenagemote y était rassemblé, et de toutes parts surgissaient les intrigues et les prétentions. Harold avait laissé deux enfants, mais ils étaient trop jeunes pour qu'il fût possible de songer à leur donner la couronne. Les comtes Edwin et Morcar avaient pour eux leur haute réputation et les suffrages des thanes northumbres et merciens; ceux des comtés du sud proposaient Edgard l'etheling, le neveu du roi Edward, le petit-fils d'Edmond Côte-de-Fer. La plupart des ecclésiastiques, dont l'influence était puissante, exigeaient qu'on se déclarât en faveur du duc Guillaume, attendu qu'il était porteur d'une bulle du pape et d'un étendard bénit; l'obéissance aux ordres du souverain pontife était, suivant eux, un devoir, et les masses populaires les écoutaient avec faveur. Dans ce conflit de passions et de difficultés, le witenagemote arrêta son choix sur Edgard, parce qu'il était de race saxonne. Ce prince fut couronné, et la perte de l'Angleterre consommée par l'élection de ce jeune homme sans expérience et sans caractère.

La méfiance et la désunion qui existaient déjà entre les défenseurs du pays éclatèrent dans toute leur violence. Les comtes Edwin et Morcar refusèrent le commandement général de l'armée, et se retirèrent avec leurs partisans dans le Northumberland et la Mercie, où ils espéraient se faire des royaumes séparés. Cependant les Normands s'approchaient et menaçaient sur plusieurs points la ville de Londres. Déjà le faubourg méridional, sur la rive droite de la Tamise, avait été réduit en cendres par un parti avancé de cavaliers normands. Guillaume passa le fleuve au gué de Wallingford, dans la province de Berks, y créa un camp retranché, et, se dirigeant au nord-est, il s'établit à Berkhamstead, dans le Hertford.

La corporation municipale de Londres avait alors pour chef électif un homme énergique, qui avait combattu à Senlac. De nombreuses blessures l'empêchaient de se mouvoir, mais il se faisait transporter sur un brancard dans tous les lieux où sa présence était nécessaire, et son activité comme son patriotisme lui avaient acquis une haute influence sur l'esprit de ses concitoyens. Tout son désir était de sauver Londres de la famine et du pillage, et quand il reconnut qu'il était impossible que cette capitale fût secourue, il songea à lui obtenir une bonne capitulation. Dans cette intention, il réunit les bourgeois et marchands, leur représenta l'état horrible où cette ville était réduite, leur montra le triste sort des faubourgs et des villages environnants, dont les habitants avaient été mis à mort tandis qu'on pillait et qu'on incendiait leurs maisons, et leur conseilla de faire choix d'un messager prudent, adroit et circonspect, qui pût découvrir la politique de Guillaume et ne rien laisser apercevoir de la sienne ni de la situation réelle de la ville, afin d'obtenir de l'usurpateur les conditions les plus avantageuses qu'il fût possible. L'assemblée adopta cet avis, mais se trompa sur le caractère de l'homme qu'elle choisit. Arrivé au camp du duc de Normandie, celui-ci exposa son message dans des termes qu'il crut propres à convaincre Guillaume que la ville de Londres n'en était pas réduite à implorer sa merci. Guillaume entendit avec bienveillance le discours de l'envoyé, parut satisfait de ses offres, sans cependant accepter ou accorder aucune condition, et, à son tour, lui expliqua ses droits sur l'Angleterre avec une grande apparence de conviction, puis il fit au négociateur ébloui des présents d'une grande valeur. Le Saxon, enchanté, revint à Londres sans avoir même réclamé des garanties, et il annonça paix et sûreté à tous si l'on consentait à ouvrir au duc les portes de la ville et à lui prêter serment. Il parla tant de la sagesse, de la libéralité et des vertus du prince normand, que le peuple passa d'une extrême consternation à la confiance la plus outrée. Le jeune Edgard n'avait plus d'armée, il semblait incapable de maîtriser les dispositions marquées de la bourgeoisie; et bientôt, accompagné de l'archevêque primat Stigand, d'Eldred, archevêque d'York, d'une partie de la noblesse et d'une députation des habitants de Londres, il vint au camp de Berkhamstead, et là, tous prêtèrent serment de fidélité au conquérant, livrèrent des otages, et en retour reçurent du duc la simple promesse qu'il leur serait doux et clément.

Guillaume était au comble de ses vœux; cependant, lorsque Edgard vint lui déclarer qu'il ne connaissait personne d'aussi digne que lui de tenir les rênes du gouvernement sous le titre de roi des Anglais, le duc de Normandie affecta de délibérer, déclara qu'il était peu soucieux d'occuper un rang qui devait séparer sa fortune et sa personne de celles de ses compagnons d'armes; qu'il avait à consulter d'autres intérêts que les siens, et qu'il était convenable qu'il obtînt à la fois le consentement des barons normands et celui de la nation anglaise, dont une partie seulement était soumise à ses armes. Ce discours se tenait devant les capitaines de l'armée d'invasion, et beaucoup d'entre eux peut être eussent admis ces scrupules hypocrites, si le vicomte Aimery de Thouars n'eût observé que c'était aussi par trop de modestie; que des soldats devaient savoir se décider sans balancer, et que des délais inutiles devenaient nécessairement dangereux. Guillaume accepta donc formellement la couronne qu'on lui offrait, et déclara qu'il se ferait sacrer aux fêtes de Noël alors prochaines.

Le duc de Normandie n'était pas encore entré dans la ville de Londres, et fit choix de l'abbaye de Westminster pour l'accomplissement de la cérémonie. Mais comme il savait que la population de Londres était nombreuse, brave et turbulente, il fit entourer de défenses, ou forts en bois, la maison qu'il devait habiter; il commanda qu'une division de son armée stationnât aux environs, et ne se rendit au monastère qu'à travers deux haies de soldats.

Le droit de sacrer le nouveau roi était dû à Stigand comme archevêque de Cantorbéry, primat d'Angleterre; mais Guillaume, qui craignait son influence, se rappela que ce prélat n'avait obtenu le pallium que de l'anti-pape Benoît X, et déclara qu'il entendait être sacré par un prélat qui n'eût encouru aucune censure de l'église ; il désigna l'archevêque d'York pour cette cérémonie. L'évêque de Coutances, d'une part, s'exprimant en langue française, et l'archevêque d'York, de l'autre, parlant aux Anglo-Saxons dans leur idiome, demandèrent aux assistants s'ils voulaient reconnaître pour roi le duc de Normandie. Des acclamations bruyantes répondirent aux deux prélats. Guillaume alors prononça le serment d'usage, et promit de gouverner et de traiter le peuple anglo-saxon avec autant d'équité, de douceur et de bienveillance qu'avait pu le faire le meilleur de ses prédécesseurs. Mais dès ce même jour il fit jeter en prison les otages qu'il avait reçus et imposa sur la ville de Londres une énorme contribution de guerre. Ensuite il désarma les citoyens, ainsi que ceux des principales villes du sud et de l'est, bâtit des forteresses sur les points qui les commandaient, en confia la garde à des soldats normands, et s'occupa spécialement des moyens de récompenser les guerriers qui l'avaient aidé dans sa conquête.

A cet effet, des commissaires eurent ordre de parcourir la contrée occupée par les Normands, de dresser l'inventaire exact des propriétés de toute nature et de les enregistrer dans le plus grand détail. On prenait les noms de tous les Anglais qui avaient dû se rendre sous les drapeaux de Harold, et on les répartissait en trois classes : 1° les morts ; 2° les blessés, fuyards ou prisonniers ; 3° ceux qui ne s'étaient pas présentés à l'armée. Cette opération terminée, tous les biens qui leur appartenaient, terres, rentes, dîmes, revenus de toute espèce, troupeaux, meubles et marchandises, furent saisis ; et d'abord, on déshérita pour toujours les enfants et parents des Anglais qui avaient péri ; on laissa la vie aux individus de la seconde catégorie, en les déclarant dépossédés sans retour ; quant à la troisième, les hommes qui la composaient perdirent aussi toutes leurs propriétés ; mais on leur promit qu'après de longues années de dévouement à la nouvelle dynastie, leurs enfants ou petits-enfants pourraient recevoir de la gratitude royale une portion des biens dont l'héritage leur était enlevé.

Le produit de cette spoliation fut immense. Le roi s'empara d'abord pour lui-même du trésor de Harold ; il prit encore l'or et l'argent, ainsi que les joyaux que possédaient les églises et les couvents, et il se fit apporter tout ce que les marchands avaient de plus précieux et de plus rare. Il donna des vases, des croix, des ornements d'or aux églises et aux monastères de Normandie qui avaient adressé des prières au ciel pour le succès de son expédition, et il envoya au pape les plus riches présents, en lui offrant l'étendard conquis sur Harold à la bataille d'Hastings. Vint ensuite le partage du territoire, et celui même des habitants. Guillaume, pour tenir sa parole aux barons et chevaliers de son armée, leur concéda, non-seulement des domaines et manoirs, mais des châteaux-forts, des bourgs et des cités. Un seul Normand eut pour sa part un château-fort, vingt maisons de la ville et cent cinquante-neuf manoirs entourés de terres en culture ; un autre, à lui seul, déposséda trente propriétaires saxons, et ceux-ci devinrent serfs de corps, attachés à la glèbe de leur champ. Les Anglais qui essayaient de défendre l'honneur de leurs filles ou le pain nécessaire à leur subsistance, étaient pendus comme rebelles. Les biens du monastère de Hida, dont l'abbé avait péri à Hastings avec ses douze moines, formèrent par dérision douze fiefs de chevaliers et un fief de baron ; et une jeune fille normande du nom d'Adeline, qui avait suivi l'armée, dont elle amusait les chefs par ses *jongleries*, reçut pour récompense un fief de comte.

Des femmes de la plus haute extraction, des veuves de Saxons morts sur le champ de bataille, et héritières de grands biens, furent mariées, sans égard pour leur volonté, aux compagnons de Guillaume qui avaient stipulé dans leurs engagements qu'ils entendaient épouser de riches Saxonnes. On paya de fortes sommes d'argent à ceux qui ne voulaient pas d'autre prix de leurs services. En plusieurs lieux on se partagea les maisons, dans certaines villes on se distribua les habitants eux-mêmes, « et dans le bourg de Lewes, selon un registre authentique, le roi Guillaume prit « soixante bourgeois, produisant chacun trente-neuf sous de rente ; un certain « Asselin eut plusieurs bourgeois payant seulement quatre sous de rente ; Guillaume « de Caen eut deux bourgeois de deux sous » (ce sont les propres mots du registre[1]). Les plus pauvres chevaliers étaient créés comtes ou barons ; les varlets, les écuyers, les simples porte-lances, les tisserands de la Flandre, les nourrisseurs de bœufs de la Normandie, devenaient promptement en Angleterre de hauts et illustres hommes, et leurs noms, vils et obscurs sur l'une des rives du détroit, étaient nobles et glorieux sur l'autre[2].

« Cette noblesse naturelle et générale de tous les vainqueurs croissait en raison de l'autorité ou de l'importance personnelle de chacun d'eux. Après la noblesse du roi normand venait celle du gouverneur de province, qui prenait le titre de comte; après la noblesse du comte venait celle de son lieutenant, appelé vice-comte ou vicomte, et ensuite celle des gens de guerre, suivant leurs grades, barons, chevaliers, écuyers ou sergents, nobles inégalement, mais tous nobles par le droit de leur victoire commune et de leur naissance étrangère. »

« Les chefs jurèrent à Guillaume hommage et fidélité, d'autres le leur jurèrent

---

[1]. *Domesday book*, t. 1, fol 26.

[2]. « Voulez-vous savoir, dit un vieux rôle en langue française, quels sont les noms des grands venus d'outre-mer, avec le conquérant Guillaume, *à la grande vigueur*. » Voici leurs surnoms comme on les trouve écrits, mais sans leurs noms de baptême, qui, souvent, manquent ou sont changés : c'est Mandeville et Dandeville, Omfreville et Domfreville, Bouteville et Estouteville, Mohun et Bohun, Biset et Basset, Malin et Malvoisin. Tous les noms qui suivent sont pareillement rangés de façon à soulager la mémoire par la rime et l'allitération. Plusieurs listes du même genre, et disposées avec le même art, se sont conservées jusqu'à nos jours; on les trouvait jadis inscrites sur de grandes pages de vélin, dans les archives des églises, et décorées du titre de *livres des conquérants*. Dans l'une de ces listes, les noms sont disposés par groupes de trois : Bastard, Brassard, Baynard; Bigot, Bagot, Talbot; Toret, Trivet, Bouet; Lucy, Lacy, Percy. Un autre catalogue des conquérants de l'Angleterre, longtemps gardé dans le trésor du Monastère de la Bataille, contenait des noms d'une physionomie singulièrement basse et bizarre, comme Bouvilain et Bontevilain, Trousselot et Trousse-bout, l'Engayne et Longue-Épée, OEil-de-Bœuf et Front-de-Bœuf. Enfin, plusieurs actes authentiques désignent, comme chevaliers normands en Angleterre, un Hugues-le-Charretier, un Hugues-le-Tailleur, un Guillaume-le-Tambour; et, parmi les surnoms de cette chevalerie rassemblée de tous les coins de la Gaule, figurent un grand nombre de simples noms de villes et de pays : Saint-Quentin, Saint-Maur, Saint-Denis, Saint-Malo, Tournai, Verdun, Fismes, Châlons, Chaunes, Étampes, Rochefort, La Rochelle, Cahors, Champagne, Gascogne. Tels furent ceux qui apportèrent en Angleterre les titres de noble et de gentilhomme, et les y implantèrent à main armée pour eux et pour leurs descendants.

(A. Thierry, t. II, p. 36 et suiv.)

aussi, et d'autres encore firent à ces derniers un semblable serment. Ainsi, la troupe des conquérants, quoique éparse et disséminée sur le territoire des vaincus, resta unie par une grande chaîne de devoirs, et garda la même ordonnance que sur ses vaisseaux de transport ou derrière ses redoutes de Hastings. Le subalterne devait foi et service à son supérieur militaire, ou à celui dont il avait reçu en fief soit des terres, soit de l'argent[1]. »

L'Angleterre n'était point entièrement conquise, et six mois n'étaient pas écoulés depuis la bataille de Hastings, lorsque Guillaume manifesta l'intention de partir pour la Normandie (1067). Il nomma Fitz-Osbert, le fils de son sénéchal Osbert, gouverneur des châteaux qu'il avait fait élever à Barking et à Winchester, le créa vice-roi, ainsi que son frère utérin Eudes, évêque de Bayeux, et leur adjoignit, comme conseils, des Normands de haute naissance, Hugues de Grantmesnil, Guillaume de Varenne, Hugues de Montfort et Gaultier Giffard. Il passa son armée en revue à Romney, distribua des présents, et, accompagné de l'etheling Edgard, de l'archevêque de Cantorbéry, Stigand, des comtes Edwin et Morcar, d'Egelsig, abbé de Saint-Augustin, de Frithrik, abbé de Saint-Alban, de Waltheof, comte de Northampton, et d'une foule de thanes de la plus haute distinction qui semblaient former sa cour, mais qui n'étaient en réalité que des otages qui répondaient de la fidélité des grandes familles anglaises, il s'embarqua sur des vaisseaux magnifiquement pavoisés. La Normandie le reçut avec enthousiasme, et l'on accourut de toutes les parties de la France pour le voir, ainsi que les seigneurs étrangers qui l'entouraient. On admirait leurs riches vêtements de soie, leurs chevelures flot-

---

1. A. Thierry, t. II, p. 28 et suiv. — Toute cette histoire de l'invasion normande a été tracée de main de maître par M. A. Thierry, dans son *Histoire de la conquête de l'Angleterre par les Normands*, admirable tableau, ainsi que l'a dit Châteaubriand, après lequel il n'y a plus rien à faire. — Nous avons forcément emprunté beaucoup à cet ouvrage, et nous y prendrons encore le récit suivant, qui aidera le lecteur à bien comprendre la situation des vainqueurs et des vaincus après la conquête.

De vieux récits disent que quand Hugues-le-Loup se fut installé, avec le titre de comte, dans la province de Chester, il fit venir de Normandie l'un de ses anciens amis, appelé Neel ou Lenoir, et que Lenoir amena avec lui cinq frères : Houdard, Édouard, Volmar, Horsuin et Volfan. Hugues leur distribua des terres dans son comté ; il donna à Lenoir le bourg de Halton, près de la rivière de Mersey, et l'institua son connétable et son maréchal héréditaire, c'est-à-dire que toutes les fois que le comte de Chester irait en guerre, Lenoir et ses héritiers, en allant, devaient marcher à la tête de toute l'armée, et se trouver les derniers au retour. Ils eurent, pour leur part du butin pris sur les Gallois, toutes les bêtes à quatre membres. En temps de paix, ils eurent droit de justice, pour tous les délits, dans le district de Halton, et firent leur profit des amendes ; leurs serviteurs jouissaient du privilège d'acheter avant qui que ce fût dans la ville de Chester, à moins que les serviteurs du comte ne se fussent présentés les premiers. Outre ces prérogatives, Lenoir le connétable obtint, pour lui et ses héritiers, l'intendance des chemins et des rues aux foires de Chester, le péage des marchés sur toute la terre de Halton, tous les animaux trouvés errant dans ce district, et enfin le droit d'étalage ou la liberté de vendre en toute franchise, sans taxe et sans péage, toute espèce de marchandises, excepté le sel et les chevaux.

Houdard, le premier des cinq frères, devint à peu près pour Lenoir ce que celui-ci était pour le comte Hugues ; il fut sénéchal héréditaire de la connétablie de Halton. Lenoir, son seigneur, lui donna, pour son service et son hommage, les terres de Weston et d'Ashton. Il eut, comme profits de guerre, tous les taureaux conquis sur les Gallois, et le meilleur bœuf pour récompense de l'homme d'armes qui portait sa bannière. Édouard, le second frère, reçut du connétable deux journées de terre à Weston ; deux autres, Volmar et Horsnin, reçurent ensemble un domaine dans le village de Runcone, et le cinquième, appelé Volfan, qui était prêtre, obtint l'église de Runcone.

tantes, les broderies en or dont ils se paraient. Guillaume, afin de satisfaire la curiosité publique, fit exposer aux regards de tous les richesses qui provenaient du pillage de l'Angleterre, l'or et l'argent monnayés, les lingots d'argent et d'or, les ostensoirs, les croix, les chandeliers, les encensoirs d'or et d'argent, les bijoux, les pierreries, les étoffes superbes, et en gratifia les moines, les prêtres, les abbayes et les couvents.

Tandis que la Normandie était en fêtes, que des *Te Deum* se chantaient dans toutes les églises, et que les dépouilles des malheureux Anglo-Saxons se répartissaient parmi les nobles, les bourgeois et les paysans, le peuple en Angleterre gémissait sous le poids des vexations et des outrages d'une tyrannie sans bornes. L'évêque de Bayeux s'occupait uniquement des moyens d'augmenter ses richesses, et Fitz-Osbert, dont on vantait le courage à la guerre et la sagesse dans les conseils, se glorifiait lui-même du titre d'*Orgueil des Normands* et de *Fléau des Anglais*. On pillait les maisons, on ravissait les femmes; les chefs et les soldats allaient vivre à discrétion chez les propriétaires, et massacraient sans pitié tous ceux qui essayaient de soustraire quelques effets à leur rapacité. Eudes et le fils d'Osbert refusaient d'écouter les plaintes des opprimés, punissaient même les gémissements qui parvenaient à leurs oreilles, et paraissaient désirer un soulèvement, afin d'avoir de nouveaux motifs d'ordonner des confiscations et de satisfaire leur cupidité.

Ce furent les habitants de la côte de l'est qui les premiers manifestèrent leur indignation. Poussés au désespoir, ils députèrent vers Eustache, comte de Boulogne, ennemi personnel de Guillaume. Ce comte promit aux conspirateurs de les aider à s'emparer de la ville et du château de Douvres. En effet, il traversa le canal avec quelques troupes, durant une nuit obscure, et, secondé par les insurgés, attaqua les châteaux avec assez de vigueur; mais il fut reçu avec encore plus d'énergie, et à la nouvelle de l'approche de Eudes il se retira en désordre vers ses vaisseaux.

Si les mesures des insurgés avaient été combinées avec quelque ensemble, peut-être eussent-elles facilement amené une délivrance complète. Beaucoup de villes closes n'avaient pas encore reconnu Guillaume; les détachements de l'armée usurpatrice parcouraient la campagne, mais ils pouvaient être coupés et détruits. Des contrées encore indépendantes envoyaient aux autres des messagers qui avaient mission de relever le courage abattu des amis de la patrie, et une conspiration générale se préparait pour la délivrer des Normands. Guillaume, informé de cette agitation extrême par les nombreux messages qu'il recevait d'Eudes et de Fitz-Osbert, se hâta de revenir en Angleterre (1067); mais il ne voulut point paraître à Londres en maître irrité. C'était l'époque des grandes fêtes de Noel. Déployant sa ruse de renard, *calliditas vulpina*, dit Matthieu Paris, il reçut les thanes et les prélats saxons comme des amis, les embrassant affectueusement, accordant toutes les demandes et promettant justice à tous. Il ne lui fut pas difficile de les rendre dupes de ses artifices, et comme il vit qu'il n'avait plus rien à craindre de cette noblesse, il songea à se concilier l'esprit du peuple; une proclamation annonça donc aux habitants de Londres que le roi Guillaume voulait que ses peuples fussent gouvernés par les lois nationales, comme du temps du bon roi Edward; que chaque fils héritât des biens de son père, et qu'aucun tort ne fût fait à un Anglais par un Normand. Ces belles paroles calmèrent l'effervescence populaire, et Guillaume put dès-lors quitter sans danger la capitale, pour aller subjuguer les comtés encore indépendants.

Le conquérant marcha d'abord sur la ville d'Exeter, alors très-forte, et dans laquelle la mère de Harold s'était retirée après la bataille de Hastings. Les richesses de cette princesse avaient payé les réparations des murailles, et soldaient journellement les hommes d'armes qui étaient venus des provinces galloises ou du Danemark. L'incendie des villages voisins annonça l'arrivée de Guillaume, qui fit demander aux citoyens le serment de fidélité et l'admission d'une garnison normande dans la cité. « Nous consentons, répondirent-ils, à payer loyalement l'impôt que nous « donnions à nos anciens rois; mais nous ne jurons point fidélité et nous sommes « assez forts pour la défense de nos murs. — Je veux des sujets, dit Guillaume, et je « dicte moi-même les conditions. » Après dix-huit jours de siége, l'armée normande avait éprouvé de grandes pertes, et peut-être eût-elle été forcée de se retirer, quand les chefs saxons, séduits par les propositions secrètes de Guillaume, trompèrent les citoyens et rendirent la ville. La mère de Harold parvint à se réfugier en Flandre.

La ruine d'Exeter consommée, le roi Guillaume marcha sur le Cornouailles, où s'étaient manifestés quelques troubles, et il punit rigoureusement les vieux Bretons qui, oubliant leurs anciennes haines, avaient fait alliance avec les Anglo-Saxons. Cette opération terminée, il revint à Winchester, et s'occupa du couronnement de sa femme Mathilde, fille du comte de Flandre (1068). On fit un grand établissement à la reine, et elle demanda spécialement les terres et la personne du comte saxon Brihtric, qui jadis, à la cour de son père, avait refusé de l'épouser. Elle le fit emprisonner dans une forteresse, où il mourut. .

La prospérité constante des armes de Guillaume et l'éclat dont brillait sa cour n'empêchèrent pas les Anglais de s'apercevoir que l'état de paix dans lequel ils vivaient n'était qu'une temporisation, et que leur perte était jurée. Le duc de Normandie, afin de s'attacher les puissants comtes Edwin et Morcar, avait, à l'époque de son débarquement, promis à Edwin la main de sa fille. Devenu roi, il répondit à Edwin par un refus positif, lorsque celui-ci vint le prier de tenir son engagement. Le comte, irrité, se retira, suivi de son frère et accompagné des prières du clergé anglo-saxon, dans les provinces du nord, où il se joignit aux amis de la vieille Angleterre. La présence d'Edwin et de Morcar occasionna un mouvement général dans les esprits des Merciens et des Northumbres; beaucoup d'entre eux coururent aux armes, jurant de ne plus dormir sous leur toit jusqu'au jour de la délivrance; on se félicitait, on s'embrassait, on avait recouvré une indépendance pour laquelle on soupirait depuis longtemps. La ville d'York se déclara en faveur de cette cause sacrée. L'insurrection gagna jusqu'aux limites de l'Écosse. Les chefs gallois, disait-on, consacraient toutes leurs forces à la délivrance de l'Angleterre. On prépara des retranchements derrière des lacs et des marais, et l'on s'assura un asile près du roi d'Écosse, Malcolm Kenmore, chez lequel l'etheling Edgard, qui n'avait pu supporter les mépris de la cour de Guillaume, venait de conduire sa mère Agathe et ses sœurs Marguerite et Christine. Malcolm offrit des secours à Edgard, et même épousa la princesse Marguerite.

A ces nouvelles, Guillaume donna à son armée l'ordre de se mettre sur-le-champ en campagne. Il s'avança à grandes journées, et parut devant Oxford. La ville fut prise d'assaut, le feu mis aux maisons, et les habitants massacrés sans distinction d'âge ni de sexe. Leicester, Derby, Nottingham, Lincoln, subirent le même sort, et l'armée normande atteignit enfin, près d'York, les Anglo-Saxons réunis aux Gallois. Ces malheureux déployèrent en vain le plus grand courage, ils furent vaincus et massacrés dans la ville où ils s'étaient réfugiés, avec les vieillards, les femmes et les enfants. Ceux qui échappèrent à la mort se virent forcés de creuser les fossés, et de construire les tours qui devaient les tenir désormais dans la servitude.

La cupidité des Normands ne respecta bientôt plus rien. L'archevêque d'York, Eldred, était celui qui avait sacré le roi Guillaume, et, depuis cette époque, il suivait assidûment la cour. Un jour qu'il avait envoyé dans ses terres quelques-uns de ses serviteurs, afin de lui ramener du blé et des provisions, le gouverneur normand fit conduire les chariots dans ses propres magasins. Le prélat fut atteint, de cet outrage jusqu'au fond de l'âme. Il oublia sa prudence accoutumée, et, la crosse en main, revêtu de ses habits pontificaux, il se rendit au quartier du roi. Guillaume, selon l'usage, se leva pour lui donner le baiser de paix ; mais Eldred, faisant un pas en arrière, lui dit dans sa colère : « Roi Guillaume, toi que le Dieu tout puissant « nous envoya quand il voulut punir l'Angleterre, toi qui n'as pris la couronne « qu'en traversant des ruisseaux de sang, et que, nonobstant, j'ai consacré, « couronné et béni de mes pro, res mains, je te maudis, toi et ta race, toi persécuteur « de l'église de Dieu, toi l'oppresseur de ses ministres ! » Guillaume, surpris de l'insolence du prêtre, se contint assez pour cacher tous les sentiments qui l'agitaient ; et, pour arrêter le mouvement de ses flatteurs, dont l'épée se levait déjà sur le prélat courroucé, il se mit à rire, et parut mépriser des paroles proférées par un insensé. Eldred revint dans son palais sans rencontrer d'obstacle ; mais l'émotion qu'il avait éprouvée et le regret d'avoir perdu, dans un moment d'impatience, tous les avantages que se promettait son ambition, lui donnèrent une fièvre ardente dont il mourut.

La prise d'York entraîna la soumission des comtes Edwin et Morcar, que Guillaume reçut avec une bienveillance simulée, en attendant le moment de se venger. Le roi d'Écosse, Malcolm, envoya des ambassadeurs au roi d'Angleterre, lui demanda la paix, et lui fit hommage pour le comté de Cumberland. La tranquillité parut se rétablir, et Guillaume profita de ce moment de répit pour fortifier les châteaux de Cambridge, Huntingdon, Nottingham, Warwick et Lincoln.

La guerre, une guerre partielle, qui s'éteignait dans un lieu pour se rallumer dans un autre, continuait cependant à ravager les campagnes, et l'agitation, qui se manifestait de toutes parts, prolongeait une lutte aussi fatigante pour les vainqueurs que désolante pour les vaincus. Les Normands commencèrent à trouver qu'ils payaient trop cher les richesses qu'ils avaient acquises, et dont ils désiraient aller jouir paisiblement dans leur pays. Ils se faisaient adresser des messages par leurs femmes, les châtelaines de la Normandie, qui leur demandaient si les dangers avaient tant de charmes qu'ils en oubliassent leurs familles et leurs enfants. Les murmures allèrent jusqu'au roi, qui s'en inquiéta fortement ; il les combattit en disant que les hommes qui semblaient redouter les effets d'une vengeance patriotique, ne pouvaient être que des lâches, et que leur conduite ne tendait à rien moins qu'à livrer leur prince à la merci des étrangers. Il se vengea des femmes par des sarcasmes amers, en déclarant que ce n'étaient pas des maris qu'elles désiraient, mais des pères pour leurs enfants. Il annonça que toutes les récompenses qu'il avait à donner n'étaient pas encore distribuées, et qu'aussitôt que la conquête serait achevée, l'or, l'argent, les terres, les serfs, ne manqueraient à aucun de ses compagnons. Il ouvrit ses trésors à de nouveaux aventuriers, et il ne tarda pas à en voir accourir un grand nombre à son service. Cependant plusieurs seigneurs normands le quittèrent, et entre autres Hugues de Grantmesnil, comte de Norfolk, et Onfroy du Tilleul, que les historiens anglais nomment Humphrey du Teliol, gouverneur du fort de Hastings. Tous les biens que Guillaume leur avait concédés en Angleterre furent confisqués.

Le nord n'avait recouvré qu'une tranquillité apparente. Les Normands ne s'étaient pas avancés au-delà de la ville d'York, et leur situation était devenue inquiétante. Sur tous les points couverts par des forêts, et ils étaient nombreux, se réunissaient des bandes d'Anglo-Saxons qui se précipitaient sur les soldats ennemis ou sur les indigènes partisans des étrangers. Guillaume ordonna à York la construction de nouveaux ouvrages de défense, et résolut de s'emparer de Durham. Ce fut Robert de Comyn, ou Cumyn, qu'il chargea d'en prendre possession, et, à cet effet, il lui confia six ou sept cents chevaux. Robert reçut le titre de comte de Northumberland, et parvint à la vue de Durham (1069) sans avoir éprouvé de résistance; mais sur la rive gauche de la Tees il rencontra Eghelwin, évêque saxon de Durham, qui l'engagea à ne pas se hasarder avec un si petit nombre d'hommes dans une ville dont les habitants avaient juré de conserver leur indépendance ou de périr. « Et qui oserait donc m'attaquer? s'écria Comyn; nul, je pense, ne le tentera ! » Et il fit son entrée dans la ville, où il alla loger au palais épiscopal, laissant ses soldats s'emparer à volonté des autres maisons. Mais à peine la nuit fut-elle venue, qu'on aperçut des feux sur toutes les montagnes. A ce signal, les Saxons se réunirent, pénétrèrent dans les rues de Durham, et assaillirent les Normands avec fureur. Ceux-ci n'étaient pas préparés au combat : ils étaient épuisés par les fatigues de la marche, ils ne connaissaient pas les détours des rues, et ils tombèrent presque sans résistance sous les coups de leurs ennemis. Une partie cependant se rallia dans la maison de l'évêque et s'y défendit quelque temps; mais les Saxons y mirent le feu, et elle fut brûlée avec Comyn et tous les hommes qu'elle contenait.

Une nouvelle plus grave encore vint inquiéter Guillaume. Cédant aux sollicitations de l'etheling Edgard, des fils d'Harold et des peuples de la Northumbrie, le roi de Danemark menaçait les côtes d'Angleterre avec une flotte de cent quarante vaisseaux, dont son frère Osbiorn et ses fils avaient le commandement.

Les vaisseaux danois remontèrent l'Humber, où bientôt les rejoignirent tous les chefs anglo-saxons mécontents de la domination de Guillaume, l'etheling Edgard, Merlsweyn, Cospatrick, Edric le Saxon, Archil, Waltheof, fils de Siward, et une foule d'autres ; ils se portèrent en masse sur la ville d'York, dont ils assiégèrent les deux citadelles. Guillaume Mallet, qui commandait ces places, imagina de faire mettre le feu à quelques maisons voisines, afin de mieux pourvoir à sa défense; mais les flammes gagnèrent toute la ville, qui fut réduite en cendres. Les habitants désespérés se mirent dans les rangs des assaillants, attaquèrent les deux citadelles le même jour, les emportèrent de vive force, et massacrèrent toute la garnison, qui montait à plus de trois mille hommes. Edgard reprit le titre de roi, et se fit reconnaître dans toutes les contrées situées au nord de l'Angleterre, entre l'Humber et la Tweed.

Quand il apprit ces événements, Guillaume jura qu'aucun Northumbre n'échapperait à sa vengeance; mais, comme l'hiver approchait, il appela sa politique au secours de ses armes, et d'abord séduisit, par l'offre secrète d'une grande somme d'argent, le chef de la flotte danoise, Osbiorn, qui, à partir de ce moment, cessa toute entreprise importante, et ne tarda même pas à retourner dans sa patrie. Alors Guillaume marcha sur York avec ses meilleures troupes, et vint combattre les insurgés, qui se défendirent avec énergie et se firent tuer par milliers sur leurs murailles; mais enfin, Edgard, réduit à prendre la fuite, s'embarqua pour l'Écosse, où Malcolm lui offrit encore une fois un asile.

La rébellion avait exaspéré Guillaume. Il prit la résolution de mettre les Northumbres hors d'état de l'inquiéter à l'avenir, en livrant à la mort tous les indigènes qu'on pourrait saisir, et en créant un désert entre les provinces soumises et l'Écosse. Il divisa ses troupes en détachements, et leur ordonna de marcher depuis l'Humber jusqu'à la Tees, le Were et la Tyne, en massacrant les hommes, les femmes, les enfants et les troupeaux; en détruisant et incendiant les maisons, les instruments de labourage, les grains, en brûlant même les récoltes sur pied, afin que ce pays devenu totalement désert, personne ne pût désormais l'habiter. L'armée conquérante traversa donc dans tous les sens un immense territoire, où il ne resta ni un village, ni un champ cultivé. Plus de cent mille individus périrent victimes de cette horrible politique, et la misère et la faim en tuèrent un nombre au moins égal dans les forêts, sur les rochers, au fond des cavernes, dont ils s'étaient fait une inutile retraite. La plaie profonde dont Guillaume frappa la nation anglaise était encore saignante plus d'un siècle après sa mort. Pendant dix ans aucune portion de terre ne reçut de culture entre York et Durham, et la contrée ne fut plus couverte que de ruines et de bêtes fauves. De cette époque date la fin de l'indépendance anglo-saxonne et l'affermissement de la puissance normande.

Cospatrick, effrayé sur les résultats probables de sa rébellion, traita avec Guillaume; il en reçut le titre de comte de Northumberland; Waltheof suivit son exemple, et devint comte des provinces de Huntingdon et de Northampton. Edric même se retira dans le pays de Galles et demanda grâce au vainqueur.

La famine, qui mêlait ses horreurs à celles de la guerre, ne borna pas ses ravages aux provinces du nord. Des contrées occupées par l'armée conquérante elle s'étendit successivement sur toute l'Angleterre. Ceux que le glaive avait épargnés périrent de faim après avoir dévoré leurs chevaux morts, et l'on trouvait à la porte de leurs maisons leurs cadavres rongés des vers et privés de sépulture, parce qu'il n'était resté personne pour les couvrir d'un peu de terre. Les Normands vivaient au contraire dans l'abondance à l'aide des approvisionnements entassés dans leurs forteresses, et de ceux qu'ils tiraient d'outre-mer au prix de l'or arraché aux Saxons. Grand nombre de ceux-ci, flétris par la misère, oublièrent le rang qu'ils avaient occupé dans une société détruite, et se vendirent, eux et leurs familles, en servitude perpétuelle, afin d'obtenir une légère part de ces subsistances dont les possesseurs usaient à leurs yeux avec profusion.

Devenu, par la terreur, dominateur incontesté du peuple anglais, Guillaume régnait de la Tweed, sur les frontières de l'Écosse, au cap Finistère (Land's End) dans l'Océan Atlantique, et du détroit Gallique à la mer d'Irlande (1070). Non satisfait encore, il résolut de réduire les restes de la race anglo-saxonne à un tel degré d'abaissement, qu'elle ne pût désormais lui causer aucune inquiétude. La recherche de la popularité n'entrait plus dans ses vues, et il se mit à enrichir et à élever ses compatriotes par tous les moyens qu'il put imaginer, si bien qu'en peu de temps presque toutes les propriétés territoriales, ainsi que les fonctions militaires et civiles et les dignités ecclésiastiques, appartinrent à des Normands. Quelques débris de la population saxonne, de celle qui avait tout sacrifié pour défendre ses foyers, erraient encore dans les campagnes; mais les soldats n'avaient plus de chefs, et les chefs isolés ne pouvaient rejoindre leurs soldats. Tous furent voués à la persécution. Les garnisons normandes les chassaient comme des animaux féroces. Selon le caractère des commandants, les malheureux qui se laissaient prendre étaient mis à mort avec des recherches de tortures inouies, ou réduits à l'esclavage, et chargés de cultiver les terres de leur propre héritage au profit des envahisseurs. Ceux des Anglo-Saxons qui s'étaient soumis, qui payaient tous les tributs, qui s'étaient rachetés par les plus grands sacrifices, qui enfin avaient donné des otages aux conquérants, n'osaient encore s'écarter de leurs maisons. Ils les entouraient de fossés et de murs comme des forteresses, s'y munissaient d'armes de toute nature, et s'y renfermaient soigneusement à la venue de la nuit, prononçant chaque soir en famille les formules de prières que les marins adressaient à Dieu dans la tempête.

Beaucoup s'expatrièrent, et allèrent étonner de leur épouvantable misère le Danemark, la Norwége, les provinces du nord de l'Allemagne, même les contrées de l'Europe orientale. On vit un corps de Saxons à la solde des empereurs de Constantinople, milice qui se distingua par sa discipline et sa fidélité au milieu du relâchement et de la mauvaise foi des cohortes impériales. Ceux qui ne voulurent point abandonner le sol de la patrie se réfugièrent dans les forêts, suivis de leurs vassaux, et firent à leurs cruels ennemis une guerre d'assassinat et de pillage.

Entre les rivières d'Ouse et de Welland, qui se jettent dans la mer du Nord, se trouvaient situés d'immenses marécages formés par de nombreux cours d'eau, et sur les points les plus solides de ces vastes marais, les monastères d'Ely, de Croyland et de Thorney. Jadis ces lieux humides et fangeux, constamment couverts de brouillards, avaient servi de retraite à des détachements de Saxons vaincus et repoussés par les Danois. En 1069, des chefs dépossédés y pénétrèrent, s'y fixèrent, y appelèrent des amis, s'entourèrent de fortifications ou retranchements en terre et en bois, et nommèrent ce séjour le Camp du Refuge. Des prêtres et des moines y accoururent, suivis de beaucoup d'autres dignitaires du clergé anglo-saxon. Quelques églises y envoyèrent des débris de leurs trésors, et cet argent eut pour destination le service de la cause nationale et le soulagement des familles anglaises dont les chefs périssaient dans les combats. Guillaume avait trop d'intérêt à connaître ce qui se passait dans le Camp du Refuge pour l'ignorer longtemps. Il parut d'abord dédaigner les tentatives des réfugiés, mais il songea à s'emparer de l'argent et des ornements précieux déposés non-seulement dans les monastères de Croyland, d'Ely et de Thorney, mais dans tous ceux de la Grande-Bretagne. Par suite d'un vieil usage, les trésors des couvents contenaient des valeurs considérables, mises en dépôt sous l'œil et la protection de Dieu, par les Anglo-Saxons qui voyageaient en Terre-Sainte ou qui faisaient des pèlerinages à Rome ; là aussi se plaçaient les sommes en litige, l'argent des mineurs et des orphelins, les dots des jeunes filles dans certains cas, les actes importants qui liaient entre eux les particuliers, les cédules des marchands, et les chartes de grâce et de justice que Guillaume lui-même avait accordées aux villes ou aux seigneurs, lorsqu'il cherchait à se les attacher par des promesses généreuses et des formes d'équité. Guillaume n'hésita pas à s'approprier ces richesses et ces titres. Vers la fin de l'hiver de 1070, des commissaires furent chargés par ses ordres de faire des perquisitions dans tous les monastères de la Grande-Bretagne, et de se saisir de l'argenterie et des bijoux, des vases sacrés et des reliquaires, des ornements précieux et des titres de propriété ou actes d'immunité. Le roi prétendit qu'il fallait se venger de ses ennemis par tous les moyens, et que celui-là était aussi licite que de s'emparer, après un combat, des dépouilles des vaincus.

A cette époque (1070) arrivèrent en Angleterre trois légats du pape Alexandre II, les cardinaux Jean et Pierre et l'évêque de Sienne. Guillaume avait provoqué leur mission par ses demandes réitérées au saint père, afin de la faire servir à l'accomplissement de ses desseins politiques. Il reçut les cardinaux « à l'égal des anges de Dieu, » et ceux-ci, reconnaissants, commencèrent, en le sacrant de nouveau, l'œuvre de consolidation qu'ils étaient chargés d'accomplir. Ils avaient reçu pour instruction d'opérer une réforme du clergé anglo-saxon, non pour rendre à ce corps sa dignité en le purgeant de tous les membres qui le déshonoraient par leurs mauvaises mœurs ou leur incapacité, mais dans le but d'éloigner les ecclésiastiques indigènes de toute fonction importante. « Nous voulons, disaient-ils aux évêques saxons,
« nous enquérir de vos mœurs et de votre manière de vivre, vous que l'église de
« Rome a instruits dans la foi du Christ, et réparer la décadence de cette foi que
« vous tenez d'elle. C'est pour exercer sur vos personnes cette salutaire inspection,
« que nous, ministres du bienheureux apôtre Pierre, et représentants autorisés
« de notre seigneur le pape Alexandre, nous avons résolu de tenir avec vous un
« concile pour rechercher les mauvaises choses qui pullulent dans la vigne du Sei-
« gneur, et en planter de profitables au bien des corps et des âmes. »

Un concile, composé de prélats et d'abbés de race normande, fut convoqué à Winchester, et les évêques saxons furent sommés d'y comparaître. L'archevêque de Cantorbéry, Stigand, fut le premier jugé. On l'accusa de plusieurs délits : de s'être, en 1052, emparé du siége de Cantorbéry du vivant même du titulaire, Robert, que le peuple avait chassé; d'avoir possédé l'évêché de Worcester en même temps que l'archevêché de Cantorbéry, officié pontificalement avec le pallium abandonné par Robert, et accepté le sien de l'anti-pape Benoît X. Stigand fut déposé, et ses biens partagés entre le roi, la reine et l'évêque de Bayeux. Beaucoup d'autres évêques ou abbés éprouvèrent le même sort, quoiqu'on n'eût aucun reproche canonique à leur faire, si ce n'est qu'ils étaient Anglais. La proscription ne s'arrêta point aux personnages influents et aux grands dignitaires, elle descendit successivement aux emplois inférieurs de l'église, et à peine y eut-il un ecclésiastique indigène qui conservât une fonction honorable ou lucrative. Le roi avait adopté pour maxime constante, que nulle personne née en Angleterre ne serait apte à posséder de dignités civiles, ecclésiastiques ou militaires. L'évêque de Worcester, Wulstan, ennemi acharné de Stigand, fut le seul évêque qui trouva grâce devant lui.

Lanfranc fut le successeur de Stigand. C'était un moine lombard qui, après avoir professé le droit à Pavie, était venu s'établir à Avranches, en Normandie, où il avait ouvert une école. Guillaume, encore duc de Normandie, lui avait confié (1063) l'abbaye de Saint-Étienne de Caen, et ce fut sur lui qu'il jeta les yeux pour le siége de Cantorbéry. Il fit insinuer aux légats que nul ne convenait plus que Lanfranc à cet archevêché, et lorsqu'il fut certain de l'assentiment des envoyés du pape, il convoqua ses barons et procéda avec eux à une élection peu conforme aux anciens usages du clergé saxon, qui choisissait lui-même ses prélats. Lanfranc, après avoir objecté son ignorance des usages et de l'idiome du pays, céda aux sollicitations de la reine Mathilde, et fut accueilli par les Normands comme un envoyé de Dieu pour réformer les mœurs corrompues des Anglais. Peu de temps après, Thomas, chapelain du roi, fut nommé archevêque d'York. Les deux prélats trouvèrent leurs églises dans l'état le plus déplorable : l'incendie les avait détruites; il n'existait plus ni ornements, ni chartes, ni titres, ni priviléges; les autels étaient enterrés sous les décombres; aucun Saxon ni étranger ne voulut prendre à ferme les biens de l'église; et les Normands eux-mêmes étaient si effrayés des dévastations qu'ils avaient commises, qu'ils n'osaient habiter les terres dont ils étaient devenus possesseurs.

Lanfranc, en signe d'investiture, avait reçu le propre pallium du pape. « Je ne me « console de votre absence, lui disait Alexandre, qu'en pensant aux heureux fruits « que l'Angleterre va recueillir de vos soins. » Le but réel de sa mission était, suivant la chronique de dom Gervase, « d'étouffer le peuple vaincu sous les embrassements du trône et de l'autel. » Pour atteindre son but, et afin de conserver l'unité de la royauté par l'unité de la puissance religieuse, Lanfranc proposa au roi Guillaume de ne reconnaître en Angleterre qu'un seul chef ecclésiastique, de même qu'il n'existait qu'un seul souverain. Il demandait en conséquence que l'archevêché d'York ne fût que secondaire, que la primatie appartînt au siége de Cantorbéry, et que le titulaire seul de celui-ci eût la prérogative de sacrer les rois, « de crainte, « disait-il, que quelque jour, soit de force, soit de gré, l'archevêque d'York ne prêtât « son ministère à un Danois ou à un Saxon élu par les Anglais révoltés. » Il évoqua d'anciens actes émanés de divers papes, et démontra que la métropole de Kent était la fille aînée de la papauté dans la Grande-Bretagne. Thomas ne se rendit point d'abord à des prétentions qui tendaient à le priver de son indépendance comme archevêque; il en appela au pape; mais avant la décision du saint père, Guillaume lui fit entendre que s'il persistait à ne pas reconnaître la primatie de l'archevêché de

Cantorbéry, lui et ses parents seraient bannis de l'Angleterre. Thomas se tut et s'abaissa sous l'autorité de Lanfranc, qui devint le père de toutes les églises, selon les vainqueurs, ou leur tyran, selon les vaincus; qui plaça des Normands, des Lorrains, des Italiens, des Français, et accueillit avec faveur la nuée d'aventuriers qui fondit de toutes les parties de la Gaule sur les biens de l'église saxonne, acceptant des prélatures, des diaconats, des doyennés, et couvrant leur immoralité par une servile obéissance et de solennelles professions de fidélité.

La passion du gain se montra, parmi les ministres des autels traînés à la suite des envahisseurs, plus âpre encore, plus odieuse que parmi les soldats. Ces prêtres, d'ailleurs, maniaient aussi l'épée, et s'en servaient pour attaquer dans leurs couvents des moines privés de moyens de défense, et qui succombaient les mains jointes. « A moi, mes gens d'armes! » s'écriait un abbé venu de Fécamp, nommé Turault, toutes les fois que ses religieux saxons refusaient d'obéir ou présentaient des objections à ses décisions peu canoniques. Un autre prélat, tué depuis par une femme à laquelle il voulait faire violence, Robert de Limoges, évêque de Lichfield, se porta un jour au monastère de Coventry, le pilla, en enleva les chevaux et les meubles, força les cassettes des moines, fit abattre leur maison et emporter les matériaux, qui servirent à lui construire un palais épiscopal; la fonte et la vente des ornements d'or et d'argent payèrent son ameublement. C'était lui qui s'opposait à ce que les clercs saxons prissent une nourriture trop substantielle ou s'adonnassent à la lecture des livres instructifs, de peur que le savoir d'une part, et la force physique de l'autre, ne les élevassent au-dessus de leur évêque.

On ne saurait se faire une idée des moyens qui furent mis en œuvre pour détruire l'esprit saxon dans cette malheureuse Angleterre. Tout ce qui avait fait l'objet de la vénération des peuples fut déclaré abject et méprisable. Les Normands allèrent jusqu'à nier les vertus des saints de race anglaise; ils ouvrirent leurs tombeaux et dispersèrent leurs ossements. Comme plusieurs d'entre eux étaient honorés surtout pour les services miraculeux qu'ils avaient rendus à leur patrie, en combattant ses ennemis et sacrifiant leur propre vie pour sauver leurs concitoyens, Lanfranc et les nouveaux évêques déclarèrent qu'un Saxon ne pouvait être ni un véritable saint ni un martyr. Les choses allèrent si loin, les violences faites aux convictions populaires parurent tellement outrageantes aux opprimés, on prodigua tant d'insultes aux objets de la dévotion publique, les souffrances des évêques déposés émurent tellement les esprits, qu'une conspiration se forma et s'étendit bientôt avec rapidité; le caractère ombrageux de Guillaume fournit encore des aliments à la guerre civile (1071).

Parmi les personnes importantes qui s'y engagèrent on remarquait un grand nombre de prêtres et trois prélats: Walter, évêque de Hereford, qui, bien que Flamand de naissance, était évêque avant la conquête et avait été conservé comme étranger; Wulstan, évêque de Worcester, le seul évêque saxon épargné par Guillaume et les légats du pape, et Frithric, abbé de Saint-Alban. Edgard existait encore, et on le dépeignit comme l'espoir de la patrie. Edwin et Morcar, qui s'étaient abstenus de toute relation avec les insurgés durant les derniers troubles, apprirent que le roi les soupçonnait de trahison nonobstant leur conduite irréprochable, et qu'il avait donné l'ordre de les arrêter ; ils prirent la fuite et quittèrent la ville de Londres, qui commençait à murmurer contre la tyrannie de Guillaume. Le roi, pour conjurer l'orage, eut recours à sa duplicité ordinaire. Il invita l'abbé de Saint-Alban et les autres chefs des mécontents à venir traiter de la paix avec lui et le primat d'Angleterre, et désigna Berkhamstead pour le lieu du rendez-vous. Le roi et Lanfranc les accueillirent avec des paroles de douceur et les formes extérieures de la franchise et de la cordialité. On apporta toutes les reliques de l'église de Saint-Alban, et Guillaume jura sur ces reliques et les saints Évangiles d'observer les lois établies par Edward. Douze des hommes les plus considérés de chaque comté d'Angleterre vinrent à Londres déclarer, sous la foi du serment, ce qu'ils connaissaient des anciennes lois et coutumes du pays, et les hérauts normands s'en allèrent dans les villes et dans les bourgs proclamant « les lois que le roi Guillaume promulguait à tout le peuple « d'Angleterre, les mêmes que le roi Edward son cousin avait tenues avant lui. » Les chefs anglo-saxons prêtèrent à leur tour serment de fidélité, et l'association d'indépendance qu'ils avaient formée fut déclarée dissoute. L'évêque Wulstan partit à l'instant pour les provinces de l'ouest, afin d'arrêter le mouvement qui s'y propageait.

Les malheureux Anglais se trompaient gravement lorsqu'ils croyaient que la promulgation des lois d'Edward-le-Confesseur allait enfin leur rendre le bonheur. En les réclamant de toutes parts, ils n'en avaient d'ailleurs qu'une idée fort imparfaite. Ils ignoraient même que Guillaume avait presque entièrement maintenu la législation saxonne, civile et criminelle. La loi qui rendait les habitants de chaque district responsables des délits qui y avaient été commis lorsque l'auteur en était inconnu, était pour Guillaume une garantie de soumission, un moyen de terreur qu'il ne négligeait pas d'employer, et c'était sur cette loi qu'il s'appuyait lorsqu'il ordonnait que « quand un Français serait tué ou trouvé mort dans quelque hundred, les « habitants du hundred devraient saisir et amener le meurtrier dans le délai de huit « jours, sinon ils paieraient à frais communs quarante-sept marcs d'argent. » Ce que les Anglais savaient seulement, c'est qu'avant la conquête ils n'avaient à supporter ni le poids d'énormes impôts, ni la rigueur des servitudes féodales. En réclamant les lois d'Edward-le-Confesseur, ils demandaient simplement l'administration douce et populaire qui avait existé en Angleterre au temps des rois nationaux, et c'est ce que Guillaume savait bien ne pas pouvoir accorder.

La promulgation nouvelle des lois d'Edward ne changea donc rien au sort des Anglais. Les bourgeois ne retrouvèrent pas leur municipalité libre, les paysans leur franchise territoriale, et les Normands ne perdirent pas le privilége de les tuer à volonté, sans encourir même les simples censures de l'église ; il leur suffisait de déclarer que l'homme assassiné était en état de révolte. Ce que Guillaume avait voulu c'était d'enlever aux chefs la direction des masses populaires, et il y réussit. L'évêque Walter, poursuivi comme une bête fauve par les soldats normands, atteignit le pays de Galles à travers mille dangers. Edgard se réfugia de nouveau en Écosse ; Wulstan, toujours faible et servile, parvint, à force de soumission et de sacrifices pécuniaires, à rentrer en grâce près du roi. L'abbé de Saint-Alban, Frithric, regagna le Camp du Refuge, et il y mourut de douleur après quelques mois de séjour et de misère.

Stigand et l'évêque de Durham, Egelwin, informés en Écosse que l'île d'Ely, dans le territoire du Camp du Refuge, était encore un lieu de réunion pour les partisans de l'indépendance anglo-saxonne, parvinrent à s'y rendre, et y trouvèrent les comtes Edwin et Morcar. Le sort de ces deux beaux-frères de Harold fut cruel : Morcar, dupe pour la troisième fois des promesses de Guillaume, quitta le Camp du Refuge pour se rendre auprès de l'usurpateur; mais à peine eut-il mis le pied hors des impénétrables retranchements de l'île d'Ely, qu'il fut saisi et mis aux fers dans une forteresse. Edwin, dans le dessein de travailler à la délivrance de son frère, erra six mois en Écosse et dans le pays de Galles, où il rassembla les hommes et l'argent nécessaires à l'expédition qu'il projetait; mais, attaqué par des forces supérieures près des côtes de la mer du Nord, il fut tué dans le combat (1071). Le roi normand s'empara sur le champ de la personne de Lucy, sœur d'Edwin et son héritière, et la livra, elle et les biens immenses de la famille d'Alfgar, à l'Angevin Ives Taillebois.

A la même époque, un Saxon, nommé Hereward, leva l'étendard de l'indépendance dans les marais du Cambridgeshire. Hereward a laissé un grand nom dans la mémoire du peuple anglais, et longtemps après sa mort des ballades transmettaient encore l'histoire de ses exploits et de ses vertus. Il était au service du comte de Flandre lorsqu'il apprit que son père n'existait plus, qu'un Normand s'était emparé de son héritage, et que sa mère, réduite à la misère, subissait la faim et l'outrage dans les lieux mêmes où elle avait le droit de commander. Hereward prit à l'instant la route de l'Angleterre, se fit reconnaître de sa famille, rassembla ses parents, ses amis, ses vassaux, et chassa de ses domaines les envahisseurs. Mais, après cet exploit, il fallait continuer à se battre. Il avait montré tant de courage que tous ceux qui avaient les mêmes injures à venger n'hésitèrent pas à se mettre sous ses ordres Il se signala par plusieurs combats contre les gouverneurs des forteresses voisines, parvint à se faire redouter, et à éloigner les Normands des cantons les plus rapprochés de la seigneurie qu'il venait de reconquérir. Les réfugiés de l'île d'Ely lui proposèrent alors de se mettre à leur tête, il accepta et se rendit auprès d'eux.

Le principal espoir des réfugiés reposait sur le roi de Danemark, Sweyn, qui, après avoir puni son frère Osbiorn de sa trahison, parut lui-même à la tête d'une escadre, à l'embouchure de l'Ouse, et se rendit dans l'île d'Ely, où sa présence exalta au plus haut degré le courage des Anglo-Saxons. Mais, au moment où l'on comptait le plus sur son appui, il fit donner à ses vaisseaux l'ordre de mettre à la voile, et partit en enlevant le trésor des insurgés, ainsi que les croix, vases et ornements des monastères de Peterborough, d'Ely et de Croyland. Il est probable que ce monarque n'avait pas résisté plus que son frère aux présents de Guillaume, qui commençait à s'apercevoir que l'armée de Hereward pouvait lui devenir redoutable. A peine Sweyn eut-il abandonné ses amis trompés, que le roi d'Angleterre les investit par terre et par mer. Il entreprit la construction d'une route solide à travers les marais, fit établir des digues, et jeter des ponts sur les cours d'eau; ouvrages difficiles et dangereux sous les yeux d'un ennemi aussi actif que Hereward, qui attaquait et dispersait les ouvriers si soudainement, et par de tels stratagèmes, que les Normands finirent par croire que Satan lui-même dirigeait ses expéditions.

Cette héroïque défense des insurgés dura plusieurs mois, et quoique les ouvrages d'attaque avançassent peu à peu, la lassitude s'emparait de Guillaume, lorsque les moines d'un des couvents de l'île d'Ely proposèrent de lui découvrir un passage s'il promettait de leur conserver leurs domaines. L'offre fut acceptée; Gilbert de Clare et Guillaume de Warenne servirent de cautionnement pour la parole du roi ; les troupes normandes furent introduites dans l'île, tuèrent un grand nombre d'Anglais, et cernèrent la forteresse en bois, dernière ressource du Camp du Refuge. Les insurgés se rendirent, à l'exception de Hereward, qui parvint à s'échapper (1072).

La réputation de ce guerrier eut bientôt attiré sous ses ordres de nouveaux compagnons; mais une Saxonne de haute famille, qui avait conservé de grands biens parce qu'elle s'était soumise au roi, lui offrit sa main à condition qu'il se réconcilierait avec Guillaume. Le roi s'empressa de l'accueillir, et en reçut le serment d'allégeance. Peu de temps après, comme le Saxon sortait de sa maison, il fut assailli à l'improviste par une troupe d'hommes complétement armés. Il n'avait qu'une cotte de mailles et son épée, et, sans s'effrayer du nombre, il se mit en défense. « Traîtres, « s'écria-t-il, vous en voulez à ma vie, mais je vous la vendrai bien cher! » Il se servit avec tant d'adresse et de vigueur de son épée, qu'il tua quinze Normands ; elle se brisa, et il se défendit encore avec le tronçon; enfin, il reçut à la fois quatre coups de lance, et tomba sur ses genoux. Dans cet état, il s'empara d'un bouclier, et en frappa si rudement à la tête un des assaillants, qu'il le renversa mort; mais lui-même expira après ce dernier effort.

Ainsi périt le vaillant Hereward. « S'il y en eût eu trois comme lui en Angleterre, « dit une chronique, jamais les Français n'y seraient entrés ; et s'il n'eût été tué de « la sorte, il les eût tous chassés hors du pays. »

Guillaume épuisa ses rigueurs sur les malheureux combattants du Camp du Refuge. S'il accepta quelques rançons, il envoya à la mort un bien plus grand nombre d'hommes; la plupart eurent les yeux crevés, les mains ou les pieds coupés, et furent mis en liberté dans cet état. L'archevêque Stigand et plusieurs évêques périrent en prison. Quant aux moines d'Ely, qui par avarice avaient livré à Guillaume les guerriers du Camp du Refuge, ils reçurent la juste récompense de leur trahison. Un poste militaire de quarante hommes d'armes fut placé dans leur couvent, pour y vivre à discrétion. Les moines se plaignirent; on leur répondit que l'île d'Ely avait besoin d'être gardée. Ils offrirent sept cents marcs d'argent afin d'être délivrés de la charge de ces étrangers. On reçut leur argent, mais le vicomte de Cambridge, devant qui la somme fut pesée, trouva qu'il y manquait un gros. Il accusa les moines d'avoir voulu frauder le roi, et les fit condamner par sa cour au paiement de trois cents marcs de surplus. Alors vinrent des commissaires royaux qui s'emparèrent de tous les objets de valeur, soit dans l'église, soit dans l'intérieur du monastère, et recensèrent les terres de l'abbaye, afin de les partager en fiefs.

Délivré des courageux et entreprenants réfugiés de l'île d'Ely, Guillaume-le-Conquérant se proposa de punir le roi d'Écosse, Malcolm, d'avoir donné asile à ses ennemis, fourni des secours à l'etheling Edgard, et même tenté une incursion en sa faveur dans le Northumberland.

Malcolm, intimidé par la présence d'une armée beaucoup plus considérable et mieux organisée que la sienne, demanda la paix en offrant de se reconnaître vassal de la couronne d'Angleterre, et accomplit la cérémonie de l'hommage.

Edgard, abandonné de Malcolm, en était réduit à solliciter une pension alimentaire de la pitié du prince qui lui avait ravi la couronne, lorsque le roi de France, Philippe I*er*, mécontent d'une entreprise de Guillaume sur la province du Maine, dont il se prétendait suzerain, fit inviter l'etheling à se rendre près de lui, en lui promettant un établissement digne d'un roi sur les frontières de la Normandie, et la forteresse de Montreuil-sur-Mer, d'où il lui serait facile d'entretenir des relations avec l'Angleterre et d'y préparer une révolution. Edgard s'embarqua, suivi de quelques amis et de la reine d'Écosse, sa sœur. Sa petite flotte, assaillie par une violente tempête, échoua sur les côtes de l'Angleterre, et plusieurs de ses navires furent pris par les habitants. Le malheureux etheling se sauva dénué de tout, et parvint à regagner l'hospitalière Écosse. Malcolm, qui s'était épuisé pour son beau-frère, lui donna le conseil de tenter une réconciliation avec Guillaume. Le roi d'Angleterre se trouvait en ce moment en Normandie; il accueillit avec plaisir les premières ouvertures que lui fit faire le prince saxon, et l'invita à venir en personne traiter avec lui.

Edgard traversa la Manche, et parut devant le Conquérant, qui le reçut à bras ouverts, lui donna un appartement dans son palais de Rouen, le fit magnifiquement habiller, lui céda ses chevaux et ses chiens pour la chasse, et lui assigna une pension annuelle de trois cent soixante-cinq livres d'argent. L'etheling vécut onze années dans cette position servile. Après ce temps, il éprouva le désir de revoir l'Angleterre; mais la versatilité de son caractère était trop connue pour que sa présence excitât la moindre sensation. Il retourna encore en Normandie, et finit par entreprendre un voyage en Terre-Sainte, à la tête de deux cents chevaliers.

La tranquillité semblait régner en Angleterre (1075). Le commerce reprenait un peu de confiance; les marchés se couvraient d'objets de luxe venus de l'étranger, et que l'on échangeait contre l'or obtenu par le pillage. Les soldats normands, moins troublés dans la possession de leurs terres, laissaient en repos les vaincus, lorsque quelques grands seigneurs, compagnons de Guillaume, se soulevèrent contre lui. Le roi était absent, et combattait dans le Maine et l'Anjou pour des droits de suzeraineté. Roger Fitz-Osbert, le second des fils du sénéchal de Normandie, et qui, après la mort de celui-ci, était devenu comte de Hereford, tandis que son frère aîné avait hérité des domaines du continent, voulut marier sa sœur Emma à Ralf de Gaël, noble armoricain, devenu comte de Norfolk. Le roi, sans que le motif en soit connu, défendit de conclure cette alliance si l'on ne voulait encourir son déplaisir. Les deux comtes jugèrent à propos de passer outre, et les noces se célébrèrent avec pompe dans la ville de Norwich; les plus grands personnages de l'Angleterre y furent invités, et l'on y vit à la fois des barons et des évêques normands, des thanes saxons, des Gallois, des Bretons du Cornouailles et de l'Armorique, et même Waltheof, fils de Siward, comte de Huntingdon, de Northampton et de Northumberland, époux d'une parente du roi. Après un repas somptueux, Roger se plaignit de l'affront que le monarque faisait au fils de l'homme à qui, plus qu'à tout autre, il devait son trône et sa conquête. Animés par les expressions véhémentes du comte de Hereford, les Saxons y applaudirent, et les Normands enchérirent encore sur les propos qu'il tenait.

Comment avaient-ils pu se soumettre à un bâtard, que Dieu rejetait nécessairement, à l'empoisonneur de l'illustre Conan, duc de Bretagne, à l'envahisseur du patrimoine des nobles anglais, à l'assassin de leurs héritiers, à leur proscripteur, à l'ingrat qui ne savait point honorer les braves dont le sang avait coulé pour lui, et qui leur enlevait jusqu'aux récompenses territoriales qu'ils avaient reçues ? Les deux comtes s'adressèrent alors à Waltheof, lui proposèrent le partage de l'Angleterre en trois grandes divisions, dont l'une lui appartiendrait, et lui offrirent même de le nommer roi et de commander sous lui, en rétablissant le royaume comme il existait au temps d'Edward. Les acclamations des évêques, des abbés et de la plupart des barons normands et des thanes saxons accueillirent les propositions des comtes ; un serment fut prononcé, et Waltheof, qui refusait d'abord de concourir à cette entreprise, promit enfin de faire partie de l'association.

Cependant, lorsque les fumées du vin furent dissipées, Waltheof réfléchit sur les conséquences probables de ce téméraire complot ; il prévit qu'il échouerait, ou que, s'il réussissait et si Guillaume était renversé, l'esclavage des Anglais deviendrait encore plus insupportable sous une multitude de tyrans ambitieux et avides, dont l'union ou la discorde seraient également funestes pour le peuple. Ces réflexions le tourmentèrent, et il demanda conseil à sa femme Judith, nièce de Guillaume, qui l'engagea au silence, mais qui n'eut rien de plus pressé que d'en donner avis au Conquérant par un messager auquel elle recommanda la plus grande diligence. Judith, qui aimait alors un gentilhomme normand, était animée du désir de se défaire de son mari, et elle savait que la mort était la peine réservée à la trahison. Waltheof commit une autre indiscrétion, et, sous le sceau de la confession, il voulut savoir de Lanfranc à quoi l'engageait en réalité le serment qu'il avait prêté. Lanfranc le convainquit que son premier devoir était envers son souverain et son bienfaiteur, et qu'aucune promesse secondaire ne pouvait détruire celle qu'il avait faite en recevant le comté de Northumberland. Il lui donna de plus le conseil de se rendre auprès de Guillaume, et celui-ci, déjà instruit par Judith, lui fit cependant bon accueil, et le remercia de sa fidélité.

Durant les indécisions de Waltheof, Roger Fitz-Osbert et le comte de Norfolk avaient réuni toutes leurs forces ; mais le primat s'était hâté autant qu'eux. La plupart des Saxons appelés sous les drapeaux des conspirateurs n'avaient pas jugé que la cause fût suffisamment nationale, et avaient pris parti dans les troupes de Guillaume. Ralf de Gaël parvint à se sauver ; Roger fut fait prisonnier. Une assemblée de barons déclara le premier contumace ou proscrit (*out-law*), et l'on confisqua tous ses biens. Roger de Hereford fut enfermé à perpétuité dans une forteresse. Quant à Waltheof, bien qu'il eût donné le premier avis du complot et qu'il n'eût pas pris les armes, Guillaume ne lui pardonna pas un moment d'entraînement ; il le fit juger, admit sa femme comme dénonciatrice, et ce fut sur le témoignage même de Judith que ce noble Saxon fut condamné à mort. Les Saxons placèrent Waltheof au rang des martyrs (1076).

Après la punition de la révolte des barons normands, Guillaume passa quelques années en Normandie, où sa présence était nécessaire pour pacifier les troubles qui s'étaient élevés dans sa propre famille. Au moment d'entreprendre son expédition contre l'Angleterre, Guillaume avait déclaré son fils aîné Robert, surnommé Gamberon ou Courte-heuse, à cause du peu de longueur de ses jambes, héritier de ses terres et de son titre, et les barons de Normandie lui avaient prêté serment comme à leur futur seigneur. Lorsque le Conquérant eut pris le titre de roi, Robert le requit d'exécuter ses engagements, et de lui céder au moins le gouvernement de son duché; mais à cette demande Guillaume répondit « qu'il ne fallait jamais se déshabiller avant l'heure de se mettre au lit. » Robert fit éclater son mécontentement, et parut s'en prendre à ses frères Guillaume-le-Roux et Henri, qu'il accusait de vouloir le supplanter dans les affections de son père. Il se mit donc en hostilité ouverte, leva des troupes, et dans une bataille blessa même son père, contre lequel il combattait sans le connaître. Cet événement amena une réconciliation. Mais le bon accord entre le père et le fils ne fut pas de longue durée, et Robert quitta la Normandie, où il ne reparut qu'après la mort du Conquérant (1076-1079).

Un autre démêlé de famille vint encore occuper Guillaume. Il avait comblé de richesses et d'honneurs son frère utérin Eudes, évêque de Bayeux, et l'avait successivement créé comte de Kent, de Hereford, et chef des juges ou grand justicier de toute l'Angleterre. L'ambition de Eudes n'était pas satisfaite, et lui inspira le projet de s'asseoir sur le trône pontifical. Dans cette vue, il acheta un palais à Rome, combla de présents les cardinaux, entretint une correspondance avec la capitale du monde chrétien, au moyen des pèlerins qui s'y rendaient d'Angleterre et de Normandie, et partit pour l'Italie, accompagné par quelques-uns des principaux officiers de la cour de Guillaume. Le roi fut mécontent d'un projet conçu sans son avis, et surtout de voir que plusieurs de ses barons s'y étaient engagés sans son consentement. C'était une manifestation d'indépendance aussi contraire à sa politique qu'à son caractère despotique. Aussi, dès qu'il eut appris le départ de son frère, il mit en mer une escadre qui l'atteignit à la hauteur de l'île de Whigt. Guillaume s'empara d'abord des trésors destinés à l'entreprise, puis il réunit les chefs normands, et, devant eux, accusa l'évêque de Bayeux d'avoir abusé de son pouvoir de juge, d'avoir spolié les églises, et tenté d'emmener hors de l'Angleterre les guerriers sur lesquels se fondait l'espoir de la conquête. « Qu'on l'arrête, ajouta Guillaume, et « qu'on l'enferme sous bonne garde! » Mais, à raison de son caractère sacré, aucun des chefs présents n'osa porter la main sur l'évêque de Bayeux. Le roi l'arrêta lui-même; et comme Eudes lui disait : « Je suis clerc et ministre du Seigneur, le pape « seul peut me juger, » Guillaume répondit : « Ce n'est ni le clerc ni l'évêque que « j'arrête, mais le comte de Kent, mon vassal, que je fais prisonnier. » Eudes resta jusqu'à la mort du Conquérant enfermé dans une forteresse (1082).

Cette infraction aux priviléges du clergé ne souleva pas contre Guillaume les foudres de l'église de Rome; et cependant c'était le fougueux Hildebrand qui occupait alors le siége pontifical sous le nom de Grégoire VII. Mais Grégoire était trop habile pour s'aliéner, au milieu de ses vastes projets, un prince aussi puissant que Guillaume, et dont il connaissait la fermeté inflexible. Déjà, en réclamant du roi d'Angleterre le paiement du denier de saint Pierre, stipulé par le traité d'alliance conclu à Rome en 1066, Grégoire l'avait sommé de faire au saint-siége hommage de sa conquête, et de prêter le serment de foi et de vasselage entre les mains du légat pontifical, et Guillaume avait repoussé fièrement cette prétention du Saint-Père : « Ton légat, répondit-il, m'a requis, de ta part, d'envoyer de l'argent « à l'église romaine, et de jurer fidélité à toi et à tes successeurs ; j'ai admis la pre- « mière de ces demandes ; pour la seconde, je ne l'admets ni ne veux l'admettre. Je « ne veux point te jurer fidélité, parce que je ne l'ai point promis, et qu'aucun de « mes prédécesseurs n'a juré fidélité aux tiens. »

Tout pliait donc devant la volonté de Guillaume. Dans l'année 1083, il imposa une contribution de six sous d'argent par chaque hide de terre, et les Normands y furent soumis comme les Saxons. Le produit de ces impôts mettait le Conquérant en état d'entretenir des corps de troupes qui, soldés par lui-même, lui étaient exclusivement dévoués, et toujours prêts à marcher contre ses ennemis, quels qu'ils fussent. Aussi, lorsque dans l'année 1083, Knut, roi de Danemark, aidé d'Olaf, roi de Norwége, et de Robert, comte de Flandre, menaça l'Angleterre d'une flotte de mille vaisseaux, Guillaume fit publier dans toute la Gaule le ban qu'il avait proclamé à l'époque de la conquête, et de toutes parts arrivèrent cavaliers et piétons en si grande quantité, qu'on s'étonnait, dit la chronique saxonne, que le pays pût les entretenir. A cette occasion, l'impôt du danegeld fut rétabli à raison de douze deniers d'argent par cent acres de terre, sans distinction de possesseur, et les *soldoyers* furent répartis chez les habitants. Saxons et Normands, comtes et évêques, reçurent ordre de les loger et de les nourrir, chacun proportionnellement à l'étendue de leurs propriétés. L'or de Guillaume, qui avait organisé la défense, prévint aussi l'attaque. Des émissaires secrets suscitèrent parmi les soldats danois une émeute dans laquelle périt le roi Knut, et qui fut le signal d'une guerre civile qui enveloppa tout le Danemark, et durant laquelle on ne songea plus à conquérir l'Angleterre.

Afin d'asseoir sur une base certaine les services d'argent qu'il voulait imposer désormais aux Normands comme aux Anglais, Guillaume avait entrepris, dès l'année 1080, de faire dresser un registre universel de toutes les propriétés d'Angleterre. Il voulait savoir dans quelles mains et suivant quelles proportions s'étaient répartis les domaines enlevés aux Saxons; combien d'entre eux avaient conservé leurs héritages; combien s'étaient engagés envers les nouveaux barons; combien d'arpents de terre contenait chaque domaine, et combien il en fallait pour l'entretretien d'un homme d'armes; le nombre de ceux-ci par province ou comté; le produit des cités, des villes, des bourgs, des hameaux; et enfin combien chaque comte, baron ou chevalier, avait de terres, de vassaux inféodés, de Saxons, de bestiaux et de charrues. A cet effet, une commission avait été formée, dont les chefs, Henri de Ferrières, Gaultier Giffard, Adam, frère du sénéchal Eudes, et Remy, évêque de Lincoln, s'adjoignirent des gens de justice et des agents du trésor royal, et créèrent un conseil d'enquête dans tous les lieux un peu considérables. A ce conseil comparaissait le vicomte ou sheriff de la province ou shire; celui-ci convoquait tous les barons normands, qui étaient tenus de faire connaître les limites de leurs possessions et de leurs juridictions territoriales; des commissaires se transportaient ensuite dans le hundred ou centurie, et vérifiaient les déclarations antérieures, en interrogeant, sous serment, d'une part les Français hommes d'armes et vassaux des nouveaux seigneurs, de l'autre, les habitants anglais de la seigneurie. Ces trois dépositions servaient à chaque conseil d'enquête pour établir le recensement particulier, qui était alors envoyé à la commission centrale de Winchester, laquelle classait et transcrivait tous ces documents sur un registre unique.

En tête du rôle destiné à chaque province était le nom du roi avec la liste de ses terres et de ses revenus; ensuite venaient les noms des chefs et des plus petits propriétaires, par ordre de grade et de richesse. Les Saxons, que la spoliation générale avaient épargnés, furent inscrits à la fin de chaque chapitre sous le nom de Thegns (thanes) du roi. Ce registre fut appelé par les Normands le grand livre, le rôle royal, le rôle de Winchester; les Saxons lui donnèrent le nom de *Domesday-book*, livre du dernier jugement, parce qu'il contenait leur sentence de dépossession irrévocable. C'est bien aussi le registre de leurs misères. Des fils sont inscrits au rôle comme tenant par *aumône* le bien de leurs pères; une femme libre conserve la jouissance de la terre de son mari, à condition de nourrir les chiens du roi. Là se trouve la preuve de l'oppression destructive des Normands. Sous le règne d'Edward-le-Confesseur, la ville d'York comptait seize cent sept maisons habitées; dans le Domesday-book il ne s'en trouve plus que neuf cent soixante-sept. Oxford, à la première époque, en possédait sept cent vingt et une; Dorchester, cent soixante-douze : en 1086, l'une n'en a plus que deux cent quarante-trois, l'autre que soixante-douze; et cependant ces villes, à moitié ruinées, payaient le même impôt que du temps de leur prospérité. « Les habitants de Shrewsbury, dit le Domesday-book, exposent « qu'il leur est bien lourd de payer intégralement l'impôt qu'ils payaient dans les « jours du roi Edward, et d'être taxés pour autant de maisons qu'il en existait alors, « car cinquante et une maisons ont été rasées pour le château du comte; cinquante « autres sont dévastées et inhabitables; quarante-trois Français occupent des maisons « qui payaient dans le temps d'Edward, et le comte a donné à l'abbaye qu'il a fondée « trente-neuf bourgeois qui autrefois contribuaient avec les autres. » La cité de Norwich, qui fut tout entière réservée pour le domaine particulier du Conquérant, avait payé aux rois saxons trente livres et vingt sous d'impôts. Guillaume exigea soixante-dix livres pour son trésor, cent sous pour la reine, une haquenée, et vingt livres pour le comte qui commandait.

En outre de l'avantage politique que retira Guillaume d'une opération qui lui donnait une connaissance exacte et détaillée de son royaume, de la position et du nombre de ses amis et de ses ennemis, la rédaction du Domesday-book augmenta singulièrement ses richesses, en lui indiquant d'une manière précise tout ce qu'avait possédé Edward-le-Confesseur, ainsi qu'Harold et sa famille. Comme successeur de ces rois, il exigea que tout domaine qui leur avait payé quelque rente ou quelque service, les lui payât à lui. De plus, il revendiqua et s'attribua toutes les propriétés publiques et le domaine particulier des villes. « Il était tombé dans l'avarice, et la rapacité était devenue sa passion », dit la chronique saxonne. En Angleterre seulement, il possédait quatorze cent soixante-deux manoirs, soixante-huit forêts [1], et

---

[1]. Il en créa même de nouvelles, notamment celle qui prit dès lors et porte encore le nom de New-Forest, entre la ville de Winchester et la mer. Sur un espace de plus de trente milles carrés de terre

les principales villes du royaume, sur lesquelles il imposait à volonté des tailles, des droits de péage, de douane, etc. Les amendes, le rachat des crimes, la vente des offices publics, de sa protection et de la justice, les droits de relief à la prise de possession, par l'héritier majeur, de tout fief relevant de lui; de tutelle, ou la jouissance du fief pendant la minorité de l'héritier ; de mariage, ou le droit de vendre en quelque sorte la main de l'héritière dont il était tuteur ; tout cela était encore la source de revenus considérables. Aussi devint-il bientôt le prince le plus riche et le plus puissant de toute la chrétienté.

Le Domesday-book fut achevé en 1086, et vers la fin de cette année il y eut, à Salisbury ou à Winchester, une convocation générale de tous les conquérants et fils de conquérants, prêtres ou laïques, suzerains, vassaux et arrière-vassaux. Ils se trouvèrent au nombre de plus de soixante mille, et tous individuellement renouvelèrent au roi leur serment de foi et hommage, en plaçant leurs mains dans les siennes, et en disant : « De cette heure en avant, je suis votre homme lige, de ma « vie et de mes membres, honneur et foi vous porterai en tout temps pour la terre « que je tiens de vous; qu'ainsi Dieu me soit en aide! » Alors les hérauts du roi publièrent en son nom les ordonnances suivantes :

« Nous voulons fermement et ordonnons que les comtes, barons, chevaliers, ser-
« gents, et tous les hommes libres de ce royaume, soient et se tiennent convenable-
« ment pourvus de chevaux et d'armes, pour être prêts à nous faire en tout temps
« le service légitime qu'ils nous doivent pour leurs domaines et tenures.

« Nous voulons que tous les hommes libres de ce royaume soient ligués et conjurés
« comme des frères d'armes, pour le défendre, maintenir et garder selon leur
« pouvoir.

« Nous voulons que toutes les cités, bourgs, châteaux et cantons de ce royaume,
« soient gardés toutes les nuits, et qu'on y veille à tour de rôle contre les ennemis
« et les malfaiteurs.

« Nous voulons que tous les hommes amenés par nous d'outre-mer, ou qui sont
« venus après nous, soient, par tout le royaume, sous notre paix et protection spé-
« ciale; que si l'un d'eux vient à être tué, son seigneur, dans l'espace de cinq jours,
« devra s'être saisi du meurtrier ; sinon, il nous paiera une amende, conjointement
« avec les Anglais du district où le meurtre aura été commis.

« Nous voulons que les hommes libres de ce royaume tiennent leurs terres et
« leurs possessions bien et en paix, franches de toute exaction et de tout taillage, de
« façon qu'il ne leur soit rien pris ni demandé que le service libre qu'ils nous doi-
« vent et sont tenus de nous faire à perpétuité.

« Nous voulons que tous observent et maintiennent la loi du roi Edward, avec

---

labourable, les villages furent brûlés, les habitants chassés. Guillaume se réservait exclusivement la jouissance de ces forêts. « Il fit, dit la chronique saxonne, des règlements portant que, quiconque tuerait « un cerf ou une biche serait puni par la perte des yeux. Ce qu'il avait établi pour les biches, il le fit pour « les sangliers, car il aimait autant les bêtes fauves que s'il eût été leur père. Les gens riches se plai-
« gnaient, et les pauvres murmuraient ; mais il était si dur, qu'il n'avait aucun souci de la haine d'eux « tous ; car il était nécessaire de suivre en tout la volonté du roi si l'on voulait vivre, si l'on voulait avoir « des terres ou des biens, ou sa faveur. » (Chron. sax., 189, 191).

« celles que nous avons établies pour l'avantage des Anglais et le bien commun de
« tout le royaume[1]. »

Guillaume avançait en âge et sa santé était fort altérée par un excès d'obésité. Les médecins le soumirent à une diète rigoureuse, et l'obligèrent à garder le lit, afin de combattre cet extraordinaire embonpoint. Il était alors à Rouen. Durant ce traitement, il essaya de terminer d'anciennes contestations qui existaient entre le roi Philippe et lui relativement à la succession du comté de Vexin, réuni à la France à l'époque de la mort de Robert-le-Diable. Un jour le roi Philippe, faisant allusion à la grosseur excessive de Guillaume, dit en plaisantant que le roi d'Angleterre était bien long à faire ses couches, et que la fête des relevailles serait magnifique. Ce propos fut rapporté à Guillaume, qui s'écria : « Oui, j'irai faire mes relevailles à « Notre-Dame de Paris, avec dix mille lances en guise de cierges, et je mettrai toute « la France en luminaire! » Dès qu'il se crut en état de supporter le cheval, il rassembla ses troupes et arriva jusqu'à Mantes, dévastant la contrée, brûlant les maisons, arrachant les vignes. Il fit livrer aux flammes la ville de Mantes, et voulant même, dans sa fureur, se rassasier de ce spectacle, il lança son cheval au milieu des décombres. Mais le cheval, ayant marché sur des charbons ardents, s'emporta, s'abattit, et le blessa dangereusement. La fièvre se déclara; on jugea convenable de le transporter à Rouen, et bientôt après dans un monastère hors des murs de la ville. Il languit durant six semaines; et comme il sentait les approches de la mort, il se rappela les cruautés qu'il avait commises, et parut agité des plus vifs remords. Il crut les apaiser en donnant de l'argent pour rebâtir les églises de Mantes, et il en envoya aussi aux monastères de l'Angleterre, afin d'obtenir le pardon des spoliations qu'il se reprochait; il ordonna, enfin, que l'on remît en liberté les Saxons et les Normands qu'il retenait en prison. Les barons et les prélats étaient réunis; Guillaume-le-Roux et Henri ne quittaient point le chevet du lit de leur père, attendant avec impatience qu'il fît connaître ses dernières volontés; Robert, son fils aîné, était absent. Le Conquérant dit enfin que Robert, qu'il avait autrefois nommé duc, avait des droits incontestables à la Normandie, et qu'en conséquence il laissait ce duché à son fils aîné, comme l'héritage de ses pères : « Quant « à l'Angleterre, ajouta-t-il, c'est une possession que j'ai acquise par l'épée, je ne « puis la léguer à personne; mais je souhaite que Dieu, à qui je remets toute déci- « sion en cette affaire, veuille bien faire tomber cette couronne en partage à mon « second fils Guillaume. — Et moi, mon père, que me donnes-tu donc? lui dit « Henri. — Cinq mille livres d'argent de mon trésor. — Mais qu'en ferai-je, reprit « Henri, si je n'ai terre, ni demeure? — Sois patient, dit le Conquérant, tes aînés « doivent te précéder; mais ton temps arrivera. » Guillaume-le-Roux partit à l'instant pour l'Angleterre, et, sans rester plus longtemps auprès de son père, Henri courut au trésor royal se faire compter son argent.

Sur le point du jour, le 10 septembre 1087, le roi entendit le son d'une cloche, et demanda pourquoi elle était en mouvement. On lui répondit qu'elle sonnait l'heure de prime à l'église Sainte-Marie. « Eh! bien, dit-il en élevant les mains, je

---

1. Thierry, t. II, p. 273 et suiv.

« recommande donc mon âme à ma Dame Marie, mère de Dieu. Puisse-t-elle, par son
« intercession, me réconcilier avec son fils, mon Seigneur Jésus-Christ! » Et il expira.

Guillaume-le-Conquérant, d'après une peinture appartenant au docteur Webster.

Ce portrait, qui jouit d'une grande célébrité en Angleterre, où on le considère comme contemporain de Guillaume, est une composition moderne qui manque entièrement d'exactitude. Nous ne l'avons reproduit que pour prémunir le lecteur contre une erreur généralement répandue. En documents réellement authentiques, on ne possède de Guillaume que des monnaies et les sceau et contre-sceau que nous donnons ici. Le sceau représente Guillaume assis sur son trône, la couronne en tête, et revêtu du

manteau royal; il tient, d'une main, un globe surmonté d'une croix, de l'autre, une épée nue. La légende est illisible. Celle du contre-sceau porte : SGL (sigillum) NORMANNORUM WILLELMI.... *Sceau de Guillaume, duc des Normands*. Guillaume est à cheval, le casque en tête, revêtu de son armure; il tient son bouclier de la main gauche, et sa lance de la droite. Les monnaies représentent toutes sur la face le buste du roi, couronne en tête, avec la légende PILELM REX, Guillaume roi ; au revers, les légendes portent le nom du monnayeur et celui de la ville où la pièce a été frappée.

A peine les médecins, prélats, chevaliers et vassaux qui avaient passé la nuit près de son lit furent-ils certains de sa mort, qu'ils se hâtèrent de se rendre dans leurs demeures, afin de veiller à la conservation de leurs biens, tant la société était encore incertaine, et les lois peu protectrices. Les gens de service auprès du roi s'emparèrent de ses armes, de ses bijoux, de ses vêtements, de son linge, et se sauvèrent, laissant le cadavre nu sur le plancher.

Cependant, des religieux et des clercs se rassemblèrent, et l'archevêque de Rouen décida que le corps serait transporté à Caen et enterré dans l'église de Saint-Etienne, que Guillaume avait fondée ; mais il ne se présenta personne pour veiller aux obsèques ; il fallut qu'un simple chevalier habitant la campagne, nommé Herluin, vint, ému de compassion, prendre soin du corps, et payer les ensevelisseurs ainsi que le chariot qui devait transporter à sa dernière demeure les restes de Guillaume-le-Conquérant.

Au jour marqué pour l'enterrement, tous les évêques de la Normandie se réunirent à Caen, dans l'église Saint-Etienne. L'évêque d'Evreux venait de prononcer le panégyrique du roi mort, et l'on allait descendre le corps dans la fosse préparée entre le chœur et l'autel, lorsqu'une voix, sortie de la foule, se fit entendre et s'écria : « Clercs, prélats, abbés, cette terre est à moi ; c'était l'emplacement de la maison « de mon père ; Guillaume me l'a prise de force pour bâtir cette église. Je ne l'ai « vendue, engagée, forfaite ni donnée ; je réclame mon droit, et au nom de Dieu, « je défends d'y placer le corps du ravisseur. » Les évêques payèrent au réclamant soixante sous pour la place seule du tombeau, et s'engagèrent à lui compter plus tard le prix total du terrain ; enfin, et comme si tous les genres d'avanies étaient réservés aux dépouilles mortelles du Conquérant, il se trouva que le cadavre, simplement enveloppé d'un manteau, n'avait pas été mis dans un cercueil ; la tombe manquait de largeur, il fallut user de force pour y faire entrer le corps et il creva ; le peuple et le clergé se dispersèrent avec horreur, achevant à peine la funèbre cérémonie »

Guillaume-le-Conquérant était sans contredit un des hommes les plus remarquables de son siècle. Sa perfidie, sa cruauté, la plupart de ses vices, furent ceux de son temps ; il ne dut qu'à lui-même ses grands talents politiques et guerriers, et la manière habile dont il sut et conserver et administrer l'Angleterre, après l'avoir conquise, suffit à prouver toute l'étendue de son génie.

« Ce fut une grande révolution pour l'Europe que cette conquête de l'Angleterre, non pas tant parce que l'un des pairs de France étant devenu plus puissant que les autres, l'équilibre féodal fut rompu, que parce que Guillaume, grâce à ses talents et à sa position particulière, montra ce que pouvait être la royauté féodale, et qu'elle contenait en germe la monarchie absolue. En effet, les Normands, toujours en garde contre les Saxons, ne pouvaient se séparer du chef unique de la conquête, et lui furent continuellement soumis ; d'ailleurs, comme ils avaient reçu directement de lui leurs domaines, ils ne pouvaient, ainsi qu'il était arrivé en France, oublier l'origine du don et se prétendre les égaux du roi. De là vient qu'il n'y eut pas en Angleterre une fédération de fiefs et de seigneurs indépendants, mais un état ayant un chef unique ; de là vient que la vassalité y fut une condition d'infériorité réelle, et que la domination de Guillaume fut aussi complète sur les vainqueurs que sur les vaincus. Il exigea l'hommage de tous les tenanciers, immédiats ou médiats, non comme premier propriétaire, mais comme roi ; il se réserva la haute justice et le droit de battre monnaie ; il interdit les guerres privées, intervint dans le régime intérieur des fiefs, imposa les vainqueurs et les vaincus, et les astreignit également à sa police sévère, à son gouvernement, souvent dur et rapace, mais stable et régulier. Il prit pour appui le clergé, qui fut plus richement et plus vigoureusement constitué que partout ailleurs, mais qu'il plaça sous la primatie de l'archevêque de Cantorbéry. Nulle part, l'état et l'église ne furent aussi bien unis sans être confondus, nulle part la société si bien organisée.

« Toute désastreuse que fût la conquête pour les Saxons, c'est pourtant d'elle que date l'existence de l'Angleterre. Avant les Normands, elle était presque étrangère à l'Europe : c'est à ses vainqueurs qu'elle doit ses lois féodales, qui la font entrer dans la famille européenne, ses vertus guerrières, sa force sociale, son aristocratie si habile et si persévérante, tout, jusqu'à ses monuments et aux élégances de sa langue [1]. »

[1]. Théophile Lavallée, *Histoire des Français*, t. 1, p. 282, 283.

Costumes de femmes à la fin du XIe siècle, d'après l'*History of british costume*.

GUILLAUME II, SURNOMMÉ LE ROUX.

(1087-1100).

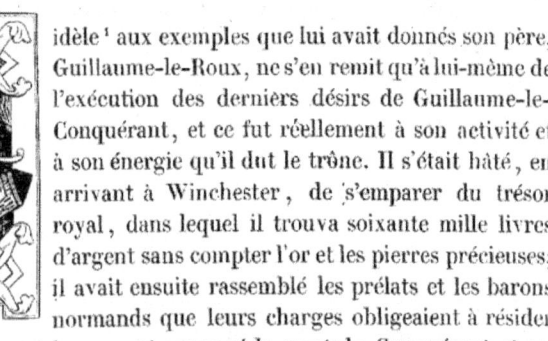

idèle[1] aux exemples que lui avait donnés son père, Guillaume-le-Roux, ne s'en remit qu'à lui-même de l'exécution des derniers désirs de Guillaume-le-Conquérant, et ce fut réellement à son activité et à son énergie qu'il dut le trône. Il s'était hâté, en arrivant à Winchester, de s'emparer du trésor royal, dans lequel il trouva soixante mille livres d'argent sans compter l'or et les pierres précieuses; il avait ensuite rassemblé les prélats et les barons normands que leurs charges obligeaient à résider en Angleterre, et leur ayant annoncé la mort du Conquérant et ses dernières volontés, il s'était fait élire par eux et sacrer sans délai par le primat Lanfranc. Cette activité déconcerta les projets des seigneurs restés en Normandie, qui désiraient pour souverain Robert, prince indolent, voluptueux et prodigue, sous le règne duquel leur ambition et leurs idées d'indépendance se seraient déployées plus à l'aise, et qui redoutaient la violence, la sévérité et la hauteur connues de Guillaume-le-Roux. Toutefois, ils ne désespérèrent pas d'arriver à placer Robert sur le trône d'Angleterre, et ils commencèrent par témoigner hautement leur mécontentement de l'usurpation de Guillaume, en prétendant qu'aucun exemple, dans les coutumes de Normandie, n'autorisait la préférence donnée à un plus jeune frère sur son aîné. Leurs plaintes eurent bientôt du retentissement en Angleterre.

Les frères naturels de Guillaume-le-Conquérant, Eudes de Bayeux et Robert de Mortagne, avaient espéré de gouverner l'esprit du jeune roi. Traversés dans cette prétention par l'influence toujours croissante du primat Lanfranc, qui avait été

---

[1]. Cette lettre est tirée d'un MS. normand de la fin du XIe siècle. Le sujet qui y est représenté est le combat de David et de Goliath. Goliath a le costume complet d'un chevalier normand de cette époque : pot en tête, cotte de mailles, jambières, bouclier et gonfanon. David porte le simple vêtement des bergers de Normandie.

l'instituteur du prince, ils songèrent à faire déposer Guillaume. Ils profitèrent du mécontentement des barons, s'unirent à eux, avertirent Robert de leur projet, et l'engagèrent à se préparer au voyage d'Angleterre dès qu'il serait appelé. Ils saisirent l'occasion de la cour plénière que le roi tenait aux fêtes de Pâques pour se concerter sans exciter de soupçons, communiquèrent leur dessein à Eustache, comte de Boulogne, et se séparèrent, afin de réunir leurs vassaux et d'arborer l'étendard de la révolte dans les comtés qui leur étaient soumis. Guillaume, archevêque de Durham, devait soulever le Northumberland; Roger de Montgommery, le Shropshire; Hugues de Grantmesnil, le comté de Leicester; Hugues Bigod, le Norfolk; Eudes, le Kent, et Geoffroy de Coutances, le Sommerset. Rendus dans leurs châteaux, ils hâtèrent leurs préparatifs de guerre; et quoiqu'ils eussent appelé le duc de Normandie, ainsi qu'ils s'y étaient engagés, ils n'attendirent pas son arrivée ni les renforts qu'il devait leur amener, et commencèrent les hostilités en ravageant les terres du roi, sans plan régulier, sans unité d'action (1088).

Trahi par les Normands, Guillaume songea à trouver des défenseurs parmi les indigènes. A son arrivée en Angleterre, il avait fait réincarcérer les Saxons mis en liberté par les ordres de son père mourant. Il les délivra de nouveau, convoqua près de lui les chefs encore proscrits des plus anciennes familles, les combla de caresses, leur promit, assez vaguement toutefois, de leur rendre les lois qu'ils voudraient bien indiquer et choisir eux-mêmes, supprima les tailles les plus onéreuses et les odieuses lois sur la chasse.

Ce léger adoucissement d'un jour, sans garantie et sans traité, parut suffisant à des hommes qui ne savaient plus ce que c'était que l'indépendance, et qui virent dans les circonstances présentes une occasion de se venger des insultes et des maux personnels dont les avaient accablés les chefs normands. En conséquence, ils embrassèrent avec ardeur la cause du roi, et ils appelèrent sous son étendard tous les Anglais en état de porter les armes, dans les termes de leurs anciennes proclamations de guerre : « Quiconque n'est pas un *nithing* (un homme de rien, un lâche), « soit qu'il demeure dans les villes, ou hors des villes, qu'il sorte de sa maison et « qu'il vienne! » Trente mille Saxons se présentèrent, reçurent des armes et composèrent un corps formidable.

Guillaume se mit à l'instant en marche vers le comté de Kent, où son oncle Eudes tenait les deux forteresses de Rochester et de Pevensey. Le comte évêque avait confié la défense de Rochester à Eustache, comte de Boulogne, qui s'y était renfermé avec cinq cents chevaliers, et il s'était lui-même retiré dans la citadelle de Pevensey.

Guillaume mit le siége devant Pevensey, et après sept semaines de blocus força le comte Eudes de capituler. Le roi lui accorda la vie, et même la liberté, sous la condition de livrer le château de Rochester et de quitter pour jamais l'Angleterre. Eudes demanda à être conduit sous les murs de la forteresse, pour se mettre en communication avec le comte de Boulogne, et il pria qu'on ne lui donnât qu'une faible escorte, afin de ne pas faire soupçonner un piége à la garnison. Eudes fut en effet conduit à Rochester; mais Eustache, voyant combien les regards, les gestes et toute la contenance de l'évêque de Bayeux démentaient ses expressions, vit qu'on voulait le surprendre, et il retint comme prisonniers Eudes et les gens qui le gardaient.

Guillaume, indigné, vint attaquer Rochester avec des forces nombreuses. Une

Architecture militaire du xie siècle; château de Rochester construit sous le règne de Guillaume-le-Conquérant.

maladie pestilentielle se mit dans la garnison, et força le comte Eustache à solliciter une capitulation. Il proposait au nom de ses compagnons d'armes de reconnaître la royauté de Guillaume, avec la condition que tous conserveraient leurs terres et leurs honneurs. Excité par les Anglo-Saxons, le roi voulait que la garnison se rendît à discrétion ; mais si l'infanterie de l'armée était de race saxonne, la cavalerie était normande, et ne mettait pas le même zèle à pousser des compatriotes aux dernières extrémités. « Ce sont nos parents et les vôtres, dirent au roi les Normands qui « l'entouraient; leurs pères ou eux-mêmes ont aidé votre père à conquérir l'An- « gleterre ; nous vous prions, nous qui vous avons assisté dans le péril, d'épargner « des hommes nés sur la même terre que vous et nous. » Guillaume se laissa persuader, et les assiégés sortirent libres, en conservant leurs armes et leurs chevaux, à condition de partir pour la Normandie sous le plus bref délai.

Lorsque le comte Eudes traversa les rangs anglais, des imprécations terribles parvinrent à ses oreilles : « Des cordes! disait-on ; qu'on pende le traître ! » Eudes s'enfuit, et quitta pour jamais cette Angleterre qu'il avait aidé à conquérir.

La cause de Robert était perdue ; il ne songea plus qu'à se réconcilier avec son frère. Par le traité qu'il fit avec Guillaume, il abandonna toutes ses prétentions à la royauté, à moins que Guillaume ne mourût sans enfants, et une clause semblable assura à ce dernier la réversion du duché de Normandie. Robert devait en outre recevoir plusieurs châteaux en Angleterre.

Les barons essayèrent de faire des accommodements séparés, et sous peu de temps tous les chefs qui avaient trempé dans la conjuration étaient reçus en grâce ou définitivement chassés de l'Angleterre, et leurs propriétés confisquées au profit des barons restés fidèles (1089).

Guillaume était redevable de la conservation de sa couronne à ses sujets de race anglo-saxonne ; mais, aussitôt qu'il la vit raffermie sur sa tête, il oublia toutes les promesses qu'il leur avait faites, et révoqua les concessions accordées dans un moment de terreur. Les Saxons retombèrent dans leur esclavage et leur abjection.

La paix régnait en Angleterre ; Guillaume en profita pour tâcher d'enlever à son frère le duché de Normandie. Il parvint à suborner Eudes et Gauthier, gouverneurs de Saint-Valery et d'Albemarle, et se fit livrer ces deux forteresses. Ses présents et ses promesses déterminèrent d'autres commandants à suivre cet exemple ; bientôt il se trouva maître de la rive gauche de la Seine, et un complot fut formé pour enlever à Robert sa ville de Rouen. Un riche citoyen, Conan, avait promis de livrer la ville à Guillaume; mais le frère de Robert, Henri, eut connaissance du projet, et le 3 novembre 1090 vit entrer dans les murs de la ville, par des points différents, des troupes que Gilbert de l'Aigle amenait à Robert, et trois cents chevaliers anglo-normands commandés par Reginald de Varenne. On se battit avec acharnement de part et d'autre ; mais enfin les Normands l'emportèrent, chassèrent les partisans de Guillaume et s'emparèrent de Conan, qui fut condamné à une prison perpétuelle, et confié à la garde de Henri. Ce prince reçut Conan avec courtoisie, le conduisit à l'instant sur une des plus hautes tours du château, le pria de contempler la beauté du site environnant, et, dans un moment d'inattention, le saisissant par les jambes il le lança par dessus les créneaux, en disant aux spectateurs étonnés qu'un traître ne devait jamais être épargné.

(1091). Guillaume, instruit de ce qui se passait en Normandie, s'embarqua et fit voile pour cette contrée ; mais les barons, effrayés de la lutte qui se préparait, s'interposèrent et amenèrent les deux princes à un accommodement. Ils renouvelèrent le traité par lequel, à défaut d'enfants, le survivant devait hériter des états du prédécédé, et douze barons de part et d'autre jurèrent d'employer toute leur puissance pour en maintenir l'exécution. Le prince Henri fut le seul lésé dans cette négociation. Mécontent d'être privé de tout droit à la succession, il se retira dans la forteresse du mont Saint-Michel, où bientôt il fut assiégé par le roi d'Angleterre et le duc de Normandie, et forcé de capituler. On lui permit de se retirer dans le duché de Bretagne; mais il ne put y parvenir, et il erra pendant près de deux années dans le Bessin, accompagné d'un petit nombre de serviteurs et réduit à l'indigence. Les habitants de Domfront le reçurent enfin dans leurs murs; il recouvra ensuite une grande partie de ses biens.

Robert lui-même offrit à son frère cette possession de la Normandie, qu'il convoitait avec tant d'ardeur. C'était le temps où Pierre-l'Hermite remplissait l'Europe de ses prédications enthousiastes, et où les populations exaltées se précipitaient vers l'Orient au cri de « Dieu le veut, » pour arracher la ville et le tombeau du Christ à la domination des musulmans. Le chevaleresque duc de Normandie ne fut pas des derniers à prendre la croix; mais il manquait d'argent. Il s'adressa, pour s'en procurer, au roi d'Angleterre, son frère, et celui-ci lui prêta pour cinq années une somme de dix mille marcs, garantie par les revenus de la Normandie, dont Robert déposa le gouvernement entre les mains de Guillaume, qui passa aussitôt sur le continent et se mit en possession du duché.

Pendant que Guillaume était en Normandie, le roi d'Ecosse, Malcolm, avait passé les frontières de ses états et ravagé le Northumberland. Guillaume s'empressa de venir défendre son royaume. Malcolm reçut sommation de se rendre à Glocester, afin de se soumettre au jugement des barons anglais (1093). Il y vint en effet, et Guillaume refusa de le voir, comme vassal accusé, jusqu'à ce qu'il eût acquiescé à la forme de procédure qui se préparait. Indigné, Malcolm se retira en disant qu'un roi d'Ecosse ne faisait droit à un roi d'Angleterre que sur les limites des deux états, et d'après l'avis des barons des deux royaumes. Il rassembla des troupes, se précipita sur le Northumberland, et assiégea la forteresse d'Alnwick; mais, surpris par les vassaux du comte Robert Mowbray, il tomba sous les coups de l'intendant de ce comte; son fils aîné, Edouard, eut le même sort. Ses compagnons, vivement poursuivis, périrent en grand nombre au passage de la Tweed, et la nouvelle de cet irréparable désastre frappa si violemment la reine Marguerite, que cette princesse mourut de douleur trois jours après l'avoir reçue.

Tout prospérait à Guillaume; cependant, une profonde mésintelligence régnait entre lui et ses barons, et l'une des causes principales était la sévérité avec laquelle le roi maintenait les lois sur la chasse établies par le Conquérant. A la tête des mécontents, était le comte de Northumberland, Robert Mowbray. Fier de sa parenté ou de ses alliances avec les premières familles de la Normandie et de l'Angleterre, de ses richesses accrues par l'héritage de deux cent quatre-vingts manoirs que lui avait laissés son oncle, l'évêque de Coutances, de la nombreuse et guerrière population qui lui obéissait dans son gouvernement, et de ses victoires sur Malcolm, il résolut de détrôner Guillaume et de donner la couronne d'Angleterre au comte d'Albemarle, Etienne, cousin du roi. A la *curia de more* (cour plénière), qui se tint à Pâques (1095), son absence fut remarquée par le roi qui fit publier que tous les grands tenanciers eussent à se rendre près de lui (*curiæ suæ*) aux fêtes prochaines de la Pentecôte, sous peine d'être mis hors de la paix du roi. Le comte de Mowbray refusa d'obéir à cet ordre, et Guillaume fit marcher une armée vers le Northumberland. Cette célérité déconcerta les chefs du complot. Plusieurs forteresses furent assiégées et prises, et le roi investit le château de Bamborough, où s'était renfermé Robert Mowbray. La défense du comte fut longue et courageuse, mais enfin il fut fait prisonnier, condamné à une détention perpétuelle et enfermé au château de Windsor. Le comte d'Eu, proche parent du roi, voulut prouver qu'il n'était pas coupable, et il accepta le combat que lui offrait Geoffroi Baynard, son accusateur; mais il fut vaincu, et privé de la vue et de la qualité d'homme. Nombre des complices de ces grands personnages furent bannis de l'Angleterre, et leurs biens confisqués.

Guillaume II avait trouvé des sommes immenses dans le trésor de son père, et le revenu de sa couronne dépassait celui de tous les souverains de l'époque; ses prodigalités allaient encore au-delà de ses richesses. Afin d'y suppléer, il fermait les yeux sur les exactions que se permettaient ses agents, et il approuvait les honteux expédients dont ils se servaient. L'austérité de Lanfranc et l'empire que ce vénérable prélat conservait sur l'esprit du roi arrêtèrent quelque temps ses extravagances; mais quand il fut mort (1089), Guillaume donna toute sa confiance à Renouf ou Ralf, évêque de Lincoln, surnommé le Flambard, ou la Torche dévorante, misérable qui avait été espion et délateur public.

Le premier soin de ce ministre fut de flatter la cupidité de son maître, et d'inventer des moyens pour la satisfaire. Il ordonna un nouveau cadastre, afin d'augmenter la taxe des terres. Il substitua la confiscation et des amendes pécuniaires à la peine capitale, restreignit encore la liberté de la chasse et déclara que tous les domaines ecclésiastiques étaient des fiefs relevant du roi, et que leur revenu à la mort du tenancier, devait appartenir au roi jusqu'à ce qu'il les eût de nouveau conférés. Ce fut à l'aide de cette prétention que pendant quatre années, Guillaume perçut les revenus de l'archevêché de Cantorbéry, vacant par la mort de Lanfranc, et ce fut seulement dans une grave maladie, saisi de la crainte de la mort, il désigna pour ce siége Anselme, abbé du Bec en Normandie. Mais, revenu à la santé, « le roi ne voulut pas rendre à l'église de Cantorbéry les terres qui lui appar« tenaient et qu'il avait affermées à la mort de Lanfranc. Il continua même à les « aliéner, exigeant d'Anselme des services onéreux qui n'avaient jamais été demandés « à ses prédécesseurs, annulant la loi de Dieu, les décisions canoniques et aposto« liques, par des usages de sa propre création[1]. »

Deux concurrents se disputaient alors le siége de Saint-Pierre, l'anti-pape Clément et Urbain II. Anselme, ainsi que tout le clergé de Normandie, avait reconnu l'autorité d'Urbain, et il sollicitait du roi la permission de recevoir le pallium des mains de ce pape. « Comment, s'écria Guillaume, peut-il ignorer que « reconnaître un prélat pour pape avant qu'il soit reconnu par son souverain, est

---

[1]. Lettre d'Anselme au pape Urbain II. Eadm. 43.

« une rupture de son allégeance, un attentat à son serment de fidélité? C'est une
« prérogative particulière aux rois d'Angleterre, qui les distingue des autres mo-
« narques dont aucun ne la possède. Leur disputer ce droit serait leur arracher la
« couronne; Anselme répondra de son insolence devant ses pairs. »

La cour s'assembla à Rockingham. « Si quelqu'un, s'écria Anselme accusé de
« parjure, prétend que j'ai violé la foi que j'ai jurée au roi parce que je ne veux
« pas me soustraire à l'autorité de l'évêque de Rome, qu'il se présente à moi, et
« il me trouvera préparé, au nom de Dieu, à lui répondre comme je le dois. » Personne n'accepta le défi, et même, à la grande colère du roi, les barons laïques refusèrent de méconnaître Anselme comme primat d'Angleterre, et la plupart des évêques n'abjurèrent son autorité qu'autant qu'il reconnaîtrait un pape qui n'aurait pas été reconnu par l'église d'Angleterre. Guillaume, furieux, leur ordonna de quitter la salle, et ils ne purent regagner la faveur royale qu'en faisant chacun au roi un présent considérable.

Cependant Anselme, fatigué de ces incessantes persécutions, sollicita la permission de se retirer à Rome, et, entrant dans la chambre du roi : « Sire, dit-il, je pars;
« mais comme il est probable que c'est la dernière fois que nous nous voyons, je
« viens, comme votre père et votre archevêque, vous donner ma bénédiction. » Le roi courba la tête, Anselme fit sur lui le signe de la croix et partit aussitôt (1100). Ces démêlés avec le chef de l'église d'Angleterre, la rapacité du roi, ses continuelles exactions, son immoralité, l'avaient fait prendre en haine par tous ses sujets; on appelait contre lui la vengeance céleste et des bruits sur sa fin prochaine se répandaient parmi le peuple.

Durant la nuit du 1er août 1100, Guillaume-le-Roux fut tourmenté par un rêve épouvantable : il avait vu sur l'autel un cadavre, et, poussé par les angoisses irrésistibles de la faim, il s'était avancé pour le dévorer; il en avait déjà mangé un pied et une main lorsque le mort, se relevant, l'avait rudement frappé de la main qui lui restait. Le roi s'était alors éveillé et s'était trouvé la bouche pleine de sang. Il fit venir un moine qui passait pour expliquer les songes, et lui demanda ce qu'il pensait du sien. Le moine lui dit que le corps qu'il avait vu sur l'autel était celui de Jésus-Christ, et les membres qu'il avait mangés, les revenus des abbayes, évêchés et monastères dont il s'était emparé, ce dont mal lui arriverait. Le roi se mit à rire, et, appelant Fitz-Hamon, son chambellan, il lui dit : « Vois-tu ce fol-cy? il rêve,
« par Dieu, comme un moine : il me prédit calamité; donne-lui cent shillings, et
« qu'il aille dire ses patenostres! »

Toutefois, l'esprit de Guillaume n'était pas rassuré, et il contremanda une partie de chasse qu'il avait ordonnée; mais un repas splendide, les plaisanteries qui l'égayèrent, et la chaleur du vin, lui rendirent toute son énergie. Un excellent ouvrier prit ce moment pour lui présenter des flèches neuves travaillées avec le plus grand soin; il les admira, les prit, en donna quelques-unes à Gauthier, comte de Poix, surnommé Tirel à cause de son habileté à tirer de l'arc, et l'un de ses courtisans les plus assidus; puis il commanda qu'on sonnât des fanfares, et il partit pour la chasse dans la *New-Forest*. Cette forêt, plantée par les ordres du Conquérant, était fatale à sa race. Son fils aîné, Richard, s'y était blessé mortellement (1081);

le fils du duc Robert de Normandie y avait été tué d'une flèche tirée par imprudence (1100); Guillaume-le-Roux devait y périr de la même mort. Il suivait la chasse avec tant d'ardeur que toutes les personnes qui l'avaient accompagné restèrent en arrière, à l'exception de Gauthier Tirel, et il s'apprêtait à tirer un cerf, lorsque la corde de son arbalète se rompit. « Tire, Gauthier, tire donc, de par le « diable! » s'écria-t-il alors. Au même instant il tomba, frappé, soit par la flèche de Tirel, soit par une autre. Deux minutes après, Tirel, au grand galop, poussait son cheval vers la côte; il traversa la Manche dans un bateau, débarqua en Normandie, et ne s'arrêta que sur le territoire des rois de France.

Le bruit de la mort du roi se répandit bientôt parmi les gens de sa suite, qui, sans se mettre en peine de son sort, quittèrent la forêt pour courir à leurs propres affaires. Vers le soir, des paysans découvrirent le corps de Guillaume-le-Roux traversé d'une flèche et baigné dans son sang; ils le mirent sur une charrette, et l'amenèrent à Winchester, où l'on se hâta de l'inhumer sans aucune cérémonie religieuse; cependant, on lui érigea un tombeau dans la cathédrale (1100).

Sceau de l'archevêque de Cantorbéry, Anselme.

HENRI IER, SURNOMMÉ BEAU-CLERC.

(1100-1135).

Plusieurs années de combats, de désastres et de victoires, avaient, à l'époque de la mort funeste de Guillaume-le-Roux, signalé la première croisade. Godefroi de Bouillon avait été élu roi de Jérusalem, prise d'assaut le 5 juillet 1099; mais si l'on en croit quelques historiens anglais, cette couronne avait été préalablement offerte à Robert, dont la valeur s'était fait remarquer au siége de Nicée, à la bataille de Dorylée et au combat d'Antioche. Robert préféra ses domaines d'Europe; il reprit le chemin de ses états, s'arrêta dans l'Apulie, y remarqua Sibylle, fille du comte de Conversano, demanda sa main et perdit un temps précieux dans les cérémonies de son mariage.

Son frère Henri, au contraire, se hâta de mettre à profit l'absence de l'héritier légal du trône d'Angleterre. A peine averti de la mort inopinée de Guillaume, avec lequel il chassait, il pressa son cheval, se rendit à Winchester, s'assura du trésor, et trois jours après se fit couronner en l'absence d'Anselme, archevêque de Cantorbéry et primat d'Angleterre, par Maurice, évêque de Londres. Personne n'eut le courage de rappeler les droits de Robert.

Cependant Henri n'avait pas une confiance absolue dans ses sujets anglonormands. Il prévoyait que le retour du duc Robert serait le signal de réclamations et de reproches, dont profiteraient les mécontents, et il résolut de se créer dans la nation saxonne une force capable de résister aux demandes et aux agressions de son frère. Ses actions et ses paroles tendirent toutes vers ce but. Il

LES EFFÉMINÉS (1100)

d'après le MS. Nero C. iv, de la Bibliothèque Cottonienne, et un psautier du 12e siècle, de la collection de feu M. Douce, Esq.

commença par chasser de la cour tous les compagnons de Guillaume, dont les débauches avaient scandalisé la nation, et que l'on désignait sous le nom d'efféminés, à cause de leur manière de s'habiller qui les rendait presque semblables à des femmes[1]. Puis, il rappela hautement et en toute occasion, aux Anglais, qu'il était né comme eux en Angleterre, leur promit que leur oppression allait enfin cesser, et, comme gage de ses promesses, fit jeter en prison le favori de Guillaume-le-Roux, Flambard, et pressa le retour d'Anselme. Bientôt même il fit plus : il résolut de prendre pour épouse Mauld ou Mathilde, la fille de Malcolm, roi d'Écosse, et de Marguerite, sœur de l'etheling Edgard, la descendante des rois anglo-saxons, le dernier reste du sang de Cerdic[2]. Ce mariage, qui faisait une Saxonne reine des

1. Il portaient, disent les chroniqueurs contemporains, des tuniques à grandes manches et des manteaux à queue. La pointe de leurs souliers était fourrée d'étoupe, d'une longueur énorme, et tordue comme les cornes d'un bouc, invention récemment introduite par Foulques, comte d'Anjou, pour cacher la difformité de ses pieds. Leurs cheveux, séparés sur le front, tombaient en longues boucles sur leurs épaules (*voyez la gravure séparée*). Vainement le clergé avait tonné contre cette coutume, soit en rappelant les paroles de saint Paul : « Si quelqu'un prend soin de sa chevelure, c'est une honte pour lui », soit par son exemple, en portant les cheveux rasés, comme on le voit sur le sceau de l'abbé du monastère

de Saint-Pierre de Glocester, que nous donnons ici ; la crainte de déplaire au roi Henri eut seule le pouvoir de faire abandonner cette mode.

2. Voici la généalogie de Mathilde :

Edmond Côte-de-Fer (1016).
|
Edward, qui fut envoyé en Suède par Knut en 1017
|
Edgard, l'etheling. — Marguerite, mariée au roi d'Ecosse Malcolm.
|
Mathilde

conquérants de l'Angleterre, qui allait mélanger dans leurs futurs souverains le sang anglais avec le sang français, excita le mécontentement des barons normands; et, lorsque Robert fut de retour en Normandie, beaucoup de seigneurs passèrent le détroit pour se ranger sous sa bannière, ou lui envoyèrent des messages pour l'engager à venir en Angleterre reconquérir son trône usurpé.

Le péril était grand; mais Henri, par sa politique, avait déjà su y pourvoir. Il convoqua à Londres une assemblée où furent admis les indigènes.

« Amis et fidèles sujets, étrangers et natifs, leur dit-il, vous savez tous très-bien
« que mon frère Robert a été, d'après la voix de Dieu, élu roi de Jérusalem qu'il
« aurait pu gouverner heureusement, et comment il a refusé cet empire, à raison de
« quoi il mérite justement les reproches et la colère de Dieu. Vous avez connu aussi,
« dans beaucoup d'occasions, sa brutalité et son orgueil. Comme c'est un homme qui
« se plait dans la guerre et le carnage, il ne peut supporter la paix. Je sais qu'il vous
« regarde comme une bande de compagnons méprisables; il vous appelle un troupeau
« de gloutons et d'ivrognes qu'il espère bien fouler aux pieds. Moi, qui suis vraiment
« un roi doux, modeste et pacifique, je vous conserverai et soignerai précieusement
« vos anciennes libertés que j'ai déjà juré de maintenir; j'écouterai avec patience
« vos sages conseils, et vous gouvernerai justement, selon l'exemple des meilleurs
« princes. Si vous le désirez, je confirmerai cette promesse par une charte écrite, et
« toutes ces lois que le saint roi Edward, par l'inspiration de Dieu, a si sagement
« rendues, je jurerai de nouveau de les observer inviolablement. Si vous, mes frères,
« vous attachez fidèlement à moi, nous repousserons aisément les plus violents efforts
« que puisse faire, contre moi et ces royaumes, notre plus cruel ennemi. Que je sois
« seulement soutenu par la valeur et la force de la nation anglaise, toutes les menaces
« des Normands ne me paraîtront plus formidables. »

Une charte[1] fut le résultat de ce discours qui rattacha à la cause du roi les évêques, les hommes d'armes et tout le peuple anglais. Aussi, lorsque Robert

---

1. Voici le texte de cette charte. C'est l'exposé le plus complet qu'on puisse fournir des exactions de out genre auxquelles se livraient les prédécesseurs de Henri Ier.

L'an de N. S. 1101, Henri, fils du roi Guillaume, après la mort de son frère Guillaume, par la grâce de Dieu, roi des Anglais, à tous les fidèles, salut : — Sachez que, par la miséricorde de Dieu et le commun conseil des barons, j'ai été couronné roi de ce royaume d'Angleterre; et, comme ce royaume était opprimé par d'injustes exactions, moi, par respect de Dieu, et par l'amour que je vous porte, je rends d'abord libre la sainte église de Dieu; je ne vendrai ni n'affermerai, et, à la mort de l'archevêque, de l'évêque ou de l'abbé, je ne prendrai rien du domaine de l'église ni de ses hommes, avant que le successeur soit en possession. Je supprime toutes les mauvaises coutumes par lesquelles était injustement opprimé le royaume d'Angleterre, lesquelles mauvaises coutumes voici : Si quelqu'un de mes comtes, barons ou tous autres qui tiennent de moi, vient à mourir, son héritier ne rachètera pas sa terre, comme il faisait au temps de mon frère, mais il la reprendra (*relevabit*) par un juste et légitime relief. De même les hommes de mes barons reprendront leurs terres par un juste et légitime relief. Et si quelqu'un de mes barons, ou autres hommes, veut marier sa fille, ou sa sœur, ou sa petite-fille, ou sa parente, qu'il m'en parle; mais je ne prendrai rien de son bien pour lui en donner licence, et je ne lui défendrai point de la donner à qui il voudra, excepté s'il voulait l'unir à mon ennemi. Et, si à la mort d'un de mes barons, ou autres hommes, sa fille demeure son héritière, je la donnerai en mariage avec sa terre de l'avis de mes barons. Et, si à la mort d'un homme, sa femme demeure sans enfants, elle aura sa dot et son douaire (*maritationem*), et je ne la donnerai à aucun mari que selon sa volonté. Si elle demeure avec des enfants, elle aura sa dot et son douaire, tant qu'elle conservera la chasteté de son corps, et je ne la

débarqua en Angleterre, Henri accourut à sa rencontre à la tête d'une armée nombreuse. Un grand nombre de barons et de chevaliers normands passèrent du côté de Robert ; mais les indigènes restèrent fidèles à leur roi. Les deux armées étaient en présence, lorsque Robert, ébranlé par les promesses d'Anselme, qui servait de médiateur, demanda une entrevue à son frère. Ils se virent dans un espace libre entre les deux armées, s'embrassèrent, et posèrent les bases d'un

donnerai à aucun mari que selon sa volonté. Que la femme et le parent pour qui cela est le plus juste, soit le gardien de sa terre et de ses enfants. Et j'ordonne que mes barons se conduisent pareillement envers les fils, les filles et les femmes de leurs hommes. Je défends absolument le droit de monnayage

Monnayeur du commencement du XIIe siècle, d'après un chapiteau de l'église Saint-Georges de Bocherville, en Normandie, et monnaies de Henri Ier.

qu'on prenait dans les villes et les comtés, et qui n'existait pas du temps du roi Edward ; si on trouve quelque monnayeur, ou tout autre porteur de fausse monnaie, qu'il en soit fait justice. Je remets tous les procès et toutes les dettes dues à mon frère, sauf toutefois mes droits bien établis, et sauf aussi les conventions relatives aux propriétés ou aux biens légitimes d'autres personnes. Et si quelqu'un avait engagé en quelque chose son héritage, je le lui remets ainsi que tous les reliefs imposés à des héritages légitimes. Et si quelqu'un de mes barons ou de mes hommes est malade, je consens qu'il donne son argent, ou manifeste son intention de le donner comme il le voudra, et qu'ainsi il soit fait. Que si, prévenu par la guerre ou la maladie, il n'a pas donné son argent ou n'en a pas disposé, que sa femme, ses enfants, ses parents ou ses hommes légitimes le partagent, dans l'intérêt de son âme, comme ils le jugeront à propos. Si quelqu'un a forfait, il ne paiera pas pour obtenir miséricorde, comme cela se faisait au temps de mon père ou de mon frère ; mais selon la mesure de sa forfaiture, il sera puni comme il eût été puni dans les temps antérieurs à mon père. Que s'il a été convaincu de perfidie ou de crime, il sera puni comme il sera juste. Je pardonne tous les meurtres commis avant le jour où j'ai été couronné ; ceux qui ont été commis récemment seront punis selon la loi du roi Edward. Du consentement de mes barons, je retiens les forêts comme mon père les a possédées. Je concède en don propre, à tous les chevaliers qui défendent leurs terres par le casque et l'épée, la possession sans redevance, ni charge aucune, des terres cultivées par leurs charrues seigneuriales, afin qu'à l'aide d'un si grand soulagement, ils se munissent d'armes et de chevaux pour notre service et la défense du royaume. J'établis la paix dans tout mon royaume, et ordonne qu'elle soit bien gardée. Je vous rends la loi du roi Edward, avec les corrections qu'y a faites mon père par le conseil de ses barons. Si quelqu'un, depuis la mort de mon frère Guillaume, a pris quelque chose, soit de mes biens, soit des biens d'autrui, qu'il le rende complètement, et celui qui sera trouvé en possession de quelque chose de semblable en sera sévèrement puni.

traité. Robert consentit à céder tous ses droits à la couronne d'Angleterre, et Henri lui promit la cession de tous ses châteaux de Normandie, excepté Domfront, une pension annuelle de trois mille marcs, et une amnistie générale pour tous les seigneurs anglo-normands qui s'étaient révoltés, ainsi que la révocation du jugement de confiscation prononcé contre eux. Il fut en outre convenu que si l'un d'eux mourait sans postérité, la couronne appartiendrait au survivant (1101).

Douze barons de chacun des partis s'engagèrent, par serment, pour tous les autres, au maintien d'un traité qui fut inobservé aussitôt que conclu, et qui ne profita qu'à Henri. En effet, à peine fut-il revenu de la frayeur que l'entreprise de son frère lui avait causée, qu'il songea à se venger, et bientôt Robert de Bélesme, comte de Shrewsbury, l'un des hommes les plus puissants de l'Angleterre, fut cité à l'assemblée générale, tenue dans le palais du roi, pour avoir à répondre sur quarante-cinq chefs d'accusation. Le comte de Shrewsbury, obtint, suivant l'usage, la permission de se retirer, afin de prendre l'avis de ses amis ou partisans; mais il profita de ce délai pour se rendre dans ses terres et rassembler ses vassaux. Les barons tentèrent de le réconcilier avec le roi. « Ils pensaient que ce grand comte une fois vaincu, le roi les foulerait aux pieds comme de vieilles servantes. » Mais les Anglais s'opposèrent vivement à la paix : « O roi Henri, lui disaient-ils, ne crois « pas à ces traîtres; nous sommes là, nous t'aiderons, nous livrerons l'assaut pour « toi; ne fais point de paix avec ce traître que tu ne le tiennes mort ou vif. »

Le siége de Shrewsbury, la dernière forteresse de Robert de Bélesme, fut poussé avec vigueur et le comte forcé de se rendre à discrétion. On lui fit grâce de la vie; mais il fut banni d'Angleterre, et tous ses biens furent confisqués. Ses deux frères et ses principaux adhérents subirent le même sort. Le comte de Varenne eut la tête tranchée.

Le duc de Normandie apprit avec douleur la mort ou la proscription de ses partisans, et, présumant qu'il obtiendrait par sa présence en Angleterre quelque adoucissement aux malheurs qui les frappaient, il accourut imprudemment près de son frère. Il en fut reçu avec des semblants d'amitié; mais il ne tarda pas à s'apercevoir qu'il était réellement son prisonnier et obligé de traiter pour lui-même. Dans son empressement à regagner les rivages de la Normandie, il consentit à toutes les conditions que lui imposa Henri, et abandonna, comme présent à la reine Mathilde, les trois mille marcs de pension annuelle que lui payait le roi d'Angleterre.

L'ambition d'Henri n'était pas satisfaite; ce qu'il voulait obtenir, c'était la possession de la Normandie. Il profita avec habileté des dissensions qui régnaient entre Robert et ses barons, et se déclara le protecteur de ces derniers, afin de faire cesser les désordres dont ils gémissaient; il somma d'abord son frère de lui céder la Normandie en échange d'une somme d'argent : « Tu as bien le titre de duc, lui disait- « il, mais tes vassaux se moquent de toi. » Bientôt, déterminé à s'emparer du duché de vive force, il leva des troupes, et, pour se procurer de l'argent, il autorisa ses collecteurs à user des plus cruelles violences envers les propriétaires saxons. « Il n'est « pas facile, dit la chronique saxonne, de raconter toutes les misères de ce pays. « Partout où alla le roi, les gens de sa suite opprimèrent le pauvre peuple, incen- « diant des maisons, commettant des homicides. » Ses collecteurs, accompagnés de gens armés, enlevaient jusqu'aux derniers meubles, et même les portes et les fenêtres, quand les malheureux imposés ne pouvaient leur donner de l'argent. On vit des laboureurs, réduits à la dernière détresse, venir en foule sur le passage du roi, et jeter devant lui les socs de leur charrue, comme pour lui déclarer qu'ils renonçaient à la culture des terres.

La première campagne de Henri en Normandie ne lui fut pas très-favorable ; mais l'année suivante (1103), à Tinchebray, un combat heureux fit tomber entre ses mains Robert, l'etheling Edgard et dix mille prisonniers. A la nouvelle de ce désastre, Rouen ouvrit immédiatement ses portes, Falaise se rendit, et remit aux mains du roi d'Angleterre le jeune prince Guillaume, fils de Robert et son unique héritier. Henri, maître de tout le duché, rassembla les états de Normandie, reçut l'hommage des vassaux, donna l'ordre de démanteler les châteaux nouvellement construits, régla la forme du gouvernement, et revint triomphant en Angleterre, traînant après lui le frère qu'il avait dépouillé. L'infortuné Robert fut enfermé au château de Cardiff, sur la côte méridionale du pays de Galles, dans le Glamorganshire. Il y vécut encore vingt-huit années. L'etheling Edgard, remis en liberté et doté d'une très-petite pension, atteignit loin de la cour et oublié de tous une extrême vieillesse. Le jeune prince Guillaume fut confié à la garde d'Elie de Saint-Saen, qui avait épousé une fille naturelle de Robert. Elie, craignant que le roi d'Angleterre ne cherchât à s'emparer de son pupille, le conduisit en France.

Tandis que Henri Ier s'assurait ainsi la possession de la Normandie, il était engagé avec le primat Anselme dans une querelle que celui-ci soutenait avec énergie. Il s'agissait du droit d'investiture. Depuis le règne de Guillaume-le-Conquérant, les évêques et abbés recevaient du monarque l'investiture de la juridiction épiscopale et abbatiale par la crosse et l'anneau, et pour le domaine temporel lui prêtaient serment de foi et hommage. Bien que divers conciles, des rescrits de plusieurs papes et des sentences d'excommunication eussent menacé les princes qui prétendaient exercer le droit d'investiture et les prélats qui se soumettaient à recevoir des biens temporels à cette condition, les rois d'Angleterre le regardaient comme un privilége inhérent à leur couronne, et en l'exerçant c'étaient eux qui faisaient réellement l'élection des prélats, car ils refusaient l'investiture à tous les ecclésiastiques qu'ils n'avaient pas désignés. Anselme se prononça vivement contre cette prétention du souverain, et nonobstant son âge avancé il entreprit le voyage de Rome, afin de soumettre la question au pape Pascal II. Henri lui défendit de rentrer en Angleterre, et Anselme vécut trois années près de l'archevêque de Lyon. Les lettres du pontife, les menaces d'excommunication, qui effrayaient les barons, et qui étaient au moment de soulever le peuple, les prières de la comtesse de Blois, sœur de Henri, et les sollicitations de sa femme Mathilde, déterminèrent enfin le roi d'Angleterre à céder. Il rappela Anselme, et il se fit entre eux une espèce de compromis par lequel il fut arrêté que désormais l'investiture par la crosse et l'anneau, n'étant que la marque d'une juridiction spirituelle, serait supprimée. Le serment de foi et hommage pour le domaine temporel continua à être exigé comme devoir civil, le roi conserva le droit de nomination aux bénéfices vacants, et l'église, en définitive, ne gagna rien à cette transaction.

Le rétablissement, entre les mains d'un roi plein d'habileté et d'ambition, de l'unité de la puissance normande, effrayait le roi de France Louis-le-Gros. Pour abaisser la puissance de son redoutable voisin, il se servit du nom du jeune Guillaume, fils du duc Robert, et s'allia aux comtes de Flandre et d'Anjou. La Normandie fut envahie et ravagée pendant sept années (1113 à 1119) d'une guerre sans résultat, et dont le combat le plus important fut celui de Brenneville, où Louis fut vaincu.

« Dans cette mêlée, où près de neuf cents chevaliers furent engagés, dit Orderic « Vital, il n'y en eut que trois de tués. En effet, ils étaient de toutes parts revêtus « de fer. D'ailleurs ils s'épargnaient mutuellement, tant par la crainte de Dieu qu'à « cause de la fraternité d'armes, et ils cherchaient bien moins à tuer les fuyards « qu'à faire des prisonniers. »

Les sages conseils du pape Calixte II, qui tint en 1119, à Reims, un concile où se réglèrent les principales affaires de l'Europe, mirent fin aux hostilités. L'abandon, par Louis, de la cause et des droits du prince Guillaume, fut une des conditions mises par le roi d'Angleterre à la conclusion de la paix.

Tout semblait donc succéder à Henri, lorsqu'un grand malheur vint le frapper. Il n'avait eu qu'un fils de la reine Mathilde; ce fils, l'héritier de sa couronne, avait passé sa dix-huitième année, et il venait de recevoir l'investiture du duché de Normandie. Tout semblait pacifié sur le continent, et la cour d'Angleterre se disposait à traverser le détroit (1120). A cet effet, elle s'était réunie dans le port de Barfleur, et toutes les dispositions pour le départ étaient faites, lorsqu'un marin, du nom de Thomas Fitz-Stephen, vint trouver Henri, s'agenouilla devant lui, et, lui offrant un marc d'or, lui dit : « Mon père, Stephen-Fitz-Erard, fut serviteur de « ton père, et il commandait le vaisseau qui le conduisit à la conquête de l'Angle- « terre. Baille-moi en fief le même office, je n'ai point dégénéré; mon vaisseau se « nomme *la Blanche-Nef*, et il est parfaitement gréé et appareillé. » Le roi répondit qu'il avait déjà fait choix d'un vaisseau, sur lequel se trouvaient ses équipages, et qu'il n'en pouvait changer; mais qu'il lui confiait volontiers son fils Guillaume, héritier du trône, et deux de ses enfants naturels, Richard et Adèle, ainsi que les personnes qui les accompagnaient. Cette suite se composait de dix-sept femmes et de cent quarante chevaliers. Cinquante rameurs ou matelots expérimentés, montés sur *la Blanche-Nef*, commandée par Fitz-Stephen, semblaient garantir aux passagers un voyage prompt et sans dangers. Aussi les jeunes seigneurs qui entouraient Guillaume ne songèrent-ils qu'à passer le temps dans la joie et les divertissements; ils se livrèrent au plaisir de la danse et se firent servir un magnifique festin. Les gens de l'équipage se ressentirent de leur munificence, et burent trois barrauts de vin, que le prince leur fit délivrer. Cependant le roi Henri avait saisi l'heure de la marée du matin, et le vaisseau qui le portait s'était éloigné avec un vent favorable. *La Blanche-Nef* ne partit qu'à la marée du soir; la lune brillait au ciel, et les matelots, animés par le vin, s'imaginèrent qu'en forçant de rames ils atteindraient le vaisseau du roi d'Angleterre; mais, en longeant la côte voisine de Barfleur, ils s'engagèrent parmi des rochers à fleur d'eau, nommés le Catte-Raze ou le raz de Catteville. *La Blanche-Nef*, poussée avec une force extrême, s'entr'ouvrit à l'instant, et l'eau monta jusque sur le pont. Le péril était extrême : Fitz-

Stephen parvint à faire mettre la chaloupe à la mer et à y placer le jeune prince, en donnant ordre de ramer directement vers la terre. Les cris de la comtesse du Perche, Adèle, ramenèrent Guillaume au vaisseau qui s'enfonçait rapidement ; mais alors une multitude si grande se jeta sur la chaloupe qu'elle disparut sous son poids. *La Blanche-Nef* s'abîma en même temps, et de tous les passagers, un seul, nommé Bérold, boucher de Rouen, parvint à se sauver.

Henri montra une grande douleur, et depuis ce jour on ne le vit jamais sourire ; mais les Anglo-Saxons ne partagèrent point la douleur du roi, et se félicitèrent d'être délivrés d'un prince qui disait hautement que, dès qu'il serait roi, il attèlerait les Anglais à la charrue comme des bœufs.

La mort de son fils laissait Henri sans héritiers mâles légitimes ; la reine d'Angleterre, Mathilde, n'existait plus, et ses restes reposaient à Winchester, dans une tombe sur laquelle on avait écrit en langue anglaise : *Ci-gît Molde la bonne reine*. Les partisans de la famille de Robert embrassèrent plus ouvertement que jamais les prétentions du fils de ce prince, et Foulques d'Anjou le fiança à sa fille Sibylle en lui cédant le comté du Mans. Henri songea alors à prendre une seconde femme, et obtint la main d'Alice, fille de Godefroy, duc de Louvain, et nièce du pape Calixte II (1120). Mais cette union fut stérile, et la puissance du jeune Guillaume s'accroissait rapidement. Foulques d'Anjou, vaincu par le roi d'Angleterre, avait, il est vrai, abandonné la cause de celui qu'il avait nommé son beau-fils, et s'était refusé à lui donner sa fille ; mais Louis avait dédommagé le jeune prince en lui donnant, avec la main de sa belle-sœur, Chaumont, Pontoise et le Vexin. Bientôt après, Charles-le-Bon, comte de Flandre, étant mort assassiné sans laisser d'enfants, Louis envoya dire aux seigneurs de Flandre : « Je veux que vous vous réunissiez « en ma présence, pour élire, d'un commun avis, un comte qui sera votre égal « et règnera sur les habitants. » Alors il présenta aux seigneurs et aux bourgeois Guillaume, fils de Robert, et le fit élire (1127). Le nouveau comte de Flandre devenait dès lors redoutable pour le roi d'Angleterre. Mais dès que Louis eut quitté le pays, les Flamands chassèrent son protégé et appelèrent Thierry d'Alsace, fils d'une sœur de Charles-le-Bon. Louis, irrité, envoya reprocher aux Flamands leur manque de foi envers leur seigneur et envers lui-même. Mais ils lui répondirent : « Le roi de France avait juré de ne pas se faire payer pour l'élection « de notre comte, et il a reçu ouvertement mille marcs, c'est un parjure. « Guillaume a violé nos libertés et empêché notre négoce ; nous avons donc pour le « chasser de notre pays de légitimes motifs. Maintenant, nous avons élu pour notre « seigneur, Thierry, et nous faisons savoir à tous, tant au roi qu'à ses princes, que « rien de l'élection du comte de Flandre ne regarde le roi de France. Quand notre « comte meurt, les pairs et les citoyens du pays ont pouvoir d'élire le plus proche « héritier ; le roi n'a aucun droit de disposer de notre gouvernement, ni de le « vendre à prix d'argent [1]. » Une guerre s'ensuivit entre les deux prétendants au comté de Flandre, et Guillaume défit complètement son antagoniste sous les murs

---

[1]. Galbert, *Vie de Charles le Bon*, ch. II et suiv.; Théophile Lavallée, t. I, p. 332 et suiv.

d'Alost ; mais blessé lui-même dans le combat, il mourut quelques jours après (1128).

Pendant ces événements, Henri avait rappelé d'Allemagne sa fille Mathilde, qu'il avait mariée à l'empereur Henri V, et qui était devenue veuve en 1125. Aux

L'empereur Henri V, d'après une peinture conservée à la Bibliothèque royale de Paris.

fêtes de Noël de l'année 1126, il réunit à Windsor tous les seigneurs normands de France et d'Angleterre, leur fit prêter à Mathilde *l'empéresse*, comme ils l'appelaient, le serment de foi et hommage, et exigea de chacun d'eux la promesse qu'ils obéiraient à sa fille quand il serait mort, comme ils obéissaient à lui-même. Bientôt après il la maria, presque malgré elle, à un prince encore enfant, au jeune Geoffroy, comte d'Anjou, surnommé *Plante-genest*, à cause de l'habitude qu'il avait de porter à son bonnet une branche de genêt. Cette union, faite sans que le roi eût consulté les barons de Normandie et d'Angleterre, excita dans toute la nation un mécontentement dont il nous reste une preuve singulière : c'est une ordonnance que les hérauts du roi proclamèrent dans les rues et places de Rouen, le jour des noces des deux époux. « De par le roi Henri, que nul ici présent, habitant ou étranger, riche ou « pauvre, noble ou vilain, ne soit si hardi que de se dérober aux réjouissances « royales, car quiconque ne prendra pas sa part des divertissements et des jeux, « sera coupable d'offense envers son seigneur le roi. »

De ce mariage naquit, en 1133, un fils qui fut appelé Henri. A la naissance de son petit-fils, le roi convoqua encore ses barons et leur fit renouveler de nouveau le serment de reconnaître, après lui, Mathilde l'empéresse, et après la mort de cette princesse les enfants qui seraient nés d'elle. Le duc Robert était mort dans sa prison (1126); son fils avait péri au siége d'Alost; rien ne semblait donc devoir s'opposer à l'exécution des desseins de Henri, et il mourut en 1135, croyant laisser à sa fille et à son petit-fils une couronne incontestée.

Henri fut nommé par ses flatteurs le *Lion de justice*; s'il ne fut pas toujours rigoureusement impartial, au moins, par son excessive sévérité, parvint-il à frapper de terreur les perturbateurs de la tranquillité publique. Il avait, à son avénement, aboli les compensations pécuniaires, et les avait remplacées par des châtiments corporels; mais il regretta promptement le déficit que cette mesure laissait annuellement dans son trésor, et il se hâta de rétablir les amendes et les *amerciaments*, ou les mises à la merci du roi. Le danegelt fut rétabli sous son règne, et perçu à raison de douze sous d'argent par hide de terrain (40 arpents), et cette taxe fut augmentée de trois shillings pour subvenir aux frais du mariage de sa fille Mathilde.

Les malheureux Anglais étaient écrasés sous le poids de ces impôts. « L'année 1119 « fut grandement malheureuse, dit la chronique saxonne, à cause de la perte des « récoltes et des tributs dont la levée ne cessa point. Dieu, qui voit tout, sait que « son malheureux peuple est opprimé contre toute justice : d'abord on le dépouille « de ses biens, ensuite on lui ôte la vie. Cette année fut dure à passer. Quiconque « possédait quelque peu de chose en fut privé par les bailliages et les jugements des « puissants; quiconque n'avait rien, périt de faim. » Le clergé ne fut point à l'abri de la cupidité du roi; malgré ses promesses, et afin de jouir des revenus des évêchés vacants, Henri laissa, pendant plusieurs années, les principaux siéges sans prélats. Dans l'année 1075, les ordres du pape et les canons d'un synode tenu à Winchester avaient imposé le célibat au haut clergé et aux moines, et requis le vœu de chasteté des candidats au diaconat et à la prêtrise; un autre synode, tenu à Westminster, sous l'archevêque Anselme, rappela aux sous-diacres des obligations dont il paraît qu'on s'était souvent écarté. Henri frappa les délinquants d'une forte amende, puis quelques années plus tard, malgré les reproches des évêques et du pape, il vendit lui-même, à deniers comptants, le droit de transgresser les canons.

La cour de Rome ne fut pas plus heureuse dans une autre question. Elle élevait depuis longtemps la prétention de faire surveiller par ses légats l'exercice de la religion dans les contrées étrangères. L'Angleterre s'était peu ressentie des effets du pouvoir ultramontain, parce que les archevêques de Cantorbéry avaient été constamment investis du titre d'envoyés du saint-siége. Plusieurs légats avaient été à diverses fois, à la vérité, envoyés d'Italie, directement; mais les rois avaient refusé de les recevoir, et ils n'avaient pas même débarqué. Henri ne céda pas plus que ses prédécesseurs; après de longues discussions le pape Innocent II consentit à choisir pour son légat en Angleterre l'archevêque de Cantorbéry, et depuis cette époque (1130) les archevêques primats joignirent à ce titre celui de légat du saint-siége.

Henri Ier avait cultivé les lettres, ce qui lui valut le surnom de *Beau-clerc*. Il attira quelques poëtes à sa cour, et les deux reines les favorisèrent. Le nom d'Alice est souvent cité avec louanges dans les vers franco-normands des poëtes contemporains, Gaimar, Benoît et Philippe de Thaun, mais si la littérature et les sciences firent quelques progrès sous le règne de Henri, elles le durent principalement aux encouragements que recevait la jeunesse dans les écoles ecclésiastiques. Les premières avaient été créées dans les monastères et les cathédrales par le zèle des prélats. Plusieurs d'entre eux, tels que Lanfranc et Anselme, qui avaient exercé dans leur jeunesse la profession de l'enseignement, avaient fomenté parmi les membres du clergé l'amour de l'instruction, en comblant d'honneurs ceux qui se distinguaient par leurs connaissances littéraires. Ce fut sous Henri Ier que prit naissance l'université de Cambridge. L'abbé de Croyland Joffrid fit venir d'Orléans des professeurs qu'il établit d'abord dans un manoir qui lui appartenait à Cotenham; il les plaça ensuite à Cambridge, dans une grange qu'il fallut bientôt convertir en maison à cause du grand nombre de disciples qui se présentèrent. Odon y enseignait la grammaire; Terric, la logique d'Aristote, Guillaume dissertait sur Cicéron et sur la rhétorique de Quintilien, et Gislebert parlait de théologie. Les sciences dont

Statue de Gislebert, placée sur son tombeau.

se composait alors l'éducation étaient divisées en deux classes, qui conservaient les noms qu'elles avaient portés à une époque plus reculée. Le *trivium* comprenait la grammaire, la rhétorique et la logique; le *quadrivium* était composé de l'arithmétique, de l'astronomie, de la géométrie et de la musique, c'est-à-dire du plain-chant. On commençait à faire grand usage des écrivains latins et grecs dont on retrouvait les manuscrits, mais pour la médecine et les hautes mathématiques, les savants arabes étaient réputés bien supérieurs aux anciens, et c'était à Tolède et à Grenade, en Espagne, que se rendaient ceux qui voulaient approfondir ces deux sciences. En même temps la philosophie scolastique se développait par les travaux de Lanfranc et d'Anselme en Angleterre, par les cours d'Abeilard et de Pierre Lombard en France ; mais elle était subordonnée tout entière à la théologie, et ses subtilités ne faisaient guère encore qu'égarer l'esprit humain. Partout, dans les arguties de l'école, on substituait les mots aux idées, on s'embarrassait dans le dédale de distinctions sans fin et sans portée, et saint Bernard caractérisait la scolastique en l'appelant « l'art de toujours chercher la vérité, sans jamais l'atteindre. »

Geoffroy de Monmouth publia sous le règne de Henri Ier son histoire intitulée : *Origo et gesta rerum Britanniæ*. C'est un tissu de fables en tout ce qui concerne l'Angleterre avant l'invasion romaine, mais elle est aussi instructive qu'intéressante sous le rapport des mœurs de son temps. Pendant que Geoffroy embellissait ainsi son récit de fables, empruntées aux traditions cambriennes, sur le grand Arthur et les chevaliers de la Table Ronde, sur Merlin et ses prophéties, on publiait en France, d'après les chansons des trouvères, une *Histoire de Charlemagne et de ses douze Pairs*, et c'est sur le modèle de ces deux ouvrages, que furent composés ces innombrables romans de chevalerie qui firent si longtemps les délices de nos aïeux.

Baptistaire normand, église de Heyes, Middlesex.

ÉTIENNE.

(1135-1154).

En vain Henri avait pris avant sa mort toutes les précautions nécessaires pour assurer le trône d'Angleterre à sa fille Mathilde; elle ne devait pas y monter.

Une des filles de Guillaume-le-Conquérant, Adèle, sœur cadette de Henri Ier, avait été mariée au comte de Blois et lui avait donné plusieurs fils. L'aîné, Guillaume, avait épousé l'héritière de Saulieu; le second, Théobald, était devenu comte de Blois à la mort de son père. Henri et Etienne, les deux puînés, avaient été appelés en Angleterre par le roi leur oncle, qui avait donné : au premier l'abbaye de Glastonbury, puis l'évêché de Winchester; au second le comté de Mortagne en Normandie, d'immenses domaines en Angleterre et la main de Mathilde, fille d'Eustache, comte de Boulogne, qui lui avait laissé ses états. Cette alliance le rattachait encore à la famille royale d'Angleterre, puisque la mère de sa femme était sœur de la reine Maulde et du roi d'Écosse David. Etienne devint bientôt populaire : par sa bravoure, il s'était attiré l'estime de la noblesse anglaise; par sa générosité, il sut se concilier l'attachement de la population de Londres.

Il était sur le continent à l'époque de la mort de Henri; il partit aussitôt, débarqua sur les côtes de Kent, et se rendit à Londres, où quelques amis dévoués et des gens du peuple, qu'il leur fut facile de réunir, le proclamèrent roi immédiatement.

---

1. Généalogie d'Étienne.

          Adèle,   mariée à   Étienne,
   fille de Guillaume-le-Conquérant.   comte de Blois.

Guillaume. — Théobald, — ÉTIENNE. — Henri,
              comte de Blois.   évêque de Winchester.

Les habitants de Winchester, dirigés par l'évêque son frère, suivirent cet exemple sans hésitation, et le nouveau monarque se hâta de solliciter l'appui du clergé, dont l'influence était incontestable. L'archevêque de Cantorbéry et l'évêque de Sarum le rejoignirent à Winchester, et Guillaume du Pont-de-l'Arche, argentier de Henri Ier, lui remit les clefs du trésor où il trouva la somme énorme de cent mille livres sterling. Mais Étienne aspirait surtout à obtenir du primat qu'il consentît à le couronner sans délai. L'archevêque de Cantorbéry allégua d'abord le serment de fidélité qu'il avait prêté à Mathilde, du vivant de Henri; mais Hugues Bigod, intendant ou grand-maître de la maison du monarque défunt, affirma hardiment qu'à son lit de mort, Henri avait formellement exprimé l'intention de laisser sa couronne à Étienne. Le primat s'en rapporta au récit de Bigod, et le 23 décembre 1135 il sacra et couronna roi d'Angleterre, Étienne, comte de Boulogne, de Mortagne et autres lieux. Les barons arrivèrent après la cérémonie ; ils parurent surpris de ce que le clergé se fût arrogé le droit de faire un roi sans leur participation ; mais l'onction sainte était accordée ; Étienne se servait des trésors mêmes destinés aux enfants de Mathilde, pour acquérir l'affection intéressée des grands du royaume ; le peuple semblait s'être prononcé en sa faveur ; et le pape Innocent II écrivit à l'usurpateur heureux qu'il tenait pour agréable tout ce qui avait été fait à son égard, et qu'il l'adoptait comme fils du bienheureux saint Pierre et de la sainte église romaine.

Comme son prédécesseur Henri, Étienne accorda deux chartes, l'une au clergé, l'autre aux barons et au peuple. Il promit de ne jamais s'emparer de la vacance des évêchés et des abbayes ; il déclara que toutes les forêts saisies par Henri Ier sur les barons et sur les ecclésiastiques bénéficiers leur seraient restituées ; il rendit à tous les propriétaires le droit de chasse sur leurs terres ; il jura l'exécution stricte et convenable des bonnes lois anciennes, rabaissa aux anciens tarifs les taxations des procès et plaidoiries, et remit au peuple l'impôt odieux du danegelt.

Le comte de Glocester, Robert, fils naturel de Henri, avait longtemps espéré la couronne ; puis il avait embrassé avec chaleur les intérêts de sa sœur Mathilde et de ses enfants. Il tomba dans une grande perplexité quand il apprit, en Normandie où il résidait, l'avénement d'Étienne au trône de Henri. Refuser le serment de foi et hommage qu'on lui demandait, c'était renoncer de fait à ses vastes domaines, se bannir de l'Angleterre, et perdre toutes les occasions qui pourraient se présenter de contribuer à la restauration de ses neveux. Il jura, sous la condition expresse qu'Étienne ne s'emparerait jamais de ses droits ou dignités. Le roi y consentit quoiqu'il reconnût bien que ce serment conditionnel n'était qu'un moyen de se réserver des prétextes pour se révolter au premier moment favorable ; mais ses conseillers l'entraînèrent. Cet exemple fut bientôt imité. Les prêtres ajoutèrent à leur serment qu'ils ne se croiraient liés qu'autant que le roi protégerait les immunités de l'église. Les barons à leur tour réclamèrent le droit d'élever, sur leurs propriétés, autant de châteaux qu'ils le jugeraient utile à leur sûreté. Le roi ne tarda pas à gémir sur les suites funestes de ces concessions forcées.

Mathilde, qui n'avait pu prévoir les projets d'Étienne, se présenta d'abord en Normandie, et fut assez bien accueillie à Domfront et dans quelques villes voisines ;

mais Geoffroy d'Anjou, son mari, qui la suivait avec un corps d'Angevins, ne put empêcher ses troupes de se conduire comme en pays conquis, et les barons normands s'étant réunis pour le combattre, le repoussèrent jusque sur son territoire ; ils avaient d'abord montré l'intention de se donner pour chef Théobald, comte de Blois ; mais dès qu'ils eurent connaissance des succès d'Étienne en Angleterre et de son couronnement, ils envoyèrent offrir leur hommage au nouveau monarque. Le comte de Blois fit sa paix avec Étienne, au prix d'une pension annuelle de deux mille marcs, et Geoffroy consentit à une trêve de deux années moyennant une somme de dix mille livres sterling, payable en deux termes.

Le roi d'Écosse, David, poussé sans doute par les reproches et les supplications de Mathilde, sa nièce, prit seul les armes pour soutenir ses droits. Étienne acheta d'abord la paix par la cession d'une partie du Cumberland ; cependant, aux premiers jours de l'année 1138, David recommença les hostilités et pénétra dans le Yorkshire, incendiant les villages et les églises, violant les femmes, massacrant les prêtres, les vieillards et les enfants. Tout le nord de l'Angleterre était dans la terreur ; mais l'archevêque d'York, Thurstan ou Toustain, appelle près de lui les barons du nord, leur représente la nécessité de combattre pour sauver la patrie, et promet le ciel à tous ceux qui périront pour une si sainte cause. Sa voix fut entendue ; bientôt arrivèrent Guillaume Percy, Roger de Mowbray, Guillaume d'Albemarle, Robert de Ferrers, Gauthier d'Espec, Gilbert de Lacy et une foule d'autres guerriers. Les Anglais rencontrèrent leurs ennemis à deux milles environ de Northallerton, alors nommé Elfer-Tun et se préparèrent au combat. L'étendard fut placé au centre de l'armée. C'était un mât de vaisseau monté sur quatre roues, à l'extrémité duquel étaient placées une croix et une boîte d'argent dans laquelle se trouvait une hostie consacrée ; autour de l'hostie flottaient les bannières de saint Wilfrid de Rippon, de saint Jean de Beverley et de saint Cuthbert de Durham. Gaultier d'Espec monta sur le char, et après avoir énergiquement harangué ses compagnons, termina son discours en présentant la main à Guillaume d'Albemarle, et lui disant : « Je te pleige ma foi, vaincre ou mourir ! » Le comte d'Albemarle répéta ce serment à Guillaume Percy, et tous les chevaliers le prononcèrent tour à tour avec enthousiasme. L'évêque des Orkneys leur donna l'absolution, et tous répondirent : *Amen !*

Avec le roi d'Écosse marchaient les archers et les gens de Teviotdale, les habitants du Galloway et du Cumberland, les guerriers du Lothian et des îles. A lui s'étaient joints aussi les barons et chevaliers d'origine normande qui tenaient le parti de Mathilde et ceux qui s'étaient établis en Ecosse. Avant le combat, Robert de Brus ou Bruce, vieux et sage chevalier, qui possédait à la fois des fiefs en Angleterre et en Ecosse, essaya d'amener le roi à des dispositions pacifiques, et ses discours commençaient à faire impression sur le monarque, lorsque Guillaume, neveu de David, l'interrompit en s'écriant : « Voilà des paroles de traître. » Bruce, à l'instant, abjura son serment de foi et hommage, et se rendit au camp des Normands.

Les Ecossais s'élancèrent avec fureur sur l'armée anglo-normande aux cris de : « Alben ! Alben ! » mais, accablés sous des nuées de flèches « qui volaient comme des tourbillons de mouches et tombaient sur eux comme une pluie épaisse, » chargés de front par les cavaliers normands bardés de fer, ils furent bientôt rompus et mis en fuite. La moitié des leurs, environ quatorze mille hommes, périt dans cette bataille, que les vainqueurs nommèrent la *bataille de l'étendard*. Elle fut suivie d'une trêve de deux mois et la paix fut conclue l'année suivante (1139).

Cette victoire ne suffit pas pour affermir Étienne sur le trône. Les barons avaient profité de sa faiblesse et du besoin qu'il avait de leur concours, pour s'assurer cette indépendance que la main vigoureuse des fils du Conquérant avait toujours su restreindre. Toute l'Angleterre s'était hérissée de petites forteresses dans lesquelles les seigneurs tenaient garnison. Là, ils s'arrogeaient une autorité souveraine, pillaient et massacraient les populations, se faisaient la guerre et battaient monnaie à leurs noms. Le clergé imitait les grands vassaux; l'évêque de Sarum, Roger, ses deux neveux les évêques de Lincoln et d'Ely, ne marchaient qu'avec une suite nombreuse de chevaliers; leurs châteaux étaient fortifiés et munis de provisions de guerre de tout genre. Etienne se défiait autant du clergé que de ses barons. Un synode de prélats et de barons était en ce moment réuni à Oxford. Sous un prétexte léger, le roi fit arrêter Roger en sa propre présence, et donna l'ordre en même temps de s'assurer de la personne de l'évêque de Lincoln. Ces prélats furent accusés d'avoir violé la paix du roi, et contraints, en réparation, à lui remettre leurs châteaux de Malmsbury, Salisbury, Sherburn et Newark.

Mais rien ne pourrait peindre l'indignation du clergé lorsqu'il apprit la rigueur avec laquelle Etienne avait osé traiter ces princes de l'église, lui qui ne devait la couronne qu'à la condescendance des évêques. Le propre frère du roi, Henri, évêque de Winchester, que le pape avait récemment honoré du titre et des pouvoirs de légat, convoqua une réunion générale d'évêques, où le roi fut accusé d'attentat aux immunités de l'église, et sommé de comparaître pour se justifier. Etienne ne se crut pas assez puissant pour résister à l'autorité du synode, et il chargea Aubrey de Vère, d'y défendre sa cause. Aubrey reprocha aux évêques plaignants leur attachement au parti de Mathilde et leur esprit de trahison trop connu. Les plaignants répondirent qu'ils consentaient à être jugés par leurs pairs, mais avec la condition que leurs forteresses leur seraient préalablement restituées dans l'état où on les avait trouvées. Alors Aubrey de Vère en appela au souverain pontife, et défendit au synode de procéder ultérieurement. Les chevaliers, vassaux des évêques, voulurent alors tirer l'épée, ceux du roi se mirent en défense, et le sang aurait coulé, si les ordres d'Etienne n'eussent prudemmment fait cesser le conflit.

Pendant ces événements, Mathilde l'empéresse était débarquée sur les côtes de Suffolk, accompagnée de son frère le comte de Glocester, qui se rendait à Bristol, et de cent quarante chevaliers. Elle se présenta au château d'Arundel, et y fut reçue par sa belle-mère, la reine douairière Alice, remariée au comte de Sussex. Etienne vint aussitôt mettre le siége devant cette forteresse, et s'en empara, ainsi que de l'emperesse; mais, par un motif qu'on ne saurait comprendre, maître de la personne de son ennemie, il lui accorda la permission d'aller rejoindre son frère à Bristol. L'évêque légat se chargea de conduire Mathilde au comte de Glocester : la guerre civile commença le même jour. Les esprits étaient préparés aux événements. L'étendard de Mathilde fut arboré aussitôt à Bristol, à Glocester, à Cantorbéry, à

Douvres. Plusieurs barons se déclarèrent pour elle; d'autres se renfermèrent dans leurs châteaux, afin d'attendre les événements. Chaque parti avait engagé des troupes d'aventuriers, la plupart Brabançons, auxquels on avait promis pour solde les terres de la faction ennemie. Aussi la misère du peuple fut-elle bientôt affreuse. Les hommes sans défense, alternativement pillés par les deux partis, étaient souvent arrachés à leurs foyers et vendus comme esclaves, après avoir vu incendier leurs habitations. « Ces brigands enlevaient, dit une chronique saxonne, tous ceux
« qui leur paraissaient avoir quelque bien, hommes et femmes, de jour comme de
« nuit; et quand ils les tenaient emprisonnés, pour en tirer de l'or et de l'argent,
« ils leur infligeaient des tortures comme jamais martyr n'en éprouva. Les uns
« étaient suspendus par les pieds, la tête au-dessus de la fumée; d'autres étaient
« pendus par les pouces, avec du feu sous les pieds; à quelques-uns ils serraient la
« tête avec une courroie jusqu'au point d'enfoncer le crâne; d'autres étaient jetés
« dans des fosses remplies de serpents, de crapauds et de toutes sortes de reptiles;
« d'autres étaient placés dans la chambre à *crucir*, c'est ainsi qu'on appelait, en
« langue normande, une espèce de coffre court, étroit, peu profond, garni de
« cailloux pointus, et où le patient était tenu serré jusqu'à la dislocation des
« membres.

« Dans la plupart des châteaux il y avait un trousseau de chaînes d'un poids si
« lourd, que deux ou trois hommes pouvaient à peine les soulever; le malheureux
« qu'on en chargeait était tenu debout par un collier de fer scellé dans un poteau,
« et ne pouvait ni s'asseoir, ni se coucher, ni dormir. Ils tuèrent par la faim plusieurs
« milliers de personnes. Ils imposèrent tributs sur tributs aux bourgs et aux villes,
« et, dans leur langue, ils appelaient cela *tenserie*. Lorsque les bourgeois n'avaient
« plus rien à leur donner, ils pillaient et incendiaient la ville. On eût pu voyager
« tout un jour sans trouver une âme dans les bourgs, ni à la campagne un champ
« cultivé. Les pauvres mouraient de faim, et ceux qui, autrefois, avaient eu quelque
« chose, mendiaient leur pain de porte en porte. Quiconque put s'expatrier aban-
« donna le pays. Jamais plus de douleurs et de maux ne fondirent sur cette terre,
« et les païens, dans leurs invasions, en avaient fait moins qu'eux. Ils n'épargnaient
« ni les cimetières ni les églises, prenaient tout ce qu'il y avait à prendre, et puis
« mettaient le feu à l'église. C'était en vain qu'on labourait la terre, autant eût valu
« labourer le sable, et l'on disait tout haut que le Christ et ses saints étaient
« endormis [1]. »

La terreur était la même partout, dans les campagnes comme dans les villes, et poussée à ce point que, lorsque les habitants des cités ou des bourgs voyaient approcher deux ou trois cavaliers armés, tous prenaient aussitôt la fuite. C'était principalement dans les endroits où guerroyaient Mathilde et ses Angevins que se commettaient les plus atroces cruautés; l'horreur du nom de cette princesse devint bientôt général parmi le peuple.

Cependant un événement imprévu parut devoir terminer la guerre en sa

---

[1] Chron. sax., ed. Gibson. A. Thierry, t. III, p. 41 et suiv.

faveur. Ralph ou Ranulf, comte de Chester, partisan de Mathilde, s'était emparé de Lincoln. Les habitants, attachés à Étienne, l'appelèrent à leur secours. Étienne

Sceau de Ranulf, comte de Chester [1].

accourut; mais Robert de Glocester arriva de son côté avec une armée formidable. Le roi fit en vain des prodiges de valeur; accablé par le nombre, il se rendit au comte de Glocester, qui le conduisit à Mathilde (2 février 1141). L'emperesse le fit charger de chaînes et enfermer dans un cachot à Bristol.

Le triomphe de l'emperesse paraissait complet. Henri de Winchester séduit par ses promesses, l'avait couronnée en disant que la volonté céleste, exprimée par l'organe des prêtres, nommait Mathilde, fille de Henri Ier, dame souveraine d'Angleterre et de Normandie.

L'imprudence de cette princesse, son orgueil et son humeur vindicative, changèrent rapidement la face des affaires. Elle répondit par des paroles outrageantes aux prières de l'épouse d'Étienne, qui sollicitait la délivrance de son mari; repoussa dédaigneusement la requête que lui présentèrent des habitants de Londres, afin d'obtenir le rétablissement des lois d'Edward, et les surchargea de taxes onéreuses. Instruite du mécontentement général, la femme du roi détrôné parvint à lever un corps de cavalerie avec assez de secret pour qu'il arrivât aux portes de la capitale

1. Légende : SIGILLUM RANULFI COMITIS CESTRIENSIS, *Sceau de Ranulf, comte de Chester*. Ranulf, à cheval, le casque en tête, est revêtu d'un surcot, espèce de tunique que l'on portait d'ordinaire par dessus la cotte de mailles.

sans avoir rencontré d'obstacles. Les cloches sonnèrent; le peuple courut aux armes, et si l'emperesse ne se fût précipitamment sauvée, on l'eût faite prisonnière (août 1141). Elle se rendit d'abord à Oxford, puis à Winchester, où elle se crut en sûreté dans une forteresse qui appartenait au légat; mais soupçonnant bientôt que le frère d'Etienne la trahissait, elle appela à son aide le comte de Glocester, le roi d'Ecosse et plusieurs hauts barons, et attaqua le palais épiscopal et un autre château fort que le légat avait élevé au centre de la ville. Les habitants de Londres accoururent avec les troupes de l'épouse d'Etienne, et Mathilde se trouva assiégée à son tour. Durant près de cinquante jours, on se battit à outrance de part et d'autre. Deux abbayes et quarante églises furent livrées aux flammes. Mathilde et ses amis n'eurent bientôt plus d'autre ressource que de se rendre ou de tenter une évasion; ils s'arrêtèrent à ce dernier point; mais ils furent atteints à Stourbridge, et le comte de Glocester tomba dans les mains de ceux qui le poursuivaient. La femme d'Etienne se hâta d'ouvrir des négociations, afin d'échanger le frère de Mathilde contre le monarque prisonnier, et bientôt Etienne fut rendu à la liberté. La guerre civile cependant n'était pas terminée, et le sang arrosait encore tous les comtés de l'Angleterre. Un synode fut tenu à Westminster le 7 décembre 1141. Etienne s'y plaignit en termes généraux des outrages qu'il avait reçus des vassaux de sa couronne, sans motif plausible; mais il s'abstint de toute allusion à la conduite de son frère. Le légat n'entreprit pas de se justifier; il déplora son propre entraînement, annonça que Dieu l'avait puni de sa perfidie, et invita le clergé à se déclarer contre Mathilde, en excommuniant ses partisans. Une voix s'éleva pour lui reprocher tous les maux qui désolaient l'Angleterre, et lui dit, de la part de Mathilde même, que c'était lui qui avait appelé l'emperesse, lui dont les funestes avis avaient jeté le roi dans les fers. L'évêque de Winchester ne répondit pas, et s'humilia; puis le synode prononça l'excommunication contre les partisans de Mathilde et contre tous ceux qui attenteraient aux droits de l'église.

Robert, n'attendant aucun résultat avantageux de la guerre partielle qui se continuait et qui laissait Etienne maître de l'ouest et du midi, tandis que sa sœur régnait à peine sur une partie du nord et de l'est, se rendit en Anjou pour obtenir le secours de Geoffroy, mari de l'emperesse et père de ses enfants, mais par le fait son ennemi personnel. Geoffroy s'y refusa; cependant il permit à son fils aîné, Henri, de prendre parti pour sa mère. Le jeune prince et Robert se mirent à la tête de quelques troupes, et recommencèrent les hostilités. Etienne, qui suivait de près Mathilde, et qui espérait qu'une victoire le délivrerait de sa rivale, apprit qu'elle s'était retirée à Oxford, et vint l'y assiéger. Le siége dura trois mois, au bout desquels l'emperesse n'eut plus d'autre perspective que la captivité, ou une mort cruelle par la famine. Le 20 décembre 1142, elle saisit, par un froid extrême, le moment où la terre était couverte de neige; elle fit habiller de blanc trois chevaliers qui lui étaient dévoués, prit des vêtements de la même couleur, et sortit avant le jour par une poterne. Elle ne fut pas aperçue, traversa avec courage et bonheur quelques postes de l'ennemi, passa la Tamise sur la glace, et s'étant emparée d'un cheval, atteignit Wallingford.

La prise d'Oxford ne fut pas d'un avantage important à Etienne; il fut à son tour vaincu par Robert à Wilton (1143); mais de légers succès ou des défaites sans résultat changeaient peu de chose à la face des affaires, et plusieurs années s'écoulèrent dans ces alternatives. Robert mourut en 1146, ainsi que le comte Milon, un des

Sceau de Milon de Glocester [1].

plus fidèles et intrépides défenseurs de Mathilde, qui, privée de leurs conseils, effrayée, malgré son mâle courage, et lasse des vicissitudes de la fortune, prit alors le parti de se retirer en Normandie. Son départ ne mit pas fin aux embarras d'Etienne, et quand le roi prescrivit à ses barons de lui remettre les forteresses dont la construction lui avait été si funeste, ils refusèrent d'obéir, et les prélats, songeant que le roi ne manquerait pas de leur demander aussi leurs châteaux forts, se liguèrent avec les vassaux indociles. Vers cette même époque, le pape Eugène III retira à l'évêque de Winchester son titre de légat. Le frère d'Etienne apprit qu'il devait cette humiliation aux intrigues de Théobald, archevêque de Cantorbéry, et il parvint à obtenir du roi la défense positive au primat d'assister au concile de Reims, présidé par le souverain pontife. Le primat désobéit, et le roi, à son retour, l'exila pour le punir. Théobald mit en interdit tous les domaines royaux (1147). La cessation du service divin et de tous les actes extérieurs de la religion effraya tellement le peuple, que les partisans d'Etienne l'obligèrent à se réconcilier avec le prélat.

Un autre motif faisait désirer au roi de terminer ces querelles avec le clergé. Henri, fils de Mathilde et de Geoffroy Plantagenet, venait de succéder à son père dans la possession de l'Anjou, du Maine, de la Touraine, et dans ses prétentions sur

1. SIGILLUM MILONIS DE GLOCESTRIA, *Sceau de Milon de Glocester*. Milon, à cheval, le casque en tête, couvert d'une cotte de mailles qui descend jusqu'en bas des jambes; il tient d'une main un gonfanon, de l'autre son bouclier.

la couronne de Normandie et d'Angleterre. Son mariage avec Aliénor d'Aquitaine, qui, mariée au roi de France Louis VII, était devenue libre par un divorce éclatant, lui donnait le Poitou, le Limousin, le Bordelais, l'Agenois, l'ancien duché de Gascogne, et l'autorité suzeraine sur l'Auvergne, le Périgord, la Marche, la Saintonge, l'Angoumois, etc. Il n'avait alors que dix-huit ans, et pouvait déjà compter parmi les princes les plus puissants de l'Europe.

Instruit de la situation de l'Angleterre et des dispositions du clergé, Henri rassembla quelques bataillons; puis, relevant l'étendard de sa mère, il passa le détroit, et, tandis qu'il faisait appel aux amis de sa famille, il remporta un léger avantage à Malmsbury sur les troupes d'Etienne. Celui-ci s'avança, suivi d'une armée supérieure en nombre, et l'on s'attendait à un combat décisif, lorsque Eustache, fils aîné du roi, vint à mourir (1153, 18 août). A l'instant même, les grands vassaux attachés à l'un ou à l'autre parti, et qui redoutaient les suites sanglantes d'un pareil conflit, s'entremirent pour opérer une réconciliation entre les deux princes. La discussion fut longue et animée; mais il en résulta un accommodement qui portait les clauses suivantes : Henri était adopté par Etienne, devenait son fils, son successeur, et en recevait le royaume d'Angleterre après sa mort. Henri lui faisait hommage et lui jurait fidélité. Les comtes et barons attachés au duc de Normandie et d'Aquitaine rendirent hommage au roi, les comtes et les barons du roi le rendirent au duc, mais sauf leur fidélité au suzerain. Les habitants des bourgs et des châteaux royaux jurèrent fidélité à Henri comme les barons; les gouverneurs des principales forteresses et de la Tour de Londres donnèrent des otages comme garants de la remise de ces places à Henri après la mort du roi. Les évêques et les abbés, obéissant à Etienne et sur son ordre, firent serment de fidélité à Henri, sauf la garantie des immunités de l'église. La monnaie porta dès lors la double effigie d'Étienne et de Henri.

Monnaies d'Étienne.

La première de ces pièces est le type ordinaire des monnaies frappées par Étienne avant la conclusion du traité de 1153.

Face : Etienne, la couronne en tête, le sceptre à la main. Légende : STIEFNE, *Etienne*.

Revers : Une croix entourée de fleurs de lys. Légende : PAENON LINCO. *Paenon* est le nom du monétaire, et *Linco* désigne évidemment la ville de Lincoln.

La seconde monnaie représente, sur la face, Étienne et Henri, en pied et debout, soutenant tous deux un même sceptre. La légende porte, comme sur la première pièce, STIEFNE REX, *Etienne roi*.

Après la conclusion de ce traité, les deux princes, afin de montrer à tous la bonne harmonie dans laquelle ils vivaient, parcoururent ensemble une partie du royaume, et séjournèrent dans les villes de Winchester, d'Oxford et de Londres, où ils furent reçus par les plus vives acclamations; c'était en effet la paix et le repos que leur union annonçait au peuple anglais. Après les fêtes de Pâques, Henri retourna sur le continent. Peu de mois après (25 octobre 1154) Etienne mourut à Cantorbéry, et fut inhumé à Faversham, dans un monastère qu'il avait fondé.

1. STEPHANUS DEI GRATIA REX ANGLORUM. *Etienne, par la grâce de Dieu, roi des Anglais.* Etienne, assis sur son trône, la couronne en tête, et revêtu du manteau royal. Le contre-sceau existe encore, mais si mal conservé, qu'on ne peut distinguer aucun détail du costume. Il en est de même des sceau et contre-sceau de Henri Ier; l'un et l'autre avaient cependant été donnés dans la première édition, mais nous les avons supprimés dans celle-ci, et nous supprimerons de même désormais tous ceux qui ne seront pas assez bien conservés pour qu'on puisse y retrouver quelques renseignements sur les costumes, les armes, les monuments, etc., de l'époque à laquelle ils se rapportent.

Sceau d'Etienne [1].

MAISON DE PLANTAGENET.

HENRI II.
(1154-1189).

ès qu'Henri Plantagenet fut arrivé en Angleterre, il se fit couronner à Westminster, ainsi que la reine Aliénor, sa femme, par le primat Théobald.

Bientôt après, il publia une charte par laquelle il confirma tous les droits, toutes les libertés dont ses sujets avaient joui sous Henri Ier, son aïeul. Il révoqua toutes les donations qu'Etienne avait faites, et même celles de l'impératrice Mathilde sous prétexte qu'elles avaient été forcées il rectifia le titre de la monnaie depuis longtemps altérée; renvoya d'Angleterre les compagnies étrangères qu'Etienne avait appelées à son secours, et exigea la démolition d'une partie de ces châteaux forts dont les garnisons jetaient la désolation dans les campagnes. Mais il ne lui fut pas aussi facile qu'il le pensait de détruire ces repaires que sa mère et ses partisans avaient naguère encouragés, et qu'il avait approuvés lui-même quand il combattait son prédécesseur. Il se vit forcé de lever une armée et de marcher en personne contre ses anciens amis En peu de temps un grand nombre de ces châteaux tombèrent en son pouvoir. Bridgenorth, Cléobury

Wigmore, une foule d'autres forteresses, et notamment toutes celles de Henri, évêque de Winchester, furent détruites.

Architecture militaire du XII° siècle; ruines du château de Wigmore, construit sous le règne d'Etienne.

Henri n'était pas encore délivré de ces démêlés avec ses barons, que d'importants intérêts le rappelèrent sur le continent. Geoffroy Plantagenet, son père, avait, en mourant, stipulé devant tous ses barons, que, dans le cas où son fils aîné Henri deviendrait roi d'Angleterre, le duché d'Anjou serait remis à son second fils Geoffroy, et celui-ci s'était aussitôt mis en possession de plusieurs places fortes du duché. Mais Henri ne s'était point résigné à accomplir l'ordre de son père; à la tête de troupes anglaises il vint combattre Geoffroy, emporta d'assaut les châteaux de Loudun, de Mirebeau et de Chinon, et traita bientôt de tous les droits de son frère vaincu pour une pension de mille livres sterling et de deux mille livres angevines.

Les possessions continentales de Henri étaient alors immenses. Elles comprenaient toute la partie occidentale de la Gaule, depuis l'embouchure de la Somme jusqu'à celle de l'Adour, la Bretagne exceptée. Encore prétendait-il à la suzeraineté de ce duché comme duc de Normandie, et d'après les stipulations du traité de Saint-Clair-sur-Epte, consenti jadis à Rollo par Charles-le-Simple. Mais cette suzeraineté était plutôt nominale qu'effective. Henri songea à la rendre réelle. Pensant qu'il serait possible d'obtenir pour son frère Geoffroy le comté de Nantes, dont les Nantais venaient de déposséder leur comte Hoël, il envoya à Nantes des agens qui servirent si bien ses intentions, que les habitants se donnèrent à Geoffroy d'Anjou, et l'investirent des domaines, de la puissance et de la dignité de comte de Nantes. Mais Geoffroy mourut deux ans après, et les Nantais députèrent vers Conan IV, duc de Bretagne, pour lui annoncer qu'ils reconnaissaient sa suzeraineté. Henri II revendiqua le comté de Nantes, comme héritier de son frère. Conan, qui sortait à peine des embarras d'une guerre civile, ne voulut pas courir les dangers d'une rupture avec un voisin si redoutable : il fit un traité par lequel il constituait le comté de Nantes en dot à sa fille unique Constance, à peine âgée de cinq ans, et la fiançait à Geoffroy, troisième fils du roi d'Angleterre, né depuis un mois environ. Henri II prit à l'instant possession de Nantes (1159), et la Bretagne tout entière ne tarda pas à passer sous sa domination.

Henri possédait dès lors un tiers de la France, et tout d'une pièce, tandis que le fils inhabile de Louis-le-Gros avait à peine en souveraineté un quinzième du royaume ; mais, par bonheur pour Louis VII, toute cette puissance allait se paralyser dans la lutte du roi d'Angleterre contre un seul homme.

Dans les premières années du douzième siècle, un homme d'origine saxonne, nommé Gilbert, s'était attaché à la fortune d'un seigneur normand, et l'avait suivi en Terre-Sainte. Il combattit longtemps en Palestine, et fut fait prisonnier et vendu comme esclave. Sa vie devint alors toute romanesque. La fille d'un prince sarrazin s'éprit d'amour pour lui, lui procura les moyens de briser ses fers, et parvint ensuite, à travers mille dangers, à le rejoindre en Angleterre. Touché d'un tel dévouement, Gilbert instruisit la princesse musulmane dans la religion chrétienne, la fit baptiser, l'épousa, et en eut un fils qui reçut le nom de Thomas (1119).

L'éducation de Thomas Becket fut confiée, dès son enfance, à des chanoines de Merton. Il étudia ensuite à l'université d'Oxford, puis à celle de Paris, et se rendit ensuite à Bologne afin d'y suivre les leçons du célèbre Gratien, et de se fortifier dans la connaissance des lois civiles et ecclésiastiques. A son retour, l'archevêque de Cantorbéry, Théobald, lui fit donner des emplois lucratifs dans les églises de Saint-Paul et de Lincoln, puis la prévôté de Beverley, et enfin le riche archidiaconat de Cantorbéry, qui le plaçait immédiatement après les évêques.

Sous le règne d'Etienne, l'archidiacre Thomas conduisit auprès du pape Eugène III une intrigue des évêques d'Angleterre partisans de Mathilde, afin d'obtenir de lui une défense formelle de sacrer le fils du roi. Après l'avénement de Henri, Becket avait naturellement droit aux faveurs de ce prince. Henri lui confia l'éducation de son fils aîné, et le nomma chancelier d'Angleterre. Bientôt Becket devint doyen prébendier de Hastings, gardien des châteaux de Berkhamsted et de Eye, avec tous les honneurs attachés à ces fonctions, et le service de cent quarante chevaliers. Il déploya la magnificence d'un prince, et brilla au-dessus de tous par sa somptuosité. Ses richesses devinrent telles en peu de temps, que, dans une des guerres que Henri II fut forcé de soutenir en Guyenne, il équipa sept cents chevaliers à ses frais, et en entretint douze cents et quatre mille personnes de leur suite, durant quarante jours. Les jeunes héritiers des plus nobles maisons, élevés près de lui, tenaient à honneur de lui servir de pages. Il vivait d'ailleurs avec le roi d'Angleterre comme un ami et comme un compagnon de plaisir, partageant sa table et ses jeux.

L'habileté de Becket était, du reste, aussi utile à Henri, que son esprit lui était agréable. Ainsi quand le roi d'Angleterre voulut s'emparer du comté de Nantes, le roi de France menaçait de s'opposer aux prétentions d'un vassal déjà plus puissant que son seigneur : Becket, envoyé à Paris, rendit bientôt Louis VII favorable aux désirs de Henri, et le décida, en outre, à conclure un traité qui fiançait le fils aîné de Henri II à Marguerite, fille de Louis VII. La garde des trois châteaux qui devaient former la dot de la princesse fut remise aux chevaliers du Temple.

Jusqu'alors, l'impôt que l'on nommait *scutage* n'avait été que la conversion du service militaire en une somme d'argent librement débattue, et payée par le vassal qui ne voulait pas servir. Par les conseils de Becket, il devint une contribution générale que le roi imposa seul à tous ses vassaux. Avec le produit de cet impôt, qui s'élevait à trois livres sterling par chaque fief de chevalier, Henri II se procura de nombreux bataillons de mercenaires; le clergé, qui possédait un grand nombre de fiefs relevant de la couronne, refusa d'abord de payer la taxe, se répandit en invectives contre Becket, et lui reprocha de plonger un poignard dans le sein de l'église, sa mère. Mais, dans un synode où quelques évêques s'exprimèrent en termes peu respectueux pour la prérogative royale, Becket leur ferma la bouche en leur rappelant qu'ils ne jouissaient de tant de beaux domaines que par suite de la conquête, et qu'ils avaient prêté le même serment féodal que les gens d'épée.

Sur ces entrefaites, Théobald vint à mourir (1161), et laissa vacant l'archevêché

Tombeau de Théobald, archevêque de Cantorbéry.

de Cantorbéry et la dignité de primat d'Angleterre. A cette époque, Henri II songeait à modifier les cours épiscopales instituées par Guillaume-le-Conquérant, cours qui prononçaient sur toutes les accusations intentées à des clercs, et même sur certains procès de laïques. Les clercs normands, qui s'étaient précipités en foule sur l'Angleterre comme sur une proie, affichaient fréquemment des mœurs désordonnées, et quand il fallut les punir, ils ne trouvèrent qu'indulgence ou faiblesse devant les tribunaux épiscopaux. Dans les premières années du règne de Henri II on comptait plus de cent prêtres reconnus coupables d'homicides, et qui restaient totalement impunis. Le roi conçut le projet d'exécuter une grande réforme, en abolissant le privilége qui portait tant de préjudice à l'ordre public ; et il pensa que Becket, qui toujours avait semblé disposé à seconder ses vues, lui serait d'un grand secours dans cette entreprise, s'il le portait au siége de Cantorbéry.

Mais les évêques, à qui le roi fit recommander son chancelier, opposèrent à ses volontés une résistance complète, et répondirent qu'ils ne pouvaient élever un chasseur et un guerrier de profession au siége qu'avaient sanctifié les bienheureux Lanfranc et Anselme. Mathilde, mère de Henri, plusieurs membres de son conseil et la plupart des seigneurs normands, montrèrent à cette nomination une violente opposition ; et, durant treize mois, les évêques retardèrent l'élection, dans l'espoir que le roi changerait d'avis. Mais enfin, Henri qui tenait sa cour en Normandie, dit un jour à Becket : « Prépare-toi à passer la mer pour un objet « important. — Je suis prêt à obéir, répondit le chancelier ; donnez-moi seule- « ment mes instructions. — Ne devines-tu pas ce dont il s'agit ? reprit le roi ; je « veux que tu sois archevêque. — Ho ! dit Becket montrant le riche habit qu'il « portait, voyez un peu ; suis-je donc un assez saint homme pour de si saintes fonc- « tions ? Peut-être aussi n'aurai-je plus alors les mêmes idées sur les affaires de « l'église, et vous et moi nous cesserions d'être amis. — Tu plaisantes, » ajouta le roi ; et sur-le-champ il envoya aux évêques l'injonction d'élire son candidat. Becket, qui n'était encore que diacre, fut ordonné prêtre par l'évêque de Rochester, et consacré par Henri, évêque de Winchester, frère d'Étienne. La cérémonie fut la plus brillante qu'on eût jamais vue. Toute la noblesse y assista (1162), et Gilbert Foliot, évêque de Hereford, prélat savant et de mœurs rigides, déclara hautement que le roi avait opéré un miracle, attendu que d'un simple acte de sa volonté il avait changé un soldat en prêtre, un laïque en archevêque.

Ici commence pour cet ecclésiastique si mondain une existence toute nouvelle. Devenu prince de l'église et primat d'Angleterre, il remet immédiatement au roi sa commission de chancelier, rompt avec ses anciens amis, renvoie tous ces chevaliers, tous ces gentilshommes qui formaient sa cour, et n'appelle plus auprès de lui que des hommes vertueux et instruits, choisis avec soin dans son clergé. Quant à sa personne, il la livre aux plus rigides mortifications. Quinze jours ne sont pas écoulés, et il a dépouillé ses riches vêtements et vendu les meubles de son palais, dont il a donné le prix aux indigents. Il n'a plus qu'un grossier habit ; il porte un cilice sur sa peau ; l'abandon le plus absolu a remplacé les recherches d'élégance et de propreté, qu'il poussait jusqu'à la minutie ; il n'a désormais pour nourriture que du pain et de l'eau, quelquefois des herbes dont l'amertume est une nouvelle pénitence qu'il s'impose ; il se déchire à coups de discipline ; il lave, tous les matins, les pieds à treize pèlerins en l'honneur du Christ, et les comble d'aumônes ; il est humble, recueilli, contristé ; il visite les moines et les hôpitaux ; il récite sans cesse des prières ou s'occupe de pieuses lectures ; il repousse enfin la société des hommes riches et puissants, et fait amitié avec les pauvres, les mendiants et même les Saxons ! Jamais changement ne fut si complet ni si rapide, et ne jeta plus d'étonnement dans l'esprit des contemporains.

Henri II montra peu de surprise du changement de vie de son compagnon de plaisirs ; il supposa que ce n'était qu'un jeu pour acquérir de la prépondérance sur le clergé. Mais quand il vit que Becket persistait dans sa réforme, il soupçonna que l'archevêque voulait se rendre indépendant de son autorité, et que la lutte allait s'engager entre la puissance du trône et celle de l'autel.

La juridiction des cours ecclésiastiques fournit matière au premier débat. Les prédicateurs de l'Évangile, dès l'origine du christianisme, avaient engagé les fidèles à soumettre leurs différends à l'autorité paternelle de leurs pasteurs ; et très-souvent des causes déjà portées devant les magistrats civils en furent retirées et soumises aux jugements des évêques. Les canons postérieurs astreignirent les membres du clergé à s'adresser toujours à des juges spirituels. Les laïques obtinrent des empereurs la permission de choisir, à leur gré, le tribunal qui leur plairait ; mais dans le cas où l'une des parties serait attachée à l'église, il fut ordonné que toutes deux s'en rapporteraient aux décisions des évêques. Justinien, en accordant plus tard aux prélats une juridiction criminelle sur leur propre clergé, distingua cependant entre les délits ecclésiastiques et les délits civils, enleva la connaissance des premiers à l'autorité civile, mais lui laissa celle des seconds, en établissant qu'avant l'exécution de la sentence, le clerc condamné serait dégradé par son supérieur. Le temps et des empiètements successifs mirent cette distinction au néant, et les tribunaux ecclésiastiques appelèrent devant eux toutes les causes dans lesquelles un clerc se trouvait impliqué. L'autorité de ces cours spirituelles s'accrut encore, chez beaucoup de nations, par l'ignorance des peuples ; et après la conquête normande, on créa, dans chaque diocèse de l'Angleterre, des cours chrétiennes composées d'évêques et d'archidiacres, qui se firent un code de lois épiscopales, tirées des décrets du saint-siége, des canons des conciles et des maximes des anciens pères. Une foule de cas nouveaux se présentant, il fallut modifier et augmenter les dispositions de ce code, et, peu d'années après la découverte du manuscrit complet des Pandectes à Amalfi (1137), quelques savants moines, qui avaient étudié à Bologne, vinrent professer le droit ecclésiastique, et rectifier, au moyen de leurs nouvelles connaissances, les lois canoniques de l'église anglaise. Cette jurisprudence semblait si claire et si facile quand on la comparait au dédale épouvantable des lois saxonnes et normandes, anglo-danoises, anglo-normandes, coutumières ou traditionnelles, que la plupart des causes que, sous un prétexte quelconque, on pouvait rattacher aux cas prévus par les canons, étaient portées devant les cours ecclésiastiques ; la juridiction civile alarmée se posa en état d'hostilité contre la juridiction ecclésiastique, qui menaçait d'envahir tous ses droits.

La discussion avait commencé d'une manière grave, du vivant même du primat

Théobald, lorsque Thomas Becket était le ministre de Henri II, et son conseil sur toute chose. Un chanoine convaincu d'assassinat avait été jugé au tribunal de son évêque et simplement condamné à une compensation pécuniaire; quelques années après, il se présenta devant le justicier royal, et outragea le juge qui l'avait appelé meurtrier. Le roi fit traduire le coupable en cour spirituelle; il fut condamné à recevoir le fouet, et suspendu de ses fonctions pendant deux années. Mécontent de cette sentence où il crut voir de l'indulgence, Henri II jura par *les yeux de Dieu* qu'il en aurait raison. Théobald alors était mort, et Becket l'avait remplacé dans la primatie. Le roi convoqua les évêques à Westminster (1163), et demanda que lorsqu'un ecclésiastique aurait été dégradé pour crime par un juge spirituel, sa personne fût ensuite livrée à un officier laïque, afin qu'un tribunal royal le condamnât au châtiment légal. Les évêques s'y refusèrent, et la discussion n'eut aucun résultat. Mais Henri s'aperçut que l'opinion de Thomas Becket lui était absolument contraire, et, pour se venger, il l'accabla de petites vexations personnelles : il lui ôta l'archidiaconat de Cantorbéry que le primat cumulait avec l'archevêché ; il nomma supérieur du monastère de Saint-Augustin, à Cantorbéry,

Sceau de l'abbé du monastère de Saint-Augustin.

L'abbé, assis sur le siége abbatial, est revêtu de ses habits sacerdotaux.

un moine de Normandie qui, certain de l'appui du roi, refusa de prêter le serment d'obéissance canonique entre les mains de Becket, parce qu'avant la conquête son abbaye avait eu ce privilége que le pape seul pouvait lui enlever. On en référa au saint-siége, et le pape Alexandre III condamna les prétentions du primat.

Thomas Becket sentit que, pour résister au plan formé par Henri contre la puissance ecclésiastique, il lui fallait de la force, et qu'il ne pouvait l'acquérir qu'en attaquant lui-même ses adversaires. L'abbé de Saint-Augustin s'était prévalu d'un droit antérieur à la conquête, il se mit donc à réclamer lui-même tous ceux qui jadis avaient appartenu à son église. Il somma Gilbert, comte de Clare, de restituer au siége de Cantorbéry la baronnie de Tunbridge, qui avait été envahie par son aïeul sous Guillaume-le-Conquérant. Tous les possesseurs de fiefs tremblèrent à la nouvelle de cette revendication, car leurs propriétés n'avaient guère d'autre origine. On invoqua la prescription, et l'archevêque répondit qu'il n'y avait pas de prescription pour une injustice. Il alla plus loin. William d'Aynesfort, vassal militaire de la couronne, jouissait en cette qualité sur son fief du droit de promouvoir aux bénéfices ecclésiastiques; c'était un usage établi par le Conquérant, et que l'église avait respecté jusqu'à ce jour; mais Becket prétendit que cet usage était illégal, et il nomma un clerc de son choix au bénéfice vacant d'Aynesfort. William réclama son droit et chassa l'ecclésiastique; le primat alors lança contre lui une sentence d'excommunication. Le baron se plaignit au roi, qui regarda la sentence comme nulle, parce que le primat n'avait pas averti le souverain, et l'avait mis en danger de communiquer avec un excommunié, à qui son rang permettait de paraître à la cour en tout temps; il exigea la rétractation de l'archevêque, mais il ne l'obtint qu'avec difficulté, et Becket déclara même qu'il ne cédait qu'à la force.

Vers la même époque (1163), il arriva qu'un ecclésiastique, après avoir violemment abusé d'une jeune fille, assassina son père. Le roi ordonna que le coupable fût livré au bras séculier. Becket réclama les immunités de l'église. Henri II prétendit que les statuts de Henri Ier avaient prononcé sur le mode de répression de ces délits. Les évêques consultés émirent un même avis, et le pape donna tort au primat. Becket, fatigué de menaces et de résistances, se soumit provisoirement à l'ordre du pape, mais en mettant constamment pour restriction à son consentement les paroles : « sauf l'honneur de Dieu et de la sainte église. » Les autres évêques et clercs, entraînés par son exemple, se servirent de la même formule, et le roi, furieux, lui retira aussitôt le gouvernement des châteaux de Eye et de Berkhamsted, et convoqua un concile général de la noblesse et du clergé, dans le bourg de Clarendon.

Henri fit nommer président de cette assemblée, Jean, évêque d'Oxford, l'un de ses chapelains, et les évêques, gagnés par ses promesses et ses dons, approuvèrent les dispositions réformatrices qui fixaient les limites de la juridiction civile et de la juridiction ecclésiastique. Becket seul refusa son assentiment, à moins que les droits de l'église ne fussent spécialement réservés. En entendant cette restriction, la colère du roi fut à son comble. Il menaça Becket de l'exil et même de la mort, se retira aussitôt dans la chambre voisine où Becket put le voir, entouré de chevaliers qui, les armes hautes et l'épée nue, semblaient n'attendre qu'un ordre pour agir. La terreur était extrême parmi tous les assistants. Alors, les comtes de Cornouailles et de Leicester se jetèrent aux pieds de Becket, pour rompre son obstination par leurs humbles prières; Richard de Hastings, grand prieur des templiers, suivit leur exemple en versant des larmes; plusieurs autres grands personnages les imitèrent, en le suppliant de ne point faire déshonneur au roi; enfin, ce grand courage s'abaissa ; il promit d'observer les coutumes sans restriction et de bonne foi, et demanda seulement qu'il plût au roi de les lui faire connaître. Joscelin, évêque de

Statue de l'archevêque de Salisbury, Joscelin, placée sur son tombeau.

Salisbury, et Richard de Lucy, les rédigèrent en seize articles. On en fit trois copies que signèrent le roi, les prélats, et trente-sept barons; non content des signatures, Henri demanda encore aux évêques d'apposer leurs sceaux à chacune des trois copies. Les scrupules de Becket lui revinrent quand il fallut remplir cette dernière formalité. Incertain de ce qu'il devait faire, combattu par la crainte d'agir contre sa conscience, et celle d'attirer sur lui et sur l'église la colère du roi, il hésita, demanda encore des délais, et ce ne fut que lorsqu'il vit que Henri était résolu à passer outre, qu'il se décida enfin à apposer son sceau. Les articles

Sceau de Thomas Becket; c'est le seul qui ait été conservé.

furent publiés au nom du roi (1164); on les appela *les Constitutions de Clarendon*. Les clauses les plus importantes, contraires pour la plupart à ce que Henri Ier avait promis par sa charte, établissaient que la garde des archevêchés, évêchés, abbayes et prieurés de fondation royale, durant leur vacance, appartiendrait au roi, et que leurs revenus seraient versés dans son trésor; que l'élection d'un nouveau titulaire se ferait d'après l'ordre du roi, par le haut clergé de l'église, assemblé dans la chapelle royale avec l'assentiment du roi et en présence des prélats par lui délégués; que toutes les procédures civiles ou criminelles, dans lesquelles une des parties, ou toutes deux, seraient ecclésiastiques, commenceraient devant la justice du roi, qui déciderait si la cause dépendait de la juridiction séculière ou si elle revenait aux cours épiscopales, et que l'accusé, s'il était convaincu d'un acte criminel, perdrait son *bénéfice de clergie*; qu'aucun tenancier en chef du roi, aucun officier de sa maison ou de son domaine, ne serait excommunié, ou ses terres mises en interdit, avant qu'on se fût adressé au roi, ou en son absence au grand justicier, chargé de déterminer ce qui serait du ressort des cours royales ou des cours ecclésiastiques; qu'aucun archevêque ou évêque ne pourrait quitter l'Angleterre sans la permission du roi; que les appels procéderaient de l'archidiacre à l'évêque, de celui-ci à l'archevêque; et qu'en cas de déni de justice, la cause serait portée devant le roi.

Cette grande affaire ainsi entamée tout à son avantage, Henri II songea à obtenir l'aveu du pape; il envoya les constitutions au pape Alexandre, et lui fit entendre que, s'il refusait d'y donner son assentiment, il reconnaîtrait pour chef de l'église celui que d'autres monarques reconnaissaient déjà, et qu'on nommait l'anti-pape Victor. Thomas Becket écrivit en même temps au Saint-Père qu'il condamnait amèrement sa propre condescendance, et qu'il s'interdisait les fonctions primatiales jusqu'à ce qu'il eût reçu l'absolution. Alexandre ne se rendit ni aux instances ni aux menaces de Henri II; il répondit qu'il examinerait, et de fait il refusa sa sanction aux articles de Clarendon. Le roi sollicita une commission de légat apostolique en faveur de l'archevêque d'York, dans l'espoir que ce prélat, qui lui paraissait dévoué, ne manquerait pas alors d'autorité pour sévir contre le primat; mais le pape, en l'accordant, y mit une clause qui plaçait l'archevêque de Cantorbéry hors de la juridiction nouvelle de l'archevêque d'York. Henri II renvoya la commission sur-le-champ, et se résolut à employer ses propres forces contre un sujet qu'il considérait comme rebelle.

Le primat voyait grossir l'orage, et tenta deux fois de quitter l'Angleterre; deux fois il s'embarqua sur des navires prêts à mettre à la voile, mais les matelots refusèrent de partir avec lui, tant la colère du roi les effrayait.

Un grand conseil était convoqué à Northampton. Le primat fut sommé d'y paraître, et s'y rendit en effet, le cœur triste, l'esprit agité de noirs pressentiments, mais sans s'attendre aux mille vexations dont il allait être l'objet. Il avait, d'avance, fait retenir une maison pour son logement; dès que le roi le sut, il la fit occuper par ses gens et ses chevaux. L'archevêque signifia que, si cette maison ne lui était rendue, il n'assisterait pas au conseil. Durant plusieurs jours, il sollicita une audience de Henri, et n'en obtint pas de réponse. Il l'attendit humblement, tous les jours, dans les salles occupées par les valets; mais le roi était à la chasse ou visitait ses faucons; enfin, il se plaça sur son passage dans sa chapelle, au sortir de la messe. Le roi ne put se dispenser de l'écouter, mais refusa le baiser de paix que, suivant l'usage, lui offrit d'abord le primat. Thomas Becket lui parla respectueusement, et lui demanda la permission de quitter le sol de l'Angleterre. « Je le veux bien, lui dit le « roi, mais auparavant vous avez plus d'un compte à rendre! »

Jean, maréchal de l'échiquier, avait naguère réclamé, devant la justice épiscopale de Cantorbéry, la jouissance d'une terre qu'il disait tenir en fief héréditaire. Les juges du primat avaient repoussé sa prétention, et le demandeur se plaignait qu'on lui eût dénié justice. Le grand conseil condamna Becket, et le mit à la merci du roi, qui convertit l'amerciament en une simple amende de cinq cents livres.

Becket, désespéré, tomba malade. Dès que le roi l'apprit, il le fit sommer de comparaître de nouveau le lendemain devant l'assemblée de Northampton. Quatre chevaliers vinrent de sa part attester sa position, mais le roi n'en tint compte, demanda compte du produit des évêchés et des abbayes en vacance, que le chancelier avait jadis administrés durant sa faveur, ainsi que des revenus publics et des sommes d'argent dont il avait eu la gestion.

Le roi estimait à la somme exorbitante de quarante-quatre mille marcs la prétendue balance due à la couronne.

Becket résolut de décliner l'autorité de la cour, de s'en remettre à la sainteté de son caractère épiscopal, et de rattacher à sa cause celle de la religion.

Le 18 octobre 1164, il célébra pontificalement la messe de saint Étienne, premier martyr, dont l'introït commence par ces paroles : « Les princes, assis au « conseil, se sont levés et ont parlé contre moi. » Puis, conservant ses vêtements épiscopaux et précédé d'un porte-croix, il se rendit à la cour, sa crosse d'or à la main. Il arriva ainsi jusqu'à la salle d'assemblée du roi, qui, pour ne pas le recevoir, passa dans une chambre voisine avec ses barons et tous les évêques. Le primat, resté seul avec les clercs et des laïques d'un moindre rang, s'assit sur un banc, et, certain qu'on prenait quelque décision à son égard dans l'appartement du roi, parut attendre avec calme ce qu'il adviendrait de sa destinée. Henri, furieux, envoya successivement vers lui plusieurs prélats pour l'engager à la retraite, car il redoutait une sentence d'excommunication, dont la démarche officielle du prélat semblait le menacer. Gilbert Foliot, évêque de Londres, parut le premier, et dit à Thomas : « Pourquoi viens-tu ainsi avec ta croix et ta crosse ? » et il fit le geste de lui ôter celle-ci ; mais Thomas la retint avec force. Roger, l'archevêque d'York, vint ensuite, et supplia Becket de ne pas s'exposer plus longtemps à la colère du roi : « Il a, dit-il, un glaive plus aigu qu'un bâton pastoral ; nous sommes tous menacés ; « je sors, et j'ordonne à mes clercs de me suivre pour n'être pas témoins de l'effu- « sion du sang. » L'évêque d'Exeter s'avança, et, se jetant aux pieds du primat, le conjura d'avoir pitié de lui-même et de tout l'ordre épiscopal. « Fuyez donc, reprit « Becket ; qui sait ce que Dieu nous prépare ? »

Cependant le roi et ses conseillers délibéraient, et l'un de ceux-ci proposa de suspendre le primat de tous ses droits et priviléges par un appel au Saint-Siége. Cet avis plut au roi. Les portes s'ouvrirent, et le corps des évêques s'avança, précédé par Hilaire, évêque de Chichester, qui porta la parole : « Tu fus, dit-il, notre pri- « mat ; mais après avoir juré fidélité au roi, et promis de maintenir ses ordonnances, « tu as rompu ton serment. Un parjure n'a plus droit à notre obéissance. De toi, « donc, nous appelons au pape, notre seigneur, et nous te citons devant lui. — « J'entends, répondit Becket. »

Durant ce temps, le roi et ses barons avaient continué leur délibération et formulé l'accusation. Henri se leva enfin, et leur ordonna de lui faire prompte justice de son homme lige qui, dûment cité, avait refusé de répondre en sa cour. Les portes s'ouvrirent de nouveau, et le comte de Leicester, suivi des barons, vint dire à Thomas Becket de se préparer à entendre sa sentence. « Ma sentence ! s'écria « l'archevêque ; comte, mon fils, écoute-moi. Tu es mon fils en Dieu : la loi ni la « raison ne te permettent de juger ton père spirituel. Je te défends de donner ici « jugement contre moi. J'en réfère à la décision du pape. J'en appelle à lui seul. Et, « maintenant, je partirai, sous la protection de l'église universelle et du siége « apostolique ! »

Le primat se leva, et comme il traversait lentement la salle, une voix l'appela traître. « Traître, reprit Becket, » qui pensa oublier un instant sa dignité de ministre du Seigneur, « si le caractère de mon ordre ne me le défendait, le couard « qui m'a ainsi nommé paierait bien cher son insolence ! » Une partie du clergé le reconduisit à son logement.

A peine rendu chez lui, Becket fit dresser des tables pour un grand repas, donna l'ordre de rassembler tous les pauvres que l'on trouverait ; et quand ils furent venus, il les fit asseoir, commença par les servir, s'assit ensuite à leurs côtés et soupa avec eux ; mais, alarmé par les rapports de ses ennemis, il se fit dresser un lit dans l'église, et trompant la vigilance des espions qui le surveillaient, il s'échappa dans la nuit, accompagné de deux clercs et d'un seul domestique. Il atteignit les marais de Lincoln, où il se cacha dans la cabane d'un ermite, et après quinze jours d'aventures et de périls, il parvint à s'embarquer sous le nom de frère Christian, prit terre à Gravelines, en Flandre, et arriva enfin dans la ville de Saint-Omer, où il reçut l'hospitalité sous le toit du monastère de Saint-Bertin.

La colère de Henri II n'eut pas de bornes, quand il apprit que sa victime lui était échappée. Il écrivit à Philippe, comte de Flandre, pour réclamer son fugitif, et envoya au roi de France Louis VII, ainsi qu'au pape Alexandre, qui tenait alors sa cour dans la ville de Sens, une ambassade composée de prélats et de barons. Thomas, de son côté, crut devoir attendre, dans son asile, l'effet produit par les démarches de son souverain ; puis il écrivit aussi au roi de France et au pape. Le roi de France lui octroya paix et sécurité dans son royaume ; le pape suspendit sa décision.

Pendant ces démêlés avec l'archevêque de Cantorbéry, d'autres événements avaient occupé l'attention du roi.

Les habitants du pays de Galles, constamment opprimés par les Anglais, montraient, par d'incessantes révoltes, le désir d'échapper à leur domination. Un décret de Henri II vint ajouter à leur exaspération. Ce décret établissait que tout Gallois, clerc ou laïque, qui entrerait en Angleterre sans permission spéciale ou passe-port du roi, serait saisi et gardé en prison, et que tous les Gallois, quels qu'ils fussent, seraient chassés des écoles de l'Angleterre. Cette mesure irréfléchie prépara un soulèvement général dans le pays de Galles, et pour l'opérer les princes des Galles du nord et du sud, Owen Gwinned et Rhys Ab-Griffith, saisirent le moment de l'absence de Henri, qui était passé en Normandie où l'avaient attiré des discussions de peu d'importance. En un instant, les frontières furent envahies et ravagées. Henri, qui se hâta de quitter la Normandie, vint camper à Oswestry avec une armée d'Anglais et de mercenaires amenés du continent, et bientôt s'engagea dans les montagnes du Flintshire. Les Gallois l'y attendaient, et fondirent à l'improviste sur ses soldats. Le désordre se mit dans leurs rangs : le comte d'Essex abandonna l'étendard royal, et toute l'armée se débanda, abandonnant ses bagages, et ne se reforma qu'à Chester.

Outré de rage, le roi se fit amener les otages qu'il avait reçus lorsqu'un traité de paix avait été conclu entre les chefs gallois et lui, en 1157. C'étaient les enfants des plus hautes familles de la Cambrie, parmi lesquels on distinguait les fils de Gwinned et de Griffith. Henri fit arracher les yeux aux enfants mâles, et couper aux jeunes filles le nez et les oreilles. Il licencia ensuite son armée, et partit pour la Bretagne.

Conan IV, duc de Bretagne, en consentant aux fiançailles de sa fille Constance avec Geoffroy, troisième fils de Henri II, n'avait pas obtenu l'assentiment de ses barons et encore moins des Bretons. Son parent Eudon et les principaux seigneurs firent appel au peuple, et le peuple furieux s'arma de toutes parts. Ce fut alors que Henri parut dans la péninsule armoricaine. Il commença par faire célébrer le mariage de la princesse Constance et de son fils, qui avait atteint sa septième année. Puis, s'adressant au caractère indolent et pacifique de Conan, il obtint de lui l'abandon de la totalité du duché de Bretagne, à l'exception du comté de Guingamp. Les barons de Bretagne se liguèrent vainement contre celui qu'ils nommaient « l'oppresseur de la terre. » Henri parcourut la Bretagne, les vainquit l'un après l'autre, massacra les paysans, incendia les moissons et les villes, et ruina pour longtemps cette malheureuse contrée. Une transaction termina la guerre, et la Bretagne appartint au roi d'Angleterre, sous condition qu'il en ferait hommage, par son fils, au roi de France.

Cependant Thomas Becket s'était rendu à la cour pontificale, qui se tenait alors à Sens. Les cardinaux le reçurent froidement; mais le pape voulut bien l'écouter. Il lui permit de recevoir des secours du roi de France, lui reconnut la faculté d'excommunier tous ceux qui retenaient des biens de l'église, à l'exception du souverain qui les avait donnés, annula définitivement dix des articles de Clarendon, prononça solennellement anathème contre leurs partisans, et finit même par reprocher à Becket d'y avoir adhéré un moment. Becket profita du moment d'exaltation que son récit avait excité dans l'esprit du saint père, s'accusa lui-même d'intrusion dans le siége archiépiscopal, comme n'y ayant été nommé que par la volonté du roi, donna sa démission dans les mains du pape, et en reçut de nouveau l'investiture et le pallium. Le pape lui assigna pour résidence l'abbaye de Pontigny en Bourgogne. Cette abbaye dépendait de l'ordre de Citeaux; Becket s'y revêtit de l'habit des bernardins, et partagea leurs exercices et la discipline monastique.

Lorsque Henri II fut informé des décisions du pape, sa colère contre Becket devint une rage furieuse. Il confisqua tous ses biens, raya son nom de la liturgie, et rendit une sentence générale de bannissement contre toutes les personnes alliées à l'archevêque par le sang, et non-seulement elles, mais leurs familles et même leurs amis, depuis les enfants à la mamelle jusqu'aux vieillards. Plus de quatre cents noms figurèrent sur cette liste de proscription, et tous ces malheureux accoururent à Pontigny pour y réclamer les secours et l'appui de Becket. Le roi de France, la reine de Sicile et le pape, soit par pitié, soit par haine contre Henri, les comblèrent de bienfaits.

Ces mesures excitèrent chez le primat une telle irritation, que lorsque Henri II fut forcé de passer en Normandie pour les affaires de ses états, Thomas Becket quitta le couvent de Pontigny, se rendit à Vezelay le jour de l'Ascension, monta en chaire revêtu de ses ornements épiscopaux, et, au son des cloches et à la lueur des cierges, retrancha de la société des fidèles, c'est-à-dire excommunia, les partisans des constitutions de Clarendon, les envahisseurs des propriétés de l'église de Cantorbéry, nommément plusieurs des ministres et des amis intimes du roi, et annonça que, s'il suspendait les foudres spirituelles sur la tête du monarque, ce n'était que dans l'espoir de l'amener à un prompt repentir (1166). Henri, saisi d'un accès de fureur en apprenant cet excès d'insolence de la part d'un sujet que sa faveur seule avait élevé, maudit les traîtres qui l'entouraient, dont pas un n'avait le courage de le délivrer d'un ennemi, et, dans sa colère, en présence de ses courtisans, rongea les couvertures de son lit, déchira ses vêtements, jeta loin de lui son chaperon de perles, et brisa son baudrier.

La conduite du pape était ambiguë et peu loyale. D'une part, il semblait approuver l'archevêque de Cantorbéry; de l'autre, il écrivait au roi qu'il était prêt à lui accorder satisfaction complète, et en même temps il le priait de ne communiquer ses lettres à personne. Le saint-père donna commission de légat à Thomas lui-même, puis la lui retira et institua sous ce titre les deux cardinaux Guillaume de Parié et Othon. Ceux-ci traversèrent la France en publiant au nom du pape qu'ils allaient délivrer le roi d'Angleterre de son ennemi, et le pontife écrivit en même temps au primat qu'il les avait choisis parce qu'ils lui étaient favorables, et il lui demandait son intercession auprès du comte de Flandre pour en obtenir de l'argent.

Pendant ce temps, le roi avait signifié aux chefs de l'ordre de Cîteaux que, s'ils continuaient de donner asile à Becket, il ferait saisir toutes leurs possessions en Normandie, en Aquitaine, en Anjou, en Bretagne et en Angleterre. Les bernardins, dans leur frayeur, se hâtèrent d'envoyer à l'archevêque un supérieur qui lui dit : « Le chapitre ne vous congédie pas; mais vous êtes sage et prudent, voyez ce « que vous jugez qu'il convienne de faire. » Thomas quitta Pontigny sans observations, et demanda asile à Louis VII.

Depuis plusieurs années, Henri était en France; sa présence était nécessaire pour réprimer la turbulence de ses barons du continent qui, se sentant soutenus par le roi de France, cherchaient toutes les occasions de se soustraire à l'autorité du roi d'Angleterre. De là, entre les deux souverains, des hostilités sans cesse renaissantes.

Cependant, après plusieurs années de guerres partielles, Louis VII et Henri II avaient conclu une trêve à Montmirail (1169). Déjà le fils aîné de Henri II avait épousé une des filles de Louis; le second fut fiancé à une autre fille du roi de France, et le roi d'Angleterre consentit à céder l'Aquitaine à ce fils, comme il avait cédé le Maine et l'Anjou à son fils aîné. Il fut en outre stipulé que les possessions des deux jeunes princes relèveraient immédiatement de leur beau-père. De son côté, le roi de France promit au roi d'Angleterre de lui ramener Becket comme sujet soumis et fidèle.

Après divers pourparlers et des tentatives qui n'eurent aucun résultat, celui-ci consentit à se présenter à son souverain, « ne cédant, disait-il, que par ennui de sa « vie errante, et pour se délivrer de l'humiliation de manger le pain de l'étranger. »

L'entrevue eut lieu près de Freiteville, sur les frontières de la Touraine. Becket, un genou en terre, dit au roi : « Je remets, seigneur, à votre jugement, comme « souverain arbitre en tout point, tout le différend qui a existé entre nous, sauf « l'honneur de Dieu. » Cette dernière parole excita un terrible orage. « Vous êtes « un ingrat, un mauvais cœur, s'écria Henri, un orgueilleux ! » Et se tournant vers le roi de France : « Avec une telle restriction, dit-il, il m'enlèverait tous mes droits; « tout ce que je ferais blesserait, suivant lui, l'honneur de Dieu. Certes, il y a eu « des rois d'Angleterre moins puissants que moi, et des archevêques de Cantorbéry « plus sages et plus saints que lui : je ne lui demande que la même soumission que le « plus grand de ses prédécesseurs a marquée au moindre des miens, et toute que-

« relle sera terminée. » Le roi de France dit alors à Becket, qui gardait le silence : « Eh bien! qu'attendez-vous? Voilà la paix ; elle est dans vos mains! » L'archevêque alors expliqua l'honneur de Dieu par les libertés de son église. Henri le taxa d'outrecuidance, et dit qu'il voulait mettre aussi dans son traité : « Sauf les droits de sa « royauté! » Les barons français blâmèrent hautement l'orgueil de Becket, et l'on se sépara sans rien conclure, les rois fort mécontents, et le primat fort abattu.

Le mal cependant devenait immense, et toute l'Angleterre était en alarmes. Des arrêts d'excommunication avaient été rendus nominativement et en si grand nombre par Becket, que, bien que Henri eût pris des précautions pour les empêcher d'être connus dans ses états, il en avait pénétré quelques-uns qui laissaient présumer les autres ; et, dans l'incertitude de savoir si le pape ne les avait pas ratifiés, beaucoup d'ecclésiastiques se refusaient à dire la messe et à conférer les sacrements. Le saint père, arraché enfin à son indécision, chargea deux légats, Gratien et Vivian, d'appointer le différend. Ils allèrent trouver le roi qui, d'abord, demanda l'absolution des excommuniés sans condition. Les légats s'y refusèrent. « Par les yeux de Dieu, « cria Henri, au diable votre pape ! » Les légats, le voyant courroucé, consentirent à ce qu'il exigeait. « Ainsi, reprit Henri, vous irez en Angleterre lever solennelle- « ment l'excommunication ? » La réponse se faisant attendre, le roi leur dit : « Comme « il vous plaira, je n'en fais nul compte, non plus que de vous, et je m'en soucie « comme d'un œuf. Ne puis-je donc me faire raison d'un méchant prêtre qui veut « interdire mon royaume ? »

Cependant il finit par s'adoucir. Des promesses furent faites, Henri revit son adversaire, lui rendit les terres de son archevêché, et lui promit de l'argent pour acquitter ses dettes, et le défrayer des dépenses de son retour dans son diocèse; mais il refusa obstinément de lui donner le baiser de paix, et Becket ne se sépara de son souverain qu'avec la certitude que le levain de haine qui remplissait son cœur était plus envenimé que jamais. Il emprunta trois cents livres à l'archevêque de Rouen, et partit pour l'Angleterre, accompagné de Jean d'Oxford.

Au commencement de l'année 1170, le roi d'Angleterre avait fait couronner son fils aîné Henri, et l'archevêque d'York avait, en cette circonstance, rempli les fonctions qui appartenaient de droit à l'archevêque de Cantorbéry, primat d'Angleterre. Becket se plaignit amèrement au pape de l'empiétement de l'archevêque sur ses prérogatives, disant au saint père que la cour de Rome condamnait Jésus-Christ et absolvait Barrabas, et désignant aussi le prélat en faveur sous le nom d'archidiabolus. Le pontife, toujours faible, avait consolé Becket, en lui adressant des lettres de suspension pour l'archevêque, et d'excommunication pour les évêques qui l'avaient assisté à la cérémonie du sacre. Quoique la paix parût rentrée dans l'église d'Angleterre, le primat n'avait point anéanti ces lettres, et il les portait avec lui. Ses amis à Rome lui recommandaient instamment, dans leur correspondance, d'être humble, soumis et circonspect pour sa propre sûreté. Au moment où il s'embarquait à Wissant, près Calais, le comte de Boulogne lui fit dire qu'une troupe de gens armés l'attendait sur les côtes d'Angleterre pour se saisir de sa personne, et peut-être pour se défaire de lui. « Après sept ans de séparation, répondit Becket, le troupeau a besoin de son pasteur ; je rejoindrai mes brebis, dussé-je être mis en

« morceaux. » Le primat descendit à Sandwich dans un état extrême d'exaltation. Là, il apprit encore que Ranulf de Broc et Regnault de Varenne, accompagnés de Gervais, comte de Kent, se disposaient à venir l'arrêter dans cette ville, et qu'ils avaient tenu des propos de sang. Les habitants de Sandwich s'armèrent à la voix de Becket, et lui promirent de le défendre : mais Jean d'Oxford renvoya les Normands au nom du roi, et rien n'eût troublé la paix publique, si le primat, n'écoutant que sa colère, ne se fût empressé de publier triomphalement les lettres du pape qui condamnaient Roger, archevêque d'York, Gilbert Foliot, évêque de Londres, et Joscelin, évêque de Salisbury. Ces prélats, qui jusqu'à ce moment s'étaient regardés comme relevés de toutes les censures de l'église, et que d'autres lettres du pape et de ses légats avaient garantis contre les excommunications lancées ou sollicitées en cour de Rome par Thomas Becket, se répandirent en plaintes sur l'ambition et la duplicité du primat, et demandèrent satisfaction au souverain.

Thomas Becket cependant se dirigeait vers sa résidence métropolitaine, suivi et adoré des membres du bas clergé, des habitants des campagnes, des ouvriers, des marchands, des serfs, des milices de certaines villes, d'une populace ivre et frénétique ; pas un baron, pas un chevalier, pas un noble homme ne l'approchait ; ils se retiraient, au contraire, à la vue de son cortége, dans les châteaux forts ou dans leurs maisons, dont ils interdisaient l'entrée à main armée. On lui demandait si son intention était de porter le fer et la flamme dans le royaume ; mais, sans s'arrêter à répondre, il continuait sa marche vers Cantorbéry, où il arriva le 3 décembre 1170. Il se rendit immédiatement à la cathédrale, et il célébra une messe solennelle d'actions de grâces, en présence d'une innombrable multitude. Fier de ce succès, il forma le projet d'aller à Londres visiter le jeune fils de Henri II ; mais le prince, averti de son arrivée, lui signifia l'ordre de retourner sur-le-champ dans son diocèse, et de n'en plus sortir. Becket revint à Cantorbéry, entouré d'une immense escorte populaire, et reprit possession de ses dignités et de ses fonctions avec une ostentation inimaginable : l'orage toutefois grossissait. Les princes de l'église et les seigneurs de la terre faisaient citer, dans l'étendue de leurs juridictions, les personnes connues pour avoir fait un grand accueil à l'archevêque, et les accusaient de trahison. Les prélats, frappés de la subite excommunication que leur avait lancée Becket au nom du pape, disaient au roi : « Un homme propage la révolte en Angle« terre. Des cavaliers, des fantassins marchent devant et derrière lui comme la « colonne de feu du désert ; il présente son étendard à vos forteresses, et il en « requiert l'ouverture ! » D'une autre part, une coalition puissante et soutenue par les agents de l'autorité royale, prenait à tâche d'inventer chaque jour de nouvelles vexations pour irriter le primat ; on pillait, on ravageait ses biens, on dérobait ses provisions, on frappait ses serviteurs ; et Becket, prenant de nouvelles forces dans ces attaques réitérées et dans sa propre irritation, répondait à ses ennemis, non par la patience ou par des procédés conciliateurs, mais par l'usage des foudres spirituelles, par des excommunications qu'il annonçait en chaire avec toute l'exaltation d'un cœur ulcéré. Il sentait qu'il se perdait, car il écrivit un jour au pape pour le prier de faire dire à son intention les prières des agonisants ; et un autre jour, il prêcha dans sa cathédrale sur ce texte : « Je suis venu vers vous « pour mourir au milieu de vous. » Mais l'éclat de la gloire et de la renommée dont il était avide, le portait à braver les suites funestes d'une opposition dans laquelle il se croyait soutenu de toute l'imposante puissance du trône pontifical.

Thomas venait d'excommunier Ranulf et Robert de Broc comme contempteurs de sa personne, de son clergé et de ses moines, lorsque quatre chevaliers de la suite de Henri II, Reginald Fitz-Urse, Guillaume de Tracy, Hugues de Horsea et Richard-le-Breton, arrivèrent à Cantorbéry. Ils s'étaient trouvés présents en Normandie, lorsque le roi, dans un accès de colère occasionné par les récits des évêques ennemis de Becket, s'était écrié : « Un misérable qui a mangé mon pain, un mendiant venu « chez moi sur un cheval boiteux, outrage moi, ma famille, tout mon royaume ! et « parmi les lâches que je nourris à ma table, il n'en est pas un qui veuille me déli-« vrer d'un prêtre insolent ! » La parole royale avait germé, et ils s'étaient conjurés entre eux à la vie et à la mort.

On était au cinquième jour après Noël. Les chevaliers s'étaient concertés au château de Saltwood, résidence de la famille de Broc, et s'étaient adjoint quelques personnes dévouées. Vers deux heures environ de l'après-midi, et comme le primat venait d'achever son repas, ils entrèrent dans ses appartements, et, sans le saluer, s'assirent sur la paille dont le plancher était semé. « Nous t'ordonnons, de la part « du roi, lui dit Reginald Fitz-Urse, d'absoudre les prélats excommuniés, et de « rétablir ceux qui sont suspendus. — Que les évêques me fassent leur soumission, « et je les réconcilierai avec leur Dieu, répondit Becket. Quant à l'archevêque « d'York, c'est le pape qui l'a frappé ; qu'il s'adresse au père des fidèles. — Mais « toi, dit Reginald, ne tiens-tu pas ton archevêché du roi ? — Les droits spirituels « me viennent de Dieu même et du pape ; les droits temporels du roi, je le reconnais. « — C'est le roi qui t'a tout donné. — Aucunement, reprit Becket ; et vous tordez « en vain vos gants ; vous vous agitez en vain dans votre impatience ; vous me « menacez inutilement ; tous les glaives de l'Angleterre levés sur moi n'obtiendraient « pas ce que je crois contraire à l'honneur de l'église. — Nous ferons mieux que des « menaces, ajouta Fitz-Urse. »

Les chevaliers sortirent, et peu d'instants après voulurent rentrer de force dans le palais de l'archevêque. Ils en frappèrent les portes à coups de hache, et les serviteurs du primat, effrayés, l'engagèrent à se réfugier dans l'église par une communication secrète. Becket, qui conservait un air tranquille et recueilli, s'y refusa d'abord ; mais comme l'heure de vêpres vint à sonner, et qu'on entendit les voix des moines qui chantaient l'office, le primat dit : « Puisque c'est l'heure de mon devoir, je me rends où il m'appelle. » Précédé de sa croix, il marcha lentement à travers le cloître, et monta au grand autel qu'une grille de fer séparait de la nef. Ses acolytes voulurent la fermer, mais il s'y opposa en disant à voix haute et avec une sorte d'ironie, « que les portes du temple de Dieu ne devaient pas ressembler à celles d'un château-fort. » En ce moment, Reginald parut à l'entrée de l'église, armé de toutes pièces, et tenant à la main une large épée à deux tranchants : « A moi, « s'écria-t-il, loyaux servants du roi ! » Ses compagnons accoururent en brandissant leurs épées, et les gens de l'archevêque, en les voyant, supplièrent leur maître de fuir par l'église souterraine, ou de monter dans les combles, d'où il lui serait facile de se dérober à la recherche de ces furieux. Becket repoussa courageusement ce conseil. Une voix alors, celle de Hugues de Horsea, cria : « Où est le traître? » Aucune réponse ne fut faite. Fitz-Urse cria plus fort : « Où est l'archevêque? — Le « voici, dit Becket, je suis l'archevêque, non le traître; il n'y en a pas dans la mai- « son de Dieu. Mais toi, Reginald, à qui j'ai rendu de si grands services, quel est « ton but? Que veux-tu? — Que tu absolves les évêques. — Je le ferai quand ils « auront offert satisfaction; mais au nom du Dieu tout-puissant, je te défends de « toucher à aucun membre de mon peuple, clerc ou laïque, grand ou petit! — Fuis « donc, ou tu es mort! » reprit l'assassin en le frappant du plat de son épée entre les épaules. C'était le signal du crime; mais les meurtriers, craignant sans doute de commettre un plus grand sacrilége en arrosant l'autel du sang de leur victime, s'ef-forcèrent d'entraîner le primat hors de son église; l'archevêque leur opposa de la résistance : alors Guillaume de Tracy lui porta sur la tête un grand coup d'épée qui jeta au loin la mitre dont il se couvrait, et le blessa; le coup fut amorti par le dévouement d'Edouard Grym, moine saxon, qui se précipita sous le glaive, et dont le bras fut presque séparé du corps. Comme le sang inondait son visage, Thomas Becket joignit les mains, et s'écria en baissant la tête : « Je meurs au nom de Jésus- « Christ et pour la défense de son église! » Un second coup le jeta sur les genoux ; un troisième lui brisa le crâne, et sa cervelle se répandit sur les marches de l'autel. Le Normand Guillaume Mautrait dit alors d'une voix forte, en poussant du pied le cadavre : « Ainsi périsse tout traître qui porte le trouble dans le royaume et « fomente l'insurrection des Anglais! » (29 décembre 1170.) Les assassins se reti-rèrent sans obstacle.

Thomas Becket était âgé de cinquante-trois ans.

A peine le bruit de sa mort se fut-il répandu, que la foule se mit à lui attribuer des miracles et à l'honorer comme un saint martyr. Un ermite, éloigné de deux cents milles de la ville de Cantorbéry, prétendit que son trépas lui avait été révélé par un ange, à l'heure précise où il expirait. Les évêques ses adversaires essayèrent de combattre l'opinion du peuple. Ils publièrent que le traître ne méritait pas qu'on l'inhumât en terre sainte, et qu'un gibet devait être son dernier gîte. L'archevêque d'York annonça en chaire qu'il n'avait péri que par un effet de la vengeance divine appesantie sur un nouveau Pharaon. Défense fut faite de l'appeler saint ou martyr, et d'invoquer son intercession auprès de Dieu, dans les églises. On donna même l'ordre de réclamer son corps aux clercs qui l'avaient relevé ; mais ils parvinrent à le soustraire aux recherches des satellites, et à l'ensevelir dans la crypte de la cathédrale.

Henri tenait alors sa cour en Normandie. Il avait eu l'intention de faire arrêter et juger le primat comme coupable de haute trahison, et il venait d'en expédier les lettres, lorsque la nouvelle du meurtre lui parvint. Les suites inévitables d'un tel attentat se présentèrent à la fois à son esprit, et le jetèrent dans une étrange conster-nation. Un prince de l'église, un archevêque, un primat, un saint enfin comme l'appelaient alors les peuples, venait de périr assassiné au pied de l'autel, devant l'image de Dieu. Il n'y eut en effet qu'un cri d'indignation dans toute l'Europe.

Louis VII écrivait au pape : « Que le glaive de saint Pierre sorte du fourreau pour venger le martyr de Cantorbéry ! son sang crie au nom de l'église universelle ! » Henri fut épouvanté. Déjà ses états de France étaient mis en interdit ; il tremblait qu'une excommunication ne lui enlevât tous ses sujets mécontents ; il s'enferma dans un réduit obscur, et fit publier que, durant trois jours, il avait refusé toute nourriture. Sa raison, au récit de ses familiers, parut momentanément aliénée ; enfin, il dépêcha vers le pape l'archevêque de Rouen, les évêques de Worcester et d'Evreux, et cinq ambassadeurs chargés de pouvoirs illimités. Mais Alexandre, si facile, si humble, lorsque, chassé de Rome, il voyait un compétiteur occuper la chaire de saint Pierre sous la protection de l'empereur d'Allemagne, avait retrouvé, en rentrant dans la ville sainte, toute la dignité qui convenait au vicaire de Jésus-Christ. Il refusa d'abord de voir les envoyés du roi d'Angleterre. Il excommunia les auteurs, fauteurs et complices du meurtre de Becket, se contentant cependant de l'attestation sous serment, donnée par les ambassadeurs du roi, que leur maître était innocent, et qu'il se soumettait à tout ce que le saint père déciderait de lui ; il appela en cour de Rome les chevaliers qui avaient commis l'assassinat, et leur enjoignit, pour pénitence, de faire un pèlerinage à Jérusalem ; enfin, il chargea les cardinaux Albert et Théodin, ses légats en France, de prendre connaissance de tous les incidents relatifs à cette affaire, et de lui en transmettre leur rapport. Thomas Becket fut mis au rang des habitants du ciel, sous le nom de saint Thomas de Cantorbéry, et son tombeau devint fertile en miracles.

Telle fut la conclusion d'une querelle qui occupa tous les esprits élevés durant dix années, combat des prétentions de l'autorité spirituelle contre les droits de la puissance monarchique, et dans lequel Thomas eût sans doute triomphé, si, au lieu du faible Alexandre, il eût eu pour soutien un homme comme Grégoire VII.

Tandis que les affaires de l'Angleterre et de la Normandie étaient dans cette situation, et que les légats Albert et Théodin se proposaient de citer le roi devant eux, afin d'en obtenir des explications sur sa complicité dans le meurtre de Thomas, Henri préparait une expédition contre l'Irlande, et peut-être jugea-t-il convenable de devancer l'époque fixée pour cette entreprise, afin de se soustraire à l'exécution de certains actes des cardinaux.

L'Irlande, à cette époque, n'appartenait point encore à l'Angleterre, et n'avait de commun avec la Grande-Bretagne que la religion. La conquête romaine n'ayant pas atteint cette contrée, ses habitants, frères des montagnards d'Écosse, formant avec eux le dernier reste de cette grande population qui jadis avait couvert la Bretagne, la Gaule et une partie de l'Espagne, étaient restés possesseurs de leurs lois et de leurs coutumes, ainsi que de leur territoire. Après de longs siècles d'idolâtrie, l'Évangile leur avait été prêchée par des missionnaires ; mais ce ne fut que vers le milieu du Ve siècle que leur conversion devint générale, à la parole et par les soins de saint Patrice. Les sublimités du christianisme excitèrent l'enthousiasme d'un peuple ardent, poétique, aimant avec dévouement, haïssant avec énergie. Dans son zèle, il construisit de nombreuses églises, et fonda des monastères qui formèrent des saints, des anachorètes, des prédicateurs bientôt répandus dans toutes les parties de la Gaule, et principalement dans la Bretagne armoricaine, où ils s'attirèrent la vénération des fidèles par leur savoir, leur sagesse et l'austérité de leurs mœurs.

Grâce au calme dont l'Irlande jouissait au milieu des convulsions qui tourmentaient l'Europe, la science y fit des progrès rapides. Au VIe siècle, ses écoles étaient les plus renommées de l'Europe. Mais la civilisation fut complétement arrêtée dans son développement, d'abord, par l'invasion des hordes du Nord, qui, dans le huitième siècle et encore longtemps après, dévastèrent la contrée du nord au midi dans toutes les directions, et plus tard, par les guerres continuelles que faisait naître entre les indigènes leur système de gouvernement.

La population de l'Irlande était divisée en familles ou en clans, qui obéissaient à un chef, le clanfinny, dont l'autorité était assez paternelle. La réunion de plusieurs de ces clans formait de petites royautés dont les chefs prenaient le titre de rois, et reconnaissaient un supérieur qui se donnait le nom de ard-riagh, ou souverain maître. Le fils du clanfinny n'était que rarement l'héritier de son père. Du vivant même de ce dernier, les membres qui composaient le clan se réunissaient, et leurs suffrages désignaient le successeur du chef régnant; ce n'est pas que ses enfants fussent exclus de l'élection, ils étaient même les premiers candidats; mais on discutait scrupuleusement leurs qualités et leurs défauts. Il en résultait des querelles qui ne se terminaient qu'à grands coups d'épée, et il était rare qu'une élection se passât sans effusion de sang. Un système d'héritage, ou plutôt de partage, qu'on nommait le gavelkind, s'opposait nécessairement aussi aux progrès de la civilisation, en empêchant tout attachement personnel à la propriété. Quand le chef d'une famille venait à mourir, ses terres ne passaient point à ses fils. Le clanfinny les réunissait à la masse de tous les biens de son clan, et en faisait, par rang d'ancienneté, une répartition entre les chefs de famille, parmi lesquels comptaient les enfants mâles du défunt, sans considération de primogéniture. Les femmes, filles ou veuves n'avaient aucun droit à ce partage. L'agriculture ne pouvait être en honneur avec de telles coutumes, et les troupeaux, qui formaient des propriétés mobilières et personnelles, étaient seuls l'objet des soins des Irlandais.

Jusqu'au XIe siècle, les pontifes romains avaient vainement essayé d'établir, parmi le clergé d'Irlande, une hiérarchie semblable à celle qu'avaient adoptée les églises des principaux états de l'Europe; toutes leurs tentatives pour y introduire la discipline des canons, les prédications même de saint Malachie, échouèrent contre les habitudes du peuple. Les Irlandais manifestèrent constamment l'intention de conserver les formes qui distinguaient l'église primitive, lorsque les évêques se glorifiaient de n'être que de simples prêtres, surveillants ou visiteurs des réunions de fidèles. Les leurs étaient électifs, temporaires ou révocables, ne reconnaissaient point d'archevêques et n'avaient aucune bulle à payer en cour de Rome. La politique du saint-siége, toute subtile, toute persévérante qu'elle fût, ne pouvait rien obtenir de stable de ces chefs dont l'instabilité était la condition, et moins encore de cet ard-riagh, ce souverain électif dont toute la prérogative se bornait, en réalité, à présider l'assemblée générale de la confédération des clans, qui se tenait en plein air, dans un bois, sur une colline, mais où l'on ne parlait que de guerre, où l'on ne prononçait que sur les contestations des districts entre eux.

Vers l'année 1074 cependant, un Irlandais, nommé Patrice, comme le saint protecteur de l'île, ayant été élu évêque par le clergé, accepté par le peuple, et confirmé par son clanfinny et par l'ard-riagh, conçut quelques scrupules, et se rendit à Cantorbéry pour recevoir sa dernière consécration des mains d'un archevêque décoré du pallium. Son exemple fut imité, bientôt après, par d'autres évêques qui reçurent du saint père le titre de légats pontificaux ; et enfin la cour de Rome parvint à instituer en Irlande quatre archevêques qui furent reconnus par les princes régnants, mais qui changèrent si peu l'esprit du peuple, que les Irlandais n'en continuèrent pas moins à passer pour rebelles à la discipline et mauvais chrétiens. Ce fut ce qui les perdit.

Peu d'années après son couronnement, Henri II, ambitieux de faire la conquête de l'Irlande, trouva un prétexte à l'exécution de ses vues dans la prétendue irréligion des peuples de cette contrée. Il en écrivit au pape Adrien IV (Nicolas Brakespeare), qui était de race anglaise, et le saint père lui répondit (1156) par l'envoi de la bulle suivante :

« Adrien, évêque, serviteur des serviteurs de Dieu, à son très-cher fils en Jésus-
« Christ, l'illustre roi d'Angleterre, salut et bénédiction apostolique. Tu veux
« entrer dans l'île d'Hibernie, pour ramener ce pays au joug des lois, en extirper
« les semences du vice, et faire payer au bienheureux apôtre Pierre sa pension
« annuelle d'un denier par maison : nous avons pour agréable qu'afin d'agrandir
« les limites de la sainte église, de propager la religion chrétienne, de corriger
« les mœurs, et d'enraciner la vertu, tu fasses ton entrée dans cette île, et y
« exécutes, selon ta prudence, tout ce que tu jugeras à propos pour l'honneur
« de Dieu et le salut des âmes. Que le peuple de cette contrée te reçoive et t'honore
« comme son seigneur et maître, sauf le droit des églises qui doit rester intact,
« et aussi la pension annuelle d'un denier due au bienheureux Pierre par chaque
« maison, car il est hors de doute, et ta noblesse elle même l'a reconnu, que toutes
« les îles sur lesquelles a lui le Christ, soleil de justice, et qui ont reçu les enseigne-
« ments de la foi, appartiennent de droit légitime à saint Pierre et à la très-sainte et
« sacrée église de Rome. » Investi de cette imposante autorité, Henri II n'attendait plus qu'une occasion favorable pour jeter une armée sur les côtes irlandaises. Mais ses guerres dans l'Anjou, dans la Bretagne et le Poitou, la rivalité constante du roi de France et surtout sa longue querelle avec Becket, l'empêchèrent pendant longtemps de donner suite à ce projet.

L'Irlande était alors divisée en cinq royaumes : le Leinster, le Desmond ou Sud-Munster, le Tuamond ou Nord-Munster, le Connaught et l'Ulster. Une sixième partie, le Meath, était spécialement attachée à la dignité de l'ard-riagh, qui longtemps avait été possédée par des membres de la famille O'Neal, et que réclamait actuellement un O'Connor, de la famille des rois du Connaught. Les seuls lieux qui eussent des relations avec les nations étrangères, étaient les ports de mer habités par les Ostmen ou hommes de l'ouest ; ils faisaient quelque commerce, et Dublin même se disait la rivale ou l'émule de Londres, parce qu'elle échangeait quelques peaux contre des vins du Languedoc ; mais, en général, les Irlandais, paresseux avec délices, fuyaient le travail et la contrainte, et n'estimaient que la liberté dénuée de biens dont ils jouissaient.

Dans l'année 1167 et à la suite d'hostilités avec un des princes ses voisins, le roi de Leinster, Dermot, avait été chassé de sa principauté et forcé de se réfugier en Angleterre. Il implora le secours des seigneurs normands qui avaient conquis le territoire de Pembroke et une portion des côtes occidentales du pays de Galles. Richard de Clare, comte de Strigul et de Pembroke, surnommé Strongbow ou *le fort archer*, les deux frères Robert Fitz-Stephen et Maurice Fitz-Gérald, aventuriers normands du pays de Galles, acceptèrent ses offres et passèrent en Irlande à la tête d'un grand nombre d'archers et de chevaliers, vainquirent les ennemis de Dermot, et reçurent de lui des terres et des possessions proportionnées à leur rang et à leur pouvoir. Bientôt Richard Strongbow devint, sous le nom de l'Irlandais Dermot, dont il avait épousé la fille, le maître de tout le Leinster, et il menaçait, à l'aide de nouvelles recrues qu'il attendait d'Angleterre, de conquérir tout le pays (1171).

Henri II, qui avait appris avec satisfaction les premiers succès du comte de Clare et de ses chevaliers, s'effraya de l'accroissement rapide de sa fortune. Il se hâta de faire défense à tous ses sujets de passer désormais en Irlande, et commanda à tous ses hommes liges d'être de retour en Angleterre pour les fêtes de Pâques, sous peine de forfaiture de tous leurs biens et de bannissement. Le comte, qui se vit subitement privé de tous ses chevaliers, et qui ne se sentit pas en état de se maintenir par ses propres forces, dépêcha des messagers au roi d'Angleterre, afin de lui faire hommage de ses conquêtes; mais le roi refusa de les entendre, et confisqua les propriétés de Richard. Celui-ci n'hésita pas plus longtemps, vint se prosterner aux pieds de son souverain, qu'il rencontra à Newham, dans le Glocestershire, et lui remit la ville de Dublin et toutes celles qu'il avait conquises, ainsi que les châteaux et les ports qu'il possédait. La conquête de l'Irlande devenant celle de Henri, il confirma aux aventuriers leurs terres dans cette contrée, comme tenanciers de la couronne et sous condition de foi et hommage, conféra le titre de sénéchal à Strongbow, et se disposa lui-même à visiter son nouveau domaine et ses nouveaux sujets. Une flotte de quatre cents voiles se rassembla au port de Milford-Haven, et transporta le roi d'Angleterre à Waterford, avec cinq cents chevaliers et un corps d'archers très-nombreux. Il reçut les princes du pays comme un souverain reçoit ses vassaux, plaça des garnisons dans leurs villes, et invita tous ceux qui le reconnaissaient à le visiter à Dublin, où on lui avait construit hâtivement un palais en charpente polie et peinte à la façon du pays. Beaucoup de chefs s'y présentèrent, furent admis à sa table, et se montrèrent saisis d'admiration à l'aspect des armes brillantes des courtisans, de leurs chevaux superbement enharnachés, et de l'or qui éclatait sur leurs vêtements. Toutefois le roi de Connaught, le véritable ard-riagh de l'Irlande, refusa de s'y rendre, et les princes de l'Ulster imitèrent son exemple. L'Irlande méridionale reconnut donc seule le roi d'Angleterre, et tout le nord, de l'embouchure du Shannon à celle de la Boyne, conserva son indépendance. Henri convoqua un synode à Cashel, fit signer aux évêques une reconnaissance formelle de sa souveraineté, et leur prescrivit divers canons qui les plaçaient sous la même discipline que le clergé de l'Angleterre. Ces règlements, en outre, prohibaient les mariages jusqu'au sixième degré de parenté, stipulaient que les baptêmes seraient faits par des prêtres dans les églises, et jamais par des laïques dans les maisons particulières établissaient le paiement de la dîme et réglaient certains intérêts à l'avantage de la cour de Rome (1172).

Mais tandis que Henri II soumettait de nouveaux peuples à sa puissance, les cardinaux Albert et Théodin poursuivaient l'investigation commencée relativement au meurtre de Thomas Becket. Ils avaient, à diverses reprises, invité le roi d'Angleterre à comparaître devant eux. Les ennemis de ce prince le taxaient de trahison et de parjure. On nommait *le pré aux traîtres* le terrain sur lequel Henri II et le primat avaient paru se réconcilier. Plusieurs grands personnages écrivirent au pape pour lui reprocher sa tiédeur, et lui dire que le sang du juste s'élevait contre lui. Enfin l'archevêque de Sens, qui s'intitulait primat des Gaules, avait lancé l'interdit sur toutes les possessions continentales du roi d'Angleterre. Ce fut surtout la crainte de l'exécution de cette dernière mesure qui détermina Henri à quitter l'Irlande et à traverser le détroit, pour se rendre en Normandie. Il n'était point en effet de moyen plus puissant de réveiller dans des provinces dont la fidélité était douteuse, les idées d'indépendance et les mécontentements populaires, car l'exécution d'une sentence d'interdit était accompagnée d'un appareil lugubre qui faisait la plus vive impression sur tous les esprits. On dépouillait les autels de tous leurs ornements, on renversait les crucifix, on descendait les cloches, on tirait de leurs châsses les ossements des saints, et on les dispersait sur le pavé des églises. Les portes étaient enlevées et remplacées par des amas de ronces et d'épines, afin d'interdire à tous l'entrée du saint lieu; aucune cérémonie religieuse n'avait plus lieu, si ce n'est le baptême des enfans nouveaux-nés et la confession des mourants.

La première conférence de Henri avec les légats fut loin d'être satisfaisante. Il rompit la négociation, et mit au défi les envoyés de Rome. La réflexion vint calmer tous les esprits; les cardinaux sentirent que le temps qui s'était écoulé depuis la mort de Becket leur avait enlevé la force que l'horreur publique leur eût communiquée s'ils eussent agi contre le meurtrier lorsque le sang de l'archevêque était encore fumant; et Henri, de son côté, reconnaissait combien la faveur pontificale lui était nécessaire. En conséquence, une seconde conférence s'ouvrit, à la suite de laquelle le roi d'Angleterre se rendit en grande pompe dans la cathédrale d'Avranches, et là, en présence des légats, des évêques, des barons et du peuple, il jura, la main sur le livre des Évangiles, qu'il était innocent, en fait et en paroles, du meurtre de l'archevêque de Cantorbéry, et qu'il en avait été profondément affligé; mais que, comme il pouvait y avoir donné lieu par des expressions violentes et mal interprétées, il remettait son corps entre les mains des légats, les suppliant de ne pas l'épargner. Les cardinaux l'invitèrent à s'agenouiller pour recevoir leur absolution; ils l'exemptèrent de l'obligation de recevoir les coups de verge qu'on donnait ordinairement aux pénitents, et se contentèrent de la promesse qu'il fit d'entretenir à ses frais, durant un an, deux cents chevaliers pour la défense de la Terre-Sainte; de prendre lui-même la croix et de servir en Palestine durant trois années, si le pape l'exigeait; d'abolir les coutumes contraires aux libertés du clergé; de restituer à l'archevêché de Cantorbéry, et aux amis et parents de l'archevêque, les terres qui leur avaient appartenu; de permettre les appels en cour de Rome, sauf caution convenable. Les concessions du roi furent à l'instant écrites, scellées de son

Sceau et contre-sceau de Henri II.

Le sceau représente Henri assis sur son trône, revêtu du manteau royal, et la tête couverte d'une coiffure à bandelettes tombantes, sur laquelle est placée la couronne. La légende porte : **HENRICUS DEI GRATIA REX ANGLORUM** ; Henri, par la grâce de Dieu, roi des Anglais.

Contre-sceau, Légende : **HEN**Ricus **DEI : GRA**tia **DUX : NORMANNORUM ET : AQUIT**aniæ **: ET**

sceau et envoyées en Angleterre pour être promulguées. Un acte pontifical, qui déclarait Thomas Becket saint et martyr, fut en même temps adressé à tous les évêques, afin qu'ils eussent à le publier en tous lieux, et Henri reçut, par une bulle, la confirmation du don que le pape lui avait déjà fait de la souveraineté de l'Irlande. On remarquera qu'à l'exception des appels à Rome, les constitutions de Clarendon restèrent absolument intactes, et que Henri avait en définitive obtenu plus qu'il n'eût jamais osé l'espérer. Les meurtriers du nouveau saint ne furent pas recherchés, et restèrent dans leurs domaines; les prélats qui l'avaient publiquement accusé et banni conservèrent leurs évêchés, et n'eurent d'autre punition que celle de l'invoquer comme un intercesseur auprès de Dieu.

Délivré de tous ses ennemis, Henri II semblait avoir atteint le faîte de la grandeur et de la félicité humaine, lorsque de cruelles dissensions éclatèrent dans sa famille, et vinrent l'enlever à ses joies ambitieuses. Aliénor d'Aquitaine lui avait donné quatre fils qui semblaient destinés à perpétuer la grandeur de sa maison dans les vastes héritages qui leur étaient destinés. Henri, l'aîné, était couronné roi d'Angleterre; Richard devait posséder le duché d'Aquitaine; Geoffroy le duché de Bretagne, et

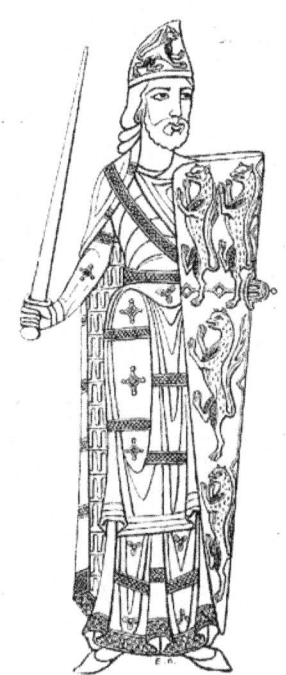

Geoffroy Plantagenêt, d'après un MS. du XIIe siècle, collection de Kerrick.

COMes ANDEGaviæ. Henri, par la grâce de Dieu, duc des Normands et d'Aquitaine et comte d'Anjou. Le roi à cheval; le costume de guerre normand n'a point éprouvé de changements; c'est toujours le pot en tête, le bouclier ovale la cotte de mailles qui entoure la tête sous le casque, tels que nous les avons déjà vus sur le sceau de Milon de Glocester (p. 157), et dans la lettre initiale de la page 130.

Jean, surnommé Lackland ou Sans-Terre, parce qu'il n'avait eu jusqu'alors ni gouvernement ni province, avait en perspective la souveraineté de l'Irlande. Le jeune Henri avait été sacré et couronné par l'archevêque de Cantorbéry, mais la princesse Marguerite sa femme, fille du roi de France, n'avait participé ni à ce sacre ni au couronnement. Louis VII en avait montré du mécontentement; pour l'apaiser, on convint de renouveler la cérémonie à Paris. Les fêtes terminées, la première démarche du jeune Henri auprès de son père fut de lui demander la possession immédiate de cette province ou celle du royaume d'Angleterre. Henri répondit simplement à son fils d'avoir à prendre patience jusqu'à ce que le temps marqué par Dieu fût arrivé. Mais Aliénor, jalouse des maîtresses que Henri avait sans cesse auprès de lui, et pour se venger du peu d'égards qu'il lui témoignait depuis que le mariage l'avait mis en possession des provinces qu'elle avait apportées en dot, travailla sans relâche à fomenter le mécontentement de son fils. Celui-ci, au retour d'un voyage en Aquitaine, où il avait accompagné son père, se prépara des moyens de fuir, tandis que Henri II tenait cour plénière à Limoges; et lors de son passage à Chinon, il trouva des affidés qui lui fournirent des chevaux, et le conduisirent près du roi de France son beau-père.

Bientôt, Richard et Geoffroy s'échappèrent aussi de la cour de leur père et se réfugièrent à celle de Louis VII. La reine Aliénor voulut les imiter, mais elle fut arrêtée, et son époux offensé l'enferma dans une forteresse dont elle ne sortit que lorsqu'il mourut.

Le roi d'Angleterre envoya des ambassadeurs au roi de France pour réclamer ses enfants. Louis VII les reçut en cérémonie, accompagné du jeune Henri, revêtu des insignes de la puissance royale. Quand les envoyés se furent expliqués : « De qui me « vient le message que vous m'apportez? dit le roi de France. — Du roi d'Angle- « terre, Henri, duc de Normandie, duc d'Aquitaine, comte d'Anjou et du « Maine. — Mais, reprit Louis VII en montrant le jeune prince, le voici; il n'a rien « à me faire dire par vous. Si vous parlez de son père, sachez qu'il est mort depuis « que son fils porte la couronne; et s'il se prétend encore roi, bientôt on saura y « mettre ordre. »

En effet, le roi de France convoqua une assemblée de grands vassaux de sa couronne, barons et évêques. Tous s'engagèrent par serment à soutenir le jeune Henri, et à s'emparer, pour le lui remettre, du royaume d'Angleterre; il promit de son côté de ne jamais abandonner ses alliés français, et de ne jamais faire la paix avec son père sans le consentement de Louis et de sa noblesse. Il fit faire un sceau à son effigie, comme roi d'Angleterre, fit des concessions de terres et de dignités à ses partisans, donna le comté de Kent au comte Philippe de Flandre, et au roi d'Écosse Guillaume les conquêtes que son prédécesseur avait faites dans le Northumberland. Mathieu, comte de Boulogne, obtint la seigneurie de Lincoln et le comté de Mortain en Normandie; Thibault, comte de Blois, reçut Amboise et Château-Renaud; Henri, comte d'Eu, fut favorisé de revenus considérables en Anjou. Henri-le-Jeune écrivit au souverain pontife, et prétendit que ses dissentiments avec *son père naturel* provenaient uniquement de l'horreur qu'il avait témoignée du meurtre de *son père nourricier*, le glorieux martyr du Christ, saint Thomas de Cantorbéry, e de l'impunité de ses assassins. Le conseil du Vatican attendit, pour se prononcer, que les circonstances eussent dessiné la position des partis.

Henri II, cependant, examinait et pesait les événements avec sa profonde habitude des hommes et des affaires. Son épargne était immense ; il l'ouvrit, et retint près de lui les hommes considérables par des salaires exorbitants ; il offrit, comptant, beaucoup plus d'argent que n'en pouvaient promettre ses ennemis à ces troupes mercenaires que l'on connaissait sous les noms de Brabançons, Routiers, Cotereaux, disciplinés en temps de guerre, assassins en temps de paix, et il en réunit plus de vingt mille sous ses drapeaux ; enfin, il écrivit au pape Alexandre III pour lui demander de le couvrir du bouclier de sa sainte autorité, et de défendre de son glaive spirituel le fief du siége apostolique et le patrimoine de saint Pierre. Le pontife envoya un légat en observation.

Au mois de juin 1173, les hostilités commencèrent sur les frontières de la Picardie, du Vexin et de la Bretagne. Le comte de Flandre entra dans la Normandie, et s'empara d'Aumale ; il mit ensuite le siége devant Drincourt ; mais le comte de Boulogne, son frère et son héritier, y fut mortellement blessé, et les Flamands saisirent cette occasion pour se retirer. Les Bretons, commandés par le baron de Fougères, livrèrent un combat terrible près de Dol ; ils y perdirent quinze cents hommes, et le château se rendit.

Cependant Louis VII s'était emparé de Verneuil ; Henri, victorieux, se présenta sur les hauteurs qui avoisinent cette ville. Une proposition de paix générale partit du camp des Français, et fut agréée par le roi d'Angleterre. Les deux monarques eurent une entrevue au pied d'un orme, dans une vaste plaine située entre Trie et Gisors. Quelque mortification qu'éprouvât Henri II de voir ses trois fils former le cortége du roi de France, il leur fit des propositions honorables. Il offrit au jeune Henri, son fils aîné, la moitié des revenus royaux de l'Angleterre et des rentes de Normandie, tous ceux de l'Anjou, quatre places de sûreté ou châteaux en Angleterre, s'il y voulait demeurer, ou bien trois châteaux en Normandie, un autre dans l'Anjou, un dans le Maine et un en Touraine. Il offrit à Richard des terres, des revenus et des châteaux en Guyenne, et à Geoffroy la possession immédiate de toute la Bretagne. Mais, par suite d'une querelle survenue entre Henri II et le comte de Leicester qui tenait le parti de ses fils, la conférence fut rompue, et la guerre recommença.

En ce moment même, les Écossais s'étaient jetés sur le Northumberland, et l'avaient mis au pillage. Richard de Lucy, qui les avait combattus, conclut avec eux une trève en apprenant le débarquement du rebelle Leicester, et, joignant ses troupes à celles du connétable, Humphrey de Bohun, il se précipita sur la ville de Leicester, s'en empara et la démantela ; il brûla ensuite la ville de Berwick, et ravagea le Lothian. Leicester, de son côté, se réunit à Bigod, comte de Norfolk ; il prit le château de Hageneth, et il se rendait hâtivement vers son propre domaine dans l'espoir de le secourir, lorsqu'il se vit entouré par l'armée royale du Lothian. Fait prisonnier avec plusieurs chevaliers, il fut envoyé captif à Henri II, encore en Normandie.

Ce léger succès ne diminuait point les dangers de Henri, et le plan des ennemis confédérés était de nature à mettre sa couronne dans le plus grand péril : le roi de France s'était chargé d'attaquer la Normandie; Richard et Geoffroy, l'Aquitaine et la Bretagne; le roi d'Écosse devait pénétrer en Angleterre par le nord, et le comte de Flandre avec le jeune Henri, tenter une invasion par les côtes méridionales. Les plus grands seigneurs de l'Angleterre prirent les armes. Les forteresses de Warkworth, Appleby, Brough, Liddel, Harbottle, tombèrent devant les Écossais. Roger de Mowbray, le comte Ferrers, Architel de Mallory, les comtes de Huntingdon, de Clare et de Glocester soulevèrent les populations jusqu'au centre du royaume. Hugues Bigod s'empara du château de Norwich, et une flotte nombreuse se trouva

Château de Norwich, construit sous le règne de Guillaume-le-Conquérant.

disposée à Gravelines pour transporter en Angleterre le jeune roi et sa suite, au premier vent favorable. Ce fut cette nouvelle, que Henri II reçut dans le Poitou, lorsqu'il y était occupé à repousser les attaques de Richard, qui lui fit prendre la détermination de quitter sur-le-champ le continent. Il espérait soumettre les mécontents par son courage, par sa prudence ou même par des concessions, et il eut le bonheur d'atteindre le rivage de Southampton par une tempête furieuse, avant même que ses ennemis fussent informés de son départ. Il emmenait avec lui, comme prisonnières, la reine Aliénor sa femme et la jeune reine Marguerite sa belle-fille (1174).

A peine eut-il pris terre à Southampton, qu'il annonça l'intention de se rendre à la tombe de saint Thomas Becket et de faire satisfaction à ses cendres. Il voyagea toute la nuit à cheval, ne se nourrissant que de pain et d'eau ; et dès qu'il aperçut les tours de la cathédrale de Cantorbéry, il mit pied à terre, quitta ses habits de soie, revêtit un sac de pénitent, se déchaussa, et marcha ainsi dans la boue, parmi les pierres et les ronces, laissant après lui de longues traces de sang. Il pénétra dans la cathédrale, descendit dans la crypte où se trouvait la châsse du saint, et se prosterna la face contre terre, en poussant des sanglots et se frappant la poitrine devant un peuple nombreux, attiré par l'étrangeté du spectacle. Un évêque monta en chaire. C'était le même Foliot qui s'était montré l'antagoniste constant de Becket avant son élévation, durant son épiscopat et après sa mort. Gilbert Foliot, après une courte prière, conjura l'assistance de croire à la vérité des paroles d'un prince qui venait attester solennellement le ciel de son innocence ; il dit : « que « Henri II, roi d'Angleterre, déclarait devant Dieu et son saint martyr Thomas, « qu'il n'avait ni ordonné, ni concerté, ni désiré la mort du martyr ; que son seul « délit pouvait être une expression imprudente et passionnée, échappée dans un « moment de colère, et dont les meurtriers s'étaient prévalus ; que, pour ce crime, « il venait implorer miséricorde, faire pénitence et se soumettre à recevoir la disci- « pline des verges. » Le roi, qui était resté prosterné durant tout le discours de l'évêque de Londres, se releva, s'approcha de la tombe du saint, se dépouilla de ses vêtements jusqu'à la ceinture, s'agenouilla sur la pierre, confessa hautement son crime, et se mit dans la posture où lui-même avait commandé que l'on plaçât les Anglais naguère flagellés par ses ordres pour avoir imploré Becket comme un habitant du royaume céleste. Plusieurs évêques et abbés, réunis aux moines du couvent, au nombre de quatre-vingts, s'armèrent chacun d'une corde à nœuds, et, s'approchant successivement, en appliquèrent trois ou cinq coups sur le dos nu du monarque, selon qu'ils le jugeaient plus ou moins coupable (11 juillet 1174). Henri II passa la nuit en prières dans la cathédrale, entendit la messe le lendemain, et ainsi réconcilié avec l'église repartit pour Londres.

La pénitence publique du roi eut un effet prodigieux sur l'esprit des Anglo-Saxons, et comme par une heureuse coïncidence l'armée des Écossais fut défaite à la même époque, et leur roi Guillaume fait prisonnier avec ses meilleurs chevaliers, Henri ne manqua pas de faire honneur de ce succès au bienheureux saint Thomas de Cantorbéry et reprit rapidement toute l'influence que les premiers succès des rebelles lui avaient enlevée. En peu de jours, Roger de Mowbray, les comtes Ferrers et de Norfolk, Hugues Bigod, l'évêque de Durham, se soumirent et achetèrent le pardon en livrant leurs châteaux. On publia dans toutes les églises que le martyr Thomas, avait, par son intercession, placé Henri sous la protection du ciel et que ce serait une impiété que de résister à ce monarque devenu presque saint lui-même ;

et la population saxonne s'enrôla avec enthousiasme sous la bannière royale.

Portsmouth fut le point de réunion de l'armée de Henri : elle s'y embarqua et parut sur le continent un mois à peine après le jour où le roi était revenu en Angleterre. Son fils, Henri-le-Jeune, ayant quitté Gravelines s'était réuni au roi de France et leurs troupes assiégeaient Rouen. L'arrivée de Henri força Louis VII à se retirer.

Une courte trêve fut convenue entre le roi d'Angleterre, le roi de France, le jeune Henri, et Geoffroy duc de Bretagne; Richard refusa tout accommodement. Il était dominé par Bertrand de Born, seigneur limousin, le plus célèbre des troubadours de cette époque, poëte et guerrier qui soulevait les populations du midi par ses belliqueuses sirventes, et les protégeait de son épée. C'était dans l'inimitié constante des rois de France et d'Angleterre que Bertrand de Born voyait la liberté et le salut de l'Aquitaine, sa patrie; aussi « si les deux rois avaient paix ou trêve, alors il se « peinait et s'efforçait par ses sirventes à défaire cette paix. »

Il ne put cependant en retarder la conclusion que de quelques mois. Richard éprouva des revers, vint se jeter aux pieds de son père, et les articles du traité ne tardèrent pas à être réglés. On se rendit mutuellement les conquêtes que l'on avait faites; le jeune Henri reçut une pension annuelle de quinze mille livres sterling avec deux châteaux en Normandie; Richard, la moitié des revenus royaux du Poitou, et deux châteaux dans ce comté; Geoffroy, la moitié du revenu des comtés régis en Bretagne par le duc Conan, et deux châteaux dans cette contrée (1174). Une amnistie générale replaça leurs partisans dans leur ancienne position, et leur rendit leurs propriétés et leurs honneurs. Neuf cent soixante-neuf chevaliers d'Angleterre et d'Écosse recouvrèrent immédiatement leur liberté; mais le roi Guillaume n'eut pas le même bonheur; il resta détenu au château de Falaise jusqu'à ce qu'une assemblée de barons et d'évêques écossais, réunis dans la ville de Valogne, l'eût autorisé à se déclarer homme-lige du roi d'Angleterre, à lui faire hommage comme un vassal à son suzerain, à lui remettre pour garantie les forteresses de Berwick, Jedburgh, Roxburgh, Edinburgh et Stirling, qui seraient désormais occupées par des garnisons anglaises, et à laisser en otages ses propres frères et vingt des plus hauts barons, jusqu'à ce que la noblesse et le clergé d'Écosse eussent fait le serment d'allégeance, et se fussent engagés à servir Henri contre leur souverain, si celui-ci venait à manquer à ses promesses. On exécuta ces humiliantes conditions à la rigueur; Guillaume fut alors relâché, et l'année suivante (1175) le traité fut solennellement ratifié à York.

Cette guerre terminée, le sol de l'Angleterre parait délivré pour quelques années du fléau de la guerre civile; mais elle ne cesse point dans les possessions continentales. Dans le Poitou, où Richard accable d'exactions ses anciens alliés, Bertrand de Born attise de nouveau la guerre; une ligue se forme contre le comte de Poitou à la tête de laquelle se place Henri-le-Jeune, mais il l'abandonne bientôt et elle se dissout. Bertrand de Born seul résiste encore à Richard dans son château de Martel, et, dans ses vers piquants, reproche sa lâcheté au jeune Henri. « Puisque le roi Henri n'a « plus de terre, puisqu'il n'en veut plus avoir, qu'il soit maintenant le roi des lâches! » Le fils aîné de Henri II, sensible à ces reproches, demande de nouveau la Normandie à son père, qui finit par la lui céder, et ordonne à ses frères de lui prêter serment de foi et hommage pour le duché de Bretagne et le comté de Poitou. Richard seul repousse cette prétention. Le roi de France se déclare l'allié de Henri-le-Jeune, de son père et des barons aquitains, et marche contre Richard. Alors Henri II, pour ne pas seconder par son appui l'ambition du roi de France, auquel profitent toutes ces discordes, rappela ses fils Henri et Geoffroy, qui persistèrent à guerroyer contre le comte de Poitou. Henri joignit alors ses forces à celles de Richard, et vint en personne mettre le siége devant Limoges, où se renfermèrent Henri-le-Jeune et Geoffroy. Bientôt le jeune Henri se présenta devant son père, lui fit sa soumission, lui promit, au nom des barons aquitains, la reddition du château de Limoges (1183), s'assit à la même table que le roi, et mangea dans la *même assiette*; puis il le quitta, et se rendit parmi les insurgés, auxquels il promit de nouveau secours loyal et fidélité, en mangeant avec eux et buvant à la *même écuelle*. Tandis qu'il induisait ainsi en erreur son père et les barons aquitains, il tomba dangereusement malade, et mourut au château de Martel.

La douleur de Henri II parut extrême, et sa colère contre les barons en augmenta. Le lendemain des funérailles de son fils aîné, il fit donner l'assaut à la citadelle de Limoges, qu'il prit et qu'il détruisit, ainsi que plusieurs autres châteaux. Geoffroy ne tarda pas à faire sa soumission, et fut traité avec douceur; mais il insista fortement pour obtenir le comté d'Anjou, que Henri II ne consentit point à lui remettre. De dépit il se rendit en France, à la cour de Philippe-Auguste, qui avait succédé à son père Louis VII en 1180, et il y commençait de nouveaux armements lorsqu'il fut renversé dans un tournoi et foulé aux pieds des chevaux. Il mourut de ses blessures, âgé de vingt-huit ans (1186).

Henri II se trouvait, par cette mort, délivré de deux enfants ingrats et turbulents; mais il lui en restait un troisième, celui dont l'ambition et l'impétuosité lui causaient le plus d'embarras. Richard, surnommé Cœur-de-Lion, était, depuis son enfance, fiancé à Alix, fille de Louis VII et sœur de Philippe-Auguste. Le roi d'Angleterre la gardait dans un château, sans permettre que Richard l'épousât, ni même qu'il en approchât, à raison, disait-il, des convenances. Mais le peuple prétendait qu'il brûlait pour la princesse d'un amour qu'il satisfit, disent plusieurs historiens, après la mort de sa maîtresse Rosemonde.

Richard s'adressa au pape pour obtenir sa fiancée, et le pape menaça Henri d'excommunication; toutefois, celui-ci s'arrangea si bien, entama tant de querelles, fit tant de promesses trompeuses, qu'il parvint à garder la princesse, et qu'on ne savait, quand il mourut, s'il en avait fait une maîtresse, ou s'il avait respecté la femme de son fils. Philippe et Richard, unis par un sentiment qu'exaltait encore la singulière situation d'Alix, se traitaient en frères, partageaient le même lit, et, suivant l'usage, mangeaient au même plat. Henri II, qu'effraya cette intimité, rappela près de lui son fils Richard, devenu l'héritier présomptif de la couronne d'Angleterre. Mais Richard, au lieu d'obéir, se rendit en Poitou, et fortifia plusieurs villes et châteaux; cependant comme les barons poitevins, qui connaissaient son manque de foi et sa dureté, ne secondèrent point ses projets de révolte, il prit le parti de revenir à son père. Sa tentative de rébellion n'ébranla pas la paix qui régnait entre les rois de France et d'Angleterre. Ce fut même vers cette époque que tous deux se virent près de Gisors, pour régler d'une manière définitive quelques points en litige (1188).

L'Europe était alors remplie du récit des malheurs qui accablaient les chrétiens de la Terre-Sainte. Le terrible sultan d'Egypte, Salah-Eddin (Saladin), après avoir remporté une victoire éclatante à Tibériade (1187), s'était emparé de Jérusalem, et avait massacré ou réduit en servitude quatorze mille chrétiens. L'annonce de ces calamités vint consterner les chrétiens d'Europe. Le pape Urbain III en mourut de douleur. Grégoire VIII appela les rois et les peuples à la délivrance de la terre arrosée par le sang du Sauveur. L'archevêque de Tyr, Guillaume, à la conférence de Gisors, peignit avec une douleur si vraie les souffrances des chrétiens orientaux devant Philippe-Auguste et Henri II, que les deux rois, les comtes de Flandre et de Champagne, Richard, comte de Poitiers, et une foule innombrable de barons, chevaliers, vavasseurs et villains de toutes les nations adoratrices du Christ, Provençaux, Poitevins, Manceaux, Bretons, Bourguignons, Anglais, Français, se couvrirent du sac de pénitent et se croisèrent.

Pour subvenir aux frais de la guerre en Terre-Sainte, Henri leva d'abord sur ses possessions continentales, et ensuite en Angleterre, un impôt qui s'élevait à la dixième partie du revenu et des biens meubles de chaque habitant. Les seigneurs de fiefs, qui allaient suivre le roi, furent autorisés à prélever, sur leurs vassaux et tenanciers, une cotisation de même valeur ; les juifs furent astreints à payer le quart de l'estimation de leurs biens personnels, et leur contribution produisit, à elle seule, plus de soixante mille livres d'argent. Celle que versèrent les Anglais à l'échiquier dépassa soixante-dix mille livres. Mais quand ces sommes énormes furent recueillies, Henri fit porter cet argent dans son trésor, et ne s'occupa plus ni de croisade, ni de guerre en Palestine. « D'ailleurs la méchanceté du malin esprit ne dormait pas, » et avait déjà rallumé la discorde entre Henri, Richard et le roi de France. La guerre était recommencée. Dans une nouvelle conférence tenue entre les deux rois, en présence de Richard, Philippe proposa, comme base de la paix, la remise d'Alix et la prestation de serment des vassaux de Henri à l'héritier présomptif Richard, ainsi que cela s'était pratiqué pour son frère aîné. Henri II rejeta ces ouvertures d'une manière évasive. « Je l'avais regardé comme impossible, s'écria Richard, mais je suis actuellement « forcé de le croire ! » et, tirant vivement son épée, il la jeta aux pieds de Philippe, et s'agenouillant, il ajouta : « Sire, mon frère, c'est à vous que je remets « la défense de mes droits, à vous que je fais hommage pour mes duchés de Nor-« mandie, de Bretagne et d'Aquitaine, pour mes comtés d'Anjou, du Maine et de « Poitou. — Je l'accepte, répondit Philippe-Auguste, et pour vous témoigner l'amitié « d'un frère, je vous donne mes villes d'Issoudun et de Châteauroux. »

La conférence fut rompue. La plupart des barons du Poitou, une partie de ceux de la Normandie, toute la Bretagne, se déclarèrent pour Richard. Henri II rassembla son armée aux environs de Saumur ; et tandis qu'on se préparait à des actions décisives, un légat du pape, Jean d'Anagni, et quatre archevêques, ceux de Cantorbéry, de Rouen, de Bourges et de Reims, menaçaient les rois d'excommunication et d'interdit s'ils ne déposaient les armes. Dans une nouvelle entrevue, Philippe proposa encore le mariage d'Alix et de Richard et la reconnaissance de ce prince comme héritier. Henri II offrit de donner la main d'Alix à Jean-sans-Terre, son fils obéissant et affectionné, et de le déclarer héritier de toutes les provinces du continent. Le roi de France se récria et s'y refusa pour Richard. Le cardinal légat dit alors qu'il allait mettre la France en interdit. « Tu le peux, reprit Philippe, « mais je ne te crains pas. Le saint-père n'a point à sévir contre un roi qui punit « ses vassaux rebelles. As-tu donc déjà flairé les *estrelins* de l'Angleterre? »

Les propositions de Henri II rejetées par ses adversaires, ce prince se vit forcé de se défendre sur tous les points contre son fils Richard et contre le roi de France Philippe. La Ferté-Bernard, Chaumont, Amboise, Château-du-Loir, ouvrirent successivement leurs portes aux alliés. La ville du Mans fut prise d'assaut, et Henri courut le danger d'y être fait prisonnier. Tours fut investi, et le roi d'Angleterre se retira à Saumur. Sa santé était extrêmement altérée par les chagrins et les fatigues ; il crut ressentir les atteintes d'une dissolution prochaine. Le duc de Bourgogne, le comte de Flandre et l'archevêque de Reims, saisirent ce moment d'affaiblissement d'esprit et de corps pour l'engager à recevoir une paix qu'il ne pouvait se flatter d'imposer. Henri se soumit à tout ce que l'on voulut, se reconnut expressément « l'homme lige de Philippe, à merci et à miséricorde, » lui céda le Berry; consentit à la remise d'Alix et à son mariage avec Richard; à la prestation du serment de foi et hommage par les Anglais, et tous ses sujets d'outre-mer, à ce fils rebelle; au paiement de vingt mille marcs en indemnité à Philippe; à la promesse, jurée par ses barons, de le contraindre à exécuter ce traité, s'il tentait de se soustraire à aucune de ses conditions; à donner enfin à Richard le baiser de paix et de réconciliation.

L'un des articles du traité stipulait une amnistie pour tous les barons et seigneurs qui avaient ostensiblement ou secrètement adhéré aux projets de Richard. Henri voulut connaître leurs noms, et le premier de tous était celui de son fils bien-aimé, Jean! « Quoi! s'écria-t-il, celui que j'ai le plus chéri s'est aussi éloigné de moi! Bien, « que tout aille dorénavant comme il pourra, je n'ai plus souci ni de moi ni du monde! »

Il partit pour Chinon, le cœur brisé. « Honte au roi vaincu! s'écriait-il dans les « accès d'une fièvre violente, honte! honte éternelle! Maudit soit le jour qui le vit « naître! maudits les enfants qu'il procréa! »

Il mourut enfin en exhalant une dernière malédiction contre ses fils. Son corps fut à l'instant dépouillé par ses serviteurs, comme l'avait été celui de Guillaume-le-Conquérant; à peine put-on trouver un linceul pour l'envelopper, et un mauvais chariot pour le conduire à sa dernière demeure (1189). Il fut inhumé à Fontevrauld.

GOUVERNEMENT, LOIS, BEAUX-ARTS. — La conquête normande, tout en modifiant les institutions judiciaires des Anglo-Saxons, en avait cependant conservé les principaux traits. Les cours du manoir, du hundred et du comté subsistaient toujours; seulement, les rois empiétaient fréquemment sur les prérogatives de ces tribunaux en leur enlevant la connaissance des causes particulières pour les porter devant la *cour du roi* (curia regis).

La *curia regis* était dans l'origine une assemblée publique où étaient convoqués à de certaines époques tous les vassaux immédiats de la couronne. Là se traitaient toutes les affaires du royaume, là se jugeaient tous les crimes d'état. Les vassaux qui s'y rendaient pour prendre part au gouvernement étaient désignés d'ordinaire sous le nom de *barons*. Mais bientôt l'assistance au grand conseil national étant, pour la plupart d'entre eux, un service onéreux plutôt qu'un droit avantageux, beaucoup cessèrent de s'y rendre, et le nom de *baron*, se resserrant peu à peu, ne s'appliqua plus qu'aux vassaux de la couronne, assez puissants et assez riches pour avoir une cour de justice établie dans leur manoir. « Aucune règle constante et positive ne distingua d'abord ces barons des autres vassaux immédiats. Leur prééminence et ses résultats furent des faits individuels et variables longtemps avant qu'on les vît former une classe distincte par la permanence de son titre et de son droit.

Les évêques, et un grand nombre de prieurs et d'abbés, se rendaient à l'assemblée générale, soit comme chefs du clergé, soit comme vassaux immédiats du roi ou barons.

Aucune trace d'élection ni de députation, soit de la part des vassaux immédiats qui aimaient mieux rester dans leurs terres, soit de la part des villes et bourgs, ne se laisse apercevoir.

Quant au pouvoir de ces assemblées, il est vain d'en chercher les attributions et les limites ; aucun pouvoir n'avait alors ni attributions ni limites déterminées ; tout était matière de fait et de nécessité. On voit le grand conseil des barons occupé de la législation, des affaires ecclésiastiques, des questions de paix et de guerre, de la nomination aux grands emplois publics, des taxes extraordinaires, de la succession à la couronne, de l'administration de la justice, des affaires domestiques du roi, de son mariage, de celui de ses enfants, des dissensions de la famille royale, en un mot, de tous les intérêts de l'état, toutes les fois que le roi ne se croit pas assez fort pour les régler sans le concours de ses principaux sujets, ou lorsque sa conduite a excité des plaintes assez générales, assez redoutables pour lui faire sentir la nécessité des transactions [1]. »

Mais la cour du roi ne siégeait ainsi, avec tous ses membres, que dans de certaines occasions. En temps ordinaire, elle était composée du grand justicier, du chancelier, du trésorier, dont les charges dépendaient de la volonté du roi; du connétable, du chambellan, du maréchal et de l'intendant, dont les dignités étaient des fiefs héréditaires ; de quelques chapelains du roi, et de quelques clercs instruits dans la science des lois, choisis par le monarque. Une section particulière de cette cour s'occupait exclusivement de toutes les matières relatives aux revenus du souverain; elle prit le nom de cour de l'échiquier. Comme la cour du roi paraissait plus impartiale et plus indépendante que les cours provinciales, on s'y adressait fréquemment, et c'était là pour le trésor une source importante de revenus, parce qu'il fallait payer pour qu'une affaire fût portée des tribunaux ordinaires à la cour du roi. Henri II, voyant que la distance des lieux empêchait encore un grand nombre de ses sujets de recourir à cette juridiction, établit des juges ambulants devant lesquels devaient être portées les affaires civiles et criminelles de chaque comté. Dans la vingt-deuxième année de son règne, en 1176, il convoqua un grand conseil à Southampton, et divisa l'Angleterre en six districts, à chacun desquels furent attribués

---

[1] Guizot. *Essai sur l'origine du gouvernement représentatif en Angleterre.* — *Report from the lords' committees appointed to search the journals of the house, rolls of parliament and documents for all matter touching the dignity of a peer of the realm.* Londres 1820. — *Edinburg Review,* t. XXVI.

trois juges ambulants. Les instructions de ces nouveaux magistrats furent détaillées avec soin ; elles leur enjoignirent, d'abord et avant tout, de veiller aux intérêts du roi, et de suivre les procès de la couronne toutes les fois que la valeur de l'objet en litige ne dépassait pas celle de la moitié d'un fief de chevalier ; de rechercher les pupilles qu'on aurait pu soustraire à la garde noble du roi, les jeunes filles ou veuves dont le mariage devait être confié à la couronne, les bénéfices dont on lui aurait caché les vacances, les empiétements faits sur le domaine royal et sur les forêts ; puis de poursuivre les malfaiteurs en tout genre, les délits relatifs aux poids et aux mesures, l'altération des monnaies, etc.

L'institution des juges ambulants, dont le principal but était, comme on vient de le voir, de remplir le trésor du roi au moyen des droits à percevoir, des amendes, des compensations et des amerciaments, ne pouvait rendre entièrement satisfaisante l'administration de la justice, à une époque où la corruption était d'ailleurs tellement dans les mœurs, que le roi lui-même, dans sa cour, recevait de l'argent, exigeait des présents, et cela souvent des deux parties adverses à la fois. Elle eut cependant des résultats avantageux. C'est à l'institution des juges ambulants que l'Angleterre est redevable de l'uniformité de la loi commune, qui autrement eût été, comme celle de France, morcelée en une infinité de coutumes locales toutes différentes entre elles. Henri, d'ailleurs, qui ne souffrait pas dans les autres les abus qu'il se permettait lui-même, sévit avec une telle sévérité contre les juges ambulants soupçonnés de s'être laissé corrompre, que le grand justicier Ranulf de Glanville nous assure, dans la préface de son ouvrage, qu'il n'existait pas alors dans la cour du roi un juge qui osât s'écarter du sentier de la justice.

Ce n'était pas seulement la législation que la conquête normande avait modifiée. Elle avait tout transformé dans le pays. Le français était devenu la langue du gouvernement, de la noblesse, des tribunaux, et l'anglo-saxon relégué dans les classes inférieures du peuple, y subissait insensiblement l'influence de la langue dominante, et par sa fusion avec le franco-normand préparait la langue anglaise actuelle.

C'était aussi l'architecture normande, civile, religieuse et militaire qui régnait partout et sans mélange en Angleterre ; son triomphe, du reste, avait été facile. Tout concourt à nous prouver l'infériorité réelle, dans tous les genres, de l'architecture anglo-saxonne. Pour l'architecture civile et religieuse, nous avons d'abord le témoignage de William de Malmesbury : « Tandis que les Saxons, dit-il, déployaient dans leur manière de vivre un luxe inouï, extravagant, leurs maisons et leurs édifices étaient petits, bas et grossiers ; les Normands au contraire, quoique modérés et simples dans leurs mœurs, étaient passionnés pour les maisons somptueuses, et déployaient dans leurs édifices publics et particuliers la plus grande magnificence. » Même infériorité pour l'architecture militaire, et la raison en est simple. À l'époque de la conquête de l'Angleterre, le territoire de la France était divisé en une foule de duchés, comtés, vicomtés, sireries, etc., et chacun des seigneurs de ces suzerainetés, grandes ou petites, s'efforçait de maintenir son indépendance, soit contre le roi, soit contre des voisins puissants, par la construction de châteaux fortifiés, derrière les murs desquels il mettait à l'abri, lui, sa famille et ses richesses. En Angleterre, il en était autrement. La royauté y était encore un pouvoir réel, un pouvoir assez fort pour s'opposer aux tentatives qu'auraient faites les grands vassaux afin de se rendre, comme en France, entièrement indépendants, et pour protéger les petits propriétaires contre les envahissements des grands. De là, pour les uns, impossibilité d'assurer leur indépendance, pour les autres inutilité de protéger leur liberté par la construction de châteaux forts. Aussi, tandis que la France possède encore des restes assez nombreux de châteaux du xe siècle ou du commencement du xie, on ne trouve en Angleterre que deux ou trois constructions qui, comme le château de Castleton, reproduisent les caractères principaux de l'architecture mili-

Château de Castleton, comté de Derby.

taire de cette époque, la tour carrée et la position sur une éminence de terre ou *motte*, naturelle ou artificielle.

Cette absence de forteresses nous est au reste encore prouvée par la facilité avec laquelle Guillaume s'empara de l'Angleterre. Quelques villes enceintes de murs s'opposèrent seules à ses armes, et ce ne fut pas dans les châteaux forts, mais dans les bois et les marais que se réfugièrent les défenseurs de l'indépendance anglo-saxonne.

Guillaume, au contraire, comprit que pour affermir sa puissance en Angleterre il lui fallait un grand nombre de places fortes, et dès son arrivée à Londres il y ordonna l'érection d'un château qui subsiste encore; c'est le donjon de la Tour de Londres. Des restaurations nombreuses ont ôté aux détails extérieurs de cet édifice

Le donjon de la Tour de Londres, autrement dit la Tour Blanche, façade du nord-ouest.

leur caractère primitif; mais la forme du monument a été conservée. C'est la forme carrée, qui prédomine dans les constructions militaires du xi° siècle; on a déjà pu

La Tour Blanche, façade du sud-est.

l'observer dans les châteaux de Rochester et de Norwich (voyez les dessins de ce châteaux, p. 132 et 188), et on la retrouvera encore dans ceux de Newcastle et de Richmond, qui seront reproduits plus tard dans le cours de cet ouvrage.

La chapelle de la Tour est, de tout l'édifice, la seule partie qui soit restée telle qu'elle était lors de sa construction. On y retrouve, dans leur simplicité primitive,

Tour de Londres. Intérieur de la chapelle de la Tour Blanche.

tous les caractères de l'architecture romane qui régnait alors sur le continent. Les colonnes formées de gros fûts cylindriques, sont pesantes et courtes, les faces plates des chapiteaux sont à peine décorées de quelques grossières moulures. Les archivoltes des arcades n'ont d'autre ornement qu'une rangée de pierres symétriques.

La Tour fut construite par Gundulph, moine de l'abbaye du Bec, un des plus habiles architectes de cette époque. Nommé par Guillaume, en récompense de ses talents, à l'évêché de Rochester, il fit construire le château que l'on admire encore aujourd'hui et qui servit de modèle à presque tous ceux qui furent élevés à cette époque et jusque vers le milieu du XIIe siècle, en Angleterre comme en Normandie[1].

1. Nous empruntons à l'excellent ouvrage de M. de Caumont, auquel nous devons déjà beaucoup, la description du château de Rochester. On verra quels progrès avait fait, en peu de temps, l'art des fortifications.

« Le donjon de Rochester se composait d'une tour principale carrée et d'une autre tour plus petite appliquée, formant saillie sur le corps principal de la citadelle.

On entrait à Rochester par un vestibule placé dans une partie saillante du donjon, et pour y parvenir on avait établi un escalier qui se trouvait brusquement interrompu à une certaine distance de la porte, afin de recevoir l'extrémité d'un pont-levis.

L'entrée à laquelle on accédait par ce pont-levis était fermée par une porte, et munie d'une herse. Il se trouvait un vestibule communiquant avec le corps principal du donjon par une ouverture qui

S'il était de la politique de Guillaume d'encourager partout la construction de nouveaux châteaux forts, l'intérêt des compagnons entre lesquels il avait partagé l'Angleterre les y portait aussi, et le pays, jusque là si pauvre en moyens de défense, fut bientôt couvert de maisons fortifiées. On a vu à quel point, sous le règne d'Étienne, les forteresses se multiplièrent; Henri II fut forcé, à son avénement au trône, d'en assiéger et d'en détruire une partie.

L'architecture religieuse ne fit pas des progrès moins rapides que l'architecture militaire. Les seigneurs normands étaient passionnés pour les constructions de tout genre, et aucune partie de la France ne présenta peut-être, au xie siècle, autant de

était fermée comme la première entrée au moyen d'une porte et d'une herse. Deux grandes niches pratiquées dans ce passage, renfermaient des bancs de pierre pour les soldats ou sentinelles qui gardaient la porte; au premier étage était un escalier descendant au rez-de-chaussée; deux autres escaliers placés aux angles opposés, s'élevaient depuis le premier étage jusqu'au sommet des murs.

Le rez-de-chaussée était sans fenêtres, et seulement éclairé par des ouvertures étroites ou guichets qui avaient à peine six pouces en carré, et disposées de telle sorte que les flèches ou autres projectiles qu'on aurait essayé d'y lancer ne pouvaient causer aucun dommage.

La hauteur de ce rez-de-chaussée était d'environ 14 pieds; il était divisé en deux parties.

L'étage au-dessus avait 20 pieds de hauteur; on n'y voyait pas d'ouvertures du côté de l'escalier extérieur, parce que l'escalade aurait été plus facile de ce côté.

A cet étage, se trouvait une vaste salle recevant le jour par des guichets, et dans laquelle logeait la majeure partie de la garnison. On voit du côté du nord, dans l'épaisseur du mur, un petit appartement muni d'une cheminée qui paraît avoir été le logement de l'officier de garde.

Le troisième étage, à partir du rez-de-chaussée, avait 30 pieds d'élévation, et renfermait les appartements du baron ou commandant du château; il était éclairé par des fenêtres, mais qui ne pouvaient donner aucune inquiétude à cette hauteur.

L'étage le plus élevé de tous (le quatrième, en comptant le rez-de-chaussée) avait 16 pieds de hauteur. A cause de l'élévation à laquelle il se trouvait, on n'avait pris aucunes précautions pour le défendre. Des fenêtres spacieuses pouvaient recevoir des machines de guerre, telles que des balistes ou des catapultes; c'était de là que la garnison devait le plus aisément incommoder les assiégeants. Les quatre angles de la maîtresse tour étaient surmontés de tourelles ou guérites carrées où l'on pouvait placer des sentinelles.

Les appartements du commandant, au troisième étage, étaient plus ornés que les autres et au nombre de trois, savoir : deux grandes salles ayant chacune 30 pieds de long sur 20 de large, et un appartement plus petit dans la cour du vestibule.

Afin d'obtenir plus de jour, on n'avait point séparé les deux grandes salles par une muraille pleine; elles communiquaient de l'une à l'autre par de belles arcades cintrées, ornées de moulures en zig-zags.

Des cheminées placées à chacune des deux extrémités du donjon s'ouvraient sous des arcades ornées de frètes et de zig-zags.

Le tuyau, au lieu de ressembler à celui des autres cheminées de l'époque, présentait une espèce de cavité conique, dont l'ouverture allait aboutir en dehors de la muraille, et ressemblait à celle des guichets de plusieurs fenêtres.

On communiquait aux différents étages, au moyen d'escaliers, et une galerie ou corridor percé dans l'épaisseur des murs faisait le tour de l'édifice; cette galerie ne se prolongeait pas horizontalement, mais elle montait ou descendait au moyen de marches.

Pour fournir d'eau la garnison en cas de siège, un puits magnifique avait été creusé au centre du donjon. Le cylindre de ce puits s'élevait jusqu'au sommet du mur qui séparait l'édifice en deux parties, de sorte qu'on pouvait puiser de l'eau à chaque étage, par des ouvertures ménagées dans ce mur. On avait aussi pratiqué à l'intérieur du puits, des trous carrés, espacés régulièrement, au moyen desquels on descendait jusqu'au fond; cette espèce d'échelle, creusée dans la pierre, à peu près comme les trous d'un colombier, servait pour descendre dans le puits, afin de le nettoyer ou d'en retirer les objets qui auraient pu y tomber. »

(De Caumont, *Histoire sommaire de l'architecture au moyen âge*, p. 282 et suiv.)

fondations d'églises et d'abbayes que n'en présenta l'ancienne province de Normandie. Les ducs et les principaux barons donnèrent l'exemple à leurs vassaux. « Dans ces jours-là, dit Guillaume de Jumièges, les habitants de la Normandie jouissaient d'une paix profonde; et les serviteurs de Dieu étaient considérés partout avec le plus grand respect. Chaque seigneur dans ses domaines rivalisait de zèle à bâtir des églises et à doter des moines qui priassent Dieu pour son salut. »

Il en fut de même après la conquête de l'Angleterre. « Voyez, dit Guillaume de Malmesbury, voyez s'élever de tous côtés des églises et des monastères dans un nouveau style d'architecture, *novo œdificandi genere*. Voyez la patrie animée d'une telle ferveur, que les riches croiraient avoir perdu la journée qu'ils n'auraient pas signalée par quelque acte éclatant de générosité. » Aussi, l'art ne pouvait rester stationnaire; et il suffit pour juger de ses progrès de comparer à la chapelle de la Tour les ruines de l'abbaye de Lindisfarne, élevée quelques années après : s'il reste encore quelques-unes de ces grosses colonnes à fût cylindrique, elles sont ornées de

Ruines de l'abbaye de Lindisfarne, Holy Island.

moulures qui en déguisent la lourdeur et la monotonie. Les autres piliers sont formés d'un assemblage de colonnettes et de demi-colonnes réunies en faisceau; c'est un acheminement marqué vers le système d'architecture que nous verrons prédominer dans la suite, lorsque des fûts d'une longueur immense s'élanceront d'un seul jet, depuis le pavé jusqu'aux combles, pour aller recevoir les arceaux de la voûte.

Au commencement du xɪᵉ siècle, les portes conservaient encore une grande simplicité. L'archivolte ornée de quelques moulures, souvent toute unie, reposait encore assez fréquemment sur de simples pilastres. Vers le milieu du xɪᵉ et dans le commencement du xɪɪᵉ, les archivoltes se multiplièrent et se chargèrent d'ornements; la porte de l'église du prieuré de Kirkham, qui date du règne de Henri Iᵉʳ, est un des

Porte de l'église du prieuré de Kirkham.

plus curieux modèles qui existent de ce genre d'ornementation, que l'on retrouvera encore dans la porte et la fenêtre du château de Ludlow (voir le dessin de ce château au règne de Henri III), et dans la porte de l'abbaye de Jedburgh (voir la gravure séparée représentant cette abbaye).

Il en est de même pour les fenêtres; au commencement du xie siècle, elles sont ordinairement ornées d'une archivolte formée par de simples pierres symétriques, quelquefois par de grossières moulures (voir les châteaux de Rochester, Wigmore, p. 132 et 161); mais dès le milieu du xie siècle, elles deviennent remarquables par la finesse et la quantité de leurs ornements (voir celle du château de Ludlow).

Bientôt ce ne fut plus seulement aux détails que l'on s'attacha, on rechercha la grandeur imposante de l'ensemble. Maurice, évêque de Londres, rebâtit sa cathédrale sur un plan si vaste et si magnifique, que ses contemporains, quoique accoutumés à ces merveilles, en furent frappés d'étonnement, et traitèrent son entreprise d'insensée. Mais de tous les prélats, le plus prodigue d'édifices de tout genre, ce fut Roger, évêque de Sarum, dont il est question au règne d'Étienne. Les ruines de l'abbaye de Malmes-

Ruines de l'abbaye de Malmesbury.

bury, voilà malheureusement tout ce qui reste pour nous confirmer ce que dit de

RESTES DE L'ABBAYE DE JEDBURGH.
(Écosse)

lui William de Malmesbury : « La cathé-
« drale qu'il fit construire ne le cédait à
« aucune autre, et les surpassait presque
« toutes; et il fit élever de si nombreux
« châteaux, des demeures si splendides,
« et décorées avec tant de magnificence,
« qu'il sera impossible à ses successeurs
« de les maintenir seulement en état. »

Grâce à cette généreuse émulation,
l'Angleterre se couvrit de monuments,
et rappeler tous les édifices religieux qui
ont été construits à cette époque, ce serait
nommer l'une après l'autre presque toutes
les cathédrales et les abbayes de la Grande-
Bretagne. Il est vrai que dans toutes la
destruction et les restaurations successives ont changé, dans l'ensemble au
moins, le caractère primitif de l'architecture; mais il est peu de ces édifices
où l'on ne retrouve des parties conservées
tout entières dans le style original.

Jusqu'à la fin xie siècle, la statuaire
était restée dans un état d'infériorité
réelle, et la figure humaine n'avait été représentée que de la manière la plus bizarre
et la plus incorrecte. Nous en avons donné
un exemple en reproduisant, d'après un
chapiteau de l'église de Saint-Georges de
Bocherville en Normandie, un monnayeur
de cette époque. (V. page 141.)

Le bas-relief que nous donnons ici
n'est que le développement d'un chapiteau de la fin du xiie siècle, tiré de la
même église; il montre quels singuliers
progrès la sculpture avait déjà faits à cette
époque. « Cette renaissance de la statuaire contribua puissamment à changer
l'aspect des monuments religieux en ap-
portant un élément tout nouveau dans
leur décoration. Les archivoltes et les
voussures des portes, ornées auparavant
de moulures de toute espèce, commencèrent à se couvrir de personnages; les
tympans qui jusque-là n'avaient eu pour ornement que des figures chimériques,

semblables à celles qui sont représentées sur la porte de l'église de Kirkham, ou simplement des pierres taillées symétriquement, furent aussi tapissés de bas reliefs.[1] »

Dès-lors, les tombes qui n'étaient auparavant que de simples cercueils en pierre portèrent sur la table de recouvrement l'effigie de celui qui y était renfermé. Ces effigies n'étaient d'abord qu'en demi-relief, comme le prouvent le tombeau de l'abbé Vitalis, et ceux de Gislebert et de Joscelin de Salisbury. (Voir les pages 148 et 168.) Ce ne fut guères que dans les premières années du xiii° siècle vers le

Effigie de l'abbé Vitalis.

Geoffroy de Magnaville, comte d'Essex.

règne de Jean-sans-Terre, que les statues en ronde bosse, presque entièrement détachées de la pierre sépulcrale, commencèrent à être exécutées en Angleterre, et c'est à tort que l'on a assigné la date du xii° siècle à la statue qui décore le tombeau de Geoffroy de Magnaville ou de Mandeville, comte d'Essex, dans l'église du Temple à Londres. Elle est évidemment de la même époque que celle du comte de Pembroke, qui fut inhumé aussi dans l'église du Temple, au commencement du règne de Henri III (voir au règne de ce prince l'effigie du comte de Pembroke).

---

1 De Caumont. *Histoire sommaire de l'architecture au moyen-âge*, p. 100.

La peinture à cette époque n'existe encore que dans les manuscrits. Là, les artistes se révèlent sous une double face. Imitateurs presque serviles de la manière byzantine dans la représentation de la figure humaine, ils sont entièrement originaux dans les ornements qu'ils prodiguent autour de leurs tableaux. Ces rhunes, ces nœuds, ces entrelacs, ces enroulements de toute sorte, ces masses de feuillages et de fleurs, au milieu desquels ils mêlent des figures chimériques, des animaux, et même des personnages, c'est là une ornementation entièrement distincte de celle de l'Orient, et toute empreinte du génie des peuples du Nord. Elle est singulière, bizarre, mais elle est complétement nouvelle, complétement originale, et l'on peut voir par les exemples que nous en avons donnés dans les lettres initiales, et aussi dans les baptistaires et divers autres monuments, que ces artistes si naïfs, et sous quelques points de vue, si grossiers, savaient, dans de certaines parties, joindre à la plus incroyable richesse de détails une rare élégance dans la disposition générale, une harmonie parfaite dans l'ensemble.

Croix du XIIᵉ siècle, dans le cimetière de l'église de Eyam.

RICHARD IER SURNOMMÉ CŒUR-DE-LION.

(1189-1199).

ichard, en arrivant au trône, commença par rendre la liberté à la reine Aliénor, sa mère, et lui confia le gouvernement de l'Angleterre pour le temps qu'il aurait à passer sur le continent. Loin de repousser les ministres et conseillers fidèles, qui semblaient avoir excité son père à blâmer et combattre les entreprises de ses enfants, il les appela près de lui, et les confirma dans leurs fonctions; puis il partit pour l'Angleterre, où il se fit couronner à Westminster, le 3 septembre 1189.

Frère d'armes de Philippe-Auguste, Richard avait pris la croix en même temps que ce prince, et tous les deux se proposaient de délivrer la ville de Tyr, qui restait seule alors au pouvoir des chrétiens, et de reconquérir Jérusalem, où l'invincible Saladin avait rétabli les mosquées et le culte de Mahomet. Pour accomplir ce projet, Richard avait besoin d'argent. Il vendit ses propres terres, ses châteaux, et tout ce qui appartenait au domaine royal. Les hautes charges de l'état, et jusqu'à celle de grand justicier, furent adjugées au plus offrant. « Je vendrais Londres, disait le roi, si je trouvais un acheteur. » Les bourgeois saxons de plusieurs villes, qui étaient la propriété du roi, se cotisèrent alors pour racheter leurs maisons, et devenir, à charge de rente annuelle, propriétaires du lieu qu'ils habitaient. Par le seul fait d'un pareil traité, la ville qui l'avait conclu devenait une corporation, et s'organisait sous des syndics responsables envers le roi pour le paiement de la dette municipale, et envers les bourgeois pour l'emploi des sommes levées par contribution personnelle. Les règnes des successeurs de Richard Ier offrent un grand nombre de ces conventions, par lesquelles les cités d'Angleterre sortirent graduellement de la condition où la conquête normande les avait fait descendre [1]. Richard vendit encore le comté de Northumberland à l'évêque de Durham, et au roi d'Écosse les droits de suzeraineté acquis par Henri II, avec les châteaux de Roxburgh et de Berwick. Mais ce qui lui rapporta le plus, ce fut un massacre des Juifs, qu'il toléra du moins s'il ne l'ordonna.

Les Juifs étaient les seuls intermédiaires des commerçants dans les diverses contrées de l'Europe et de l'Asie, et les banquiers de tous les états chrétiens; mais précisément parce qu'ils n'étaient que tolérés et que la loi commune ne les protégeait pas, ils demandaient aux fonds qu'ils mettaient en circulation des intérêts énormes, se récupérant des pertes que la mauvaise foi leur faisait éprouver, sur les transactions des hommes loyaux. Aussi le peuple, qui n'avait pas, comme les barons, la facilité d'extorquer des quittances à main armée, leur conservait-il une haine qu'envenimait encore le fanatisme religieux. A l'avènement de Richard, des délégués de la nation juive apportèrent au roi un présent d'une valeur considérable, afin de se le rendre favorable, et quoiqu'un édit leur eût défendu de paraître aux cérémonies du couronnement, les envoyés osèrent cependant, à la faveur du don magnifique dont ils étaient porteurs, pénétrer dans le palais. Des officiers de la cour les repoussèrent, et les chassèrent à coups de pierre et de bâton. Il n'en fallait pas tant pour émouvoir la populace. Le bruit se répandit que Richard avait ordonné de massacrer les Juifs, et permis de s'emparer de leurs biens. Aussitôt la foule se porta dans toutes leurs demeures, en força les portes, en assassina les habitants, et mit le feu aux maisons après les avoir dépouillées. Le roi intervint alors, et déclara qu'il prenait les Juifs sous sa protection; mais comme il ne punit aucun des incendiaires, meurtriers ou spoliateurs, les croisés, dans leur marche vers les côtes, se crurent en droit d'imiter leurs frères de Londres. Lincoln, Edmondsbury, Lynn, Stamford, Norwich, virent recommencer les atrocités de la capitale. A York, les Juifs furent assiégés dans la citadelle où ils s'étaient réfugiés. Dans leur désespoir ils enterrèrent leur argent, brûlèrent tout ce qui pouvait être consumé, tuèrent eux-mêmes leurs femmes et leurs enfants, et finirent par s'égorger les uns les autres. Ce qui survécut fut massacré sans pitié. Les vainqueurs n'en épargnèrent pas un seul, et courant à la cathédrale, où se trouvaient déposées les cédules ou reconnaissances des sommes d'argent prêtées par les Juifs à la noblesse et aux propriétaires, ils s'en emparèrent et les brûlèrent au pied de l'autel. Les croisés et le roi lui-même, qui, pour s'équiper, avaient emprunté des sommes considérables, se trouvèrent ainsi, avant leur départ, libérés de toutes leurs dettes.

Afin de régler l'administration de l'Angleterre durant son absence, le roi partagea la régence entre son chancelier Guillaume de Longchamp, évêque d'Ély, et Hugues Pudsey, évêque de Durham. Il exigea ensuite du prince Jean et de l'archevêque d'York Geoffroy, son frère naturel, le serment de ne pas entrer dans son royaume avant son retour; puis il fit donation à Jean-sans-Terre du comté de Mortain en Normandie, et de ceux de Lancaster, Nottingham, Derby, Dorset, Somerset, Glocester et Cornouailles. Ces dispositions faites, il se prépara au départ, et le 1er juillet 1190, les rois de France et d'Angleterre, entourés de leurs chevaliers, réunirent

---

[1]. A. Thierry, t. IV, p. 28.

leurs armées et en passèrent la revue à Vézelay. On compta plus de cent mille hommes enthousiastes de gloire et de religion, jeunesse fougueuse qui ne redoutait aucun péril, et ne voyait d'obstacle à son succès que dans la lenteur du voyage. Les deux rois renouvelèrent leurs protestations d'éternelle amitié, et firent un pacte de fraternité d'armes en s'engageant sur l'honneur et la vie, sous peine d'excommunication, à ne rien entreprendre contre leurs droits mutuels durant la croisade. La double armée des croisés marcha de Tonnerre jusqu'à Lyon, commandée par les deux rois. On se sépara dans cette ville. Philippe-Auguste conduisit ses troupes à Gênes où des transports lui étaient préparés. Richard Cœur-de-Lion se dirigea vers Marseille, Nice et Vintimille, qui relevaient du roi d'Aragon, son neveu, et où devait le rejoindre la flotte d'Angleterre, après avoir passé le détroit de Gibraltar. Les deux armées se rejoignirent vers la fin de septembre au port de Messine, en Sicile.

L'empereur d'Allemagne, Frédéric Barberousse, n'avait pas attendu les croisés de France et d'Angleterre, et il s'était flatté de l'espoir de conquérir sans eux, avec son armée de cent cinquante mille hommes, la ville de Jérusalem et le tombeau de Jésus-Christ; mais après avoir surmonté les obstacles que lui avaient opposés les Grecs et les Musulmans, il périt en se baignant dans les eaux du Selef (1190), et lorsque son fils Conrad, qui prit le commandement à sa mort, toucha enfin la Terre-Sainte, il lui restait à peine huit mille hommes, accablés encore par les maladies et la disette.

Philippe et Richard passèrent l'hiver en Sicile, et bientôt commencèrent entre eux les dissensions et les querelles. Guillaume II, le dernier roi de Sicile, beau-frère de Richard, était mort sans postérité (1189), en léguant ses états à Constance, sa fille, femme de l'empereur d'Allemagne Henri VI; toutefois Tancrède, frère naturel de Constance, s'était emparé du trône, et s'y maintenait par la force des armes. Il avait aussi retenu le douaire de Jeanne, veuve du dernier roi. Richard le réclama, appela sa sœur près de lui, et, traversant avec quelques galères le détroit de Messine, il attaqua un château fort sur les côtes de la Calabre, s'en empara, et le donna à Jeanne comme place de sûreté. Au retour de cette expédition en pleine paix, il aperçut près des côtes une île qui appartenait à des moines; il les chassa de cette résidence, et fit de leur demeure un dépôt d'armes et d'approvisionnements. Une pareille conduite n'était pas faite pour lui concilier l'amitié des Siciliens. Bientôt une querelle sanglante éclata entre un détachement d'Anglais et quelques bourgeois de Messine. Philippe, voulant se rendre médiateur de ce différend, tint une conférence hors des murs avec le roi d'Angleterre et des envoyés de Tancrède, mais tandis qu'il s'occupait de calmer les esprits échauffés, on vint avertir Richard que l'affaire devenait générale. Ce prince quitta brusquement l'assemblée, courut se mettre à la tête de ses troupes, et poursuivit les bourgeois de Messine, qui se retirèrent dans leurs murs et fermèrent les portes. Richard attaqua la ville, y pénétra, suivi de dix mille hommes, l'abandonna aux excès de ses soldats, et fit planter ses étendards sur les tours et les remparts.

Philippe-Auguste regarda comme un outrage personnel l'érection des drapeaux de Richard sur les murailles d'une ville qu'il habitait, et dans laquelle il se trouvait presque le prisonnier de son vassal. Il s'en plaignit hautement. Richard lui reprocha d'être resté paisible spectateur du combat, et la querelle se serait envenimée, si les plus sages des chevaliers présents n'eussent ouvert l'avis de remettre la ville aux Templiers et aux Hospitaliers jusqu'à ce que le roi de Sicile eût donné satisfaction.

Cet événement fit comprendre à Tancrède qu'il n'obtiendrait rien de Richard par la force des armes. Pour conserver ses états, il consentit à payer au roi d'Angleterre la somme de quarante mille onces d'or, que ce souverain réclamait comme composant ensemble le douaire de Jeanne, sa sœur, et le legs fait par le roi défunt à son père Henri II. Puis, pour se débarrasser de ces hôtes incommodes, Tancrède ne chercha plus qu'à aigrir les deux rois l'un contre l'autre; il saisit l'instant où Philippe pressait Richard d'épouser sa sœur Alix, et où Richard s'y refusait en alléguant que ce serait un crime puisqu'elle avait un enfant de son père Henri II, et que d'ailleurs il avait offert sa couronne à Bérengère, princesse de Navarre, pour communiquer au roi d'Angleterre une prétendue lettre de Philippe, qui promettait à Tancrède de se joindre à lui, s'il voulait attaquer les Anglais pendant la nuit. Dans la discussion très-vive que causait la question du mariage, Richard ne put s'empêcher de produire à Philippe sa lettre à Tancrède. « Ce n'est ici, dit le prince « français en la repoussant avec dédain, qu'un indigne artifice, un prétexte honteux, « que vous inventez pour fausser votre parole, pour renoncer à la main de ma sœur. » Richard, surpris, n'osa insister sur la vérité de cette lettre; mais il est probable qu'il fournit assez de preuves de l'inconduite de la princesse Alix, ou de la violence qu'elle avait subie, pour que, par un traité, Philippe le relevât de l'engagement qu'il avait contracté, à condition qu'il payât au roi de France 10,000 marcs en cinq années, et qu'il restituât la personne de la princesse et les places fortes qui avaient composé sa dot. Les deux rois redevinrent grands et loyaux amis comme auparavant, et Philippe-Auguste mit à la voile pour Saint-Jean-d'Acre ou Ptolémaïs (30 mars 1191).

Richard ne s'empressa pas de le suivre. Retenu par l'amour, il se plaisait à promener Bérengère et la reine mère Aliénor des côtes de la Calabre à celles de la Sicile. Enfin, il quitta ce pays, suivi de cinquante-trois galères et de cent cinquante navires de toutes dimensions. Une tempête dispersa la flotte anglaise, et le roi fut forcé de relâcher dans l'île de Crète, où il espérait réunir au moins ses principales galères, mais il lui en manqua vingt-cinq. Il se rendit à Rhodes pour en avoir des nouvelles, et ne tarda pas à savoir que plusieurs de ses vaisseaux avaient échoué sur les côtes de l'île de Chypre, qu'on avait pillé leur chargement et mis aux fers matelots, soldats et passagers.

Isaac Comnène régnait alors dans l'île de Chypre avec le titre d'empereur, et il est probable que la conduite antérieure des croisés à Constantinople et dans l'Asie mineure l'engageait à repousser toute relation avec des hommes qui ne ménageaient pas plus leurs alliés que leurs ennemis. Richard lui demanda satisfaction, et, sur son refus, vint attaquer l'île. Les chevaliers normands enlevèrent les galères, et se précipitèrent sur le rivage avec Richard à leur tête. Ils emportèrent d'assaut la ville de Limassol, surprirent le camp d'Isaac, et forcèrent ce prince de s'enfuir à Nicosie. Le malheureux Comnène fut obligé de s'engager à livrer tous ses châteaux à des garnisons anglaises, à faire hommage de vassal à son vainqueur, à lui fournir cinq cents chevaliers pour la guerre de Palestine, à payer trois mille cinq cents marcs d'or, et à suivre les croisés en Terre-Sainte. Richard s'engageait à lui rendre ses états après la conquête de Jérusalem, s'il était satisfait de sa conduite.

Bientôt Isaac reprit les armes et se mit à la tête d'une armée réunie à la hâte; mais il fut défait; Nicosie se rendit, et sa fille et lui tombèrent aux mains du vainqueur, qui le fit charger de chaînes d'argent, par courtoisie, et l'enferma dans un château où il mourut quatre ans après.

Il y avait déjà deux années que les croisés avaient entrepris le siége de Ptolémaïs. Les galères de Pise en bloquaient le port, et des flots de chrétiens occidentaux inondaient sans cesse la Terre-Sainte, et renouvelaient cette armée qui campait autour de la ville, mais qui était autant assiégée qu'assiégeante, et dont Saladin, posté lui-même sur les montagnes voisines, rendait tous les efforts inutiles. La famine et la peste étaient ses auxiliaires; un enthousiasme aussi puissant que celui des chrétiens exaltait les musulmans. Plus de trois cent mille hommes étaient déjà morts sous les murs de la ville. Lorsque parut Philippe-Auguste les grandes actions recommencèrent; mais Richard ne se montrait pas encore. Enfin, il arriva après avoir dans sa route couru de nouvelles aventures. Philippe parut le revoir avec joie. Les deux princes se partagèrent le commandement du camp et celui de la tranchée, qu'ils échangeaient tour à tour, de deux jours l'un, et bientôt les Sarrasins, au nombre de cinq mille, demandèrent à capituler.

Les obligations qu'on leur imposa, pour avoir la vie sauve, furent rigoureuses. Dans un délai de quarante jours, Saladin devait mettre en liberté quinze cents captifs chrétiens, livrer le bois de la sainte-croix, et payer 200,000 besants d'or (environ 2,400 000 francs). Saladin n'accepta pas ces conditions, et au terme assigné, Richard fit décapiter les cinq mille musulmans, « sans que Philippe s'y opposât. » Saladin, de son côté, fit égorger tous les prisonniers chrétiens.

Les rois de France et d'Angleterre étaient plus divisés que jamais par des rivalités d'orgueil et d'ambition. Philippe s'était plaint de l'incroyable abandon où Richard l'avait laissé si longtemps; il lui reprochait d'avoir fait déchirer et jeter dans la boue la bannière du duc d'Autriche, brave chevalier, qui l'avait arborée en montant à l'assaut avant le roi d'Angleterre; il supposait que Conrad, marquis de Montferrat, qui disputait à Guy de Lusignan le trône de Jérusalem, et qui venait d'être assassiné à Tyr, ne l'avait été qu'à l'instigation de Richard, protecteur de Lusignan. Enfin, il déclara que sa santé trop altérée et des intérêts majeurs le rappelaient en France, et il partit malgré les supplications des chefs confédérés. Dix mille hommes de sa suite restèrent en Palestine, sous le commandement du duc de Bourgogne.

Le roi d'Angleterre, resté chef suprême de la croisade par la retraite de Philippe, voulut conduire son armée à Jaffa, et il déploya dans cette marche une prévoyance militaire, une activité, une présence d'esprit, un courage personnel, qui lui valurent l'admiration des plus redoutables chevaliers, et une renommée dont toute l'Europe ne tarda pas à retentir. Saladin le suivait pas à pas, campant près du camp des croisés, les attaquant le matin, les attaquant le soir, de front, de flanc, et par derrière. De nombreux renforts augmentèrent l'armée des Sarrasins, et une bataille générale devint indispensable. Elle se donna le 7 septembre 1192. Les chrétiens ne comptaient plus que trente mille hommes, partagés en cinq divisions; l'exagération des historiens porte à trois cent mille le nombre des musulmans. Après une sanglante mêlée et des faits d'armes héroïques, Richard continua sa marche, atteignit Jaffa, y prit ses quartiers, et s'y fortifia.

Costumes militaires sous le règne de Richard Cœur-de-Lion.

Cet esprit superbe commençait cependant à concevoir toute la témérité d'une guerre entreprise avec tant d'imprévoyance et de légèreté, à huit cents lieues de son pays, sur les indices les plus incertains, et sans possibilité de s'y procurer des secours en hommes ou en argent. Les croisés, d'autre part, qui n'avaient vu, dans leur premier enthousiasme, que des couronnes immortelles à partager au ciel, et des biens terrestres à ramasser en Asie, décimés par le glaive, par la disette et les maladies, regrettaient leurs foyers, et, désabusés sur la facile conquête de Jérusalem, mettaient tout leur espoir dans un prompt retour aux contrées occidentales. La voix du héraut qui, tous les soirs, jetait au milieu du camp le cri de la croisade : « Le saint « sépulcre ! le saint sépulcre ! » ne ranimait plus ces courages abattus. Les Allemands, les Italiens, les Français, déclarèrent qu'ils étaient déterminés à regagner leurs foyers.

Richard n'en persista pas moins à marcher sur Jérusalem ; mais une fois parvenu à Ramla et Béthanie, il vit son armée accablée de tous les maux à la fois, la peste, les fièvres pernicieuses, la famine même dans un pays ruiné ; le découragement s'empara de ces chevaliers qui tant de fois avaient bravé la mort. Le roi perdit alors toute pensée de porter plus loin ses conquêtes, et revint vers Jaffa. Mais Saladin avait investi cette ville avant l'arrivée de Richard. Le roi d'Angleterre, qui s'avançait par mer, trouva le rivage inondé d'ennemis, et il se proposait d'attendre son armée de terre, quand un prêtre atteignit à la nage la galère royale, et lui apprit que la moitié des chrétiens de Jaffa avait été massacrée, et que l'autre se maintenait avec peine dans une des tours. Richard ne l'eut pas entendu, qu'il s'écria d'une voix tonnante : « Maudit soit celui qui ne me suivra pas! » Il se précipita dans l'eau, et, par son courage, délivra la ville en peu d'heures ; puis il alla fièrement camper hors des portes.

De tant de milliers de braves qu'il comptait naguère sous ses étendards, il ne lui restait que cinquante-cinq chevaliers, la plupart démontés, et deux mille soldats. Son courage n'en fut pas abattu, et lorsqu'il fut attaqué par la nombreuse armée de Saladin, il fit de tels prodiges de valeur que le frère du sultan, saisi d'admiration, lui envoya pendant l'action deux de ses chevaux, sur l'un desquels le roi combattit jusqu'à la nuit. Saladin s'éloigna, et sans doute Richard l'aurait attaqué de nouveau, s'il n'eût pas été saisi par la fièvre. D'ailleurs, il venait de recevoir des lettres d'Angleterre, qui lui donnèrent de sérieuses craintes pour ses propres états.

Le roi, en s'éloignant, avait partagé son autorité entre deux prélats, Guillaume de Longchamp, évêque d'Ély, et Hugues de Pudsey, évêque de Durham. Longchamp, à la fois chancelier et grand justicier, légat du pape en Angleterre et en Écosse, fit bientôt peser sur le peuple sa double autorité. Avide, prodigue et plein d'orgueil, il affecta d'abord l'appareil de la royauté, se fit constamment accompagner d'un corps de plus de mille chevaux, apposa sur les actes publics son propre sceau, et non celui de l'état, donna la garde des villes et des châteaux à ses parents et à ses protégés, s'entoura de jongleurs et de trouvères appelés de France pour chanter ses louanges à prix d'or, traita la noblesse avec arrogance, déploya enfin une ostentation que jamais souverain n'avait montrée, et telle que sa présence d'un jour dans le plus riche monastère ou chez le plus opulent des seigneurs de l'Angleterre en dévorait le revenu de plusieurs années. Bientôt il fit arrêter l'évêque de Durham, son collègue, et ne lui rendit la liberté qu'au prix de la cession du comté de Northumberland, de tous ses pouvoirs et de ses dignités.

L'évêque d'Ély ne redoutait que l'influence du frère du roi, Jean-sans-Terre, qui déjà formait autour de lui un parti que grossissaient tous ceux que mécontentait le gouvernement du grand justicier. La lutte ne tarda pas à commencer. La querelle de Longchamp avec Geoffroy, le frère naturel du roi, précipita sa ruine.

Henri II avait eu Geoffroy de sa maîtresse Rosemunde, et l'aimait à l'exclusion de ses enfants légitimes. Avant de mourir, il l'avait promu à l'archevêché d'York. Richard, qui redoutait l'ambition de Geoffroy, lui avait fait jurer sur les évangiles de ne pas mettre le pied en Angleterre pendant tout le temps que durerait son absence. Mais Geoffroy, profitant du long séjour de son frère en Asie, traversa le détroit. Le chancelier averti, le fit arrêter et conduire au château de Douvres, et ne le mit en liberté que sous la caution de l'évêque de Londres. Le comte Jean, qui jusqu'à ce jour s'était montré l'ennemi de Geoffroy, déclara qu'il se trouvait offensé de l'injure faite à son frère. Il fit un appel à tous les évêques et barons, les réunit à Reading, nonobstant l'opposition de Longchamp, et devant cette grande assemblée les deux frères s'embrassèrent tendrement et produisirent deux lettres de Richard, revêtues de son sceau [1]. Gauthier, l'archevêque de Rouen, qui avait accompagné les croisés jusqu'en Sicile, en revenait porteur de ces deux lettres; l'une d'elles déliait Geoffroy de son ancien serment; l'autre nommait un conseil sans lequel le régent ne pourrait agir. Les noms des membres de ce conseil furent divulgués : c'étaient Gauthier lui-même, Guillaume Mareschal, comte de Strigul; Guillaume Brewere, Geoffroy Fitz-Peter et Hugues Bardulfe, tous ennemis personnels du chancelier.

Le chancelier, sommé de comparaître, se mit en marche avec ses chevaliers dans l'intention de dissoudre l'illégale réunion de Reading. Mais son escorte fut dispersée par les hommes d'armes de Jean, et il se réfugia dans la Tour de Londres. Le comte de Mortain, qui le suivait de près et qui craignait que les habitants ne se déclarassent en sa faveur, fit sonner la cloche qui d'ordinaire appelait les habitants à se réunir. Archevêques et évêques, comtes et barons, nobles et vilains, se rassemblèrent à Saint-Paul; on montra au peuple les lettres du roi, et avec l'assentiment général les hérauts proclamèrent qu'il avait plu à Jean, comte de Mortain, frère du roi, à tous les évêques, comtes et barons du royaume, et aux citoyens de Londres, que le chancelier Guillaume de Longchamp fût destitué. Le même jour, le comte de Mortain, l'archevêque de Rouen et les justiciers du roi octroyèrent aux citoyens la licence de former entre eux une commune. La commune était l'association de tous les bourgeois d'une ville, liés entre eux par le serment de se prêter les uns aux autres, foi, force et asile. Les communiers nommaient des magistrats pour administrer les affaires et les revenus de la cité, se donnaient un sceau et un trésor, se formaient en milice, se chargeaient de la garde des murs, des portes et des chaînes de la ville, et devaient, au signal du beffroi, se rendre en armes sur la place pour aviser à la défense générale. Le comte, l'archevêque et presque tous les évêques et barons du royaume jurèrent de maintenir fermement et immuablement cette commune, aussi longtemps qu'il plairait au roi, et, de leur côté, les citoyens jurèrent obéissance et fidélité au seigneur roi Richard, et après lui au comte Jean, qu'ils promirent de reconnaître pour roi et seigneur, si son frère mourait sans enfants (1191).

Par cette reconnaissance anticipée, Jean allait contre les vues de Richard et les droits de son neveu Arthur, fils de Geoffroy et de Constance, la fille du dernier duc de Bretagne, que le roi avait déjà reconnu pour son successeur dans le cas où il mourrait sans enfants.

Guillaume de Longchamp proposa de capituler; il se démit de ses charges, abandonna toutes les forteresses royales dont il remit les clefs à l'archevêque de Rouen, livra deux de ses frères comme garants de l'exécution de sa parole, et se retira en

---

1. Le sceau et le contre-sceau de Richard, que nous donnons ci-après, ont été découverts par M. Achille Deville, dans les archives du département de la Seine-Inférieure; ils étaient appendus à une charte provenant de l'abbaye de Saint-Georges de Bocherville, cette charte est datée du 18 mai 1198.

Normandie, d'où il écrivit au roi que le comte Jean avait formé le projet de s'emparer du trône.

Richard, en recevant cette lettre, apprit encore que Philippe, son frère d'armes, avait supplié le souverain pontife de le relever du serment par lequel il s'était engagé à n'attaquer aucun des états du roi d'Angleterre durant son absence. Philippe donnait pour motif le meurtre du marquis de Montferrat, attribué à Richard; de plus, il laissait dire qu'à l'instigation de Richard, le Vieux de la Montagne avait envoyé pour le tuer deux Hassassis ou Assassins. C'était le nom par lequel on désignait les mahométans fanatiques qui croyaient gagner le paradis en se dévouant à tuer par surprise les ennemis de leur foi. On croyait généralement qu'il existait dans les défilés du mont Liban une tribu entière de ces enthousiastes,

Sur le sceau, le roi est représenté portant une couronne ouverte au milieu de laquelle figure une fleur de lys; il est assis sur son trône et revêtu du manteau royal, qui diffère de celui que l'on a vu sur les

Sceau de Richard.

sceaux des rois précédents. Le trône est aussi d'une forme différente, plus riche et plus orné; dans le champ du sceau sont, à gauche un croissant, à droite un soleil. La légende porte: RICARDVS dei graTIA REX Anglorum; *Richard, par la grâce de Dieu, roi des Anglais.*

soumise à un chef appelé le Vieux de la Montagne. Le nom de *haschichi*, par lequel on les désignait en langue arabe, provenait de celui d'une plante enivrante dont ils faisaient usage pour s'exalter ou s'étourdir.

Ces nouvelles inquiétèrent tellement le roi d'Angleterre, que, malgré le serment qu'il avait fait de ne pas quitter la Terre Sainte, tant qu'il lui resterait un roussin à manger, il demanda et conclut avec Saladin une trêve de trois ans trois mois et trois jours. Saladin concéda aux chrétiens la liberté de visiter à leur gré le saint sépulcre, mais il exigea la destruction d'Ascalon. « Terre sacrée, s'écria Richard « en quittant la Palestine, je te recommande aux soins du Très-Haut : puisse-t-il « m'accorder de vivre, afin de revenir et de t'arracher au joug des infidèles. » Il partit (1192) avec un seul vaisseau qui toucha d'abord à Corfou, et, poussé par des

Contre-sceau, légende : RICARDVS dux normannorVM ET AQVITanie comes AndeGAVORUM ; *Richard, duc des Normands et d'Aquitaine, comte des Angevins.* Richard est représenté à cheval

Contre-sceau de Richard.

armé de pied en cap, tenant de la main droite une épée nue ; il a au bras gauche un écu armorié portant trois lions.

Le contre-sceau de Richard, comparé avec celui des rois précédents, n'offre pas, dans le costume

vents furieux, il fut forcé de débarquer entre Aquilée et Venise. Sa suite ne se composait que de Baudouin de Béthune, de deux de ses chapelains, de quelques chevaliers du Temple, et d'un petit nombre de serviteurs. En traversant le continent afin d'échapper aux piéges que pourraient lui tendre les ennemis qu'il s'était faits à la croisade, Richard revêtit une robe de pèlerin, laissa croître sa barbe et ses cheveux, prit le nom de Hugues, et se rendit à Goritz en Frioul, dans l'intention d'obtenir un passe-port du seigneur ou gouverneur de la province. Ce seigneur se nommait Maynard; il était neveu du marquis de Montferrat, assassiné à Tyr, et

royal, de moins grands changements que le sceau. Jusqu'alors le casque normand était toujours resté le même. C'était le pot en tête à forme conique, tel qu'on le trouve dans la *Tapisserie de Bayeux*. Celui de Richard est complétement différent. La forme en est cylindrique; ce n'est plus le nez seulement qui est protégé par un nasal; la figure est entièrement enveloppée; des ouvertures horizontales sont pratiquées à la hauteur des yeux, du nez et de la bouche. Ce casque est couronné par un large cimier dont la crête est formée, suivant les uns, de brins de genêt, comme souvenir de famille, suivant les autres, de piquants de fer. On remarque aussi un changement important dans les boucliers. C'était aux Siciliens que les Normands avaient emprunté la forme des leurs : la comparaison des boucliers normands représentés dans la *Tapisserie de Bayeux*, avec ceux d'un grand nombre de bronzes siciliens, ne peut laisser de doutes à cet égard. Depuis le règne de Guillaume jusqu'à celui de Henri II, la forme plate, ovale,

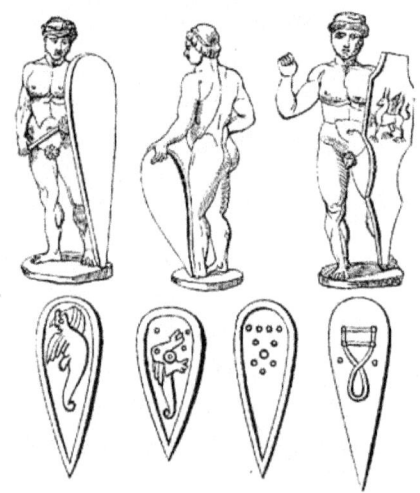

Boucliers normands et bronzes siciliens.

allongée, de ces écus, n'avait pas changé. Sous Henri II, elle se modifie, et c'est sous le règne de ce prince que l'on commence à y placer des armoiries (voyez le portrait de Geoffroy Plantagenet, p. 185). Dans sa *Philippide*, Guillaume-le-Breton nous décrit celles de Richard; ce sont les trois lions que l'on retrouve sur le contre-sceau :

> Ecce comes pictavus agro nos provocat, ecce
> Nos ad bella vocat; rictus agnosco leonum
> Illius in clypeo.
>
> GUIL. BRITO. PHILIPPEIS, lib III.

déjà le bruit que le roi d'Angleterre avait quitté la Palestine était venu jusqu'à lui. Richard envoya vers ce prince un de ses serviteurs, chargé de lui demander un passe-port pour Baudouin de Béthune, Hugues le marchand et leur suite revenant du pèlerinage de Jérusalem ; le page avait en même temps pour commission d'offrir à Maynard un rubis d'une grande valeur. La beauté de l'anneau surprit le prince de Goritz ; il réfléchit, demanda de nouveau le nom du marchand ; et quand il l'eut entendu, il s'écria : « Tu mens, il ne se nomme pas Hugues ; c'est le roi « Richard ; mais puisqu'il a voulu m'honorer de ses dons sans me connaître, dis-lui « que je le laisse libre de partir. » Le roi parvint à se procurer des chevaux, et s'échappa, suivi d'un seul chevalier et d'un enfant qui parlait un peu le langage du pays. Il courut de nouveaux dangers dans la Carinthie, et après avoir voyagé trois jours et trois nuits, sans prendre ni repos ni nourriture, à travers une contrée inconnue, il se trouva dans les faubourgs de Vienne. Par malheur, le duc d'Autriche, qui résidait dans cette ville, était ce même Léopold que le roi d'Angleterre avait insulté sous les murs de Ptolémaïs en déchirant sa bannière.

Les fugitifs, à demi morts de fatigue et de faim, envoyèrent l'enfant au marché, et lui remirent des besants d'or, soit pour payer ce qu'il achèterait, soit pour échanger en monnaie du pays. L'enfant excita la curiosité par son accent étranger et par les pièces qu'il montrait, et de retour vers le roi, il lui donna le conseil de partir au plus tôt ; Richard s'obstina à rester, et par ses dépenses excessives et le luxe de ses vêtements, il attira l'attention de ses hôtes. Léopold était instruit de son séjour dans le duché d'Autriche, et le faisait chercher de toutes parts. Le jeune page reparut au marché avec des habits somptueux, et des gants magnifiquement brodés à sa ceinture. Les espions de Léopold l'arrêtèrent, et l'enfant, mis à la torture, révéla le nom du roi et celui de l'hôtellerie qu'il habitait. Léopold accourut avec ses hommes d'armes. Richard voulut en vain se défendre, il fut forcé de remettre son épée au duc d'Autriche, parent de Conrad de Montferrat, beau-frère de l'empereur Isaac Comnène (21 décembre 1192).

Le bruit de l'emprisonnement du grand roi Richard se répandit dans tous les états de l'Europe avec une rapidité surprenante pour cette époque, mais en même temps sous les couleurs les plus étranges et avec les récits les plus miraculeux. Quand cette nouvelle parvint dans ses états, un cri général de douleur s'éleva parmi ses peuples. On nomma des députés pour lui porter des secours en tous genres, et ses sujets renouvelèrent d'enthousiasme leur serment d'allégeance.

Le duc d'Autriche eût voulu conserver son prisonnier dont il se promettait au moins une énorme rançon ; d'abord il tint secrète son arrestation, et quand elle fut sue de quelques personnes, il déroba à leur connaissance le lieu où il le cachait. Il ne put se dispenser cependant de faire part de cet événement à l'empereur d'Allemagne, Henri VI, son suzerain, et celui-ci exigea que son vassal lui cédât l'illustre captif pour une somme de soixante mille livres. Richard était alors étroitement gardé dans une forteresse du Tyrol ; il fut transféré à Worms, et le roi de France apprit par une lettre de l'empereur cette nouvelle « plus agréable pour lui que de « l'or et des pierreries. » Il offrit à l'empereur d'Allemagne d'acheter la garde de Richard au prix de la rançon d'un roi. De son côté, le comte Jean, voulant profiter de l'emprisonnement de son frère, était accouru à Paris, y avait fait hommage à Philippe de tous les états continentaux de Richard, même de l'Angleterre, au rapport de quelques historiens, et tandis que le roi de France pénétrait dans la Normandie, s'emparait de plusieurs forteresses et entreprenait le siége de Rouen, lui-même était revenu à Londres dans l'espoir d'opérer un soulèvement en sa faveur. Mais son courage n'était pas à la hauteur de son ambition. Il ne réussit qu'à se faire remettre les clefs d'un petit nombre de châteaux; les barons et les prélats s'armèrent contre lui, et le forcèrent à une trêve qui entraîna celle de Philippe avec le comte d'Essex, gouverneur de Rouen, au prix d'une somme de vingt mille marcs, garantie au monarque français par la cession de quatre forteresses.

Cependant le chancelier Guillaume de Longchamp s'était rendu près de Richard, qui l'avait accueilli comme un ami persécuté à cause de sa fidélité. Longchamp obtint même de l'empereur Henri la permission de défendre son souverain, forcé de comparaître devant la diète germanique. Là, Henri VI reprocha au roi d'Angleterre sa ligue avec Tancrède, usurpateur des droits de l'impératrice Constance, l'accusa d'avoir tourné les armes des croisés, qui ne devaient être employées que pour la destruction des Musulmans, contre un prince chrétien, Isaac Comnène, qu'il avait dépouillé de ses états; d'avoir insulté le noble duc d'Autriche sous les murs de Saint-Jean-d'Acre; d'avoir ordonné le meurtre de Conrad, marquis de Montferrat, roi de Jérusalem, et enfin d'avoir conclu avec Saladin une trêve honteuse qui laissait la Terre-Sainte aux mains des infidèles. Richard se défendit avec noblesse sur tous ces points, et se concilia l'admiration des princes et chevaliers qui composaient la diète. L'empereur fut forcé de traiter de sa rançon.

Les conditions furent rigoureuses. On fixa la somme à cent mille marcs d'argent. Richard promit de rendre la liberté au vieil Isaac Comnène, de remettre la princesse de Chypre, sa fille, au duc d'Autriche et de s'avouer vassal de l'empereur. La cérémonie s'accomplit en présence des évêques et des seigneurs allemands. « Le roi « Richard, dit un écrivain contemporain, se destitua de son royaume et le remit « à l'empereur, comme au suzerain universel, l'en investissant par son chaperon « et aussitôt l'empereur le lui rendit pour le tenir en fief, sous la condition d'un « tribut annuel de cinq mille livres sterling, et l'en investit par une double croix d'or. »

Cinq mois s'écoulèrent avant que Richard eût recueilli assez d'argent pour acquitter sa dette. Le chancelier, de retour en Angleterre, pressait vainement le conseil de régence de prendre les mesures nécessaires à cet effet. Une somme de vingt shillings avait été imposée sur chaque fief de chevalier, mais elle rentrait difficilement. Les églises et les monastères fondirent une partie de leur argenterie. On exigea du clergé, comme des laïques, le quart de tous les revenus annuels. On invita les personnes qui n'avaient pas de propriétés à faire chacune quelque présent pour le rachat du roi. On parvint à réunir ainsi soixante-dix mille marcs que la reine Aliénor et l'archevêque de Rouen, Gauthier, allèrent verser dans les mains de Henri VI. On donna des otages pour le paiement du reste, et Richard reçut la liberté vers la fin de janvier 1194. Sa captivité avait duré quatorze mois.

Mais il n'était pas encore à l'abri des embûches que lui tendaient ses ennemis. Le roi de France soldait des émissaires chargés de s'emparer de lui; l'empereur oubliait ses promesses; le comte de Mortain offrait des trésors à qui replongerait son frère dans les cachots. Gauthier, averti des projets de Henri VI, fréta à la hâte une mauvaise galiote à Anvers, et, nonobstant les vents contraires, conduisit Richard, sain et sauf, au port de Sandwich. Philippe, à ces nouvelles, écrivit à Jean-sans-Terre : « Prenez garde à vous, Comte, le diable a brisé sa chaîne. »

Richard fut accueilli de ses sujets par les plus vives acclamations. Les châteaux qui tenaient pour le comte de Mortain se rendirent aussitôt que leurs gouverneurs apprirent le débarquement du roi; le grand conseil avait déclaré Jean Lackland ennemi du royaume; les prélats l'excommunièrent ainsi que ses adhérents, et tous ses biens furent confisqués. Une seule forteresse, celle de Nottingham, tenait encore parce que son commandant doutait du retour de Richard; mais le roi, l'ayant assiégée, fit pendre à un gibet élevé des hommes d'armes faits prisonniers dans une escarmouche. « Cette fois, je reconnais Richard ! » s'écria le vieux chevalier en apercevant cette justice sommaire, et sur l'instant il se rendit. Le grand conseil, dont la reine Aliénor faisait partie, se réunit à Nottingham. Il s'occupa de corroborer, par des actes réguliers, les décrets de proscription lancés contre le comte de Mortain, d'imposer une taxe nouvelle sur les terres, de requérir les tenanciers militaires d'accompagner le roi sur le continent dans une expédition contre Philippe-Auguste. Pour se procurer de l'argent, Richard déclara que toutes les ventes de domaines qu'il avait consenties avant son départ pour la Palestine étaient nulles de fait et demeuraient anéanties attendu que le prix qu'il en avait reçu ne pouvait être considéré que comme un prêt qu'il était disposé à restituer en faisant compte des revenus touchés en son absence. « Si ces revenus, disait-il aux acquéreurs, si « les droits dont vous avez joui, si même les exactions dont vous vous êtes rendus « coupables dépassent en masse la somme que vous m'avez prêtée, vous ne sauriez « retenir des biens dont la possession ne serait qu'une épouvantable usure condam- « née par le pape sous peine d'excommunication. Mais si, de compte fait, je suis votre « débiteur, mon trésor vous indemnisera. »

Alors Richard ne songea plus qu'à se venger de Philippe. Mais le roi d'Angleterre ne pouvait lutter avec avantage contre un tel homme. « Richard était le roi féodal par excellence, c'est-à-dire, le plus hardi, le plus inconsidéré, le plus passionné, le plus brutal, le plus héroïque aventurier du moyen âge. En lui éclatait dans toute son énergie cette soif de mouvement et d'action, ce besoin de déployer son individualité, de faire sa volonté partout et toujours, au risque non-seulement du bien-être et des droits de ses sujets, mais de sa propre sûreté, de son propre pouvoir, de sa couronne même. Philippe, au contraire, était d'un sens rassis, patient, persévérant, peu touché de l'esprit d'aventure, plus ambitieux qu'ardent, capable de longs desseins et assez indifférent dans l'emploi des moyens. S'il ne fit point sur le roi Richard ces grandes et définitives conquêtes qui devaient rendre à la France la meilleure partie de la dot d'Aliénor d'Aquitaine, il les prépara par une multitude de petites acquisitions, de petites victoires, et en s'assurant de plus en plus la supériorité sur son rival [1]. »

---

1. Guizot, *Histoire de la Civilisation en France*, t. v, p. 130.

Les deux rivaux étaient impatients de combats, mais tous deux manquaient d'argent; leurs sujets étaient épuisés; les chevaliers faits prisonniers n'avaient plus les moyens de payer leurs rançons, et quoique, pour obtenir son pardon, Jean-sans-Terre abandonnât le parti du roi de France en faisant massacrer la garnison de la citadelle d'Évreux que Philippe lui avait confiée, Richard n'obtint sur son rival aucun avantage important.

En se rendant sur le continent, ce prince avait laissé le gouvernement de l'Angleterre à Hubert Gaultier, archevêque de Cantorbéry, chancelier et grand justicier, et, sans cesse occupé de batailles et de siéges, il ne songeait à l'Angleterre que pour en tirer l'argent nécessaire à ses prodigalités. Les nouvelles libertés que les habitants de Londres avaient acquises pour prix de leur adhésion au renversement de Guillaume de Longchamp, n'avaient pas subsisté longtemps, et les pauvres bourgeois étaient de nouveau, « taillés haut et bas comme des serfs. » Leurs droits méconnus trouvèrent un défenseur dans un homme de race saxonne appelé Guillaume-à-la-Barbe, parce que pour ne pas ressembler aux fils des étrangers il ne l'avait jamais coupée. Guillaume-à-la-Barbe attaquait principalement l'injuste et inégale répartition des charges communes, dont les riches et les puissants étaient parvenus à s'exempter en les rejetant sur les petits et les pauvres. Il conçut l'espoir d'être écouté du roi, traversa le détroit, arriva au camp, s'agenouilla devant Richard, et lui demanda protection pour le pauvre peuple de Londres. Richard la lui accorda, promit qu'il serait fait droit à sa plainte, et l'oublia.

Irrité de ce qu'un Saxon eût osé se plaindre directement au roi, Hubert fit défense à tout homme de race plébéienne, non-seulement de passer sur le continent, mais encore de quitter la ville de Londres, et cela sous peine d'être emprisonné comme traître envers le roi d'Angleterre. Quelques marchands se rendirent sans permission à une foire, et furent traînés en prison à leur retour. Le besoin de s'unir pour la défense commune engagea les habitants de Londres, ouvriers, marchands et bourgeois, à former une association et à se munir d'armes. On élève au nombre de cinquante-deux mille celui des personnes qui s'associèrent ainsi, et qui choisirent pour leur chef l'avocat des pauvres. Des réunions en plein air eurent lieu dans les places et marchés; Guillaume harangua la multitude; mais il ne sut pas profiter de l'enthousiasme populaire afin d'obtenir les concessions qu'il désirait, et il se vit mandé à comparaître devant un parlement composé d'évêques, comtes et barons des provinces, et des hauts fonctionnaires normands.

Guillaume s'y présenta, suivi d'un peuple immense, et le conseil jugea prudent d'ajourner l'accusation; mais il profita de ce délai pour perdre l'orateur du peuple dans l'esprit des bourgeois. Le chancelier, en convoquant lui-même plusieurs réunions populaires, amena les associés, par des promesses, des menaces et des caresses, à donner des otages pour garantir qu'ils ne troubleraient point la paix du roi. Ce premier coup porté, il s'agissait de se rendre maître de la personne même de Guillaume. On saisit, pour s'en emparer, le moment où il se promenait avec neuf ou dix personnes. L'homme à la longue barbe portait un couteau à sa ceinture, selon l'usage du temps; il le tira, le plongea tout entier dans le sein de l'homme chargé de l'arrêter avec ses amis, et se sauva dans l'église de Sainte-Marie-de-l'Arche, où il se barricada si bien dans la tour, qu'il fut impossible aux hommes d'armes d'en forcer l'entrée. Des ordres furent donnés pour appeler en hâte de nouvelles troupes à Londres.

On craignait en effet un mouvement populaire; mais les bourgeois, inquiets du sort de leurs otages, et voyant des soldats occuper tous les postes, se contentèrent de manifester une inutile pitié. Guillaume cependant et ses amis se défendaient dans la tour, et ils résistaient depuis quatre jours, lorsque le grand justicier fit mettre le feu à l'église. A demi suffoqués par la fumée, les assiégés essayèrent encore de se sauver en forçant le passage avec intrépidité; mais le fils même de l'officier tué par Guillaume lui lança son couteau dans le ventre, et le blessa grièvement. Les soldats l'attachèrent à la queue d'un cheval, et le traînèrent devant l'archevêque. Le prélat ordonna de continuer à le traîner ainsi jusqu'aux ormes de Tyburn, et de le pendre par des chaînes avec ses neuf compagnons. Telle fut la fin de Guillaume-à-la-Barbe, le défenseur du peuple et l'avocat des pauvres. Mais ce même peuple qui avait accepté ses services et ne s'était pas opposé à son exécution, le vénéra comme un saint et un martyr après sa mort.

La guerre continuait toujours sur le continent. Bertrand de Born soulevait encore l'Aquitaine; la Bretagne supportait à peine le gouvernement tyrannique des rois d'Angleterre; Philippe promettait à tous secours et assistance, et, souvent battu par son rival, retirait cependant seul tous les profits de la guerre. Son patronage étendait l'influence de la royauté française sur les provinces gauloises du midi.

Enfin, après cinq années de combats et de trêves aussitôt rompues que commencées, le pape s'entremit entre les deux souverains; et le cardinal de Sainte-Marie, son légat, travaillait à la paix avec ardeur, lorsque Richard trouva la mort dans une querelle avec l'un de ses barons. Le vicomte de Limoges, Vidomar, avait découvert un trésor dont il avait envoyé à Richard la portion qui revenait au suzerain d'après les usages du temps. Richard prétendit que la totalité lui appartenait. Vidomar allégua la coutume; mais le roi d'Angleterre, qui ne connaissait que le droit de la force, lui déclara la guerre et marcha contre lui avec une armée de Brabançons. Il mit le siège devant le château de Chaluz.

Il en faisait la reconnaissance, lorsqu'une flèche, lancée avec force, l'atteignit et lui perça l'épaule gauche (26 mars 1199). La douleur qu'il éprouvait ne put l'arrêter; il ordonna l'assaut, s'empara de la place et fit pendre tous ceux qui l'avaient défendue, à l'exception de Gourdon, l'archer qui l'avait blessé, et qu'il réservait au plus horrible supplice. La blessure n'eût pas été grave; mais la gangrène s'y mit. Le roi se fit amener Gourdon et lui dit : « Que t'avais-je fait pour te pousser à m'ôter « la vie? — Ce que vous m'avez fait? répondit Gourdon; vous avez tué de vos « mains mon père et mes deux frères, et vous aviez juré de me faire pendre comme « l'ont été mes camarades. Si vous m'avez réservé, c'est pour me faire souffrir des « tourments plus cruels. Soit, je suis prêt! j'aurai du moins délivré le monde de « son plus grand fléau. » Richard ordonna de l'écorcher vif; cependant il se rétracta et commanda de donner cent shillings à son meurtrier et de le mettre en liberté: mais Marchadée, le chef des mercenaires, prit la vengeance pour son compte, et fit écorcher Gourdon. Peu de jours après Richard mourut (6 avril 1199), à l'âge de quarante-deux ans, et son règne en avait duré dix. Son corps fut inhumé dans l'église de l'abbaye de Fontevrauld, où se voit encore son tombeau ainsi que celui de

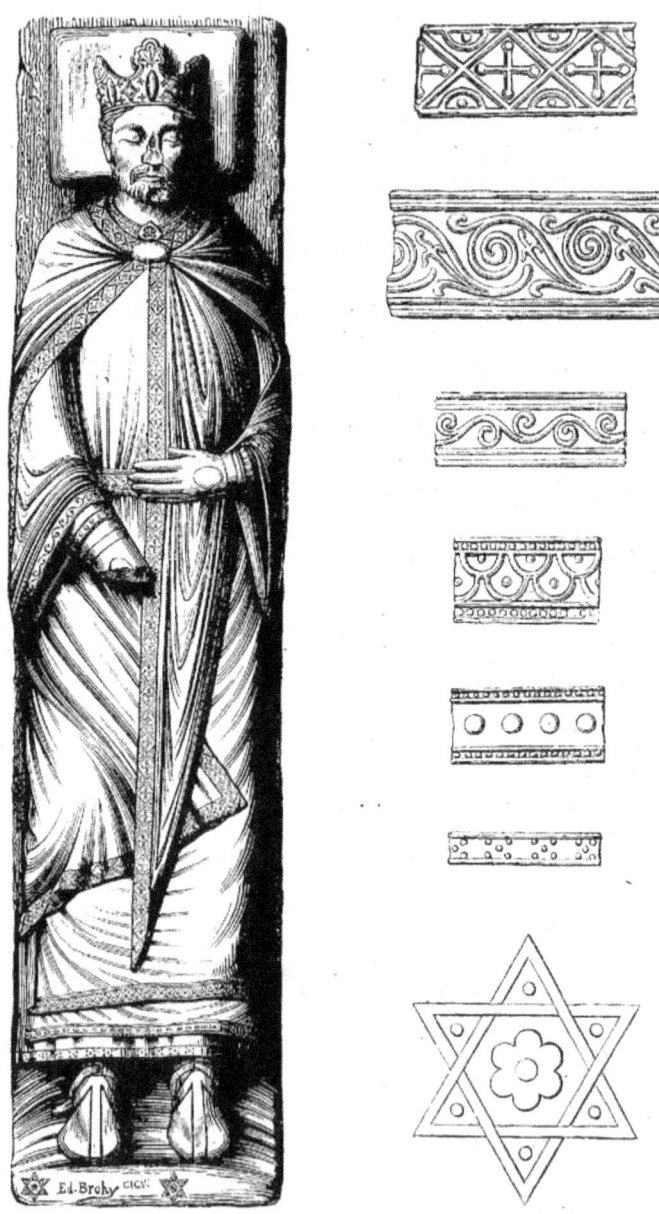

Effigie du roi Richard, placée sur son tombeau, à l'abbaye de Fontevrauld et détails de son costume.

la reine Bérengère morte avant lui sans laisser de postérité. Richard avait, en mou-

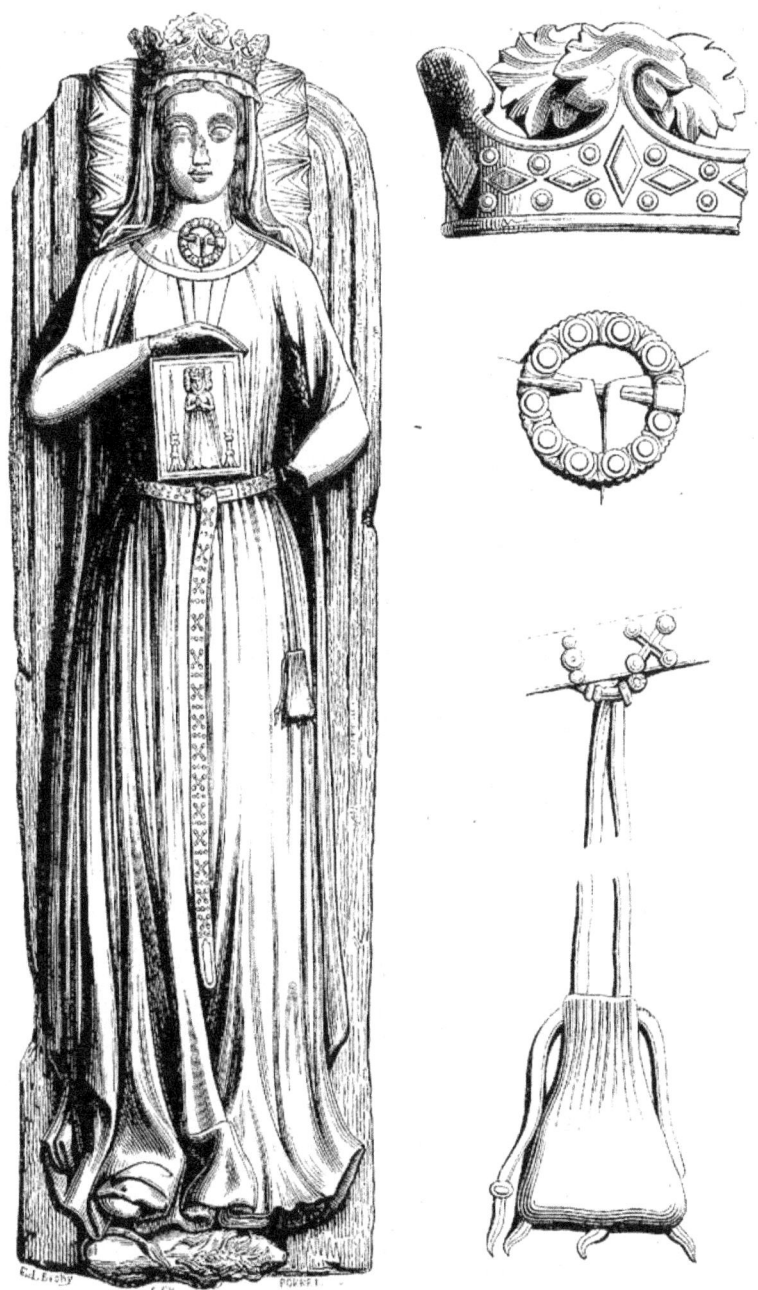

Effigie de la reine Bérengère, placée sur son tombeau, à l'abbaye de Fontevrauld, et détails de son costume.

rant, légué « son cœur de lion » aux citoyens de Rouen, en reconnaissance de leur loyauté et de leur inaltérable attachement.

Ce fut sous le règne de ce prince que vécut le fameux Robin Hood, le héros des ballades de l'Angleterre, le chef des outlaws de la forêt de Sherwood, le compagnon du célèbre moine frère Tuck. Les lois de sang relatives à la chasse et les décrets de proscription avaient peuplé les forêts d'un nombre considérable de fugitifs qui, réunis en bandes, se choisirent des capitaines chargés d'organiser la défense commune. Robin Hood fut un des derniers chefs de ces hommes indépendants; son nom et ses aventures sont restés populaires dans la Grande-Bretagne.

Baptistaire de la cathédrale de Lincoln.

JEAN, SURNOMMÉ LACKLAND OU SANS-TERRE.

(1199-1216).

Banni longtemps du sol de l'Angleterre par son frère Richard, écarté du trône par l'ordre même de l'hérédité, méprisé de tous les souverains et haï des peuples, il ne semblait pas probable que Jean-sans-Terre ceignît la couronne qu'il ambitionnait, sans rencontrer de grandes difficultés; cependant Aliénor était parvenue, dans la dernière année du règne de Richard, à rapprocher les deux frères, non par attachement au comte de Mortain, mais en haine de sa belle-fille Constance, duchesse de Bretagne, et elle avait obtenu du roi d'Angleterre un testament qui transmettait le trône au prince Jean, au détriment de l'héritier légitime, Arthur, fils de Geoffroy, son frère aîné, mort dans un tournoi donné à Paris par le roi de France. Geoffroy avait été fort regretté des habitants de son duché de Bretagne, dont il avait adopté et défendu la nationalité. Il n'avait laissé en mourant qu'une fille, du nom d'Eléonore; mais Constance était enceinte, et la Bretagne fondait l'espoir de son indépendance sur le fruit incertain de ses entrailles.

Constance accoucha d'un fils, et l'on ne saurait dire quelle fut la joie des grands et du peuple. L'enfant ducal était de race bretonne, au moins par sa mère; c'était le grand Arthur, le fondateur de *la Table ronde,* qui, suivant la prophétie du barde Merlin ou Myrdhin, était rendu, sous la forme d'un enfant, à l'amour des peuples bretons. Cet enthousiasme inquiéta Henri II, qui prétendit imposer son nom à l'héritier de Geoffroy; mais les barons de Bretagne s'y refusèrent et l'appelèrent Arthur, à la grande satisfaction du peuple.

Richard Cœur-de-Lion avait d'abord pris en grande amitié son neveu Arthur, et dans son voyage à la Terre-Sainte l'avait fiancé à la fille de Tancrède, roi de Sicile, et déclaré, par un acte authentique, son héritier et son successeur au trône d'Angleterre, dans le cas où lui-même mourrait sans enfants. Mais ces bienveillantes dispositions ne durèrent pas longtemps. Aliénor étant parvenue à réconcilier ses deux fils, Richard abandonna les droits d'Arthur, et, à son lit de mort, déclara Jean, son frère, héritier du trône et des deux tiers de ses biens.

L'Aquitaine et de Poitou regardaient toujours Aliénor comme leur souveraine : elle détermina les barons et les prélats de ces pays à rendre hommage au nouveau roi et à lui jurer fidélité. La Normandie se soumit également à l'autorité de Jean, et l'archevêque de Rouen lui remit la couronne ducale et l'épée ; l'Anjou, le Maine et la Touraine se déclarèrent pour Arthur.

En Angleterre aussi les esprits étaient partagés. L'archevêque de Cantorbéry, Hubert, William Marshall, comte de Strigul et de Pembroke, et le justicier Fitz-Peter, ministres et favoris du feu roi, et partisans de Lackland, avaient ordonné de prêter le serment d'allégeance au nouveau souverain ; mais beaucoup de prélats et de barons manifestèrent de l'hésitation. On tint un grand conseil à Northampton ; et, par insinuations, promesses ou menaces, le primat et le justicier obtinrent la reconnaissance du prince Jean comme souverain de l'Angleterre, sous condition qu'il respecterait tous les droits acquis. L'archevêque déclara hautement que la couronne appartenait à la nation, que la nation seule avait le droit de la donner au plus digne, et que par cette raison le conseil, qui représentait le peuple, choisissait en son nom, pour monarque, le prince Jean, comte de Mortain. Jean ne jugea pas à propos de discuter alors ce principe d'élection : il avait d'ailleurs à soumettre les Angevins et les Tourangeaux, et il se hâta de revenir sur le continent.

Le roi de France, Philippe, avait embrassé la cause d'Arthur et levé des troupes pour défendre ses droits. Il se fit accompagner de ce jeune prince, l'arma chevalier, lui confia la mission de placer des garnisons dans les forteresses de l'Anjou, du Maine et de la Touraine, et, pénétrant sur le territoire de la Normandie, brûla la ville d'Evreux. Le cardinal Pierre de Capoue, légat du pape, interposa son autorité spirituelle entre les deux monarques. Philippe, à cette époque, était engagé dans une contestation très-épineuse avec la cour de Rome. Il avait divorcé avec Ingelburge, sœur du roi de Danemark, afin d'épouser Agnès de Méranie. A la requête du roi de Danemark, le pape Innocent III embrassa la querelle d'Ingelburge, et sévissant avec rigueur contre le roi de France, mit ses états en interdit. C'était dégager les peuples de toute fidélité à leur prince, et le priver des moyens de faire la guerre. Philippe consentit à la paix, reconnut Jean et s'engagea pour Arthur à ce que le jeune prince rendit hommage à son oncle pour le duché de Bretagne. Jean concéda au roi Philippe la ville d'Evreux et les châteaux conquis au nom d'Arthur, transféra plusieurs fiefs à Louis, fils de Philippe, que l'on maria immédiatement à Blanche de Castille, fille d'Alphonse et nièce de Jean-sans-Terre, et paya comme relief de sa succession une somme de vingt mille marcs. Jean accomplit l'hommage qu'il devait à Philippe (mai 1200), et lui jura fidélité en présence et sous la garantie des barons.

Philippe avait été obligé de plier sous les foudres de l'église, de répudier la femme qu'il aimait, et de reprendre la princesse de Danemark. Ce fut cependant le moment que choisit le roi d'Angleterre pour encourir la colère du saint-siége. Lorsqu'il n'était que comte de Mortain, il avait épousé Hadwisa, héritière du comte de Glocester. Dès qu'il fut monté sur le trône, il songea que les domaines de Glocester étaient trop peu considérables pour un souverain, et il obtint facilement de l'archevêque de Bordeaux une sentence de divorce, sous prétexte de consanguinité. Il envoya demander la main d'une princesse de Portugal ; mais avant le retour de ses ambassadeurs, il devint éperdument amoureux d'Isabelle, fille du comte d'Angoulême, Aymar Taillefer, déjà mariée au comte Hugues de la Marche, mais encore éloignée de son époux à cause de son âge. Il l'enleva, l'épousa du consentement de son père, et la fit couronner par l'archevêque de Cantorbéry (1200).

Le comte de la Marche, tout entier au souvenir de l'outrage qu'il avait reçu, s'allia aussitôt au comte d'Eu, son frère, et tous deux excitèrent des soulèvements dans l'Anjou et la Normandie.

Les seigneurs de ces pays se mirent sous la protection de Philippe, et citèrent Jean, duc de Normandie et d'Aquitaine, à comparaître devant le roi de France, leur commun suzerain. Jean ne pouvait récuser un tel tribunal ; mais il déclara que pour avoir à répondre à cet appel, il eût été nécessaire que les barons mécontents se fussent présentés à sa propre cour et qu'il eût refusé de leur rendre justice. C'était en effet la règle suivie en pareille occasion. Les seigneurs lui demandèrent donc des sauf-conduits. Il les refusa d'abord, les promit ensuite, revint encore contre ses engagements, et montra tant de mauvaise foi que le roi de France saisit cette occasion d'attaquer son rival. Il se déclara hautement le protecteur du comte de la Marche, et embrassa de nouveau la cause du jeune Arthur (1201). Bientôt les forteresses du roi Jean tombèrent devant l'armée confédérée.

Sur ces entrefaites la duchesse Constance, qui avait conservé le gouvernement de la Bretagne, quoiqu'elle eût épousé Guy, comte de Thouars, vint à mourir. Philippe envoya le jeune Arthur prendre possession de son duché. Le prince fit son entrée solennelle dans la ville de Rennes. L'évêque posa la couronne ducale sur sa tête. Une assemblée de barons, de prélats, de députés de la bourgeoisie et de délégués des communes, lui prêta serment au nom de toute la nation bretonne. Arthur retourna alors auprès du roi de France, qui reçut son hommage pour le duché de Bretagne et les comtés de Poitou, du Maine, de Touraine et d'Anjou. Quant à la Normandie, voici quelle fut la formule du serment : « Pour ce qui regarde ma Normandie, dit « Arthur, nous sommes convenus que mon seigneur le roi de France gardera ce « qui lui plaira de ce qu'il en a pris jusqu'à ce jour, et de ce qu'il pourra prendre « encore avec l'aide de Dieu. » Philippe promit ensuite au jeune duc la main de sa fille Marie qui n'avait encore que cinq ans, et lui confia le commandement de deux cents lances. Arthur se dirigea vers la Touraine, se joignit aux comtes d'Eu et de la Marche, et, sans attendre l'arrivée des troupes bretonnes et des soldats de Philippe, alla mettre le siége devant la ville de Mirebeau, où s'était renfermée son aïeule, Aliénor d'Aquitaine. La garnison de Mirebeau était faible, et les jeunes chevaliers s'emparèrent de cette ville sans grande difficulté ; mais Aliénor refusa de capituler, et se retirant au château, elle trouva le moyen de faire avertir de sa position le roi d'Angleterre, qui était alors sur le continent. Jean partit de nuit, évita avec adresse des détachements ennemis qu'il rencontra, et parut devant Mirebeau avec des forces supérieures, tandis qu'on le croyait encore en Normandie. Arthur et ses chevaliers se virent assiégés à leur tour. Ils étaient déterminés à se défendre, et l'eussent fait sans doute avec succès, en attendant les troupes qui venaient à leur secours, si la trahison n'eût décidé de leur sort. C'était l'arme favorite de Jean-sans-Terre. Une porte de Mirebeau fut ouverte au milieu de la nuit; les soldats de Jean-sans-Terre s'y introduisirent et s'emparèrent d'Arthur et de ses partisans. Jean, satisfait au-delà de ses espérances, n'attendit pas les troupes de Philippe-Auguste; il repartit en toute hâte pour la Normandie, fit enfermer Arthur dans un cachot du château de Falaise, et envoya vingt-deux chevaliers des plus distingués par leur naissance et leur valeur dans la forteresse de Corfe en Angleterre, en donnant l'ordre de les y laisser mourir de faim; ce qui fut exécuté. Jean ordonna ensuite de transférer Arthur au château de Rouen, et lui demanda une renonciation à tous ses droits sur l'Angleterre, la Bretagne et ses autres provinces du continent. Le jeune prince résista courageusement aux menaces de son oncle. « Vos tours ni vos épées « ne sauraient faire, répondit Arthur, que Geoffroy, mon honoré père, ne fût votre « frère aîné, que l'Angleterre ne soit mienne de son chef ainsi que la Touraine, « l'Anjou et la Guyenne, et que la Bretagne ne m'appartienne de l'estoc de ma « mère; je n'y renoncerai que par la mort. »

Le roi d'Angleterre se mit à chercher des assassins, et s'adressa d'abord à Guillaume de Braye, l'un des commensaux de sa maison, qui lui répondit simplement qu'il était gentilhomme et non bourreau. Cependant quelques écuyers, frappés de l'appât d'une haute fortune, consentirent à priver le malheureux Arthur de sa qualité d'homme et de l'usage de la vue : introduits près du jeune prince, sous le prétexte de lui porter des consolations, ils parvinrent à écarter un moment William Bruce le gouverneur, qui ne voyait en eux que des amis, et ils se mirent en devoir d'exécuter leur infâme mission. Arthur, effrayé, embrassa leurs genoux, versa des larmes, et les supplia dans les termes les plus touchants de ne pas se souiller d'un pareil crime. Les bourreaux hésitèrent un instant, et ce temps suffit au prisonnier pour se mettre en défense. Il s'arma d'un banc qu'il brisa, et il combattait d'une manière désespérée, lorsque le gouverneur entendit les cris de la victime et les imprécations des meurtriers. Transporté d'indignation, il chassa de la tour les envoyés de Jean-sans-Terre; mais il ne sauva le jeune duc que pour quelques jours.

Jean reconnut à cette tentative avortée qu'il ne devait s'en remettre qu'à lui-même du soin de sa vengeance. Un soir, le 3 avril 1203, il se rendit au château de Rouen, pénétra dans la prison du malheureux prince, l'égorgea de ses propres mains, dit-on, et jeta son cadavre dans la Seine.

Cet horrible attentat resta quelque temps caché; mais de sourdes rumeurs avertirent l'opinion, qui ne tarda pas à se manifester : elle éclata dans toute sa force, lorsque l'on apprit que le roi Jean réclamait la possession du duché de Bretagne. Il fut dès lors avéré qu'Arthur n'existait plus, et qu'il avait péri par un crime. On en fut entièrement convaincu par l'enlèvement, au nom du roi, de la princesse de Bre-

RUINES DU CHATEAU DE CORFE (Comté de Dorset).

tagne, Eléonore, sœur aînée d'Arthur et héritière de ses états. Jean la fit conduire en Angleterre, et l'y retint toute sa vie dans la captivité la plus étroite.

L'assassinat d'Arthur excita tant d'horreur parmi la noblesse et le peuple, que de ce moment l'autorité du roi perdit son prestige et sa force; mais ce fut naturellement en Bretagne qu'il produisit le plus d'effet et le plus contraire à l'ambition de Jean. Jamais on n'y vit tant de pleurs, de deuil et de gémissements; jamais on n'y proféra tant de malédictions contre un meurtrier. Les prélats, les barons, les gentilshommes, les plus riches bourgeois, s'assemblèrent à Vannes, déclarèrent la guerre au comte de Mortain, et, l'écartant de la succession, ils adoptèrent, en l'absence et au défaut d'Eléonore, une autre fille de la duchesse Constance et du comte Guy de Thouars, qu'elle avait épousé après le couronnement d'Arthur. La jeune Alix comptait à peine trois années. Son père l'apporta dans ses bras au sein de ses états. Les trois ordres décernèrent la présidence à Guy de Thouars, et lui confièrent la tutelle de sa fille et l'administration du duché. En même temps ils songèrent à la vengeance, et députèrent vers Philippe-Auguste l'évêque de Rennes, Pierre de Dinan, chancelier, et Richard, maréchal de Bretagne. Philippe parut pénétré de douleur. Il dépêcha, suivant l'usage, devers le roi d'Angleterre, un chevalier parent d'Arthur, afin de le sommer de comparaître à la cour des pairs de France comme vassal de cette couronne, et d'y venir répondre à l'accusation de parricide portée contre lui par les chevaliers de Bretagne et d'Anjou. Jean, à son tour, envoya au roi de France « des ambassadeurs importants et sages, savoir : Eustache, évêque d'Ely, et Hubert du Bourg, hommes discrets et éloquents, les chargeant de dire à Philippe qu'il viendrait volontiers à sa cour pour répondre en justice et obéir entièrement sur cette affaire; mais qu'il fallait qu'il lui accordât un sauf-conduit. »

Et le roi Philippe répondit, mais ni d'un cœur, ni d'un visage serein : « Volon-« tiers, qu'il vienne en paix et en sûreté. » Et l'évêque : « Et qu'il s'en retourne « ainsi, seigneur. » Et le roi : « Oui, si le jugement de ses pairs le lui permet. » Et comme tous les envoyés d'Angleterre le suppliaient qu'il accordât au roi d'Angleterre de venir et de s'en retourner en sûreté, le roi de France irrité répondit avec son jurement ordinaire : « Non, de par tous les saints de France, à moins que « le jugement n'y consente. »

Et comme l'évêque, énumérant tous les périls que courrait le roi Jean par sa venue, dit : « Seigneur roi, le duc de Normandie ne peut venir sans que vienne en « même temps le roi d'Angleterre, puisque le duc et le roi sont une seule et même « personne; et le baronnage d'Angleterre ne le permettrait en aucune façon, et si « le roi le voulait, il courrait, comme vous le savez, péril de prison et de mort. »

Le roi lui répondit : « Qu'est ceci, seigneur évêque? On sait bien que le duc de « Normandie, mon homme, a acquis par violence l'Angleterre. Ainsi donc, si un « vassal croît en honneur et en puissance, son seigneur suzerain y perdra ses droits? « Impossible. »

Les envoyés, voyant qu'ils ne pouvaient rien répondre de raisonnable à cela, retournèrent au roi d'Angleterre, et lui racontèrent tout ce qu'ils avaient vu et entendu.

Mais le roi ne voulut pas se confier au hasard et au jugement des Français, qui ne l'aimaient pas; car il craignait surtout qu'on ne lui reprochât le honteux meurtre d'Arthur[1]. »

Les délais expirés, les pairs français prononcèrent leur jugement. Jean, duc de Normandie, convaincu d'avoir assassiné le fils de son frère aîné, fut déclaré coupable de félonie et de haute trahison, et en conséquence condamné à perdre toutes les terres, seigneuries et fiefs qu'il tenait par hommage du roi de France, son suzerain.

Cette position était vivement désirée par Philippe, et depuis longtemps il entrait dans les calculs de son ambition et de sa politique d'expulser le roi d'Angleterre des fiefs immenses qu'il possédait sur le continent, et qui avaient été démembrés de la couronne de France. Aucune occasion plus favorable ne s'était présentée. L'indignation était générale; la Bretagne avait juré qu'elle sacrifierait pour se venger jusqu'au dernier de ses enfants; les grands vassaux de France qui, seuls, auraient pu redouter l'agrandissement de Philippe, ne prévoyaient pas ses desseins, ou se trouvaient trop désunis pour songer à s'y opposer; les sujets continentaux de Jean-sans-Terre, effrayés des vices d'un tel prince, et las de la guerre, étaient loin de manifester aucun esprit de résistance aux entreprises d'un roi qui brillait par de grandes qualités; il est même probable que leurs intérêts nationaux devaient les rattacher au gouvernement d'un souverain dont les peuples avaient un langage, des mœurs, des lois, des coutumes semblables aux leurs, et ils se prêtèrent sans résistance au grand changement qu'avait médité, depuis la croisade, l'ancien frère d'armes de Richard.

Philippe, secondé par les Bretons, s'empara de plusieurs châteaux en Aquitaine, en Poitou et en Normandie. Le mont Saint-Michel, Avranches, les Andelys, Évreux, Domfront, Lisieux, Caen ne tardèrent pas à se rendre. Jean-sans-Terre, tranquille dans la ville de Rouen et plongé dans une honteuse débauche, répondait à ses courtisans qui s'effrayaient : « Laissez-les faire, je recouvrerai dans un seul jour ce qu'ils « n'auront pris qu'en plusieurs années. »

Mais bientôt après il ne lui restait plus de ses vastes domaines continentaux que Rouen, Verneuil, Falaise, Château-Gaillard et un petit nombre de villes; la prise de Radepont, près de Rouen, le décida à fuir précipitamment en Angleterre. Dans cette perplexité, Jean se plaignit de la perfidie de ses adversaires; il réclamait l'intervention du pape, et demandait aux foudres de Rome une puissance qui lui échappait par sa propre lâcheté. Le peuple anglais, étonné d'une indolence ou d'une inhabileté sans égale, supposait qu'un sortilége ou quelque pouvoir magique absorbait les facultés de son roi; les barons quittèrent ses bannières et se retirèrent dans leurs domaines. Furieux de cette défection, il en punit un grand nombre en confisquant leurs propriétés ou en leur infligeant de grosses amendes, et il donna des ordres pour rassembler une armée nombreuse à Plymouth; mais alors se déclara la première de ces coalitions d'où sortirent plus tard les libertés anglaises. Les barons réunis refusèrent presque unanimement de s'embarquer, si le roi ne promettait de leur rendre leurs priviléges et de respecter leurs droits.

---

1. Matthieu Pâris, cité par Guizot, *Histoire de la Civilisation en France*, t. IV, p. 133.

Cependant Philippe poursuivait l'exécution de ses desseins, et Château-Gaillard,

Ruines de Château-Gaillard, construit par Richard Cœur-de-Lion.

ce boulevard de la Normandie, s'était rendu à ses armes. La province tout entière était conquise à l'exception de Rouen, d'Arques et Verneuil. Ces trois villes, animées d'un noble courage, se liguèrent pour le maintien de leur indépendance, et s'engagèrent généreusement à se prêter une assistance mutuelle. Elles envoyèrent des députés à Londres pour implorer le secours du roi d'Angleterre; mais Jean refusa de les entendre. Rouen fut investi. Dans un premier assaut, Philippe emporta les dehors de la place, et, fort de ce succès, il fit offrir aux habitants la capitulation la plus honorable. Les Rouennais l'acceptèrent. Arques et Verneuil se rendirent aux mêmes conditions. Tout ce qui résistait encore dans l'Anjou, le Maine, la Touraine, suivit cet exemple, et ces vastes territoires, ces opulentes provinces, furent définitivement réunis à la couronne de France (1204). La Normandie en avait été séparée durant deux cent quatre-vingt-douze années, depuis la cession faite à Rollo par Charles-le-Simple; les autres comtés avaient été annexés à la couronne d'Angleterre par l'avénement au trône de la race des Plantagenet.

La couronne de France acquit par cet agrandissement une telle prépondérance sur tous les états qui jusqu'alors n'avaient reconnu en elle qu'une suzeraineté nominale, qu'il fut dès lors aisé de prévoir l'inévitable union de la Gaule entière sous une seule monarchie.

Cependant Jean-sans-Terre fit quelques efforts pour recouvrer ses possessions perdues. Guy de Thouars, qui gouvernait la Bretagne au nom de sa fille Alix, mécontent de ne pouvoir obtenir pour lui-même le titre de duc, entretint une correspondance avec le roi d'Angleterre, et lui promit son assistance comme comte de Thouars, s'il se présentait avec une armée sur le continent. Jean débarqua en effet près de la Rochelle, et s'aventurant à marcher sur Angers, il prit cette ville et la réduisit en cendres, puis il revint sur Nantes, et fit des préparatifs de siége. Philippe ayant à la hâte rassemblé quelques troupes, lui offrit la bataille ; mais l'esprit du roi Jean retomba dans ses faiblesses ordinaires ; au lieu de combattre, il proposa une négociation, et à peine fut-elle ouverte qu'il s'échappa, repassa en Angleterre et rappela son armée.

La pusillanimité d'un tel prince, en le déshonorant aux yeux des peuples, ne lui laissait qu'une autorité très-incertaine sur ses grands vassaux, et ceux-ci saisissaient toutes les occasions pour résister aux volontés royales, et détruire une à une les prérogatives de la couronne. Les membres influents du clergé, molestés en diverses circonstances par l'esprit arrogant et tracassier du roi, songèrent à leur tour à resserrer son pouvoir dans des limites qu'il ne pût franchir ; et cette nouvelle contestation eut des résultats aussi honteux que le meurtre d'Arthur et la guerre de vengeance.

Parmi les immunités de l'église que le roi jurait à son couronnement de maintenir intactes, se trouvait compris le droit que possédaient certains chapitres d'élire leurs prélats. Dans quelques diocèses de l'Angleterre, il se présentait un cas anormal assez singulier : les cathédrales ayant été dans l'origine des monastères, c'étaient encore des moines qui en composaient les chapitres, et qui, par conséquent, concouraient aux diverses élections.

Ce privilége avait été réclamé par les moines de l'église de Christ-Church à Cantorbéry, toutes les fois que le siége primatial s'était trouvé vacant. Les prélats, de leur côté, prétendaient qu'il n'appartenait qu'à eux de choisir leur archevêque ; et le roi embrassait constamment l'avis des prélats, qu'il savait plus dévoués à ses intérêts que des moines, qui, vivant dans la retraite, étrangers au monde, ne se laissaient guider par aucun intérêt temporel.

La querelle recommença à la mort de l'archevêque primat Hubert, mais avec une gravité qu'elle n'avait pas encore eue (1205). Des moines jeunes et ardents, qui guettaient cet événement, sans attendre l'arrivée des évêques et la licence royale, s'assemblèrent secrètement dans la nuit, et promurent au siége archiépiscopal leur sous-prieur Reginald ; ils l'intronisèrent à l'instant, et l'envoyèrent à Rome pour solliciter la confirmation de son élection, en lui recommandant une extrême discrétion comme condition première du succès. L'amour-propre du moine ne put se contenir, et Reginald à peine rendu sur le continent se para du titre d'archevêque. Les moines les plus anciens de Christ-Church à qui les plus jeunes avaient caché leurs projets, s'offensèrent de l'exclusion qu'ils avaient essuyée. Les délinquants eux-mêmes, indignés de l'indiscrétion du primat qu'ils avaient voulu se donner, ne prirent pas la peine de défendre leur œuvre et l'on demanda au roi la permission de procéder à une nouvelle élection. Jean y consentit en faisant entendre à chacun des membres du chapitre que la nomination de Jean de Gray, évêque de Norwich, lui serait agréable. Jean de Gray fut élu; mais les prélats, loin d'approuver cette espèce de transaction, et de consentir à l'abandon de leurs droits dont le roi faisait si bon marché, écrivirent en cour de Rome pour se plaindre; de leur côté, le chapitre de Christ-Church et Jean-sans-Terre envoyèrent une députation de douze moines au saint père afin d'obtenir la confirmation de leur nouveau primat (1206).

Innocent, tout en prononçant en faveur des moines, annula l'élection de Reginald comme entachée d'irrégularité; mais, ayant considéré qu'à lui seul appartenait le droit de casser une pareille opération, il déclara également nulle et invalide l'élection de Jean de Gray, à laquelle on avait procédé avant d'avoir consulté le saint-siége. Jean de Gray d'ailleurs était un ministre favori du roi d'Angleterre, et les canons s'opposaient à ce qu'un ecclésiastique possédât en même temps le gouvernement spirituel des fidèles et le gouvernement temporel des peuples.

Ce n'était pas tout encore. Innocent III suivait avec persévérance un système utile à l'agrandissement de la puissance pontificale, celui d'enlever aux princes le droit d'investiture, et aux seigneurs laïques le droit de nomination aux bénéfices ecclésiastiques, dépendant de leurs fiefs. Il profita donc de la circonstance pour faire élire sous ses yeux un primat d'Angleterre qui fût entièrement dévoué à ses volontés. Étienne Langton, jadis professeur et chancelier en l'université de Paris, honoré de la pourpre par la faveur d'Innocent III, était attaché à la cour de Rome d'intérêt et de reconnaissance. Il possédait d'ailleurs des vertus, et se faisait remarquer par une rare érudition. Le pape envoya chercher les douze moines de Christ-Church et leur ordonna d'élire Étienne Langton; les moines déclarèrent que, sans une licence royale, il leur serait impossible de procéder à cette nomination. La cour de Rome écrivit à Jean; mais soit que le roi eût refusé de recevoir les dépêches pontificales, soit qu'il ne lui eût pas convenu d'y faire réponse, aucune permission n'arriva. Le pape réitéra ses ordres et menaça les moines anglais d'excommunication, s'ils ne se hâtaient d'obéir. Langton fut donc élu et Innocent III lui-même lui conféra l'onction sainte comme archevêque de Cantorbéry, primat d'Angleterre, revêtu du caractère de légat du souverain pontife dans le royaume (1207).

Mais l'obstination de Jean ne put être ébranlée. En vain le pape lui écrivit une lettre affectueuse accompagnée de quatre anneaux magnifiques ornés de pierres précieuses qui faisaient allusion aux vertus du roi; le roi d'Angleterre défendit à Jean de Gray de résigner la dignité à laquelle il l'avait fait appeler, et quand il reconnut que les moines de Christ-Church étaient disposés à céder aux volontés du chef de l'église, il les fit expulser de leur couvent, conduire comme un vil bétail au bord de la mer, et embarquer avec injonction de traverser le détroit, et menace de mort s'ils reparaissaient sur le sol anglais. Le pape, instruit de cette violence, fit passer encore au roi des exhortations où il lui rappelait l'exemple de Becket et les suites qu'avait eues son martyre; mais Jean ne répondit qu'en jurant par les dents de Dieu que jamais Langton ne mettrait les pieds en Angleterre.

La querelle s'était envenimée. La puissance du pape et celle du roi s'attaquaient corps à corps. Le saint-père donna l'ordre à trois évêques, ceux de Londres, de Worcester et d'Ely, de représenter à Jean-sans-Terre tous les malheurs dont un interdit accablerait ses peuples; un exemple récent était encore sous leurs yeux, et ils purent lui dépeindre par des faits l'état misérable où la résistance de Philippe avait réduit naguère le beau royaume de France. Le roi leur répondit par la menace de les envoyer au gibet, de faire arracher les yeux, le nez et les oreilles à tous les Romains qui oseraient pénétrer dans ses états, de confisquer le temporel du clergé d'Angleterre, et d'entasser dans de mauvais navires tous les prélats, prêtres, moines et frères de son royaume, dont il ferait présent au pape, dussent-ils périr en route. Les trois prélats se retirèrent, et quelques jours après ils fulminèrent au nom du souverain pontife une sentence d'interdit sur tous les états de la domination du roi, et s'embarquèrent à l'instant pour la France où ils s'étaient préparé un asile (1207).

Le roi Jean se crut assez fort pour mépriser les conséquences de l'interdit, et il ne chercha d'abord qu'à se venger. Il emprisonna les parents des trois prélats qui avaient prononcé la sentence, et confisqua leurs propriétés. Il ordonna que les biens de tous les couvents dont les religieux adhéreraient à l'interdit, fussent saisis, et, comme il ne se trouva qu'un petit nombre de membres du clergé réfractaires aux volontés du souverain pontife, il s'empara de la totalité des revenus ecclésiastiques, et n'accorda, même à ceux qui lui obéissaient, qu'une indemnité annuelle insuffisante pour leur nourriture.

Afin d'occuper ses peuples et de détourner en partie leur attention des affaires de l'église, le roi dirigea quelques expéditions militaires vers l'Ecosse d'abord, et ensuite vers l'Irlande. Il prit pour prétexte de la première guerre la réclamation que fit le roi des Ecossais d'un droit prétendu sur les comtés de Cumberland, de Westmoreland et de Northumberland. Jean lui dénia ce droit, lui reprocha de donner asile aux Anglais rebelles, et trouva mauvais que ce roi, son vassal, eût marié un fils sans l'autorisation du suzerain. Il vint donc camper avec une armée nombreuse près de Norham, non loin des rives de la Tweed. Le seul aspect d'une troupe si supérieure en forces à celle du roi d'Ecosse termina la querelle sans coup férir. Jean, qui n'aimait pas les combats, mais que l'argent ne manquait jamais de séduire, accepta quinze mille marcs qui lui furent offerts, reçut quelques otages pour en assurer le paiement, et consentit à rendre au roi d'Ecosse toute l'amitié qu'un bon seigneur doit à son vassal. Après cette expédition, le roi passa en Irlande (1210). Le roi de Connaught, Cathal, n'avait pas régulièrement soldé la redevance féodale de son royaume. Jean avait en outre, disait-il, à se plaindre des chefs de race anglaise, qui n'obéissaient pas à ses ordres et se faisaient sans cesse la guerre les uns aux autres. Il se rendit donc à Dublin, y reçut avec apparat les hommages de vingt petits princes, chassa de leurs châteaux quelques barons qui osèrent lui résister, divisa la province anglaise en comtés, en ordonnant que les lois de l'Angleterre y fussent strictement observées, et confia le gouvernement à l'évêque de Norwich, son favori. L'année suivante, il porta le fer et le feu dans les pauvres chaumières du pays de Galles, dont les habitants, sous la bannière patriotique de Llewelyn, défendaient toujours leur indépendance. Les Gallois, repoussés au pied du Snowdon par des forces supérieures, se virent forcés de traiter avec Jean-sans-Terre, qui reçut en otages vingt-huit enfants des plus nobles familles. Mais instruit qu'un parti de Gallois avait tenté une incursion sur le sol de l'Angleterre, Jean ordonna d'amener devant lui les vingt-huit enfants, et les fit exécuter sous ses yeux, en attendant le repas qui lui était préparé.

Jean avait déjà indisposé contre lui tous les ordres de l'état en souillant de ses amours impures les familles les plus respectables; par de nouvelles vexations il mécontenta les hommes les plus indifférents. Il défendit sous peine de mort toute chasse de gibier à plume, unique passe-temps de la noblesse depuis que la même peine atteignait les chasseurs de bêtes fauves : il commanda d'arracher toutes les haies ou d'abattre les murailles qui séparaient les terres en culture de ses forêts, afin que ses chevreuils, ses daims et sangliers y trouvassent leur pâture; enfin il exigea que ses barons lui remissent des otages, choisis parmi leurs propres enfants, pour lui répondre de leur fidélité. L'un d'eux, Guillaume Bruce, ce chevalier qui, jadis, avait garanti pour un petit nombre de jours la vie du malheureux Arthur, lui fit répondre : « Je ne lui donnerai pas mon fils; il a fait égorger son propre neveu; « quelle sûreté aurait près de lui un enfant étranger à son sang? » Jean, dans sa colère, ordonna de se saisir du baron, mais celui-ci parvint à se sauver en Irlande.

Rome n'avait pas oublié que Jean-sans-Terre était un fils révolté qui persistait dans son impénitence et qu'il fallait punir. Le pape, instruit que l'interdit n'avait pas les résultats qu'il en attendait, menaça le roi d'Angleterre de l'excommunication, et peu de temps après il en fulmina les bulles (1209). Jean fit exercer dans les ports une surveillance si active, que nulle part elles ne furent reçues; et il fit décider par ses théologiens que l'excommunication ne pouvait avoir d'effet jusqu'à ce qu'elle eût été officiellement publiée. Cette mesure extrême de la part du saint-siége exposait l'autorité royale au plus grand danger, car l'excommunication déliait les peuples du serment de fidélité, et classait les personnes qui en étaient atteintes parmi les proscrits ou les pestiférés; on leur refusait le couvert, l'eau et le feu, et l'on ne pouvait, à cet égard, braver les prohibitions sévères de l'église et conserver avec elle aucune relation, sans s'exposer à partager leur sort. Ce châtiment entraînait donc la déposition, et quand certains délais étaient expirés, le saint père se croyait seul le droit de disposer des états des princes excommuniés et de transférer leurs couronnes à d'autres têtes.

Ce fut Geoffroy, l'archidiacre de Norwich, l'un des conseillers de la cour de l'échiquier, qui le premier rappela à ses collègues les peines qu'ils encouraient en servant un excommunié. Un jour, au conseil, il se leva de son siége et sortit. Jean donna l'ordre de le jeter dans un cachot et de le revêtir d'une chape de plomb. Enseveli sous ce lourd vêtement, ce malheureux fut laissé sans nourriture jusqu'à ce qu'il mourût. Les évêques effrayés quittèrent secrètement le royaume; les principaux membres de la noblesse les imitèrent, et trois prélats seulement se résolurent à rester pour remplir les fonctions épiscopales.

Le roi semblait vainqueur, lorsque l'archevêque Langton et les prélats expatriés pressèrent énergiquement le pape de mettre un terme aux maux qui désolaient l'Angleterre. Innocent III prononça la déposition de Jean-sans-Terre, releva ses vassaux du serment d'allégeance, invita tous les princes et barons chrétiens à se réunir pour chasser un impie qui déshonorait le trône; et afin d'assurer l'exécution d'une telle sentence, il jeta les yeux sur Philippe roi de France, lui offrit la possession du royaume d'Angleterre et la rémission de ses péchés (1213). Philippe était tout prêt : il rassembla des forces imposantes sur les côtes de la Normandie et de la Picardie, et fut bientôt rejoint par un grand nombre de barons anglais. Une flotte de dix-sept cents navires, grands ou petits, fut réunie à l'embouchure de la Seine.

Jean était parvenu à rattacher à sa cause plusieurs petits princes ennemis de Philippe, et qui pouvaient, en se réunissant, opérer une diversion favorable à ses projets de défense; puis il fit sommer tous ses sujets d'accourir en armes sous ses drapeaux. La frayeur qu'inspirait sa cruauté, non l'attachement à sa personne, lui amena plus de soixante mille hommes; mais cette multitude n'avait pas de vivres, et ne savait pas se servir des armes qu'elle avait apportées ou qu'on remettait à chaque homme à son arrivée; d'ailleurs, elle ne voyait qu'avec horreur le roi pour lequel il fallait combattre. Jean s'aperçut promptement qu'il devenait nécessaire de la licencier.

Dans cette perplexité, il reçut la visite du cardinal Pandolfe, légat du pape et son ministre confidentiel. Le légat, admis en présence du roi d'Angleterre, commença par accroître ses craintes en lui peignant la force de Philippe, l'ardeur des troupes ennemies qui croyaient marcher à une nouvelle croisade, le mécontentement de ses propres sujets et de ses barons, sa situation personnelle. Jean fit céder à la nécessité son orgueil et son ressentiment, et s'en remettant à la discrétion de Pandolfe, il s'engagea à soumettre toute sa conduite au jugement du souverain pontife; reconnut Langton comme archevêque de Cantorbéry et primat d'Angleterre; rétablit les exilés ecclésiastiques ou laïques dans tous leurs emplois, leur restitua les biens et terres dont il les avait privés, ainsi que toutes les sommes illégalement saisies ou perçues par amendes, promit de les dédommager de leurs pertes, et pour commencer à les indemniser, leur distribua sur-le-champ huit mille livres sterling; il fit rendre à la liberté les personnes emprisonnées, annula toutes les proscriptions, s'obligea par serment à ne plus prononcer de sentences illégales contre le clergé, annonça qu'il réparerait ses attentats aux mœurs et à l'honneur des familles, et se soumit même à rendre ses bonnes grâces et sa faveur à ceux qui l'avaient le plus outragé. Quatre hauts barons jurèrent, pour le roi, l'observation de ce traité, d'autant plus pesant que Jean ne pouvait être relevé des sentences d'interdit et d'excommunication qu'après l'exécution de toutes ces stipulations.

Puis, le 6 mai 1213, en l'église des Templiers, et en présence des prélats, des barons et des chevaliers, le roi remit au légat une charte souscrite par lui, par un archevêque, un évêque, neuf comtes et trois barons. Ce titre établissait que « Jean,
« roi d'Angleterre et d'Irlande, ayant à différentes fois offensé Dieu et la sainte
« église, et voulant, en expiation desdites offenses, s'humilier lui-même à l'imita-
« tion de celui qui s'était humilié jusqu'à la mort pour le salut du monde, avait, par

« l'inspiration du Saint-Esprit, et non par crainte ou par force, mais de sa pleine
« volonté et du conseil de ses barons, librement concédé à Dieu et à ses apôtres
« saint Pierre et saint Paul, à la sainte église romaine, et au seigneur pape Innocent,
« et à ses successeurs catholiques, tout le royaume d'Angleterre et tout le royaume
« d'Irlande, avec tous leurs droits et appartenances, pour la rémission de ses péchés
« et ceux de ses proches tant vivants que morts, afin de les recevoir et tenir de la
« même manière que les feudataires reçoivent et tiennent, en présence de Pandolfe,
« sous-diacre et familier du seigneur pape ; et, à cet effet, avait fait et juré hommage
« lige au seigneur pape Innocent et à ses successeurs catholiques et à l'église
« romaine, selon la forme prescrite, en présence de Pandolfe, comme il le ferait et
« jurerait, s'il pouvait se trouver en présence du seigneur pape ; obligeant ses
« enfants légitimes et ses héritiers à perpétuité, afin qu'ils accomplissent l'hommage
« et prêtassent serment de fidélité à tout pontife présent et à venir, et à l'église
« romaine, sans y apporter de contradictions ; et, en signe de cette perpétuelle obli-
« gation de lui et des siens, il voulait et statuait que sur ses biens propres et sur les
« revenus spéciaux de toute nature de ses royaumes susdits, il fût prélevé annuel-
« lement pour l'église romaine, indépendamment du denier de saint Pierre, mille
« marcs sterling, savoir : cinq cents marcs à la Saint-Michel, et cinq cents à Pâques,
« dont sept cents au nom de l'Angleterre, et trois cents au nom de l'Irlande, comme
« rachat, pour lui et ses hoirs, de leurs libertés, justice, administration et droits
« régaliens ; déclarant que si quelqu'un de ses successeurs était assez hardi pour
« attenter à cette volonté, il entendait qu'il fût déchu du droit de la couronne ; et
« afin que cet acte de concession et d'obligation durât toujours, il en affirmait le
« contenu dans la maison des chevaliers du Temple, près Douvres, le 15 de mai et
« l'an quatorzième de son règne, devant Henri, archevêque de Dublin ; Jean,
« évêque de Norwich ; Geoffroy, fils de Pierre ; Guillaume, comte de Salisbury ;
« Guillaume, comte de Pembroke ; Robert, comte de Boulogne ; Guillaume, comte de
« Warenne ; Sigebert, comte de Winchester ; Guillaume, comte d'Arundel ; Guillaume,
« comte de Ferrars ; Guillaume fils d'Herbert, et Warin, fils de Gérald. » A cet
acte était annexé, revêtu du sceau d'or, le texte du serment prêté par le roi Jean.

Le cardinal légat, satisfait du succès de sa mission, informa le roi de France du
retour d'un fils repentant au giron de la sainte église, et le félicita d'avoir concouru
à cet heureux résultat en rassemblant la pieuse armée qui devait l'y ramener par la
force et le châtiment. Philippe éclata en reproches, et se plaignit de la conduite
frauduleuse et intéressée d'Innocent III qui l'abandonnait après avoir recueilli tous
les avantages d'une entreprise dont la France supportait seule la dépense. Il réunit
ses grands vassaux, leur dépeignit avec chaleur la politique hypocrite du pape, et
leur proposa de poursuivre ce qui était commencé, nonobstant les déclarations par
lesquelles le légat donnait à entendre qu'aucun prince chrétien ne pouvait désormais,
sans impiété, attaquer un souverain qui venait d'annexer son royaume au patrimoine de saint Pierre. Tous les barons de Philippe s'engagèrent avec une sorte
d'enthousiasme à le suivre dans son expédition, à l'exception de Ferrand, comte de
Flandre, allié secret de Jean-sans-Terre ; mais les barons le chassèrent de leur
assemblée, et conjurèrent le roi de France de sévir d'abord contre ce traître vassal.

Philippe, en effet, porta ses armes en Flandre, s'empara d'Ypres, de Bruges et de Cassel, et campa bientôt sous les murs de Gand. Par bonheur pour Ferrand qui sollicita le secours de son allié, la flotte anglaise que Jean avait rassemblée dans sa détresse était encore entière à Portsmouth, et disposée à mettre à la voile; elle reçut ordre de sortir et d'attaquer les vaisseaux français dans les ports. Elle rencontra la flotte française dans la rade de Damme, et le combat s'engagea. Les Français avaient à se défendre à la fois des Anglais et des habitants, et ils auraient tous succombé si le comte de Salisbury, surnommé Guillaume Longue-Epée, frère naturel

Effigie de Guillaume Longue-Épée, comte de Salisbury, placée sur son tombeau.

du roi, n'eût disséminé ses forces : il donna le temps à l'armée de Philippe de quitter les murs de Gand, et de reprendre un combat qui touchait à sa fin; les Anglais, déjà descendus sur le rivage, furent forcés de regagner leurs navires, et perdirent deux mille hommes; mais la flotte française n'en fut pas moins détruite, et Philippe, ayant perdu toute possibilité d'approvisionner ses troupes, brûla Damme et regagna ses frontières (1213).

Ce succès inspira au roi Jean une telle vanité qu'il résolut d'envahir la France. Il somma donc tous ses barons de le rejoindre à Portsmouth, et leur ordonna de s'embarquer; mais les barons s'y refusèrent jusqu'à ce qu'il eût publié l'ordonnance de rappel des exilés. Le roi n'osa leur résister et fit faire les publications légales de son traité avec la cour de Rome; puis il mit à la voile pour les côtes de France; mais rendu à Jersey, il s'aperçut qu'aucun des barons ne l'avait suivi. Il fut forcé de revenir sur ses pas, et il prit terre, la rage au cœur et ne respirant que la vengeance. A peine débarqué, il se mit à la tête des mercenaires qu'il entretenait, et sans autre formalité marcha contre ses barons dans l'intention de ravager leurs terres et de les exterminer; il s'avança jusqu'à Northampton où il trouva le primat Langton qui venait de prendre possession du siége archiépiscopal de Cantorbéry. Langton interposa son autorité et dit au roi que s'il croyait que ses barons fussent coupables, il devait, selon le droit de l'Angleterre et de l'équité, les accuser et les faire juger par leurs pairs. « Prêtre, s'écria Jean dans sa colère, gouverne ton église, et laisse-moi « gouverner mes états! » Et il se remit en marche sur Nottingham; mais l'archevêque, qui l'avait suivi, lui défendit de passer outre, au nom de l'église, et le menaça de renouveler la sentence d'excommunication et l'interdit dont il n'était pas encore solennellement relevé. Il fallut se soumettre.

Alors arrivèrent en foule en Angleterre les exilés et les expatriés volontaires, les évêques de Londres, de Lincoln, de Bath, d'Ely, de Hereford, les moines de Christ-Church et tous ceux qui avaient cherché sur le continent un asile contre les fureurs de Jean. Le cardinal Langton présenta les prélats au roi, qui leur donna le baiser de paix. Alors seulement, et après lui avoir dicté la formule d'un serment de fidélité au pape Innocent et à ses successeurs, Langton lui donna l'absolution.

Cependant l'interdit affligeait encore la population pieuse de l'Angleterre, et il ne devait être levé qu'après que le clergé aurait été indemnisé des pertes qu'il en avait éprouvées; mais les réclamations s'élevaient à des sommes si exorbitantes que dix années des revenus de l'Angleterre n'eussent pas suffi pour les satisfaire. Trois assemblées des barons eurent lieu sans résultat. Jean proposa au clergé une somme de cent mille marcs, qui fut repoussée; enfin le pape envoya un nouveau légat, Nicolas, évêque de Tusculum, et lui donna l'ordre d'obliger les prélats à traiter pour quarante mille marcs, sauf à régler ensuite à l'amiable pour le supplément qui serait jugé convenable et ratifié en cour de Rome.

Certain désormais de l'appui du pape, et persuadé qu'il n'avait plus rien à redouter de ses barons, Jean reprit ses sentiments d'hostilité contre la France, et s'embarquant de nouveau, descendit sur les côtes du Poitou, qui reconnaissait encore en partie sa souveraineté (1214). Il se dirigea sur Angers, rencontra des envoyés du saint père qui se rendaient en Angleterre avec la mission expresse de lever la sentence d'interdit, mais bientôt fut arrêté dans sa marche par un détachement de l'armée française, commandé par le jeune Louis, fils de Philippe. Il décampa précipitamment, et se retira vers la Bretagne, laissant à ses alliés, Othon, empereur d'Allemagne, Ferrand, comte de Flandre, Guillaume, comte de Boulogne, le soin de faire triompher ses intérêts. Mais ces princes, auxquels s'était joint le comte de Salisbury avec des troupes anglaises, furent complétement défaits à Bovines par

Philippe-Auguste. Les comtes de Flandre, de Boulogne et de Salisbury, furent faits prisonniers, et Jean ne songea plus qu'à regagner les rivages de l'Angleterre et à solliciter du roi de France une trêve de cinq années, qu'il obtint.

La paix ne l'attendait pas dans son royaume. Durant la longue lutte de Jean-sans-Terre avec l'église, les barons s'étaient accoutumés à discuter la légitimité des immunités ecclésiastiques, et ils en vinrent naturellement au souvenir et à l'examen de leurs propres droits. Le gouvernement de Guillaume-le-Conquérant avait été nécessairement absolu, car il fallait au prince un pouvoir sans bornes pour maintenir sa conquête et soumettre la nation vaincue. Sous les successeurs de Guillaume, les barons voulurent recouvrer leurs priviléges, et les réclamèrent, sans grande instance à la vérité, mais aussi sans succès. Henri Ier leur avait octroyé, à son avénement, une charte assez favorable à leur liberté ; renouvelée sous Etienne, elle fut de nouveau confirmée par Henri II, et cependant ces rois avaient continué à jouir d'une autorité illimitée. Sous un prince odieux et lâche comme Jean-sans-Terre, le moment était venu pour eux de ressaisir leurs droits.

Les premières tentatives furent faites à Saint-Alban dans une réunion des barons qui refusèrent d'accompagner le roi à Jersey; les secondes dans une assemblée convoquée à Saint-Paul de Londres, sous prétexte de statuer sur les réclamations pécuniaires des exilés. L'archevêque de Cantorbéry, Langton, appela les barons dans une conférence particulière, leur donna connaissance de la charte de Henri Ier, dont il avait trouvé une copie dans un monastère, leur fit remarquer les sages dispositions qu'elle contenait, et qui n'avaient pas reçu d'exécution, et leur inspira un tel enthousiasme, qu'ils jurèrent de sacrifier, s'il le fallait, leur fortune et leur vie, pour en obtenir le renouvellement. Après le retour du roi, Langton réunit encore les barons à l'abbaye de Saint-Edmundsbury, remit sous leurs yeux la charte de Henri Ier, leur peignit énergiquement la tyrannie sous laquelle ils gémissaient, et leur représenta que jamais circonstance n'avait été plus favorable à l'entreprise qu'ils méditaient. Les franchises, libertés ou priviléges qu'il convenait de redemander, furent discutées et définies, et les barons, entraînés par l'éloquence du prélat, émus par le souvenir des outrages dont le roi les avait abreuvés, s'élancèrent l'un après l'autre au maître-autel, et jurèrent solennellement d'exiger le rétablissement de la charte ou de renoncer à leur allégeance et de déclarer une guerre à mort à Jean-sans-Terre, s'il refusait de l'accorder. Ils convinrent de présenter leur requête aux fêtes de Noël.

Le roi, ayant eu quelque avis du projet des barons, imagina de le déjouer en quittant Worcester et se rendant à Londres la veille même de la fête. Les confédérés y arrivèrent peu de jours après lui, et s'y trouvèrent réunis le 6 janvier 1215, fête de l'Épiphanie. Ils lui présentèrent leur requête. Jean-sans-Terre se répandit d'abord en menaces, et leur ordonna de renoncer à leurs insolentes prétentions et de s'engager à ne jamais les reproduire, sous peine d'encourir sa disgrâce et d'être considérés comme traîtres. Le comte de Chester, lord Brewer et l'évêque de Winchester, se laissèrent intimider et se rendirent aux volontés de Jean ; mais ils furent les seuls, et tous les autres se refusèrent à obéir. Le roi, effrayé de cette unanimité, crut échapper à la nécessité de s'expliquer, en remettant à une autre époque la réponse satisfaisante qu'il promettait, si les demandes des barons lui semblaient équitables. Après un mûr examen, les barons lui accordèrent un délai dont ils fixèrent la limite aux fêtes de Pâques. L'archevêque de Cantorbéry, le comte de Pembroke et l'évêque d'Ely, consentirent à cautionner la parole royale.

Jean n'avait demandé ce délai que dans l'espérance de désunir l'association en séparant la cause du clergé de celle de la noblesse, et il se fiait en son adresse pour combattre ensuite les deux puissances l'une par l'autre. Il se hâta donc de mettre le temps à profit, en offrant au clergé une charte par laquelle, renonçant à ce droit d'élection des évêques et des abbés, que ses prédécesseurs avaient si longtemps défendu comme une des plus utiles prérogatives de la couronne, il ne se réservait que le pouvoir de donner la licence royale pour procéder à l'élection et la confirmation de la personne élue, déclarant que, dans le cas où il refuserait la licence, il serait loisible aux prélats de passer outre, et que s'il refusait son approbation à une élection, il devait assigner des raisons légitimes à ce refus. En outre, il prit la croix et fit vœu de conduire une armée en Palestine. Les croisés jouissaient de grands priviléges. Du moment où la sainte marque décorait leurs habits, toutes les pénitences canoniques étaient commuées ou remises. De cette époque jusqu'à leur retour, leurs personnes et leurs biens, meubles et immeubles, étaient placés sous la protection de l'église; leurs créanciers perdaient le droit de les obliger à s'acquitter; l'action de la justice était suspendue et toute procédure contre eux annulée. Ces immenses avantages avaient frappé l'esprit de Jean, qui forçait ainsi l'église à lui accorder une sauvegarde contre elle-même. Il n'avait aucune volonté de se rendre en Terre-Sainte, mais il gagnait du temps et se couvrait d'un bouclier sacré.

En même temps, il envoyait à Rome un de ses affidés, Guillaume Mauclerc, afin de se concilier les bonnes grâces de son suzerain et de se plaindre de l'insolence de ses barons. Ceux-ci, de leur côté, dépêchèrent au saint père Eustache de Vescey, chargé de présenter leur défense. Le pape, satisfait de la suprématie qu'il avait acquise sur le royaume d'Angleterre, et craignant de la perdre s'il favorisait des hommes fiers et courageux qui se serviraient peut-être un jour de l'indépendance obtenue à l'aide de sa volonté pour en étendre les avantages au détriment de sa nouvelle puissance, jugea prudent de soutenir un prince qu'il méprisait, mais qu'il trouvait constamment disposé à s'abaisser afin de conserver sa couronne avilie. Il écrivit donc à Langton, lui commanda d'user de toute son influence pour rétablir l'harmonie entre les parties contendantes, déclara que les barons n'étaient pas fondés à réclamer des droits qu'avaient exercés les ancêtres du roi sans contestation, et ne lui cacha pas qu'il était lui-même accusé d'avoir soufflé le feu de la discorde. Il écrivit aux barons et aux prélats, désapprouva leur conduite, leur défendit d'employer la force pour extorquer des concessions dont il promettait d'obtenir tout ce qu'il serait raisonnablement utile de leur accorder, et, de sa souveraine autorité, prononça la dissolution de la confédération et défendit de la renouveler sous peine d'excommunication.

Mais les recommandations du pape, et les faveurs dont le roi Jean venait de combler le clergé n'avaient pas produit dans l'esprit des membres du corps ecclésiastique cette soumission à ses volontés qu'il s'était flatté d'en obtenir.

Depuis les dernières usurpations du saint-siége, les bénéfices ne s'obtenaient plus qu'en cour de Rome. La haute administration de l'église anglaise, et même de minimes détails, se trouvaient totalement concentrés dans les mains du pape. Tous les épiscopats devenus vacants durant un interdit de six années, toutes les abbayes privées de leurs chefs avaient été conférés à de nouveaux titulaires par le légat Nicolas, sans consulter les services, ni le mérite personnel, ni les coutumes du pays. Ce système d'envahissement avait mécontenté Langton et les prélats; ils assurèrent les barons de leur appui et de leur concours.

Dans la semaine de Pâques, ceux-ci, accompagnés de plus de deux mille chevaliers, avec leurs écuyers ou leur suite, et d'une multitude qui faisait hautement des vœux pour leurs succès, se rassemblèrent à Stamford. Ils s'avancèrent en bon ordre jusqu'à Brackley, à quinze milles (cinq lieues) d'Oxford, où le roi faisait alors sa résidence. Instruit de leur approche, Jean député vers eux l'archevêque de Cantorbéry et les comtes de Warenne et de Pembroke, afin de prendre connaissance de leurs réclamations. Les barons remirent aux envoyés un écrit où elles étaient contenues. Mais le roi n'en eut pas plutôt entendu la lecture qu'il s'écria dans un accès de colère : « Que ne me demandent-ils aussi ma couronne? Pensent-ils que j'irai « leur accorder des libertés qui me réduiraient en servitude? » Il réfléchit toutefois, car la crainte commençait à l'agiter, et il chargea de nouveau ses commissaires de retourner vers ses barons, de leur offrir la médiation du pape, seigneur suzerain de l'Angleterre, et de leur dire qu'il s'occuperait incessamment de l'examen et de l'abolition des méchantes coutumes qui avaient pu s'introduire dans l'administration sous le règne de son frère et le sien. S'ils n'étaient pas satisfaits de cette concession, les envoyés avaient ordre d'affirmer que son intention était de faire remonter ses recherches jusqu'aux abus qui dateraient du règne de Henri II. Mais les confédérés persistèrent à obtenir tout ce qu'ils avaient demandé. Jean prétendit qu'il était du devoir de l'archevêque primat d'excommunier les barons, selon les ordres du pape; et il fut soutenu dans cette opinion par l'ancien légat Pandolfe et par l'évêque d'Exeter. Langton répondit qu'il connaissait mieux que personne les intentions d'Innocent III, que c'était à lui que le souverain pontife les avait expliquées, et que ce serait le roi qui s'exposerait à l'excommunication s'il ne se hâtait de licencier et de renvoyer du royaume les bandes mercenaires qu'il tenait à sa solde. Comme dernière ressource, Jean proposa de soumettre le sujet de la contestation à neuf personnes, dont quatre seraient choisies par les barons, quatre par lui-même; le pape ferait la neuvième. On s'en serait rapporté, pour terminer le différend, à la décision prise par tous ces arbitres ou seulement même par la majorité.

Ces propositions furent rejetées par les barons, qui durant ces inutiles discussions avaient organisé une armée qu'ils appelèrent l'armée de Dieu et de la sainte église. Le 5 mai, réunis à Wallingford, ils renoncèrent solennellement à leur serment d'allégeance, se choisirent pour chef Robert Fitz-Walter, assiégèrent la citadelle de Northampton, s'avancèrent jusqu'à Ware, à peu de distance de Londres, et entamèrent une correspondance avec les principaux habitants de la capitale, qui se déclarèrent aussitôt pour eux, et les appelèrent dans leurs murs. Les barons entrèrent à Londres le dimanche 24 mai 1215, au son des cloches et aux acclamations du peuple; ils occupèrent à l'instant la Cité, et adressèrent des proclamations revètues du sceau de l'association à tous les grands vassaux, nobles et

Sceau des barons de Londres [1].

chevaliers qui n'avaient pas encore adopté leur parti, et déclarèrent qu'ils les traiteraient en ennemis, s'ils ne rejoignaient promptement l'armée de Dieu et de la sainte église. L'effet de leurs menaces fut tel, que le roi, qui se trouvait alors à Odiham, dans le Hampshire, fut abandonné de toute sa cour et qu'il ne resta près de sa personne que sept chevaliers.

Jean reconnut bien qu'il fallait céder ou se résoudre à la perte immédiate de sa couronne. On fixa un jour pour une conférence. Runnymead, ville située entre Staines et Windsor, fut le théâtre de cette importante négociation. Les débats durèrent peu de jours; d'un côté était le maréchal Fitz-Walter, accompagné d'une immense foule de barons, mais debout et dans une attitude respectueuse; et de l'autre le roi, assis, conseillé par Pandolfe et huit évêques, et suivi de quinze gentilshommes seulement, parmi lesquels on comptait encore plusieurs partisans déclarés de ses adversaires. Le 19 juin 1215, Jean-sans-Terre, signa l'acte suivant qui prit le nom de Grande Charte ou Charte des Libertés (2).

1. Les barons avaient appelé leur armée « Armée de Dieu et de l'église. » Aussi, sur leur sceau, Dieu est représenté debout au milieu de la ville de Londres qu'il semble protéger, et tenant d'une main une épée nue et de l'autre une bannière aux armes d'Angleterre. Légende : SIGILLVM BARONVM LONDONI.... Sceau des barons de Londres.

2. Nous reproduisons dans son entier cet important document, fondement des libertés anglaises. L'original est en latin. Nous avons emprunté la translation que nous en donnons ici à l'excellente traduction de la *Grande Chronique de Matthieu Paris*, récemment publiée par M. Huillard-Bréholles, avec annotations de M. le duc de Luynes.

GRANDE CHARTE. — « Jean, par la grâce de Dieu, roi d'Angleterre, seigneur d'Irlande, duc de Normandie et d'Aquitaine, comte d'Anjou, aux archevêques, évêques, abbés, comtes, barons, justiciers, forestiers, vicomtes, gouverneurs, officiers, et à tous ses baillis et fidèles, etc., salut. Qu'il vous soit notoire que nous, en vue de Dieu, pour le salut de notre âme et de celles de nos ancêtres et de nos héritiers, pour l'honneur de Dieu et l'exaltation de la sainte église, pour la réformation de notre royaume, sur l'avis de nos vénérables pères Étienne, archevêque de Cantorbéry, primat de toute l'Angleterre et cardinal de la sainte église romaine; Henri, archevêque de Dublin; Guillaume, évêque de Londres; Pierre, évêque de Winchester; Jocelin, évêque de Bath et de Glaston; Hugues, évêque de Lincoln; Gaultier, évêque de Worcester; Guillaume, évêque de Coventry; Benoist, évêque de Rochester; de maître Pandolphe, sous-diacre et familier du seigneur pape; de frère Amaury, maître de la milice du Temple en Angleterre, et des nobles hommes Guillaume Marshall, comte de Pembroke; Guillaume, comte de Salisbury; Guillaume, comte de Warenne; Guillaume, comte d'Arundel; Alain de Galloway, connétable d'Écosse; Guarin, fils de Gerald; Pierre, fils d'Herebert; Hubert de Bourg, sénéchal du Poitou; Hugues de Nevil; Matthieu, fils d'Herebert; Thomas Basset, Alain Basset, Philippe d'Albiny, Robert de Ropesle, Jean Marshall et Jean, fils de Hugues et autres, nos féaux, avons sur toutes choses accordé à Dieu et confirmé par cette présente charte, pour nous et pour nos héritiers à jamais : 1° Que l'église d'Angleterre sera libre et jouira de ses droits et libertés sans qu'on y puisse toucher en aucune façon : et nous voulons qu'on observe cette concession, ce qui appert de ce que, la liberté des élections étant regardée comme un point capital et très-important pour l'église d'Angleterre, nous l'avions accordée de notre pure et spontanée volonté avant même le différend qui a éclaté ouvertement entre nous et nos barons; que nous l'avions confirmée par une charte; que nous avions obtenu que ladite charte fût confirmée par le pape Innocent III, et que nous entendons aujourd'hui qu'elle soit observée de bonne foi par nous et par nos héritiers à jamais. 2° Nous avons aussi accordé à tous nos hommes libres du royaume d'Angleterre, pour nous et pour nos héritiers, à jamais, toutes les libertés spécifiées ci-dessous, pour être possédées par eux et par leurs héritiers, comme les tenant de nous et de nos héritiers. 3° Si quelqu'un de nos comtes et de nos barons, ou autres tenant de nous en chef sous la redevance du service militaire, vient à mourir, et qu'à l'époque de son décès, son héritier ait l'âge plein et doive le relief, cet héritier paiera pour son héritage selon l'ancienne taxe : c'est-à-dire l'héritier ou les héritiers d'un comte, pour l'entière baronnie de ce comte, cent livres; l'héritier ou les héritiers d'un baron pour l'entière baronnie, cent marcs; l'héritier ou les héritiers d'un chevalier pour le fief entier de ce chevalier, cent sols au plus. Quiconque devra moins donnera moins, selon l'ancienne taxe des fiefs. 4° Si un héritier de cette sorte se trouve n'avoir pas l'âge plein, et qu'il doive tomber en garde, son seigneur ne pourra prendre la garde de sa personne ou de sa terre avant d'avoir reçu son hommage par-devant sa cour[1]; et après que cet héritier aura été en garde et sera parvenu à l'âge de vingt

---

1. Nous traduisons *per curiam* au lieu de *perdat curiam*, qui nous semble inadmissible. Ces deux mots, d'ailleurs, ne se trouvent point dans plusieurs éditions, dans celle de 1640 par exemple.

et un ans, il sera mis en possession de son héritage sans relief ni paiement. Que s'il est fait chevalier pendant sa minorité, sa terre n'en demeurera pas moins sous la garde du seigneur, jusqu'au temps ci-dessus fixé. 5° Celui qui aura en garde les terres d'un héritier de cette sorte encore mineur, ne pourra prendre sur ces mêmes terres que des issues, des coutumes et des services raisonnables, sans détruire ni dévaster les biens des tenanciers, ni rien de ce qui appartient à l'héritage. Que s'il arrive que nous commettions la garde de ces terres à un vicomte ou à tout autre à la charge de nous rendre compte des issues de ces terres, et qu'il y fasse quelque destruction ou dévastation, nous le forcerons à amende et nous confierons la terre à deux hommes loyaux et discrets du même fief qui en seront responsables envers nous de la même manière. 6° Le gardien, tant qu'il conservera la garde de la terre, devra maintenir en bon état les maisons, parcs, garennes, étangs, moulins et autres dépendances de la terre, au moyen des revenus de cette même terre, en rendre compte à l'héritier lorsqu'il sera en âge plein, et lui restituer sa terre entière bien munie de charrues et autres instruments, autant du moins qu'il en aura reçu. La même chose sera observée dans la garde qui nous appartient des archevêchés, évêchés, abbayes, prieurés, églises et autres dignités vacantes; excepté que ce droit de garde ne pourra pas être vendu. 7° Les héritiers seront mariés sans disparagement, et de façon qu'avant la célébration du mariage, on en réfère aux proches, selon leur degré de parenté avec l'héritier. 8° La veuve, aussitôt après la mort de son mari et sans difficulté aucune, aura son douaire, une somme fixe pour son entretien, et son héritage, sans qu'elle soit tenue de rien payer pour sa dot, pour son douaire ou pour l'héritage qu'elle aura acquis, et que son mari et elle auront possédé jusqu'au jour du décès du mari. Elle pourra demeurer dans la principale maison de son mari pendant quarante jours depuis celui du décès. Dans ce laps de temps, on lui assignera sa dot en cas qu'elle n'ait pas été réglée auparavant. Mais si cette maison est un château, et qu'elle quitte ce château, on devra aussitôt lui assigner quelque autre demeure convenable où elle puisse séjourner décemment jusqu'à ce que sa dot soit réglée comme nous venons de le dire. Pendant ce temps, on prendra sur les biens communs de quoi pourvoir raisonnablement à son entretien. Or on lui assignera pour sa dot la troisième partie de toutes les terres possédées par son mari pendant qu'il était en vie; à moins qu'à la porte de l'église elle n'ait été dotée en moindre portion. 9° On ne pourra contraindre aucune veuve à prendre un nouveau mari tant qu'elle voudra rester dans l'état de viduité; mais elle sera obligée de donner sûreté qu'elle ne se remariera pas sans notre consentement si elle relève de nous, ou sans le consentement du seigneur de qui elle relèvera, si elle relève d'un autre que de nous. 10° Ni nous ni nos baillis ne ferons saisir les terres ou les revenus de qui que ce soit, pour dettes, tant que les chattels présents du débiteur suffiront pour payer la dette et qu'il paraîtra prêt à satisfaire son créancier; et ceux qui auront cautionné ce débiteur ne seront tenus à rien tant que le débiteur capital sera en état de payer. 11° Que si le débiteur capital manque à payer, soit qu'il n'ait pas de quoi, soit qu'il ne veuille pas, le pouvant, on exigera la dette des cautions qui, si elles le désirent, auront droit sur les biens et les rentes du débiteur jusqu'à concurrence de la dette qui aura été payée pour lui, à moins que le débiteur capital ne montre qu'il est quitte envers ces mêmes cautions. 12° Si quelqu'un a emprunté quelque chose à des juifs, plus ou moins, et qu'il meure avant d'avoir acquitté sa dette, cette dette ne pourra pas produire d'intérêts à la charge de l'héritier s'il est mineur et tant qu'il demeurera en minorité, de qui que ce soit qu'il relève. Que si la dette vient à tomber entre nos mains, nous nous contenterons de garder le gage-meuble stipulé dans le contrat. 13° Si quelqu'un meurt étant débiteur des juifs, sa veuve aura son douaire sans être obligée de rien rendre sur cette dette. Et si le défunt a laissé des enfants qui n'aient pas l'âge plein, on pourvoira à leur nécessaire selon le bien immeuble de leur père, et du surplus la dette sera payée, sauf toutefois le service dû au seigneur. Les autres dettes dues à d'autres qu'à des juifs, seront payées de la même manière. 14° Nous n'établirons aucun escuage ou autre impôt d'aide dans notre royaume sans le consentement de notre commun conseil du royaume, si ce n'est pour le rachat de notre personne, pour armer notre fils aîné chevalier et pour marier une fois seulement notre fille aînée : auxquels cas nous lèverons seulement une aide raisonnable. 15° Il en sera de même à l'égard des subsides que nous lèverons sur la ville de Londres, et la ville de Londres jouira de ses anciennes libertés et libres coutumes tant sur la terre que sur l'eau. 16° Nous voulons et accordons encore que toutes les autres cités, villes et bourgs, que les barons des Cinq Ports et tous les ports jouissent de toutes leurs libertés et libres coutumes. 17° Quand on devra tenir le commun conseil du royaume pour asseoir les aides autrement que dans les trois cas plus haut spécifiés, et pour asseoir les escuages, nous ferons sommer les archevêques, évêques, abbés, comtes et hauts barons du royaume chacun en particulier et par lettres de nous. 18° Nous ferons en outre sommer en général, par nos vicomtes et nos baillis, tous autres qui tiennent de nous en chef quarante jours au moins avant la tenue de l'assemblée, pour un jour fixe et pour un lieu fixe, et dans toutes les lettres de sommation nous déclarerons les causes de cette sommation. 19° Les sommations étant faites de cette manière, on procédera sans délai à la décision des affaires selon les avis de ceux qui se trouveront présents, quand même tous ceux qui auraient été sommés n'y seraient pas. 20° Nous défendons aussi pour l'avenir, à quelque seigneur que ce soit, de lever aucune aide sur ses hommes libres, si ce n'est pour le rachat de son corps, pour armer son fils aîné chevalier, pour marier une fois seulement sa fille aînée, auxquels cas il ne devra lever qu'une taxe modérée. 21° On ne pourra contraindre personne à plus de service qu'il n'en doit naturellement à raison de son fief de chevalier ou de toute autre tenure libre. 22° La cour des communs plaids ne suivra plus notre personne, mais elle demeurera fixe en un lieu certain. Les procès relatifs à l'expulsion de possession, à la mort d'un ancêtre ou à la dernière présentation (aux églises) ne seront jugés que dans les provinces dont les parties dépendront, et de la manière suivante : nous, ou (si nous sommes absent du royaume) notre grand justicier enverrons une fois tous les ans, dans chaque comté, des justiciers qui, de concert avec les chevaliers des mêmes comtés, tiendront leurs assises dans la province même. 23° Les procès qui ne pourront être terminés dans ces dites assises ouvertes par nos justiciers à leur arrivée dans les comtés, seront terminés par les mêmes justiciers ailleurs sur leur route, et les affaires qui, pour leurs difficultés, ne pourront pas être décidées par les juges susdits, seront portées à la cour du banc du roi. 24° Toutes les affaires qui regardent la dernière présentation aux églises, seront portées à la cour du banc du roi et y seront terminées. 25° Un tenancier libre ne pourra être mis à l'amende pour de petites fautes, si ce n'est proportionnellement au délit, ni pour de grandes fautes, si ce n'est selon la grandeur du délit, sauf ses moyens indispensables de subsistance; il en sera usé de même à l'égard des marchands, auxquels on ne pourra enlever ce qui leur est nécessaire pour entretenir leur commerce. 26° Semblablement, les vilains tant de nos domaines que des domaines d'autrui, ne pourront être mis à l'amende s'ils tombent sous notre merci que sauf leurs moyens de gagnage. Aucune des susdites amendes ne sera imposée que sur le serment de douze hommes du voisinage, loyaux et de bonne réputation. 27° Les comtes et barons ne seront mis à l'amende que par leurs pairs et selon la qualité de l'offense. 28° Aucune personne ecclésiastique ne sera mise à une amende proportionnée au revenu de son bénéfice, mais seulement aux biens laïques qu'elle possède et selon la qualité de sa faute. 29° On ne contraindra aucune ville ou aucune personne (par la saisie des meubles) à faire construire des ponts sur les ravins[1], à moins qu'elles n'y soient obligées par un ancien droit. 30° On ne fera aucune digue aux eaux des ravins qu'aux endroits qui en ont eu du temps de Henri Ier, notre aïeul. 31° Aucun vicomte, constable, coroner ou autre notre bailli, ne pourra tenir les plaids de la couronne. 32° Les comtés (shires), hundreds, wapentacks, trethings, resteront fixés aux anciennes fermes et sans aucun accroissement, les terres de notre domaine particulier exceptées. 33° Si quelqu'un tenant de nous un fief laïque meurt et que le vicomte ou bailli produise des lettres patentes de sommation pour faire voir que le défunt était notre débiteur, il sera permis à notre vicomte ou à notre bailli de saisir et d'enregistrer ses chattels trouvés dans le même fief, jusqu'à la concurrence de la somme due, et cela par l'inspection de loyaux hommes, afin que rien ne soit détourné jusqu'à ce que ce qui nous sera clairement dû soit payé; le surplus sera laissé entre les mains des exécuteurs du testament du défunt. S'il se trouve que le défunt ne nous devait rien, tous ses chattels devront revenir à la succession dudit défunt, sauf les portions raisonnables de sa femme et de ses enfants. 34° Si quelque homme libre meurt sans faire de testament, ses chattels seront distribués par les plus proches parents et les amis sur l'inspection de l'église, sauf pour chacun ce que le défunt devait. 35° Aucun de nos baillis ou constables ne prendra les grains ou autres chattels d'une personne qui ne sera pas du canton où le château est situé, à moins qu'il ne le paie comptant ou qu'il ne soit auparavant convenu avec le vendeur du temps du paiement. Mais si le vendeur est du canton même, il sera payé dans les quarante jours. 36° Aucun chevalier ne sera contraint (par la saisie de ses meubles) à donner de l'argent sous prétexte de la garde d'un château, s'il offre de faire le service en personne ou s'il fournit quelque autre

---

[1]. On entendait par *riparia* (ravin), un fossé profond destiné à faciliter l'écoulement des eaux qui inondaient en plusieurs endroits, particulièrement dans le Marsland, le sol marécageux de l'Angleterre. Les bords de ces fossés étaient soutenus par des appuis, et défendus par des pieux et des haies qui servaient aussi de démarcations aux champs. La réparation de ces digues et des ponts jetés sur les fossés était une des corvées royales ou seigneuriales.

homme honorable en cas qu'il ait une excuse valable pour s'en dispenser lui-même. 37° Si nous conduisons ou envoyons un chevalier à l'armée, il sera dispensé de la garde d'un château autant de temps qu'il fera son service à l'armée par notre ordre, à raison du fief pour lequel il doit service militaire. 38° Aucun bailli, vicomte ou autre notre officier, ne prendra par force ni chevaux ni chariots pour porter notre bagage qu'en payant le prix stipulé par les anciens règlements, savoir : dix deniers par jour pour un chariot à deux chevaux, et quatorze deniers par jour pour un chariot à trois chevaux. 39° Aucun chariot possédé en propre par un ecclésiastique, un chevalier ou une dame, ne sera pris par nos baillis ; ni nous ni nos baillis ni d'autres ne prendrons du bois à autrui pour nos châteaux ou autres usages que de l'aveu de celui à qui le bois appartiendra. 40° Nous ne tiendrons les terres de ceux qui seront convaincus de félonie que pendant un an et un jour. Après quoi nous les remettrons entre les mains du seigneur féodal. 41° Tous les filets à prendre des saumons et autres poissons tendus dans la Tamise, dans la Midway et autres rivières d'Angleterre, excepté sur les côtes de la mer, seront entièrement enlevés. 42° A l'avenir on n'accordera plus aucun ordre appelé *præcipe* relativement à quelque tenement, ordre par lequel un homme libre puisse perdre son procès. 43° Il y aura une seule et même mesure par tout le royaume pour le vin et pour la bière ainsi que pour le grain, et cette mesure sera conforme à celle dont on se sert à Londres. Tous les draps teints, le russet et le hauberget, auront la même largeur, savoir : deux aunes entre les lisières. Il en sera pour les poids de même que pour les mesures. 44° On ne prendra rien à l'avenir pour les ordres d'enquête à celui qui désirera qu'enquête soit faite touchant la perte de la vie ou des membres de quelqu'un ; mais ils seront accordés gratis et ne seront jamais refusés. 45° Si quelqu'un tient de nous par ferme de fief soit socage soit burgage et quelque terre d'un autre, sous la redevance d'un service militaire, nous ne prétendons point, à l'occasion de ce fié-ferme, ou de ce socage ou de ce burgage à la garde de l'héritier ou de sa terre qui appartient au fief d'un autre ; nous ne prétendrons pas même à la garde de ce fié-ferme ou de ce socage ou de ce burgage, à moins que ce fié-ferme ne soit sujet à un service militaire. 46° Nous ne prétendrons point avoir la garde d'un héritier ou de la terre qu'il tient d'un autre, sous l'obligation d'un service militaire, en prétextant qu'il nous doit petite sergeantie, c'est-à-dire qu'il a charge de nous fournir couteaux de guerre, flèches ou autres choses de cette espèce. 47° Aucun bailli à l'avenir n'obligera personne à se purger par serment sur sa simple accusation et sans produire pour la soutenir des témoins dignes de foi. 48° Aucun homme libre ne sera pris ni emprisonné ni dépossédé de ce qu'il tient librement, ou de ses libertés, ou de ses libres coutumes, ni ne sera mis hors la loi, ni exilé, ni privé [1] de quelque chose en aucune façon, ni nous ne marcherons contre lui ni ne l'enverrons en prison que par le légal jugement de ses pairs ou [2] par la loi du pays. 49° Nous ne vendrons ni ne refuserons

---

1. La variante donne *destruatur* pour *destituatur*, ce qui semblerait signifier : frappé dans ses membres.

2. *Vel*, nous lirions volontiers *et* avec Hallam. D'ailleurs on peut comprendre : justice de ses pairs, autrement dite loi du pays.

ni ne différerons le droit et la justice à personne. 50° Tous les marchands, s'ils ne sont publiquement prohibés, auront garantie et sécurité de sortir d'Angleterre, de venir en Angleterre, d'y demeurer, d'aller et de venir tant par terre que par eau, d'acheter, de vendre selon les anciennes coutumes, sans qu'on puisse imposer sur eux aucune maltôte, excepté en temps de guerre et quand ils seront d'une nation en guerre avec nous. 51° S'il se trouve de tels marchands dans le royaume au commencement d'une guerre, ils seront mis en séquestre sans aucun dommage de leurs personnes ou de leurs biens, jusqu'à ce que nous ou notre grand justicier soyons informés de la manière dont nos marchands sont traités chez la nation qui est en guerre contre nous ; et si les nôtres sont bien traités, ceux-ci le seront aussi parmi nous. 52° Il sera permis à l'avenir à toutes personnes de sortir du royaume et d'y revenir en toute sûreté et liberté par terre et par eau, sauf le droit de fidélité qui nous est dû ; excepté toutefois en temps de guerre et pour peu de temps, selon qu'il sera nécessaire pour le bien commun du royaume ; excepté encore ceux qui auront été emprisonnés et proscrits selon les lois du royaume, et les peuples qui seront en guerre avec nous aussi bien que les marchands d'une nation ennemie, comme en l'article précédent. 53° Si quelqu'un relève d'une terre qui nous soit venue par eschute, comme par exemple du domaine de Wallingford, de Boulogne, de Lancastre, de Nottingham ou de tous autres de pareille nature, qui sont en notre possession et qui sont des baronnies, et qu'il vienne à mourir, son héritier ne donnera pas d'autre relief ou ne sera tenu d'aucun autre service que de celui auquel il serait obligé envers le baron si la baronnie était en la possession du baron. Nous tiendrons ladite baronnie de la même manière que l'ancien baron la tenait avant nous. Nous ne prétendrons point, pour raison de ladite baronnie ou eschute, avoir aucune eschute ou aucune garde d'aucun des vassaux, à moins que celui qui possède un fief relevant de cette baronnie[1] ne relève aussi de nous en chef pour un autre fief. 54° Ceux qui ont leurs habitations hors des forêts, ne seront point obligés à l'avenir de comparaître devant nos justiciers des forêts sur des sommations générales, mais seulement ceux qui sont intéressés dans le procès, ou qui sont cautions de ceux qui ont été arrêtés pour malversation concernant nos forêts. 55° Tous les bois qui ont été réduits en forêts par le roi Richard, notre frère, seront rétablis en leur premier état, les bois de nos propres domaines exceptés. 56° Aucun homme libre ne pourra plus ni donner ni vendre aucune partie de sa terre, à moins qu'il ne lui en reste assez pour pouvoir faire le service dû au seigneur et qui appartient audit fief. 57° Tous les patrons d'abbayes qui ont des chartes de quelqu'un des rois d'Angleterre, contenant droit de patronat ou qui possèdent ce droit de temps immémorial, auront la garde de ces abbayes lorsqu'elles seront vacantes, ainsi qu'ils doivent l'avoir selon qu'il a été déclaré ci-dessus. 58° Que personne ne soit saisi ni emprisonné sur l'appel d'une femme pour la mort d'aucun autre homme que du propre mari de cette femme. 59° Qu'à l'avenir la cour du comté soit tenue de mois en mois, à moins que ce ne soit dans les lieux où la coutume est de mettre plus

---

1. Le texte dit : A moins que celui qui tenait la baronnie ou l'eschute n'ait tenu de nous ailleurs un autre fief en chef. Ce sens est tellement obscur, que nous préférons suivre ici l'interprétation de Rapin Thoiras, *Hist. d'Angl.* tome II, à la fin.

grand intervalle entre les sessions. 60° Aucun vicomte ou bailli ne tiendra son tour d'enregistrement que deux fois l'an, savoir : après les fêtes de Pâques et après la Saint-Michel : ce sera aussi dans les lieux dus et accoutumés. Alors l'inspection des cautions, qui sont d'obligation mutuelle entre nos francs hommes, se fera à cette époque de la Saint-Michel sans aucun empêchement ; de telle manière que chacun ait les mêmes libertés qu'il avait ou qu'il avait coutume d'avoir au temps du roi Henri Ier notre aïeul, et celles qu'il a pu acquérir depuis. 61° Que ladite inspection des cautions entre nos francs hommes se fasse de manière à ne pas porter atteinte à notre paix et que le trething soit entier comme il doit l'être. 62° Que le vicomte ne cherche à léser personne et qu'il se contente des droits que le vicomte avait coutume de prendre pour faire son inspection au temps du roi Henri notre aïeul. 63° Qu'à l'avenir il ne soit permis à qui que ce soit de donner sa terre à une maison religieuse, pour la tenir ensuite en fief de cette maison. 64° Il ne sera point permis aux maisons religieuses de recevoir des terres de cette manière pour les rendre ensuite aux propriétaires à condition de relever des monastères. Si à l'avenir quelqu'un entreprend de donner sa terre à une maison religieuse et qu'il en soit convaincu, le don sera nul et la terre donnée sera confisquée au profit du seigneur. 65° Le droit d'escuage sera perçu à l'avenir selon la coutume pratiquée au temps du roi Henri notre aïeul : que les vicomtes ne songent pas à vexer qui que ce soit mais qu'ils se contentent de leurs droits ordinaires. 66° Toutes les libertés et priviléges que nous accordons par la présente charte, pour être observés dans le royaume à l'égard des rapports entre nous et tous nos vassaux, seront observés de même par les clercs et par les laïques à l'égard des rapports entre eux et leurs tenanciers sauf les libertés et les libres coutumes des archevêques, évêques, abbés, prieurs, Templiers, Hospitaliers, comtes, barons, chevaliers et tous autres tant ecclésiastiques que séculiers, dont ils jouissaient avant cette charte.

« Or, comme nous avons accordé toutes ces libertés en vue de Dieu et pour la réformation de notre royaume, nous voulons les maintenir en pleine et entière stabilité ; et, afin d'assoupir complétement la discorde survenue entre nous et nos barons nous leurs donnons et octroyons les garanties qui suivent : Les barons choisiront vingt-cinq barons du royaume, ceux qu'ils voudront, qui devront observer, maintenir, et faire observer la paix et les libertés que nous leur avons accordées, et que nous avons confirmées par la présente charte ; en sorte que si nous avons lésé quelqu'un en quelque chose, soit par nous-mêmes, soit par notre justicier, ou si nous avons violé l'un des articles de la présente paix et sécurité, et que le tort soit prouvé à quatre barons parmi les vingt-cinq, ces quatre barons viennent vers nous, ou notre justicier, dans le cas où nous serions hors du royaume, et, nous remontrant la transgression, nous demandent de donner sans délai réparation. Si nous ne corrigeons pas ledit abus (ou du moins notre justicier, dans le cas où nous serions hors du royaume) dans l'espace de quarante jours, à partir du moment où le fait nous aura été déféré, les quatre barons susdits pourront porter l'affaire devant les vingt et un barons restant, et alors ces barons, à l'aide de la commune du pays, nous contraindront et nous molesteront de toutes les manières possibles ; par exemple en s'emparant de nos châteaux, de nos terres, de nos possessions, et par autres manières qu'ils pourront, jusqu'à ce que la réparation qui leur semblait convenable ait été faite; sauf toutefois notre personne, celle de la reine notre femme, et celles de nos enfants. Quand réparation aura été faite, ils veilleront sur notre conduite comme auparavant. Quiconque voudra tenir une terre jurera que, pour l'exécution de toutes les choses susdites, il obéira aux ordres des vingt-cinq barons, et qu'il nous molestera de concert avec eux selon son pouvoir. Et nous donnons publiquement et librement permission de prêter ce serment à quiconque le voudra faire, et jamais nous ne défendrons à personne de jurer pareille chose. S'il arrive que parmi nos propres vassaux il y en ait qui, de leur plein gré, veuillent jurer aux vingt-cinq barons de s'unir à eux pour nous contraindre ou nous molester, nous les mettrons à même de faire ce serment, sélon qu'il est dit plus haut. Si, relativement aux différentes choses dont l'exécution est confiée aux vingt-cinq barons, il s'élevait dissension entre eux sur quelque point, ou que quelques-uns d'entre eux ayant été sommés n'aient point voulu, ou n'aient point pu assister à la délibération, on regardera comme bon et valable ce que la majeure partie d'entre eux aura décidé et ordonné, aussi bien que si les vingt-cinq avaient tous consenti. Les vingt-cinq barons devront jurer d'observer fidèlement, et de faire observer, selon tout leur pouvoir, les articles plus haut spécifiés. Nous ne tenterons d'établir, ni par nous ni par d'autres, rien de ce qui pourrait ou révoquer ou affaiblir quelque point des présentes concessions et libertés ; et s'il advenait quelque chose de pareil, ce serait regardé comme nul et non valable, et nous n'en tirerions profit ni par nous ni par d'autres. Nous remettons pleinement à tous, et pardonnons tous les mauvais desseins, griefs ou sujets de ressentiment qui peuvent s'être élevés entre nous et nos hommes, tant clercs que laïques, depuis l'époque de la discorde. Et pour mieux nous lier nous-mêmes, les quatre châtelains de Northampton, de Kenilworth, de Nottingham et de Scarborough, s'engageront par serment, envers les vingt-cinq barons, à faire, concernant les susdits châteaux, ce que la totalité ou la majorité des vingt-cinq barons leur recommandera et ordonnera. Que dans ces châteaux soient toujours établis des châtelains qui soient fidèles et ne veuillent pas transgresser leur serment. Nous renverrons du royaume tous les étrangers, tous les parents de Gérard de Athies, à savoir : Ingelard, André et Pierre, Guy de Chanceles, Guy de Ciguini, l'épouse dudit Gérard avec tous ses enfants, Geoffroi de Martenni et ses frères, Philippe Marci et ses frères, Guy, son neveu, Falcaise, ainsi que tous les Flamands et routiers qui sont préjudiciables au royaume[1]. En outre, nous remettons pleinement à tous les clercs et laïques, pardonnons pleinement, autant qu'il est en nous, tous les excès commis à l'occasion de cette discorde, depuis la fête de Pâques de l'année dernière, qui était la seizième de notre règne, jusqu'au rétablissement de la présente paix. De plus, en témoignage des garanties données aux concessions

---

1. Ce décret d'expulsion fut accueilli avec grande joie par les habitants de l'Angleterre sans distinction d'origine. « Les paysans arrêtaient sur les routes tous ceux que le bruit public désignait comme « étrangers. Ils leur faisaient prononcer des mots anglais ou quelques paroles du langage mixte qui « servait aux barons normands dans leurs communications avec leurs serfs, et lorsque le suspect était « convaincu de ne parler ni saxon ni anglo-normand, ou de prononcer ces deux langues avec l'accent du « midi de la Gaule, on le maltraitait, on le dépouillait, on l'emprisonnait, qu'il fût chevalier, reli-« gieux ou prêtre, etc. » Aug. Thierry.

spécifiées plus haut, nous voulons qu'il soit dressé des lettres-patentes par le seigneur Etienne, archevêque de Cantorbéry, par le seigneur Henri, archevêque de Dublin, par le seigneur Pandolphe, sous-diacre et familier du seigneur Pape, et par les évêques susdits. Nous voulons aussi et ordonnons formellement que l'église anglicane soit libre, et que tous les hommes de notre royaume aient et tiennent toutes les libertés, coutumes et droits susdits, bien et en paix, librement et tranquillement, pleinement et entièrement, pour eux et pour leurs héritiers, de nous et de nos héritiers, en tous objets et lieux, à perpétuité, selon qu'il est dit. Enfin, il a été juré, tant de notre côté que du côté des barons, que nous observerions toutes les conventions susdites de bonne foi et sans mal engin : témoins les personnes plus haut nommées et beaucoup d'autres. Donné de notre main, au pré qu'on appelle Runymead, entre Staines et Windsor, le quinzième jour du mois de juin, l'an dix-septième de notre règne. » A cette charte fut apposé le sceau royal.

Sceau de Jean-sans-Terre.

Ce sceau représente le roi assis sur son trône, la tête ceinte d'une couronne ouverte très mal conservée. Il est revêtu du manteau royal et tient d'une main une épée nue, et de l'autre un globe surmonté d'une fleur. La légende porte : IOHANNES DEI GRAcia rex anGLIE dominVS HIBERNIE. *Jean, par la grâce de Dieu, roi d'Angleterre, seigneur d'Irlande.*

Les vingt-cinq barons furent choisis, et jurèrent sur leurs âmes qu'ils observeraient les susdites concessions de tous leurs efforts, et contraindraient le roi à les maintenir si par hasard il voulait revenir sur ce qu'il avait ordonné.

Jean savait bien que par cette charte, la résistance aux usurpations de son despotisme était devenue légale, et qu'à l'avenir elle ramènerait les efforts de la nation, dans ses différends avec la couronne, à la discussion de certains points bien déterminés. Il se promit donc de ne laisser échapper aucune occasion d'en éluder l'exécution, et il se montra, en attendant, maître en l'art de dissimuler. Il surveilla lui-même le prompt envoi aux shérifs des ordres qui leur étaient nécessaires pour procurer la plus fidèle exécution de ses engagements, publier la charte, élire les chevaliers des comtés, et recevoir le serment d'obéissance aux barons conserva-

Sur le contre-sceau, Jean est représenté à cheval, revêtu de son armure, la tête couverte d'un casque

Contre-sceau de Jean-sans-Terre.

sans visière; il tient de la main droite une épée nue, et porte au bras gauche et suspendu à son cou, un écu aux armes d'Angleterre : de gueules à trois lions léopardés d'or. Légende : IOHS (Iohannes) : DVX NOrmanorvm...... COMes ANDEGAVIE. *Jean, duc des Normands,..... comte d'Anjou.*

teurs des libertés publiques; il licencia ses troupes étrangères, accepta de nouveau l'hommage des barons qui le lui avaient retiré, et leur rendit féodalement leurs propriétés et leurs dignités, en les comblant de marques de courtoisie. Mais aussitôt qu'il se vit délivré de leur présence, il s'abandonna à des accès de rage : « Malé-« diction! s'écriait-il, sur la misérable et impudique mère qui m'a engendré! Pour-« quoi m'a-t-on bercé sur les genoux? pourquoi m'a-t-on nourri avec le lait des « mamelles? pourquoi m'a-t-on laissé croître pour mon malheur? On aurait dû m'é-« gorger, plutôt que de me présenter des aliments. » Sur-le-champ, il fit partir pour la Flandre, la Picardie, la Guyenne des envoyés chargés d'acheter à tout prix les services des compagnies mercenaires qui s'y trouvaient; d'autres furent députés vers Innocent III, afin de se plaindre au pontife des outrages faits à son autorité suzeraine et d'implorer sa puissante intervention. Il suspendit la restitution des terres par lui saisies sur les barons, ordonna secrètement de fortifier et d'approvisionner ses châteaux, et conçut le projet de s'emparer de la cité de Londres remise en garantie à ses ennemis.

Les barons cependant eurent avis des menées ténébreuses du roi : ils chargèrent quelques-uns d'entre eux de se rendre à Winchester, près de Jean, et de lui faire part de leurs doutes sur sa sincérité. Le roi parut s'offenser de ces craintes, offrit de hâter l'exécution de la charte, et, sur la requête des députés, envoya aux shérifs l'ordre de s'emparer de tous les biens, meubles et immeubles des personnes qui s'étaient refusées à prêter serment aux conservateurs. A son tour, il demanda une garantie aux barons : il désirait que chacun d'eux en particulier lui souscrivît présentement un acte d'hommage et de fidélité envers et contre tous qui les obligeât à défendre, en toute circonstance, ses droits et ceux de ses héritiers. Les barons devinèrent le piége et le repoussèrent; l'archevêque et la plupart des prélats, à leur exemple, déduisirent leur motif par écrit.

Le roi indiqua à Oxford une seconde entrevue qui fut encore moins fructueuse; il en demanda une troisième qu'il fixa aux dernières journées du mois d'août; mais quand les barons s'y présentèrent, Jean était parti pour Douvres, dans l'intention d'y recevoir lui-même les Brabançons ou rouptiers auxquels ses agents avaient promis le pillage des plus belles provinces de l'Angleterre et le partage des confiscations.

Jean se trouvait à la tête d'une armée formidable, lorsque les barons, qui s'étaient endormis dans une imprudente sécurité, commencèrent à concevoir de sérieuses alarmes. Ils hésitèrent à reprendre les hostilités et laissèrent encore maladroitement au roi le temps d'accroître ses forces. Enfin, ils chargèrent Guillaume d'Aubénie ou d'Albiney, du commandement de la forteresse de Rochester, l'une des garanties données par le roi, mais qui n'avait ni vivres, ni munitions, ni machines de guerre. Après deux mois de siége, Aubénie fut obligé de s'abandonner à la merci du roi, qui donna l'ordre de le pendre avec tout ce qui restait de la garnison. Savary de Mauléon osa cependant, au nom du parti de Jean, lui faire observer qu'une telle exécution produirait de terribles représailles. Il parvint, avec difficulté, à soustraire à la cruauté du roi les chevaliers que l'on renferma dans des châteaux forts; tous leurs compagnons de rang inférieur furent pendus. (Novembre, 1215.)

Ce fut durant ce siége que Jean-sans-Terre reçut la réponse d'Innocent III au message qu'il lui avait adressé. Le pape, aussi transporté de colère contre les barons que Jean-sans-Terre lui-même, adoptait, sans restriction, le parti de son vassal. Les barons, disait Innocent, avaient osé se constituer juges de leur seigneur; ils avaient renoncé à leur allégeance; ils avaient violé, sans scrupule, les priviléges des défenseurs de la Croix; ils avaient attaqué, combattu, le possesseur d'un fief du saint-siége, ils avaient imposé des lois à celui qui n'en pouvait recevoir que de son supérieur féodal! ils étaient coupables de mépris pour les décisions du souverain pontife, de tentatives d'abaissement de la royauté, d'empêchement de la croisade : en conséquence, le pape annulait la charte comme dérogatoire à la dignité de la chaire du prince des apôtres, extorquée par la force, et honteuse pour la nation, il ordonnait aussi à Langton de prononcer une sentence d'excommunication contre tous ceux qui persévéreraient à soutenir les prétentions injustes auxquelles cet acte avait prétendu donner un caractère de légitimité.

A la réception de cette bulle, Jean se hâta de révoquer toutes les concessions qu'il avait faites, et d'abjurer ses serments; et comme les barons ne parurent pas disposés à se jeter à ses pieds, il donna l'ordre à l'archevêque primat de fulminer l'excommunication qu'ils encouraient. Langton s'y refusa, et, sur l'avis que le roi en fit passer au pape, le primat fut suspendu de ses fonctions épiscopales et mandé au concile général de Rome. Innocent III alors fulmina une bulle nominale d'excommunication contre les principaux chefs de la ligue des barons, et mit en interdit la ville de Londres. Les barons n'en tinrent aucun compte, et déclarèrent que le saint-siége n'avait reçu du Christ, par le saint apôtre Pierre, que le contrôle des matières ecclésiastiques, et qu'il ne lui appartenait pas d'intervenir dans les affaires temporelles.

Jean avait cependant repris une supériorité décidée. Il divisa son armée en deux corps, il en confia un à son frère naturel, le comte de Salisbury, et, se mettant à la tête d'un autre, il s'avança vers les provinces du nord, dans lesquelles avait déjà pénétré le jeune roi d'Ecosse, Alexandre, allié des confédérés. Jamais, depuis la guerre d'extermination de Guillaume-le-Conquérant, l'Angleterre n'avait eu à gémir d'une dévastation pareille à celle que la vengeance du roi Jean infligea aux contrées septentrionales. Rien n'échappait à la sanguinaire avidité des mercenaires dont il s'était entouré. Lui-même leur donnait l'exemple, en mettant le feu le lendemain aux maisons où il avait reçu l'hospitalité la veille ; les villes, les villages, les châteaux étaient livrés aux flammes; Wark, Alnwick, Morpeth, Milford, Roxburgh, Dunbar, Berwick, Haddington, furent consumées en huit jours. Les habitants fuyaient dans les forêts; les champs étaient abandonnés et sans culture; toutes les transactions ordinaires arrêtées, la désolation générale, jusque dans les comtés où les massacreurs n'avaient pas pénétré. (1216.)

Réduits à la dernière extrémité, les barons voyant, du haut des remparts de Londres, leurs propriétés ravagées, et concédées en fiefs aux chefs des mercenaires, adoptèrent, après plusieurs jours de débats et de lamentations, un remède désespéré. Ils se résolurent à proposer la couronne d'Angleterre à Louis, fils aîné de Philippe-Auguste, et ils crurent devoir pallier la prétention de disposer de la couronne en la couvrant de l'apparence de la légitimité. 1° Jean, suivant eux, ayant été condamné pour crime de trahison sous le règne de son frère Richard, était devenu incapable de monter sur le trône ; 2° à la cour de son suzerain le roi de France, ses pairs l'avaient déclaré coupable du meurtre d'Arthur son neveu, et de félonie, ce qui seul suffisait pour le rendre indigne de régner ; 3° il avait changé la nature de sa souveraineté et s'était déposé lui-même, en la réduisant, d'indépendante qu'elle était, au vasselage d'une puissance étrangère. Quant au motif qui les engageait à proposer le trône au prince Louis, plutôt qu'à tout autre, c'est que Louis avait épousé Blanche de Castille, dont la mère était fille de Henri II, que Richard n'avait pas laissé d'enfants, que ceux de Geoffroy n'existaient plus, que ceux de Jean étaient incapables, comme étant nés après la condamnation de leur père, tandis que la reine de Castille vivait encore, qu'elle était actuellement la véritable héritière du trône de Henri II, et que Blanche sa fille avait des droits à la couronne, qu'ils faisaient valoir pour elle jusqu'à ce qu'un autre prétendant se présentât avec un meilleur titre.

Le roi de France hésita d'abord à accueillir, pour son fils, les propositions des barons ; mais le jeune Louis, dont l'ambition se trouvait excitée par l'appât d'une aussi belle couronne, s'écria qu'il n'était vassal de son père que par les fiefs qu'il tenait de lui en France, que Philippe devait rester étranger à ce qui concernait l'Angleterre, et qu'il soumettait au jugement de ses pairs la question de savoir s'il devait renoncer à un trône auquel il avait un droit légitime du chef de sa femme. Il sortit, demanda aux barons anglais vingt-quatre otages que l'on choisit dans les premières familles, et il se rendit à Calais où il fit appel à ses vassaux. Une flotte fut promptement équipée, elle porta dans la Tamise un corps nombreux de chevaliers et des lettres de Louis qui annonçaient aux barons qu'avant Pâques il serait auprès d'eux avec une puissante armée. Philippe accrédita des agents auprès de la cour de Rome, afin de prévenir et d'apaiser le ressentiment du saint père, et ne fit aucun cas de l'excommunication dont le menaça le cardinal légat Gualo que le pape envoyait en ce moment dans la Grande-Bretagne.

Les arguments sur lesquels les confédérés avaient fondé le transport de leur allégeance d'un souverain à un autre, ne touchèrent nullement Innocent III ; et dès que les dépêches de Gualo lui furent arrivées, il fulmina une sentence d'excommunication contre Louis et ses adhérents, et intima l'ordre à l'archevêque de Sens d'excommunier également le roi Philippe. L'archevêque ne jugea pas prudent d'obéir au mandat du pape avant d'avoir consulté les évêques. Il les réunit à Melun, dans un synode, et ces prélats furent, à l'unanimité, d'avis de surseoir à toute menace de ce genre, attendu que le pontife était mal informé. Heureusement pour eux, la mort d'Innocent vint arrêter les effets de sa colère, et Jean perdit son plus ardent défenseur. (16 juillet 1216.)

Le fils de Philippe-Auguste était sorti de Calais avec une flotte de six cent quatre-vingts bâtiments. Une tempête les dispersa, et les marins des Cinq-Ports en détruisirent une partie. Jean, dont l'armée était considérable, s'avança vers les côtes pour s'opposer au débarquement de son ennemi ; mais à peine eut-il appris que le jeune Louis débarquait à Sandwich (30 mai 1216), qu'il décampa et se rendit

Winchester, puis de cette ville à Bristol, en ravageant tous les pays qu'il traversait.

Les premiers pas du prince français furent marqués par des succès; il s'empara de la forteresse de Rochester, dégagea la capitale en repoussant les mercenaires qui occupaient ses environs, et fit son entrée, accompagné des barons et des citoyens, qui le conduisirent en procession à Saint-Paul (2 juin), où il prononça le serment d'usage et reçut l'hommage de ses sujets. Le jeune monarque gagna par son affabilité l'affection des personnes assez heureuses pour l'approcher, et s'attira leur confiance et l'appui du clergé, en conférant au frère du primat Langton l'office de chancelier. Le Lincolnshire et le Yorkshire, tous les comtés voisins de Londres, se soumirent. Le roi d'Écosse le reconnut, et lui offrit son amitié. Les mercenaires du roi Jean désertèrent et prirent du service dans les troupes du jeune roi, ou retournèrent sur le continent. A la sommation de Louis, les principaux barons de Lackland, et jusqu'à son frère naturel, Guillaume Longue-Épée, dont il avait déshonoré la femme, l'abandonnèrent. Les confédérés s'occupèrent alors à réduire les forteresses encore occupées par les troupes de Jean. Le comte de Nevers assiégea le château de Windsor, et Louis investit celui de Douvres. La garnison se défendit avec courage, et il usa inutilement quatre mois à cette opération. Alexandre, roi d'Écosse, vint le visiter durant ce blocus, lui rendit hommage, et en reçut la confirmation des concessions qu'il avait déjà obtenues des barons.

Mais bientôt le roi Louis, en donnant au comte de Nevers le comté de Winchester, celui de Lincoln à Gilbert de Gand, et en faisant de grandes concessions de terres aux chevaliers français, mécontenta les barons anglais. La perfidie s'en mêla. On sema le bruit que le vicomte de Melun, à son lit de mort, avait révélé l'intention du prince et de ses principaux conseillers de traiter les barons anglais comme des criminels, qui ayant trahi leur dernier souverain n'hésiteraient pas à trahir le nouveau s'ils y trouvaient un intérêt. Toute absurde que fût cette histoire, elle s'accrédita; plusieurs barons et chevaliers, conduits par Salisbury, qui les avait assurés de leur pardon, rejoignirent l'étendard du roi Jean, et celui-ci n'épargna pas les promesses de libertés, de droits et de priviléges. Son armée était nombreuse, ses approvisionnements immenses et son trésor considérable. Il prit, à ce qu'on croit, la résolution d'offrir la bataille à son ennemi, revint de Lincoln à Lynn, marcha sur Wisbeach, et voulut traverser le Wash à Cross-Keys; mais cette contrée avait été couverte par de hautes marées, et il s'y était formé des fondrières accrues encore par le cours incertain de la Welland. Comme il avait passé la rivière avec ses troupes, il voulut voir si ses bagages le suivaient; mais en se retournant, il eut la douleur de reconnaître que ses fourgons et ses chevaux de somme s'étaient engloutis avec toutes ses richesses, ses joyaux, son or, sa couronne, ses ornements royaux.

Il alla passer la nuit dans un couvent de Cisterciens, à Swineshead, et il fut saisi d'une fièvre ardente. Le lendemain, 15 octobre, on le mit avec difficulté dans une litière, et on le conduisit au château de Sleaford, où il retrouva assez de forces pour dicter une lettre au pape Honorius III, et lui recommander l'intérêt de ses enfants. Le 16, on le transporta au château de Newark; il sentit approcher sa fin, se confessa, désigna comme son successeur son fils aîné, Henri, et demanda d'être enterré à Worcester, près des reliques de saint Wulstan. Trois jours après, le 19 octobre 1216, il expira, à l'âge de quarante-huit ans, après dix-sept ans d'un règne souillé par les crimes les plus atroces, les débauches les plus honteuses, mais qui sera à tout

Effigie de Jean-sans-Terre, placée sur son tombeau, dans la cathédrale de Worcester.

jamais célèbre dans les annales de l'Angleterre, comme celui où fut fait le premier pas vers un gouvernement légal, où furent conquises les premières libertés.

A partir de cette époque, une nouvelle âme parut animer le peuple anglais. Ces libertés, après lesquelles il avait si longtemps soupiré, il les possédait enfin, et ses vœux confus, indéfinis, pour les lois d'Édouard-le-Confesseur se transformèrent en un ferme attachement à la Grande Charte. La lutte qui l'avait arrachée avait éveillé une énergie, créé un esprit public jusqu'alors inconnus à la nation. L'homme fort, pour me servir du langage de Milton, était sorti de son sommeil, et secouait son invincible chevelure.

Costumes du règne de Jean.
Aubrey de Vere, comte d'Oxford, et sa femme, d'après leurs tombeaux.

HENRI III.

(1216-1272).

On pouvait croire que le fils de Jean, encore enfant lors de la mort de son père, devait renoncer à monter sur un trône auquel il avait pour compétiteur un prince puissant, soutenu par toutes les forces du roi de France et par la coalition des principaux barons anglais. La ville de Londres et tous les comtés méridionaux de l'Angleterre reconnaissaient l'autorité du prince Louis; le roi d'Ecosse s'était déclaré son vassal ainsi que les princes de Galles, et dans le nord sa cause, bien qu'elle n'eût pas totalement triomphé, était la plus populaire. Cependant les barons, qui n'avaient pas abandonné le roi Jean, adoptèrent les intérêts de son fils; ils le conduisirent à Glocester, et dans la cathédrale de cette ville, en présence du cardinal légat Gualo, les évêques de Winchester, d'Exeter et de Bath, accomplirent la cérémonie du sacre, et reçurent du nouveau roi, au nom du pape, le serment de vassalité au saint-siége (28 octobre 1216). Dès le même jour, le comte de Pembroke prit le titre de gardien ou curateur du royaume, et convoqua, pour le 12 novembre, un grand conseil à Bristol. Des évêques, des abbés, des comtes, des barons, des chevaliers, s'y rendirent; ils firent le serment d'allégeance. La Grande Charte fut renouvelée, mais la confirmation ne fut pas entière. La nouvelle charte se terminait en effet par ces mots : « Et comme il y avait dans la charte précédente quelques chapitres d'une nature grave et douteuse, savoir : sur l'établissement des escuages et aides, sur les dettes des juifs et autres, sur la liberté d'entrer dans le royaume et d'en sortir, sur les forêts garennes et leur garde, sur les coutumes des comtés, sur les digues et leurs gardiens, il a plu aux susdits prélats et seigneurs que ces choses demeurent en suspens jusqu'à ce que nous en ayons plus amplement délibéré; et alors nous ferons pleinement, tant sur ces choses-là que sur toutes autres, les réformes qui importeront à l'intérêt commun, à la paix et au bon état de notre royaume. » (Charte du 12 novembre 1216, art. 42.)

Le renouvellement de la charte frappa de mort le parti français, et le prince Louis s'aperçut bientôt que la mort du roi Jean ne lui était pas aussi favorable qu'il l'avait espéré. Le pape faisait répéter toutes les semaines l'excommunication fulminée contre lui, rappelait aux barons leur antique loyauté, stimulait le zèle du légat, et soutenait son jeune vassal des armes puissantes de l'église. En peu de jours le parti de Henri III se montra formidable ; Louis se vit obligé de lever le siége de Douvres ;

Château de Douvres, et restes de l'église de Sainte-Marie, construite vers la fin du xiie siècle.

il s'empara cependant des châteaux de Hereford et de Berkhamstead, et Pembroke, en sollicitant une trève jusqu'aux fêtes de Pâques, lui remit en garantie deux autres citadelles. Louis saisit cette circonstance pour se rendre en France et y rassembler de nouvelles troupes ; mais le maréchal sut avec habileté mettre à profit son absence et parvint à détacher un grand nombre de confédérés du parti de l'étranger. Au retour de Louis et à la rupture de l'armistice, les royalistes anglais investirent le château de Montsorel. Les chevaliers du parti français, commandés par le comte du Perche, marchèrent à l'ennemi, le forcèrent à lever le siége, et entrèrent à Lincoln aux acclamations des habitants; mais le château fut vaillamment défendu par Nicolette de Camville, héroïne illustrée par ce fait d'armes. Pembroke rassembla une formidable armée à Newark, et tandis qu'il la disciplinait et la préparait aux combats, le légat du pape exhortait les soldats, excommuniait leurs adversaires, et accordait aux défenseurs de Henri tous les priviléges des croisés. Ils arborèrent la croix blanche sur leurs vêtements, et s'approchèrent de Lincoln en sept divisions. Les confédérés, effrayés du nombre de leurs adversaires, se crurent à l'abri derrière les remparts de Lincoln; mais, tandis qu'ils les défendaient avec courage, Nicolette de Camville fit une sortie vigoureuse et mit le désordre dans leurs rangs. Le comte du Perche succomba dans la mêlée. Cette bataille, que l'on appela « la belle de Lincoln » assura la couronne à Henri III. Trois comtes, onze barons et quatre cents chevaliers de ses ennemis y furent faits prisonniers; la ville fut livrée au pillage.

Louis de France, à cette nouvelle, revint à Londres, le centre et l'âme de son parti; mais bientôt l'avis d'un désastre plus cruel encore lui apprit que tout espoir s'évanouissait. Une flotte nombreuse, qui lui portait des secours, sous le commandement d'Eustache Lemoine, célèbre pirate, avait été attaquée et défaite par une escadre tirée des Cinq-Ports. Cette seconde défaite ruina définitivement le parti du fils de Philippe-Auguste; les barons s'empressèrent de faire leur soumission au régent, et Louis, qui commençait à concevoir des craintes pour la sûreté de sa personne, conclut un traité de paix à des conditions honorables. Amnistie fut accordée à tous les Anglais ses partisans; ils furent réintégrés dans leurs biens et leurs dignités, et tous les prisonniers de part et d'autre furent rendus à la liberté.

La plupart des historiens anglais ont affirmé qu'afin d'obtenir des conditions favorables, le prince Louis s'était engagé, par serment, à restituer en montant sur le trône toutes les provinces conquises par la France sur Jean-sans-Terre. Cet engagement était trop important pour n'être pas mentionné au traité, et une telle omission le rend tout à fait improbable. Cependant il fut plus tard l'objet de réclamations pressantes, quoique infructueuses.

Henri III, devenu paisible possesseur de la couronne d'Angleterre, trouva dans l'isolement où l'avait laissé la reine sa mère, qui avait épousé le comte de la Marche, et s'était rendue en France avec lui, un soutien habile et puissant dans le comte de Pembroke. Le pape Honorius se déclara tuteur du jeune prince, comme suzerain, et conféra au cardinal Gualo, son légat, toute l'autorité de ces fonctions, en lui ordonnant de résider constamment auprès du jeune roi pour veiller à sa sûreté et protéger ses justes droits. Aidé du comte de Pembroke, le légat parvint à apaiser peu à peu l'esprit d'insubordination qui n'était pas encore éteint dans le cœur des barons. La charte fut de nouveau renouvelée; mais les dispositions qui avaient été retranchées ne furent pas rétablies. En revanche, Henri concéda à son peuple « la Charte des forêts. » (1217.) En voici la teneur :

CHARTE DES FORÊTS [1]. « Henri, par la grâce de Dieu roi d'Angleterre, seigneur d'Irlande, duc de Normandie, d'Aquitaine, et comte d'Anjou, à tous les archevêques, évêques, abbés, prieurs, comtes, barons, justiciers, forestiers, shérifs, gouverneurs, officiers, à tous les baillis et à ses fidèles sujets, salut.

Sachez qu'en vue de Dieu, pour le salut de notre âme et des âmes de nos successeurs, pour l'exaltation de la sainte église, et pour la réformation de notre royaume, nous avons accordé, et par la présente charte avons confirmé, pour nous et pour nos successeurs, et par le conseil de notre vénérable père le seigneur Gualo, cardinal de Saint-Martin et légat du siége apostolique, de Walter, archevêque d'York, de Guillaume, évêque de Londres, des autres évêques d'Angleterre, et de Guillaume Marshall, comte de Pembroke, gouverneur de notre personne et du royaume, et de nos autres fidèles, comtes et barons d'Angleterre, les libertés ci-dessous spécifiées, pour être observées et maintenues à perpétuité dans notre royaume d'Angleterre :

Premièrement, tout ce que le roi Henri notre aïeul a mis en forêts sera examiné par probes et loyaux hommes, et, s'il se trouve qu'il ait réduit en forêts d'autres bois que ceux qui lui appartenaient en propre, au détriment de celui à qui était le bois, lesdits bois seront remis en leur premier état. S'il a réduit en forêt ses propres bois, ils resteront forêts, sauf le droit de pâturage et autres droits à ceux qui avaient coutume d'en jouir. 2° Ceux qui ont leurs habitations hors des forêts ne seront point obligés, à l'avenir, de comparaître devant nos justiciers des forêts sur des sommations générales, à moins qu'ils ne soient intéressés dans le procès ou qu'ils soient cautions de ceux qui ont été arrêtés pour malversation concernant nos forêts. 3° Tous les bois qui ont été réduits en forêts par le roi Richard, notre oncle, ou par le roi Jean, notre père, seront rétablis dans leur premier état, les bois de nos domaines propres exceptés. 4° Les archevêques, évêques, abbés, prieurs, comtes, barons, chevaliers et tenanciers libres, qui ont des bois dans quelqu'une de nos forêts, posséderont ces bois de la même manière qu'ils les possédaient à l'époque du premier couronnement du roi Henri notre aïeul. Ils seront pour toujours déchargés de l'imputation d'avoir pourpris, fait dégât, ou converti

---

1. On a cru longtemps d'après le témoignage de Roger de Wendower et de Matthieu Paris, que la Charte des forêts avait été octroyée par le roi Jean-sans-Terre. Cette croyance erronée fut pour la première fois combattue par Blackstone dans son *Histoire de la Grande Charte*. Le célèbre jurisconsulte anglais fit observer, avec raison, que: 1° les articles préliminaires, présentés par les barons au roi Jean, ne contiennent aucune demande d'une charte de forêts; 2° les articles 44, 47 et 48 de la Grande Charte elle-même, règlent tout ce qui est relatif aux forêts, ce qui n'eût point eu lieu si Jean en eût fait l'objet d'une charte particulière; 3° le roi et le pape, dans leur correspondance postérieure, ne parlent jamais que d'une seule charte. Longtemps la sagacité des savants s'est exercée sur ce sujet, mais aucun d'eux ne pouvait produire d'arguments réellement décisifs, lorsque la découverte de l'original même de la charte est venue confirmer la justesse de l'opinion de Blackstone, et lever tous les doutes qui pouvaient exister encore sur l'époque à laquelle avait été publié cet important document historique. L'original de la Charte des forêts a été découvert en 1806 dans les riches archives de la cathédrale de Durham, après de longues recherches faites avec un soin minutieux par les commissaires archivistes nommés par le parlement pour dépouiller tous les dépôts de chartes, collections publiques et particulières du royaume. C'est d'après le texte original de la Charte des Forêts que nous avons fait la traduction que nous donnons ici.

ces bois en terres labourables (sans permission) depuis ce temps-là jusqu'au commencement de la seconde année après notre couronnement. Mais ceux qui à l'avenir auront pourpris, fait dégât ou converti ces bois en terres labourables sans notre permission, seront responsables des dégâts, usurpations et défrichements. 5° Nos inspecteurs parcourront les forêts pour les examiner de la même manière qu'on le pratiquait à l'époque du premier couronnement du roi Henri notre aïeul, et non autrement. 6° L'enquête ou l'examen touchant l'accomplissement de la loi en ce qui regarde les chiens qui sont dans les forêts, ne sera fait à l'avenir qu'au moment de l'inspection, c'est-à-dire de trois ans en trois ans; et cela sur le vu et témoignage de loyaux hommes, et non autrement. Celui dont le chien sera trouvé en ce temps-là sans que la loi ait été accomplie à son égard sera condamné à une amende de trois schillings, et on ne prendra point, à l'avenir, un bœuf pour réparation de cette offense. L'ordonnance concernant les chiens sera rendue par les Assises ordinaires, et portera qu'ils doivent avoir les trois ongles du pied de devant rognés, sans qu'on doive leur couper la pelote inférieure. On n'observera cette ordonnance concernant les chiens que dans les lieux où elle était observée à l'époque du couronnement du roi Henri notre aïeul. 7° Qu'aucun officier ou garde de forêt ne tienne, à l'avenir, de tavernes à bière; qu'il ne fasse aucune collecte de gerbes, soit d'avoine, soit de froment; qu'il n'exige ni agneaux, ni jeunes porcs, ni n'établisse aucune sorte d'imposition, que par l'avis et sur le serment de douze inspecteurs des forêts, et quand ils feront leur inspection, qu'ils établissent autant de forestiers pour la garde des forêts qu'ils jugeront raisonnablement nécessaire. 8° A l'avenir, dans le royaume, les tenanciers libres d'une forêt ne tiendront leur cour ou assemblée que trois fois l'an, savoir: au commencement de la quinzaine avant la fête de saint Michel, quand les officiers nommés agistes se réunissent pour fixer l'agistement dans les bois de nos domaines; la seconde fois vers la fête de saint Martin, quand les mêmes agistes vont recevoir le paiement pour le pavage. Dans ces deux assemblées, les seuls forestiers, verdiers et agistes seront obligés de comparaître, et nulle autre personne n'y sera contrainte. La troisième assemblée sera tenue au commencement de la quinzaine avant la fête de saint Jean-Baptiste, relativement à l'état de nos bêtes fauves. A cette dernière, se réuniront les tenanciers aux forestiers et aux verdiers, et nul autre ne sera contraint de s'y trouver. Les forestiers et les verdiers s'assembleront, en outre, tous les quarante jours de l'année, pour examiner les malversations commises, tant concernant la verdure que concernant la venaison, et ceux qui les auront commises seront saisis pour comparaître devant les susdits forestiers. Mais ces assemblées ne pourront se tenir que dans les comtés où c'est la coutume qu'elles soient tenues. 9° Tout homme libre pourra à sa volonté recevoir du bétail (étranger) sur son propre bois dans la forêt, et y aura le droit de passage. Nous accordons même que tout homme libre puisse mener ses pourceaux à travers nos bois royaux, librement et sans obstacle, pour les faire paître dans son propre bois ou ailleurs où bon lui semblera. Et si les pourceaux de quelque homme libre ne font que passer une nuit dans nos forêts, il ne sera point inquiété pour cela à l'effet de perdre quelque chose sur son avoir. 10° Nul à l'avenir, ne sera condamné à perdre la vie ou les membres pour avoir pris de notre venaison. Toutefois, si quelqu'un est saisi et convaincu d'avoir pris de notre venaison, qu'il soit mis à grosse rançon, s'il a de quoi la payer; s'il n'a de quoi se racheter, qu'il soit enfermé dans nos prisons pendant un an et un jour. Si, après un an et un jour, il peut trouver des cautions, il sortira de prison; s'il n'en trouve pas, il sera banni de notre royaume d'Angleterre. 11° Tout archevêque, évêque, comte ou baron, sommé de se rendre à notre cour, pourra, en passant dans nos forêts, prendre un daim ou deux en présence d'un forestier; mais, si le forestier est absent, il fera sonner du cor, afin qu'il ne semble pas qu'il dérobe le daim. 12° Chaque homme libre, à l'avenir, pourra sans danger faire construire un moulin dans le bois ou sur la terre qu'il possède dans une de nos forêts. Il y pourra faire une garenne, un étang, une marlière, un fossé, le convertir en terre labourable, de manière à ne nuire nullement à son voisin. 13° Tout homme libre pourra avoir dans ses bois des aires d'autours, d'éperviers, de faucons, d'aigles et de hérons. Semblablement, le miel qui sera trouvé dans ses bois lui appartiendra. 14° Aucun forestier, à l'avenir, s'il n'est forestier de fief nous rendant ferme pour son bailliage, ne prendra droit de chemin, mais un forestier en fief, et nous payant rente pour son bailliage, aura droit de chemin moyennant deux pennys par chariot pour la moitié de l'année, et de deux deniers aussi pour l'autre moitié; par cheval portant charge, un demi-penny pour la moitié de l'année, et un demi aussi pour l'autre moitié; encore ce droit ne sera-t-il exercé que sur ceux qui, en vertu d'une permission, vont et viennent dans leur bailliage et hors de leur bailliage, à titre de marchands, tantôt pour acheter des bûches, du bois à bâtir, des écorces ou du charbon, tantôt pour les aller vendre ailleurs, où ils voudront; pour toute autre charrette ou bête de somme, qu'on ne prenne aucun droit de cheminage, et que ce droit ne soit perçu que dans les lieux où il a dû être perçu, et où c'est la coutume de temps immémorial. Quant à ceux qui portent sur leur dos des bûches, écorces ou charbon pour vendre, quoiqu'ils vivent de ce métier, qu'on n'exige d'eux, à l'avenir, aucun droit de cheminage. Nos forestiers ne pourront exiger aucun droit de cheminage dans les autres bois que dans nos bois royaux. 15° Tous ceux qui ont été mis hors la loi pour offense commise dans nos forêts, au temps du roi Henri notre aïeul jusqu'à notre couronnement, seront reçus en grâce sans empêchement, pourvu qu'ils donnent bonnes cautions de ne pas, à l'avenir, se rendre coupables de forfaiture relativement à nos forêts. 16° Aucun châtelain ou autre ne pourra tenir de plaid touchant la verdure ou le gibier de nos forêts; mais tout forestier qui tient de nous la forêt en fief pourra informer sur les contraventions relatives, tant à la verdure qu'à la venaison, et remettre l'affaire aux verdiers de la province. Procès-verbal étant dressé et scellé du sceau des verdiers, l'affaire sera portée devant le grand forestier, à l'époque où il viendra dans le pays pour tenir sa cour, et c'est par lui que le procès sera terminé. 17° Et nous avons accordé à tous ces libertés relatives aux forêts, conservant aux archevêques, évêques, abbés, prieurs, comtes, barons, chevaliers et autres, aussi bien ecclésiastiques que séculiers, templiers et hospitaliers, leurs libertés et franchises dans et hors les forêts, garennes, et autres places où ils les avaient auparavant.

Toutes les coutumes et libertés susdites que nous accordons ici pour être observées dans le royaume à l'égard des rapports entre nous et nos vassaux, seront observées de même par tous dans le royaume, tant clercs que laïques, à l'égard des rapports entre eux et leurs tenanciers, et comme nous n'avons pas de sceau [1], la présente charte a été scellée des sceaux de notre vénérable père le seigneur Gualo, cardinal de Saint-Martin, légat du siége apostolique, et de Guillaume Marshall, comte de Pembroke, gardien de notre personne et de notre royaume, témoins les personnages déjà nommés, et beaucoup d'autres. Donné par les mains du susdit seigneur le légat, et de Guillaume Marshall, à Saint-Paul, Londres, le six novembre, dans la seconde année de notre règne. » (1217)

1. Les sceau et contre-sceau de Henri III qui ont été conservés sont en effet d'une date postérieure à la publication de la Charte des Forêts. Nous les reproduisons tous les deux. Sur le sceau, le roi est représenté assis sur un trône gothique, beaucoup plus riche d'ornements, beaucoup plus compliqué

Sceau de Henri III.

de forme que celui des rois précédents. Il porte le manteau royal agrafé sur l'épaule. Sa tête est coiffée de la couronne; sa main droite tient le sceptre, la gauche porte un globe; ses pieds s'appuient sur deux léopards. On lit en légende : HENRICVS: DEI GRACIA REX. ANGLIE DOMINVS hibernie DVX AQVITANNIE, *Henri, par la grâce de Dieu, roi d'Angleterre, seigneur d'Irlande, duc d'Aquitaine.*

Les dissensions qui avaient agité la fin du règne de Jean avaient fait naître dans le pays un esprit d'insubordination qui ne supportait qu'avec peine l'autorité légitime, et les barons des deux partis trahissaient fréquemment l'animosité qu'ils nourrissaient au fond de leurs cœurs par des paroles outrageantes ou des lettres de défi. Le légat et le maréchal de Pembroke cherchèrent à guérir toutes ces plaies par leurs mesures conciliantes, quelquefois par leur sévérité. Ils parvinrent ainsi à ramener peu à peu la tranquillité, et en 1219, Gualo reprit le chemin de Rome, remettant tous ses pouvoirs à Pandolfe, qui lui succédait dans l'office de légat. Pandolfe suivit l'exemple de son prédécesseur, et veilla aux intérêts du jeune roi avec

Contre-sceau; la légende est la même. Le roi, armé en guerre, tient d'une main son épée, de l'autre, un écu armorié où l'on distingue les léopards. Il est coiffé d'un casque surmonté d'une couronne, dont la visière, formée d'une grille mobile, est abaissée et protége la figure. L'exécution de ces sceau et

Contre-sceau de Henri III.

contre-sceau est de beaucoup supérieure à celle des sceaux des précédents rois, et suffit à faire juger des progrès que les arts avaient faits en peu de temps en Angleterre.

une constante sollicitude. Sa présence et ses habiles services étaient d'autant plus nécessaires à Henri, que le plus zélé défenseur de ses droits, celui auquel il devait le trône, le comte de Pembroke, venait de mourir.

Effigie de Guillaume Marshall, comte de Pembroke, placée sur son tombeau, dans l'église du Temple, à Londres.

Pierre des Roches, évêque de Winchester, et Hubert de Burgh, grand justicier, avaient succédé au maréchal comte Pembroke. Le premier avait joui de toute la confiance du roi Jean; le justicier était connu par sa brillante défense de la ville de Douvres. Ces deux ministres ne tardèrent pas à devenir rivaux; mais Pandolfe parvint à maintenir entre eux une balance égale. Il pacifia les frontières du pays de Galles, négocia des traités entre l'Angleterre et l'Ecosse, et maria le roi de ce pays Alexandre, à la princesse Jeanne, sœur aînée de Henri III. Puis, avant son départ Pandolfe engagea les deux ministres à ne pas permettre que désormais un baron possédât le commandement de plus de deux châteaux royaux, et à déclarer que l roi était désormais en âge de prendre en main les tutelles ou curatelles, et de disposer librement de ses terres et châteaux. Hubert, ministre ferme et habile, demanda en effet immédiatement, au nom du roi, la remise des châteaux et tutelles; mais il éprouva une vive résistance de la part des barons que soutenait Pierre des Roches. Cependant, après quelques combats partiels, l'attaque et la prise de quelques forteresses, et quelques exécutions sanglantes, les rebelles firent leur soumission, on les reçut en grâce, et Pierre des Roches partit pour la Terre-Sainte.

Toutefois, le peuple anglais ne perdait point de vue la consolidation des principes énoncés dans la Grande Charte. Philippe-Auguste étant mort en 1223, Louis VIII était monté sur le trône de France, et Henri III s'était empressé de sommer le nouveau roi de se conformer à l'engagement prétendu qu'il avait contracté de restituer la Normandie, le Maine et l'Anjou. Louis VIII répondit aux ministres anglais qu'il les trouvait bien audacieux de lui rappeler comme engagements loyaux des paroles qui n'étaient nullement restées dans son souvenir, mais qui, dans tous les cas, n'auraient pu le lier qu'autant que, suivant les conditions écrites de ses traités, les barons anglais, ses alliés, n'eussent pas été forcés de racheter leur tranquillité par le paiement de grosses amendes, et que les libertés spécifiées par la Grande Charte eussent été respectées. La discussion s'envenima. Louis VIII conduisit une armée dans le Poitou, s'empara de La Rochelle, et s'avança jusque sur la rive droite de la Garonne afin de chasser de l'Aquitaine « le dragon blanc des Anglais. » Henri convoqua un grand conseil et sollicita un subside. Les débats les plus vifs lui laissèrent d'abord peu d'espoir de l'obtenir; cependant les besoins de la couronne étaient si manifestes, qu'on finit par lui accorder un quinzième de tous les revenus, à condition que les deux chartes recevraient une nouvelle ratification. Malgré les deux dernières confirmations, les officiers royaux n'en avaient tenu aucun compte, et n'en avaient exécuté aucun article. Les chartes furent donc reconnues de nouveau par le roi, le 11 février 1225.

Pendant plusieurs années, les événements militaires en France se bornèrent à de légères escarmouches. Enfin, un armistice fut conclu par l'intermédiaire du légat. Le roi de France mourut en laissant le trône à son fils Louis IX, qui n'avait pas encore achevé sa douzième année. Les troubles de sa minorité ouvraient un champ libre aux entreprises de ses ennemis. Les barons français se trouvaient à peu près dans la même position, en face de Louis IX, que les barons anglais en face de Jean-sans-Terre; mais leur conduite fut tout autre, et le résultat bien différent. La royauté anglaise était tyrannique et détestée, et le baronnage aimé, parce qu'il s'appuyait sur les classes inférieures, et semblait faire cause commune avec elles; la royauté française était protectrice et aimée, et le baronnage détesté, parce qu'il s'isolait des classes inférieures, et semblait ne rechercher son ancienne puissance que pour peser sur elles. Aussi les embarras du roi d'Angleterre l'empêchèrent-ils de profiter de ceux de son rival, et il fallut se borner à renouveler l'armistice d'année en année. Cependant les barons du Poitou, ceux de l'Aquitaine, et même de la Normandie, offraient leur allégeance à Henri; Pierre de Dreux, duc de Bretagne du chef de sa femme, avait pris parti contre Louis IX, les princes de Galles, les barons de l'Irlande, étaient accourus au premier bruit de guerre, et Henri, dans toute la présomption de la jeunesse, n'apercevant plus aucun obstacle à l'exécution de ses projets, convoqua ses grands vassaux et ses alliés à Portsmouth; mais les préparatifs de l'expédition avaient été faits avec tant de négligence, que les vaisseaux disposés pour le transport de l'armée n'étaient pas en nombre suffisant, et il fallut remettre l'expédition à l'année suivante. Hubert de Burgh n'épargna rien pour mettre la flotte en état de prendre la mer au printemps, et Henri, s'étant embarqué (1230), alla descendre à Nantes Ce ne fut pour ce jeune roi qu'un voyage de plaisir; quand les fêtes de la cour bretonne l'eurent fatigué, il se rendit à Bordeaux où il reçut l'hommage des peuples de la Gascogne; il revint encore à Nantes, accueillit avec une telle insouciance les envoyés normands, qu'ils s'empressèrent, en le quittant, d'aller grossir la cour de son antagoniste, dont l'armée s'emparait d'Angers, d'Ancenis et d'Oudon, et il retourna honteusement en Angleterre, où bientôt sa versatilité, plus funeste que sa lâcheté, allait lui faire perdre le seul homme qui, dans ces temps de troubles sans cesser enaissants, défendit avec sincérité, habileté et succès, les intérêts de la royauté. Le grand justicier, Hubert de Burgh, avait acquis un ascendant immense sur le roi, qui le comblait d'honneurs et de grâces. Sa fermeté seule pouvait contenir l'ambition turbulente des barons; un caprice de Henri et le retour de Pierre des Roches, décidèrent de sa chute.

Un jour que Henri se plaignait de manquer d'argent pour réprimer de nouvelles invasions des Gallois, l'évêque de Winchester lui répondit en plaisantant qu'il en trouverait chez Hubert et dans sa famille, où l'on accumulait depuis longues années tout le numéraire de l'Angleterre. Hubert reçut à l'instant l'ordre de rendre compte de tous les subsides et amendes payés à l'échiquier, du produit des tutelles et de toutes les rentes du domaine royal depuis l'époque de sa nomination aux fonctions de grand justicier. Le malheureux ministre comprit que sa perte était décidée; il prit la fuite et se réfugia dans l'église paroissiale de Boizars, où il s'assit sur les marches de l'autel, tenant une hostie consacrée dans une main et la croix dans l'autre. Mais les cavaliers ne furent pas retenus par la crainte de commettre un sacrilége, ils se saisirent de Hubert, l'attachèrent sur un cheval, et le conduisirent à la métropole. Les murmures du peuple avertirent le roi que cette violation des priviléges de l'église n'était pas sans danger; le clergé se plaignait, et une insurrection se préparait peut-être quand il prit la résolution de renvoyer son ancien favori au sanctuaire d'où on l'avait arraché; mais l'ordre fut intimé au shérif d'Essex sous peine de mort, de prendre des mesures qui rendissent sa fuite impossible On creusa donc un fossé autour de l'autel, et l'on environna l'église de palissades. Après quarante jours de souffrances, Hubert se remit aux mains des gens qui le gardaient. On le conduisit à la Tour, et il comparut devant ses pairs à Cornhill Parmi les chefs d'accusation, ceux de sorcellerie n'étaient pas les moins accrédités; il ne s'était acquis, disait-on, l'affection du roi qu'au moyen d'un charme magique, et de plus il avait dérobé dans le trésor royal une pierre précieuse qui rendait invulnérable. Hubert n'allégua rien pour sa défense, et se remit de sa vie et de ses biens au bon plaisir du roi. Henri le fit condamner à tenir prison au château de Devizes, sous la caution de quatre comtes, jusqu'à la mort de sa femme, époque à laquelle il devait faire des vœux dans l'ordre des chevaliers du Temple.

La guerre avec la France ne cessait que pour recommencer aussitôt. Après dix ans de trêves incertaines, aussitôt renouées que rompues, une ligue se forma entre les rois d'Angleterre, d'Aragon, de Navarre, les seigneurs du Poitou, à la tête desquels étaient Raymond VII, comte de Provence, et le comte de la Marche, époux d'Isabelle d'Angoulême, veuve de Jean-sans-Terre et mère de Henri III. Isabelle demanda du secours à son fils (1242). Le roi réunit un grand conseil, fit part à ses barons de la nécessité où il se trouvait d'envoyer des troupes à sa mère, et leur demanda des hommes et de l'argent. Mais les barons, tout occupés à accroître leur puissance aux dépens de la royauté, s'inquiétaient peu d'une guerre toute personnelle à Henri, et qui aurait pu agrandir ses forces contre eux. Le grand conseil répondit que le roi de France n'ayant pas rompu la trêve, il ne serait pas loyal de déclarer la guerre sans motifs à un monarque qui observait les traités, et il se sépara. Isabelle, instruite du peu de succès des démarches de son fils, lui écrivit qu'il suffirait de sa seule présence pour qu'une foule de soldats accourussent sous ses drapeaux. Henri partit avec trois cents chevaliers, et trente tonnes d'argent. Il fit voile pour la Gascogne, débarqua à Royan, et envoya des ambassadeurs défier le roi de France.

L'armée de Henri III et du comte de la Marche s'avança jusqu'à Taillebourg, et bientôt elle aperçut l'armée française sur l'autre bord de la Charente. Un pont très-étroit était jeté sur cette rapide rivière et défendu par un fort occupé par les Anglais. Henri, reconnaissant la supériorité de l'ennemi, voulut donner le signal de la retraite; mais déjà les Français avaient attaqué le pont, et bientôt l'oriflamme brilla sur la rive gauche du fleuve. Les Anglais se défendaient avec courage; mais, accablés par le nombre toujours croissant de leurs adversaires, ils prirent la fuite vers Saintes, et furent poursuivis avec ardeur. Henri III, entouré par plusieurs corps, faillit être fait prisonnier. Les Français arrivèrent à Saintes le lendemain. Plusieurs sorties où beaucoup de sang fut versé de part et d'autre ne servirent qu'à démontrer au comte de la Marche le danger de sa position. Il envoya secrètement son fils Hugues pour faire sa soumission au roi de France. Henri III, averti et instruit des dispositions prises par les habitants de la ville de Saintes, pour introduire l'ennemi dans la cité, s'enfuit à Blaye si rapidement et pressé d'une telle terreur, qu'il oublia son trésor et les ornements de sa chapelle royale. Louis IX ne le poursuivit pas, mais lui fit proposer une trêve de cinq années, que le monarque anglais accepta. Louis eût désiré qu'une paix sincère régnât entre les deux nations; il doutait de la légitimité des conquêtes de son aïeul sur Jean-sans-Terre, et « sa conscience lui remordait » des réclamations continuelles de Henri III; mais il fallait aliéner une partie des domaines de sa couronne, et le conseil des pairs lui en refusait le droit. On négocia durant dix-sept années, après lesquelles Henri III consentit à renoncer à toute prétention sur la Normandie, la Touraine, le Maine, l'Anjou et le Poitou; Louis IX céda les siennes sur le Limousin, le Périgord et le Quercy, l'Agenois et une partie de la Saintonge; Henri se reconnut vassal du monarque français pour le duché d'Aquitaine, et vint accomplir en personne la formalité de l'hommage. La cérémonie se fit en grande pompe dans le jardin du Temple à Paris (1258).

La paix avec la France ne mit pas fin aux embarras de Henri; son manque de foi, ses infractions continuelles aux chartes qu'il avait signées, faisaient renaître sans cesse le mécontentement des barons et les plaintes du peuple. A Hubert de Burgh avait succédé dans sa faveur Pierre des Roches, Poitevin, homme violent et cupide, qui distribua à ses compatriotes toutes les charges et commandements importants. Leur avidité épuisa les revenus de la couronne, déjà trop appauvrie, et il fallut, pour obtenir du roi le renvoi de son ministre et de ses créatures, que le primat d'Angleterre, Edmond, menaçât le roi d'une excommunication; Henri fut forcé de céder, mais les Anglais n'étaient pas délivrés pour longtemps de la présence des étrangers.

Le roi s'était marié à l'âge de vingt-neuf ans (1236) à la princesse Eléonore, fille de Raymond, comte de Provence. L'évêque de Valence, Guillaume, oncle de la reine, l'avait accompagnée en Angleterre; il devint promptement le favori de Henri III, qui en fit son premier ministre et lui donna l'évêché de Winchester, vacant par la mort de Pierre des Roches, qu'il remplaça de toutes manières. Mais les barons se plaignirent, et Guillaume prit le sage parti de retourner sur le continent. Le roi investit alors de toute sa confiance deux autres oncles de la reine, Boniface et Pierre de Savoie. Il créa le premier archevêque de Cantorbéry, le second seigneur de Richemond, et accueillit en outre dans ses états les quatre enfants issus du mariage de la reine Isabelle, sa mère, avec le comte de la Marche, et leur distribua, quoiqu'ils fussent encore enfants, des bénéfices, des pensions, des présents sans nombre et de magnifiques manoirs. Ces prodigalités épuisaient les ressources du roi. Les tailles qu'il imposait sur ses domaines ne lui suffisaient pas, et il fallait alors recourir aux assemblées des barons pour obtenir des subsides que ceux-ci refusaient souvent, ou qu'ils n'accordaient que sous certaines conditions. Ainsi, lorsqu'en 1237 le roi allégua, pour obtenir un subside, qu'il avait été entraîné dans de grandes dépenses pour le mariage de sa sœur avec l'empereur, ainsi que pour le sien, les barons lui répondirent qu'il n'avait point pris leur avis sur ces affaires, et qu'ils ne devaient pas porter la peine des actes imprudents auxquels ils n'avaient point participé. A l'occasion d'un subside qui fut demandé, en 1241, pour la guerre du Poitou, les barons firent une remontrance dans laquelle ils énuméraient toutes les concessions d'impôts qu'ils avaient déjà faites en d'autres circonstances, mais toujours sous la condition que ces concessions ne tireraient pas à conséquence pour l'avenir. On répondit à une semblable demande que fit le roi en 1244 par des plaintes contre la violation de la charte, contre la dissipation des premiers subsides, et la mauvaise administration de ses ministres. En définitive, les barons refusèrent positivement de voter aucune somme, et Henri arracha quinze cents marcs à la ville de Londres. En 1248, en réponse à ses demandes d'argent, les reproches les plus sanglants lui furent adressés. « Les navigateurs, lui dit-on, « évitent les ports de l'Angleterre comme des repaires de pirates, et ces pirates ne « sont que les exécuteurs de votre volonté royale. Ils dépouillent les marchands des « objets de leur négoce, avec une telle rapacité, que le commerce, jadis si florissant, est totalement interrompu entre ce malheureux pays et les nations continentales; les pêcheurs même n'osent apporter au marché les produits de leurs

« filets, et sont contraints de traverser le détroit et de braver les périls de l'Océan
« pour échapper aux rapines de vos pourvoyeurs. Vos actes de piété, qui devraient
« édifier vos sujets, ne deviennent pour eux qu'un scandale honteux et sacrilége,
« quand ils apprennent que vos nombreux cierges et les étoffes de soie dont vous
« parez les autels et les prêtres dans vos processions, ont été violemment arrachés
« à ceux qui les possédaient légitimement. »

Quelques années après, les barons déclarèrent qu'ils étaient disposés à supporter de plus grandes charges que jamais, s'ils pouvaient en retour assurer l'observation de la charte, et ils demandèrent que la nomination du justicier, du chancelier et du trésorier fût désormais soumise à leur approbation, conformément à l'ancien usage qu'ils invoquaient, et qu'ils conservassent leurs fonctions tant qu'ils se conduiraient d'une manière convenable.

Ces remontrances amenaient presque toujours une confirmation des chartes, et chaque confirmation était presque toujours suivie d'une violation nouvelle. Le 13 mai 1253, une sentence d'excommunication fut solennellement prononcée contre quiconque violerait les chartes royales; à la fin de la cérémonie, les prélats jetèrent leurs flambeaux éteints et fumants en s'écriant : « Que tous ceux qui « encourront cette sentence soient ainsi éteints et puants en enfer! » Et le roi ajouta : « Que Dieu me soit en aide! Je ne violerai aucune de ces choses, aussi « vrai que je suis un homme, un chrétien, un chevalier, et un roi couronné et « sacré. »

Quarante ans de dissentiments continuels s'étaient écoulés ainsi quand un acte signalé de l'imprévoyance de Henri vint mettre le comble au mécontentement général. Les successeurs de saint Pierre, habiles à saisir des circonstances favorables, avaient étendu sur la Sicile et l'Apulie leur suzeraineté féodale, et durant les dernières guerres contre l'empereur Frédéric II, ils avaient déclaré ce monarque forfait de tous ses droits à ces deux royaumes. Frédéric avait laissé trois fils, Conrad, né de sa première femme, Henri, de la seconde qui était sœur de Henri III, et Manfred, prince de Tarente, enfant naturel. Innocent IV, qui poursuivait le père dans la personne de ses descendants, ne voulut concéder la couronne de Sicile à aucun de ces trois compétiteurs. Il l'offrit d'abord à Charles d'Anjou, frère de Louis IX, qui la refusa, parce que le roi de France était en Palestine; il choisit ensuite Richard, comte de Cornouailles, frère de Henri III, dont la richesse passait pour être immense; Richard s'excusa, par prudence, et donna pour prétexte son incapacité à la guerre. Le pape, enfin, reporta cette faveur au jeune Edmond, second fils du roi d'Angleterre; mais Henri la repoussa respectueusement, ne voulant pas nuire, disait-il, aux intérêts du fils de sa sœur, qu'un parti considérable appelait au trône de Sicile.

Le neveu de Henri III étant mort empoisonné, Innocent IV renouvela ses offres au jeune Edmond (1254), à condition que Henri III lèverait immédiatement une puissante armée, afin de mettre son fils en possession des états que lui accordait le saint-siége, à titre de fief de l'église.

Séduit par cette proposition, le roi fut assez insensé pour se jeter dans d'inextricables embarras, en poursuivant une entreprise qui ne présentait aucun avantage à l'Angleterre, et dans laquelle il s'engageait sans l'avis de son parlement. N'ayant pas d'argent, il fut obligé d'emprunter au pape les sommes nécessaires pour subvenir aux frais de cette nouvelle croisade; mais les secours de Rome n'étaient jamais gratuits, et Henri engagea son royaume en garantie des avances que le pape ferait pour une guerre entreprise dans son intérêt et dans celui du roi. Innocent avait aussi, dans la vue de faciliter l'expédition de Naples, accordé à Henri les dîmes de tous les bénéfices de l'Angleterre, ainsi que les premiers produits de ceux qui seraient vacants. Cette concession attira sur le roi la haine implacable de son clergé, qui se plaignait déjà d'avoir été, par l'effet de sa lâcheté ou de sa connivence, soumis pendant tout son règne aux exactions révoltantes de Rome. En effet, à la faveur d'une sorte d'hiérarchie féodale qui s'était introduite dans le gouvernement de l'église, hiérarchie dans laquelle le pape était le suzerain, les évêques étaient les barons, les abbés les grands tenanciers, les divers dignitaires de l'église, les sous-vassaux, le pape, dans ses nécessités, demandait des subsides à ses évêques comme les rois à leurs barons, et les évêques à leur tour les imposaient sur le reste du clergé.

Tant que les demandes du siège apostolique furent modérées, l'église anglaise se fit un devoir d'y satisfaire; mais elles se répétèrent si souvent et parurent tellement exagérées, qu'elle jugea prudent de se plaindre d'abord et de refuser ensuite le paiement des sommes dont on la grevait. Un impôt créé dans l'origine pour aider à la conquête de la Palestine, et qui s'élevait au vingtième des revenus du clergé, avait été depuis cette époque exigé pour toutes les guerres entreprises par les papes contre les empereurs, et les pontifes ne se contentaient plus du vingtième, mais ils réclamaient un dixième et souvent même un cinquième ou un quart. Lorsqu'ils furent chassés de Rome, par suite de leurs querelles avec les empereurs, leurs demandes s'accrurent encore. En 1240, le cardinal Othon emporta d'Angleterre, disent les chroniqueurs, plus d'argent qu'il n'en laissa dans tout le royaume.

En 1244 le légat Martin répondit aux ecclésiastiques dont les plaintes venaient jusqu'à lui, qu'il était muni du pouvoir de suspendre et excommunier tous ceux qui se refuseraient à payer le tribut demandé. Les barons, qui, de leur côté, se trouvaient écrasés de taxes royales et qui ne s'étaient nullement occupés des exactions qui accablaient le clergé, s'aperçurent cependant que la pauvreté de l'église rejetait nécessairement sur eux les charges nationales; ils s'unirent aux évêques et députèrent vers Innocent IV afin d'obtenir de sa justice quelque adoucissement à la position du clergé. Le pape leur répondit par la demande d'un nouveau vingtième à imposer sur les pauvres, et d'un triple contingent sur les plus opulents. Les ecclésiastiques et les barons jetèrent les hauts cris; ces derniers même déclarèrent qu'ils étaient prêts à tirer l'épée pour la défense des droits de l'église. Le roi calma l'opposition par des promesses ou des menaces, et le clergé compta au pape onze mille marcs pesant d'argent. Mais ce n'était pas là le seul motif des plaintes du clergé. Le pape, devenu suzerain de l'Angleterre, la traitait réellement en vassale. Sans attendre les présentations des patrons pour nommer aux bénéfices vacants, il les conféra directement, de sa pleine autorité, et loin de les donner à des membres de l'église anglaise, il les accumula sur des étrangers, la plupart italiens. Cet abus devint monstrueux. On vit un seul prêtre, chapelain du roi, réunir à la fois sept cents bénéfices; les individus comblés de tant de faveurs apparaissaient un moment sur le sol de l'Angleterre, puis ne tardaient pas à se décharger de l'exercice de leurs fonctions sur un substitut qu'ils rétribuaient à vil prix, et se hâtaient d'aller jouir de leurs gros revenus sous le ciel d'Italie ou le climat heureux de la Provence. Le clergé, les seigneurs, qui prétendaient que la collation des bénéfices leur appartenait, encouragèrent le peuple à se former en associations. Un chevalier du nom de Twinge se mit à la tête des mécontents. On arrêta, on assassina les courriers du pape; on écrivit des lettres de menace aux bénéficiers italiens; on s'empara de leurs personnes, on les tint en chartre privée pour en extorquer des rançons; on enleva leurs grains et leurs bestiaux que l'on vendit aux enchères publiques et dont on distribua le produit aux pauvres. Henri III hésita longtemps à se mettre en devoir de réprimer des excès qu'il n'avait pas su prévenir; cependant il menaça Twinge de sa colère s'il ne se rendait à Lyon où s'était réfugié Innocent IV, fuyant la colère de Frédéric II, pour obtenir le pardon du saint père.

Le chevalier, qui n'avait pris les armes que pour défendre ses droits personnels à la collation d'un bénéfice et repousser un intrus, se présenta hardiment devant le souverain pontife et lui exposa les motifs de sa conduite. Le pape déclara qu'il n'avait jamais entendu s'emparer de la nomination aux bénéfices qui dépendaient des laïques, mais qu'il maintenait le droit du saint-siége à tous ceux dont les prélats, les abbés et les chapitres se permettaient de disposer. Instruit de cette décision, le clergé n'y vit que l'intention d'affaiblir le poids de ses réclamations en séparant ses intérêts de ceux des barons; il s'en montra indigné, et fit tant de bruit, que le roi et les seigneurs collateurs se réunirent encore à lui pour porter de vives remontrances à la cour apostolique. Innocent IV répliqua que le saint-siége se trouvait dans un dénûment absolu, et que l'état affligeant de l'église nécessitait l'emploi de toutes ses ressources. Les débats durèrent plusieurs années, après lesquelles la mort de l'empereur permit au pape de retourner à sa résidence de Rome, mais le saint père, ayant recouvré sa puissance, porta ses exigences à l'extrême; il réclama la totalité du revenu des bénéfices vacants, la moitié du revenu des bénéfices possédés par des non-résidents, le tiers de ceux qui excédaient une rente annuelle de cent marcs, et le vingtième de tous les autres; il se déclara en outre héritier légal des ecclésiastiques décédés intestat et des propriétés acquises au moyen de l'usure; et il prétendit que le roi ni les barons ne pouvaient s'opposer à ce qu'il levât sur le peuple des contributions volontaires. L'argent qui sortit du royaume par suite de ces exactions est immense pour l'époque. Les seuls bénéfices donnés à des Italiens produisaient annuellement de soixante à soixante-dix mille marcs d'argent, somme beaucoup plus forte que le revenu de la couronne. Les remontrances du clergé étaient donc bien légitimes; mais elles étaient aussi inutiles que celles des barons. Dans cette extrémité, les prélats et les barons changèrent de conduite et de système. Que pouvait leur servir de prendre les armes pour imposer à Henri la reconnaissance de leurs droits? Déjà cinq fois il avait confirmé les chartes et ne les contestait plus. Le principe de la nécessité du consentement général en matière d'impôts avait prévalu. Mais réprimés un jour les abus recommençaient le lendemain; la guerre elle-même eût été inefficace contre un roi qui ne la soutenait point, mais n'en faisait point cesser les causes. Les garanties de la liberté étaient inutiles, la révolte sans fruit : c'était dans l'organisation du pouvoir qu'il fallait chercher des garanties plus efficaces. Les barons se résolurent à changer la forme du gouvernement. Le moment était favorable. Nommé à prix d'or roi des Romains, Richard de Cornouailles, frère du roi, avait emporté en Allemagne ses immenses trésors. La disette de numéraire était déjà extrême, et l'on blâma hautement le roi d'avoir toléré l'exportation des richesses de Richard. Une saison déplorable rendit la misère générale. Les barons mirent à profit le mécontentement universel.

A la tête de l'association était Simon de Montfort, comte de Leicester. C'était le dernier fils de ce fameux Simon de Montfort qui avait conduit, ordonné et exécuté, avec tant de fanatisme et de cruauté, le massacre des Albigeois. Son père lui avait laissé de grands biens en Aquitaine, et sa mère, Amicia, lui avait transmis le comté de Leicester dont elle était héritière. En 1238, il avait épousé la princesse Éléonore, sœur du roi et veuve du comte de Pembroke. Adroit et insinuant, il était parvenu, en s'opposant aux exactions du monarque et des papes, à se concilier l'affection des prélats, des barons, et aussi celle du peuple dont il avait défendu les droits en diverses occasions.

Une violente haine personnelle l'animait contre Henri. « On ne doit rien aux « traîtres, » lui avait dit le roi quelques années auparavant, en lui redemandant les provisions de gouverneur de Gascogne. « Traître ! répliqua Simon ; je vous donne « ici la preuve du contraire, car si vous n'étiez mon souverain, vous vous seriez « déjà repenti de cet outrage ! — Je ne me repens, reprit le roi, que de vous avoir « reçu dans mes états et comblé de richesses. » Simon cacha sa haine sous les apparences d'un ardent amour pour le bien public. Les atteintes portées à la grande charte, les extorsions dont on accablait le clergé, étaient le texte continuel de ses discours, et il devint, en peu de temps, l'idole politique de l'Angleterre.

Le moment favorable à ses desseins était arrivé. Le roi, dont les dettes s'accroissaient incessamment, avait convoqué un grand conseil à Westminster, dans l'espérance d'obtenir un subside (1258). La veille du jour fixé, les barons se rassemblèrent au palais de Leicester, alors décoré du titre de grand sénéchal. Simon leur représenta l'oppression sous laquelle gémissaient tous les ordres de l'état, les rapines exercées sur le clergé, la violation des priviléges de la noblesse, l'incapacité de Henri, les intolérables abus introduits dans l'administration, nonobstant les ratifications solennelles de la Grande Charte, et il leur rappela le courage de leurs pères, qui, dans des circonstances plus difficiles, avaient su reconquérir leurs droits par leur union et au péril de leur vie. Les barons prirent la résolution de s'emparer des rênes du gouvernement, et le lendemain ils se rendirent dans la salle du conseil, armés de pied en cap. On remarquait parmi les plus animés Roger Bigod, maréchal d'Angleterre, Humfrey Bohun, grand connétable, et les puissants comtes de Warwick et de Glocester. Au moment où le roi parut, ils mirent l'épée à la main. Henri effrayé se récria et demanda en tremblant s'il était leur pri-

sonnier. « Vous êtes libre, sire, répondit Roger Bigod, et toujours notre souverain ;
« vos barons et les prélats de votre royaume m'ont même chargé de vous mani-
« fester l'intention de vous accorder un subside considérable, afin d'aider à l'avé-
« nement de votre fils au trône de Sicile. Mais n'obtiendrons-nous pas aussi de
« votre grâce quelque bienveillant retour ? Nous vous avons entendu déplorer en
« diverses occasions vos erreurs passées ; le royaume toutefois est encore plongé
« dans la misère, et ses ressources sont dévorées par d'insatiables étrangers. Il
« devient temps que l'autorité soit confiée à des mains habiles, à des hommes qui
« sachent remédier aux maux publics ; c'est pourquoi nous vous demandons l'éta-
« blissement d'une commission de prélats et de barons, chargée de ramener l'admi-
« nistration à des règles plus strictes, de corriger les abus et de préparer des lois
« salutaires. » Séduit par la promesse du subside, intimidé par l'appareil guerrier
de ses barons, Henri donna son consentement à la création d'une commission
formée par l'adjonction de douze membres aux douze qui composaient déjà son
conseil. Ces nouveaux conseillers devaient être nommés par les barons eux-mêmes,
au sein d'une assemblée que le roi convoquait à Oxford. Henri promit en outre
d'obtenir du saint père des modifications à l'onéreux traité qui concédait la Sicile à
son fils, et les barons s'engagèrent à pourvoir au paiement de ses dettes s'il observait fidèlement ces conditions.

Le 11 juin 1258, l'assemblée se réunit dans la ville d'Oxford ; c'est la première
à laquelle ait été officiellement donné le nom de « parlement. » Les barons y
parurent accompagnés de leurs tenanciers militaires en armes, et Henri, qui ne
disposait d'aucune force, se trouva réellement leur prisonnier. Ils se lièrent entre
eux par des serments, et procédèrent à la nomination des membres du comité de
réformation. Le roi désigna d'abord les siens ; il choisit deux de ses frères utérins,
son neveu, le fils du roi des Romains, et les grands officiers de sa couronne. Les barons élurent leurs principaux chefs, Leicester en tête, et tous les membres de ce comité,
quelle que fût leur origine, jurèrent de réformer le gouvernement à la plus grande
gloire de Dieu, à l'avantage du peuple et au meilleur service du roi. Il fut ensuite
question de composer un nouveau conseil du roi. Les deux partis, agissant avec une
modération apparente, convinrent de charger quatre personnes prises dans le sein du
comité de la nomination des conseillers, et pour cet objet ils confièrent, de part et
d'autre, leurs pouvoirs à deux de leurs opposants. Ceux-ci suivirent la même marche,
et les deux factions se trouvèrent représentées en égal nombre dans le conseil. Le
choix d'un président parut fait avec la même impartialité ; il tomba sur l'archevêque
de Cantorbéry, Boniface, parent de la reine, mais que l'on savait secrètement
jaloux de l'influence des frères du roi, et disposé à faire pencher la balance en
faveur du parti populaire. Le comité entra immédiatement en exercice, et son premier soin fut de confier les fonctions publiques aux partisans de la réformation.
Vingt gouverneurs de châteaux royaux, la plupart des shérifs, le trésorier,
le chancelier, le justicier, furent révoqués et remplacés par des hommes qui
firent serment au comité, le grand juge, d'obéir à ses ordres dans l'administration
de la justice ; le garde des sceaux, de ne les apposer sur aucun acte, ordonnance ou
concession, qui ne serait pas approuvé par le comité ou conforme à ses règlements ;

le trésorier, de ne permettre aucun paiement sans l'autorisation du grand conseil; et les gouverneurs des châteaux de les conserver fidèlement pour le roi, durant douze années, et de ne les rendre à personne dans cet intervalle, soit à lui-même, soit à ses héritiers, qu'à la réception d'un ordre du conseil. Ces dispositions prises, et l'autorité royale envahie, le comité s'occupa des mesures pour lesquelles il était institué. Il ordonna d'abord que les francs tenanciers de chaque comté nommassent quatre chevaliers [1] chargés d'informer contre les abus dont on avait à se plaindre de

---

1. La classe des chevaliers commence à prendre sous le règne de Henri III une importance qu'elle n'avait point eue jusqu'alors. Nous empruntons au remarquable *Essai sur l'origine du gouvernement représentatif en Angleterre* de M. Guizot, quelques éclaircissements sur la formation et le développement successif de cette classe et de celle des francs tenanciers.

« J'ai dit ce que fut, après la conquête, le gouvernement anglo-normand. Tous les vassaux immédiats du roi y possédaient, comme on l'a vu, deux droits fondamentaux, celui de ne subir, sans leur consentement, aucune charge extraordinaire, et celui de siéger dans la cour du roi, qu'il s'agit de jugements à rendre ou d'affaires publiques à traiter. Ils étaient, à ce double titre, membres-nés du grand conseil national; ils formaient la nation politique, et participaient au gouvernement en vertu d'un droit personnel.

Conformément aux fictions féodales, quand ils se réunissaient ainsi en assemblée, ils étaient censés représenter leurs propres vassaux, la population de leurs domaines, et exerçaient le droit de leur imposer aussi des charges.

Leur réunion complète n'eut peut-être jamais lieu; elle fut bientôt impossible. D'une part quelques-uns des vassaux immédiats, acquérant un grand nombre de fiefs de chevaliers, devinrent de hauts barons que la supériorité de leur puissance devait investir de droits spéciaux; de l'autre, le nombre des vassaux immédiats s'accrut rapidement par la division des fiefs de chevalier, effet nécessaire d'une multitude de causes qu'il serait trop long d'énumérer.

Cette division de la classe des vassaux immédiats du roi était déjà, sous Henri II, un fait reconnu et qui passait naturellement dans les lois, puisqu'elles distinguaient alors, sans aucune explication, les barons *primæ et secundæ dignitatis*.

Elle est encore plus apparente dans la grande charte du roi Jean qui, en parlant du grand conseil national, ordonne que les grands barons y seront convoqués individuellement, par lettres du roi à eux adressées, tandis que tous les autres vassaux immédiats ne le seront qu'en masse et par des lettres adressées aux shérifs.

Cette différence dans le mode de convocation existait déjà, dans des temps antérieurs, quand le roi requérait de ses vassaux le service militaire qui lui était dû.

Ainsi, au commencement du XIIIe siècle, le droit de tous les vassaux immédiats du roi à siéger dans l'assemblée nationale subsistait toujours, et fut solennellement reconnu. Mais la plupart ne l'exerçaient guère, et les hauts barons se rendaient presque seuls à ce grand conseil, parce que seuls ils étaient assez forts pour que leur présence n'y fût pas sans efficacité.

L'existence politique d'un grand nombre de vassaux directs du roi, sans s'isoler absolument du gouvernement central, se resserrait donc de jour en jour dans les comtés où ils résidaient. Là en revanche ils exerçaient des droits véritables, et intervenaient réellement dans les affaires du pays. Non-seulement ils rendaient la justice dans les cours de comté, et y délibéraient sur les intérêts locaux, mais ils étaient souvent appelés à prendre part dans chaque lieu, pour l'exécution du moins, aux mesures générales décidées au centre, et qui devaient s'appliquer à tout le royaume. Guillaume-le-Conquérant chargea douze hommes libres par comté de recueillir et de déclarer les anciennes lois et coutumes du pays. La Grande Charte ordonne que douze chevaliers seront élus, dans chaque comté, par les *probi homines* du comté, pour faire la recherche de tous les abus relatifs aux forêts. Sous les règnes suivants, ces exemples se multiplient. Deux *writs* de Henri III prouvent que les subsides accordés au roi par le grand conseil étaient souvent répartis, non par les juges dans leur circuit, mais par des chevaliers élus dans les cours de comté. Ainsi, dans le lieu où ils résidaient, les chevaliers de comté, vassaux du roi, prenaient vraiment part aux affaires locales et même publiques, en même temps qu'ils conservaient, sans l'exercer peut-être, le droit de paraître au grand conseil national.

A mesure qu'ils se séparaient des hauts barons, ces chevaliers se rapprochaient d'une autre classe d'hommes avec laquelle ils ne tardèrent pas à se fondre complètement. Ils ne siégeaient pas seuls dans

la part des shérifs et des autres officiers du roi, et d'en rendre compte au prochain parlement. Il statua ensuite que le parlement s'assemblerait de plein droit trois fois par an, aux mois de février, juin et octobre; qu'il serait nommé une commission permanente de douze barons qui, afin d'épargner à chacun des dépenses trop souvent répétées, se rendraient à ces parlements, et se réuniraient toutes les fois que besoin serait, quand le roi et son conseil les manderaient pour traiter des affaires du roi et du royaume, et que la communauté tiendra pour valable ce que ces douze auraient fait;

les cours de comté. La plupart des francs tenanciers, vassaux des seigneurs, s'y rendaient également et y remplissaient les mêmes fonctions, judiciaires, administratives ou autres. Le service dans la cour du comté était une obligation communément imposée par leur tenure, à tous les francs tenanciers, quel que fût leur suzerain. Beaucoup d'arrière-vassaux du roi étaient plus riches et plus considérables que tel de ses vassaux directs. Les cultivateurs libres, et qui tenaient originairement leurs terres à charge, non du service féodal, mais de quelque redevance déterminée, acquéraient de jour en jour plus d'importance et de liberté. De ces divers éléments se formait, dans chaque comté, la classe nombreuse et active des francs-tenanciers. La cour de comté en était le centre. Ils s'y acquittaient des mêmes services et y exerçaient les mêmes droits, quelle que fût d'ailleurs la nature de leurs relations féodales avec la couronne. La dissolution de l'ancienne assemblée des vassaux directs du roi et l'assimilation de la plupart d'entre eux, dans les institutions locales, aux francs-tenanciers en général, préparaient ainsi la création d'une force plus étendue, plus nationale, et qui tôt ou tard ne pouvait manquer d'intervenir dans le gouvernement central auquel elle se rattachait, en principe du moins, par l'un de ses éléments.

Ce fut en effet ce qui arriva par l'introduction permanente et régulière des députés de comté dans le parlement.

En 1214, au moment où les hauts barons abandonnaient le roi et peut-être laissaient déjà pressentir la révolte dont la grande charte devait être le fruit, Jean-sans-Terre convoqua à Oxford une assemblée générale. Des *writs* royaux ordonnèrent aux shérifs de requérir un certain nombre de chevaliers de s'y rendre en armes. D'autres *writs*, du 15 novembre, prescrivent de plus que les hommes à la suite des barons viendront à Oxford sans armes, et enjoignent aux shérifs de faire envoyer au roi quatre sages chevaliers de chaque comté « pour s'entretenir avec nous des affaires du royaume. »

C'est le premier symptôme qu'on ait découvert de l'apparition de quelques chevaliers dans l'assemblée nationale, à la place de tous.

Attachait-on dès lors à leur présence quelque idée de représentation? cela est peu probable. Comment ces quatre chevaliers furent-ils désignés? devaient-ils être choisis par le shérif, ou élus par la cour de comté? Ces *writs* reçurent-ils même leur exécution? tout cela est incertain.

Cependant le contenu des *writs* et les circonstances au milieu desquelles ils furent rendus en indiquent clairement l'objet.

Jean cherchait dans les chevaliers de comté un appui contre les barons. Les premiers formaient donc déjà une classe assez distincte des seconds pour qu'on essayât de les en séparer tout à fait, assez puissante pour que le roi se flattât de résister, par son secours, à la coalition qui le menaçait.

La tentative de Jean fut vaine. Les chevaliers et les francs tenanciers en général adhérèrent aux barons qui surent soutenir non-seulement leurs intérêts personnels, mais aussi les intérêts et les droits publics.

La lutte des chartes continua pendant tout le règne de Henri III. Aussi vit-on le roi d'une part et les barons de l'autre, sans cesse appliqués à retenir ou à engager dans leur cause les chevaliers des comtés.

En 1225, au moment de la seconde confirmation des chartes, Henri III ordonne aux shérifs de huit comtés de faire *élire*, dans chaque cour de comté, quatre chevaliers qui se rendront à Lincoln, où était alors réuni le grand conseil des barons, pour y exposer les griefs de ces comtés contre les shérifs, qui s'y rendront aussi pour s'expliquer et se défendre.

Il s'agit ici d'intérêts purement locaux; les trente-deux chevaliers ne sont point appelés à faire partie de l'assemblée réunie auprès du roi; mais ils sont élus et envoyés pour traiter devant le gouvernement central des affaires de leur comté. Ce genre de mission, la demande en redressement des griefs locaux, est une des sources du système représentatif.

En 1254, Henri, alors en Gascogne et dénué d'argent, ordonne la convocation d'un parlement à Londres pour lui demander une aide extraordinaire. Des *writs* enjoignent aux shérifs de faire élire, que les francs tenanciers, dans les cours de comté, éliraient tous les ans un nouveau shérif, et que les shérifs, le justicier, le trésorier et le chancelier, rendraient annuellement le compte de leur administration. Il interdit aux étrangers la tutelle et la garde des châteaux, et défendit de planter des forêts nouvelles, ni d'affermer les revenus des comtés. Le roi, ses frères, le prince Édouard, son fils, les archevêques, évêques, comtes, barons, etc., étaient tenus de prêter serment de fidélité aux *Provisions d'Oxford.* « Enfin, il fut convenu que le comité des vingt-quatre barons continuerait de siéger pendant quelque temps, avec tous ses pouvoirs, pour réformer tous les abus qui s'étaient introduits dans l'administration du royaume, et rendre, au nom du roi, les lois nécessaires à ce sujet; après quoi il se dissoudrait, et le gouvernement ainsi réglé reprendrait son cours. Cela fait, le parlement se sépara [1]. »

Cependant, les quatre frères utérins du roi et le comte de Warenne essayèrent de s'opposer à l'exécution des volontés des réformateurs; mais les barons, pour les réduire au silence, firent porter contre eux, devant les cours du roi, plusieurs plaintes en extorsions et contraventions. Les princes s'enfuirent, et quittèrent le royaume, n'emportant de tous leurs trésors et du produit de leurs domaines qu'une somme de six mille marcs d'argent. Cet exemple servit de conseil au comte de Warenne, à Henri, fils du roi des Romains, et même au prince Édouard, héritier présomptif de la couronne; ils prêtèrent le serment exigé, et le prince, qui portait alors le titre de duc d'Aquitaine et qui était chargé de l'administration de cette province, fut placé sous la tutelle de quatre membres du comité. Peu de temps après, on apprit que le roi des Romains, Richard, se dirigeait vers l'Angleterre. Leicester, redoutant son ancienne influence, lui fit intimer, à Saint-Omer, l'ordre de s'arrêter ou de se soumettre au serment déjà prêté par son fils. Le souverain sans états voulut d'abord considérer cette exigence comme un outrage; mais ses besoins étaient pressants, il s'humilia et obéit. L'œuvre semblait accomplie; le gouvernement avait changé de nature et de main; les abus de l'autorité royale n'étaient plus à craindre; un conseil indépendant gouvernait le roi comme le pays.

Mais on avait méconnu la nature même de la révolution qu'on venait de faire; elle avait, non pas limité, mais transféré le pouvoir, et donné au roi, non des adversaires, mais des successeurs. Les vingt-quatre barons, sorte de comité constituant, qui n'avait reçu qu'une mission transitoire, demeuraient les maîtres, sans qu'aucun terme fût assigné à leur empire, sans qu'aucune force fût capable de le limiter ou de les obliger à s'en dessaisir. Au lieu de travailler à la réforme des abus du royaume, ils ne s'occupaient que de s'enrichir à la faveur de leur pouvoir éphémère, et d'en prolonger indéfiniment la durée pour n'avoir jamais à en rendre compte.

---

dans la cour de comté, deux chevaliers « à la place de tous à chacun d'eux » pour délibérer sur la demande du roi.

Le principe de la représentation paraît ici clairement. On ignore si ces *writs* reçurent leur exécution. Toutefois, comme une aide fut en effet accordée au roi, il y a lieu de croire qu'elle fut consentie par les chevaliers dont l'élection avait été ordonnée aussi bien que par les barons. (Guizot, *Essai*, etc., p. 454 et suiv.)

1. Guizot, *Essai*, etc., p. 460.

Après beaucoup de vexations individuelles, l'empire d'une situation corruptrice les poussa à des mesures générales dont tout le pays fut offensé. Ils retirèrent aux shérifs le droit de mettre à l'amende les barons qui refusaient de se rendre aux cours de comté ou aux assises des juges en circuit, et décidèrent que les juges ne feraient leur circuit que de sept en sept ans. Quand le poids de la tyrannie se fait sentir, la nouveauté de son titre la rend plus odieuse encore. En 1259, une députation de la communauté de la chevalerie anglaise se rendit à Westminster, représentant au prince Edouard et au conseil « que le roi s'était maintenant acquitté de toutes les obligations que les barons lui avaient imposées à Oxford ; mais que les barons, de leur côté, n'avaient rien fait pour le bien public, qu'ils ne s'occupaient que de leurs intérêts personnels, et laissaient empirer partout les affaires du roi. »

Ces députés ajoutèrent que, si les barons ne réformaient promptement, comme ils l'avaient promis, l'état du royaume, il faudrait chercher quelque autre moyen pour y réussir. Le prince Edouard, avec qui cette démarche était sans doute concertée, répondit soudain aux députés que « pour lui, c'était contre son gré qu'il avait prêté le serment d'Oxford ; que cependant il était résolu à le tenir et à risquer sa vie au service de la communauté anglaise, pour obliger tout le monde à en faire autant ; » et, se tournant vers les barons du conseil, il leur déclara que « s'ils ne remplissaient sans délai leurs promesses, il s'unirait à la vie et à la mort avec la communauté du pays, et saurait bien les y forcer [1]. »

La discorde régnait déjà depuis longtemps entre les barons, et de vives querelles s'élevaient entre Leicester et le comte de Glocester. Ils sacrifièrent leur ressentiment à leur intérêt commun, se réconcilièrent, et en 1259 ils publièrent, sous le titre de *Provisiones baronum*, le code si impatiemment désiré ; mais il ne remplit nullement l'attente générale. Il ne présentait qu'un petit nombre de changements dans les coutumes et lois municipales; il donnait quelques légères garanties aux tenanciers inférieurs contre l'oppression de leurs seigneurs ; il instituait des commissaires chargés de surveiller la conduite des juges, et de diriger leur jurisprudence, soit à la cour de l'échiquier, soit à celle du banc du roi, soit dans les tournées annuelles ; il autorisait enfin les grands tenanciers de chaque comté à se réunir à la Saint-Michel, et à désigner quatre candidats parmi lesquels les barons de l'échiquier étaient obligés de choisir les shérifs.

Le mécontentement du peuple s'accrut à la publication de ces vaines ordonnances. La rivalité des comtes de Leicester et de Glocester redoubla de violence, et bientôt ce dernier acquit une telle prépondérance, que Leicester se retira en France.

Henri avait vu avec joie les dissensions qui régnaient entre ses barons et le mécontentement du peuple. Il crut le moment venu de recouvrer son autorité, et, entrant un jour dans le conseil et s'adressant à ses membres étonnés, il leur reprocha de n'avoir encore ni payé ses dettes, ni augmenté le revenu de l'état, ni réformé les abus ; ils ne songeaient qu'à s'enrichir eux-mêmes et à se perpétuer au pouvoir ; mais il renonçait à eux, et saurait bien sauver seul et convenablement le royaume d'Angleterre (1261, 2 février). Cela dit, il sortit sans attendre de réponse,

---

[1]. Guizot, *de l'Origine du Système représentatif en Angleterre*, p. 462.

s'empara du trésor, se retira à la Tour de Londres, ordonna de fermer les portes de la cité, réclama le serment de tous les citoyens âgés de plus de douze ans, et fit sommer les chevaliers des comtés d'accourir en armes à sa défense.

Sur ces entrefaites, il reçut du pape Alexandre une bulle qu'il avait sollicitée et qui le relevait de son serment d'obéissance aux Provisions d'Oxford. Il la publia, changea tous les officiers de sa maison, nomma de nouveaux shérifs dans les comtés, remplaça les gouverneurs des châteaux royaux par des chevaliers dévoués, institua un chancelier et un justicier, annonça qu'il entendait régner et gouverner désormais par lui-même, invita le peuple à le juger par ses actions, et non par les rapports des barons, et déclara nulles les sommations faites aux chevaliers de se réunir en armes à jour fixe, aux environs de Saint-Alban.

Mais les barons étaient revenus de leur stupeur; ils rassemblèrent des troupes, et annoncèrent qu'ils considéreraient comme traîtres à l'état tous ceux qui oseraient les attaquer. Les partisans du roi leur proposèrent de s'en rapporter à l'avis du prince Édouard, qui était alors sur le continent; les barons y consentirent, mais quand Édouard arriva, suivi de Leicester, il se déclara en faveur des barons.

Édouard, cependant, ne voulut pas tirer l'épée contre son père, et les barons, par ses secrets avis, proposèrent un projet de pacification. Ils abandonnèrent quelques articles de peu d'intérêt, et le roi fut forcé de leur accorder les points les plus importants, parce que le prince Édouard déclara que, nonobstant la violence qu'on avait employée pour obtenir le serment d'Oxford, un monarque était religieusement tenu à sa parole, et que lui-même regardait comme un devoir de maintenir la sienne. Leicester eut bientôt réorganisé son ancien parti. Le comte de Glocester, son ancien rival, n'existait plus, et Gilbert de Clare, fils de ce seigneur et héritier de son titre, séduit par les talents remarquables et la haute renommée de Leicester, lui offrit l'appui de ses richesses et l'immense crédit de sa famille, et lorsque Henri III (1263) voulut exiger un nouveau serment des barons et des citoyens de sa capitale et des Cinq-Ports, le jeune comte de Glocester refusa de se soumettre à cette formalité, et partit pour Oxford où le rejoignirent ses vassaux, et où il se mit avec eux sous les ordres de Leicester. Celui-ci déploya la bannière royale, s'empara de l'évêque de Hereford, prélat odieux à la masse du clergé par son dévouement aux volontés de la cour de Rome, mit en prison l'évêque de Norwich, qui avait publié la bulle par laquelle le pape relevait le roi de ses serments, ravagea les terres des étrangers, des partisans de Henri III, et de tous ceux qui refusaient de marcher sous ses drapeaux, et se dirigea sur Londres. Le maire, Thomas Fitz-Richard, et le peuple, se déclarèrent pour les barons; les aldermen ou échevins, et quelques habitants de la Cité, prirent le parti du roi et la guerre civile désola la capitale.

Une négociation s'entama sous la médiation du roi des Romains; après trois semaines elle fut suivie d'un traité qui remit encore les châteaux royaux dans les mains des barons, bannit les étrangers et restitua leur force aux articles d'Oxford, à quelques modifications près, parmi lesquelles on introduisit la clause que l'assentiment du parlement serait nécessaire pour ratifier cet accommodement. Deux sessions successives n'amenèrent aucun résultat. Mais plusieurs barons, effrayés de

COSTUMES MILITAIRES DU TEMPS DE HENRI III.

l'ambition croissante de Leicester, ou jaloux de sa haute influence, ou gagnés par les largesses du roi et du prince Édouard, se déclarèrent en faveur des prérogatives de la couronne, et les hostilités recommencèrent sur tous les points de l'Angleterre. Le roi, secondé par le comte-maréchal Roger Bigod, le comte de Warenne, le comte de Hereford, Roger Mortimer, Robert de Bruce et plusieurs autres seigneurs jadis ses adversaires, se crut assez puissant pour entrer en campagne. Il essaya d'abord de s'emparer de la ville de Douvres, mais il ne put y réussir. Peu de jours après, il rencontra Leicester, qui, suivi d'un petit corps de troupes, se rendait de Kenilworth à Southwark. Le comte se crut perdu; il harangua ses compagnons, les engagea à vendre chèrement leur vie, mais à se préparer à la mort par des actes de religion et en se couvrant de la Croix sainte comme d'un bouclier. Des hérauts vinrent lui commander de se rendre; il les pria d'attendre jusqu'à ce qu'une messe solennelle qu'il faisait célébrer fût achevée. La piété du temps n'eût pas permis un refus; mais, durant ce délai, les habitants de la Cité, avertis de la situation dangereuse où se trouvait Leicester, lui ouvrirent les portes, et l'introduisirent dans la capitale. Les deux partis consentirent à s'en remettre de la décision de la querelle à l'arbitrage du roi de France.

Saint Louis rassembla ses barons dans la ville d'Amiens, et somma les parties adverses de se présenter devant lui. Henri III obéit à la sommation; le comte de Leicester prétexta une chute de cheval, et se fit représenter par son fils, Pierre de Montfort. Louis entendit les allégations des deux partis, et, jugeant d'après ses idées sur l'aristocratie française, et sans voir la différence qui existait entre les royautés de France et d'Angleterre, il déclara nuls les articles d'Oxford, comme règlements momentanés et devenus inutiles, même dommageables à la nation autant qu'à l'autorité royale; rendit au roi la nomination aux grandes charges de l'état et aux gouvernements de ses châteaux, lui reconnut le droit d'appeler à son conseil tous les étrangers qu'il regarderait comme capables, le réintégra enfin dans l'exercice de la puissance qu'il possédait avant la confirmation du parlement enragé, et lui imposa seulement la condition de proclamer une amnistie générale, et le maintien de toutes les chartes et libertés que l'Angleterre possédait avant la guerre civile (23 janvier 1264). Le pape confirma cette décision, et en ordonna l'exécution sous peine d'excommunication.

La justice de saint Louis était la ruine absolue du parti des barons. Ils ne pouvaient s'y soumettre et la guerre se ralluma sur tous les points. Les quatre fils de Leicester s'emparèrent de la ville de Worcester, tandis que le comte préparait, à Londres, une convention de défense mutuelle, que signèrent d'une part le maire Fitz-Richard et ses aldermen au nom de la Cité, et d'autre part douze barons, Hugues le Despenser, grand justicier, les comtes de Glocester et de Derby, et Simon de Montfort. La ville s'organisa militairement; on nomma un maréchal et un connétable, et le son de la grosse cloche de Saint-Paul devint le signal des réunions armées.

Henri III et son fils, le prince Édouard, appelèrent à Oxford leurs vassaux militaires, rassemblèrent une armée et s'avancèrent sur l'ennemi. Les lords des Marches d'Écosse, Baliol de Galloway, Bruce d'Annandale, John Comyn, Henri Piercy, accoururent sous leurs drapeaux, réduisirent, en peu de jours, les forteresses de Northampton, Leicester et Nottingham, firent prisonniers quatorze bannerets parmi lesquels se trouvait le fils aîné de Simon de Montfort, quarante chevaliers et nombre d'écuyers, et forcèrent le comte de Leicester à lever le siége de Rochester, et à se retirer dans la ville de Londres. L'instant décisif était proche. Quinze mille citoyens offrirent au comte le secours de leurs bras; il sortit de la capitale et vint poser son camp en face de l'armée royale.

Costumes militaires du temps de Henri III. — Soldats.

Le comte de Montfort, aussi pieux que grand homme de guerre, consacra le reste de la journée (13 mai 1264) et toute la nuit à des actes de religion, puis, au lever du soleil, il s'avança jusqu'à Lewes où se reposait l'armée des royalistes. Ses dispositions terminées, il appela devant les rangs le comte de Glocester et plusieurs autres jeunes seigneurs qui faisaient leurs premières armes, les fit mettre à genoux et leur conféra l'ordre de la chevalerie. L'évêque de Chichester prononça ensuite une courte prière, donna l'absolution générale, et promit la couronne du martyre à tous ceux qui périraient dans le combat. L'armée royaliste s'était formée en trois corps : le prince Édouard, le comte de Warenne et Guillaume de Valence conduisaient l'avant-garde; le roi des Romains et son fils, le grand corps de bataille, et Henri III, l'arrière-garde, où sa principale noblesse s'était réunie pour veiller à sa sûreté.

Le corps des milices de Londres, qui avait réclamé le poste d'honneur, s'élança vivement sur celui du prince Edouard; mais s'il ne manquait pas de courage, il manquait de discipline et d'expérience. Edouard le rompit en quelques minutes, et le mit en déroute; mais il commit lui-même la faute immense de se laisser emporter à la poursuite des fuyards, et il les poussa jusqu'à quatre milles, en massacrant tout ce qu'il pouvait atteindre. Leicester profita de ce mouvement, qui séparait en deux l'armée ennemie, et se précipita sur les bataillons commandés par les deux rois. Il en fit un carnage effroyable. Robert Bruce, John Comyn, le roi des Romains, se rendirent à Glocester; Henri III tenta vainement de se sauver, son cheval fut tué sous lui, et le comte de Montfort le fit prisonnier. Edouard reconnut ce désastre en revenant sur le champ de bataille. Les barons qui l'accompagnaient, et entre autres le comte de Warenne et Guillaume de Valence, frère utérin du roi, l'abandonnèrent, et se dirigèrent, avec sept cents chevaux, sur Pevensey, où ils s'embarquèrent pour la France. Le prince, bien convaincu que la défaite de son père était irrémédiable, obtint de Leicester la permission de visiter le monarque retenu au prieuré de Lewes, et lui démontra la nécessité d'accepter les conditions qui lui seraient proposées. Dès le lendemain, elles lui furent soumises ou plutôt imposées, et, le 15 mai 1264, fut conclu entre les barons et le roi captif le traité connu sous le nom de *Mise de Lewes*. Edouard et Henri d'Allemagne, son cousin, se constituèrent en otages pour la personne des deux rois leurs pères; tous les prisonniers faits, de part et d'autre, durant la guerre furent relâchés. Le roi des Romains fut renfermé d'abord au château de Wallingford, et ensuite à celui de Kenilworth, et l'on confia les deux jeunes princes à la surveillance du gouverneur de Douvres.

Des arbitres désignés furent revêtus des pouvoirs nécessaires pour délibérer un plan de gouvernement; mais, dans le fait, le pouvoir était tout entier aux mains de Leicester. Il institua, dans chaque comté, un magistrat qui, sous le nom de conservateur de la paix, fut chargé de faire arrêter sans contrôle toute personne portant des armes sans une licence spéciale, de lever la milice du comté en cas de besoin, et de diriger l'élection de quatre chevaliers, destinés à représenter le comté au prochain parlement. Ce parlement, qui fut composé en totalité des partisans de Montfort, statua qu'un comité de trois personnes, les comtes de Leicester, de Glocester, et l'évêque d'Exeter, serait autorisé à nommer un conseil de neuf membres, qui devait exercer les pouvoirs les plus étendus en l'absence du parlement, de choisir les gouverneurs des châteaux royaux, les grands officiers de l'état et ceux de la maison du roi, et de répondre de la personne royale.

Les déterminations devaient être prises à la majorité des deux tiers, et l'on arrêta que lorsque le conseil serait assez divisé d'opinions pour qu'on ne pût obtenir l'assentiment des deux tiers des membres, la question serait réservée à la décision du comité des trois : c'était conférer à ce dernier comité l'autorité souveraine. On stipula de nouveau l'exclusion totale des étrangers des fonctions du gouvernement, l'observation fidèle des deux chartes et des provisions d'Oxford, et la nomination des trois prélats chargés de procurer au clergé une compensation pour les pertes qu'il avait faites pendant les derniers troubles et par suite des engagements pris par Henri vis-à-vis du saint-siège, afin de conquérir pour son fils le royaume de Sicile.

En effet, la dette que Henri avait contractée envers le pape était énorme, et ces dépenses n'avaient amené aucun résultat. Le duc de Tarente, Manfred, après avoir suscité un nouveau compétiteur au prince d'Angleterre, dans la personne du jeune Conradin, fils de Conrad, mort en 1254, avait attaqué et mis en fuite les troupes du saint-siège, conquis la Sicile, l'Apulie, la Marche d'Ancône, et même une partie de la Toscane. Bientôt la défaite de Lewes vint convaincre le pape Urbain IV de l'impuissance de Henri et il proposa de nouveau le trône des Deux-Siciles à Charles d'Anjou, qui cette fois accepta les dons du saint-siège (1264).

Ce fut le clergé d'Angleterre qui porta la peine de l'ambition et de l'incapacité de Henri. L'évêque de Hereford résidait en cour de Rome comme représentant de l'église d'Angleterre. Il déclara que l'église anglaise était assez riche pour subvenir aux besoins du trône apostolique et il engagea le pape à tirer des lettres de change sur les évêques et les abbés. L'on envoya chez les banquiers de Venise et de Florence des valeurs en billets pour plus de cent cinquante mille marcs. A la première nouvelle d'une mesure si extraordinaire et si vexatoire, le clergé s'épuisa en plaintes et en réclamations; mais le légat Rustan rassembla les évêques et les abbés, leur fit lecture des ordres du pape, leur apprit que le roi donnait son assentiment à cette mesure, et les menaça de l'excommunication s'ils ne payaient les lettres de change, qui du reste, suivant lui, étaient tirées au profit du roi, engagé envers le saint-siège. L'évêque de Worcester s'écria qu'on lui arracherait plutôt la vie; l'évêque de Londres déclara qu'il prendrait un casque et une épée puisqu'on lui enlevait sa mitre et sa crosse; mais tous ces cris furent inutiles; l'excommunication était là, présente, terrible, suivie de ses cruelles conséquences : les évêques fléchirent, demandèrent au pape sa protection, voulurent composer avec le roi pour cinquante-deux mille marcs d'argent; mais aucune offre ne fut acceptée, aucune observation ne prévalut, et tout ce qu'ils obtinrent, ce fut qu'un dixième déjà payé par eux leur fût précompté sur le paiement définitif des billets.

Cependant le pape et le roi de France se préparaient à porter des coups efficaces à la puissance despotique mais encore mal assurée de Leicester. La reine Éléonore réunit au port de Damme, en Flandre, une foule de mercenaires, et rassembla des vaisseaux pour tenter avec ses nouveaux soldats une descente en Angleterre. Louis IX favorisait la princesse, et peut-être aidait-il de son trésor les armements qu'elle dirigeait. Leicester, instruit des préparatifs de ses adversaires, somma aussi les tenanciers militaires de la couronne de le rejoindre aux dunes de Barham, avec toutes les forces spécifiées par les conditions de leur vassalité; les municipalités durent fournir, selon leur population et leur richesse, un certain nombre d'hommes armés de lances, arcs, flèches, épées, arbalètes et haches, et disposés à servir durant quarante jours à leurs frais. Il eut bientôt une flotte formidable, dont il prit le commandement, et il établit sa croisière dans la Manche, afin d'arrêter ses ennemis à leur passage. Les vents semblèrent ligués avec lui ; ils dispersèrent l'escadre de la reine ; le terme des engagements expira, et ses compagnies de mercenaires se débandèrent. Le cardinal Guido, envoyé par le souverain pontife, avec la mission de délivrer Henri et d'excommunier les comtes de Leicester, de Norfolk et de Glocester, se laissa effrayer par des menaces. Il n'osa traverser le détroit, mais il manda près de lui les évêques de Londres, de Worcester, de Winchester, et de Chichester, qui n'obéirent qu'après beaucoup de difficultés. Le légat leur ordonna, sous peine des censures ecclésiastiques, de publier en Angleterre la bulle et l'excommunication du saint père. Les prélats avertirent en secret des officiers de la marine de Douvres de la position dans laquelle ils étaient placés, et ceux-ci envoyèrent à leur rencontre des pirates armés qui s'emparèrent de la bulle et la déchirèrent. Le cardinal Guido publia solennellement l'excommunication dans la petite ville de Hesdin et repartit pour la capitale du monde chrétien où il venait d'être élu pape sous le nom de Clément IV.

Leicester ne s'effraya pas des mesures du saint-siége. Il était alors plus puissant que jamais, et bientôt, oubliant qu'il avait été l'instrument des intérêts et le dépositaire des forces d'une confédération publique, il crut avoir triomphé seul et pour lui seul. Une telle conduite ne pouvait manquer de produire dans la coalition des barons l'effet qu'avaient produit dans la nation en général les torts de cette coalition elle-même ; beaucoup de francs-tenanciers s'en étaient détachés quand ils avaient vu les barons préoccupés d'eux seuls ; à leur tour, plusieurs barons se détachèrent de Leicester quand son égoïsme leur fut évident et leur devint périlleux. Pressentant bientôt l'isolement où il allait tomber, cet esprit hardi et fécond entreprit soudain de chercher un appui ailleurs, et de tourner contre l'aristocratie même les succès qu'il avait obtenus en son nom.

« Il résolut, dit le chroniqueur Wykes, d'abaisser les grands, de ruiner leur
« puissance, de briser les cornes de ces orgueilleux, dans l'espoir qu'après avoir
« ainsi énervé les forces des principaux du pays, il subjuguerait plus aisément et
« dominerait plus librement le vulgaire des peuples. »

La composition du parlement qu'il fit convoquer par des *writs* des 14 et 24 décembre 1264, révèle clairement ce dessein.

Cent vingt ecclésiastiques, dont plusieurs n'étaient point vassaux immédiats du roi, y furent appelés : Leicester s'était toujours ménagé avec soin la faveur du clergé.

Vingt-trois comtes ou barons laïques seulement reçurent des lettres de convocation. Il y en avait bien davantage qui auraient eu droit de siéger et avaient paru dans les parlements précédents, mais Leicester écarta presque tous ceux dont il se méfiait.

Les shérifs eurent ordre de faire élire dans chaque comté deux chevaliers qui se rendraient au parlement.

Enfin, et ce fut la grande innovation, des lettres furent adressées aux citoyens de Londres, York, Lincoln, des Cinq-Ports, Douvres, Sandwich, Romney, Hastings et Hythe, et des principales villes et bourgs de l'Angleterre, pour les engager à élire de même deux bourgeois, et à les envoyer au prochain parlement.

C'est ici la première apparition générale des députés des villes et bourgs, dans l'assemblée de la nation [1].

Le parlement ainsi modifié s'occupa d'abord de l'élargissement des princes Henri et Edouard (13 mars 1265), puis, par le consentement commun du roi, de son fils Edouard, des prélats, des comtes, des barons, des chevaliers et des députés des bourgs, il fut arrêté que les chartes et ordonnances seraient de nouveau ratifiées; que le roi et les princes promettaient de ne jamais poursuivre le comte ni aucun de ses adhérents, à raison de leur conduite passée, sous peine de forfaire par le fait

---

1. Les députés des villes et des bourgs n'avaient pas eu pour arriver au parlement, comme les députés de comté, un titre et un point d'appui dans le droit féodal. L'élection de deux, trois ou quatre chevaliers par les francs-tenanciers des comtés était née du droit originaire de tous les vassaux immédiats à consentir les impôts, à siéger dans la cour du roi, à prendre part à son gouvernement. Aucun privilége semblable n'appartenait aux bourgeois des villes. Avant la conquête des Normands, plusieurs étaient riches, peuplées, importantes; on voit leurs habitants intervenir dans les événements du pays. Cependant, il est à peu près certain que les villes n'envoyèrent jamais de députés au witenagemot saxon; leurs droits se renfermaient dans l'enceinte de leurs murs, et quand elles se mêlaient des affaires publiques, c'était d'une façon accidentelle, irrégulière, sans qu'aucune institution, aucune coutume permanente leur assignât une place dans le gouvernement central.

Après la conquête, la décadence des villes fut grande. En perdant leur importance, elles perdirent aussi leurs droits; et le seigneur, roi ou autre, dans le domaine duquel elles se trouvaient situées, disposa presque absolument des biens et du sort de leurs habitants.

À dater du règne de Henri Ier elles se relevèrent progressivement; la cité de Londres reçut de ce prince sa première charte, et quelques articles prouvent qu'elle n'avait pas perdu toutes ses anciennes libertés. Sous Henri II, prince appliqué à rétablir l'ordre, le progrès des villes devint plus rapide; dans plusieurs, les habitants acquirent de leur seigneur la propriété du sol qu'ils occupaient, et se rachetèrent des tributs individuels qu'il leur imposait arbitrairement, moyennant une redevance déterminée, et en tenant leur ville en *fee-farm*, sorte de tenure libre analogue à la tenure en *socage*. Ils se formaient alors en corporation, recevaient quelquefois une charte, et entraient ainsi en possession du gouvernement municipal. Les concessions de chartes devinrent fréquentes à dater du règne du roi Jean. Cependant le seigneur, roi ou baron, conservait le droit d'imposer à volonté des tailles (*tallage* sur les villes de ses domaines. Quelques-unes acquirent bientôt assez d'importance pour que ce droit, toujours arbitraire en principe, le devînt un peu moins en fait; il fallut traiter avec des cités assez fortes pour se défendre. On en obtint de l'argent en leur accordant de nouveaux priviléges, et même, sans concession, l'impôt fut souvent débattu entre le seigneur et les habitants.

Mais si cette pratique offrait quelques garanties aux villes qui possédaient quelque force, elle devait retarder l'admission de leurs députés dans l'assemblée générale de la nation. Il était impossible de traiter individuellement, en matière d'impôts, avec les francs-tenanciers dispersés dans la campagne; il fallait absolument les réunir en corps, et de leur réunion dans les cours de comté à l'envoi de leurs députés au parlement, la transition était naturelle. Les villes, au contraire, étaient pour ainsi dire des assemblées permanentes, inamovibles, étrangères les unes aux autres, et que les délégués du roi pouvaient aller chercher pour les attaquer ou négocier isolément. Quelques unes, entre autres Londres et les Cinq-Ports, avaient pu devenir assez considérables pour que leurs habitants s'élevassent au-dessus de la sphère municipale, reçussent le titre de *nobiles* ou même de *barones* et parussent quelquefois dans le grand conseil national; mais aucun principe général, aucun usage constant ne découlait de ces faits accidentels et spéciaux. L'introduction des députés du comté dans le parlement dériva d'un droit, celui de vassaux immédiats de la couronne, et prit nécessairement, dès son origine, un caractère de généralité. Celle des députés des villes ne se rattachait à aucun droit ancien, était étrangère à tout principe du système féodal, et ne devait avoir lieu que partiellement, successivement, à mesure que l'importance d'une cité la mettrait en état de conquérir un privilége.

La convocation des députés bourgeois au parlement de 1264 fut donc une combinaison politique suggérée à Leicester par sa situation, plutôt qu'une nécessité que l'état social imposât déjà au pouvoir. Naguères aristocrate contre la royauté, il se fit démocrate contre l'aristocratie, avançant ainsi, dans une vue personnelle, le jour où les villes, par leur propre force, auraient pris place dans le gouvernement central. (Guizot, p. 471 et suiv.)

même l'allégeance de leurs sujets et vassaux; que les barons, défiés par le roi avant la bataille de Lewes, seraient admis à renouveler leur hommage et à lui jurer fidélité, sous condition d'en être déliés de droit, s'il manquait à sa promesse; que les châteaux royaux ne seraient confiés qu'à des personnes éprouvées et connues pour leur attachement à la charte; que le prince recevrait ses conseillers du comité d'état, et s'engagerait à ne pas sortir du royaume avant trois ans; qu'il remettrait au comte de Leicester la ville et le château de Bristol, ceux de Chester, du Pec et de Newcastle; que si le pape l'affranchissait de ses serments, il promettait sur l'honneur de ne pas faire usage de cette absolution, et que le roi et les princes publieraient et feraient reconnaître ce traité par toutes les terres de leur vassalité, en Irlande, en Gascogne et en Écosse. Le prince Édouard, après la signature de cet accommodement, fut amené à Westminster-Hall, et déclaré libre; mais il ne tarda pas à s'apercevoir que les barons n'avaient fait qu'allonger sa chaîne, et Leicester gouverna toujours l'Angleterre sans contrôle. Si quelques chefs éloignés, placés sur les confins de l'Écosse, tentèrent de se soustraire à l'exécution de ses volontés, il réprima leur désobéissance par la promptitude de ses déterminations. Roger de Mortimer, ayant pris les armes sur les frontières du pays de Galles, il le vainquit, et le força, lui et ses adhérents, à se soumettre au jugement de leurs pairs, qui les condamnèrent à l'exil et confisquèrent leurs châteaux. L'ambition de cet homme d'état effrayait sans doute les membres les plus élevés de la noblesse; mais sa piété sincère, ses vertus privées, ses talents administratifs, lui attiraient l'affection du peuple, qui le considérait comme le sauveur du pays, le protecteur du pauvre, le vengeur de l'église, le réformateur des abus. La plus grande partie du clergé et les corporations religieuses vantaient sans cesse ses hautes qualités, et en faisaient le texte de leurs sermons. Il régnait en réalité; mais il lui avait fallu beaucoup d'années et de travaux pour arriver à ce but; une seule action suffit pour l'en précipiter, et ce fut précisément celle qui avait paru la plus propre à consolider sa puissance, l'élargissement du prince Édouard. Une circonstance vint hâter cette chute. Leicester avait jusqu'à ce jour admis dans ses conseils les plus intimes Robert de Ferrars, comte de Derby, ainsi que le comte de Glocester; mais après une altercation assez vive, causée par la secrète jalousie du comte Derby, Leicester le fit arrêter au nom du roi, et constituer prisonnier à la Tour. Glocester, qui craignit le même sort, prit la fuite, atteignit ses propriétés, situées sur les confins du pays de Galles, y déploya la bannière royale au milieu de ses vassaux, et invita Mortimer et les exilés à le rejoindre en armes. Leicester le suivit de près avec des troupes nombreuses et aguerries, et pour donner plus de poids à sa cause aux yeux du peuple anglais, toutes ses mesures furent prises et publiées au nom du roi, qu'il emmena dans son expédition, ainsi que le prince Édouard. Hereford lui ouvrit ses portes. Des seigneurs, qui se donnèrent pour des amis communs, intervinrent pour proposer un accommodement. Le comte de Montfort consentit à ouvrir des négociations, et des arbitres furent choisis, de part et d'autre, afin de régler les termes d'un traité. Cette apparente bonne foi, ce désir de la paix, ce rapprochement préparé entre deux rivaux, n'étaient que des pièges pour se détruire plus sûrement. Thomas de Clare, frère du comte de Glocester, avait paru indigné de sa conduite; mais il n'agissait ainsi que pour entretenir des intelligences plus certaines avec Edouard, et il préparait toutes choses pour assurer la fuite de ce prince. On profita d'un moment où celui-ci s'était dirigé vers Widsmar, sous prétexte de se promener et d'essayer des chevaux. Le prince fatigua dans ses courses les personnes chargées de le surveiller, et, un peu avant le coucher du soleil, il reconnut le signal dont ses libérateurs étaient convenus. Près de la montagne de Tulington, il trouva des chevaux frais, sauta rapidement en selle, et s'enfuit à toute bride. Ses gardiens le poursuivirent, mais il avait l'avantage, et il n'eut pas fait un mille, qu'un corps nombreux de chevaliers sortit d'un petit bois et accourut à son aide. C'était Roger de Mortimer qui l'attendait et qui le conduisit au château de Wigmore. Le lendemain le prince eut une entrevue avec Glocester, au château de

Ruines du château de Ludlow, comté de Salop.

Ludlow. Tous deux s'engagèrent mutuellement à oublier les injures passées et à réunir tous leurs efforts pour délivrer le roi, à la condition qu'il gouvernerait suivant les lois, et exclurait tous les étrangers de ses conseils. (1265).

Leicester, surpris de la fuite d'Édouard, ne songea pas qu'il avait pu rejoindre Glocester, et ne fut détrompé qu'en apprenant la réunion de l'armée royaliste, la prise des forteresses de Worcester et de Glocester, et la destruction de tous les ponts sur la Severn. Il se détermina alors à prendre l'offensive, et, se dirigeant vers le sud, il s'empara du château de Monmouth, qu'il détruisit, et se renferma à Newport. Édouard l'y suivit, et assiégea la ville par terre et par eau; la partie qui

Attaque d'un château par eau.
(D'après l'*Histoire des deux Offas* de Matthieu Paris.)

se trouve sur la rive gauche de l'Usk fut enlevée. Leicester se retira dans le pays de Galles, où il attendit des nouvelles de son fils dont il espérait une heureuse diversion en sa faveur.

Le jeune Simon de Montfort assiégeait Pevensey, quand il reçut l'ordre de se rendre à Worcester. Il partit à l'instant, saccagea Winchester qui avait voulu lui refuser le passage, traversa Oxford, et parvint à Kenilworth où il attendit de nouveaux ordres de son père. Mais le prince Édouard, averti par une femme qui lui servait d'espion, de l'arrivée de Simon et du peu de soin avec lequel il se gardait, quitta Worcester dans la nuit, et, à la pointe du jour, cerna toutes les maisons où reposaient Montfort et ses compagnons. Douze bannerets et leurs équipages furent faits prisonniers; Simon parvint à se sauver nu dans le château.

Leicester, cependant, était parvenu à réunir assez de bateaux pour traverser la Severn; il prit sa route sur Evesham et se proposa de gagner le lendemain Kenilworth; mais Edouard, qui surveillait ses mouvements, arriva près d'Evesham avant lui et plaça ses troupes en trois divisions dans les positions les plus avantageuses. Leicester, trompé par les bannières que portaient ses ennemis et qui n'étaient que les trophées de leurs exploits de la veille, prit d'abord l'armée royale pour celle de son fils, mais il reconnut bientôt son erreur et s'écria : « Que le Seigneur ait pitié de nos âmes, car nos corps sont au prince Edouard! » Avant le combat, il reçut le sacrement, et il passa une heure en prières. Il essaya ensuite de se faire jour en attaquant une des divisions d'Edouard; mais ses soldats, affaiblis par les maladies contractées dans le pays de Galles et par une mauvaise nourriture, étaient privés de force s'ils ne l'étaient pas de courage. Ils furent repoussés, se formèrent en cercle et combattirent encore avec l'énergie du désespoir. Le fils aîné de Leicester fut tué à ses côtés. Bientôt après, Leicester lui-même tomba mort, et

Costumes militaires du règne de Henri III, d'après l'*Histoire des deux Offas* de Matthieu Paris [1].

la bataille ne fut plus qu'un long massacre (4 août 1265). Henri III, que le comte de Montfort avait forcé de paraître dans les rangs, tomba de cheval blessé par un soldat du parti d'Edouard, et il eût perdu la vie s'il ne se fût hâté de crier : « Arrête, compagnon, je suis Harry de Winchester! » Edouard n'était pas éloigné, il

---

1. Matthieu Paris est le plus remarquable des historiens anglais du XIIIe siècle. C'était un bénédictin du monastère de Saint-Alban, qui fut souvent employé dans les affaires de l'état pendant le règne de Henri III. Il mourut en 1259. Son principal ouvrage est son « Historia Major », *la Grande Chronique*, qui commence à la conquête normande et finit à l'année 1259. On ne considère cependant, comme étant réellement de lui, que ce qui vient à partir de l'année 1235, et l'on croit qu'il a copié le reste d'après

reconnut la voix de son père, le tira de la mêlée et le mit en lieu de sûreté. Cent soixante chevaliers du parti de Leicester périrent dans le combat. Le corps du comte fut livré aux outrages des vainqueurs.

La mort de Leicester n'amena point une restauration subite de la puissance royale dans toute l'Angleterre. La ligue des barons se trouva sans doute rompue, mais le peu de sagesse des mesures prises par le nouveau conseil du roi et leur inhabile rigueur allumèrent, sur presque tous les points, une guerre dévastatrice. Henri III, ou plutôt son fils Edouard, convoqua un parlement à Winchester, et ce parlement ne fut composé que des ennemis des barons et des innovations introduites par eux dans les formes du gouvernement. On y décida que les habitants de la cité de Londres seraient privés des priviléges de leur charte, et que toutes les concessions et patentes délivrées sous le sceau du roi, durant la tutelle exercée par Leicester sur ses volontés, seraient annulées. La famille de Leicester et la comtesse sa femme, sœur de Henri III, furent bannies du royaume à perpétuité, et leurs propriétés confisquées. On appliqua la même peine à toutes les personnes qui avaient pris les armes en faveur du comte de Montfort. On emprisonna le maire de Londres Fitz-Richard, et l'on s'empara de ses biens qui furent partagés entre les partisans

l'ouvrage de Roger de Windsor ou de Wendower. On a encore de Matthieu Paris d'autres travaux historiques parmi lesquels on distingue son *Historia Minor* abrégé de la *Grande Chronique*, et l'*Histoire des deux Offas*, qu'il illustra lui-même de curieuses miniatures. Nous avons pris dans le manuscrit de ce dernier ouvrage les deux dessins précédents, et nous reproduisons encore le suivant,

qui représente Offa faisant élever l'abbaye de Saint-Alban, en expiation du meurtre d'Ethelbert, roi d'Estanglie. (Voyez le tableau de l'heptarchie saxonne, p. 21.) Ce dessin donne une idée exacte des costumes de l'époque à laquelle écrivait Matthieu Paris, et des procédés employés alors dans la construction des édifices.

d'Édouard. Les victimes de ces rigueurs, poussées par le désespoir, par la misère, ou par l'esprit de vengeance, reprirent encore le glaive et se retirèrent dans les lieux écartés, dans les marais, sur les montagnes, au fond des forêts, d'où leurs bandes furieuses s'élançaient sur les troupes isolées et les détruisaient aisément.

Le courage et l'activité du prince Édouard, et deux années de poursuites et de combats, ne suffirent pas pour anéantir les insurrections successives. « C'est que la lutte que Leicester avait soutenue n'était pas une révolte ordinaire. Commencée dans l'intérêt et avec l'assentiment national, presque tout le royaume, barons, francs tenanciers et bourgeois, s'y était d'abord engagé. Des droits vraiment publics avaient été proclamés solennellement; des innovations salutaires avaient été tentées. Un homme avait pu détourner à son profit le mouvement national; mais cette déviation momentanée n'en avait point aboli l'origine ni changé la nature. Bientôt on s'aperçut que, malgré ses excès, la mémoire de cet homme même était profondément populaire. Des moines avaient recueilli ses restes; le bruit se répandit que des miracles s'opéraient sur son tombeau; le peuple y courut en foule pour prier ou se faire guérir, et il fallut lui défendre expressément de donner à Leicester le nom de saint. Alors se fit sentir de toutes parts la nécessité de se ralentir, de rétrograder même dans les voies de la réaction. La cité de Londres fut remise en possession de ses libertés; le légat du pape, Ottoboni, intervint lui-même en faveur des opprimés, et un parlement fut convoqué à Kenilworth, le 22 août 1266, pour rétablir enfin la paix. »

« A peine rassemblé, ce parlement, dont l'œuvre principale devait être d'annuler les *Provisions* d'Oxford, donna lui-même une preuve éclatante de l'empire qu'avait exercé sur les esprits une révolution qui semblait vaincue. Ce ne fut point au roi lui-même, mais à un comité de douze prélats et barons, que fut remis le droit de décider des mesures à prendre, et de régler les différends des deux partis[1]. »

Ce comité commença par ranger en diverses catégories les auteurs, fauteurs et adhérents de la dernière rébellion. La première atteignait les plus grands coupables; dans la seconde étaient compris tous les hommes qui avaient pris les armes contre le souverain pour quelque cause et à quelque époque que ce fût; dans la troisième, on avait placé les officiers civils, et ceux qui avaient conservé ou accepté des emplois sous le gouvernement de Leicester. La remise de peine que l'on proposa à tous ceux que la mort n'avait pas encore atteints, fut un accommodement relatif à la confiscation de leurs propriétés. On permit aux personnes comprises dans la première catégorie de les racheter au prix d'une somme fixée à sept années de revenu, de cinq années pour la seconde, et de deux pour la troisième. Les *Provisions* d'Oxford furent annulées; on rendit au roi le libre exercice de son autorité; on défendit, sous peine de châtiment corporel, d'appeler Leicester un saint, et de propager le bruit de ses miracles; enfin, la Grande Charte et la Charte des forêts furent confirmées. Cet acte, qui fut appelé le *dictum de Kenilworth*, ne calma cependant pas tous les ressentiments. Le comte de Glocester, en concourant à la délivrance du prince Édouard, avait conçu le projet de remplacer en tout Leicester

---

1. Guizot, p. 477.

dont il n'avait pas les talents, et il se plaignit hautement du peu d'égards et de puissance qu'on lui accordait. Le dictum de Kenilworth fut une occasion pour lui d'exprimer son mécontentement avec plus de vivacité comme avec plus de raison. Ce n'était point là ce qu'on lui avait promis. Au lieu d'un pardon général qui avait été la condition de sa défection, on mettait à l'indulgence des restrictions qui équivalaient à la peine la plus cruelle. La ville de Londres, privée de sa charte municipale, entendit les plaintes du comte de Glocester, et bientôt partagea son esprit de rébellion. Le peuple courut aux armes et le choisit pour chef (1267, avril). Les proscrits des diverses parties du royaume accoururent en foule, et se rangèrent sous sa bannière. Le prince de Galles, Llewellyn, prit aussi les armes, et la puissance de Henri III se trouva de nouveau en grand danger; mais les temps n'étaien plus les mêmes : Édouard savait former des armées, les commander et se battre; ilt parvint à réunir trente mille soldats, et vint assiéger la ville de Londres. Soit que Glocester jugeât impossible de résister à cette masse, soit qu'il n'eût levé l'étendard qu'afin d'obtenir du prince des conditions plus favorables pour ses amis et lui-même, il céda et sollicita la médiation du roi des Romains. Henri III reçut sa soumission, et lui pardonna ainsi qu'aux autres insurgés qui l'imitèrent. Le prince de Galles lui-même fit un traité qui lui conserva son titre et reconnut tous ses droits, sous l'engagement d'un tribut annuel de vingt-cinq mille marcs. Un parlement, assemblé à Marlborough (1267), et comprenant les hommes les plus sages du royaume, « tant les moindres comme les plus grands, » porta le roi à reconnaître une partie des statuts établis par les barons. Le clergé donna un vingtième de son revenu pour faciliter aux personnes pauvres le rachat de leurs propriétés confisquées; le pape accorda au roi le dixième du revenu de l'église durant trois années. Ainsi la paix parut enfin rétablie sur le sol de l'Angleterre; on la dut en grande partie aux sages conseils du souverain pontife et de son légat Ottoboni. Le légat, à son arrivée, avait désapprouvé toutes les mesures de rigueur qu'on avait prises, et sa présence et ses avis ne contribuèrent pas peu au rétablissement de la tranquillité publique.

Avant son départ, Ottoboni appela un grand concours de peuple à Northampton (2 avril 1268). Les princes et la plupart des seigneurs de la cour s'y trouvèrent. Le cardinal leur dépeignit les misères des chrétiens de l'Orient, leur prêcha la croisade, et parvint à si bien émouvoir tous les cœurs, que le prince Édouard, Edmond son jeune frère, et Henri d'Allemagne, fils du roi des Romains, accompagnés de vingt-deux bannerets et de plus de cent chevaliers, arborèrent la croix et jurèrent d'aller combattre les infidèles. Le comte de Glocester prit l'engagement de suivre en Palestine le prince Édouard.

Édouard, avant son départ, obtint de son père une nouvelle charte qui rendait à la ville de Londres ses anciennes libertés. Il mit alors à la voile, accompagné de sa femme, Éléonore, fille d'Alphonse, roi de Castille, et se dirigea vers la Sicile, où il prit ses quartiers d'hiver à Trapani.

Deux années après son départ, le 16 novembre 1272, Henri III mourut à Westminster, dans la soixante-quatrième année de son âge et la cinquante-septième de son règne. Son corps fut inhumé dans une tombe qui naguère avait renfermé les ossements d'Édouard-le-Confesseur. C'était Henri III qui les en avait fait extraire, afin de les placer dans un magnifique tombeau qu'il lui avait fait élever. Édouard fut immédiatement proclamé roi d'Angleterre, duc d'Aquitaine et lord d'Irlande, et tous les seigneurs présents aux obsèques de Henri jurèrent sur son cercueil fidélité à son successeur.

Tombeau de Henri III, à Westminster.

HENRI III.

Si le règne de Henri III ne fit rien pour la gloire de l'Angleterre, il fit beaucoup pour ses libertés. « Le pas décisif était fait vers la création d'un gouvernement libre ; un pouvoir national s'élevait et se constituait à côté de la royauté. Ce fut le grand résultat de la lutte qui agita ce règne. La société avait été profondément remuée ; les divers partis avaient successivement réclamé l'appui de toutes les forces qu'elle portait dans son sein ; les francs tenanciers des comtés, comme les hauts barons, les bourgeois, comme les francs tenanciers, étaient arrivés au centre de l'état. Le parlement n'existait pas encore ; mais les trois éléments dont l'union devait le former, la royauté, l'aristocratie et la démocratie, avaient été mis en présence, apprenant ainsi à se connaître, à se concerter ou à se contenir mutuellement. Le mouvement imprimé sous le règne de Henri III atteignit son but sous celui de son successeur [1]. »

1. Guizot, p. 480-481.

Noble en habit de chasse, au temps de Henri III.

ÉDOUARD IER.

(1272-1307.)

Édouard[1], en quittant Trapani, s'était dirigé vers la Terre-Sainte; mais il n'amenait avec lui qu'un corps de mille cavaliers, et lorsqu'il eut rassemblé sous ses bannières tous les chrétiens qui portaient les armes en Syrie, il ne compta que sept mille hommes en état de combattre. Son arrivée força le sultan du Caire à se retirer en Égypte, mais n'eut pas d'autre résultat. Après un séjour de dix-huit mois en Syrie, il entama des négociations avec le sultan. Une trêve de dix années assura un long repos aux habitants de Saint-Jean-d'Acre, et le prince reprit le chemin de l'Europe.
Édouard reçut en Sicile la nouvelle de la mort de son père. L'archidiacre de Liége, Thibaut Visconti, qui l'avait accompagné en Palestine, dans les premiers temps de son expédition, et que le collége des cardinaux en avait rappelé pour l'élever au trône pontifical où il siégeait sous le nom de Grégoire X, lui envoya l'invitation de se rendre à Rome (1273), et lui prépara un véritable triomphe le long de sa route. Après un court séjour à Rome et à Civita-Vecchia, où résidait Grégoire, il traversa l'Italie, accueilli avec de grands honneurs, et se rendit à Paris, où il fit hommage à Philippe pour les terres qu'il tenait du droit de la couronne de France. De Paris, au lieu de retourner en Angleterre où il était impatiemment attendu, Édouard se dirigea vers la Guyenne, ne perdant aucune occasion de faire de beaux coups de lance et de déployer son adresse dans les joûtes. Le comte de Châlons préparait alors un tournoi où il avait invité les plus célèbres guerriers, il

---

1. Cette lettre, initiale du nom d'Édouard, est tirée d'un manuscrit de son temps. Elle représente le couronnement du roi, son costume et celui des archevêques.

supplia le roi d'Angleterre d'y paraître, et de lui accorder l'honneur de se mesurer avec lui. Edouard se présenta dans la lice, accompagné de mille chevaliers. Les joutes commencèrent avec courtoisie; mais les archers d'Edouard, qui l'avaient suivi dans l'intérieur des barrières, mécontents de la chute de quelques-uns de ses champions, se précipitèrent dans les rangs des Français, coupèrent les sangles de leurs selles, éventrèrent leurs chevaux, renversèrent les chevaliers, en égorgèrent quelques-uns et en firent d'autres prisonniers. Le tournoi ne fut bientôt qu'une véritable boucherie, qui ne cessa que lorsque le roi d'Angleterre eut forcé le comte de Châlons à se rendre. Cet événement odieux fût nommé la petite bataille de Châlons.

Enfin, Edouard toucha le rivage d'Angleterre (août 1274). Aussitôt après la mort de Henri III, un parlement, où figuraient quatre chevaliers de chaque comté et quatre bourgeois de chaque cité, avait été convoqué à Westminster, pour prêter entre les mains de l'archevêque d'York serment de fidélité au roi absent, et la tranquillité du royaume n'avait pas été troublée. De retour en Angleterre, Edouard convoqua un autre parlement. Les députés des comtés et des bourgs étaient présents, et ces derniers accordèrent au roi et à ses héritiers, à perpétuité, un droit sur l'exportation des laines et des cuirs. Après avoir réprimé les désordres que la guerre civile et la faiblesse de Henri III avaient introduits dans l'administration du royaume, Edouard songea à soumettre définitivement les Gallois.

Le prince Llewellyn, le plus puissant des vassaux de la couronne dans le pays de Galles, avait refusé de venir au couronnement d'Edouard lui faire hommage et prêter serment de fidélité. Il motivait sa détermination sur la présence à la cour d'Angleterre de ses ennemis personnels, demandait un sauf-conduit, exigeait des otages choisis dans les plus grandes familles, et réclamait la liberté de sa fiancée, Eléonore de Montfort, fille de Leicester, que l'on retenait prisonnière à Londres, contre le droit des gens. Les prélats et les barons, qui jadis avaient pris parti avec Llewellyn contre Henri III, intercédèrent en sa faveur; mais Edouard repoussa toutes les conditions qu'il mettait à son voyage à Londres, et lui proposa simplement un sauf-conduit; en même temps, le monarque obtenait du parlement un subside d'un quinzième, levait une armée, et déclarant son vassal coupable de rébellion, se disposait à envahir la principauté de Galles. Afin de mieux réussir dans l'exécution de ce projet, il offrit sa protection au frère de Llewellyn, David, qui se plaignait de l'exiguïté de son patrimoine, et celui-ci appela sous les bannières d'Edouard tous les mécontents gallois. Vers le milieu de l'été (1277), le roi se mit en marche, s'empara des châteaux de Flint et de Rhuddlan, prit Anglesey, repoussa Llewellyn dans les rochers du Snowdon, s'assura de tous les passages, interrompit, au moyen d'une flotte nombreuse, toutes les communications de ses adversaires avec la mer, et, dans cette position, résolut de ne pas compromettre le sort de son armée dans une bataille et d'attendre les résultats inévitables de la famine. Llewellyn, en effet, confiné dans ses forêts et sur ses montagnes stériles, épuisa rapidement ses dernières ressources, et, réduit au désespoir, se soumit sans réserve à la loi du vainqueur. Edouard lui imposa pour condition une amende de cinquante mille livres, la cession entière de quatre districts situés entre Chester et la rivière de Conway, la tenure d'Anglesey comme fief de la couronne anglaise à la rente annuelle de mille marcs, la prestation du serment et l'accomplissement de l'hommage à Rhuddlan et à Londres; Llewellyn devait en outre fournir des otages pour garants de sa conduite future, et payer à son frère David une indemnité qui fut arbitrée.

Edouard, par ce traité, crut avoir accompli l'assujettissement des Galles, et il pensa que son but serait définitivement atteint s'il s'attachait Llewellyn par les liens de la reconnaissance. En conséquence, il lui remit successivement l'amende de quinze mille livres et la rente de l'île d'Anglesey, mit en liberté ses otages, et consentit à son mariage avec la fille de Leicester. Il déploya la même générosité envers David, réconcilié par ses soins avec son frère, lui conféra de sa main l'ordre de la chevalerie, lui fit présent de propriétés considérables, et lui donna la main de la riche héritière Eléonore, fille du comte Ferrars. Mais l'introduction des lois et de la jurisprudence anglaises dans les districts cédés, la division nouvelle de ceux-ci en provinces et cantons, l'abolition rapide et intempestive des usages nationaux, exaspérèrent les habitants de ces contrées. Les paysans gallois avaient hérité de la haine de leurs ancêtres pour les Anglais. David lui-même regarda comme un outrage l'ouverture d'une route, exécutée par l'ordre du roi, à travers ses forêts, et le supplice de quelques vassaux condamnés par les justiciers anglais. Llewellyn avait aussi porté ses plaintes au roi, qui promit justice et négligea de la rendre. Les Gallois se préparèrent en secret à tirer l'épée pour arracher leur pays à l'asservissement, dussent-ils succomber encore dans cette lutte honorable. Une ancienne prédiction, conservée et commentée par les bardes, entretenait le peuple dans la croyance qu'à l'époque où les pièces de monnaie de l'Angleterre deviendraient rondes, un prince de Galles serait couronné à Londres Merlin l'avait dit, et le roi Edouard venait d'émettre une monnaie ronde, avec défense de la couper par moitié ou par quart, selon le vieil usage; les temps étaient donc accomplis.

Ce fut le prince David qui commença les hostilités (mars 1282). Il surprit au sein d'une nuit obscure et orageuse le château de Hawarden, s'empara du justicier Clifford, et massacra ses chevaliers et ses gens. L'insurrection éclata de toutes parts. Llewellyn assiégea les châteaux de Flint et de Rhuddlan. Tous les chefs de famille ou de clan rassemblèrent leurs vassaux, et, s'élançant avec eux sur les frontières anglaises, y portèrent la flamme et la dévastation. Edouard convoqua promptement ses tenanciers militaires, se procura de l'argent au moyen d'un emprunt forcé, prit le château de Hope, qui appartenait à David, et pénétra dans le pays de Galles. Ses premiers pas furent loin d'être des succès; il perdit quatorze bannerets et nombre de chevaliers; et, quoiqu'il se fût emparé de l'île d'Anglesey, cet avantage même ne lui valut qu'un grand désastre. Il avait fait construire un pont de bateaux sur le Menai, détroit qui sépare Anglesey de la Grande-Bretagne, et un corps de troupes considérable était passé sur le rivage opposé à l'île, lorsqu'un parti de Gallois déboucha d'une colline voisine, derrière laquelle il s'était tenu caché. Les cris sauvages qu'ils poussèrent, leur apparition inattendue mirent le désordre dans les rangs des Anglais, qui se refoulèrent en masse sur le pont, mais il avait été brisé par le reflux, et les fugitifs se jetèrent en si grand nombre sur les bateaux, qu'ils s'enfoncèrent et engloutirent avec eux un grand nombre de soldats

Édouard rassembla de nouvelles forces près de Carmarthen. Llewellyn courut

Costumes militaires du temps d'Édouard 1er.

à sa rencontre, mais il fut surpris, un jour qu'il se reposait dans une grange isolée, et tué par un chevalier anglais. Édouard lui fit trancher la tête, et, pour accomplir la prédiction de Merlin, ordonna qu'elle fût exposée sur la Tour de Londres, entourée d'une couronne d'argent.

Les chefs gallois qui avaient suivi Llewellyn se hâtèrent de faire leur soumission; mais David, qui connaissait le caractère vindicatif du roi d'Angleterre, chercha un asile dans les montagnes. Après six mois d'une vie errante, de perfides amis l'enchaînèrent et le traînèrent avec sa femme et ses enfants au château de Rhuddlan. Édouard convoqua un parlement pour le juger. Des writs de convocation furent adressés individuellement à cent onze comtes ou barons; aux magistrats de vingt et une villes et bourgs pour leur ordonner de faire élire deux députés; aux shérifs pour l'élection de deux chevaliers par comté; à dix-sept membres du conseil privé du roi, parmi lesquels étaient les juges. Cette assemblée se divisa en deux parties. Le clergé et les députés des bourgs siégèrent à Acton-Burnell. Les barons et probablement aussi les chevaliers, à Shrewsbury. Ce fut devant eux que fut traduit le prince de Galles David. Tous les délits commis par les Gallois dans leurs excursions sur le sol de l'Angleterre devinrent le crime de leur prince, et l'on n'admit point en compensation les ravages causés par les Anglais sur le territoire des Galles. La sentence prononça contre David un supplice épouvantable. Il fut traîné au gibet sur une claie, comme traître au roi ; ses entrailles furent arrachées et jetées sous ses yeux dans un brasier ardent, comme profanateur de la Passion du Christ en s'emparant du château de Hawarden le dimanche des Rameaux ; ensuite, après avoir été pendu comme meurtrier des chevaliers tués dans ce château, son corps, divisé en quatre quartiers, fut exposé dans quatre des villes les plus importantes du royaume.

Par l'extinction de la famille de Llewellyn, Édouard s'était délivré des seuls adversaires qui pussent lui disputer la possession du pays de Galles. Pour réduire définitivement le peuple, il changea les divisions territoriales, proscrivit les usages nationaux, introduisit la jurisprudence anglaise, et donna aux Gallois un chef né dans leur pays, en appelant prince de Galles son second fils Édouard, dont Éléonore était accouchée au château de Caërnavon. Puis, reconnaissant que les traditions anciennes conservées et chantées par les bardes entretenaient chez les Gallois l'esprit d'indépendance, l'amour de la gloire et de la liberté, il ordonna sous les peines les plus sévères : « que nuls ménestrels, bardes et rymours ni « autres vagabonds galeys ne soient désormès soeffres de surcharger le pays, comme « ad esté devant. » (1284.)

La situation de l'Écosse attira bientôt les regards d'Édouard, et ouvrit un vaste champ à son ambition. Alexandre III, roi d'Écosse, qui avait épousé en premières noces la princesse Marguerite, sœur du roi d'Angleterre, mourut d'une chute de cheval, peu de temps après un second mariage avec Iolette, comtesse de Dreux, ne laissant d'héritier que sa petite-fille, âgée de trois ans (1286). Elle était fille du roi de Norwége Eric et de Marguerite, fille d'Alexandre. Cette jeune princesse, qu'on nomma la Vierge de Norwége, fut reconnue par les états écossais et proclamée reine. Eric écrivit au roi d'Angleterre, en 1289, pour lui demander sa protection en faveur de sa fille, et par un traité consenti à Salisbury par des députés des royaumes d'Écosse, d'Angleterre et de Norwége, 1° Eric s'engagea à envoyer sa fille en Angleterre, libre de tout engagement matrimonial ; 2° Édouard à la rendre aux Écossais, pourvu que l'état de l'Écosse fût tel qu'elle y pût demeurer avec sûreté et honneur ; 3° les Écossais promirent de ne la marier « que par la volonté et le conseil du roi d'Angleterre et avec le consentement du roi de Norwége. » Le but du monarque anglais était de donner la jeune reine Marguerite à son fils Édouard, et d'accomplir ainsi le projet, qu'il nourrissait depuis bien longtemps, de réunir l'île entière sous un même sceptre. Dès l'année suivante (1290), il amena, par ses intrigues, les états d'Écosse à solliciter cet hymen. Le saint père accorda les dispenses nécessaires entre cousins, et l'on signa un traité de mariage, dans lequel les plénipotentiaires écossais stipulèrent que les droits, lois, libertés et coutumes de leur pays seraient inviolablement conservés, et qu'en cas de mort des conjoints, sans enfants, la couronne d'Écosse retournerait à l'héritier naturel le plus proche, entièrement, librement et sans sujétion aucune. Édouard y ajouta des clauses qui lui garantirent ses droits acquis ou à acquérir, réserve qui n'effraya pas la noblesse écossaise, mais dont il entendait bien se servir à l'occasion. Ses desseins, toutefois, échouèrent par la fin prématurée de la Vierge de Norwége. Trop jeune et trop faible pour supporter les fatigues d'une traversée dans des mers orageuses, elle parut tellement indisposée en route, qu'il fallut la débarquer dans une île des Orkneys, où elle expira. Sa mort livra l'Écosse aux hasards des discordes civiles. Seize compétiteurs puissants réclamèrent le trône devant le conseil de régence, et firent valoir des droits plus ou moins fondés. Les régents déclarèrent que le véritable héritier devait se trouver parmi les descendants de David Ier. La branche aînée des descendants de ce prince était éteinte; la branche cadette, par David, comte de Huntingdon, frère du roi Guillaume, mort en 1214, donnait trois compétiteurs : John Baliol, Robert Bruce, et John Hastings, descendants à des degrés différents des trois filles du comte. Marguerite, l'aînée, avait épousé Allan de Galloway, dont la fille Dervorgild s'était mariée, à son tour, à John Baliol, et d'où était issu John Baliol, lord de Galloway, premier prétendant. Isabelle, la seconde, avait donné sa main à Robert Bruce, dont elle avait eu un fils qui portait le prénom de son père, c'était le second prétendant; Ada, la troisième, s'était alliée à Henri Hastings, dont le petit-fils vivant était John Hastings, lord d'Abergavenny, lequel se contentait du tiers de la succession[1]. La discussion fut promptement réduite aux seules prétentions de Baliol et de Bruce, et ces dernières n'étaient fondées que sur ce que Bruce était petit-fils du comte de Huntingdon, tandis que Baliol n'était que son arrière-petit-fils. En règle commune; le trône semblait appartenir de droit au représentant de la fille aînée du comte; mais l'influence de Bruce était puissante. Le conseil n'osa se prononcer entre les deux rivaux, et le parlement d'Écosse, voyant le pays menacé d'une guerre civile, prit le parti de soumettre toute la contestation au jugement

1. Voici la généalogie des trois compétiteurs.

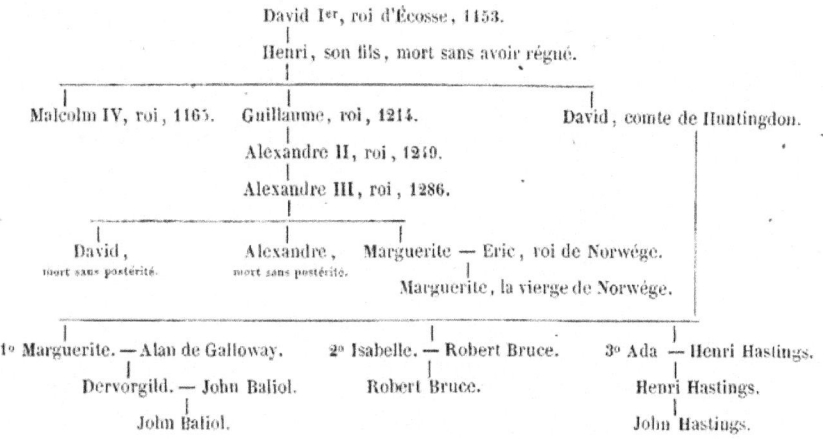

du roi d'Angleterre, qui seul pouvait forcer les deux parties à obéir à sa décision.

Édouard saisit avec avidité cette occasion de faire revivre son droit de suprématie féodale sur l'Écosse, et à l'ouverture qui lui fut faite au nom du parlement, il répondit qu'il se portait arbitre entre les concurrents, non comme fondé de pouvoirs, mais en qualité de lord suzerain de l'Écosse dont les rois n'étaient que ses vassaux. Cette déclaration étonna les barons écossais; mais leurs murmures n'arrêtèrent pas le roi d'Angleterre. Il essaya d'abord de prouver son droit en faisant rechercher dans les archives des monastères, dans les plus anciennes chroniques, même dans les ballades populaires, tous les passages qui pouvaient lui être favorables; et, comme il n'arriva cependant à aucune conclusion certaine, si ce n'est que les rois d'Écosse devaient hommage au roi d'Angleterre pour les terres qu'ils possédaient dans ce dernier pays, de même que les rois anglais étaient tenus envers les rois de France pour l'Aquitaine et leurs autres principautés continentales, il en appela à son épée, rassembla une armée, se rendit au château de Norham, sur la rive méridionale de la Tweed, à la frontière des deux royaumes, et somma les prélats, les barons et les communautés d'Écosse, de se présenter devant lui. Ils s'assemblèrent, en effet, à Upsetlington, sur la rive opposée, et les conférences s'ouvrirent dans l'église de Norham (1291, 10 mai). Roger-le-Brabanzon, grand justicier d'Angleterre, informa les Écossais qu'Édouard était venu près d'eux afin de décider la cause importante de la succession à la couronne; qu'il se proposait de rendre justice exacte à toutes les parties; mais qu'il exigeait qu'au préalable la nation écossaise le reconnût en qualité de seigneur suzerain du royaume : Édouard leur donnait jusqu'au 1er de juin pour se décider. Dans l'intervalle, les barons écossais s'entendirent pour répondre séparément qu'ils ne pouvaient prendre aucune résolution sur une aussi importante concession, jusqu'à ce qu'ils eussent un roi. Le 2 juin, Édouard leur fit dire par l'évêque de Bath, son chancelier, qu'il regardait leur silence comme un consentement, et il interpella d'abord Robert Bruce de déclarer hautement qu'il accepterait la décision du roi d'Angleterre comme celle du seigneur suzerain de l'Écosse. Bruce répondit affirmativement; les autres concurrents, même ceux dont les droits avaient été repoussés par le parlement, mais qu'Édouard avait convoqués, suivirent son exemple, à l'exception de Baliol, qui s'absenta le premier jour, reparut ensuite, demanda un délai pour consulter ses amis, et ne sembla donner son adhésion qu'à regret. L'acte qui constatait la vassalité de la couronne d'Écosse étant signé, Édouard décida que les titres des compétiteurs seraient soumis à l'examen d'un conseil composé de quarante Écossais désignés par Baliol et ses adhérents, quarante autres choisis par Bruce et les siens, et vingt-quatre Anglais nommés par le roi d'Angleterre, lequel devait prononcer entre les prétendants, sur le rapport du conseil.

Tandis que cette assemblée s'occupait à Berwick d'admettre ou de repousser les titres que présentaient les concurrents, Édouard essayait d'obtenir du saint-siége la reconnaissance de sa suzeraineté sur l'Écosse. Le pape Nicolas IV s'y refusa nettement; mais l'ambitieux monarque ne s'arrêta point à cet échec. Il se fit remettre tous les châteaux royaux de l'Écosse, et obligea les tenanciers militaires à lui jurer fidélité. Les commissaires lui soumirent enfin leur rapport; il était favorable aux droits de la branche aînée, nonobstant la plus grande proximité du sang dans les représentants d'une des branches cadettes. Édouard prononça dans ce sens, et Jean de Baliol, déclaré l'héritier direct de David, reçut du roi d'Angleterre la couronne d'Écosse, en lui faisant hommage lige et promettant fidélité et loyauté. Quand toutes les formalités eurent été accomplies (26 décembre 1292), Édouard restitua au nouveau souverain les places fortes dont il était dépositaire.

Baliol, pour obtenir la couronne, avait consenti à la porter comme un vassal; il connut bientôt quelles étaient les conséquences du vasselage. Afin de faire sentir au roi créé par un acte de sa volonté tout le poids de la suprématie qu'il prétendait s'arroger, Édouard encouragea les appels aux tribunaux de l'Angleterre et à sa juridiction personnelle, si bien que, sous prétexte de rendre une justice égale pour tous, il accueillit les appels contre John Baliol lui-même, et dans la première année seulement du règne de ce prince, le fit citer six fois à la barre du parlement. Son intention d'irriter le roi d'Écosse, de l'exciter à la révolte, et de s'emparer de ses états par une confiscation légale résultant des règles de la vassalité, se manifesta encore par les ordonnances qu'il rendit contre lui, et qui stipulaient : qu'en cas d'appel et de refus de répondre dès la seconde sommation, il perdrait ses droits à connaître du fond des causes et serait mis à l'amende, selon le bon plaisir du roi d'Angleterre; que s'il était convaincu d'avoir injustement dépossédé un vassal de ses propriétés, les biens litigieux seraient restitués au réclamant, qui transmettrait son hommage direct à la couronne suzeraine, et qu'il serait passible d'une amende. Parmi les appels signifiés à Baliol, celui qui blessa le plus son amour-propre lui vint de Macduff, comte de Fife. Durant la régence, ce seigneur avait réclamé des terres sur lesquelles un mineur avait aussi des droits, et il s'en était emparé. Baliol fit emprisonner Macduff, qui en appela à l'équité du suzerain. Une première assignation resta sans réponse; la seconde fut délivrée au roi d'Écosse dans son château de Stirling par le shérif du Northumberland, non-seulement à raison des torts dont se plaignait Macduff, mais parce qu'il avait méprisé l'autorité d'Édouard. Cette fois Baliol comparut. Il repoussa fortement l'accusation de mépris, et soutint qu'il n'était pas obligé de répondre à l'appel de Macduff. Édouard lui fit observer qu'il était obligé de répondre, ou de donner des motifs de son silence. Le roi d'Écosse répondit que c'était un point qui touchait aux droits de sa couronne, et sur lequel il n'osait donner une réponse sans l'avis des hommes sages de son royaume. Quand on observa qu'on pouvait lui accorder du temps pour les consulter, il répondit qu'il ne demandait ni temps, ni ajournement. Édouard prit alors l'avis des prélats, barons et juges qui composaient son conseil; ils décidèrent, que la cause était du nombre de celles que les règles de la vassalité attribuaient au roi d'Angleterre; que Macduff avait droit à des dommages arbitrés par Édouard, et que le roi d'Écosse ayant, par son silence lors de la première sommation, manqué à ses devoirs de vassal et commis un acte de mépris et de désobéissance, perdrait trois de ses châteaux avec leurs prérogatives royales, lesquels châteaux seraient remis à Édouard. Mais avant que ce jugement fût prononcé, Baliol s'adressa à Édouard de la manière suivante : « Sir, je suis votre homme lige pour le royaume d'Écosse, « et comme la matière présente concerne mes sujets aussi bien que moi-même, je

« vous prie de vous abstenir jusqu'à ce que je les aie consultés, afin que je ne sois
« pas surpris à défaut d'avis. A votre prochain parlement, après Pâques, je répon-
« drai d'après leur conseil, et je ferai envers vous tout ce que je dois faire. » Sa
demande lui fut accordée, et Baliol se retira dans ses états, mais indigné du rôle
honteux qu'il venait de jouer, et n'attendant qu'une occasion de briser les chaînes
dont l'accablait le roi d'Angleterre.

Édouard, à la même époque, éprouvait par lui-même les désavantages attachés à
la condition de vassal. Les équipages de deux vaisseaux, l'un anglais, l'autre normand, s'étant querellés à Bayonne, les Anglais tuèrent un Normand. Les matelots
de Normandie, furieux de la mort de leur camarade, attaquèrent un vaisseau anglais
qu'ils rencontrèrent, s'en emparèrent, et pendirent entre deux chiens un marchand
de Bayonne qui s'y trouvait. Les marins des Cinq-Ports [1], irrités, se vengèrent en
courant sur tous les vaisseaux français qu'ils rencontrèrent, et ceux-ci usèrent de
représailles sur les navires d'Angleterre et de Gascogne. Les Irlandais s'allièrent aux
Anglais, les Génois et les Flamands aux Français. Les mers furent en peu de temps
couvertes d'escadres ennemies qui, sans autorisation de leurs souverains respectifs, se faisaient la guerre l'une à l'autre, et combattaient avec un acharnement qui
donnait lieu à des cruautés inouïes. Une flotte de bâtiments marchands sortie des
havres de la Normandie, de la Flandre et de la Bretagne, prit tous les navires
anglais qu'elle rencontra dans la Manche, pilla les côtes de Gascogne, et se retira
dans le port de Saint-Malo en Bretagne. Les Anglais, qui avaient armé quatre-vingts
vaisseaux de force supérieure, vinrent y joindre leurs ennemis, et leur envoyèrent
un cartel. Il fut convenu de part et d'autre qu'on se battrait à outrance; que, pour
éviter la fuite de quelque lâche, un vaisseau serait fixé dans un lieu choisi de
consentement mutuel, et que tous les autres y seraient amarrés dans un ordre
réglé. Après que des flots de sang eurent coulé, la victoire se déclara pour les
Anglais, et comme on ne faisait aucun quartier, les vaincus périrent dans la mer,
ou dans les flammes qui consumèrent leurs vaisseaux (1293).

Dès que cette nouvelle fut parvenue au roi de France Philippe-le-Bel, il demanda
satisfaction au roi d'Angleterre comme duc d'Aquitaine, attendu que les marins de
Bayonne avaient pris part à l'action. On ne répondit pas au roi de France, et celui-
ci donna l'ordre au sénéchal de Périgord de s'emparer des terres d'Édouard placées
dans sa juridiction, tandis que le parlement de Paris citait ce monarque à comparaître devant son suzerain, trente jours après Noël. Édouard proposa d'en référer
à des arbitres, et envoya son frère Edmond à la cour de France, dans l'espoir qu'il
y serait accueilli avec bienveillance. Il le fut en effet; mais on profita de la faiblesse
de son intelligence pour lui faire agréer une mesure dont les résultats amenèrent la
spoliation de l'Aquitaine. Il écrivit à son frère que Philippe n'exigeait de satisfaction
que pour la forme et pour conserver son honneur, et qu'il donnerait promesse de
remettre fidèlement la Gascogne aux mains d'Édouard, si, durant quarante jours,

---

[1]. Les Cinq-Ports étaient des villes maritimes qui jouissaient et jouissent encore de certains privilèges. Primitivement, elles étaient au nombre de cinq; on en compte huit maintenant; ce sont, dans le
comté de Kent: Douvres, Hythe, Romney, Sandwich; dans celui de Sussex: Hastings, Rye, Seaford,
Winchelsea.

Édouard déposait ce duché dans celles de son suzerain. Ce singulier traité, signé d'Edmond, de la reine de France, sa belle-fille, et de Philippe (1ᵉʳ janvier 1294),

Portrait et costume d'Edmond Croucback ou le Bossu, comte de Lancastre, frère du roi, et d'un de ses chevaliers, d'après un Missel du temps d'Édouard Iᵉʳ.

fut ratifié par le roi d'Angleterre, et la Gascogne fut occupée par les officiers civils et militaires du roi de France.

Il est difficile de comprendre comment Édouard tomba dans un piége aussi grossier, tout semblable à celui qu'il avait naguère tendu aux Écossais ; il a dit lui-même qu'on l'avait flatté de l'espérance d'épouser Marguerite, sœur de Philippe, et que le duché de Guyenne devait être l'apanage des enfants qu'il pourrait avoir de cette princesse. Quoi qu'il en soit, à l'expiration des quarante jours, Édouard reçut une sommation nouvelle de comparaître devant son suzerain, fut condamné par défaut, et une sentence formelle, confisquant la Guyenne, l'annexa à la couronne de France. Édouard toutefois ne se laissa pas intimider par ce revers ; il envoya des troupes en Guyenne, renia par des hérauts, suivant l'usage, la suzeraineté de Philippe, et fit de grands préparatifs pour aller en personne reconquérir les places fortes que les Français occupaient dans son duché. Mais cette expédition n'était pas destinée à combattre sur le continent. Les vents contraires la retinrent à Portsmouth durant près de deux mois, et les Gallois, qui n'attendaient que le départ du roi d'Angleterre pour se révolter, supposant qu'il avait mis à la voile, s'insurgèrent de toutes parts et pénétrèrent sur le territoire anglais. Édouard marcha contre les rebelles (1295) au plus fort de l'hiver. Les Gallois lui résistèrent avec courage ; mais après quelques mois, ils furent de nouveau réduits à implorer la clémence du vainqueur, qui condamna leurs chefs à une rigoureuse détention, les priva de leurs propriétés et concéda celles-ci à leurs héritiers, en les menaçant de toute sa colère si jamais ils essayaient d'imiter leurs pères.

Édouard, après avoir soumis les Gallois, revint à ses premières dispositions pour recouvrer ses domaines d'outre-mer ; mais il apprit que les barons écossais avaient engagé leur monarque à ressaisir son indépendance, qu'une alliance offensive et défensive avait été conclue entre Baliol et Philippe, et que Jeanne, fille aînée de Charles de Valois, frère du roi de France, était fiancée au jeune Édouard, héritier de Baliol. Édouard confia le commandement de ses troupes en Guyenne à son frère Edmond, qui mourut en arrivant à Bordeaux ; et, afin de déjouer les projets de Baliol, il le somma de comparaître devant la cour à Newcastle sur la Tyne (mars 1296). Baliol se garda de se remettre dans les mains de son ennemi, et rassembla des troupes qui marchèrent contre celles d'Édouard. Ce prince alors, entreprit le siége de Berwick, prit cette ville d'assaut, et passa sept mille Écossais au fil de l'épée. Les Écossais, par représailles, détruisirent Hexham et Corbridge. Le comte de Warenne, avec une force imposante, avait investi la forteresse de Dunbar, dont la garnison promit de se rendre si elle n'était secourue sous trois jours. Le troisième jour parurent en effet sur les hauteurs les troupes écossaises ; mais ce fut pour leur malheur. Elles se précipitèrent en désordre sur l'armée anglaise, qui reçut le choc sans s'ébranler et, les attaquant à son tour, les mit aisément en fuite. Leur perte fut immense, et les vainqueurs parcoururent l'Écosse sans éprouver de résistance sérieuse. Perth, Forfar, Brechin, Saint-Andrew, se rendirent l'une après l'autre ; Édimbourg se soumit sans combattre ; Stirling l'imita ; Jedburgh, Dunbar, Roxburgh, ouvrirent leurs portes à des conditions favorables ; enfin, le malheureux Baliol se vit forcé de se présenter devant Édouard, monté sur un cheval de femme, et tenant à la main une baguette blanche, signe de vasselage. Le roi d'Angleterre l'obligea de signer à un acte par lequel, se déclarant déchu du fief d'Écosse, il reconnaissait à son suzerain le droit d'en ressaisir la possession et de recevoir l'hommage des barons et francs tenanciers. Cette renonciation au trône fut faite à Kincardine, le 2 juillet 1296, et Baliol immédiatement envoyé à la Tour de Londres. Après trois mois de captivité, le prince dépossédé obtint la faveur de se retirer dans les domaines patrimoniaux qu'il possédait en Normandie. Le pape garantit la promesse solennelle faite par Baliol de ne s'immiscer désormais en quoi que ce soit dans les affaires de l'Écosse, et la personne du monarque détrôné fut délivrée au légat du saint-siége, qui le conduisit sur le continent, où il mourut ignoré peu d'années après. Tel fut le sort d'un prince qui avait commis le crime de vouloir assurer l'indépendance de sa patrie.

Délivré de toute crainte sur le résultat de la guerre d'Écosse, Édouard voulut anéantir jusqu'au souvenir de l'ancienne liberté de cette contrée. Il donna l'ordre de détruire les monuments antiques, les chartes conservées dans les monastères, les annales, les archives où se trouvaient des actes qui pouvaient rappeler la mémoire de l'indépendance écossaise. Il fit briser les sceaux anciens et ceux de Baliol, et il envoya à Londres les insignes de la royauté ainsi que le siége de pierre sur lequel s'asseyaient les rois d'Écosse à la cérémonie de leur couronnement. Les barons, les prélats, les grands tenanciers, les représentants des bourgs et communautés, lui firent serment de fidélité. Il confia les fonctions élevées de l'état à des Anglais, et nomma Warenne, comte de Surrey, régent ou gardien de l'Écosse. Ces dispositions prises, il s'embarqua enfin pour la Guyenne, où se maintenaient ses généraux, et dont il espérait faire aussi facilement la conquête.

Mais tandis qu'une alternative de légers revers et de succès de peu d'importance l'occupait sur le continent, l'espoir de la vengeance animait en secret les cœurs ulcérés des plus généreux Écossais, et la plupart n'attendaient qu'une occasion pour relever l'étendard de l'indépendance. Elle ne tarda pas à se présenter.

William Wallace, le dernier des fils d'un gentilhomme pauvre, mais d'ancienne race, né aux environs de Paisley, dans la partie occidentale de l'Écosse, professait un amour ardent pour son pays, et nourrissait la haine la plus profonde pour ses oppresseurs. Outragé par un Anglais, Wallace l'appela au combat et lui arracha la vie. Un arrêt de mort fut lancé contre lui, quoiqu'il n'eût combattu que pour sa légitime défense. Il se réfugia dans les bois, et fit admirer aux nombreux proscrits qu'il y rencontra l'héroïsme de son caractère, son désintéressement et sa constance à supporter la rigueur des saisons, les fatigues et la faim. Il acquit en peu de temps une haute influence sur leurs destinées, et les proscrits le choisirent pour leur chef (1297). Il ne tenta d'abord que de légères entreprises, ménageant avec art les forces de ses compagnons, et ne se hasardant contre un ennemi plus nombreux que lorsque le mouvement du terrain et la connaissance des lieux assuraient à sa prudence une victoire peu coûteuse. Rapide dans sa marche, il attaquait les Anglais à l'improviste, les mettait en déroute, et passait au fil de l'épée ceux qui lui résistaient trop longtemps. La nation écossaise le regarda bientôt comme le vengeur de la honte dont la couvrait sa soumission au roi d'Angleterre. Sir William Douglas, l'un des principaux barons de l'Écosse, lui amena de nouvelles troupes, et tous deux concertèrent le projet de surprendre à Scone le justicier Ormesby. Ormesby s'échappa, mais ses trésors devinrent la proie des insurgés; et tous les étrangers revêtus de quelques fonctions, effrayés par cet exemple, se sauvèrent en Angleterre. Le mouvement devint alors général, et l'évêque de Glascow, Wisheart, le régularisa en déterminant le sénéchal de l'Écosse à se déclarer, avec lui, défenseur de l'indépendance écossaise. Ils appelèrent auprès d'eux les différents chefs des insurgés. Wallace, Andrew Moray, Douglas, Richard Lundy,

Costume des chefs écossais du temps d'Édouard Ier.

Alexandre Lindsay, s'empressèrent d'obéir. Le rival de Baliol, Robert Bruce, comte de Carrick, qui se trouvait à l'armée d'Edouard, parvint à s'échapper avec quelques amis, et atteignit le camp des patriotes après avoir couru de grands dangers.

Aussitôt qu'Édouard apprit ces événements, il envoya l'ordre de former deux armées sur les frontières d'Écosse, et de réduire cette contrée. Ces deux corps furent commandés par sir Robert Clifford et Henri Percy, sous la direction générale du comte de Warenne, qui se mit en marche avec quarante mille hommes. Il s'empara d'Annandale, et surprit à Irvine une partie des insurgés, déjà divisés par les prétentions de leurs chefs. Sir Richard Lundy, effrayé des germes de discorde qu'il voyait chaque jour se développer, abandonna la cause des patriotes. Les membres les plus importants de la noblesse écossaise, surpris de cette défection, ne virent désormais pour eux d'autre moyen de salut qu'une prompte soumission. Le grand sénéchal d'Écosse, le comte de Lennox, l'évêque de Glasgow, Robert Bruce, Douglas et Lindsay, sollicitèrent, bien qu'à contre-cœur, une capitulation et Warenne consentit à la leur accorder sous condition qu'ils emploieraient toute leur influence à procurer la soumission des rebelles, et que Wallace ni Moray ne seraient compris dans cette faveur. Les deux généreux proscrits rassemblèrent leurs soldats pour leur donner un dernier adieu, et les ajourner à de meilleurs temps. Mais la plupart des insurgés se déclarèrent liés à leur sort, et se retirèrent avec eux au-delà du Forth.

Wallace et Moray, retirés dans les montagnes du nord, essayèrent de faire traîner la guerre en longueur jusqu'au moment où ils se croiraient en mesure de prendre l'offensive avec avantage. Warenne s'avança sur Stirling, rencontra enfin Wallace, campé à Cambuskenneth, sur la rive gauche du Forth, et donna l'ordre à ses troupes de traverser aussitôt le Forth, sur un pont assez étroit. Wallace laissa passer tranquillement une moitié de l'armée anglaise sur la rive gauche, et ne permit de commencer l'attaque que lorsqu'il reconnut que le pont était dans un tel état d'encombrement que la retraite serait impossible. Alors il s'élança sur les ennemis, suivi de ses fidèles compagnons, les mit en désordre avant qu'ils se fussent formés, et les repoussa jusque dans la rivière, où il en noya une partie. La victoire fut complète. Warenne, témoin du massacre de ses soldats, sans pouvoir leur porter secours, perdit tout courage, et retourna en Angleterre. Les forteresses de Roxburgh et de Berwick se rendirent aux insurgés, et l'Écosse se trouva encore une fois délivrée de la présence de ses ennemis. Wallace, révéré comme libérateur de la patrie, donna à ses troupes le nom d'armée de Jean Baliol, roi d'Écosse, et reçut lui-même le titre de régent ou gardien pour le roi, et de général en chef de ses armées.

Le pape Boniface VIII, par l'organe de ses légats, insistait auprès des rois de France et d'Angleterre, pour rétablir la paix. Édouard avait jusqu'à ce moment refusé d'acquiescer aux propositions du pontife, mais dès qu'il eut appris le triste résultat du combat de Cambuskenneth, il se hâta de reconnaître le saint père comme souverain arbitre dans sa querelle avec Philippe, conclut un armistice, apposa sa signature à un traité préliminaire, mit à la voile par un vent propice, fit son entrée dans la ville de Londres, apaisa le mécontentement des citoyens et de la noblesse en annonçant sa résolution de confirmer et d'observer les chartes, rassembla toutes les forces militaires de l'Angleterre, du pays de Galles et de l'Irlande, et à la tête d'une armée de près de cent mille hommes, marcha rapidement sur l'Écosse (1298). Berwick et Roxburgh lui ouvrirent leurs portes, et il se porta sur le Forth sans rencontrer d'ennemis; mais bientôt les approvisionnements lui manquèrent, la disette et les maladies firent de grands ravages parmi ses troupes, et il se vit forcé d'opérer un mouvement rétrograde.

La circonstance était favorable pour les Écossais; mais la désunion s'était mise dans leurs conseils; les barons s'étonnèrent de ce qu'un simple gentilhomme comme Wallace ne se fût pas contenté de sa propre gloire, et qu'il eût osé s'élever au rang de régent d'Écosse. Ils l'accablèrent de tant d'humiliations, que Wallace résigna la régence et ne se réserva que le commandement d'un corps d'armée. Édouard apprit bientôt que la discorde affaiblissait ses adversaires. Il avait reçu par mer plusieurs convois de subsistances; il s'arrêta à Templeliston, fit reposer ses troupes, et se dirigea sur la forêt de Falkirk, près de laquelle campait l'armée écossaise. Les Anglais passèrent une nuit dans les landes de Linlithgow, et le lendemain (22 juillet 1298) s'engagea la bataille qui devait décider du destin de l'Écosse. La victoire se déclara pour Édouard; l'armée écossaise prit la fuite dans toutes les directions.

Dans cette catastrophe le génie de Wallace ne l'avait pas abandonné; après des prodiges de valeur, il avait sauvé le corps qu'il commandait et s'était retiré en bon ordre derrière une petite rivière nommée le Carron. Ce fut dans ce lieu que le jeune Robert Bruce vint trouver le généreux patriote et l'exhorta à plier son courage sous l'ascendant d'une fortune supérieure et d'une puissance irrésistible; une plus longue opposition accroîtrait sans résultat les maux du pays, et Wallace avait déjà fait la triste expérience de l'orgueil des seigneurs écossais, qui regardaient sa supériorité comme injurieuse pour eux-mêmes. Le héros répondit que s'il avait accepté le titre de régent, c'est qu'aucun chef important parmi la noblesse n'avait osé, pour l'amour du pays, assumer sur sa tête une telle responsabilité; qu'elle en devait rougir, et que Bruce lui-même, qui réunissait l'éclat d'un nom royal au mérite personnel, était le plus coupable; que, sous ce prince, les chefs écossais ne se fussent pas abandonnés à de honteuses dissensions et se fussent montrés invincibles; que le péril était grand sans doute, mais que le ciel offrait à sa vertu le prix le plus digne des souhaits d'un noble cœur, l'honneur d'arracher sa patrie à la servitude; que pour un grand peuple il n'existait pas de maux dans l'indépendance, et que la mort était mille fois préférable aux fers d'un insolent vainqueur. Ces sentiments pénétrèrent dans l'âme généreuse de Bruce, l'ardeur dont Wallace était animé passa dans son sein, et il se promit de saisir la première occasion favorable pour tenter la délivrance de son pays opprimé. Il quitta bientôt en effet la cour d'Édouard, que l'impossibilité de nourrir et de payer ses troupes ramenait en Angleterre, et qui, de toute cette expédition poursuivie à grands frais, n'avait recueilli d'autre avantage que la possibilité de fortifier et de ravitailler ses forteresses du Lothian. Le Galloway et l'Écosse du nord au-delà des deux détroits ne reconnaissaient que l'autorité de Baliol nonobstant son abdication et sa captivité. Les insurgés instituèrent un nouveau conseil de régence qu'ils composèrent de l'évêque de Saint-Andrew, William Lamberton, du comte de Carrick, Robert Bruce, et de John Comyn, lord de Badenoch, l'un des anciens prétendants à la couronne. Ce conseil ordonna le siége de Stirling, et cette forteresse importante se rendit, à l'époque même où le roi d'Angleterre épousait à Cantorbéry la princesse Marguerite, sœur de Philippe, et mariait son fils, âgé de treize ans, à la jeune Isabelle, fille du monarque français (novembre 1299).

Les Écossais, décidés à défendre leur liberté, s'étaient adressés à Boniface VIII et se soumettaient à sa décision. Ils avaient sollicité la protection du saint-siége, et des envoyés avaient, de leur part, présenté au pape la longue série des preuves qui établissaient que les rois d'Angleterre n'avaient et ne pouvaient avoir sur l'Écosse d'autre suzeraineté que celle de la force brutale. Boniface admit leur réclamation, adopta même leurs arguments, et en écrivit à Édouard, en déclarant qu'il appelait en cour de Rome toutes les contestations qui existaient entre le souverain de l'Angleterre et celui de l'Écosse ou le peuple de cette contrée. L'archevêque de Cantorbéry Winchelsea reçut cette bulle avec ordre de la présenter au roi (26 août 1300). Édouard parut surpris, mais sa situation était alors fort critique, et il voulait éviter de se faire un ennemi du souverain pontife. Il demanda du temps pour réfléchir et consulter son parlement, promit une réponse satisfaisante, accorda un armistice aux Écossais, et convoqua les principaux jurisconsultes de ses universités et les savants des monastères, qu'il chargea de rechercher, réunir et discuter les faits et les actes qui pourraient jeter des lumières sur la question. Le résultat de leur travail fut signé et scellé par cent quatre comtes ou barons, au nom du peuple anglais. Il déclarait en substance que le saint-siége ne possédait aucune autorité temporelle sur l'Écosse, que les rois d'Angleterre n'avaient jamais été tenus de plaider relativement à leurs droits temporels sur ledit royaume devant aucun juge ecclésiastique ou séculier, et que leurs peuples n'entendaient pas qu'ils se soumissent, en aucune manière, à la juridiction papale. L'envoi de cet acte fut accompagné d'une longue lettre d'Édouard où il expliquait au pape, non comme un intimé à son juge, mais comme un fils à son père ou un ami à son ami, comment la suzeraineté qu'on lui déniait remontait aux temps d'Élie, de Samuel, de la guerre de Troie. Boniface communiqua ce long mémoire à l'ambassadeur d'Écosse, qui le transmit au conseil de régence, et celui-ci répliqua, par l'organe de Baldred Basset, que les Écossais n'étaient nullement issus des Troyens, mais de Scota, fille de Pharaon, et que leur pays était devenu fief du saint-siége par la donation que le grand Constantin avait faite aux successeurs du prince des apôtres, de toutes les îles de l'Océan occidental. Mais durant cette bizarre discussion, le roi de France et Boniface VIII, par des prétentions maintenues de part et d'autre avec une extrême animosité, en étaient arrivés au plus haut degré d'emportement. Les outrages se renvoyaient d'un trône à l'autre. Le pape excommuniait son adversaire, et le menaçait de le déposer; Philippe accusait le pontife d'hérésie et le retenait en captivité. L'un et l'autre recherchèrent l'amitié et la neutralité d'Édouard, et celui-ci profita de la circonstance pour se faire restituer la Guyenne et conclure une paix honorable avec la France. Philippe avait, il est vrai, promis aux Écossais d'obtenir en leur faveur des conditions avantageuses; mais de plus pressants intérêts l'entraînèrent, et ce malheureux peuple fut encore oublié. Il ne lui resta qu'à combattre, et il se mit en mesure de résister aux attaques dont il était menacé.

Ce fut à John de Segrave qu'Édouard donna l'ordre de recommencer les hostilités. A Roslin, son premier corps rencontra l'armée d'Écosse dirigée par John Comyn et Simon Fraser, fut enveloppé et promptement détruit. Segrave et vingt chevaliers tombèrent au pouvoir de leurs ennemis qui, poursuivant leur succès, attaquèrent la seconde division et la culbutèrent sur la troisième; mais celle-ci, composée de troupes fraîches, rétablit le combat. Toutefois, le bruit de cette victoire rendit au peuple son énergie; la plupart des forteresses occupées par les troupes d'Édouard capitulèrent; et ce monarque s'aperçut qu'il fallait recommencer sa conquête. Il rassembla une nombreuse armée, équipa une flotte considérable qui, s'avançant le long des côtes à mesure qu'il pénétrait dans les terres, assurait ses subsistances, traversa le Forth sans éprouver de résistance, et vit s'ouvrir devant lui la plupart des villes qui devaient l'arrêter. Édouard fit son entrée à Banff et Aberdeen, ravagea tout le plat pays, et revint prendre ses quartiers d'hiver à l'abbaye de Dumferline (1304). Ce fut dans cette résidence qu'il conclut un traité de paix avec Comyn, seul régent d'Écosse à cette époque. Les conditions générales n'en furent pas très-rigoureuses : les prisonniers et les otages durent être mis en liberté; Comyn et ses partisans ne furent astreints qu'au paiement d'une amende, Fraser et Boys à l'exil durant trois années, l'évêque de Glasgow, Wisheart, le lord sénéchal James, l'ancien régent John Soulis, à une résidence de deux ans au sud de la Trent, Lindsay et Graham à celle de l'Angleterre pendant six mois; mais Wallace devait se soumettre, sans condition, au bon plaisir du roi son souverain seigneur. Il connaissait trop bien le caractère d'Édouard pour compter sur sa clémence. Les armes à la main, il se retira dans ses montagnes.

La forteresse de Stirling tenait encore. Elle était défendue par William Oliphant, qui, durant quatre mois, soutint toutes les vicissitudes d'un siége poussé avec acharnement. Enfin, toutes les subsistances de la garnison se trouvant épuisées, Oliphant descendit un matin de la citadelle, suivi de vingt-cinq de ses compagnons, pieds nus, en chemise, les cheveux épars et la corde au cou. Les infortunés se jetèrent aux pieds d'Édouard, qui les envoya prisonniers en Angleterre.

Cependant le grand nom de Wallace troublait le repos du tyran de l'Écosse. Il ne se croyait pas assuré de sa conquête tant que ce guerrier, libre encore, pouvait apparaître à ses compatriotes, et faire passer dans leur âme une étincelle de son patriotisme. Dans l'impossibilité de s'en emparer de vive force, il eut recours à la trahison, et promit de l'or et des faveurs. La voix honteuse de l'ambition et de la cupidité se fit entendre de sir John Monteith, l'un des barons écossais qui avaient combattu pour la cause de l'indépendance, compagnon de Wallace et son ami. Il s'était soumis au roi d'Angleterre, qui lui avait confié le commandement de la forteresse de Dunbarton, mais il n'avait cessé d'entretenir des relations avec son ancien chef. Instruit par Wallace lui-même du lieu de sa retraite, Monteith parvint jusqu'à lui sous les dehors d'une compatissante amitié, lui offrit un asile dans son propre château, et, durant le sommeil du brave, le livra aux satellites d'Édouard. Le monarque ordonna que Wallace, chargé de chaines, fût amené à Londres, et il le fit juger sous la triple accusation de trahison, de meurtre et de pillage. On abreuva d'outrages le héros de l'Écosse. Placé à la barre de la salle de Westminster, il fut décoré par dérision d'une couronne de lauriers. Il se défendit toutefois avec calme et noblesse. « La trahison, dit-il, ne pouvait lui être repro« chée, car il n'était pas vassal d'Édouard, et ne lui avait, en aucune circonstance, « rendu foi ni hommage. Les meurtres et les pillages dont on lui faisait un « crime, n'étaient que les résultats affligeants, mais inévitables, de la guerre; et, « sous ce rapport, les Anglais avaient à se faire plus de reproches fondés que les « Écossais. Devait-il d'ailleurs être seul responsable du hasard des combats, et appe« lait-on meurtriers les soldats qui accomplissaient, au péril de leur propre vie, « de grandes actions dans les batailles? » Mais ces sages raisonnements, sa constance, sa magnanimité, n'eurent aucune influence sur l'esprit de ses juges; il était condamné d'avance. Un verdict de culpabilité fut rendu contre lui. On traîna le plus vaillant des défenseurs de l'Écosse à la Tour de Londres, et il subit une mort ignominieuse en faisant des vœux pour sa patrie (23 août 1305).

La mort ignominieuse de Wallace anima le peuple écossais d'une indignation plus profonde que les innovations apportées à main armée par le conquérant dans ses lois et son gouvernement. L'envie, la jalousie, s'éteignirent sur la tombe du héros, et les cris de liberté, de vengeance et de guerre, se firent entendre du nord au sud de la contrée. Baliol n'existait plus ; il avait abdiqué pour lui et pour les siens, et n'avait laissé qu'un fils qui gémissait enfermé dans la Tour de Londres. Robert Bruce était mort aussi ; mais son petit-fils, qui portait le même nom, conçut le projet de faire revivre des droits qui lui semblaient abandonnés. Il ne songea qu'à la gloire de cette entreprise, persuadé que les Écossais n'attendaient qu'un chef pour se ranger sous ses étendards et se soustraire à la servitude qui les accablait. Après avoir pris sa détermination, il hasarda de s'en ouvrir à John Comyn, lord Badenoch, l'un des anciens régents de l'Écosse, qu'il supposait animé des mêmes sentiments que lui ; mais Comyn, après s'être engagé par serment à partager avec Bruce les périls de son entreprise, réfléchit au peu de probabilité d'un succès, et résolut de révéler au roi d'Angleterre le projet de conspiration. Édouard était pris de vin au moment où Comyn lui fit part du secret que Bruce lui avait confié ; il exhala imprudemment sa colère en propos prononcés à haute voix, et manifesta l'intention de s'assurer, non-seulement de la personne de Bruce, mais aussi de celle de ses trois frères. Le comte de Glocester entendit, dit-on, les paroles du roi, et, pour avertir Bruce du danger qu'il courait, il lui envoya une paire d'éperons et une bourse où se trouvaient douze pence en argent. Bruce comprit, et prit la fuite. En sept jours il parvint à Lochmaben, y acquit la preuve de la trahison dont il était victime, et, de ce lieu, se rendit à Dumfries, où il trouva un grand nombre de gentilshommes écossais rassemblés, et parmi eux le délateur Comyn. Bruce informa ses compatriotes qu'il venait vivre ou mourir avec eux pour assurer le salut de la patrie ; que leur soumission à un monarque étranger était une fatalité qui les avait couverts de honte aux yeux des nations indépendantes, eux dont les généreux ancêtres n'avaient jamais hésité entre la mort et l'esclavage ; que leur nouveau dominateur ne croirait son usurpation assurée que lorsqu'il aurait exterminé l'antique noblesse du pays, et même les chefs de familles de race pure ; qu'enfin, il était plus glorieux de périr les armes à la main que de redouter sans cesse, et peut-être de subir, l'un après l'autre, le contact flétrissant de la main du bourreau, seule récompense qu'Édouard réservât aux vertus, à la valeur et au patriotisme. Ce discours ralluma l'esprit de vengeance qui sommeillait dans l'âme des auditeurs, et leur fit une telle impression, qu'ils prirent la résolution d'unir leurs efforts pour affranchir leur patrie, et faire reconnaître les droits de Bruce à la couronne écossaise. Comyn seul essaya de s'opposer à ce mouvement, en énumérant les forces prodigieuses dont le victorieux Édouard disposait, et le jeune Bruce, qui tenait à obtenir satisfaction du perfide, lui demanda une conférence particulière dans une église de minoristes ou frères gris. Comyn vint l'y joindre (10 février 1306), et Bruce lui présenta des lettres qui donnaient la preuve de son crime. Leur conversation, assez paisible d'abord, fit bientôt place à l'explosion de la colère. Peu de temps après, on entendit des cris étouffés. Bruce, pâle et agité, se précipita vers la porte de l'église, en disant aux personnes de sa suite : « Je crois que j'ai tué Comyn ! — « N'est-ce donc qu'une simple conjecture ? » s'écria Kilpatrick, en s'élançant, l'épée à la main, dans les cloîtres ; « je veux m'assurer de lui ! » Il y trouva la victime qui respirait encore. Des moines l'avaient relevé, et sir Robert Comyn, son oncle, était accouru à son secours. Sir Robert tira son épée, et se précipita sur les assaillants, mais il fut tué par Christophe Seaton, beau-frère de Bruce. Kilpatrick alors plongea son poignard dans le cœur de John Comyn; et depuis cette époque il prit pour armes et plaça dans son écusson une main tenant un poignard ensanglanté, avec la devise : *I will secure him !*

L'indépendance de l'Écosse devait être le résultat du meurtre de Comyn. Bruce et les nobles s'étaient placés dans la nécessité de secouer le joug de l'Angleterre, ou de périr dans leur tentative. Ils prirent les armes, dispersèrent quelques détachements anglais, et s'emparèrent de plusieurs châteaux. Afin d'imprimer à son entreprise un caractère religieux, Bruce se fit sacrer et couronner roi d'Écosse, sous le nom de Robert I*er*, par l'évêque de Saint-Andrew, dans la forteresse de Scone; et comme il prévit qu'Édouard ne tarderait pas à venir l'attaquer avec une formidable armée, il appela sous son étendard tous les Écossais en état de porter les armes.

L'âge, les fatigues, les maladies, qui avaient affaibli le tempérament du roi d'Angleterre, lui faisaient alors un besoin du repos, et ce ne fut pas sans douleur qu'il se vit forcé de recommencer la conquête de l'Écosse. Il chargea d'abord le comte de Pembroke, Aymar de Valence, de se porter à marches forcées, avec des troupes aguerries, sur les lieux occupés par les rebelles; convoqua toute la jeune noblesse d'Angleterre pour recevoir de sa main l'ordre de chevalerie, en même temps que son fils, le prince Édouard, entendit et accepta les vœux que chaque récipiendaire fut admis à prononcer au banquet royal, sur le cygne ou le paon chevaleresque, fit entendre lui-même le serment de venger la mort de Comyn, tandis que son fils jurait de ne pas dormir deux fois dans le même lieu jusqu'à ce qu'il fût entré en Écosse, et partit pour Carlisle, qu'il désigna comme le point de réunion de ses tenanciers militaires.

En arrivant à son quartier général, le roi d'Angleterre apprit que le comte de Pembroke avait détruit la petite armée de Bruce près du bois de Methuen dans le Perthshire, et que celui-ci s'était retiré vers les monts Grampians avec un petit nombre d'insurgés. Bruce et ses amis errèrent pendant plus de deux mois entre Breadalbane et Athol; mais le comte de Lorn, qui avait épousé une femme de la maison de Comyn, les découvrit près de Loch-Tay, se précipita, suivi de tout son clan, sur l'infortuné Bruce, le défit, et s'empara de plusieurs de ses compagnons. Le roi d'Écosse, presque seul, traversa le Doch-Lomond, reçut asile au château de Dunavarty, résidence du lord de Kintyre, et s'embarquant sur un bateau pêcheur, se déroba aux poursuites de ses ennemis dans une petite île située au nord de l'Irlande.

Édouard commanda que les meurtriers de Comyn, leurs complices, les gens qui les auraient recélés, fussent mis à mort par un horrible supplice, et que tous les rebelles fussent pendus ou décapités. L'échafaud ruissela du sang de Nigel, frère de Bruce, du comte d'Athol, des deux Seaton, de Herbert de Norham, de Simon Fraser. On plongea dans des cachots infects l'évêque de Glasgow, celui de Saint-Andrew, l'abbé de Scone. Les femmes ne furent pas épargnées. La comtesse de Carrick, reine d'Écosse, dut une sorte de liberté aux supplications du comte d'Ulster son père; on se contenta de la reléguer et de la faire garder étroitement dans un de ses domaines personnels, sous les yeux d'un petit nombre de serviteurs choisis par Édouard, et dont l'un devait rester constamment dans sa chambre; mais la comtesse de Buchan et sa sœur Marie, qui, du droit de leur famille, avaient placé la couronne sur la tête de Bruce à la cérémonie de Scone, furent enfermées dans des cages construites en treillis de bois et de fer, et détenues dans les tourelles des forteresses de Berwick et de Roxburgh. Enfin, et pour clore cet épouvantable cours de vengeances et d'exécutions, Duncan Macdowal s'empara des deux derniers frères de Bruce à Lochrain, et les envoya prisonniers à Carlisle où ils furent mis à mort par les ordres du roi.

Édouard se disposait à jouir en repos du fruit de sa victoire, lorsqu'il apprit que Bruce, débarqué sur la côte de Carrick, avait surpris un détachement anglais près de Turnberry, s'était porté en hâte dans la région des montagnes et des forêts, et que, rejoint par ses vassaux, il avait battu le comte de Pembroke, et renfermé Ralph de Monthermer dans la forteresse d'Ayr dont il faisait le siége. La colère du roi n'eut pas de bornes à cette nouvelle; il voulut monter à cheval afin d'aller lui-même châtier les traîtres. A peine eut-il fait six milles, qu'une prostration de forces absolue vint arrêter sa marche, et, après quatre jours de lutte, il expira, le 7 juillet 1307, à Burgh. Il était âgé de soixante-neuf ans, et il en avait régné trente-cinq.

Ce fut sous le règne d'Édouard Ier que le parlement fut définitivement fondé. Il fut convoqué onze fois, si ce n'est plus souvent, dans les douze dernières années de son règne; et l'on a conservé les preuves directes de la convocation des députés des comtés et des villes à presque toutes ces réunions. Ce fut à la création de ce pouvoir et à l'empire qu'il exerçait déjà que les barons et le peuple durent de s'opposer avec effet aux tentatives que fit Édouard pour annuler les chartes concédées par Henri III. Aussi lorsqu'en 1297, au moment où il préparait son expédition en Guyenne, après avoir accablé d'impôts la noblesse, le clergé et les marchands, il fit saisir dans les ports la laine et les cuirs, les fit vendre à son profit, et commanda en même temps une réquisition gratuite et forcée de bestiaux et de blé froment, la patience de la nation s'épuisa, et de toutes parts on demanda la confirmation des chartes de liberté. Le roi promit tout; mais, comme il ne tint pas sa parole, les barons se préparèrent à la résistance; et tout d'abord le connétable Humphrey Bohun, comte de Hereford, et le grand maréchal d'Angleterre Roger Bigod, comte de Norfolk, refusèrent le commandement des corps que le roi leur destinait. Édouard, furieux, s'écria en s'adressant à l'un d'eux : « De par Dieu, sir comte, « vous irez, ou vous serez pendu ! — De par Dieu, sir roi, répliqua le mécontent, « je n'irai, ni ne serai pendu ! » Ils quittèrent à l'instant Salisbury où se trouvait la cour, furent suivis de trente bannerets et de plus de quinze cents chevaliers, et se rendirent dans leurs domaines, d'où ils chassèrent les officiers royaux qui s'occupaient de l'enlèvement de leurs bestiaux et de leurs blés.

Édouard, malgré la colère qui le dévorait, sentit que la modération était son unique ressource. Il rassembla à Westminster-Hall les principaux personnages de la noblesse, du clergé et des citoyens de Londres, et, monté sur une plate-forme, il prononça un discours où, blâmant lui-même la rigueur des mesures qu'il avait adoptées pour se procurer de l'argent et des approvisionnements, il s'excusait sur l'absolue nécessité, mais prenait l'engagement d'honneur de rembourser ce qu'il avait forcément emprunté; il n'agissait ainsi d'ailleurs qu'afin d'arracher ses sujets bien-aimés, ses hommes liges, à la rapacité, à la cruauté des Français, des Écossais, des Gallois, gens altérés du sang de ses peuples. Il conjurait ses auditeurs de suspendre toute animosité; il leur donnerait satisfaction à son retour; et s'il devait périr, il leur laissait le prince son fils, qui, placé par eux sur le trône, récompenserait leur fidélité; et termina ce discours en versant des larmes abondantes. L'émotion gagna de proche en proche, et la multitude fit retentir l'édifice et les rues adjacentes du bruit de ses acclamations.

Mais les deux comtes ne s'étaient pas endormis, et bientôt on présenta au roi un acte qui contenait les remontrances des archevêques, évêques, abbés et prieurs, des comtes, barons et chevaliers, et enfin de la communauté d'Angleterre. On s'y plaignait des atteintes portées à la Grande Charte et à la Charte des forêts, de l'enlèvement violent des blés, des cuirs, des troupeaux, des laines, dont la valeur, disait-on, s'élevait à plus de moitié de celle de toutes les terres du royaume, et de la taxe arbitraire imposée sur la petite quantité qu'on en avait laissé aux marchands. On demandait une prompte réformation de ces abus. Le roi répondit qu'il ne pouvait s'occuper de matières de cette importance en l'absence de son conseil, dont une partie avait déjà fait voile pour le continent. Il s'embarqua lui-même, sans délai, en laissant des ordres sévères relatifs aux perturbateurs de la paix publique, aux fabricateurs de faux rapports, aux ecclésiastiques qui se permettraient de prononcer des censures contre les officiers du fisc, et aux personnes qui se refuseraient à payer leur quote part des subsides.

A peine Édouard avait-il pris la mer, que le connétable, le grand maréchal et les barons leurs alliés, accompagnés d'un corps nombreux d'infanterie et de cavalerie, s'emparèrent des portes de la ville de Londres, se rendirent à l'échiquier, se plaignirent au trésorier et aux juges de l'énormité des impôts et des saisies illégales, et leur défendirent de lever le dernier subside, qui n'avait pas été voté régulièrement. Ils rassemblèrent ensuite les citoyens, leur représentèrent que leurs libertés étaient envahies par un monarque avide et despotique, et les invitèrent à faire cause commune avec la noblesse et le clergé pour obtenir une confirmation nouvelle des deux chartes. Ils retournèrent ensuite dans leurs domaines avec le même appareil militaire.

En apprenant cette sorte de rébellion, Édouard songea d'abord à se venger; mais il se trouvait dans une situation difficile. Il ne pouvait abandonner le continent sans courir le risque d'éprouver des pertes irréparables; les Écossais avaient fait irruption dans les comtés du nord, et il importait de ménager la noblesse et le clergé. Il donna donc l'ordre au conseil de régence de s'adjoindre l'archevêque primat, six évêques, vingt-trois abbés et prieurs, le connétable, le grand maréchal et huit barons, afin de pourvoir aux mesures les plus pressantes. Ce conseil convoqua un parlement dans lequel la confirmation et l'extension absolue des deux chartes sont réclamées; le roi, alors à Gand, se décida à signer la charte nouvelle. Elle portait qu'à l'avenir aucune taxe, aucun subside, ne seraient levés sans l'assentiment unanime de tout le royaume; qu'aucun officier royal ne pourrait prendre blés, cuirs, laines, ou autres marchandises, sans le consentement des propriétaires; qu'aucune maltôte ne serait désormais, sous aucun prétexte, prélevée sur le sac de laine; que tous les statuts contraires à cette charte et aux lois, libertés et priviléges du clergé et des laïques, seraient abolis et déclarés nuls à jamais [1].

Édouard n'avait signée cette charte qu'avec regret, quoiqu'elle eût été payée par le vote de subsides. Il comptait sur quelque événement favorable pour annuler ces concessions; mais à son retour en Angleterre, en 1298, les comtes Bohun et Bigod le requirent d'en ratifier la confirmation en présence du parlement. Il s'en excusa à cause de son départ pour l'Écosse. A son retour, fier de sa victoire de Falkirk, il ne consentit à les ratifier qu'en y ajoutant la clause « sauf mes droits et ceux de ma couronne. » C'était annuler virtuellement les avantages de leurs stipulations. Le connétable et le maréchal reconnurent le piége, et quittèrent le parlement, suivis de leurs partisans. Édouard, qui comptait sur l'appui du peuple, ordonna de réunir

---

[1] Voici le texte de cette charte, la plus explicite de toutes en faveur des libertés publiques, et qui fut donnée en français :

« Edward, par la grace de Dieu roi d'Engleterre, seygnour d'Irlaunde e ducs d'Aquitaine, à toutz ceuz qui cestes présentes lettres verrount ou orrount (*entendront*) saluz. Sachiez nous al honeur de Dieu e de seinte Église e au profit de tout nostre roïaume avoir graunte (*accordé*) pur nous e pur nos heyrs ke la graunt chartre de fraunchises et la chartre de la foreste lesqueles furent faictes par commun assent de tout le roïaume en le temps le roi Henry notre père, soient tenues en toutz leur pointz saunz nul blemissement. E volums ke meismes celes chartres desouz nostre seal soient enviées à nos justices aussi bien de la forest cum as autres, e a toutz les viscountes des countez e à toutz nos austres ministre e a toutes nos citeez parmi la terre, ensemblement ove (*avec*) nos brefs en les quieux serra coutenu kil facent les avaunt dictes chartres puplier, e ke il facent dire au pueple ke nous les avums graunteez de tenir les en toutz leur pointz. E a tous nos justices, viscountes e autres ministres qui la loy de la terre desoutz nous e par nous ount a guier, meismes les chartres en toutz leurs pointz en pleds devant eaux e en jugemenz les facent alower, c'est à savoir la graunt chartre des fraunchises cume loy commune e la chartre de la forest solunc l'àsise de la forest, al amendement de nostre pueple. E volums ke si metz jugementz soient donnez desore mes encountre les poinstz des chartres avaunt dictes, par justices e par nos autres ministres, ki countre les poinctz des chartres tiennent pleds devaunt eulx, soient defez et pur nyent tenuz. E volums ke meismes celes chartres desoutz nostre seal soient enviées as eglises cathedrales parmi nostre roïaume, e là demoergent e soient deuz fiez par an leues devant le peuple. E ke arcevesques et evesques doingnent sentences du graunt escumeng' (*excommunication*) countre toutz ceaux ki countre les avaunt dictes chartres vendrount ou en faict, ou en ayde, ou en conseil, ou nul poynt enfreindrent ou encountre vendrount; e ke celes sentences soient denonciez e pupliez deux foyz par an par les avauntdicts prelatz; e si meismes les prelaz, evesques, ou nul d'eux soient negligentz à la denunciation susdite faire, par les arcevesques de Cauntorbire e d'Everwick (*York*) ki pur tems serount, si cume covyent soient repris e distreinz a meismes cele denunciation fere en la fourme avaunt dicte. E pur cume ke aucunes gentz de nostre roïaume se doutent ke les aides et les mises, lesqueles ils nous unt faict avaunt ces houres, pur nos guerres e autres besoingnes, de leur graunt et de leur bonne volunte, en quele maniere ke fez soient, peussent tourner en servage a euz e a leurs heyrs, par cume qu'ils serroient autrefoiz trovez en roulle, e ausint prises qui ont été faictes parmi le roïaume par nos ministres, avums graunte pur nos e pur nos heyrs que mes teles aides, mises ne prises ne trerront (*tireront*) a coutume par nulle chose ke soict faicte ou ke par roulle ou en autre manere pust estre trovée. E ausint avums graunte pur nos e pur nos heyrs, as arcevesques, evesques, abbés, priours, e as

les citoyens au cimetière Saint-Paul, et de leur lire l'acte qu'il entendait leur octroyer. Des applaudissements couvrirent d'abord la voix du shérif ; mais quand

autres gentz de seinte Eglise, e as counts e barouns e a toute la communauté de la terre, qoe mès pur nule busoignie tieu mancre (telle sorte) des aydes, mises ne prises de nostre roïaume ne prendroums, fors ke par commun assent de tout le roïaume e a commun profict de meismes le roïaume, sauf les anciènes aydes e prises deues e accoustumées. E pur come ke tout le plus de la communauté del roïaume se sent durement grevez de la male toulte des leynes, c'est à savoir de chacun sac de leyne quarante sous, et nous unt prié ke nous les voulsissions relesser, nous a leur priere les avons pleinement relessés et avums graunté ke teles ne autres mes ne prendrums saunz leur commun assent e lur bone volunte sauve a nous e a nos heyrs la coutume des leynes, peaux e quirs, avaunt grauntes par la communauté du royaume avaunt dict. En témoignance des quieux choses nous avoms faict faire ceste nos lettres overtes. Donées a Gaunt le quint jour de novembre, l'an de nostre reigne vintisme quint. (5 novembre 1297.)

Sceau d'Édouard Ier.

Légende : EDWARDVS : DEI : GRACIA : REX : ANGLIE : DOMINVS : HYBERNIE : DVX : AQUITANIE. *Édouard, par la grâce de Dieu, roi d'Angleterre, seigneur d'Irlande, duc d'Aquitaine.* Édouard est assis sur son trône, les pieds posés sur deux léopards ; il a la couronne en tête, et tient d'une main le globe du monde, et de l'autre un sceptre au-dessus duquel on voit une colombe. Deux léopards semblent servir de supports au trône. Dans le champ, deux châteaux, placés l'un à droite l'autre à gauche, rappellent les armes d'Éléonore de Castille, femme d'Édouard.

ce magistrat donna connaissance de la restriction royale, des malédictions retentirent de toutes parts. Édouard s'effraya, promit de tout accorder, et convoqua un nouveau parlement où il renouvela ses concessions, en y ajoutant des articles qui leur prêtaient une nouvelle force [1]. Toutefois, en 1304, après la soumission de l'Écosse, il tenta encore de rétracter ses promesses, et s'adressa au pape afin d'en obtenir une bulle qui le relevât de ses serments. Il la reçut en effet; mais il n'osa en faire usage, et par sa mort, ses concessions restèrent acquises au peuple anglais.

Contre-sceau; légende : EDWARDVS DEI : GRACIA REX : ANGLIE : DVS (dominus) HYBERNIE DVX AQUITANIE. *Édouard, par la grâce de Dieu, roi d'Angleterre, seigneur d'Irlande, duc d'Aquitaine.* Le roi, à cheval, coiffé d'un casque à plate-forme couronnée et grille fixe, revêtu d'un sur-

Contre-sceau d'Édouard 1er.

cot sur sa cotte de mailles, tient d'une main son épée nue, et de l'autre un écu armoirié des trois léopards. Il est monté sur un cheval dont le caparaçon est brodé aux armes d'Angleterre

1. Ces articles portent : que les chartes seront lues publiquement quatre fois par an dans les cours de comté, à la Saint-Michel, à Noël, à Pâques et à la Saint-Jean ; que dans chaque comté seront élus « trois prodes hommes chivaliers ou aultres, sages e avisés, » qui jugeront tous ceux qui enfreindront lesdites chartes, aussi bien les ministres du roi comme les autres ; que les plaintes seront écoutées tous les jours, et qu'il y sera fait droit sans allouer les délais qui sont alloués par la loi commune.

Édouard Ier avait eu quatre fils et onze filles de sa première femme, Éléonore de Castille, fille de Ferdinand III, et après la mort de sa mère héritière du comté de

Effigie de la reine Éléonore de Castille, placée sur son tombeau à Westminster.

Ponthieu; mais tous étaient décédés en bas âge, à l'exception d'Édouard, qui lui succéda sous le nom d'Édouard II, et de trois de ses sœurs; Éléonore elle-même était morte en 1290, près de Lincoln, et le roi, qui l'aimait tendrement, suspendit son expédition d'Ecosse, afin de pouvoir lui-même suivre ses funérailles, et il ordonna que, dans la translation du corps de la reine à Westminster, on élevât des croix à toutes les stations que ferait le cortége, afin que les fidèles eussent occasion de prier pour le repos de son âme. Plusieurs de ces monuments existent encore.

Croix élevée à Waltham, en l'honneur d'Éléonore.

En secondes noces, Édouard avait reçu la main de Marguerite de France, qui lui avait donné une fille, morte dans l'enfance, et deux fils : Thomas, créé comte de Norfolk, et Edmond, comte de Kent.

Le règne d'Édouard a cela de remarquable « qu'on y aperçoit le parlement, non plus comme un accident de la guerre civile ou comme une arme tour à tour saisie par les divers partis, mais comme une condition permanente de l'exercice du pouvoir, comme une habitude qui déjà ressemble à une nécessité. « C'est la coutume « du royaume d'Angleterre que dans toutes les affaires relatives à l'état de ce « royaume, on prenne l'avis de tous ceux qui y sont intéressés; » tel est le langage que tenait au pape, de la part du roi et de ses barons, Robert de Winchelsea, archevêque de Cantorbéry; et lorsque le clergé demanda à Édouard la révocation d'un statut qui avait restreint l'extension illimitée des biens de main morte : « Il a été « fait de l'avis des grands, répondit le roi; je ne puis le rapporter sans leur con- « sentement. »

« Sans les prendre à la rigueur, de telles maximes, dans la bouche du roi et de ses ministres, attestent cependant le progrès des idées et des institutions de liberté; et en effet, sous ce règne, le principe de la nécessité du consentement en matières d'impôts avait prévalu; l'habitude des fréquentes assemblées du parlement était prise; l'autorité royale ne pouvait plus s'exercer régulièrement ni avec force, sans le concours et l'adhésion du pouvoir national [1]. »

[1] Guizot, p. 481, 482, 492.

Costumes du temps d'Édouard Ier.

ÉDOUARD II.

(1307-1327)

douard Ier,¹ à son dernier soupir, avait prescrit à son fils de continuer la guerre d'Écosse, et lui avait fait jurer, en présence de ses barons, et au nom de tous les saints, de faire porter ses os devant l'armée toutes les fois qu'il irait combattre les Écossais. Édouard II promit à son père tout ce que celui-ci lui demanda; mais, loin de continuer la guerre en personne, et de poursuivre Robert Bruce, il se hâta après avoir reçu l'hommage des barons, de retourner en Angleterre, et ne s'occupa plus que des préparatifs de son mariage avec

1. Cette lettre et l'encadrement sont tirés d'un M.S. de la fin du règne d'Édouard Ier, de la collection de Francis Douce, Esq.

la princesse Isabelle, fille de Philippe-le-Bel, et de ceux de son couronnement. Puis, il se hâta de faire revenir auprès de lui un de ses compagnons de plaisirs, Pierre de Gaveston, qu'Édouard Ier avait banni du royaume en exigeant de son fils la promesse de ne jamais le rappeler.

Peu soucieux de tenir sa parole, Édouard II donna à Gaveston les riches propriétés qui avaient formé l'apanage du roi des Romains, Richard; lui conféra le titre de comte de Cornouailles; le créa lord chambellan, et lui fit épouser la princesse Marguerite, sa nièce, sœur du comte de Glocester. A tant de bienfaits il ajouta la donation de terres magnifiques en Guyenne, et de sommes considérables destinées à la guerre sainte. Puis, à sa sollicitation, il destitua le chancelier, les barons de l'échiquier, les juges des différentes cours, et, cédant à ses plaisanteries, fit enterrer à Westminster les ossements de son père, destinés à conduire les Anglais à la victoire. Enfin, après avoir terminé les préparatifs de son voyage en France, il s'embarqua le 25 décembre 1307, laissant Gaveston régent du royaume et investi de la plénitude de ses pouvoirs.

Édouard était venu sur le continent pour faire hommage au roi de France pour la Guyenne et le Ponthieu, et épouser la princesse Isabelle. On célébra cet hymen, le 25 janvier 1308, par des fêtes magnifiques, et dès qu'elles furent terminées, le jeune roi reprit le chemin de ses états. Les cérémonies du couronnement s'accomplirent avec éclat, mais non sans déplaisir de la part des barons. Ils regardèrent comme un affront le soin que prit le roi de donner à Gaveston la place d'honneur, de le charger de la haute fonction de porter la couronne, et de lui donner le droit de marcher immédiatement avant lui. Ils se réunirent donc à l'instant et prirent la résolution de demander à Édouard le bannissement de son favori, conformément aux volontés du dernier monarque. Le roi promit de donner une réponse au prochain parlement, et dans l'intervalle il chercha les moyens d'adoucir les plus opiniâtres adversaires de son ami; mais Gaveston, dédaignant leur colère, redoubla d'insolence et de hauteur; aussi le parlement, dès qu'il fut rassemblé, décida que le favori serait banni du royaume, et les évêques prononcèrent contre lui une sentence d'excommunication, s'il ne partait immédiatement. Gaveston, effrayé, se soumit et s'embarqua; mais ses ennemis ne tardèrent pas à savoir qu'au lieu de se rendre sur le continent il s'était fait conduire en Irlande, dont le roi l'avait nommé lord gouverneur.

Édouard, pressé d'argent, sollicita un subside du parlement qui suivit (avril 1309); mais les députés des communes, qui commençaient à connaître leur puissance réelle, mirent pour condition à leur vote qu'on ferait droit préalablement à la pétition qu'ils présentaient en redressement de griefs. Dans cette pétition on se plaignait de l'avilissement des monnaies, de l'empiétement des intendants et maréchaux de la maison du roi hors des matières et des limites de leur juridiction; des rapines exercées par les officiers pourvoyeurs royaux, aux foires et aux marchés; des droits additionnels illégalement imposés sur les vins, les draps et d'autres objets; des ordres, sous le sceau royal, qui servaient de chartes de pardon à des coupables indignes de clémence; des plaids communs tenus sans autorité légitime par les connétables de châteaux, et de plusieurs autres points importants. Le roi promit d'examiner; mais comme il était entièrement absorbé par la douleur que lui causait l'éloignement de Gaveston, il prorogea le parlement, et remit sa réponse à trois mois.

Toute sa sollicitude était, en ce moment, employée à rompre l'union des barons et à les rattacher à ses volontés par d'immenses sacrifices. Lancastre obtint la charge héréditaire de grand-maître ; on calma le comte de Warenne par des concessions territoriales, le comte de Lincoln fut comblé de bienfaits, et le pape enfin fut supplié de relever Gaveston du serment qu'on lui avait arraché, de ne jamais retourner en Angleterre. Le saint père accorda cette demande, mais à condition que le favori se soumettrait au jugement de l'église, et se laverait des fautes dont il était accusé. Cette restriction fut loin de plaire à Édouard ; mais, dans son impatience, il rappela sur-le-champ Gaveston, assembla le parlement à Stamford, et en obtint un acte qui lui permettait de rendre à l'exilé ses places et ses dignités.

L'expérience qui devait éclairer Gaveston n'eut aucune influence sur sa conduite. Aucun seigneur de la cour, quelque élevé qu'il pût être par sa naissance, ses emplois et ses dignités, ne fut à l'abri de ses sarcasmes, et bientôt le favori fut en horreur à tous les grands du royaume. Il voulut donner un tournoi, et personne n'accepta son invitation ; on enleva même, dans la nuit, les barrières et les échafaudages préparés. Enfin Édouard, ayant convoqué un parlement à York, reçut un refus des principaux barons. Ils désobéirent à une seconde sommation ; mais ayant appris que le favori se tiendrait à l'écart, ils se rendirent à la troisième et s'assemblèrent, en armes, à Westminster, accompagnés de leurs tenanciers également armés.

Ce parlement présenta requête à Édouard pour en obtenir la formation d'une commission de pairs, qui, sous le nom d'ordonnateurs, seraient autorisés à dresser des ordonnances pour l'administration du royaume, le règlement de la maison du roi, et la réforme des abus. L'inhabile monarque était au pouvoir de ses barons, et il fut forcé de consentir à leur demande (20 mars 1310) ; l'archevêque primat, sept évêques, huit comtes et treize barons, chargés de nommer la commission, déclarèrent que cette concession provenait de la libre volonté du roi, qu'elle ne formerait pas un précédent attentatoire aux droits de la couronne, et que les pouvoirs des ordonnateurs ne leur seraient confiés que pour une année. Les huit comtes, les sept prélats et six barons composèrent le comité, qui promit solennellement de remplir les vœux du parlement en l'honneur de Dieu, en l'honneur de la sainte église et à son profit, en l'honneur du roi, et au profit du souverain et du peuple.

Afin de se délivrer de la présence des ordonnateurs qu'il avait pris en haine, Édouard déclara qu'il voulait poursuivre avec activité la guerre d'Écosse ; et donna rendez-vous à ses tenanciers sur les rives du Forth. Gaveston le rejoignit en route, fut comblé de nouvelles faveurs et investi du commandement de l'armée qui se formait à Berwick. Il pénétra en Écosse, déploya de la valeur, et força Bruce et ses partisans à se renfermer dans les forteresses qu'ils possédaient. Toutefois, aucune action éclatante ne vint absoudre le favori et justifier l'attachement aveugle de son souverain. Édouard ayant encore besoin d'argent, convoqua un parlement, et se rendit à Londres pour recevoir les articles réformateurs dressés en son absence.

Gaveston pendant ce temps se retira dans le comté de Northumberland, et se fortifia dans le château de Bamborough.

La plupart des statuts préparés par les ordonnateurs introduisaient des améliorations réelles dans l'administration de la justice, dans la répartition des impôts, dans l'exécution des chartes. Les réquisitions arbitraires de provisions pour l'usage de la maison du roi étaient abolies ainsi que les taxes sur la laine, les draps et les vins; la nomination des grands officiers de la couronne, des gouvernements des Cinq-Ports et des shérifs, devait être approuvée des barons réunis en parlement, et le roi ne pouvait, sans leur consentement, s'absenter de son royaume. Mais plusieurs articles blessèrent vivement le cœur d'Édouard. L'un d'eux annulait toutes les concessions faites par le roi depuis un an, et conséquemment celles qui concernaient Gaveston; un autre bannissait à jamais le favori de l'Angleterre, et ne lui accordait qu'un court délai pour sortir du royaume, et, passé le terme fixé, il devait être traité en ennemi de la nation. Gaveston ne fut pas le seul courtisan atteint par la colère des barons : il fut défendu à d'autres seigneurs d'approcher de la personne du monarque, et l'on confisqua leurs revenus pour assurer la restitution des concessions à eux faites par le roi depuis la création du comité des ordonnateurs.

Le roi, plus effrayé pour son favori que pour lui-même, se souleva contre ces rigoureuses dispositions, se plaignit, s'emporta même jusqu'à la menace. Mais les barons sentaient toute leur force; ils se montrèrent inexorables, et l'amenèrent enfin à signer et à publier les ordonnances. Cependant, par une protestation, il se réserva la faculté de révoquer les règlements qu'on arrachait à ses convictions et qui pouvaient anéantir l'autorité royale, s'il était prouvé qu'aucun d'eux fût attentatoire aux justes droits de sa couronne.

Gaveston se sépara du roi; mais Édouard formait déjà des plans pour rappeler près de lui l'ami qu'il venait de recommander comme un frère au duc et à la duchesse de Brabant. Il commença par proroger le parlement, dont il prononça la dissolution peu de jours après. Il prétexta ensuite la nécessité de surveiller les mouvements des Écossais, et, s'éloignant de ses barons, il arriva dans la ville d'York, d'où il écrivit à Gaveston de venir le rejoindre. Le favori n'hésita pas un instant. Dès le 18 février 1312, une proclamation royale apprit aux barons qu'il était placé sous la protection de son souverain, que l'ordonnance de bannissement était illégale et contraire aux droits du roi et aux coutumes du royaume; que Gaveston n'avait pas cessé d'être un bon et loyal sujet, et qu'il s'offrait à prouver que les accusations dont on l'accablait n'étaient que des calomnies. Une ordonnance royale, du 24 février, lui rendit tous les biens qu'il avait possédés, et lui conféra de nouveau les fonctions et les dignités dont on l'avait dépouillé.

Les barons reconnurent dès-lors que la perte de Gaveston ou la leur devenait inévitable, et renouvelèrent l'alliance qu'ils avaient contractée deux années auparavant. Ils se réunirent, choisirent pour chef Thomas de Lancastre, petit-fils de Henri III, possesseur de six comtés, et sous prétexte d'un tournoi, ils rassemblèrent en armes tous les chevaliers qui leur devaient le service militaire. Guy, comte de Warwick, le connétable Humphrey Bohun, comte de Hereford, Aymar de Valence, comte de Pembroke, et même Robert de Winchelsea, archevêque de Cantorbéry, accoururent au premier signal, et l'adhésion de ce prélat à la nouvelle ligue détermina le clergé à se déclarer contre le roi et son protégé. Lancastre, à la tête d'une armée, se dirigea sur York, tandis qu'Édouard, qui ne se doutait pas de ce mouvement, ordonnait la révision des ordonnances et convoquait par lettres un conseil à cet effet. Le danger ne se révéla qu'à l'approche des premiers détachements. Le roi s'enfuit à Newcastle, où il fut suivi par Lancastre, et il n'eut

Château de Newcastle upon Tyne, construit par Robert, fils de Guillaume-le-Conquérant.

qu'un moment pour évacuer la forteresse. Il atteignit Tynmouth; un vaisseau s'y trouvait, prêt à mettre à la voile; Édouard et Gaveston montèrent à bord; et, malgré les prières et les larmes de la reine Isabelle, le roi partit, abandonnant la princesse sur le rivage, et se fit conduire à Scarborough, où il déposa son favori, comme en lieu de sûreté, et se rendit à York. Lancastre, dont l'unique but était de s'emparer de Gaveston, établit son camp entre York et Scarborough, et fit assiéger ce château par les comtes de Pembroke et de Surrey. Édouard voulut parler en maître; il donna l'ordre aux troupes de se retirer, mais elles refusèrent obéissance à leur faible souverain, et Gaveston se rendit au comte de Pembroke, avec la condition que si, dans le cours de deux mois, aucun accommodement général n'était survenu entre le roi et les barons, le comte remettrait le favori au château de Scarborough qui serait conservé dans l'état où il le livrait à ses adversaires. Il fut encore stipulé que Pembroke et lord Henri Percy répondraient de la sûreté de Gaveston, sous peine de la perte de leurs terres, de leurs membres et de leur vie, et qu'il n'aurait d'autre prison que son propre château de Wallingford. Le comte de Pembroke le conduisit à Dedington, et le laissa sous la garde de quelques serviteurs. Gaveston se livra donc au repos avec sécurité; mais, aux premiers rayons du soleil, une voix qu'il ne connaissait que trop bien, celle du comte de Warwick, qu'il appelait le chien noir des bois, lui cria qu'il eût à se vêtir et à sortir à l'instant de sa chambre. Le prisonnier obéit, et se vit entouré des vassaux militaires de son ennemi, qui le placèrent sur une mule, et le conduisirent en triomphe au château de Warwick. Lancastre, Hereford, Arundel, Surrey et plusieurs autres chefs s'y trouvèrent réunis, et tinrent conseil sur son sort. L'un d'eux opina pour qu'on lui laissât la vie; mais un autre s'écria qu'un renard pris appartenait aux chiens, et qu'il ne fallait pas se donner la peine de le chasser une seconde fois. La peine de mort fut donc prononcée, au mépris de toutes les lois, et contre les termes exprès de la capitulation. Gaveston se jeta vainement aux pieds du comte de Lancastre, le bourreau lui trancha la tête en présence même des comtes (19 juin 1312).

La douleur du roi fut immense et se manifesta par les plus violents transports; toutefois elle s'apaisa graduellement, et il ne lui resta qu'une détermination bien arrêtée de se venger. Il reconnut que la dissimulation lui était nécessaire, revint à Londres et pardonna publiquement au comte de Pembroke qui déclara que l'enlèvement de Gaveston par Warwick avait eu lieu sans son consentement et en son absence. Mais le roi avait rassemblé des troupes nombreuses, et il se préparait à combattre les barons ligués et réunis à Dunstaple, lorsque les légats du pape et les envoyés de la France s'entremirent afin de prévenir une guerre civile. Les conditions d'une réconciliation générale furent discutées. Les barons exigeaient pour leur sûreté que Gaveston fût déclaré traître à l'Angleterre, mais Édouard repoussa leur demande avec indignation. Ils consentirent enfin à solliciter à genoux le pardon du roi, dans la salle du trône à Westminster. Cette apparence de soumission désarma le facile monarque, qui fit proclamer une amnistie générale. La naissance d'un fils vint le détourner de ses chagrins, et la mort de son favori parut effacée de sa mémoire.

Tandis que le roi et la noblesse d'Angleterre entretenaient le trouble dans l'état, les Écossais avaient mis à profit la circonstance. Un paysan nommé William Binnock s'était emparé du château de Linlithgow; Bruce avait pris par escalade Perth et Roxburgh; Randolf, comte de Moray, avait planté la bannière de l'indépendance sur les remparts d'Édimbourg, et le gouverneur de Stirling, Mowbray, s'était engagé à rendre cette forteresse s'il n'était pas secouru avant la fête de saint Jean-Baptiste (1314). Édouard, réveillé par les cris de ses sujets, ordonna des levées d'hommes, somma ses tenanciers militaires de le suivre, appela au champ de bataille ses vassaux de l'Aquitaine, demanda des mercenaires à la Flandre et des secours aux tribus irlandaises, et se mit en route pour Berwick quoique les barons témoignassent encore de l'opposition à ses volontés, et que le clergé lui eût refusé un subside. Surrey, Warwick, Arundel, Lancastre et beaucoup d'autres désobéirent à ses ordres; néanmoins son armée devint imposante, et il se dirigea vers Stirling, traînant après lui de nombreuses machines de guerre. Il parut en vue de la ville la veille de la fête désignée par Mowbray.

Robert Bruce ne comptait pas sous ses drapeaux plus de trente mille hommes assez mal équipés. Le 24 juin 1315, au lever du soleil, l'abbé d'Inchaffroy, monté sur une éminence, célébra l'office divin et rappela aux soldats écossais que la patrie leur avait en naissant imposé l'obligation de mourir pour sa défense. Puis il se mit à leur tête, et, les pieds nus, le crucifix en main, il les conduisit sur le lieu choisi pour le combat, et dès que les rangs furent formés il leur donna sa bénédiction et adressa au ciel une dernière et ardente prière. Toute l'armée écossaise s'agenouilla en même temps. Quelques chefs anglais, les voyant dans cette attitude, s'écrièrent : « Ils sont à genoux, ils demandent miséricorde. » — « Oui, répliqua Ingelram « de Umfraville, ils la demandent en effet, mais ils s'adressent à Dieu seul! » La bataille se livra près du village de Bannockburn, et la victoire des Écossais fut complète (24 juin 1315).

Bruce, affermi sur le trône par cette victoire, proposa un traité entre l'Écosse et l'Angleterre; mais Édouard, en acceptant des paroles de paix, lui refusa le titre de roi. Bruce rompit à l'instant les négociations, et reprit les hostilités. Les Irlandais, sommés par Édouard de venir à son secours, avant la bataille de Bannockburn, n'avaient point obéi; ils prenaient intérêt aux efforts d'une nation opprimée qui combattait pour son indépendance, et ils reçurent avec enthousiasme la nouvelle de la victoire des Écossais; l'Irlande aussi conçut l'espérance de recouvrer sa liberté. Elle demanda des troupes au roi d'Écosse, qui lui envoya six mille hommes commandés par son frère, Édouard Bruce. Cette armée, à laquelle se joignirent les O'Nial, prit et saccagea Dundalk et Atherdee, et obtint des succès contre divers détachements anglais. En janvier 1316, Édouard Bruce reçut des renforts, et défit les Anglais à Arscol, dans le comté de Kildare, et à Kenlys, dans le Meath. Ses victoires ranimèrent les Irlandais, qui jusqu'alors étaient restés spectateurs de la lutte. Les O'Brien, les O'Carrol, les O'Toole, les Archbold prirent les armes, et l'Irlande ne présenta bientôt plus qu'une scène de dévastation et de carnage.

Édouard Bruce songeait cependant à ses intérêts personnels, plus qu'à ceux du pays. Donald O'Nial, qui prenait le titre de monarque héréditaire de l'Irlande et de prince de Tyrone, lui céda tous ses droits à la souveraineté, et Bruce se fit couronner roi d'Irlande; mais tandis qu'il s'occupait de ce soin, la tribu des O'Moore et celle des O'Connor, commandée par Phelim, roi de Connaught, étaient presque détruites par lord Richard Birmingham. Onze mille morts, parmi lesquels était Phelim lui-même, restèrent sur le champ de bataille. Cependant Robert Bruce, venant au secours de son frère, débarquait sur les côtes de l'Ulster, s'emparait de Carrick-Fergus, et parcourait presque toute l'Irlande, dans une marche triomphale; mais la famine et les intempéries de la saison causèrent de tels ravages dans son armée, qu'il retourna bientôt dans ses états. Tandis que ces événements se passaient, le roi d'Angleterre avait référé en cour de Rome de la conduite des Irlandais. Jean XXII les menaça d'excommunication, s'ils persistaient dans leur rébellion. Les tribus et leurs chefs s'en effrayèrent; et, par un mémoire justificatif, ils se plaignirent au saint père de l'oppression et des trahisons dont ils étaient victimes, telles, disaient-ils, que l'assassinat d'un Irlandais par un Anglais ne passait pas pour un crime aux yeux de leurs tyrans. Hommes libres, ils avaient juré une guerre à mort à qui voulait les réduire à la condition d'esclaves, et c'était dans le but d'une défense légitime qu'ils avaient choisi, pour leur protecteur et souverain, Édouard Bruce, frère du roi d'Écosse. Jean chargea ses légats de remontrer énergiquement au roi d'Angleterre les torts dont il se rendait coupable, et ceux-ci en obtinrent la promesse du redressement des abus dont se plaignaient les Irlandais.

Cette promesse, dès qu'elle fut connue, influa puissamment sur l'opinion générale. Sir Roger Mortimer, gouverneur de l'Irlande, se conduisit avec assez de sagesse pour ramener à l'obéissance plusieurs chefs importants. La moitié de la population du Connaught se battit contre l'autre moitié, et affaiblit d'autant le parti de l'indépendance. Enfin, Édouard Bruce ayant rencontré à Fagher, dans le voisinage de Dundalk, l'armée de lord Birmingham, fut défait par ce général, et périt dans le combat (1318). Le corps du dernier frère de Robert Bruce fut partagé en quatre morceaux et envoyé aux quatre principales villes de l'Angleterre. Quant à l'Irlande, dupe de sa confiance dans les paroles d'Édouard II, elle vit recommencer le système de tyrannie dont elle avait été momentanément délivrée.

Pendant ce temps, les discussions avaient redoublé entre le roi et ses barons. Ceux-ci avaient refusé de suivre Édouard en Écosse; ils refusèrent de paraître au parlement jusqu'à ce que les ordonnances fussent complétement en vigueur. Le roi céda, Lancastre fut mis à la tête du conseil. Mais Édouard n'attendait qu'une occasion pour se délivrer d'une tutelle qui lui pesait; la guerre continuait avec l'Écosse, il partit en hâte pour York, et somma ses tenanciers militaires de se rassembler à Newcastle; mais Lancastre, engagea secrètement les barons à lui désobéir; et le roi, se voyant peu secondé, revint dans sa capitale, afin d'y recevoir deux légats de Jean XXII, les cardinaux d'Ossat et de Fiesque.

Ces deux légats étaient envoyés pour travailler à l'établissement d'une paix durable entre l'Angleterre et l'Écosse, et ils commencèrent par proclamer, au nom du saint père, une trêve de deux années. Édouard se soumit respectueusement aux volontés de l'Église, et les légats firent demander un sauf-conduit à Bruce, qui refusa de les entendre parce que le souverain pontife ne le qualifiait, dans la suscription de ses lettres, que de lord Robert de Brus, gouverneur de l'Écosse. Les comtes et les barons écossais déclarèrent, en même temps, que le parlement ni la noblesse n'entreraient en négociation que lorsque Bruce aurait été reconnu comme roi. En conséquence l'armée écossaise redoubla ses efforts, s'empara de Berwick, de Harbottle, de Wark et de Mitford (1318), brûla ou mit à rançon Skipton, Rippon, Northallerton, Scarborough et Boroughbridge, et força enfin le conseil

Ruines du château de Scarborough.

d'Angleterre à prendre des mesures pour éviter de plus grands désastres. Lancastre réunit ses tenanciers et ceux de ses partisans aux vassaux d'Édouard, et se hâta d'investir Berwick. Bruce, de son côté, fit une tentative sur York, afin de s'emparer de la reine Isabelle qui y tenait sa cour. Il rencontra l'archevêque, qui avait armé ses ecclésiastiques et s'était avancé jusqu'à Boroughbridge à la tête de douze mille hommes. Le prélat fut battu, et plus de trois cents prêtres ou moines périrent dans le combat; les milices, dans une déroute complète, perdirent plus de trois mille des leurs. Le siége de Berwick fut levé, et le roi d'Angleterre, las d'une guerre désastreuse, proposa sérieusement la paix au roi d'Écosse. Bruce, qui n'en éprouvait pas un moindre besoin, et qu'inquiétait l'excommunication prononcée contre lui par les légats, consentit à conclure une trêve de deux années, sous le simple nom de Robert de Brus (1320). Il profita de ce délai pour recouvrer la bienveillance du saint père. Des commissaires furent nommés par le pape et le roi de France pour se réunir, dans un congrès, avec les délégués des souverains en procès; mais les conférences traînèrent en longueur.

Avant la mort de Gaveston, le comte de Lancastre, dans le but de lui enlever une portion de la faveur dont il jouissait, avait placé près du roi, comme simple chambellan, l'une de ses propres créatures, un jeune homme d'une famille ancienne et honorée, nommé Hugues-le-Despenser (le dépensier), ou simplement Spenser. Il était doué de beaucoup d'agréments extérieurs, et montrait du zèle et de l'attachement à son souverain. Après la mort de Gaveston, le jeune Spenser devint promptement l'arbitre des volontés de son maître, qui le combla de ses faveurs et lui fit épouser une de ses nièces, fille du grand comte de Glocester, tué à Bannockburn, ce qui le mit en possession de la plus grande partie du comté de Glamorgan et de propriétés immenses sur les frontières du pays de Galles. Le père de Hugues Spenser était un vieillard plus vénérable encore par la valeur dont il avait donné maintes preuves, par ses services incontestés, par sa sagesse et son intégrité, que par ses nombreuses années, et il pouvait suppléer par ses conseils à l'expérience et aux lumières qui manquaient à son fils. Mais aussitôt que Lancastre eut reconnu l'influence qu'avait acquise le jeune Spenser sur l'esprit du roi, il le regarda comme un rival de sa propre puissance, le peignit comme un homme hautain, avide, ambitieux, inspira sa haine aux seigneurs de son parti, et tous ensemble résolurent d'aviser au moyen le plus prompt pour perdre le nouveau favori. Ils furent servis à souhait.

William Braouse, baron de Gower, propriété féodale voisine des terres de Hugues Spenser, avait, à défaut de postérité masculine, substitué sa baronnie à son gendre, Jean de Mowbray. A la mort de Braouse, Mowbray, selon l'usage, devait obtenir l'autorisation du roi, et jurer foi et hommage avant de se mettre en possession du fief; l'omission de cette formalité attribuait de droit la baronnie à la couronne. Mowbray, sans remplir la condition imposée par la vassalité, se saisit de l'héritage et s'installa au château de Gower. Spenser, apprenant que ce seigneur avait forfait la baronnie, engagea le roi à la réclamer comme lui étant échue par droit d'aubaine, et le pria de lui en faire présent. La discussion du droit de propriété était du ressort des tribunaux; mais les seigneurs des Marches de Galles, convoqués par Mowbray, armèrent huit cents hommes d'armes, cinq cents cavaliers, dix mille hommes de pied; et pénétrant sur les terres non gardées des deux Spenser ils s'emparèrent de dix de leurs châteaux, emportèrent, détruisirent ou brûlèrent tous les biens meubles de vingt-trois manoirs, de vastes monceaux de blé, quatorze cents bœufs, dix-huit cents vaches avec leurs veaux, trente-huit mille moutons, deux mille quatre cents porcs, deux cent vingt chevaux ou juments, des armes et armures pour quatre cents hommes, des approvisionnements immenses en vin, miel, lard, viandes salées, enfin tout l'argent payé par les tenanciers, et évalué à quatre mille livres sterling. Ces déprédations commises, les envahisseurs réclamèrent l'appui du comte de Lancastre, et, par une convention signée de lui, du comte de Hereford, des seigneurs des Marches et de trente-quatre barons et chevaliers, tous s'engagèrent, pour le bien du roi et de sa famille, pour la gloire de Dieu et de la sainte Église, à poursuivre les deux Spenser jusqu'à ce qu'ils eussent obtenu leur exil ou leur mort. Lancastre, à la tête de l'armée des confédérés, marcha vers Londres, en laissant commettre sur la route d'affreux dégâts; et quand il fut à Saint-Alban, il envoya au roi des messagers afin de demander le bannissement des deux hommes que les barons avaient proscrits.

Le vieux Spenser était en ce moment employé au delà des mers pour le service du roi, et son fils commandait une flotte chargée de la surveillance des Cinq-Ports. Édouard répondit aux envoyés qu'il ne condamnait jamais un homme sans l'entendre et sans lui donner la possibilité de répliquer à ses accusateurs. Les confédérés, après s'être consultés, se rendirent au parlement, alors réuni à Westminster, l'entourèrent de soldats, et, pénétrant dans la salle, présentèrent contre les deux Spenser un acte d'accusation qui leur imputait d'avoir usurpé le pouvoir royal, conseillé des mesures contraires à la lettre de la Grande Charte, éloigné le roi des grands de sa cour, mis ses grâces à prix et nommé des juges inhabiles. Aucun fait n'était apporté en preuve. Les prélats protestèrent contre l'acte auquel on voulait qu'ils donnassent leur adhésion; on dédaigna de consulter les députés des villes, bourgs et communes; les membres de la noblesse furent les seuls à voter, et les barons confédérés se firent tellement redouter des amis et partisans du roi, que ceux-ci même donnèrent leur assentiment à la sentence qui déclara que Spenser le père et Hugues Spenser le fils étaient bannis à tout jamais, que leurs biens étaient confisqués, et qu'ils seraient passibles de la peine des traîtres s'ils rentraient dans le royaume ou refusaient d'en sortir au jour fixé. Amnistie fut accordée à Lancastre et à ses alliés pour tous les délits commis par eux et leurs soldats.

Édouard cependant fit un appel secret à ses amis, et se crut assez puissant pour faire annuler la sentence rendue contre les deux Spenser. Ils revinrent en Angleterre. Le jeune Spenser se constitua prisonnier, et représenta, dans une pétition, l'illégalité du jugement qui le condamnait. Les prélats, convoqués par Édouard, déclarèrent que ce jugement était contraire à la charte, et qu'ils avaient protesté contre son exécution; les comtes de Pembroke, de Richemond, de Kent et d'Arundel, affirmèrent qu'ils n'avaient consenti à cette iniquité que par crainte; et le roi reprit sous sa protection ses deux favoris. C'était beaucoup pour lui que d'avoir osé le faire, et surtout d'avoir devancé ses adversaires en armant le premier. Il marcha sur les frontières du pays de Galles, surprit les barons qui n'étaient plus préparés à la résistance, et s'empara de leurs châteaux. Le comte de Lancastre craignit dès lors la destruction de son parti. Sa popularité n'était plus la même. Le peuple, que les victoires des Écossais avaient exaspéré, le soupçonnait d'avoir contribué à leurs succès par une lâche trahison. Il avait, disait-on, reçu de Bruce quarante mille livres pour lever le siége de Berwick. Il sentit la nécessité d'agir avec vigueur, et, repoussant toute dissimulation, il convoqua les barons, ses partisans, à Duncaster, et déclara hautement son alliance avec l'Écosse. Robert Bruce avait promis que, sous aucun prétexte, ses troupes ne s'empareraient d'une partie quelconque du royaume d'Angleterre à titre de conquête. Randolfe, comte de Murray, et sir James Douglas, seuls, amenèrent quelques soldats aux comtes de Lancastre et de Hereford ; les lords des Marches brûlèrent Bridgenorth, et tous ensemble assiégèrent le château

Ruines du château de Bridgenorth.

de Tickhill. La guerre civile fut ainsi déclarée. Cependant Édouard s'avançait à la tête de trente mille hommes ; il rencontra les rebelles à Boroughbridge, les vainquit, et fit prisonnier le duc de Lancastre. On le conduisit à son propre château de Pontefract, et une cour martiale, présidée par Édouard, et composée de six comtes et des barons royalistes, le condamna à subir la peine des traîtres, c'est-à-dire à être traîné sur la claie, pendu et mis en quartiers. Le souvenir de la mort de Gaveston, la certitude que Lancastre préparait un pareil sort aux Spenser, rendirent Édouard inexorable. Tout ce qu'on put obtenir en faveur du comte, fut la commutation du supplice ignominieux de la potence en la décapitation (1322). Ses principaux adhérents, au nombre de dix-huit, traduits devant leurs pairs, furent jugés par les lois du pays, condamnés à mort et envoyés à l'échafaud. L'exil et les confiscations en punirent quelques autres. Édouard convoqua un parlement à York. Comme le roi était triomphant, tous les membres de cette assemblée furent du parti du vainqueur, et se prétendirent plus royalistes que lui-même. On revisa les ordonnances, dont on annula les dispositions contraires à la pleine puissance du souverain ; on décida qu'aucune mesure arrêtée par un sujet du roi, en vertu de quelque pouvoir ou commission que ce fût, ne serait valable si elle portait un préjudice quelconque aux droits de la couronne ; et qu'à l'avenir toute proposition de loi relative au trône, au royaume ou au peuple, serait discutée et confirmée par le roi en plein parlement, sous l'assentiment des prélats, comtes, barons, corporations et communautés d'Angleterre. On raya des registres la sentence prononcée contre les Spenser. Le roi créa le père, comte de Winchester. Le fils reprit sur le caractère d'Édouard son ascendant accoutumé.

Édouard conçut alors le projet de recouvrer sa suzeraineté sur l'Écosse. Il s'avança jusqu'aux rives du Forth avec une armée nombreuse, mais mal commandée et plus mal administrée. Les subsistances devinrent bientôt si rares qu'il fallut se retirer, sans qu'aucune action éclatante eût effacé la tache de Bannockburn. Il arriva même que, durant une nuit qu'Édouard passait à l'abbaye de Biland, un détachement écossais attaqua les chevaliers qui composaient sa garde, fit prisonniers Jean de Bretagne, comte de Richemond, et Henri de Sully, gentilhomme français, et se serait emparé du roi lui-même s'il ne s'était enfui en toute hâte sur York. Un traître avait dirigé cette entreprise des Écossais; c'était Harclay, gouverneur des Marches de l'ouest. On découvrit ses relations avec le roi d'Écosse. Arrêté et jugé, il fut condamné à perdre ses titres, à voir briser son épée et ses éperons d'or, à être traîné et pendu après avoir eu les entrailles arrachées et brûlées; son corps ensuite dut être coupé en quartiers attachés sur les murailles des quatre premières villes du royaume, et sa tête posée sur le pont de Londres pour rester en exemple aux traîtres et en exécration à la postérité. Une trêve de treize années fut ensuite conclue entre l'Angleterre et l'Écosse (1323).

Cette paix provisoire n'avait rien d'honorable; mais Édouard était menacé d'une guerre avec la France, et bien que le calme qu'il avait rétabli dans l'intérieur de ses états semblât lui présager d'heureuses années, il n'était pas assez aveugle pour ne pas s'apercevoir qu'une fermentation sourde menaçait encore son repos, et plusieurs complots contre la vie des deux favoris durent avertir le roi que le parti de Lancastre n'était pas éteint, et que la haine qu'ils avaient inspirée au peuple devenait un sentiment universel.

La suzeraineté de la Guyenne était l'intarissable source des prétentions des rois de France et des prétextes de guerre avec les rois d'Angleterre. Charles le-Bel se plaignit de ce qu'Édouard n'avait pas assisté comme grand vassal à son couronnement, et n'avait pas renouvelé pour lui la cérémonie de l'hommage; il s'empara de l'Agenois, et le comte de Kent, frère du roi, rendit à son ennemi la forteresse de la Réole afin de s'assurer une trêve de quelques mois. Le pape interposa son autorité pour rétablir la paix entre les deux souverains; mais Charles exigeait toujours qu'Édouard vînt en personne à sa cour. Afin d'aplanir le différend, on envoya en France la reine Isabelle, sœur de Charles-le-Bel, suivie d'une cour brillante. A son arrivée dans sa patrie, Isabelle fut entourée d'un grand nombre d'Anglais réfugiés, débris de la faction de Lancastre, parmi lesquels elle distingua lord Roger Mortimer de Wigmore, deux fois condamné à mort pour haute trahison, deux fois gracié par le roi. Ce baron actif et entreprenant s'était évadé presque miraculeusement de la prison où il était détenu, et il avait trouvé un asile en France où il ne songeait qu'aux moyens de se venger. Son esprit, ses agréments personnels, captivèrent l'affection de sa souveraine; elle le créa surintendant de sa maison; et bientôt elle sacrifia son honneur et la fidélité qu'elle devait à son époux à la passion qui l'entraînait vers un proscrit.

Un traité ignominieux fut proposé à Édouard par son frère Edmond, comte de Kent, dont la reine trompait le sens peu éclairé. Il devait retirer ses troupes à Bayonne, et remettre la Guyenne au roi Charles, qui la lui aurait restituée après la cérémonie de l'hommage, en conservant toutefois l'Agenois jusqu'à ce que les pairs de France eussent prononcé sur la validité de son droit, ou qu'il eût été indemnisé par Édouard des frais de la guerre, si les pairs n'admettaient pas que cette province fût de son domaine. Le roi d'Angleterre, après quelques jours d'hésitation, signa ce traité honteux, et prit la résolution de se rendre à Beauvais pour y accomplir la cérémonie de l'hommage; mais à Douvres il se trouva indisposé (juin 1325), et par des messagers il fit part au roi Charles des motifs de son retard. Charles répondit que, s'il consentait à résigner la Guyenne et le Ponthieu à son fils le prince de Galles, il se contenterait de l'hommage du petit prince aux mêmes conditions. Édouard eut la faiblesse d'y consentir, et son fils, à peine âgé de douze ans, s'embarqua pour la France.

Lorsque les cérémonies furent terminées, Édouard rappela la reine et son fils. Isabelle écrivit que sir Hugues Spenser était son ennemi personnel, et que ses jours seraient en danger si elle habitait le même pays que lui. Le roi, dans ses réponses, témoigna un extrême étonnement. Selon lui, la reine avait toujours traité Hugues Spenser avec amitié, et depuis son absence elle lui avait écrit des lettres pleines de bonté. Quant à lui, « jamais il n'avait causé à la reine aucun chagrin ni disgrâce; tout au plus, et encore dans le plus grand secret, lui avait-il adressé quelques paroles de correction, mais sans sévérité, et parce qu'elle était tombée en faute [1]. » Il lui commandait donc d'abandonner « ses feintes raisons, et de revenir en toute hâte. » Il ordonna aussi à son fils de reprendre promptement la route de l'Angleterre. Mais la reine, au lieu d'obéir, fit répandre les bruits les plus déshonorants pour Édouard, laissa lever des troupes en son nom, renvoya toutes les personnes de sa suite et de celle du jeune prince dont la fidélité lui était suspecte, et intima secrètement aux barons du part dei Lancastre l'ordre de la rejoindre au moment où elle poserait le pied sur les rivages de l'Angleterre. Édouard se plaignit à Charles en termes énergiques. Le roi de France, qui probablement protégeait la faction des ennemis du monarque anglais, n'osa cependant prêter ouvertement son appui à la reine et au prince contre un époux et un père. Isabelle se vit donc forcée de se retirer à la cour de Guillaume, comte de Hainaut. Là, dirigée par Mortimer, elle mûrit ses plans, et fiança son fils Édouard à Philippa, fille du comte. Celui-ci mit à sa disposition deux mille hommes d'armes. Elle s'embarqua au port de Dort, et alla descendre à Orewell, sur la côte de Suffolk (24 septembre 1326).

Le comte de Kent, frère d'Édouard, séduit par les artifices de sa belle-sœur, l'avait accompagnée. Le comte de Richemond, le comte de Leicester, lord Beaumont, l'évêque de Norwich, la rejoignirent au moment où elle descendit en Angleterre. Robert de Watteville, envoyé par le roi pour s'opposer à son débarquement,

---

[1]. Lettres d'Édouard II à la reine. — Rymer, *Acta publica*, IV. 181-312.

se rangea sous sa bannière avec toutes ses troupes. On salua la reine Isabelle comme la libératrice du pays. Les évêques d'Ély, de Lincoln, de Hereford, lui amenèrent de nombreux vassaux. L'archevêque primat lui envoya de l'argent, et un autre frère du roi, le comte de Norfolk, se rendit dans son camp. La reine alors publia un manifeste où elle donnait à entendre que le but qu'elle se proposait n'était que la délivrance du roi mis en tutelle par les Spenser; le peuple se prononça presque partout pour la reine Isabelle; la présence du prince de Galles à l'armée de sa mère le confirma dans cette disposition.

Les barons s'en étonnèrent. Ils étaient ennemis des Spenser, mais ils n'entendaient pas que la reine devînt la dominatrice du royaume. Plusieurs d'entre eux proposèrent donc qu'elle se réconciliât avec le roi son époux, et que, par de sages dispositions, on les obligeât à gouverner selon les vœux et les conseils du parlement; mais l'évêque de Hereford, Orleton, qui, pour la cause de Lancastre, avait été dépouillé de tous ses biens et du temporel de son église, convoqua les principaux barons, leur représenta la conduite emportée, vindicative, brutale, d'Édouard envers la reine, et affirma que la vie d'Isabelle serait en danger si cette princesse était forcée de retourner près de lui. En même temps, il fit publier une proclamation où l'on rappelait au peuple toutes ses misères, les exactions dont on l'accablait, le meurtre ou l'exil des défenseurs de ses droits, l'oppression de la veuve et de l'orphelin, les déprédations commises dans les églises, enfin la tyrannie des deux Spenser et l'esclavage volontaire d'Édouard. C'était pour le bonheur de la nation, pour la restauration de l'église que s'avançait l'armée; il était ordonné à tout sujet loyal de la rejoindre, et le pape excommuniait tous ceux qui portaient les armes contre la reine.

Édouard s'aperçut qu'il n'était pas en sûreté dans la ville de Londres. A ses instances pour qu'on s'armât en sa faveur, les citoyens avaient répondu qu'ils ne devaient combattre que l'étranger et que la reine et son fils avaient droit à leurs respects. Le roi quitta sa capitale, et se dirigea vers les montagnes du pays de Galles. Mais à peine eut-il passé les portes, que la populace déchaînée s'empara, par surprise, de la Tour de Londres, délivra les prisonniers, et commit d'horribles excès.

Édouard, poursuivi par son frère, le comte de Kent, atteignit Bristol, et en confia la garde au vieux Spenser, comte de Winchester. Il essaya de lever une armée dans le Glamorghanshire; mais il lutta vainement contre l'indifférence publique, et il s'embarqua pour la petite île de Lundy, accompagné de son jeune favori. La reine le suivait avec une hâte extrême, usant de tous les moyens pour soulever contre lui l'opinion du peuple, et faisant prêcher à Oxford, sur le texte de la Genèse : « il y a « inimitié entre toi et la femme, et elle te brisera la tête. » Elle parut sous les murs de Bristol, et après trois jours, la garnison et les bourgeois, d'accord, livrèrent la ville et le château. Son gouverneur, le vieux Spenser, prévenu d'avoir exercé une influence maligne sur l'esprit du roi, fut condamné à subir une mort cruelle. On lui arracha, vivant, les entrailles; on le suspendit à un gibet; on coupa son cadavre en morceaux que l'on jeta aux chiens; et sa tête, placée au bout d'une pique, fut exposée aux insultes de la populace (1326).

Édouard, rempli de douleur et d'effroi, s'était embarqué pour l'Irlande, mais les vents le repoussèrent sur les côtes qu'il abandonnait; il prit terre à Swansea et parvint à se cacher entre le monastère de Neath et le château de Caerfilly. Ses adversaires, s'arrogeant tous les pouvoirs, déclarèrent le royaume sans monarque et nommèrent dérisoirement le jeune prince de Galles tuteur ou gardien de l'état. Le frère du comte de Lancastre, connu jusqu'à ce jour sous le nom de comte de Leicester, parvint alors à s'emparer, en corrompant quelques misérables, du jeune Spenser et de Baldock, le chancelier d'Angleterre, resté fidèle à la cause royale. A cette nouvelle, Édouard, dans l'espoir de sauver son favori, quitta sa retraite et alla se rendre à Leicester, qui l'envoya au château de Kenilworth. Mais tandis que sa générosité le livrait ainsi à ses ennemis, ceux-ci sacrifiaient sans pitié les captifs à leur ambitieux ressentiment. Le jeune Spenser fut condamné comme voleur, traître et contumace, à être traîné, pendu, éventré, décapité, mis en quartiers. Revêtu d'une robe noire sur laquelle étaient, renversées, les armes de sa famille, la tête couverte d'un rouleau d'orties, il fut pendu à une potence élevée de cinquante pieds. Le comte d'Arundel, Simon de Reading et d'autres serviteurs fidèles subirent le même supplice.

Quant au chancelier Baldock, comme il avait reçu les ordres sacrés, on n'osa pas le condamner aussi légèrement, mais on lui infligea un supplice non moins affreux; on le livra aux mains de la populace, qui le traîna jusqu'à la prison de Newgate en l'accablant d'outrages, et il expira peu de temps après des suites des mauvais traitements qu'il avait essuyés.

La reine, déjà toute-puissante par l'armée qui lui obéissait et par la volonté des barons, convoqua au nom du roi le parlement à Westminster, afin de porter les derniers coups au souverain captif. L'évêque de Hereford se chargea de l'accuser. Il reprocha au monarque son incapacité, sa prodigalité, son attachement à de vains plaisirs, le mauvais choix de ses ministres et sa négligence qui lui avait fait perdre l'Écosse et une partie de la Guyenne. La mort du comte de Lancastre lui fut comptée comme un crime d'autant plus grand que d'éclatants miracles, opérés sur la tombe de ce seigneur, ne laissaient aucun doute sur sa sainteté. Le parlement alors fut sommé de répondre catégoriquement à la question de savoir s'il convenait que le prince de Galles fût proclamé roi, ou si le monarque prisonnier devait conserver la couronne. Au moment où l'assemblée se disposait à en délibérer, une foule d'hommes en armes et de populace soldée qui entourait le parlement fit entendre des hurlements féroces. Nul n'osa invoquer les lois ni la raison, aucune voix ne s'éleva en faveur d'Édouard II, et le régent son fils fut proclamé roi d'Angleterre sous le nom d'Édouard III. On le porta sur le trône (8 janvier 1327); les pairs laïques et les prélats lui jurèrent fidélité, le peuple l'accueillit avec les plus bruyantes acclamations, et l'on publia la proclamation suivante: « Soit notoire à tous que sir Édouard, « dernier roi d'Angleterre, a, de sa bonne volonté et du commun avis et assentiment « des prélats, comtes, barons et autres nobles, et de toutes les communautés du « royaume, abdiqué le gouvernement du royaume, et qu'il a accordé et voulu que « le gouvernement dudit royaume appartienne à sire Édouard son fils et son héri- « tier, et qu'il gouverne le royaume et soit couronné roi; à cause de quoi tous les

« seigneurs lui ont fait hommage. Nous annonçons et publions la paix de notredit
« seigneur, sire Édouard le fils, et nous commandons strictement et enjoignons,
« sous peine de péril et de déshérence et de perte de la vie et des membres, qu'au-
« cun ne rompe la paix de notredit seigneur le roi, car il est et sera toujours prêt
« à rendre justice à qui que ce soit du royaume, les petits et les grands, sur toutes
« choses, et contre tous, et si quelqu'un a quelque réclamation à faire contre un
« autre, il peut le faire par voie d'action judiciaire, et non par violence ou par
« force. »

L'opinion publique ne tarda pas cependant à prendre une nouvelle direction. Le caractère de la reine, le commerce criminel qu'elle entretenait avec Mortimer, et qu'elle n'avait pas même la pudeur de tenir secret, ouvrirent les yeux des hommes les moins avisés. L'adultère qu'elle affichait fit horreur ; et en même temps que l'on détestait ses égarements, et qu'elle devenait de plus en plus odieuse au peuple, on reprenait d'autres sentiments pour le monarque captif. La reine et ses conseils redoutèrent une réaction et pour la prévenir confièrent la garde d'Édouard de Caernarvon à Jean de Maltravers dont la haine pour ce prince ne s'était que trop montrée. Afin de le faire oublier du peuple, on le transféra successivement de Kenilworth à Corfe, de cette forteresse à Bristol, et de Bristol au château de Berkeley. On adjoignit d'abord à Maltravers, Thomas Gournay, et ensuite lord Berkeley lui-même.

Berkeley était un chevalier trop honorable pour qu'on osât lui proposer de souiller la noblesse de sa vie par un assassinat ; mais Gournay, Maltravers et un autre scélérat nommé William Ogle consentirent à la proposition qui leur fut faite d'abréger les jours du roi. Une maladie dangereuse ayant atteint Berkeley, il se fit transporter à son manoir de Bradley, et les trois meurtriers restèrent les maîtres du château. Le lendemain, les citoyens de Bristol et la noblesse du voisinage apprirent la mort d'Édouard de Caernarvon, et furent invités à venir voir le corps. La contraction de ses traits était horrible, quoique aucune marque de violence ne se fît apercevoir. Les domestiques parlèrent de cris aigus dont avait retenti le château sans qu'il leur fût permis d'approcher de la chambre du monarque ; et le bruit courut que les assassins l'avaient fortement lié sur un banc, et lui avaient introduit, à travers une corne, un fer rouge dans les intestins (27 septembre 1327). Aucune recherche ne fut ordonnée, et l'église de l'abbaye de Saint-Pierre, à Glocester, ensevelit pour toujours le corps de la victime et les preuves du délit.

Ce fut sous le règne d'Édouard II que le pape Clément V abolit l'ordre des chevaliers du Temple. Cet ordre fameux avait été fondé en 1118 par le patriarche de Jérusalem, et n'était composé dans son origine que de neuf pauvres chevaliers, vivant en commun près du lieu où était situé l'ancien temple, et s'imposant l'obligation de protéger les pèlerins contre les attaques des brigands et des infidèles. Leur nombre augmenta rapidement. Par leur valeur et leurs services militaires, ils excitèrent la reconnaissance de la chrétienté, et partout on s'empressa de leur faire des donations d'argent et de terres ; mais leur orgueil s'accrut aussi rapidement que leurs richesses. Cependant, tant qu'ils s'employèrent à combattre les infidèles, leurs ennemis furent réduits au silence ; mais après leur expulsion de la

Templiers.

Terre-Sainte, ils s'abandonnèrent au luxe et à la mollesse; la dépravation de leurs mœurs servit de prétexte à ceux que tentaient leurs richesses. On connaît l'épouvantable catastrophe qui marqua, en France, la fin de cet ordre célèbre. Édouard ne se souilla point d'un pareil crime. Les Templiers furent, à la vérité, arrêtés, le même jour, en Angleterre et en Irlande; mais ils ne furent pas plongés dans les cachots, et l'on se contenta de les soumettre à une stricte surveillance. Les ordres du pape qui avaient supprimé l'institution prescrivirent de répartir les chevaliers dans divers couvents où ils reçurent une pension alimentaire; leurs grands biens furent donnés aux Hospitaliers de l'ordre de Saint-Jean-de-Jérusalem.

Costumes de femme au temps d'Édouard II.

ÉDOUARD III.

(1327-1377).

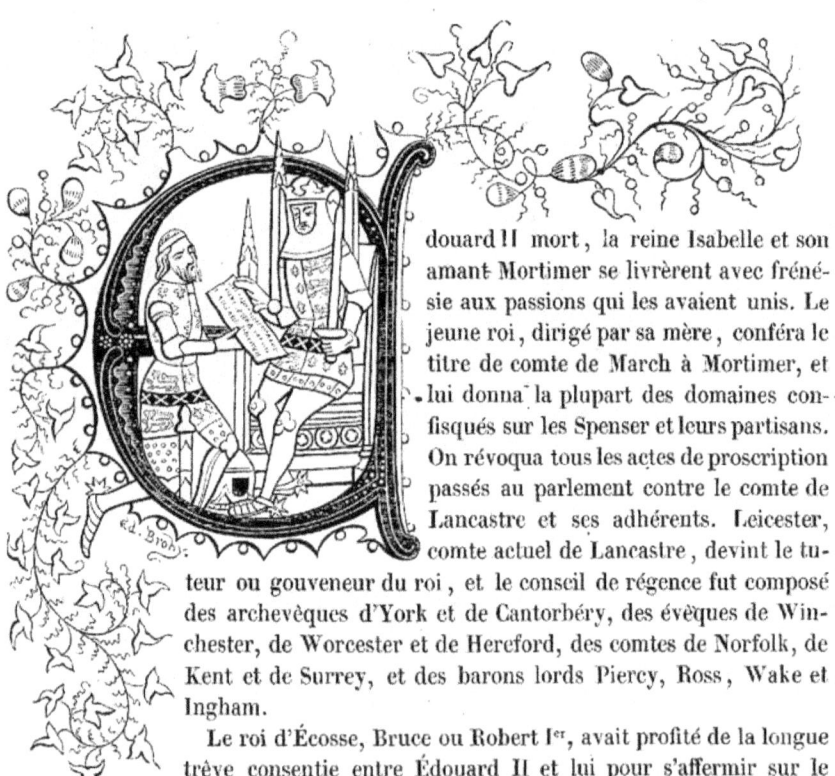

douard II mort, la reine Isabelle et son amant Mortimer se livrèrent avec frénésie aux passions qui les avaient unis. Le jeune roi, dirigé par sa mère, conféra le titre de comte de March à Mortimer, et lui donna la plupart des domaines confisqués sur les Spenser et leurs partisans. On révoqua tous les actes de proscription passés au parlement contre le comte de Lancastre et ses adhérents. Leicester, comte actuel de Lancastre, devint le tuteur ou gouverneur du roi, et le conseil de régence fut composé des archevêques d'York et de Cantorbéry, des évêques de Winchester, de Worcester et de Hereford, des comtes de Norfolk, de Kent et de Surrey, et des barons lords Piercy, Ross, Wake et Ingham.

Le roi d'Écosse, Bruce ou Robert Ier, avait profité de la longue trêve consentie entre Édouard II et lui pour s'affermir sur le trône ; mais les actes du traité ne lui avaient pas accordé la qualification de roi, et la minorité d'Édouard III était une circonstance qu'il ne fallait pas laisser échapper, s'il voulait conquérir définitivement ce titre. La régence

---

1. Cette lettre est tirée d'un manuscrit anglais de 1386, et représente Édouard III donnant à son fils, le prince de Galles, une charte qui lui concède le duché d'Aquitaine.

d'Angleterre, dans l'intention d'éviter de nouvelles hostilités, proposa la négociation d'une paix définitive ; mais Bruce avait déjà rassemblé son armée, et vingt-cinq mille hommes, commandés par Randolfe, comte de Moray, et Douglas, ravageaient les provinces septentrionales. Il fallut donc se résoudre à combattre. Les tenanciers militaires furent convoqués, et l'on acheta, à prix d'argent, les services de Jean de Hainaut, frère du comte de Hainaut, Guillaume, et de vingt mille soldats étrangers. Ces mercenaires irritèrent tellement les Anglais par leur insolence, qu'après divers combats particuliers entre eux et les archers du comté de Lincoln, il devint indispensable de les renvoyer sur le continent. L'armée anglaise, qui devait être de soixante mille hommes, se trouva ainsi réduite à environ quarante mille, et se dirigea sur Durham.

La discipline des Écossais et leur manière de combattre ne ressemblaient en rien à celle des Anglais. Ils avaient peu de gens de pied, et ne comptaient que quatre mille hommes d'armes ou chevaliers capables de résister au choc d'un corps d'armée dans un jour de bataille ; tout le reste était monté sur de petits chevaux accoutumés comme leurs maîtres à la fatigue et à la plus frugale nourriture. Ces soldats n'étaient pas suivis de nombreux chariots d'approvisionnements ; un peu de farine d'avoine ou d'orge qu'ils portaient derrière eux dans un sac, et l'eau du voisin ruisseau suffisaient à leurs plus pressants besoins ; s'ils enlevaient du bétail, à l'instant même il était abattu, dépecé et cuit dans sa peau. Ils s'avançaient et se retiraient avec une extrême rapidité, et entretenaient une guerre continuelle de dévastation, de pillage et d'engagements partiels. L'armée anglaise, où se trouvait le jeune Édouard, ne les rencontra nulle part, mais elle vit partout des traces de leur passage dans les villages incendiés et les campagnes ravagées. Elle traversa la Tyne, toujours prête à combattre, et s'arrêta sept jours à Haydon. Les pluies, la disette et la fatigue, jetèrent le découragement parmi les soldats, qui crièrent à la trahison. Édouard proposa une pension de cent vingt livres sterling, et le titre de chevalier, au premier qui lui ferait connaître les mouvements de l'ennemi. Quatre jours après, il vit arriver, à toute bride, l'écuyer Thomas de Rokesby, qui lui apprit que les Écossais, l'ayant fait prisonnier, l'avaient relâché afin qu'il pût gagner la récompense promise. Le roi et l'armée suivirent la direction que Rokesby leur indiqua, et le lendemain on découvrit les ennemis, non loin des bords de la Wear, mais dans un poste si avantageux, qu'il eût été imprudent de les attaquer. Le roi d'Angleterre envoya un héraut aux chefs écossais, soit pour les engager à descendre dans la plaine et à accepter le combat, soit pour demander qu'on lui laissât la possibilité de passer la rivière, et de marcher à leur rencontre. Les Écossais lui répondirent qu'ils n'avaient pas sollicité ses conseils pour choisir leur position, et qu'ils ne la quitteraient pas à son bon plaisir ; qu'il était libre d'essayer de les en chasser. Pendant plusieurs nuits, ils fatiguèrent les Anglais du bruit de leurs fanfares sauvages ; puis, un beau matin, on s'aperçut qu'ils avaient disparu. L'armée d'Édouard les retrouva cependant le même jour, mais placés sur une montagne plus escarpée, et conservant toujours l'avantage du terrain et les passages de la rivière. Le jeune roi voulait combattre à tout risque. De sages conseils modérèrent son ardeur, et il établit son camp en face de l'ennemi. Vers une heure du matin, des cris affreux l'arrachèrent au sommeil. Douglas, ayant passé la rivière, à la tête de deux cents hommes déterminés, s'avançait vers la tente du roi. Les serviteurs d'Édouard se sacrifièrent pour le sauver. Son chapelain et son chambellan périrent avec plus de trois cents hommes accourus près du roi. Douglas se retira sans avoir éprouvé de grandes pertes. Le lendemain, on apprit que les Écossais, durant ce conflit nocturne, avaient repris le chemin de leur pays (5 août 1327). L'armée revint à York, où elle fut dissoute. Des négociations s'ouvrirent : Édouard, ou Mortimer en son nom, voulut bien renoncer à sa suzeraineté ; il fit rendre à l'Écosse la pierre sur laquelle s'asseyaient les rois de cette contrée à leur couronnement. David, fils de Bruce et son héritier, fut fiancé à la princesse Jeanne, sœur d'Édouard, et Robert Bruce prit l'engagement de verser une somme de trente mille marcs d'argent dans le trésor de l'Angleterre. Le parlement approuva ce traité.

Si cette paix était avantageuse à l'Écosse, c'était un grand bienfait pour l'Angleterre qui ne s'était pas encore relevée des maux que lui avait causés la guerre civile. Mais elle fut envisagée sous d'autres rapports par la foule des grands que l'élévation de Mortimer et sa toute-puissance commençaient à blesser, et des murmures éclatèrent de toutes parts. Roger Mortimer, par sa liaison avec Isabelle, avait envahi l'autorité royale, et supplanté tous les membres du conseil de régence ; seul, il approchait de la personne du roi ; ses créatures occupaient toutes les places ; une garde de cent quatre-vingts chevaliers veillait à sa sûreté. Il se fit nommer comte des Marches de Galles, et lorsque Robert Ier, roi d'Écosse, paya les trente mille marcs d'argent stipulés dans le traité de paix, cette somme, au lieu d'être consacrée aux besoins de l'état, fut partagée entre la reine et Mortimer.

Cette conduite fit beaucoup d'ennemis au *Paramour* d'Isabelle, ainsi que l'appellent les annalistes du temps. Les princes du sang royal, comtes de Kent, de Norfolk et de Lancastre, s'allièrent pour lui résister ; mais Mortimer devina le but de leurs réunions, et, comme le parlement était convoqué à Salisbury, un ordre du roi défendit à tous les barons de se faire accompagner de leurs vassaux en armes. Les princes ne s'y rendirent qu'avec leur escorte ordinaire, mais Mortimer y parut avec une armée. Les princes, effrayés, sollicitèrent le pardon royal ; leurs amis cherchèrent un refuge en France.

Mortimer était donc triomphant ; mais il ne se croyait pas suffisamment vengé, et il reporta toute sa haine sur le comte de Kent, homme d'un caractère simple, et qui gémissait du rôle que la reine lui avait fait jouer dans l'horrible tragédie dont la catastrophe avait été la déposition et la mort du roi son frère. Le bruit courait qu'Édouard II n'était pas mort, qu'on avait exposé le corps d'un supplicié au lieu du sien, et que John Deverel le tenait sous sa garde, dans le château de Corfe. Le comte de Kent donna croyance à cette fable, et laissa percer le désir de voir son frère rendu à la liberté et rétabli sur le trône. Tout à coup il fut arrêté (mars 1330), traduit devant le parlement convoqué à Winchester, et accusé par Mortimer. Le comte ne put produire pour sa défense que des lettres du pape, qui lui apprenaient l'existence de son frère, et l'exhortaient à tout employer pour l'arracher à sa prison. On prouva que ces lettres étaient supposées. Il resta donc chargé du crime d'avoir engagé des mécontents à tirer l'épée contre Édouard III, et les pairs, vendus à la reine et à Mortimer, le condamnèrent à subir le châtiment des traîtres. Les terres du comte de Kent furent données au plus jeune des fils de Mortimer, et la puissance de ce favori parut dès lors inébranlable.

Elle touchait cependant à son terme. Édouard venait d'entrer dans sa dix-huitième année, et brûlait du désir de ressaisir l'autorité qui lui appartenait. Il choisit pour confident lord Montaigu, et celui-ci lui déclara qu'il était prêt à le servir à la vie et à la mort. Ils arrêtèrent ensemble qu'on s'emparerait de la personne de Mortimer pendant la session du parlement, convoqué à Nottingham, en octobre 1330.

L'époque fixée pour l'exécution de ce complot arriva ; mais l'accomplissement en était difficile. Isabelle, Mortimer et le roi, étaient logés dans la forteresse ; le roi avec peu de suite, la reine-mère et son amant entourés d'une garde nombreuse et toute dévouée. Il devint donc nécessaire de se donner un confident de plus, et de se livrer à la discrétion du gouverneur, sir William Eland. Eland entra dans le complot avec zèle, et donna connaissance d'un passage souterrain inconnu à Mortimer, et qui conduisait de l'intérieur de la forteresse à la partie occidentale du rocher sur lequel elle était bâtie. Des décombres en masquaient parfaitement l'entrée. On convint d'introduire de nuit les amis du roi par cette voie secrète.

Vers minuit, Montaigu et ses affidés pénétrèrent par le souterrain, et parvinrent à l'escalier principal où le roi les rejoignit. Ils le montèrent sans bruit, et reconnurent que Mortimer, dans l'appartement de la reine-mère, tenait conseil avec l'évêque de Lincoln et des créatures dévouées. Les conjurés s'étaient munis de haches d'armes ; ils s'en servirent pour renverser la porte, et tuèrent les deux chevaliers qui défendaient le passage. Isabelle, couchée dans la chambre voisine, prit l'alarme, non pour elle, mais pour son amant, et, sortant de son lit, elle vint, tout en larmes, se jeter aux pieds de son fils, en lui criant d'épargner son gentil chevalier, son doux ami, son bien-aimé cousin Mortimer. Ses supplications furent vaines : Mortimer fut jeté dans une prison. Le roi déclara qu'à l'avenir il entendait gouverner seul son royaume, et il convoqua le parlement à Westminster, afin de juger le coupable. Les principales charges portées contre lui étaient d'avoir fomenté la discorde entre le dernier roi et la reine, et d'avoir faussement persuadé à celle-ci qu'elle ne pouvait retourner près de son mari sans danger pour ses jours ; de s'être illégalement arrogé le pouvoir dont la loi n'investissait que le conseil du roi ; d'avoir de sa propre autorité transféré le dernier roi de Kenilworth à Berkeley et de l'y avoir fait mettre à mort ; d'avoir dilapidé le trésor royal, etc., etc.

Mortimer ne fut point entendu dans sa défense : on n'interrogea aucun témoin ; aucune forme légale ne fut accomplie. Les pairs le condamnèrent sur la notoriété. Après un semblant de délibération, ils déclarèrent que toutes les charges étaient vraies, et qu'en qualité de juges du parlement, « ils condamnaient Mortimer à être « pendu comme un traître et un ennemi du roi et du royaume. » Les pairs s'occupèrent ensuite de juger les complices et partisans de Mortimer, tout en protestant que la loi ne les obligeait à juger que les pairs du royaume : ils furent condamnés à mort et immédiatement pendus, ainsi que Mortimer, aux ormes de Tyburn (29 novembre 1330).

Il fallut les sollicitations du saint père pour qu'Édouard consentît à épargner la honte d'un jugement à la reine sa mère. Il l'exila dans son manoir de Risings, où elle vécut vingt-sept années dans l'isolement et le mépris général.

Château de Risings.

Le roi d'Écosse, Robert Bruce, après avoir enfin conquis l'indépendance de sa couronne, était mort, laissant son fils David, à peine âgé de sept ans, sous la tutelle de Randolfe, comte de Moray (1329). Le traité de paix conclu avec l'Angleterre avait stipulé que les lords Percy, Wake et Beaumont, rentreraient dans les propriétés qu'ils avaient possédées en Écosse; mais le gouvernement écossais avait refusé d'exécuter la clause du traité qui les favorisait. Ils revendiquèrent ces biens, et ne reçurent que des réponses évasives (1332). Wake, Beaumont, d'autres seigneurs anglais, qui avaient droit à de semblables répétitions, et Édouard Baliol, fils de ce Baliol qu'Édouard Ier avait forcé de répudier la couronne d'Écosse, se rendirent dans les comtés du nord, et résolurent de confier à leur épée le succès de leurs réclamations. La présence d'un ancien prétendant au trône écossais excita leur audace, et ils invitèrent Édouard à protéger leur entreprise. Il était difficile que ce monarque s'y engageât ouvertement; il avait marié sa sœur au jeune David, et s'était soumis à payer au pape une somme de vingt mille livres sterling s'il rompait la paix qu'il avait jurée. Il craignait aussi qu'on ne l'accusât de violence et d'injustice s'il attaquait un roi mineur, son beau-frère, dont un traité solennel garantissait l'indépendance. Cette minorité, toutefois, lui offrait une occasion bien favorable pour reconquérir une suzeraineté qu'il avait toujours regrettée. Il se résolut donc à favoriser en secret les levées d'hommes que faisait Baliol, et ne défendit pas à la noblesse anglaise de prendre part à l'expédition. Cependant il enjoignit aux shérifs des comtés du nord de ne permettre, sur les frontières, aucun acte d'hostilité que l'on pût considérer comme une violation de territoire. Baliol et ses amis passèrent en Hollande, y rassemblèrent trois mille hommes, les embarquèrent pour Ravenspur à l'embouchure de l'Humber, réunirent dans ce port un petit nombre d'autres combattants, les distribuèrent sur des bateaux, firent voile pour l'entrée de la rivière du Tay, et prirent terre à Kinghorn, dans le comté de Fife.

Baliol apprit à Dumfermline que le comte de Moray, accablé d'années, venait de mourir, et que Donald, comte de Marre, lui avait succédé dans les fonctions de régent du royaume d'Écosse et de tuteur du roi. Donald ne possédait aucune des qualités par lesquelles s'était distingué Randolfe, et le redoutable comte de Douglas avait été tué naguère en Espagne, dans une croisade contre les Maures. Ces nouvelles relevèrent les espérances de Baliol. Son aventureux courage s'en exalta, et il n'hésita pas, avec une poignée d'hommes, à attaquer l'armée écossaise qui s'avançait en deux divisions de trente mille combattants. Il traversa la rivière d'Earn durant la nuit, passa entre les deux camps, et, à la faveur des ténèbres, massacra un grand nombre d'Écossais. Les premiers rayons du jour permirent à ceux qui survécurent de reconnaître l'ennemi, et ils se mirent en défense; mais le sort de la journée était décidé. Le comte de Marre, avec un grand nombre de lords écossais, périrent dans le combat. Perth tomba devant l'heureux aventurier, qui s'y fortifia tandis que l'armée ennemie se dissolvait par les dissensions et la disette. La flotte de Baliol attaquait, en même temps, sur le Tay, l'escadre écossaise, et remportait une victoire complète. Enfin, les anciens partisans de la famille de Baliol se déclarèrent en sa faveur, et le conduisirent à Scone où il fut couronné par l'évêque de Dunckeld.

Moins de deux mois avaient suffi pour opérer ces prodiges. Il ne fallut pas un temps plus long pour changer encore la destinée de l'Écosse. Les adversaires de Baliol lui proposèrent une suspension d'armes, afin de convoquer une assemblée dans laquelle seraient discutés les droits des deux prétendants à la couronne. Baliol, dont les finances étaient épuisées, et qui s'était vu forcé de congédier la plus grande partie des Anglais qui l'avaient accompagné, consentit à la réunion de ce parlement; mais durant l'armistice, que n'avaient pas accepté tous les chefs écossais, le nouveau comte de Moray et sir Archibald Douglas le surprirent auprès d'Annan; son frère, Jean Baliol, fut tué, et seul, sans ressources, abandonné de tous, le nouveau roi se sauva en Angleterre, dans la situation la plus déplorable (décembre 1332).

Lorsque Édouard apprit les premiers succès de Baliol, il songea à tirer parti d'un événement auquel il n'était pas étranger, et conclut, en secret, deux traités avec le nouveau roi. Par le premier, Baliol reconnaissait que la couronne d'Écosse n'était qu'un fief de la couronne d'Angleterre, cédait à Édouard la ville et le château de Berwick avec des terres considérables, et s'engageait à épouser la princesse Jeanne, la fiancée du jeune roi David; par le second, les deux monarques contractaient alliance offensive et défensive contre leurs ennemis respectifs. Ce préliminaire accompli, Édouard convoqua le parlement, et consulta les trois chambres séparées, les barons, les prélats et les communes, sur plusieurs questions. Exigerait-il de Baliol l'aveu de sa vassalité? Réclamerait-il le trône d'Écosse comme sa propriété, héritage légué à ses descendants par Édouard Ier? Prendrait-il l'avis du pape sur ces cas importants, ou sur tout autre? Les membres du parlement sollicitèrent des délais pour répondre, et se contentèrent de lui voter un subside, en le suppliant de s'abstenir désormais de toute taxe illégale, et de tout enlèvement de denrées pour le service de sa maison, en lui faisant observer que les revenus de la couronne devaient suffire à ses dépenses.

Les Écossais reconnurent que la guerre avec l'Angleterre était imminente. La tentative de Baliol, accompagné d'une armée et d'une flotte anglaises, était une odieuse violation de la paix. Ils augmentèrent la garnison de Berwick, confièrent le commandèrent du château au comte de March, celui de la ville à Alexandre Seaton, et rassemblèrent des troupes sur les frontières. Édouard se récria comme s'ils eussent été les premiers à enfreindre les traités, chargea Baliol de l'investissement de Berwick, le rejoignit peu de temps après, poussa le siége avec vigueur, et défit, à Halidon-Hill, le régent, sir Archibald Douglas, qui venait au secours de la place. Berwick se rendit après ce désastre, et la noblesse écossaise se soumit (1333).

Baliol convoqua un parlement à Édinbourg, et lui annonça que par ses traités avec Édouard, toute la contrée, à l'est d'une ligne tirée de Dumfries à Linlithgow, appartenait désormais à l'Angleterre. Berwick, Dumbar, Roxburgh et même Édinbourg, se trouvaient compris dans cette cession, dont l'imprudence alluma contre Baliol une haine universelle. Dès que l'armée anglaise eut été dissoute, l'Écosse tout entière prit les armes, expulsa Baliol, et proclama David Bruce, sous la régence d'Andrew, comte de Moray (1335). Édouard assembla une nouvelle armée, et revint en Écosse pour venger son vassal (1336); mais vainement parcourut-il en vainqueur le territoire conquis, la soumission n'existait que dans le lieu même qu'il occupait. La nation, comprimée, n'était ni abattue ni domptée; elle se relevait persévérante, animée par le ressentiment et la colère, encouragée par le moindre succès; et l'ambition d'Édouard s'étant bientôt élevée à la couronne de France, il laissa Baliol à ses propres forces. De ce moment la question fut décidée les forteresses s'ouvrirent l'une après l'autre aux partisans de David, et son antagoniste se vit réduit à chercher un asile dans les comtés du nord de l'Angleterre.

Philippe III, dit le Hardi, roi de France, était mort en 1285, laissant deux fils Philippe IV ou le Bel, et Charles de Valois. Philippe IV eut trois fils qui régnèrent successivement, Louis X ou le Hutin, Philippe V ou le Long, et Charles IV ou le Bel. Tous moururent sans postérité masculine. Mais Charles de Valois, frère de Philippe IV, avait eu un fils, et à l'extinction de la branche mâle aînée, celui-ci monta sur le trône sous le nom de Philippe VI. Édouard, roi d'Angleterre, ne comptait pas quinze ans à cette époque, et sans doute il songeait peu à la couronne de France; mais sa mère Isabelle, sœur des trois rois défunts, eut pour lui cette prétention, nonobstant la coutume solennelle qui écartait du trône français les femmes et leur descendance. Elle réclama devant les douze pairs; mais ils déclarèrent que la loi salique était contraire à ses espérances, parce que cette loi fondamentale prononçait péremptoirement l'exclusion des femmes, et ils ajoutèrent que, dans le cas même où elle ne s'opposerait pas à ce qu'une femme portât le sceptre, les filles des trois princes qui avaient régné possédaient des droits plus réels que ceux d'Isabelle et de son fils [1].

Édouard ne songea pas d'abord à faire revivre les prétentions de sa mère, et à sa majorité il se rendit à Amiens et fit hommage à Philippe VI, pour la Guyenne et le Ponthieu. L'asile et les secours que le roi de France avait accordés au jeune David d'Ecosse vinrent réveiller les idées ambitieuses d'Édouard par le désir de la vengeance. Sur ces entrefaites, Robert d'Artois, prince du sang de France et beau-frère de Philippe de Valois, proscrit à raison de ses méfaits, vint lui demander sa royale protection. Mahault, comtesse héréditaire de l'Artois, tante de Robert, était décédée en 1318, laissant son domaine à sa fille, épouse de Philippe V; mais Robert, qui se croyait des droits à la propriété de cette province, s'en empara les armes à la main. Philippe V l'en chassa. Cependant, lorsque Philippe de Valois, beau-frère de Robert, ceignit la couronne, celui-ci le supplia d'ordonner la révision du jugement qui l'avait privé du comté d'Artois. Le roi y consentit, et Robert présenta en cour de parlement quatre chartes qui devaient lui assurer la possession du domaine qu'il réclamait. L'examen de ces actes prouva qu'ils étaient supposés, et Philippe abandonna les faussaires à la vindicte des lois. La cour prononça contre eux la peine de mort: les écrivains des titres furent exécutés; on permit à Robert de s'échapper, et il s'enfuit à Namur, et de là en Angleterre. Édouard l'accueillit à bras ouverts, lui donna une pension de huit cents livres sterling, et l'admit à tous ses conseils. Robert n'oublia rien pour réveiller les idées ambitieuses du roi d'Angleterre sur la couronne de France, et il le flatta d'un succès qu'Édouard était loin de croire impossible, comme le lui faisaient entendre ses conseillers. Philippe eut connaissance des menées du proscrit. En conséquence, il fit proclamer que Robert d'Artois était coupable de félonie, et déclara qu'il considérait comme traître et parjure tout vassal de sa couronne, soit au dedans, soit au dehors du royaume de France, qui protégerait le fugitif. La guerre allait commencer.

[1]. Le tableau suivant rendra plus claire au lecteur la position respective des prétendants.

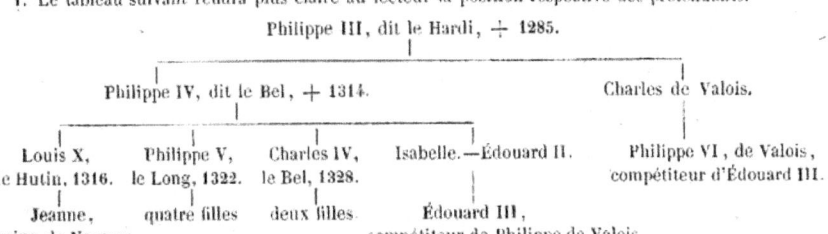

Le premier soin d'Édouard fut de rechercher des alliances dans la Belgique et en Allemagne. Le comte de Hainaut, son beau-père, devint son intermédiaire auprès des souverains, et ses instances valurent au roi d'Angleterre l'assistance de l'empereur Louis de Bavière, des ducs de Gueldres et de Brabant, du marquis de Juliers, du comte de Namur, de l'archevêque de Cologne, des seigneurs puissants de Fauquemont et de Bacquen. Édouard fit mieux encore, et, s'adressant directement à Jacob Von Artaveldt, le célèbre brasseur de Gand, plus connu sous le nom de Jacques d'Artevelt, il l'accabla de protestations d'amitié et parvint à se rendre favorable ce chef souverain des factions démocratiques de la Flandre, sous l'autorité duquel frémissait et s'humiliait l'impérieuse noblesse du pays.

Pour subvenir aux frais de l'entreprise qu'il méditait, Édouard engagea les joyaux de la couronne, établit un emprunt forcé sur tous les banquiers ou lombards de Londres, obtint du parlement, qu'il eut l'adresse de convaincre de la justice de sa cause, un subside composé de toute la laine de l'année, évaluée à vingt mille sacs ou cent mille livres sterling, s'empara du produit des mines d'étain, imposa des tailles illégales, et partit d'Orewell pour la Flandre, suivi d'une grande partie de la noblesse anglaise (15 juillet 1338). La flotte arriva sans obstacle au port d'Anvers.

Les confédérés virent avec joie, sur le continent, un prince actif, brave et aventureux; mais cependant ils n'osaient attaquer la France sans qu'elle eût donné quelque prétexte à leur agression. Édouard répandit de l'or, accorda de nouveaux priviléges commerciaux dans ses états aux marchands de la Flandre et de la Belgique, fiança son fils aîné à la fille du duc de Brabant, et se rendit à Coblentz près de l'empereur, qui lui conféra le titre de vicaire de l'empire, fonction assez insignifiante en elle-même, mais qui lui donnait une supériorité féodale sur les princes de la confédération et les obligeait à lui obéir à la guerre. Cela ne suffisait pas : les Flamands se considéraient comme vassaux liges de la couronne de France, et ils hésitaient à se placer en forfaiture, selon les principes du temps. Afin d'obvier à cette difficulté, le roi d'Angleterre s'arrogea le titre de roi de France, délivra toutes ses commissions en cette qualité, et somma ses alliés de l'aider à détrôner l'*usurpateur* Philippe de Valois. Ces intrigues n'eurent pas le succès qu'en espérait Édouard. L'argent commençait à lui manquer. L'été s'écoula en négociations; le roi fut obligé de retourner en Angleterre.

Philippe appela près de lui sa noblesse, ses grands vassaux, et les souverains ses alliés. Le roi de Navarre, le duc de Bretagne, et le comte de Bar, dont il était le suzerain, accoururent sous ses bannières. Le roi de Bohême, le comte Palatin du Rhin, les ducs d'Autriche et de Lorraine, l'évêque de Liége, les comtes des Deux-Ponts, de Genève et de Vaudemont, se déclarèrent en faveur de sa cause. Le pape menaça de lancer les foudres de l'église sur les agresseurs.

Cependant Édouard III reparut sur le continent au printemps de 1339. L'irrésolution des confédérés, la lenteur de leur marche, la retraite des comtes de Namur et de Hainaut, qui ne voulurent pas attaquer les premiers leur seigneur lige, et qui déclarèrent que l'autorité du vicaire de l'empire cessait sur un territoire étranger, rien n'arrêta le roi d'Angleterre. Il conduisit d'abord une partie de son armée sous les murs de Cambray, ville où Philippe entretenait une garnison, ravagea toute la contrée, et, la flamme à la main, s'avança jusqu'aux murs de Péronne, de Saint-Quentin et de Bapaume, incendiant les villages dans un rayon de douze lieues; il poussa même des détachements aux portes de Laon, mais il les rappela lorsqu'il apprit que Philippe s'avançait avec des troupes nombreuses, et s'arrêta au village de Flamengrie. Le roi de France prit position à Vironfosse, et fit des préparatifs pour s'y fortifier. Le roi d'Angleterre reconnut qu'avec des forces inférieures ce serait une folie de risquer une bataille, il partit pour Avesnes, fit répondre aux hérauts de Philippe qui lui offraient le combat, que ce serait pour un autre jour, et dès que son armée fut assemblée sur le territoire de la Flandre, il la congédia; conclusion ridicule d'une entreprise insensée, premier acte fatal d'une guerre d'invasion dont les événements, déplorables pour les deux peuples, commencèrent et rendirent inextinguible la haine qui s'éleva entre la France et l'Angleterre.

Edouard ne se découragea ni de cet échec, ni de la dette énorme qu'il avait contractée; elle s'élevait à trois cent mille livres sterling, ou plus de soixante douze millions de nos jours, valeur immense à raison de la rareté des métaux à cette époque. Il prit hautement le titre de roi de France, écartela ses armes des lis et des léopards ou lions anglais, confirma les deux chartes et les priviléges accordés aux bourgs et aux villes, réforma quelques abus dans l'administration de la justice, et parvint à obtenir pour deux années un subside d'un neuvième sur tous les revenus des barons et chevaliers, d'une somme égale sur les biens meubles des bourgeois, et de quarante shellings par sac de laine destiné à l'exportation. Il promit au parlement que, si le royaume de France devenait sa conquête, le royaume d'Angleterre en resterait néanmoins distinct et indépendant. Ces dispositions terminées, il apprit que Philippe, qui s'attendait à une seconde invasion, avait équipé une flotte nombreuse à l'aide des Génois et des Normands, et qu'il l'avait réunie dans le havre de Sluys ou l'Écluse. La sienne était déjà prête; il la rassembla au port d'Orewell, et annonça son intention de rechercher et de combattre l'ennemi. Ses plus intimes conseillers tentèrent de l'en détourner; mais Edouard les traita de conspirateurs, et s'écria que ceux qui avaient peur pouvaient rester chez eux. Il mit à la voile, et dès le lendemain son escadre reconnut la forêt de mâts qui s'élevait au-dessus des dunes de Blankenberg. Le 24 juin 1340, les Français à l'ancre, et disposés sur quatre lignes, furent attaqués par les Anglais. Le combat fut terrible; la première division française ne tarda pas à être écrasée par des vaisseaux libres entre eux et qui pouvaient prendre le vent à volonté, tandis que leurs adversaires s'étaient amarrés l'un à l'autre par des chaînes de fer. Cependant les autres divisions balançaient la victoire, lorsque le comte de Morley, avec une escadre armée dans les comtés du Nord, et les Flamands sortis de tous les ports de la Belgique, se précipitèrent sur la seconde et la troisième ligne des Français; ce secours inopiné décida du sort de la bataille. La quatrième ligne se défendit avec une telle énergie, qu'elle ne put être entamée, et qu'elle servit à sauver tout ce qui s'échappa du massacre; mais les trois quarts de la flotte française étaient détruits, et plus de vingt mille hommes avaient péri dans les flots ou sous le tranchant du glaive.

La reine Philippa et les cinquante nobles dames qui formaient sa cour avaient pris terre avant le combat, et s'étaient rendues à Gand. Edouard les y rejoignit. La gloire qui l'environnait et l'or qu'il répandait stimulèrent l'apathie de ses alliés, et, en peu de temps, il se vit une armée formidable, à la tête de laquelle il marcha sur Tournay et sur Saint-Omer. Robert d'Artois le suivait avec cinquante mille Flamands, mais une terreur panique dissipa cette foule en peu de jours. Edouard investit la ville de Tournay, où Philippe avait placé trente mille hommes de garnison choisie, qui par leur résolution rendirent inutiles tous les efforts de son adversaire.

Le roi d'Angleterre ne parvenant pas à réduire Tournay, et s'apercevant enfin que, selon les prévisions de ses ennemis, son armée se détruisait d'elle-même, envoya un cartel à Philippe de Valois pour lui proposer de décider du sort de la couronne de France en combat singulier, ou dans une action de cent hommes contre cent hommes, ou encore en bataille générale. Le roi de France répondit que ce cartel ne pouvait le concerner, ou qu'Édouard, son vassal, commettait un délit grave en provoquant son suzerain; que d'ailleurs les conditions du duel étaient trop inégales, puisque Edouard ne hasardait que sa personne contre un royaume; mais que s'il voulait engager la couronne d'Angleterre contre celle de France, bien que ce ne fût pas un juste équivalent, le roi de France accepterait le défi. Au milieu de ces inutiles bravades, Jeanne de Hainaut, mère de la reine Philippa, et sœur de Philippe, fit entendre une voix conciliatrice. Edouard ne pouvait se dissimuler le danger de sa position; Philippe n'avait aucun avantage à retirer de la prolongation des hostilités: et tous les deux accédèrent aux conditions d'une trève de neuf mois, qui comprit l'Écosse et la Guyenne. De nouvelles négociations, ouvertes à Arras sous la médiation des légats du saint-siége, prolongèrent d'une année cet armistice; mais toute la sagesse et l'influence du pape ne purent le convertir en une paix durable, parce que Edouard persistait à exiger l'abandon du droit de suzeraineté sur la Guyenne, et à conserver le titre et les armes de roi de France. L'empereur Louis de Bavière révoqua le titre de vicaire de l'empire qu'il avait conféré au roi d'Angleterre, et la plupart des princes de la confédération abandonnèrent son alliance, et conclurent des traités particuliers avec Philippe (1340).

Le produit des impôts que le parlement avait concédés au roi ne pouvait satisfaire à ses besoins, et il se vit harcelé par de nombreux créanciers. Quittant alors les murs de Tournay, il s'embarqua secrètement dans un port de la Zélande et fit voile pour l'Angleterre. A peine arrivé, il révoqua l'évêque de Lichfield, trésorier; l'évêque de Chichester, chancelier; le contrôleur-général, le lord grand justicier, le maire de Londres, et une foule de shérifs, collecteurs de taxes et administrateurs. Mais ce fut surtout contre l'archevêque de Cantorbéry Stratford, président du conseil des finances, que se dirigea son indignation. Stratford parvint à en éviter les premiers éclats en se sauvant dans son diocèse, et il prit la résolution de braver la fureur du roi, en s'appuyant des priviléges du clergé confirmés par la Grande Charte. En conséquence, il prononça l'excommunication contre quiconque tenterait de violer les libertés ecclésiastiques, et réclama le tribunal de ses pairs réunis en parlement. Édouard craignit que l'emprisonnement des évêques de Lichfield et de Chichester n'attirât sur lui l'excommunication fulminée, il les mit donc en liberté; mais, en même temps, il fit lire dans les églises un acte par lequel il accusait l'archevêque de s'être approprié ou d'avoir dilapidé le produit des subsides. Stratford répondit que les taxes n'avaient pu être levées, et que d'ailleurs le roi les avait engagées pour payer des dettes antérieures. Le parlement s'assembla. Stratford, en habits pontificaux, se présenta aux portes de la salle, mais l'entrée lui en fut refusée par ordre du roi; la même interdiction arrêta également les deux évêques. Le primat protesta contre cette offense, en qualité de premier pair du royaume. Les lords se rangèrent de son parti, et le roi, qui craignit que cette affaire n'eût des suites dangereuses, lui permit de prendre séance; mais il la quitta lui-même, et porta son accusation contre Stratford devant les députés des communes, par l'organe de sir William Killesby et de sir John Darcy. Il espérait ainsi susciter une désunion entre les chambres. Cependant les lords sollicitèrent vivement Édouard de reconnaître le privilége qu'ils avaient de n'être jugés que par la haute cour de parlement; Édouard repoussa cette prétention comme préjudiciable aux droits de la couronne; mais il céda aux représentations d'un comité composé de quatre évêques, de quatre comtes et de quatre barons, et plus encore au besoin d'obtenir des subsides. En le servant dans cette circonstance, Stratford ne tarda pas à recouvrer sa faveur.

L'arbitraire d'Édouard, l'épuisement de ses finances, ses entreprises hasardeuses et sans résultat, la désunion qu'il avait provoquée entre lui et le clergé, le plaçaient dans une situation tellement épineuse, que le peuple osa murmurer hautement, et que les lords, les prélats et les députés des communes, jugèrent le moment favorable pour obtenir le redressement des abus qu'ils étaient las de souffrir. Édouard n'hésita pas à leur accorder, avec une satisfaction simulée, tout ce qu'ils lui demandèrent (1341). C'était une confirmation nouvelle de la Grande Charte, sous la forme d'un statut qui établissait que les pairs ne seraient plus emprisonnés, dépouillés ni mis à mort sans avoir été jugés en parlement; que le roi prendrait l'avis de son conseil et des grands du royaume pour nommer aux charges des principaux officiers judiciaires et de la couronne; qu'à chaque session du parlement, toutes les hautes fonctions, à l'exception de celles des présidents des deux cours de justice et des barons de l'échiquier, seraient supposées vacantes durant trois jours, et que, dans cet intervalle, les ministres, réduits à la condition de simples citoyens, pourraient être accusés en parlement, forcés de répondre, et destitués s'il y avait lieu. Le roi consentit à tout, et reçut en échange le don de trente mille sacs de laine que lui accorda le parlement. Mais à peine fut-il en possession de ce subside, qu'il déclara, par une circulaire à ses shérifs, que préalablement à l'approbation dont il avait revêtu le nouveau statut, il avait signé une protestation qui le rendait nul, comme illégal et attentatoire aux droits de la couronne; qu'il n'y avait pas apposé son seing royal de son plein gré, mais forcé par les circonstances; qu'il protestait de nouveau, le révoquait, et l'annulait de sa pleine autorité, et défendait au clergé de lui reconnaître aucune valeur, sous les peines les plus sévères. Cependant durant deux années, il n'osa convoquer le parlement.

Les mortifications que la campagne de France avait fait éprouver au roi d'Angleterre ne lui laissaient entrevoir la possibilité de reprendre la suite de ses projets que dans une douteuse perspective, quand un événement imprévu vint ranimer ses espérances, et lui ouvrir une route au sein des états qu'il convoitait. Jean III, duc de Bretagne, mourut sans enfants en 1341. Il avait accordé la main de Jeanne, sa nièce, au comte Charles de Blois, neveu de Philippe de Valois, et l'avait déclarée son héritière; mais le comte de Montfort, frère consanguin de Jean III, réclama la couronne ducale, et se fit le vassal d'Édouard afin d'avoir un appui qu'il pût opposer à celui de son rival[1]. Les pairs de France, qui prirent d'abord connaissance de la cause, adjugèrent le duché de Bretagne au comte de Blois, et Philippe mit une armée aux ordres de son neveu. Le roi d'Angleterre envoya également des secours à Jean de Montfort. Les incidents de cette guerre de succession se partagèrent en alternatives de succès et de revers, mais sans compromettre les couronnes de France ou d'Angleterre, jusqu'au moment où expira la trêve entre les deux monarques. Les armées de l'un et de l'autre se trouvaient en présence sur le territoire de la Bretagne, et elles se disposaient à continuer la guerre, non plus au profit de Charles de Blois ou de Jean de Montfort, mais dans l'intérêt personnel des deux rois, lorsque les légats de Clément VI se firent médiateurs entre les puissances, et conclurent une trêve de trois ans et huit mois (1343). On devait traiter des conditions de la paix dans cet intervalle.

La trêve n'amena point ce résultat, et fut rompue avant son expiration. Édouard ne l'avait consentie qu'afin de se tirer de la position critique où l'avait placé la dissémination malhabile de son armée, et Philippe, dans l'espoir que les intrigues et les promesses de Charles de Blois gagneraient les grands barons de Bretagne à sa cause, mieux qu'une guerre désastreuse. A peine convenu, l'armistice fut violé par les deux partis. Les nations s'accusèrent mutuellement de perfidie; les deux souverains eux-mêmes se renvoyèrent de misérables injures. Le roi d'Angleterre, faisant allusion à l'impôt de la gabelle, monopole du sel récemment inventé par Philippe, appelait ce prince *le roi salique;* et le roi de France répondait à Édouard en le nommant *le marchand de laines*. Le parlement anglais accorda à son roi un nouveau subside pour achever ses préparatifs.

Henri, comte de Derby, fils du comte de Lancastre, et cousin du roi, fut chargé de reprendre toutes les places de la Guyenne dont les Français s'étaient emparés (juin 1345). Il prit terre à Bayonne, se rendit à Bordeaux, marcha sur Bergerac qu'il enleva, surprit avec un petit nombre d'archers et d'hommes d'armes le comte de Lisle qui assiégeait Auberoche, tua ou fit prisonniers le commandant français et les principaux officiers, et mit en pleine déroute une armée de douze mille hommes. Tonneins, Montpezat, Villefranche, Miremont, Montaigu, tombèrent successivement en son pouvoir. La Réole se rendit après un siège de quelques semaines. Angoulême ne tint qu'un petit nombre de jours, et la citadelle de Blaye seule lui opposa assez de résistance pour l'obliger à se retirer.

Édouard avait mis à la voile pour l'Écluse, en même temps que son cousin pour la Guyenne. Il avait conçu le projet de déposséder le comte de Flandre, et d'obtenir,

---

1. Voyez, pour cette curieuse guerre de succession, l'*Histoire des rois et des ducs de Bretagne*, par M. le baron de Roujoux, tome III.

pour son fils aîné l'allégeance des sujets d'un prince qui refusait de reconnaître un autre roi de France que Philippe. Il parvint à séduire quelques esprits imprudents à Bruges et à Ypres; mais les citoyens de Gand, irrités de son insatiable ambition, se soulevèrent, menacèrent son existence, et l'obligèrent à se préserver de leur indignation par une prompte fuite. L'assassinat d'Arteveldt le priva d'un puissant appui dans les classes populaires; il reprit la route de l'Angleterre, s'occupa sans délai de nouveaux armements, et s'embarqua bientôt à Southampton, dans le dessein de porter du secours au comte de Derby, que l'arrivée de troupes françaises avait forcé à prendre la défensive. Son ancien conseil, Robert d'Artois, n'existait plus; il était mort des blessures qu'il avait reçues en Bretagne, en léguant à Édouard le soin de sa vengeance. Un autre réfugié français, Geoffroy d'Harcourt, persuada au roi d'Angleterre que, dans les circonstances actuelles il obtiendrait, en Normandie, des succès plus décisifs que dans une campagne en Guyenne. Toutes les forces de Philippe s'étaient dirigées vers le midi, et les villes florissantes de la France occidentale devaient être nécessairement dégarnies de forces militaires. Édouard changea de route, et vint prendre terre au cap de La Hague [1], le plus occidental de la péninsule normande (12 juillet 1346).

L'armée du roi, assez faible dans les premiers jours, ne tarda pas à se recruter par des convois successifs, et s'éleva bientôt à trente mille hommes. On y comptait dix mille Gallois, six mille Irlandais, dix mille archers et quatre mille hommes d'armes et chevaliers; à l'exception des archers et de la cavalerie, elle était plus disposée à ravager le pays qu'à tenir tête à des troupes régulières. A peine Édouard eut-il débarqué qu'il conféra l'ordre de chevalerie au prince de Galles et à quelques-uns de ses jeunes compagnons, nomma le comte d'Arundel connétable de l'armée, et les comtes d'Harcourt et de Warwick maréchaux d'Angleterre, donna l'ordre d'incendier tous les vaisseaux qu'on trouverait dans les ports de la péninsule, partagea ses gens en trois divisions, et leur abandonna le pays en permettant de piller, de brûler et de massacrer ou de faire à volonté des prisonniers. Valogne, Saint-Lô, Carentan, Caen, furent réduits en cendres. Un immense butin fut embarqué sur la flotte qu'on renvoya en Angleterre avec le comte d'Eu, connétable de France, le comte de Tancarville, soixante chevaliers et trois cents riches bourgeois dont on espérait encore obtenir une rançon considérable.

Édouard marcha ensuite sur la ville de Rouen, dont il espérait s'emparer avec facilité; mais les ponts étaient rompus, et Philippe s'était avancé au secours de cette place avec une armée imposante. Édouard se vit donc contraint à suivre la rive gauche de la Seine, et il parvint jusqu'aux portes de Paris, en brûlant les villes de Vernon, de Mantes, de Poissy, et les villages de Saint-Germain, Rueil, Nanterre, Saint-Cloud, Boulogne, Neuilly et Bourg-la-Reine. Philippe accourut aux cris de terreur de sa capitale, et les troupes anglaises rétrogradèrent. La situation d'Édouard devenait critique; Philippe avait atteint la ville d'Amiens, et son armée était for-

---

1. Les historiens anglais disent la Hogue, mais l'examen raisonné de la carte topographique de la péninsule de Normandie nous a prouvé que ce fut au havre de la Hague que débarqua l'armée d'Édouard. La Hogue, ou plutôt la Hougue, est célèbre par le combat naval de Tourville.

midable. Son adversaire, au moment d'être entouré et affamé, n'avait d'autre ressource que de traverser la Somme dont tous les ponts étaient coupés et gardés ; il offrit une somme considérable à quiconque lui indiquerait un gué, et un misérable, nommé Robin Agasse, tenté par l'appât de cette récompense, lui indiqua celui de Blanchetaque où l'on pouvait passer à pied la rivière à l'èbe de la marée ; mais en y arrivant, Edouard reconnut que la rive droite était gardée par le chevalier Gondemar du Fay, à la tête de douze mille hommes. Il fallait forcer le passage ou périr, car Philippe suivait l'armée anglaise à marches forcées. Edouard s'élança dans la rivière l'épée à la main, chassa l'ennemi qui lui était opposé, et dirigea sur le port du Crotoi quelques détachements qui s'emparèrent de plusieurs vaisseaux chargés de provisions. Philippe n'arriva sur la rive gauche que pour se saisir de quelques traîneurs ; la marée qui montait arrêta sa poursuite, et il revint à Abbeville. Il est probable qu'Edouard fut instruit par ses espions du désordre qui régnait dans l'immense armée de Philippe, et qu'il espéra, par un coup hardi, changer subitement la face de ses affaires. Il arrêta sa marche, rassembla son conseil, lui dit qu'il avait pris la résolution inébranlable de ne pas faire un pas de plus ; que si la retraite, jusqu'à ce jour, avait été de nécessité, il se trouvait actuellement sur le territoire du comté de Ponthieu, l'héritage de son aïeule, et qu'il entendait en défendre vigoureusement l'entrée à ses adversaires. Il prit position et disposa son armée sur une éminence derrière le village de Crécy ; la partagea en trois divisions et donna le commandement nominal de la première au prince de Galles, en chargeant les comtes d'Oxford et de Warwick de diriger ses actions ; le comte d'Harcourt, les lords Chandos et Holland se rangèrent autour de la personne du jeune chevalier ; la seconde division fut commandée par les comtes d'Arundel et de Northampton, assistés des lords Willoughby, Ross et Basset ; le roi se mit à la tête de la troisième qui forma la réserve, et se plaça sur le sommet de la colline, d'où il pouvait aisément surveiller les mouvements des deux autres et leur porter de prompts secours. Les flancs de l'armée furent défendus par des retranchements garnis de chariots de bagage. Ces dispositions faites, Edouard parcourut les rangs, harangua ses soldats, les exhorta à ne point redouter des ennemis qu'ils étaient habitués à vaincre quel que fût leur nombre, et leur promit la victoire. Il passa une partie de la nuit en prières. A la pointe du jour (26 août 1346) il entendit la messe, reçut la communion ainsi que le prince de Galles, et, monté sur son palefroi, il alla s'assurer, sur tous les points, si ses ordres étaient exécutés.

Cependant le roi Philippe ayant appris que les Anglais acceptaient ou présentaient le combat, partit en hâte d'Abbeville, après avoir expédié, dans tous les quartiers de son armée, l'ordre de le suivre. A deux lieues de Crécy, des éclaireurs l'avertirent que les ennemis l'attendaient dans la plus belle et la plus savante disposition du monde ; et les vieux chevaliers qui composaient son conseil de bataille l'engagèrent à différer le combat jusqu'au lendemain, afin d'avoir le temps de reconnaître les côtés faibles de l'armée anglaise, et de ranger la sienne convenablement. Philippe adopta cet avis, et des hérauts coururent au-devant des corps dont les masses se pressaient les unes sur les autres, en jetant le cri : Halte, bannières ! de par le roi, Dieu et saint Denis ! Mais la rapidité même de la marche de Philippe avait excité une ardeur universelle; les arbalétriers, atteints par les chevaliers qui les suivaient, se trouvèrent dans l'impossibilité de s'arrêter; et l'armée française, dans une horrible confusion, arriva en présence de l'ennemi.

Six mille arbalétriers génois, pressés plutôt que soutenus par une division de cavalerie sous les ordres du comte d'Alençon, frère du roi de France, commencèrent l'attaque, et lancèrent leurs carreaux en poussant de grands cris. Il était alors cinq heures de l'après-midi. Un violent orage et des torrents de pluie avaient accablé l'armée en marche; les cordes des arbalètes étaient mouillées et relâchées, et leur décharge fit peu d'effet. Les archers anglais, dans la position qu'ils occupaient dès la veille, avaient pu donner des soins à leurs armes; ils prirent une telle revanche sur les Italiens, que ceux-ci s'effrayèrent, rompirent leurs rangs, et se rejetèrent sur les hommes d'armes du comte d'Alençon, qui, loin d'entreprendre de les rallier, ordonna de passer les fuyards au fil de l'épée. Les archers continuèrent à les accabler; mais le comte d'Alençon, réuni au comte de Flandre, ayant reformé sa cavalerie et se faisant appuyer d'un corps formidable, repoussa les archers, et se précipita sur les chevaliers du prince de Galles. Arundel et Northampton s'avancèrent avec la seconde division, et le combat devint si terrible que Warwick, inquiet du résultat, envoya demander à Édouard une partie de la réserve. Le roi d'Angleterre, placé dans un moulin, épiait attentivement le conflit, et demanda si son fils était tué ou blessé. Sir Thomas Norwick, le messager, lui répondit que non. « En ce cas, dit Édouard, à lui tout l'honneur de la journée; qu'il repousse l'en-
« nemi sans mon secours, et il aura bien gagné ses éperons. »

Alors, selon les ordres du roi, on vit s'avancer deux machines de guerre nouvellement inventées, et dont on ne s'était pas encore servi en bataille rangée, quoiqu'on eût quelquefois tiré parti de leur étonnante puissance dans les siéges des places fortes; c'étaient deux canons. Ils commencèrent à foudroyer l'infanterie qui se pressait en désordre, et ne tardèrent pas à la rompre complétement. Le comte d'Alençon continuait à combattre avec un immense courage, mais il fut tué, et nombre de chevaliers tombèrent à ses côtés. Les Gallois, armés de longs couteaux, se précipitaient sur tous ceux que démontaient les archers, et les égorgeaient sans faire de quartier. Le roi de France, dans ses inutiles efforts pour soutenir avec sa réserve la division de son frère, dont il ignorait le sort, perdit encore un grand nombre de braves. Son cheval avait été tué, et il en remontait un autre, lorsque Jean de Hainaut s'emparant de la bride, l'entraîna forcément hors du champ de bataille. « Cette victoire vous est échappée, lui dit-il, réservez-vous pour une
« revanche. » Le reste du combat ne fut qu'un long massacre. Le peu d'ensemble qui avait régné dans les dispositions de l'armée française, fit que des corps détachés qui n'avaient point reçu d'ordres, vinrent se faire isolément écraser par la masse des troupes victorieuses. La nuit arriva. Le roi d'Angleterre, qui ne pouvait apprécier l'étendue de sa victoire, défendit à ses gens de quitter leur poste, et pressant son fils dans ses bras en présence de ses généraux, il lui dit : « Persévérez dans
« votre glorieuse carrière. Vous vous êtes vaillamment conduit; vous vous êtes
« montré digne de votre père et de la couronne. »

Le 27, à la pointe du jour, un brouillard épais couvrait le champ de bataille. Des

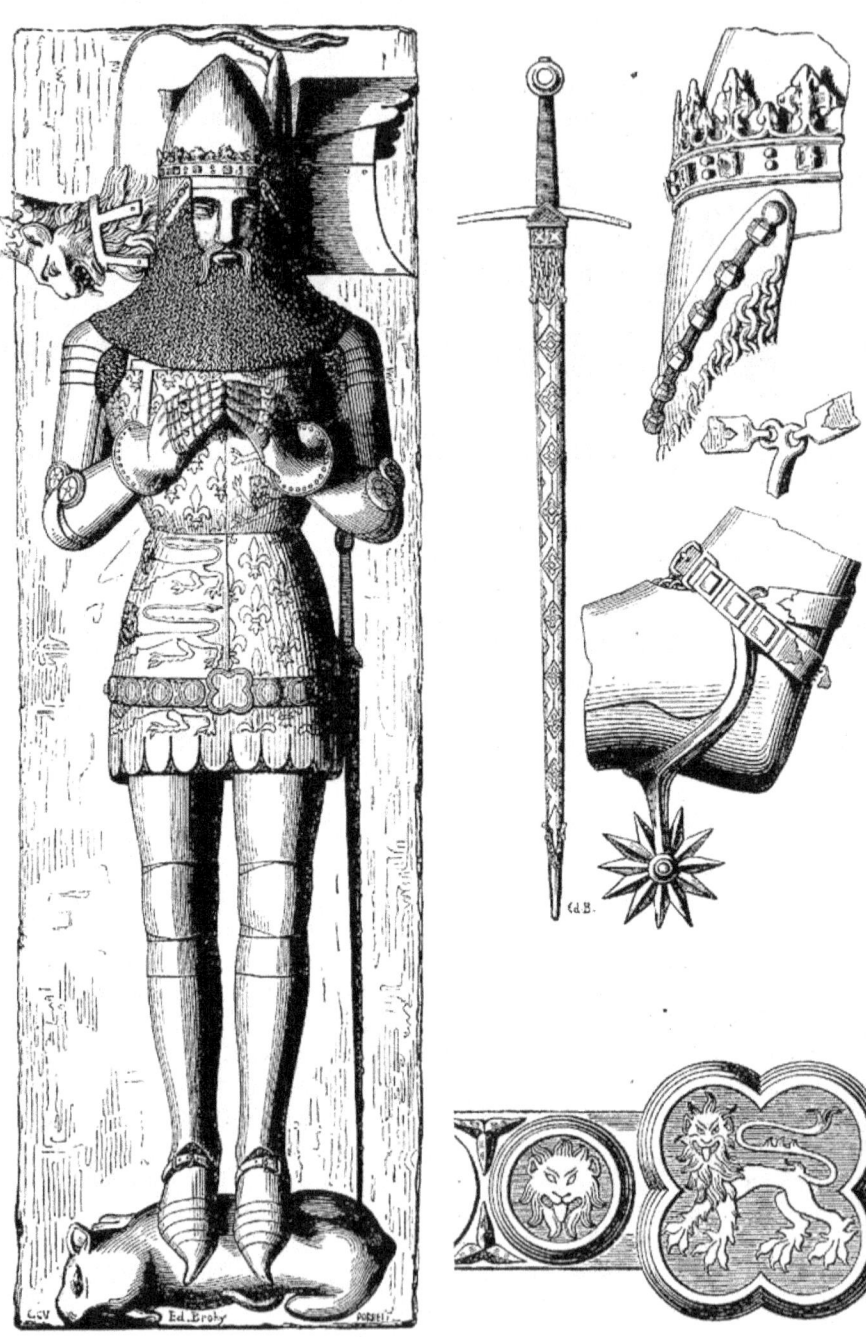

Statue d'Édouard, prince de Galles, placée sur son tombeau, dans la cathédrale de Cantorbéry, et détails de son costu

milliers de Français que la nuit avait surpris combattant et qui l'avaient passée sous des arbres et près des haies éparses, en conservant l'espoir de se rallier à leurs drapeaux, les retrouvèrent en effet, mais arborés par les Anglais. Trompés par ce signal perfide, ils furent égorgés sans résistance et sans pitié. Un corps de milice qui venait de Beauvais et ne savait rien des événements, fut entouré et subit le même sort. L'archevêque de Rouen et le grand prieur de France tombèrent dans un piége semblable avec une nombreuse suite de chevaliers, et le massacre surpassa de beaucoup celui de la première journée.

Edouard chargea ses hérauts d'armes et deux de ses secrétaires de constater le rang et le nombre des morts et de les enregistrer; ils vérifièrent les armoiries peintes ou brodées sur les surcots, rassemblèrent quatre-vingts bannières, et, dans la même soirée, présentèrent au roi une liste qui comprenait les noms de onze rois ou princes, de douze cents chevaliers, et de quatorze cents gentilshommes. Quatre mille hommes d'armes, et plus de trente mille soldats ou personnes de rang inférieur gisaient morts sur le champ de bataille. Au nombre des princes tués, on comptait le roi de Bohême, qui, aveugle, s'était précipité dans les rangs ennemis entre deux chevaliers dont les palefrois étaient attachés de chaque côté du sien; le comte d'Alençon, frère du roi de France; les ducs de Lorraine et de Bourbon; les comtes de Flandre, de Vaudémont, de Blois et d'Aumale. Le cimier du roi de Bohême portait trois plumes d'autruche avec la devise allemande, *Ich Dien :* je sers. Le jeune prince de Galles s'en empara, et depuis cette époque ses successeurs l'ont constamment adoptée.

Edouard prit alors la résolution de se faire du port de Calais une place de sûreté, qui lui ouvrirait à volonté un chemin vers la France. En peu de jours, il se trouva sous les murs de cette ville, et en ordonna l'investissement. Philippe, en même temps, s'occupait de réparer ses pertes; il rappelait près de lui son fils Jean, duc de Normandie, qui balançait en Guyenne les succès du comte de Derby, et sollicitait le roi d'Écosse, David, de faire une diversion en Angleterre, en lui promettant son assistance.

David n'avait pas oublié son exil et les outrages dont Edouard l'avait accablé, et la noblesse écossaise cherchait aussi une occasion favorable pour se venger. Stimulée par l'ardeur de son jeune roi, elle réunit à Perth trois mille hommes d'armes et trente mille autres combattants. Cette armée pénétra dans le Cumberland, s'empara de la Pyle ou forteresse de Lyddel, pilla l'abbaye de Lanercrost, traversa Hexham, et porta la désolation dans les campagnes de Durham. Cependant une armée anglaise se formait; elle compta bientôt douze mille hommes déterminés. La reine Philippa, excitée par l'exemple de la fameuse comtesse de Montfort, qui naguère avait déployé en Bretagne le courage et le caractère d'un chevalier, parut, montée sur un cheval de bataille, au milieu des défenseurs de l'Angleterre, et les exhorta à venger l'honneur d'Edouard et à délivrer le sol de la patrie de la présence de ses barbares envahisseurs.

David, surpris à l'improviste par l'armée anglaise, combattit avec courage; mais il reçut deux blessures, fut fait prisonnier, et conduit d'abord au château d'Ogle; puis, sur les ordres d'Édouard, renfermé dans la Tour de Londres.

En annonçant la victoire de Crécy au comte de Derby, son représentant en Guyenne, Édouard l'avait rappelé près de lui, et lui avait prescrit de faire prendre à ses troupes des quartiers d'hiver. Les opérations du comte avaient été constamment couronnées de succès. Dès que les Français eurent quitté la Guyenne, après la bataille de Crécy, il partit de Bordeaux (août 1346), et en moins de deux mois traversa la Saintonge, s'empara de Poitiers, et poussa jusqu'à Ancenis. Ce fut là qu'il reçut les ordres d'Édouard; il ramena ses troupes, chargées de dépouilles, en Guyenne et en Gascogne, et se rendit auprès de son souverain (octobre 1346).

Édouard continuait le siége de Calais. Ses premiers efforts n'ayant pas eu les résultats qu'il en attendait, il prit la résolution de réduire la ville par la famine. Une flotte considérable la bloqua par mer, et des lignes de circonvallation interceptèrent toute communication avec l'extérieur; une ville nouvelle en bois s'éleva au milieu du camp des Anglais, et la reine Philippa vint l'habiter avec la cour. Bientôt la plus horrible disette moissonna les défenseurs de Calais. Jean de Vienne, leur commandant, fut forcé de renvoyer de la ville toutes les bouches inutiles. Édouard en eut pitié, et leur fit distribuer quelque nourriture et une petite somme d'argent. Mais la pénurie augmenta dans les murs de Calais, et bientôt Jean de Vienne se vit forcé de recourir à une seconde mesure du même genre. Cinq cents malheureux furent expulsés de la ville; cette fois, le roi d'Angleterre leur refusa le passage, et tous périrent entre le camp et les murailles. Philippe, cependant, recevait de la ville des messages qui lui annonçaient la détresse où elle était plongée. Une des missives que lui adressait le commandant portait que les chevaux, les chiens, tous les animaux vivants, avaient été dévorés, et qu'il ne restait d'autre ressource à la garnison que de sortir en masse, et de se faire tuer honorablement. Une flotte française parvint à jeter des vivres dans la place; mais une seconde fut détruite par l'escadre anglaise. A la Pentecôte de l'année suivante (1347), les vassaux de Philippe le rejoignirent, et le roi de France vint camper à Wissant. Mais le camp anglais était impossible à forcer, et il fut obligé de se retirer.

Aussitôt que ses bannières eurent disparu, on vit flotter sur les murs du château l'étendard d'Angleterre aux armes écartelées de lis et de léopards. Le gouverneur fit signe qu'il désirait parlementer, et Walter de Mauny se présenta de la part d'Édouard : « Vous nous assiégez depuis un an, cria Jean de Vienne; nous nous « sommes loyalement acquittés de notre devoir; mais ayant perdu l'espoir d'être « secourus, nous sommes prêts à nous rendre, la vie et la liberté sauves. — Non, « leur fit répondre Édouard; je les veux à discrétion; je suis résolu à en tirer une « vengeance exemplaire. » Sur les sollicitations de ses chevaliers : « La plus grande « grâce, dit-il, que ceux de Calais pourront trouver ou avoir en moi, c'est qu'il parte « de la ville six des plus notables bourgeois, en purs leurs chefs et tous déchaux, « les hars au col, les clefs de la ville et du châtel en leurs mains, et de ceux je ferai « ma volonté, et le demeurant je prendrai à merci. »

Les habitants s'assemblèrent sur la place du marché. « Quand ils ouïrent ce rapport, ils commencèrent tous à crier et à pleurer tellement et si amèrement, qu'il n'est si dur cœur au monde qui n'en eût eu pitié..... Une espace après se leva en pied le plus riche bourgeois de la ville, que l'on appeloit sire Eustache de Saint-

EFFIGIE DE PHILIPPA, FEMME D'ÉDOUARD III,
placée sur son tombeau dans la cathédrale de Glocester.

Pierre, et dit devant tous ainsi : « Seigneurs, grand'pitié et grand meschef seroit
« de laisser mourir un tel peuple que ici a, par famine ou autrement, quand on y
« peut trouver aucun moyen. Je, en droit moi, ai si grand'espérance d'avoir grâce
« et pardon envers Notre Seigneur, si je muir pour ce peuple sauver, que je veuil
« être le premier, et me mettrai volontiers en pur ma chemise, à nud chef et la hart
« au col, en la merci du roi d'Angleterre. » Quand sire Eustache de Saint-Pierre eut
dit cette parole, chacun l'alla aouser de pitié, et plusieurs hommes et femmes se
jetoient à ses pieds, pleurant tendrement, et étoit grand'pitié de là être, et eux
ouïr, écouter et regarder.

« Secondement, un autre très-honnête bourgeois et de grand'affaire, et qui avoit
deux belles demoiselles à filles, se leva et dit tout ainsi qu'il feroit compagnie à son
compère sire Eustache de Saint-Pierre, et appeloit-on celui-ci sire Jean d'Aire.
Après se leva le tiers qui s'appeloit sire Jacques de Wissant, qui étoit riche homme
de meubles et d'héritage, et dit qu'il feroit à ses deux cousins compagnie. Aussi fit
Pierre de Wissant son frère, et puis le cinquième et puis le sixième. Et là se dévêtirent ces six bourgeois tout nus en leurs braies et leurs chemises.... et mirent hars
en leur col.... et prirent les clefs de la ville et du châtel; chacun en tenoit une
poignée. Quand ils furent ainsi appareillés, messire Jean de Vienne, monté sur une
petite haquenée, car à grand malaise pouvoit-il aller à pied, se mit au-devant, et
prit le chemin de la porte. » Rendu devant le roi, le gouverneur lui présenta son
épée et les clefs de la ville; les citoyens de Calais se mirent à genoux, et Jean de
Vienne, ainsi que ses chevaliers, allèrent s'agenouiller près d'eux, implorant
miséricorde.

« Le roi se tint tout coi, et les regarda moult fellement, car moult héoit les habitants de Calais pour les grands dommages et contraires que au temps passé, sur
mer, lui avoient fait.... Et quand il parla, il ordonna que on leur coupât tantôt les
têtes. Tous les barons et les chevaliers qui là étoient, en pleurant prioient si
acertes que faire pouvoit au roi qu'il en voulut avoir pitié et mercy ; mais il n'y vouloit entendre : « Il n'en sera autrement, dit-il; mais on fasse venir le coupe-tête. »
A donc fit la noble roine d'Angleterre grand' humilité, qui étoit durement enceinte,
et pleuroit si tendrement de pitié que elle ne se pouvoit soutenir. Si se jeta à
genoux par devant le roi, son seigneur, et dit ainsi : « Ha ! gentil sire, depuis que
« je repassai la mer en grand péril, si comme vous savez, je ne vous ai rien
« requis ni demandé; or, vous prié-je humblement et requiers en propre don, que
« pour le fils Sainte Marie et pour l'amour de moi, vous veuilliez avoir de ces
« six hommes mercy. »

« Le roi attendit un petit à parler.... Si dit : « Ha! dame, j'aimasse trop mieux que
« vous fussiez autre part que cy. Vous me priez si acertes que je ne le vous ose
« escondire, et combien que je le fasse en vis; tenez, je vous les donne ! » Lors se
leva la roine, et fit lever les six bourgeois et les emmena avec si en sa chambre, et
les fit revêtir et donner à dîner tout aise, et puis donna à chacun six nobles, et
les fit conduire hors de l'ost à sauveté. » [1]

. Chroniques de J. Froissart. Ed. Buchon, p. 269 et suiv.

Édouard prit possession de Calais, en chassa tous les habitants, appela à les remplacer des Anglais, et destina ce port à servir d'entrepôt aux cuirs, laines et produits métalliques en plomb et en étain qui composaient tout le commerce d'exportation de l'Angleterre; ce fut une grande perte, une grande humiliation, une grande calamité pour la France.

La prise de Calais fut suivie d'une trêve de peu de mois qui se prolongea ensuite durant six années. Toutefois, la guerre se continua encore dans la Bretagne dont le trône ducal était disputé entre le jeune fils du comte de Monfort et le comte Charles de Blois, alors prisonnier du roi d'Angleterre. Deux femmes, la comtesse de Blois et la comtesse de Montfort, conduisaient chacune leurs partisans aux combats.

L'année 1348 avait été marquée, dans toute l'Europe, par de grandes calamités. Des tremblements de terre ébranlèrent la Calabre, et se firent sentir jusqu'aux confins septentrionaux de la Pologne. L'Angleterre n'en éprouva aucune secousse; mais des torrents de pluie l'inondèrent durant plus de six mois, et détruisirent tout espoir de récolte. Pour surcroît de maux, la peste noire, après avoir ravagé l'Asie, la Russie, la Grèce, l'Italie, l'Allemagne et la France, se déclara aussi en Angleterre. L'épouvante fut au comble à Londres; il périssait deux cents personnes par jour. Les esprits superstitieux s'imaginèrent que la fin du monde était proche. Tous les liens de famille, tous les liens d'amitié furent rompus. Le roi prorogea le parlement; les tribunaux cessèrent leur action; les églises retentirent de cris et de prières. Le fléau passa de l'homme aux animaux : les chevaux, les bœufs, les moutons, infectèrent, de leurs cadavres putréfiés, les champs laissés sans culture, et la famine ne tarda pas à moissonner à son tour une partie des malheureux échappés à la contagion. L'Irlande et l'Écosse parurent, durant quelques mois, à l'abri des attaques de l'épidémie, et, par un singulier hasard, il arriva que, lorsqu'enfin elle se déclara dans ces contrées, les Anglais domiciliés éprouvèrent seuls ses premières atteintes; ce qui fournit à la haine des Écossais le jurement populaire : « Par la vilaine mort des Anglais ! »

A cette époque arriva en Angleterre une tourbe de fanatiques venus du continent, et connus sous le nom de Flagellants. Ces insensés se réunissaient sur les places publiques, se dépouillaient de leurs vêtements, de la tête à la ceinture, et se fouettaient jusqu'à ce que le sang ruisselât sur leurs épaules, en chantant : « Pour « l'amour de l'homme le Sauveur est venu, pour l'amour de l'homme il est mort. « Il souffrit les besoins, les reproches et la honte; il fut fouetté et crucifié. Oh ! « pensez donc à la peine du Sauveur, et fouettez le pêcheur, fouettez fort. » Leurs désordres les avaient fait chasser de la France; ils excitèrent l'étonnement des Anglais, mais ne firent pas de prosélytes.

Philippe de Valois mourut en 1350, et son fils Jean monta sur le trône. Édouard n'était nullement revenu de ses rêves ambitieux, et il n'attendait qu'une occasion pour faire valoir de nouveau ses prétentions à la couronne de France. Il avait remis en liberté le connétable comte d'Eu, sans rançon, mais sous la clause secrète, dit-on, que le comte lui livrerait la forteresse de Guisnes dont il était seigneur. Cette condition fut connue du roi Jean, qui prévint la trahison en faisant tomber la tête du traître, et le remplaça dans sa haute dignité par Don Carlos de la Cerda, beau et vaillant chevalier espagnol, fils du roi des Canaries; il donna au nouveau connétable le comté d'Angoulême, que le roi de Navarre réclamait comme lui appartenant. Le roi de Navarre, Charles-le-Mauvais, gendre du roi de France, descendant, par les femmes, de Louis X dit le Hutin, était un prince actif, spirituel, entreprenant, inépuisable en ressources, mais sans foi ni principes, vindicatif et rusé. Furieux de voir ses demandes rejetées, il fit poignarder Don Carlos, et, craignant la colère du roi de France, négocia secrètement avec l'Angleterre par l'intermédiaire du comte de Lancastre, et s'allia à Geoffroy d'Harcourt que Philippe de Valois avait reçu en grâce. Le roi de France donna l'ordre d'arrêter le roi de Navarre, et punit exemplairement quelques-uns de ses complices. Mais le comte d'Harcourt et Philippe, frère de Charles, armèrent sur-le-champ les forteresses dont ils disposaient, et sollicitèrent le secours du roi d'Angleterre.

En ce moment des envoyés de Jean et d'Edouard discutaient près du pape Innocent IV les prétentions des deux monarques, afin de changer en paix solide une trêve prête à expirer (1355). Mais le roi d'Angleterre exigeait que le roi de France renonçât solennellement à toute suzeraineté sur la Guyenne, le Ponthieu et toutes les provinces qu'Edouard possédait comme vassal. Les barons de France déclarèrent que le roi n'avait pas le droit de souscrire à une pareille renonciation; que la suzeraineté était inhérente à la couronne, non au prince qui la portait. Instruit de cette réponse, Edouard, qui tenait dans ses ports une flotte toute prête, sous le commandement de son fils, le prince de Galles ou le prince Noir, nom qu'on lui donnait à cause de la couleur de son armure, le fit partir à l'instant pour Bordeaux, avec trois cents voiles, et une armée de soixante mille hommes.

« Les Anglais se portaient avec une ardeur extrême à cette guerre; le pillage de deux ou trois provinces françaises avait jeté chez eux une masse incroyable de richesses: on ne voyait partout que tapis, draps, bijoux, meubles précieux; quarante mille pièces de riches étoffes avaient été enlevées dans la seule ville de Caen. Le métier de la guerre devint le meilleur métier pour les Anglais; et ce fut à qui passerait la mer pour venir *gaaigner* en France. Tout au contraire, chez les Français, la guerre n'excitait que le dégoût, la crainte, le découragement; on s'indignait contre ces rois qui avaient fait déchoir le royaume de son ancienne prospérité; on ne désirait que du repos. La noblesse elle-même avait perdu son ardeur guerrière; elle faisait payer ses services à prix d'or, ne songeait qu'à son intérêt privé, et n'était pas éloignée de s'accorder avec Edouard. Le roi Jean chercha à ranimer le zèle de ses barons en augmentant leur solde de guerre; et, « pour ramener ses fidèles à la gloire de l'ancienne noblesse et chevalerie, » il institua l'ordre de l'Étoile, à l'exemple du roi anglais, qui avait établi l'ordre de la Jarretière[1]. »

---

1. Théophile Lavallée, t. II, p. 33. — L'ordre de la Jarretière fut établi par Édouard vers 1349. On a raconté que la comtesse de Salisbury qui était aimée du roi, ayant dans un bal laissé tomber sa jarretière, Édouard la releva aussitôt, et, pour témoigner qu'il n'y avait dans son empressement rien de répréhensible, s'écria : *Honny soit qui mal y pense*; puisqu'il jura que tel qui riait en ce moment, s'estimerait bientôt heureux de porter une semblable jarretière, et créa en conséquence le nouvel ordre, dont un des insignes est en effet une jarretière sur laquelle est la devise : Honny soit qui mal y pense. Mais cette histoire ne repose sur aucune base certaine.

Cependant, l'armée du prince Noir était entrée immédiatement en campagne, et avait marché sur Toulouse, pillant, massacrant, détruisant et brûlant sans miséricorde, ainsi que le voulait le roi d'Angleterre, afin, disait-il, que le roi Jean n'en pût retirer désormais ni hommes ni revenu. Après avoir réduit en cendres plus de cinq cents bourgs ou villages et plusieurs grandes cités, dans le court espace de sept semaines, elle revint à Bordeaux, chargée de dépouilles, et traînant après elle une foule de prisonniers. Edouard, de son côté, débarqua à Calais, quitta cette cité à la tête d'une brillante armée, s'avança jusqu'à Saint-Omer et Hesdin, et menaça même la ville d'Amiens; mais, après dix jours, il se vit obligé de rentrer à Calais, soit parce que les vivres lui manquaient, soit parce qu'une invasion des Écossais le rappelait en Angleterre. Il se hâta d'atteindre le territoire de ces incessants ennemis, acheta du vieux Baliol, au prix de cinq mille marcs et d'une rente de deux mille livres, les droits de ce prince au trône écossais, et se mit à traiter ses nouveaux sujets, non comme de loyaux adversaires, mais comme des traîtres et des rebelles. Bientôt le massacre et les incendies réduisirent ses troupes à la famine; il fallut revenir en Angleterre.

Le prince de Galles reprit la campagne au printemps de l'année suivante, avec douze mille hommes seulement, remonta la Garonne jusqu'à la ville d'Agen, et parcourut le Quercy, le Limousin, l'Auvergne et le Berry. Son seul but était de détruire et d'enrichir ses soldats, non de conquérir et de conserver. Il faisait réduire en cendres les villages, les villes, les fermes, les chaumières, fouler aux pieds les moissons, égorger les bestiaux qu'il ne pouvait emmener, couler les vins et détruire les provisions que ne consommait pas son armée. Il envoyait à Bordeaux les captifs dont il attendait une rançon, et livrait les autres à la férocité de ses soldats. Issoudun et Bourges lui résistèrent; Romorantin et Vierzon furent livrés aux flammes; ne pouvant toutefois traverser la Loire, dont tous les ponts étaient rompus, il prit le parti de revenir sur ses pas (1356).

Mais durant cette incursion, le roi Jean avait rassemblé une armée, et, s'avançant rapidement, il accula les Anglais contre la Loire, aux environs du village de Maupertuis, à cinq lieues de Poitiers. « Dieu nous soit en aide, » s'écria le prince Noir, en reconnaissant la supériorité du nombre de ses adversaires; « c'est ici que nous « aurons besoin de tout notre courage ! » Il fit aussitôt ses dispositions; et pour annuler les mouvements de la cavalerie française, plaça ses troupes sur une éminence couverte de vignes, coupée de buissons et de petits murs ou fossés, et accessible seulement par un chemin ou défilé, qui ne laissait de passage qu'à trois ou quatre hommes de front. Une partie de ses gens d'armes et de ses archers fut rangée en face de la route, et une autre, entre l'ennemi et le corps principal des Anglais.

La bataille allait commencer lorsque le cardinal de Périgord, légat du pape, s'interposa. Le prince Noir, qui connaissait tout le danger de sa situation, répondit au négociateur : « Sauf mon honneur, sauf celui de mon armée, j'accorderai tout ce « qui sera raisonnable. » Et il consentit à restituer ses conquêtes et ses prisonniers. Il s'engageait de plus à ne pas servir contre la France, l'espace de sept ans. Jean exigea que le prince et cent de ses chevaliers se rendissent prisonniers. Le fils

(1356)

d'Edouard répondit qu'il aimait mieux périr que de grever l'Angleterre du prix de sa rançon. La négociation fut rompue, et le combat remis au lendemain.

Le prince de Galles profita de ce délai pour se fortifier dans sa position; et des palissades en pieux pointus défendirent l'entrée du défilé par lequel on devait l'attaquer. Il envoya le Captal de Buch avec trois cents hommes d'armes et autant d'archers sur le flanc de l'armée française qui s'était agglomérée sur un seul point sans prendre même la précaution d'éclairer ses environs, et le chargea d'attaquer inopinément l'arrière-garde de l'ennemi lorsqu'il le verrait engagé.

A la pointe du jour les maréchaux Jean de Clermont et Arnold d'Andreghen, à la tête de la cavalerie, s'avancèrent pour forcer le défilé; mais les archers, bien couverts par les buissons et hors de tout péril, choisissaient un but à leurs coups et atteignaient immanquablement de leurs flèches les chevaliers français. Cependant ceux-ci, nonobstant la mort du plus grand nombre, parvinrent, en brisant les haies et en forçant tous les obstacles, à gagner l'extrémité du défilé; mais ils y trouvèrent le prince Noir à la tête d'un corps d'élite. Le maréchal de Clermont fut tué, et d'Andreghen, démonté, fut obligé de se rendre. Le peu de braves qui combattaient encore, se voyant privés de leurs chefs, s'effrayèrent, et reculèrent en désordre sur la seconde division qui commença à chanceler.

Ce fut en ce moment que le Captal de Buch parut sur la hauteur voisine et se jeta sur le flanc de la division où trois des fils du roi de France étaient placés. Les chevaliers chargés de la sûreté de ces princes, voulant les retirer de la mêlée, les envoyèrent à Chauvigny, sous la garde de huit cents lances. Ce mouvement, que l'on prit pour une fuite, répandit l'alarme dans le reste de la division, qui se dispersa de tous côtés. Le corps de l'armée française était encore intact et n'avait pas combattu; mais le duc d'Orléans, qui commandait la réserve, saisi de la même terreur panique, fit sonner la retraite, qui ne tarda pas à devenir une déroute générale. Le roi Jean pouvait aisément se retirer; mais il ne voulut pas abandonner le champ de bataille. Il fit mettre pied à terre à sa division et, son fils Philippe à ses côtés, il combattit avec le plus admirable courage, non pour la victoire, mais pour l'honneur. Entouré par une armée, il se défendit presque seul durant une heure; mais il fallut se rendre. Le roi de France fut conduit respectueusement à la tente du prince de Galles. Ce jeune vainqueur (il avait alors vingt-sept ans) ne parut point ébloui de l'éclat d'un succès inespéré, et montra dans le triomphe une modération qui accrut encore sa gloire. Il reçut le malheureux Jean avec les plus grands égards, essaya de calmer son affliction et lui parla de sa valeur, qui dans cette journée avait remporté le prix de la chevalerie. Jean fut conduit à Bordeaux avec les principaux captifs.

Les avantages qui ressortirent de la victoire de Poitiers ne furent pas d'abord aussi importants qu'on pouvait le supposer; à l'exception du produit de la rançon des prisonniers, qui enrichit les soldats anglais, leur position générale ne se trouva pas améliorée, et aucun nouveau territoire ne s'adjoignit à ceux que possédait déjà l'Angleterre. Peu de jours après le combat, le Dauphin Charles, fils aîné de Jean, et régent de France depuis la captivité du roi, avait réuni une armée que le prince Noir jugea assez redoutable pour ne pas risquer de ternir sa gloire en l'attaquant sans certitude de la vaincre. Il conclut une trêve de douze années, et au printemps suivant (24 mai 1357) il débarqua à Sandwich avec son noble prisonnier, qu'il conduisit à Londres en grande pompe.

Deux rois étaient en ce moment prisonniers d'Édouard, ceux de France et d'Écosse, et leur captivité semblait devoir être éternelle; car le roi d'Angleterre exigeait pour leur rançon des sommes que leurs sujets étaient hors d'état de réunir. David Bruce, en 1351, obtint la faculté de se rendre en Écosse, afin de conférer avec ses amis; la pauvreté du peuple ne lui permit aucun espoir, et il vint reprendre honorablement ses fers. En 1354 on négocia de nouveau; Édouard restreignit ses demandes à quatre-vingt-dix mille marcs d'argent, payables en neuf années; mais le parlement préféra la guerre à l'acquit onéreux de ce tribut. En 1357 la nouvelle de la victoire de Poitiers ayant appris aux Écossais qu'ils ne devaient plus compter sur l'appui de la France, ils proposèrent une somme de cent mille marcs en vingt paiements. Édouard l'accepta, en exigeant pour sûreté l'engagement de tous les prélats, barons et propriétaires, et vingt otages choisis parmi les héritiers des premières familles de l'Écosse; il voulut de plus que neuf comtes restassent constamment sous sa surveillance, et ne rendit la liberté à son beau-frère qu'après l'exécution de ces dernières conditions. La captivité de Bruce durait depuis onze années.

Par la médiation du souverain pontife, on essayait aussi à Bordeaux de convertir en paix la trêve avec la France (1358). Les prétentions d'Édouard étaient exorbitantes, et l'état des affaires en France en justifiait la rigueur.

Le dauphin ne comptait encore que dix-huit ans, et manquait à la fois d'expérience et d'autorité. Le peuple reprochait à la noblesse le lâche abandon où elle avait laissé le roi au plus fort du combat, et l'accablait de honte et de mépris. L'assemblée des états sut reconnaître le mal, mais non y porter remède; et, manquant de confiance dans les chefs actuels de l'administration, elle s'étendit en longues plaintes sur les malversations passées, dont elle demanda la répression en réduisant au néant l'autorité des hauts fonctionnaires. La ville de Paris, sous prétexte de veiller à sa propre défense, se rangea sous les bannières du fameux Marcel, prévôt des marchands, tint le dauphin comme en chartre privée, et, laissant à la populace une licence dont celle-ci ne manqua pas d'abuser, elle autorisa le massacre des maréchaux de Normandie et de Champagne, Robert de Clermont et Jean de Conflans, en présence même du jeune régent. Charles, effrayé, quitta clandestinement la capitale, qui prit à l'instant les armes contre lui. Un grand nombre de villes suivirent ce triste exemple, et le désordre gagna toutes les provinces. Les compagnies de mercenaires, qui avaient appartenu à l'armée anglaise, et que la trêve laissait sans paie dans une dangereuse oisiveté, se recrutèrent de tous les bandits qui ne pouvaient vivre que de pillage, de tous les hommes que les maux de la guerre avaient privés de leurs demeures et de leurs familles, dévastèrent les campagnes, incendièrent les fermes et les villages, et firent le blocus des villes afin d'en obtenir des rançons. Les paysans de leur côté se réunirent et s'armèrent, se donnèrent un roi qu'ils appelèrent Jacques Bonhomme, du nom que les seigneurs leur donnaient par dérision, et s'attaquant autant à la noblesse qu'aux bandes qui causaient leurs misères, démolirent les châteaux ou les brûlèrent, et massacrèrent sans pitié tous les gentilshommes qui tombèrent dans leurs mains;

les femmes, les enfants, rien n'était épargné; et quand, à leur tour, ils étaient surpris, nul n'échappait à la mort.

Pour comble de maux, le roi de Navarre, échappé de sa prison, vint jeter son épée dans la balance, fit revivre de prétendus droits à la couronne de France, que lui aurait légués sa mère, fille de Louis-le-Hutin, sollicita le secours secret d'Édouard, et entretint des intelligences avec Marcel, qui lui avait promis de lui livrer la ville de Paris et se disposait à lui en ouvrir les portes lorsqu'il fut tué.

Le roi Jean, après avoir longtemps refusé d'apposer sa signature au traité que lui présentait Édouard, céda enfin dans l'espoir de recouvrer sa liberté. Il abandonnait à Édouard, en toute souveraineté, les conquêtes faites par ses ancêtres sur les Plantagenêt, avec Calais, Boulogne, etc., et s'engageait à payer pour sa rançon quatre millions d'écus d'or; mais les états généraux de France refusèrent formellement d'approuver ces conditions.

Alors Édouard, dont les préparatifs pour une nouvelle invasion étaient terminés, débarqua à Calais avec l'armée la plus nombreuse et la mieux équipée qu'on eût, depuis un siècle, formée en Angleterre (novembre 1359).

Dans l'impossibilité de résister en rase campagne à cette immense armée, le dauphin se contenta de mettre en état de défense les principales cités, et s'enferma dans la ville de Paris. Édouard, de son côté, forma le projet de se faire couronner roi de France à Reims, et prit sa route à travers la Picardie, l'Artois et le Cambrésis. Mais les habitants de Reims, stimulés par les exhortations de leur archevêque, et commandés par Jean de Craon, se défendirent avec tant d'audace et de succès, que le roi d'Angleterre fut forcé de lever le siége après deux mois de travaux et d'engagements partiels. Pour se venger, il ravagea toute la Champagne, se dirigea ensuite vers la Bourgogne, prit et pilla Tonnerre, Avallon et plusieurs autres places. Le duc de Bourgogne acheta de cet ennemi redoutable une sorte de paix ou de trêve de trois années, au prix de deux cent mille moutons d'or, et lui promit de le reconnaître comme roi de France si la majorité des pairs consentait à son couronnement. Édouard, en quittant la Bourgogne, porta la dévastation dans le Nivernois, la Brie et le Gatinois, et, suivant le cours de la Seine, vint prendre ses quartiers à Bourg-la-Reine, Montrouge et Vaugirard. Ce fut là qu'il apprit qu'une flotte française, sortie de quelques ports de la Bretagne, avait débarqué des troupes en Angleterre, s'était emparée de Winchelsey, et en avait pillé les environs; que le roi Jean avait été transféré dans l'intérieur, de place en place; qu'une levée forcée de gens d'armes s'était exécutée dans les comtés maritimes; qu'une escadre de quatre-vingts voiles s'était préparée à combattre les Français, mais qu'ils s'étaient tranquillement retirés avec leur butin. Cette nouvelle frappa d'autant plus Édouard, qu'il commençait à s'apercevoir de la diminution rapide de son armée, causée par de grands froids et par une disette de vivres toujours croissante. Sa détresse grandit rapidement. Alors il envoya au jeune dauphin un cartel qui ne reçut pas de réponse, fit incendier les faubourgs de ce Paris qu'il convoitait, et s'achemina vers la Bretagne. Comme il s'y rendait, une missive du duc de Lancastre l'informa de la situation des choses et des esprits dans ses états. L'opinion générale s'accordait à blâmer la continuation de la guerre. Si les troupes qui combattaient en France s'étaient enrichies des dépouilles de cette contrée, l'Angleterre s'était appauvrie, et le roi lui-même s'était ruiné. Aucun avantage réel n'était résulté de tant de combats et de victoires, et le but vers lequel on tendait semblait s'éloigner chaque jour. Les Français, d'abord divisés, commençaient à se reconnaître et à réunir leurs efforts contre un ennemi commun. Les droits d'Édouard au trône de France n'étaient reconnus par aucun des grands vassaux, et la plupart témoignaient hautement leur résolution de refuser leur assentiment à une domination étrangère. Le roi de Navarre était devenu le rival du roi d'Angleterre, et, si la guerre continuait, les troubles de la France la réduiraient à un tel état de désolation, qu'elle ne serait qu'une charge onéreuse pour son nouveau monarque. Tout ce que l'Angleterre renfermait de gens sages et d'amis du roi, lui conseillait de mettre fin à une entreprise qui l'avait couvert de gloire, et de s'assurer des avantages réels par une paix dont il pouvait encore dicter les conditions.

Au moment où Édouard achevait la lecture de cette lettre, arrivait à Gaillardon le chancelier de France, porteur de nouvelles propositions. Le mécontentement que causaient au roi les avis du comte de Lancastre s'en accrut, et il s'imagina qu'on cherchait à lui arracher un consentement. Il reprit donc rapidement sa marche; mais ce n'était plus cette marche triomphale qui avait signalé son entrée en France : la route se couvrait de chevaux morts et de cadavres humains. Cependant Édouard repoussait avec opiniâtreté toute transaction pacifique. Enfin, un des plus terribles orages dont l'histoire ait fait mention, le fracas d'une grêle de grosseur extraordinaire, le feu des éclairs, les coups répétés du tonnerre, la vue de milliers d'hommes qui périssaient autour de lui, « car il chéoit de l'air pierres si grosses, qu'elles tuoient hommes et chevaux [1] », opérèrent une révolution dans son esprit. Il était alors aux environs de Chartres; il descendit de cheval, s'agenouilla sur un tertre; tendit les bras vers la cathédrale dont il apercevait les tours, et fit vœu à Madame la Vierge et à Monseigneur Jésus-Christ d'écouter les propositions de paix qu'on lui faisait, et même d'y accéder si elles lui semblaient honorables.

Dès le lendemain l'armistice fut proclamé, et le 8 mai 1360, un traité de paix, qu'on nomma la grande paix, fut signé à Brétigny. Les conditions principales disaient que le roi Jean recouvrerait la liberté moyennant le paiement de trois millions d'écus d'or en six années, pour caution duquel vingt-cinq barons, seize des prisonniers faits à Poitiers, et quarante-deux bourgeois des bonnes villes de France, devaient rester ou se constituer en otages; que le Poitou, la Saintonge, l'Agenois, le Périgord, le Limousin, l'Angoumois, le Quercy, le Rouergue, toute la Guyenne, le comté de Ponthieu, Calais, Guines, Montreuil-sur-Mer, appartiendraient, en toute souveraineté, au roi d'Angleterre; que le roi de Navarre rentrerait dans ses biens et ses honneurs, et que Jean renoncerait à son alliance avec les Écossais. Pour compensation, le roi Édouard abandonnait toute prétention à la couronne de France ainsi que ses droits, depuis longtemps infirmés, sur la Normandie, la Touraine, le Maine et l'Anjou. Le dauphin donna son consentement à ces articles, mais il fallait encore celui du roi Jean. Afin qu'il l'accordât en toute liberté, Jean fut

---

1. Froissart, chap. CXXXI. — Édition Buchon.

transféré à Calais, et son fils se rendit à Boulogne. Les deux monarques réconciliés, agenouillés sur les marches du maître-autel de l'église de Saint-Nicolas à Calais, une main sur un missel, et l'autre sur une patène où reposait une hostie consacrée, jurèrent l'observation des principaux articles du traité. « Mais, s'écria « Édouard, il est bien entendu, beau-frère, que je ne suis lié qu'autant que vous « serez vous-même fidèle observateur de votre parole ! »

Les avantages obtenus par Édouard étaient immenses ; mais afin de les réaliser il ne suffisait pas de la volonté des rois contractants, il fallait encore que le peuple, que la noblesse, que les soldats, se prêtassent à l'exécution des clauses stipulées. Les premiers obstacles vinrent des troupes mercenaires et indisciplinées d'Édouard. Ces hommes, la lie de toutes les nations européennes, ne s'étaient réunis sous sa bannière que dans l'espoir du pillage. La paix leur enlevait cette ressource, et ils refusèrent de remettre aux Français ou de rendre au roi d'Angleterre les forteresses dont ils étaient en possession. Édouard envoya contre eux, en Guyenne, une armée qui fut battue ou qui alla grossir leurs rangs. Le roi de France, qui suivit cet exemple, éprouva le même échec, et il fallut, par la suite, le grand nom de Duguesclin, et les avantages présumés d'une expédition en Espagne, pour purger le territoire français du fléau que l'on nommait les grandes compagnies.

Le roi Jean, dont la chevaleresque loyauté fut si funeste à ses sujets, était parvenu à restituer au roi d'Angleterre les territoires réclamés ; mais la misère de ses peuples, qu'il écrasait inutilement de tailles, ne leur permit pas de couvrir à la fois les dépenses obligées de l'état et l'énorme rançon qu'Édouard exigeait. En quatre années, Jean n'avait encore satisfait qu'au tiers de ses engagements. Le roi d'Angleterre tira parti de l'amour du pays qui se manifestait dans le cœur des quatre principaux otages de France, que l'on nommait les seigneurs des Fleurs-de-Lis : c'étaient les ducs d'Anjou et de Berry, fils de Jean, le duc d'Orléans, son frère, et le duc de Bourbon, son cousin. Il leur permit de revoir leur patrie, à condition que certains châteaux lui seraient remis, et certaines clauses du traité expliquées en sa faveur. Mais il fallait obtenir l'assentiment des barons, qui refusèrent nettement de le donner, alléguant que, pour aucune considération, ils ne voulaient devenir Anglais. Le duc d'Anjou, à qui le roi d'Angleterre avait permis, sur sa parole, de quitter Calais, fut sommé de venir reprendre ses fers, et ne voulut pas obéir. On vit alors un singulier exemple de cet esprit de chevalerie mal entendu, d'honneur mal compris, que l'éducation toute guerrière du temps inspirait aux souverains. Le roi Jean prit la détermination d'aller se remettre aux mains de son ennemi, nonobstant les représentations de son conseil, et sans songer qu'il compromettait, de gaieté de cœur, l'avenir de son royaume. Il mourut, peu de mois après son arrivée, au palais de Savoie (avril 1364). Son fils aîné lui succéda sous le nom de Charles V.

Édouard III avait formé une vaste principauté de ses possessions entre la Loire et les Pyrénées, et, sous le nom d'Aquitaine, l'avait confiée au prince de Galles, qui vint tenir sa cour à Bordeaux. Le jeune prince y accueillit avec magnificence don Pèdre-le-Cruel, roi de Castille, chassé de ses états, embrassa sa cause, parce que les grandes compagnies de France s'étaient enrôlées au service de Henri de Transtamare, rival du roi de Castille, et pénétra en Espagne avec une armée considérable; il vainquit les Français et Duguesclin, rétablit momentanément don Pèdre sur le trône (1367); puis, trahi et joué par ce tyran, il revint à Bordeaux avec une santé délabrée, des troupes indisciplinées et exigeantes, et tourmenté par l'impossibilité de remplir ses engagements avec elles, tant son trésor était épuisé. Dans cette position, il eut recours aux moyens extrêmes; il donna aux compagnies qu'il licenciait l'autorisation d'exercer leurs rapines sur le territoire français, et il établit une nouvelle imposition, par feu et pour cinq ans, dans toutes les provinces de sa domination. Les barons de l'Aquitaine, très-peu partisans des Anglais, se récrièrent contre cette exaction, et en appelèrent du prince d'Aquitaine au roi de France. Charles V, après avoir écouté les plaintes des comtes d'Armagnac, de Comminges, de Périgord, du sire d'Albret et d'un grand nombre d'autres seigneurs, déclara que les stipulations du traité de Brétigny avaient réservé, de part et d'autre, les renonciations à toute prétention de couronne et droits de suzeraineté jusqu'après l'exécution définitive des autres clauses; que cette exécution n'ayant pas eu lieu, il était encore suzerain de l'Aquitaine; et en conséquence, il somma le prince de comparaître à sa cour, afin d'y justifier sa conduite envers ses vassaux. Le fils d'Édouard lui fit savoir par un héraut qu'il s'y rendrait en effet, mais à la tête de soixante mille hommes (1369). A la réception de cette réponse, Charles, qui n'ignorait pas la détresse du Prince-Noir, déclara la guerre à l'Angleterre, après qu'une sentence judiciaire eut confisqué, pour forfaiture de vassal, toutes les possessions anglaises sur le continent. A la seule nouvelle des déclarations de guerre, la plupart des villes des provinces du nord, Abbeville, Roye, Le Crotoy, Saint-Valery, ouvrirent leurs portes, et appelèrent des garnisons françaises. Les villes méridionales les imitèrent. Les forteresses tombèrent l'une après l'autre. L'état de dépérissement du prince de Galles ne lui permettait pas de monter à cheval; Chandos avait été tué; le Captal de Buch était prisonnier; aucun vengeur de l'Angleterre ne s'éleva; et, en peu de temps, Charles V eut recouvré la plus grande partie des provinces perdues par son père.

Ce ne fut pas sans une immense douleur qu'Edouard vit ainsi lui échapper des conquêtes qui lui avaient coûté tant de sang et de trésors. Dans sa colère il menaça de mort les otages du roi Jean, et ne fut arrêté que par la crainte des représailles. Il reprit le titre de roi de France, appela des aventuriers à son aide, en leur promettant la propriété des fiefs qu'ils pourraient conquérir, et ordonna la levée et l'armement de tous ses sujets ecclésiastiques comme laïques, de l'âge de seize ans à soixante; mais le moment de la réaction et du malheur était arrivé : le comte de Pembroke et les troupes qu'il conduisait à La Rochelle furent pris par une escadre, armée au nom du roi de Castille, Henri de Transtamare, qu'une victoire venait de remettre sur le trône. Sir Robert Knolles, sorti de Calais afin de faire une diversion en se portant sur le Maine et l'Anjou, fut rencontré par le connétable Du Guesclin, et complétement défait. Le duc de Lancastre, qui partit également de Calais avec vingt-cinq mille hommes, n'en amena pas la moitié au prince de Galles, dont la situation devenait plus critique de jour en jour. Ce prince, qui languissait au château d'Angoulême, retrouva cependant son ancienne énergie quand il apprit que les ducs d'Anjou et de Berri s'avançaient pour l'assiéger. Il jura de se venger sur

Limoges de l'affront que lui avait fait cette ville en se déclarant pour les Français. Il vint camper sous ses murailles, et, après un mois de travaux, il pratiqua une brèche qui lui ouvrait une route au centre de la cité. Les habitants crièrent miséricorde; mais le prince, sans écouter aucune représentation, ordonna le massacre de toute la population. Trois mille hommes, femmes ou enfants, furent égorgés sous ses yeux. Après ce sanglant exploit, il revint en Angleterre, vécut six années encore dans l'obscurité, et mourut loin de la cour, à l'âge de quarante-six ans (1376).

Edouard ne possédait plus en France, depuis plusieurs années, que Calais, Bordeaux, Bayonne et quelques forteresses sur la Dordogne. Dégoûté d'une guerre qui ne lui réservait plus que des désastres, et sans doute aussi affaibli par l'âge et les fatigues, il demanda et obtint une trêve qui fut renouvelée à diverses reprises jusqu'à sa mort. D'incessants démêlés avec ses sujets troublaient sa vieillesse. Le parlement que le peuple nomma le bon parlement, accompagna l'octroi d'un subside d'une remontrance énergique. Les communes récapitulèrent les secours que le roi avait obtenus de son peuple, les sommes immenses qu'il avait reçues pour les rançons des rois de France et d'Écosse, et signalèrent les favoris du duc de Lancastre, n'osant attaquer de front ce fils chéri d'Edouard, comme coupable des malversations qui entachaient la probité du prince. Edouard se vit forcé de céder aux exigences du bon parlement. Il renvoya plusieurs membres du conseil et fit jeter dans les prisons les fermiers de ses douanes. Le parlement alla plus loin encore; il osa s'attaquer aux affections du roi en ordonnant qu'Alice Perrers, jadis camériste de la reine Philippa, femme spirituelle et remarquable par sa beauté, serait blâmée pour avoir essayé d'abuser de son influence sur le cœur de son souverain, pour s'être fait donner les bijoux personnels de la feue reine, et pour avoir empêché l'équitable administration de la justice par intérêt et sous la promesse d'un salaire. Édouard fut forcé, malgré la colère qu'il ressentait de cet affront, de rendre l'ordonnance suivante, qui prouve quel pouvoir avait déjà acquis le parlement :
« Attendu qu'on s'est plaint au roi que des femmes ont poursuivi des causes et
« actions dans les cours royales, par intérêt et pour un salaire et des récom-
« penses, lesquelles choses déplaisent au roi, le roi défend que désormais aucune
« femme en agisse ainsi, et en particulier Alice Perrers, sous peine de confiscation
« de tout ce que ladite Alice peut avoir à confisquer, et de son bannissement du
« royaume [1]. »

Le prince de Galles avait donné son approbation aux remontrances du bon parlement et l'avait favorisé de son appui; mais après sa mort, Edouard, livré aux suggestions du duc de Lancastre, refusa d'accueillir de nouvelles représentations, et prononça la dissolution de ce corps. Il réintégra au conseil les favoris du duc, en chassa les personnes qu'on lui avait imposées, fit arrêter Thomas de la Mere, président des communes, et condamner comme concussionnaire William de Wickham, évêque de Winchester. Un nouveau parlement, composé des créatures du duc de Lancastre, excita quelque tumulte dans la ville de Londres; mais une capitation générale et la publication d'une amnistie proclamée en retour au nom du roi,

---

1. Rotuli parl. II. 329.

parce qu'il venait d'accomplir la cinquantième année de son règne, apaisèrent le mécontentement royal et les troubles populaires. Depuis ce moment, Edouard vécut obscurément à Eltham, livré à la merci d'Alice Perrers ; son esprit s'était affaibli, et il mourut à Shène, le 22 juin 1377. Ses domestiques l'abandonnèrent avant qu'il eût expiré, et s'emparèrent de tous les meubles qu'ils purent emporter. Ce ne fut même que par une circonstance due au hasard qu'un prêtre l'assista dans ses derniers moments. Edouard III était âgé de soixante-cinq ans, et il en avait régné cinquante-un.

Les victoires d'Edouard jetèrent un grand éclat sur son règne, mais elles ne furent pour l'Angleterre d'aucune utilité immédiate. Avant sa mort toutes ces conquêtes pour lesquelles il avait épuisé la nation, lui étaient échappées, à l'exception de Calais. Il avait perdu la plus grande partie de ses possessions héréditaires sur le continent, « et ce roi qui avait dicté la paix de Brétigny se vit contraint de solliciter et d'accepter comme une grâce, une suite de trèves courtes et précaires. »

Mais ces guerres, qui coûtèrent tant de sang et d'argent, eurent pour le peuple anglais un résultat précieux ; elles rendirent le roi dépendant de ses sujets, qui, en échange du sacrifice temporaire de leur argent, acquirent des bénéfices durables pour eux et leur postérité.

Le parlement, par ses réclamations incessantes, dénia à Edouard le droit de suspendre le cours de la justice par sa volonté personnelle, de s'emparer des vaisseaux marchands qu'il érigeait en vaisseaux de guerre, de faire enlever des hommes pour le service de ses flottes, origine de ce recrutement si arbitraire que l'on nomme aujourd'hui la *presse*, et de forcer le peuple, sans règle ni mesure, à fournir ses armées d'archers, d'hommes d'armes et de cavalerie légère. Il se récria contre la tyrannie des emprunts forcés, contre la création des monopoles, les levées d'amendes exorbitantes et injustes, l'extension des forêts royales, celle de l'autorité du conseil privé ou de la chambre étoilée aux procès particuliers, le pouvoir arbitraire de diverses cours extraordinaires, et la détention des membres du parlement pour avoir exprimé trop librement leur opinion dans une assemblée.

Le parlement anglais, après beaucoup de vicissitudes, avait pris enfin une forme régulière ; il se composait de trois états, le clergé, les lords et les communes.

Le clergé était représenté par les prélats et dignitaires de l'église, et par les députés élus des chapitres et ordres inférieurs. Ils étaient convoqués par l'archevêque primat, à la requête du roi, pour « traiter, consulter et ordonner, de « toutes les matières qui leur seraient soumises de la part du roi ; et pour donner « leur avis, aide et assentiment, aux mesures qu'il conviendrait de prendre pour « l'avantage et la défense de l'église et de l'état. » Les hauts dignitaires de l'église étaient aussi membres de la chambre des lords où se traitaient les affaires civiles, et, comme le reste de l'assemblée du clergé, qui siégeait séparément, n'avait pas le droit d'intervenir dans ces affaires, les représentants des chapitres, pour se dispenser d'une corvée onéreuse, obtinrent de changer l'obligation de présence au parlement pour la présence aux synodes, et bientôt le mot parlement ne signifia plus, dans l'acception commune, que la réunion des deux autres ordres.

Le second état, « les grauntz de la terre, *magnates terræ*, » était composé des tenanciers de la couronne, en chef ou par baronnie. Ils étaient divisés comme aujourd'hui en lords spirituels et temporels. Les lords spirituels étaient d'abord en grand nombre; mais les moins riches, trouvant fort onéreuse l'obligation de se rendre à des parlements convoqués souvent deux ou trois fois par an, et dans des villes fort éloignées les unes des autres, envoyèrent d'abord des chargés de pouvoir, puis obtinrent une exemption complète, et furent rapidement réduits à quelques prieurs et abbés et aux vingt évêques. Les lords temporels se distinguaient en « grands barons, *barones majores*, » qui comptaient un grand nombre de fiefs de chevaliers, et en barons inférieurs, ceux qui ne possédaient qu'un petit nombre de fiefs. Le roi était obligé de convoquer tous les grands barons. S'il y manquait, ceux qui étaient présents refusaient constamment d'agir tant que les autres ne seraient pas arrivés. Quant aux barons inférieurs, ils étaient convoqués au choix du roi, suivant son intérêt ou son bon plaisir, et aucun d'eux ne pouvait réclamer un *writ* de convocation sur le simple motif que lui-même ou ses ancêtres avaient déjà siégé au parlement.

Le troisième état, « les petits des communes, » était composé des chevaliers des comtés et des représentants des cités et des bourgs. Les chevaliers et les francs tenanciers des comtés, la plupart alliés par descendance ou par mariage aux premières familles du pays, formèrent promptement un corps important qui commanda l'attention et le respect des lords et du souverain, et dont l'importance fut bientôt connue. Les représentants des bourgs et des villes firent cause commune avec eux, et c'est au courage, à la persévérance et à l'union de ces deux classes, que le peuple anglais dut la meilleure partie de ses libertés. Les députés des communes recevaient de leurs commettants un salaire qui montait à quatre shillings par jour pour les chevaliers, à deux shillings pour les bourgeois.

Lorsque le parlement se réunissait, tous les ordres siégeaient ensemble à la première séance. Un ministre du roi, presque toujours le chancelier, exposait aux députés la situation du royaume, et leur annonçait quels seraient les principaux objets soumis à leurs délibérations. L'assemblée nommait ensuite deux comités chargés de l'examen des pétitions, et un clerc ou secrétaire-greffier, dont le devoir était d'enregistrer les actes du parlement. Le chancelier assignait aux trois ordres des chambres séparées où les membres de chacun d'eux devaient s'assembler pour discuter et donner leur avis. Toutes les questions cependant n'étaient pas nécessairement communiquées à ces trois divisions. On soumettait les affaires de l'église au clergé; les intérêts politiques et le jugement de certaines causes aux barons; les matières de commerce et d'arts aux députés des communes. Ce ne fut que pour obtenir de l'argent qu'Édouard III s'adressa à ces derniers. En principe général, les trois ordres ne pouvaient être liés par une loi rendue sur la seule résolution de l'un d'entre eux. Les communes réclamèrent constamment l'application de ce principe, et, quand une ordonnance leur semblait oppressive, quand une imposition leur paraissait injuste ou trop pesante, elles présentaient des pétitions pour réclamer contre des mesures prises sans leur consentement. Le roi souvent argua de la nécessité, elles insistèrent; il déclara que ses ordonnances ne formeraient point un antécédent défavorable aux droits de ses peuples, elles rédigèrent remontrance sur remontrance, et finirent par obtenir un statut qui stipulait que toutes les ordonnances publiées sans l'aveu des trois ordres seraient considérées comme attentatoires aux libertés du royaume. Au reste, les chambres se montrèrent généralement libérales dans les nombreux subsides que le roi sollicita. Celui-ci devint dès lors moins jaloux du droit qu'il prétendait avoir de lever les impôts de sa seule autorité, et ce fut ainsi que, durant le cours d'un long règne, s'établit définitivement le droit du peuple à s'imposer lui-même.

Les abus les plus révoltants s'étaient enracinés dans l'administration de la justice, et les officiers des cours royales s'enrichissaient scandaleusement aux dépens des plaideurs; les parlements, dans leurs remontrances successives, arrachèrent à Édouard des statuts qui établissaient que les shérifs, les coroners ou procureurs du roi, les préposés aux aubaines et confiscations, ne tiendraient plus leurs emplois en fiefs pour un certain nombre d'années, mais qu'ils seraient choisis parmi les plus riches propriétaires et changés tous les ans; que les plaidoiries devant les tribunaux pourraient être faites en anglais, qui était la langue du peuple, et non comme par le passé en français, langue de la noblesse; que le salaire des juges serait augmenté afin de les mettre à l'abri de la corruption, et qu'ils tiendraient quatre sessions par an. Le crime de trahison fut défini et limité à sept cas : le complot ou la tentative d'assassinat du roi, de la reine et de leur fils aîné ou héritier de la couronne; le viol de la reine, de la femme de l'héritier présomptif du trône et de la fille aînée du roi non mariée; la rébellion dans l'intérieur du royaume; l'alliance avec les étrangers ennemis du roi; le meurtre prémédité des grands officiers de l'état ou des juges royaux dans l'exercice de leurs fonctions; la fabrication de la fausse monnaie et la contrefaçon du grand sceau de l'état. Cette limitation était du plus haut intérêt, parce que le crime de trahison entraînait la confiscation de toutes les propriétés du coupable, et qu'afin de remplir les coffres et d'accroître le domaine du roi, les juges s'étaient accoutumés à créer des trahisons par interprétation.

Il ne fut pas aussi facile de détruire un des plus intolérables excès de la puissance souveraine, le droit de pourvoyance ou de provisions. Partout où se trouvait la personne du roi en voyage, lui, ses serviteurs et sa cour, étaient défrayés par les habitants. Tous les chevaux, toutes les voitures, étaient mis en réquisition dans un rayon de plusieurs milles. On s'emparait, pour ainsi dire, des maisons à main armée; on consommait toutes les provisions qu'elles contenaient, et l'on emportait souvent ou même on détruisait ce qui n'avait pas servi. Des ordres envoyés dans les comtés obligeaient de fournir, au lieu de la résidence, à jour et heure fixes, les viandes, les boissons, les blés, les fourrages, le miel, la cire, les épices mêmes, nécessaires à la famille du roi et à tous les gens qui l'accompagnaient, dont le nombre dépassait souvent mille personnes. Les grands officiers de l'état, les seigneurs qui, par leur puissance, se plaçaient au-dessus des lois, s'étaient arrogé le même privilége; et il arrivait souvent que par des réquisitions aussi illégales, on approvisionnait les garnisons des places fortes, les armées stationnées en pays étranger, et les flottes qui les transportaient. Il est vrai que les pourvoyeurs royaux promettaient paiement des fournitures qu'ils exigeaient, mais ils en fixaient les prix à volonté, et tant de difficultés étaient ensuite opposées au malheureux propriétaire qu'il finissait, après des années de peines et d'inutiles démarches, par abandonner sa juste demande. On pourra se faire une idée des vexations qui naissaient de ce droit de pourvoyance en remarquant que le magnifique château de Windsor fut

Donjon du château de Windsor, construit sous Édouard III.

fondé, construit, élevé, décoré, meublé, par des manœuvres, maçons, charpentiers, peintres, artisans de toute espèce, requis et enlevés par violence dans toutes les provinces du royaume, et que s'ils reçurent un salaire ce furent les comtés qui le payèrent. Les réclamations du parlement contre les pourvoyeurs ne furent point accueillies avec faveur par Édouard, et il fut impossible d'en obtenir autre chose que des règlements qui n'opposaient que de faibles barrières à l'énormité des concussions. Trois siècles après, les rois d'Angleterre usaient encore du droit de pourvoyance.

L'extension de la puissance de la tiare, et surtout le produit immense des taxes que l'on payait au pape, avaient en diverses circonstances appelé l'attention et provoqué les remontrances des parlements; mais ce fut sous le règne d'Édouard III qu'ils s'expliquèrent le plus nettement sur la nécessité de repousser le joug de l'autorité pontificale. Le denier de saint Pierre et le cens de vassalité consenti par Jean-sans-Terre n'étaient pas les seuls tributs qui pesassent sur la nation. Souvent dans ses besoins, le pape demandait des subsides au clergé, et quoique celui-ci discutât sur la quotité et qu'il opposât de la résistance à la fréquence des réquisitions, il cédait constamment, et les valeurs métalliques dont il faisait le sacrifice étaient perdues pour l'Angleterre sans compensation. On prétendait que les taxes annuelles payées au siége apostolique s'élevaient à des sommes cinq fois plus fortes que les taxes qu'on payait au roi ; mais ce qui excitait les plus justes réclamations, c'était le paiement des *premiers fruits* sur *provisions* papales. L'origine de ce droit exorbitant remontait aux temps de la primitive église, où le prêtre à son ordination croyait devoir faire un présent aux prélats qui officiaient, où l'évêque même, quand il était consacré, défrayait le consécrateur et les personnes de sa suite. Cet usage, que faisait excuser la pauvreté des premiers ecclésiastiques, constitua une exigence lorsque les successeurs de saint Pierre furent devenus des souverains temporels. On voulut proportionner le taux du présent à la valeur présumée du bénéfice; mais les discussions sur la réalité de cette valeur se renouvelant incessamment, la cour de Rome la fixa, pour tous les cas, à une année du revenu, et requit cette imposition à chaque collation nouvelle. Elle n'en jouissait cependant que dans les limites du domaine pontifical, et l'Angleterre ignorait l'existence de ce genre de tribut, lorsqu'en 1246 l'archevêque de Cantorbéry, Boniface, obtint du pape Innocent IV le revenu de la première année de jouissance de tous les bénéfices qui deviendraient vacants pendant six ans dans son diocèse. L'évêque de Norwich, Pandolfe, avait déjà donné l'exemple de l'établissement d'une semblable taxe. D'autres prélats imitèrent Boniface et Pandolfe, et s'adressèrent au souverain pontife; mais Clément V, instruit de la richesse des bénéfices ecclésiastiques de l'Angleterre, se réserva pour lui-même les *premiers fruits*, et Jean XXII, qui vint ensuite, confirma les dispositions de son prédécesseur. Les papes n'avaient pas possédé dès l'origine la nomination directe à tous les évêchés; ils ne s'étaient attribué le droit d'institution que par degrés, et les actes par lesquels ils pourvoyaient aux dignités ecclésiastiques vacantes, ne prenaient même que le titre de *provisions*, parce que la mise en possession du temporel appartenait nécessairement au roi qui pouvait la refuser. Cet empiétement sur les droits des chapitres, qui jadis élisaient les prélats, fut étendu par la cour de Rome aux bénéfices inférieurs; mais alors les plaintes acquirent de la consistance et de la gravité. La plupart des bénéfices provenaient de fondations pieuses dont les auteurs avaient réservé la collation à leurs descendants. Les papes les livraient, non pas à des prêtres sédentaires, mais à des individus qui ne résidaient pas, ou à des étrangers qui ignoraient la langue du pays. On pourrait croire que les rois, privés du droit de nomination aux prélatures, auraient dû embrasser avec chaleur le parti des patrons réclamants; mais si quelquefois ils étaient entraînés à protester, ils trouvaient plus souvent avantage à garder le silence, parce que les papes ne refusaient jamais l'institution aux personnes spécialement recommandées par le souverain, et que celui-ci évitait ainsi les discussions qu'auparavant il était souvent forcé de soutenir avec les chapitres, lorsqu'il y avait dissidence dans le choix du titulaire; cette concession de bénéfices, provisionnellement accordée par le pape, donnait encore au roi la facilité de récompenser et d'enrichir ses chapelains ou d'autres serviteurs, sans toucher au trésor de l'état ou à ses revenus. Le produit des premiers fruits était devenu si important que la cour de Rome entretenait en Angleterre des agents chargés de surveiller l'exécution des bulles provisionnelles, de recevoir les réclamations en matière de bénéfices, de rendre certaines décisions, de citer les opposants au tribunal apostolique, de notifier les jugements rendus en cette cour, et spécialement de recueillir l'argent des premiers fruits et de le transmettre au trésor du saint père.

Les anciens patrons ou collateurs n'avaient pu voir une telle usurpation de leurs droits et tous les abus qui en résultaient, sans essayer de résister; et souvent il arrivait que des querelles violentes s'élevaient entre les ecclésiastiques pourvus par eux et les porteurs de provisions papales, querelles où le peuple ne tardait pas à prendre part, discussions qui s'approfondissaient à main armée. Le mal devint si grand, que des statuts de 1343 et 1344 défendirent l'introduction des lettres de provision, et prononcèrent des peines sévères contre les proviseurs qui tenteraient de se mettre en possession des bénéfices. La cour de Rome trouva moyen, soit par ses censures, soit par les intrigues de ses agents, d'éluder ces stipulations. Mais en 1376, le peuple et le clergé anglais se trouvèrent tellement irrités, que bien qu'Édouard III essayât encore de temporiser, il fallut exécuter strictement les statuts, et que tout ecclésiastique muni de la provision d'un bénéfice en opposition aux droits du patron, se vit menacé de dégradation, de confiscation et d'emprisonnement. Le cens de vassalité du roi Jean fut également aboli.

Ces limites imposées forcément à l'autorité temporelle des papes, l'imprudence avec laquelle la cour de Rome dirigea cette discussion, les dogmes que l'avidité de ses agents osa quelquefois poser en principe, les réponses hardies qu'entraîna cette controverse, puis les prédications d'un pauvre prêtre, et les persécutions dont il fut la victime, laissèrent des germes qui, après avoir longtemps jeté de secrètes racines, se développèrent tout à coup, et changèrent la face religieuse de l'Angleterre.

Ce prêtre se nommait Wyclef. Il se fit d'abord connaître par l'énergie avec laquelle il attaqua les ordres de frères mendiants, qui s'étaient grandement multipliés depuis un siècle. Wyclef les accusa d'hérésie. L'archevêque de Cantorbéry, Islip, convaincu par les raisonnements de Wyclef, le nomma recteur d'un collége à Oxford : mais Islip étant mort, le nouvel archevêque, à son tour, renvoya Wyclef, qui en appela au pape et fut condamné. Cette condamnation excita Wyclef contre le souverain pontife ; il prit le parti de défendre à l'université les droits de la couronne contre les prétentions romaines, et reçut du roi le titre de chapelain honoraire et la cure de Lutterworth. Cependant il continua toujours à professer à Oxford, et quoiqu'il combattit la vie et les austérités des moines mendiants, il sembla prendre à tâche de les imiter, en s'habillant d'un tissu grossier et marchant nu-pieds et en prêchant contre les richesses que possédait le clergé. Il frappa de ses sarcasmes le pape, les évêques, les abbés, les curés et les vicaires bénéficiers: « hypocrites engraissés des biens de ce monde, véritables antechrists, « traîtres à Dieu et à leur prochain. » Afin de propager ses principes, il forma un corps d'ecclésiastiques entraînés par son éloquence, leur donna le nom de « pauvres prêtres, » et les envoya prêcher l'imitation du Sauveur, en pauvreté comme en vertu.

L'archevêque primat et l'évêque de Londres songèrent à venger les prélats, leurs collègues, dont Wyclef et ses adhérents méprisaient l'autorité ; ils le sommèrent de comparaître devant eux, à l'église Saint-Paul. Wyclef y parut en effet; mais le duc de Lancastre et le lord-maréchal Percy l'accompagnèrent. A la suite d'une violente altercation avec le duc de Lancastre, l'évêque de Londres appela le peuple à son secours. Le duc de Lancastre, poursuivi, parvint à s'échapper, tandis que l'on pillait son palais, et Wyclef en fut quitte pour une réprimande, avec défense de continuer ses prédications. Il considéra toutefois l'indulgence des prélats et sa libération comme un véritable triomphe. La mort d'Édouard retarda de quelque temps la publication de ses doctrines.

Édouard III avait eu de son épouse Philippa, comtesse de Hainaut, cinq fils et quatre filles. L'aîné de tous, qui portait aussi le nom d'Édouard, et que l'histoire connaît beaucoup mieux sous celui de prince Noir, laissa en mourant un fils qui, sous le nom de Richard II, succéda à Édouard III.

Le second fils d'Édouard se nommait Lionel, et fut duc de Clarence; le troisième était Jean de Gand, duc de Lancastre; le quatrième, Edmond, comte de Cambridge et duc d'York; le cinquième, Thomas, comte de Buckingham et duc de Glocester.

Fou et nain de cour, au temps d'Édouard III.

RICHARD II.

(1377-1399).

amais[1] la mort d'un prince de Galles, d'un héritier présomptif de la couronne, n'avait causé autant de trouble et d'alarmes en Angleterre que celle du prince Noir. Édouard était vieux ; les revers de ses armes l'avaient accablé ; par crainte de l'ambition connue du duc de Lancastre, les communes avaient supplié le roi de présenter au parlement en qualité d'héritier présomptif de la couronne, le jeune Richard de Bordeaux, fils du prince Noir, à peine âgé de dix ans.

Le lendemain de la mort d'Édouard (23 juin 1377), Richard II fit son entrée dans la ville de Londres, sous la conduite de ses oncles. Les rues étaient tendues de tapisseries ; on avait érigé des arcs-de-triomphe ; on jouait des mystères sur des théâtres en plein air, et des fontaines de vin coulaient en plusieurs lieux.

Sur la requête des communes, les prélats et les barons nommèrent douze conseillers, savoir : deux évêques, deux comtes, deux barons, deux bannerets et quatre

---

1. Cette lettre représente le roi de France Jean, et est l'initiale de son nom ; elle est tirée d'un manuscrit de la bibliothèque Cottonienne, contenant la ratification, par ce prince, du traité de Brétigny, et commençant par ces mots : « Jehan, par la grâce « de Dieu, roy de France, à tous ceux qui cestes lettres verront, saluz. »

chevaliers pour aider le chancelier et le trésorier dans les soins du gouvernement. Le duc de Lancastre et ses frères, les ducs d'York et de Glocester, ne firent point partie de ce conseil ; mais ils usèrent de toute leur influence pour le composer de leurs créatures.

Édouard III avait laissé les affaires extérieures de l'état dans un grand désordre. La France, dont la trève était expirée, recommençait les hostilités ; l'Espagne, qui refusait d'admettre les prétentions du duc de Lancastre aux trônes de Castille et de Léon, du droit de sa femme, fille de Pierre-le-Cruel, s'était alliée à Charles V, et leurs flottes réunies ne cessaient d'insulter les côtes de l'Angleterre ; elles avaient brûlé la ville de Hastings, dévasté l'île de Wight, et causaient de grands dommages au commerce ; enfin il était nécessaire de surveiller l'Écosse, dont les intérêts étaient étroitement unis à ceux de la France. L'archevêque de Cantorbéry, au nom du roi, demanda au parlement des secours, afin de s'opposer aux tentatives hostiles des ennemis du royaume, et de sauver l'honneur de l'état et du souverain. Les communes, entièrement dévouées au duc de Lancastre, se déclarèrent trop peu éclairées pour donner un avis dans ces circonstances difficiles, et demandèrent qu'on « leur adjoignît douze pairs d'Angleterre et Monseigneur d'Espagne » (le duc de Lancastre) ; mais le duc, se jetant aux pieds du jeune Richard, déclara que, du vivant même d'Édouard III, son père, qui le comblait honorablement de marques de sa royale confiance, les communes l'avaient accusé de faits qui ressemblaient à la trahison ; qu'il n'entendait ni siéger à la chambre, ni se charger d'aucune des affaires de l'état, jusqu'à ce que son innocence eût été hautement proclamée, et qu'il demandait le combat singulier contre ses accusateurs, comme le plus simple et le plus pauvre des chevaliers, à moins que le roi et ses pairs n'en jugeassent autrement.

A ce discours, les prélats et les pairs affirmèrent qu'aucun crédit n'avait été accordé à des imputations obscures et sans fondement, et les communes montrèrent que la preuve qu'elles étaient convaincues de la haute probité du duc résultait de ce qu'elles avaient prié le roi de le leur donner pour conseiller. Le duc de Lancastre, en parlant d'oubli et de paix, eut l'air de pardonner à tous, et redevint populaire. Il abandonna Alice Perrers au ressentiment des communes, qui la firent condamner au bannissement et à la perte de tous ses biens, reçut la totalité du dernier subside voté par le parlement, et conduisit en Bretagne une armée qui n'eut que des revers.

Pendant la minorité du roi, le gouvernement était en réalité dévolu aux lords, et c'était à eux que les communes adressaient leurs pétitions. Elles obtinrent que ce seraient deux marchands de Londres qui seraient nommés trésoriers pour recevoir l'argent du subside qu'elles venaient de voter, réclamèrent pour que huit nouveaux conseillers fussent adjoints aux anciens, pour que leur nomination, ainsi que celle des grands officiers de la couronne, leur fût notifiée, et demandèrent « qu'un par-
« lement fût assemblé une fois l'an, dans un lieu convenable, pour éviter tous
« délais dans les actions judiciaires, et porter un jugement définitif sur les cas dans
« lesquels les juges différaient d'opinion. » Les lords répondirent que les statuts existants seraient mis à exécution, et que le roi déterminerait le lieu des réunions.

Au parlement qui suivit, les communes allèrent plus loin. Elles demandèrent à examiner les comptes des trésoriers et la manière dont les impôts avaient été levés; ces deux points leur furent accordés, mais avec la remarque « que cette concession ne provenait que du bon plaisir du roi, et n'était pas l'effet de leur requête. »

La guerre avec l'Écosse, d'infructueuses expéditions envoyées en Bretagne, dont le duc, Jean de Montfort, s'était déterminé à faire la paix avec le roi de France, forcèrent les ministres de demander au parlement un secours additionnel. On donna spontanément aux communes connaissance des comptes de la trésorerie. Celles-ci exigèrent le renvoi du grand conseil et la nomination d'un comité de finances, composé, non-seulement de lords comme par le passé, mais de membres de la chambre plébéienne, et, chose inouïe jusqu'à ce jour, de deux aldermen de la ville de Londres, et d'un alderman de la ville d'York. Ces concessions obtenues, elles accordèrent un subside considérable, mais insuffisant parce qu'on leur avait caché le véritable état des choses (1380). Il fallut donc recourir encore à leur générosité peu de mois après, et leur annoncer que la somme immense de cent soixante mille livres sterling couvrirait à peine les besoins urgents. La demande leur parut « *outrée et insupportable*, » cependant, après beaucoup de débats, elles accordèrent cent mille livres, à condition que le clergé en paierait un tiers. Le clergé s'écria qu'il n'entendait pas qu'on empiétât sur ses droits, et qu'il n'appartenait qu'à lui-même de se taxer, et les communes finirent par accorder un impôt personnel sur tout individu des deux sexes âgé de quinze ans et plus, et réparti proportionnellement aux diverses fortunes, de telle façon que le maximum était de quatre-vingts pennies, et le minimum de quatre.

Cet impôt mit le comble au mécontentement public. Il ne provenait pas seulement de la pénurie des finances, mais d'une foule de causes qui avaient agi longuement, séparément, et à petit bruit. Le peuple commençait à réfléchir sur son sort et à le comparer à celui de l'aristocratie orgueilleuse qui l'accablait de sa tyrannie et vivait de ses sueurs. Les tenanciers et vassaux, qui avaient servi comme archers et hommes d'armes sur le continent, ne rentraient qu'à regret dans l'humble condition de serfs. Ils avaient assisté à la grande émancipation des bourgeois et artisans de la Flandre; ils avaient vu le soulèvement des paysans en France, le massacre des collecteurs en plusieurs lieux, les révoltes des bourgeois de Paris et de Rouen; et ils avaient rapporté dans leurs foyers un esprit d'indépendance qui se répandit d'autant plus promptement que l'esclavage personnel était plus général en Angleterre qu'en aucun autre pays, et qu'il était, à peu de chose près, resté ce qu'il était à l'époque de la conquête. Les seigneurs pouvaient encore vendre leurs serfs avec leurs maisons, leurs bœufs, leurs outils. « Sachez, disent les actes de ce temps, que j'ai vendu un tel, mon *naïf* (natif), et toute sa sequelle née ou à naître. » Des tenanciers, enrichis des dépouilles de l'ennemi, et qui avaient assez profité en France du progrès des lumières pour pouvoir juger qu'on les trompait en exigeant d'eux des servitudes féodales qu'on leur disait inhérentes à la tenure en villenage, avaient sacrifié le produit de leur paie ou de leurs rapines pour acheter à la cour du roi des copies du Domesday Book, grand terrier féodal de l'Angleterre; et après l'avoir étudié, après en avoir commenté le texte, ils refusaient des services auxquels ils n'étaient pas tenus, s'associaient pour défendre leurs libertés, et parvenaient, en intimidant les seigneurs par leur union et leur persévérance, à obtenir les avantages qu'ils réclamaient. Les prédicateurs ambulants de Wyclef, répandus dans les campagnes, s'attachaient à enseigner l'égalité naturelle des hommes, l'abus du droit de propriété, la tyrannie des distinctions sociales, et les paysans se disaient entre eux : « On nous taille pour aider les chevaliers et écuyers du pays à défendre leurs héritages ; nous sommes leurs varlets et les bêtes dont ils tondent la laine ; nous ne voulons plus qu'il y ait de serfs ; nous ne voulons plus être traités comme des bêtes, et, si nous travaillons pour les seigneurs, que ce soit avec salaire. » Le mouvement s'étendit ; par leur dureté et leur insolence, les collecteurs de l'impôt déterminèrent l'explosion dans plusieurs villages du comté d'Essex. Ils allèrent jusqu'à vouloir s'assurer d'une manière indécente de l'âge des jeunes filles. Le père d'une d'elles, Wat Tyler (Walter le tuilier), lança à la tête d'un collecteur le marteau qu'il tenait à la main, lui brisa la cervelle, et, nouveau Virginius, appela aux armes et à la vengeance la population du comté de Kent. Le comté d'Essex s'insurgea aussi, et tous les paysans se réunirent sous la conduite d'un d'entre eux nommé Jacques Straw (Jacques-la-Paille). Des mouvements semblables eurent lieu dans les comtés de Sussex et de Bedford, et les insurgés réunis prirent pour chefs Wat Tyler, Jacques Straw, et un prêtre nommé John Ball.

Ils entrèrent en furie à Cantorbéry, tuèrent quelques opposants, obligèrent le maire et les aldermen de jurer fidélité à leur cause, grossirent leurs rangs de tous les individus qui voulurent les suivre, et se mirent en marche pour la ville de Londres. Trois jours ne s'étaient pas écoulés que cette masse d'hommes indisciplinés s'élevait à plus de cent mille. Ball leur fit en pleine campagne un sermon dans lequel il prit pour texte ces paroles : « Quand Adam bêchait et qu'Ève filait, qui était alors gen-« tilhomme ? » L'insurrection gagna rapidement les comtés de Hertford, de Sussex, de Surrey, de Suffolk, de Norfolk, de Lincoln, de Cambridge, et les insurgés marchèrent sur Londres, démolissant et pillant les châteaux et les manoirs.

Le conseil du roi se trouvait dans une grande perplexité, et, dans son incertitude, ne prenait aucune mesure. Richard II, l'archevêque de Cantorbéry, Henri, comte de Derby, cousin du roi, quelques seigneurs et une centaine de chevaliers, s'étaient réfugiés dans la Tour de Londres. Les insurgés envoyèrent au roi des députés, et le supplièrent de leur accorder une conférence dont ils fixèrent le lieu à Rotherhithe. Richard y consentit ; il monta dans sa barque et descendit la rivière ; mais, en approchant du point où il devait s'arrêter, il entendit de tels cris et vit des hommes d'un si étrange aspect, que ses serviteurs ne lui permirent pas de mettre pied à terre, et, profitant de la marée, ils le ramenèrent à la Tour. Cette marque de méfiance irrita les paysans, qui se jetèrent sur Southwark, détruisirent le palais de la cour du banc du roi et celui de Savoie, qui avait servi de prison au roi Jean, et qui appartenait au duc de Lancastre. Ils arrêtaient tous les hommes bien vêtus qu'ils rencontraient, leur demandaient : « Pour qui tiens-tu ? » et s'ils ne répondaient : « Pour Richard et les communes d'Angleterre, » leur tranchaient immédiatement la tête (13 juin 1381).

La garnison de la Tour, quelque dévouée qu'elle fût, était hors d'état de résister aux attaques des insurgés s'ils venaient à concevoir le projet de s'en emparer, et la mère du roi ouvrit le conseil de recourir à des négociations, de faire des concessions, de calmer les esprits par des promesses. La multitude qui couvrait l'esplanade n'avait pas encore fait connaître ses prétentions, et il était convenable de s'assurer d'abord si elles étaient admissibles; on n'entendait que des cris parmi lesquels on distinguait ceux de : « Mort à sir Robert Hales, le trésorier! Mort à l'archevêque « Simon, le chancelier! » Un héraut se présenta donc parmi les rebelles au nom du roi, et leur dit de sa part de se rendre hors de la ville dans un lieu appelé Mile-End, où Richard irait à l'instant les écouter et répondre à leurs réclamations. Le jeune monarque parut en effet à cheval, et accompagné de peu de personnes sans armes. Cette simple démarche eut le plus heureux résultat. Les rebelles chargèrent six orateurs de remettre au roi une pétition où ils présentaient les demandes les plus sages dans la circonstance : l'abolition de l'esclavage, l'établissement d'une taxe ou rente de quatre pence par acre de terre féodale, en remplacement des services dits de villenage, la liberté du commerce, c'est-à-dire la franchise d'achat et de vente aux foires et marchés, et une amnistie générale. Le roi consentit à ces demandes, et donna l'ordre de faire aussitôt remettre aux commissaires des insurgés les lettres d'affranchissement et de pardon qu'il leur accordait; mais pendant ce temps, Wat Tyler et Jacques Straw, s'étaient emparés de la Tour; ils avaient mis à mort l'archevêque Simon, sir Robert Hales, grand-maître de l'ordre de Saint-Jean-de-Jérusalem; le confesseur du roi, William Apuldore; le fermier des impôts, et trois de ses principaux agents, et déclaraient qu'ils ne quitteraient pas Londres avant d'avoir obtenu des concessions plus explicites et des garanties pour ces concessions.

Au milieu de toutes ces difficultés, et nonobstant sa grande jeunesse, car il ne dépassait pas quinze ans, Richard déploya un courage et un caractère qui étonnèrent ses amis, et sauvèrent, en ces jours difficiles, la dignité et l'autorité royale. Le lendemain, suivi de soixante cavaliers au plus, il se rendit à Smithfield, où il rencontra Wat Tyler avec un corps très-nombreux. Le chef des rebelles s'arrêta dès qu'il eut reconnu que le roi s'avançait; il fit faire halte à sa troupe, et s'approchant de Richard d'un air respectueux, il entra en conversation avec lui; mais tout en parlant il affectait de jouer avec un poignard qu'il portait à la ceinture, et il posa la main sur la bride du palefroi royal. A l'instant, le lord maire de Londres, Walworth, placé près de Richard, tira une courte épée, en frappa Wat Tyler, et lui en traversa la gorge. Le cheval du couvreur fit un mouvement qui le conduisit au milieu des courtisans du roi; ceux-ci le renversèrent, et l'un des écuyers, Robert Standish, acheva de le tuer. Les compagnons de Wat Tyler, qui l'avaient vu tomber, ignoraient son sort; mais ne l'apercevant plus, ils crurent qu'on s'emparait de sa personne, et les archers dressèrent leurs arcs pour punir les assaillants; la mort du roi semblait inévitable; mais lui, s'avança seul vers eux, et leur dit : « C'est moi qui suis votre roi, moi qui veux être votre chef! rassurez-vous, bonnes gens de mon peuple. Tyler était un traître! il ne vous « aimait pas comme moi; venez, venez, c'est moi qui vous accorderai tout! » Et la foule étonnée le suivit. Mais en cet instant, un corps de troupes et de chevaliers que le roi rejoignit aussitôt, s'avança vers les insurgés ; l'effroi se répandit parmi eux, et bientôt ils s'enfuirent de tous côtés. Une proclamation du roi leur défendit en même temps, sous peine de mort, de passer la nuit dans la ville. Tous se sauvèrent au plus vite et regagnèrent leurs foyers.

Le conseil de Richard détermina sans peine ce prince à faire proclamer qu'il révoquait toute parole d'affranchissement qu'il pourrait avoir donnée, à prescrire à tous serfs, vilains et vassaux, de reprendre le train ordinaire de leur esclavage, en accomplissant les services auxquels ils étaient assujettis, et à leur défendre toute réunion et association. Si dans quelques communes on essaya de défendre à main armée des libertés pour lesquelles on s'était insurgé, ces tentatives n'eurent d'autre résultat que la mort de plusieurs milliers d'hommes. On créa des tribunaux pour condamner les prisonniers, non pour les juger. Le nombre des exécutions fut immense dans les premiers jours. Jacques Straw et John Ball furent du nombre des suppliciés.

Le parlement ratifia la révocation de la charte d'affranchissement ; et quand le chancelier, au nom du roi, lui soumit la question de savoir s'il ne conviendrait pas d'abord d'abolir la servitude, il répondit que ni persuasion ni violence ne le ferait consentir à se priver du service des vilains. Les communes seulement se récrièrent fortement contre les abus intolérables qui accablaient le peuple, et le forçaient à l'insurrection pour dernière ressource ; les taxes et subsides avaient amené la misère la plus déplorable ; la rapacité des officiers royaux de l'échiquier, de la chancellerie, des cours du banc du roi et des plaids communs, ne pouvait se comparer qu'à celle des pourvoyeurs, plus insolents et plus avides que jamais. Le roi, pour tout redressement, ordonna simplement la formation d'une commission d'enquête, et demanda un subside. Les communes, instruites par le passé, le refusèrent, en déclarant qu'une taxe nouvelle amènerait une nouvelle insurrection, à moins que le roi n'accordât une amnistie générale aux insurgés qui n'étaient coupables que d'entraînement. On leur répondit que le roi n'octroyait ses faveurs qu'après que les communes avaient fait leur don. Elles votèrent donc le subside ; et quelque temps après (janvier 1382) une amnistie fut publiée.

Cependant la guerre entre l'Angleterre et la France n'avait pas pris fin, et quoiqu'on se bornât à de légères hostilités qui ne pouvaient avoir de résultat utile, rien ne laissait prévoir une paix prochaine. L'évêque de Norwich proposa au roi de lever deux mille cinq cents hommes d'armes et autant d'archers, et d'aller combattre, en Flandre, les Français qui soutenaient le parti du comte de Flandre contre les Gantois, à condition qu'on lui céderait le produit du dernier subside d'un quinzième voté par le parlement. L'évêque de Norwich, Henri Spenser, avait déployé, durant la guerre de l'insurrection, le plus singulier caractère. Sous l'armure d'un chevalier, il combattait les rebelles, les jugeait et les condamnait ; puis il leur administrait les dernières consolations de la religion, et il présidait à leur exécution. Le pape Urbain IV, alors reconnu par l'Angleterre, uniquement parce que la France reconnaissait Clément VI, l'avait revêtu de pouvoirs extraordinaires. Le parlement consentit à ratifier le contrat qui fut passé entre le roi et lui. Il s'embarqua, fit une heureuse traversée, prit Gravelines d'assaut (1383), défit une partie de l'armée du comte de Flandre, poursuivit les fuyards jusqu'à Dunkerque, où il entra avec eux, et ravagea toute la côte jusqu'à l'Écluse. Après avoir réuni ses troupes à celles des Gantois, il entreprit le siége de la ville d'Ypres. Une armée française s'avança. Les citoyens de Gand ne crurent pas prudent de compromettre dans une seule affaire le sort de leur entreprise; ils se retirèrent, et les Anglais mutinés se sauvèrent à l'approche de l'ennemi. Une partie d'entre eux atteignit heureusement Calais. Quelques détachements restés à l'évêque le ramenèrent à Gravelines; mais il se trouvait hors d'état de soutenir un long siége dans cette ville; il prit donc le parti d'en détruire les fortifications, et il revint honteux en Angleterre (1383). Là, suivant le commun usage, comme il était malheureux on le jugea coupable, et il fut accusé d'avoir vendu pour douze mille écus d'or le succès de son expédition. Toutefois il ne fut pas personnellement condamné pour ce motif, mais pour imprudence, inhabileté ou négligence; et ce furent les quatre chevaliers dont il avait pris conseil qui portèrent la peine de certaines concussions, telles que d'avoir reçu vingt mille livres sterling pour les équipages et munitions laissés sur le continent. On confisqua le temporel du prélat et les terres des chevaliers, jusqu'à parfait paiement des dommages causés à l'état; et tous les cinq durent garder prison à la volonté du roi.

La conduite de l'évêque de Norwich fut pour Wiclef et ses prêtres ambulants une occasion nouvelle de tonner en chaire contre le haut clergé. Suivant lui, la richesse des dignitaires ecclésiastiques était plus qu'un crime; c'était une hérésie, une insulte à Jésus-Christ, qui avait vécu et qui était mort dans la pauvreté : on participait aux péchés de ces hommes, plongés dans la mollesse, en acquittant les dîmes et les rentes qu'ils nommaient leur temporel; et les lords séculiers avaient le droit de s'emparer de leurs possessions, dont le produit n'était point employé selon la volonté de Dieu; le pape, les prélats, les bénéficiers de toutes les classes, tous ceux qui pensaient que les gens d'église devaient être dotés, n'étaient que des hérétiques, des hypocrites, des esprits maudits et des antechrists.

Il disait que l'église primitive, dans toute sa pureté, dans la perfection de sa discipline, avait duré mille ans, mais que suivant la prophétie de l'Apocalypse, Dieu avait permis que le grand dragon fût déchaîné, et que le monstre avait à l'instant engendré de sa queue les ordres monastiques mendiants, qui corrompaient, en se multipliant, la foi, la discipline et les mœurs. Lui et ses pauvres prêtres étaient envoyés par Dieu, afin de coopérer au rétablissement de l'évangile. Il admettait sept sacrements comme l'église catholique; mais il différait d'elle par la manière dont il expliquait l'Eucharistie et le mariage. Sur le premier point, s'il usait fréquemment d'un langage orthodoxe, il enseignait plus souvent encore une doctrine semblable à l'impanation de Luther. Dans sa confession, où l'on devait penser qu'il parlerait franchement, il se retrancha derrière un si grand nombre de distinctions inintelligibles, qu'il serait difficile au théologien le plus habile de découvrir ses sentiments. Il admettait aussi le purgatoire, et enseignait que la messe, dite avec la dévotion d'un cœur pur, profitait aux âmes chrétiennes condamnées à des peines expiatoires, puis, tout en reconnaissant la nécessité des cérémonies religieuses, il en censurait la multiplicité, et surtout la coutume de chanter dans les églises, parce que ces chants troublaient les hommes pieux qui priaient avec recueillement. Il frappait d'anathème les indulgences, les pèlerinages, la coutume des asiles, inventions du diable pour enrichir le clergé, mais non pour le rendre saint et lui créer des mérites aux yeux du monarque céleste.

D'après Wyclef, l'église dépendait de l'état, et non l'état de l'église; le clergé ne devait posséder aucun bien; les vœux monastiques n'étaient qu'une erreur condamnable, et la Bible constituait la seule règle de la foi donnée aux hommes. On retrouve dans ces assertions et quelques autres, la plupart des opinions que les réformateurs du XVIe siècle ont propagées. Wyclef fut évidemment leur maître; afin de fixer irrévocablement les textes qui lui avaient fourni ses doctrines, il fit une traduction des saintes Écritures, reléguées alors dans quelques rares bibliothèques, en multiplia les copies, et mit dans les mains des hommes le moyen d'exercer leur libre arbitre, par un examen personnel.

Wyclef, malgré ses violentes attaques contre le clergé, en fut traité avec assez de modération. En 1382, l'évêque de Londres, Courtenay, ayant été promu à la dignité d'archevêque de Cantorbéry, convoqua un synode, qui condamna vingt-quatre propositions du réformateur, dix comme hérétiques, les autres comme de simples erreurs. Un tremblement de terre, qui jeta l'effroi dans la métropole durant la tenue du synode, vint servir le fanatisme des partisans de Wyclef. « Lorsque « Dieu, disaient-ils, au temps de sa passion, devint la proie des bourreaux, la terre « émue protesta contre ce crime : ainsi vient-elle de faire; elle a tremblé parce « qu'en accusant d'hérésie le pieux Wyclef, on accusait le Christ et les saints du « paradis. » Suspendu de ses fonctions, il en appela au parlement. Cependant, afin de faire cesser les persécutions qui affligeaient ses disciples, il consentit à lire une profession de foi devant le primat et quelques évêques, et il est probable qu'elle leur parut orthodoxe puisqu'on lui permit de retourner à sa cure de Lutterworth. Il y vécut en paix deux années, et mourut en 1384. Ses doctrines ne périrent pas avec lui; elles firent, en peu de temps, de tels progrès, qu'elles acquirent des partisans plus nombreux que la pure religion catholique romaine. Les hommes étaient flattés de l'appel que ces doctrines faisaient à leur propre jugement. L'esprit de discussion, de recherche et d'examen naquit, et les semences de la révolution religieuse qui, un siècle après, agita toutes les nations de l'Europe, se trouvèrent jetées dans toutes les âmes.

Richard avait à peine dix-sept ans; les éloges dont ses courtisans l'accablaient sur l'énergie de son caractère et sur l'intrépidité qu'il avait déployée; la vanité qu'ils éveillèrent en lui, le défaut de jugement qui se montra dans toutes ses actions, et l'ambition de ses oncles, le jetèrent dans une suite d'erreurs qui firent bientôt évanouir les espérances que la nation avait conçues. Dès le commencement de son règne, le duc de Lancastre avait été l'objet d'attaques, dont son ambition, sa grande puissance et sa proximité du trône étaient cause. Ces bruits s'étaient renouvelés pendant la dernière insurrection, et le duc s'était retiré en Écosse pour fuir les délations dont il était l'objet; là il reçut un acte par lequel Richard II reconnaissait son innocence, et lui permettait de s'entourer de gardes pour sa sûreté personnelle. Le duc revint en Angleterre à l'époque où l'évêque de Norwich terminait si malheureusement son expédition, et il fut chargé de conclure un armistice avec la France. Il y parvint, et fit comprendre l'Écosse dans le traité; mais les Écossais refusèrent de le ratifier, et le duc, à qui le roi confia le commandement d'une armée, la conduisit sur le territoire ennemi, ravagea quelques villages, et brûla les immenses forêts où ses adversaires se réfugiaient quand ils se voyaient trop pressés. A son retour, on le blâma de n'avoir obtenu qu'un aussi mince résultat, et un moine, introduit en secret près du roi, donna par écrit connaissance au monarque d'un complot qui tendait à faire monter sur le trône le duc de Lancastre, son oncle. Le duc, instruit de la dénonciation, protesta de son innocence, et demanda le combat. Le moine persista; on le retint prisonnier jusqu'à plus ample informé, et on le confia aux soins de John Holland, frère utérin de Richard et fils de Thomas Holland, comte de Kent, premier époux de la princesse de Galles, mère du roi. John Holland étrangla le moine dans la nuit même, et détruisit ainsi la preuve vivante du complot. L'écrit restait; le moine l'avait attribué au lord Zouch, mais celui-ci protesta sous serment qu'il y était complétement étranger et qu'il en ignorait jusqu'à l'existence, et le comte de Buckingham, un autre oncle du roi, tira son épée dans la chambre de Richard, et jura d'en percer quiconque oserait soupçonner son frère Lancastre de trahison. Quoique les soupçons du roi n'eussent pas été détruits, il dissimula, et Lancastre saisit ce moment pour se rendre en France, sous prétexte d'obtenir une prolongation d'armistice. Richard donna l'ordre de l'arrêter à son retour; mais le duc revint secrètement en Angleterre, et s'enferma dans sa forteresse de Pontefract. La princesse de Galles eut assez d'influence sur son fils pour l'engager à se réconcilier avec son oncle, et à pardonner à John Holland.

La France cependant avait envoyé des secours en hommes, en argent et en armes, aux Écossais; et Jean de Vienne, à la tête de ses Français, s'empara de quelques châteaux sur les frontières du Northumberland; le conseil de Richard s'apercevant enfin que le danger s'accroissait, le supplia de se mettre à la tête de l'armée anglaise, et plus de soixante mille hommes commandés par le roi s'avancèrent vers les comtés du Nord. A leur approche, les Écossais se retirèrent, en abandonnant leur pays aux ravages de l'ennemi.

Richard marcha sur Édimbourg, qu'il réduisit en cendres, ainsi que Perth, Dumferline et Dundee, et il s'apprêtait à commencer le siége d'Aberdeen, quand il apprit que les Écossais, de leur côté, avaient pénétré dans le Cumberland, le Westmoreland et le Lancashire, et que les Français entouraient Carlisle. Le duc de Lancastre lui donna le conseil de revenir sur ses pas, et de couper toute retraite à ses ennemis, mais son chancelier Michel de la Pole, fils d'un riche commerçant et d'un de ses plus intimes favoris, fit craindre que le duc n'eût l'intention de le pousser dans un piége. Richard déclara donc qu'il voulait retourner en Angleterre, et qu'aucune considération n'aurait le pouvoir de le retenir. « Vous, mon oncle, « ajouta-t-il, et tous vos gens, allez où vous vous croirez le mieux, je n'y mets pas « d'obstacle. — En ce cas, répondit le duc, je vous suivrai, car où je me crois le « mieux, c'est près de vous. Je défie aucun homme de vous aimer autant que moi « et mes frères, et je jetterais le gant à qui oserait avancer le contraire. » L'armée fut licenciée, et les Écossais remportèrent tranquillement dans leur pays les dépouilles des comtés qu'ils avaient ravagés (1385). Les deux favoris du roi, Robert de Vère, comte d'Oxford, jeune homme de mœurs corrompues, et Michel de la Pole, furent comblés de faveurs. Robert de Vère devint d'abord marquis de Dublin, titre jusqu'alors inconnu en Angleterre, puis duc d'Irlande, avec la concession de tous les revenus de cette île et droit de souveraineté, sous la seule condition de verser annuellement 5,000 marcs au trésor de l'échiquier. Michel de la Pole fut créé comte de Suffolk, et reçut d'immenses domaines. En même temps Richard accablait de titres et de dignités les princes du sang royal, espérant qu'ils verraient avec moins de jalousie l'élévation et l'agrandissement rapide de ses deux favoris. Toutefois, pour anéantir les espérances ambitieuses de son oncle Lancastre, il déclara Roger, comte de March, petit-fils de Lionel, duc de Clarence, second fils d'Édouard III, l'héritier présomptif du trône.

A cette époque, la couronne de Portugal était réclamée par Jean, roi de Castille, qui avait épousé la fille unique de Ferdinand, le dernier souverain de ce pays; mais la plupart des grandes villes refusaient d'admettre les droits d'une princesse qu'elles ne reconnaissaient que comme le fruit d'un hymen adultère. Elles offrirent la couronne au grand prieur d'Avis, frère du monarque défunt, et celui-ci sollicita le secours du duc de Lancastre pour combattre le roi de Castille, au trône duquel le duc élevait aussi des prétentions du droit de sa femme. Richard, enchanté de se délivrer de la présence de son oncle, ne recula devant aucun sacrifice; il lui donna une armée de vingt mille hommes, et le conduisit à Plymouth, où s'embarquèrent le duc et la duchesse sur une flotte magnifiquement équipée. Lancastre prit terre à la Corogne, conquit une partie de la Galice, et entra en triomphateur dans le Portugal, dont le souverain l'accueillit avec transport, et lui demanda la main de sa fille aînée, Philippa, née d'un premier mariage; mais les succès du duc de Lancastre et des armes anglaises ne durèrent qu'une saison. Le climat détruisit les troupes, le roi de Castille reprit toutes les villes conquises (1387), et le duc se vit forcé de se rembarquer et de se retirer en Guyenne.

Pendant ces événements, la France formait le dessein d'opérer une descente en Angleterre. L'absence du duc de Lancastre, qui passait pour un général heureux et expérimenté, et celle de l'armée qui l'avait suivi, lui semblèrent des circonstances favorables qu'il fallait saisir. Elle rassembla donc à l'Écluse une flotte considérable. La terreur devint universelle en Angleterre; on se leva en armes dans tous les comtés, on occupa toutes les positions qui présentaient quelque importance; on réunit des vaisseaux de toutes parts, et le comte d'Arundel, qui reçut le commandement de l'escadre, eut l'ordre d'éviter un engagement général, mais d'attendre que le débarquement fut effectué pour détruire les navires ennemis. Les troupes de terre reçurent celui de dévaster entièrement la contrée devant l'armée envahissante, afin de l'affaiblir et de la réduire au désespoir par une disette absolue de toutes choses.

Mais ce mouvement belliqueux ne s'empara pas tellement des esprits que le peuple ne se plaignit et que la noblesse ne fit entendre des expressions de mécontentement contre les favoris du roi. Leur insolence était devenue intolérable, et le duc de Glocester, qui avait su conquérir une haute influence sur la chambre des communes, se forma un parti dont les chefs principaux étaient les comtes de Nottingham, grand maréchal d'Angleterre, de Warwick, de Northumberland, de Salisbury, d'Arundel. A peine le parlement fut-il convoqué (1386, 1er octobre), qu'ils se proposèrent de renverser l'administration que le roi livrait à ses favoris, et d'y substituer leurs principes et leurs créatures. Michel de la Pole, comte de Suffolk, grand chancelier, ouvrit la session par un discours où il démontra la nécessité d'opérer une diversion en envoyant une armée en France, et il engagea les chambres à délibérer sur cette question, et à voter les fonds nécessaires si elle était affirmativement résolue. Les barons et les communes, loin de s'en occuper, se mirent à récapituler une foule de griefs dont les principaux étaient les taxes continuelles qui appauvrissaient le peuple, tellement que les tenanciers étaient forcés par la misère d'abandonner leurs fermes, et que les rentes dues aux propriétaires n'étaient plus payées. Les revenus publics semblaient inféodés à la rapacité des officiers royaux. Les dépenses de la maison du roi étaient énormes. Il n'existait qu'un seul remède à tant de maux, c'était le renvoi des ministres et des membres du conseil, et la condamnation du chancelier que les communes accusèrent formellement devant la chambre des lords. Cet orage grossissant effraya Richard, il espéra que les habitants de Londres se déclareraient en faveur des mesures rigoureuses dont il conçut d'abord la pensée, l'arrestation des chefs opposants, et particulièrement du duc de Glocester; mais le maire, les aldermen et les principaux citoyens, lui déclarèrent nettement qu'il ne devait pas compter sur leur adhésion. Le roi prit à l'instant le parti de s'éloigner du parlement; il se rendit à Eltham avec sa cour, et fit intimer aux chambres de délibérer sans délai sur le subside. Le parlement résista, et déclara qu'il se dissoudrait sans pourvoir aux besoins du trésor si Richard ne revenait à Westminster. La discussion développa une immense exaspération; on rapportait de tels propos du roi, qu'on ne pouvait les pardonner même à l'irréflexion de sa jeunesse, et dans l'indignation qu'ils excitèrent on alla jusqu'à rappeler l'ordre parlementaire de la déposition d'Édouard II. Richard fut contraint de céder; il nomma trésorier l'évêque de Hereford, donna les sceaux à l'archevêque d'Ély, et reprit sa résidence dans son palais, en permettant d'instruire l'accusation portée contre Suffolk.

Il paraît que le but où tendaient les communes en cette circonstance était de confirmer, par un acte solennel, le droit qu'elles réclamaient depuis longtemps, d'accuser les ministres, et non de déployer une extrême rigueur envers un homme dont la culpabilité était douteuse. Suffolk eut à se défendre devant les lords sur sept chefs d'accusation. Ils portaient, en général, sur des échanges avantageux pour lui, avec le roi, au détriment du domaine royal, sur l'obtention d'une pension de cinq cents livres sterling, pour soutenir sa nouvelle dignité de comte, sur l'apposition du sceau de l'état à des actes illégaux ou à des grâces non méritées. Dans sa défense, il essaya de prouver que, de toutes ces accusations, la plupart étaient sans fondement, et que les autres ne comportaient pas un délit légal. Il rappela ses nombreux services, soit à la guerre, où deux fois il avait été fait prisonnier, soit comme envoyé diplomatique, soit comme amiral, ambassadeur ou conseiller privé.

Les avocats des communes ayant été entendus, Suffolk fut mis en liberté sous caution; on l'acquitta ensuite sur quelques points de l'accusation; on le déclara coupable sur d'autres, et il fut condamné à rembourser diverses sommes, et à garder prison au bon plaisir du roi. Cette sentence ne fut pas mise à exécution.

Les ennemis du gouvernement de Richard étaient en trop belle position pour ne pas essayer d'en saisir tous les avantages. Ils inspirèrent au parlement l'idée de réclamer la création d'un conseil permanent de surveillance ou de réformation. Richard s'y refusa d'abord avec emportement; il n'ignorait pas les malheurs que des commissions de cette nature avaient attirés sur quelques-uns de ses prédécesseurs; mais on lui inspira des craintes pour sa vie, et il signa l'acte qui établissait une commission permanente composée de onze prélats ou pairs, indépendamment des grands officiers de l'état, chargée d'écouter les griefs du peuple, de remédier aux abus, de surveiller la conduite des membres des tribunaux, des officiers du roi et des employés en général, et d'examiner les comptes de la trésorerie. Cette commission s'arrogeait tous les priviléges de la royauté; Richard le reconnut, et persista, nonobstant les supplications et les menaces, à ne lui accorder qu'un an de durée. Dès que la session fut terminée, il protesta publiquement contre tout ce qui avait été fait dans ce parlement d'attentatoire aux prérogatives de la couronne. Les commissaires, parmi lesquels on remarquait Glocester et le comte d'Arundel, ne s'arrêtèrent pas à cette protestation, et se mirent en possession des pouvoirs qui leur étaient conférés. L'amiral comte d'Arundel prit peu après le commandement de son escadre; il alla croiser dans la Manche, fit capture d'un grand nombre de bâtiments chargés de vins, ravitailla le port de Brest où le duc de Bretagne avait reçu garnison anglaise; puis, se dirigeant vers l'Écluse, il détruisit quelques navires français qui se trouvaient dans ce port, et qui n'étaient pas aussi formidables qu'on avait voulu le faire craindre, opéra un débarquement, et ravagea toute la contrée à dix lieues à la ronde. Telle fut la fin de cette expédition qui, suivant le rapport des chroniqueurs, avait réuni cent mille hommes de cavalerie, quatre-vingt mille hommes d'infanterie, et un si grand nombre de vaisseaux, que si on les eût attachés bord à bord ils eussent formé un pont des côtes de Flandre à celles de l'Angleterre.

Richard cependant ressentait vivement le mépris dans lequel il était tombé. Il osa enfin rassembler à Nottingham un conseil de légistes qui déclara que la commission, qui dérogeait à la majesté royale et à ses prérogatives, était subversive de la constitution; que ceux qui avaient conseillé au roi de la créer, ou qui l'y avaient forcé, étaient passibles de la peine de mort; que quiconque l'avait empêché d'user de ses droits était coupable de trahison; que le roi pouvait dissoudre le parlement à sa volonté; qu'il appartenait à lui seul de déterminer l'ordre suivant lequel cette assemblée était appelée à discuter les questions qu'on lui soumettait; qu'après la dissolution du parlement, tous les membres de ce corps qui oseraient signer des actes en cette qualité étaient des traîtres; que, sans l'aveu du roi, les chambres ne pouvaient accuser les ministres; que la sentence prononcée contre Suffolk était une criante iniquité, et que tous ceux qui avaient osé parler du statut de déposition d'Édouard II avaient encouru la peine capitale. Cette imprudente déclaration fut immédiatement signée (août 1387), scellée de son sceau, en présence et avec la participation des archevêques d'York et de Dublin, des évêques de Chichester, de Bangor et de Durham, et de Robert de Vère, duc d'Irlande. Tous promirent de garder le secret; mais, dès le lendemain, le duc de Glocester fut averti, et, prévoyant à l'instant les desseins du roi, il se hâta de chercher les moyens d'en empêcher l'exécution.

Les dispositions du duc et de ses amis furent promptement arrêtées. Richard, dans une complète sécurité, s'était déterminé à former un tribunal des juges dont il possédait la consultation, à faire arrêter son oncle, ainsi que les membres de la commission du gouvernement et d'autres chefs de l'opposition, et à les traduire, sous l'accusation de haute trahison, devant la cour dévouée qui ne pouvait manquer de les condamner. L'acte d'accusation fut préparé. Le maire de Londres, sir Nicolas Bramber, reçut la confidence royale, et promit à Richard l'appui des corporations de la cité. Le roi fit dans sa capitale une brillante entrée, dix jours avant celui qui devait voir expirer les pouvoirs de la commission, et l'enthousiasme qui se manifesta sur son passage l'induisit en erreur sur les véritables sentiments populaires.

Le lendemain cependant, il apprit avec effroi que les environs de Londres étaient occupés par des troupes nombreuses, aux ordres du duc de Glocester et des comtes de Nottingham et d'Arundel, l'un connétable, l'autre maréchal, et le troisième amiral d'Angleterre. Il défendit, par proclamation, à tous les paysans et propriétaires, de vendre des aliments à l'armée de ses adversaires; mais les confédérés, qui comptaient déjà quarante mille hommes sous leurs bannières, envoyèrent des messagers au lord-maire pour déclarer que leur unique intention était d'arracher la personne du roi aux traîtres qui abusaient de sa faible bonté, et qui opprimaient le bon peuple d'Angleterre. Les comtes de Derby et de Warwick rejoignirent, à Waltham-Cross, Glocester, Arundel et Nottingham, et tous appelèrent par devant la commission gouvernementale cinq des favoris ou principaux conseillers du roi, comme coupables de haute trahison. Les accusés étaient l'archevêque d'York, le duc d'Irlande, le comte de Suffolk, sir Robert Tresilian et sir Nicolas Bramber. Les lords appelants parurent ensuite devant Richard, qui les reçut dans la salle de Westminster. Ils protestèrent de leur dévouement et de leur loyauté, et, jetant leurs gantelets aux pieds du roi, ils offrirent fièrement de prouver par le duel la vérité de leur accusation.

Le duc d'Irlande s'était hâté d'atteindre les frontières septentrionales du pays de Galles; le comte de Suffolk était parvenu à se sauver en France, et l'archevêque d'York avait trouvé un asile secret aux environs de Newcastle. Le duc d'Irlande toutefois ne jugea pas à propos de se cacher. Il était porteur d'ordres de Richard qui l'autorisaient à déployer la bannière royale; il leva des troupes, reçut un renfort considérable d'archers commandés par Molyneux, le gouverneur de Chester, et s'avança rapidement vers la Tamise. Mais les lords appelants n'étaient pas restés inactifs et l'attendaient à Radcot, où l'on savait qu'il espérait traverser la rivière sur un pont qu'il croyait libre. Le comte de Derby le gardait avec des forces considérables. Le duc d'Irlande alla plus loin chercher un autre passage; il y rencontra le duc de Glocester. Dans ce péril extrême, il détacha son armure, revêtit un habit de paysan, et parvint à gagner l'autre bord sans être aperçu. Son valet, le jeune garçon qui avait troqué ses vêtements contre les siens, et le gouverneur Molyneux furent tués. Sa suite ne livra aucun combat; elle se dispersa, et l'on apprit quelque temps après qu'un bateau pêcheur avait déposé le favori sain et sauf en Irlande. Dès que le roi eut connaissance de sa défaite, il se retira à la Tour de Londres.

Richard avait alors vingt et un ans, mais ne retrouva aucun souvenir des jours de Wat Tyler. Il apposa son sceau[1] sur tous les actes que lui présentèrent les « lords

1. Sceau et contre-sceau de Richard II. — Sur le sceau, Richard, la couronne en tête, tenant d'une main un sceptre et de l'autre un globe surmonté d'une longue croix. Il est assis sur son trône; au-dessous, un dais dans la sculpture duquel ont été déployées toutes les richesses du style

Sceau de Richard II.

gothique. Aux pieds du roi, de chaque côté, est un lion; à droite et à gauche, dans des niches élégantes, la Sainte Vierge et saint Georges, deux écus aux armes de France et d'Angleterre, fleurs de lys et léopards, et enfin, en pendant, deux chevaliers armés de toutes pièces. La légende porte :

appelants », ordonna l'arrestation de l'archevêque d'York, du duc d'Irlande et du comte de Suffolk, chassa de sa présence et de la cour dix des lords qu'il avait constamment admis dans son intimité, et fit renfermer dans les cachots de ses forteresses onze chevaliers dont le seul délit était un dévouement à toute épreuve à sa personne ; il consentit même à se priver de son confesseur l'évêque de Chichester. Le parlement s'assembla ; Richard donna publiquement au duc de Glocester les témoignages les plus marqués de son estime et d'une amitié presque filiale. Les appelants

RICARDVS : DEI : GRACIA : REX FRancie : ET ANGLIE ET DNS (*dominus*) HIBERNIE. *Richard, par la grâce de Dieu, roi de France et d'Angleterre et seigneur d'Irlande.*

Contre-sceau : la légende est la même que sur le sceau. Richard, armé de toutes pièces, coiffé d'un

Contre-sceau de Richard II.

casque à visière baissée dont le cimier représente un léopard. Il porte au bras gauche un écu aux armes d'Angleterre. De la main droite il tient une épée nue enchaînée à son armure. Son cheval est revêtu d'un riche caparaçon où l'on distingue encore les fleurs de lys de France et les léopards d'Angleterre.

renouvelèrent leur accusation, requirent la condamnation par défaut des cinq accusés, et leur attribuèrent le projet d'avoir voulu faire périr les lords commissaires, le duc de Glocester, les comtes d'Arundel, de Nottingham, de Derby et de Warwick, et leurs partisans les plus connus. Lorsque les membres du clergé virent qu'il s'agissait d'une condamnation capitale, ils annoncèrent que les canons de l'église leur défendaient d'intervenir dans les jugements de sang, et qu'ils étaient décidés à s'abstenir. Les évêques et les abbés quittèrent la chambre, et les accusés, déclarés coupables, furent condamnés à subir la mort ignominieuse et cruelle réservée aux traîtres, ainsi qu'à la confiscation de leurs propriétés. Sir Nicolas Bramber et Tresilian, les seuls qui fussent faits prisonniers, furent envoyés à l'échafaud. L'archevêque d'York termina ses jours, peu de temps après, dans une petite cure qu'il avait obtenue en Flandre; le comte de Suffolk mourut de désespoir en France avant la fin de l'année, et le duc d'Irlande périt aux environs de Louvain, des suites d'une blessure reçue à la chasse du sanglier.

La vengeance des appelants n'était pas assouvie. Le baron de l'échiquier, les juges du banc du roi et l'avocat du roi, le référendaire John Blake, qui avait rédigé l'acte d'accusation, quatre chevaliers, les plus anciens et les plus fidèles amis du roi, et le sous-shérif Thomas Usk, chargés de le signifier et de le mettre à exécution, furent accusés par les communes, et tous furent condamnés à la mort des traîtres. Usk, Blake et les chevaliers, passèrent de la barre du parlement à l'échafaud. On sursit à l'exécution des autres, et, par l'intervention des évêques, on leur fit la grâce de commuer leur peine en un bannissement perpétuel en Irlande.

Le parlement que les uns nommaient « l'admirable » les autres « l'impitoyable « parlement, » fut dissous après cent vingt jours de session. Avant la clôture, il contraignit le roi à venir renouveler le serment du couronnement. Les prélats prêtèrent de nouveau celui de fidélité; les lords firent une seconde fois hommage au souverain, et tous jurèrent de ne jamais souffrir qu'on détruisit les statuts qu'ils avaient arrêtés, ni qu'on revint sur les jugements qu'ils avaient rendus. L'archevêque de Cantorbéry dévoua à la peine de l'excommunication tous ceux qui contreviendraient à cette promesse.

Le roi s'était en apparence plié sans effort au joug imposé par son oncle; mais il n'avait rien oublié, dissimulait, s'assurait des partisans, et le jour où il atteignit sa vingt-troisième année (3 mai 1389), il demanda au duc de Glocester, en plein conseil, de lui apprendre son âge. — « Votre Altesse, répondit le duc, a terminé sa « vingt-deuxième année. — En ce cas, reprit Richard, j'ai l'âge de ma grande majo- « rité, et je puis conduire moi-même les affaires de mon royaume. J'ai été plus long- « temps en tutelle qu'aucun dans mes états. Milords, je vous remercie de vos ser- « vices et ne vous en demande aucun désormais. » Les membres du conseil, surpris de cet acte d'autorité, gardèrent un profond silence. Richard en profita pour redemander les sceaux à Fitz Allan, archevêque de Cantorbéry, et les clefs de l'échiquier à l'évêque de Hereford; il dépouilla le comte d'Arundel de la charge d'amiral, déclara que les pouvoirs du conseil avaient cessé, et en institua sur-le-champ un autre, d'où furent exclus le duc de Glocester et le comte de Warwick, mais dans lequel il admit le duc d'York et le comte de Derby, qui probablement avaient recouvré sa faveur par des soumissions secrètes. Glocester se retira dans ses domaines, et le peuple apprit par une proclamation que le roi avait repris en personne les rênes du gouvernement.

Richard usa d'abord modérément de son autorité; il semblait jaloux de mériter l'approbation du parlement, il le consultait souvent et l'invitait à exposer ses griefs, s'il en avait, contre les grands officiers de la couronne. Il parut réconcilié de bonne foi avec ses oncles, et lorsque le duc de Lancastre revint de la Guyenne, il l'appela au conseil, et y fit rentrer le duc de Glocester. Ce ne fut que lorsque les esprits lui parurent complétement apaisés, qu'il permit aux exilés de revenir sans bruit à Londres, et qu'il fit apporter du continent le cercueil du duc d'Irlande.

La grave discussion des provisions papales pour les bénéfices vacants en Angleterre prit fin durant ces années de tranquillité. En 1390, le parlement annula les provisions accordées depuis le commencement de l'année, et prononça la peine de mort contre toute personne qui oserait apporter ou envoyer en Angleterre une excommunication du pape relative à l'exécution des statuts. Les pairs spirituels protestèrent et en référèrent au pape. Boniface IX occupait depuis peu de jours le trône pontifical; il fulmina contre les statuts rendus sous le règne d'Edouard III, les déclara nuls et de nul effet, et livra immédiatement de nouvelles provisions à ses cardinaux. Les communes repoussèrent les prétentions du pape, *à la vie et à la mort;* les lords approuvèrent cette déclaration et l'adoptèrent; et les prélats eux-mêmes, sans dénier au souverain pontife ses droits sur les membres de l'église et sur les âmes des fidèles, déclarèrent que leur application en cette circonstance n'était qu'un envahissement de ceux de la couronne. Alors fut rédigé le dernier et le plus étendu des statuts sur les proviseurs ou de *Præmunire*, qui mettait à tout jamais hors de la protection du roi les solliciteurs de bénéfices en cour de Rome, leurs notaires, procureurs, protecteurs, complices, fauteurs et conseillers, confisquait leurs terres et meubles, et prescrivait de les arrêter. Après des discussions qui semblaient interminables avec le conseil apostolique, une transaction supprima toute provision envers des étrangers, à l'exception des cardinaux; et il fut convenu que lorsque le pape voudrait conférer un bénéfice anglais à un indigène, celui-ci se munirait d'avance de la licence royale.

Anne, la bonne reine, mourut en 1394; et pour distraire le roi de sa douleur, on lui conseilla une expédition en Irlande. Les indigènes, parmi lesquels on distinguait les O'Nials, les O'Connors, les O'Brians, maintenaient leur indépendance dans l'Ulster, le Connaught et le Leinster. Mais ils étaient jaloux les uns des autres, désunis, et souvent ils acceptaient de l'argent de l'Angleterre pour repousser leurs concitoyens. Le même désordre régnait entre les colons anglais. Les Anglais de race étaient les descendants des premiers envahisseurs, et se considéraient comme les possesseurs légitimes de la terre; ils s'étaient alliés aux indigènes, ils avaient adopté leur habillement, leurs mœurs, leur langage et leurs lois. Les Anglais de naissance étaient ceux qui s'étaient expatriés pour remplir des fonctions conférées par le roi, ou que l'exil avait jetés sur la terre d'Irlande; ils étaient nécessairement protégés par le gouvernement, quels qu'ils fussent, et s'étaient faits les ennemis des Anglais de race. Les lois anglaises, relativement à cette contrée, semblaient n'avoir été imaginées que dans l'intention d'en exaspérer les habitants. Tout Anglais qui se donnait un nom irlandais, qui apprenait la langue de ce pays, qui adoptait la forme des vêtements en usage, encourait l'emprisonnement et la confiscation de ses biens; celui qui s'y mariait, qui donnait à ses enfants anglais l'éducation irlandaise, qui adoptait des enfants nés sur cette terre, qui devenait aux fonts de baptême le protecteur spirituel d'un Irlandais et contractait compérage avec une famille du pays, se rendait coupable de haute trahison. Il en était de même de ceux qui consentaient à reconnaître la juridiction irlandaise.

Lorsque Richard II avait créé duc d'Irlande son favori Robert de Vère, comte d'Oxford, et, lui conférant à vie le gouvernement de cette île, lui avait concédé à perpétuité les terres qu'il pourrait conquérir sur les indigènes, il avait eu pour but patent de repousser ceux-ci vers leurs anciennes limites, et de rétablir la paix dans cette contrée. L'exil du duc et sa mort avaient détruit tout espoir à ce sujet; mais les Irlandais s'étaient lassés de leurs dissensions, et les rapports officiels annonçaient qu'ils étaient disposés à se soumettre. Richard, accompagné et conseillé par le duc de Glocester et les comtes de Rutland et de Nottingham, et suivi d'une nombreuse armée, débarqua à Waterford. Les indigènes ne tentèrent pas une défense inutile. Leurs chefs, au nombre de soixante-quinze, rendirent hommage au roi d'Angleterre. Les quatre principaux rois de l'Irlande, O'Nial, O'Connor, O'Brian et Mac-Murchad, consentirent à se laisser créer chevaliers. Les Anglais de race rentrèrent en grâce.

Richard II, à son retour à Londres, demanda la main d'Isabelle de France, fille de Charles VI, princesse âgée de huit ans seulement : c'était un moyen honorable de rétablir la paix entre les deux nations. Le duc de Glocester s'y opposa d'abord, mais ses frères, les ducs d'York et de Lancastre, lui firent entrevoir les avantages de cette alliance. La cour de France accorda la main de la princesse. On stipula une trêve de vingt-cinq années entre les deux peuples. Richard passa sur le continent pour recevoir sa fiancée (1396). On lui donna des fêtes magnifiques entre Ardres et Calais. La jeune reine fut ensuite couronnée à Westminster par l'archevêque de Cantorbéry.

Glocester continuait à être le promoteur d'intrigues qui éveillaient les alarmes et le ressentiment de Richard. Il parla tant de la pusillanimité du roi, fait pour vivre seulement dans la compagnie des femmes et des évêques, que les communes présentèrent à la chambre des lords un bill pour régler la maison royale, et pour demander que la foule des évêques et des dames qui composaient la cour cessât d'y être défrayée. Richard déclara que ce bill empiétait sur ses prérogatives. Les communes s'excusèrent et rejetèrent la faute sur Thomas Haxey, ecclésiastique, créature de Glocester, et auteur de la proposition. Une loi, faite pour la circonstance, arrêta que quiconque oserait proposer de réformer quelque chose appartenant à la personne du roi, à ses usages, ou à la royauté, serait considéré et puni comme traître. Haxey fut condamné à la peine de mort. Le roi lui fit grâce; mais par cette affaire, il acquit la conviction que Glocester était son irréconciliable ennemi, et que la popularité de ce prince ne lui donnait cependant pas assez de puissance pour que ses partisans osassent se soulever contre l'expression formelle de la volonté royale.

On répandit alors le bruit que Glocester avait formé avec les comtes de Warwick et d'Arundel et l'archevêque de Cantorbéry le projet de s'emparer de la personne de Richard, de l'emprisonner, et de se faire proclamer roi d'Angleterre à sa place. Le roi en profita. Il fit arrêter le comte de Warwick et le fit conduire à Tintagel, dans le comté de Cornouailles. Le comte d'Arundel fut appréhendé au corps, et envoyé au château de Carisbrook, dans l'île de Wight. Pendant ce temps, Richard se rendait au château de Pleshy, résidence du duc de Glocester. Le duc vint au-devant du roi jusqu'au milieu de la cour de son palais, avec tous les gens qui composaient sa maison. Mais aussitôt le maréchal d'Angleterre, comte de Nottingham, s'empara de sa personne, le dirigea vers la Tamise, où se trouva un vaisseau prêt à mettre à la voile, et conduisit son prisonnier à Calais, où il l'enferma dans la forteresse dont il était gouverneur. Le roi fit ensuite publier que cette arrestation avait été délibérée dans un conseil composé des comtes de Kent, de Huntingdon, de Salisbury, de Rutland, de Nottingham, de Sommerset, de lord Spenser et de sir William Scroop, et qu'elle avait reçu l'approbation des ducs d'York et de Lancastre et du comte de Derby. Ces grands seigneurs se rassemblèrent au château de Nottingham, et, à l'imitation des lords appelants, ils appelèrent, à leur tour, Thomas, duc de Glocester, Richard, comte d'Arundel, et Thomas, comte de Warwick, comme traîtres envers le roi et l'état d'Angleterre. Le jugement des appelés fut renvoyé à la prochaine session du parlement.

Le parlement ouvrit sa session en présence du roi, qui s'était entouré d'une force armée formidable (17 septembre 1397). Les meneurs étaient gagnés, ils s'étaient partagé les rôles et avaient reçu leurs instructions. L'orateur sir John Bussy demanda la révocation des statuts qui avaient institué jadis un conseil de régence, et la pénalité de la trahison pour tous ceux qui proposeraient désormais l'établissement de semblables commissions. Le parlement adopta cette proposition à l'unanimité, révoqua tous les pardons, grâces, amnisties, accordés jusqu'à ce jour au duc de Glocester et aux comtes de Warwick et d'Arundel, et statua que dans les jugements de sang le clergé pourrait se faire représenter par procureurs.

Ces mesures préparatoires arrêtées, les communes accusèrent de haute trahison Thomas Arundel, archevêque de Cantorbéry, le duc de Glocester, les comtes d'Arundel et de Warwick et leurs partisans. Arundel fut condamné à mort et exécuté ; le duc de Glocester avait été assassiné dans sa prison de Calais, les autres furent envoyés en exil.

Le parlement fut prorogé après les fêtes de Noël ; mais, avant la séparation, ses membres prêtèrent serment de maintenir toujours les actes qu'ils venaient de passer, sous la pénalité attribuée à la trahison. Ce serment fut enregistré à la chancellerie, et les prélats déclarèrent par leur représentant, lord Thomas Percy, qu'ils dévouaient à l'excommunication quiconque contreviendrait à leurs dispositions, soit en public, soit en particulier. Le duc de Glocester avait pris de semblables précautions dix ans auparavant, et la plupart des membres actuels du parlement avaient juré de ne jamais désobéir à ses statuts.

Le parlement « servile » se réunit à Shrewsbury le 27 janvier 1398, montrant la même soumission, affectant le même abandon de ses propres droits et des libertés du peuple qu'à la première session. Richard demanda des subsides, et les communes s'empressèrent de les voter, non pour un ou trois ans, suivant l'usage, mais pour toute sa vie, engageant ainsi les prérogatives de leurs successeurs. Le roi les invita ensuite à casser tous les actes du parlement de Glocester, et les trois ordres du parlement, votant séparément, révoquèrent les ordonnances et statuts de la onzième année du règne de Richard. L'assemblée remonta même jusqu'au règne d'Édouard II, et révoqua plusieurs des actes parlementaires de cette époque, entre autres les sentences prononcées contre les deux Spenser.

Mais tandis qu'au mépris des lois et des chartes, Richard exerçait une autorité sans bornes, la crainte s'emparait des anciens partisans de Glocester, bien que le roi les eût comblés d'honneurs. Nottingham, devenu duc de Norfolk, fit part de ses frayeurs à Henri de Derby, duc de Hereford. Celui-ci, voulant se faire un mérite auprès du roi de la confiance qu'il conservait en sa parole, lui communiqua les soupçons de Norfolk. Richard saisit avec empressement l'occasion de sévir contre les deux « appelants » qui seuls avaient échappé à sa colère, et exigea de Hereford qu'il soumettrait au parlement les particularités de l'affaire. En effet, Hereford accusa Norfolk devant les chambres, et mit par écrit la conversation qui inculpait son ancien ami. Pour être plus sûr de sa vengeance, le roi renvoya le parlement qui, en se retirant, nomma un comité composé de douze pairs et de six membres des communes, tous à la dévotion du roi, et chargé d'entendre et de résoudre comme le ferait le parlement lui-même, toutes les pétitions, matières et sujets qu'il n'avait pas eu le temps d'examiner.

Le comité, présidé par Richard, appela donc devant lui le duc de Norfolk. Norfolk comparut, s'agenouilla, et, s'adressant au roi, lui dit : « Mon cher lord, avec « votre permission, si je puis répondre à votre cousin, je dis que Hereford est un « menteur, et que dans ce qu'il a dit et dira de moi, il ment comme un faux et traître « qu'il est. » Le roi ordonna l'arrestation des deux parties, et décida qu'une haute cour de chevalerie jugerait la contestation. Les barons, les bannerets, les chevaliers, se réunirent à Windsor. Hereford persista dans son accusation. Norfolk nia tout ce qui se rapportait au roi ou à son caractère dans la conversation incriminée, et la cour chevaleresque ordonna le duel judiciaire ou jugement de Dieu. Les gages de bataille furent échangés, et la lice préparée à Coventry.

Les deux champions étaient en présence, devant le roi, la noblesse et un immense concours de peuple. Norfolk s'écria : « Que Dieu aide au bon droit! » et s'élança sur Hereford qui fit le signe de la croix ; mais Richard jeta son sceptre entre les prétendus combattants, déclara qu'il ne souffrirait pas un duel entre deux personnes qui lui étaient alliées par le sang, et annonça qu'il en déciderait. En effet, Norfolk, l'accusé, fut exilé pour toute sa vie en Bohême ou en Hongrie, avec l'ordre de faire un pèlerinage en Terre-Sainte. Hereford, l'accusateur, fut banni pour dix années. Leurs propriétés furent remises aux mains du roi. Norfolk mourut de désespoir à Venise. Hereford se rendit à Paris (1398).

Délivré des lords appelants, n'ayant plus rien à redouter de ses oncles, dont l'un avait péri en prison, dont l'autre était accablé par l'âge, et dont le troisième, le duc d'York, était dominé par la crainte, Richard s'abandonna à tous les excès de la tyrannie. Son comité représentait le parlement et en avait tous les pouvoirs ; les subsides étaient votés pour sa vie ; il n'avait plus à redouter les remontrances d'une assemblée à esprit populaire ; il se mit donc à faire expliquer et appliquer les lois selon ses caprices, ses amitiés ou ses haines ; il leva des fonds par emprunt forcé, ou par des taxes personnelles arbitrairement fixées ; il contraignit, nonobstant l'amnistie et les chartes particulières de pardon, toutes les personnes convaincues ou soupçonnées d'avoir approuvé la conduite de Glocester, à racheter de nouveau leur grâce par le paiement de ruineuses amendes ; il mit même dix-sept comtés hors la loi, sous prétexte que jadis leurs habitants s'étaient prononcés en faveur du comte de Derby, contre le duc d'Irlande. L'oppression, qui d'abord n'avait porté que sur la noblesse, atteignit enfin le peuple. Le mécontentement se propagea dans toutes les classes, et Richard perdit la popularité qu'il avait conservée depuis plusieurs années.

Ce fut alors que mourut le duc Jean de Lancastre. Ce prince, qui d'abord s'était appelé Jean de Gand, avait épousé une arrière petite-fille d'Edmond, fils de Henri III, laquelle lui avait apporté le nom de Lancastre et la plus grande fortune de l'Angleterre. Son fils Henri de Bolingbroke, comte de Derby, duc de Hereford, au moment de partir pour le lieu de son exil, avait obtenu du roi des lettres-patentes qui lui permettaient de faire prendre possession, en son absence, par des procureurs, de tous les héritages qui pourraient lui survenir ; mais lorsque l'exilé voulut entrer en possession des biens de son père, Richard, qui craignit de laisser une telle puissance dans les mains d'un homme qu'il avait si cruellement offensé, fit déclarer, par son comité, qu'un proscrit était toujours frappé d'incapacité. Le comité révoqua les lettres-patentes, et condamna le procureur du nouveau duc de Lancastre à la peine de mort, comme coupable de trahison ; et quoique cette sentence fut commuée en un bannissement à perpétuité, l'iniquité en frappa tous les esprits. On se rappela les vertus de Henri de Lancastre, que les liens du sang ou ceux de l'amitié unissaient à la plus nombreuse partie de la haute noblesse anglaise ; on se rassembla en conférences secrètes ; on discuta des projets de changement ; la fermentation pénétra dans toutes les classes.

Richard apprit, à cette époque, que son cousin Roger, comte de March, alors héritier présomptif de la couronne et gouverneur d'Irlande, avait été tué par un parti de révoltés. Il forma sur-le-champ le projet de le venger, passa en Irlande, et réunit sa flotte à Milford Haven. Les troupes s'avancèrent vers Dublin, et d'inutiles escarmouches occupèrent assez son attention pour l'empêcher de porter ses regards sur l'Angleterre.

Les amis de Henri de Lancastre n'étaient pas restés dans le repos. L'absence du roi leur parut une circonstance heureuse pour la réussite de leur projet, et ils écrivirent à Henri que le moment était venu. Arundel, le primat exilé, avait quitté Cologne, lieu fixé pour sa résidence, et, sous le vêtement d'un moine, se rendit près de Henri, dans l'hôtel de Winchester (Bicêtre) qu'il occupait près de Paris. Mais il était nécessaire de détourner l'attention des ministres français qui, à la recommandation de Richard, gendre de Charles VI, retenaient Lancastre sous une sorte de surveillance. Celui-ci obtint la permission de visiter Jean IV, duc de Bretagne, son ami et son allié, le rencontra dans la ville de Nantes, et lui fit part de son projet. Jean IV l'approuva, et lui donna même trois grands vaisseaux bien approvisionnés et chargés de troupes, sous le commandement de Pierre de Craon. Cette petite escadre partit de Vannes, et prit terre à Ravenspurn dans le Yorkshire (4 juillet 1399). Deux jours ne s'étaient pas écoulés que les comtes de Northumberland et de Westmoreland, avertis par les émissaires de Henri, le rejoignirent. Le duc de Lancastre leur répéta sous serment qu'il n'avait d'autre intention que de recouvrer son duché et les titres et propriétés dont on l'avait injustement dépouillé. Une proclamation annonça son arrivée, et invita tous ses amis et tous les vrais patriotes à venir défendre avec lui la cause de la liberté.

Richard avait confié la régence de l'Angleterre à son oncle le duc d'York, homme d'un caractère faible et d'un esprit étroit. Instruit des mouvements de Henri, il somma les tenanciers de la couronne de se réunir en armes à Saint-Alban. Quarante mille hommes se rendirent à ce quartier général, mais peu disposés à servir les intérêts de Richard, et déclarant hautement que les prétentions de Henri à l'héritage de son père étaient justes et légales. Les partisans du roi s'alarmèrent, et les plus compromis s'enfuirent à Bristol. Le duc d'York suivit la même direction quand il apprit que l'armée de Henri comptait déjà plus de soixante mille hommes. Le proscrit traversa Londres, s'assura de la coopération des habitants de cette ville par de brillantes promesses, et continua à se diriger vers l'ouest. Il rencontra le duc d'York à Évesham. Dans une entrevue avec son oncle, Henri le persuada de la justice de sa cause; les deux armées se réunirent, et formèrent une masse de plus de cent mille hommes. On mit le siège devant le château de Bristol, qui se rendit; et sans procédure, sans accusation, sans interrogatoire, sans défense, les partisans du roi qui s'y étaient renfermés furent envoyés à la mort.

Henri s'avança sur Chester, et il apprit que Richard faisait des dispositions en Irlande pour reparaître en Angleterre avec une puissante armée. Le roi avait en effet chargé le comte de Salisbury d'embarquer à Dublin une partie de ses troupes, tandis qu'il conduirait lui-même le reste à Waterford, d'où il rejoindrait le comte sur les côtes du pays de Galles. Salisbury s'acquitta de son devoir, et prit terre à Conway, d'où il appela tous les Gallois aux armes; mais Richard ne paraissant point, les chefs gallois reprirent le chemin de leurs foyers. Cependant il débarqua à Milford Haven. Les troupes qui l'accompagnaient étaient encore assez nombreuses, et près de sa personne se trouvaient les évêques de Londres, de Carlisle et de Lincoln, et les ducs de Surrey, d'Albemarle et d'Exeter. Mais à peine ses soldats, et ceux qui les commandaient eurent-ils appris les succès de Henri, qu'ils abandonnèrent la bannière royale. Le peu qui resta fidèle n'inspirait pas assez de confiance pour qu'on osât marcher à l'ennemi, et l'on engagea Richard à se rendre par mer à Bordeaux. Le duc d'Exeter, son frère utérin, le détourna de ce projet, en faisant observer qu'abandonner l'Angleterre en ce moment ce serait renoncer à la couronne; mais il l'engagea à se rendre à Conway, où Salisbury commandait encore à de nombreux détachements. Il n'était pas aisé d'exécuter ce projet. Le roi prit un vêtement de prêtre, et partit dans la nuit avec ses deux frères, l'évêque de Carlisle et un petit nombre de serviteurs. Dès que son départ fut connu, le duc d'Albemarle et d'autres seigneurs allèrent offrir leurs services à Henri.

Richard ne trouva que cent hommes sous les ordres de Salisbury. Alors les frères du roi se résolurent à aller trouver le duc de Lancastre pour sonder ses intentions, pendant que le roi se retirerait dans la forteresse de Beaumaris à l'île d'Anglesea, ou dans celle de Caernarvon; mais, sans vivres et sans garnisons, ces châteaux n'étaient pas en état de défense. Tandis que Richard essayait de les armer, Henri, qui voulait s'emparer de sa personne, lui envoya le comte de Northumberland, à la tête de mille archers et de quatre cents hommes d'armes; mais avec l'injonction de ne pas laisser paraître ces forces qui pourraient l'effrayer, de l'attirer hors de sa forteresse par des protestations de soumission et de fidélité, et de le faire prisonnier. Northumberland s'acquitta avec succès de cette mission. Il laissa une partie de ses gens dans les châteaux de Rhuddlan et de Flint, cacha le reste derrière des rochers, et, suivi de cinq personnes seulement, se présenta devant Conway, sollicita une entrevue, remit au roi une lettre arrachée au duc d'Exeter et qui l'engageait à donner sa confiance au porteur, et lui fit part des propositions de Lancastre. Celui-ci se bornait à demander que le roi voulût bien gouverner son peuple selon les clauses de la charte, et n'administrer la justice que selon les règles établies par les lois, ce qui se ferait s'il consentait à lui confier l'office de grand justicier que ses ancêtres avaient occupé durant cent ans; il exigeait, en outre, que l'évêque de Carlisle, les ducs d'Exeter et de Surrey, et le comte de Salisbury, se soumissent au jugement du parlement comme accusés d'avoir conseillé l'assassinat de Glocester. Northumberland déclara qu'aussitôt que Henri de Lancastre connaîtrait l'adhésion du roi, il se rendrait à Flint-Castle, se jetterait aux pieds de son maître, le prierait de lui accorder son pardon et le suivrait à Londres, comme le plus humble de ses serviteurs. Richard promit de se transporter après son dîner au château de Flint; et, comme le comte partait, il lui rappela encore son serment que Dieu, disait-il, avait entendu.

Quelques heures après, le roi monta lui-même à cheval avec sa suite, restreinte à une vingtaine de personnes, et prit un chemin le long de la mer, ayant à droite un immense rocher. Parvenu à une hauteur, il crut apercevoir des bannières et des pennons dans la vallée : « Qu'est cela ? s'écria-t-il; ne voyez-vous rien ? Dieu du « ciel, assistez-moi, je suis trahi ! » Northumberland vint en ce moment au-devant de lui; et, comme Richard insistait pour s'en retourner à Conway, il saisit son cheval par la bride, et lui dit : « Vous ne vous en irez pas, j'ai promis de vous « conduire au duc de Lancastre. » En même temps, les archers et les lanciers, cachés derrière les rochers, se montrèrent. Richard dit alors à Northumberland : « Dieu vous attend au jugement dernier ! C'est ainsi que son divin fils fut vendu et « livré à ses bourreaux. »

Il fut conduit au château de Flint, et le lendemain au matin vit arriver son ennemi et une armée de plus de quatre-vingt mille hommes qui cerna le château. Il versa des larmes abondantes, et regarda sa destinée comme accomplie. Puis on le somma de descendre dans la cour où l'attendait le duc de Lancastre, qui se présenta devant lui sans casque, mais complétement armé. Henri plia le genou et balbutia quelques paroles de soumission. Richard se découvrit et lui dit : « Soyez « le bienvenu, beau cousin de Lancastre. — Monseigneur, reprit Henri, je suis

Entrevue de Richard et du duc de Lancastre au château de Flint.
D'après un MS. en vers français conservé au Musée Britannique, et contenant l'*Histoire du roy Richard et de sa prise*.)

« revenu avant le temps que vous aviez fixé à mon exil, mais en voici la raison. « Vous gouvernez trop rigoureusement le peuple depuis vingt-deux ans, et il s'en « plaint ; je vous aiderai à le mieux gouverner s'il plaît à Dieu. — Beau cousin, dit « le roi, ce qui vous plaît doit me plaire aussi. » On amena alors deux misérables chevaux sur lesquels on fit monter Richard et le comte de Salisbury, et le duc les traîna ainsi à sa suite, en les abreuvant d'humiliations, jusqu'à Chester. Après un court séjour dans cette ville, Henri mena ses prisonniers à Londres, et il congédia une partie de son armée avec de grands remerciements. Richard, en route, essaya de s'échapper par une fenêtre, mais il fut repris et traité désormais avec une extrême rigueur. On le conduisit à la Tour ; en traversant Westminster, une populace ameutée, postée sur son passage, le couvrit de malédictions, lui reprocha de n'être pas le fils du Prince-Noir, mais d'un chanoine de Bordeaux, et le traita de bâtard.

Le duc de Lancastre convoqua le parlement. En attendant le jour de l'ouverture des chambres il essaya par des menaces et des promesses d'obtenir du roi une renonciation formelle à la couronne, et Richard signa de gré ou de force un acte par lequel il résignait le trône à plus digne que lui de l'occuper, déliait ses sujets de leurs serments, se reconnaissait incapable d'exercer l'autorité souveraine, avouait qu'il avait mérité d'être déposé, et déclarait même que s'il était en son pouvoir de se choisir un successeur, il désignerait son bon cousin de Lancastre. Il lui remit en même temps l'anneau qu'il portait au doigt. Peut-être espérait-il qu'on lui rendrait la liberté, mais la politique de Henri le réservait pour un dénoûment plus tragique.

Le 30 septembre 1399, un mois après l'emprisonnement de Richard à la Tour, le parlement se réunissait à Westminster-Hall. Le trône vacant était recouvert d'un

Assemblée du parlement convoqué pour déposer Richard II.

drap d'or, et Henri occupait le siége le plus rapproché de celui que convoitait son ambition. On y lut l'acte d'abdication au milieu des acclamations.

Cette lecture terminée, les membres des deux chambres déclarèrent qu'ils approuvaient la détermination spontanément prise par Richard. Mais il était nécessaire de faire déposer solennellement le souverain captif en séance de parlement. On lut donc aux chambres assemblées un acte d'accusation en trente-trois articles. Le meurtre de Glocester, la vengeance que Richard avait appesantie sur les princes et barons qui jadis s'étaient emparés de son autorité, les actes irréguliers de son règne, les emprunts forcés, les taxes arbitraires, les entraves mises à l'exercice de la justice, les violations journalières du serment de couronnement, étaient les points principaux de cette accusation. Cet acte ne fut ni examiné, ni discuté, toutes les voix étaient gagnées. L'évêque de Carlisle, Thomas Merks, eut seul le courage de prendre la défense de son malheureux maître, et fit d'ailleurs observer que l'abdication de Richard lui laissait pour héritier légitime le jeune comte de March, descendant de Lionel, duc de Clarence, frère aîné de Jean de Gand, duc de Lancastre, et reconnu par acte du parlement. Mais personne ne le seconda. Les trente-trois articles furent admis sans discussion par les mêmes pairs et prélats qui avaient fait tant de serments à Richard, et ils prononcèrent à l'unanimité sa déposition. La déclaration rédigée séance tenante, fut lue du haut d'une estrade qu'à cet effet on plaça devant le trône, et l'on chargea le premier juge, sir William Thirnyng, de notifier cette sentence à Richard de Bordeaux.

Il restait à élire un roi. L'assemblée se tenait dans le silence et dans une sorte de stupeur. Le nom du jeune comte de March commençait à circuler, lorsque Henri de Lancastre se leva de son siége, franchit d'un pas audacieux la distance qui le séparait du trône, s'arrêta sur la première marche, fit le signe de la croix sur son front et sur sa poitrine, et d'une voix ferme prononça ces paroles : « Au nom du « Père, du Fils, et du Saint-Esprit, moi Henri de Lancastre, je réclame ce « royaume d'Angleterre et la couronne avec toutes ses dépendances et apparte- « nances, comme descendant en ligne directe, par le sang, du bon seigneur le roi « Henri III, et j'entends le recouvrer par le droit que Dieu m'a octroyé dans sa « grâce, et à l'aide de mes parents et de mes amis, ledit royaume étant sur le point « de tomber en destruction, par défaut de bon gouvernement et de stabilité des « bonnes lois trop souvent violées. » Aucune objection ne fut élevée; Henri montra l'anneau et le sceau royal que lui avait remis Richard; les archevêques d'York et de Cantorbéry le prirent par le bras et l'aidèrent à s'asseoir sur le trône; le primat prononça une allocution tendant à prouver qu'un tel roi était une bénédiction pour le peuple; Henri déclara ensuite que, bien qu'il fût parvenu à la couronne par *voie de conquête*, il n'entendait priver aucunes personnes de leurs droits, franchises, héritages, emplois, bien légitimement acquis, à l'exception cependant de celles qui auraient agi contre le vœu général et l'avantage du royaume. Sa voix fut couverte par des acclamations réitérées.

LITTÉRATURE, SCIENCES, BEAUX-ARTS. — Nous avons vu qu'au XIIe siècle, une nouvelle et vive impulsion avait été donnée à l'esprit humain. Elle porta ses fruits dans les siècles suivants. Alexandre de Halès l'*irréfragable*; Duns Scot, le *docteur subtil*; Occam, l'*invincible*, dans la philosophie scolastique; Mathieu Paris, dans l'histoire; Roger Bacon, l'*admirable docteur*, dans toutes les branches des connaissances humaines, ont laissé des noms justement célèbres. Tous ces auteurs écrivirent en latin, langue dans laquelle furent rédigées toutes les lois jusqu'à la fin du XIIIe siècle. Ce fut sous le règne d'Édouard Ier que les statuts commencèrent à être publiés non pas en anglais, mais en français, « car à la fin du XIVe siècle, le français était encore en Angleterre l'idiome officiel de tous les corps politiques et de tous les personnages dont l'existence se rattachait à la conquête normande.

« Une cause de déclin pour cette langue, en Angleterre, fut la séparation totale de ce pays et de la Normandie, par la conquête de Philippe-Auguste. L'émigration des littérateurs et des poëtes de la *langue d'oui* à la cour des rois anglo-normands devint, depuis cet événement, moins facile et moins fréquente. N'étant plus soutenus par l'exemple et l'imitation de ceux qui venaient du continent leur apprendre les nouvelles formes du beau langage, les poëtes normands demeurés en Angleterre perdirent, durant le XIIIe siècle, une partie de leur ancienne grâce et de leur facilité de travail. Les nobles et les courtisans se plaisant fort à la poésie, mais dédaignant de faire des vers et de composer des livres, les trouvères, qui chantaient pour la cour et les châteaux, ne pouvaient former d'élèves que parmi les fils des marchands et les membres du clergé inférieur, gens d'origine anglaise, et parlant anglais dans leur conversation habituelle. L'effort que ces hommes devaient faire pour exprimer leurs idées et leurs sentiments dans un langage qui n'était pas celui de leur enfance nuisit à la perfection de leurs ouvrages, et les rendit en même temps moins nombreux. Dès la fin du XIIIe siècle, la plupart des hommes qui, soit dans les villes, soit dans les cloîtres, se sentaient du goût et du talent pour la littérature, essayèrent de traiter en langue anglaise les sujets historiques ou d'imagination, qui jusque-là ne l'avaient été qu'en langue normande.

« Un grand nombre d'essais de ce genre parurent successivement dans la première moitié du XIVe siècle. Une partie des poëtes de cette époque, ceux principalement qui possédaient ou recherchaient la faveur des hautes classes de la société, faisaient des vers français; d'autres, se contentant de l'approbation de la classe moyenne, travaillaient pour elle dans sa langue; d'autres enfin, associant les deux langues dans la même pièce de vers, en changeaient alternativement à chaque couplet, et quelquefois même à chaque vers [1]. Peu à peu la disette de bons livres français, composés en Angleterre, devint telle, que la haute société fut obligée de tirer de France les romans ou les contes en vers dont elle se divertissait dans les longues soirées, et les ballades qui égayaient ses festins et ses cours. Mais la guerre de rivalité qui, à la même époque, s'éleva entre la France et l'Angleterre, inspirant à la noblesse des deux nations une aversion mutuelle, diminua, pour les Anglo-Normands, l'attrait de la littérature importée de France, et contraignit les gentilshommes, délicats sur le point d'honneur national, à se contenter de la lecture des ouvrages indigènes. Ceux qui habitaient Londres et fréquentaient la cour trouvaient encore de quoi satisfaire leur goût pour la poésie et la langue de leurs ancêtres; mais les seigneurs et les chevaliers qui vivaient retirés dans leurs châteaux furent obligés, sous peine d'ennui, de donner accès aux conteurs d'historiettes et aux chanteurs de ballades anglaises, jusque-là dédaignés, comme n'étant bons qu'à égayer la bourgeoisie et les vilains [2].

---

[1]. On en retrouve un exemple dans le prologue d'un poëme politique, écrit sous le règne d'Édouard II, et dans lequel les vers français et anglais se suivent et riment ensemble aussi bien que peuvent s'accorder les consonnances des deux langues:
« On peut faire et défaire come fait il trop souvent;
T' is rather well ne faire *therefore England is kent.* »

[2].   Mani noble I have y-seighe
That no freynshe couth seye.

(Introduction du roman d'Arthur et de Merlin, cité par Walter Scott; sir Tristrem. Introduction, p. xxx.)

« Ces auteurs bourgeois se distinguaient de ceux qui, à la même époque, travaillaient pour la haute noblesse, par une estime toute particulière pour la classe des gens de campagne, fermiers, meuniers ou hôteliers. Les écrivains en langue française traitaient ordinairement cette classe d'hommes avec le dernier mépris; ils ne leur accordaient aucune place dans leurs récits poétiques, où tout se passait entre des personnages d'un rang élevé, puissants barons et nobles dames, damoiselles et gentils chevaliers. Au contraire, les poëtes anglais prenaient pour sujets de leurs *merry tales*, ou contes joyeux, des aventures plébéiennes, telles que celles de Peter Ploughman, ou Pierre le garçon de charrue, et les historiettes du même genre qui se trouvent en si grand nombre dans les ouvrages de Chaucer.[1] Un autre caractère commun à presque tous ces poëtes, c'est une espèce de haine nationale contre la langue de la conquête : « Il faut entendre l'anglais, dit l'un d'entre eux, lorsqu'on « est natif d'Angleterre; et ces gentilshommes qui emploient le français pourraient « aussi bien parler anglais [2]. » Chaucer, un des hommes les plus spirituels de son temps, met plus de finesse dans cette critique; il oppose au dialecte anglo-normand, vieilli et incorrect, le français poli de la cour de France; et, faisant le portrait d'une abbesse de haut parage : « Elle parlait français, dit-il, parfaitement et correcte« ment, comme on l'enseigne aux écoles de Stratford-Athbow; mais le français de « Paris elle ne le savait pas [3]. »

« Tout mauvais qu'il était, le français des nobles d'Angleterre avait au moins l'avantage d'être parlé et prononcé d'une manière uniforme, tandis que la nouvelle langue anglaise, composée de mots et d'idiotismes normands et saxons joints au hasard, variait d'une province et quelquefois d'une ville à l'autre. Cette langue, qui avait commencé à se former en Angleterre dès les premières années de la conquête, s'était enrichie successivement de tous les barbarismes français proférés par les Anglais, et de tous les barbarismes saxons proférés par les Normands, qui cherchaient à s'entendre les uns les autres. Chaque individu, selon sa fantaisie ou le degré de connaissances qu'il avait des deux idiomes, leur empruntait des locutions, et joignait ensemble arbitrairement les premiers mots qui lui venaient à la bouche. En général, chacun cherchait à mettre dans sa conversation tout le français qu'il avait pu retenir, afin d'imiter les grands et de paraître un personnage distingué.

---

1. Chaucer doit être considéré comme le père de la poésie et de la littérature anglaises, non pas seulement parce qu'il fut un des premiers poëtes qui aient écrit en anglais, mais parce que ses ouvrages, pleins d'observation, d'esprit caustique, d'imagination et de bon sens tout à la fois, devinrent bientôt populaires, et servirent de modèle à tous ceux qui vinrent après lui. Il était né en 1328, et mourut en 1400. Ses principaux poëmes sont : *la Cour d'amour*; *la Maison de la Renommée*; *Troïlus et Créside* imité du fameux *Roman de la Rose*, et *les Contes de Cantorbéry*, imités de Boccace.

2. Right is that Inglishe, Inglishe understond,
    That was born in Englond;
    Freynshe use this gentilman,
    Ac everich Inglishe can.

(Introduction du roman d'Arthur et Merlin, cité par Walter Scott; sir Tristrem. Introduction, p. xxx.)

3. And french she spake ful fayre and festily
    After the scole of Stratford-atte-Bowe;
    For french of Paris, was to hir un-know.

(Prologue to the Canterbury tales.)

Cette manie, qui, si l'on en croit un auteur du xive siècle, avait gagné jusqu'aux paysans, rendait l'anglais de cette époque difficile à écrire d'une manière généralement intelligible. Malgré le mérite de ses poésies, Chaucer paraît avoir craint que la multiplicité des dialectes provinciaux ne les empêchât d'être goûtés hors de Londres; il prie Dieu de faire à son livre la grâce d'être entendu par tous ceux qui voudront le lire [1].

« Sous le règne d'Edouard III, un statut n'ordonna pas, comme plusieurs historiens l'ont écrit, mais simplement permit de plaider en anglais devant les tribunaux civils. La multiplicité toujours croissante des affaires commerciales et des procès qui en résultaient avait rendu ce changement plus nécessaire sous ce règne que sous les précédents, où les parties, lorsqu'elles n'entendaient pas la langue française, étaient forcées de demeurer étrangères aux débats. Mais, dans les procès intentés à des gentilshommes devant la haute-cour du parlement, qui jugeait les crimes de trahison, ou devant les cours de chevalerie, qui décidaient dans les affaires d'honneur, l'ancienne langue officielle continua d'être employée. De plus, l'usage se conserva, dans tous les tribunaux, de prononcer les arrêts en langue française, et de rédiger dans la même langue les registres qu'on appelait *records*. En général, c'était l'habitude ou la manie des gens de loi, de tous les ordres, même lorsqu'ils parlaient anglais, d'employer à tous propos des paroles et des phrases françaises, comme *Ah! sire, je vous jure; Ah! de par Dieu! Ah! ce j'assente*, et d'autres exclamations dont Chaucer ne manque jamais de bigarrer leurs discours, lorsqu'il en met quelqu'un en scène.

« C'est durant la première moitié du xve siècle que l'anglais, prenant par degrés plus de faveur, comme langue littéraire, finit par remplacer entièrement le français, excepté pour les plus grands seigneurs, qui, avant d'abandonner tout à fait l'idiome de leurs ancêtres, se plurent également aux ouvrages écrits dans les deux langues. Le signe de cette égalité à laquelle venait de s'élever la langue des bourgeois se retrouve dans les actes publics, qui, depuis l'année 1400 ou environ, paraissent alternativement et indifféremment rédigés en français et en anglais. Le premier acte en langue anglaise de la chambre basse du parlement porte la date de 1425; on ne sait si la chambre haute conserva plus longtemps l'idiome de l'aristocratie et de la conquête; mais, depuis 1450, on ne rencontre plus de pièces françaises dans la collection imprimée des actes publics d'Angleterre. Cependant quelques lettres écrites en français par des nobles, et quelques épitaphes françaises sont postérieures à cette époque. Certains passages des historiens prouvent aussi que, sur la fin du xve siècle, les rois d'Angleterre et les seigneurs de leur cour savaient et parlaient bien le français; mais, depuis lors, cette connaissance ne fut plus qu'un mérite individuel, et non une sorte de nécessité attachée à la naissance. Le français ne fut plus la première langue bégayée par les enfants des nobles; il devint simplement pour eux, comme les langues anciennes et celles du continent, l'objet d'une étude de choix et le complément d'une éducation distinguée. [2] »

---

1. Read where so thou be or elles sung
That thou beest understood God I beseech.

2. Augustin Thierry, Histoire de la Conquête de l'Angleterre par les Normands, t. IV, p 365 et suiv.

En examinant dans un de nos précédents chapitres l'état de l'architecture au XIIᵉ siècle, nous nous sommes arrêtés au moment où cet art allait subir une importante transformation; au moment où l'ogive allait remplacer le plein cintre, où le style improprement appelé gothique allait détrôner le style roman.

L'origine du style ogival a été et est encore fort controversée. Les uns veulent que l'ogive soit originaire de l'Orient, les autres qu'elle ait pris naissance dans l'Europe occidentale, et qu'elle ait été découverte par ceux qui avaient observé les nouvelles formes résultant des cintres enlacés, tels qu'on les disposait sur les murs,

Exemple de cintres enlacés, d'après l'extrémité est de la cathédrale d'Oxford.

pour l'ornement, au XIᵉ et au XIIᵉ siècle, et tels que nous les avons déjà observés dans l'abbaye de Malmsbury. (Voyez page 202.)

Quelle qu'ait été l'origine de l'ogive, question que nous n'avons pas à discuter ici, ce fut dans le cours du XIIᵉ siècle qu'elle fit son apparition en Angleterre. Elle était déjà connue et usitée sur le continent quand elle fut importée au-delà du détroit par des architectes de Normandie; son emploi n'exigea donc ni essais ni tâtonnements. Aussi la transition entre le style normand et le style gothique fut-elle plus rapide en Angleterre que partout ailleurs, et se fit-elle presque tout d'un coup. Les églises, les abbayes, les couvents, les édifices publics et particuliers furent partout

Porte du couvent de Saint-Augustin à Cantorbéry. XIII° siècle.

élevés ou reconstruits, au moins en grande partie, dans le nouveau style, et bientôt

Ruines d'une chaire en ogives à lancettes du xiii° siècle; abbaye de Shrewsbury.

l'ogive régna sans conteste. L'on trouve peu de ces monuments où elle commence à lutter avec le plein cintre encore maître du terrain, où, comme dans la partie

CATHÉDRALE DE DURHAM.

supérieure de l'extrémité est de la cathédrale d'Oxford « elle vient se poser comme par hasard sur deux piliers qui semblent plutôt destinés à porter un arc semi-circulaire. » Il existe, il est vrai, des édifices dont plusieurs parties sont construites dans le style normand et où l'on retrouve les deux genres à côté l'un de l'autre. Les belles ruines de l'abbaye de Netley, la cathédrale de Durham,

Ruines de l'abbaye de Netley.

(Voyez le dessin séparé de cette cathédrale), celle de Lincoln, de Norwich et une foule d'autres en fournissent de fréquents exemples. Mais là les causes sont diffé-

Cathédrale de Lincoln, façade ouest.

CATHÉDRALE DE LINCOLN.

CATHÉDRALE DE PETERBOROUGH.

rentes; là l'ancien style n'a pas été employé en même temps que le nouveau ; ce qui en reste provient des constructions premières qui ont été respectées. C'est ainsi que dans la cathédrale de Lincoln, toutes les portes de la grande façade sont en plein cintre; ce sont les restes de l'ancienne église élevée au commencement du xii° siècle par l'évêque Hugues de Grenoble. « Sur vingt-deux cathédrales que possède l'Angleterre, il y en a quinze qui conservent encore des parties considérables de leur construction normande. [1] »

Ce style normand qui avait en moins d'un siècle produit tant de chefs-d'œuvre, commença à être abandonné à la fin du règne de Henri II et disparut vers la fin du xii° siècle. Le style qui lui succède est celui que les Anglais ont nommé le *gothique anglais primitif* (the early english gothic). Alors l'ogive des fenêtres et des arcades a cette forme étroite, allongée, un peu rétrécie près des impostes, qui donne aux monuments la hardiesse et l'élégance sévère qui les rendent si remarquables. Alors les colonnes en faisceaux s'élancent d'un seul jet jusqu'au haut des murs pour recevoir les arceaux de la voûte (Voyez le portail de la cathédrale de Peterborough; gravure séparée); alors les arcs-boutans sont jetés à travers les airs, véritables arcades aériennes, d'une incroyable hardiesse, que supportent sans fatigue des contreforts qui ne sont plus comme autrefois de grossières masses de pierre, mais qui s'élèvent comme des tours au-dessus des toits des ailes, couronnés de clochetons ou de frontons que surmontent encore des niches ornées de colonnes légères et élégantes. (Voyez les gravures séparées des cathédrales d'York et de Lincoln.) Alors des voûtes qui n'ont que six pouces d'épaisseur sont jetées d'un mur à l'autre à plus de cent pieds d'élévation avec une hardiesse admirable; alors s'élèvent jusqu'à une hauteur prodigieuse ces tours, pyramides élancées, minarets de l'architecture chrétienne. (Voyez la gravure séparée de l'église de Lichfield.) C'est l'époque du beau gothique; c'est alors qu'il réunit « ce grandiose de proportions, cette chasteté d'ornements qui caractérise dans toutes les architectures leur plus haut degré de perfection. » L'examen le plus superficiel suffit pour convaincre qu'une pensée prédomine dans les monuments du xiii° siècle, *l'élancement et la direction vers le ciel*. Là tout est symbole [2]; là, tout reproduit l'exaltation et l'enthousiasme religieux d'une époque où des populations entières, riches et pauvres, seigneurs et vilains, venaient, pour mériter les indulgences, s'attacher aux chars qui voituraient les matériaux nécessaires à la construction de l'édifice sacré, ne rompant le silence que pour pleurer et gémir sur leurs péchés, ou pour chanter en chœur des hymnes sacrés et de saints cantiques [3].

---

1. L. Vitet, *De l'architecture au moyen âge en Angleterre*. Revue Française, juin 1838.

2. « Qui sait, dit M. de Caumont, si la forme triangulaire de l'ogive n'était point un symbole aux yeux des architectes? car il est évident que c'était à la Divinité qu'ils voulaient rendre hommage en disposant les fenêtres trois à trois, ou deux à deux avec une rosace au-dessus. D'autres combinaisons exprimaient d'autres idées symboliques : le nombre 7 que l'on remarque assez souvent dans la distribution des chapelles et des rosaces rappelle les sept jours de la création ; le nombre 12 est commémoratif des douze apôtres, etc., etc. » De Caumont, *Histoire sommaire de l'architecture au moyen âge*, p. 174.

3. Lettre d'Haimon, abbé de Saint-Pierre-sur-Dive, aux religieux de l'abbaye de Tuttebery en Angleterre. *Annales de l'ordre de Saint-Benoît*, t. VI, p. 394.

« Le style anglais primitif, qu'on a tort d'appeler style *anglais*, car les noms de style français ou de style allemand peuvent lui être donnés à tout aussi juste titre, correspond au premier style gothique de France et d'Allemagne. Il est le même dans les trois pays : ce sont les mêmes profils, les mêmes moulures, la même disposition d'arcades et de piliers, et en général le même genre de chapiteaux. Toutefois à côté de cette analogie dans les détails, il existe une différence notable dans le plan. Nos églises et celles d'Allemagne se terminent en hémicycle aussi bien sous la période à ogives que sous la période précédente : l'apside se prolonge davantage, mais il finit toujours par aboutir à une partie semi-circulaire, et toutes les chapelles qui se groupent alentour affectent cette même forme. En Angleterre, au contraire, dès que le style normand est abandonné, vous ne trouvez plus d'apsides en hémicycle; toutes les églises se terminent carrément, c'est là une règle générale et qui

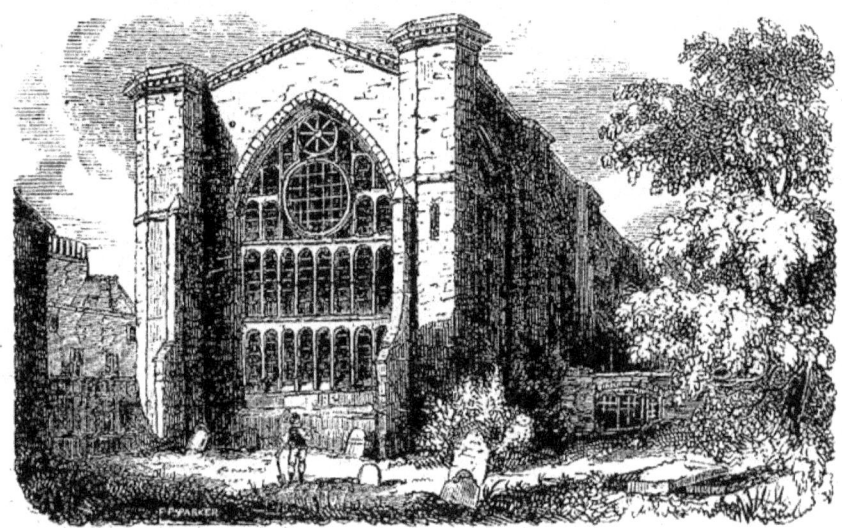

Église de l'hôpital de Sainte-Catherine, à Londres, élevée par Édouard III. (Exemple d'église à chevet carré. Voir aussi celle de Pontefract, p. 417.)

comporte à peine quelques exceptions. Par quelle cause les architectes anglais ont-ils été conduits à cette espèce de schisme? Aucune différence de rite, aucune prescription canonique n'a dû la leur imposer; il est donc probable qu'ils ont suivi leur goût; ils ont cru par ce moyen obtenir de plus heureux résultats; ont-ils réussi? Nous ne le pensons pas. A l'intérieur d'une église, rien ne peut remplacer l'effet de perspective produit par un chœur en hémicycle, soit qu'on se place au centre de la grande nef et qu'on puisse ainsi saisir l'ensemble de toutes les lignes du vaisseau convergeant vers un même point, soit que pénétrant dans les nefs latérales, on les voie fuir devant soi et s'enfoncer par une courbe majestueuse vers un point qu'on n'aperçoit pas, sorte de mystère qui est si bien en harmonie avec la sainteté du lieu. En Angleterre, au contraire, vous apercevez le bout des nefs latérales dès votre entrée dans l'église, et quant à la nef principale, la grande muraille plate qui la termine produit un effet sec et sans poésie.

« A l'extérieur, il est également impossible de ne pas regretter dans les églises anglaises ces chevets arrondis dont les étages s'élèvent les uns en retraite des autres comme d'immenses gradins, et qui se groupent d'une manière si harmonieuse et si pittoresque. Dans nos églises, la façade, les transepts et le chœur ont chacun leur physionomie distincte : en Angleterre, ainsi qu'on peut le voir dans le dessin suivant,

Église de Pontefract.

l'édifice vous présente un pignon presque semblable sur les quatre faces ; aucun signe extérieur ne vous signale le sanctuaire de la nef, vous pouvez vous méprendre et faire le tour du monument avant d'en avoir reconnu l'entrée.[1] »

Au style à lancette qui dure en Angleterre comme en France et en Allemagne environ cent ans, succède un nouveau style que les Anglais appellent *the decorated english gothic*, le gothique anglais orné. Ce n'est pas à proprement parler une nouvelle architecture ; tous les caractères généraux du style précédent sont conservés.

---

1. Vitet, de l'*Architecture au moyen âge, en Angleterre*.

mais presque tous les détails se trouvent modifiés; on donne à ces détails un dessin plus fin, plus délicat, plus recherché, mais en même temps on abandonne les proportions austères et grandioses de la lancette pour des formes plus raffinées et plus prétentieuses. Une semblable transformation a lieu à la même époque en France, mais à mesure que le xive siècle avance, des différences notables se font voir entre les architectures des deux pays, et déjà se fait sentir en Angleterre cette disposition à remplacer dans les meneaux des fenêtres la ligne courbe par la ligne droite,

Ruines de l'abbaye de Melrose, en Écosse; exemple des premiers meneaux perpendiculaires.

qui donnera bientôt naissance à un troisième style, le style perpendiculaire (*the perpendicular english*).

La sculpture, pendant ces deux siècles, ne resta pas non plus stationnaire; l'orgueil des nobles et des riches eût seul suffi pour en accélérer les progrès. Alors, en effet, chacun voulut avoir sa statue couchée sur son tombeau, et bientôt ce ne fut plus seulement l'effigie du défunt qui se trouva sur sa pierre sépulcrale;

CATHÉDRALE DE LICHFIELD.

sur les parois latérales du mausolée, furent représentés ses parents et quelquefois aussi ses plus remarquables actions. C'est ainsi que lorsque Henri III fit élever

Personnages placés autour du tombeau de Roger de Kerdeston, mort en 1357.

un nouveau tombeau à Édouard le Confesseur (Voyez page 75), il voulut que la frise de la chapelle où reposerait le corps du saint monarque fût ornée de sculptures représentant les principaux traits de sa vie. Ne fût-ce que comme renseignements historiques sur les mœurs et les coutumes, sur les costumes religieux,

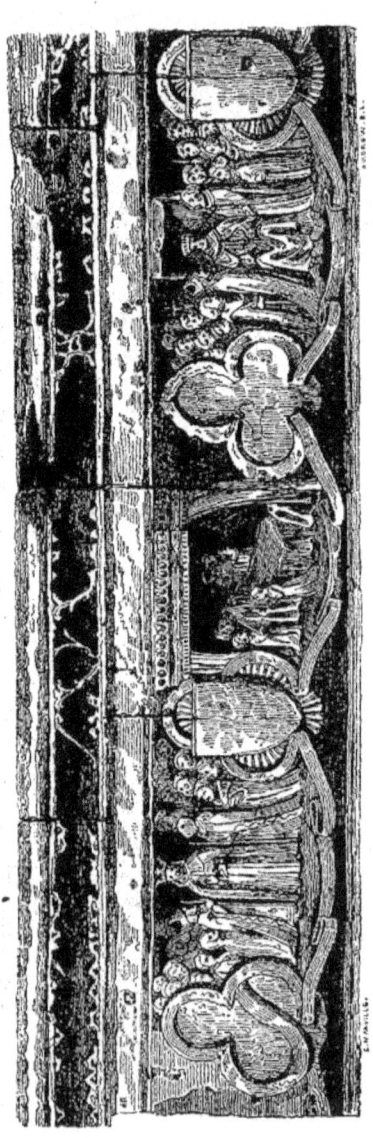
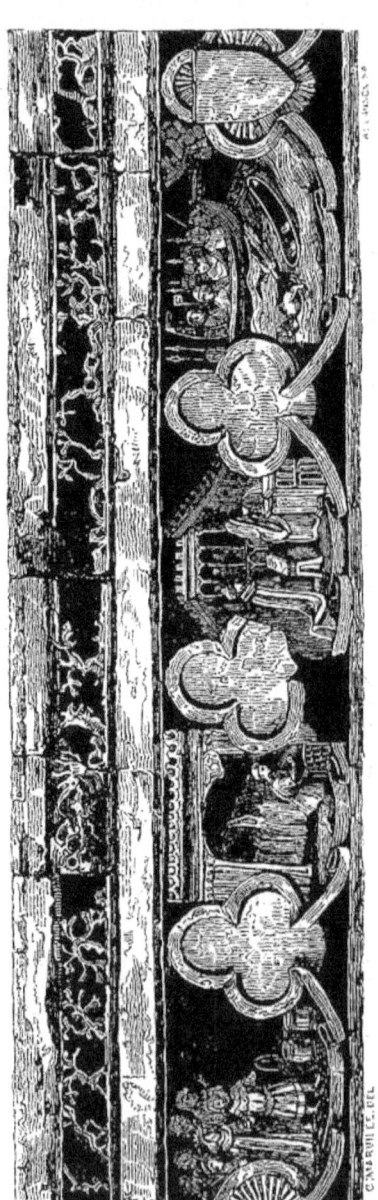

civils et militaires, ces statues, ces figurines, ces scènes de la vie privée et publique,

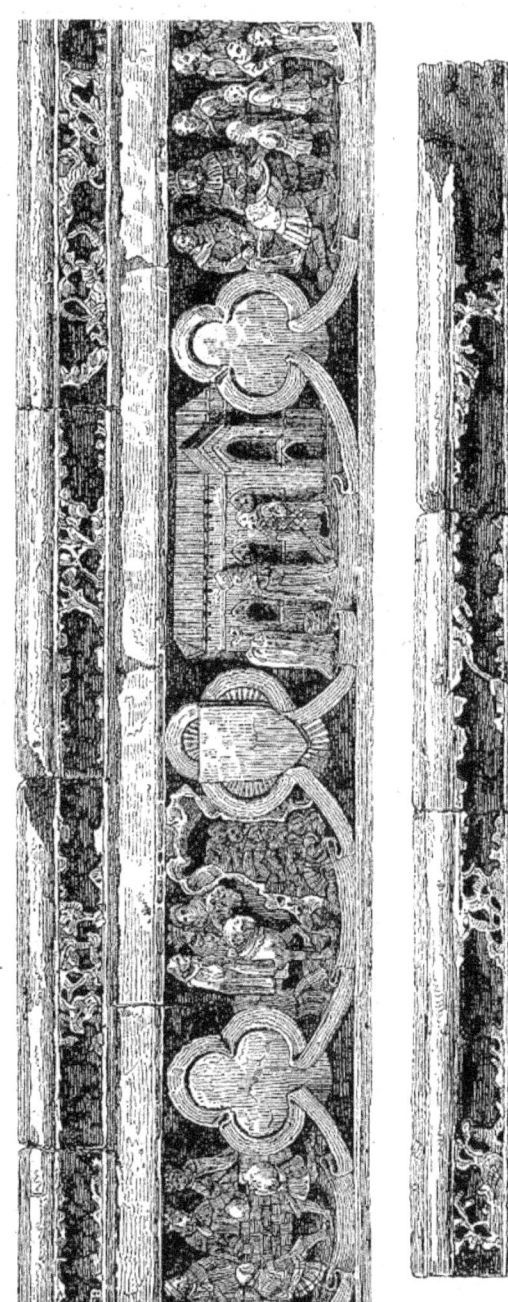

Frises de la chapelle d'Édouard le Confesseur, à Westminster Abbey. (Voyez pour les descriptions des diverses scènes, les notes de la fin du volume.)

seraient encore pour nous des monuments inappréciables. Mais elles renferment autre chose ; elles sont l'expression d'un sentiment nouveau dans la statuaire, du sentiment chrétien. « La beauté chrétienne n'est pas en effet la beauté païenne : le développement des épaules et de la poitrine, ces signes caractéristiques de la force dans le sens le plus physique, ne sont pas les attributs de la sainteté. Dans le statuaire de l'antiquité, les sens parlaient aux sens ; dans la sculpture moderne, c'est un dialogue pour ainsi dire entre les sens et l'esprit : la statuaire grecque produit en nous un sentiment très pur, le sentiment du beau, mais du beau physique ; la statuaire chrétienne au contraire développe surtout en nous le sentiment du beau moral [1]. »

Nous en avons un exemple dans l'effigie de la reine Éléonore, femme d'Édouard Ier, un des plus beaux types qu'ait produit la statuaire chrétienne. (Voyez page 322). On ignore le nom et le pays de l'artiste auquel est due cette noble et belle statue, mais il suffit de la comparer à celles que l'on sait indubitablement être l'œuvre de sculpteurs anglais pour être convaincu qu'elle a été exécutée par un étranger. D'autres faits viennent d'ailleurs à l'appui de cette assertion, et témoignent que l'Angleterre était alors comme aujourd'hui pauvre en artistes de talents. Ainsi, ce fut d'Italie que Henri III fit venir les sculpteurs qui exécutèrent le tombeau qu'il éleva en l'honneur d'Édouard le Confesseur. Ce furent aussi des artistes de ce pays qui construisirent le monument dans lequel Édouard Ier fit déposer les restes de son père ; (Voyez le tombeau de Henri III, page 295) et d'ailleurs Flaxmann lui-même, en faisant l'éloge de l'élégance et de la délicatesse des statues de la reine Éléonore de Castille, placées sur les croix élevées à sa mémoire (Voyez la croix de Waltham, page 323), observe « qu'elles participent de la grâce particulièrement cultivée dans l'école de Niccolà de Pise, et qu'elles ont été probablement exécutées par des élèves de ce maître. »

« L'histoire architectonique des châteaux anglais est exactement la même que celle des églises ; ce sont les mêmes périodes, les mêmes divisions de siècle en siècle. [2] » Au XIIIe, la forme cylindrique des tours et des donjons remplace la forme carrée adoptée généralement dans les châteaux des XIe et XIIe siècles. Le long des murs d'enceinte les tours sont aussi cylindriques ou polygonales. « Vers la fin du XIIIe siècle on donna plus d'extension qu'on ne l'avait fait jusque-là aux corps de logis destinés au baron ou à sa suite ; on négligea même souvent d'établir le donjon avec une enceinte particulière et l'on donna ce nom à une tour plus haute que les autres, mais liée aux principales constructions et faisant corps avec elles. »

« Édouard Ier fit faire dans son royaume, vers la fin du XIIIe siècle, de grands progrès à ce genre d'architecture qui tendait à diminuer la force et l'importance militaire des places [3] ». Ce fut aussi sous le règne de ce prince que s'introduisit l'usage des machicoulis, par les ouvertures desquels les assiégés jetaient des pierres, de l'eau bouillante, du plomb fondu, etc. On apprécia tellement les avantages de ce système

---

1. De Caumont. *Histoire sommaire de l'Architecture au moyen âge*, p. 153, 154.
2. Vitet, *De l'architecture en Angleterre, au moyen âge*.
3. De Caumont, p. 328.

de défense, que des machicoulis furent adaptés à toutes les murailles et tours qui, bâties par les Normands, n'en avaient point été garnies jusqu'alors. Nous en

Porte de Southampton.

avons un exemple dans la porte de Southampton, construction normande, à laquelle des machicoulis furent ajoutés dans le XIVe siècle.

Pendant ce siècle, la forme des châteaux se modifie encore. On semble, dans leur construction, se préoccuper moins de la force que de l'élégance et de la commodité. » Dans la cour principale, de grands et vastes corps de logis se lient intimement aux murs d'enceinte. Les ouvrages de défense sont entremêlés de somptueux appartements, et les constructions civiles s'accroissent aux dépens des fortifications. [1] »

Ce qui caractérise particulièrement en Angleterre les châteaux de cette époque, c'est le nombre infini et la forme variée des tours. De l'intérieur et de l'extérieur, du milieu des cours et de chaque angle du mur d'enceinte, elles s'élèvent, les unes terminées par un toit pointu, les autres par une plate-forme crénelée, celles-ci dépassant à peine les murs, celles-là s'élevant dans les airs à une hauteur prodigieuse; vaste ensemble de l'aspect le plus pittoresque, de l'effet le plus grandiose et le plus imposant, constructions gigantesques qui sont encore maintenant une des beautés de l'Angleterre. (Voir p. 404 le dessin du château de Flint, et dans la suite de l'ouvrage ceux des châteaux de Caernavon, Bamborough, etc.)

1. De Caumont, p. 332.

Château de Warwick, bâti sous Richard II.

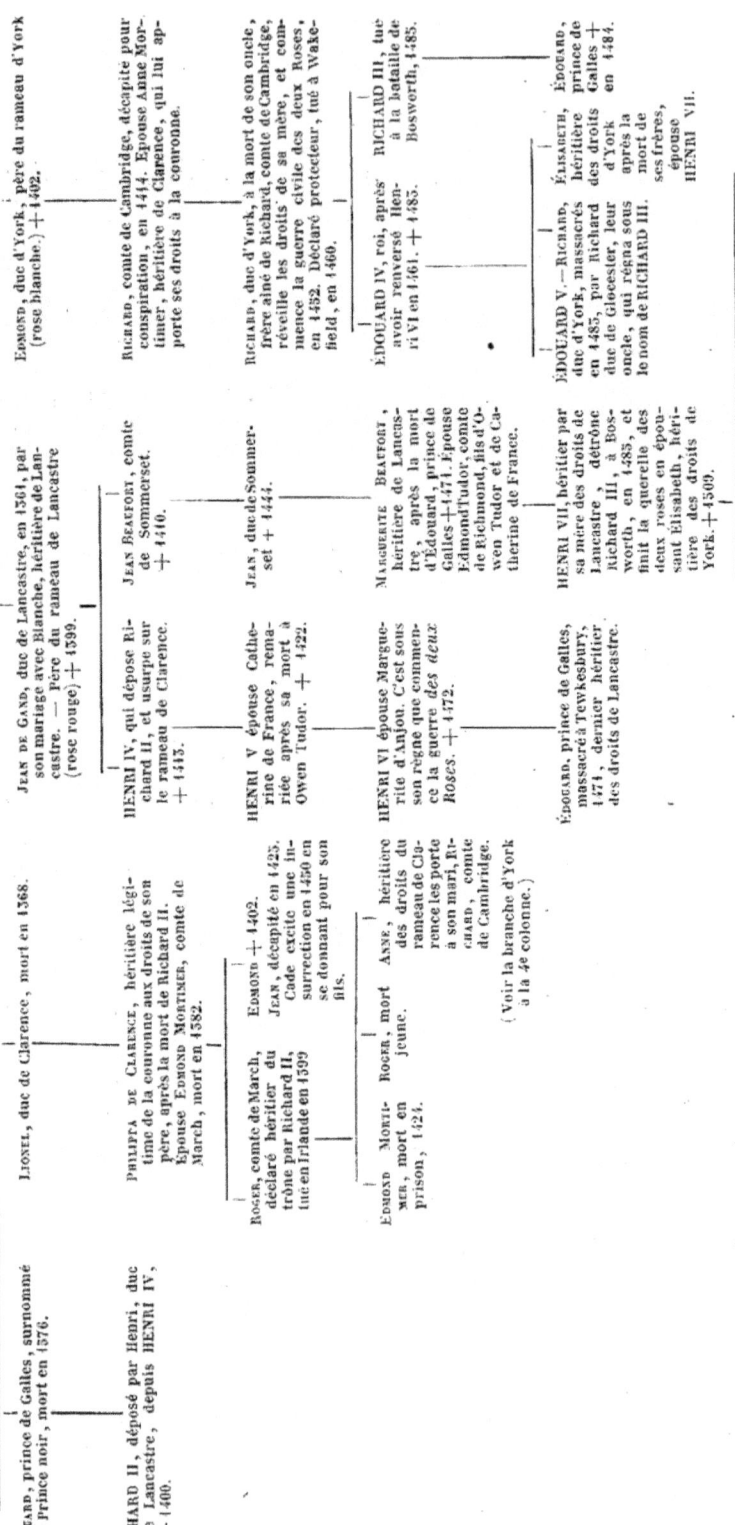

BRANCHE DE LANCASTRE.
(Rose rouge.)

HENRI IV, dit DE BOLINGBROKE.
(1399-1413).

ien que devant l'assemblée du parlement Henri eut réclamé la couronne en se fondant « sur sa descendance directe, par le sang, du bon seigneur le roi Henri III, » légalement, cette prétention n'était pas soutenable. Il descendait en effet de Henri III de père et de mère,[1] mais il ne pouvait faire valoir ses droits, ni du côté de son père, puisque le jeune comte de March descendait du duc de Clarence, frère aîné de Jean de Gand (Voir le tableau généalogique des maisons de Lancastre et d'York), ni du côté de sa mère qui n'était issue que d'Edmond, comte de Lancastre, frère puîné d'Édouard Ier. Ce fut en vain qu'il prétendit qu'Edmond était réellement

1. Généalogie d'Henri IV.

```
                    HENRI III.
         |                          |
ÉDOUARD Ier, roi.           Edmond, comte de Lancastre.
   |                                |
ÉDOUARD II.                 Henri, comte de Lancastre.
   |                                |
ÉDOUARD III.                Henri, duc de Lancastre.
   |                                |
Jean de Gand, duc de Lancastre. — Blanche, duchesse de Lancastre.
                    |
                 HENRI IV.
```

l'aîné, et que c'était du propre consentement de ce prince, et parce qu'il était bossu, qu'il avait été écarté du trône; des documents irrécusables prouvaient le contraire. Le véritable droit de Henri était le droit du plus fort, et le parlement n'en exigeait pas d'autres; il fut reconnu par tous comme souverain, et couronné quinze jours après la déposition de son prédécesseur.

Couronnement de Henri IV d'après un MS. de la Bibliothèque Harléienne, n° 4379.

Le premier soin du nouveau roi fut de convoquer un parlement, et de lui demander la révocation des statuts de vengeance de la vingt et unième année du règne de Richard et la remise en vigueur de ceux de la neuvième année contre les favoris de l'ancien roi. Les sentences qui avaient condamné Arundel et Warwick furent également annulées. Le fils aîné de Henri fut créé prince de Galles, duc de Guyenne, de Lancastre et de Cornouailles, comte de Chester, et déclaré héritier de la couronne. Les deux jeunes seigneurs de March ne trouvèrent pas un ami qui intercédât en leur faveur. Ils furent enfermés au château de Windsor, où ils vécurent dans une honorable captivité. [1]

Au moment où la session allait se terminer, l'archevêque de Cantorbéry annonça

---

1. Les deux jeunes seigneurs de March, fils du comte de March Roger, que Richard II avait désigné pour lui succéder et qui mourut en Irlande en 1399, étaient alors âgés, l'un de six et l'autre de cinq ans. Tous deux moururent en prison sans postérité, et ce fut leur sœur Anne qui porta les droits du rameau de Clarence à la maison d'York, en épousant Richard, d'abord comte de Cambridge, puis duc d'York. (Voir le tableau généalogique des maisons de Lancastre et d'York, p. 424.)

aux lords spirituels et temporels que le roi désirait avoir leur avis sur un cas qu'il les priait de couvrir d'un éternel secret. Lorsqu'ils l'eurent promis, le comte de Northumberland leur demanda au nom du roi quel devait être le traitement à faire au monarque déposé, en lui conservant la vie. Les pairs décidèrent qu'il convenait de renfermer Richard sous bonne garde dans quelque place ignorée où il n'aurait aucune relation avec ses anciens amis, partisans ou serviteurs. Richard, conduit au château de Pontefract, y fut soumis à une réclusion absolue (30 octobre 1399).

Le règne de Henri IV fut un règne de sang et d'anxiétés. Les souverains étrangers ne voulurent, dans les premières années, le considérer que comme un usurpateur. Ses sujets ne lui montraient qu'une fidélité chancelante; d'anciens serviteurs conservaient encore de l'attachement au dernier monarque, et formaient une masse de mécontents qui recherchaient incessamment les moyens de se venger.

Bientôt les comtes de Rutland, de Kent, de Salisbury et de Huntingdon, réunis aux lords Lumley et Spenser, conçurent le projet de se saisir de la personne de Henri, de délivrer Richard, et de le proclamer de nouveau. Ils convinrent d'annoncer un tournoi à Oxford, et de se couvrir de ce prétexte pour rassembler des hommes dévoués. Mais le comte de Rutland, fils du duc d'York et cousin germain du roi, trahit le secret de ses amis et les livra à la mort. Le 5 janvier 1400, les conjurés, à la tête de cinq cents chevaux, marchèrent sur Windsor, où ils espéraient s'emparer de Henri. Le roi, averti dès la veille, s'était rendu à Londres, avait réuni vingt mille hommes et expédié des ordres pour arrêter les coupables. Ceux-ci, trompés dans leur attente, divisèrent leurs forces, et se retirèrent vers l'ouest, en proclamant Richard dans les villes et villages qu'ils traversaient. Mais bientôt ils furent faits prisonniers et condamnés avec leurs complices, et un grand nombre de partisans de Richard, à mourir de la mort des traîtres.[1]

Peu de temps après, Richard II mourut au château de Pontefract, assassiné, disent les uns; de douleur, disent les autres. Le corps, suivant la requête du parlement, « fut ouvertement montré au peuple, » c'est-à-dire qu'on l'exposa avec la face découverte des sourcils au menton. Le roi assista en personne à ses obsèques.

---

1. On verra par la description que donne un écrivain contemporain du supplice de sir Thomas Blount, un des partisans de Richard, quels horribles tourments étaient réservés aux malheureux déclarés coupables du crime de haute trahison.

« Il fut d'abord pendu; mais on coupa bientôt la corde et on le fit asseoir sur un banc près d'un grand « feu. L'exécuteur vient ensuite, un rasoir à la main, et s'agenouillant devant sir Thomas dont les « mains étaient liées, il lui demanda pardon de sa mort, forcé qu'il était de remplir son devoir. Sir « Thomas lui demanda : Êtes-vous la personne chargée de me délivrer de ce monde? Le bourreau « répondit : Oui, et je vous prie de me pardonner... et sir Thomas l'embrassa et lui pardonna sa mort. « Le bourreau se mit à genoux et lui ouvrit le ventre, coupa les boyaux au-dessous du passage de l'esto-« mac, et lia le reste avec un cordon, afin que le vent du cœur ne pût s'échapper, et il jeta les « boyaux au feu. Sir Thomas était alors assis devant le feu, le ventre ouvert et ses entrailles brûlant « devant lui. Sir Thomas Essyngham, chambellan du roi, insultant à Blount, lui dit avec dérision : « Allez chercher un maître qui puisse vous guérir. — Blount répondit seulement : Te Deum laudamus ! « Béni soit le jour où je suis né, et béni soit ce jour dans lequel je vais mourir pour le souvenir de mon « souverain seigneur le noble roi Richard ! L'exécuteur se mit à genoux devant lui, l'embrassa de la « plus humble manière, et bientôt après lui coupa la tête et divisa son corps en quartiers. » Lingard, t. II, p. 635.

Pour ne pas encourir le reproche qui avait été adressé au dernier roi, qu'il avait dégénéré des vertus militaires de ses ancêtres, Henri voulut signaler le commencement de son règne par une expédition en Écosse. Il somma le roi Robert III et ses barons de comparaître devant lui au château d'Édimbourg, afin de lui faire hommage de la couronne d'Écosse et des fiefs particuliers qu'ils possédaient, et sur leur refus, marcha sur Leith, et somma Édimbourg de se rendre; mais la famine se mit dans le camp anglais, et Henri regagna ses frontières.

Les Écossais firent une irruption en Angleterre dans la saison suivante, et deux combats successifs leur furent défavorables. Au second, le comte de Northumberland et son fils Henri Percy, surnommé Hotspur ou « chaud Éperon, » attaquèrent avec tant d'ardeur l'armée écossaise, commandée par le comte Archibald Douglas, qu'ils la mirent en fuite, et la forcèrent à repasser la Tweed en laissant le champ de bataille couvert de morts. Douglas et une foule de comtes et chevaliers furent faits prisonniers et présentés au roi par le comte de Northumberland, qui, suivant l'usage, se proposait d'en retirer des rançons considérables. Mais le roi lui défendit de les mettre à rançon ou de leur rendre la liberté, défense qui inspira au comte un ressentiment qui ne tarda pas à se révéler.

Pendant ces événements, un Gallois nommé Owen Glendower avait levé l'étendard de la révolte, et plusieurs seigneurs anglais, entre autres Edmond Mortimer et lord Grey de Ruthyn, étaient tombés entre ses mains. Les parents de lord de Ruthyn obtinrent du roi la permission de le racheter; mais Henri la refusa péremptoirement aux amis du premier, qui lui était suspect comme oncle et protecteur du jeune comte de March, héritier légitime de la couronne. Hotspur avait épousé la sœur de Mortimer, et son mécontentement fut extrême. Il parvint à le faire partager à son père, à son oncle, le comte de Worcester, et à l'archevêque d'York, qui leur donna le conseil de repousser le joug de l'usurpateur. Leurs mesures furent bientôt prises. Douglas, mis en liberté par le comte de Northumberland, rassembla ses nombreux tenanciers et les mit aux ordres de Hotspur. Mortimer traita avec Owen Glendower, épousa sa sœur, et reçut la promesse d'un secours de douze mille hommes. Hotspur, sous prétexte de continuer à combattre les Écossais aux frontières du Lothian, avait conservé son armée. Le comte de Worcester lui amena un corps d'archers considérable, et lorsque toutes ces forces furent réunies, une proclamation annonça aux Anglais que les insurgés n'avaient pris les armes que pour restreindre les prodigalités du roi, qui ruinaient le peuple, et lui donner d'autres ministres.

Henri, averti de ce qui se passait et connaissant toute l'importance de la célérité en pareille circonstance, marcha rapidement vers le nord avec le peu de troupes qu'il put réunir à l'instant; et, toutefois, feignant de ne pas croire à une rébellion aussi prononcée, il fit offrir aux Percy des saufs-conduits pour venir s'expliquer de leurs griefs avec lui-même; en même temps, il se plaça de manière à empêcher leur jonction avec les Gallois.

Percy Hotspur se trouvait alors à Haytleyfield, à peu de distance de Shrewsbury, où Henri IV était entré, et il ne répondit aux injonctions qui lui étaient adressées par le roi d'Angleterre, qu'en lui envoyant un cartel dans lequel il lui rappelait le parjure dont il s'était rendu coupable en détrônant Richard, et s'emparant de la couronne malgré le serment prononcé par lui à Doncaster, de ne réclamer que les terres de sa famille et les domaines de sa femme; il l'accusait encore d'avoir inhumainement livré son souverain à une mort affreuse, d'avoir écarté du trône le jeune comte de March, neveu de Mortimer, d'avoir attenté à la liberté des élections, d'avoir violé la charte et les priviléges du peuple en imposant des taxes arbitraires, d'avoir enfin refusé aux Percy la permission de traiter avec Owen Glendower de la rançon de Mortimer, et de les avoir déclarés traîtres parce qu'ils n'avaient pas abandonné leur parent et leur ami aux horreurs d'une éternelle prison. « Donc, ajoutait-il, nous te défions à mort toi et tes complices, usurpateur, « oppresseur, envahisseur de la fortune publique, traître et parjure, et te punirons « par la force des armes s'il plaît à Dieu Tout-Puissant. » Henri répondit que son épée lui ferait raison de tels mensonges.

La bataille se donna le 21 juillet 1403. Les deux armées étaient à peu près de la même force, chacune d'environ quatorze mille hommes. Avant le combat, le roi, incertain du résultat, eut encore recours aux négociations, et envoya à ses adversaires l'abbé de Shrewsbury, chargé de propositions de paix. Le comte de Worcester les fit rejeter. « En avant donc la bannière! » s'écria Henri, et la bataille s'engagea aux cris de « Saint Georges! » et « Espérance, Percy. » Douglas et Hotspur qui passaient alors pour les deux plus valeureux chevaliers de toute la chrétienté, s'élancèrent, suivis d'une trentaine de chevaliers au milieu de l'armée ennemie, cherchant partout le roi, mais Henri avait fait prendre les armes et la couronne royales à quatre chevaliers qui reçurent la mort à sa place pendant qu'il combattait d'un autre côté. Cependant l'étendard royal était renversé, le prince de Galles blessé, et la victoire semblait pencher du côté des rebelles, lorsque, au milieu du combat, une flèche égarée frappa Percy Hotspur à la poitrine et le renversa mort. Sa chute fut le signal de la défaite de ses partisans, qui perdirent plus de cinq mille hommes et se retirèrent en désordre. Les comtes de Douglas et de Worcester, le baron de Kinderton, sir Richard Vernon, furent faits prisonniers. Henri traita honorablement Douglas comme étranger; mais envoya sur-le-champ au supplice Vernon, Worcester et Kinderton. Le comte de Northumberland ayant appris la nouvelle de la mort de son fils et de son frère, congédia les vassaux qu'il avait convoqués et se renferma dans son château de Warkworth, d'où il écrivit à Henri que son fils avait contrevenu à ses ordres, et que les troupes qu'il avait lui-même levées étaient destinées à prêter secours à l'armée royale. Henri feignit de se contenter de cette excuse, car le comte était encore puissant; des juges nommés par le roi prononcèrent qu'il y avait eu simple transgression, mais non félonie, et Northumberland ne fut condamné qu'à une amende (1404). Engagé bientôt dans de nouveaux complots, il trouva la mort dans un combat contre les troupes de Henri (1408).

Pendant quelques années encore, Henri eut sans cesse à lutter contre les complots de ses ennemis; mais leurs efforts échouèrent contre son habileté et sa vigilance, et tous, successivement, vinrent apporter leur tête au bourreau. Ce fut avec le même bonheur qu'il déjoua un complot tendant à rendre la liberté au jeune comte de

March et à son frère. La veuve de lord Spencer, exécuté à Bristol pour crime de rébellion, s'était, à l'aide de fausses clés, procuré accès au palais de Windsor, où les deux frères étaient renfermés, les en avait fait secrètement sortir, et les avait emmenés vers les frontières du pays de Galles; mais les fugitifs furent promptement repris.

Débarrassé de ses adversaires, Henri songea à soumettre Owen Glendower, qui avait défait trois fois les armées envoyées dans le pays de Galles. Glendower avait appelé tous les Gallois à son aide, et les jeunes gens qui étudiaient à Oxford et à Cambridge, les laboureurs, qui depuis longtemps étaient établis en Angleterre, étaient retournés dans le pays de Galles, munis d'armures, d'arcs, de flèches et d'épées. Le roi, furieux des nombreux échecs essuyés par son fils aîné Henri, prince de Galles, s'était mis lui-même à la tête de ses troupes, les avait partagées en trois divisions, dont il commandait la première, son fils aîné la seconde, et le comte d'Arundel la troisième, et avait pénétré dans le pays de Galles espérant envelopper son ennemi. Mais Glendower avait employé encore la tactique ordinaire des Gallois, refusé la bataille qu'on lui offrait, et laissé les troupes anglaises se dissoudre d'elles-mêmes dans des montagnes arides, sous l'inclémence des saisons et l'âpreté du climat. Une violente tempête avait noyé une partie de l'armée dans les torrents, détruit les approvisionnements, et forcé le roi d'Angleterre à chercher son salut dans la fuite.

La retraite de Henri avait été le signal de l'insurrection générale des Gallois. Alors Owen Glendower envoya des ambassadeurs au roi de France, et conclut avec ce monarque un traité qui lui valut un secours de trois mille Français (1404).

Le roi d'Angleterre remit la direction de la guerre à son fils Henri, et ce jeune prince la soutint avec une activité et une persévérance qui ruinèrent peu à peu la puissance de son adversaire. Les Français d'abord se lassèrent de la misère qui les atteignait dans un pays désolé, et ne tardèrent pas à retourner en France, et au bout de quelques années Henri eut totalement soumis les Galles méridionales. Plusieurs cantons des Galles du nord, effrayés de ses progrès, traitèrent avec lui, et Glendower, vaincu dans une grande bataille, et abandonné de la plupart des siens, se retira enfin dans les montagnes du Snowdon, où il résista constamment aux attaques des généraux de Henri; mais, quoiqu'il ne se fût jamais soumis, il avait cessé d'être redoutable.

Les guerres civiles de l'Angleterre, et les complots sans cesse renaissants contre l'autorité de Henri IV, l'avaient occupé tout entier, et il était resté presque constamment en trêve, sinon en paix, avec le continent. La seule puissance qui le forçât à entretenir des armées et quelquefois à combattre était l'Écosse. Un événement heureux vint lui donner un grand ascendant sur le gouvernement écossais. Robert III, roi d'Écosse, prince modéré, mais faible, avait abandonné à son frère, le duc d'Albany, les rênes de l'état, et s'était retiré dans l'île de Bute avec le jeune Jacques, son second fils, encore enfant. Soit que le duc d'Albany ne fût pas satisfait de l'exercice sans contrôle de l'autorité royale, et qu'il aspirât encore au titre de roi, soit que le duc de Rothsay, fils aîné de Robert et son héritier présomptif, eût formé le projet d'enlever le gouvernement à son oncle, Albany parvint à faire arrêter son neveu, et le jeta dans une prison où il le laissa mourir de faim. Robert, en apprenant la mort tragique de son fils aîné, craignit pour la vie du second, et, sous la tutelle du comte des Orkneys, il le fit embarquer et l'envoya au roi de France (1405). Un pirate s'empara du vaisseau qui portait l'héritier de la couronne d'Écosse, et le conduisit comme prisonnier au roi Henri IV. L'enfant fut réclamé par Robert et par le duc d'Albany; mais Henri répondit au premier, qu'il parlait aussi bon français que son frère Charles VI, et que par conséquent le petit prince recevrait à la cour d'Angleterre une aussi bonne éducation qu'à celle de France; au second, qu'il le gardait pour le lui opposer, s'il jugeait utile aux intérêts de son royaume de prendre cette mesure. Robert mourut de douleur; Albany, toujours en crainte, se montra dès lors complétement soumis aux volontés du roi d'Angleterre. Le jeune prince fut envoyé au château de Pevensey.

Ruines du château de Pevensey (Kent).

Peu de temps après son usurpation, Henri IV avait essayé de se faire des appuis dans la famille royale de France, et des ambassadeurs avaient, en son nom, proposé divers mariages qu'on avait repoussés avec dédain. Charles VI réclamait avant tout sa fille Isabelle, veuve de Richard II, la restitution de ses joyaux et le remboursement de sa dot. Afin d'éluder cette demande, Henri sollicita pour son fils la main de la princesse, mais Charles refusa de livrer Isabelle au fils du bourreau de son premier époux, et Henri garda la dot, en compensation, disait-il, des sommes encore dues à l'Angleterre pour la rançon du roi Jean. Il n'y avait pas de déclaration de guerre entre les deux états; mais les sujets des deux puissances s'attaquaient individuellement et se réunissaient pour combattre sur mer, opérer des descentes, et piller les villes ou les habitations situées à la proximité des côtes. Walleran de Luxembourg, comte de Ligny et de Saint-Pol, beau-frère de Richard II, envoya un cartel à Henri, auquel il ne donnait que le titre de duc de Lancastre, et lui déclara qu'à raison de ses méfaits, et notamment de la mort du roi Richard, il lui porterait personnellement préjudice en toute occasion; il arma en effet une escadre nombreuse, et ravagea l'île de Wight et les côtes de l'Angleterre. L'amiral de Bretagne s'emparait en même temps dans la Manche de plus de cinquante vaisseaux et de deux mille matelots. L'ancien ami et frère d'armes de Henri, Louis, duc d'Orléans, lui envoya un cartel en l'appelant à combattre avec cent chevaliers sur les frontières de la Guyenne, et lui reprochant d'être un rebelle, un usurpateur et un assassin; mais bientôt ce prince périt assassiné par les agents du duc de Bourgogne (1407), et Henri saisit l'occasion des désordres causés par cette mort pour se venger du mépris qu'on lui témoignait en France. Afin de fomenter une guerre civile, il envoya d'abord mille archers et huit cents lances au duc de Bourgogne (1411) lui retira son alliance l'année suivante (1412), et traita avec les ducs de Berri, d'Orléans et de Bourbon, qui consentirent à le reconnaître comme duc souverain d'Aquitaine, à lui rendre vingt villes royales de ce duché, et à devenir ses vassaux pour les propriétés qu'ils possédaient dans ses limites, à la condition qu'il mettrait à leur disposition mille hommes d'armes et trois mille archers. Cependant les princes belligérants se réconcilièrent et conclurent un accommodement. Mais cette réconciliation n'arrêta pas Henri, et sans attendre aucune hostilité, il donna l'ordre à son second fils, le duc de Clarence, qui conduisait en France l'armée promise, d'envahir la Normandie. Ce fut en vain qu'on l'informa des traités qui unissaient les princes. Le duc pénétra dans le Maine et l'Anjou, et ne se retira en Guyenne que lorsqu'on lui eut payé une somme considérable.

Henri IV avait alors quarante-six ans; l'agitation de toute sa vie, les chagrins que lui causait son fils aîné, le prince de Galles, les reproches de sa conscience, ses craintes pour l'avenir, avaient ruiné sa santé, et de violentes attaques d'épilepsie lui faisaient présager une fin prochaine. Un jour qu'une syncope prolongée lui donnait toutes les apparences de la mort, son fils s'empara de la couronne placée, selon l'usage, auprès de son lit. Le roi, revenu de sa faiblesse, lui dit : « Hélas! beau fils, quel droit avez-vous à cette couronne, quand votre « père n'en avait pas? » — Mon seigneur lige et redouté père, reprit Henri V, « vous la conquîtes par l'épée, par l'épée je la conserverai! — Bien donc! fais « pour le mieux, mon fils; Dieu jugera, et puisse-t-il me donner miséricorde! » Il mourut le 20 mars 1413, après treize années de règne.

LE DUC D'ORLÉANS A LA TOUR DE LONDRES,
d'après une miniature d'un Manuscrit du xve siècle conservé au Musée Britannique.

Henri IV avait été marié deux fois. Marie Bohun, sa première femme, fille du comte de Hereford, lui avait donné quatre fils et deux filles En 1404, Henri avait obtenu du parlement un acte qui investissait de la succession à la couronne ses quatre fils et leurs héritiers par ordre de primogéniture. Mais il ne fut fait aucune mention de ses filles afin de ne pas fournir un argument de plus en faveur de l'héritier légitime, le comte de March, qui réclamait du droit de la ligne féminine ; et deux ans après, un nouveau règlement, excluant les femmes à perpétuité, limita à ses fils et à ses descendants mâles la succession aux couronnes d'Angleterre et de France. C'était détruire la base sur laquelle Édouard III avait fondé ses prétentions à la couronne de France; Henri le comprit, et le parlement révoqua ses dernières dispositions en déclarant simplement que le droit de succession aux deux couronnes appartenait aux fils du roi et à leurs descendants en général.

Sous ce règne, comme sous les précédents, les communes continuèrent à augmenter leur pouvoir et à se constituer de nouveaux droits. Elles se plaignirent de ce que les registres parlementaires les avaient plusieurs fois représentées comme ayant donné leur assentiment à des actes qu'elles avaient repoussés, et elles demandèrent que leurs discussions et résolutions fussent enregistrées, non pas de mémoire et en substance après les sessions, mais au moment même et avant la clôture. Henri reconnut toute la portée de l'innovation qu'on lui proposait, et répondit que le secrétaire du parlement décrirait la substance des résolutions, et en soumettrait, en temps utile, la rédaction au roi et à la chambre des lords. A force de persévérance, les communes obtinrent enfin que l'enregistrement ne se ferait désormais qu'en présence d'une députation des deux chambres.

Un autre privilége encore plus important, la liberté de la parole et des débats, fut réclamé avec instance, et la coutume s'introduisit d'adresser au roi les suppliques verbalement, au lieu de les présenter par écrit; Henri résista longtemps, embarrassé qu'il était souvent pour répondre à l'instant même; il céda cependant. Plusieurs des adresses ainsi présentées subsistent encore; toutes commencent par d'humbles assurances de soumission, et beaucoup se terminent par une censure sévère des mesures du gouvernement. L'une d'elles se plaint vivement qu'on ait laissé Calais sans approvisionnement, perdu dans une année quatre-vingt-seize villes de Guyenne, etc., etc., et conclut en disant qu'il est urgent que le roi emploie à l'avenir des ministres plus habiles. L'élection des membres de la chambre des communes fut aussi l'objet des remontrances les plus graves. Le gouvernement, au moyen de ses shérifs, prenait une très-grande influence sur les nominations, car les shérifs, chargés de la convocation des électeurs, n'avertissaient que ceux dont l'opinion leur semblait favorable, et dirigeaient les opérations à leur guise. On obtint deux statuts, dont l'un ordonnait de proclamer publiquement l'ordonnance d'ouverture du parlement aux premières assises du comté qui se tiendraient après l'envoi de cette ordonnance, et réglait le mode et les formalités de l'élection ; le second appliquait une amende de cent livres aux shérifs qui auraient osé contrevenir à ces règles, et faire peser une influence illicite sur le choix des membres de la représentation nationale.

Plusieurs autres statuts, qui composent aujourd'hui les règles fondamentales du gouvernement constitutionnel, datent du règne de Henri IV. Telle est, par exemple, la prérogative des membres de la chambre des communes, comme de ceux de la chambre des lords, de n'être ni arrêtés ni emprisonnés durant les sessions parlementaires. Ce privilége existait depuis longtemps, mais des événements particuliers en nécessitèrent l'application, et Henri le reconnut. En 1404, le besoin d'argent le contraignit à déposer sous les yeux des chambres l'évaluation des dépenses de l'année courante, et ce furent elles qui réglèrent l'emploi du subside, à une certaine somme près laissée à la discrétion du roi. L'année suivante, en examinant ce même aperçu, elles blâmèrent plusieurs dépenses de sa maison qu'elles trouvèrent exagérées, et elles obtinrent le renvoi de son confesseur, d'un second abbé, d'un de ses valets de chambre, et de quelques autres personnes. Elles voulurent même, une fois, se faire représenter l'état des recettes et dépenses d'un subside, afin de s'assurer que l'emploi en avait été fait conformément aux prévisions ; mais Henri s'y refusa en disant que les rois n'avaient pas coutume de rendre des comptes à leurs sujets. Cependant, dans une autre circonstance, il déposa les comptes, non, disait-il, pour obéir à l'injonction de la chambre, mais parce que tel était l'avis de son conseil. Ce grand ascendant des communes ne fut toutefois que momentané, et elles ne tardèrent pas à perdre des avantages que la situation des choses avait amenés ; mais les bases étaient jetées et restèrent pour des époques plus éclairées et plus heureuses.

Les disciples de Wycliffe, sous le nom de « lollards, » avaient conservé toute l'âpreté du zèle de ce réformateur. Les ecclésiastiques, usurpateurs du patrimoine des pauvres, étaient, suivant eux, la cause de ces taxes répétées que votait le parlement, et qui ruinaient le peuple d'Angleterre. Le clergé présenta au roi une pétition pour réclamer sa protection en faveur de l'église, et la suppression de la secte des lollards qui, en écrivant des livres, propageant l'erreur et trompant le peuple, commettait des énormités trop effroyables, disait-il, pour être rapportées, et il demandait que la peine du feu fût appliquée à ces hérétiques. La chambre des communes, sur la connaissance qui lui fut donnée de la réclamation du clergé contre les lollards, n'hésita pas à lancer un statut qui permettait aux évêques de faire arrêter les personnes *véhémentement soupçonnées* d'adhérer aux erreurs de ces hérétiques, et qui condamnait à être brûlées vives celles qui refuseraient d'abjurer de telles doctrines ; mais aussi la première fois que le roi demanda un subside, la chambre déclara que le clergé possédait un tiers des biens du royaume, qu'il ne supportait aucune des charges politiques, et qu'il fallait reporter sur lui un fardeau trop pesant pour les laïques. L'archevêque primat répondit au nom du clergé que, si les ecclésiastiques n'allaient pas en personne à la guerre, ils n'en contribuaient pas moins à toutes ses charges, puisqu'ils étaient possesseurs de fiefs, et, qu'en cette qualité, ils étaient tenus à mettre, pour un temps déterminé, leurs vassaux au service du roi ; le roi ayant paru désapprouver cette discussion, la chambre finit par accorder le subside. Cependant, quelques années après, la même question se représenta, et la chambre des communes accompagna sa demande de calculs d'où il résultait, suivant elle, que le revenu superflu du clergé s'élevait à quatre cent quatre-vingt-quinze mille marcs d'argent, qui suffiraient, si le roi le voulait, à solder quinze comtes, quinze cents chevaliers, six mille deux cents écuyers, à fonder cent hôpitaux pour le service des blessés, et à entretenir quinze mille prêtres de paroisse, rétribués à sept marcs chacun par an; la chambre ajoutait que, ces dépenses couvertes, il resterait encore vingt mille livres sterling pour le service personnel du roi. Il est de fait que les richesses du clergé étaient immenses; mais on ne sait aujourd'hui sur quelles bases était fondé ce calcul. Le roi en témoigna un profond mécontentement, et la chambre cessa de penser aux biens ecclésiastiques. Mais, comme parmi les doctrines avancées durant la discussion, Henri avait cru démêler quelques-uns des principes des lollards, il voulut donner un grand exemple, et livra un misérable prêtre au bras séculier. Cet insensé, nommé William Sawtre, jadis curé de Lynn dans le Norfolkshire, et depuis chapelain de Saint-Osith à Londres, avait présenté une pétition aux chambres afin d'être autorisé à discuter devant elles quelques points de religion. Un synode fut assemblé, et Sawtre, déclaré hérétique, relaps et dégradé des ordres, fut remis au maréchal d'Angleterre. Henri donna l'ordre de le conduire au bûcher; Sawtre fut brûlé en présence d'une multitude immense, et les communes remercièrent le roi, attendu que, « par de mauvaises doctrines, la foi de la sainte Église étant « sur le point de se détruire, ce qui causerait la perte du roi et du royaume, il « avait ordonné le remède nécessaire pour l'anéantissement de ces doctrines et de « ceux qui les propageaient. »

Coiffure de femme au xve siècle, d'après l'effigie de Béatrix, comtesse d'Arundel, dans l'église d'Arundel.

HENRI V.

(1413-1422)

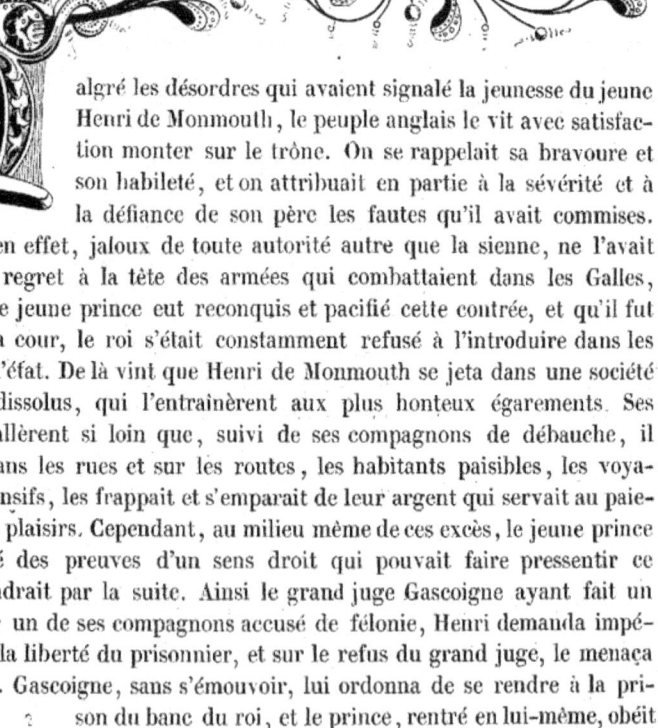

algré les désordres qui avaient signalé la jeunesse du jeune Henri de Monmouth, le peuple anglais le vit avec satisfaction monter sur le trône. On se rappelait sa bravoure et son habileté, et on attribuait en partie à la sévérité et à la défiance de son père les fautes qu'il avait commises. Henri IV, en effet, jaloux de toute autorité autre que la sienne, ne l'avait laissé qu'à regret à la tête des armées qui combattaient dans les Galles, et lorsque le jeune prince eut reconquis et pacifié cette contrée, et qu'il fut revenu à la cour, le roi s'était constamment refusé à l'introduire dans les affaires de l'état. De là vint que Henri de Monmouth se jeta dans une société d'hommes dissolus, qui l'entraînèrent aux plus honteux égarements. Ses désordres allèrent si loin que, suivi de ses compagnons de débauche, il attaquait dans les rues et sur les routes, les habitants paisibles, les voyageurs inoffensifs, les frappait et s'emparait de leur argent qui servait au paiement de ses plaisirs. Cependant, au milieu même de ces excès, le jeune prince avait donné des preuves d'un sens droit qui pouvait faire pressentir ce qu'il deviendrait par la suite. Ainsi le grand juge Gascoigne ayant fait un jour arrêter un de ses compagnons accusé de félonie, Henri demanda impérieusement la liberté du prisonnier, et sur le refus du grand juge, le menaça de son épée. Gascoigne, sans s'émouvoir, lui ordonna de se rendre à la prison du banc du roi, et le prince, rentré en lui-même, obéit aussitôt.

Dès les premiers jours de son règne, Henri V confirma les espérances qu'avaient fait naître, malgré ses erreurs, ce respect profond pour la loi et la justice. Il déclara à ses compagnons qu'il était résolu à ne plus les recevoir jusqu'à ce qu'ils eussent sérieusement adopté une conduite régulière. Il appela ensuite près de lui, et plaça dans son conseil, quelques-uns des hommes qui avaient le plus blâmé ses actions, et spécialement le grand-juge Gascoigne, qu'il combla d'éloges. Il donna des ordres pour que les restes du malheureux Richard fussent honorablement transportés de Langley à Westminster, rétablit les Percy dans leurs biens et leurs dignités, et rendit à la liberté le comte de March, dont les droits au trône, oubliés de ce jeune prince lui-même, ne lui donnaient aucun ombrage.

Pendant le règne précédent, les principes des lollards s'étaient prodigieusement répandus dans le peuple, et l'enthousiasme de ces sectaires, leur nombre, les innovations qu'ils prétendaient introduire, non-seulement dans la hiérarchie ecclésiastique, mais encore dans les lois de l'état, avaient jeté l'alarme parmi les nobles, les grands propriétaires et les prélats. Ils firent partager à Henri V leurs appréhensions, et le bruit courut bientôt qu'on s'occupait de mesures qui devaient amener l'arrestation et la punition des prédicateurs ambulants. Alors des écrits apposés aux portes des églises annoncèrent que si les lollards étaient persécutés, cent mille hommes se lèveraient pour les défendre. L'archevêque de Cantorbéry, Arundel, dénonça ce fait au roi, et lui demanda l'autorisation de poursuivre celui dont les conseils dirigeaient les hérétiques. Cet homme se nommait sir John Oldcastle, lord de Cobham. Il s'était distingué à la guerre et avait été l'un des plus joyeux compagnons du prince de Galles [1].

Henri V surpris voulut essayer de ramener son ancien ami à la pureté de la foi catholique. Il manda donc Oldcastle, qui abandonna son château de Cowling et se rendit à Windsor où le roi entreprit sa conversion; mais à ses arguments il mêla des menaces, et Oldcastle, s'apercevant que la partie n'était pas égale, regagna son château. Une ordonnance du roi prescrivit l'arrestation de tous les prédicateurs ambulants, et l'on poursuivit Oldcastle, qui fut arrêté et confiné à la Tour. Les évêques de Londres, de Winchester et de Saint-David, qui avaient condamné ses doctrines, le jugèrent, présidés par l'archevêque de Cantorbéry qui l'avait dénoncé. Déclaré hérétique, Cobham fut condamné à la peine du feu; mais entre le jour où la sentence lui fut prononcée et celui que l'on fixa pour son exécution, il parvint à s'échapper. Il ne lui restait d'autre parti à prendre que celui de soulever ses partisans, et il dépêcha en effet des agents dans tous les comtés pour organiser une armée. Le but des chefs était d'enlever le roi à Eltham. Mais Henri qui, sans doute, reçut quelques avis de la conspiration, quitta secrètement cette résidence, et se retira à Westminster. Le jour fixé pour la réunion des lollards fut changé, et la plaine de Saint-Gilles indiquée comme le lieu du rassemblement (1414, 7 janvier). Le roi, instruit de tout, fit fermer les portes de la ville pour éviter la jonction des sectaires habitant Londres avec ceux de la campagne; lui-même sortit vers minuit, suivi d'un corps de troupes considérable, dont il plaça des détachements sur les routes, avec ordre d'arrêter les compagnies qui arriveraient. La plupart des

---

1. Sir John Oldcastle est, dans les anciens auteurs dramatiques anglais, le personnage licencieux et plaisant que la scène représente aujourd'hui sous le nom de sir John Falstaff.

premiers venus se trouvèrent ainsi enveloppés et faits prisonniers; les autres se dispersèrent et donnèrent l'alarme. On prétend que ces insurgés étaient au nombre de plus de vingt mille.

Une proclamation royale annonça au peuple combien avait été grand le péril dont Henri V et l'église catholique étaient délivrés. Il ne s'agissait de rien moins, disait-elle, que de faire mourir le monarque et ses frères, ainsi qu'un grand nombre de lords temporels et spirituels, de séculariser les ordres religieux, de confisquer les propriétés ecclésiastiques, de diviser le royaume en districts confédérés, et de nommer sir John Oldcastle président de cette république. On instruisit le procès des personnes arrêtées, dont la plupart n'avaient eu d'autre but que de demander la réforme des abus de l'église. Cependant on en condamna et on en exécuta un grand nombre; puis on statua qu'à l'avenir quiconque serait convaincu d'être lollard subirait la peine capitale et encourrait la confiscation de tous ses biens. Oldcastle avait gagné les frontières d'Écosse et il s'y tint longtemps caché.

La France était alors déchirée par les factions qui surgirent de toute part durant la longue démence de Charles VI. Les querelles des Bourguignons et des Armagnacs ensanglantaient journellement le royaume. Henri jugea le moment favorable pour faire revivre les prétentions de son aïeul Édouard III au trône des Valois. Il donna les ordres nécessaires pour créer une armée, une flotte, rassembler des armes et des approvisionnements de toute nature, puis comme les trèves venaient de finir, il offrit à la France une paix perpétuelle et son alliance, à condition qu'on lui accordât la main de Catherine, fille du roi Charles VI, deux millions de couronnes pour sa dot, le paiement de seize cent mille livres sterling, arriéré de la rançon du roi Jean, la cession immédiate et en toute souveraineté de la Normandie, du Maine et de l'Anjou, le duché d'Aquitaine en y annexant le Périgord; le Rouergue, le Quercy, la Saintonge, l'Angoumois, le Limousin, la suzeraineté de la Bretagne et de la Flandre, et enfin la moitié de la Provence, à laquelle il prétendait encore comme héritage des deux filles de Bérenger, dont l'une avait épousé Henri III, et l'autre son frère Richard.

La cour de France, dirigée alors par le duc de Berri, reconnut tout le danger de sa position, et fit offrir à Henri V la princesse Catherine, une dot de six cent mille couronnes et tous les territoires connus jadis sous le nom de duché d'Aquitaine. Henri rejeta ces offres, rassembla son conseil, lui fit part de la résolution où il était de reconquérir par les armes le trône de France qu'il nommait son héritage, convoqua un parlement dont il reçut un subside considérable, refusa d'écouter les hommes sages qu'effrayaient les calamités possibles d'une guerre injuste, chargea de la régence le duc de Bedford, l'un de ses frères, régla les conditions du service militaire et de la solde des officiers et soldats [1], emprunta aux Lombards, engagea ses joyaux, et parvint à réunir une somme de cinq cent mille nobles d'or.

---

1. Un duc recevait par jour la solde de 13 shillings 4 deniers, et devait avoir cinquante chevaux; un comte, suivi de vingt-quatre chevaux, 6 sh. 8 den.; un baron ou banneret et 16 chevaux, 4 sh.; un écuyer et quatre chevaux, 1 sh.; un archer et un cheval, 6 deniers L'équipement des chevaux était fourni par le roi. On comptait pour s'enrichir sur les prisonniers et le partage des dépouilles de l'ennemi.

Six mille hommes d'armes et vingt-quatre mille archers qui étaient la principale force de l'armée furent, au rapport des chroniqueurs contemporains, débarqués à

Costumes des archers sous Henri VI.

l'embouchure de la Seine, et le 17 août 1415 la forteresse importante de Harfleur fut investie par terre et bloquée par eau. Un mois après, Henri V prit possession de la ville, et en chassa tous les habitants, sans leur laisser emporter autre chose que cinq sous et les vêtements dont ils étaient couverts. Cette conquête, cependant, manqua coûter fort cher au roi. La bravoure des défenseurs de la place, la dyssenterie, l'excessive chaleur, avaient réduit de moitié sa brillante armée; il avait renvoyé ses bâtiments de transport; il ne se sentait pas assez fort pour résister à une armée un peu considérable, et il prit la détermination de marcher vers Calais pour gagner une place de sûreté. Cette marche n'était pas sans obstacles. Quatorze mille hommes d'armes, sous les ordres du connétable d'Albret, observaient ses mouvements, et une foule de paysans armés s'emparaient des traîneurs et ne laissaient aux autres ni asile ni nourriture. En passant à vue de la ville d'Eu, la garnison attaqua les Anglais, en jetant de grands cris; ils la repoussèrent, mais ils perdirent un bon nombre de combattants. Ils atteignirent enfin la Somme que Henri se proposait de passer au gué de Blanchetaque; mais il était gardé par des lignes de palissades et un corps d'archers formidable. Henri, ne voulant pas compromettre le sort de son armée, remonta, toujours harcelé, la Somme jusqu'à Bailleul; sa position devenait de plus en plus critique, tout lui manquait, et le désespoir atteignait ses soldats, lorsque le gué de Béthencourt, mal gardé ou négligé par la milice de Saint-Quentin, lui offrit un passage. Le connétable d'Albret, au lieu de se précipiter sur l'armée anglaise et de la disperser, ce qui paraissait immanquable, se retira dans la direction de Bapaume et de Saint-Pol, sous le prétexte d'y attendre des renforts. Cette fausse démarche et le système des généraux français d'éviter tout engagement, sauvèrent Henri V et perdirent ses adversaires.

Le 24 octobre, les Anglais traversèrent le Ternois, et reconnurent des bataillons français qui se dirigeaient sur Azincourt. Henri vit que le moment était arrivé. Il établit son quartier général au village de Maisoncelles, prit une forte position, divisa ses troupes en trois corps et deux ailes, rangea ses archers, sur lesquels reposaient ses plus grandes espérances, en avant de ses hommes d'armes, et à la pointe du jour (25 octobre 1415), fit célébrer la messe. Les Français s'étaient à peu près rangés dans le même ordre : le connétable d'Albret commandait la première division, les ducs de Bar et d'Alençon la seconde, les comtes de Marle et de Falconberg la troisième. Henri V se rappelant combien des détachements envoyés en embuscade par Édouard à Crécy, et par le prince Noir à Poitiers, avaient été favorables à leurs succès, en disposa deux qu'il dirigea sur le flanc gauche de l'ennemi et sur ses derrières, avec la mission d'incendier les villages dès que le combat aurait commencé, afin de porter l'alarme dans les rangs de ses adversaires.

Les généraux français, comptant sur l'extrême bravoure des chevaliers et des soldats, s'étaient peu occupés de la position des corps qu'ils commandaient, tandis que Henri avait posté les siens sur les hauteurs, et n'avait rien négligé de ce qui pouvait servir à la défense. Les archers ennemis s'avancèrent avec impétuosité sur les siens; mais aux difficultés que leur opposa d'abord une marche pénible et découverte en plaine, se joignit bientôt l'obstacle des palissades qui garantissaient les archers anglais de leurs attaques. La première division fut accablée d'une grêle de flèches, sans pouvoir faire un usage utile de ses armes; et ses chevaux blessés, se rejetant furieux sur les divisions qui suivaient, commencèrent à y mettre le désordre. Henri s'aperçut promptement du désavantage de l'ennemi, et donna l'ordre aux hommes d'armes de fondre sur les Français, la hache à la main. La confusion devint horrible; la terre était couverte de morts et de blessés; mais le combat continuait avec opiniâtreté. Le roi défendit lui-même, avec un grand courage, son frère le duc de Clarence, étendu sur la terre et blessé, et il parvint à le sauver. Un coup de massue dont il fut renversé venait à peine d'être vengé sur les chevaliers qui l'attaquaient, lorsque le duc d'Alençon, pénétrant jusqu'à lui, fendit d'un coup d'épée la couronne qu'il portait sur son casque, et d'un revers abattit et tua le duc d'York. Cent glaives se levèrent à la fois sur le courageux prince comme il criait : « Je suis Alençon, je me rends ! » Ils retombèrent et lui ôtèrent la vie, avant que la voix de Henri eût pu se faire entendre.

Sa mort fut le signal de la défaite des Français, et dès lors il n'y eut plus que des combats individuels. La victoire était décidée en faveur des Anglais, lorsqu'un groupe de paysans, s'étant aperçu que leurs bagages étaient abandonnés à la garde d'un petit nombre de valets, pénétra dans Maisoncelles. On les prit pour un corps d'armée considérable, et Henri, craignant d'être embarrassé par les nombreux prisonniers que ses soldats avaient faits, donna l'ordre de les égorger. Quand l'erreur fut reconnue, il fit cesser cet épouvantable carnage; mais la perte des Français fut immense.

Au nombre des morts se trouvèrent le connétable d'Albret, les ducs de Brabant, de Bar et d'Alençon, l'archevêque de Sens, les comtes de Nevers, de Vaudemont et de Marle, plus de cent bannerets, et huit mille chevaliers ou écuyers. Du côté des Anglais, on regrettait, parmi les plus grands personnages, le duc d'York et le comte de Suffolk. Les vainqueurs se remirent en route pour Calais, emmenant une foule de prisonniers du plus haut rang, les ducs d'Orléans et de Bourbon, le maréchal de Boucicault, les comtes d'Eu, de Vendôme, de Richemont, et d'autres seigneurs distingués.

Les résultats immédiats de l'éclatante victoire d'Azincourt furent moindres encore que ceux des batailles de Crécy et de Poitiers. L'armée anglaise était épuisée par la fatigue, les maladies, les pertes qu'elle avait éprouvées dans les combats. Henri retourna en Angleterre.

A Douvres et à Londres, le roi fut accueilli avec un extrême enthousiasme, et le parlement partagea l'enivrement du peuple. Il concéda sur-le-champ à Henri divers subsides, et lui accorda même pour sa vie un droit de tonnage et pesage et un autre droit sur les laines et les cuirs.

Au commencement de l'année 1416, Sigismond, roi des Romains et empereur d'Allemagne, vint visiter le roi d'Angleterre après avoir traversé la France. Son projet avoué était de pacifier l'Europe en réconciliant les deux monarques. Des ambassadeurs français l'accompagnaient, mais leur mission n'eut aucun succès. Henri persista dans ses prétentions, et il était impossible que les conseillers de Charles VI consentissent à le dépouiller, par un traité, de la moitié du royaume de France. Cependant cette contrée, déchirée par la guerre civile, continuait à présenter une effrayante scène de désordre et de confusion. Le duc de Bourgogne, qui depuis longtemps avait recherché l'alliance de l'Angleterre, qui avait défendu à ses vassaux de servir dans l'armée française, qui avait puni les paysans dont Henri s'était plaint au combat d'Azincourt, engagea ce prince, sous prétexte de conclure un traité de commerce, à se rendre à Calais. Henri V y vint en effet. Sigismond l'y suivit; le comte de Hainaut s'y rencontra, et tous quatre délibérèrent sur leurs secrets desseins. Henri consentit à protéger le duc de Bourgogne contre les Armagnacs, à condition qu'il reconnaîtrait formellement ses droits à la couronne de France et lui ferait hommage pour la Bourgogne et Alost. Le congrès terminé, le duc se retira pour mettre ses plans à exécution, et Henri revint en Angleterre afin de se préparer à une nouvelle expédition. Isabelle de Bavière, l'infâme épouse du malheureux Charles VI, s'étant échappée de la ville de Tours, où le roi l'avait exilée après avoir découvert ses liaisons adultères avec le chevalier de Boisbourdon, se rendit auprès du duc de Bourgogne, son ancien ennemi Ile prit le titre de régente, nomma le duc de Bourgogne son lieutenant, et l'engagea à marcher sur Paris. L'armée bourguignonne s'élevait à plus de soixante mille hommes; elle occupa bientôt la plupart des villes de la Champagne et de la Picardie, Reims, Troyes, Senlis, Amiens, Abbeville, Dourlens, Montreuil, prit Beaumont, Pontoise, Vernon, Meulan, Montlhéri, s'empara de Chartres et d'Étampes, et pénétra enfin dans la capitale, où le connétable d'Armagnac et une foule de seigneurs furent mis à mort par une populace effrénée (1416).

Le roi d'Angleterre n'était pas spectateur inactif du mouvement de son allié. Il parut avec une flotte considérable sur les côtes de Normandie, débarqua seize mille hommes d'armes, un pareil nombre d'archers, et un immense approvisionnement en machines de guerre et en artillerie. Les Normands ne se défendirent qu'avec mollesse, et en peu de temps leurs forteresses tombèrent au pouvoir des Anglais (1417). Caen fut pris d'assaut; Alençon, Lisieux, Laigle, Falaise, Bayeux, se rendirent successivement. Rouen seule paraissait disposée à retarder par sa résistance la marche triomphale de Henri V, lorsque ce prince apprit qu'une nouvelle conspiration s'était ourdie en Angleterre pour lui enlever la couronne. Le gouvernement écossais et les lollards s'étaient entendus, l'un pour faire une incursion dans un royaume qu'il supposait resté sans défenseurs; les autres, à la tête desquels se retrouvait Oldcastle, pour favoriser un mouvement au nom de Richard II, et recouvrer la liberté de doctrine que les lois leur avaient enlevée. Mais le duc de Bedford réunit une armée nombreuse, s'avança contre le duc d'Albany et le comte de Douglas, les força de lever les siéges de Berwick et de Roxburgh qu'ils avaient entrepris, et les repoussa en Écosse. Oldcastle fut pris sur les frontières du pays de Galles après une défense opiniâtre. Traduit à la barre du parlement, et accusé par les communes devant la chambre des pairs, il fut condamné, comme traître, à la potence, et comme hérétique, au bûcher.

Dès que Henri V eut appris que l'émeute d'Oldcastle et l'attaque des Écossais s'étaient terminées à sa satisfaction, il reprit le cours de ses opérations guerrières (1418). Durant l'hiver, il avait reçu un renfort de quinze mille hommes; il divisa son armée, pressa le siége de Cherbourg qui se défendait depuis six mois, s'en rendit maître et parvint à subjuguer toute la Basse-Normandie. Le Dauphin, qui depuis fut Charles VII, sauvé de la fureur des Bourguignons par Tanneguy du Châtel, lui envoya des ambassadeurs qui se rencontrèrent à Alençon avec ses ministres. « Que voulez-vous à notre roi ? dirent orgueilleusement les conseillers de « Henri. La couronne de France n'est-elle pas son héritage légitime ? Quel équiva- « lent pourriez-vous lui proposer ? Retournez près de votre maître enfant, et « attendez que la raison lui soit venue. » Le cardinal des Ursins à son tour se présenta. Henri lui répondit : « La France n'a de souverain que moi. C'est Dieu qui « me conduit par la main. Qui pourrait actuellement me résister ? La Providence « dispose des empires; elle m'a promis cette couronne ; elle me la donne aujour- « d'hui. »

Ces conférences ne suspendaient pas un moment les dispositions militaires. Pont-de-l'Arche s'était rendu; la ville de Rouen, protégée par de savantes fortifications et par l'esprit patriotique de ses habitants, se défendait courageusement; mais la

Siège de Rouen, d'après un MS. du temps d'Henri V. (Bibliothèque harléienne. n, 4379).

famine enfin vint décimer ses habitants. Cinquante mille individus périrent, dit-on, victimes du défaut d'aliments ou des maladies qu'engendraient les privations. La garnison, réduite au désespoir, voulait ne livrer à l'ennemi qu'un monceau de cendres, et se frayer une route l'épée à la main; mais Henri V accorda une capitulation honorable. Les habitants conservèrent leurs biens, moyennant une contribution de trois cent mille couronnes.

Le duc de Bourgogne, toutefois, n'avait pas prétendu livrer la France aux Anglais. Il s'apercevait qu'il avait servi d'instrument aveugle à une ambition démesurée dont le poids l'écraserait au moment où elle aurait atteint son but; il traita donc secrètement avec le dauphin, tandis qu'Isabelle négociait ouvertement avec le roi d'Angleterre au nom de Charles VI. Une entrevue eut lieu entre elle et Henri V dans la plaine de Meulan, entre Mantes et Pontoise (1419).

Henri V demanda la main de Catherine, fille de Charles et d'Isabelle, la souveraineté de la Normandie, celle des pays conquis, et actuellement occupés par les détachements de ses armées, et tous ceux qui avaient jadis été cédés par le traité de Brétigny. Les conférences se prolongèrent, et pendant ce temps le duc de Bourgogne et le dauphin se réconcilièrent, et s'engagèrent à réunir leurs forces contre l'Angleterre. Mais deux mois ne s'étaient pas écoulés que le duc de Bourgogne, Jean-sans-Peur, avait été assassiné à Montereau par les conseillers du dauphin. Ce meurtre rendit au roi d'Angleterre toute son influence en rendant toute leur haine aux divers partis. Philippe, fils du duc de Bourgogne, sollicita en effet avec empressement l'alliance de Henri pour venger la mort de son père, et Isabelle lui fit dire que Charles VI était prêt à ratifier toutes les conditions qu'il conclurait avec ce prince. Pontoise et Gisors s'étaient rendus aux Anglais, et la ville de Paris avait conclu un armistice.

Deux mois et demi après le meurtre de Jean-sans-Peur, le traité de Troyes, signé par Isabelle et le duc de Bourgogne, assura à Henri la main de Catherine, lui conféra dès ce moment la régence du royaume de France pendant toute la vie du roi, et le déclara héritier du trône à la mort de Charles VI, à l'exclusion du *soi-disant* dauphin.

Peu de temps après, Henri V épousa la princesse Catherine. Ses généraux prirent Sens, Montereau et l'importante forteresse de Melun. Rien ne résista au roi d'Angleterre; il fit une entrée triomphale dans la ville de Paris. Charles VI, gouverné par Isabelle, convoqua le parlement et les états-généraux, leur demanda leur approbation du traité de Troyes, et s'applaudit d'avoir conclu une paix définitive et perpétuelle avec *son cher fils* le roi d'Angleterre. De son côté, le dauphin prit le titre de régent de France, et en appela à Dieu et à son épée.

Henri voulut jouir en Angleterre de la gloire que lui procuraient ses succès, et il y conduisit Catherine qui fut reçue en triomphe et couronnée avec magnificence. Ces fêtes furent troublées par la nouvelle d'une défaite essuyée en France par les Anglais.

Le régent d'Écosse, durant la captivité du jeune roi de cette contrée, avait permis au comte de Buchan, son second fils, de marcher au secours du dauphin avec un corps de sept mille auxiliaires. Le duc de Clarence, frère de Henri V, et son lieutenant en Normandie, avait rencontré les Écossais et quelques milliers de paysans armés, et deux mille Anglais étaient restés sur le champ de bataille. Le duc de Clarence avait été tué par le comte de Buchan, et les comtes de Somerset, de Dorset et de Huntingdon, étaient tombés dans les mains de l'ennemi (1421). La colère de Henri V lui permit à peine d'attendre que le parlement eût voté les subsides nécessaires; il conduisit à Calais une nouvelle armée de trente mille hommes, et, s'avançant avec rapidité, força le dauphin de lever le siége de Chartres et de se réfugier dans la forte ville de Bourges. Les armes anglaises, toujours victorieuses, firent tomber la forteresse de Dreux et celle de Meaux après huit mois d'une défense opiniâtre; elles soumirent toutes les provinces septentrionales de la France, à l'exception du Maine et de l'Anjou, et réduisirent le dauphin à quelques places situées au delà de la Loire. La cause des Valois parut désespérée, et la naissance d'un fils que la reine Catherine donna à Henri V (1421, décembre), vint combler sa prospérité. Tout semblait devoir lui succéder lorsqu'une maladie, qui minait depuis longtemps sa constitution, prit tout à coup un caractère alarmant. Il remit le commandement de ses armées au duc de Bedford, et se fit transporter à Vincennes où, en peu de jours, il se vit à toute extrémité. En mourant, il confia le soin de la personne de son fils au comte de Warwick, remit la régence du royaume de France au duc de Bedford, et celle du royaume d'Angleterre au duc de Glocester, leur défendit de rendre la liberté aux princes français faits prisonniers à la bataille d'Azincourt, et, dans le cas où la possession de la France échapperait au jeune Henri, il prescrivit de ne jamais accorder la paix au dauphin, à moins qu'il ne cédât la province de Normandie en toute souveraineté à l'héritier de la couronne d'Angleterre. Ses ordres donnés, il s'occupa de ses devoirs religieux, et protesta que si Dieu lui rendait la santé, il n'en ferait usage, après avoir totalement subjugué la France, que pour se croiser contre les infidèles, et délivrer la cité sainte du joug des musulmans. Il expira quelques heures après, le 31 août 1422.

Ce n'est pas sous un roi victorieux et populaire que la liberté fait des progrès, et les communes n'obtinrent, sous le règne de Henri V, qu'un petit nombre d'améliorations. Elles reproduisirent leur réclamation relative à la rédaction des statuts, lesquels se trouvaient tellement dénaturés par des additions, omissions ou corrections, lorsqu'on les publiait, qu'il n'était plus possible de reconnaître l'intention qui les avait dictés. En se réservant sa prérogative royale, Henri accorda que rien ne serait statué sur les pétitions des communes qu'elles n'eussent auparavant donné leur adhésion à la rédaction de l'ordonnance. Ce fut encore sous Henri que, pour la première fois, les traités avec les puissances étrangères furent soumis à l'approbation des trois ordres de l'état.

Les revenus annuels de la couronne s'élevèrent sous ce règne à la somme de 55,743 livres sterling 10 shillings et 10 deniers. Les dépenses ordinaires pour la garde des frontières, les gages des juges et officiers de la couronne s'élevaient à 52,285 livres sterling 16 sh. 10 deniers. A peine restait-il 3,500 livres pour l'entretien des maisons du roi et de la reine, et une foule d'autres dépenses parmi lesquelles on compte l'amirauté, les fortifications nouvelles, les ambassadeurs, la nourriture des prisonniers, la garde *des Lions de la Tour*, etc., etc. Aussi voit-on le roi solliciter constamment des subsides, emprunter, engager ses pierreries, même sa couronne, écraser de taxes, de tributs, de réquisitions en nature les peuples conquis, cesser de payer ses armées, et s'arrêter faute d'argent au milieu de ses victoires.

Lorsque Henri V mourut, il était âgé de trente-quatre ans, et il en avait régné dix. Le fils que lui avait donné Catherine, et qui lui succéda sous le nom de

Henri VI, comptait à peine neuf mois. Catherine de France se remaria peu d'années après avec Owen Tudor, simple gentilhomme qui se prétendait issu des anciens princes de Galles. Elle en eut deux fils, Edmond, depuis comte de Richmond, et Jasper, qui devint comte de Pembroke : c'est l'origine de la famille des Tudor qui plus tard régnera sur l'Angleterre.

Vaisseaux du xve siècle. (MS. de la bibliothèque harléienne, n. 4379.)

HENRI VI.

(1422-1461).

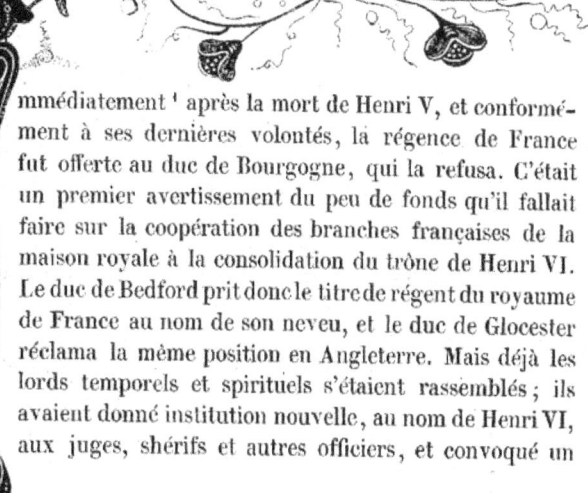

mmédiatement[1] après la mort de Henri V, et conformément à ses dernières volontés, la régence de France fut offerte au duc de Bourgogne, qui la refusa. C'était un premier avertissement du peu de fonds qu'il fallait faire sur la coopération des branches françaises de la maison royale à la consolidation du trône de Henri VI. Le duc de Bedford prit donc le titre de régent du royaume de France au nom de son neveu, et le duc de Glocester réclama la même position en Angleterre. Mais déjà les lords temporels et spirituels s'étaient rassemblés; ils avaient donné institution nouvelle, au nom de Henri VI, aux juges, shérifs et autres officiers, et convoqué un

1. Cette lettre est tirée d'un MS. du xve siècle, contenant les légendes du roi saxon saint Edmond et de saint Fremond. Il fut composé pour Henri VI à l'occasion d'une visite que fit ce prince à Saint-Edmondsbury.

parlement qui se réunit le 10 novembre 1422, ratifia les actes d'urgence de l'assemblée des pairs, mais répondit au duc de Glocester que sa demande était contraire aux droits des trois ordres de l'état et aux constitutions; que le feu roi n'avait pu rien changer aux lois fondamentales de l'Angleterre, et que son autorité était expirée avec lui. En conséquence, les lords, s'arrogeant le droit de décider seuls en pareille matière, nommèrent le duc de Bedford, non pas régent, mais gardien ou protecteur du royaume et de l'église d'Angleterre, et conférèrent au duc de Glocester la présidence du conseil en l'absence de son frère. Ils nommèrent aussi le chancelier, le garde du sceau privé, le trésorier et seize membres du conseil, et confièrent la personne et l'éducation du jeune roi à Henri Beaufort évêque de Winchester, fils légitimé de Jean de Gand, duc de Lancastre.

Le roi Charles VI, après avoir nommé le duc de Bedford régent de France, avait terminé sa triste et fatale carrière. Le dauphin son fils prit à l'instant le titre de roi de France, en adopta les insignes, et se fit couronner à Poitiers sous le nom de Charles VII. Cette cérémonie était loin d'avoir l'importance du sacre de Reims; mais elle n'en exerça pas moins une puissante influence sur l'esprit des Français, et le duc de Bedford, politique habile autant que vaillant guerrier, en redouta les effets. Cependant les armées anglaises, sous ses ordres, occupaient encore la France du nord jusqu'à la Loire. La Gascogne, dans le midi, reconnaissait aussi Henri VI; les provinces centrales, seules, obéissaient aux ordres de Charles VII, à l'exception du Maine et de l'Anjou qui observaient la neutralité. Les généraux les plus célèbres, les Somerset, les Talbot, les Warwick, les Arundel, les Salisbury, les Suffolk, commandaient les divisions anglaises, et de nouveaux revers attendaient le roi de France. A Crevant sur l'Yonne, les Écossais et les Français furent complétement battus, et cette affaire eût été fatale à Charles, s'il n'eût reçu des renforts de la Lombardie et de l'Écosse. Le cabinet anglais qu'effrayait l'alliance du duc d'Albany, régent de ce royaume, avec la France, et qui redoutait une diversion sur les frontières du nord, songea dès lors qu'il était temps de rendre la liberté au jeune roi Jacques, détenu depuis son enfance au mépris du droit des gens. Des négociations furent donc entamées, et elles réussirent facilement. Jacques consentit à payer quarante mille livres de rançon, et promit de défendre à ses sujets d'entrer au service de France. Avant son départ pour l'Écosse, il épousa Jeanne, sœur du duc de Somerset. (1423.)

Les événements militaires se pressaient en France. Les capitaines de Charles VII s'emparèrent du Crotoy et de Compiègne. Le duc de Bedford les reprit, et mit le siége devant Ivry. Le duc d'Alençon s'en approcha dans l'intention de sauver cette place; mais elle était déjà rendue; il se porta sur Verneuil qui lui ouvrit ses portes, y laissa une garnison, et alla chercher l'ennemi. Une bataille imprudemment livrée coûta la vie à plus de huit mille Français et Écossais, au connétable, comte de Buchan, au duc de Touraine, au comte de Douglas et à ses fils, aux comtes d'Aumale, de Tonnerre et de Ventadour. Le duc d'Alençon, le maréchal de La Fayette, les seigneurs de Mortemart et de Gaucourt et plus de deux cents gentilshommes furent faits prisonniers. (1424.)

La bataille de Verneuil rendit presque désespérée la position de Charles VII.

Chaque jour était marqué par un nouveau revers; ses villes, qu'il ne pouvait secourir, tombaient l'une après l'autre aux mains de ses ennemis; il manquait d'argent même pour les objets les plus nécessaires; et son armée, sans solde et sans subsistance, était réduite à quelques détachements découragés.

Cependant, et malgré leurs victoires, les Anglais perdaient chaque jour des partisans. Le duc de Bretagne, Jean V, avait été entraîné par les sollicitations du duc de Bourgogne à donner son adhésion au traité de Troyes qui avait placé la couronne de France sur la tête d'un prince étranger. Son frère, le comte Arthur de Richemont, était prisonnier depuis la bataille d'Azincourt, et Henri V avait refusé constamment d'accepter de lui une rançon. Lorsque ce prince fut mort, le comte de Richemont, qui suivait le comte de Suffolk sur sa parole, jugea qu'elle se trouvait dégagée par cet événement, revint en Bretagne, et servit à Bedford d'intermédiaire pour lier le duc son frère aux projets du régent anglais. Mais le duc de Bretagne, se souciait peu de faire la guerre à la France : il était beau-frère de Charles VII; ses marins avaient sans cesse de graves querelles et des combats sanglants à soutenir contre les marins anglais, et il permit à Richemont de se rendre à la cour du *roi de Bourges*, et après la mort du comte de Buchan, d'accepter l'épée de connétable que lui offrit Charles VII.

Le duc de Bedford vit avec un vif déplaisir cette défection d'un des plus puissants vassaux de la couronne de France, et chargea le comte de Warwick de pénétrer en Bretagne, et d'obliger le duc à reconnaître solennellement Henri VI. Richemont accourut à la défense de sa patrie; mais il fut défait à Saint-James de Beuvron; et après un second combat, où périt l'élite des chevaliers bretons, la ville forte de Pontorson tomba au pouvoir des Anglais. Il fallut donc faire la paix et renoncer à toute alliance avec Charles VII (1427). Le connétable ne signa point ce traité, et la plupart des gentilshommes bretons se hâtèrent de protester contre un assentiment arraché par la force.

Dans le même temps la discorde se mettait aussi entre les Anglais et le duc de Bourgogne.

Jacqueline de Bavière, comtesse de Hainaut, de Hollande, de Zélande et de Frise, veuve en premières noces de Jean, dauphin de France, femme d'un mâle courage, mais d'un génie inquiet, avait épousé le duc de Brabant, jeune souverain de seize ans, valétudinaire, et tout à fait soumis aux volontés de ses ministres. Jacqueline s'était flattée de l'espoir de gouverner ce prince; mais, de l'avis de ses conseillers, il renvoya en Hollande toutes les personnes qui avaient suivi la comtesse, et Jacqueline, trompée dans ses projets de domination, résolut de rompre un mariage qui, disait-elle, n'était pas consommé. Elle en écrivit en cour de Rome; mais, prévoyant de grands obstacles de la part de sa famille et de celle du duc de Brabant, elle s'enfuit à Valenciennes, d'où elle alla chercher un asile en Angleterre. (1420) Le duc de Glocester sollicita sa main. A cette époque Henri V existait encore. Il s'opposa au mariage, par la raison que le duc de Bourgogne, cousin germain et héritier du duc de Brabant, mécontent de se voir enlever un aussi riche héritage, ne manquerait pas de rompre son alliance avec l'Angleterre. Glocester se soumit; mais aussitôt que le roi fut mort, il épousa Jacqueline sans l'aveu du souverain pontife, réclama la possession de ses domaines, débarqua à Calais à la tête de cinq mille hommes malgré l'opposition du duc de Bedford, marcha sur le Hainaut et s'en empara. Le duc de Bourgogne envoya des troupes à son cousin. La guerre s'alluma avec fureur dans le Brabant, et Glocester s'étant permis quelques expressions outrageantes dans une lettre au duc de Bourgogne, reçut de sa part un cartel qui fut accepté. Le combat n'eut pas lieu, mais Jacqueline devint prisonnière des Bourguignons. La duchesse, à qui l'on avait donné pour prison la ville de Gand, s'en échappa, déguisée en homme, et atteignit, à grande course de cheval, les frontières de la Hollande. Ses sujets l'accueillirent avec joie, s'armèrent pour la défendre, et furent bientôt attaqués par les Brabançons et les Bourguignons. Cette guerre dura deux années, et força le duc de Bedford de passer en Angleterre (1424) pour apaiser les esprits et s'opposer au départ de nouveaux secours aux Hollandais. Le duc de Glocester leur avait déjà envoyé cinq mille hommes d'armes. Une bulle du pape prononça enfin la nullité du mariage de Glocester et de Jacqueline, en déclarant que, même après la mort du duc de Brabant, la comtesse ne pourrait s'unir au prince anglais. Le duc de Brabant mourut peu de jours après la publication de cette bulle, et Jacqueline, nonobstant la déclaration du saint père, prit le titre de duchesse de Glocester. Cependant elle fut tellement pressée par les troupes du duc de Bourgogne, que par un traité de 1428 elle reconnut la nullité de son mariage avec le duc de Glocester, déclara le duc Philippe son héritier, reçut des garnisons dans ses villes, et s'engagea formellement à n'accorder sa main à personne sans son consentement. Tandis que ces événements se passaient en Hollande, le duc de Glocester fut accusé à la chambre des lords, de vivre publiquement en adultère avec lady Éléonore Cobham de Sterborough. Le duc reconnut hautement Éléonore pour sa femme, et l'on apprit que Jacqueline, de son côté, avait épousé un petit gentilhomme de Bruxelles du nom de Frank. Philippe fit arrêter Frank, et Jacqueline n'obtint la liberté de son amant qu'en cédant tous ses domaines, sous la simple réserve d'une rente annuelle. Trois années perdues pour l'Angleterre dans ces discussions, ne le furent pas pour les conseillers de Charles VII.

Une querelle d'ambition entre Glocester et l'évêque de Winchester, Henri de Beaufort, vint ajouter aux embarras du duc de Bedford, et le retint encore pendant huit mois en Angleterre. Lorsqu'il revint en France, il reconnut avec douleur que les Français se relevaient de leur abattement, et que les grands vassaux de la couronne ne supportaient qu'avec peine le joug de l'Angleterre. Il prit la résolution de frapper un coup décisif, d'attaquer Charles VII dans ses provinces d'outre-Loire, et de commencer la campagne par la réduction d'Orléans, place importante, dont la prise eût entraîné la reddition d'un grand nombre de villes. (1428) Montague, comte de Salisbury, chargé de la direction du siége, commença par s'emparer de quelques cités voisines qui auraient pu l'inquiéter, passa la Loire avec dix mille hommes, et vint camper sur la rive gauche; mais ses mouvements ayant éveillé l'attention des ministres de Charles VII, ils pourvurent la ville de subsistances et de munitions, la mirent en bon état de défense, et lui donnèrent pour gouverneur le sire de Gaucourt, capitaine éprouvé, et déterminé à une opiniâtre résistance. Salisbury attaqua d'abord le château des Tourelles qui commandait l'entrée du pont, et l'emporta d'assaut; mais il trouva que le pont était brisé, et qu'un autre château défendait l'autre extrémité. Peu de jours après, comme il examinait attentivement, par une des fenêtres du fort, les fortifications de la ville, un coup de fauconneau l'atteignit au visage et le tua. Il fut remplacé par le comte de Suffolk, qui parvint à former l'investissement d'Orléans, au moyen de forts détachés couverts par des retranchements en terre.

Au printemps suivant (1429), la circonvallation était achevée; les Français avaient été défaits dans plusieurs combats, et les assiégés, incertains d'être secourus à temps, offraient de remettre la ville entre les mains du duc de Bourgogne, qui l'occuperait comme neutre durant la guerre. Philippe agréa la proposition; mais elle déplut souverainement au régent, qui s'écria devant le duc: « Non pas, s'il « plaît à Votre Grâce! Je ne suis pas de ceux qui battent le buisson afin que les « autres prennent le lièvre. Si la place est conquise, c'est avec du sang anglais; « elle doit en être la récompense. » Le duc de Bourgogne n'oublia pas cette réponse hautaine, et, de ce moment, on put juger que son attachement à la cause de Henri VI se tournait en animosité.

Charles VII, que la situation critique d'Orléans mettait au désespoir, regardait déjà cette ville comme perdue. La noblesse de France décimée par tant de batailles, était divisée par des jalousies de cour, et guerroyant sans cesse, non contre les Anglais, mais pour ou contre tel favori du roi, était incapable de sauver le royaume. C'était au peuple que cette gloire était réservée.

Au village de Domremy, sur les confins de la Lorraine, entre Neufchâteau et Vaucouleurs, vivait une jeune fille nommée Jeanne d'Arc. Elle n'avait pas dix-huit ans. Ses mœurs étaient irréprochables, son imagination vive, sa dévotion infinie. Les malheurs du jeune roi, l'oppression de ses compatriotes, l'insolence des Anglais, touchèrent son cœur; sa tête s'enflamma, une exaltation extraordinaire s'empara de toutes ses pensées, et les dirigea vers un objet unique; elle eut des rêves, puis des extases; elle entendit des voix surnaturelles qui lui disaient que la France ne pouvait être sauvée que par le bras d'une femme, et que c'était elle que Dieu avait choisie pour la délivrance de sa patrie. Elle en parla, et raconta ses conversations nocturnes.

Le sire de Baudricourt, commandant de Vaucouleurs, voulut la voir, et la conduisit à Chinon, où résidait alors la cour de Charles VII.

Elle fut admise devant le roi qu'aucun insigne ne distinguait alors de la foule de ses suivants, se présenta d'un air à la fois modeste et délibéré, et, sans se tromper, alla droit à Charles, qu'elle reconnut, dit-on, malgré le soin qu'il avait pris de se vêtir simplement : « Gentil dauphin, lui dit-elle, je suis Jeanne la pucelle; « saint Michel archange, sainte Catherine et sainte Marguerite, m'ont envoyée « pour délivrer Orléans et vous conduire à Reims où vous serez sacré. Par ainsi, « vous recouvrerez votre droit et la couronne de France. »

Les sarcasmes, les répulsions de la cour débauchée de Charles VII ne firent rien sur elle; elle persista dans ses dires. Des théologiens et des juristes l'interrogèrent, et « ne trouvèrent en elle que humilité, virginité, dévotion, simplesse. » La surprise et l'admiration étaient universelles; les plus incrédules croyaient. « Il n'y eut « aucun, qui l'eût entendue, qui ne dît en pleurant que c'était une créature de « Dieu. » Ce fut l'opinion universelle dans le monde chrétien que la France, si rudement châtiée depuis cent ans, avait été regardée en pitié par le ciel, et que Jeanne allait faire des miracles. Les Anglais furent saisis de terreur et se crurent perdus.[1]

La Pucelle se rendit à Blois, où l'on rassemblait les approvisionnements destinés au ravitaillement d'Orléans. Sa présence y causa de nouveaux prodiges d'enthousiasme. Elle semblait exercer sur les soldats un pouvoir surnaturel. Elle leur ordonna des actes de dévotion, chassa les femmes de mauvaise vie, et rétablit une discipline depuis longtemps oubliée. Sept mille hommes devaient escorter le convoi que l'on voulait faire entrer dans Orléans. Le commandement de l'avant-garde fut confié à la Pucelle, qui, précédée de sa bannière, arriva sous les murs d'Orléans, fit savoir sa présence au sire de Gaucourt, et tandis que la garnison opérait trois sorties pour distraire les assiégeants, introduisit le convoi presque sans combat et sans effusion de sang. Jeanne entra elle-même en triomphe dans la ville, où on la reçut comme une libératrice; elle y voulut rester avec une partie des troupes du convoi, et Lahire reconduisit le reste à Blois sans tirer l'épée.

La Pucelle inspira tout son courage à une garnison affaiblie par une longue disette et intimidée par ses revers, et, lui promettant l'assistance du ciel, elle la conduisit à l'attaque d'une des soixante bastilles anglaises. L'audace était passée des vainqueurs aux vaincus. Le fort fut emporté et réduit en cendres; une autre bastille eut le même sort le lendemain, et, à la troisième journée, la bannière de la Pucelle flotta sur le château des Tourelles que l'on regardait comme imprenable. Jeanne fut blessée dans l'action.

Dans ces divers engagements, les Anglais avaient perdu plus de six mille hommes. L'espoir et la confiance animaient les soldats de Charles VII; la consternation et le doute régnaient parmi ceux de Henri VI. Suffolk résolut de lever le siège d'Orléans qu'il ne pouvait continuer, et se retira dans la ville de Jargeau où il ne tarda pas à être assiégé à son tour. Jeanne d'Arc donna l'assaut à la tête des Français. La place fut prise, et Suffolk fait prisonnier. Bientôt tombèrent Beaugency, Melun et d'autres forteresses. Talbot, Falstaff et lord Scales, qui commandaient l'armée anglaise, ne songèrent qu'à se retirer promptement vers Paris; mais ils furent atteints à Patay par le connétable de Richemont, et mis en déroute complète. Talbot et Scales furent faits prisonniers.

Orléans délivré, Jeanne engagea le roi à marcher sur Reims pour se faire sacrer. Mais il fallait traverser une partie de la Bourgogne et presque toute la Champagne, et faire quatre-vingts lieues dans un pays dont l'ennemi était maître. Jeanne répondit du succès et l'on se mit en route. Auxerre refusa de livrer le passage à travers ses portes, mais non de donner des provisions; Troyes ouvrit les siennes après que Jeanne l'eut menacé d'un assaut; Châlons-sur-Marne imita cet exemple, et les habitants de Reims, ayant chassé la garnison bourgui-

---

1. Théop. Lavallée, t. II, p. 140.

gnonne que cette ville avait reçue dans ses murs, envoyèrent offrir leurs clefs à Charles VII, qui n'avait pas eu un seul combat à soutenir dans sa longue route. Le 17 juillet 1429, le roi de Bourges fut sacré et couronné roi de France. La Pucelle, en vêtements de guerre, sa bannière déployée, se tint près de l'autel et de Charles VII; puis, quand la solennité fut terminée, elle se jeta humblement aux pieds du monarque, et lui dit : « J'ai accompli ce que Dieu m'avait commandé, qui « était de lever le siége d'Orléans et de faire sacrer le gentil roi ; je voudrais bien « qu'il voulût me faire ramener auprès de mes père et mère à garder leurs brebis et « bétail. » On refusa de la laisser partir, et dès lors elle n'eut plus la même foi en elle-même. Cependant elle envoya sommation aux principales villes et forteresses de reconnaître leur souverain légitime. Laon, Soissons, Château-Thierry, Provins, toutes celles qui n'avaient pas à redouter une prompte vengeance des troupes anglaises, se déclarèrent pour le roi français.

La situation du duc de Bedford devenait critique, lorsque le cardinal de Winchester parut à Calais avec un corps de cinq mille hommes d'armes qu'il conduisait à la croisade contre les hussites de Bohême. Bedford incorpora ces cinq mille hommes dans son armée, retira une partie de ses garnisons de Normandie, et se trouva ainsi en état de tenir la campagne. Alors il envoya au roi de France un cartel, où il lui reprochait de tromper le peuple au moyen d'une femme dissolue et des sermons de quelques moines apostats, et lui proposait de combattre corps à corps. Charles ne répondit pas et marcha vers la capitale. Compiègne, Senlis, Sens, Beauvais, Lagny, Saint-Denis, ouvrirent leurs portes; mais la ville de Paris fit résistance; Jeanne reçut une grave blessure dans l'assaut qu'on donna au faubourg Saint-Honoré, et Charles VII revint prendre ses quartiers d'hiver à Bourges. Pendant la suspension des opérations militaires, chaque parti chercha à se fortifier par des alliances; on savait le duc de Bourgogne disposé à abandonner l'Angleterre, et Charles VII lui envoya une ambassade chargée de lui offrir toutes les satisfactions qu'il pourrait demander en réparation du meurtre de son père Jean-sans-Peur. Ces propositions furent accueillies avec joie par la majorité du conseil du duc, mais l'influence de la duchesse de Bourgogne, sœur du duc de Bedford, l'emporta encore sur les dispositions de son mari, et Philippe s'engagea, moyennant une somme de vingt-cinq mille nobles, à prendre à la fin de l'hiver le commandement des armées anglaises et bourguignonnes, et à pousser vigoureusement la guerre.

Au printemps suivant (mai 1430), le duc de Bourgogne et les comtes d'Arundel et de Suffolk entreprirent le siége de Compiègne, et la Pucelle marcha vers eux pour le faire lever; mais l'infortunée guerrière avait dit vrai; l'inspiration céleste l'avait abandonnée. Elle était inquiète, irrésolue, et de toutes les qualités extraordinaires qui brillaient en elle, semblait n'avoir conservé que la bravoure. Les seigneurs étaient jaloux d'elle et las de voir cette jeune fille recueillir seule une gloire qui, suivant eux, leur appartenait. Jeanne d'Arc se jeta dans Compiègne le 25 mai 1430, et fit aussitôt une sortie. Ses soldats furent repoussés, et Jeanne, combattant presque seule avec une rare intrépidité, fut enfin renversée de cheval par un archer. Elle se rendit au bâtard de Vendôme, et fut conduite au quartier de Jean de Luxembourg. Le maréchal de Boussac, qui parut peu de temps après sous les murs de Compiègne, ne put la délivrer; mais il obligea les Anglais à lever le siége.

Jeanne était prisonnière de guerre, et en cette qualité devait être mise à rançon; mais ce n'était plus qu'un instrument brisé, et dès l'instant où elle fut prise, le roi de France, qui lui devait tout, l'oublia complétement. Aucune somme ne offerte pour racheter la glorieuse captive, et le sire de Luxembourg la vendit au régent d'Angleterre.

La Pucelle avait été la cause des défaites des Anglais; ils demandèrent sa mort avec fureur. Bedford l'accusa donc « d'être un disciple et un suppôt du démon, usant « d'enchantements et de sorcellerie, d'avoir causé de grands dommages et inconvé- « nients, et commis d'horribles homicides, détestables cruautés et maux innumérables, « à l'encontre de Sa Seigneurie Henri VI, roi d'Angleterre et de France, et de son « loyal peuple obéissant. » Le procès s'ouvrit à Rouen, sous la direction du cardinal de Winchester et de Jean Cauchon, évêque de Beauvais. Ce fut une horrible dérision, un abus infâme de ce que la religion et la justice ont de plus sacré. Durant seize jours, l'infortunée Jeanne, chargée de fers, comparut devant le tribunal de bourreaux qui l'avaient d'avance dévouée au supplice. Quatre mois de cachot, d'interrogatoires, de tortures morales, de privations de toute nature, avaient affaibli son corps, mais non diminué l'énergie de son âme; aucun trait de pusillanimité ne démentit son caractère, et la simplicité sublime de ses réponses vint souvent étonner et embarrasser ses juges. Elle mit un noble orgueil à soutenir qu'elle avait été l'instrument inspiré, mais toujours humble, des volontés du Tout-Puissant; que l'archange saint Michel, que sainte Marguerite et sainte Catherine l'avaient honorée de leurs visites; que sa bannière n'était pas, comme on le disait, souillée d'opérations magiques, mais une représentation bénite de Dieu le père, en la miséricorde duquel elle mettait toute sa confiance.

Tant de courage et d'élévation d'âme ne pouvait sauver la malheureuse fille. Elle fut déclarée coupable de tous les crimes dont on l'avait accusée, et condamnée à être mise « en chartre perpétuelle, avec pain de douleur et eau d'angoisse. »

Mais la haine de ses ennemis n'était pas assouvie. On lui avait fait promettre de ne plus prendre ses vêtements d'homme; un jour, elle ne retrouva plus ses habits de femme, et fut obligée de se couvrir d'habits d'homme qu'on lui avait laissés à dessein. Ses persécuteurs n'attendaient que ce moment. Traînée devant ses juges, ils la déclarèrent relapse, rappelèrent les termes de sa sentence, et l'envoyèrent à l'échafaud. « Tandis qu'elle était dans les flammes, oncques ne cessa de confesser « jusqu'à la fin le nom de Jésus en invoquant sans cesse l'aide des saints et saintes « du paradis, et rendant son esprit à Dieu, et inclinant la tête, elle proféra encore « le nom de Jésus. » Ses cendres furent jetées à la Seine (30 mars 1431).

Ce crime politique n'eut pas le résultat qu'en avait attendu le duc de Bedford, et les affaires de l'Angleterre allèrent de jour en jour en déclinant. Le régent n'avait toutefois rien omis pour relever l'opinion et la rattacher à son fantôme de souverain. Henri VI se trouvait en Angleterre, lorsque Charles VII avait été couronné à Reims, cérémonie qui, selon les idées du temps, confirmait les droits du monarque. Le duc de Bedford voulut procéder également au sacre et au couronnement de son neveu, alors âgé de huit ans. Il lui fit donner d'abord l'onction royale à Westminster; mais, comme il manquait d'argent, il ne put l'amener en France que six mois plus tard. Le jeune roi vint s'établir à Rouen, d'où l'on espérait pouvoir le conduire à Reims, en grande pompe. Les événements ne favorisèrent point ce projet, et, après un an et demi d'attente, on se résolut de terminer la cérémonie dans la ville de Paris. Ce fut le cardinal de Winchester qui l'accomplit (1431, 17 décembre). Nonobstant les arcs de triomphe, le jeu des mystères et les devises galantes, la fête fut triste; les Parisiens redoutaient l'avenir. Aucun prince français, aucun grand officier de l'état, aucun pair laïque, ne s'était présenté à la cour du nouveau monarque. Henri VI partit pour Rouen, et peu de jours après pour l'Angleterre.

Le duc de Bourgogne se lassait d'une guerre dont il supportait le principal poids. Ses états étaient attaqués de tous côtés par les partisans de Charles VII, et il signa avec le roi une trêve de deux ans, qu'un événement imprévu devait bientôt changer en une alliance durable.

La duchesse de Bedford, sœur de Philippe-le-Bon, duc de Bourgogne, mourut en 1432, et aussitôt le régent sollicita et obtint la main de Jacqueline de Luxembourg. Philippe prétendit que ce prompt mariage était un outrage à la mémoire de sa sœur; des propos furent reportés de chacun des princes à l'autre, leur inimitié devint publique, et la réconciliation impossible. Les amis de Charles VII saisirent cette occasion pour rattacher le duc de Bourgogne à la cause du roi de France, en proposant de traiter d'une pacification générale; on s'adressa au pape Eugène IV qui offrit sa médiation, et en 1435 un congrès se réunit dans la ville d'Arras. Le saint père se fit représenter par le cardinal de Santa Croce; le concile de Bâle par le cardinal de Chypre; Henri VI par le cardinal de Winchester, les évêques de Norwich et de Saint-David, les comtes de Suffolk et de Huntingdon et vingt-six personnages importants; Charles VII par le duc de Bourbon, le connétable de Richemont et vingt-neuf seigneurs ou ministres. Les rois de Norwége, de Pologne, de Danemark, de Sicile, les villes de Flandre, la ligue anséatique, plusieurs princes d'Allemagne et d'Italie, y envoyèrent des ambassadeurs; le duc de Bourgogne y parut avec toute la noblesse de ses états. Les conférences s'ouvrirent dans les salles magnifiques de la riche abbaye de Saint-Waast; les représentants de Charles VII et de Henri VI établirent leurs prétentions. L'Angleterre voulait la couronne de France et la ruine absolue de la partie adverse. Charles offrait la Normandie et la Guyenne, mais sous les conditions ordinaires de vassalité. Le cardinal de Winchester n'en voulut pas entendre davantage, et quitta le congrès suivi de ses collègues, en s'écriant que les cardinaux médiateurs étaient gagnés. Quinze jours après, le duc de Bourgogne, dégagé solennellement par l'église de ses serments d'alliance avec l'Angleterre, avait pardonné à Charles VII le meurtre de son père, et signé un traité d'amitié avec le roi de France. Les barons ou grands vassaux jurèrent au nom de leurs princes respectifs la stricte exécution de cet accord. Les habitants de Londres, à la notification de cet accommodement, s'ameutèrent et mirent à mort tous les Flamands, sujets de Philippe, dont ils purent se saisir.

Le duc de Bedford mourut à Rouen peu de jours avant la dissolution du congrès, et fut inhumé dans la cathédrale. C'était le seul homme qui pût soutenir la puis-

Le duc de Bedford adorant saint Georges.
(D'après une miniature du *Missel de Bedford*, MS. du xve siècle.)

sance des Anglais. Le duc d'York, fils du comte de Cambridge décapité sous Henri V pour crime de conspiration contre le pouvoir et la vie de ce prince, lui succéda dans la régence de France. Mais les événements marchaient toujours.

La ville de Paris s'était enfin déclarée pour Charles VII, et les Anglais étaient réduits à défendre les quelques provinces qu'ils occupaient encore. Talbot, depuis comte de Salisbury, vengea l'honneur de Willoughby qui s'était laissé surprendre dans la capitale, en s'emparant par ruse de Pontoise; puis la guerre se réduisit à des rencontres de détachements, des incursions dans le plat pays, des siéges aussitôt levés qu'entrepris, des ravages qui finirent par anéantir la culture des terres et amener la famine en France. Une maladie pestilentielle, s'étant déclarée à cette époque, priva également les campagnes d'Angleterre de laboureurs, et une horrible disette, qui dura deux années, vint aggraver les souffrances populaires (1439). Le nombre des individus qui moururent de la faim ou de la peste fut immense. Enfin, après de longues misères, des tentatives nouvelles de conquête, la perte de plusieurs forteresses de la Guyenne et celle de Pontoise et de Harfleur, une trêve de vingt-deux mois fut conclue entre l'Angleterre et la France (1443). On espéra qu'elle conduirait à une paix plus durable.

Pendant les longues hostilités de la minorité de Henri VI, l'Écosse avait pris un intérêt constant à la situation de Charles VII. Jacques Ier, nonobstant l'attachement qu'on lui supposait pour l'Angleterre où s'était passée sa jeunesse, avait reçu des envoyés de Charles, renouvelé son alliance avec la France, et promis au jeune dauphin la main de la princesse sa fille. Le gouvernement anglais, alarmé, députa vers Jacques lord Scroop, avec la mission de rappeler les termes des traités qui liaient les deux royaumes, et de négocier avec le roi un mariage entre Henri VI et la princesse d'Écosse. Le parlement écossais, consulté, refusa les offres de l'Angleterre, et cependant tout espoir n'était pas perdu, lorsqu'un seigneur puissant s'étant révolté contre Jacques, reçut assistance dans sa rébellion de quelques lords anglais qui traversèrent les frontières avec des troupes. Le comte d'Angus les dispersa; mais le roi d'Écosse se plaignit de cette infraction aux traités, se rattacha ouvertement au parti de Charles VII, et lui confia sa fille, tout enfant qu'elle était encore. Le grand conseil d'Angleterre, instruit de ce départ, arma cent quatre-vingts vaisseaux, et les envoya croiser dans la mer du Nord, avec l'ordre de s'emparer de la princesse. Le navire qui la portait échappa à leurs recherches, et atteignit le port de la Rochelle; mais Jacques Ier, dans son indignation, réunit une armée considérable, déclara la guerre à l'Angleterre, et entreprit le siége de Roxburgh. Tout à coup, et sans que le motif de sa résolution fût connu, il licencia ses troupes et revint précipitamment à Édimbourg. Il est probable qu'il avait eu connaissance d'un complot ourdi parmi ses généraux pour le priver de la vie. Cette conspiration éclata peu de mois après et réussit. Le roi périt assassiné; son fils Jacques II, âgé de cinq ans, lui succéda, et le conseil de régence conclut avec l'Angleterre, dont la politique n'avait peut-être pas été étrangère au complot, une trêve de dix années.

L'adolescence d'Henri VI s'était passée sous une étroite tutelle, dans l'éloignement complet des affaires, et au milieu des rivalités incessantes du duc de Glocester et du cardinal de Winchester. Le premier était partisan de la guerre avec la France; le cardinal, au contraire, dirigeait tous ses efforts vers la conclusion de la paix. Dans ce but, il fit rendre la liberté au duc d'Orléans qui, depuis vingt-cinq ans, était prisonnier à la Tour, et son influence décida le mariage de Henri avec Marguerite, fille de René d'Anjou, duc de Lorraine, comte de Provence et roi titulaire de Naples. Marguerite, princesse accomplie, n'avait pas de dot, et les Anglais occupaient le Maine et l'Anjou, anciens domaines de son père. On stipula la reddition de ces deux provinces. Puis pour anéantir complétement l'influence de Glocester, le cardinal fit intenter à sa femme, Éléonore Cobham, un procès de magie. Roger Bolingbroke, chapelain du duc de Glocester; Southwell, chanoine de Saint-Paul, et une femme nommée Marjory Jourdemain, furent arrêtés sous la suspicion de s'être adonnés à des opérations magiques, à l'instigation de *dame* Éléonore. Bolingbroke, disait-on, s'était montré à la foule ébahie sur la plate-forme de Saint-Paul, assis sur une chaire, des quatre coins de laquelle partaient quatre épées flamboyantes, dont la pointe se dirigeait vers quatre images ou effigies en cuivre; lui-même portait un sceptre dans sa main droite et une épée dans la gauche. Cette conjuration magique avait eu pour but de connaître la durée future de la vie du roi, dont Glocester était alors l'héritier présomptif. A la sollicitation d'Éléonore, Bolingbroke et Southwell, guidés par la sorcière Marjory, avaient aussi fabriqué une figure en cire, représentant le roi, et qu'ils avaient exposée aux rayons d'un feu ardent, persuadés que, par une infernale sympathie, les forces de Henri s'évanouiraient, et que sa vie s'épuiserait à mesure que la chaleur ferait fondre la cire. Southwell, Bolingbroke, Jourdemain, furent condamnés à être brûlés vifs. Le rang de l'époux d'Éléonore Cobham lui sauva la vie; mais elle fit, durant trois jours, amende honorable dans les rues de la capitale, un cierge à la main, la tête et les pieds nus, et fut renfermée pour la vie.

William de la Pole avait négocié le mariage de Henri VI avec Marguerite d'Anjou, et avait, à cette occasion, été créé duc de Suffolk. Il devint le favori de la reine, et, comme elle obtint promptement un grand ascendant sur l'esprit du roi, elle s'en servit pour écarter peu à peu des affaires Glocester et Beaufort que supplanta Suffolk. Glocester ne put taire son mécontentement, et Suffolk donna à entendre au roi que le duc voulait s'emparer de sa couronne. Un parlement fut immédiatement convoqué à Saint-Edmondsbury. Les chevaliers des comtés eurent ordre de prendre les armes, et des gardes d'élite entourèrent la résidence royale. Le duc de Glocester fut présent à la cérémonie d'ouverture; mais, dès le lendemain, le connétable d'Angleterre, lord Beaumont, l'arrêta dans ses appartements, et le conduisit en prison, où, dix-sept jours après, on le trouva, dit-on, mort dans son lit (28 février 1447). Le corps fut exposé à la vue du peuple afin d'écarter tout soupçon d'assassinat; mais cette précaution ne changea rien à l'opinion générale, et l'on ne douta pas qu'il n'eût été sacrifié à la haine de ses ennemis. Une portion considérable des biens de Glocester passa aux mains du duc de Suffolk et de ses parents.

Le cardinal de Winchester ne survécut que de six semaines à son neveu.

Selon les stipulations du contrat de mariage de Henri VI et de Marguerite, la ville du Mans devait recevoir garnison française. Le gouverneur de cette cité refusa de la rendre; mais Dunois vint l'assiéger, et le força de capituler. Avec le Mans tombèrent les autres villes et châteaux du Maine et de l'Anjou. Alors François de Surienne, dit l'Aragonnais, chevalier de la Jarretière, et célèbre par la prise de trente-deux forteresses, ne sachant que faire des troupes que laissait libres la reddition du Mans, fondit sur les villes de Fougères, de Pontorson, et de Saint-James de Beuvron en Bretagne, s'y fortifia et ravagea la contrée. Le duc de Bretagne se plaignit au duc de Somerset qui commandait en Normandie, et en reçut pour réponse qu'il n'avait aucune autorité sur les troupes de Surienne, ni sur cet aventurier. Le duc François fut contraint de s'adresser au roi de France son suzerain. Charles VII prit le parti de son vassal, et quatre armées pénétrèrent à la fois sur le territoire de la Normandie. Pont-de-l'Arche, Verneuil, Gisors, Mantes, Vernon, Lisieux, Fécamp, une foule d'autres villes ouvrirent leurs portes aux Français.

Le duc de Somerset, dépourvu d'argent, de soldats et d'approvisionnements, se retira dans la ville de Rouen, sous les murs de laquelle parut bientôt le comte de Dunois. Les habitants se révoltèrent contre la garnison anglaise, et la forcèrent de se renfermer dans la citadelle; mais elle n'était pas tenable, et le duc obtint une capitulation qui lui laissa la liberté, sous condition de livrer Arques, Tancarville, Honfleur, Caudebec et d'autres places, et de payer soixante mille francs (1449, novembre). L'Angleterre, en apprenant ces désastres, se réveilla de son apathie, et chargea sir Thomas Kyriel de venger son honneur compromis; mais sir Thomas fut défait en bataille rangée par le connétable Arthur de Richemont (1450, avril). Cette victoire décida du sort de la Normandie. Bayeux, Valognes, Avranches, appelèrent les Français. Somerset capitula de nouveau, et rendit la ville de Caen, où il s'était réfugié. Falaise devint le prix de la liberté du comte de Shrewsbury, et Cherbourg, la dernière place occupée par les Anglais, la clef de la Normandie, fut prise après un siége de courte durée.

Les généraux français profitèrent de l'enthousiasme que leurs victoires avaient excité pour achever leur ouvrage et marchèrent à la conquête de la Guyenne. La domination anglaise comptait peu de partisans dans cette province, quoiqu'elle y fût depuis longtemps établie. Les grands seigneurs se soumirent au roi de France, dans l'espoir de conserver leurs richesses et leurs dignités, et les forteresses ne se défendirent qu'autant qu'il le fallait pour sauver l'honneur des commandants. Bordeaux demanda quelques secours à l'Angleterre, mais on y était trop occupé de querelles de cour pour songer à des intérêts si éloignés, et cette ville importante se rendit; Bayonne suivit son exemple; l'étendard de France flotta des frontières d'Espagne aux portes de Calais, et cette cité fut la seule qui ne céda pas à l'impulsion commune. Trois siècles s'étaient écoulés depuis que Henri II avait annexé la Guyenne aux domaines royaux de l'Angleterre, et cette province fit dès ce moment partie intégrante de la monarchie française, nonobstant les menaces de Henri VI, qui répondit aux ouvertures de paix que lui fit faire Charles VII : « Je ne remettrai « l'épée au fourreau qu'après avoir reconquis jusqu'au dernier pouce de terrain ! »

Que faisait-on en Angleterre durant ces désastres irréparables ? On se lamentait sur une gloire obscurcie, on poussait des cris de haine et de vengeance, on regrettait Glocester, on accusait de sa mort le ministre favori Suffolk, les parlements se querellaient sans porter remède aux maux de l'état, et le peuple massacrait à Portsmouth l'évêque de Chichester, garde du sceau privé, sous prétexte que c'était lui qui avait livré le Maine aux Français (1450, janvier). Le prélat, dans les mains d'une populace furieuse, et cherchant tous les moyens de se sauver, déclara que le Maine avait été vendu, non par lui, mais par le duc de Suffolk, et ce ne fut bientôt plus contre le favori qu'une clameur universelle de rapacité, de dilapidation, d'injustice et de tyrannie.

Suffolk jugea nécessaire d'aller au-devant de l'accusation qui se préparait, et de faire tête à l'orage. A la plus prochaine séance de la chambre des pairs, il se leva, supplia le roi de l'écouter, se plaignit des calomnies dont on l'accablait, et entreprit son apologie. Il avait passé trente-quatre ans au service militaire; durant dix-sept années, il avait combattu sur la terre étrangère, et depuis trente, il était honoré de la Jarretière. Son père avait péri à Harfleur; son frère aîné à la bataille d'Azincourt, deux autres frères avaient succombé sous les murs de Jargeau, un quatrième était mort dans les prisons de France; lui-même était depuis quinze ans membre du conseil royal; il était né en Angleterre; son patrimoine, celui de ses enfants, étaient situés dans ce royaume; comment pouvait-on l'accuser de trahir son roi et sa patrie? Quel intérêt pouvait donc prévaloir sur tant de grands et honorables intérêts? « Je supplie Votre Altesse, ajouta-t-il, de faire paraître qui m'accuse; « je présenterai des défenses si complètes et si claires, que tout le royaume sera « satisfait. » La chambre des pairs ordonna l'insertion de ce discours sur ses registres; mais lord Cromwel, ennemi du duc, lui suscitait en ce moment des embarras plus réels à la chambre des communes. La chambre demanda que Suffolk fût à l'instant envoyé à la Tour, puisqu'il se considérait lui-même comme accusé de trahison. Suffolk fut emprisonné, et on dressa l'acte d'accusation.

Les communes insistèrent principalement sur la dissipation des fonds du trésor; sur la protection accordée, au mépris des lois, à des criminels; sur l'abus des nominations aux emplois; sur des iniquités commises par son administration. Dans l'espoir de le sauver, on le rappela devant le roi et les lords : il protesta encore de son innocence, et s'en remit à la merci du roi. Le chancelier lui dit : « Puisque vous « n'avez pas réclamé jugement en qualité de pair et d'après les formes usitées envers « eux, le roi ne prononcera pas sur votre culpabilité ou sur votre innocence des « points de trahison articulés; mais en raison des autres faits dont vous êtes accusé, « et en considération de votre soumission volontaire à sa décision, il vous ordonne « comme magistrat de quitter le royaume, et vous défend de remettre le pied, avant « cinq années, dans aucun des lieux soumis à sa domination. »

Cette mesure, loin d'apaiser les esprits, ne satisfit personne. Les lords protestèrent contre un acte qui tendait à les priver du privilége de la pairie, s'il était considéré comme un précédent. Le peuple voulait égorger Suffolk au moment où il quitterait la prison. Mais il parvint à se rendre à Ipswich, y fréta deux petits vaisseaux pour lui et sa suite, et fit voile pour Calais. Arrivé devant cette ville, il reçut l'ordre de se rendre à bord du vaisseau de guerre *le Saint-Nicolas-de-la-Tour*. Au moment où il posa le pied sur le pont du vaisseau, il vit qu'il était prisonnier. Le lendemain, un bateau accosta *le Saint-Nicolas-de-la-Tour*; il portait un bourreau, une épée et un billot. On y descendit le duc, qui fut à l'instant décapité. On ne rechercha pas les meurtriers. Ils étaient assez puissants pour se faire craindre du roi même ; la voix publique indiqua le duc d'York comme l'instigateur du crime (mai 1450).

Le roi et la reine pleuraient encore la mort de Suffolk, lorsqu'ils apprirent que la population de la province de Kent était en pleine révolte. C'était des côtes de Kent qu'étaient partis les vaisseaux qui avaient arrêté et assassiné l'infortuné ministre, et l'on effrayait les esprits en répandant le bruit que Henri se proposait de tirer une vengeance éclatante des habitants du comté qui devaient avoir favorisé les meurtriers. La nouvelle de la défaite de sir Thomas Kyriel, qui parvint en ce moment, accrut l'exaspération du peuple, et un aventurier irlandais, nommé John Cade, leva l'étendard de l'insurrection. Cet homme se donna pour un descendant des comtes de March, se dit cousin du duc d'York, et prit le nom de Mortimer, nom dont l'influence fut si grande qu'en peu de jours il eut une armée de vingt mille hommes. Il adressa au roi des mémoires, dont le premier portait le titre de *Plainte des communes de Kent*, et le second, de *Requête du chef de la grande assemblée de Kent*. Ces pétitions rappelaient les reproches faits à Suffolk, la dilapidation des revenus de la couronne, le luxe effréné de la famille royale, les exactions des shérifs et collecteurs de taxes, l'influence coupable des lords dans les élections, les délais ruineux de la justice ; elles demandaient que l'on jugeât quatre des shérifs les plus connus ; que l'on punît les traîtres qui avaient causé la mort des ducs de Glocester, d'Exeter, de Warwick, et de leur très-saint et révérendissime père en Dieu le cardinal de Beaufort ; que les parents de Suffolk fussent chassés du royaume, et les grands emplois de la couronne confiés aux ducs d'York, de Buckingham, de Norfolk, et aux comtes et barons du même parti. Le roi chargea sir Humprey Stafford de disperser les rebelles ; mais Cade le battit à Sevenoaks, le tua, prit l'armure de ce chevalier, et s'avança jusqu'à Blackheath, d'où il écrivit de nouveau à Henri VI, en promettant de mettre bas les armes si l'on sévissait contre lord Say, chambellan et trésorier, et contre Cromer, son gendre, shérif de Kent. Les conseillers du roi eurent l'imprudence de l'engager à licencier son armée, à se retirer à Kenilworth, et à sacrifier lord Say aux insurgés. Say fut envoyé à la Tour.

Cade s'établit à Southwark, et pénétra dans la ville de Londres où ses troupes observèrent la plus exacte discipline. Le soir il les reconduisit au quartier, et le lendemain il revint avec ses gens, qui s'étaient emparés de lord Say. Il força le maire et les juges de siéger à Guidhall, leur ordonna de juger son prisonnier, et leur présenta un acte d'accusation contre l'évêque de Salisbury, la duchesse de Suffolk et plusieurs autres personnes. Lord Say voulut réclamer le privilége de la pairie ; mais Cade le fit conduire immédiatement à Cheapside où il fut décapité. Cromer subit le même sort, et l'évêque de Salisbury, saisi par ses propres tenanciers, eut la tête fendue d'un coup de hache.

Les insurgés se lassèrent toutefois de leur discipline, et, le troisième jour, ils pillèrent quelques maisons. Les citoyens de Londres, voyant leurs richesses compromises, s'entendirent durant la nuit avec lord Scales, gouverneur de la Tour, se mirent en défense, et quand les rebelles voulurent passer le pont, ils les attaquèrent avec vigueur. Le combat dura plusieurs heures, et l'évêque de Winchester ayant saisi le moment où les insurgés semblaient découragés pour leur donner connaissance d'une amnistie royale, ils se soumirent, et se retirèrent dans leurs foyers. Cade prit, avec les gens du comté de Kent, la route de Rochester. Sa tête fut aussitôt mise à prix et payée mille marcs à son assassin. Le sang d'un grand nombre de ses complices ruissela sur les échafauds. Ils déclarèrent, en mourant, qu'ils s'étaient soulevés à l'instigation du duc d'York. (1450.)

Le duc d'York remplissait alors les fonctions de gouverneur d'Irlande; ses amis l'engagèrent à revenir en Angleterre, mais dès qu'on en eut avis à la cour, on expédia des ordres, signés du roi, pour lui en interdire l'accès. Son activité avait été plus grande, et il se rendit à Londres avec une suite de quatre mille personnes dévouées. Il se présenta chez le roi, en forçant, pour ainsi dire, les barrières de sa chambre, et en obtint la promesse de la convocation prochaine d'un parlement; puis il se retira dans son château de Fotheringay, laissant à ses amis le soin de démontrer au public que le descendant de Lionel et d'Edmond, second et quatrième fils d'Édouard III, l'héritier des ducs d'York et de Clarence, avait de meilleurs droits au trône que le petit-fils d'un Lancastre, usurpateur et régicide. (Voyez le tableau généalogique des maisons d'York et de Lancastre.)

A peine fut-il parti qu'Edmond, duc de Somerset, revint de Normandie. La famille royale le reçut avec joie; c'était le plus proche parent du roi,[1] et l'on espérait s'appuyer sur lui contre l'ambition de Richard d'York. Mais la perte des belles contrées dont on avait confié la défense à son épée était un crime impardonnable dans l'opinion populaire. Ses trésors furent pillés, et sa vie fut menacée. Le parlement avait été convoqué (6 novembre 1451); les séances y furent orageuses. Un député de Bristol proposa de déclarer le duc d'York héritier présomptif de la couronne, attendu que le roi n'avait pas d'enfants. Cette proposition était intempestive; et le député fut envoyé à la Tour. Le roi repoussa un bill qui flétrissait la mémoire de Suffolk, et permit que la duchesse sa veuve et les personnes accusées à Guildhall, par Cade et ses adhérents, fussent mises en jugement; elles étaient assurées de l'issue favorable de leur procès, et en effet elles furent acquittées. Mais la chambre des communes sollicita l'éloignement de la cour, sans autre allégation que la rumeur publique, du duc de Somerset, de la duchesse de Suffolk, de l'évêque de Chester, de lord Dudley, de sir John Surton, et de beaucoup d'autres amis du roi; Henri déclara qu'il ne pouvait se passer du service des lords, mais il eut la condescendance et la faiblesse d'ordonner l'exil des autres pour une année.

---

1. Jean de Gand, duc de Lancastre, troisième fils d'Édouard III et bisaïeul de Henri VI, fut marié trois fois. De sa troisième femme, Catherine Roët, veuve Swinford, qu'il n'épousa qu'après vingt ans de cohabitation illicite, il avait eu quatre enfants naturels, trois fils et une fille, qui prirent le nom de Beaufort, du château de Beaufort en France où ils étaient nés. Malgré l'opposition des princes du sang royal, Richard II approuva ce mariage (1397), légitima les enfants, et éleva l'aîné, Jean Beaufort, à la dignité de comte de Somerset. — Jean Beaufort eut trois fils :

| Henri, comte de Somerset, mort jeune. | Jean, premier duc de Somerset, mort en 1444, dont la fille Marguerite devint héritière des Lancastre après la mort du fils de Henri VI. | Edmond, duc de Somerset après la mort de son frère; tué en 1455 à Saint-Alban. |

(*Voyez* aussi le tableau généalogique des maisons d'York et de Lancastre, p. 424.)

L'orage grondait. Les partisans du duc d'York se promettaient d'en appeler incessamment à l'épée. La noblesse était divisée. On comptait parmi les défenseurs du roi les comtes de Northumberland et de Westmoreland, le duc de Somerset, Henri Holland, duc d'Exeter, Stafford, duc de Buckingham, le comte de Shrewsbury, les lords Dudley, Clifford, Scales, Audley et d'autres. Parmi les partisans de Richard d'York, on remarquait le duc de Norfolk, les trois chefs de la puissante famille des Nevil d'où la duchesse d'York était sortie, le comte de Salisbury, le comte de Warwick et lord Falconberg, le comte de Devon, les lords Latimer, Bergavenny, Cobham, Cromwell. De part et d'autre on commettait des actes de violence et des meurtres qui restaient impunis. La fermentation était au comble.

Le duc d'York ouvrit l'année 1452 par une proclamation, où, faisant profession de loyauté, il offrait de jurer fidélité au roi sur le Saint-Sacrement; mais, en même temps, il levait une armée dans les marches de Galles. Bientôt après, il s'avança vers Londres, dont il trouva les portes fermées. Surpris de cet incident qu'il n'avait pas prévu, il se retira dans le comté de Kent, dont il pensait que tous les habitants accourraient à sa voix. Il n'en fut pas ainsi, et le roi, suivi de troupes nombreuses, marcha contre lui. Mais les comtes de Salisbury et de Warwick, qui ne s'étaient pas encore hautement déclarés, offrirent leur médiation, et entrèrent en pourparlers. Le duc d'York affirma qu'il ne venait que pour se laver du reproche de trahison, et faire reconnaitre son innocence, qu'on n'aurait pas dû entacher en ordonnant de l'arrêter sans l'avoir entendu. Les délégués de Henri lui reprochèrent le meurtre de l'évêque de Chichester à Portsmouth, meurtre imputé à ses émissaires. Toutefois le roi, satisfait de ses explications, consentit à le regarder comme son bien-aimé cousin et fidèle serviteur. Le duc, enhardi par cette clémence apparente, exigea l'arrestation et le jugement de Somerset. On parut y consentir; on lui promit même de recomposer le conseil où il entrait, et alors, de soumettre les questions en litige à la décision de la majorité de ses membres. Somerset fut momentanément gardé à vue; et le duc d'York, trompé par cette manifestation, ayant renvoyé ses troupes, consentit à se présenter au roi dans sa tente, tête nue et sans armes. Il répétait son accusation contre Somerset, lorsque celui-ci, que cachait un rideau, se montra et lui offrit de prouver son innocence. Les deux antagonistes se renvoyèrent l'épithète de traître, et Richard, qui n'avait pas ménagé le roi dans ses expressions, s'aperçut qu'il était tombé dans un piége. En effet, il fut arrêté en sortant de la tente royale. Somerset donna le conseil de le faire juger immédiatement. Mais le caractère de Henri n'avait pas assez d'énergie pour adopter de pareilles mesures; il ne voulait pas la mort de son cousin; il redoutait un mouvement populaire en sa faveur; et pour tout concilier, il lui fit offrir sa liberté, s'il consentait à prêter serment sur la sainte hostie, en présence de tous les lords et hauts personnages de l'état. Le duc d'York accepta cette condition; la cérémonie s'accomplit solennellement à l'église Saint-Paul; puis le duc se retira dans sa forteresse de Wigmore, sur les confins du pays de Galles.

Durant ces troubles, une réaction s'était opérée en Guyenne contre la domination française. Les habitants de Bordeaux mécontents envoyèrent une députation en Angleterre, et offrirent de renouveler leur serment d'allégeance et de chasser les

Français, pourvu qu'on leur accordât un secours en hommes et en argent. L'annonce de cette guerre, qui allait rendre leur gloire aux armes anglaises, fut reçue du peuple avec enthousiasme : il oublia un moment tous ses différends. Quatre mille hommes partirent à l'instant sous les ordres du vieux Talbot, comte de Shrewsbury, auquel le roi avait publiquement remis une épée, destinée à chasser les Français et

Henri VI remettant une épée au comte de Shrewsbury, d'après un MS. de la bibliothèque Harléienne, n. 2278.

à soumettre de nouveau toute la Guyenne à la domination anglaise. Quatre mille archers commandés par lord Lisle, fils de Talbot, les suivirent à peu de jours de distance. La ville de Bordeaux, qui les attendait, ouvrit ses portes, et, dans moins d'un mois, tout le Bordelais et la forteresse de Castillon virent flotter l'étendard victorieux de l'Angleterre (octobre 1452). Au printemps suivant, de nouveaux succès honorèrent les cheveux blancs de Talbot, et la prise de la place forte de Fronsac fit croire que les beaux jours de Henri V étaient revenus. Le parlement, qui fut convoqué à cette époque, vota des sommes immenses sans observations, et ordonna la levée de vingt mille archers que le roi devait commander. Mais bientôt on apprit que Talbot était vaincu. Le vieux général, âgé de plus de quatre-vingts ans, avait attaqué les Français dans un camp retranché, défendu par trois cents pièces de canon venues sur des chariots, « et qui lancèrent trois cents pierres sur les Anglais, » selon le dire des chroniqueurs. Il avait été tué; son fils avait péri en essayant de le sauver, et la plupart des hommes d'armes de l'Angleterre s'étaient trouvés dans la nécessité de se rendre (1453, juillet). L'armée de Charles, poursuivant ses avantages, avait assiégé la ville de Bordeaux, qui s'était enfin soumise. Bientôt après toute la Guyenne fut conquise, et depuis lors elle ne cessa plus de faire partie de la France.

Sur ces entrefaites, la reine accoucha d'un fils. Cet événement semblait devoir anéantir l'espoir des partisans du duc d'York, lorsque Henri tomba dans une complète faiblesse d'esprit et de corps. La reine et son conseil, hors d'état de lutter contre l'influence du duc, envoyèrent Somerset à la Tour en conférant à Richard d'York le titre et les fonctions de lieutenant du roi. Le duc convoqua un parlement, mais il y parut timide et irrésolu. Il pouvait s'emparer de toute l'autorité royale; mais il se montra tellement indécis, que les Lancastriens enhardis proposèrent de déclarer que le titre de protecteur qui lui avait été conféré n'entraînait d'autre prérogative que le commandement de l'armée et la présidence du conseil, le tout révocable à la volonté du roi, et que le fils de Henri, déjà prince de Galles et comte de Chester, serait de droit protecteur à sa majorité, si la maladie du roi se prolongeait. Ces propositions furent adoptées et consignées sur les registres du parlement.

Vers la fin de 1454, la santé de Henri s'améliora. Il reprit les rênes du gouvernement, remercia le duc d'York et fit remettre Somerset en liberté. Il essaya même de réconcilier les deux ennemis, et ils consentirent à soumettre leurs différends à la décision de huit arbitres; mais le duc d'York ne se pliait aux volontés royales qu'afin de saisir plus aisément l'occasion de leur résister, et pendant ce temps ses partisans, le duc de Norfolk et les comtes de Warwick et de Salisbury, lui amenaient trois mille hommes des marches de Galles : il quitta Londres pour se mettre à leur tête. Henri VI, que rien n'avait préparé à cette nouvelle rébellion, se rendit à Saint-Alban, et son étonnement fut sans égal quand il aperçut les bannières de la maison d'York, qui flottaient dans les campagnes. Le duc de Buckingham, envoyé pour s'informer des motifs de cette démonstration hostile, rapporta que le duc d'York protestait de sa soumission respectueuse, mais qu'il exigeait l'emprisonnement de Somerset et de ses principaux adhérents. Henri persista à s'y refuser, en disant même qu'il mourrait s'il le fallait pour défendre ses amis. L'attaque fut commandée (22 mai 1455). Les troupes du duc d'York forcèrent les barrières de la ville. Lord Clifford qui les défendait y fut tué. On se battit dans les rues. Une flèche frappa le roi au cou. Le duc de Buckingham, lord Sudley, le comte de Stafford reçurent aussi des blessures assez graves. Le duc de Somerset et le comte de Northumberland succombèrent sous les coups des archers, et Henri ne parvint qu'avec peine à se sauver, en se réfugiant chez un tanneur. Les noms de cent vingt personnes des plus considérables de la cour composèrent la liste des morts, parmi lesquels on ne compta pas un soldat, le petit nombre de ceux qui formaient la garde du roi ayant jeté leurs armes et pris la fuite au début de l'action. Le combat de Saint-Alban fut le prélude de la sanglante guerre des *deux Roses*, qui, pendant trente années, va inonder l'Angleterre du sang de ses enfants.[1]

Ce guet-apens consommé, le duc d'York triomphant vint trouver le roi, et, s'agenouillant devant lui avec une feinte humilité, l'engagea du ton le plus respectueux à se rendre au tombeau de saint Alban, pour remercier le ciel de la mort du traitre Somerset. Le faible et malheureux roi fut forcé de remettre toute son autorité aux mains de son ennemi, et de tout sanctionner, jusqu'aux actes qui le privaient de sa liberté. Le duc d'York annonça au parlement que son intention n'avait été que celle de tout loyal Anglais, de soulager les maux de la nation, et de faire paisiblement connaître au roi les manœuvres de ses ministres; mais que traitreusement attaqué par Somerset et réduit à défendre sa vie, il avait mis son espoir en la providence divine, qui ne lui avait pas failli. Le roi lui accorda une amnistie générale pour toutes les offenses qu'il pouvait avoir commises jusqu'à ce jour. Warwick, Cromwell, Salisbury obtinrent la même faveur. Bientôt on fit savoir au parlement que la blessure de Henri VI, bien que légère et alors guérie, avait porté un nouvel ébranlement dans ses organes, et qu'il était hors d'état de se livrer aux affaires publiques. Les communes invitèrent le duc d'York à reprendre le titre et les fonctions de protecteur. Le duc accepta, mais avec la condition que le protectorat ne serait point cette fois révocable à la volonté du roi. Le comte de Salisbury fut revêtu de la charge de chancelier, et le comte de Warwick obtint l'important gouvernement de Calais.

Le duc d'York aspirait à la couronne, mais ses mains timides hésitaient à se lever pour l'atteindre, et son caractère ne semblait avoir quelque force qu'en le comparant à celui de Henri. Dès que le roi eut recouvré la santé, la reine Marguerite, qui n'ignorait pas que l'affabilité, que la bonté de Henri lui conservaient un grand nombre d'amis, le conduisit à la chambre des pairs. Le monarque prouva par sa présence même et ses discours, que son esprit n'était pas aliéné, et voyant qu'on l'accueillait avec intérêt et respect, il annonça qu'il reprenait les rênes du gouvernement et qu'il révoquait à jamais la charge de protecteur (25 février 1456). Il ne rencontra aucune opposition, et le duc d'York lui-même parut souscrire sans regret aux volontés royales. Cependant il était difficile de réconcilier avec leurs adversaires, qu'ils ne considéraient que comme des assassins, les parents des lords tués à Saint-Alban. Le roi s'en chargea, mais ses efforts n'amenèrent qu'une réconciliation mensongère. Afin de sanctifier cet accord et de le faire connaître au peuple, Henri ordonna une procession à l'église Saint-Paul (1458). La reine y fut solennellement conduite par le duc d'York, et les lords des deux partis confondus en un seul, donnaient chacun le bras à leur plus irréconciliable ennemi. On se quitta le sourire sur les lèvres et la haine dans l'âme.

Le duc d'York, les comtes de Warwick et de Salisbury étaient préparés à la guerre; elle ne tarda pas à commencer. Les Lancastriens, avertis de leur côté par

1. Les partisans de la maison d'York portèrent à 8000 (Stall, p. 168), ou à 5000 (Stow, p. 400) le nombre des morts, afin de faire supposer un combat régulier, où les troupes du roi se seraient défendues, mais des lettres de témoins oculaires, publiées par Fenn, tome 1, page 100, établissent qu'il périt que 120 hommes, tous du parti du roi.

les préparatifs de leurs ennemis, convoquèrent les amis de Henri VI à Leicester ; Salisbury abandonna son château de Middleham, et s'avança vers les marches de Galles pour opérer sa jonction avec le duc d'York. A Blorehead, il rencontra le Lancastrien lord Audeley, qui commandait des forces de beaucoup supérieures aux siennes. Une ruse habile lui donna cependant la victoire, et il gagna Ludlow, quartier général du duc d'York, où Warwick ne tarda pas à les rejoindre avec un corps de vieilles troupes qu'il amenait du continent.

Mais ces vétérans, dont la plupart avaient servi sous Bedford, ne se croyaient pas engagés pour combattre le roi d'Angleterre. Ils apprirent bientôt que Henri campait à Worcester avec une armée de plus de soixante mille hommes, qu'il faisait aux insurgés des offres de réconciliation et de pardon ; sous la conduite de leur chef sir Andrew Trollop, ils partirent de nuit et passèrent au service du roi. Cette défection jeta la consternation parmi les insurgés. Le duc d'York s'enfuit en Irlande, Warwick et Salisbury traversèrent le comté de Devon, et parvinrent à gagner Calais, suivis de leurs principaux partisans (novembre 1459). Henri, toujours indulgent ou faible, reçut en grâce les troupes abandonnées de leurs chefs, et leur accorda une amnistie. Le parlement, toutefois, porta un acte d'accusation contre le duc et la duchesse d'York, les comtes de March et de Rutland leurs fils, le comte et la comtesse de Salisbury, le comte de Warwick et quelques autres meneurs.

Le commandement de l'armée navale fut confié au duc d'Exeter, et le gouvernement de Calais au jeune duc de Somerset. Mais il était trop tard. Lorsque Somerset parut devant Calais, il fut accueilli à coups de canon, et forcé de débarquer à Guisnes d'où il eut la douleur de voir ses propres marins conduire ses vaisseaux à Warwick. Deux autres escadres, armées par les Lancastriens dans les ports du comté de Kent, allèrent successivement rejoindre la première. Warwick alors se trouva si fort, qu'il ne craignit pas de se rendre à Dublin pour y concerter ses démarches avec le duc d'York.

Alors parut en Angleterre une sorte de manifeste où le duc énumérait les maux du peuple, parlait de la trahison de ses ennemis, les représentait comme les partisans de la France, et protestait de sa propre innocence et de celle des lords fugitifs. Warwick, avec quinze cents hommes débarqués dans le comté de Kent, vint appuyer le manifeste. Le comte de March, fils aîné du duc d'York, et le comte de Salisbury, l'accompagnaient. L'archevêque de Cantorbéry vint le rejoindre, et lui amena les habitants de son diocèse. Lord Cobham et d'autres personnes de distinction, avec leurs vassaux, grossirent si promptement son armée, qu'en peu de jours elle s'éleva, dit-on, à quarante mille hommes. Londres le reçut avec acclamations. Cinq évêques lui offrirent leurs services et leurs bénédictions, et enfin, le 10 juillet 1460, il se trouva en face de l'armée royaliste à Northampton. Henri disposait de forces suffisantes pour se défendre avec avantage ; mais lord Grey de Ruthyn, qui commandait son avant-garde, passa dans les rangs ennemis au moment où le combat s'engageait. Le désordre se mit alors dans l'armée du roi. L'affaire fut courte ; mais beaucoup de nobles périrent, parce que Warwick et le comte de March avaient ordonné de ne leur faire aucun quartier, tout en épargnant les simples soldats. Le duc de Buckingham, le comte de Shrewsbury, les lords

Beaumont et d'Égremont, ce dernier de la famille des Percy Northumberland, sir William Lucy, plus de trois cents chevaliers, succombèrent en combattant, ou furent égorgés de sang-froid par les vainqueurs. Henri fut encore fait prisonnier. La reine, redoutant la haine du duc d'York et de ses partisans, s'était enfuie à Chester, d'où elle parvint à gagner le territoire écossais avec l'héritier de la couronne.

Un parlement fut convoqué à Westminster, et sa première mesure fut d'annuler les actes passés à Coventry dans le parlement précédent. Bientôt après, le duc d'York, suivi d'un grand nombre de cavaliers, fit son entrée dans la ville, puis se rendant dans la salle où étaient réunis les membres du parlement, il s'avança silencieusement vers le trône, et y posa la main. Il attendait peut-être qu'on l'engageât à s'y asseoir, quand l'archevêque de Cantorbéry prit la parole et lui demanda s'il ne se proposait pas de visiter le roi, qu'on avait provisoirement logé dans l'appartement de la reine : « Je ne connais personne en ce royaume, reprit Richard d'York, qui ne me doive d'abord sa visite. » On se tut ; il se retira, et il alla prendre possession de l'appartement ordinaire du roi. Cette démarche, qui annonçait hautement sa prétention, ne lui conférait cependant pas la couronne. Ses plus dévoués partisans eux-mêmes repoussaient l'idée qu'il songeât sérieusement à détrôner le fils de Henri V, ce prince entouré de tant de gloire à sa naissance, couronné roi de France et d'Angleterre, qui régnait depuis déjà trente-neuf ans, auquel il avait fait hommage et juré fidélité sur la sainte hostie, dont il avait accepté de vastes domaines, et que la douceur de son caractère et ses vertus privées mettaient presqu'au rang des saints, selon le dire du peuple qui l'aimait. Le duc d'York, toutefois, ne s'arrêta point à ces scrupules, et l'évêque d'Exeter lut de sa part, à la chambre des lords, un mémoire où il rappelait sa descendance de Henri III par Lionel de Clarence, second fils d'Édouard III, et l'usurpation du trône par Henri de Lancastre, comte de Derby, fils de Jean de Gand, tandis qu'à la mort de Richard II la couronne appartenait de droit à Roger Mortimer, comte de March, arrière-petit-fils de Lionel, que lui Richard, duc d'York, représentait légitimement aujourd'hui. (Voir le tableau généalogique des maisons de Lancastre et d'York, page 424.) Il exhortait les grands de l'état à rentrer dans la ligne de l'équité, et à lui remettre un sceptre qui lui appartenait. Les pairs écoutèrent cette lecture en silence, et aucun des amis de Richard n'élevant la voix en sa faveur, il dut se borner à demander une prompte détermination. Les pairs avertirent Henri VI de ce qui se tramait, et le monarque répondit : « Mon père « était roi, le sien l'était ; je le suis depuis quarante années. Vous, vos pères, « vos aïeux, vous nous avez successivement promis fidélité ; mes droits n'ont pu « changer ; voyez ce qu'on peut répondre à ce duc. » Les lords consultèrent alors les juges, les avocats, les procureurs du roi qui, tous, s'excusèrent et voulurent se dispenser de donner leur avis ; cependant on les y obligea. Les lords, éclairés par eux, rédigèrent ensuite un avis au nom de la chambre, et présentèrent au duc d'York diverses objections, dont les principales étaient qu'ayant fait serment à Henri, il avait perdu le droit de réclamer, comme eux celui d'admettre sa réclamation, et par le même motif ; que divers actes de divers parlements avaient détruit à jamais les titres de la maison de Clarence; que les droits des femmes, les seuls dont il pût se prévaloir, avaient été annulés par des substitutions en faveur des mâles; que les armes qu'il portait n'étaient pas celles de Clarence, mais celles d'Edmond d'York, quatrième fils d'Édouard III; que Henri IV enfin avait été reconnu comme légitime héritier de Henri III. Le duc d'York n'eut pas de peine à réfuter ces objections, et, forcés d'admettre la légitimité de sa réclamation, les lords lui proposèrent, comme compromis, de laisser la couronne à Henri VI sa vie durant : il devait être reconnu héritier présomptif, et succéder au roi après sa mort; les comtes de March et de Rutland promettraient de ne point inquiéter Henri, et d'employer même toute leur influence pour le maintenir sur le trône. Ces conditions furent acceptées par Richard et ses fils; Henri, prisonnier, n'avait aucun moyen de résistance : les parties contractantes allèrent, en cérémonie, rendre grâce à Dieu.

La reine Marguerite, princesse d'un grand courage et d'un rare mérite, était passée en Écosse après la bataille de Northampton. Son génie et son activité ne lui avaient pas failli dans ces circonstances difficiles. Tandis que le duc s'occupait à discuter juridiquement ses droits à la couronne, ses menaces réitérées, ses promesses, ses avis, rassemblaient dans la ville d'York même les partisans des Lancastres, et tout à coup on apprit que le duc de Somerset, le comte de Northumberland, le comte de Devon, les lords Dacre, Clifford, Nevil, étaient à la tête d'une armée de vingt mille hommes. La reine se servait avec adresse de la jalousie dont les barons des comtés septentrionaux étaient depuis longtemps animés contre ceux des provinces méridionales, qui disposaient orgueilleusement du trône et du gouvernement. On s'était attendri sur ses malheurs; on ne la voyait qu'avec admiration, et l'on exécutait ses ordres avec enthousiasme. Les ducs d'York et de Salisbury se mirent immédiatement en marche pour étouffer ce qu'ils ne considéraient encore que comme les étincelles d'une rébellion; mais ils rencontrèrent bientôt Somerset, qui attaqua et défit leur avant-garde. A Wakefield, l'armée entière de la reine vint leur offrir le combat. On conseilla aux deux ducs d'attendre l'arrivée des renforts que leur amenait le comte de March; mais leur amour-propre ne leur permit pas de reculer devant les menaces d'une femme; ils acceptèrent le combat avec des forces inférieures, et furent vaincus. Le duc d'York fut tué; deux mille soldats et la plupart des chefs importants périrent à ses côtés. Le comte de Salisbury, fait prisonnier et conduit à Pontefract, y fut décapité le lendemain. Le jeune comte de Rutland, second fils du duc d'York, à peine âgé de douze ans, fut arrêté sur le pont de Wakefield par lord Clifford, qui lui demanda son nom. Le malheureux enfant, que la vue du carnage et la mort de son père avaient frappé d'horreur, tomba sur les genoux sans avoir la force de répondre, et le gouverneur qui l'accompagnait, dans l'espoir de lui obtenir quelque respect de la part des hommes farouches qui l'entouraient, se hâta de dire que c'était le fils du d'York, et qu'on en obtiendrait une bonne rançon. « Tu es à moi, s'écria Clifford avec rage; ton père a tué « le mien, et je vais te tuer ! » et il enfonça son épée dans le cœur du pauvre enfant, puis donna le corps au gouverneur, pour qu'il le portât à sa mère et qu'elle en mourût de douleur. La reine, à qui l'on présenta celui du duc d'York, ordonna de le décapiter, d'entourer sa tête d'un diadème de papier, et de l'exposer sur les murailles de la ville dont il portait le nom (1460).

Édouard, comte de March, apprit la mort de son père et de son frère, et se promit de les venger. Il se trouvait alors à Glocester ; son armée était considérable, et il se hâta de se jeter en avant de la ville de Londres, pour en intercepter le passage aux troupes de la reine. Marguerite, ayant formé deux divisions de son armée, confia l'une d'elles, composée d'Irlandais et de Gallois, à Jasper Tudor, comte de Pembroke, frère utérin de Henri VI, et prit elle-même le commandement de la seconde. Pembroke attaqua le comte de March à la Croix de Mortimer, près Wigmore ; mais, après un combat sanglant, il fut vaincu et ne dut son salut qu'à la fuite. Quatre mille hommes périrent dans cette affaire. Le lendemain, Owen Tudor, époux de la veuve de Henri V, et huit autres chevaliers furent décapités en représailles de la mort de Salisbury et du comte de Rutland.

Plus habile ou plus heureuse, la reine Marguerite avait conduit sa division jusqu'à Saint-Alban, où elle rencontra le comte de Warwick dans une position formidable. Nonobstant ce désavantage, les Lancastriens attaquèrent les Yorkistes avec fureur, leur tuèrent deux mille hommes et restèrent maîtres du champ de bataille, où ils trouvèrent Henri VI abandonné dans une tente. Le lendemain, lord Bonville et le brave sir Thomas Kyriel eurent la tête tranchée en expiation de la mort d'Owen Tudor.

Cette victoire ne changea point la destinée. Marguerite n'eut pas le pouvoir de retenir dans les bornes de la discipline des soldats qui ne s'étaient engagés à la suivre que sous la promesse du pillage : ils se répandirent dans les campagnes, ravageant les terres des amis comme celles des ennemis, et les citoyens de Londres, effrayés, fermèrent leurs portes, nonobstant les proclamations de Henri. Pendant ce temps, Édouard avait recueilli les débris de l'armée de Warwick, et se trouvait en mesure d'attaquer avec succès le corps désorganisé des royalistes. Marguerite battit en retraite et se retira dans les comtés du nord. Alors Édouard, dont l'esprit, moins circonspect que celui de son père, concevait que dans la carrière qu'il entreprenait il fallait agir résolument et gagner les hommes par la hardiesse même de l'action, entra dans Londres comme un monarque triomphant, aux acclamations du peuple, que sa jeunesse, la beauté de sa figure, séduisirent dès le premier moment. Son armée se rassembla, comme pour passer une revue, dans la plaine de Saint-John, en présence d'une foule innombrable. Là, l'évêque d'Exeter harangua les spectateurs, remua les âmes en peignant la violence et la tyrannie de la maison de Lancastre, énuméra les dilapidations commises au détriment du trésor, et, mettant à profit l'effet qu'il avait produit, demanda si l'on ne voulait pas accepter pour roi Édouard, comte de March, fils aîné du duc d'York. De vives acclamations signalèrent l'adhésion populaire. Le prince se rendit alors à Westminster, où s'étaient réunis des évêques, des lords, des magistrats, des personnes de distinction ; il leur rappela ses droits, et fut interrompu par les cris répétés de « vive le roi Édouard ! » Des hérauts annoncèrent dans tous les quartiers de la ville de Londres et son élection et la déchéance de Henri VI (5 mars 1461).

Telle fut la fin du règne de ce prince dont on avait salué la naissance par le titre de roi de France et d'Angleterre.

Parmi le peu de statuts parlementaires passés à cette époque, qui ne furent pas uniquement inspirés par une nécessité du moment, et qui restèrent pour ajouter aux constitutions fondamentales du royaume, on doit remarquer ceux qui régularisèrent le mode des élections. Il fut défendu : aux shérifs, d'admettre à voter tout individu qui ne résiderait pas dans le comté, ou qui n'y posséderait pas un ténement libre du produit annuel de quarante shillings; et aux électeurs, de porter leurs votes sur aucun candidat qui ne serait pas chevalier, ou écuyer notable, ou gentilhomme, ou apte à le devenir. Les représentants des bourgs ou cités durent être nécessairement choisis parmi les habitants de ces lieux, et un procès-verbal, scellé du sceau de tous les votants, dut être dressé pour chaque nomination.

Costumes du temps de Henri VI.

BRANCHE D'YORK.
(Rose blanche.)

ÉDOUARD IV.
(1461-1483).

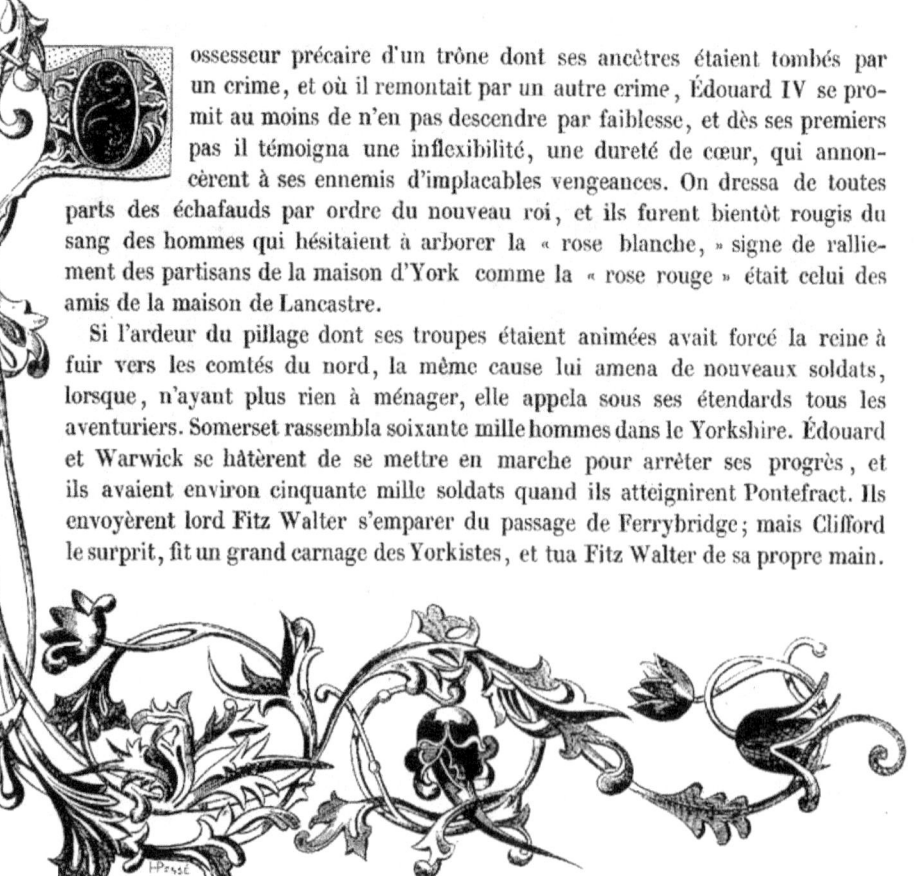

ossesseur précaire d'un trône dont ses ancêtres étaient tombés par un crime, et où il remontait par un autre crime, Édouard IV se promit au moins de n'en pas descendre par faiblesse, et dès ses premiers pas il témoigna une inflexibilité, une dureté de cœur, qui annoncèrent à ses ennemis d'implacables vengeances. On dressa de toutes parts des échafauds par ordre du nouveau roi, et ils furent bientôt rougis du sang des hommes qui hésitaient à arborer la « rose blanche, » signe de ralliement des partisans de la maison d'York comme la « rose rouge » était celui des amis de la maison de Lancastre.

Si l'ardeur du pillage dont ses troupes étaient animées avait forcé la reine à fuir vers les comtés du nord, la même cause lui amena de nouveaux soldats, lorsque, n'ayant plus rien à ménager, elle appela sous ses étendards tous les aventuriers. Somerset rassembla soixante mille hommes dans le Yorkshire. Édouard et Warwick se hâtèrent de se mettre en marche pour arrêter ses progrès, et ils avaient environ cinquante mille soldats quand ils atteignirent Pontefract. Ils envoyèrent lord Fitz Walter s'emparer du passage de Ferrybridge; mais Clifford le surprit, fit un grand carnage des Yorkistes, et tua Fitz Walter de sa propre main.

Quelques heures après, lord Falconberg tourna la position occupée par lord Clifford, massacra les Lancastriens, et fit éprouver à Clifford le sort de Fitz Walter. Ces engagements furent les préliminaires d'une bataille générale, qui se donna le 29 mars 1461, entre les villages de Towton et Saxton. Le combat dura depuis le lever du soleil jusqu'au soir. Une neige abondante, que le vent chassait au visage des Lancastriens, fut un utile auxiliaire aux Yorkistes, et les partisans de Henri, malgré des prodiges de valeur, succombèrent et furent hachés en pièces. Le comte de Northumberland et son parent, sir John Nevil, le comte de Westmoreland et son frère, les lords Dacres et Welles, sir Andrew Trollop, périrent dans l'action. Édouard fit décapiter sous ses yeux les comtes de Devonshire et de Wiltshire, dont les têtes allèrent sur les murailles de la ville d'York prendre la place de celles de Richard et de Salisbury. Les ducs de Somerset et d'Exeter parvinrent à se sauver, et déterminèrent Marguerite à demander un asile au roi d'Écosse, près duquel ils la conduisirent. Si l'on en croit les historiens du temps, près de quarante mille hommes restèrent sur le champ de bataille de Towton. Une lettre confidentielle d'Édouard, dont l'original existe encore, annonce que ses hérauts avaient compté vingt-huit mille cadavres ennemis. Ce monarque fit le lendemain son entrée dans la cité d'York, où il jeta une foule de têtes sous la hache de ses bourreaux. Après ces actes de vengeance, il se rendit à Newcastle, envoya lord Montague au secours de Carlisle, assiégé par les Écossais, donna quelques ordres pour la reprise de Berwick que Henri VI leur avait remis, puis revint se faire couronner, en grande cérémonie, à Westminster (juin 1461).

Le parlement que le nouveau roi convoqua reconnut solennellement, sous les yeux du vainqueur, les droits de sa maison, déclara que Henri IV, Henri V, Henri VI, n'avaient été que des usurpateurs, révoqua toutes les concessions et donations par eux faites, annula les condamnations des comtes de Cambridge, Salisbury, Glocester et Lumley, et rendit un bill de proscription et de confiscation qui enveloppa la moitié des familles les plus illustres de l'Angleterre. Henri VI, la reine Marguerite, le jeune Édouard leur fils, les ducs de Somerset et d'Éxeter, les comtes de Northumberland, de Devonshire, de Pembroke, de Wilts, le vicomte Beaumont, les lords Roos, Nevil, Clifford, Welles, Grey de Rougemont, Dacres, cent trente-huit chevaliers, des prêtres, des écuyers, furent condamnés à la mort des traîtres, ou perdirent seulement leurs fonctions, leurs dignités, leurs domaines. Le comte d'Oxford, Aubrey de Vere, son fils, John Montgommery, Thomas Tudenham et William Tyrrel, furent exécutés pour avoir pris le deuil de leurs parents tués à la bataille de Towton.

La reine Marguerite n'abandonnait cependant pas tout espoir, et son infatigable activité sollicitait partout des vengeurs à son époux, des défenseurs à son fils. Elle s'embarqua à Kirkcudbright, et fit voile pour la Bretagne. Le duc François II reçut l'illustre fugitive avec les plus grands témoignages d'intérêt, lui fit présent de cinq mille écus d'or ou douze milles couronnes, et lui promit de joindre une escadre à celle que lui donnerait le roi de France Louis XI. Moyennant la promesse de la remise de Calais, Louis lui prêta vingt mille couronnes, et permit au comte de Varenne et au sénéchal de Normandie, de Brezé, de s'attacher à sa fortune. A l'aide de l'escadre bretonne, Marie échappa aux poursuites de la flotte anglaise, et jeta deux mille hommes sur les côtes du Northumberland. Elle s'empara d'abord d'Alnwick; Dunstambourg et Bamborough tombèrent ensuite en son pouvoir.

Château de Bamborough.

Ces premiers succès en présageaient de plus importants, lorsque Édouard et Warwick s'approchèrent avec deux armées de vingt mille hommes chacune. Lord Ogle réduisit dans Holy-Island ou Lindisfarne cinq cents Français qui s'y étaient retranchés, et qu'il massacra jusqu'au dernier. Marguerite reprit la mer avec ses auxiliaires; une tempête fit périr les vaisseaux qui portaient ses trésors et ses armes. La reine et le sénéchal de Normandie, sur un bateau pêcheur, gagnèrent l'Écosse, où ils portèrent la triste nouvelle de ce désastre à leurs amis de Berwick : celle de la reddition des trois forteresses ne tarda pas à leur parvenir. A la suite d'une résistance opiniâtre, le duc de Somerset, le comte de Pembroke, les lords Roos et Richard Percy, avaient obtenu une capitulation honorable : nonobstant l'acte du parlement qui les proscrivait, Édouard les autorisa à résider dans leurs domaines.

Toujours occupée des destins de son fils, Marguerite courait d'un lieu à un autre, promettant, suppliant, maintenant les zélés, excitant les timides, et s'exposant aux plus étranges périls. Seule, un jour, avec le jeune prince, au passage d'une forêt, elle rencontra un brigand qui voulut l'arrêter. Au lieu de fuir, elle s'avança courageusement vers lui, et lui présentant son fils : « Ami, lui dit-elle, je remets à ta loyauté le salut du fils de ton roi! » L'homme des forêts, touché de cette noble confiance, se dévoua au service de la princesse; il la cacha pendant quelques jours, et la conduisit en sûreté aux quartiers des Lancastriens. Elle s'embarqua pour la Flandre, et se rendit dans le duché de Bar, où elle attendit le résultat des événements qu'elle essayait encore de diriger.

Ces événements n'étaient pas heureux. Henri VI, faible instrument confié aux soins d'un petit nombre de mécontents, se cachait dans une forteresse du Merionethshire, gardée par des Gallois qui n'avaient pas reconnu Édouard. Le duc de Somerset alla l'y rejoindre. Les Percy rassemblèrent leurs vassaux. Lord Gray, qui d'abord avait suivi le parti de la maison d'York, tourna ses armes contre elle, et s'empara d'Alnwick; les lords Roos et Hungerford parvinrent à réunir quelques centaines de combattants. Henri lui-même se mit en marche à la tête d'un corps de proscrits et d'Irlandais. Mais ces efforts étaient séparés, et conséquemment sans puissance. Lord Montague avec quatre mille hommes surprit et tua Percy à Hedgrey Moor, près Wooller; Somerset, rencontré par cette armée victorieuse, sur les rives de la Dilwalter à Hexham, succomba et fut fait prisonnier; Roos et Hungerford éprouvèrent le même sort; lord Gray fut livré par sa propre garnison (juillet 1464); et le roi Édouard, pour se délivrer à jamais de ces dangereux ennemis, ordonna de leur trancher la tête. Somerset fut exécuté dans l'abbaye de Hexham, Roos et Hungerford reçurent la mort sur la Colline de Sable à Newcastle; le sang de sir Humphrey Nevil et celui d'une foule d'autres seigneurs attachés à la maison de Lancastre, ruissela sur les remparts de la ville d'York. Lord Gray fut conduit à Lancastre devant le roi Édouard, et là le connétable d'Angleterre, Tiptof, comte de Worcester, lui lut sa sentence : « Ralph Gray, tes éperons d'or « seront brisés à tes talons par cet homme de cuisine ici présent. Tu devrais être « dégradé de noblesse, de titres, d'armes, de dignités. Les rois et hérauts « d'armes devraient t'arracher ta cotte, pour te couvrir de ce surcot que tu vois, où « tes armes sont renversées; le roi cependant te fait grâce de la dégradation, car « tes aïeux souffrirent pour les siens. Voici maintenant quel sera ton châtiment : tu « iras à pied jusqu'à l'extrémité de la ville; un échafaud est préparé pour toi, « tu y monteras; le bourreau te crachera au visage; tu auras ensuite la tête tran-« chée; ton corps sera inhumé sans honneurs par des moines; ta tête sera placée « où le voudra le roi, pour subir les outrages des serviteurs fidèles, et effrayer « ceux qui seraient tentés de t'imiter. » Cette sentence reçut à l'instant son exécution.

Pendant une année encore, Henri VI parvint à se soustraire aux recherches de ses ennemis; un moine d'Abingdon le trahit et le livra au comte de Warwick. Édouard lui laissa la vie, mais il le fit traiter avec indignité. On lui lia les jambes avec des courroies; on lui fit faire trois tours à un pilori, et on l'enferma dans la Tour de Londres, où on le tint au secret le plus profond. Édouard était désormais rassuré sur les tentatives qu'on eût pu essayer au nom de ce fantôme de roi s'il fût resté libre.

L'ambition de ce prince était satisfaite, son implacable vengeance assouvie; d'autres passions mécontentèrent bientôt ses partisans.

Entraîné par un violent amour, il avait épousé secrètement (1464) Élisabeth Wydeville, fille d'un simple gentilhomme de ce nom et de Jacqueline de Luxembourg, veuve remariée de l'illustre duc de Bedford. Sir John Gray, le premier mari d'Élisabeth, avait été tué à la bataille de Saint-Alban en combattant pour Marguerite, et ses biens étaient confisqués. Profitant d'une visite que rendit Édouard à Jacqueline de Luxembourg, Élisabeth s'était jetée à ses pieds en le suppliant d'annuler en faveur de ses enfants l'arrêt de proscription porté contre son mari, et sa beauté avait tellement enivré le roi, qu'afin de pouvoir posséder la jeune veuve dont la vertu se refusait à ses désirs, il se décida à l'épouser.

Ce mariage ne fut rendu public qu'au mois de septembre suivant. Le duc de Clarence et le comte de Warwick présentèrent la nouvelle reine au conseil des lords rassemblés à l'abbaye de Reading. Les lords n'osèrent témoigner tout le mécontentement qu'ils éprouvaient de voir monter au trône la fille d'un simple chevalier, mais ils murmurèrent en secret. Le couronnement n'en fut pas moins célébré avec magnificence.

A peine Élisabeth eut-elle été reconnue qu'elle s'empressa d'user de son influence sur l'esprit du roi pour obtenir l'élévation de sa famille : elle fut rapide et surprenante. Son père, qui avait été nommé lord Rivers par Henri VI, fut créé comte, devint grand trésorier à la place de lord Mountjoy, que l'on destitua sans motif, et peu après obtint la charge de grand connétable, avec la survivance pour son fils. Le roi maria les cinq sœurs d'Élisabeth aux plus riches héritiers de l'Angleterre : c'étaient le jeune duc de Buckingham, les comtes d'Essex, d'Arundel, de Kent et lord Herbert, créé comte de Huntingdon. Le frère aîné d'Élisabeth épousa la fille du feu lord Scales, et reçut les titres, les dignités et les biens de cette maison ; son second frère eut en partage la main d'une femme de quatre-vingts ans, la duchesse douairière de Norfolk, dont les richesses étaient immenses[1] ; enfin le fils encore enfant d'Élisabeth et de sir John Gray fut fiancé à la nièce du roi, fille et héritière du duc d'Exeter.

Ces hautes alliances mécontentèrent la plupart des familles qui composaient la cour d'Édouard. Celle de Nevil surtout les vit d'un œil jaloux, et regarda comme une injure personnelle le mariage du jeune Gray et de l'héritière d'Exeter, que le comte de Warwick avait, dans sa pensée, destinée au fils du lord Montague son frère. Cette puissante famille des Nevil se composait de l'évêque d'Exeter, chancelier d'Angleterre, archevêque d'York ; de lord Montague, à qui tous les biens féodaux des Percy et le commandement des Marches orientales de l'Écosse avaient été donnés par Édouard avec le titre de comte de Northumberland ; enfin, de Warwick lui-même, commandant des Marches occidentales, grand chambellan, gouverneur de Calais, chef des armées du roi et son principal ministre. La mésintelligence éclata bientôt à la suite de l'ambassade en France du comte de Warwick, chargé de négocier le mariage de Marguerite, sœur d'Édouard, avec un des princes de ce royaume. Le roi d'Angleterre avait jeté les yeux sur le comte de Charolais, fils du duc de Bourgogne ; son ministre, au contraire, désirait un prince du sang de la maison régnante. Pour se délivrer des conseils du comte et se donner la liberté d'agir sans contrôle, Édouard parut approuver ses propositions et lui permit d'en conférer avec le roi de France, alors à Rouen ; mais tandis que Warwick s'en ouvrait à Louis XI, un fils naturel du duc de Bourgogne se rendait à Londres et

---

1. Jouvencelle d'environ quatre-vingts ans, mariage diabolique, dit un chroniqueur. Wyrcester, 501.

traitait directement avec le roi, qui convoqua un parlement dans l'intention de lui faire part de ses volontés. L'archevêque d'York, chancelier, instruit de la duplicité du monarque, feignit une maladie afin de retarder l'ouverture de la session; mais Édouard lui reprit les sceaux, et lorsque arriva le comte de Warwick accompagné des ambassadeurs du roi de France, il refusa de les écouter. Le mariage de Marguerite avec Charles de Charolais, devenu duc de Bourgogne par la mort de son père, fut alors déclaré, et, sous prétexte qu'on lui avait dénoncé Warwick comme devenu à la cour de France partisan secret de la maison de Lancastre, Édouard ordonna que deux cents de ses propres gardes surveillassent constamment le comte et lui répondissent de sa personne. Pendant qu'on outrageait ainsi ce puissant seigneur, les préférences d'Édouard pour la famille de la reine mécontentaient son propre frère le jeune duc de Clarence, qui s'attacha dès-lors au comte de Warwick et lui demanda la main de sa fille. Malgré l'opposition du roi, l'archevêque d'York maria les deux jeunes gens à l'église Saint-Nicolas de Calais (1469).

Sur ces entrefaites, les paysans du Yorkshire, écrasés sous le poids des impôts, se soulevèrent au nombre d'environ quinze mille. Sir John Conyers, officier d'un grand âge et de la plus haute distinction, se mit à leur tête, en s'adjoignant les fils de lord Fitz-Hugh et de lord Latimer, tous deux de la famille Nevil et proches parents du comte de Warwick. Leur but avoué n'était plus alors le dégrèvement de quelques gerbes de blé, mais l'expulsion de la famille Wydevil « qui opprimait le bon peuple d'Angleterre, et qui s'était emparée de l'esprit du roi par le moyen des enchantements dont se servait la sorcière Jacqueline de Luxembourg, belle-mère d'Édouard. » A peine le nom du grand Warwick eut-il été prononcé, que ses nombreux vassaux accoururent de toutes parts, et formèrent en peu de jours une armée de plus de cinquante mille hommes. Édouard, après s'être avancé jusqu'à Newark, revint à Nottingham d'où il écrivit au comte de Warwick, à l'archevêque d'York et au duc de Clarence qu'il les attendait promptement et les recevrait avec tendresse sans leur faire aucun reproche du passé. Il avait également appelé à son aide lord Herbert, créé dernièrement par lui comte de Pembroke, et lord Stafford, comte de Devonshire : tous deux accoururent avec des troupes assez nombreuses; mais à Banbury, ils se querellèrent sur le choix du logement, et le comte de Devonshire jugea convenable de se retirer.

Le comte de Pembroke attaqua un détachement de rebelles, fit prisonnier Henri Nevil, comte de Latimer, et, sans procédure ni jugement, ordonna de le mettre à mort. Ce sang fut vengé le lendemain : un corps plus nombreux d'insurgés défit, à son tour, les Gallois commandés par Pembroke, en passa cinq mille au fil de l'épée, et s'étant emparé, dans la forêt de Dean, de lord Rivers et de sir John Wydevil, père et frère de la reine, les immola aux mânes de Latimer. Édouard, dans sa fureur, se répandit en invectives contre le lâche Stafford, le fit décapiter à Bridgewater, et se rendit à Olney où se trouvaient, sans qu'il le sût, Clarence, Warwick et l'archevêque d'York, débarqués depuis peu de jours, pour obéir, disaient-ils, à son invitation. Le roi parut entièrement satisfait des excuses dont ils colorèrent leurs actions, car il venait de reconnaître qu'il était en réalité leur prisonnier. Une réconciliation eut lieu: Édouard créa duc de Bedford le jeune George, fils du comte de Northumberland, et annonça l'intention de le marier à sa propre fille Élisabeth.

Cette réconciliation n'était que simulée; la méfiance régnait au fond des cœurs. Un jour qu'Édouard avait accepté une grande fête que l'archevêque d'York donnait à sa terre de Moor dans le Hertfordshire, sur un soupçon mal fondé il s'élança vers la porte, s'empara d'un cheval tout sellé, et se rendit au galop à Windsor. La duchesse d'York, mère du roi, ménagea un nouveau rapprochement, et lorsque bientôt après, une insurrection éclata dans le Lincolnshire (1470), les ducs de Warwick et de Clarence furent chargés par Édouard du soin de la réprimer. Avec leur aide, il attaqua les insurgés à Elsingham, les dispersa, et fit décapiter les chefs.

Après cette victoire, il se crut en mesure de se venger. Il déclara donc qu'il était instruit que Warwick et Clarence avaient formé le projet de rejoindre les insurgés, et il leur dépêcha Garter (Jarretière), son roi d'armes, pour les sommer de comparaître devant lui, afin de se justifier. Ceux-ci connaissaient trop bien Édouard pour se résoudre à obéir, et ils se rendirent en hâte à Manchester, où ils pensaient que lord Stanley, beau-frère de Warwick, leur donnerait un asile. L'armée royale ne put les suivre promptement, à cause du manque de vivres. En attendant, le roi énuméra dans une proclamation les griefs qu'il avait contre eux, et leur fixa un court délai pour rentrer dans le devoir, les assurant encore de sa clémence et de sa tendre amitié. Toutefois il ôta la lieutenance d'Irlande à Clarence, le comté de Northumberland à Montague, et offrit des récompenses à qui saisirait son frère et Warwick. Quoiqu'il les poursuivît avec célérité, ces derniers eurent assez d'avance pour armer à Darmouth quelques navires et faire voile pour Calais. Ils n'y furent pas reçus comme ils l'avaient espéré. Le lieutenant de Warwick, Vauclerc, instruit des événements, jugea le parti du roi plus puissant que celui de son bienfaiteur; il ordonna aux batteries de tirer sur ses vaisseaux, et les obligea de s'éloigner. Warwick alla débarquer à Harfleur; Vauclerc reçut pour récompense le gouvernement de Calais.

Louis XI tenait alors sa cour à Amboise. Dès qu'on lui eut rendu compte de la proscription et de l'arrivée en France du comte de Warwick et d'un frère du roi d'Angleterre, sa politique reconnut tout le parti qu'il pouvait tirer d'un tel événement, et il ordonna de traiter les fugitifs avec les plus grands égards. Il les appela près de lui, les combla de témoignages d'intérêt, et les présenta à la reine Marguerite, épouse de Henri VI. Une haine implacable devait séparer à jamais la reine et Warwick : Marguerite avait envoyé le père du comte à l'échafaud ; Warwick avait été la cause immédiate des malheurs de la reine ; il l'avait bannie, et avait fait tuer la plupart de ses amis ou partisans. Cependant leur intérêt commun les réunit. Warwick promit d'embrasser la cause de Henri VI et de faire tous ses efforts pour le replacer sur le trône, et expliqua ses projets à ses frères, l'archevêque d'York et le comte de Montague, en leur envoyant ses instructions. Le prince Édouard, fils de Henri et de Marguerite, épousa la seconde fille de Warwick. On ne se souvint de Clarence que pour déclarer que la succession à la couronne lui serait dévolue dans le cas où le prince Édouard décéderait sans enfants mâles.

Édouard profita habilement du mécontentement de son frère pour le rattacher à son parti, et Clarence, séduit par ses promesses, s'engagea à abandonner les Lancastriens dès que l'occasion s'en présenterait. Mais là se bornèrent les précautions que prit le roi contre les tentatives de ses ennemis. Livré à toutes ses passions, il les assouvissait à la fois en faisant verser le sang des partisans reconnus de Warwick, et en déshonorant les familles au sein desquelles il portait ses brutales amours. Le duc de Bourgogne, son beau-frère, essaya inutilement, par des avis réitérés, de l'arracher à son indolence : seul en Angleterre, il niait l'orage qui grondait et dont l'explosion prochaine allait tomber sur sa tête.

Le roi de France ayant donné des vaisseaux à Marguerite d'Anjou, celle-ci en remit le commandement à Warwick, et en peu de jours ils furent prêts à prendre

Vaisseaux anglais sous le règne d'Édouard IV.

la mer. Protégés par une escadre française, ils échappèrent à la flotte flamande du duc de Bourgogne, et débarquèrent à Darmouth un petit corps de troupes commandé par le comte de Warwick, le duc de Clarence, les comtes d'Oxford et de Pembroke. Un beau-frère de Warwick, lord Fitz Hugh, simulait en même temps une insurrection dans le Northumberland, et le roi, détourné par cette ruse, était parti pour la réprimer. Les comtés du sud se trouvèrent donc ouverts aux exilés. La prodigieuse renommée du comte de Warwick lui valut une armée de soixante mille hommes en peu de jours; tout le comté de Kent se souleva en sa faveur; il entra dans la ville de Londres, où déjà le docteur Godard avait, à l'église Saint-Paul, prononcé le nom de Henri VI, proclama ce monarque (septembre 1470), et, sans s'arrêter, marcha sur Nottingham. Édouard surpris, mais non désabusé, reprit sa route vers cette ville en s'écriant que Dieu le servait, puisque ses ennemis venaient d'eux-mêmes se jeter entre ses mains; mais il ne tarda pas à s'apercevoir que le nom de Warwick avait plus de pouvoir que le sien, et que son armée diminuait de jour en jour par les désertions. Bientôt il fut réduit à prendre la fuite. Suivi d'un petit nombre d'amis, il courut jusqu'à Lynn dans le Norfolkshire, y trouva un vaisseau anglais et deux navires flamands, et s'embarqua pour la Hollande avec huit cents hommes qui forcèrent les matelots à lever l'ancre et à mettre à la voile. Il se rendit aussitôt à la cour du duc de Bourgogne. Onze jours avaient suffi pour ruiner totalement sa puissance et lui ravir la couronne! Il n'avait pas même eu à courir les chances d'un combat.

Lorsque le comte de Warwick apprit qu'Édouard lui était échappé, il revint à Londres, et y fit une entrée triomphale, accompagné de Clarence qui n'avait rien accompli de ce qu'il avait promis à son frère. Il se rendit immédiatement à la Tour, mena Henri VI au palais de l'archevêque d'York, et, lui mettant la couronne sur la tête, le conduisit à l'église de Saint-Paul où des actions de grâce furent solennellement rendues à Dieu. On convoqua un parlement qui annula les statuts du règne d'Édouard IV et déclara ce prince usurpateur; Glocester, son frère puîné, fut spécialement proscrit; Clarence, institué héritier des possessions de la famille d'York, reçut la lieutenance de l'Irlande avec de nombreux manoirs; les Lancastriens recouvrèrent leurs titres, dignités et domaines; l'archevêque redevint garde des finances, le marquis de Montague, gouverneur des Marches écossaises, et Warwick ajouta le titre de grand amiral à celui de grand chambellan et de gouverneur de Calais. La reine Élisabeth, avec ses filles, s'était réfugiée dans le sanctuaire de Westminster, où elle était accouchée d'un fils. Cette famille fut respectée dans cet asile. Warwick n'imita point Édouard dans ses vengeances; le connétable Worcester, que le peuple avait surnommé le boucher, fut le seul des partisans de la maison d'York qui périt sur l'échafaud.

A la nouvelle de la restauration de Henri VI, Louis XI fit rendre à la reine Marguerite les mêmes honneurs qu'à la reine sa femme; il ordonna des réjouissances publiques, et se hâta d'envoyer à Londres une ambassade qui conclut un traité de paix et de commerce pour quinze années. Les ducs de Somerset et d'Exeter, qui, dans la crainte des émissaires d'Édouard, avaient longtemps caché leurs noms et langui dans la détresse, accoururent près de la reine et hâtèrent les dispositions qu'elle faisait pour retourner en Angleterre avec le prince son fils.

Le duc de Bourgogne, Charles-le-Téméraire, n'avait pas vu sans regret l'alliance de la France avec l'Angleterre cimentée par le nouveau traité, car il craignait que la réunion des armes des deux peuples ne lui devînt fatale. Du même sang que Henri VI, il n'osait se prononcer ouvertement contre ce monarque; mais, en secret, il nolisa dans les ports anséatiques dix-huit vaisseaux pour transporter Édouard en Angleterre avec ses partisans, et lui donna une somme de cinquante mille florins.

Édouard, arraché à son indolence et à ses lâches amours, avait recouvré toute son activité native. Le 12 mars 1471, moins de six mois après sa fuite, il se présentait sur la côte de Suffolk avec quinze cents hommes; mais il fut repoussé par un frère du comte d'Oxford. Deux jours après, il débarqua comme Henri IV à Ravenspur dans le Yorkshire, employant le stratagème qui avait si bien réussi à cet autre usurpateur. Il quitta les armes d'Angleterre et déclara qu'il ne revendiquait nullement le trône, mais, comme premier-né, l'héritage de son père le duc Richard d'York, héritage dont on n'avait pu le dépouiller sans injustice, et qu'on venait cependant de donner au duc de Clarence son frère. Il abhorrait la guerre civile, et avait ordonné à ses soldats de crier : « *Longue vie au roi Henri!* » Le peuple crut à sa protestation et le laissa s'avancer. Arrivé sous les portes de la ville d'York, il en sollicita l'ouverture, et fit serment au pied des murailles qu'il avait abjuré toute prétention à la couronne. Il répéta ce serment au grand autel de la cathédrale, et il commençait à regarder son entreprise comme avortée, lorsque enfin ses partisans se montrèrent en foule. Clarence jugea alors l'occasion favorable pour trahir la cause de son beau-père, arbora la rose blanche, et, suivi de douze mille hommes, rejoignit Édouard à Coventry. Les comtes de Warwick et d'Oxford avaient réuni leurs forces; cependant ils refusèrent la bataille qu'Édouard leur offrait, et celui-ci qui venait, nonobstant ses serments, de reprendre le titre de roi, sans s'arrêter devant eux se dirigea vers Londres, entra en correspondance secrète avec l'archevêque d'York à qui ses frères avaient confié la garde de la capitale, et en obtint l'ouverture des portes. Il avait trop à craindre du nombre des Lancastriens domiciliés dans la ville, pour y faire un long séjour. Son but était seulement de s'emparer de la personne de Henri VI, et quand il eut en sa puissance ce malheureux prince, il réunit toutes ses forces, et marcha au-devant de ses ennemis, qu'il rencontra près de Barnet. La veille de la bataille, Clarence, honteux du rôle qu'il jouait, fit offrir à son beau-père sa médiation. « Sais-tu qui je suis? s'écria Warwick en « parlant au messager. Va dire à ton maître que Warwick, fidèle à sa parole, est « un autre homme que le faux et parjure Clarence; va lui dire que Warwick ne « connait pour médiateur que Dieu, pour arbitre que son épée! » Le lendemain (14 avril 1471), le combat commença au lever du soleil, et dura six heures avec le plus grand acharnement. Longtemps la victoire fut indécise, mais au milieu de l'action, Warwick, par une funeste erreur, prenant les étoiles que portaient les soldats du comte d'Oxford pour les soleils qui étaient le signe de ralliement de ceux d'Édouard, fit charger les premiers par ses troupes; ceux-ci, croyant à une trahison, s'enfuirent aussitôt du champ de bataille. Warwick et le marquis de Montague furent tués, et les Lancastriens prirent le parti de la retraite sous la conduite du comte d'Oxford, qui alla rejoindre le comte de Pembroke dans le pays de Galles. Édouard, suivant son usage, avait donné l'ordre de ne faire aucun quartier, et le massacre fut épouvantable.

Au moment où périssait le grand comte de Warwick, que sa puissance, sa

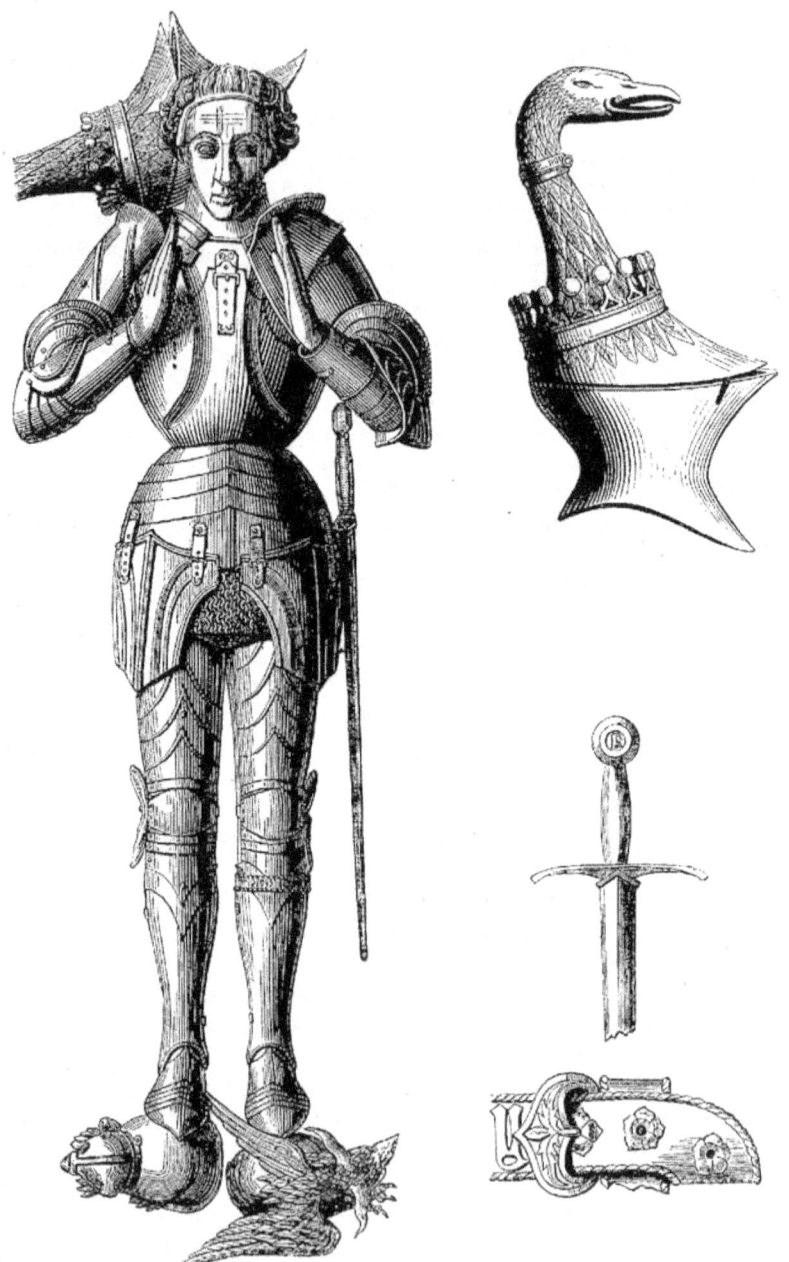

Effigie du comte de Warwick, placée sur son tombeau dans l'église de Warwick, et détails de son armure.

valeur et ses succès avaient fait surnommer « le faiseur de rois », la reine Marguerite, le jeune prince son fils et le duc de Somerset, retardés par d'affreuses tempêtes qui les avaient retenus en mer pendant vingt-trois jours, débarquaient à Weymouth avec un corps d'auxiliaires français. La nouvelle du désastre de Barnet ne tarda pas à leur parvenir. La malheureuse princesse reconnut à l'instant que tout espoir était perdu et que la mort du comte de Warwick plus encore que la perte de la bataille lui enlevait pour l'avenir toute chance de succès. Elle se hâta de chercher un asile dans le sanctuaire de l'abbaye de Beaulieu; cependant, fidèles défenseurs de sa cause, le comte de Devon, les lords Wenlock et Saint-John lui rendirent un peu de courage, la conduisirent à Bath, rassemblèrent encore des troupes, et formèrent le projet d'opérer leur jonction avec le comte de Pembroke. Ils atteignirent Tewkesbury sur la Severn; mais le pont, que l'on comptait traverser, se trouva déjà occupé par Édouard avec une armée de beaucoup supérieure en nombre à celle de Marguerite. Le duc de Somerset n'hésita pas cependant; il attaqua l'ennemi avec vigueur, et s'il eût été secondé, c'en était fait des Yorkistes; mais, soit lâcheté, soit trahison, Wenlock n'appuya pas son mouvement, et la bannière d'Édouard flotta bientôt au milieu de la division. Somerset désespéré se précipita sur le traître, et lui brisa la tête d'un coup d'épée. Il se jeta ensuite, accompagné du comte de Devonshire, de lord Saint-John et d'une vingtaine de chevaliers, dans une église, où, durant trois jours, ils furent protégés par une hostie consacrée qu'un prêtre tint constamment exposée sur le seuil de la porte; mais Édouard, ne s'arrêtant pas à de tels scrupules, donna l'ordre de les arracher du sanctuaire, et leur fit trancher la tête immédiatement (4 mai 1471).

La cause de Henri de Lancastre et de sa famille était perdue. Trois mille hommes avaient péri. La reine était prisonnière. On la sépara de son fils, et l'on conduisit le jeune prince à Édouard, qui lui demanda ce qu'il était venu chercher en Angleterre. « Reprendre la couronne de mon père et recueillir mon héritage, » répondit l'enfant avec fierté. Édouard le frappa au visage avec son gantelet; puis les ducs de Clarence et de Glocester, lord Hastings et sir Thomas Gray, le poussèrent dans une tente voisine où ils le poignardèrent.

Henri VI avait été de nouveau renfermé dans sa prison de la Tour. Le 22 mai, le vainqueur fit son entrée solennelle à Londres, et le même soir le monarque détrôné cessa de vivre. Il est probable qu'il fut assassiné. On accusa de ce crime le poignard de Richard de Glocester, le plus jeune et le plus pervers des frères d'Édouard.

La reine Marguerite, d'abord confinée à la Tour, fut ensuite envoyée à Windsor, et en dernier lieu à Wallingford, où la modique somme de cinq marcs par semaine lui fut allouée pour son existence et celle de ses gens. Le comte de Pembroke, fils d'Owen Tudor et de Catherine de France, frère utérin de Henri VI, licencia le peu de troupes qu'il avait réunies dans le comté de Galles, s'embarqua et parvint heureusement, avec le jeune comte de Richemond, son neveu, à gagner la ville de Nantes, où le duc de Bretagne, François II, leur donna un honorable asile. Le duc d'Exeter, échappé malgré ses blessures au massacre de Barnet, tomba dans les mains d'Édouard, qui le fit noyer. Le comte d'Oxford, Robert de Vere, beau-frère de Warwick, à la tête d'une escadrille dévouée, ravagea longtemps les comtés maritimes, s'empara de la forteresse du mont Saint-Michel en Cornouailles, où il

Le mont Saint-Michel (Cornouailles).

résista longtemps aux efforts d'Édouard, et immola un grand nombre de partisans de la maison d'York, à la mémoire de celui que l'on nommait encore le grand comte. Réduit enfin à capituler par suite d'une trahison, il obtint la vie; mais il fut enfermé et végéta onze années dans les donjons du château de Ham, où la sœur de Warwick, sa femme, le nourrissait du produit de son travail. La mort, la prison ou l'exil, tel fut le sort réservé à tous les partisans de Henri VI et de Warwick.

Assis enfin avec sécurité sur le trône, Édouard nomma prince de Galles et comte de Chester le fils dont Élisabeth était accouchée durant son exil dans le sanctuaire de Westminster, le fit reconnaître comme héritier présomptif de la couronne, et récompensa par d'immenses donations ses frères Clarence et Glocester, ainsi que tous ses partisans.

Après tant de désastres et de massacres, la nation anglaise devait être fatiguée de dissensions et de guerres. Mais le duc de Bourgogne rappela à Édouard les prétentions de ses prédécesseurs à la couronne de France, et lui offrit le secours des armées bourguignonne et flamande. Charles-le-Téméraire demandait pour sa part de conquête les provinces du nord et de l'est; tout le reste eût appartenu à son allié. La perspective de rentrer en possession des conquêtes de Henri V flatta si bien la nation anglaise, que, malgré la détresse où l'avaient plongée tant d'années de désordres, elle n'hésita pas à se charger de nouveaux impôts. Le parlement vota subsides sur subsides; le clergé donna le dixième de ses revenus; les lords imitèrent cet exemple. Cela ne suffisait pas encore. Édouard établit un emprunt forcé que bientôt après il appela *don gratuit* ou *de bénévolence;* puis afin de se délivrer de toute sollicitude du côté de l'Écosse, il maria Cécile, sa seconde fille, au duc de Rothsay, fils aîné de Jacques III, et en juin 1475 il mit à la voile pour Calais, avec quinze mille archers et quinze cents hommes d'armes.

Mais Charles-le-Téméraire, qui venait de compromettre son armée et sa gloire en Allemagne, ne conduisit à Calais qu'un faible détachement, et le connétable de Saint-Pol, qui commandait à Saint-Quentin, loin d'ouvrir les portes de cette ville aux Anglais, ainsi que l'avait promis le duc de Bourgogne, ordonna de tirer sur eux comme sur des ennemis. Les gens des communes, qui avaient accompagné Édouard, commençaient à murmurer. « Quoique Édouard eût soin de les faire loger en bonne tente, ce n'était point la vie qu'ils avaient accoutumée; ils en furent bientôt las; ils avaient cru qu'ayant une fois passé la mer, ils auraient une bataille au bout de trois jours. »

Il fallut alors peu d'efforts pour amener Édouard à écouter des propositions de paix. On convoqua un conseil, et l'accommodement fut promptement conclu. Louis XI prit l'engagement de payer immédiatement une somme de 75,000 couronnes, et d'assurer à Édouard une pension annuelle de cinquante mille écus. La fille aînée du roi d'Angleterre fut fiancée au dauphin de France. Marguerite d'Anjou reçut la liberté en échange d'une somme de cinquante mille couronnes. Les petites difficultés qui pouvaient subsister encore furent renvoyées à l'arbitrage des archevêques de Cantorbéry et de Lyon, du duc de Clarence et du comte de Dunois. Enfin, les monarques eurent à Pecquigny sur la Somme une entrevue au milieu d'un pont. Séparés l'un de l'autre par une barrière, ils se donnèrent la main à travers un guichet, et la posant sur l'Évangile se jurèrent une amitié à toute épreuve (1475). Louis XI avait plus d'intérêt à tenir sa parole qu'à l'enfreindre, aussi paya-t-il soigneusement la rançon de Marguerite et la pension annuelle d'Édouard; et même, pour rattacher plus fortement l'Angleterre à son alliance, il donna des pensions aux principaux seigneurs anglais.

En abandonnant le parti de Warwick avant la bataille de Barnet, Clarence avait fixé la fortune sous la bannière de son frère et causé la mort de son beau-père. Ce service immense aurait dû lui valoir la reconnaissance d'Édouard, mais ce prince se rappelait que Clarence, pendant le court triomphe du comte de Warwick, avait été déclaré héritier du trône après le fils de Henri VI, et quoiqu'il eût eu soin de révoquer cet acte il se défiait de son frère et n'attendait qu'une occasion pour se défaire de lui. Elle se présenta bientôt. Charles-le-Téméraire avait péri devant Nancy, et sa fille unique, la princesse Marie, héritière de possessions immenses, était recherchée par des princes de France et d'Allemagne. Clarence se mit sur les rangs; mais, redoutant l'ambition de son frère et ne se souciant nullement de rompre ses traités avec Louis XI qui s'était emparé d'une partie de l'héritage de Marie, Édouard s'opposa à ce mariage, et la princesse épousa Maximilien d'Autriche. De ce moment, Clarence se posa en ennemi du roi, et ses paroles, ses actions imprudentes, fournirent à celui-ci les prétextes qu'il cherchait. Une accusation de crime de haute trahison fut intentée contre le duc qui fut déclaré coupable, enfermé à la Tour et mis à mort sans que le genre de supplice qu'on lui fit subir ait été jamais connu (1478).

Dans l'intention d'acquérir à sa famille de puissants soutiens, Édouard avait recherché pour ses filles des alliances dans les principales maisons royales de l'Europe. Élisabeth, l'aînée des petites princesses, était fiancée à l'héritier du trône de France; Cécile, la seconde, au fils aîné de Jacques III, roi d'Écosse; Anne, au fils de Maximilien d'Autriche; mais aucun de ces mariages ne fut définitivement conclu : la négligence d'Édouard à payer au roi d'Écosse les arrérages de la dot de Cécile lui attirèrent des reproches qui bientôt amenèrent une guerre entre les deux pays. Édouard n'oublia pas ses armes ordinaires : avant de commencer les hostilités, il fomenta des dissensions parmi les nobles de l'Écosse et jusque dans la famille royale. Jacques fit arrêter ses deux frères, le duc Albany et le comte de Mar, qui conspiraient contre sa vie. Albany parvint à s'échapper; le comte de Mar, condamné par le conseil, subit la mort dans sa prison de Canongate. Édouard reçut à sa cour le duc fugitif, le proclama roi d'Écosse, et lui donna des troupes sous le commandement de Glocester, pour s'emparer du royaume de son frère. La ville de Berwick ne tarda pas à être assiégée. Jacques appela les barons écossais à son aide; mais ceux-ci, furieux de ce que le monarque avait répudié leur société en leur reprochant leur grossière ignorance, et s'était entouré de savants et d'artistes nés dans les classes inférieures, se réunirent pour se venger. Ils s'emparèrent des favoris du roi, des architectes, des peintres, des poëtes, les pendirent, et renfermèrent Jacques au château d'Édinbourg. L'armée anglo-écossaise, instruite de cette révolution, marcha sur Édinbourg et fut reçue amicalement par les citoyens de cette ville. On s'attendait à voir passer le sceptre dans les mains du duc d'Albany, lorsqu'une négociation entre les deux frères remit Jacques sur le trône. On apaisa le roi d'Angleterre en lui cédant la forteresse de Berwick, et en lui restituant l'argent payé pour la dot de Cécile; mais le mariage projeté fut rompu (1482, août).

L'hymen d'Élisabeth d'Angleterre et de Charles de France éprouva de semblables vicissitudes. Louis XI, trouvant que le mariage de son fils avec la princesse Marguerite de Bourgogne, fille de Maximilien d'Autriche, aurait pour sa puissance et la tranquillité de ses états des avantages qu'il ne pouvait attendre d'une alliance avec la fille d'Édouard IV, n'hésita pas à retirer sa parole, sans s'inquiéter des menaces du monarque outragé. On ne saurait décrire la colère dont Édouard fut saisi quand il apprit la perfidie du roi de France. Il ne rêvait plus que guerre et vengeance, lorsqu'une légère indisposition qu'il avait négligée développa tout à coup les symptômes les plus alarmants, et l'enleva en peu de jours (1483, 9 avril).

Édouard IV comptait alors quarante-deux ans, et son règne en avait duré vingt-trois. Il laissa deux fils, Édourd V, âgé de douze ans, et Richard, duc d'York et comte-maréchal d'Angleterre, plus jeune d'une année.

Costumes du temps d'Édouard IV.

ÉDOUARD V.

(9 AVRIL — 26 JUIN 1483.)

ous les membres de la famille d'Élisabeth avaient été successivement arrachés par Édouard IV à la médiocrité de leur condition, revêtus de titres, promus aux plus hautes dignités, et honorés des plus importantes charges de l'état; mais tout ce que les sanglantes guerres des deux Roses avaient épargné de l'ancienne noblesse, avait vu avec jalousie cette élévation inouïe, et l'influence des Wydeville, si grande tant qu'elle fut soutenue par la volonté d'Édouard, se réduisit presque à rien après la mort de ce prince. De son vivant même et nonobstant la crainte qu'inspirait sa sévérité, deux partis, que l'autorité royale n'avait pu maintenir qu'avec peine, s'étaient formés à la cour. Les principaux personnages du premier étaient Wydeville, comte de Rivers, frère de la reine, et le marquis de Dorset, fils d'Élisabeth et de lord Gray son premier mari; le second, qui avait pour chef le chambellan lord Hastings et les lords Howard et Stanley, se composait de la plupart des barons mécontents. Le roi, dans ses derniers moments, se rappelant la malheureuse minorité de Henri VI, appela près de son lit les chefs des deux partis, leur annonça qu'il avait nommé le duc de Glocester régent du royaume durant la minorité de son fils, les engagea à se réconcilier, et leur ordonna de s'embrasser devant lui. Tous obéirent, mais la réconciliation ne devait pas être de longue durée.

Le jeune roi, qui fut proclamé sous le nom d'Édouard V (9 avril 1483), résidait à Ludlow dans le Shropshire sur les frontières du pays de Galles. Dès que la mort de son père lui fut connue, il se mit en marche vers Londres, accompagné de son oncle lord Rivers, de lord Gray, et d'une escorte peu nombreuse.

Le duc Richard de Glocester se trouvait en ce moment aux frontières d'Écosse. Il se hâta de revenir vers la capitale, et en passant à York il fit célébrer un service magnifique pour le roi défunt, rassembla les membres de la noblesse des environs, prêta devant eux le serment d'allégeance à Édouard V, reçut le leur, et se remit en route, après avoir augmenté sa suite d'un nombre considérable de gens armés. Le couronnement du jeune roi fut fixé au 4 mai suivant.

Portrait d'Édouard V, d'après un MS. de la bibliothèque de l'archevêché de Lambeth.

Une correspondance secrète et très-active s'établit alors entre le duc de Glocester, lord Hastings et le duc de Buckingham, prince du sang royal (il descendait en ligne directe d'Édouard III, par Thomas Woodstock, le dernier fils de ce prince), et le jour même où Édouard V atteignait Stony-Stratford, Glocester entra à Northampton, ville voisine. Les lords Rivers et Gray, en l'apprenant, se dirigèrent sur cette ville, et se présentèrent à Glocester, qui les accueillit avec des démonstrations cordiales. Le soir arriva le duc de Buckingham, suivi de trois cents cavaliers. Ils soupèrent ensemble, se donnèrent des marques mutuelles d'estime et d'amitié, et se mirent en marche le lendemain, pour rejoindre Édouard à Stony-Stratford. Ils chevauchaient de compagnie, et conversaient gaîment, lorsque Glocester reprocha tout à coup, en paroles très-amères, à Rivers et à Gray d'avoir travaillé à lui enlever l'amitié de son neveu. Les deux lords surpris cherchèrent à se disculper; mais, au même moment, l'ordre de les arrêter, qui avait été donné secrètement, fut exécuté, et on les conduisit à Pontefract. Glocester et Buckingham se rendirent seuls auprès du roi, l'abordèrent avec les démonstrations du plus grand respect, fléchirent le genou devant lui, et lui parlèrent de leur dévouement et de leur loyauté; mais pendant ce temps leurs gardes se saisirent de sir Thomas Vaughan et de sir Richard Hawse, domestique de confiance du jeune Édouard, et renvoyèrent tous les autres, avec défense d'approcher sous peine de mort.

Dès que la reine apprit l'arrestation de son frère, elle se retira, remplie de terreur, dans le sanctuaire de Westminster, avec le duc d'York son second fils, ses cinq filles et le marquis de Dorset.

Le duc de Glocester fit son entrée dans la capitale, à cheval devant son neveu qu'il montrait aux citoyens et désignait à leurs acclamations (4 mai 1483); puis le conseil décida que le couronnement n'aurait lieu que le 22 juin suivant, et conféra à Richard, sans attendre la réunion du parlement, les titres de protecteur et de défenseur de l'Angleterre, de lord grand amiral, grand chambellan et grand connétable. C'était un premier pas vers la couronne; et Glocester commença immédiatement à mettre ses plans à exécution. Ses confidents se réunirent dès-lors tous les jours chez lui à Crosby-Hall; là il fut décidé qu'il fallait d'abord et

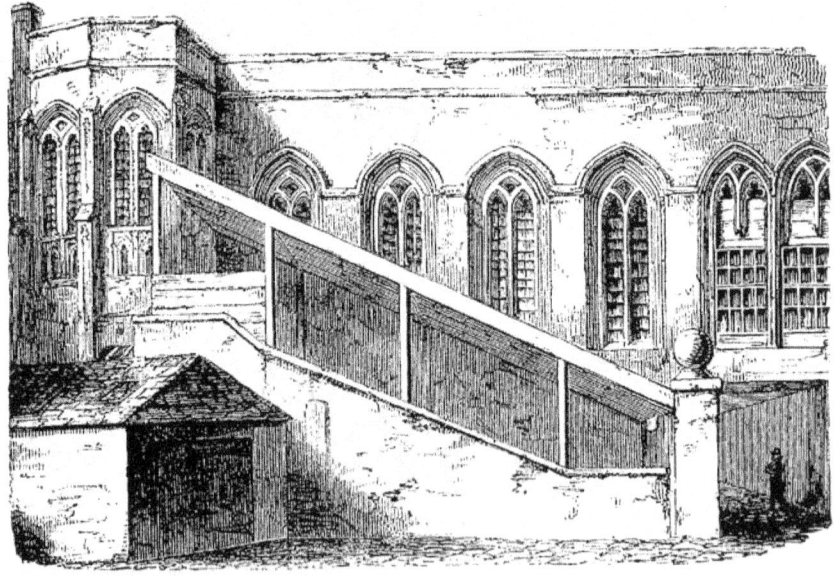

Palais de Crosby, tel qu'il existe encore à Londres.

avant tout se défaire des amis et soutiens que comptaient les enfants d'Édouard.

Les lords Hastings et Stanley possédaient une grande influence au conseil. Quoiqu'ils eussent été fort avant dans l'intimité du feu roi, Glocester crut d'abord possible de les rattacher à son parti; mais, aux premières ouvertures qu'il leur fit, ils déclarèrent qu'ils étaient inébranlables dans leur fidélité. Il ne restait donc qu'à se débarrasser d'eux. Glocester convoqua le conseil à la Tour. Hastings et Stanley s'y rendirent sans appréhension, et le protecteur commença une conversation familière avec eux, l'évêque d'Ely et l'archevêque d'York. Il parla même au premier de ces prélats des excellentes fraises de son jardin de Holborn, et l'évêque se hâta de donner l'ordre d'en apporter. Tout à coup Glocester, qui était sorti de la salle, rentra l'œil enflammé, l'injure à la bouche, criant que la reine Élisabeth et Jeanne Shore, une des maîtresses du feu roi, étaient d'infâmes sorcières, qui, par leurs sortiléges, l'avaient réduit au plus misérable état de maigreur, et en même temps il leur montrait un de ses bras tout décharné. Tous les membres du conseil savaient que cette infirmité datait de sa naissance; ils se regardèrent, et Hastings s'enhardit à prononcer quelques paroles en faveur de la reine; mais Glocester lui dit : « Tu es un traître toi-même, et je veux qu'on m'apporte ta tête pour « premier mets de mon dîner ! » Il frappa sur la table, des hommes armés entrèrent et s'emparèrent de Hastings, de Stanley, de l'archevêque d'York et de l'évêque d'Ely. Stanley fut atteint à la tête d'un coup de hache que lui porta l'un des satellites, et, malgré sa blessure, jeté dans un cachot ainsi que les deux prélats. Hastings, traîné dans la cour, eut à l'instant la tête tranchée sur un débris de charpente destiné aux réparations de la chapelle. Une proclamation annonça au peuple de Londres que le régent et lord Buckingham n'avaient échappé que par la protection divine à la mort que leur avaient préparée le traître Hastings et ses complices. Tandis que cette tragédie s'accomplissait, Ratcliffe, un des agents de Glocester, faisait exécuter, sans jugement, au château de Pontefract, le comte Rivers, lord Gray, sir Thomas Vaughan et sir Richard Hawse (13 juin 1483).

Le protecteur était maître de la personne du jeune roi; mais Élisabeth conservait près d'elle, dans le sanctuaire de Westminster, son second fils le duc d'York. Glocester sentit qu'il fallait aussi que ce prince tombât en sa puissance. Avant que la nouvelle de l'assassinat de Hastings et des lords Rivers et Gray eût transpiré, il se fit conduire à Westminster, accompagné de lords et de prélats, et chargea l'archevêque de Cantorbéry de déterminer la reine à lui confier son fils. Le primat parvint, au moyen d'exhortations et de prières, à inspirer à la reine une confiance que sans doute il partageait, et le jeune duc d'York fut conduit à la Tour.

Lorsque Glocester eut à sa disposition les deux héritiers directs de la couronne, il conçut le dessein de déshonorer la mémoire du feu roi. Il feignit un grand respect pour les mœurs publiques, blâma hautement son frère de s'en être écarté si souvent, puis accrédita le bruit qu'Édouard IV n'était que le fruit adultérin des amours de sa mère Cécile et d'un serviteur du duc d'York, et donna l'ordre de poursuivre Jeanne Shore avec rigueur. Jeanne avait conservé de grandes qualités dans l'enivrement de l'amour et de la puissance, et jamais elle n'avait abusé de sa faveur pour nuire à qui que ce fût. Elle devint la victime de l'ambitieuse hypocrisie de Glocester. Il l'accusa de sorcellerie, d'adultère et de débauche, et la fit juger par une cour ecclésiastique. On n'insista pas sur la sorcellerie, qu'on eût d'ailleurs prouvée comme tout autre crime; mais l'adultère était public, et elle fut condamnée à faire amende honorable devant l'église Saint-Paul, en chemise, les pieds nus, et tenant un cierge allumé. Tous ses biens furent confisqués, et Gloces-

Jeanne Shore ; fac simile d'un portrait appartenant à la famille de Hastings.
Le fond représente le clocher et la croix de Saint-Paul.

ter s'empara de ses bijoux et de son argenterie, du prix de plus de trois mille marcs On défendit aux habitants de Londres de lui donner asile, et l'infortunée fut réduite à demander son pain de porte en porte.

Le procès de Jeanne Shore n'était qu'un prélude pour accoutumer les esprits à entendre accuser d'illégitimité les enfants d'Édouard IV en fixant l'attention du peuple sur la conduite dissolue de ce prince, et pendant ce temps Glocester remplissait Londres de troupes à sa dévotion. Il y compta bientôt vingt mille hommes. Alors il commença à avouer hautement ses desseins. Par son ordre, un certain docteur Shaw choisit pour texte d'un sermon prononcé publiquement à Saint-Paul, ces paroles du livre de la Sagesse : *Les tiges bâtardes ne poussent point de racines*, et il en prit occasion de raconter que le feu roi, pour satisfaire une de ses honteuses passions, avait contracté un mariage clandestin avec Éléonore Talbot, fille du comte de Shrewsbury et veuve de lord Boteler, pardevant Stillings, évêque de Bath ; que, sans requérir l'annulation de ce mariage, il avait ensuite épousé Élisabeth Wydeville, veuve de sir John Gray. Le prédicateur ajouta que, bien qu'Élisabeth eût été reconnue comme reine d'Angleterre, elle n'était néanmoins qu'une concubine, et que ses enfants n'avaient aucun droit à la succession de leur père ; les enfants du feu duc de Clarence méritaient la même réprobation, car il était certain que la duchesse d'York avait conçu leur père ainsi qu'Édouard IV, dans le crime d'adultère, et qu'elle n'avait donné de naissance légitime qu'au duc de Glocester, excellent prince, véritable image de l'illustre duc d'York, seul digne de rendre à la nation anglaise la gloire et l'honneur qu'elle avait perdus. Après ce discours, l'on s'attendait à entendre les citoyens crier « Vive le roi Richard », mais l'auditoire surpris garda un morne silence. Glocester lui-même feignit du mécontentement, et le prédicateur se retira confus.

Mais on n'était pas allé si loin pour s'arrêter. Le maire de Londres, frère du docteur Shaw, convoqua les citoyens à Guildhall, où le duc de Buckingham, renommé pour son éloquence, prononça une harangue énergique ; il rappela la tyrannie d'Édouard, sa cruauté, son avarice, ses exactions, son impudicité, le déshonneur qu'il avait jeté sur tant de familles. Puis, faisant allusion au discours prononcé quelques jours avant par le docteur Shaw, il rappela l'hymen clandestin d'Édouard avec lady Éléonore Boteler, sa bigamie, et l'illégitimité des enfants de lady Élisabeth Gray : le vertueux Richard, duc de Glocester, avait seul le droit de porter la couronne d'Angleterre, était seul digne de régner sur un peuple généreux ; et il ajouta que les lords et les communes des comtés du nord avaient juré de ne jamais se soumettre au gouvernement d'un bâtard. Buckingham s'attendait à une explosion favorable, mais le silence fut encore plus marqué que la première fois. Stupéfait, il en demanda la raison au lord-maire, qui répondit qu'on n'avait pas entendu. Le duc répéta tout ce qu'il avait dit, appuyant sur les arguments dont il espérait le plus d'effet ; les auditeurs continuèrent à garder le silence, et le maire les excusa encore en faisant observer qu'accoutumés à la voix et aux formes de leurs assesseurs, aucun d'eux ne savait comment s'exprimer devant une personne d'une aussi éminente qualité. Le juge assesseur, Fitz-William, prit la parole et redit en substance le discours de Buckingham, en ajoutant à plusieurs reprises, avec intention : Ceci est le sentiment du seigneur duc. Il n'en eut pas plus de succès, et Buckingham ne put s'empêcher de s'écrier : « Voilà une singulière opiniâtreté ! « Allons, mes amis ; parlez ou ne parlez pas, nous n'avons pas besoin de vous. Les « lords et les communes ont assez d'autorité pour choisir un roi ; cependant, êtes- « vous pour ou contre le protecteur ? » A cette interpellation directe, quelques gens de la suite du maire et de Buckingham crièrent : Vive le roi Richard ! Le duc remercia l'assemblée de son assentiment et l'engagea à l'accompagner le lendemain au château de Baynard.

Ce château était la résidence de Glocester; une foule considérable, entraînée par Buckingham et le maire, pénétra dans les cours en faisant entendre de bruyantes acclamations. Le protecteur feignit une grande surprise, et affecta même des craintes pour sa sûreté. Toutefois il consentit à se montrer à une fenêtre, et demanda ce qu'on lui voulait. « L'Angleterre, dit Buckingham, veut un roi; elle vous a choisi, et sa résolution est immuable. » Puis il sollicita la faveur de lui présenter une adresse. Glocester se fit presser; mais il donna son assentiment. Cette adresse portait le titre de : *Considération, élection et pétition des lords spirituels et temporels et des communes du royaume d'Angleterre.* Elle commençait par un tableau des misères du royaume sous le feu roi, et continuait ainsi : « Remarquons « aussi comment le prétendu mariage entre ledit roi Édouard et Élisabeth Gray se « fit sans que les lords de ce pays en eussent connaissance ni qu'on ait demandé « leur assentiment, et cela au moyen des enchantements et des sortilèges « de ladite Élisabeth et de sa mère Jacquette, duchesse de Bedford, ainsi que « l'affirme l'opinion commune du peuple, opinion que nous prouverons suffisam- « ment si le cas l'exige; et nous remarquerons encore que ce prétendu mariage s'est « fait en particulier et en secret, sans publication de bans, dans une chambre par- « ticulière, dans un lieu profane, et non ouvertement en face de l'église suivant la « loi de Dieu, mais d'une manière contraire aux louables coutumes de l'église « d'Angleterre ; et qu'aussi, à l'époque où se contractait ce prétendu mariage, et « avant, et longtemps après, ledit roi Édouard était et restait fiancé et marié à une « certaine Éléonore Butteler, fille du vieux comte de Shrewsbury, avec laquelle « ledit roi Édouard avait fait jadis un contrat de mariage, bien avant qu'il épousât « Élisabeth de la manière et comme nous l'avons déjà dit ; il s'ensuit évidemment « que le roi Édouard, durant sa vie, a vécu avec ladite Élisabeth dans un com- « merce criminel et damnable et en adultère, contrairement aux lois de Dieu et à « celles de son église, et que toute la descendance et les enfants dudit Édouard « sont bâtards, et qu'ils n'ont aucun droit et ne peuvent nullement prétendre « à aucune portion d'héritage par les lois et les coutumes anglaises. » L'adresse finissait en invitant Richard de Glocester à monter sur le trône qui lui appartenait par le choix du peuple comme par sa naissance. « Richard de Glocester « n'est point ambitieux, répondit alors le protecteur; les devoirs de la royauté « sont pénibles et sans charmes pour lui. La couronne doit orner le front de « son jeune neveu : c'est le fils d'un frère chéri, et il aime cet auguste enfant « d'une tendresse toute paternelle. — Sire, répliqua Buckingham, jamais bâtard « ne fera peser sa férule sur le peuple libre d'Angleterre; excusez ma franchise, « si Votre Grâce repousse son héritage légitime, nous savons où le placer. » Après un moment de silence, durant lequel Richard parut plongé dans les plus sérieuses réflexions, il reprit : — « La voix du peuple est celle de Dieu; il me « commande, j'obéis. Puisqu'en effet je suis reconnu par lui comme l'héritier légi- « time, et que d'ailleurs les trois états m'ont librement élu, je reçois l'honneur qu'ils

« me font ; je m'élève dès ce moment à la dignité royale, et je prends le gouverne-
« ment des deux nobles royaumes d'Angleterre et de France, le premier de mon droit,
« le second par droit de conquête, si Dieu le permet dans sa providentielle munifi-
« cence. » Le lendemain, 26 juin 1483, cette odieuse comédie se dénoua par l'intronisation de Glocester sous le nom de Richard III : il se rendit en pompe à Westminster, se plaça sur le siége de marbre, ayant à sa droite lord Howard et à sa gauche le duc de Suffolk, publia une amnistie générale, et, datant de ce jour le commencement de son règne, il alla rendre grâce à Dieu, dans l'église de Saint-Paul, au milieu des acclamations du peuple. Le clergé le bénit, et aucune voix ne prononça le nom d'Édouard V.

Fou de cour sous le règne d'Edouard V.

RICHARD III.

(1483-1485)

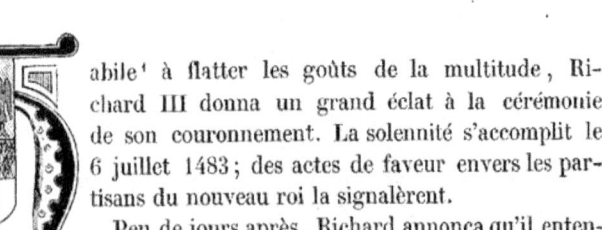abile[1] à flatter les goûts de la multitude, Richard III donna un grand éclat à la cérémonie de son couronnement. La solennité s'accomplit le 6 juillet 1483; des actes de faveur envers les partisans du nouveau roi la signalèrent.

Peu de jours après, Richard annonça qu'il entendait voir par lui-même comment la justice était administrée dans ses états et qu'il allait parcourir son royaume, afin d'écouter les réclamations des peuples et de redresser les abus. Son intention était de se montrer aux habitants des comtés du nord et de s'y faire des partisans. Il visita en effet quelques villes, accompagné de la reine, et suivi d'une cour brillante. Il acquit en peu de jours une grande popularité par l'affabilité de ses manières; et, pour achever d'éblouir ses sujets, il se fit couronner une seconde fois dans la ville d'York, avec autant de magnificence qu'à Westminster.

Mais pendant ce temps, ses adversaires un moment abattus par la terreur qu'il inspirait, commencèrent à se réunir et à rechercher les moyens de se soustraire à ce joug imposé avec une impudence sans égale. Aucune assemblée des trois états n'avait légalement élu Richard; l'innocence des jeunes princes touchait les esprits les plus prévenus, et déjà la haine nationale s'attachait au nom de l'usurpateur. Le duc de Buckingham, l'homme qui avait conduit le mouvement par suite duquel Glocester était devenu roi, l'ami le plus zélé du nouveau monarque qui l'avait récompensé par la charge de connétable d'Angleterre, par celles de gouverneur des forteresses royales dans la principauté de Galles, de grand-justicier de cette contrée,

---

1. Cette lettre, tirée d'un MS. du temps de Richard III, représente les armes de sa femme, Anne de Nevil, fille du grand comte de Warwick. Elle avait épousé en premières noces le prince Édouard, fils de Henri VI, qui fut tué à la bataille de Tewkesbury.

d'intendant des domaines royaux dans le Shropshire et d'autres comtés, et par le don des immenses héritages de Humphrey de Bohun, confisqués naguère au profit de la maison d'York, Buckingham devint l'âme d'un complot qui tendait à rendre la couronne au jeune Édouard. Mais Richard, loin de s'endormir, comme on le croyait, dans les délices de sa grandeur nouvelle, se délivrait à ce moment même des deux princes pour lesquels on prétendait agir. Avant son départ de Londres, il avait secrètement mais vainement engagé sir Robert Brakenbury, gouverneur de la Tour, où les deux enfants étaient renfermés, à les faire mourir sans bruit. Rendu à Warwick, le roi envoya l'ordre à sir Robert de remettre, pour vingt-quatre heures, à Jacques Tyrrel, maître de ses écuries, les clefs et le commandement de la forteresse. Tyrrel se fit accompagner de trois scélérats, Slater, Dighton et Forrest, puis leur ouvrit dans la nuit la porte de la chambre où reposaient les deux frères, et les y introduisit. Les assassins étouffèrent les pauvres enfants sous des oreillers et des couvertures, puis ils appelèrent Tyrrel, lui montrèrent les corps des victimes, et les enterrèrent dans une fosse creusée au bas de l'escalier. Tyrrel rendit alors les clefs et le commandement à Brakenbury, et rejoignit Richard dans la ville d'York. Ce forfait resta secret durant quelques jours; mais dès que le bruit courut que des conspirateurs voulaient prendre les armes pour délivrer les jeunes princes, le roi laissa publier la nouvelle de leur mort, sans s'inquiéter qu'on la lui attribuât.

A la nouvelle de ce crime, les ennemis de l'usurpateur résolurent de lui susciter un nouveau compétiteur. Ils jetèrent les yeux sur le comte Henri de Richmond, descendant d'Édouard III par sa mère, fille du duc de Somerset, arrière-petite-fille de Jean de Gand, duc de Lancastre, et en mettant à ce choix la condition que Henri épouserait la princesse Élisabeth, fille d'Édouard IV, à laquelle se trouvaient à présent dévolus les droits de la maison d'York (voir le tableau généalogique des maisons d'York et de Lancastre). La reine douairière, le marquis de Dorset, le duc de Buckingham, les principaux chefs du complot formé en faveur des malheureux enfants d'Édouard IV, donnèrent leur adhésion à cette idée, et la comtesse de Richmond fit part à son fils de la résolution qu'on avait prise. Henri résidait alors en Bretagne où il s'était réfugié avec le comte de Pembroke, après la malheureuse bataille de Tewkesbury; il apprit que le 18 octobre était le jour fixé pour un soulèvement général en sa faveur, et il se prépara à rejoindre ses amis.

Cependant ceux-ci n'avaient pu agir si secrètement que Richard n'eût eu quelque connaissance indirecte de leurs projets. Sans se donner le temps de les approfondir, il s'efforça de les déjouer, déclara Buckingham traître à la couronne, et convoqua tous ses vassaux à Leicester. Ces mesures n'arrêtèrent pas les conjurés, et le 18 octobre étant arrivé, le marquis de Dorset proclama Henri à Exeter, l'évêque de Salisbury l'imita dans le comté de Wilts, le duc de Buckingham à Brecon, et des gentilshommes d'un haut rang à Maidstone dans le comté de Kent, et à Newbury dans le Berkshire. En apprenant ce mouvement immense, Richard fit une proclamation où il nommait ses adversaires des traîtres, des débauchés, des adultères, qui voulaient l'abolition de la vertu et la protection du vice; puis il promettait le pardon à tous les gens égarés par les rebelles, et menaçait des peines les plus terribles ceux qui tarderaient à se soumettre. Les éléments vinrent à son secours. La flotte de Henri, partie de Saint-Malo avec cinq mille hommes, fut dispersée dans le trajet par une horrible tempête qui dura près d'un mois, et le prince parvint avec un seul vaisseau sur les côtes de Devon; mais il eût été imprudent d'opposer un si petit nombre de défenseurs à l'armée de Richard, et il fallut reprendre la route de la Bretagne. Les Gallois que conduisait Buckingham furent surpris par des débordements de rivières, ne purent passer la Severn dont les ponts étaient rompus, manquèrent bientôt de subsistances, et se débandèrent. Le duc trahi fut conduit à Salisbury devant Richard, qui lui fit immédiatement trancher la tête. Le marquis de Dorset, Courteney, l'évêque d'Exeter, Morton, l'évêque d'Ely, et quelques autres, se sauvèrent sous divers déguisements, et gagnèrent la Bretagne. Tous ceux qui tombèrent dans les mains de Richard furent envoyés à la mort.

Richard n'avait pas osé jusqu'à ce jour convoquer un parlement; à son retour à Londres, il se résolut cependant à le réunir. Ce parlement servile le déclara « roi « incontestable de l'Angleterre et de la France, par droit de consanguinité, d'hérédité, d'élection, de consécration et de couronnement; » son fils fut créé prince de Galles; et, par un acte de proscription plus rigoureux que tous ceux sur lesquels on pouvait prendre exemple, le roi s'enrichit des domaines d'un duc, d'un marquis, de trois comtes, de trois évêques et d'un nombre considérable de chevaliers. Le mariage d'Édouard IV et d'Élisabeth Wydeville fut déclaré nul, on ne donna plus à leur fils, Edouard V, que le nom d'Édouard-le-Bâtard, et à la reine, dont on supprima le douaire, que celui de veuve de sir John Gray. Toutefois, Richard sachant qu'un grand nombre de ses ennemis n'avaient juré vassalité et fait hommage à Henri de Richmond, que parce qu'il avait promis d'épouser l'aînée des filles d'Élisabeth qu'ils regardaient comme l'héritière légitime du trône, se mit en devoir de s'opposer à ce mariage. Pour cela, il parvint d'abord à décider la reine douairière à quitter le sanctuaire de Westminster où elle s'était réfugiée avec ses filles, et s'engagea à la traiter en reine. Son but était de faire épouser à la jeune princesse Élisabeth son fils Édouard, héritier présomptif de la couronne. Le prince étant mort peu de temps après, on pensa que Richard cesserait d'avoir pour la fiancée les égards dont il l'avait entourée. Mais il avait formé d'autres projets. On remarqua tout à coup un changement singulier dans ses manières. Sa brusquerie ordinaire envers les femmes parut cesser, ses vêtements jusqu'alors négligés, se couvrirent d'or et de pierreries; il étala une magnificence outrée, donna des bals et des festins, fit jouer des mystères et des soties; et chaque jour un amusement plus recherché signala ses nouveaux goûts, en les imposant à ses flatteurs. Cette métamorphose causa de grands étonnements à la cour; mais ce qui surprit sur toutes choses, ce fut de voir la princesse Élisabeth, la sœur d'Édouard V, tenir le premier rang dans ces fêtes, qui semblaient un hommage rendu à sa beauté. Tout à coup la reine Anne fut saisie d'une indisposition si grave, que Richard fixa lui-même l'époque de sa mort, et dans la certitude de cet événement il n'attendit pas qu'il fût consommé pour offrir sa main à la jeune Élisabeth, sa nièce. La veuve d'Édouard IV n'hésita pas à donner son assentiment à cette horrible union ; elle mit en oubli le meurtre de ses trois fils et de son frère, écrivit à ses partisans en France pour les inviter à rompre toute relation avec le comte de Richmond, et enjoignit à son fils du premier lit, le marquis de Dorset, de cesser de paraître aux conseils de Henri. Éblouie des splendeurs du trône, Élisabeth, de son côté, écrivait au duc de Norfolk : « Le roi fait ma joie et mon « bonheur ; j'ai la certitude qu'il me porte dans son cœur et dans sa pensée ; mais « il m'avait promis que la reine mourrait en février, cependant le mois de février « est presque écoulé, et elle vit encore. Je commence à craindre qu'elle ne meure « jamais. » Elle expira toutefois (mars, 1485), et nul ne douta du genre de sa mort.

Cependant Richard consulta ses confidents Ratcliffe et Catesby sur l'hymen qu'il se proposait de contracter. Tous deux effrayés de ce projet, dont l'exécution les eût peut-être un jour livrés à la vengeance d'une princesse qui devait détester en eux les meurtriers des lords Rivers et Gray, l'engagèrent à retarder la conclusion de son mariage, et à tenir secrètes ses intentions jusqu'à ce que le pape lui eût accordé la dispense qu'il fallait solliciter. Ils s'expliquèrent d'ailleurs avec assez de franchise. La mort prompte de la reine, dirent-ils, avait fait naître des soupçons d'empoisonnement ; si le roi la remplaçait à l'instant par sa nièce, ces soupçons deviendraient certitude, et il perdrait de nombreux partisans dans les comtés du nord, où l'on gardait un insigne respect à la mémoire du grand comte de Warwick, dont la reine était la fille ; en outre, le clergé ne manquerait pas de crier à l'inceste, et il deviendrait un objet d'horreur pour le peuple ; tandis que la réponse favorable du saint pontife une fois arrivée, elle serait pour lui, en temps et lieu, un bouclier sous lequel il ne craindrait plus les armes et les calomnies de de ses ennemis. Richard ajourna donc son projet.

Mais tous ces crimes le rendaient odieux au peuple, qui n'attendait qu'une occasion et qu'un chef pour se soulever. Richard ne l'ignorait pas, et son esprit était constamment en proie aux plus cruelles appréhensions. Averti de l'armement que préparait Henri de Richmond, il voyait avec terreur s'approcher l'instant du conflit qui devait décider du sort de sa couronne et de sa vie. Il doutait de la fidélité de ses plus dévoués partisans, et, manquant d'argent, n'osait convoquer le parlement pour lui demander un subside. Dans sa détresse, il adopta une mesure plus dangereuse, celle d'un emprunt forcé sous le nom de don gratuit, mesure qui acheva de le perdre dans l'opinion de tous. Des défections commencèrent. Le vieux comte d'Oxford, détenu au château de Ham, détermina sir Walter Blount, gouverneur de cette forteresse, à passer avec lui au service de Henri ; les officiers de Calais les imitèrent. Une foule d'habitants des côtes de l'est émigrèrent avec les shérifs des comtés ; si bien que lorsque lord Stanley, intendant de la maison du roi, et qui avait jusque alors déployé un zèle infatigable à son service, lui demanda la permission d'aller visiter ses domaines, Richard, tremblant que ce seigneur dont l'influence était immense dans le Lancashire et le Chesshire, ne passât du côté de Henri, retint à Londres lord Strange, son fils unique, comme garant de sa fidélié.

Cependant, l'escadre du comte de Richmond, assemblée à l'embouchure de la Seine, n'attendait plus qu'un moment favorable pour se diriger vers l'Angleterre.

L'armée qu'elle portait ne se composait que de trois mille hommes, la plupart Bretons et Normands; mais elle était dévouée et bien disciplinée. Dès que Richard apprit que cette flotte ennemie était prête à mettre à la voile, il en donna avis au public par une longue proclamation, dans laquelle il qualifiait les exilés de voleurs, d'assassins, d'adultères, gens dénaturés et abominables, justement proscrits par la haute sagesse et l'équité du parlement, vendus à Charles VIII, qui se prétendait roi de France; misérables qui s'étaient donnés pour chef un certain Henri Tudor, bâtard de père et de mère, sans droit ni titre à la couronne d'Angleterre: ce détestable Henri Tudor avait déjà vendu tous les droits réels du roi d'Angleterre à la couronne de France, à la Normandie, au Maine, à l'Anjou, à l'Aquitaine, à la ville de Calais et aux forteresses des environs; il avait de plus disposé des archevêchés, évêchés, abbayes, dignités spirituelles et bénéfices ecclésiastiques en faveur d'une partie de ses adhérents, et de tous les duchés, comtés, baronnies, et autres héritages pour les autres; son intention était de renverser toutes les lois, d'arracher aux villes leurs chartes et priviléges; d'assassiner, voler, exhéréder tout bon chrétien et fidèle Anglais. Il fallait donc que tous ses loyaux sujets, s'ils voulaient sauver leurs femmes, leurs enfants, leurs maisons, leurs héritages et leurs personnes, se rassemblassent diligemment et courageusement, et vinssent prêter secours à leur bon roi, qui se dévouait lui-même à leur sûreté et à leur bonheur. Cette proclamation faite, Richard porta son quartier général à Nottingham, point central d'où il pouvait aisément envoyer des ordres dans toutes les directions, et il y attendit l'arrivée de son compétiteur.

Ce fut le 7 août 1485 que Henri de Richmond prit terre à Milford-Haven, dans la principauté de Galles; il se mit en marche vers les districts du nord, où il comptait de nombreux amis. Les chefs gallois le laissèrent passer, mais ne s'émurent en aucune façon de ses proclamations, et quand il eut atteint Shrewsbury, son armée ne s'était augmentée que de quelques centaines d'hommes. Richard, en apprenant le débarquement, somma tous ses sujets de le rejoindre à Leicester, sous les peines les plus terribles. Le duc de Norfolk, le seul peut-être qui fût sincèrement dévoué à ses intérêts, lui amena les habitants des comtés de l'est; lord Brakenbury, gouverneur de la Tour de Londres, accourut avec les milices de la cité, le comte de Northumberland avec des troupes du nord, et lord Lovel avec celles du Hampshire. Lord Stanley avait levé des forces considérables; mais quand le roi lui écrivit de se hâter, il répondit qu'il était atteint d'une indisposition qui ne lui permettait aucun mouvement. Richard fit alors arrêter lord Strange, son fils, et le menaça de la mort s'il ne trouvait moyen de rendre promptement la santé à son père.

Il fallait que Henri eût une grande confiance dans les promesses de ses amis pour oser se mesurer, suivi d'un aussi petit nombre d'hommes, avec une armée considérable qui devait l'écraser du premier choc. Il passa la Severn; les tenanciers du lord Talbot le rejoignirent à Newport, et il paraît qu'à Stafford il eut une entrevue secrète avec lord William Stanley, qui pour sauver, s'il se pouvait, les jours de lord Strange son fils, supplia Henri de lui permettre de conserver une apparence d'hostilité. Henri consentit à cette mesure qui, au moment du combat, devait enlever sept mille hommes à Richard, et Stanley vint se placer à Atherston, dans un poste qui lui permettait de se réunir à volonté à l'un ou à l'autre des deux corps d'armée.

Richard avait trop de sagacité pour ne pas s'apercevoir du double rôle que jouait lord Stanley ; mais il se croyait certain du gain de la bataille, et se réservait de faire tomber ses vengeances, après la victoire, sur ses ennemis secrets ou déclarés ; le 21 août 1485, il s'avança jusqu'à deux milles environ de Bosworth. Henri, dont la petite armée s'était augmentée d'un grand nombre de déserteurs du camp ennemi, s'était approché d'Atherston dans la nuit, et mis en relation avec Stanley. Le comte d'Oxford commandait son avant-garde, et lui-même s'était placé au corps de bataille. Les dispositions de Richard furent semblables. Il confia l'avant-garde au duc de Norfolk, et prit le commandement du centre. Le combat s'engagea. Tout à coup Richard s'aperçut de la défection des troupes de Stanley et les reconnut parmi ses adversaires. Dans sa fureur, il se précipita sur l'ennemi en criant : « Trahison ! trahison ! » Il tua de sa propre main sir William Brandon qui portait la bannière du comte de Richmond, et, poussant jusqu'à Richmond lui-même, en renversant tout sur son passage, il lui porta un coup terrible ; mais les gens de Stanley l'entourèrent, et, accablé par le nombre, il ne tarda pas à succomber. Lord Stanley lui arracha sa couronne, et la plaça sur le casque de Richmond en criant : « Longue vie au roi Henri ! » Ce fut le signal de la déroute. Le duc de Norfolk, lord Ferrers, sir Richard Ratcliffe, le gouverneur Brakenbury, étaient tués, et leurs partisans ne songèrent plus qu'à implorer la miséricorde du vainqueur ; trois mille d'entre eux étaient prisonniers ou avaient péri dans le combat.

Le cadavre de Richard était entouré de morts et couvert de blessures. Placé sur un cheval, derrière un héraut d'armes, il fut conduit à Leicester, exposé pendant deux jours, et inhumé sans cérémonie dans l'église du monastère de Grey-Friars.

Monastère de Grey-Friars dans son état actuel.

Henri de Richmond entra triomphalement dans la ville de Leicester, pendant qu'on y rapportait le corps de Richard, et prit aussitôt le titre de roi sous le nom de Henri VII. De tous les prisonniers, trois seulement furent mis à mort, et cette clémence à laquelle on n'était plus habitué depuis les sanglantes exécutions et les assassinats qui avaient signalé les guerres des deux Roses, contribua encore à concilier les esprits du peuple au nouveau souverain.

Costumes de femme du temps de Richard III. (Celui du milieu est un costume de deuil.)

MAISON DE TUDOR.

HENRI VII.
(Rose rouge.)

(1485 - 1509)

oute[1] la nation apprit avec joie la victoire de Henri et la mort de Richard, et le nouveau roi fit son entrée à Londres (28 août 1485) aux acclamations d'une foule immense. Il se rendit à l'église de Saint-Paul, et y consacra les étendards conquis à Bosworth; puis ses premières mesures furent de faire enfermer dans la Tour de Londres le jeune fils du duc de Clarence, qu'Édouard IV avait fait comte de Warwick, et de créer un corps de cinquante archers d'élite chargés de veiller en tous lieux à sa sûreté personnelle.

Le parlement avait été convoqué. Le chancelier annonça aux chambres réunies que Henri VII était monté sur le trône par le droit de sa naissance, par la volonté de Dieu et par la victoire; et, comme il s'aperçut que ce dernier mot excitait quelque rumeur dans l'assemblée, il se hâta d'ajouter que cette victoire n'enlevait à personne ses droits et héritages. Lorsque ensuite les chambres se trouvèrent constituées,

---

1. Cette lettre représente Henri VII remettant à John Islipp, abbé de Westminster, un livre contenant le nom et le détail des messes et offices qu'il ordonna de célébrer pour le repos de l'âme de son père, de sa femme et de ses autres parents. Elle est tirée de ce livre même, MS. de la bibliothèque Harléienne.

les premières questions que l'on posa furent de savoir si les membres proscrits par le dernier roi pouvaient légalement siéger, et s'il n'était pas nécessaire de rapporter l'acte qui avait frappé Henri lui-même. La cour du banc du roi répondit que la couronne effaçait toutes les irrégularités ; mais que les actes de proscription devaient être annulés avant que ceux qu'ils avaient atteints pussent prendre séance au parlement. En conséquence, un statut réhabilita cent sept personnes, parmi lesquelles on comptait la mère du roi et les ducs de Bedford, d'Oxford et de Buckingham. L'acte de succession à la couronne fut ensuite discuté, et les difficultés qu'il présentait furent assez sagement résolues ou éludées. Henri ne pouvait se dissimuler que les titres de la princesse Élisabeth qu'il devait épouser, étaient supérieurs aux siens propres, il fallait donc soutenir à la fois les droits d'York sans abandonner ceux de Lancastre. En conséquence, on ne fit pas revivre l'acte de Henri IV qui établissait la succession au trône dans la ligne de Jean de Gand, et on ne révoqua pas celui d'Édouard IV qui la plaçait dans la ligne de Lionel duc de Clarence, mais on annula le statut d'Édouard IV qui déclarait Henri IV, Henri V et Henri VI usurpateurs et traîtres ; on releva de traîtrise et d'incapacité la mémoire de Marguerite, épouse de Henri VI, celle d'Édouard leur infortuné fils, ainsi que tous les héritiers de Henri de Lancastre, et en même temps on cassa la disposition de la première année du règne de Richard III qui mettant au rang des concubines Élisabeth Wydeville, veuve d'Édouard IV, déclarait ses enfants illégitimes. Enfin, sans entrer dans l'énonciation des droits divers de Henri et d'Élisabeth, on arrêta simplement que l'héritage de la couronne appartenait au souverain seigneur le roi Henri VII et aux héritiers légitimes de son sang, à perpétuité.

Jusque-là tout semblait prudent et modéré, et l'on espérait que le nouveau monarque allait enfin fermer la voie de proscription ouverte à la vengeance et à tous les crimes par les partisans successifs des deux Roses. Mais il lui fallait de l'argent pour indemniser ses compagnons, et, nonobstant les murmures qui s'élevèrent de toutes parts, le roi Richard III, le duc de Norfolk, le comte de Jersey, les lords Zouch, Ferrers et Lowell, sir William Berkeley, sir Humphrey Stafford, Catesby, Harrington et vingt autres gentilshommes des plus distingués, furent accusés de trahison, de parjure et d'homicide, mis hors la loi et leurs biens frappés de confiscation. Cette mesure fut suivie de la révocation des concessions faites par la couronne depuis la trentième année du règne de Henri VI, ce qui mit à la merci du roi la plupart des adhérents de la maison d'York à qui surtout ces donations avaient profité. Ces rigueurs et les retards volontaires que semblait éprouver le mariage du roi, commençaient à alarmer les amis d'Élisabeth ; le parlement s'en expliqua à Henri, qui renouvela sa promesse à cet égard et épousa en effet la princesse aux fêtes de Noël suivantes. Le pape Innocent VIII avait, par une bulle, approuvé cet hymen, accordé les dispenses nécessaires, confirmé l'acte de succession, et excommunié toutes les personnes qui tenteraient de troubler le nouveau monarque ou sa postérité dans la jouissance de leurs droits.

L'autorité de Henri VII lui parut alors si bien affermie qu'il prit la résolution de parcourir ses états, et principalement les comtés septentrionaux qui avaient montré du dévouement à Richard III, et il voulait les rattacher à sa cause. Rendu à Lincoln, il apprit que Thomas et Humphrey Stafford, ainsi que le vicomte Lovell avaient quitté le sanctuaire de l'église de Colchester où ils avaient d'abord trouvé un asile, et qu'ils méditaient sans doute quelque trahison. Le roi dédaigna ces bruits; mais quand il arriva à Nottingham, ils avaient pris de la consistance. Il donna quelques ordres, et continua sa route sur Pontefract, où il reçut des nouvelles certaines du mouvement des mécontents. Lovell et les Stafford s'avançaient avec une armée de quatre à cinq mille hommes levés dans les environs de Middleham et de Rippon, et ils projetaient d'assiéger Worcester ou de surprendre Henri au moment de son entrée dans la ville d'York. Quoique elle ne fût pas très-nombreuse, la suite du roi était animée d'un grand courage, et elle se disposa à combattre l'ennemi; mais il n'en fut pas besoin : une proclamation qui promettait un pardon général aux rebelles produisit plus d'effet qu'une bataille, les insurgés se dispersèrent. Lovell parvint à gagner la Flandre, où il reçut accueil à la cour de Marguerite, duchesse douairière de Bourgogne; les deux Stafford se réfugièrent dans le sanctuaire de l'église de Colnham, petit village près d'Abingdon. On a vu, par plusieurs exemples, combien ces asiles étaient respectés; mais les envoyés de Henri mesurèrent sans doute l'étendue du droit à la grandeur de l'édifice, et ils en arrachèrent les deux proscrits. L'abbé d'Abingdon accourut auprès du monarque, traita de sacrilége l'action de ses agents, et demanda que les Stafford fussent réintégrés dans l'église de Colnham. Le roi, tout mécontent qu'il parût, n'osa faire exécuter sur-le-champ ses captifs, et ordonna qu'ils fussent conduits à la Tour. Il consulta ensuite les juges pour savoir si l'église de Colnham devait jouir du droit d'asile. Après une assez longue discussion, il fut décidé que ce privilége ne lui appartenait pas, et sir Humphrey Stafford eut la tête tranchée à Tyburn; son frère Thomas obtint sa grâce en considération de sa jeunesse.

Après un long séjour dans la ville d'York, Henri revint à Londres, où l'attendait une ambassade écossaise. Une prolongation de la trêve entre les deux états donna au nouveau roi la confiance que la paix, qui lui était si nécessaire, ne serait pas troublée sur ses frontières du nord; mais ce qui parut encore plus favorable à l'affermissement de sa puissance, ce fut la naissance d'un fils que lui donna la reine, le 20 septembre 1486. Le jeune prince reçut le nom d'Arthur, en mémoire du célèbre fondateur de la Table ronde, dont la maison des Tudor prétendait tirer son origine.

Cependant le mécontentement du peuple, excité par l'acte de proscription qui avait frappé un grand nombre de seigneurs sous le prétexte qu'ils avaient été partisans de la maison d'York, ne tarda pas à s'accroître lorsque le bruit se répandit que la reine était délaissée par son époux. De la commisération pour Élisabeth, le peuple en vint à se prendre de pitié pour ce comte de Warwick, fils de Clarence, que le roi retenait à la Tour de Londres, et auquel on prophétisait le triste sort des fils d'Édouard.

Ce fut dans cette occurrence qu'un prêtre d'Oxford, nommé Richard Simons, parut tout à coup à Dublin, se rendit chez le vice-roi ou lord député d'Irlande, Thomas

Fitz-Gerald, comte de Kildare, et lui présenta son pupille, Édouard Plantagenet, comte de Warwick, échappé, disait-il, de la Tour de Londres.

Le duc de Clarence avait rempli longtemps les fonctions de vice-roi d'Irlande sous le règne de Henri VI, et les colons anglais étaient restés fortement attachés à sa mémoire. Le comte de Kildare passait pour un de ses plus dévoués partisans, et les Yorkistes le reconnaissaient comme le chef de leur faction. S'il avait d'abord conservé la place éminente qu'il occupait à l'époque de la bataille de Bosworth, il ne le devait qu'à la politique du nouveau roi, qui avait craint d'irriter une noblesse influente : car, peu de temps après, Henri l'ayant mandé près de lui, le gouverneur s'était dispensé d'obéir à cet ordre, en lui envoyant, au nom des pairs et des prélats, une députation chargée de lui remontrer que sa présence était d'une nécessité absolue en Irlande. Le roi l'avait favorablement écoutée, et n'avait déplacé aucun des magistrats nommés par ses prédécesseurs.

Fitz-Gerald accueillit sans méfiance les deux aventuriers qui réclamaient son appui au nom de la maison d'York. Le jeune Warwick racontait avec une singulière vraisemblance ses douleurs à la mort de son père, ses espérances lorsqu'il avait été désigné comme héritier présomptif du trône, toute sa vie et ses aventures à Sheriff-Hutton, où il avait vécu en compagnie de la princesse Élisabeth, enfin, les derniers événements qui l'avaient conduit à Dublin. Le comte de Kildare présenta le comte de Warwick à la noblesse d'Irlande et aux citoyens de Dublin, qui, sans hésiter, le reconnurent sous le titre qu'il s'arrogeait, lui prêtèrent serment de fidélité, et le proclamèrent, sous le nom d'Édouard VI, roi d'Angleterre et de France, et seigneur d'Irlande. En apprenant ces singulières nouvelles, Henri VII se hâta de faire prendre à la Tour le véritable Warwick, de le faire promener à cheval dans les rues de Londres, et de l'exposer à tous les regards dans l'église de Saint-Paul. Il l'amena ensuite à son palais de Shène, où les personnes qui voulurent l'entretenir eurent la liberté de l'approcher et de converser avec lui. Mais s'il parvint à convaincre les Anglais de l'imposture du prêtre Simons et de son jeune pupille, cette imposture fut rejetée sur lui-même par les Irlandais, et le Warwick de Shène ne leur parut qu'un faux Plantagenet.

Le prêtre Simons n'avait agi qu'à l'instigation des mécontents et de quelques ambitieux ; parmi eux, un des plus importants était Jean de la Pole, comte de Lincoln, fils de la sœur de Richard et du duc de Suffolk. Richard III l'avait désigné pour lui succéder. Henri VII n'avait d'abord témoigné aucune méfiance au comte de Lincoln, et l'avait même admis dans ses conseils ; mais le comte embrassa le parti du faux comte de Warwick, sans que l'on puisse s'expliquer ses motifs. La duchesse de Bourgogne, à la cour de laquelle il se rendit, entra dans ses vues, et lui confia un corps de deux mille vétérans allemands, sous le commandemement de Martin Schwartz, avec lequel il fit voile pour l'Irlande et alla débarquer à Dublin. Le comte de Lincoln connaissait parfaitement le véritable comte de Warwick ; il l'avait vu dans la Tour, à l'église de Saint-Paul, et à la résidence royale de Shène ; cependant il n'eut pas l'air de douter un instant de l'identité du Warwick de Dublin, et ouvrit l'avis de le couronner sans délai. Cette cérémonie fut accomplie par l'évêque de Meath (24 mai 1487).

Informé de ce qui se passait en Irlande, Henri VII leva des troupes, visita les comtés septentrionaux, et marcha au-devant de Lincoln qui était débarqué à Foudray dans le comté de Lancastre. Mais les secours sur lesquels ce dernier avait compté étaient loin de remplir son espoir. Quelques partisans de la maison d'York éprouvaient de la répugnance à se joindre à des Irlandais sans aveu, et à des mercenaires allemands; d'autres étaient ébranlés par le bruit accrédité que le Warwick pour lequel ils devaient combattre n'était qu'un imposteur. Les insurgés se trouvèrent cependant bientôt au nombre de huit à dix mille et rencontrèrent l'armée royale dans un lieu nommé Stoke, dans le comté de Nottingham. Le choc fut terrible; les Allemands se battirent avec un courage désespéré; les Irlandais déployèrent une audace et une valeur sans égale, mais ils étaient mal armés, et quelques charges de grosse cavalerie les mirent promptement en désordre; la victoire enfin se déclara pour Henri VII; quatre mille hommes restèrent sur le champ de bataille, et parmi eux le comte de Lincoln et l'Allemand Martin Schwartz. Le prêtre Simons et son pupille furent faits prisonniers.

Il fut alors prouvé que *le roi Édouard VI* n'était qu'un imposteur, nommé Lambert Simnel. Le prêtre, son protecteur, ne parut point en justice, mais il avoua sa fourberie devant un conseil secret d'ecclésiastiques, et périt dans un cachot. Henri VII destina Simnel au service de ses cuisines, et quelques années après lui donna même la charge de fauconnier. Un bill de proscription, qui frappait la presque totalité des rebelles, au nombre de plus de cinq mille, subvint aux besoins du roi par les confiscations et les amendes, et satisfit autant son avarice que son esprit de vengeance, car il ruina et plongea dans la détresse tous les partisans de la maison d'York que l'échafaud ne pouvait atteindre. Henri profita encore de cette révolte pour obtenir du parlement l'abolition du droit de « maintenance. » Par « maintenance » on entendait une association d'individus sous un chef dont ils portaient les armoiries et les couleurs, et auquel ils étaient liés par serment, s'engageant à soutenir, les armes à la main, les querelles de ce chef et celles des divers membres de l'association. Par ce moyen, des nobles puissants se trouvaient en mesure de lever au premier appel des troupes nombreuses et dévouées. Le parlement arrêta que le chancelier, le trésorier, le garde du sceau privé, avec un évêque ou pair séculier, et les chefs des juges du banc du roi et des plaids communs, auraient le pouvoir de citer devant eux les individus coupables de contravention au statut qui abolissait le droit de maintenance, et de punir les coupables comme l'eussent fait les tribunaux ordinaires. Quoique le pouvoir qu'avait cette cour dut être sanctionné par la loi, on arriva bientôt à le changer en un pouvoir discrétionnaire qui devint redoutable. Les décorations de la chambre dans laquelle siégeait ce tribunal extraordinaire, lui firent donner le nom de *Cour étoilée*.

Délivré de ce complot, et rassuré par une nouvelle trêve sur ses frontières d'Écosse, Henri VII jeta ses regards sur la situation des états continentaux. La France avait alors considérablement augmenté sa puissance. Les provinces qui formaient les grands fiefs de cette couronne, et qui se régissaient jadis par des constitutions particulières, de même qu'elles étaient gouvernées par des princes presque indépendants, s'étaient successivement incorporées, et composaient un état complet, soumis sur tous ses points à des lois d'un même esprit, et dirigé par une politique assise sur un intérêt général. La Bretagne seule était encore indépendante; elle conservait son prince, ses institutions, son langage, ses mœurs et ses armées. Mais le duc François II n'était plus qu'un vieillard incapable; il n'avait point de fils, point d'héritier mâle dans la ligne du sang, et une foule de princes recherchaient la main de la princesse Anne sa fille. Le duc d'Orléans, premier prince du sang de France; le sire d'Albret, tout puissant au pied des Pyrénées; Maximilien, roi des Romains; Charles VIII lui-même, quoique moins explicitement, faisaient valoir leurs titres, lorsque le duc d'Orléans, poursuivi par la duchesse de Beaujeu, tutrice du roi de France, vint implorer la protection de François II qui la lui accorda. Charles VIII déclara aussitôt la guerre à la Bretagne. Le duc sollicita des secours de Henri VII. Mais celui-ci se trouvait fort embarrassé; il devait, en grande partie, le succès de la bataille de Bosworth à la bravoure des troupes françaises qui l'avaient suivi dans son expédition, et d'une autre part, c'était à la cour de François II qu'il avait passé le temps de son exil. Il offrit sa médiation. Charles VIII parut l'accepter, mais n'arrêta pas un seul instant la marche de ses troupes, qui pénétrèrent en Bretagne. Sir Édouard Wydeville et huit cents archers anglais s'embarquèrent secrètement à l'île de Wight pour voler au secours de François II. Henri les désavoua près du roi de France, et ils furent tous tués à la bataille de Saint-Aubin du Cormier. Enfin, le duc François mourut, et Charles VIII réclama ouvertement la souveraineté de la Bretagne. Il fallait agir. Henri menaça, et envoya un corps d'archers assez considérable à la jeune duchesse, sous le commandement de lord Willoughby de Brook; cette troupe resta quelques mois en Bretagne, et revint en Angleterre sans avoir rien fait. Une trêve suspendit les différents qui existaient entre la duchesse Anne et Charles VIII.

Henri VII n'avait vu dans la guerre de Bretagne qu'un prétexte pour obtenir des subsides du parlement. Il n'ignorait pas que loin de s'éteindre au sein d'une longue trêve, l'ancienne animosité de la nation contre la France s'était nourrie par les progrès de cette puissance. Les communes en effet votèrent de fortes impositions; mais lorsqu'il fallut en faire l'assiette et les percevoir, les comtés d'York et de Durham se refusèrent à payer leur contingent. Les agents du fisc s'adressèrent au comte de Northumberland, lieutenant du roi dans ces provinces, et le comte vint consulter Henri, qui ne voulut rien entendre et lui donna les ordres les plus rigoureux. Le peuple pensa que Northumberland avait conseillé ces mesures vexatoires; il courut aux armes, l'attaqua dans sa maison et le massacra. Le roi chargea le comte de Surrey de dissiper la rébellion commandée par John Achamber et sir John Egremont. Achamber fut pris et mis à mort avec plusieurs insurgés; Egremont trouva un asile à la cour de Marguerite de Bourgogne. A la session suivante, Henri se plaignit au parlement du déficit que cette révolte avait causé dans la perception; il en obtint un surcroit considérable de taxes, dont il déposa le produit dans ses coffres au lieu de l'employer à la guerre. La Bretagne, mécontente des retards que le roi d'Angleterre apportait à l'envoi des troupes qu'il avait promises, indignée de l'avidité qui se décelait dans ses démarches successives, et le portait à exiger de nouvelles sûretés pour le paiement de ses dépenses à venir, changea de système politique ; elle fit alliance définitive avec la France, et la princesse Anne épousa Charles VIII (1491). Henri convoqua le parlement, qu'il trouva très-disposé à entreprendre la guerre, et qui lui accorda de nouveaux subsides ; il fit lever en outre une espèce d'emprunt forcé, auquel on donna le nom de don gratuit. Après de longs préparatifs, le roi se mit enfin à la tête de son armée, traversa le détroit (octobre 1492), et assiégea la ville de Boulogne, en déclarant que son projet était d'envahir la France entière. Jamais il n'en avait moins eu l'intention ; depuis près de trois mois il négociait avec Charles VIII, et il n'agissait ainsi que pour faire preuve de condescendance aux volontés bien prononcées du peuple anglais. L'hiver arrivé, il leva le siége, se retira à Calais, et, dès le 3 novembre, il rendit public le traité qu'il venait de signer avec la France. Charles VIII achetait la paisible possession de la Bretagne au prix d'une somme d'argent et d'une pension de vingt-cinq mille écus.

De graves événements rappelaient Henri dans son royaume. Alors, dans toute l'Angleterre, était répandu le bruit que Richard Plantagenet, duc d'York, second fils d'Édouard IV, s'était échappé de la Tour où son malheureux frère avait péri par les ordres de Richard III. Un vaisseau marchand, parti de Lisbonne, avait en effet jeté l'ancre dans la baie de Cork, en Irlande, et déposé sur le rivage un jeune homme de dix-neuf ans, qui prenait le nom de Richard, duc d'York ; il racontait que des amis dévoués l'avaient soustrait à la cruauté des satellites de Richard III son oncle, tandis qu'ils privaient son frère de la vie ; qu'il avait été transporté au-delà des mers, dans diverses contrées qu'il avait successivement habitées ; qu'enfin il s'était résolu à reparaître dans sa patrie et à réclamer ses droits, en se dérobant à la surveillance de ses amis qui s'opposaient à son entreprise, dans la crainte d'un événement funeste. O'Water, le maire de Cork, ne douta pas un instant de l'exactitude de ce récit, et bientôt la plupart des colons anglais de l'Irlande, anciens partisans de la maison d'York, le reconnurent pour leur prince, et lui formèrent une sorte de cour. C'était au moment où Henri VII assiégeait la ville de Boulogne ; et lorsqu'on annonça au roi de France l'existence d'un fils d'Édouard IV, les ministres de ce prince ne perdirent pas un moment pour l'inviter à venir à Paris, où le jeune homme se rendit aussitôt. Le roi de France l'accueillit avec tous les égards dus au véritable duc d'York, lui fit offrir un palais, lui assigna une pension, lui donna une garde d'honneur, et permit à tous les gentilshommes anglais, exilés ou proscrits, de s'attacher à sa personne. On comprend alors l'empressement que mit Henri VII à signer un traité de paix. Charles VIII, qui n'avait appelé près de lui le prétendu duc d'York qu'afin d'effrayer son antagoniste, lui donna l'ordre, la paix une fois signée, de quitter sans délai le territoire de son royaume.

Richard Plantagenet se retira en Flandre, et implora l'appui de la duchesse douairière de Bourgogne. Marguerite sembla montrer une grande incrédulité. Elle exigeait les preuves les plus complètes, et elle lui fit subir un scrupuleux interrogatoire. Lorsqu'il fut terminé, elle laissa éclater une grande joie, l'embrassa comme son neveu, déclara hautement que c'était le fils d'Édouard, son véritable portrait, l'héritier du trône d'Angleterre. Elle lui créa sur-le-champ une maison digne de sa naissance, et lui composa une garde de trente hallebardiers, en l'appelant la Rose blanche d'Angleterre. C'était une tante qui reconnaissait l'enfant de son frère; elle ne pouvait se tromper, et le nombre des incrédules diminua parmi la noblesse comme parmi le peuple, qui, dès l'origine, s'était intéressé au sort du jeune Richard.

Henri VII, de son côté, n'épargnait ni promesses, ni séductions, ni menaces, pour découvrir la source de cette supercherie. Son premier soin fut de faire constater la mort des deux fils d'Édouard IV. Tyrrel et Dighton déposèrent de la mort des deux princes, mais ne purent ou ne voulurent pas indiquer le lieu de leur sépulture. Henri s'attacha ensuite avec la plus active sollicitude à découvrir la famille du prétendant. Il soudoya des agents dans toutes les provinces de la Flandre, et finit par apprendre que le jeune homme appartenait à une famille honorable de Tournay, nommée Warbeck; qu'il avait reçu au baptême le nom de Pétrequin, diminutif de Pierre, et, par corruption, Perkin; qu'il avait été, durant quelques années, au service de lady Brompton, femme d'un exilé anglais, près de laquelle il avait reçu de l'éducation, et qu'elle l'avait amené à Lisbonne d'où il était parti pour l'Irlande. Henri envoya des ambassadeurs à l'archiduc Philippe duc de Bourgogne, afin d'obtenir que Warbeck fût expulsé de ses états. Philippe s'y refusa; il voulait bien, par condescendance pour le roi d'Angleterre, s'abstenir de donner des secours au duc d'York, mais la duchesse douairière était libre et indépendante, dans ses domaines, et il n'avait aucun droit de contrôle sur sa conduite. Henri VII en représailles annula le traité de commerce qui existait entre l'Angleterre et les Pays-Bas, et prohiba l'exportation des draps et des laines.

L'argent de Henri corrompit enfin la fidélité de quelques-uns des Yorkistes, et ils dévoilèrent tous les secrets du complot, en désignant ses principaux membres. Sir Robert Clifford entre autres, abusant de la confiance qu'on lui témoignait à la cour de Marguerite, devint l'espion de ses anciens amis. Le roi voulut qu'on laissât les conspirateurs s'engager plus profondément dans leurs entreprises, afin que sa vengeance parût juste aux yeux du public, et dès qu'il se crut certain de leur culpabilité, il fit arrêter à la fois lord Fitz Walter, sir Simon Mountford, sir Thomas Thwaites, William d'Aubeney, Thomas Cressemer, Robert Ratcliffe, Thomas Atwood, et plusieurs membres influents du clergé. Quoique l'on ne possédât contre eux d'autres preuves qu'une correspondance très-peu explicite avec les partisans du prétendant, ils furent accusés de haute trahison, et condamnés à mort. Thwaites, Mountford et Ratcliffe furent immédiatement exécutés; Fitz Walter, envoyé dans les prisons de Calais; les autres reçurent leur grâce.

Les accusations de Clifford conduisirent encore à l'échafaud (1495) lord Stanley, grand chambellan de Henri, celui qui lui avait sauvé la vie à la bataille de Bosworth, qui lui avait assuré la victoire et placé la couronne sur la tête. Stanley avait dit à Clifford que s'il était certain que le prétendant fût réellement le fils d'Édouard, il ne porterait pas les armes contre lui. D'autres historiens prétendent qu'il avait écrit au duc d'York, et lui avait promis de l'argent et des conseils. Comme Stanley était immensément riche, et que sa fortune fut confisquée au profit de la couronne, le peuple mécontent pensa que la perpective d'une si opulente dépouille avait empêché Henri de pardonner à l'homme auquel il devait le trône.

Perkin Warbeck, aidé des secours de la duchesse Marguerite, était parvenu cependant à rassembler environ six cents hommes avec lesquels il mit à la voile, et débarqua aux environs de Deal, dans le comté de Kent. Quelques détachements marchèrent contre lui, et lui firent cent soixante prisonniers. Henri donna l'ordre de pendre tous les captifs à des potences élevées de distance en distance; et le parlement rendit, sur sa demande, un bill de proscription et de confiscation contre vingt et un gentilshommes accusés d'avoir entretenu des relations avec le prétendant.

La défaite de Warbeck engagea l'archiduc Philippe à tenter une réconciliation avec l'Angleterre, et bientôt un nouveau traité de commerce fut signé entre les deux puissances. L'une des clauses de ce traité bannissait le prétendant du territoire des Pays-Bas, et défendait à la duchesse douairière de donner asile aux adversaires de Henri. Warbeck, forcé de quitter la Belgique où il s'était de nouveau réfugié, s'embarqua pour l'Irlande, et vécut quelque temps parmi les indigènes irlandais non soumis à la domination anglaise; mais cette existence errante ne pouvait avoir aucun résultat, et il passa en Écosse. Le roi de France, le roi des Romains et la duchesse Marguerite le recommandèrent à Jacques IV, qui l'entoura d'honneurs, et lui donna en mariage une de ses parentes, lady Catherine Gordon, fille du comte de Huntley.

Henri essaya de ramener le roi d'Écosse à son alliance, en lui offrant la main d'une princesse d'Angleterre, mais Jacques mit à son acceptation des conditions inadmissibles, reçut de l'argent de la duchesse de Bourgogne, fit réduire son argenterie en monnaie, obtint de Warbeck la promesse d'une somme de cinquante mille marcs et la ville de Berwick, s'il parvenait à le placer sur le trône, et ouvrit la campagne en passant les frontières. Warbeck l'accompagnait avec un corps de quinze cents aventuriers Anglais ou Irlandais, et dès qu'il eut touché le territoire de l'Angleterre, il répandit à profusion un manifeste où il prenait le titre de Richard IV, par la grâce de Dieu, roi d'Angleterre et de France, seigneur d'Irlande. Il y racontait les aventures de son enfance, son évasion et ses voyages, parlait de l'usurpation et de la tyrannie de Henri, plaignait l'oppression du peuple et l'abaissement de la noblesse, et gémissait de la proscription et de l'exécution de ses amis, les fidèles défenseurs de la Rose blanche. Mais il était actuellement en Angleterre, où il venait faire valoir ses droits. Le généreux roi d'Écosse, qui avait armé en sa faveur, devait se retirer au moment où les partisans de la maison d'York seraient réunis en nombre suffisant pour résister à l'usurpateur *Henri Tydder*. Enfin, il promettait des terres et de l'argent à tous ceux qui soutiendraient sa juste cause. Son appel fut infructueux; peu de soldats accoururent sous son étendard. Les Écossais pillèrent, suivant leur usage, les comtés où ils avaient pénétré, et, chargés de dépouilles, se retirèrent sur leur territoire (1496).

Durant cette incursion, Henri VII avait convoqué un parlement, lui avait exposé l'état de la cause, l'invasion des Écossais sans déclaration de guerre préalable, le mensonge dont ils se rendaient les fauteurs, la désolation des comtés du nord, et il en avait obtenu divers subsides. La difficulté était de les percevoir. Le peuple avait déjà tant payé, et le roi si peu dépensé, qu'on lui supposait d'immenses trésors. On ne voyait pas d'ailleurs la nécessité d'une nouvelle taxe pour délivrer des comtés qui, seuls, avaient déjà repoussé les envahisseurs. La province de Cornouailles se souleva tout entière à l'arrivée des agents du fisc. Thomas Flammock, procureur, et Joseph, maréchal ferrant à Bodmin, dirent aux insurgés qu'il fallait présenter une requête au roi, afin d'obtenir le redressement des abus, mais l'appuyer d'un tel déploiement de forces, qu'on ne pût se refuser à l'écouter et à y faire droit. Soixante mille hommes s'armèrent, à leur voix, d'arcs, de haches et de hallebardes, et, sous leur direction, s'acheminèrent jusqu'à Wells où ils furent rejoints par lord Audeley, qui les conduisit à Salisbury et Winchester, et, tournant vers Londres, vint camper avec eux à Eltham et Blackhead. Henri, aux premiers bruits de l'insurrection, réunit toutes les troupes des comtés méridionaux, marcha contre les rebelles et les vainquit après une action désespérée. Lord Audeley et les chefs Flammock et Joseph tombèrent au pouvoir du roi, qui fit décapiter le premier et pendre les deux autres. Les autres prisonniers s'attendaient presque tous à la mort; mais, afin de rattacher à son parti les habitants de Cornouailles, très prononcés en faveur de la maison d'York, Henri leur permit de se racheter.

La perte du combat de Blackhead détermina le roi Jacques à conclure avec Henri une trêve de plusieurs années. Il refusa de livrer Warbeck, mais il lui fit entendre que sa présence sur le territoire écossais pouvait nuire aux intérêts de la nation, et que, malgré toute sa bonne volonté, il pourrait avoir la main forcée par ses grands ou par le peuple. Warbeck employa donc ses dernières ressources pour armer quelques vaisseaux sur lesquels montèrent avec lui ses compagnons au nombre d'environ cent vingt. Il se rendit d'abord en Irlande, et débarqua à Cork, où il espérait trouver un secours puissant dans le comte de Desmond; mais il ne put l'entraîner à aucune démonstration hostile. Après un court séjour dans cette île, il remit à la voile, et vint débarquer à Withsand, dans le comté de Cornouailles. Il s'avança jusqu'à Bodmin, où plus de trois mille hommes accoururent sous son étendard. Rendu sous les murailles d'Exeter, il comptait environ huit mille soldats; mais la ville refusa de lui ouvrir ses portes. Arrêté par cet obstacle qu'il aurait dû franchir, il perdit du temps à faire les préparatifs d'un siége, et à livrer un assaut qui ne réussit pas. Deux cents de ses partisans y périrent, et il fallut renoncer à cette entreprise. Sur la route de Tamton, une partie de son armée l'abandonna; il avait cependant encore sept mille hommes, qui jurèrent de mourir jusqu'au dernier pour le défendre, et bientôt il se trouva en présence de l'armée de Henri. Il déploya le plus grand sang-froid en disposant ses soldats, et parut déterminé à vaincre ou à périr; mais à la nuit, il quitta le camp, suivi d'un petit nombre des siens, et se réfugia dans le sanctuaire du monastère de Beaulieu (20 septembre 1497). Il ne resta aux troupes qui l'avaient suivi d'autre ressource que de se jeter aux pieds du roi Henri, et de solliciter sa miséricorde; les chefs furent pendus, les soldats renvoyés dans leurs foyers. Lady Catherine Gordon, femme du prétendant, tomba aux mains du vainqueur, qui la plaça auprès de la reine.

Le roi ne voulut pas que l'on forçât l'asile où Warbeck s'était retiré, et lui fit promesse de la vie s'il se rendait volontairement. Le fugitif consentit à s'en rapporter à la parole de Henri, et fut conduit à Londres, qu'il traversa à cheval; la seule condition qu'on lui imposa fut de ne pas sortir des limites de la juridiction du palais où on lui assigna un logement. Il fut examiné à diverses reprises par des commissaires sur son origine et sur les détails de l'intrigue ourdie pour le porter au trône d'Angleterre; ses réponses et ses explications restèrent secrètes. Au bout de quelque temps, il parvint à s'échapper; mais toutes les routes qui conduisaient à la côte furent en un instant couvertes de détachements, et l'infortuné, reconnaissant l'impossibilité d'une évasion, se réfugia dans le monastère de Shène. Le roi lui accorda la vie; mais il fut exposé publiquement dans les salles de Westminster et de Cheapside, et forcé de lire, à haute voix, une confession composée par les ordres du roi où il reconnaissait qu'il était né à Tournay de Jean Osbeck et de Catherine de Faro, et donnait les noms et professions de ses autres parents et des personnes avec lesquelles il avait vécu à Anvers et à Lisbonne. On le força de signer cette déclaration, et il fut ensuite enfermé à la Tour de Londres (1499), où était le comte de Warwick.

Quelque temps après, un moine reproduisit un nouveau comte de Warwick; il choisit dans le comté de Kent un jeune homme appelé Ralph Wulford, lui donna quelques instructions relatives au rôle qu'il entendait lui faire jouer, et quand il le crut assez préparé, révéla au public, dans un sermon, le grand secret dont il était dépositaire; mais l'indulgence du roi s'était épuisée : Wulford fut pris et pendu, et son moine condamné à une prison perpétuelle (1499).

Henri, que ces entreprises réitérées en faveur du comte de Warwick jetaient dans de continuelles alarmes, résolut de se défaire à la fois de Warwick et de Warbeck. On répandit dans le public le bruit qu'ils avaient ourdi un complot pour s'évader; que leurs complices devaient les conduire dans une place forte où Warbeck reprendrait le nom de Richard IV, et que Warwick convoquerait, pour le soutenir, tous les partisans de son père. Les deux compagnons de captivité furent jugés séparément. Warbeck avoua le projet d'évasion, mais il soutint qu'il lui avait été suggéré par les individus mêmes qui l'accusaient. Sa justification, quelque précise qu'elle pût être, ne pouvait le sauver; il fut condamné à mort et immédiatement exécuté (1499). Warwick monta bientôt après sur l'échafaud. C'était le dernier descendant légitime des Plantagenet.

Délivré de tous ses compétiteurs, Henri VII s'occupa d'affermir sa maison par de grandes alliances. Depuis longtemps il avait demandé au roi de Castille et d'Aragon la main de Catherine, sa fille, pour son fils Arthur, prince de Galles. Ces négociations arrivèrent à leur terme. Lorsque le prince eut atteint sa quatorzième année (1501, 2 octobre), la princesse fut envoyée en Angleterre; mais Arthur mourut après quatre mois de mariage. Le roi d'Angleterre se trouvait dans la nécessité de restituer à Ferdinand les sommes qu'il avait déjà reçues pour la dot de Catherine; afin de ne pas s'en dessaisir, il proposa de marier la princesse à son second fils, Henri, devenu son héritier présomptif. Le pape envoya les dispenses nécessaires, et le mariage dut s'accomplir le jour où le nouveau prince de Galles aurait complété sa quinzième année.

Le traité signé à Estaples entre Charles VIII et Henri VII assurait à ce dernier une pension annuelle considérable, et son avarice lui faisait employer tous les moyens nécessaires pour entretenir une bonne intelligence d'où dépendait le paiement de la somme convenue. Charles, de son côté, avait tout intérêt à maintenir la paix afin que rien ne vînt s'opposer au succès de ses armes dans les projets de conquête qu'il avait formés sur le royaume de Naples. En 1494 il entra en Italie, et les princes de ce pays furent obligés de se soumettre au premier élan de la furie française. Mais le royaume de Naples fut perdu avec la même rapidité qu'il avait été conquis : le pape, le roi des Romains, le roi de Castille, le duc de Milan et la république de Venise formèrent une ligue afin de se garantir leurs domaines respectifs. Henri VII entra dans la confédération afin d'inquiéter le monarque français et de le forcer ainsi à remplir ses engagements pécuniaires avec exactitude. Louis XII, qui succéda à Charles VIII en 1498, hérita des prétentions de son prédécesseur sur le royaume de Naples, et ratifia avec empressement le traité d'Étaples.

Les querelles entre l'Angleterre et l'Écosse furent éteintes à peu près à la même époque, par l'alliance du roi Jacques et de la princesse Marguerite, fille de Henri VII, et un traité de paix perpétuelle rendit aux deux nations une sécurité qu'après cent soixante-dix années de guerre on avait perdu tout espoir de voir renaître. Ce mariage qui tendait à réunir par la suite les deux pays en un seul, fut un acte de haute politique. Quelques membres du conseil de Henri le virent cependant avec regret, craignant que plus tard, à l'extinction de la ligne masculine des rois d'Angleterre, ce pays ne devînt une dépendance de l'Écosse : « Ne craignez « rien, leur dit le roi, c'est l'Écosse qui deviendra une dépendance de la couronne « d'Angleterre, car le plus petit royaume doit toujours suivre le plus grand. » L'événement a prouvé la sagesse des prévisions de Henri.

La reine Élisabeth étant morte le 11 février 1503, le roi songea promptement à une autre alliance qui pût lui valoir de grands avantages pécuniaires. Son avarice l'engagea d'abord à jeter les yeux sur la veuve du dernier roi de Naples, à qui son mari avait légué d'immenses richesses; mais le nouveau roi refusa son consentement, et Henri porta ses vues sur une autre veuve, Marguerite de Savoie, qui possédait de vastes domaines non contestés. Il abandonna bientôt ce projet pour demander à Ferdinand d'Espagne la main de sa fille Jeanne, veuve de Philippe-le-Beau. Mais Jeanne était folle, et Henri fut réduit à augmenter ses richesses aux dépens de ses sujets. Il était secondé dans ses extorsions par deux jurisconsultes, sir Richard Empson et sir Edmond Dudley, auxquels leur habileté dans la connaissance des lois suggérait d'atroces inventions qui rendaient la justice même complice de leur rapacité, en revêtant leurs exactions de formes régulières. Exigence des dettes féodales, rachat des services féodaux, amendes, confiscations, tout fut bon à Henri pour atteindre son but. Il obtint de l'argent de son parlement pour faire la guerre à la France, il en obtint des Français pour ne pas la faire, *gagnant*, dit Bacon, *sur ses sujets par la guerre, et sur ses ennemis par la paix*. Ces tyranniques extorsions ne cessèrent qu'à sa mort qui arriva le 22 avril 1509.

Henri laissa trois enfants, un fils qui lui succéda sous le nom de Henri VIII, et deux filles, Marguerite, reine d'Écosse, et Marie, qui épousa Louis XII, roi de France.

Henri VII.

Henri VII paraît être le premier roi d'Angleterre dont les dépenses n'aient pas dépassé le revenu. Ses immenses richesses lui permirent de régner sans l'assistance du parlement. Il n'avait du reste rien à redouter des remontrances et de l'esprit de liberté de ces assemblées. Cette résistance à l'oppression, cette ardeur à défendre et à établir leurs libertés, qui avaient caractérisé les parlements des anciens temps, s'étaient éteintes dans le sang versé pendant les guerres des deux roses. Les pairs temporels qui avaient survécu étaient peu nombreux, et n'avaient plus la puissance de leurs ancêtres. « Ce qui fut plus funeste encore à la puissance des nobles que les guerres des deux roses, c'est la loi qui leur permit d'aliéner leur terre, en cassant les substitutions. Les besoins croissants d'un luxe inconnu jusque-là les firent profiter avidement de cette permission de se ruiner. Ils quittèrent, pour vivre à la cour, le séjour de leurs châteaux antiques où ils régnaient en souverains depuis la conquête. Ils renoncèrent à cette hospitalité somptueuse par laquelle ils avaient si longtemps entretenu la fidélité de leurs vassaux. Les *hommes* des barons trouvaient déserte la salle des plaids et celle des festins ; ils abandonnaient ceux qui les avaient abandonnés, et retournaient chez eux *hommes* du roi. »

Architecture, etc., etc. — C'est pendant le xv° siècle que prit naissance en Angleterre un style d'architecture particulier à ce pays, le style perpendiculaire. Déjà, il est vrai, nous avions observé dans les monuments de la fin du xiv° siècle quelques-uns des caractères qui constituèrent ce nouveau genre, mais ce n'est que vers l'année 1420 qu'il fut généralement adopté.

Le style perpendiculaire est essentiellement et exclusivement anglais, et c'est depuis son adoption en Angleterre que l'architecture de ce pays tendit à se séparer de plus en plus des architectures du continent. Dès lors, l'ogive s'élargit, s'épata, et si, pendant quelque temps encore, on sauva la lourdeur qui résulte du surbaissement de l'arc, en en relevant subitement les lignes près du point de jonction, de manière à leur donner la forme d'une accolade, et à leur faire dessiner une pointe

Niche du chœur de la cathédrale d'Ély.

aiguë et élancée, cet usage fut promptement abandonné en Angleterre; bientôt,

CATHÉDRALE D'YORK.

les lignes de l'ogive se coupèrent diagonalement en formant une pointe mousse, rien ne dissimula plus l'aplatissement de l'arc, et l'on arriva à ces formes lourdes et écrasées dont les fenêtres de la chapelle Saint-Georges, à Windsor, nous fournissent un exemple.

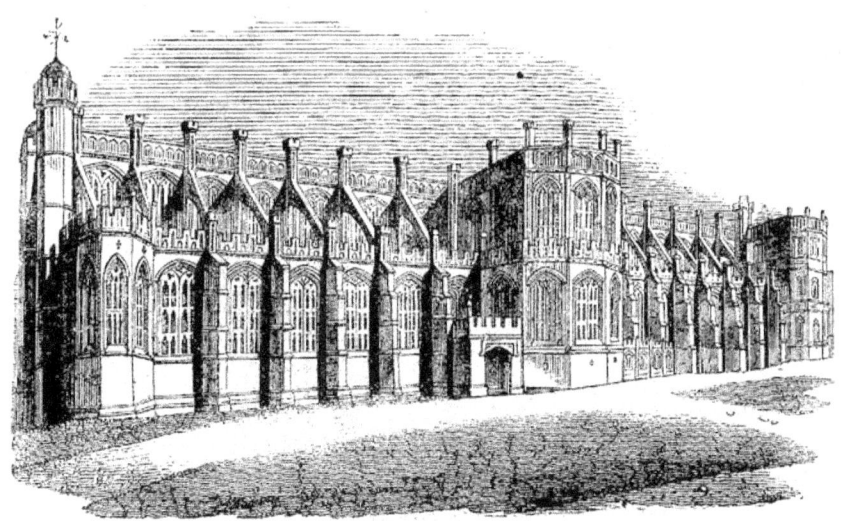

Vue extérieure de la chapelle Saint-Georges, à Windsor.

Le trait le plus caractéristique du nouveau style, celui qui a été le plus rapidement adopté, et lui a valu le nom qu'il porte, c'est la direction perpendiculaire des meneaux des fenêtres. « Pendant le XIIIe et le XIVe siècle, en Angleterre comme en France, on voit les meneaux prendre constamment la forme de petites ogives inscrites dans une grande. Mais, tandis qu'au XVe siècle, en France, ils se diversifient de la manière la plus irrégulière, la plus soudaine, comme des festons ou des feuillages entrelacés, ou plus souvent en forme de flamme (d'où est venu le nom de flamboyant), en Angleterre, c'est presque toujours le même motif, toujours des bâtons droits venant heurter perpendiculairement l'archivolte de l'ogive, et coupés horizontalement par des divisions transversales.

Une seule fenêtre comprend alors plusieurs étages superposés de petites ogives trilobées, dont le sommet est arrêté par une traverse horizontale qui sert de base à l'ogive supérieure. (Voyez dans les gravures séparées, les fenêtres des tours des cathédrales d'York, Lincoln, etc., de l'église Saint-Nicolas à Newcastle, et surtout celles du transept méridional de l'église de l'abbaye à Bath.)

Cette disposition des fenêtres passa rapidement dans les ornements intérieurs et extérieurs. Bientôt il n'y eut plus un pan de mur qui ne fût couvert de nervures dessinant de ces petites arcades trilobées. Ces compartiments égaux et symétriquement appliqués sur les murailles simulaient des panneaux de boiserie, et en prirent le nom. On les superposa l'un à l'autre dans toute la hauteur des parois, et on en tapissa même les voûtes. L'art de décorer les voûtes avait du reste été de tout temps un des plus remarquables côtés du talent des architectes anglais. La grande salle du palais de Crosby, celles d'Eltham, de Westminster et plusieurs

Grande salle du palais de Crosby.

autres, sont encore là pour témoigner de l'habileté et de l'élégance avec laquelle ils savaient disposer les plafonds en bois et ces charpentes aériennes d'un effet si pittoresque et si original.

Dans l'ornementation des voûtes de pierre, ils ont déployé une variété, une richesse, un luxe d'ornementation « porté parfois jusqu'au délire. » Ces nervures qui s'entrelacent aux voûtes en réseau délicat, et qui se terminent par des pendentifs épanouis comme de belles fleurs; ces pinacles percés et évidés à jour; ces dais fouillés profondément; ces rinceaux au gras feuillage, entre lesquels se jouent de gracieux animaux; ce peuple de statues abritées sous leurs niches, et qui semblent veiller sur la dernière demeure des rois; tout cela échappe à la description.

ÉGLISE DE SAINT-NICOLAS, A NEWCASTLE.

TOMBEAU ET CHAPELLE DE HENRI VII A WESTMINSTER.

La chapelle Saint-Georges, à Windsor, et celle qui renferme le tombeau de Henri VII à Westminster, sont les types les plus complets de ce genre d'architecture qui rencontra dans Henri un patron si généreux qu'il en prit le nom de style de Tudor.

Ce fut sous le règne de Henri VII que le Nouveau-Monde fut découvert. L'Angleterre eut peu de part aux premières expéditions qui allèrent à la recherche des terres inconnues ; cependant Colomb, rebuté des difficultés qu'il éprouvait dans les cours d'Espagne et de Portugal, avait chargé son frère Barthélemi de développer ses projets au roi d'Angleterre et de solliciter sa protection ; mais le roi avait voulu en conférer avec Colomb lui-même, et, tandis que Barthélemi revenait près de son frère, la reine Isabelle de Castille accordait son appui au célèbre navigateur. Un Vénitien, Sébastien Cabot, résidant depuis longtemps à Bristol, offrit au roi de tenter des découvertes, en se dirigeant vers le nord-ouest ; son projet fut agréé, et il reconnut Terre-Neuve et la côte des Florides dans l'Amérique du Nord (1497).

Costumes du temps de Henri VII.

HENRI VIII.

(Rose rouge & Rose blanche.)

(1509-1515).

B eauté mâle, jeunesse dans tout son éclat, force et adresse dans les exercices du corps, renommée de savoir, d'esprit et de perspicacité, toutes ces qualités inspirèrent au peuple anglais les préventions les plus favorables pour le nouveau souverain. Il n'avait pas dix-neuf ans; il succédait à un monarque avare, soupçonneux, sévère, qui tenait tout en crainte autour de lui; on ne connaissait aucun de ses vices; on lui supposa des vertus qu'il n'avait pas, et l'on conçut de son règne les plus flatteuses espérances.

Les premiers actes de Henri VIII furent de nature à accroître la satisfaction générale. Son union avec la princesse Catherine était encore un problème aux yeux du peuple. Le jeune roi fit reprendre hautement la discussion commencée à ce sujet. Catherine déclara sous serment que son mariage avec Arthur n'avait pas été consommé; le conseil se prononça en sa faveur, et les cérémonies du mariage et du couronnement furent accomplies en même temps par l'archevêque de Cantorbéry. Le conseil fut composé des hommes qui avaient, sous le dernier roi, montré le plus de prudence et de vertu; puis Henri, selon le vœu témoigné par son père mourant, offrit des compensations aux personnes dont les biens avaient été injustement saisis par la commission de confiscation, et fit jeter en prison et condamner au pilori les délateurs naguère si bien accueillis. La plupart d'entre eux furent arrachés du poteau, et mis en pièces par

HENRI VIII,

d'après le Tableau conservé au Collége de la Trinité, à Cambridge.

le peuple. Empson et Dudley, cités devant le conseil pour rendre compte de leur conduite, se défendirent avec une grande habileté. Une scrupuleuse exécution des lois ne pouvait, suivant eux, être considérée comme un crime; ils n'avaient fait qu'obéir au feu roi, et pour les condamner il eût fallu faire le procès à la mémoire de Henri VII. Cependant on voulait les trouver coupables, et on les accusa d'avoir formé le projet de s'emparer à force ouverte de la personne du roi et du gouvernement lui-même. Des témoins gagés déposèrent que, durant la maladie de Henri VII, ils avaient invité leurs amis à venir à Londres en armes. Ce prétexte suffit à des jurés serviles, et tous deux, déclarés coupables de conspiration, furent condamnés à mort et exécutés, non en punition de leurs véritables torts, mais pour satisfaire à la haine et à la vengeance du peuple.

Dans les premières années, l'administration de Henri VIII parut heureuse et facile. Son père lui avait amassé d'immenses trésors; il laissa respirer ses peuples, et il se livra avec ardeur à tous les plaisirs de son âge.

Parmi les amusements dont il remplissait ses journées, il affectionnait surtout ceux qui lui retraçaient l'image de la guerre, et, dans les tournois et carrousels, il

Costumes de tournois du temps de Henri VIII.

combattait lui-même avec la hache d'armes ou l'épée à deux mains, déployant une adresse qui lui attirait les louanges de ses courtisans. Sa vanité appelait de tous ses vœux une circonstance qui lui permît de se signaler dans les combats.

Ce moment arriva. Louis XII, roi de France, continuant la politique de son prédécesseur, s'était emparé du Milanais, et, de moitié avec les Espagnols, du royaume de Naples. Il était entré avec l'empereur Maximilien et le roi d'Aragon Ferdinand dans la ligue de Cambray, que le pape Jules II avait formée pour abaisser la puissance de Venise. Mais lorsque ce but eut été atteint, Jules, qui ne voulait pas que les possessions des Vénitiens tombassent entre les mains des « barbares, » tourna sa politique contre les Français, et signa un traité d'alliance offensive et défensive avec la république de Venise, l'empereur Maximilien et le roi de Naples Ferdinand, beau-père du roi d'Angleterre. En même temps il invitait Henri VIII à prendre part à cette alliance, en lui offrant le titre de *Chef de la ligue italienne*. Henri crut avoir retrouvé l'occasion de recouvrer les provinces d'Aquitaine et de Normandie : il signa, avec le roi de Naples et d'Espagne, un traité par lequel il s'engageait à mettre sur pied six mille cinq cents hommes, et à entretenir une flotte de seize vaisseaux qui porterait trois mille matelots, soldats ou canonniers. Le parlement accorda un subside considérable ; Henri envoya un héraut à Louis XII pour réclamer la restitution des anciens domaines de la couronne d'Angleterre, et déclarer la guerre en cas de refus (juin 1512). Ce refus ne se fit pas attendre, et le marquis de Dorset fut envoyé en Espagne avec les troupes de terre pour se joindre à Ferdinand d'Aragon et entrer en Guyenne.

Mais Ferdinand s'occupait peu, en réalité, des intérêts de l'Angleterre. Lorsque le marquis de Dorset lui eut amené son armée, il demanda, selon ses instructions, à marcher par Fontarabie sur Bayonne ; le roi d'Espagne lui fit entendre qu'il redoutait le roi de Navarre, et qu'il convenait d'abord de mettre hors d'état de nuire un allié de la France, qui, par sa position, pourrait intercepter les communications et enlever les convois. Il se jeta donc sur la Navarre, et intima l'ordre au marquis de Dorset d'appuyer ses opérations avec l'armée anglaise. Dorset prétendit que ses instructions ne le lui permettaient pas. Ferdinand écrivit à Londres pour se plaindre, mais le marquis, après six semaines de temporisation, de débats, de récriminations, s'apercevant que les maladies s'étaient mises dans ses troupes, les ramena en Angleterre. Le mécontentement de Henri fut extrême ; Dorset se justifia en prouvant au roi que Ferdinand n'avait eu d'autre but que de conquérir la Navarre, et nullement celui de faciliter son entrée en Guyenne.

L'escadre anglaise n'eut pas plus de succès que l'armée de terre. Une flotte française de trente-neuf voiles était sortie de Brest sous le commandement de Primauget, qui montait *le Cordelier*, vaisseau d'une dimension extraordinaire, portant seize cents hommes d'équipage. La flotte d'Angleterre, commandée par sir Thomas Knyvet, grand écuyer, se composait de quarante-cinq vaisseaux ; elle rencontra l'escadre ennemie, et se mit en devoir de la combattre. Sir Charles Brandon, qui fut depuis duc de Suffolk, attaqua *le Cordelier*, mais son vaisseau fut promptement démâté, et sir Thomas Knyvet obligé d'accourir à son secours ; il montait *le Régent*, le plus grand des navires de l'armée anglaise, et le combat se poursuivit avec un extrême acharnement. D'autres bâtiments étant encore venus à son aide, Primauget se résolut à périr avec tout son équipage, en faisant à ses adversaires le plus de mal qu'il pourrait. Il mit le feu à son vaisseau, et se jeta sur le *Régent*, auquel les flammes se communiquèrent aussitôt, et les deux navires sautèrent presque en même temps. Les deux flottes rentrèrent dans leurs ports respectifs.

Cependant la ligue formée contre Louis XII avait réussi à délivrer le territoire italien de la présence des armées françaises, et à la mort de Jules II, son successeur Léon X, la république de Venise et le roi Ferdinand conclurent un armistice avec le roi de France. Henri refusa de suivre cet exemple; il voulait, disait-il, venger la honte dont ses généraux et ses marins avaient couvert son étendard, et le parlement, soumis à ses volontés, lui accorda un subside très-considérable (1513). Le roi fit alliance avec l'empereur d'Allemagne Maximilien, et tous deux s'engagèrent à envahir la France dans le délai de deux mois.

Afin de commencer à remplir cet engagement, Henri fit bloquer la rade de Brest par sir Édouard Howard, fils du comte de Surrey. Six galères françaises, commandées par Prigent, se trouvaient dans la rade du Conquet. Édouard Howard résolut de s'en emparer; il cingla directement sur l'ennemi, aborda le vaisseau qui lui parut le plus formidable, et sauta sur le pont, suivi de soixante-dix Anglais; mais le vent s'étant déclaré contre lui jeta une partie de ses vaisseaux à la côte, où ils furent brisés. Howard périt en combattant avec bravoure, et Prigent, vainqueur, alla insulter les côtes de Sussex où il commit de grandes dévastations. Henri chargea lord Thomas Howard, frère aîné de l'amiral tué par les Français, de venger la mort de son puîné, et les galères de Prigent furent forcées de rentrer dans les ports de France.

Dès que les escadres anglaises se virent maîtresses des mers, Henri fit passer successivement à Calais vingt-cinq mille hommes en trois divisions. La première fut commandée par le comte de Shrewsbury, la seconde par lord Herbert; il se réserva la troisième, et s'embarqua, laissant la reine Catherine directrice et gouvernante du royaume. Déjà Shrewsbury et Herbert avaient formé le siége de Térouane, défendue par Téligny et Créquy avec une faible garnison. Après avoir passé quelques semaines à Calais en fêtes et carrousels, Henri se rendit au camp, où il ne tarda pas à être rejoint par l'empereur Maximilien, suivi de quatre mille chevaux. Louis XII vint au secours de Térouane; mais, à peine rendu à Amiens, il apprit que les Suisses à la solde de l'empereur et la cavalerie allemande avaient fait une irruption en Bourgogne. Obligé de porter une partie de ses troupes sur ce point, Louis se borna à tâcher de ravitailler la garnison, de manière à faire traîner le siége en longueur. D'après ses ordres, Fontrailles se mit en marche, suivi de huit cents cavaliers, qui portaient chacun un sac de poudre et deux quartiers de lard. Ils culbutèrent au galop les lignes anglaises, jetèrent leurs fardeaux aux portes de la ville, et, faisant volte-face, regagnèrent sans perte le corps d'armée. Ce succès engagea les Français à tenter une nouvelle entreprise. Les ducs de Longueville (Dunois) et d'Alençon s'avancèrent le long de la Lys avec toute la cavalerie; mais cette fois ils étaient attendus. Les cavaliers allemands, prenant en croupe les archers anglais, se précipitèrent sur eux, soutenus par toute l'infanterie. On ne sait ce qui influa sur l'esprit de cette vieille cavalerie française, la meilleure de l'Europe ; mais, au premier choc, elle s'ébranla, et, saisie d'une terreur panique, s'enfuit dans toutes les directions. Les officiers surpris firent de vains efforts pour la rassurer et la rallier ; la plupart, entièrement abandonnés, se rendirent à l'ennemi sans avoir eu l'honneur d'un combat. On remarquait parmi les prisonniers les plus célèbres, le duc de Longueville, le chevalier Bayard, Bussy-d'Amboise, Clermont, La Fayette, le marquis de Rothelin. Cette journée fut nommée la Journée des Éperons (16 août 1513). Le gouverneur de Térouane, ayant perdu tout espoir d'être secouru, rendit la place à Henri VIII.

Cette guerre ne ralentissait pas celle que Henri avait déclarée à l'Écosse avant son départ pour le continent. Jacques IV avait renouvelé son ancienne alliance avec la France, et dès qu'il eut appris que le roi d'Angleterre avait fait une incursion dans ce royaume, il lui dépêcha Rouge-Croix, son poursuivant d'armes, pour le sommer, aux termes des traités, de quitter le territoire de son allié ; sur le refus de Henri, les Écossais inondèrent le nord de l'Angleterre. Toutefois cette guerre ne fut pas approuvée par la nation écossaise, ni par les hommes sages du conseil du roi. La reine Marguerite, sœur de Henri, s'y opposa ; mais sans tenir compte de ces oppositions, Jacques passa la Tweed, assiégea Norham et s'en empara, ainsi que de Ford, Étall et Warck, forteresses frontières assez importantes. Le comte de Surrey réunit promptement une armée d'environ vingt-six mille hommes, marcha contre lui, et le rencontra à Flodden. Après un combat sanglant, les Écossais furent complétement vaincus, et Jacques, frappé par une main inconnue, quelques-uns disent par celle d'un assassin, tomba sur le champ de bataille. Les Écossais perdirent cinq mille des leurs ; les Anglais eurent à regretter un nombre d'hommes à peu près égal. Mais la mort du roi, de l'archevêque de Saint-André, de deux évêques, deux abbés, douze comtes, trente barons, et de nombre de chevaliers, rendait irréparable la perte de l'Écosse. Un matériel immense, six mille chevaux, et soixante-dix pièces d'artillerie, restèrent dans les mains des Anglais (1513).

Au moment où Henri VIII reçut la nouvelle de la victoire de Flodden, il forçait la ville de Tournay à capituler. Ce fut le dernier exploit de la campagne. Le roi conclut avec Maximilien un traité par lequel celui-ci s'engageait, moyennant un subside de deux cent mille couronnes, à protéger les frontières de la Flandre avec un corps de dix mille hommes. Au mois de juin suivant (1514), la guerre devait recommencer, et Charles, prince d'Espagne, petit-fils de Maximilien, devait épouser la princesse Marie, sœur de Henri VIII. Ces bases arrêtées, le roi d'Angleterre reprit la route de ses états ; et bientôt après son retour accorda la paix à Marguerite sa sœur, reine et régente d'Écosse.

Dès lors rien ne l'empêchait plus de poursuivre ses entreprises contre la France ; mais la politique des puissances continentales était changée. Ferdinand, satisfait de la possession de la Navarre, avait signé un nouvel armistice d'une année avec Louis XII ; le pape Léon X avait révoqué les excommunications fulminées contre ce monarque, et l'empereur Maximilien lui-même consentait au mariage de son petit-fils Charles avec la fille de Louis, la princesse Renée, qui apportait à son époux tous les droits de son père au duché de Milan. Dans son indignation de la perfidie de son allié, Henri écouta les propositions que lui fit faire le roi de France et lui accorda la main de sa sœur Marie, âgée de seize ans seulement. Un traité d'alliance offensive et défensive fut conclu entre l'Angleterre et la France. Henri donna à sa sœur une dot de deux cent mille couronnes, et exigea le paiement d'un million, afin, disait-il, que son peuple ne lui reprochât pas d'avoir renoncé à la conquête de la France sans un équivalent (1514). Marie fut conduite par le duc de Norfolk à Abbeville, où Louis XII l'épousa. Peu de jours après elle fut couronnée à Saint-Denis, et fit, en grande pompe et magnificence, son entrée royale à Paris; mais Louis, dont l'âge était déjà fort avancé, mourut six semaines après, le 15 janvier 1515. La jeune reine avait aimé le duc de Suffolk; elle lui écrivit pour l'engager à venir la trouver sans délai, et lui demanda s'il avait assez d'amour pour se résoudre à l'épouser à l'instant, quelque danger qu'il pût courir. Suffolk n'hésita pas, et le mariage fut secrètement célébré sous la protection de François Ier, qui craignait que Marie, en s'alliant au prince d'Espagne, n'allât augmenter encore une puissance qui menaçait de devenir formidable; il sollicita et obtint de Henri le pardon de Suffolk, et ratifia les traités qui existaient entre son prédécesseur et le roi d'Angleterre.

De nouveaux troubles agitaient l'Écosse. La reine Marguerite, peu de mois après la mort de Jacques IV, avait épousé le comte d'Angus, de la maison de Douglas. Ce mariage avait déplu à la noblesse, et une députation des seigneurs alla chercher en France le duc d'Albany, le premier prince du sang écossais, mais qui était né sur la terre étrangère, et qui ignorait les mœurs, la politique, et jusqu'à la langue de son pays. François Ier ne s'opposa point à son départ, malgré la parole qu'il en avait donnée à Henri VIII; et celui-ci n'apprit la présence d'Albany en Écosse qu'avec la nouvelle qu'il s'était emparé de deux fils de Jacques IV, les avait confiés à la garde de trois lords choisis par le parlement, et s'était revêtu de l'autorité suprême sous le titre de régent. Henri se plaignit au roi de France de la violation de ses promesses. François répondit par des assurances d'amitié et des apologies. Occupé en ce moment à réunir une armée, sous le prétexte de punir les hostilités des ligues suisses, mais, en réalité, pour tenter la conquête du Milanais et de la Lombardie, il lui était d'autant plus important de dissiper le mécontentement de Henri, qu'il n'ignorait pas que le pape, effrayé de ces préparatifs, intriguait auprès de Henri VIII et de son ministre Wolsey, et avait même envoyé à ce dernier le chapeau de cardinal. Ce ministre, qui plus tard fut en quelque sorte l'arbitre des affaires de l'Europe, avait été un des chapelains de Henri VII : un des ministres de ce roi, Fox, évêque de Winchester, l'ayant chargé de quelque mission délicate, dont il s'acquitta fidèlement et adroitement, l'en récompensa par le doyenné de Lincoln; Henri VIII le fit son aumônier, le nomma doyen d'York, puis évêque de Lincoln, lui donna entrée au conseil, et bientôt Wolsey gouverna le royaume avec une puissance plus grande qu'aucun de ses ministres prédécesseurs.

La victoire de Marignan (1515), qui rendit le Milanais à la France, ne suspendit pas les intrigues des puissances; mais à cette époque le sultan Sélim, après avoir conquis l'Égypte et la Syrie, menaçait d'inonder l'Europe de ses innombrables armées. Léon X proclama une trêve universelle (1517), et ses légats exhortèrent tous les princes chrétiens à oublier leurs querelles particulières et à se réunir pour la défense commune. La voix du saint père fut entendue, et les puissances s'engagèrent à s'aider et à se protéger réciproquement. Un nouveau traité fut conclu entre Henri VIII et François Ier; les clauses principales furent la restitution de Tournay à la France, et la promesse de marier le dauphin, encore enfant, avec Marie, fille ainée du roi d'Angleterre (1518).

Mais cette paix générale n'était qu'une trêve momentanée qui fut bientôt rompue. Dans l'année 1519, Maximilien mourut laissant vacant le trône impérial. Les rois de France, d'Espagne et d'Angleterre demandaient l'empire; mais les électeurs, craignant de se donner un maître, l'offrirent à l'un d'entre eux, Frédéric-le-Sage, qui le fit donner au roi d'Espagne Charles, « et mérita son surnom. » Le maître de l'Espagne, du royaume de Naples, des Pays-Bas et de l'Autriche, était des trois candidats celui qui pouvait le plus menacer la liberté de l'Allemagne, mais c'était aussi le plus capable de la défendre contre les Turcs; lui seul pouvait fermer le monde civilisé aux barbares de l'Asie et de l'Afrique.

Ce fut alors qu'éclata la sanglante rivalité de François Ier et de Charles-Quint. Le roi réclamait Naples et la Navarre; l'empereur revendiquait le Milanais et le duché de Bourgogne. La victoire devait appartenir à qui mettrait dans son parti l'Angleterre et Henri VIII, et celui-ci prenait pour devise : « *Qui je défends est maître.* » Tous deux firent des pensions au cardinal Wolsey. La puissance de ce ministre était immense alors; chancelier, garde des sceaux, légat du saint-siége, archevêque d'York, il possédait un grand nombre d'autres siéges, et recevait une pension de 7,500 ducats sur les évêchés de Palencia et de Tolède en Espagne; François Ier lui payait annuellement 12,000 livres sterling, et lorsque des difficultés s'élevèrent entre ce prince et Henri VIII au sujet de l'élection de Charles-Quint, que le roi d'Angleterre avait favorisée, François désigna Wolsey lui-même comme son arbitre, et lui signa un pouvoir pour terminer la contestation. Par suite des conseils du ministre, une entrevue entre les deux souverains fut résolue et fixée pour le dernier jour de mai 1520, entre Guisnes et Ardres, sur un territoire qui appartenait à l'Angleterre, concession qui fut faite par François Ier, en considération de ce que Henri devait passer la mer pour venir le trouver.

Mais peu de jours avant le départ de ce prince, Charles-Quint, qui se rendait dans ses domaines des Pays-Bas avec une escadre espagnole, aborda en Angleterre. Il combla Wolsey de présents, lui promit la tiare, le gagna à sa cause, et lorsque Henri traversa le détroit il était entièrement dévoué au nouvel empereur.

Un magnifique palais en charpente avait été élevé près de Guisnes pour le logement du roi, de la reine d'Angleterre et de leur suite: jusqu'à cette époque, on n'avait rien vu d'aussi somptueux. Près d'Ardres, s'en élevait un autre pour le roi de France. Un pavillon, destiné aux festins, était entièrement recouvert en drap d'or; ce qui fit donner au lieu de l'entrevue le nom de *Camp du drap d'or.* Le 31 mai 1520, les deux monarques partirent à cheval des sommets de deux collines

EMBARQUEMENT DE HENRI VIII A DOUVRES (31 Mai 1520).

d'après le tableau original conservé au château de Windsor.

opposées, descendirent dans la vallée, s'embrassèrent, et se retirèrent dans une tente dressée au centre de la plaine, où ils tinrent une conférence secrète. Des tournois, des banquets, des danses, des déguisements, des fêtes sans nombre remplirent tous les jours suivants, et les deux rois se traitèrent avec les signes de la plus grande amitié. Mais, pendant que François croyait avoir fait de Henri un allié fidèle, ce prince, en s'en retournant, renouvela avec Charles-Quint qu'il trouva à Gravelines toutes les promesses d'alliance dont ils étaient précédemment convenus. Aussi lorsque François réclama de nouveau et avec instance la restitution de la Navarre en faveur de la maison d'Albret, Charles répondit par un refus formel. Le roi de France donna l'ordre à son armée de franchir les Pyrénées et la Navarre fut délivrée en peu de jours; mais les Français ayant pénétré dans la Castille et assiégé Logrono, furent repoussés, et reperdirent la Navarre. Vers la même époque le duc de Bouillon-la-Marck, envoyait à l'instigation de François Ier, un cartel à l'empereur, son souverain, et portait la guerre dans la Belgique; mais Léon X prit tout à coup le parti de Charles, et réunit les troupes pontificales aux troupes impériales, qui s'emparèrent de Mouzon et investirent Mézières. Dans cette conjoncture, Henri VIII offrit sa médiation; elle fut acceptée, et Wolsey, chargé par son maître de la haute dignité d'arbitre entre deux souverains, parut à Calais avec un train de la plus grande magnificence. Cinq cents gentilshommes anglais à cheval l'accompagnaient constamment, et ses équipages dépassaient en richesse ceux du plus puissant monarque. L'empereur, qui connaissait la partialité du médiateur à son égard, proposa des conditions si déraisonnables, qu'on reconnut aisément qu'il ne voulait pas d'accommodement. Il demandait qu'on lui cédât la Bourgogne, et qu'on le dégageât de l'hommage féodal qu'il devait à la couronne de France pour la Flandre et l'Artois. Le congrès fut donc dissous, et Wolsey, sous prétexte de disposer à la paix l'esprit de l'empereur, partit pour Bruges, où Charles l'attendait. Il y fut reçu avec autant de pompe et de respect que l'eût été le roi d'Angleterre lui-même. Comme on pouvait s'y attendre, le résultat de ces entrevues et de la médiation du cardinal ne fut point la paix, mais une ligue offensive conclue secrètement contre François Ier, entre l'empereur, le roi d'Angleterre et le pape. Chacune de ces puissances dut faire une invasion en France avec une nombreuse armée. Le mariage projeté entre Marie, alors héritière du trône de la Grande-Bretagne, et le dauphin, fils de François, fut rompu (1521), et la princesse fiancée à Charles-Quint.

François Ier cependant paraissait ne pas connaître le traité secret qui liait contre lui l'empereur et le roi d'Angleterre; et lorsque après la perte du Milanais, en 1521, il songea à rentrer en Italie, il demanda à Henri le renfort qui lui était assuré par les traités, et il subordonna à son obtention le paiement de la pension annuelle à laquelle il s'était obligé. Ne recevant que des réponses évasives, et convaincu de la duplicité de son allié, il mit un embargo sur les navires anglais qui se trouvaient dans ses ports, et fit saisir les marchandises qu'ils contenaient. Par représailles, Henri VIII fit arrêter tous les Français qui se trouvaient en Angleterre, et jusqu'à l'ambassadeur; et bientôt la présence de Charles-Quint vint ajouter à son exaspération contre François Ier. Débarqué à Douvres, l'empereur accompagna Henri à Cantorbéry, à Londres, à Winchester, à Southampton;

et, au milieu des fêtes et des spectacles, cimenta le traité de Calais, en promettant de marcher avec quarante mille hommes contre la France, et si Henri l'imitait, de l'indemniser des pertes qu'il pourrait subir, puis il promit d'épouser la princesse Marie dès qu'elle aurait atteint sa douzième année, sous peine de payer une somme de cinq cent mille couronnes. Il donna au comte de Surrey une commission d'amiral de ses flottes, et parut s'honorer de porter les insignes de l'ordre de la jarretière que lui conféra le roi d'Angleterre.

Mais, pour attaquer la France, il fallait de l'argent et des hommes. Wolsey se chargea d'obtenir le premier et Surrey de réunir les seconds. On força tous les propriétaires à déclarer la valeur réelle de leurs biens, et on les imposa en leur promettant de les rembourser; on emprunta vingt mille livres sterling aux marchands de Londres, et, par toutes ces exactions, l'on rassembla d'assez fortes sommes. Surrey parvint aussi à former une armée de dix-huit mille hommes sous les murs de Calais; il les conduisit jusqu'à la ville d'Amiens, à travers le Boulonnois et l'Artois, en brûlant tous les villages qu'il rencontra; mais des maladies, causées par les pluies, lui firent perdre la moitié de ses troupes, et il se vit forcé de les ramener promptement à Calais (1522).

François Ier, de son côté, essayait d'opérer des diversions afin de diviser les forces anglaises. Il avait, par ses promesses, engagé le comte de Desmond à soulever l'Irlande, mais il n'avait pu lui envoyer les troupes qu'il s'était engagé à lui fournir, et les tentatives du révolté n'avaient eu aucun resultat. En Écosse, le duc d'Albany s'était refusé à renouveler la trêve lors de son expiration, et s'était mis en marche avec une armée nombreuse; mais lord Dacre, gouverneur des Marches de l'Ouest, parvint à l'arrêter par des négociations et conclut avec lui un armistice.

L'épuisement de ses finances causait à Henri des embarras sans cesse renaissants, et il fallut convoquer un parlement (15 avr. 1523). La chambre des communes choisit pour son orateur ou président sir Thomas More, connu en France sous le nom de Thomas Morus; quand elle fut constituée, Wolsey se présenta avec un message royal, et demanda un subside de huit cent mille livres sterling. La stupéfaction fut si grande que nul ne prit la parole, et que Wolsey, surpris, demanda si l'usage de la chambre était de n'exprimer son opinion que par l'organe de l'orateur. Thomas More fléchit le genou devant le ministre, en disant que la présence d'un si éminent personnage inspirait trop de respect pour qu'on osât rompre le silence; que d'ailleurs la chambre, d'après ses antiques priviléges, n'était pas obligée à une réponse immédiate, et qu'il irait porter aux pieds du cardinal les résultats de la délibération. Après des remises succesives et de fort longues discussions pendant lesquelles Wolsey intervint de nouveau, le bill passa, non tout à fait comme l'avait voulu le roi, mais en établissant un impôt de cinq pour cent sur le principal des propriétés durant deux années, durant trois sur les fiefs et pensions, et durant quatre sur les valeurs mobilières. Ce n'était pas tout; il fallait aussi imposer le clergé, et Wolsey lui demanda la moitié de ses revenus annuels. L'opposition fut plus forte que celle de la chambre des communes, et deux synodes discutèrent la question sans la résoudre. Wolsey leur ordonna de se réunir en synode national; mais les députés déclarèrent que leurs pouvoirs ne s'étendaient pas jusqu'à engager leurs commettants par d'autres actes que par ceux des synodes partiels. Enfin la cour acheta le silence des ecclésiastiques les plus ardents, et, après quatre mois, le clergé accorda ce subside, mais à condition qu'il ne serait levé qu'en cinq années.

La guerre avec l'Ecosse se continuait durant ces discussions. Albany, qui s'était rendu en France, en revint avec cinq mille auxiliaires, au moment où il apprit que la reine Marguerite, qui avait épousé le comte d'Angus, se proposait, soutenue par son frère Henri VIII, de reparaître à Édimbourg. Le parlement appela contre elle toute la nation, et elle se leva en masse. En peu de jours, Albany compta plus de soixante mille hommes sous ses étendards. Le plus vif enthousiasme animait les Écossais, et le régent pouvait facilement obliger l'Angleterre à reconnaître l'indépendance de sa patrie. Le comte de Surrey, qui commandait les troupes que Henri avait envoyées en Écosse, se crut perdu, et demanda instamment des renforts, s'attendant à chaque instant à être attaqué et enveloppé; mais Albany ne marchait pas

Infanterie du temps de Henri VIII.

avec cette rapidité, et Surrey eut le temps de recevoir des détachements qui portèrent son armée à cinquante mille hommes. Le Régent, qu'effrayait le nom seul du vainqueur de Flodden, se retira au-delà des frontières dans un désordre qui amena le renversement de son autorité. Il se hâta de partir pour la France, et Marguerite proclama son fils à Édimbourg; mais sa conduite lui aliéna bientôt les cœurs des Écossais. L'influence de Henri fit donner la régence à son époux, le comte d'Angus, et de longues trêves rendirent la paix aux frontières, sans détruire les germes de la guerre civile qui grondait sans cesse dans l'intérieur.

En secondant Albany de ses troupes et de son argent, François Ier espérait détourner l'attention de Henri des projets de conquête qu'il formait sur l'Italie où il ne possédait plus que Milan et Crémone. Mais une coalition fut formée contre lui, entre l'empereur, son frère Ferdinand archiduc d'Autriche, les Vénitiens, et François Sforza. Les rois d'Angleterre et de Hongrie, les républiques de Florence, de Sienne et de Gênes ne tardèrent pas à y accéder, et, pendant que les coalisés faisaient leurs préparatifs de guerre, Charles-Quint et Henri VIII fomentaient contre le roi de France une conspiration destinée à le précipiter du trône et à opérer le démembrement de sa monarchie. Deux envoyés anglais, sir John Russel et lord Beaurain, étaient parvenus à déterminer le connétable, duc de Bourbon, persécuté par François Ier et par la reine-mère Louise de Savoie, à lever au sein de la France l'étendard de la guerre civile. Un traité fut signé entre Henri VIII, Charles-Quint et le connétable. Pendant que Bourbon soulèverait cinq provinces où il se croyait le maître, les Anglais devaient envahir la Picardie; les Allemands, à la solde de l'Angleterre, la Bourgogne; les Espagnols, la Guyenne. Le royaume de Provence devait être rétabli en faveur du connétable, et le reste de la France partagé entre l'empereur et le roi d'Angleterre. Par bonheur pour François Ier, le duc de Bourbon crut son complot découvert, et se hâta de passer en Italie sous un déguisement. Mais il connaissait tous les projets du roi, qui se vit obligé de changer ses premiers plans, d'envoyer Bonnivet à sa place dans la Lombardie, et de rester en France pour faire tête à ses autres ennemis qui avaient commencé leurs mouvements. L'armée anglaise sous le commandement de Suffolk, avait quitté Calais et fait sa jonction avec les troupes impériales. Après avoir perdu un mois sous les murailles de Saint-Omer, les alliés traversèrent la Picardie et l'Artois, passèrent la Somme et l'Oise, et s'avancèrent vers Laon, où ils comptaient se réunir aux Allemands; mais ceux-ci avaient été repoussés par le duc de Guise. Les alliés prirent alors le chemin de Valenciennes. Mais l'hiver approchait, les pluies rendaient la marche difficile; les maladies accablaient les soldats, et il fallut bientôt licencier les deux armées (1523).

Bonnivet était entré en Italie et ne s'était arrêté que sous les murs de Milan. Cette ville se défendit avec courage, et l'amiral, après un siège de quelques semaines, fut forcé de prendre ses quartiers d'hiver à Biagrasso et aux environs. Sur ces entrefaites, le pape Adrien vint à mourir, et Wolsey brigua de nouveau la tiare comme à la mort de Léon X. Les ministres anglais à Rome n'épargnèrent ni l'argent ni les promesses pour la lui obtenir; mais la lutte était réellement entre les factions impériale et française. Cette dernière l'emporta, et le cardinal Jules de

Médicis fut élu. Il prit le nom de Clément VII. Wolsey n'en fut que plus ardent à nuire à la France, et, au printemps suivant (1542), toutes les ressources de l'Allemagne, de l'Italie et de l'Angleterre furent mises en œuvre contre François Ier. Battu de toutes parts, et obligé d'ordonner la retraite, l'amiral Bonnivet, perdit l'élite de l'armée française et abandonna le Piémont. La bataille de Pavie, où François Ier devint prisonnier de Charles-Quint (25 févr. 1525), mit fin à cette campagne désastreuse.

La joie que causa en Angleterre la défaite des Français ne saurait se décrire. On chanta le *Te Deum*, le cardinal Wolsey officia en grand appareil à Saint-Paul devant toute la cour, et Henri VIII se crut déjà monté sur le trône de France. Deux ambassadeurs, l'évêque de Londres, Tunstal, et le chancelier de Laneastre Wingfiels, furent envoyés à l'empereur pour lui rappeler les conventions secrètes arrêtées pour le partage de la France. Mais il y avait à l'exécution de ce projet plus d'obstacles que le roi ne l'avait pensé. Le premier de tous était le défaut d'argent. On avait anticipé sur la levée des derniers subsides, et la convocation d'un parlement eût amené des difficultés nouvelles. Henri rendit donc une ordonnance de pleinpouvoir qui imposait au clergé une taxe d'un quart de son revenu, et aux laïques d'un sixième. Mais la résistance de part et d'autre fut si prononcée, que le roi se vit contraint de déclarer qu'il ne forcerait personne, qu'il accepterait seulement un don gratuit. On lui répondit que le parlement avait déclaré illégales les demandes de dons gratuits, et l'attitude du peuple devint si effrayante, que Henri prit la détermination de renoncer à ses exigences.

Ses ambassadeurs ne furent pas plus heureux auprès de l'empereur. Charles-Quint n'envisageait pas sans appréhension les difficultés nouvelles qui surgiraient d'une invasion de la nature de celle que réclamait Henri. La France n'était pas entamée, et son énergie nationale était à redouter. D'ailleurs l'armée victorieuse d'Italie, les Allemands, les Espagnols, exigeaient leur solde arriérée, et le trésor impérial était hors d'état de supporter les frais d'une nouvelle expédition. Charles rejeta donc toute proposition d'envahissement, et accorda un armistice de six mois à la France.

Cette conduite de l'empereur développa les germes de mésintelligence qui existaient déjà entre les deux souverains, et les mauvaises dispositions de Henri furent bientôt confirmées à Charles-Quint par des lettres interceptées en mer, et dans lesquelles l'empereur apprit que, nonobstant la cérémonie des fiançailles accomplie entre lui et la princesse Marie, le roi d'Angleterre venait de faire offrir secrètement la main de sa fille aux rois de France et d'Écosse. Charles la réclama comme sa femme, avec promesse de la proclamer à l'instant impératrice si Henri consentait à la lui confier, et celui-ci s'engagea à la lui envoyer, mais à condition que l'empereur lui remettrait en échange la personne du monarque captif. Charles-Quint ne pouvait accepter une pareille proposition, et Henri, qui ne voyait pas sans jalousie l'immense accroissement de puissance du jeune empereur, et la suprématie qu'il s'était acquise depuis la victoire de Pavie, ouvrit des négociations avec la régente de France. Elles furent promptement suivies d'un traité en vertu duquel la France s'engageait à payer au roi d'Angleterre une somme de deux millions de couronnes par termes sémestriels de cinquante mille écus, de constituer à Henri une rente viagère annuelle de cent mille couronnes, d'assurer à la duchesse de Suffolk, reine douairière de France, le douaire qu'elle avait perdu en convolant à de secondes noces; de payer trente mille couronnes au cardinal Wolsey, pour ses reprises sur l'évêché de Tournay, et de lui faire présent de cent mille autres couronnes en reconnaissance de ses bons offices. Par compensation à tant de sacrifices, une alliance offensive et défensive était conclue entre les deux puissances. François Ier ratifia ces onéreuses conditions dans sa prison.

Charles-Quint, informé de la duplicité de Henri, lui fit demander officiellement la main de sa fille, en déclarant que l'assemblée des cortès avait, pour le bien de l'état, exigé qu'il se mariât; mais Henri répondit que sa fille était trop jeune, et que Charles pouvait prendre une autre épouse, s'il ne lui convenait d'attendre. A la réception de cette réponse, l'empereur donna sa main à l'infante de Portugal Isabelle; et, peu de temps après, traita définitivement avec François Ier, qu'il rendit à la liberté, mais en lui imposant de telles obligations, qu'il n'était pas un homme sensé qui pût croire à leur accomplissement. François devait épouser la princesse Éléonore, sœur de Charles, rendre au connétable de Bourbon, nonobstant sa trahison publique, ses domaines, ses droits, ses propriétés, ses emplois; renoncer à toute prétention sur Milan, Naples, Gênes, la Flandre et l'Artois, restituer la Bourgogne et livrer ses deux fils en otages. Mais ce prince n'ignorait pas, en signant ce traité, les dispositions de la plupart des états de l'Europe. Effrayés par l'accroissement gigantesque de la puissance impériale, le pape, Venise, Florence et les Suisses avaient formé une ligue avec Henri VIII pour la délivrance du roi de France et l'indépendance de l'Italie. Aussi, à peine de retour dans ses états, François confirma le traité fait par sa mère avec Henri VIII, déclara au pape qu'il était prêt à tout sacrifier pour rétablir l'équilibre de l'Europe, et annonça hautement qu'il regardait le traité de Madrid comme nul, imposé par la force, et contraire aux volontés de la France; puis il signa un pacte d'alliance avec le saint-siége, Venise et Sforza, auquel on devait rendre le Milanais. Mais François ne songeait qu'à compromettre ses alliés pour effrayer Charles-Quint et améliorer les conditions du traité de Madrid, et l'Italie restait en proie à la guerre la plus hideuse qui pût déshonorer l'humanité. Dix mois entiers, Milan fut abandonné à la froide barbarie des Espagnols; Rome, prise par les féroces soldats de Bourbon, fut pillée pendant une année entière et le pape tomba au pouvoir de l'armée impériale (1527).

Henri VIII prit peu de part à ces événements. Éperdument amoureux d'Anne de Boleyn, dame d'honneur de la reine, il ne songeait qu'à une chose, à faire rompre son mariage avec Catherine. Cette princesse avait été l'épouse de son frère Arthur, et ce fut sur ce motif que le roi basa sa demande en divorce. Il rassembla les casuistes et les théologiens les plus instruits et leur demanda leur opinion. On découvrit un passage du Lévitique qui défendait absolument d'épouser la veuve de son frère, et les avocats du divorce déclarèrent en outre que la bulle de dispense pour cause de parenté entre Catherine et Henri, devait être annulée parce qu'elle reposait sur de faux exposés, et notamment parce qu'on y disait qu'elle avait été sollicitée par Henri, qui, n'ayant alors que douze ans, n'avait pu faire une telle démarche de sa pleine volonté. Mais, pour l'annulation de cette dispense, le consentement du pape était nécessaire, et le roi redoutait la résistance du saint père; aussi apprit-il avec joie la nouvelle du sac de Rome et de la captivité de Clément VII, comprenant bien tout le parti qu'il pouvait tirer des embarras du pontife. En effet, au moment où la puissance temporelle des papes semblait anéantie; une révolution religieuse qui grossissait sans cesse depuis dix années, la Réforme menaçait aussi de ruiner leur puissance spirituelle.

C'était dans l'année 1715 que la Réforme avait commencé. « A cette époque, nul ne soupçonnait un si grand événement. Les princes chrétiens se liguaient contre le Turc. Léon X envahissait le duché d'Urbin, et portait au comble la puissance temporelle du saint-siége. Malgré l'embarras de ses finances, qui l'obligeait de faire vendre des indulgences en Allemagne, et de créer à la fois trente et un cardinaux, il prodiguait aux savants, aux artistes, les trésors de l'église avec une glorieuse imprévoyance. Il envoyait jusqu'en Danemark et en Suède rechercher les monuments de l'histoire du Nord. Il autorisait par un bref la vente de l'*Orlando furioso*, et recevait la lettre éloquente de Raphaël sur la restauration des antiquités de Rome. Au milieu de ces soins, il apprit qu'un professeur de la nouvelle université de Wittemberg, nommé Martin Luther, déjà connu pour avoir, l'année précédente, hasardé des opinions hardies en matière de foi, venait d'attaquer la vente des indulgences. Léon X, qui correspondait lui-même avec Erasme, ne s'alarma point de ces nouveautés; il répondit aux accusateurs de Luther que c'était un homme de talent, et que toute cette dispute n'était qu'une querelle de moines [1].

« L'université de Wittemberg, récemment fondée par l'électeur de Saxe Frédéric-le-Sage, était, en Allemagne, une des premières où le platonisme eût triomphé de la scolastique, et où l'enseignement des lettres fût associé à celui du droit, de la théologie et de la philosophie. Luther, particulièrement, avait d'abord étudié le droit; puis, ayant pris l'habit monastique dans un accès de ferveur, il avait résolu de chercher la philosophie dans Platon, la religion dans la Bible. Mais ce qui le distinguait, c'était moins sa vaste science, qu'une éloquence vive et emportée, et une facilité alors extraordinaire de traiter les matières philosophiques et religieuses dans sa langue maternelle; *c'est par où il enlevait tout le monde*. Cet esprit impétueux, une fois lancé, alla plus loin qu'il n'avait voulu [2]. Il attaqua l'abus, puis le principe des indulgences, ensuite l'intercession des saints, la confession auriculaire, le purgatoire, le célibat des prêtres, la transsubstantiation, enfin l'autorité de

---

1. *Che fra Martino aveva bellissimo ingegno, e che coteste erano invidie fratesche.*

2. Luther, préface de la *Captivité de Babylone*, citée par K. Fr. Eichorn. *Deutsche staats-und rechtsgeschichte*, 4e vol. pag. 30. « Que je le veuille ou non, je suis forcé de devenir plus savant de
« jour en jour, lorsque des maîtres si renommés m'attaquent, tantôt ensemble, tantôt séparément. J'ai
« écrit il y a deux ans sur les indulgences; mais je me repens fort aujourd'hui d'avoir publié ce petit
« livre. J'étais encore irrésolu, par un respect superstitieux pour la tyrannie de Rome : je croyais
« alors que les indulgences ne devaient pas être condamnées; mais depuis, grâce à Sylvestre et aux
« autres défenseurs des indulgences, j'ai compris que ce n'était qu'une invention de la cour papale
« pour faire perdre la foi en Dieu et l'argent des hommes. Ensuite sont venus Eccius et Emser, avec

l'église, et le caractère de son chef visible. Pressé en vain par le légat Cajetan de se rétracter, il en appela du légat au pape, du pape à un concile général; et lorsque le pape l'eut condamné, il osa user de représailles, et brûla solennellement sur la place de Wittemberg la bulle de condamnation et les volumes du droit canonique (15 juin 1520).

« Un coup si hardi saisit l'Europe d'étonnement. La plupart des sectes et des hérésies s'étaient formées dans l'ombre, et se seraient tenues heureuses d'être ignorées. Zwingle lui-même, dont les prédications enlevaient, à la même époque, la moitié de la Suisse à l'autorité du saint-siége, ne s'était pas annoncé avec cette hauteur [1]. On soupçonna quelque chose de plus grand dans celui qui se constituait le juge du chef de l'église. Luther lui-même donna pour un miracle son audace et son succès.

« Cependant il était aisé de voir combien de circonstances favorables encourageaient le réformateur. La monarchie pontificale, qui seule avait mis quelque harmonie dans le chaos anarchique du moyen âge, avait été successivement affaiblie par les progrès du pouvoir royal et de l'ordre civil. Les scandales dont un grand nombre de prêtres affligeaient l'église minaient chaque jour un édifice déjà ébranlé par l'esprit de doute et de contradiction. Deux circonstances contribuaient à en déterminer la ruine. D'abord, l'invention de l'imprimerie donnait aux novateurs du XVIe siècle des moyens de communication et de propagation qui avaient manqué à ceux du moyen âge pour résister avec quelque ensemble à une puissance organisée si fortement que l'église. Ensuite, les embarras financiers de beaucoup de princes leur persuadaient d'avance toute doctrine qui mettrait à leur disposition les trésors du clergé. L'Europe présentait alors un phénomène remarquable, la disproportion des besoins et des ressources, résultat de l'élévation récente d'un pouvoir central dans chaque état. L'église paya le déficit. Plusieurs souverains catholiques avaient déjà obtenu du saint-siége d'exercer une partie de ses droits. Les princes du nord de l'Allemagne, menacés dans leur indépendance par le maître du Mexique et du Pérou, trouvèrent leurs Indes dans la sécularisation des biens ecclésiastiques.

« Déjà la réforme avait été tentée plusieurs fois, en Italie par Arnaud de Brescia,

---

« leur bande, pour m'enseigner la suprématie et la toute puissance du pape. Je dois reconnaître, pour
« ne pas me montrer ingrat envers de si savants hommes, que j'ai beaucoup profité dans leurs écrits.
« Je niais que la papauté fût de droit divin; mais j'accordais encore qu'elle était de droit humain.
« Après avoir entendu et lu les subtilités par lesquelles ces pauvres gens voudraient élever leur idole,
« je me suis convaincu que la papauté est le royaume de Babylone, et la puissance de Nemrod *le fort*
« *chasseur*. »

1. Zwingle, curé de Zurich, commença ses prédications en 1516 : les cantons de Zurich, de Bâle de Schaffouse, de Berne, et les villes alliées de Saint-Gall et de Mulhausen embrassèrent sa doctrine. Ceux de Lucerne, Uri, Schwitz, Unterwalden, Zug, Fribourg, Soleure et le Valais, restèrent fidèles à la religion catholique. Glaris et Appenzel furent partagés. Les habitants des cantons catholiques, gouvernés démocratiquement et habitant presque tous hors des villes, tenaient à leurs anciens usages et recevaient toujours des pensions du pape et du roi de France. François Ier se porta en vain pour médiateur entre les Suisses; les cantons catholiques n'acceptant pas la pacification proposée, ceux de Zurich et de Berne leur retranchaient les vivres. Les catholiques envahirent le territoire de Zurich, et gagnèrent sur les protestants une bataille où Zwingle fut tué en combattant à la tête de son troupeau (bataille de Cappel, 1531). Les catholiques, plus barbares, plus belliqueux et moins riches, devaient vaincre, mais ne pouvaient soutenir la guerre aussi longtemps que les cantons protestants.

par Valdus en France, par Wiclef en Angleterre. C'était en Allemagne qu'elle devait commencer à jeter des racines profondes. Le clergé allemand était plus riche, et par conséquent plus envié. Les souverainetés épiscopales de l'empire étaient données à des cadets de grandes familles, qui portaient dans l'ordre ecclésiastique les mœurs violentes et scandaleuses des séculiers. Mais la haine la plus forte était contre la cour de Rome, contre le clergé italien, dont le génie fiscal épuisait l'Allemagne. Dès le temps de l'empire romain, l'éternelle opposition du midi et du nord s'était comme personnifiée dans l'Allemagne et dans l'Italie. Au moyen âge, la lutte se régularisa; la force et l'esprit, la violence et la politique, l'ordre féodal et la hiérarchie catholique, l'hérédité et l'élection, furent aux prises dans les querelles de l'empire et du sacerdoce. Au xve siècle, les Hussites arrachèrent quelques concessions par une guerre de trente années. Au xvie, les rapports fréquents des Italiens et des Allemands ne faisaient qu'augmenter l'ancienne antipathie. Conduits sans cesse en Italie par la guerre, les hommes du Nord voyaient avec scandale les magnificences des papes, et ces pompes dont le culte aime à s'entourer dans les contrées méridionales. Leur ignorance ajoutait à leur sévérité : ils regardaient comme profane tout ce qu'ils ne comprenaient pas; et lorsqu'ils repassaient les Alpes, ils remplissaient d'horreur leurs barbares concitoyens, en leur décrivant *les fêtes idolâtriques de la nouvelle Babylone.*

« Luther connaissait bien cette disposition des esprits. Lorsqu'il fut cité par le nouvel empereur à la diète de Worms, il n'hésita point de s'y rendre. Ses amis lui rappelaient le sort de Jean Huss. « Je suis sommé légalement de comparaître à « Worms, répondit-il, et je m'y rendrai au nom du Seigneur, dussé-je voir conjurés « contre moi autant de diables qu'il y a de tuiles sur les toits. » Une foule de ses partisans voulurent du moins l'accompagner, et il entra dans la ville escorté de cent chevaliers armés de toutes pièces. Ayant refusé de se rétracter, malgré l'invitation publique et les sollicitations particulières des princes et des électeurs, il fut mis au ban de l'empire peu de jours après son départ. Ainsi Charles-Quint se déclara contre la réforme. Il était roi d'Espagne; il avait besoin du pape dans ses affaires d'Italie; enfin son titre d'empereur et de premier souverain de l'Europe le constituait le défenseur de l'ancienne foi. Des motifs analogues agissaient sur François Ier : la nouvelle hérésie fut condamnée par l'université de Paris. Enfin le roi d'Angleterre, Henri VIII, qui se piquait de théologie, écrivit un livre contre Luther, ce qui lui mérita le titre de *défenseur de la foi*. Mais il trouva d'ardents défenseurs dans les princes d'Allemagne, surtout dans l'électeur de Saxe, qui semble même l'avoir mis en avant. Ce prince avait été vicaire impérial dans l'interrègne, et c'est alors que Luther avait osé brûler la bulle du pape. Après la diète de Worms, l'électeur, pensant que les choses n'étaient pas mûres encore, résolut de préserver Luther de ses propres emportements. Comme il s'enfonçait dans la forêt de Thuringe en revenant de la diète, des cavaliers masqués l'enlevèrent et le cachèrent dans le château de Wartbourg. Enfermé près d'un an dans ce donjon, qui semble dominer toute l'Allemagne, le réformateur commença sa traduction de la Bible en langue vulgaire, et inonda l'Europe de ses écrits. Ces pamphlets théologiques, imprimés aussitôt que dictés, pénétraient dans les provinces les plus reculées; on les lisait le soir dans les familles, et le prédicateur invisible était entendu de tout l'empire. Jamais écrivain n'avait si vivement sympathisé avec le peuple. Ses violences, ses bouffonneries, ses apostrophes aux puissants du monde, aux évêques, au pape, au roi d'Angleterre, qu'il traitait *avec un magnifique mépris d'eux et de Satan*, charmaient, enflammaient l'Allemagne, et la partie burlesque de ces drames populaires n'en rendait l'effet que plus sûr. Érasme, Mélanchton, la plupart des savants pardonnaient à Luther sa jactance et sa grossièreté en faveur de la violence avec laquelle il attaquait la scolastique. Les princes applaudissaient à une réforme faite à leur profit. D'ailleurs Luther, tout en soulevant les passions du peuple, défendait l'emploi de toute autre arme que celle de la parole : « C'est la parole, disait-il, qui, pendant que je dormais « tranquillement et que je buvais ma bière avec mon cher Mélanchton, a tellement « ébranlé la papauté, que jamais prince ni empereur n'en a fait autant. »

« Mais il se flattait en vain de contenir les passions, une fois soulevées, dans les bornes d'une discussion abstraite. On ne tarda pas à tirer de ses principes des conséquences plus rigoureuses qu'il n'aurait voulu. Les princes avaient mis la main sur les propriétés ecclésiastiques ; Albert de Brandebourg, grand-maître de l'ordre Teutonique, sécularisa un état entier ; il épousa la fille du nouveau roi de Danemark, et se déclara duc héréditaire de la Prusse, sous la suzeraineté de la Pologne ; exemple terrible dans un empire plein de souverains ecclésiastiques, que pouvait tenter l'appât d'une pareille usurpation (1525).[1] »

Henri ne songeait point encore à suivre l'exemple des princes d'Allemagne ; mais il voulut profiter de la détresse du pape, et il espéra que la position fâcheuse où se trouvait Clément VII, le rendrait favorable à ses désirs. En conséquence, il lui fit offrir le secours de l'Angleterre contre l'empereur, et en même temps pour augmenter la désunion qui existait entre ce prince et François Ier, il chargea Wolsey de renouveler les traités passés avec le roi de France. Wolsey renouvela l'alliance perpétuelle entre les deux couronnes, la princesse Marie fut fiancée au duc d'Orléans, puis de nouveaux traités fixèrent le taux des subsides qui devaient être payés par l'Angleterre pour la guerre d'Italie et établirent que tant que le pape serait en captivité, les intérêts des églises française et anglaise resteraient réglés par leurs évêques, et que les décisions de Wolsey, en sa qualité de légat du saint-siége, seraient exécutoires, nonobstant tout appel au pontife, et quel que fût le rang de la partie condamnée. Le but réel de cette clause était de soumettre à la décision du cardinal la question du divorce, et de priver la reine Catherine de son recours au saint-siége.

Pendant ces négociations le roi avait composé un traité où, s'appuyant de la prohibition du Lévitique, il prouvait que le divorce qu'il méditait serait légitime, et l'arracherait à l'état de péché dans lequel il vivait depuis son mariage, et aussitôt que Wolsey fut de retour, il lui communiqua la ferme volonté où il était d'obtenir au plus tôt le divorce et d'épouser Anna Boleyn. Sur le premier point, Wolsey favorisait le désir du roi ; mais il s'opposa vivement au second, et, après avoir épuisé tous les raisonnements que lui suggérait la politique pour l'en détourner, il le supplia à

---

1. Michelet, *Précis d'Histoire moderne*, p. 102 et suiv.

genoux de se garder d'une alliance si peu conforme à la dignité de son rang, et qui le rendrait la fable de l'Europe. Cependant, dès que le cardinal eut reconnu que la volonté du roi était inébranlable, il changea de marche, annonça qu'il avait réfléchi, que les arguments de Henri l'avaient convaincu, et il montra plus d'activité pour servir sa passion qu'il n'en avait mis à la combattre. Il pressa les théologiens de s'expliquer définitivement et nettement sur la question soumise à leur examen, et il en obtint une déclaration portant que les motifs allégués par Henri justifiaient suffisamment son scrupule, et qu'il devait en référer au saint-siége.

A ces nouvelles, Charles-Quint proclama hautement qu'il était résolu à protéger la reine Catherine, sa tante, et menaça le pape de toute sa colère s'il cédait aux instances de Henri VIII. Mais Clément parvint à s'échapper du château Saint-Ange, sous le déguisement d'un jardinier, et atteignit la forteresse d'Orviette (1527). Des envoyés anglais ne tardèrent pas à l'y rejoindre, et le supplièrent, au nom du roi, de signer deux actes, dont le premier conférait à Wolsey les pouvoirs nécessaires pour prononcer le divorce, dans le cas où il aurait reconnu que la dispense accordée par Jules II pour le mariage de Henri et de Catherine devrait être considérée comme nulle; le second permettait à Henri de se remarier à qui bon lui semblerait, la nouvelle épouse eût-elle été fiancée à un autre, ou fût-elle sa parente même au premier degré. La situation du pape était difficile. Clément voyait d'un côté que s'il autorisait les légats à prononcer le divorce, il s'exposait au ressentiment de Charles-Quint tout puissant en Italie, et de l'autre que s'il prononçait sur la cause, comme le demandait l'empereur, son jugement lui attirerait la haine mortelle du roi d'Angleterre, et peut-être celle du roi de France, son allié. Dans cette alternative, il résolut de faire traîner l'affaire en longueur, et, en donnant, après beaucoup d'hésitations, son consentement aux actes que demandait Henri VIII, il adjoignit à Wolsey le cardinal Campeggio, qui eut l'ordre formel de s'abstenir de tout jugement avant d'avoir consulté le saint-siége (1528).

Dès que Campeggio fut arrivé en Angleterre, on disposa tout pour décider enfin la grande question du divorce. La cour se rassembla à Black-Friars, dans une des salles affectées aux séances du parlement, et deux mandements furent envoyés, l'un au roi, l'autre à la reine (juin 1529). Tous deux comparurent. Le roi répondit à l'interpellation de son nom; la reine se leva avec dignité et protesta: elle était étrangère, sans appui, sans conseil, sans secours; ses juges étaient les obligés de son adversaire, puisqu'ils possédaient des bénéfices dont il leur avait fait l'octroi; un tribunal ainsi constitué ne pouvait être reconnu par elle. Alors, s'avançant avec modestie, mais fermeté, elle passa, suivie de ses filles d'honneur, devant les cardinaux qu'elle salua, et se jetant aux pieds du roi, elle prononça des paroles aussi nobles que touchantes : « Sire, dit-elle en finissant, lorsque j'abandonnai ma patrie, quels garants avais-je contre le malheur, si ce n'étaient votre loyauté et la sainteté des liens qui nous unissaient? Ma nouvelle famille ne devait-elle pas me former un rempart contre tous les maux, me garantir de violences et d'outrages? Vingt ans il y a que je suis votre femme; j'entrai vierge dans votre lit, et j'adjure votre conscience de répondre à ce fait, que Dieu sait comme vous et moi. Ma tendresse, ma soumission ont-elles donc mérité le traitement que j'éprouve? Que me reprochez-vous ? En quoi suis-je criminelle et monstrueuse ? Cinq enfants que je vous ai donnés ne vous ont-ils pas convaincu de mon amour ? Mes pères et les vôtres, qui nous ont unis, n'étaient-ils pas des princes sages et judicieux ? N'agissaient-ils pas par des vues saines et pures ? Ma conscience est là qui m'éclaire ; si la honte peut m'atteindre, je pars ; mais cela n'est pas, et c'est de vous seul que j'attends justice. » La noble reine alors fit une profonde révérence et se retira. On fit de vains efforts pour la retenir, et elle répondit à ceux qui au nom du roi la sollicitaient de rentrer : « Ce m'est une grande douleur de lui désobéir, et je le fais pour « une fois unique ; mais je saisirai la première occasion pour le prier de me « pardonner. »

Après son départ, Henri, s'apercevant de l'impression qu'elle avait produite, crut devoir rendre justice à sa vertu, à l'austérité de ses mœurs, à son honneur sans tache ; mais il ne pouvait transiger avec la délicatesse de sa conscience, et il supplia la cour de prononcer.

La cour repoussa la protestation de la reine, et la déclara contumace ; mais comme le conseil du roi exigeait une décision, le cardinal Campeggio déclara que l'assemblée était prorogée, et qu'aucune considération ne l'empêcherait d'en référer au successeur des apôtres. « Pardieu ! s'écria le duc de Suffolk en frappant « sur la table, il est bien vrai le proverbe qui dit qu'en Angleterre jamais bien n'est « provenu d'un cardinal ! » La cour fut dissoute, et Clément VII, à l'instigation de Charles-Quint, révoqua les commissions des légats.

Le départ de Campeggio fut le signal de la perte de Wolsey. Anna Boleyn savait que le projet du cardinal était de donner à Henri la main d'une princesse française, et elle ne dissimula plus son animosité. Le vicomte de Rochford, son père, les ducs de Norfolk et de Suffolk, se réunirent pour renverser le ministre, et ils eurent soin, dans leurs entretiens particuliers, d'accuser constamment Wolsey du mauvais succès de l'entreprise. Ils ajoutèrent à cela divers reproches sur sa conduite en France, sur les présents qu'il avait reçus de la reine régente durant la captivité de François Ier, et ils firent entendre à Henri que Wolsey attribuait constamment à sa propre sagesse le résultat heureux des prudentes mesures du roi, tandis qu'il rejetait sur la volonté souveraine les caprices de la fortune ou les combinaisons avortées de son impéritie.

Wolsey s'aperçut du refroidissement de l'amitié royale, mais il ne reconnut pas sur-le-champ toute l'étendue du danger qui le menaçait, et même ayant accompagné Henri à Grafton, dans le Northamptonshire, il en reçut un accueil si tendre que ses ennemis tremblèrent pour leur propre sûreté. Mais le même jour, le roi donna à Anna Boleyn sa parole de ne le revoir jamais.

Bientôt Wolsey fut accusé d'avoir transgressé, comme légat, le célèbre statut des proviseurs, *Præmunire*. Le statut ne concernait pas les légats, et Wolsey, d'ailleurs, avait eu soin de se munir d'avance de la licence royale et de la sanction du parlement. Mais il connaissait trop bien le caractère de Henri VIII pour ne pas prévoir à l'instant tout ce qui allait lui arriver. Lorsque les ducs de Norfolk et de Suffolk se présentèrent pour lui redemander les sceaux, il les remit en toute humilité, déclara que puisque Henri le faisait accuser, c'est que sans doute il était coupable, mais qu'il l'était sans le savoir ; qu'il implorait sa miséricorde infinie, et s'engageait à lui transférer tous ses biens personnels, évalués à plus de cinq cent mille couronnes, si le roi, dans sa bonté, lui laissait la jouissance de ses bénéfices. Henri ne fut point ému de cette soumission ; il répondit que les biens que Wolsey lui offrait étaient à lui, puisqu'ils provenaient de ses donations ; et lui fit intimer l'ordre de quitter immédiatement le palais d'York, bâti des riches produits de l'archevêché, et d'aller prendre sa résidence au palais de Hamptoncourt, que Wolsey avait fait construire (1529).

Vue du palais de Hamptoncourt, élevé par Wolsey.

Cependant, et malgré l'acharnement des ennemis du cardinal, Henri conservait encore des sentiments d'affection pour son ancien favori, et lorsque la cour du banc du roi rendit une sentence qui le condamnait, la protection royale en arrêta l'exécution. Alors quatorze pairs et autant de jurisconsultes dressèrent contre lui un acte d'accusation en quarante-quatre articles ; mais, à la chambre des communes, le bill trouva un puissant adversaire dans Cromwell, ancien secrétaire de Wolsey, devenu secrétaire intime du roi, et il fut rejeté. Il passa pour certain que telle avait été la volonté du roi. Cependant la santé de Wolsey s'était altérée par le chagrin, et il tomba gravement malade. Henri lui envoya aussitôt ses médecins en s'écriant : « Pour Dieu, qu'il ne meure pas ! Je sacrifierai vingt mille livres pour le conserver ! »

Il lui fit en même temps donner l'assurance du retour de son amitié, et obligea Anna Boleyn à lui faire présent de ses tablettes d'or, comme gage de paix et d'oubli. Mais bientôt les intrigues des ennemis du cardinal l'emportèrent, et il fut arrêté sous l'accusation de haute trahison.

Ce coup devait être le dernier. Dans sa route vers Londres, Wolsey se trouva si fatigué qu'il fallut s'arrêter. Il se fit transporter à l'abbaye de Leicester, et dit à l'abbé en entrant : « Père abbé, je suis venu déposer mes os chez vous. » Peu

Le cardinal Wolsey.

d'heures avant d'exhaler son dernier soupir, comme il voyait dans sa chambre le gouverneur de la Tour, Kingston, chargé de la garde de sa personne, il lui dit : « Maître Kingston, je vous prie de me recommander au roi, de le conjurer de se « rappeler ce qui s'est passé entre nous, et particulièrement à l'égard de la reine « Catherine et de son affaire secrète. Sa conscience lui dira alors quelle a pu être « mon offense. Sa fermeté sans doute est toute royale, et plutôt que de céder sur un « point de ses volontés, il exposerait la moitié de son royaume. Que de fois ne suis-

« je pas resté à ses genoux plus de trois heures entières, pour combattre un amour
« désordonné, sans pouvoir y réussir ! Ah ! maître Kingston, que n'ai-je servi Dieu
« avec autant d'ardeur que j'ai servi le roi ; il ne m'eût pas abandonné dans ma
« vieillesse ! Je suis puni pour avoir sacrifié le service de Dieu à celui de mon
« prince ! C'est un juste retour de tant de peines ! » Peu d'instants après il expira.
(29 novembre 1530.)

Il était âgé d'environ soixante ans.

Wolsey avait su par son habileté retenir dans de justes bornes les passions violentes du roi ; sa disgrâce ne provint que de sa résistance à de nouveaux excès, et dès qu'il fut mort, le caractère de Henri se montra dans toute sa perversité.

Son divorce avec Catherine était toujours le but de toutes ses actions, et il crut avoir trouvé l'occasion de se rendre le pape favorable. A cette époque, en effet, Clément VII avait formé le projet d'une confédération générale contre les Turcs. Henri envoya à Rome des ambassadeurs munis des pouvoirs nécessaires pour conclure un traité d'adhésion à la confédération ; mais leur mission était en réalité d'acheter le consentement du saint père au mariage du roi avec Anna Boleyn. Avant le départ de ces envoyés, Henri avait exprès laissé percer l'intention, dans le cas où Clément VII se refuserait à lui accorder ce qu'il demandait depuis si longtemps, de se soustraire à l'autorité du saint-siège, et de revêtir dans ses états un évêque du pouvoir patriarcal. Afin de presser la réponse du saint père, et d'influencer sa décision, les agents de Henri s'adressèrent à tous les théologiens et jurisconsultes de l'Italie, de l'Allemagne et de la France, répandant l'or et les promesses, et sollicitant des avis favorables. Les universités de Bologne, de Padoue, de Ferrare, et plusieurs centaines d'érudits, se prononcèrent pour le divorce. Les Allemands y furent contraires, et Luther écrivit même qu'il aimerait tout autant permettre au roi d'Angleterre d'avoir deux femmes à la fois, que de renvoyer celle qu'il possédait pour en épouser une autre. Henri comptait beaucoup sur les universités de France, et il pria François Ier d'interposer son autorité en sa faveur. François exploita la circonstance : il ne voulait pas, dit-il, offenser Charles-Quint, parce que ses deux fils étaient encore prisonniers dans ses mains, comme otages, et qu'il ne pouvait les racheter qu'en payant les sommes énormes stipulées dans le traité de Madrid, qui l'obligeait aussi au paiement de cinq cent mille couronnes à l'Angleterre, et au rachat d'un lis de diamants engagé à Henri VIII. Celui-ci comprit et n'hésita pas un instant ; il remit la dette, rendit les diamants, et prêta encore quatre cent mille couronnes à François Ier, qui, par reconnaissance, sollicita tant et si bien l'université de Paris, qu'il en obtint, moitié par promesses, moitié par ruse, une décision favorable aux prétentions du roi d'Angleterre. Orléans, Bourges et Toulouse, se prononcèrent dans le même sens. Ces déclarations furent placées sous les yeux du saint père, et l'on y joignit une lettre signée des lords temporels et spirituels de l'Angleterre et des membres de la chambre des communes, qui menaçaient le pape, au nom de la nation, d'autoriser le mariage sans son intervention. Clément fut inébranlable, et comme tous les expédients se trouvaient épuisés, Henri, dans son humeur et son découragement, laissa entrevoir qu'il était au moment d'abandonner son projet de divorce.

Anna Boleyn et ses amis résolurent alors de tenter un coup décisif. Ils jetèrent les yeux sur Cromwell, l'un des secrétaires favoris du roi, et lui prescrivirent le rôle qu'il avait à jouer. Cromwell, fils d'un simple foulon des environs de Londres, d'abord soldat dans les guerres d'Italie, puis commis chez un marchand de Venise, s'était adonné à l'étude des lois lors de son retour dans sa patrie, et s'était fait distinguer par Wolsey qui l'avait employé. Il suivit le cardinal dans sa retraite; mais, s'apercevant que la destinée de son patron était fixée, il revint à la cour et fut accueilli du roi, qui lui conserva ses fonctions et se servit de lui pour suspendre la condamnation de Wolsey à la chambre des communes. C'était un homme déterminé, comme il le disait lui-même, à faire et défaire. Sur un mot d'Anna Boleyn il se jeta un jour aux pieds de Henri VIII. Le roi, étonné, lui demanda ce qu'il voulait. Alors Cromwell parla de la douleur qui l'avait saisi en voyant son bon roi dans l'inquiétude. « Qu'était-« il, toutefois, pour donner des avis à son souverain? mais son dévouement « l'emportait sur le sentiment de son insuffisance. Henri devait-il se laisser abattre « par la timidité de ses conseillers? Parce que le pape et l'empereur agissaient d'ac-« cord, fallait-il qu'un monarque leur cédât ses droits incontestables? La nation « ne voulait qu'un roi. Henri, dont les profondes connaissances en théologie « faisaient l'admiration de ses sujets, n'avait qu'une parole à prononcer. Il devait « reprendre l'autorité usurpée par le pontife; le peuple, le parlement, le clergé, « tout était à lui, tout était prêt à lui obéir; ainsi avaient fait les princes de « l'Allemagne. » — « Vous êtes mon conseiller privé, répondit Henri; allez prêter « serment! »

C'était une révolution tout entière qu'avait proposée Cromwell; mais il connaissait les moyens de la commencer, et s'en était reposé de son achèvement sur les passions du roi. Wolsey avait été condamné pour avoir contrevenu au statut de *Prœmunire.* Cromwell prétendit que tout le clergé ayant reconnu sa juridiction, était devenu, selon le langage du statut, complice de Wolsey, passible des mêmes peines, et, en conséquence, l'avocat-général dirigea une information contre tout le corps ecclésiastique sans exception. La convocation, c'est-à-dire les deux divisions qui composaient l'assemblée du clergé, ne sachant de quelle manière apaiser Henri, s'en référa à sa clémence, et lui offrit un présent de cent dix-huit mille livres sterling. Le roi le refusa d'abord, puis l'accepta, mais sous la condition que l'on introduirait dans l'acte qu'il était le protecteur et le chef suprême de l'église et du clergé d'Angleterre. On se récria contre cette innovation, mais on finit par céder, en introduisant, entre parenthèses, les mots : « Autant que le permet la loi du Christ. » C'était un premier pas.

Clément VII avait cependant promulgué un bref prohibitif du divorce. Henri VIII, afin d'en atténuer l'effet, fit lire publiquement les déclarations des universités, et envoya plusieurs lords à la reine Catherine, afin de l'engager à s'en rapporter à la décision de quatre pairs temporels et de quatre pairs spirituels; mais elle répondit constamment qu'elle était la femme légitime du roi, et qu'elle attendait avec confiance la décision de la cour de Rome. De son côté Clément écrivit à Henri une lettre véhémente; mais il ne fit qu'affermir le roi dans ses résolutions, et avancer la catastrophe qui allait séparer l'Angleterre de l'église catholique romaine.

Le parlement semblait disposé à approuver toutes les mesures que lui proposait Henri. Les annates, ou levée des premiers fruits, formaient pour le saint-siége une importante source de revenus. On déclara qu'il devenait onéreux de conserver un impôt créé dans l'origine pour la délivrance de la Terre-Sainte, et détourné de son application sans l'autorisation des chambres; en conséquence, un bill défendit à tout prélat ou nouveau possesseur de bénéfices le paiement des annates, sous peine de confiscation du revenu de l'évêché ou du bénéfice, et en stipulant que si le saint père refusait les bulles nécessaires aux impétrants, les prélats seraient consacrés, comme dans les temps antiques, par un archevêque assisté de deux évêques (1532). Peu après, les communes se plaignirent de ce que les assemblées ou convocations du clergé rendaient souvent, sans en référer aux autres états, des statuts relatifs à des intérêts temporels en opposition à ceux du royaume, et qui devenaient exécutoires sous peine de censures spirituelles. Henri somma le clergé de s'engager à ne plus faire publier ou exécuter de nouvelles constitutions, sans l'assentiment de l'autorité royale, et ordonna la révision de celles qui existaient par un comité moitié laïque, moitié ecclésiastique, choisi par lui-même. Le clergé hésita; mais la crainte le dominait et il promit d'obéir. Henri espérait ainsi effrayer le pape, et l'amener à consentir à son divorce avec Catherine, mais Clément répondit par un bref qui citait le roi à comparaître en cour de Rome, déclarait qu'Anna Boleyn et lui seraient excommuniés s'ils continuaient leur cohabitation un mois après la réception du bref, et prononçait l'excommunication immédiate dans le cas où le mariage serait déjà célébré.

Ce fut vers cette époque que Henri VIII et François Ier se visitèrent sur le continent. Depuis longtemps le roi d'Angleterre désirait cette entrevue, espérant amener son allié à partager son ressentiment contre le pape. Les entretiens des deux rois roulèrent en effet presque exclusivement sur leurs griefs mutuels contre le saint-siége et sur les moyens de rendre leurs clergés, leurs peuples, leurs royaumes, leurs gouvernements, indépendants de la surveillance et des volontés pontificales. Le roi d'Angleterre voulait un concile général; François essaya de le ranger à des avis plus modérés, et il fut convenu que le roi de France écrirait au pape pour protester contre l'outrage fait à toutes les têtes couronnées par le successeur des apôtres, en citant un monarque hors de ses états, et pour inviter Clément à se transporter à Marseille, où se rendrait aussi le roi d'Angleterre, et où la cause de ce dernier serait débattue et jugée.

Henri puisa dans ce voyage de nouvelles et plus fortes résolutions de conclure son nouveau mariage Il y avait déjà cinq années qu'il sollicitait son divorce avec Catherine, et trois ans qu'il habitait avec Anne Boleyn, sans que le mariage les eût unis; mais Anna devint grosse, et le roi se résolut à lui donner sa main pour assurer la légitimité de l'enfant. Le 25 janvier 1533 ils se rendirent tous deux, vers quatre heures du matin, dans une chambre haute du palais de White-Hall où un autel avait été préparé et y furent unis; mais ce ne fut que vers les fêtes de Pâques que le mariage fut déclaré.

En épousant Anna Boleyn, Henri s'était déterminé à rompre avec l'église romaine, et ce fut dans cette intention qu'il nomma au siége de Cantorbery un homme tout dévoué à ses intérêts et à ceux de sa nouvelle femme. Cet homme était Thomas Cranmer, qui avait écrit un livre en faveur du divorce, et déployé un grand zèle en sollicitant des décisions de jurisconsultes en Allemagne et en Italie. En jurant obéissance canonique au pape, Cranmer protesta qu'il n'entendait par ce serment s'engager à quoi que ce fût qui pût porter préjudice aux droits du roi, ou faire obstacle aux réformes que le monarque jugerait convenable d'ordonner pour le bien de l'église d'Angleterre. Une fois que Henri fut assuré de faire sanctionner ses volontés par un archevêque, il chargea Cromwell de commencer les procédures relatives à son divorce avec Catherine; et, d'abord, un acte du parlement frappa des pénalités du statut de *Præmunire* tout appel aux tribunaux du saint-siége. L'assemblée du clergé décida qu'aucune dispense du pape ne pouvait autoriser un frère à épouser la veuve de son frère après la consommation du mariage, et qu'il était prouvé que celui de Catherine et d'Arthur avait été consommé. Alors, pour ajouter dans l'esprit du peuple à la valeur de cette décision, Cranmer demanda au roi la permission, pour l'acquit de sa conscience et l'accomplissement de son devoir envers la nation, de soumettre à la cour archiépiscopale la question de la validité du mariage de Catherine. Il y fut autorisé, et la reine fut citée à comparaître devant le primat, qui ouvrit son assise assisté de l'évêque de Lincoln, de celui de Winchester et de sept autres prélats. Catherine ne répondit point à la citation, personne ne se présenta pour elle, et après quinze jours de séances, la cour la considéra comme contumace, décida que son mariage avec Arthur avait été consommé, et déclara nulle, illégitime et invalide son union postérieure avec Henri VIII. Le primat tint une autre assise à Lambeth, où il fut officiellement proclamé que Henri et Anna Boleyn étaient unis en légitime mariage et que l'archevêque ratifiait en tout point cette union de son autorité judiciaire et pastorale. Peu de jours après Anna Boleyn fut couronnée avec une grande solennité, et dans la première quinzaine de septembre suivant, elle mit au jour, non pas un héritier de la couronne, comme le roi s'en était flatté, mais une princesse qui reçut le nom d'Élisabeth. (7 sept. 1533.)

Catherine reçut l'ordre de ne plus prendre d'autre titre que celui de princesse douairière de Galles, et défense fut faite de lui donner le nom de reine et d'employer près d'elle le cérémonial auquel elle était accoutumée; mais Henri ne put empêcher qu'une pitié générale ne l'enveloppât dans son malheur. A sa cour même on blâmait si hautement son divorce que, dans sa colère, il envoya à la Tour la femme du vicomte Rochford et la belle-sœur du duc de Norfolk. Le pape tomba dans de grandes incertitudes lorsqu'il apprit le mariage de Henri. Charles-Quint le sollicitait vivement de rendre justice à sa tante, mais en même temps le blessait en se prononçant contre les prétentions qu'élevait le saint-siége à la souveraineté de Modène et de Reggio. Le pape annula cependant la sentence de Cranmer en appelant la cause devant lui, et excommunia Henri et Anna conditionnellement. François Ier, qui désirait ardemment réconcilier le monarque anglais et le souverain pontife, demanda une conférence au saint père, qui l'accorda, et se rendit ainsi que le roi de France dans la ville de Marseille, où Henri envoya des ambassadeurs chargés de le représenter. Mais ces envoyés n'avaient aucun pouvoir pour traiter avec le pontife; et l'évêque de Paris, Dubellay, qui avait acquis une assez grande influence sur l'esprit de Henri, fut dépêché en Angleterre. Il ramena le roi à des idées de modération, et obtint de lui l'autorisation de soumettre la contestation au consistoire romain, sous condition que les cardinaux de la faction impériale en seraient exclus. Dubellay revint à Rome au milieu de l'hiver; ses démarches conciliantes, jointes aux efforts des ambassadeurs de Henri VIII, eurent un tel succès, qu'il écrivit au roi de suspendre toutes les propositions de loi en matière religieuse qui pourraient blesser le siége apostolique, et lui envoya la liste des cardinaux qui devaient voter en sa faveur, et dont le nombre lui assurait gain de cause. Mais au moment où le consistoire se disposait à prononcer, le bruit se répandit à Rome que d'horribles libelles contre la cour pontificale circulaient avec profusion à Londres, et qu'en présence même du roi on avait joué une farce où les cardinaux et le pape étaient tympanisés! Le consistoire, indigné, se hâta de donner sa décision. Sur vingt-deux cardinaux présents, dix-neuf déclarèrent que le mariage de Catherine et de Henri était valide. L'évêque Dubellay fut accablé de douleur; les impériaux triomphèrent, et le canon et les feux de joie annoncèrent leur satisfaction.

Henri VIII n'attachait pas une haute importance à la décision du consistoire, car sa résolution était prise de se soustraire à l'autorité du saint-siége. Cromwell, nommé récemment chancelier de l'échiquier, l'avait mis à même de résister à la cour de Rome, en obtenant des deux chambres : le droit de modifier à son gré les lois ecclésiastiques; la prohibition complète des appels au saint-siége, lesquels de la cour de l'archevêque devaient être portés à la chancellerie du roi, qui nommait des commissaires chargés de terminer définitivement la procédure; la défense de présenter la nomination des évêques et des abbés à la confirmation du pape, et d'en impétrer des bulles, formalité qui fut remplacée par un mode d'élection et de ratification qui laissait toute puissance à la volonté du roi; la cessation de toute espèce de paiement, pour quelque cause que ce fût, à la chambre apostolique; et enfin, l'attribution des grâces et indulgences à l'archevêque de Cantorbéry.

Cela ne suffisait pas encore. La suprématie du roi se trouvait bien établie, mais il fallait pourvoir au règlement de la succession au trône. Une loi déclara que le mariage de Henri et de Catherine était nul, invalide et sans effet civil, et son hymen avec Anna Boleyn régulier et légal. La princesse Marie fut exclue de la succession à la couronne, et la descendance de la nouvelle reine habile à en hériter. Tous les sujets du roi furent astreints à prêter serment à cet acte, sous peine d'emprisonnement et de confiscation de biens; et toute tentative pour diffamer ce mariage fut mise au rang des crimes de haute trahison, et soumis à la même pénalité. La plupart des évêques prirent de nouvelles commissions de la couronne, dans lesquelles il était expressément déclaré que leur puissance épiscopale et spirituelle émanait tout entière de la seule autorité du roi.

Ainsi disparut la suprématie des papes sur le clergé d'Angleterre, mais ce ne fut pas sans opposition, et Henri entra dès ce moment dans une carrière où chacun de ses pas fut marqué par des supplices.

Une pauvre fille nommée Élisa Barton, sujette à quelque affection mentale, avait laissé, dans ses accès, échapper des expressions que le peuple prit pour des prophéties; elle entra dans un couvent, se livra aux plus grandes austérités, eut des extases, acquit une grande réputation de vertu, et fut bientôt connue de quelques fanatiques sous le nom de la sainte fille de Kent. Malheureusement elle eut l'imprudence de s'occuper dans ses prédictions des affaires de l'état; elle avait prophétisé la disgrâce de Wolsey, et annonça à Henri que s'il répudiait Catherine il mourrait au bout d'un mois, et serait remplacé sur le trône par la princesse Marie. Lorsque le divorce eut été prononcé, Henri fit arrêter Élisa Barton, ainsi que toutes les personnes qui avaient répété ses prédictions et qui furent considérées comme complices du crime de haute trahison dont l'illuminée fut accusée. La chambre étoilée les condamna à confesser publiquement leur imposture, et les fit ensuite reconduire en prison. Mais le roi n'était pas satisfait: dès que l'époque après laquelle il devait périr fut écoulée, il fit rendre une sentence de conviction contre Élisabeth Barton et six de ses prétendus complices, et tous les sept subirent la peine de mort aux gibets de Tyburn (1534).

Henri saisit cette occasion pour se venger de ceux qui n'avaient point approuvé son mariage, en les faisant accuser de non-révélation. Parmi eux se trouvèrent le savant évêque de Rochester, Fisher, et sir Thomas More, dont la rigide vertu n'avait pu permettre qu'il conservât longtemps la dignité de lord chancelier qui lui avait été conférée après la disgrâce de Wolsey. Fisher s'étonna de cette accusation, et lorsque Cromwell lui conseilla de s'abandonner à la miséricorde du roi, il s'y refusa et écrivit aux lords que le silence qu'il avait gardé sur les propos d'Élisabeth Barton ne pouvait le rendre coupable, puisqu'elle avait été admise en présence de Henri, et lui avait elle-même fait part de sa prophétie; néanmoins il fut forcé de composer avec la couronne pour une somme de trois cents livres. Ce n'était là que la moindre partie de la peine qui l'attendait. Quant à Thomas More, son véritable crime était d'avoir vu, durant la discussion relative au divorce, que les affaires qu'il était chargé de traiter ne se conciliaient point avec sa conscience, et d'avoir supplié Henri d'accepter sa démission. Le roi, que mécontentait une défection dont la véritable cause ne pouvait lui rester cachée, déguisa toutefois ses sentiments, et Thomas More put se retirer dans sa maison de Chelsea. Il s'y livrait entièrement à l'étude et à la méditation, lorsque le bruit des prophéties de la sainte fille de Kent vint le troubler dans sa retraite. Le roi lui en demanda son avis en lui montrant un recueil des prédictions de cette fille. More répondit qu'il ne voyait rien de sensé dans ces phrases, et que, bien qu'elles fussent rimées, la femme la plus simple pouvait en faire tout autant; ensuite, ayant vu Élisa Barton il lui donna le conseil de s'abstenir de parler des affaires d'état, et lui écrivit même pour l'engager à se borner à des sujets de piété. Ce fut cependant de cette lettre qu'on se servit pour l'accuser de non-révélation. Quinze jours après l'exécution d'Élisabeth Barton, Fisher et More furent mandés à Lambeth devant le conseil. Henri voulut effrayer par la rigueur de la sentence qu'il fit rendre contre eux, ceux qui partageaient leurs opinions. Atteints du crime de trahison, ils furent condamnés à la dégradation personnelle, à la confiscation de toutes leurs propriétés, et à un emprisonnement perpétuel à la Tour. L'évêque de Rochester avait alors soixante-dix-sept ans, et la misère de ce vieillard infirme devint telle, qu'il n'eut pas même les vêtements nécessaires pour se garantir de la rigueur des saisons. Thomas More fut nourri dans sa prison par le produit du travail de sa fille et la charité de quelques amis.

Henri ne pouvait s'arrêter dans la route qu'il avait entreprise; et, pour consolider l'édifice qu'il construisait, de nouvelles mesures étaient nécessaires. Le parlement arrêta donc que le roi, ses héritiers et ses successeurs, seraient sur la terre les seuls chefs suprêmes de l'église anglaise, avec pleine puissance de réformer et corriger les abus, erreurs, hérésies, qui pouvaient être corrigées par l'autorité spirituelle. Les premiers fruits des bénéfices, emplois et dignités ecclésiastiques, et les dîmes de tous les traitements annuels, furent annexés à la couronne, pour la splendeur et le maintien de la suprématie royale. Quiconque osait dire que le roi était schismatique, hérétique, tyran ou infidèle, devait être puni comme coupable de haute trahison. Les évêques furent astreints à faire serment qu'ils abjuraient à jamais la suprématie du pape qu'on ne devait plus nommer que l'évêque de Rome, et qu'ils ne souffriraient pas qu'il possédât aucune autorité dans le royaume, ni qu'en aucune circonstance on fît appel à lui. Il fut ordonné que le mot de pape serait rayé de tous les livres destinés à l'instruction publique; que la nouvelle doctrine serait enseignée aux enfants par les maîtres d'école; que les évêques et curés prêcheraient tous les dimanches que le roi était le véritable chef de l'église, et que ce qui s'était passé jusqu'à ce jour était une usurpation soufferte par l'indifférence ou la timidité de ses prédécesseurs. Les prélats les plus instruits furent invités à composer des ouvrages en faveur du nouveau système religieux; Gardiner, Tunstall, Sampson et Stokesley, se rendirent aux désirs du roi, soit par ambition, soit par attachement réel à sa cause; mais il en arriva que des opposants qui ne prétendaient pas mettre leur conscience aux ordres d'un souverain, répondirent à leurs arguments; et ce fut surtout dans les couvents qu'il s'en rencontra. Deux franciscains de la stricte observance montrèrent dans leurs sermons une liberté qui leur valut diverses réprimandes de Cromwell; ils se nommaient Peyto et Elstow. Peyto ne craignit pas en chaire de se comparer à Michée, et le roi à l'impie Achab. On lui répondit par les épithètes de calomniateur, de traître et de rebelle; mais Elstow, qui se trouvait présent, s'engagea à justifier ce que Peyto avait avancé. Henri ne voulut pas sévir personnellement contre eux, mais il fit chasser de leurs monastères tous les frères observantins. Les uns furent jetés en prison, d'autres furent répartis en divers couvents; il en périt un grand nombre au fond des cachots, le reste fut exilé en France et en Ecosse. Un châtiment plus terrible attendait les trois prieurs des chartreuses de Londres, de Belleval et d'Axiholm, qui voulurent discuter avec Cromwell le principe sur lequel Henri fondait sa suprématie. Le conseiller du roi les entendit, puis les envoya à la Tour et les fit mettre en jugement, comme accusés de haute trahison, c'est-à-dire d'avoir refusé au monarque la qualification, les honneurs et le protocole de sa royale dignité. Les jurés hésitèrent, mais la terreur qu'inspirait le grand justicier était telle, que les accusés furent déclarés coupables. Les trois prieurs, un prêtre séculier, un moine de Syon, et trois chartreux qui s'étaient présentés pour donner à leurs supérieurs les consolations de la religion, périrent à Tyburn, de ce supplice horrible qui consistait à être pendu, détaché vivant du gibet, éventré et démembré. (1535.)

L'évêque de Rochester et Thomas More languissaient en prison depuis un an, lorsque le pape Paul III, successeur de Clément VII, comprit Fisher dans une nomination de cardinaux, afin de le récompenser des souffrances qu'il éprouvait pour la cause apostolique. Dès que Henri l'eut appris, il s'écria : « Paul peut bien lui « donner un chapeau, mais j'aurai soin qu'il n'ait pas de tête pour le porter. » Comme Fisher avait été déjà déclaré coupable de non-révélation, il ne fut pas difficile de lui trouver un degré de culpabilité de plus. On l'accusa de ne pas vouloir reconnaître la suprématie du roi, et il fut condamné à mort et exécuté. Son corps, par les ordres de Henri, resta longtemps exposé aux outrages de la populace.

Les hautes vertus de Thomas More ne le sauvèrent pas de la rage sanguinaire de Henri VIII. Arraché de sa prison, il fut conduit à pied de la Tour à Westminster-Hall; on avait espéré l'humilier ou l'intimider en le présentant ainsi aux injures du peuple; mais quand on vit ce vénérable vieillard, si renommé par sa rigide équité et son savoir extraordinaire, avec ses longs cheveux blancs, son visage amaigri, le grossier manteau de laine dont il était couvert, lorsqu'on put admirer sa pieuse et noble résignation, il n'y eut qu'un cri d'horreur et de tendre compassion parmi la multitude. More parut devant ce tribunal qu'il avait présidé lui-même avec tant d'équité et de talent. L'acte d'accusation lui reprochait d'avoir blâmé le mariage du roi, de lui avoir refusé le titre de chef de l'église, d'avoir exhorté, par lettres, Fisher à s'opposer à la suprématie et d'avoir conspiré avec lui, attendu que dans son interrogatoire Fisher avait énoncé les mêmes sophismes. More répondit que s'il avait blâmé le mariage, ce n'avait été que devant le roi seul, et sur le commandement exprès qu'il en avait reçu d'exposer franchement son avis; il dit, sur le second point, qu'il n'avait pu refuser à Henri le titre qu'il réclamait, parce que, depuis sa première condamnation, il était mort civilement, et que d'un homme en cette position on ne pouvait requérir une opinion; qu'il avait gardé, il est vrai, le silence sur le statut, mais que le silence n'avait jamais été considéré comme une trahison. En réponse au troisième point, il pria de produire les lettres qu'on l'accusait d'avoir écrites et qu'il niait; et, quant au quatrième, il ignorait quel avait été le langage de Fisher, et affirmait que jamais il n'avait fait part à personne de ses opinions; il ne s'occupait, dans sa prison, qu'à se préparer à la mort en méditant sur la passion du Christ. Le solliciteur général Rich déposa alors que More lui avait dit à la Tour que le parlement ne pouvait conférer à qui que ce fût le titre de chef de l'église, parce que ce n'était qu'une autorité civile. More nia vainement ce propos inconciliable avec sa réserve accoutumée; vainement deux personnes qui avaient suivi Rich à la Tour déclarèrent n'en avoir rien entendu; la sentence fut prononcée. Alors le condamné prenant la parole, déclara que jusqu'à ce moment la faiblesse de la nature humaine l'avait forcé à cacher son opinion, mais que sa conviction avait toujours été que le serment de suprématie était illégal, puis il quitta la barre, soutenu par sa fille et son fils auxquels il donna sa dernière bénédiction au milieu de l'attendrissement général.

Quand on lui apprit que le roi commuait son supplice en simple décapitation : « Dieu veuille, dit-il, préserver mes amis d'une telle grâce ! » Son indifférence pour la vie fut égale à son immense vertu. Comme il montait avec difficulté les marches de l'échafaud, il pria le bourreau de lui prêter son bras : « Mon ami, dit-il, aidez-moi à monter, et lorsque je serai à genoux, je me charge du reste. » L'exécuteur le supplia de lui accorder son pardon : « Comment donc, reprit-il, tu me rends aujourd'hui le plus grand service qui soit au pouvoir d'un mortel ; mais je crains de ne pouvoir faire grand honneur à ton talent, car mon cou est bien mince ! » Il lui donna une pièce d'or ; et, en posant sa tête sur le billot, il le pria d'attendre qu'il eût écarté sa longue barbe ; « car, vois-tu, ajouta-t-il, il ne faut pas qu'elle soit coupée, elle n'a jamais commis de trahison ! » Sa tête fut tranchée à l'instant (6 juillet 1535), et exposée sur le pont de Londres. Thomas More n'avait pas plus de cinquante-trois ans. Une exécration générale fut vouée à Henri VIII lorsque cette mort fut connue en Europe. Le pape Paul III, dans une nouvelle bulle, le cita devant son tribunal sous le délai de quatre-vingt-dix jours ; et, en cas de non comparution, l'excommuniait, lui et ses adhérents, le privait de sa couronne, déclarant illégitimes les enfants d'Anna Boleyn ainsi que ceux de ses fauteurs et amis, mettait le royaume en interdit, dégageait ses sujets du serment de fidélité, donnait ses états au premier occupant, interdisait aux nations étrangères tout commerce avec l'Angleterre ; et enfin permettait, à quiconque le voudrait, de courir sus à tous ceux qui continueraient à reconnaître son autorité, de s'emparer de leurs biens et de les réduire en esclavage. Cependant, ayant réfléchi qu'il n'existait aucun prince qui pût ou qui voulût mettre cette bulle à exécution et qu'elle n'aurait d'autre effet que d'irriter encore plus le roi d'Angleterre et de faire ressortir la faiblesse de l'autorité pontificale, Paul se contenta de déposer aux archives du Vatican ce monument inutile d'une vengeance impossible.

Une révolution religieuse s'était donc opérée en Angleterre, révolution inspirée au chef de la nouvelle église par le désir d'assouvir une honteuse passion. La suprématie royale était reconnue par les corps monastiques et par le clergé séculier, et la nation recevait ses directions dogmatiques des conseils cléricaux établis par le roi, à qui l'échafaud garantissait le silence des opposants. Henri se trouvait fort embarrassé sur la manière d'exercer cette nouvelle suprématie ; mais il trouva un aide habile dans l'homme qui lui avait été si utile pour la faire reconnaître ; Cromwell, déjà chancelier de l'échiquier, et premier secrétaire du roi, devint vice-gérant royal, vicaire général, et principal commissaire, revêtu de toute l'autorité spirituelle appartenant au roi comme chef de l'église, chargé de la juridiction ecclésiastique et du redressement des erreurs, hérésies et abus dans ladite église. Il devint la seconde personne du royaume, et reçut le droit de préséance sur tous les lords spirituels et temporels, sur les ministres, sur les grands officiers de la couronne, et même sur l'archevêque de Cantorbéry, primat d'Angleterre. Il n'était cependant gradué dans aucune université, et n'avait jamais pris les ordres sacrés.

A peine fut-il revêtu de sa pleine puissance que songeant à enrichir le roi de la fortune des corporations monastiques, il lui proposa la dissolution des couvents. Tous ceux qui pouvaient espérer une portion dans ces dépouilles, les lords du conseil et l'archevêque Cranmer, accueillirent cette ouverture, et le roi ordonna une visite de toutes les maisons conventuelles. Sous le prétexte d'y introduire l'esprit de réforme, les commissaires avaient l'instruction particulière d'amener les usufruitiers à résigner leurs droits. Cette mesure ayant eu peu de succès, on présenta au parlement un rapport dans lequel, tandis qu'on faisait l'éloge des grands monastères, on dépeignait les petits comme livrés à la paresse et à l'immoralité. En conséquence de ce rapport, un bill fut adopté qui fit donation à Henri et à ses héritiers de tous les établissements monastiques dont les revenus ne dépasseraient pas deux cents livres, avec leurs meubles, joyaux, appartenances et dépendances, et le droit d'en disposer par lettres patentes (1536). Trois cent quatre-vingts communautés se virent dissoutes par ce bill, qui valut au roi plus de trente-deux mille livres sterling de rente, et plus de cent mille livres en argent et en vaisselle. Cromwell et les favoris du roi y firent une abondante moisson, car un grand nombre de monastères obtinrent un sursis à leur dissolution par des présents et des pensions, et beaucoup furent rétablis en payant chèrement cette faveur. Les supérieurs des maisons définitivement supprimées reçurent une pension à vie. Les simples moines qui n'avaient pas dépassé vingt-quatre ans furent relevés de leurs vœux; les plus âgés furent répartis dans les grands monastères. On donna une robe à chaque religieuse, et la permission de vivre de son industrie dans le monde.

Depuis trois années, la reine Catherine, dont l'admirable résignation, dont les nobles vertus ne s'étaient pas un instant démenties, résidait seule, et presque sans ressources, dans un des manoirs royaux. Elle avait refusé un asile honorable en Flandre ou en Espagne, par amour pour sa fille Marie, et cependant on l'en avait séparée, et on ne lui avait pas permis de la revoir. La mort horrible de son confesseur Forest, exécuté comme coupable de haute trahison, celles de Fisher et de More, qu'elle attribuait uniquement à leur attachement à sa cause, l'avaient frappée d'une telle douleur, que sa santé s'était graduellement détruite, et qu'enfin une maladie de langueur l'avait mise au bord du tombeau. Quelques instants avant sa mort, elle écrivit à « son très-cher lord, roi et mari, » le suppliant en grâce de lui accorder la vue de sa fille pour dernière consolation. Henri eut la cruauté de la lui refuser. (1536, janvier.)

Cependant une catastrophe nouvelle se préparait à la cour de Henri VIII. Anna Boleyn commençait à perdre les bonnes grâces du roi que la possession avait conduit à la satiété. « Dieu soit loué ! Je n'ai plus de rivale, et je suis reine enfin ! » s'était-elle écriée en apprenant la mort de Catherine; mais cette joie s'évanouit bien vite. Un jour, en entrant dans son appartement, elle vit sur les genoux du roi une de ses dames de compagnie, nommée Jeanne Seymour, fille d'un chevalier du Wiltshire. Les tourments de la jalousie et ses anxiétés déterminèrent un accouchement prématuré, et le roi, dans son dépit, laissa échapper des expressions dont l'infortunée ne put se dissimuler la portée.

La belle-sœur d'Anna, la vicomtesse de Rochford, se chargea d'entretenir cette mésintelligence, et, empoisonnant sans cesse aux yeux du roi toutes les actions de la reine, elle alla jusqu'à l'accuser d'entretenir un commerce incestueux avec son propre frère.

Anna Boleyn avait été avertie des dangers qu'elle courait, mais elle n'y donna pas attention et fournit elle-même à Henri le prétexte qu'il cherchait. Un jour, à un tournoi que le roi présidait à Greenwich, et où sir Henri Norris était le tenant des joutes, et le vicomte de Rochford un des poursuivants, après une des luttes, soit à dessein, soit involontairement, elle laissa tomber son mouchoir aux pieds des combattants. Norris s'en saisit et le porta à son visage. Aussitôt Henri se leva brusquement, et rentra au palais. La reine l'y suivit, mais il refusa de la voir, la fit garder dans son appartement, et se rendit en hâte à White-Hall. Le lendemain matin, elle reçut ordre de revenir par eau à Westminster. Le lord chancelier. Audeley, le duc de Norfolk et Cromwell, la rejoignirent sur la rivière, lui apprirent le crime dont elle était accusée, et lui annoncèrent qu'ils allaient la conduire à la Tour. Elle se jeta à genoux, protesta de son innocence, et tomba dans des convulsions terribles; cependant elle espérait encore que ce n'était qu'une épreuve que voulait lui faire subir Henri, mais Norris et Rochford furent arrêtés, et comme elle renfermés à la Tour; et bientôt Brereton, Weston et Smeaton, gentilshommes de la chambre, vinrent partager leur sort. Dès que cette triste nouvelle lui fut parvenue, Anna mesura toute la profondeur de l'abîme où elle était tombée. Elle connaissait toute la cruauté du caractère de Henri; la ténacité dont son mariage avait donné la preuve se reproduisit à ses yeux avec les scènes sanglantes qui l'avaient si épouvantablement constatée, et la malheureuse jeune femme éprouva des accès de démence.

L'appartement où on la détenait était celui qu'elle avait occupé, selon l'usage, la veille de son couronnement; elle le reconnut, et, comparant l'horreur de sa situation actuelle à l'éclat dont elle y avait été environnée, elle versa des torrents de larmes, en disant à Kingston, le gouverneur de la Tour : « Je suis pure de toute « compagnie charnelle avec tout homme, comme il est vrai que je le suis avec « vous. Je ne puis qu'affirmer mon innocence, dût-on me tuer à l'instant! » Quelque temps après elle s'écria : « Norris m'aurait-il accusée? Hélas! lui et moi nous « mourrons ensemble! Il est donc dans la Tour! et Marc Smeaton aussi!... Ah! « maître Kingston, je mourrai injustement! »

On avait accordé à la reine la compagnie de plusieurs de ses femmes, mais elles avaient ordre de recueillir toutes ses paroles, et de les transmettre au conseil; système d'espionnage qui conduisait constamment les accusés à l'échafaud, parce que leurs plus innocentes pensées étaient envenimées par les délateurs. Une de ces femmes lui rapporta que Norris avait dit à son aumônier qu'il jurerait que la reine était la plus honnête femme du monde. « Ah! reprit inconsidérément « Anna, je le lui conseille bien; car un jour où je lui demandais pourquoi il ne ter-

« minait pas son mariage, il me répondit si singulièrement qu'il voulait encore
« attendre, que je lui dis : Vous voudriez donc vous mettre dans les souliers d'un
« mort, et si quelque malheur arrivait au roi, vous essaieriez de m'épouser ! » Ce
propos, révélé à Henri, qui souffrait d'un ulcère dangereux à la cuisse, décida
la mort de Norris. La condamnation de Weston résulta d'une autre indiscrétion
d'Anna ; elle raconta qu'elle l'avait raillé sur ce qu'il préférait Madge, l'une de
ses filles de compagnie, à sa propre femme, et qu'il avait répondu qu'elle se trompait de personne, et que c'était elle-même qui était l'objet de sa passion. L'une
de ses délatrices, mistress Stonor, lui ayant dit que Smeaton était traité beaucoup plus sévèrement que les autres prisonniers, elle reprit : « Ah ! c'est qu'il
« n'est pas gentilhomme de naissance. Il n'est entré que deux fois dans ma
« chambre pour jouer du clavecin ; le dernier samedi, je lui ai demandé
« pourquoi il était triste, et il m'a répondu qu'il suffisait d'un seul de mes regards
« pour dissiper sa mélancolie. »

Les cinq prisonniers furent interrogés. Rochford, Brereton et Weston protestèrent de leur innocence ; mais Smeaton et Norris se reconnurent coupables. Tous, à l'exception de Rochford, furent jugés à la cour du banc du roi, déclarés convaincus, et condamnés à mort. La procédure cependant ne produisit aucune charge réelle contre eux, et l'on ne sait aujourd'hui sur quels faits furent basés de tels jugements, parce que tous les procès-verbaux en ont été détruits. Quant à Anna, il fut décidé qu'elle serait jugée par une commission de vingt-six pairs présidée par le duc de Norfolk, en qualité de grand sénéchal, et l'infortunée reine fut amenée à la barre de ce tribunal, qui tint ses séances dans une salle de la Tour. L'accusation signalait d'abord son orgueil, puis sa coquetterie, et enfin son incontinence. On avait vu, disait-on, lord Rochford, son frère, assis ou appuyé sur son lit ; elle avait commis d'abominables actions avec Norris, Brereton, Weston et Smeaton, et chacun d'eux l'avait possédée plusieurs fois ; elle les avait assurés, l'un après l'autre, qu'ils étaient les seuls qu'elle aimât, et qu'elle haïssait le roi ; elle avait enfin cherché avec eux les moyens d'attenter à la vie de Henri. La malheureuse femme, condamnée d'avance, n'obtint pas même d'être assistée d'un conseil ; réduite à se défendre elle-même, elle le fit avec tant de présence d'esprit et d'éloquence, avec une modestie si touchante et une si parfaite mesure, elle porta une telle conviction de son innocence dans l'âme des spectateurs, qu'on pensa qu'elle allait être acquittée. Mais le tribunal prononça, sur son honneur, qu'elle était coupable, et la condamna à être brûlée vive ou décapitée, selon le bon plaisir du roi. Dans l'horreur qui la saisit, elle tomba sur ses genoux, et s'écria : « O mon père, ô
« mon créateur, vous, la vie et la vérité, vous savez que je suis innocente ! Et vous,
« mylords, dans ce moment solennel, je ne veux pas vous accuser ; mais, quels que
« soient vos soupçons, j'ai toujours été au roi une épouse fidèle et loyale ! » On l'entraîna. Son frère Rochford fut amené devant la cour, et à l'instant condamné au supplice des traîtres.

Henri VIII ne se trouvait pas encore assez vengé de la reine, et il voulut la couvrir d'une nouvelle honte en faisant déclarer nul le mariage qui les avait unis, et prononcer l'illégitimité de son enfant. Mais il y avait à cela quelque difficulté. L'archevêque Cranmer, en prononçant la dissolution du mariage de Catherine, avait, selon les volontés de Henri lui-même, entouré celui qu'il contractait avec Anna Boleyn de toutes les formalités qui devaient le rendre inattaquable; il était donc à craindre qu'il ne se refusât à l'annuler. Cranmer reçut l'ordre de se rendre à Lambeth, palais habité par le roi, mais avec défense de se présenter devant lui. La frayeur s'introduisit dans l'âme du primat, et il se hâta d'écrire à Henri « qu'il avait toujours eu grande opinion de la sagesse et de l'innocence de la « reine, mais que la prudence et l'équité du roi l'induisaient à la croire coupable, « et que dans ce cas, il appelait sur sa tête le plus sévère châtiment; que s'il « l'avait aimée, c'était parce qu'elle aimait et pratiquait les principes de l'Évan- « gile, mais qu'il la haïrait de toute sa haine pour les profanateurs de l'Évangile, « si elle était coupable. » La terreur dont le primat était frappé n'avait cependant aucune cause réelle. Le roi n'avait voulu que le rendre docile à ses volontés, en lui donnant à penser qu'il pouvait abaisser le plus grand de ses sujets comme il avait su l'élever. On communiqua au primat ce que l'on nommait les preuves du crime de la reine, et il s'occupa des moyens de dissoudre ce qu'il avait lui-même déclaré bon et valide. La procédure fut aussi odieuse que le fait en lui-même : Cranmer cita le roi et la reine à son tribunal ; le roi choisit un défenseur ; on força la captive à suivre cet exemple en la menaçant de lui faire subir sa sentence dans sa plus grande rigueur. On donna d'abord pour raison déterminante du divorce des promesses d'union qui auraient existé entre Anna Boleyn et Percy, comte de Nor- thumberland, avant le mariage du roi ; mais Percy fit serment sur la sainte Écriture, et en présence de deux archevêques, que jamais contrat ni engagement ne l'avait lié à la reine; on fut alors obligé d'avoir recours au souvenir des premières amours du roi et de Marie Boleyn, sœur aînée d'Anna, et l'on déclara que la cohabitation char- nelle avec l'une des deux sœurs rendait nécessairement incestueux et invalide l'hymen contracté avec l'autre. Le primat Cranmer prononça donc la dissolution du mariage « pour la plus grande gloire de Dieu ! » Le parlement confirma le divorce, et la princesse Élisabeth fut déclarée illégitime, comme l'avait été la princesse Marie, fille de Catherine. Toute cette nouvelle procédure ne dura que deux jours, et à peine fut-elle terminée, que l'on conduisit les compagnons d'infortune de la reine aux échafauds préparés pour eux. Rochford, Norris, Brereton et Weston furent décapités ; Smeaton fut pendu.

Deux jours après, Anna eut ordre de se préparer à mourir. Elle passa presque toute la nuit en prières, demanda aux femmes qui l'avaient servie pardon de ses impatiences et des petits chagrins qu'elle leur avait causés, puis se mettant à genoux devant lady Kingston dans la posture la plus humble, elle la supplia de lui accorder la grâce d'aller trouver la princesse Marie, de se mettre à genoux comme elle le faisait en ce moment, et d'obtenir de la fille de Catherine qu'elle pardonnât à la pauvre Anna Boleyn tous les torts qu'elle avait eus; puis elle engagea Kingston à l'accompagner à l'échafaud, afin qu'en voyant l'air de résignation et d'espoir avec lequel elle se présenterait devant Dieu, il ne doutât pas qu'elle ne fût innocente. Le 19 mai 1536, vers midi, les ducs de Suffolk et de Richmond, le lord-maire, les shérifs, les aldermen, la conduisirent vers le gazon de la cour intérieure, où se

trouvaient rangées des députations de toutes les corporations. « Bon peuple, dit-
« elle, je n'ai pas l'intention de faire des raisonnements sur la mort que je vais
« subir, et je m'en remets entièrement au Christ dans lequel toute ma confiance est
« placée, vous priant tous de prier pour la majesté du roi afin qu'il puisse long-
« temps régner sur vous, car c'est un noble prince qui m'a toujours traitée avec une
« grande douceur ! Je prends congé de vous, je vous dis à tous un dernier adieu,
« veuillez prier pour moi ! » Elle s'agenouilla, posa sa belle tête sur le billot, et
fut décapitée d'un seul coup par le bourreau de Calais, qu'on avait mandé comme
plus adroit que ceux de l'Angleterre. Ses restes, jetés dans un simple cercueil,

Anna Boleyn, d'après Holbein.

furent inhumés dans la chapelle de la Tour. Henri VIII, comme si ce n'eût pas été
assez de la flétrir du nom de concubine, de blesser son cœur de mère en déclarant sa fille illégitime, de la marquer des honteux stigmates de l'adultère et de
l'inceste, voulut encore insulter à son malheur ; il s'habilla de blanc le jour de son

exécution, et, se plongeant sans pudeur dans les orgies d'un nouveau mariage, épousa Jeanne Seymour le lendemain matin !

Durant le reste du règne de Henri VIII, il fut défendu, sous peine de la vie, de croire à l'innocence d'Anna Boleyn ; sous le règne postérieur d'Élisabeth, il fut défendu d'en douter, si l'on ne voulait être puni comme traître et rebelle ; les historiens catholiques condamnèrent sa mémoire parce que son hymen avait servi de prétexte à la réformation religieuse opérée par Henri ; les protestants, au contraire, repoussèrent avec horreur l'accusation d'impudicité qui avait causé sa mort. Anna Boleyn ne fut, sans doute, ni tout à fait criminelle ni tout à fait innocente ; mais le vrai coupable fut l'infâme souverain qui brava toutes les bienséances, qui repoussa tout sentiment humain pour satisfaire une honteuse passion. Le parlement, qui fut convoqué peu de jours après, félicita la nation anglaise d'être gouvernée par un nouveau Salomon, prudent et juste comme ce saint roi, courageux et fort comme Samson, glorieux et beau comme Absalon !

La mort d'Anna Boleyn fit penser à la princesse Marie, qui languissait depuis deux années à Hunsdon, où elle était reléguée solitaire depuis la mort de Catherine, que le moment serait favorable pour se réconcilier avec le roi, et lady Kingston, qui s'était acquittée près d'elle du dernier vœu d'Anna Boleyn, l'engagea à s'adresser à Cromwell. Le vicaire général, flatté de sa démarche, lui dicta ou lui corrigea une lettre qu'elle adressa à son père. Henri n'en fut pas touché, et voulut d'abord qu'elle adoptât le système théologique qu'il avait créé, qu'elle reconnût sa suprématie, et déclarât elle-même le mariage de sa mère incestueux et illégitime. Marie avait alors vingt ans ; cette proposition la révolta ; mais Cromwell lui écrivit une lettre sévère, et la menaça de l'abandonner si elle ne rachetait sa désobéissance par une entière soumission. La princesse céda, et reconnut tout ce que l'on voulut. Henri se radoucit, lui donna un état de maison plus convenable à son rang et lui confia même le soin de sa petite sœur Élisabeth. Un acte du parlement changea pour la troisième fois l'ordre de la succession à la couronne, assura cette succession aux enfants à naître de Henri et de Jeanne Seymour, et même, par la plus étrange violation du principe constitutionnel, autorisa le roi, s'il n'avait pas d'enfants, à disposer du trône comme il le voudrait, et en faveur de qui lui plairait, par lettres patentes ou par testament.

Les innovations introduites par Henri dans l'ordre hiérarchique, le droit que s'était arrogé la convocation ou assemblée du clergé anglican d'interpréter à son gré les lois ecclésiastiques et même les saintes Écritures ; l'espèce de catéchisme où se trouvaient classées et expliquées les nouvelles doctrines, avaient produit des effets différents sur l'esprit du peuple. Aux environs de Londres, dans tous les lieux où la présence du roi inspirait une plus lâche soumission ou une plus grande terreur, on adoptait sans murmures les dogmes qu'il lui plaisait de faire prêcher. Mais son despotisme n'agissait pas avec une égale puissance dans les comtés du nord, dont le clergé ne semblait pas disposé à laisser périr sans opposition la religion antique qu'il professait. La destruction des petits monastères vint aggraver le mécontentement des prêtres ; il se communiqua aux habitants, et lorsque l'on vit les moines errer en mendiant dans les campagnes, réclamant de la pitié des fidèles un morceau de pain semblable à celui qu'ils distribuaient naguère aux pauvres à la porte de leurs couvents, le zèle s'alluma en faveur de la religion en danger et mit au peuple les armes à la main. La noblesse, qui regrettait les bénéfices dont jadis s'enrichissaient les cadets de famille, les honneurs qu'elle recevait dans les monastères fondés par ses ancêtres, et qui regardait comme une spoliation la réversion à la couronne des biens des corporations religieuses provenant des pieuses fondations de ses pères, se joignit bientôt au peuple insurgé.

Le mouvement commença dans le Lincolnshire. Une multitude armée força le duc de Suffolk, qui commandait pour le roi dans la province, à entrer en négociation avec elle. On y comptait environ vingt mille hommes dirigés par Mackrell, prieur de Barlings, lequel avait pris le nom de capitaine Cobles, et l'on citait parmi les premiers instigateurs du mouvement les lords Darcy, Nevil, Latimer, Lumley et l'archevêque d'York. Une seule proclamation du roi suffit pour dissoudre cette réunion. Les révoltés les plus compromis, loin de déposer les armes et d'accepter un douteux pardon, marchèrent vers le Yorkshire, où l'insurrection venait d'éclater. Les habitants belliqueux des cinq comtés du nord, de l'Humber aux frontières de l'Écosse, s'engagèrent par serment à rétablir l'église catholique et à renverser l'hérésie, à épurer la noblesse, à expulser des conseils du roi tous les gens serviles qui abusaient de sa confiance, à se défendre mutuellement, et par l'amour qu'ils portaient à Dieu, à défendre sa foi, sa sainte église, et leur maintien à toujours. Ces insurgés appelèrent leur entreprise « le pèlerinage de grâce. » Des prêtres, portant la croix, les précédaient en habits sacerdotaux ; le Christ crucifié, un calice et une hostie, étaient représentés sur leurs bannières ; ils portaient sur la manche de leur vêtement l'emblème des instruments de la passion, et le nom de Jésus en broderie. Plus de trente mille hommes, commandés publiquement par Robert Aske, mais en secret, disait-on, par des personnages plus considérables, s'emparèrent d'York, de Hull, de Pontefract, et s'avancèrent sur Doncaster, défendu par le comte de Shrewsbury et le duc de Norfolk. Norfolk proposa un armistice aux rebelles, afin de prendre connaissance de ce qu'ils demandaient, et de porter leurs réclamations à Henri ; mais son but était simplement de gagner du temps. Les insurgés donnèrent dans le piége, et dépêchèrent au roi deux d'entre eux, chargés de paroles d'accommodement. Le roi les retint quelque temps ; puis, quand il sut Norfolk assez fort, il les congédia avec une lettre dans laquelle il disait : « Que ce n'était pas à des manants ignares comme eux à discuter de matières « théologiques, et avec qui encore ? avec lui, qui depuis vingt-huit ans avait montré « comment il fallait gouverner un royaume. Les moines étaient des paresseux, des « méchants qu'il n'entendait nullement favoriser. » Cependant il offrit un pardon général, dont il exceptait dix personnes à sa discrétion. Les chefs, redoutant tous de faire partie de ces dix proscrits, refusèrent ces conditions, et ouvrirent une autre négociation. Une assemblée du clergé catholique se réunit à Pontefract. Le roi y envoya des commissaires, auxquels les chefs insurgés firent des propositions si étranges, que Norfolk leur demanda si c'étaient eux qui accordaient une amnistie au roi. Il rompit la conférence, et les « pèlerins » arborèrent de nouveau le drapeau de la révolte ; mais ils furent vaincus dans deux engagements partiels. La plupart des chefs furent faits prisonniers, et lord Darcy, Robert Aske, William Lumley, Thomas Percy, John Bulmer, Robert Constable, Stephen Hamilton, Nicolas Tempest, lord Hussey, et beaucoup d'autres, amenés à Londres, perdirent la vie sur l'échafaud. Les officiers inférieurs furent pendus à York, à Hull, à Carlisle, à Lincoln ; on en exécuta jusqu'à soixante-dix en un seul jour (1537.)

Les succès de Henri contre les rebelles l'avaient comblé de joie : elle s'accrut encore par la naissance d'un fils que lui donna Jeanne Seymour (12 octobre 1537) ; mais la jeune reine mourut deux jours après avoir doté l'Angleterre d'un héritier

Jeanne Seymour, d'après Hollein.

du trône. Henri montra peu de douleur ; elle fut absorbée par la satisfaction que lui causait l'accomplissement de ce qu'il avait le plus désiré. Le petit prince reçut le nom d'Édouard, et fut créé prince de Galles, duc de Cornouailles et comte de

Chester. Le frère de la reine, sir Édouard Seymour, obtint la dignité de comte de Hereford.

La destruction des petits monastères avait été trop avantageuse au trésor privé de Henri pour qu'il ne cherchât pas l'occasion de s'emparer des richesses des plus grands. Plusieurs couvents des comtés du nord avaient permis à leurs vassaux d'entrer dans la révolte du « pèlerinage de grâce, » et le comte de Sussex fut chargé de présider une commission instituée pour examiner leur conduite. La plupart des abbés, effrayés des recherches auxquelles on les soumettait, pensèrent qu'il leur convenait d'imiter les supérieurs des petits monastères, et dans l'espoir d'être mieux traités, résignèrent leurs abbayes aux mains du roi. Le travail des commissaires et leurs voyages de maison en maison durèrent quatre années. Quand la persuasion n'obtenait aucun succès, ils employaient la rigueur et la crainte. Un honteux système de délation était introduit parmi les moines, les domestiques, les tenanciers, et même les voisins mécontents ou jaloux d'obtenir un coin de terre à leur convenance. On scrutait avec une attention plus que scrupuleuse les comptes du monastère; on visitait les cellules, les chambres particulières, les bibliothèques, les archives et papiers de la communauté, afin d'y découvrir quelque trace d'une opinion contraire à la suprématie de Henri VIII; et la moindre dénonciation, la plus légère erreur dans les registres de comptabilité, la découverte d'un traité ou d'une note en faveur de l'église romaine amenait sur le-champ l'imputation de dépravation dans les mœurs, ou de malversation, ou d'infraction aux statuts, et conséquemment de haute trahison. Cette enquête effraya tellement la plupart des supérieurs, qu'ils allèrent au-devant des volontés du roi. Ils en furent récompensés par de magnifiques pensions, tandis que ceux qui résistèrent furent jetés dans les prisons, où on les laissa périr de misère et de faim; les abbés de Glastonbury, de Colchester, de Reading, déclarés coupables de trahison, périrent par la main du bourreau. Lorsque enfin le roi eut pris possession de la presque totalité des biens conventuels, un bill présenté au parlement vint investir la couronne de toutes les propriétés monastiques, meubles et immeubles. Le revenu de ces biens dépassait trente-cinq millions de nos jours, et la valeur des matières d'or et d'argent, pierres précieuses et joyaux, est incalculable.

Il y eut de grands murmures dans plusieurs comtés, surtout relativement à la suppression des couvents de femmes, où les jeunes filles recevaient de l'éducation, et qui servaient d'asile aux personnes honorables tombées dans l'indigence. Nonobstant les réclamations générales, Henri persista dans l'exécution complète de son système d'abolition, et, pour éteindre toute commisération en faveur des milliers de moines et de religieuses qu'il rejetait dans le monde, il fit publier une scandaleuse histoire de la vie claustrale. Les mœurs des religieux y furent présentées sous les couleurs les plus abominables, les miraculeuses impostures de certaines reliques dévoilées, et l'immoralité possible de quelques individus fut attribuée à la totalité des membres des ordres monastiques.

Cependant le roi ne renvoya pas les moines sans leur donner des pensions suffisantes pour leur existence. Il fit attribuer aux simples religieuses des annuités de quatre livres sterling, et, comme à cette époque la valeur de l'argent était dix fois plus forte qu'elle ne l'est de nos jours, cette allocation équivalait à 969 fr. de notre monnaie. Les moines reçurent des pensions de 1,440 fr.; les prieurs de 3,000 fr.; on porta celles des abbés des grands monastères à plus de 60,000 fr. de rente viagère. La plupart de ces indemnités parurent toutefois peu convenables à ceux qui les obtinrent, eu égard à la richesse de leurs couvents. On citait en effet des abbayes qui dépensaient annuellement trois à quatre cent mille francs pour l'entretien de douze ou quinze moines, et affichaient un luxe qui, malgré leur généreuse hospitalité, leur avait depuis longtemps attiré des reproches mérités.

Afin, comme il le disait, de rendre le bien pour le mal, Henri se fit autoriser, par un acte du parlement, à consacrer à la religion nouvelle une partie des dépouilles des monastères. Mais déjà ses donations avaient absorbé la plus grande partie des propriétés confisquées, et le vide de son trésor exigeait qu'il conservât le reste; aussi se contenta-t-il de créer six nouveaux siéges épiscopaux : Chester, Glocester, Oxford, Westminster, Bristol et Peterborough. En même temps il convertit quatorze abbayes ou prieurés en cathédrales ou églises collégiales, auxquelles il attacha un doyen et des prébendiers, avec l'obligation de distribuer annuellement aux pauvres une somme déterminée et d'en affecter une autre aux réparations des grandes routes.

Cependant l'infaillibilité de Henri VIII n'était pas encore tellement admise par le clergé qu'il n'existât dans son sein de graves dissidences. Deux opinions distinctes se déclarèrent bientôt; l'une se rangeait sous la bannière de Gardiner, évêque de Winchester, et comptait dans ses rangs l'archevêque d'York, Lee; l'évêque de Londres, Stokesley; celui de Durham, Tunstal, et celui de Bath et Wells, Clarke; ce parti protégé près de Henri par son premier secrétaire Wriothesley et par le duc de Norfolk, était le plus rapproché de la communion romaine, et ses adversaires l'accusaient d'être d'intelligence avec le pape et l'empereur. Aux principes professés par l'autre se rattachaient Cranmer, archevêque de Cantorbéry; Latimer, évêque de Worcester; Fox, évêque de Hereford, Saxton, évêque de Sarum, qui avaient pour soutiens le vicaire général Cromwell et le lord chancelier Audeley. L'infaillibilité de Henri oscillait continuellement entre les deux doctrines; si sa haine pour l'église de Rome l'entraînait vers les partisans de la religion nouvelle, son amour-propre le ramenait aux principes qu'il avait autrefois défendus contre Luther, et les représentants des deux opinions s'étudiaient constamment à découvrir les faiblesses et les hésitations du roi, à capter sa confiance, et à se nuire l'un à l'autre.

Pendant quelque temps le parti de Cranmer sembla l'emporter; mais vers la fin de 1535, Henri ayant écrit aux princes protestants réunis à Smalkalde, pour les engager à former avec lui une alliance contre l'autorité pontificale à laquelle ils s'étaient soustraits, ceux-ci, pour le reconnaître comme chef de leur ligue, exigèrent d'abord qu'il souscrivît à leur profession de foi, et qu'il leur avançât une somme de deux cent mille couronnes. Henri, naguère encore antagoniste de Luther, fut blessé de penser qu'il fallait reconnaître des dogmes qu'il avait combattus, et il consulta Gardiner, alors son ambassadeur en France. Jaloux d'empêcher une alliance qui eût fait triompher les doctrines de ses adversaires, Gardiner répondit « que le roi ne ferait que changer de servitude si, émancipé de l'autorité « usurpée du saint-siége, il allait se placer sous celle d'un moine allemand; que « dans tous les cas, c'était à lui d'exiger d'abord la reconnaissance de sa suprématie et l'approbation de son divorce; que ces concessions préliminaires accordées, il déciderait sur le reste après avoir discuté les principes de Luther avec « une députation de théologiens protestants qui lui serait envoyée. » La négociation n'alla pas plus loin; mais Henri profita de cette occasion pour fixer les limites de l'orthodoxie anglaise. La chambre inférieure de la convocation du clergé dénonça à sa chambre haute cinquante-neuf propositions tirées des écrits des protestants; et le roi, après les avoir examinées avec ses théologiens, composa un recueil d'*articles* qu'il soumit à la convocation, où ils furent adoptés. On y déclarait que la croyance aux trois symboles, celui des Apôtres, celui de Nicée, et celui d'Athanase, était nécessaire pour être sauvé; que les trois sacrements de baptême, de pénitence et d'eucharistie, étaient les moyens ordinaires d'obtenir la grâce, et que l'on tirait grand profit, pour la purification de l'âme et la remise des péchés, de la vénération des images, des honneurs rendus aux saints, et des prières dites à l'intention d'obtenir leur intercession. Ces articles furent lus dans les églises, sans aucun commentaire; puis, comme il fallait une explication franche et sincère de la nouvelle doctrine, la convocation fut chargée de la faire, et elle mit au jour un ouvrage intitulé : *La divine et pieuse institution de l'homme chrétien*. Ce livre, qui admettait le symbole, les sacrements, les commandements, le *Pater*, l'*Ave*, l'absolution et le purgatoire, repoussait, comme la plus grave transgression aux ordres de Dieu, comme un obstacle invincible au salut, la croyance en la suprématie du pape; faisait une loi de l'obéissance passive aux souverains, déclarait qu'ils n'étaient comptables qu'envers Dieu, et que le seul remède contre l'oppression était de prier le Tout-Puissant de changer le cœur de l'oppresseur. Les doctrines de Gardiner triomphaient complétement dans cet exposé des principes anglicans, et le roi y paraissait si attaché que Cranmer eût payé de sa tête la plus légère observation. Le primat désirait pourtant obtenir le mariage des prêtres, l'abrogation des messes particulières et la communion sous les deux espèces, et il parvint assez adroitement à remettre ces dogmes en discussion, en déterminant le roi à s'éclairer des lumières d'un conseil de docteurs allemands. Ce conseil s'assembla; Henri répondit lui-même aux arguments qui lui furent présentés, mais il resta ferme dans ses opinions, et les innovations furent encore ajournées.

Toutefois la révolution ne pouvait s'arrêter. Henri VIII, par un des *articles*, avait promis la destruction des abus en général. Les premiers qu'il réforma furent la multiplicité des fêtes, l'adoration des reliques et des images de saints. Le grand nombre des fêtes superflues nuisait, disait-il, au travail et à l'industrie, et, quant aux images, elles pouvaient être bonnes dans les livres pour les gens illettrés, mais ailleurs elles produisaient l'idolâtrie, et c'était offenser Dieu que d'avoir de la vénération pour un morceau de bois ou de plâtre. On brûla donc ou l'on brisa en grand appareil les statues, les croix et les reliques de toute nature adorées depuis des siècles; mais ce qui, parmi tant d'impiétés, parut aux yeux des anciens chrétiens le comble du sacrilége, ce fut le procès que l'on fit aux mânes de saint Thomas de Cantorbéry. Tous les ans plus de cent mille pèlerins venaient assister à la cérémonie de l'exposition de la châsse, jour de fête obligatoire pour tout le royaume, et les offrandes à l'autel de saint Thomas s'élevaient à des sommes énormes, tandis que celles qui se déposaient aux autels de Dieu et de la Vierge étaient peu considérables. C'était là, selon Henri, une idolâtrie bien marquée. En conséquence, l'avocat du roi dirigea une information contre Thomas Becket, jadis archevêque de Cantorbéry. Il fut cité à comparaître devant la cour. On lui accorda les délais canoniques; mais, comme il ne se présenta pas, et qu'il n'institua aucun fondé de pouvoir, le roi, de sa grâce, lui nomma un défenseur et un conseil. La cour prit siége à Westminster, entendit le procureur général et les répliques de l'avocat, et, pour que le châtiment d'un mort servît d'exemple aux vivants, rendit un jugement qui déclarait Thomas Becket, jadis archevêque de Cantorbéry, coupable de rébellion, de trahison et d'hérésie, le condamnait à être brûlé publiquement, et confisquait ses biens personnels, c'est-à-dire sa châsse et le trésor provenant des donations faites par les âmes pieuses (1538). Cette châsse était du plus grand prix; dans le trésor se trouvait un diamant donné par le roi de France Louis VII, et le plus beau qui fût alors en Europe. La sentence fut exécutée, les reliques de Thomas brûlées publiquement par la main du bourreau, et ses cendres jetées au vent. Une proclamation du roi annonça ensuite à ses sujets que Thomas Becket n'avait jamais été un saint, mais un rebelle et un traître, et ordonna de détruire toutes ses statues et images, et de rayer son nom du calendrier.

A cette époque le roi, ayant appris qu'une bible, traduite par Tyndal, et imprimée en Hollande, était répandue à profusion en Angleterre, la fit condamner par la convocation, comme version infidèle, et ordonna d'en imprimer une autre à la traduction de laquelle il travailla, dit-on, avec Cromwell. Puis, voulant protéger par le glaive les doctrines mises au jour par sa plume, il donna l'ordre au chancelier et aux juges de déployer toute leur activité et la force dont ils disposaient pour détruire les erreurs, et d'assister les évêques et les commissaires dans leurs réquisitions. Il fit livrer aux flammes, non pas seulement les livres qu'il jugeait hérétiques et scandaleux, mais les libraires qui les vendaient, et les malheureux qui en adoptaient les opinions. De 1533 à 1538, des bûchers se dressèrent dans les principales villes de l'Angleterre, et Henri, pour la plus grande gloire de sa suprématie, y envoya autant de victimes que l'inquisition à ses auto-da-fé en Espagne. Cinq libraires, un prédicateur du nom de John Frith, un tailleur appelé Andrew Hewet, seize anabaptistes, parmi lesquels on comptait plusieurs femmes, furent successivement brûlés vifs, afin d'attester l'orthodoxie du roi. Un prêtre, nommé Lambert Nicholson, excita surtout l'intérêt. Il avait été maître d'école à Londres, et, poursuivi par l'archevêque Warham, sur le soupçon d'hérésie, il allait être jugé, lorsque l'archevêque vint à mourir. Cet événement lui valut la liberté; mais peu de temps après, ayant entendu le docteur Taylor prêcher le dogme de la présence réelle, il entreprit de le réfuter, et lui remit un écrit qui contenait un certain nombre d'objections à cette croyance. Taylor apporta cette note au théologien Barnes qui était luthérien et qui, tout en professant lui-même une hérésie, saisit avec ardeur l'occasion de faire punir celle d'un autre. Il dénonça le maître d'école à Cranmer, qui le cita devant la cour archiépiscopale ; mais Lambert en appela au roi, comme chef de l'église, et Henri, charmé de trouver une occasion d'exercer sa suprématie et de déployer sa science, consentit malgré les objections de Cranmer à recevoir l'appel. Westminster-Hall fut préparé pour recevoir une nombreuse réunion. Le roi y parut sur son trône dans tout l'appareil de la puissance monarchique. Les prélats étaient placés à sa droite, et derrière eux les juges et les jurisconsultes ; les pairs temporels à sa gauche, et derrière eux les officiers de la maison du roi et les courtisans. L'accusé fut introduit au milieu de cette illustre assemblée, et sommé de défendre son opinion.

Ce fut Sampson, évêque de Chichester, qui ouvrit la conférence. Il annonça que si le roi avait délivré la nation anglaise de l'idolâtrie et de la superstition jadis tant encouragées par la cour de Rome, ce n'était pas une raison pour qu'on attentât aux pures doctrines de la religion. Henri VIII avait, il est vrai, chassé les moines, race inutile, vermine à charge à l'état, et traduit la bible en anglais ; mais ce n'étaient pas là des actions hérétiques, et il était déterminé à maintenir la foi catholique dans toute sa pureté.

Le monarque, se levant alors et saluant, demanda d'un ton doux à Nicholson Lambert s'il persistait dans ses opinions, et celui-ci ayant répondu affirmativement, Henri reprit un air sévère et commença la réfutation des objections de l'inculpé. Sept évêques entreprirent ensuite et successivement de réfuter les autres objections de Lambert ; et après cinq heures de controverse, « Eh bien ! lui demanda le « roi, qu'as-tu à dire maintenant ? N'en as-tu pas assez ? Veux-tu vivre ou mourir ? « — Je m'en remets à votre grâce ! s'écria Lambert interdit. — En ce cas tu mour- « ras, je ne suis pas le protecteur des hérétiques. » Le vicaire général Cromwell se leva et prononça la sentence de mort.

Lambert fut brûlé à petit feu, de telle façon que ses jambes étaient consumées jusqu'au tronc et qu'il vivait encore ; les gardes, émus de ses souffrances, se servirent enfin de leurs hallebardes pour le jeter au milieu des flammes.

Cette rigueur avec laquelle Henri défendait ses anciennes doctrines ne suffisait pas pour le réconcilier avec le saint-siège, et le pape Paul III était vivement pressé par ses conseillers de publier la bulle qui avait été rédigée contre le roi d'Angleterre. Avant de se résoudre à embrasser cette mesure extrême, Paul voulut savoir s'il pouvait compter sur l'appui de François Ier et de l'empereur. Après de longues années de querelles et de combats, ces deux princes avaient écouté les exhortations du saint père, et conclu à Nice une trêve de dix ans (1538). Le pontife saisit cette occasion pour sonder leurs dispositions relativement à Henri, et tous deux lui répondirent que s'il publiait la bulle ils donneraient l'ordre à leurs ambassadeurs de protester contre le schisme, et suspendraient toutes relations d'amitié et de commerce avec le roi d'Angleterre.

Ces négociations furent bientôt connues de Henri ; il fit équiper ses vaisseaux et mit ses ports en état de défense, et en même temps résolut de se venger de l'homme qu'il soupçonnait d'être l'instigateur de la ligue formée contre lui. Cet homme était le cardinal Réginald Pole ou de la Pole, qui descendait du duc de Clarence, frère d'Édouard IV, par la comtesse de Salisbury, sa mère. Pole avait montré dès son enfance des talents extraordinaires et une éminente piété. Henri, qui l'avait distingué dans les premières années de son règne, s'était proposé de l'élever aux plus hautes dignités ecclésiastiques, lui avait conféré le doyenné d'Exeter et l'avait envoyé comme ambassadeur en France, espérant que Pole le servirait dans les démarches qu'il faisait alors pour obtenir le suffrage de l'université de Paris en faveur de son divorce. Pole s'y refusa, et cependant le roi ne lui discontinua pas ses bontés. Il lui permit d'aller en Italie pour se perfectionner dans les sciences canoniques, le combla de faveurs nouvelles, et le consulta souvent sur les mesures à prendre pour soustraire la couronne d'Angleterre à l'autorité du pape. Pole eut le courage de défendre dans ses lettres la suprématie pontificale, et publia enfin un traité sur l'unité de l'église où il s'élevait vivement contre les empiétements de Henri sur l'autorité du saint-siége, contre son divorce et son second mariage. Le roi eut l'air de le ménager encore, et l'invita à revenir en Angleterre pour l'éclairer de ses lumières sur certaines questions obscures et difficiles ; mais Pole sut éviter le piége et resta en Italie ; pour le dédommager de la perte de ses bénéfices confisqués par Henri, le pape le créa cardinal.

Pole avait été comblé des plus grandes marques de distinction par l'empereur et par le roi de France, dans l'entrevue que ces monarques eurent à Nice avec le pape, en 1538 ; le bruit avait même couru qu'à raison de sa descendance royale, les deux souverains avaient songé à lui faire épouser la princesse Marie, et dans le cas où Henri VIII ne se réconcilierait pas avec le saint père, l'avaient engagé à aspirer à la couronne d'Angleterre. De semblables prétentions, vraies ou fausses, eussent conduit le cardinal à la mort s'il n'eût été hors des atteintes de Henri ; mais il avait des frères, des parents, des amis, et le roi fit arrêter et conduire à la Tour Henri Courtney, marquis d'Exeter, petit-fils d'Édouard IV par sa mère Catherine ; Henri Pole, lord Montague et sir Geoffroy Pole, frères du cardinal ; sir Édouard Nevil, et sir Nicolas Caress, grand écuyer. Traduits les uns devant un jury, les autres devant la cour des pairs, ils furent accusés d'avoir attenté à la sécurité de la couronne en encourageant un certain Réginald Pole dans ses projets pour priver le roi de ses états et de sa dignité, et furent tous condamnés à mort à l'exception de Geoffroy Pole qui eut la lâcheté d'accuser son frère et ses amis. Afin de justifier une exécution qui souleva d'horreur les cœurs qui conservaient encore quelque sentiment de justice et d'indépendance, le roi fit publier un livre qui contenait les preuves des prétendus crimes des condamnés.

A la nouvelle de ces exécutions, le pape ordonna la publication de la bulle et envoya le cardinal Pole auprès de François Ier et de Charles-Quint (1539), pour leur rappeler leurs promesses ; mais chacun de ces deux souverains craignait que son rival ne s'alliât avec Henri aussitôt que lui-même se serait déclaré contre ce prince, et aucun d'eux ne voulut exécuter ses engagements ni même permettre la publication de la bulle dans ses états. Pole fut forcé de retourner en Italie.

Ces nouvelles tentatives de la cour de Rome redoublèrent la haine du roi contre le cardinal ; une sentence de trahison fut portée contre lui, et Henri, dans sa rage de vengeance, résolut de faire condamner la vertueuse comtesse de Salisbury, mère de Pole. On l'accusa d'avoir défendu à ses vassaux de lire la bible traduite par les ordres du roi, et d'avoir entretenu correspondance avec son fils ; mais elle déploya dans sa défense tant de fermeté et de franchise, que les commissaires chargés de l'interroger n'osèrent aller plus loin. Le roi, mécontent, chargea Cromwell de demander aux juges de la cour étoilée si l'on ne pouvait déclarer une personne convaincue de trahison sans lui faire son procès. Les juges répondirent qu'aucun tribunal ne voudrait donner un si dangereux exemple ; mais que le parlement, étant une cour suprême, pourrait passer un bill d'*attainder* ou de conviction, dans le cas où l'évidence ne laisserait pas penser que cela fût trop contraire aux principes de l'équité. Henri n'en voulait pas davantage, et, dans un bill de proscription lancé contre des individus déjà jugés, on introduisit le nom de la comtesse de Salisbury, celui de la marquise d'Exeter, et ceux de sir Adrien Fortescue et de sir Thomas Dingley. La marquise reçut sa grâce ; la comtesse, âgée alors de soixante-dix ans, la dernière des Plantagenet, la plus proche parente du roi par le sang, resta en prison comme garantie de la conduite de son fils. Toutefois Henri se lassa de cette sorte de clémence, et, moins de deux ans après, il la livra au bourreau. La vénérable comtesse montra jusqu'au dernier moment le calme et la dignité de la vertu. Invitée par l'exécuteur à poser sa tête sur le billot : « Non, s'écria-t-elle, elle n'a commis aucune trahison, « prends-la comme tu pourras ! » On la courba de force sur l'instrument de mort, et cet assassinat, en portant une nouvelle terreur dans toutes les âmes, ajouta encore, s'il était possible, au servilisme des courtisans de Henri VIII.

Malgré sa haine contre la cour de Rome, le roi protestait toujours de son attachement aux anciennes doctrines ; pour le prouver, et dans le but d'extirper du royaume toute diversité d'opinion religieuse, il choisit un certain nombre de questions qu'il fit examiner par un comité ecclésiastique. Les évêques chargés de cet examen furent loin d'être d'accord entre eux ; mais la voix prépondérante du roi mit fin à leurs débats. Ces questions, au nombre de six, furent, sous la forme de bill, présentées au parlement qui leur donna force de loi et y joignit une pénalité qui leur valut le nom de Bill de sang. Il y était arrêté : 1° que le Christ est présent dans l'eucharistie, sous les deux espèces ; 2° que la communion sous les deux espèces n'est pas nécessaire *ad salutem* ; 3° que les prêtres ne peuvent se marier ; 4° que les vœux de chasteté doivent être observés ; 5° que l'on doit conserver les messes particulières ; 6° que la confession auriculaire est utile et même nécessaire. Les peines prononcées contre les dissidents étaient, pour le premier article, la mort par le supplice du feu, et la confiscation ; pour les cinq autres, la prison, la confiscation, et dans certains cas la mort.

Les évêques de Worcester et de Salisbury, Latimer et Shaxton, qui avaient fait partie du comité, et qui n'avaient pas partagé l'opinion de Henri, se hâtèrent, dans leur effroi, de résigner leurs sièges respectifs ; mais nul ne ressentit une plus vive terreur que Cranmer, qui avait fait venir près de lui une femme qu'il avait épousée en Allemagne. Il se hâta de l'y renvoyer avec ses enfants.

La servilité du parlement était devenue complète. Après le sacrifice des libertés ecclésiastiques, il ne lui restait qu'à faire celui des libertés civiles ; il déclara que le roi possédait le droit de publier, sans l'avis même de son conseil, des édits ou proclamations qui auraient force d'actes du parlement, de condamner les personnes coupables de violation de ces édits à la prison et à l'amende, et même à la peine de mort, dans le cas où l'accusé aurait tenté de sortir du royaume pour se soustraire au paiement des amendes ou à l'emprisonnement (1539).

Immédiatement après la mort de Jeanne Seymour, Henri avait songé à un quatrième mariage. Il jeta d'abord les yeux sur la duchesse douairière de Milan, nièce de l'empereur; mais il rencontra des obstacles et sollicita la main de Marie, duchesse douairière de Longueville, fille du duc de Guise. Marie était déjà fiancée au roi d'Écosse, et Cromwell proposa à son maître la princesse Anne, sœur du duc de Clèves. Son portrait, peint par Holbein, fut présenté à Henri

Anne de Clèves, d'après Holbein.

qui la trouva ravissante. En outre, il venait d'apprendre que François Ier et Charles-Quint avaient projeté de se voir à Paris, et craignant que des desseins contraires à ses intérêts ne fussent formés dans cette entrevue, il lui parut important de se lier avec les princes d'Allemagne qui s'étaient comme lui soustraits à la suprématie du saint-siége. En conséquence, il se hâta d'envoyer une magnifique ambassade au duc de Clèves pour lui demander la main de sa sœur. La demande fut accueillie, et la princesse partit pour l'Angleterre. (1540.) Impatient comme un jeune chevalier, Henri VIII se rendit mystérieusement à Rochester, afin de recueillir le premier regard de la reine, et, selon son expression, de se nourrir d'amour. Mais à peine l'eut-il aperçue, que cet amour se changea en dégoût et en haine. Les traits de la princesse étaient grossiers, sa taille épaisse et sans grâce, toute sa personne disproportionnée. Elle plia le genou devant le roi, qui se fit effort pour la relever et l'embrasser. Il lui adressa la parole, elle répondit en allemand. « Quelle cavale flamande! s'écria-t-il ; jamais je ne pourrai m'y accoutumer ! » Sans même lui faire remettre les présents qu'il avait apportés, il la laissa seule et revint à Greenwich où, dès le lendemain, il convoqua le conseil, et demanda s'il ne serait pas possible de renvoyer la princesse dans son pays. Cependant, après de longues et infructueuses consultations, et dans la crainte de voir se former contre lui une coalition des princes allemands, de l'empereur et du roi de France, il se résolut à accepter sa destinée. La cérémonie du mariage fut accomplie, et durant quelques mois Henri essaya de s'habituer à sa nouvelle compagne. Mais élevée dans une grande simplicité de mœurs, la reine ne savait que coudre, filer et un peu lire ; elle ignorait la musique, que le roi aimait avec passion. La colère de Henri se porta naturellement sur Cromwell qui avait conseillé ce malencontreux mariage, et il saisit la première occasion pour la laisser éclater. Une querelle théologique s'était élevée entre l'évêque de Winchester, Gardiner, et le docteur Barnes, ardent admirateur de Luther et l'un des protégés de Cromwell. Le roi cita Barnes à son propre tribunal, et après l'avoir écrasé de son irrésistible dialectique, lui ordonna de se rétracter. Barnes obéit en effet; mais après avoir lu à la Croix de Saint-Paul la rétractation qui lui était imposée, il prêcha sa propre doctrine avec plus d'énergie que jamais, et fut envoyé à la Tour. Les courtisans pensèrent que cette rigueur du roi envers un protégé de Cromwell était le signal de la perte du chancelier; mais Henri attendait pour le frapper le moment où il cesserait d'avoir besoin de lui. Le parlement était sur le point de s'assembler, il lui fallait des subsides, et Cromwell seul avait le talent de les arracher au clergé comme aux communes. Le vicaire général ouvrit donc la session par un discours où il demanda des peines plus sévères contre les ennemis de la nouvelle doctrine; obtint, sous prétexte d'assurer un apanage à la reine, que les propriétés des chevaliers de Saint-Jean de Jérusalem fussent annexées aux domaines de la couronne, et fit voter un des subsides les plus considérables que les chambres eussent encore accordés. A mesure qu'il obtenait quelques-uns de ces avantages, Henri semblait se plaire à le combler de faveurs ; il le créait comte d'Essex, lui donnait la charge de lord chambellan, et lui confirmait une concession de trente manoirs provenant des monastères supprimés ; mais, en même temps, il faisait rechercher les circonstances les plus minutieuses de la vie de son ancien favori. La noblesse haïssait le vicaire général à cause de son élévation et de la bassesse de son extraction; le peuple, à raison des violences exercées contre les monastères; le clergé, parce qu'il abusait de l'immense autorité que lui donnaient ses fonctions; les catholiques, comme ennemi de la religion; les protestants, comme timide et perfide. Le malheureux ministre ne pouvait lutter contre tant de haines. Il n'avait cependant aucun soupçon de sa disgrâce, et le 10 juin 1540 il parut au conseil où il prit sa place ordinaire; mais une commission pour l'arrêter était déjà délivrée au duc de Norfolk, et le duc la mit à exécution dans la salle même. Accusé de trahison, Cromwell réclama la faveur d'une instruction devant ses pairs; mais elle lui fut refusée, et l'on procéda contre lui en vertu du bill d'attainder. C'était lui-même qui avait donné au roi le conseil et les moyens de procéder ainsi, lors du procès de la comtesse de Salisbury; il devint donc la victime de sa propre iniquité. On l'accusa d'avoir empiété sur l'autorité royale en graciant des condamnés, d'avoir adopté des opinions hérétiques, favorisé la prédication de l'hérésie, permis la circulation des livres prohibés, et d'avoir dit que pour la défense de la réforme, il combattrait le roi lui-même s'il était nécessaire. Cranmer essaya de le défendre; mais la réflexion lui inspira des craintes pour sa propre sûreté, et il vota pour la culpabilité. La cruauté de Henri causait un tel effroi, que le bill de conviction, sans procédure, sans interrogatoire, sans instruction, sans preuves, passa à l'unanimité à la chambre des lords comme à celle des communes.

Dès le lendemain, les poursuites en divorce commencèrent à l'instigation du roi. Sous prétexte de régler tout ce qui concernait la succession au trône, les chambres demandèrent que la convocation du clergé donnât une décision sur la validité ou la nullité du mariage, et la commission qui fut nommée à cet effet déclara qu'il était nul, parce qu'on n'était pas certain qu'un contrat antérieur passé entre Anne de Clèves et le marquis de Lorraine eût été révoqué en temps utile et dans toutes les formes, et parce que Henri, forcé par des raisons d'état d'épouser la princesse, n'avait jamais donné, en réalité, le consentement nécessaire pour imprimer au contrat la force qui pouvait le rendre valide. Ces faibles arguments furent admis par le clergé, les lords et la chambre des communes, et on menaça de la peine de mort quiconque oserait dire que le mariage avait été légal. La princesse se soumit à son sort, écrivit une lettre dans laquelle elle reconnaissait que son mariage n'avait pas été consommé et acquiesçait au jugement prononcé par la convocation du clergé, et rendit au roi l'anneau nuptial qu'elle avait reçu de lui. Elle obtint en dédommagement la jouissance du palais de Richmond et un revenu annuel de trois mille livres sterling.

A peine le divorce eut-il été prononcé que l'on conduisit le vicaire général à l'échafaud. Il fit les plus grands efforts pour fléchir le roi, peignant sa position misérable sous les couleurs les plus touchantes, protestant de sa parfaite innocence, sollicitant sa grâce en des termes qui eussent arraché des larmes aux plus insensibles. « Je l'engage à se taire, répondit Henri; est-ce qu'il n'a pas un fils? » Cromwell connaissait trop bien le caractère de son maître pour ne pas savoir que Henri VIII eût vengé sur son fils innocent la moindre parole indiscrète arrachée par le sentiment de ses maux. Il marcha vers le lieu du supplice avec une résignation admirable, et personne n'osa verser des larmes sur sa triste destinée. (Juillet 1540.)

Henri rassasiait en ce moment ses peuples du spectacle des exécutions. Deux jours après la mort de Cromwell, on trainait sur la claie, de la Tour à Smithfield, des catholiques méconnaissant la suprématie, et des protestants professant des opinions contraires aux doctrines du roi théologien; Abel, Bowel et Featherstone, étaient les premiers; le docteur Barnes et deux de ses adhérents, Jérôme et Garnet, les seconds; les uns furent pendus et coupés en quartiers, les autres brûlés à petit feu.

Il ne s'était pas écoulé un mois depuis que le divorce de Henri VIII et d'Anne de Clèves avait été prononcé, lorsque le roi résolut de se remarier pour la cinquième fois. Il se fit prier par les lords, au nom de l'Angleterre, de prendre une épouse qui lui donnerait une plus nombreuse postérité, et le 8 août 1540, Catherine Howard, jeune fille de la plus rare beauté, nièce du duc de Norfolk, et élevée par les soins de la duchesse douairière, reçut, pour son malheur, la main du plus inexorable des hommes.

Depuis une année Henri prodiguait les plus vives marques d'affection à sa nouvelle épouse, lorsqu'une femme de la maison de la duchesse de Norfolk déclara à son frère, qui se hâta de le rapporter à Cranmer, que Catherine avait, avant son mariage, favorisé de son amour un page de la duchesse nommé Dereham. L'archevêque primat, effrayé de cette révélation aussi dangereuse à taire qu'à divulguer, en conféra avec le comte de Hereford et le chancelier Audeley, et il fut convenu qu'on en instruirait le roi. Henri témoigna la plus grande incrédulité, et jura que si Cranmer n'avait pas dit vrai, sa tête répondrait de cette odieuse calomnie. La vie de l'archevêque se trouva donc en jeu contre celle de la reine, et la perte de l'un ou de l'autre devint inévitable. Cranmer fit arrêter Dereham, qui fut assez lâche pour avouer ses relations avec celle qui était devenue sa souveraine; trois filles attachées au service de la duchesse donnèrent de nouveaux détails sur l'inconduite de Catherine.

La reine fut interrogée à son tour par Cranmer, et signa une confession où elle avouait bien que sa conduite avant son mariage n'avait pas été très-régulière, mais que jamais elle n'avait été infidèle au roi, pas même en pensée. Cela ne suffisait pas pour amener un divorce ni fonder une accusation de haute trahison. Alors on rechercha minutieusement sa conduite depuis son mariage, et l'on finit par découvrir qu'un de ses parents nommé Culpepper, qui jadis avait aspiré à sa main, était demeuré la nuit avec elle et lady Rochford, pendant près de trois heures. Il n'en fallut pas davantage pour établir la culpabilité. En conséquence, Dereham et Culpepper furent condamnés à mort et sur-le-champ livrés au supplice des traîtres. Lord William Howard, lady Howard, son épouse, lady Rochford, la duchesse douairière de Norfolk, la comtesse de Bridgewater et huit autres personnes, dont quatre femmes, furent dévoués à la même peine, pour avoir, contrairement à leur devoir, laissé leur souverain épouser une femme coupable d'incontinence. Catherine demanda pour toute grâce que l'on épargnât sa famille; mais la duchesse de Norfolk reçut seule son pardon, et deux jours après l'annonce de leur jugement, tous les accusés furent exécutés. La reine et lady Rochford eurent la tête tranchée sur l'esplanade de la Tour (1542). Cette épouvan-

Catherine Howard, d'après Holbein.

table tragédie terminée, Henri obtint du parlement un bill qui prononçait la peine de mort contre toute fille qui oserait épouser le roi sans posséder sa virginité, et contre toute personne qui connaissant le fait ne le révélerait pas aussitôt.

Pendant ces tristes événements, Henri, que rien n'arrêtait dans la sollicitude dont il entourait ses peuples en qualité de chef de l'église, fit publier un ouvrage sous le titre de *Doctrine nécessaire et Science de l'homme chrétien*. Cet ouvrage fut nommé *le livre du roi*, et devint jusqu'à la fin de ce règne le seul symbole de l'orthodoxie anglaise.

Quelque tyrannique que fût l'administration de Henri VIII, il s'était entouré d'hommes d'un trop grand talent pour que le sort de l'Angleterre n'en reçût pas quelque amélioration. Il avait remarqué que les lois anglaises et ses ordonnances avaient peu de force dans les provinces qui composaient la principauté de Galles, que ses employés en étaient exclus, que les seigneurs de ce pays distribuaient la justice à leur gré, et accordaient même une honteuse protection aux criminels qui pouvaient la payer. Afin de remédier à cet état de choses, Henri incorpora définitivement les Galles à l'Angleterre, ordonna que les bourgs de ce pays enverraient des députés au parlement, et y fit mettre en vigueur la législation et la jurisprudence anglaises, en accordant aux indigènes les droits et privilèges dont jouissaient les autres sujets de la couronne. (1536.)

De la principauté de Galles, les regards du roi se portèrent sur l'Irlande. Là, l'autorité de l'Angleterre était circonscrite dans de très étroites limites et ne s'étendait guère au-delà des ports de mer. Le reste de l'île obéissait à une soixantaine de chefs irlandais et une trentaine de seigneurs d'origine anglaise. Deux familles surtout dominaient toutes les autres; les Fitz-Gerald, comtes de Kildare, et les Butlers, comtes d'Osmond ou Ossory. Le dernier comte de Kildare, lord-député ou gouverneur de l'Irlande, ayant été dénoncé par la famille des Butler, Henri l'avait attiré à Londres et envoyé à la Tour. Le bruit courut à Dublin que le roi l'avait fait décapiter, et son fils, Thomas Fitz-Gerald, jeune homme de vingt et un ans, qui lui avait succédé dans ses fonctions, ayant réuni cent quarante seigneurs aussi braves, aussi généreux que lui, imagina de déclarer la guerre à Henri VIII. Un barde irlandais, par ses chants exaltés, entretenait son ardeur et le rendait sourd à la voix de la raison que lui rappelait sans cesse, mais vainement, l'archevêque d'Armagh. Il eut d'abord quelque succès et parvint à s'emparer de l'archevêque de Dublin, Allen, qu'il regardait comme le dénonciateur de son père. Le prélat fut mis à mort, et Fitz-Gerald sollicitait déjà en prince indépendant le secours et l'approbation de l'empereur lorsque les revers vinrent l'accabler. Repoussé de Dublin et renfermé dans la forteresse de Munster, il offrit de se soumettre, stipula un pardon complet pour lui et ses compagnons, et se rendit à Londres, où il se jeta aux pieds du roi. Mais Henri ne se crut pas lié par un traité avec un sujet rebelle, et le fit conduire à la Tour, où cinq frères du comte de Kildare, traîtreusement saisis dans un banquet de réconciliation, furent enfermés comme lui. On les décapita tous les six, innocents ou coupables. Le comte en mourut de douleur; le dernier de ses fils, âgé seulement de douze ans, et l'unique rejeton de cette malheureuse famille, parvint à se réfugier auprès du cardinal Pole, qui surveilla son éducation. (1537.)

La position de ce jeune homme près du cardinal et ses relations suivies avec l'Irlande entretinrent dans cette contrée l'horreur des innovations religieuses. Cependant la puissance ecclésiastique n'eut pas assez d'énergie pour résister longtemps à la puissance civile, et le parlement irlandais vota des statuts copiés sur ceux de l'Angleterre. Mais il fut plus facile de rendre ces statuts que de les faire exécuter. Les Irlandais de race et les Anglais anciens habitants du pays se réunirent, et les insurrections se succédèrent jusqu'à ce que lord Gray, gouverneur nommé par Henri, eût vaincu complétement les rebelles au combat de Bellahoe. Le roi l'en récompensa en lui faisant trancher la tête : il n'aimait pas les sujets qui devenaient trop puissants. Depuis la victoire de lord Gray il n'y eut plus en Irlande que des soulèvements partiels, aussitôt apaisés que déclarés, et qui laissèrent à Henri la possibilité d'établir à jamais l'autorité royale dans ce pays. Il éleva l'Irlande au rang de royaume, organisa son parlement à l'instar de celui de l'Angleterre, le chargea de faire des règlements pour l'administration de la justice, et environna les pairs irlandais de tant d'honneurs, que non-seulement les lords de race anglaise, mais les chefs indépendants, Ulliac de Burgh, Murrogh O'Brian et O'Nial, sollicitèrent la pairie, qu'ils reçurent sous les titres de comte de Clanricard, de Thomond et de Tyrone (1543.) Jamais, depuis la conquête de Henri II, la puissance des Anglais en Irlande n'avait été établie sur des bases aussi solides que durant les dernières années du règne de Henri VIII.

En s'occupant de l'Irlande, Henri n'oubliait pas que les souverains de l'Écosse, quoique ses proches parents, restaient constamment alliés aux Français, et qu'il avait toujours à craindre pour ses frontières du nord quand la guerre l'appelait sur le continent. Jusqu'en 1528, le jeune roi Jacques V, retenu sous la tutelle de sa mère Marguerite, sœur de Henri, ou du comte d'Angus, son beau-père, n'avait donné aucun sujet de crainte à l'Angleterre. Mais à cette époque le jeune prince, âgé de dix-sept ans, résolut de sortir de l'esclavage où on le retenait et de recouvrer avec sa liberté l'exercice de son autorité. Éludant la vigilance de ses gardiens, il leva une armée et chassa le comte d'Angus qui se réfugia en Angleterre où il fut pensionné par Henri. La guerre éclata bientôt après entre les deux souverains, mais la paix fut rétablie sous la médiation de François Ier (1534), et Jacques V demanda la main de la princesse Marie qu'on lui refusa parce que l'on craignait qu'un jour ses enfants ne disputassent le trône d'Angleterre à ceux d'Élisabeth, la fille d'Anna Boleyn. Par suite de ce refus, Jacques chercha une femme à la cour de France et épousa successivement Madeleine fille de François Ier, qui mourut après deux mois de mariage, et Marie de Guise, duchesse douairière de Longueville. Cette union entretenait nécessairement le roi d'Écosse dans ses sentiments d'attachement aux intérêts français. Pour l'en détacher, Henri essaya d'abord de faire de Jacques un prosélyte de sa nouvelle religion; mais quoiqu'il allât même jusqu'à lui faire pressentir que s'il adoptait ses doctrines il le désignerait pour son successeur, advenant le décès du jeune Édouard, le roi d'Écosse refusa constamment, et même lorsque le pape Paul III se résolut à publier la bulle d'excommunication contre le roi d'Angleterre, Jacques donna son assentiment à cette mesure et promit de se réunir à François Ier et à Charles-Quint pour ramener Henri à la foi catholique.

Le refus ultérieur du roi de France et de l'empereur de soutenir la bulle du pape empêcha Jacques de donner suite à ses projets, mais Henri en avait eu connaissance, et fit de nouveaux efforts pour décider le roi d'Écosse à rompre avec le pape et les princes chrétiens, et à faire triompher dans ses états la doctrine nouvelle établie en Angleterre. Le refus constant de Jacques porta à l'extrême le mécontentement de Henri, et lui fit prendre la détermination de convertir son neveu par la voie des armes.

La guerre commença en 1542. Jacques, qui ne s'y attendait pas, n'avait fait aucun préparatif, ce qui n'empêcha pas quelques détachements improvisés de tenir tête à trois mille hommes de cavalerie et de les mettre en fuite à Haddenrig. Henri

Cavalerie au temps de Henri VIII.

fit sur-le-champ marcher une armée nombreuse qui, sous le commandement du duc de Norfolk, passa les frontières et livra aux flammes deux villes et vingt villages. C'en était fait de l'Écosse si, faute de subsistances, Norfolk n'eût été forcé de revenir à Berwick. Jacques avait trop peu de troupes pour risquer une bataille générale ; mais il envoya dix mille hommes sous le commandement de Maxwell avec ordre de traverser les marches de l'ouest, et de rester sur le territoire anglais autant de jours que Norfolk était resté sur le sol écossais. Maxwell rencontra Warthon, gouverneur des marches ; mais à la vue de l'ennemi, ses soldats, saisis d'une terreur panique, se mirent à fuir dans toutes les directions, abandonnant vingt-quatre pièces d'artillerie : deux comtes, cinq barons, deux cents gentilshommes et huit cents hommes restèrent prisonniers. Jacques fut saisi d'une telle douleur en apprenant ce triste événement, qu'il tomba malade et mourut (décembre 1542).

Quelques jours avant cette mort prématurée, la reine Marie de Longueville avait donné naissance à une fille qui porta le nom de sa mère et devint la belle et malheureuse Marie Stuart. Henri VIII changea sur-le-champ de politique, et conçut le projet de marier son fils Édouard à la fille de son neveu, afin de réclamer comme tuteur la régence du royaume d'Écosse et l'occupation des châteaux royaux. Il confia ce dessein aux seigneurs devenus ses prisonniers, et ceux-ci lui promirent leur adhésion ; mais pendant ce temps les lords assemblés à Édimbourg avaient investi du pouvoir, sous le nom de gouverneur, Jacques Hamilton, comte d'Arran, héritier de la couronne si la jeune princesse venait à mourir. A leur retour en Écosse, les lords prisonniers et ceux qui avaient été exilés sous le dernier règne formèrent en faveur de l'Angleterre une faction qui prit rapidement une assez grande consistance ; le comte d'Angus en était le régulateur. Le parti national avait pour chefs la reine-mère, le cardinal de Saint-André, Beaton, et les comtes de Huntley, de Murray et d'Argyle. Le gouverneur se déclara d'abord pour les Anglais, et même il emprisonna le cardinal, sous le prétexte qu'il avait demandé des troupes au duc de Guise pour faire donner la régence à la duchesse douairière ; le parlement approuva le mariage proposé par Henri, mais repoussa ses autres conditions. Après trois mois de menaces et d'altercations ce prince finit par céder ; la paix fut conclue ; on convint que Marie épouserait Édouard, et qu'à l'âge de dix ans elle serait envoyée en Angleterre.

Peu de temps après la signature de ce traité, le comte de Lennox vint réclamer la régence, comme se trouvant le premier dans la ligne de la succession royale, attendu que le comte d'Arran n'était qu'un fils illégitime. Par son aide, le cardinal Beaton, chef du parti national et français, fut remis en liberté : il se retira dans la forteresse de Stirling avec la petite reine qu'il fit couronner. Arran sollicita alors une réconciliation et abandonna la cause de l'Angleterre. Henri, à cette nouvelle, se résolut à faire la guerre, et, le 4 mai 1544, une armée anglaise de dix mille hommes traversa le détroit du Forth. Seymour, comte de Hertford, qui la commandait, demanda impérieusement la remise de la reine, que le gouverneur lui refusa. Alors il débarqua près d'Édimbourg, reçut des renforts considérables, et s'empara de la capitale qu'il livra aux flammes et au pillage ; il opéra ensuite sa retraite, incendia Leith et fit voile pour Newcastle. Le reste de son armée atteignit Berwick après avoir brûlé les villes de Dunbar, Laddington et Seton, et s'être emparé du château de Craigmillar. Cette guerre dura deux années avec des chances diverses ; des troupes françaises étant venues au secours du gouverneur, Lennox, qui s'était déclaré partisan de l'Angleterre, et avait promis de livrer son château de Dunbarton, en fut chassé avec ignominie ; la garnison se déclara pour le comte d'Arran, et Henri, dans sa fureur, fit mettre à mort les otages qu'il gardait à Carlisle depuis la dernière paix. Enfin, un traité conclu entre l'Angleterre et la France (1546) comprit l'Écosse dans ses dispositions, et rendit pour quelque temps la tranquillité à cette malheureuse contrée.

La guerre avec la France avait commencé en 1543. Afin de se venger de l'intervention de François Ier dans les affaires de l'Écosse, Henri s'était réconcilié avec l'empereur, et l'une des stipulations de cette alliance avait été le rétablissement de la princesse Marie dans la ligne de succession à la couronne. Les deux monarques convinrent de requérir le roi de France de rompre toute relation avec les Turcs, de payer au roi d'Angleterre l'arriéré de sa pension, et de lui donner des sûretés pour les paiements à venir. Si François refusait d'accéder à ces conditions dans le délai de quarante jours, l'empereur devait réclamer le duché de Bourgogne, Henri les possessions de ses ancêtres en France, et tous deux devaient appuyer leurs réclamations à l'aide d'une nombreuse armée (1543). François Ier refusa de recevoir les hérauts des deux rois, Jarretière et Toison d'Or, et la guerre

Jarretière, héraut d'armes d'Angleterre.

commença. La première campagne fut insignifiante pour les alliés ; la seconde (1544) eut plus de succès. Deux armées considérables entrèrent à la fois en France par la Champagne et par la Picardie. Les impériaux prirent Luxembourg, Ligny et Saint-Dizier, s'avancèrent jusqu'à Château-Thierry, et firent reculer le dauphin jusqu'à Meaux. Paris était dans l'effroi et se voyait déjà assiégé par Charles-Quint et par Henri VIII; mais, irrité contre l'empereur qui au lieu de marcher directement sur Paris, selon le plan de campagne convenu, s'était arrêté pendant un mois à faire le siège de Saint-Dizier, Henri résolut également de se rendre maître de quelques villes importantes. Il mit donc le siège devant Boulogne et devant Montreuil, et nonobstant les messages et les reproches de l'empereur, s'obstina à réduire ces places. Deux mois s'écoulèrent et Boulogne fut pris; mais Charles, dont les troupes souffraient de la pénurie de subsistances et diminuaient chaque jour par les désertions, tandis que l'armée française s'accroissait incessamment, avait consenti à traiter séparément avec François. Par le traité de Crespy (18 septembre 1544), les deux monarques convinrent de se restituer leurs conquêtes respectives; François promit à l'empereur son secours contre les Turcs, et Charles, au second fils du roi de France, une de ses filles ou une de ses nièces : la première apportait en dot les Pays-Bas, la seconde le Milanais.

Henri refusa d'accéder à la paix de Crespy et continua la guerre, mais sans but et sans activité; bientôt il leva le siège de Montreuil, laissa garnison à Boulogne et revint en Angleterre.

L'année suivante une flotte française considérable, commandée par le comte d'Annebaut, vint braver l'escadre anglaise réunie à Portsmouth, sous les ordres de Dudley, lord Lisle, et en présence de Henri lui-même. Des galères s'avancèrent jusqu'au port, canonnèrent les vaisseaux anglais et coulèrent *la Marie-Rose* qu portait sept cents hommes. Lord Lisle, fidèle aux volontés de Henri qui ne voulait pas compromettre son escadre contre des forces supérieures, resta dans le port qui lui servait d'abri, et les Français, ne pouvant l'engager à combattre, allèrent ravager les côtes de Sussex et revinrent jeter l'ancre devant Boulogne. Quelques jours après, lord Lisle ayant reçu un renfort de trente vaisseaux, alla présenter le combat à la flotte française; mais après quelques manœuvres insignifiantes, les deux escadres se retirèrent dans leurs ports respectifs. (1545.)

Sur terre, les opérations n'étaient pas plus décisives; après avoir dévasté le pays d'Oye, François perdit par une maladie pestilentielle son second fils et une partie de son armée. Aussi cette guerre sans résultat fatigua bientôt les deux rivaux. Ils convinrent d'un armistice (juin 1546), et la paix fut signée peu de temps après. Les conditions étaient : que François continuerait à payer à Henri et à ses successeurs la pension stipulée par le traité de 1525; que des commissaires choisis par les deux souverains examineraient et fixeraient le droit que pouvait avoir le roi d'Angleterre à une somme de cinq cent douze mille couronnes qu'il réclamait; que dans le délai de huit années, Henri recevrait deux millions de couronnes comme compensation des arriérés de sa pension et des avances par lui faites pour les réparations et l'entretien des fortifications de Boulogne, et qu'après le paiement de cette somme, la ville et ses dépendances seraient restituées à la France.

Le peuple anglais était mécontent; il ne concevait pas quel motif avait pu déterminer le roi à concéder, sans nécessité, une paix aussi peu profitable à la nation. Mais Henri avait été forcé par une raison puissante : ses trésors étaient épuisés. La masse énorme d'argenterie enlevée des monastères, la vente des joyaux précieux et celle des propriétés territoriales, le produit des immenses subsides accordés par le clergé comme par les communes, tout avait été dissipé. Les emprunts forcés dont le parlement avait ensuite fait remise au roi nonobstant les réclamations des prêteurs, ne suffirent pas plus que les dons gratuits ou de bienveillance qui leur succédèrent, pour remédier à la détresse de Henri, et il recourut à la plus désastreuse des ressources, l'altération du titre des monnaies. La valeur de l'once d'or, qui était de quarante shillings, fut élevée à quarante-six, et il en fut de même de la livre d'argent : on émit alors une monnaie qui contenait presque autant d'alliage que de métal précieux ; et comme cette mesure parut avantageuse, l'année suivante les pièces continrent deux portions d'alliage sur trois. Ce palliatif ne fut pas suffisant, et il fallut encore solliciter de nouveaux impôts. Le clergé donna quinze pour cent de ses revenus, les laïques vingt pour cent et deux shillings huit pence par livre sterling sur la valeur de leurs meubles et marchandises ; enfin le parlement mit à la disposition de Henri tous les colléges, chantreries et hôpitaux, avec leurs manoirs, terres et héritages, en le suppliant d'accepter ce don « comme il avait plu autrefois au grand « roi Alexandre d'accepter avec gratitude un vase d'eau de la main d'un pauvre « homme qui passait sur le grand chemin, » et en le priant d'en user pour la plus grande gloire de Dieu. Avant la vingt-sixième année du règne de Henri, les recettes de l'échiquier avaient dépassé le total des taxes imposées par tous ses prédécesseurs, et depuis cette époque jusqu'à sa mort, cette somme énorme fut plus que doublée.

Ces opérations financières n'arrêtaient en rien les discussions religieuses, et la cour continuait à être divisée par deux partis qui se détestaient et s'accusaient mutuellement auprès de Henri : les adhérents de l'ancienne doctrine secrètement soutenus par Gardiner, et ceux de la nouvelle dirigés par Cranmer. Mais le roi comprenait trop tout l'avantage qu'il retirait de cette rivalité pour le bien de son service pour vouloir y mettre un terme, et il avait toujours soin de tenir la balance égale entre les chefs des deux partis. Aussi, lorsque les chanoines de Cantorbéry portèrent plainte contre Cranmer comme correspondant clandestinement avec les réformateurs allemands, Henri nomma une commission qui examina, non l'accusé, mais les accusateurs, et plusieurs d'entre eux furent emprisonnés. De même, quand sir John Gostwick, membre de la chambre des communes, accusa le primat d'hérésie, le roi envoya à ce « varlet » un message dans lequel il lui déclarait que s'il ne reconnaissait pas immédiatement sa faute, il ferait de lui un exemple pour l'instruction des autres. Les ennemis de Gardiner n'avaient pas plus de succès, et lorsque Cranmer, saisissant le moment où son rival était envoyé en ambassade auprès des souverains étrangers, engageait le roi à étendre davantage la réforme, Henri l'écoutait, lui ordonnait de développer son plan et de le lui soumettre, mais ne prenait jamais aucune résolution avant d'avoir consulté Gardiner dont l'avis fit presque toujours rejeter ou suspendre les innovations proposées. Ce fut par suite de ce système d'équilibre que lorsque le chancelier Audeley mourut il fut remplacé par lord Wriothesley, comte de Southampton, qui était attaché à l'ancienne doctrine, grand sujet de joie et de triomphe pour les adhérents de ce parti, mais qui fut bientôt calmé, quand ayant résolu de se marier pour la sixième fois, Henri choisit son épouse parmi les partisans et les défenseurs de la réforme. La nouvelle reine était veuve de lord Latimer, et se nommait Catherine Parr. Son frère fut créé comte

Portrait de Catherine Parr.

d'Essex, et son oncle lord Parr de Horton. Tous les trois défendaient avec zèle les innovations luthériennes, et la reine, qui lisait les livres prohibés, osa un jour argumenter avec Henri et combattre ses opinions. Cette contradiction le jeta dans un tel état d'irritation qu'il se renferma dans ses appartements, et donna l'ordre au chancelier et à Gardiner de préparer des articles contre Catherine. La mort de la malheureuse femme aurait été la suite de cette mesure, si on ne l'eût avertie de ce qui se passait. Aussitôt elle passa dans une chambre voisine de celle du roi, et là, poussa tant de gémissements, jeta tant de cris, tomba dans de si terribles convulsions, que Henri lui envoya son médecin, et lui fit porter quelques paroles de paix. Elle usa de ce moment d'indulgence ou de lassitude pour se rendre auprès du roi, ramena très-adroitement la conversation sur les points qui avaient excité sa fureur, témoignant la plus grande admiration pour son savoir, le plus profond respect pour ses décisions, et ne demandant qu'à être éclairée de ses lumières. « Non, non, par sainte Marie! reprit le roi, c'est vous Kate, qui êtes un docteur. » Elle s'excusa et prétendit n'avoir soutenu la discussion qu'afin de le distraire. « En ce cas, mon cher cœur, lui dit Henri, nous serons donc encore bons amis. » Et lorsque le lendemain le chancelier se présenta avec une garde pour arrêter la reine, il reçut contre-ordre; mais Catherine n'oublia pas la leçon.

La santé du roi déclinait alors sensiblement. Il s'était toujours livré aux excès de table, et il avait acquis une telle corpulence que, ne pouvant marcher, il se faisait traîner dans ses appartements au moyen d'une machine. Comme il ne pouvait plus signer, trois commissaires étaient chargés d'apposer sur les actes qui le demandaient impérieusement un timbre sec formé des lettres de son nom sur lesquelles ils passaient ensuite de l'encre avec une plume. Enfin, un ulcère que depuis longtemps il portait à la cuisse prit un caractère funeste et mit ses jours en danger.

Dans cette situation, les deux oncles du jeune Édouard, dont l'un Seymour, comte de Hertford, était chancelier, songèrent à prendre des précautions pour obtenir du roi la tutelle de l'héritier du trône. Ils avaient à redouter le vieux Howard, duc de Norfolk, et son fils, qui tenaient aux anciennes doctrines religieuses, tandis qu'eux-mêmes avaient adopté les nouvelles, et ils parvinrent à effrayer Henri sur l'ambition de leurs rivaux. Le roi se laissa persuader que les Howard voulaient s'emparer du gouvernement durant sa maladie, afin de mieux s'assurer de la tutelle du jeune prince; il donna l'ordre de les arrêter, les fit enfermer dans des cachots séparés, et les mit immédiatement en jugement. Puis il revit son testament, en raya les dispositions qui comprenaient parmi les exécuteurs le duc de Norfolk, l'évêque de Winchester Gardiner, et celui de Westminster Thurlby, transféra sa succession, à défaut de descendants par Édouard, Marie et Élisabeth, aux enfants de sa sœur cadette, veuve de Louis XII de France, à l'exclusion de la ligne écossaise issue de sa sœur aînée, et nomma seize personnes, toutes prises parmi les partisans des Seymour, pour composer le conseil privé du jeune roi jusqu'à sa majorité, qui fut fixée à dix-huit ans.

Ces mesures ne suffisaient pas encore aux Seymour, et il leur fallait la perte des Norfolk. Le vieux duc avait été l'une des créatures les plus dévouées de Henri, et n'avait jamais balancé à lui sacrifier jusqu'aux sentiments du cœur. Le comte de Surrey, son fils, était un jeune homme adoré du peuple, à cause de la valeur dont il avait donné de nombreuses preuves, et dont le talent comme poëte est encore apprécié de nos jours. Il fut accusé de haute trahison comme ayant écartelé son écusson des armes d'Édouard-le-Confesseur. Il les portait depuis longtemps sans qu'on lui en eût fait le reproche, et elles lui avaient été assignées par décision des maîtres en l'art héraldique; mais il fallait du sang aux derniers soupirs de Henri. On déclara que ces armoiries fournissaient la preuve que le comte aspirait au trône, et le 25 janvier 1547 le bourreau fit tomber sa tête innocente. Le lendemain, Henri fit expédier l'ordre d'exécuter le duc de Norfolk, à l'expiration d'un jour et d'une nuit qu'il lui accordait pour mettre ordre aux affaires de sa conscience. Toutefois, au jour fatal, ce ne fut pas la dernière heure du duc mais celle du roi qui sonna. Le 28 janvier, avant le lever du soleil, Henri mourut dans les horreurs d'une longue et douloureuse agonie, et le sang de Norfolk ne rougit pas son cercueil.

Le règne de Henri VIII fut le règne du despotisme. Si pendant les premières années il exista encore dans la nation un esprit de liberté qui souvent se manifesta par une opposition vive et sérieuse à l'arbitraire des mesures de la cour, en peu de temps ce reste d'indépendance s'éteignit complétement, et du clergé, du parlement et du peuple, ce fut à qui montrerait le plus de bassesse et de servilité.

C'est qu'alors la chambre des pairs n'était plus composée de ces lords puissants et orgueilleux qui, dans les siècles précédents, avaient souvent fait trembler le souverain. Les grandes familles avaient péri dans les guerres des Deux-Roses, et leurs biens immenses, jetés par lambeaux aux courtisans les plus dociles, avaient servi à élever des hommes nouveaux entièrement dévoués au prince de la générosité duquel ils tenaient tout. Les pairs les plus opulents de la cour de Henri VIII étaient pauvres en comparaison de leurs prédécesseurs, et lors même que quelques-uns eussent conservé la puissance de leurs ancêtres, le statut contre « les maintenances, » qui leur interdisait d'armer leurs vassaux, suffisait pour rendre cette puissance inutile.

La dépendance des pairs spirituels était plus complète encore que celle des pairs temporels, car depuis que l'Angleterre s'était séparée du saint-siége, depuis que les recours au pape étaient interdits, le clergé était entièrement sous la main du roi; ses immunités n'existaient plus, et bénéfices, richesses, avancement, tout était soumis au bon plaisir du nouveau chef suprême de l'église d'Angleterre.

Quant aux membres de la chambre basse, ils étaient presque tous nommés par la couronne ou par les lords, et si le gaspillage des deniers publics donnait lieu à quelques débats, cette velléité d'opposition tombait bien vite devant les messages menaçants que le roi envoyait aux « varlets des communes, » ou devant les réprimandes qu'il leur adressait lui-même à l'ouverture ou à la clôture des sessions.

Dans ces occasions, les orateurs des deux chambres semblaient joûter à qui l'emporterait en servilité et en lâcheté; Cromwell se disait « incapable, ainsi que tout le reste des hommes, de décrire les ineffables qualités de l'esprit du roi, les sublimes vertus de son cœur royal », et Audeley lui déclarait en face que, Dieu lui-même, en l'oignant de son huile sainte, l'avait élevé en sagesse au-dessus de tous ses égaux, au-dessus de tous les rois du monde, au-dessus de tous ses prédécesseurs ; qu'il lui avait donné la connaissance des Écritures, afin qu'il pût renverser le Goliath romain; la connaissance parfaite de l'art de la guerre, afin qu'il put remporter à la fois les plus brillantes victoires dans des lieux différents, etc. »[1] Pendant ces harangues, toutes les fois que les mots « très-sacrée majesté » étaient prononcés, les députés, de la barre où ils étaient debout, et les lords, se levant de leurs banquettes, s'inclinaient profondément.

1. Lingard.

Des parlements si peu soucieux de leur dignité personnelle ne devaient inspirer aucun ombrage au despotisme de Henri. Cependant il s'en lassa bientôt, et pour n'être plus même soumis à l'obligation de les consulter, il en obtint deux statuts qui le rendirent presque complétement indépendant. L'un donnait force de loi à ses proclamations, l'autre créait un tribunal qui, composé de neuf de ses conseillers privés, était chargé de punir toutes les violations de ce nouveau genre de lois. Les parlements n'eurent bientôt plus d'autre fonction que celle d'autoriser les prodigalités du roi en votant tous les subsides qu'il demandait, et de donner une apparence de légalité à ses cruautés en passant ces odieux bills d'attainder par lesquels ceux que Henri voulait perdre étaient condamnés au dernier supplice, sans avoir pu même ouvrir une seule fois la bouche pour se défendre.

Costumes civils du temps de Henri VIII.

ÉDOUARD VI.

(1547 - 1553)

Durant trois jours, le confesseur du roi, évêque de Rochester, l'archevêque primat, Cranmer et le comte de Hertford, cachèrent au public le décès du roi, et tandis que Hertford mettait en sûreté à Enfield la personne de l'héritier du trône, le parlement continuait à prononcer comme d'ordinaire sur les affaires de l'état. Le 31 janvier 1547, le chancelier annonça aux deux chambres la mort de Henri VIII, donna lecture de son testament, et prononça la dissolution du parlement. Édouard VI fut proclamé roi d'Angleterre, de France et d'Irlande, défenseur de la foi, et chef suprême de l'église anglaise. Le droit de nommer le conseil de régence et les grands officiers de l'état, pendant la minorité du souverain, avait été jusqu'alors réclamé et exercé par la chambre des lords; mais, par le statut de la vingt-huitième année de son règne, Henri VIII avait été autorisé à pourvoir à l'administration du pouvoir durant la minorité de son successeur, soit par lettres patentes, soit par un testament signé de sa propre main, et il avait en conséquence désigné par ses dispositions testamentaires dix-huit personnes qui devaient composer le conseil privé et exercer la puissance souveraine durant la minorité du jeune Édouard, à peine âgé de dix ans. C'étaient, pour la plupart, des hommes nouveaux tout récemment élevés aux honneurs par le feu roi; l'archevêque de Cantorbéry, Cranmer, était le président du conseil. Henri VIII avait également créé un second conseil de douze personnes, mais sans autorité immédiate, et n'ayant à donner d'avis que lorsqu'il en serait requis.

A peine les exécuteurs testamentaires se furent-ils réunis, et eurent-ils fait le serment de maintenir les volontés du feu roi, qu'ils les violèrent en nommant le comte de Hertford protecteur du royaume, et gardien de la personne du roi. Hertford ne leur parut pas à redouter; on connaissait la médiocrité de ses talents, et il ne pouvait aspirer à la couronne, puisqu'il n'était parent du roi que dans la ligne utérine : sa nomination devait d'ailleurs être accueillie avec joie par le peuple, partisan des doctrines nouvelles.

Quelques jours avant sa mort, Henri VIII avait témoigné le désir de récompenser quelques-uns de ses serviteurs par des titres ou par des donations. Les exécuteurs testamentaires se regardèrent comme spécialement chargés de remplir cette volonté qui devait leur être fort avantageuse; en conséquence, ils appelèrent devant le conseil leurs propres collègues, Paget, secrétaire du feu roi, Herbert et Denny, ses gentilshommes ordinaires, qui étaient constamment restés près de Henri jusqu'à ce qu'il eût rendu le dernier soupir, et qui devaient avoir entendu toutes ses paroles. Ceux-ci déclarèrent que le roi avait eu l'intention de donner un duché à Hertford, avec un domaine territorial de huit cents livres sterling de revenu, trois cents livres de pension sur un évêché, et les rentes annuelles d'une trésorerie, d'un doyenné et de six prébendes à prendre en diverses cathédrales; un marquisat au comte d'Essex, frère de la reine; des comtés au vicomte Lisle et à lord Wriothesley; des baronnies à sir Thomas Seymour, frère du protecteur, et à d'autres gentilshommes, avec des pensions suffisantes pour tenir honorablement leur nouveau rang; et à eux-mêmes des revenus de quatre cents livres sterling. Tel fut le second acte du conseil. Hertford fut créé duc de Somerset; Essex, marquis de Northampton; Lisle, comte de Warwick; Wriothesley, comte de Southampton, et les autres furent institués barons sous leurs propres noms. Deux d'entre eux eurent seuls assez de pudeur pour refuser les honneurs et les revenus qu'on leur offrait; sir Thomas Seymour, plus avide, témoigna son mécontentement du peu que l'on faisait pour lui. On l'apaisa en lui donnant la charge de grand-amiral, que Warwick lui céda en échange de celle de grand-chambellan abandonnée par Somerset pour les dignités de lord grand-trésorier et de comte-maréchal. Lorsque ces hauts personnages se furent ainsi récompensés des services de l'avenir, ils s'occupèrent de terminer les obsèques du feu roi.

Henri VIII fut inhumé dans la chapelle de Windsor, au milieu du chœur, près du corps de Jeanne Seymour, sa troisième femme, mère d'Édouard VI, et le couronnement du jeune roi se fit quelques jours après. On s'écarta beaucoup en cette occasion des formalités qui, depuis les Saxons, avaient constamment été employées au couronnement des rois, et qui avaient pour but d'enseigner au nouveau souverain que le choix libre du peuple lui donnait seul le trône. Dans les anciens usages, l'archevêque de Cantorbéry recevait d'abord du prince le serment de protéger les libertés du royaume et demandait ensuite au peuple s'il voulait l'accepter pour son souverain et lui obéir comme à son seigneur lige; au couronnement d'Édouard, l'archevêque ne parla que du droit de sa naissance, qui lui donnait le sceptre, et de l'obligation où se trouvait le peuple de se soumettre en tout à sa volonté, comme représentant de Dieu et vicaire du Christ; et ce ne fut que

CHAPELLE DE SAINT-GEORGE, A WINDSOR.

lorsque tous les assistants eurent juré au nouveau souverain fidélité et allégeance, qu'Édouard prêta le serment de respecter et protéger les libertés du royaume; encore Cranmer ajouta-t-il que les promesses que le roi venait de faire n'affectaient en rien son droit au trône, et que ni l'évêque de Rome ni aucun autre évêque ne pouvait lui imposer des conditions à son couronnement, ni prétendre à le dépouiller de sa couronne sous prétexte qu'il aurait enfreint ses serments. Pour terminer la cérémonie, on plaça sur la tête du jeune monarque trois couronnes, celles d'Angleterre, de France et d'Irlande, et les lords et les prélats lui rendirent l'hommage accoutumé

Édouard VI, d'après le portrait conservé au palais de Kensington.

Les membres du conseil n'agirent pas longtemps avec l'ensemble et l'union qui leur eussent été nécessaires. Somerset, se souvenant que le comte de Southampton, Wriothesley, lord chancelier, avait fortement blâmé son élévation à la dignité de protecteur, saisit la première occasion pour le renverser. Dans l'intention de se consacrer entièrement aux délibérations du conseil, le comte avait créé une commission de quatre juristes, qu'il chargeait d'entendre les causes en son absence, et d'apposer le grand sceau à des arrêts qu'il rendait siens ensuite par sa simple signature. Les défenseurs des parties condamnées se plaignirent, et le conseil décida que Southampton, coupable d'offense envers le roi, perdrait sa charge, serait emprisonné, et paierait une forte amende. Le chancelier se défendit en vain ; il ne put lutter contre une majorité gagnée, résigna les sceaux, et fut constitué prisonnier dans sa propre maison, jusqu'à ce que l'on eût réglé le taux de l'amende qu'il avait encourue. La disgrâce du chancelier, son éloignement du conseil, n'étaient pas les seuls avantages que Somerset recherchât dans cette affaire. Dès qu'il se vit délivré d'un opposant, et que les sceaux se trouvèrent en sa puissance, il fit signer par le roi des lettres-patentes qu'il revêtit du grand sceau de l'état, et par lesquelles il s'attribua toute l'autorité royale, confirma sa propre nomination, supprima les deux conseils et en créa un autre sans l'avis duquel il se réservait cependant le droit de prononcer et d'agir. Ainsi croula tout le système de gouvernement établi par Henri VIII.

La mort de ce prince n'avait rien changé dans les relations des puissances étrangères avec l'Angleterre, et François Ier témoigna même le désir de renouveler les dernières alliances ; mais il mourut quelques mois après Henri VIII, laissant la couronne à son fils Henri II. Ce prince, gouverné par le duc de Guise et le cardinal de Lorraine, prit un vif intérêt au sort de la jeune reine d'Écosse, leur nièce, et, en ratifiant les traités qui liaient les couronnes de France et d'Angleterre, il refusa de s'engager par aucune stipulation qui pût nuire à la cause de Marie. Ses méfiances contre les intentions du protecteur n'étaient du reste pas sans fondement.

Lorsque le dernier roi avait essayé de faire prévaloir en Écosse ses doctrines religieuses, il avait rencontré un énergique adversaire dans le cardinal Beaton, archevêque de Saint-André, et chef du parti français et catholique en Écosse. Cependant la cause de la réforme avait déjà gagné dans ce pays des partisans d'autant plus fanatiques qu'ils étaient persécutés. Un d'eux, Georges Wishart, d'une famille noble, et réformateur des plus zélés, s'entendit avec sir William Kirkaldy, lord Rothes et quelques autres, pour s'emparer du cardinal, et le livrer au roi d'Angleterre, ou même le tuer, s'il leur opposait de la résistance ; mais loin de réussir dans son entreprise, Wishart tomba lui-même dans les mains du cardinal, qui le fit juger comme séditieux et comme hérétique, et condamner à cet horrible supplice qui consistait à subir d'abord les douleurs du gibet, et à être ensuite brûlé à petit feu. Wishart accepta son sort avec un grand courage, et prédit au cardinal sa mort prochaine. En effet, peu de temps après, ses disciples, en grand nombre, se réunirent aux partisans de l'Angleterre, pénétrèrent dans le château du prélat, le tuèrent, et suspendirent son cadavre à l'un des balcons. Le château était bien fortifié, il avait été nouvellement approvisionné, et, soutenus par cent quarante sectaires que leur amena Knox, le réformateur écossais, les assassins résolurent de s'y défendre, en invoquant la puissante protection du roi d'Angleterre. Henri VIII leur envoya des hommes et de l'argent. Après sa mort, ils conclurent avec le protecteur deux traités par lesquels ils s'engageaient à décider le mariage de la jeune reine avec Édouard VI, en facilitant l'entrée en Écosse d'une armée anglaise qui s'emparerait de la princesse. Le comte d'Arran, gouverneur, eut connaissance de cette odieuse trahison; il leva des troupes, demanda des secours à Henri II, qui confirma l'alliance qui unissait anciennement les deux royaumes et envoya en Écosse des soldats et une nombreuse artillerie. Les Français assiégèrent le château de Saint-André, s'en emparèrent, et le rasèrent de fond en comble. (Juillet 1547.)

Alors le protecteur rassembla une armée de vingt mille hommes, traversa la

Costumes militaires du temps d'Édouard VI.

Tweed, et marcha sur Édimbourg, tandis que la flotte anglaise, commandée par lord Clinton, s'avançait par mer pour le soutenir. Arran fit allumer la croix de feu; elle courut de colline en colline, de clan en clan, et, comme aux temps anciens, toute la nation prit les armes. Le gouverneur choisit trente mille hommes d'élite, et se mit en disposition de résister aux envahisseurs. Une rencontre de cavalerie eut lieu à Falside; on y perdit beaucoup de monde des deux côtés, mais sans aucun résultat. Le lendemain, les Écossais passèrent la rivière d'Eske, tandis que Somerset s'emparait d'une hauteur nommée Pinkencleugh, où il se vit bientôt attaqué. La victoire parut d'abord se décider en faveur des Écossais, qui repoussèrent la cavalerie ennemie commandée par lord Gray; mais, en s'abandonnant à la poursuite des fuyards, ils se trouvèrent exposés au feu de l'artillerie des vaisseaux, qui les ébranla et les rompit. La déroute devint générale, et huit mille Écossais restèrent sur le champ de bataille (septembre 1547). Mais bientôt l'armée victorieuse, harcelée sans cesse par un corps de cavalerie sous les ordres du comte d'Arran, se trouva elle-même en retraite forcée, et au bout de seize jours le protecteur était de retour dans la ville de Londres.

Partisan de la réforme luthérienne, Somerset résolut d'opérer des changements radicaux dans la croyance établie par Henri VIII; et par l'éducation qu'il faisait donner au jeune roi, il tendit à lui inculquer de nouvelles opinions, et à lui persuader que tout le culte attaqué déjà par son père n'était qu'une criminelle idolâtrie. Mais il était urgent d'éloigner du conseil les prélats qui n'eussent pas été de cet avis: pour y parvenir sans bruit et sans contrainte, l'archevêque de Cantorbéry déclara que son autorité ecclésiastique avait pris fin avec la vie du feu roi, puisqu'elle émanait de sa souveraine volonté, et sollicita une nouvelle investiture de la part du jeune monarque; tous les prélats partisans de ses doctrines se hâtèrent d'imiter son exemple, les autres furent renvoyés dans leurs diocèses. En même temps, on divisa le royaume en dix portions ou arrondissements, et une commission de visiteurs, moitié prêtres, moitié laïques, fut appointée pour les parcourir successivement. A son arrivée, tout exercice d'autorité spirituelle se trouvait suspendu; les évêques, le clergé, un certain nombre des principaux propriétaires comparaissaient devant elle, répondaient sous serment à ses questions, et en recevaient des instructions, des pouvoirs et des livres d'homélies qui, lues chaque dimanche dans les églises, devaient préparer les esprits à la révolution qu'on désirait et les accoutumer aux innovations qu'on se proposait d'introduire dans le culte. Gardiner, évêque de Winchester, l'un des plus énergiques adversaires de ces nouveautés, n'attendit pas la visite pour combattre, avec toute la puissance de son talent, des doctrines qu'il jugeait erronées. Il en écrivit au protecteur, en lui disant que le roi était trop jeune pour comprendre de tels points de controverse, et à Cranmer, en le défiant de prouver la vérité de certaines assertions. On lui répliqua par une injonction d'obéir aux volontés royales; et afin qu'il ne s'opposât pas à la visite dans son diocèse, on l'envoya en prison où on le tint au secret.

Le parlement était assemblé à cette époque (1548); il accorda au jeune roi et pour sa vie, un subside annuel sur l'importation et l'exportation des marchandises; mais il eut soin de stipuler qu'aucun autre roi ne pourrait, par la suite, le percevoir sans un nouvel acte de la législature. Il remit à la disposition de la couronne les chantreries, les colléges, les chapelles qui avaient échappé au recensement fait sous Henri VIII, ainsi que les fondations destinées aux frais des obits, anniversaires et luminaires, sous condition de doter des écoles publiques et d'augmenter le salaire des pauvres curés. Mais en même temps, tous les cas de félonie et de trahison inventés pour la perte des innocents, depuis Édouard III jusqu'à Henri VIII, furent rayés du livre des statuts; on déclara que désormais il faudrait au moins deux témoins pour admettre l'accusation de trahison; le privilége de clergie fut rétabli; les lois rigoureuses contre les lollards annulées; le statut des six articles rapporté, et il fut permis à tous de lire les Écritures, d'imprimer en langue anglaise et de vendre les livres publiés par Luther, Melanchton, Érasme et autres. Enfin, on soumit à l'examen de la convocation du clergé les deux grandes questions de la légitimité du mariage des prêtres et de la communion sous les deux espèces. La réponse à la première fut renvoyée à la session suivante; mais, relativement à la seconde, un bill ordonna qu'à l'avenir le sacrement de l'eucharistie serait administré à tous les chrétiens sous les espèces du pain et du vin. A de si grandes innovations et si promptement adoptées, on ajouta la déclaration que, toute juridiction spirituelle et temporelle provenant du roi, le droit d'élire ou de présenter les évêques appartiendrait désormais à la couronne, et non aux doyens et chapitres, et que les causes poursuivies devant les cours ecclésiastiques le seraient au nom du monarque, et non pas au nom des prélats. Le parlement termina ses travaux en adoptant un statut plus que sévère pour la répression de la mendicité : quiconque vivait trois jours sans travailler était classé parmi les vagabonds; on lui imprimait sur la poitrine la lettre V avec un fer rouge, et on l'astreignait à servir son dénonciateur, comme esclave, durant deux années. Ce nouveau maître ne lui devait que du pain et de l'eau, et pouvait lui passer une chaîne autour du cou, au bras ou à la jambe. Si le condamné s'absentait quelques jours, on le marquait d'un S au front ou à la joue, et il devenait esclave pour la vie. Une troisième récidive lui valait la peine de mort par le supplice fixé pour la félonie. La session fut close par une amnistie générale dans laquelle fut compris Gardiner. Mais l'évêque de Winchester avait conservé son caractère et ses principes, et lorsqu'il lui fut ordonné de prêcher devant Édouard à la croix de Saint-Paul, il défendit la doctrine catholique, en ce qui concerne la messe et l'eucharistie, avec un courage qui lui valut d'être dès le lendemain replongé en prison.

A la session suivante, le parlement adopta une liturgie anglaise, composée par Cranmer « à l'aide du Saint-Esprit. » Les prières communes, l'administration des sacrements, tous les rites et cérémonies qui devaient désormais être en usage en Angleterre, s'y trouvaient compris, et la pénalité établie dans le bill menaça les ecclésiastiques qui officieraient sous d'autres formes, de six mois d'emprisonnement et de la perte d'une année de revenu pour la première fois; d'un an de prison et de la confiscation complète des bénéfices pour la seconde, et du cachot pour la vie à la troisième. La même année (1549) vit informer au parlement la doctrine de la continence ecclésiastique : en déclarant qu'il serait à désirer qu'une évangélique chasteté laissât les prêtres tout entiers à l'exercice de leurs fonctions, on statua qu'à l'avenir ils pouvaient faire usage du mariage, et que les hymens déjà contractés seraient considérés comme valides. Ce fut ainsi que Cranmer parvint enfin à légitimer les enfants que lui avait donnés la femme qu'il avait épousée.

L'élévation rapide de Somerset, son arrogance, l'inhabileté avec laquelle il gouvernait le royaume, lui avaient attiré de nombreux ennemis; cependant aucun d'eux n'osait encore se prononcer, et ce fut dans sa propre famille que le protecteur rencontra un adversaire déclaré. Lord Thomas Seymour, grand amiral, était dans une position qui lui paraissait secondaire auprès du haut rang où son frère était si rapidement monté : son mariage avec Catherine Parr, de laquelle il s'était fait aimer avant que Henri VIII l'eût choisie pour femme, et qu'il épousa dès que ce prince eut été déposé dans la tombe, fut un premier pas vers l'agrandissement de sa fortune, et dès lors il ne négligea rien pour capter les bonnes grâces du jeune roi. Il parvint à se faire introduire souvent auprès d'Édouard, lui donna de l'argent, flatta ses désirs, le plaignit de la sévérité avec laquelle le protecteur le traitait, et enfin lui inspira la résolution d'écrire au conseil pour demander que la charge de gardien de sa personne lui fût confiée. Somerset découvrit ce complot, et, dans sa colère, voulut d'abord faire juger son frère comme traître; mais on parvint à réconcilier les deux rivaux, et Seymour y gagna une pension nouvelle de huit cents livres sterling. Cependant Catherine Parr mourut en couches, et son époux aspira aussitôt à la main de la princesse Élisabeth, alors âgée de seize ans. Il en fut reçu avec faveur, et la jeune princesse se conduisit à son égard avec tant de légèreté que le bruit de sa grossesse devint public. Elle en vint à songer à un hymen clandestin; mais un mariage de cette nature l'eût privée, selon le testament de Henri VIII, de tout droit à la couronne, et Seymour s'occupa des moyens d'arracher le consentement du conseil en s'appuyant sur la faveur et la confiance de la noblesse et du peuple. Pour parvenir à ce résultat, il se mit dès lors à blâmer hautement l'administration de son frère, recherchant et caressant les mécontents, se faisant des créatures, dans le peuple en lui parlant de ses libertés, et chez les grands par de riches présents et des promesses.

Somerset résolut à la fin de se délivrer d'un si dangereux adversaire. Les malversations du directeur de la monnaie de Bristol, Sharington, lui en fournirent les moyens. Sharington était accusé d'avoir gagné des sommes prodigieuses, en falsifiant le titre des espèces. On découvrit par ses registres qu'il devait trois mille livres sterling à Seymour, et quand on l'interrogea sur les motifs qui avaient engagé l'amiral à lui prêter tant d'argent, il répondit que Seymour l'avait chargé de frapper de la monnaie, afin de solder dix mille hommes qu'il comptait rassembler pour s'emparer de la personne du roi, et renverser le gouvernement actuel. Seymour fut arrêté à l'instant; après de courts débats à la chambre des lords et à celle des communes, un bill de conviction fut lancé contre lui, et Somerset signa l'ordre de son exécution. Seymour protesta en vain de son innocence jusque sur l'échafaud; Somerset fut inexorable, et la tête de son frère tomba sous la hache du bourreau (20 mars 1549). Le peuple resta convaincu de l'innocence de Seymour et pensa généralement que Sharington avait été suborné d'avance pour le calomnier et le perdre par ses dépositions, et on ne douta plus de la réalité de ces soupçons lorsque l'on vit que Sharington, en récompense de sa délation, avait été rendu à son emploi et remis en possession de sa fortune.

Les hostilités journalières entre l'Angleterre et l'Écosse avaient cessé, mais les deux nations n'étaient pas réconciliées. Le peuple écossais en masse montrait une extrême répugnance pour le mariage de la jeune reine Marie avec Édouard, mariage qui en réunissant par la suite, sur une même tête, les couronnes d'Angleterre et d'Écosse, aurait eu pour effet de réduire ce dernier royaume à l'état de province anglaise; d'ailleurs il trouvait étrange qu'on lui eût déclaré la guerre pour cimenter une alliance de famille, et que l'on sollicitât l'affection d'une femme par le ravage et le meurtre. Les lords réunis à Stirling résolurent alors de s'adresser à la France, d'offrir la main de Marie Stuart au jeune dauphin, et d'envoyer la princesse à la cour de Henri II pour y achever son éducation. Somerset, instruit de ces dispositions, chargea lord Gray de Wilton de les changer, à l'aide d'une puissante armée qui d'abord prit et brûla Dalkeith et mit une forte garnison dans le château de Haddington; mais une escadre française, sous les ordres de Villegaignon, amena aux Écossais un secours de cinq mille hommes, et força les Anglais à se retirer, tandis qu'un ambassadeur traitait avec les états d'Écosse, en recevait la jeune reine, la conduisait en France, et l'amenait à Saint-Germain-en-Laye, où elle fut fiancée au Dauphin. La forteresse de Haddington, assiégée par les Français, ne pouvait se maintenir; elle se rendit, ainsi que Fast-Castle et Home-Castle; et les Écossais, après quelques actions sanglantes, parvinrent à libérer entièrement leur territoire. (1549.)

Ruines du château de Fas', en Écosse.

A l'intérieur, l'Angleterre n'était pas plus heureuse. La dépréciation des monnaies, la rareté du blé, la disproportion des salaires, la mise en pâturages d'un trop grand nombre de terres, avaient, parmi beaucoup d'autres causes, amené dans le peuple une extrême misère. Des souffrances de la disette au désir des soulèvements il n'y a qu'un pas; le remplacement définitif des cérémonies pompeuses de l'ancienne liturgie par la simplicité des nouveaux offices en devint le prétexte. Plus de musique instrumentale, plus de chants, plus de riches vêtements et de processions imposantes; le peuple crut avoir changé de Dieu comme de culte, et tout à coup il se leva en masse dans quinze comtés à la fois. Sir William Herbert, à la tête de quelques troupes, dispersa les insurgés dans celui de Wilts, et des exemples de justice militaire rétablirent un moment la tranquillité dans les autres; mais ce calme fut de peu de durée. La rébellion gagna de nouveau de proche en proche, et prit une attitude plus dangereuse. Lord Gray, suivi de troupes d'aventuriers que le gouvernement avait tirées d'Italie, combattit les insurgés dans les comtés d'Oxford et de Buckingham, et fit pendre tous ceux dont il put s'emparer, mais cette rigueur fut le signal d'un mouvement presque général dans le Devonshire; plusieurs gentilshommes s'y associèrent, et sir Humphrey Arundel, gouverneur du mont Saint-Michel, se mit à leur tête : il compta bientôt dix mille hommes sous sa bannière. Lord Russel, garde du sceau privé, marcha contre lui avec un petit corps de troupes et en se faisant accompagner de prédicateurs chargés d'éclairer la conscience des révoltés. Cependant, comme l'éloquence de ses auxilliaires avait peu de succès, et qu'il se sentait trop faible pour livrer combat, Russel essaya la voie de la négociation. Les insurgés demandèrent l'exécution du statut des six articles, l'entrée du cardinal Pole au conseil, le rétablissement de la messe avec les anciennes cérémonies, la restitution de l'eau bénite et du pain bénit, et la restauration de deux abbayes par comté. Cranmer, à qui l'on fit part de ces demandes, y répondit, au nom du roi, avec l'expression du dédain, et les rebelles marchèrent sur Exeter. La ville se défendit courageusement, mais éprouva durant plus d'un mois toutes les horreurs de la famine, car le gouvernement, au lieu de défenseurs et de subsistances, lui envoyait des proclamations. Enfin lord Gray parut avec de la cavalerie allemande et des arquebusiers italiens; il combattit trois fois les insurgés, les battit trois fois, prit Arundel et presque tous ses officiers, et les fit exécuter sans forme de procès.

Dans le Norfolkshire, ce fut un nommé Ket, tanneur de profession, mais seigneur de trois manoirs, qui se déclara le chef du mouvement. Il eut bientôt vingt mille hommes sous ses ordres, et se fit ériger une espèce de trône au sommet de la colline de Moushold, non loin de Norwich, sous un chêne qu'il nomma le chêne de la Réformation, et où il établit des cours à l'instar de celles de l'échiquier, du banc du roi et des plaids communs. Il répondit aux proclamations de Cranmer par d'autres proclamations où il peignait les maux du peuple et déclarait ne s'être armé que pour en obtenir le redressement, vainquit le marquis de Northampton, et s'empara de Norwich qu'il livra aux flammes. Le comte de Warwick marcha contre lui, et le surprit enfin à Dussingdale. Ket combattit avec acharnement, mais forcé de céder au nombre, il fut fait prisonnier, et pendu à Norwich. Neuf de ses compagnons le furent également aux branches de l'arbre de la Réformation; une amnistie vint permettre à tous ceux qui n'avaient pas péri de rentrer dans leurs foyers. (1549.)

Les armes anglaises n'étaient pas aussi heureuses sur le continent : Henri II avait profité de ces insurrections successives pour déclarer la guerre, et pénétrer dans le Boulonais. Baguenesse, Ambleteuse, Montalembert, Sellaques, se rendirent ou furent pris d'assaut, et les Français mirent le siége devant Boulogne. Ces événements ébranlèrent la puissance du protecteur; on les attribuait à son imprévoyance, et il se forma un parti pour le renverser. Ébloui de son élévation, et loin de songer à se créer des amis, Somerset ne se distinguait que par son orgueil et sa présomption; il repoussait avec dédain tous les avis, et se plaisait à froisser les membres du conseil par la hauteur de ses manières et l'arrogance de ses décisions. Son immense fortune et l'usage qu'il en faisait attirèrent les clameurs publiques, et on lui reprocha vivement l'érection d'un palais magnifique pour la construction duquel il avait fait abattre plusieurs églises et chapelles, et même l'église paroissiale de

Old Somerset House (Ancien palais Somerset).

Sainte-Marie et trois demeures épiscopales, celles des évêques de Worcester, de Landaf et de Lichfield. La démolition de plusieurs chapelles et maisons religieuses lui avait fourni une partie de ses matériaux; mais lorsque ses agents voulurent faire détruire l'église de Sainte-Marguerite, les paroissiens s'y portèrent en tumulte, et chassèrent les ouvriers en chargeant de malédictions celui qui les avait envoyés.

Somerset effrayé de cette disposition des esprits, emmena le roi à Hampton-court, et sous prétexte de veiller à la sûreté de la personne royale, il ordonna aux habitants de Londres et aux lords des cantons voisins d'envoyer des hommes armés pour former la garde du monarque; mais les adversaires de Somerset, à la tête desquels on remarquait le comte de Warwick, lord Saint-John, les comtes de Southampton et d'Arundel et plusieurs autres conseillers d'état, défendirent par des circulaires d'obéir à ses commandements. Le protecteur courut se renfermer avec le roi dans le château de Windsor; mais il ne prit aucune autre mesure, et tous les autres conseillers allèrent rejoindre le comité d'Ely-Place. Il leur écrivit pour s'informer de leurs intentions : c'était leur reconnaître une autorité; aussi les lords s'apercevant que le courage l'abandonnait, exigèrent qu'il résignât à l'instant ses fonctions de protecteur. Somerset offrit de soumettre la discussion à l'arbitrage de quatre personnes; mais il était trop tard;.Warwick et ses amis insistèrent pour une soumission entière et sans conditions; et publièrent en même temps une proclamation dans laquelle ils l'accusèrent de malversation et de haute trahison. Le protecteur, abattu et sans défense, fut forcé de recevoir ses ennemis à Windsor, vit emprisonner ses gens et ses plus fidèles amis, et fut lui-même conduit à la Tour.

Cette révolution, en relevant les espérances des catholiques, effraya les réformateurs; mais le comte de Warwick montra de la prudence, laissa pleine liberté au parlement, et par plusieurs actes favorables au système des évangélistes, leur rendit la sécurité. Les esprits se trouvèrent dès lors préparés à voir juger et peut-être condamner Somerset, sans cependant concevoir de craintes pour la prospérité de la réformation.

L'accusation portée devant les chambres reprocha au protecteur la chute des forteresses du Boulonnais causée par sa négligence et le défaut de paiement des troupes, son avidité et sa prodigalité personnelles, sa haine pour la noblesse dont il préparait la destruction ou l'abaissement, et enfin la criminelle pensée de se substituer sur le trône à la personne du roi. On lui fit entendre qu'il n'échapperait à la mort que par une confession complète, et il consentit à implorer sa grâce à genoux, en s'accusant lui-même de négligence, de présomption, d'incapacité, de fourberie, de rapacité. Aucune humiliation ne lui fut épargnée, et quand ses ennemis se furent suffisamment rassasiés du spectacle de sa honte, ils lui firent don de la vie, en lui enlevant toutes ses charges, ses biens meubles et personnels, et une partie de ses terres. Warwick devint grand amiral et grand maître; le marquis de Northampton, grand chambellan; les lords Russel et Saint-John, l'un, garde du sceau privé, et l'autre, lord trésorier, avec les titres de comtes de Bedford et de Wiltshire.

Afin de se rendre le peuple favorable, le nouveau chef du conseil prit la résolution de faire la paix avec la France, et, après d'assez longues négociations, on signa de part et d'autre un traité peu favorable à l'Angleterre dans lequel intervint l'Écosse (1550). Boulogne fut rendu à la France, et la somme de deux millions de couronnes que François Ier avait promise à Henri VIII pour le rachat de cette ville, fut réduite à quatre cent mille. Les Anglais restituèrent à l'Écosse les forteresses de Dunglass et de Lauder, et s'engagèrent à raser les fortifications de Roxburgh et d'Aymouth. La paix se trouva ainsi conclue entre les trois nations.

Cependant une grande partie du clergé désapprouvait les innovations consenties par d'ambitieux prélats, et parmi les opposants se trouvait l'évêque de Londres, Bonner. Le conseil lui intima l'ordre de se conformer soigneusement à la liturgie anglaise et de prêcher, tous les trois mois, à Saint-Paul, des sermons dont on lui donna le texte et la division. Une foule immense se rassembla pour entendre le premier sermon où Bonner devait démontrer : 1° que les rebelles de Devon, de Cornouailles et de Norfolk, non-seulement méritaient la mort comme traîtres, mais qu'ils avaient encouru la peine de brûler éternellement auprès de Lucifer, le père et le premier auteur de toute rébellion; 2° que Dieu, dans la religion, ne s'occupe que de la disposition intime du cœur ; que le soin de régler les cérémonies extérieures n'appartient qu'au magistrat suprême ; que lui désobéir c'est désobéir au commandement de Dieu, et que, par conséquent, assister à la messe défendue par l'autorité royale, ce n'est pas plaire au Très-Haut, mais l'offenser. Soit par oubli, soit à dessein, Bonner omit son premier point qui devait démontrer que les rebelles de Devonshire, de Cornouailles et de Norfolk, étaient éternellement damnés. Dès le lendemain, il fut déposé et emprisonné, et Ridley, l'un de ses juges, lui succéda au siége épiscopal de Londres.

On espérait que la déposition de Bonner intimiderait Gardiner, qui depuis deux ans était en prison, et on l'engagea d'abord à solliciter son pardon et à signer une formule de soumission ; mais il s'y refusa nettement, disant qu'il voulait un jugement légal et non pas une faveur. On lui donna trois mois pour se décider ; après ce délai, ramené en présence de Cranmer, il s'exprima sur la liberté de conscience et dévoila les complots formés contre lui par ses persécuteurs avec tant d'éloquence et de vérité, que le primat, qui craignit de fâcheuses révélations, lui retira la parole, le déclara déchu de son évêché, et le fit renfermer à la Tour.

Deux autres évêques, ceux de Worcester et de Chichester, furent alors accusés de n'être pas parfaitement orthodoxes. On les jugea comme on avait fait de Bonner et de Gardiner, et tous deux, privés de leurs évêchés, gardèrent prison jusqu'à ce que, sous un autre règne, d'autres opinions prévalussent. Mais il existait une personne opposante qui, par sa position, valait à elle seule presque tout le corps des réformés ; c'était la princesse Marie, fille de Catherine d'Aragon et de Henri VIII, l'héritière du trône advenant la mort d'Édouard. Elle avait conservé dans sa chapelle l'usage de faire dire la messe selon le rite catholique. Le conseil lui fit signifier les statuts, et la pria de se laisser instruire convenablement. Elle répondit qu'il n'était pas dans son intention de lire des livres protestants, qu'elle priait Dieu d'éloigner d'elle ce calice, et en même temps elle sollicita l'intervention de l'empereur son cousin ; mais le jeune roi, qui avançait en âge et était déjà convaincu de son infaillibilité en matières religieuses, déclara que sa tendresse pour sa sœur et son devoir envers Dieu ne lui permettaient pas de tolérer un tel désordre ; en conséquence, il la força d'écouter des docteurs de son propre choix, et finit par la tenir dans une captivité absolue, sous prétexte de ne laisser approcher d'elle aucune âme gangrenée.

Mais à toutes ces violences Marie répondit par le refus constant d'embrasser la doctrine nouvelle. « Je porterai ma tête sur l'échafaud, dit-elle, et je subirai la « mort plutôt que de faire usage d'un rituel différent de celui qui fut employé au « décès du feu roi mon père. Quand le roi aura assez d'années pour juger lui-même « de ces sortes de choses, il me trouvera prête à obéir à ses ordres sur la religion. « Mais maintenant, quoique ce prince surpasse en connaissances tous ceux de son « âge, il est impossible qu'il puisse juger de ces choses. Si mes chapelains ne « peuvent plus dire la messe, je n'en entendrai pas ; mais le nouveau service ne « sera jamais accompli dans ma maison, ou je cesserai d'y demeurer. »

A cette énergique déclaration vinrent se joindre les menaces de l'empereur, et le conseil, craignant une rupture avec l'Espagne, ferma les yeux sur la conduite de

Marie, et réserva pour les dissidents moins puissants les condamnations et les supplices. Un grand nombre d'entre eux furent envoyés au bûcher. (1550-1551.)

Pendant ce temps, Warwick et Somerset avaient recommencé leurs querelles. Le duc était rentré au conseil privé; Édouard, son neveu, l'avait nommé l'un des lords de sa chambre, lui avait restitué ses propriétés, et, comme gage de réconciliation entre les deux ennemis, une des filles de Somerset avait été mariée à lord Lisle, fils aîné du comte de Warwick; mais Somerset aspirait à redevenir protecteur, et, pour recouvrer son ancienne influence, il alla jusqu'à engager Édouard à épouser Jeanne Seymour, sa troisième fille. Le conseil, informé de cette intrigue, la rompit en sollicitant pour le roi la main d'Élisabeth, fille de Henri II. Ce fut le comte de Northampton que l'on chargea de cette mission. L'ambassade se composa des plus grands seigneurs d'Angleterre, et entre autres des fils aînés de Somerset et de Warwick. Les négociateurs réussirent dans leur demande, et le mariage fut décidé au milieu des fêtes qu'on leur donna en France.

Cependant Somerset ne perdait pas de vue le but où tendait son ambition, et il avait rassemblé et entretenait chez lui un corps choisi d'hommes armés, dans l'intention de saisir quelque occasion de soulever la cité et de se défaire de son rival; mais Warwick, instruit des entreprises qu'il méditait, prenait ses précautions pour les faire avorter; il se fit donner le titre de duc de Northumberland éteint par la proscription des Percy, et le gouvernement des marches d'Écosse, ce qui lui permettait d'avoir des troupes constamment à ses ordres; puis afin d'accroître le dévouement de ses amis, il obtint du roi le titre de duc de Suffolk pour le marquis de Dorset, de marquis de Winchester pour le comte de Wiltshire, de baron de Cardiff et comte de Pembroke pour sir William Herbert, et il fit créer chevaliers Sidney, Cecil, Check et Nevil. Alors il résolut d'achever la perte de son antagoniste et prépara contre lui un acte d'accusation. Somerset en eut avis; il pouvait encore agir, et l'on ne sait qui l'eût emporté dans la lutte; mais son indécision ordinaire ne le lui permit pas : il perdit tout un jour et une nuit en consultations et en démarches inutiles, et, comme le lendemain il se rendait à Westminster, accompagné de lord Gray, l'un de ses amis, il fut arrêté avec lui. On s'emparait en même temps et on conduisait à la Tour plusieurs autres de ses partisans.

Warwick était décidé, cette fois, à en finir avec son rival. Pour détourner l'attention du jeune roi, on engagea la reine douairière d'Écosse, qui de France retournait à Édimbourg, à traverser l'Angleterre et à venir à Londres. Les fêtes, les cérémonies, les banquets, les plaisirs de toutes sortes se succédèrent, et, pendant ce temps, le procès de Somerset commença.

L'acte d'accusation portait que le duc avait conspiré la déposition du roi et la mort de Warwick; un de ses amis, lord Gray, devait lever des troupes dans le nord, pendant qu'un autre, lord Paget, inviterait Northumberland et ses principaux partisans à un dîner dans sa maison de campagne; posté sur leur route avec cent hommes de cavalerie, Somerset devait les arrêter et les tuer s'ils se défendaient, puis soulever la cité et se rendre maître du roi.

Le duc se défendit avec succès sur la réunion des troupes et le repas projeté chez Paget; mais il avoua qu'il avait eu l'intention d'assassiner les lords; toutefois ce n'était qu'une pensée qu'il avait aussitôt repoussée que conçue. Acquitté sur le chef de trahison, il fut déclaré coupable du projet de s'emparer de la personne du comte de Warwick et de l'emprisonner, délit assimilé à celui de félonie par un statut d'Édouard V, et condamné à avoir la tête tranchée.

Le souvenir de Seymour vint accabler Somerset dans son cachot; il s'était montré inexorable pour un frère, Warwick serait-il plus humain pour un homme qui n'avait aucun droit à réclamer son indulgence ? Il ne pouvait l'espérer; en effet on interdit à ses amis tout accès auprès du trône, et le roi n'hésita pas à signer l'ordre de son exécution. Après les six semaines qui lui avaient été accordées pour se préparer à la mort, il fut conduit à l'échafaud dressé à Tower-Hill. Pendant qu'il prononçait un discours adressé au peuple, il se fit un grand mouvement dans la foule; des officiers s'avancèrent pour rétablir l'ordre, et quelques personnes qui crurent qu'ils apportaient la rémission de la peine, se mirent à crier : Grâce! Le malheureux Somerset eut un moment d'espoir; mais il fallut retomber dans l'horrible réalité. Après quelques minutes d'incertitude et d'angoisses, il reprit son discours avec calme, déplora ses fautes et annonça qu'il mourrait dans la foi du Christ. Le bourreau fit alors son office, et l'on vit un grand nombre d'amis de l'infortuné duc venir tremper des mouchoirs dans son sang. Quatre de ses partisans furent exécutés après lui. Paget perdit ses emplois et ses dignités, et paya une amende considérable. Lord Gray fut acquitté (1552).

Le lendemain de l'exécution le parlement s'assembla. Pour la première fois, on adopta des dispositions légales relatives aux pauvres; un bill autorisa les marguilliers à établir et à percevoir des contributions de charité, et l'évêque à procéder contre les paroissiens qui refuseraient de payer leur part de la somme imposée. Il fut aussi enjoint aux évêques de poursuivre les personnes qui ne sanctifieraient pas le dimanche et les fêtes selon le nouveau rite, et les magistrats reçurent ordre de les punir sévèrement. Les chambres adoptèrent ensuite un bill qui assimilait à la trahison toute diffamation contre la personne du roi ou de ses héritiers, lorsque l'injure portait sur l'hérésie, le schisme, la tyrannie, l'usurpation, et qu'elle était exprimée par écrit ou impression, ou traduite par peinture, gravure ou sculpture. Mais en même temps elles décidèrent que désormais nul ne serait cité et condamné pour cause de trahison, sans que les juges eussent auparavant reçu le serment de deux accusateurs loyaux qui, devant le prévenu, renouvelleraient et soutiendraient publiquement leurs accusations.

Un des statuts adoptés par ce parlement obligea tous les diocèses du royaume à adopter la liturgie corrigée. Une traduction française avait été faite pour les habitants des îles de Jersey et de Guernesey et il semble qu'on aurait dû agir de même pour l'Irlande; mais depuis longtemps le gouvernement voulait détruire la langue irlandaise, et l'employer dans les cérémonies religieuses c'eût été en perpétuer l'usage. On enjoignit donc aux Irlandais d'assister au service quoique célébré en anglais; mais bien peu voulurent aller écouter des prières qu'ils ne comprenaient pas, et cette mesure n'eut d'autre effet que de rattacher le peuple avec plus d'ardeur encore à l'ancien culte.

Quoique les deux chambres se fussent montrées toutes disposées à obéir aux injonctions de Northumberland, elles ne lui semblèrent pas encore assez soumises. En conséquence, le parlement fut dissous, et l'on en convoqua un autre pour la formation duquel le roi adressa aux tenanciers de la couronne une circulaire qui leur ordonnait de nommer les personnes éclairées et sages qui leur seraient désignées par les membres du conseil privé. Cet empiétement sur les droits de la nation ne rencontra aucune opposition, et le nouveau parlement se trouva composé des créatures de Northumberland : le duc s'en servit pour obtenir d'énormes subsides, et la dissolution de l'évêché de Durham dont les vastes domaines accrurent sa fortune d'une manière scandaleuse. Sa puissance et ses richesses s'augmentaient tous les jours. A toutes les places qu'il réunissait déjà, il joignit encore l'intendance des manoirs royaux dans les cinq comtés du nord, des propriétés immenses dans les comtés de Somerset, de Worcester et de Warwick, les châteaux de Tinmouth et d'Alnwick dans le Northumberland, celui de Barnard dans le diocèse de Durham, et à Londres le palais de l'évêque Durham, dont il avait dépossédé le sage prélat Tunstall. Mais cette situation si brillante était tout à fait précaire. La santé du roi paraissait chancelante, et le ministre ne pouvait s'attendre à la protection de la princesse Marie, trop attachée à l'église romaine pour ne pas repousser de ses conseils, si comme tout semblait le présager, elle parvenait au trône, les partisans de la nouvelle doctrine. Northumberland le savait et résolut de se créer des soutiens dans les principaux membres de la noblesse en mariant ses enfants aux rejetons des plus puissantes familles. Deux de ses filles furent unies aux fils des comtes de Huntingdon et de Pembroke, pendant que son quatrième fils, Guilford Dudley, en épousant lady Jeanne Gray, petite-fille de Marie, sœur de Henri VIII, s'alliait à la famille royale [1]. Ce mariage fit concevoir à Northumberland le projet de

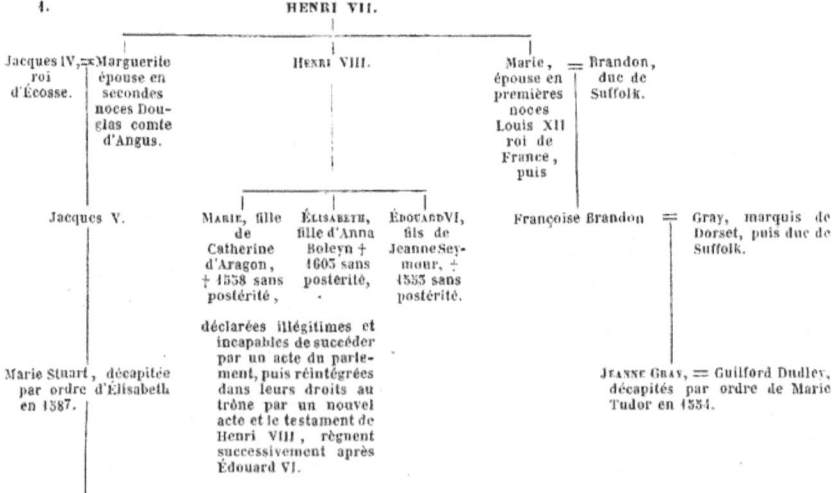

placer, advenant la mort d'Édouard, la couronne sur la tête de son fils à l'exclusion des deux filles de Henri VIII, Marie et Élisabeth. En effet, les arrêts qui déclaraient ces deux princesses illégitimes n'avaient jamais été rapportés; en les faisant revivre, la couronne revenait de droit à l'une des deux sœurs de Henri, à Marguerite, reine d'Écosse, ou à Marie, épouse de Louis XII, roi de France, remariée à Brandon, duc de Suffolk. La première avait été volontairement omise dans le testament de Henri VIII; restait donc le représentant de la seconde, Françoise Brandon, qui n'hésitait pas à céder ses droits à sa fille Jeanne. (Voyez le tableau généalogique.) Mais il fallait obtenir le consentement d'Édouard; Northumberland y parvint en s'adressant aux préjugés religieux du roi et en exaltant le bienfait immense dont il avait doté ses sujets en extirpant l'idolâtrie. Édouard s'était ainsi assuré, disait le duc, dans ce monde une renommée impérissable, et dans l'autre un bonheur sans fin; mais s'il permettait qu'une femme, qui fermait les yeux à la lumière et qui n'omettrait rien pour replonger les âmes dans les ténèbres de l'erreur, montât sur le trône après sa mort, n'aurait-il pas à rendre à Dieu un compte terrible de cette impardonnable faiblesse, lui à qui le Seigneur en le plaçant sur le trône avait remis le soin du salut de ses peuples? Lorsqu'il se fut assuré que ces suggestions avaient produit sur l'esprit d'Édouard l'effet qu'il en attendait, Northumberland se hasarda à développer le plan qu'il avait conçu, et il s'y prit avec tant d'adresse, que le prince fanatisé ne vit plus qu'un devoir à remplir dans une mesure qui sacrifiait les droits de ses deux sœurs. En conséquence, Édouard écrivit lui-même un testament qu'il signa sur toutes les marges, et où il changeait l'ordre de succession à la couronne qui se trouva alors dévolue à Jeanne Gray et à ses héritiers; puis, il manda le président des plaids communs, Sir Édouard Montague, le chancelier des augmentations, l'avocat et le procureur général, et leur déclara qu'il avait sérieusement médité sur les dangers qui menaçaient les lois, les libertés et la religion du pays, si lady Marie héritait de la couronne, et que pour prévenir ces malheurs il s'était déterminé à changer l'ordre de la succession. Alors il leur remit son testament en leur intimant l'ordre de le régulariser d'après toutes les formes voulues et en refusant d'écouter aucune objection.

Montague et ses collègues se présentèrent devant le conseil, et déclarèrent que ce que l'on exigeait d'eux les exposerait à la pénalité de la haute trahison; mais Northumberland leur répondit que leur refus d'obéir en faisait actuellement des traîtres, et leur ordonna de paraître le lendemain devant le roi. Édouard leur parla avec une grande sévérité; en vain objectèrent-ils qu'un statut ne pouvait être changé que par un statut; le roi répondit qu'il saurait faire valider son testament par le prochain parlement, et ils finirent par céder à sa volonté, à la condition qu'un autre acte signé de la plupart des membres du conseil du roi, et par lequel ils s'engageraient à faire observer les articles relatifs à la succession qu'Édouard avait arrêtée, serait porté à la chancellerie, et légalisé par l'apposition du grand-sceau. (5 juin 1553.)

Cependant la maladie du roi ne laissait plus d'espoir de guérison et il était à craindre que les partisans de la princesse Marie ne fussent avertis de ce qui se passait, et qu'ils ne préparassent des moyens de résistance. En conséquence, Northumberland envoya secrètement de la poudre, des munitions et des gens d'armes à la Tour, et en changea le constable, tandis que ses fils levaient des corps de cavalerie dans les provinces; puis afin de s'emparer de la personne de Marie, on lui envoya une lettre du roi qui l'engageait à revenir immédiatement à la cour; mais la princesse avertie évita le piége, et, au lieu d'obéir, se renferma dans sa résidence de Kenninghall. (30 juin 1553.)

Quelques jours après, Édouard expira (6 juillet 1553); il entrait dans sa seizième année.

Homme d'armes du temps d'Édouard VI.

MARIE.

(1553 — 1558.)

itôt qu'Édouard eut expiré, le conseil s'assembla. Il prit d'abord la résolution de cacher cette mort, autant qu'il serait nécessaire pour assurer l'accomplissement de ses projets; on doubla les gardes du palais, et toute communication entre la chambre du roi et les autres appartements fut interdite. Cependant, cette nuit-là même et pendant que les lords étaient encore en délibération, le secret fut communiqué à Marie par un billet du comte d'Arundel qui l'instruisait du plan des conspirateurs et l'avertissait que le lendemain même elle devait être arrêtée et conduite à la Tour. Marie se trouvait alors aux environs de Londres. Sans perdre un moment elle monta à cheval et retourna à Kenninghall.

Aussitôt que le conseil se fut séparé, lord Clinton, grand amiral et l'une des créatures de Northumberland, alla prendre possession de la Tour, des arsenaux, du trésor, et des prisonniers d'état. Les trois jours suivants furent employés à communiquer les volontés d'Édouard mourant au lord-maire, à douze des principaux citoyens de Londres et aux officiers de la garde, en leur recommandant le silence. Enfin, lorsque tout fut préparé, Northumberland, accompagné des membres du conseil et d'une partie de ceux de la chambre des pairs, se rendit à Sion-House, où se trouvait alors lady Jeanne Gray, afin de lui annoncer son avénement au trône. Cette jeune princesse avait à peine seize ans. Élevée avec le roi, elle avait partagé les études comme les amusements du monarque; comme lui elle possédait le grec et le latin, et s'était adonnée à la lecture et à la discussion de l'Écriture sainte et des nouveaux commentateurs. Jeanne ignorait entièrement les projets de Northumberland ; elle aimait la paix de la campagne, et depuis quelque temps elle résidait à Chelsea ; mais un ordre du conseil l'avait rappelée à Londres,

Restes de l'habitation de Jeanne Gray.

et elle y était revenue sans soupçonner les motifs qui rendaient sa présence nécessaire.

Jeanne s'étonna d'abord des respects inaccoutumés que lui rendaient le duc son beau-père et les lords qui l'accompagnaient ; mais le président du conseil prit la parole, et lui annonça que le roi son cousin, avant d'expirer, avait ordonné de la proclamer reine légitime d'Angleterre, à l'exclusion de Marie et d'Élisabeth. Les lords fléchirent alors le genou, déclarèrent qu'ils la reconnaissaient pour souveraine, et jurèrent de la défendre au péril de leurs jours. A cette communication inattendue, Jeanne pâlit, trembla, perdit presque connaissance, et déclara que l'offre d'un trône n'avait rien de séduisant à ses yeux, mais que si le droit était pour elle, elle espérait que Dieu lui donnerait la force de porter le sceptre pour la gloire et l'avantage de la nation.

Selon l'usage, la nouvelle reine fut conduite à la Tour, résidence des souverains durant les préparatifs de leur couronnement. Tous les conseillers l'y suivirent. La mort d'Édouard et l'avénement de Jeanne furent annoncés par les hérauts, qui lurent au peuple une proclamation où les motifs du changement de succession étaient expliqués. Le peuple les écouta en silence ; nulle acclamation ne se fit entendre, et les prédicateurs épuisèrent en vain leur éloquence dans les églises. On avait été trop accoutumé à considérer Marie comme l'héritière présomptive de la couronne pour passer ainsi, tout à coup, à un autre ordre d'idées.

Le lendemain, un messager de Marie apporta une lettre de cette princesse dans laquelle elle prenait le ton d'une souveraine, demandait par quel motif on ne lui annonçait pas officiellement la mort de son frère, et ordonnait de proclamer sans délai son avénement, si l'on voulait mériter le pardon qu'elle était disposée à accorder. Mais Northumberland avait à sa disposition le trésor, les gardes royaux, vingt vaisseaux armés sur la Tamise, dans l'île de Wight un corps de troupes prêt à marcher, et l'exercice de l'autorité royale. Il répondit à la princesse qu'il l'engageait à renoncer à d'inutiles prétentions, et à se soumettre de bonne grâce à sa légitime souveraine; sa lettre fut signée de l'archevêque Cranmer, du chancelier et de vingt et un conseillers.

Cependant les habitants de la province de Suffolk reconnaissaient pour reine lady Marie, et de toutes parts circulaient des bruits qui indignaient le peuple contre Northumberland. On prétendait qu'il ne faisait qu'achever actuellement l'exécution d'un projet dès longtemps conçu; que c'était lui qui avait irrité Somerset contre Seymour, et Édouard contre Somerset, afin que le jeune monarque se trouvât privé de ses protecteurs naturels; que le poison l'en avait alors délivré, et qu'à son tour peut-être lady Jeanne serait forcée par un crime de céder le trône à son beau-père. Ces calomnies prirent rapidement de la consistance, et un orage de haine vint s'accumuler sur la tête de Northumberland. Les comtes de Bath et de Sussex rejoignirent lady Marie avec leurs vassaux et tenanciers; une foule de gentilshommes les imitèrent. N'osant quitter la capitale, où sa présence contenait les mécontents, Northumberland donna le commandement des troupes au duc de Suffolk; mais l'inexpérience de ce seigneur effraya les membres du conseil; et Jeanne, joignant sa voix à la leur, parvint à inspirer à Northumberland la détermination de se mettre lui-même à la tête de l'armée. Il partit, et, comme il traversait la ville, en présence d'une foule nombreuse mais silencieuse : « Hélas! dit-il à lord Gates « qui l'accompagnait, voilà bien des spectateurs, mais pas un qui s'écrie : Dieu vous « soit en aide! » Toutefois les prédicateurs exhortaient le peuple dans toutes églises à repousser les agressions papistes de l'idolâtre Marie; mais le peuple n'était point encore assez attaché à la religion nouvelle pour que leurs exhortations eussent quelque succès.

De Kenninghall Marie s'était rendue au château de Framlingham, et bientôt elle eut sous ses bannières le comte d'Essex, lord Thomas Howard, les familles de Jerningham, de Hastings, de Bedingfield, de Sulyard, de Peckam, et plus de dix mille hommes des comtés d'Oxford, Middlesex, Buckingham et Berks. Ceux qui ne pouvaient venir en personne lui envoyaient de l'argent et des subsistances, et une escadre ennemie de six vaisseaux reconnut son autorité; on en tira des munitions et des armes, et bientôt Marie eut trente mille hommes à sa disposition. Northumberland n'en comptait pas plus de dix mille sous ses ordres; mais c'étaient des troupes régulières et aguerries, et il est probable que s'il eût hardiment attaqué son ennemie, il l'eût forcée à chercher un asile à la cour d'Espagne; mais la résolution lui manqua; il sut que le conseil de Marie l'avait déclaré rebelle; il craignit qu'on ne coupât ses communications avec la capitale, et il ordonna un mouvement de retraite. C'en fut assez pour jeter le découragement dans ses troupes, et en peu de jours il ne lui resta plus d'armée.

Les mesures que prenait le conseil rassemblé dans la Tour, ne remédiaient nullement à la situation présente, et l'on ne proposait que des expédients tardifs, tels que celui de faire venir un corps de mercenaires levés en Picardie. L'un des conseillers engagea ses collègues à se rendre à l'armée, en y appelant leurs vassaux et leurs adhérents. C'était un moyen de recouvrer la liberté ; Suffolk n'en prit point d'ombrage et les laissa sortir. Le lord trésorier, le garde du sceau privé, sir Thomas Cheney, sir John Mason, les comtes de Shrewsbury, de Pembroke et d'Arundel, se donnèrent, en quittant la Tour, rendez-vous au château de Baynard, qui appartenait à Pembroke. Le lord-maire averti secrètement, le garde des archives ainsi que plusieurs aldermen s'y rendirent de leur côté, et Arundel ouvrit la conférence par un discours véhément contre l'ambition de Northumberland, son injustice et sa cruauté. C'était lui dont la coupable adresse les avait entraînés dans un piége, et il ne leur restait pour expier leur faute qu'à reporter promptement leur allégeance à la fille ainée de Henri VIII ; « que si les arguments de milord Arundel « ne suffisent pas pour vous persuader, s'écria le comte de Pembroke, voici mon « épée, elle rendra sa couronne à Marie, ou je périrai pour la défendre. » L'approbation fut unanime, les cris « longue vie à la reine Marie » retentirent dans la salle, et tous ensemble, les lords en tête, sortirent du château pour proclamer leur souveraine. Le peuple les encouragea de ses acclamations ; on illumina dans toutes les rues, et l'on chanta un *Te Deum* dans la cathédrale.

Lord Paget et le comte d'Arundel allèrent porter à Marie la nouvelle de cette révolution. Le comte de Pembroke se chargea de prendre possession de la Tour, que Suffolk lui remit sans résistance, et Jeanne Gray revint à Sion-House qu'elle n'avait quitté que depuis neuf jours, neuf jours de douleur et d'effroi. Dès ce moment, tous les lords, sans distinction de parti, regardant la question comme décidée, se réunirent pour envoyer à Northumberland l'ordre de mettre bas les armes. Le messager trouva le duc sur la place du marché, où, les yeux remplis de larmes et le désespoir dans le cœur, il proclamait lui-même lady Marie. Cette honteuse démarche lui fut inutile ; le lendemain, le comte de Pembroke l'arrêta et le conduisit à la Tour, ainsi que plusieurs de ses partisans, sous l'accusation de haute trahison.

Durant le court règne de Jeanne Gray, Northumberland avait invité la princesse Élisabeth à renoncer à tout droit à sa succession, en lui offrant des domaines considérables et une forte somme d'argent. Élisabeth répondit qu'elle ne se connaissait aucun droit, tant que sa sœur existerait ; puis pour n'être pas obligée à se prononcer, elle feignit une indisposition et garda son appartement ; mais quand elle vit que le parti de Marie triomphait, elle se hâta de rassembler cent cinquante chevaux, et courut offrir ce secours à sa sœur. Marie la reçut avec amitié, et toutes deux entrèrent à Londres en triomphe, au milieu des corps de métiers qui avaient déployé tout l'appareil des grandes solennités. On les conduisit à la Tour en cérémonie, et les premiers objets qui se présentèrent à leurs yeux furent les prisonniers d'état, détenus par les ordres d'Édouard. Le duc de Norfolk, la duchesse de Somerset, Courtenay, fils du marquis d'Exeter, et l'évêque destitué Gardiner, se jetèrent aux pieds de la reine, qui les releva, les embrassa et leur rendit sur-le-champ la liberté. Courtenay fut nommé peu de temps après comte de Devonshire; Gardiner devint garde des sceaux, puis chancelier et premier ministre; Tunstall entra dans le conseil royal ainsi que les principaux seigneurs qui s'étaient attachés à la fortune de la reine, et les lords qui l'avaient proclamée dans la capitale.

Marie, d'après le portrait original d'Antonio More.

Les premières mesures de Marie furent calculées pour lui rattacher les esprits. Elle rendit aux espèces leur véritable titre, fit frapper de nouvelles pièces d'or et d'argent, en grevant le trésor seul des frais de fabrication et de la perte sur la valeur des monnaies; remit au peuple un des subsides accordés par le dernier parlement; et, sous prétexte de favoriser l'industrie et le commerce, invita les personnes qui composaient sa cour à reprendre dans leurs habillements le luxe d'étoffes, de dorures et de bijoux qui jadis rendait l'entourage des rois si somptueux et si brillant. Elle-même se vêtit avec une grande magnificence, en soie de couleur et en robes à la française. Cette répudiation du rigorisme des réformateurs suffisait pour leur apprendre que leur règne était passé. Ce fut Gardiner, en effet, qui officia dans la solennité du couronnement, avec tout l'éclat des cérémonies commandées par l'ancien rite, et il fut aisé de présager le prompt rétablissement du catholicisme.

L'empereur avait favorisé de tout son pouvoir l'avénement de Marie, et ce fut

Renard, son ambassadeur, qui devint le conseil de la reine dans toutes les questions importantes qu'elle avait à résoudre. Il s'agissait d'abord de la punition des personnes qui avaient conspiré pour la priver du trône, en dictant au roi défunt son testament. Renard lui fit entendre que l'intérêt de tous les souverains exigeait qu'on tirât une prompte vengeance des chefs, mais qu'ensuite un pardon complet devait rassurer la tourbe des gens entraînés, et sur-le-champ Northumberland, son fils aîné le comte de Warwick, sir Andrew Dudley son frère, le marquis de Northampton, Thomas Palmer John et Henri Gates, furent mis en jugement. On s'étonna de ne voir dans cette liste ni lady Jeanne Gray ni Guilford Dudley, son époux; mais Marie n'osa, dans le premier moment, dévouer à la mort une jeune femme qui n'avait été que l'instrument passif de l'ambition de son beau-père, et que le peuple aimait et admirait.

La cour des pairs fut présidée par le duc de Norfolk, nommé grand-sénéchal à l'occasion du procès. Northumberland y déclara qu'il n'avait agi que par la volonté du feu roi, et ensuite selon les ordres du conseil garantis par l'apposition du grand sceau; que d'ailleurs il ne pouvait équitablement être jugé par ses conseillers et ses complices? On répondit à ces objections que la volonté du roi n'avait pu seule changer ce que des statuts légaux avaient établi; que le conseil et le grand sceau dont le duc parlait étaient sans autorité aucune, comme provenant d'une usurpatrice, et que les lords qui le jugeaient possédaient toute capacité aux yeux de la loi, tant qu'ils n'étaient atteints par aucun acte d'accusation ou de condamnation. Northumberland se voyant condamné d'avance, ne songea plus à se défendre, mais à solliciter la clémence de la reine, sinon pour lui, du moins pour sa famille, pour ses enfants qui n'avaient pu que lui obéir, et il demanda comme faveur que sa peine fût commuée en décapitation. On tenta quelques démarches pour le sauver. Marie répondit que si elle lui donnait la vie, il n'y aurait désormais aucune sûreté pour elle et pour l'état, mais elle accorda l'adoucissement qu'il demandait. Sir John Gates et sir Thomas Palmer furent condamnés à mort en même temps que le duc, et exécutés avec lui. Northumberland, sur l'échafaud, fit une profession de foi toute favorable à l'ancienne religion, blâmant la nouvelle et invitant ses concitoyens à retourner au culte catholique, duquel il avait par malheur contribué à les séparer.

La seconde question soumise par Marie à l'empereur ou plutôt à son représentant Renard fut relative à son mariage. Plusieurs princes étrangers et deux grands seigneurs anglais étaient présentés à son choix. D'une part, le roi de Danemark, le prince des Asturies, l'infant de Portugal, le prince de Piémont et le fils du roi des Romains; de l'autre, le cardinal de la Pole et le jeune Courtenay, délivré de prison par elle-même. Ce dernier avait fait quelque impression sur son cœur; il possédait une belle figure, était son allié par le sang et paraissait fort aimé du peuple qui avait compati à son injuste détention; mais Courtenay s'était laissé séduire par les charmes d'Élisabeth, et dès que la reine s'en aperçut, elle l'éloigna de sa cour. Le cardinal de la Pole jouissait d'une haute réputation de vertu et de talent; le sacré collège avait une fois jeté les yeux sur lui pour la tiare; il avait souffert de longues persécutions à cause de son attachement à la communion romaine, et c'eût été pour Marie un puissant appui dans son projet de rétablir en Angleterre la religion catholique; mais ces considérations cédèrent à celles de l'âge et des infirmités du cardinal. L'ambassadeur de l'empereur n'omit alors aucune intrigue pour engager la reine à se décider en faveur de Philippe, l'infant d'Espagne; il y parvint, et Marie se prononça pour cette alliance; cependant ses conseils, Gardiner, Norfolk, Arundel et Paget, lui firent remarquer qu'une dispense du pape, dont l'autorité n'était pas reconnue en Angleterre, lui serait absolument nécessaire, et qu'on ne pouvait encore la demander ouvertement, sans risquer de s'aliéner la nation fortement prévenue contre la cour de Rome. Il fallut donc remettre à d'autres temps l'exécution de ce projet.

Le troisième point, et le plus important, était le rétablissement complet du culte catholique en Angleterre. L'ambassadeur espagnol conseilla de procéder avec modération, et pas à pas : en conséquence les funérailles d'Édouard VI se pratiquèrent à Westminster suivant le rite nouvellement établi, tandis que dans la chapelle de la cour on chanta une grand'messe, où la reine assista entourée de ses courtisans. Fort ignorante, et aussi incapable de discuter les dogmes d'une religion qu'Édouard et Jeanne Gray s'y étaient montrés habiles, Marie se fondait simplement sur le principe que, dans sa propre maison, elle avait le droit d'adorer Dieu dans la forme qui lui semblait bonne. Son caractère opiniâtre, encore irrité par ses longues infortunes, par le souvenir de celles de sa mère, par le dédain dont on l'avait abreuvée lorsque Henri VIII la repoussait, ne cachait qu'imparfaitement l'antipathie qu'elle éprouvait pour les réformés, et ne dissimulait pas la joie qu'elle ressentait lorsque ses exemples étaient imités par les personnes qui l'approchaient. Bientôt le clergé catholique, certain d'être protégé par elle, ne craignit plus de désobéir aux statuts, et Gardiner, Tunstall, Bonner, Heath et Day furent réinstallés dans les évêchés dont ils avaient été dépossédés. Quelques prédications fanatiques des deux partis, quelques émeutes dans les églises, servirent de prétexte à la reine pour imposer silence à tous les prédicateurs qui ne seraient pas munis d'une autorisation particulière, et bientôt les papistes eurent seuls la permission d'instruire le peuple du haut de la chaire.

L'archevêque Cranmer était alors placé dans la position la plus difficile; il n'avait pas été emprisonné, mais avait reçu l'ordre de ne pas sortir de son palais de Lambeth. Les bons offices que sous le règne de Henri VIII il avait rendus à lady Marie auraient dû être un titre à la reconnaissance de la reine; mais Cranmer avait pris une grande part à la dissolution du mariage de Catherine d'Aragon, et cela avait fait naître contre lui dans le cœur de Marie une haine qui ne tarda pas à se manifester. Le primat apprit un jour qu'une messe catholique avait été célébrée dans son église de Cantorbéry, et que le bruit courait qu'il avait lui-même consenti à officier en latin devant la reine. Il repoussa cette accusation par un mandement, où, traitant la messe de stratagème du père des mensonges, il déclarait qu'il voulait lui-même, avec la permission de Marie, lui apprendre tout ce que cette cérémonie contenait de blasphèmes horribles, tandis que la doctrine et le rituel discutés sous Henri VIII, et définitivement adoptés sous Édouard, étaient les mêmes que ceux de la primitive église. Le conseil manda Cranmer, et, après de grands débats, le condamna à garder prison dans la Tour, comme coupable de trahison envers lady Marie pour avoir embrassé la cause de lady Jeanne, crime qui emportait la peine de mort, et pour avoir publié des écrits séditieux. Peu de jours après, l'archevêque d'York, les évêques de Londres, de Glocester, d'Exeter, et le vénérable Latimer, furent traînés dans les cachots. La persécution commençait.

Lady Élisabeth se trouvait alors l'héritière présomptive de la couronne. Comme elle professait la religion réformée, comme sa mère avait été la cause déterminante de la séparation de Henri VIII de la cour de Rome, ce fut en elle que les anglicans mirent leurs espérances. Marie en parut inquiète, et ses courtisans lui donnèrent le conseil de s'assurer de la personne de sa sœur, au moins jusqu'à ce que la fermentation fût apaisée. Marie résista d'abord à ces insinuations; elle avait donné des soins à Élisabeth dans son enfance, elle croyait avoir conservé de l'influence sur ses déterminations, et elle pensa qu'il lui serait facile de décider sa sœur à l'abjuration de la doctrine nouvelle, ce qui remplirait beaucoup mieux ses intentions que des mesures sévères dont le résultat était incertain. Élisabeth résista longtemps; mais instruite à la fin que la reine entendait être obéie, et qu'autrement une détention, de toute sa vie peut-être, serait à peine suffisante pour expier des torts qu'on s'obstinait à considérer comme politiques bien plus que religieux, elle alla se jeter aux genoux de Marie, s'excusa de son obstination sur son ignorance des dogmes catholiques, et la pria de lui envoyer des théologiens qui voulussent bien l'éclairer sur les erreurs de sa foi. La conversion fut faite en une semaine; la reine embrassa Élisabeth, lui montra une tendresse extraordinaire, et la conduisit à la messe avec elle; mais l'intimité des deux sœurs n'eut pas de durée, et avant peu de mois Élisabeth avait quitté la cour et s'était retirée à la campagne.

Le parlement fut réuni le 5 octobre 1553. Les partisans des nouvelles doctrines, effrayés, n'avaient point paru aux élections, ou en avaient été écartés par des menaces ou des contestations sur leur droit. La plupart des membres de la chambre des communes étaient donc attachés à la religion catholique, et si quelques opposants vinrent encore s'asseoir sur les bancs, ils votèrent comme la majorité, dans la crainte de se rendre suspects à une reine armée d'une redoutable autorité. Une messe du Saint-Esprit fut, au mépris des lois de Henri VIII et d'Édouard qui n'avaient pas encore été abrogées, célébrée en présence des lords et des représentants des communes, selon l'ancien usage et avec toutes les cérémonies du culte catholique; cependant, Marie n'ayant point répudié le titre de chef suprême de la foi anglicane, on inféra seulement de cette solennité qu'elle voulait détruire un gênant rigorisme, mais que les abus qui avaient irrité la nation ne reparaîtraient plus.

La reine avait alors en vue deux objets principaux, la réhabilitation de la légitimité de sa naissance, et le rétablissement complet du catholicisme. Docile instrument de ses volontés, le parlement n'hésita pas à rapporter tous les actes relatifs au divorce de Catherine d'Aragon, et à casser les statuts d'Édouard sur la religion, dont l'exercice fut ramené à ce qu'il était sous Henri VIII. Un autre bill abolit toutes les trahisons et félonies introduites depuis la première année du règne de ce monarque, et confirma le statut d'Édouard VI contre les assemblées tumultueuses. On réhabilita les personnes frappées de proscription sous le règne précédent; mais on porta un bill rigoureux contre celles qui avaient trempé dans la conspiration relative à la succession, et dès ce moment l'infortunée Jeanne Gray et Guilford Dudley, son époux, durent s'attendre à mourir au premier caprice ou à la première terreur de la reine.

Au commencement de la seconde session, trois jours après la prorogation de la première, la chambre des communes, dans son adresse, sollicita la reine de prendre un époux, en la priant de le choisir parmi les membres de la noblesse du royaume; mais Marie craignait en épousant un Anglais de se donner un maître, ou du moins d'associer sa vie à celle d'un homme imbu de quelques-unes des maximes du protestantisme; elle voulait un époux étranger à toute hérésie et nourri des doctrines de la pure église catholique. En conséquence, elle envoya, quelque temps après, chercher l'ambassadeur impérial, le conduisit dans son oratoire où le Saint-Sacrement était exposé, se mit à genoux en lui ordonnant de l'imiter, chanta le *Veni, creator spiritus*, et prit Dieu à témoin qu'elle engageait sa foi au prince Philippe d'Espagne. Puis elle ordonna à la chambre des communes de se réunir, afin de recevoir la réponse qu'elle avait préparée à son adresse, et prenant la parole, remercia l'assemblée des sentiments loyaux qu'on lui avait exprimés, mais déclara fort nettement qu'elle ne savait aucun gré aux gens qui prétendaient la diriger dans le choix d'un mari; qu'elle entendait rester aussi libre que ses prédécesseurs dans la direction d'un événement qui la concernait personnellement, et qu'elle ne ferait son choix qu'avec réflexion, et dans l'intérêt de son peuple autant que dans le sien.

Le temps qui s'était écoulé entre l'adresse et la réponse, délai que la reine avait prolongé en feignant une indisposition, avait été employé à négocier un traité avec l'empereur et le prince d'Espagne. Par les conditions de ce traité, Philippe devait prendre le titre de roi d'Angleterre, mais laisser l'administration dans les mains de la reine; aucun étranger ne pouvait posséder de charges dans le royaume; la nation conservait ses lois, droits, priviléges et coutumes; Philippe promettait de ne point emmener la reine hors de ses états personnels sans son consentement, ni aucun de ses enfants sans celui de la noblesse; il renonçait à tout droit à la succession de sa femme et lui assurait un douaire de soixante mille livres sterling de revenu; si le fils qu'il avait eu d'un premier mariage venait à mourir, ses enfants du second lit devaient hériter des trônes d'Espagne, de la Lombardie et des Deux-Siciles. (Janvier 1554.)

Les avantages qui pouvaient résulter de ce traité étaient immenses; mais la généralité de la nation en parut peu satisfaite. La mauvaise foi bien connue de Charles-Quint ne laissait entrevoir que déception dans chacune de ses promesses. Les bruits les plus étranges circulèrent en Angleterre: ce pays allait devenir une simple province des vastes états de l'empereur; déjà huit mille Impériaux s'avançaient sur une escadre pour s'emparer des ports et des vaisseaux, et mettre garnison à la Tour; le caractère personnel de Philippe était encore plus dangereux, plus opiniâtre, plus orgueilleux, plus tyrannique, plus cruel que celui de son père. D'ailleurs les Espagnols excitaient la haine et l'horreur de toutes les nations, depuis les scènes de barbarie qui avaient ensanglanté leurs conquêtes en Amérique; et l'on disait que Marie, aveuglée par son attachement irréfléchi à la religion romaine, ne manquerait pas d'introduire dans ses états cet épouvantable tribunal de l'inquisition, le plus affreux instrument de tyrannie qui eût jamais été inventé. Ces bruits disposèrent le peuple à la révolte, et des conspirateurs s'entendirent pour s'opposer à l'exécution du traité en arrêtant Philippe au moment de son débarquement, en mariant Élisabeth avec Courtenay, et en les proclamant, dans le Devonshire, roi et reine d'Angleterre. L'ambassadeur français, secrètement instruit de ce qui se préparait, remit aux partisans d'Élisabeth une somme d'argent considérable.

Le conseil de Marie reçut toutefois des ouvertures qui l'éclairèrent, et les conjurés furent déconcertés par la défection de Courtenay; mais Thomas, frère du duc de Suffolk et oncle de Jeanne Gray, leur fit entendre que le dé était jeté et qu'au besoin lui-même remplacerait le comte de Devonshire et jouerait sa tête contre la couronne. Ils prirent alors la résolution de hâter le mouvement : Suffolk se rendit dans le comté de Warwick; sir Thomas Wyat dans celui de Kent; sir Jacques Croft dans la principauté de Galles. Avant de partir, ils invitèrent Élisabeth à s'éloigner et à choisir pour résidence le château de Dunnington. Marie, qu'une lettre interceptée de Wyat avait avertie de ce projet de départ, ordonna à sa sœur de revenir à la cour. La princesse n'obtempéra ni aux avis de ses partisans ni au commandement de la reine; elle feignit une indisposition, conserva sa résidence dans son château d'Ashridge, et le fit fortifier et armer.

L'opinion avait suffi pour détrôner Jeanne, mais elle n'était pas assez générale, assez formée contre Marie pour la renverser à son tour. Sir Peter Carew, qui avait armé quelques habitants du Devonshire, attendit en vain Courtenay, il fut attaqué par le comte de Bedford et forcé de chercher un asile en France. Le duc de Suffolk avec ses deux frères, les lords John et Thomas Gray, souleva une partie du peuple dans les comtés de Warwick et de Leicester; mais, poursuivi par le comte de Huntingdon à la tête de trois cents chevaux, il se vit contraint de disperser les gens de sa suite, en les engageant à se réserver pour des circonstances plus favorables, et il se cacha chez un de ses tenanciers qui eut l'infamie de le livrer à ses ennemis. Sir Thomas Wyat eut un moment de succès. Il agissait avec une entière franchise, et dans la pleine conviction que l'hymen de Philippe et de Marie entraînerait la mort d'Élisabeth et la subversion de toutes les libertés nationales; une proclamation dans ce sens lui attira en peu de jours plus de sept mille hommes; il établit son quartier dans les ruines du château de Rochester, des vaisseaux en station sur la Tamise, et dont les capitaines étaient initiés au complot, lui fournirent des canons et des munitions, et il accrut le nombre de ses partisans en annonçant qu'il attendait de France de prompts secours en hommes et en argent. Ce fut le duc de Norfolk que l'on chargea de disperser ce rassemblement; il partit de Londres avec un détachement de gardes commandé par Jerningham, et un autre corps de milices conduit par le capitaine Bret. Le shérif de Kent le rejoignit avec une bande assez considérable, et il se trouvait en mesure de combattre avantageusement les rebelles, lorsqu'il fut abandonné par le capitaine Bret et sa colonne. « C'est une honte, s'était

« écrié Bret en s'adressant à ses camarades, c'est une honte d'aller verser le sang
« de nos amis, de nos frères, afin de mieux asseoir la domination des étrangers; y
« a-t-il une âme anglaise qui ne gémisse d'un pareil succès obtenu sur des conci-
« toyens, en faveur d'un ramas de vils Espagnols? Quant à moi, si je meurs, je
« veux du moins mourir pour ma patrie, pour la cause du digne capitaine Wyat. »
Les cris de Wyat! Wyat! longue vie à Wyat! coururent de rang en rang, la cavalerie du chef insurgé vint appuyer ce mouvement, et Norfolk, craignant une défection générale, s'enfuit en toute hâte à Gravesend avec ses principaux officiers, en
abandonnant aux révoltés sept pièces d'artillerie.

Wyat conçut alors l'espoir d'être bien accueilli du peuple de Londres, dont la
masse avait adopté les doctrines du protestantisme, et il s'avança jusqu'à Deptford,
tandis que la reine alarmée fortifiait la Tour et la Cité, faisait rompre les ponts dans
un rayon de quinze milles, enlevait tous les bateaux de la rive droite de la
Tamise, et mettait à prix la tête du rebelle. Déjà Wyat commandait à plus de quinze
mille hommes. Le conseil des ministres lui dépêcha un messager afin de s'informer
de l'étendue de ses demandes, et la frayeur que causa cette démarche dont on
n'avait pas bien calculé la portée, devint telle, que les partisans de l'alliance
espagnole et même les ambassadeurs impériaux prirent la fuite et s'embarquèrent.
Marie montra du calme et de la fermeté. Elle ordonna de réunir à Guildhall les
principaux citoyens, et s'y présentant en grande pompe, le sceptre en main,
suivie de ses dames et de ses officiers, elle se plaignit avec dignité de la désobéissance des habitants de Kent; déclara qu'elle ne voulait rien faire que pour le
bonheur de ses sujets; que si son mariage devait leur causer quelque préjudice, ou
simplement leur déplaire, elle n'y consentirait point et aimerait mieux ne se
marier de sa vie. En même temps, elle les engagea à tenir tête aux rebelles qui
n'étaient nullement redoutables, et leur donna lord Howard et le lord-amiral pour
les organiser, et préparer, d'accord avec le lord-maire, les moyens nécessaires à la
défense commune.

Wyat était parvenu à Southwark [1]; mais déjà la crainte ou le dégoût avaient
gagné ses compagnons, qui ne voyaient arriver ni secours de France ni insurgés des
autres comtés, tandis qu'ils apprenaient que l'armée royale devenait formidable.
Ils commencèrent à déserter et furent bientôt réduits à six ou sept mille hommes.
Leur chef, qui sentait la nécessité d'agir, crut pouvoir surprendre Ludgate [2] à
l'aide de quelques affidés qu'il avait dans la Cité; mais une partie du pont de
Kingston, par où il lui fallait passer, se trouva détruite; puis il eut un engagement
avec un détachement de royalistes, perdit du temps pour réparer son artillerie
démontée dans les mauvais chemins, et ne put arriver à Ludgate où d'ailleurs ses
affidés avaient cessé de l'attendre. Il continua cependant sa marche, et le 7 fév. 1554,
il se trouva si près de Westminster, que les ministres sollicitèrent la reine de se
retirer à la Tour. Marie montra le plus grand courage, et déclara que si ses conseillers faisaient leur devoir, elle ferait le sien. Pembroke et Clinton lui jurèrent de

---

1. Southwark est un faubourg de Londres situé sur la rive droite de la Tamise.
2. Ludgate était une des portes de la Cité.

mourir pour elle, et ils donnèrent l'ordre de placer de forts détachements à Ludgate et de laisser Wyat s'avancer afin de le prendre entre deux feux. Dix mille hommes d'infanterie et quinze cents chevaux furent disposés en divers lieux, et les hauteurs occupées par des batteries. Wyat arriva jusqu'à Hyde-Park avec une troupe diminuée de moitié et découragée. Après quelques coups de canon, il prit en main un étendard et s'élança sur la cavalerie de la reine, qui s'ouvrit, laissa passer environ quatre cents hommes, et, resserrant les rangs, coupa toute communication entre le chef et son corps d'armée. Toutefois Wyat continua sa route, traversa Picadilly, atteignit Ludgate, et demanda à être admis dans la Cité en alléguant que la reine avait fait droit à ses réclamations. Mais on lui cria du haut de la galerie : « Arrière ! arrière ! les traîtres n'entrent pas ici ! » S'apercevant qu'il était tombé dans un piége, il revint jusqu'à l'auberge du *Beau-Sauvage*, où, attaqué par un corps considérable, il combattit avec une intrépidité sans exemple ; puis, suivi de quarante hommes seulement, il rétrograda, toujours combattant, jusqu'à Temple-Bar. Là, comme il était entouré de tous les côtés, un héraut d'armes s'avança et lui représenta qu'il sacrifiait inutilement ses partisans. Il jeta les yeux autour de lui, et, n'apercevant que des ennemis, brisa son épée et se rendit à sir Maurice Berkeley. On le conduisit à la Tour avec d'autres chefs. Son corps d'armée n'avait pas tenu et l'on avait fait huit cents prisonniers.

Cette insurrection fut le coup de mort de Jeanne Gray. Marie signa l'ordre de son exécution en disant que l'impunité ne faisait qu'encourager les factieux, et que quiconque aspirait au pouvoir souverain ne pouvait le faire qu'au péril de sa vie et de sa fortune. Elle accorda à sa captive, comme une grande grâce, la permission de voir son époux et de lui dire un dernier adieu ; mais Jeanne refusa cette cruelle faveur en disant qu'elle était inutile, que leur séparation n'aurait pas la durée d'un éclair, et qu'ils se rejoindraient dans un lieu où leurs cœurs seraient unis pour toujours au sein de Dieu. L'infortunée princesse avait employé les longues heures de sa prison à se préparer à la mort, et défendu avec une extrême présence d'esprit les dogmes de sa religion contre les théologiens que la reine lui avait envoyés Lorsqu'elle distribua ses effets aux personnes qui l'entouraient, elle fit porter à Marie une copie des Écritures en langue grecque, et elle accompagna ce présent d'une lettre dans le même idiome, où elle l'exhortait à opposer une égale constance à tous les revers de la fortune. Il avait été résolu que Jeanne et son mari seraient exécutés au même moment et sur le même échafaud ; mais on craignit que ce spectacle tragique ne portât à la révolte une population déjà émue par la beauté, par la jeunesse, par l'innocence même des deux époux, et Guilford fut entraîné le premier à l'échafaud. Jeanne placée à une fenêtre d'où elle le vit conduire au supplice, contempla peu d'instants après son cadavre sanglant que l'on rapportait à la chapelle, et entendit sans frémir sonner l'heure où elle devait subir le même sort. Comme elle se rendait à l'esplanade de la Tour, le gouverneur sir John Gage la supplia de lui accorder quelque objet qu'il pût conserver en mémoire de ses hautes vertus. Jeanne lui donna ses tablettes, sur lesquelles elle avait écrit en grec, en latin et en anglais, trois sentences inspirées par le fatal aspect du cadavre de son époux. Elle monta d'un pas ferme et avec une contenance aussi paisible que modeste sur l'échafaud qui l'attendait, prononça quelques paroles avec calme et du ton de voix le plus doux, récita un psaume avec l'ancien abbé de Westminster, Feckenham, se laissa tranquillement déshabiller par ses femmes, et posa sa tête aux pieds du bourreau. (12 février 1554.)

Jeanne Gray,
d'après le portrait original conservé dans la collection du comte de Standford, à Enville-Hall.

Après ces deux innocentes victimes, on mit à mort les coupables. Suffolk périt sans exciter de compassion : elle avait été tout entière épuisée pour ses malheureux enfants. Lord Thomas Gray tomba comme son frère, et montra plus de courage ; sir Thomas Wyat paya de sa tête son imprudente confiance ; soixante chefs subalternes furent pendus. On porte à quatre cents personnes le nombre des insurgés qui, en divers lieux, subirent la peine de mort; quatre cents autres, conduits, la corde au cou, devant la reine, reçurent grâce complète.

Lorsque la tranquillité lui parut rétablie, Marie s'occupa de la conduite de sa sœur et de celle du comte de Devonshire. Des lettres de l'ambassadeur français, interceptées et déchiffrées, ne laissaient aucun doute sur leur culpabilité. Courtenay fut arrêté et déposé à la Tour. Trois membres du conseil eurent ordre de se rendre à Ashridge et d'en ramener Élisabeth. En arrivant, elle demanda une audience à sa sœur, et en reçut pour réponse qu'il fallait qu'elle songeât d'abord à se justifier. Les interrogatoires de Suffolk, de Wyat, de lord Russell, de Croft, de William Thomas, prouvaient assez qu'Élisabeth avait eu connaissance du complot; le conseil prit la détermination de l'envoyer à la Tour, et la reine signa l'ordre d'emprisonnement. Élisabeth entra dans sa cellule avec la persuasion qu'on lui réservait le sort d'Anna Boleyn, sa mère; cependant, elle trouva quelques défenseurs parmi les ministres, et sortit de la Tour; mais on la transféra au château de Woodstock, où elle fut gardée avec une grande rigueur. Courtenay fut enfermé au château de Fotheringay.

Le parlement s'assembla le 5 avril 1554, et les conseillers de Marie pensèrent que le résultat des derniers événements l'aurait rendu assez soumis pour qu'on n'eût pas à craindre d'en être refusé en lui proposant des mesures tendantes à l'accroissement de l'autorité de la reine. Sous prétexte d'éviter à l'avenir les malheurs qui pourraient résulter du choc des prétentions au trône, le chancelier Gardiner demanda une loi en vertu de laquelle Marie pût disposer de sa couronne et nommer son successeur. La portée d'une telle disposition frappa cependant les esprits les plus disposés à l'obéissance; ils s'aperçurent qu'ils allaient compromettre la liberté, l'indépendance, l'existence de l'Angleterre comme nation, et ils se tinrent en garde contre les sommations du chancelier; mais ils confirmèrent les articles du traité de mariage avec l'infant d'Espagne, et, ce but atteint, la reine se hâta de dissoudre une assemblée qui ne se montrait pas assez favorable à ses vues.

Marie, qui avait vécu tant d'années dans le célibat, attendait impatiemment l'arrivée de son époux et se plaignait de sa lenteur. Il arriva enfin (18 juillet), débarqua au port de Southampton, prêta les serments qu'on en avait exigés, et rejoignit la reine à Winchester, où les royaux fiancés furent mariés dans la cathédrale. Les époux firent ensuite une brillante entrée à Londres, et, rassurés par les acclamations du peuple et le silence des mécontents, ils travaillèrent bientôt de concert au rétablissement définitif de la religion catholique.

Un nouveau parlement fut convoqué. Le roi et la reine assistèrent en grande pompe à la séance d'ouverture, et le chancelier, dans son discours, laissa percer l'espérance que les chambres achèveraient la réunion du royaume à l'église universelle; en attendant, il proposa un bill qui relevait le cardinal Pole de sa proscription; ce bill passa aux acclamations générales. Une députation de la noblesse fut envoyée jusqu'à Bruxelles au-devant du cardinal; une foule de gentilshommes se rassembla pour le recevoir avec honneur à son débarquement, et quand il fit son entrée dans la capitale, il était accompagné de plus de dix-huit cents chevaux. Le roi le reçut à la porte du palais, la reine au haut de l'escalier, et il logea au palais archiépiscopal de Lambeth. C'était la religion catholique et romaine qui rentrait avec lui en Angleterre. (24 novembre.)

Peu de jours après, les chambres sollicitèrent, par une pétition qui ne trouva que deux opposants, la médiation du roi et de la reine pour obtenir l'absolution des censures ecclésiastiques et la réadmission de la nation dans le sein de l'église universelle. Le lendemain, la reine étant sur son trône, le légat à sa droite et le roi à sa gauche, il fut donné lecture de la pétition des chambres, et Pole, après un discours de plusieurs heures, dans lequel il annonça que le souverain pontife voulait bien, dans sa bénignité, condescendre à jeter un regard de pitié sur l'Angleterre, déclara que la nation était pardonnée et rendue à la communion de la sainte église. Ensuite, et en quelques séances, les chambres rétablirent tout le système de constitution religieuse détruit par Henri VIII et par Édouard VI Toutefois l'esprit d'opposition n'en fut pas abattu ; il se mûrit dans le silence et prépara de nouveaux événements.

Philippe désirait ardemment qu'on le déclarât héritier présomptif de la couronne, et la reine n'omettait rien pour y parvenir ; mais toutes leurs tentatives auprès des lords étant inutiles, le prince espagnol rechercha la faveur du peuple, pria Marie de lui accorder la liberté de quelques prisonniers d'état détenus depuis l'insurrection de Wyat, et obtint en outre celle d'Élisabeth et du comte de Devonshire. La princesse, après une courte apparition à la cour, prit sa résidence à la campagne, et Courtenay reçut ordre de voyager. Il mourut empoisonné à Padoue. La conduite de Philippe, qui n'était nullement l'effet d'un sentiment généreux, lui valut d'abord de sincères applaudissements ; mais on reconnut bientôt le but vers lequel il tendait. Il parvint à obtenir un décret qui lui confiait l'éducation de l'enfant de la reine, si le ciel voulait lui en accorder un, et lui assurait une sorte de régence durant la minorité ; mais on ne put déterminer le parlement à le reconnaître pour roi. La servilité de ce corps était grande ; cependant des symptômes d'opposition commençaient à s'y manifester ouvertement, et un certain nombre de membres s'abstinrent d'assister aux séances, pour montrer qu'ils en désapprouvaient les opérations.

Avec la religion catholique arrivèrent aussi l'intolérance et l'esprit de persécution, ou plutôt ils ne firent que changer de parti ; les réformateurs avaient brûlé les anabaptistes et pendu les fidèles à l'église romaine, qu'ils nommaient des hérétiques ; les catholiques romains rétablirent les statuts contre les lollards et les protestants. Un grand nombre de prédicateurs réformés avaient été arrêtés comme complices de Northumberland, de Jeanne Gray, ou de Suffolk, et la reine ordonna au chancelier Gardiner de les faire juger, non sur cette prétendue complicité, mais sur les doctrines qu'ils disaient avoir puisées dans les saintes Écritures. Une cour s'ouvrit, composée de treize évêques, de plusieurs lords et chevaliers, et présidée par Gardiner. Rogers, chanoine de Saint-Paul, Hooper, évêque de Glocester, Saunders, recteur d'Allhalows, l'une des paroisses de Londres, et Taylor, recteur de Hadley en Suffolk, furent appelés les premiers et sommés de rétracter leurs opinions. Ils s'y refusèrent en demandant une discussion publique sur leur croyance, et affirmant que leurs doctrines ne différaient en rien de celles qui avaient été longtemps prêchées par Gardiner. On leur donna vingt-quatre heures pour réfléchir, et comme ils persistèrent, la cour les excommunia et les livra au bras séculier. Rogers, qui avait dix enfants et une femme qu'il chérissait, demanda par grâce qu'on lui permît de l'embrasser avant son supplice ; mais Gardiner lui fit répondre qu'il était impossible qu'un prêtre eût une femme. Le malheureux fut brûlé vif à Smithfield. On envoya Hooper à Glocester, et son supplice fut horrible parce qu'on le brûla à petit feu et que la moitié du corps était consumée avant que les flammes atteignissent les parties supérieures. Saunders périt à Coventry, et Taylor à Hadley, le premier en embrassant le poteau et s'écriant : « Bien venue soit la croix de Jésus-Christ ! » le second, frappé au visage et sur la tête à coups de hallebarde parce qu'il chantait des psaumes en anglais. Philpot, archidiacre de Winchester, monta après eux sur le bûcher de Smithfield pour avoir rejeté le libre arbitre et blâmé l'usage forcé d'une langue inconnue à la plupart des fidèles (1555).

Gardiner se lassa promptement de son cruel office et transféra ses pouvoirs à l'évêque de Londres, Bonner, qui, déposé de son siége par Édouard VI, avait été réintégré à l'avénement de Marie. Celui-ci condamna six prisonniers pour célébrer son installation, et, dans sa démence féroce, s'oublia jusqu'à faire lui-même le métier de bourreau, en fustigeant les accusés, leur arrachant la barbe, leur brûlant les mains, afin de les forcer à l'abjuration. La persécution, qui avait été suspendue pendant quelques semaines, recommença avec plus de fureur que jamais, et provoqua peut-être des tentatives de complot. Les magistrats reçurent les ordres les plus sévères pour s'emparer des prédicateurs de doctrines erronées et des personnes qui tenaient des assemblées secrètes. Comme on trouva qu'ils n'opéraient pas assez promptement, on créa des commissions d'*ouïr et terminer*, véritables cours prévôtales qui jugeaient sans désemparer. La forme de la procédure était fort simple. On présentait aux accusés une formule de profession de foi ; s'ils la reconnaissaient, s'ils consentaient à la signer, on les mettait en liberté ; s'ils prétendaient la discuter, on les livrait au bras séculier en recommandant aux magistrats laïques de les traiter avec douceur, de leur donner une charitable instruction, mais d'en disposer conformément à la loi. Les juges n'allant point assez vite, selon les intentions de Marie, Bonner lui-même fut réprimandé sur le ralentissement de son zèle et de son activité. Alors les victimes succédèrent aux victimes, et, dans moins de trois années, deux cent soixante-dix-sept personnes de marque furent brûlées vives. Le nombre de celles qui subirent l'emprisonnement, les amendes, les confiscations, fut immense.

Parmi les plus distingués de ces martyrs de leur foi, Cranmer, Ridley, Ferrar, Latimer, attirèrent principalement les regards de la nation et méritèrent ses regrets. Ridley et Latimer périrent ensemble à Oxford. Le premier était devenu évêque de Londres lorsque Bonner avait été déposé ; il possédait des connaissances supérieures ; sa vie était exemplaire, et il avait refusé de se marier lorsque la volonté d'Édouard VI avait entraîné la plupart de ses collègues à contracter ce lien jusqu'alors prohibé. Latimer avait été chapelain de la reine Anne Boleyn, puis évêque de Worcester, Henri VIII l'avait ensuite déposé parce qu'il était un des adversaires des six articles. Après la mort de ce monarque, Édouard l'appela et en fit son prédicateur. Il ne manquait pas d'éloquence et mettait une grande énergie dans ses déclamations contre les vices des hommes de toutes les classes et même contre les abus qui s'introduisaient déjà dans la nouvelle église. Sous le règne de

Marie il fut emprisonné comme séditieux. Ces deux prélats furent appelés avec Cranmer devant un tribunal ecclésiastique et une députation de la convocation du clergé, et l'on discuta avec eux sur les points de controverse dont on avait fait la matière de l'accusation. On les déclara vaincus. Latimer et Ridley furent envoyés au bûcher. Cranmer ayant fait observer que son ordination comme archevêque s'était accomplie selon les anciens rites pontificaux, obtint un délai de quatre-vingts jours afin d'en référer au pape. Le supplice des deux évêques fut épouvantable ; les bourreaux leur avaient par pitié entouré les reins d'un sachet rempli de poudre à canon, et Latimer mourut au moment où les flammes du bûcher, ayant consumé l'enveloppe de la poudre, en déterminèrent l'explosion ; mais elles n'atteignirent pas le sac attaché au corps de Ridley, et ses pieds et ses jambes lentement détruits le livrèrent à d'horribles tortures, qui ne se terminèrent que lorsqu'un des spectateurs, ému de pitié, s'élança sur la pile embrasée et parvint à mettre le feu au sachet.

Le malheureux Cranmer avait vu de sa fenêtre conduire ses deux amis à la mort ; mais il ne fut pas ébranlé par ce douloureux spectacle, et il attendit avec calme la décision du pape. Elle ne pouvait lui être favorable ; les procureurs royaux avaient sollicité contre lui, et Paul IV le condamna. Lorsque l'archevêque apprit que sa dernière heure allait sonner, il en appela du pape à un concile général, se rétracta, déclara qu'il adoptait tous les points de la religion catholique qu'il avait rejetés, et offrit de reconnaître, dans un acte authentique, la présence réelle et la suprématie du pape ; mais la cour exigea qu'il fît l'aveu de ses erreurs dans la cathédrale, en présence du peuple, et il se serait peut-être soumis à cette humiliation si ses amis ne fussent parvenus à l'informer secrètement qu'on le trompait, et que l'ordre était donné de le conduire au bûcher immédiatement après qu'il aurait reconnu ses erreurs. Au jour fixé pour sa rétractation, on vint le chercher en procession et il fut placé sur une estrade en face de la chaire. Lorsque le sermon prêché par le docteur Cole fut achevé, il prit la parole, et, d'une voix assez ferme, commença à lire un écrit que lui avait remis le moine espagnol Garcina ; mais après les premiers articles, qui n'étaient que des lieux communs de morale chrétienne et des supplies aux spectateurs afin qu'ils priassent pour lui, il désavoua hautement ses rétractations, rejeta la suprématie du pape et confirma les doctrines contenues dans le livre qu'il avait jadis publié. L'espoir de vivre, l'aspect des tourments, de fallacieuses promesses, lui avaient, dit-il, arraché des mensonges ; mais il allait sceller de son sang le témoignage qu'il rendait à une religion vraiment émanée du ciel. On le conduisit alors au supplice, au milieu des outrages des catholiques. Il fut attaché au bûcher, et quand le feu s'alluma, il étendit au milieu des flammes la main qui avait signé sa rétractation, en disant : « Cette main est coupable, elle a commis le crime ! » De ce moment, il ne montra qu'un visage serein, et parut insensible à la douleur. Le bruit se répandit que son cœur avait été trouvé intact dans les cendres : les protestants adoptèrent ce fait prétendu comme une vérité et comme l'annonce de sa béatitude céleste. (Mars 1556.)

Le cardinal Pole devint archevêque de Cantorbéry après la mort de Cranmer, et des historiens admirateurs de son talent ou peut-être fascinés par leur attachement à la religion qu'il professait, ont vanté sa douceur et son éloignement pour la persécution. Il est certain qu'il prêchait la tolérance dans ses écrits ; mais comment comprendre que l'homme qui, dans son diocèse, faisait conduire sans pitié les hérétiques à l'échafaud, et qui poussait la rigueur jusqu'à ordonner qu'on déterrât les morts et qu'on brûlât leurs ossements, ne parlât que de modération au conseil, et ne trouvât aucune occasion d'exercer au profit de l'indulgence l'immense influence qu'il possédait sur l'esprit de la reine? Pole fut l'intime conseiller de Marie jusqu'à la mort de cette souveraine, et la persécution ne s'arrêta qu'à cette époque.

Tandis que de barbares exécutions arrachaient ainsi l'ivraie du champ de l'église de Dieu, selon les expressions du temps, la reine, dans son désir extrême d'avoir un héritier, se déclarait enceinte, faisait dire des prières dans toutes les églises pour la conservation de sa santé et de celle de son enfant, et nommait des ambassadeurs afin d'annoncer cette grande nouvelle aux puissances étrangères. Elle retenait auprès d'elle son mari, que d'importantes affaires appelaient en Flandre près de l'empereur, et bien qu'elle doutât probablement elle-même de la réalité de sa grossesse, elle en manifestait une telle certitude, que les personnes qui l'entouraient n'osaient la démentir. Le public toutefois n'était pas dupe de cette comédie. Les gens de l'art avaient parlé plus franchement à la ville qu'à la cour, et les chansons satiriques, les épigrammes, les sarcasmes les plus piquants, vengeaient les citoyens du mensonge dont on les rendait complices. Après une année d'attente, de neuvaines et de processions pieuses, le couple royal jugea qu'il était temps de faire cesser le doute, et Philippe, après avoir montré la reine à la population de Londres en traversant la ville en grande pompe, partit pour la Belgique.

Gardiner était mort, et les partis, comprimés par sa vigilance et sa rigueur, recommencèrent leurs intrigues et leurs tentatives de complot. Marie laissait percer le projet de transmettre à son décès la couronne d'Angleterre à son époux, et ce bruit accrut le nombre de ses ennemis. Les pamphlets, les libelles diffamatoires pénétraient jusque dans son palais, et quelques mécontents résolurent de la déposer et d'élever Élisabeth sur le trône. On prétend que le cabinet de France, par l'intermédiaire de son ambassadeur, s'était engagé à fournir l'argent nécessaire aux conspirateurs. Ceux-ci choisirent pour leur chef Henri Dudley, l'un des parents de l'infortuné duc de Northumberland, et ils obtinrent d'Élisabeth des promesses de coopération. Dudley se rendit en France afin de s'assurer des dispositions réelles de Henri II ; mais ce prince venait de signer une trêve de cinq années avec Philippe, et Dudley ne fut pas accueilli comme il avait compté l'être. Il fit part de ce contre-temps à ses amis, qui, dans leur désespoir, résolurent d'exécuter seuls leur projet ; mais ils furent trahis par un des leurs. Kingston, Throckmorton, Staunton, Udal et plusieurs autres furent arrêtés, et ne tardèrent pas à périr sur l'échafaud. Ceux qui échappèrent aux recherches se sauvèrent en France. Marie sollicita leur extradition ; mais le roi se contenta de répondre, avec toute la courtoisie possible, qu'il ne savait rien des personnes en question. Ce refus, ne laissant aucun espoir de s'emparer des principaux conspirateurs, Marie, furieuse, rejeta toute sa colère sur sa sœur Élisabeth. Deux des prisonniers, Peckham et Werne, officiers de la maison de la princesse, l'avaient compromise par leurs aveux, et les poursuites commençaient contre elle, lorsque Philippe, qui voyait que la santé de la reine déclinait, et qui songeait qu'à sa mort le trône d'Angleterre appartiendrait de droit à Marie Stuart, dauphine de France et reine d'Écosse, si la princesse Élisabeth n'existait plus, reconnut qu'il était de son intérêt de lui sauver la vie. Il obtint de Marie la cessation de toutes les informations ; et la reine, déclarant qu'elle tenait sa sœur pour innocente, fit exécuter les deux dénonciateurs. Cependant les proscrits retirés en France n'étaient pas restés inactifs, et ils avaient préparé une insurrection à la tête de laquelle ils placèrent un jeune homme du nom de Cleobury, qu'ils donnèrent pour le comte de Devonshire. Cleobury débarqua sur la côte du Sussex, et publia une proclamation qui déclarait lady Élisabeth et lord Edmond Courtenay, son époux, reine et roi d'Angleterre. Il eut peu de succès. Les troupes de Marie ne tardèrent pas à défaire le petit détachement qui le suivait, et il fut pris et exécuté comme traître. (1556.)

Élisabeth se trouvait encore compromise, et peut-être sans l'avoir voulu. Elle se justifia dans une lettre à sa sœur ; mais quoique Marie lui eût fait répondre qu'elle ne croyait point en sa culpabilité, Élisabeth sentit que le danger auquel elle échappait pour la seconde fois pourrait se renouveler, et elle résolut de solliciter un asile à la cour de Henri II. Elle dépêcha donc la comtesse de Sussex, sous un déguisement, à l'ambassadeur français, afin d'en obtenir les moyens de quitter une terre si périlleuse pour elle et de passer sur un sol plus hospitalier. L'ambassadeur, sans lui refuser son secours, lui fit dire par son émissaire que, si elle voulait monter un jour sur le trône d'Angleterre, elle ne devait pas en perdre de vue les rivages, et qu'elle devait se rappeler que, si, à l'avénement de Jeanne Gray, Marie se fût rendue auprès de l'empereur en Flandre, comme on le lui avait conseillé, elle serait encore en exil. Élisabeth se conforma à cet avis. Elle se retira dans sa maison de Hatfield, où elle régla toutes ses démarches avec une extrême circonspection.

Marie, toute reine, toute puissante qu'elle était, ne jouissait pas du bonheur qu'elle avait rêvé, et sentait son cœur dévoré d'inquiétudes. Elle n'ignorait pas que son mariage lui avait fait un grand nombre d'ennemis, que les emprunts forcés qu'elle avait arrachés à la noblesse et aux commerçants, lui avaient attiré toute leur haine, et qu'une économie qui ressemblait à de l'avarice paraissait justifier le bruit qu'elle sacrifiait les trésors de l'Angleterre à l'avidité de Philippe. Elle s'apercevait que les bûchers de Smithfield n'avaient pas donné à la religion catholique une base assez solide pour que ses pieuses institutions lui survécussent. Élisabeth était fille d'Anna Boleyn, et certainement dissidente, quoiqu'elle feignît de se conformer aux ordonnances ; elle était appelée à régner malgré son illégitimité, et il ne serait pas facile de déterminer le parlement à la frapper d'incapacité. Marie songeait cependant à obtenir ce point important, lorsqu'une nouvelle entreprise contre sa puissance et sa vie vint changer le cours de ses idées. Thomas Stafford, l'un des proscrits, second fils de lord Stafford et petit-fils du duc de Buckingham, s'embarqua à Dieppe suivi de quelques centaines d'Anglais et d'Écossais, surprit le château de Scarborough, se donna le titre de protecteur du royaume d'Angleterre, et, par une proclamation virulente contre Marie, reine indigne et illégitime, qui sacrifiait l'état aux Espagnols, il appela sur le champ de bataille tous les Anglais animés du sentiment de l'indépendance, afin de délivrer la patrie de la tyrannie de l'étranger. Cette imprudente tentative ne pouvait avoir aucun succès, et Stafford, assiégé dans son château de Scarborough par le comte de Westmoreland, fut forcé de se rendre à discrétion. Mais on crut reconnaître que le roi de France, nonobstant les traités qui liaient les deux états, ne perdait pas une occasion de susciter des ennemis à la reine, ou de faciliter leurs entreprises; en conséquence la guerre fut résolue, et le roi d'armes Norroy fut, suivant l'ancien usage, envoyé à Paris avec la mission de défier Henri II. Henri répondit qu'il confiait la querelle à la décision du souverain maître des hommes; qu'il ne lui appartenait pas d'entrer en altercation avec une femme qui ne faisait qu'adopter sans nécessité les inimitiés personnelles de son mari, et que Dieu prononcerait. Philippe avait réuni en Flandre quarante mille hommes; environ dix mille Anglais, commandés par le comte de Pembroke, vinrent le rejoindre, et cette armée, sous les ordres de Philibert, duc de Savoie, pénétra dans la Picardie. Le connétable de Montmorency, à la tête de vingt-cinq mille hommes au plus, essaya de résister à ce torrent qui, après avoir menacé Marienbourg et Rocroy, s'était arrêté devant Saint-Quentin; il voulut en vain jeter du secours dans la place, fut écrasé par l'armée espagnole, perdit plus de trois mille hommes, et fut fait prisonnier avec l'élite de la noblesse française (août 1557). Saint-Quentin se rendit à Philippe, qui prit encore Ham et le Castelet et mit ensuite ses troupes en quartier d'hiver.

Pendant ce temps, d'autres événements préoccupaient vivement la reine Marie : c'était une incursion des Écossais et une contestation avec le saint-père. La guerre d'Écosse fut promptement terminée, mais la discussion avec la cour de Rome dura plus longtemps et fut plus douloureuse au cœur de la reine. Le cardinal Pole, si longtemps martyr de son attachement à la foi catholique, était attaqué par le cardinal Caraffa, devenu pape sous le nom de Paul IV, ses doctrines déférées à l'inquisition, et le saint-père, lui faisant déclarer que son titre de légat était révoqué, lui intimait l'ordre de revenir immédiatement à Rome. Le motif qui faisait agir le pape provenait de ce que Philippe faisait la guerre au saint-siége, et qu'il avait rendu des ordonnances qui empiétaient sur l'autorité pontificale. Marie se plaignit vivement, et ordonna de saisir toutes les dépêches qui pourraient venir de la cour apostolique; par ce moyen, les lettres de révocation furent trouvées et détruites, et la querelle allait prendre le plus fâcheux caractère d'aigreur, lorsque, après plusieurs revers, le pape fut amené à signer la paix avec Philippe. Pole, toutefois, fut mandé à Rome, afin de se purger de l'accusation d'hérésie. Marie refusa de le laisser partir. Les procédures commencèrent; mais la question resta en suspens, et la mort du pape, celle de Pole, puis celle de Marie, la mirent bientôt au néant.

Au milieu de l'hiver la guerre recommença en France, mais au grand désavantage des armées anglaises. Le duc de Guise prit la résolution de s'emparer de Calais, précisément à l'époque où la rigueur de la saison semblait rendre toute entreprise impossible. L'année précédente, Coligny avait conçu ce projet, et des ingénieurs, chargés par lui d'examiner les environs de la place, en avaient reconnu les approches et tracé un plan d'attaque. Des marais impraticables couvraient la ville sur tous les points, à l'exception d'une digue défendue par deux châteaux, ceux de Sainte-Agathe et de Newham-Bridge, et la facilité de recevoir des secours de l'Angleterre rendait improbable toute tentative de l'ennemi. Le duc de Guise, ayant réuni vingt-cinq mille hommes et un train considérable d'artillerie à Compiègne, fit courir le bruit qu'il se proposait de reprendre Saint-Quentin. Ce fut donc de cette ville que l'on s'occupa. Mais tout à coup il dirigea sa marche sur Calais, et lord Wentworth, qui en était le gouverneur, ne reconnut le danger que lorsqu'il ne fut plus temps d'y porter remède; attaqué de tous les côtés, et dans l'impossibilité de résister plus longtemps, il rendit la ville avec tous ses magasins, ses munitions et les amas de marchandises qui y étaient entassées, et demeura lui-même prisonnier avec cinquante personnes de marque; la garnison et les citoyens eurent la liberté de retourner en Angleterre (janvier 1558). La place de Guisnes et toutes les dépendances de Calais subirent le même sort. A la nouvelle de cette conquête, la joie de la France fut au comble : en Angleterre la douleur et le mécontentement éclatèrent de toutes parts. La reine sollicita aussitôt des subsides, afin de se mettre en mesure de réparer cette perte, et on lui accorda tout ce qu'elle demanda. Les côtes du Devonshire furent fortifiées, et l'on prépara un armement assez puissant pour s'emparer du port de Brest et obtenir ainsi un équivalent à ce que l'on avait perdu. Cette expédition, sortie du havre de Portsmouth, atteignit en effet les côtes de Bretagne; mais Brest, averti à temps, se défendit vigoureusement. L'amiral anglais borna ses exploits à brûler la petite ville du Conquet et deux ou trois villages, et revint en Angleterre sans gloire et sans profit. (1558.)

La santé de la reine, affaiblie depuis l'époque où des sensations inaccoutumées lui avaient donné lieu de croire à une grossesse, déclinait d'une manière rapide. Elle commençait à reconnaitre que ses sujets la détestaient. Les discussions avec le saint-siége, la perte de Calais, la douleur que lui causait le départ de son époux, qui allait régir l'Espagne, et dont elle n'espérait plus le retour, tout se réunissait pour l'accabler. Dans sa sollicitude pour la religion catholique, elle fit venir sa sœur et l'interrogea de nouveau sur ses opinions réelles. Élisabeth se plaignit de sa méfiance, mais elle éluda ses questions sur le dogme, et se contenta d'affirmer par serment que sa croyance et ses sentiments étaient les mêmes que ceux de la reine. Peu de temps après, Marie, sentant sa mort prochaine, fit remettre à sa sœur les joyaux de la couronne en la suppliant de lui accorder trois choses : le maintien de l'église catholique, le paiement de ses dettes privées, et des récompenses pour ses domestiques. Le lendemain 17 novembre 1558, elle se fit dire une messe dans sa chambre, et mourut avant la fin du sacrifice. Elle était âgée de quarante-deux ans.

La longue et cruelle persécution dont Marie accabla les partisans de l'église réformée sera une cause éternelle d'opprobre pour sa mémoire; pourtant cette princesse possédait plusieurs des qualités qui font les bons souverains. On a des preuves de la sollicitude qu'elle déploya afin d'obtenir pour ses sujets une plus équitable administration de la justice. Ainsi, lorsqu'elle eut à nommer un nouveau président de la cour des plaids communs, elle déclara qu'elle avait à cœur de faire cesser les plaintes légitimes qui depuis longtemps reprochaient aux magistrats de sacrifier les droits des sujets, dans toutes les causes où la couronne était partie intéressé. « Mon bon plaisir, dit-elle en s'adressant aux juges, est que tout ce « qu'on peut présenter en faveur d'un sujet soit admis et écouté. Songez que vous « siégez ici, non comme mes avocats, mais comme des juges impartiaux entre mon « peuple et moi. » Mais cet amour de la justice, la sagesse et la simplicité des mœurs de Marie, sa bienfaisance et sa générosité éclairée, toutes ces qualités sont oubliées, et il ne reste d'elle que le souvenir d'un fanatisme qui, pendant cinq années, couvrit l'Angleterre de bûchers et d'échafauds.

Costumes de la fin du règne de Marie.

ÉLISABETH.

(1558 - 1603.)

onformément [1] au statut de la trente et unième année du règne de Henri VIII le trône, après la mort de Marie, revenait à la princesse Élisabeth. Elle y monta sans obstacle. Le parlement se trouvait assemblé depuis peu de jours ; Heath, archevêque d'York et lord chancelier d'Angleterre, annonça aux chambres que Dieu avait disposé de lady Marie, leur dernière souveraine, et leur en avait donné une autre dans la personne de lady Élisabeth sa sœur. L'assemblée répondit à l'instant par des cris de « longue vie à la reine Elisa-

---

[1]. Cette lettre est le fac-simile de celle qui fut employée par l'imprimeur John Day dans l'édition originale de l'ouvrage de Fox intitulé : *the book of Martyrs*, qu'il imprima en 1563. Elle représente Élisabeth, assise sur son trône et dans tout l'appareil de la royauté. Près de la reine se tiennent trois de ses conseillers privés ; au-dessus de sa tête s'entrelacent des fleurs et des fruits, symboles de l'abondance, tandis qu'elle foule au pied le serpent de l'hérésie, représentée aussi par le pape qui, ses clefs brisées à la main, tourne le dos et semble s'enfuir.

beth! » et des hérauts proclamèrent la nouvelle reine à Westminster, puis à Temple-Bar, en présence du lord-maire et des aldermen.

Élisabeth résidait en ce moment à Hatfield. Une députation du conseil vint lui apprendre la mort de sa sœur et son avénement au trône. Elle répondit à ses félicitations, en annonçant que sous peu de jours elle nommerait un nouveau conseil dans lequel elle avait l'intention de faire entrer la plupart des personnes honorables et prudentes qui avaient joui de la confiance de son père, de son frère ou de sa sœur, et qu'elle montrerait à tous qu'elle leur savait gré des services dont l'état leur était redevable. En effet, elle conserva onze des conseillers de Marie, distingués par leur capacité ou leur influence, et comme ils étaient tous catholiques, elle balança leur autorité en leur adjoignant huit collègues attachés à la communion protestante, parmi lesquels on remarquait le marquis de Northampton; le comte de Bedford; sir William Cecil, qu'elle créa secrétaire d'état; sir Nicolas Bacon, auquel elle confia les sceaux.

Ayant provisoirement pourvu aux plus importantes affaires du royaume, Élisabeth notifia aux cours étrangères la mort de Marie ainsi que son avénement par droit de naissance et du consentement de la nation anglaise. Philippe, qui se trouvait alors en Belgique, répondit à l'ambassadeur Cobham qu'il désirait ne rien omettre pour conserver une amitié aussi précieuse, et donna l'ordre à son représentant à Londres, le duc de Féria, de faire à la reine des propositions de mariage. Élisabeth n'ignorait pas l'extrême aversion que le peuple avait marquée pour l'alliance de Marie avec un prince catholique, et elle était trop habile pour s'exposer à subir le reproche de vouloir livrer son pays à la domination étrangère; elle fit conséquemment une réponse obligeante, mais évasive, et Philippe en conçut assez d'espérance pour s'empresser de solliciter en cour de Rome les dispenses nécessaires à l'accomplissement de cet hymen. Il ne se doutait pas que le principal obstacle à ses desseins dût provenir du Saint-Père lui-même.

D'après les ordres de sa souveraine, sir Édouard Carne, résident anglais auprès du saint-siège, annonça au pape qu'Élisabeth avait remplacé Marie, et que l'un des principes de son gouvernement serait de n'exercer aucune violence sur les croyances religieuses et les consciences de ses sujets. Paul IV, vieillard plein de zèle pour l'église, dominé en outre par l'ambassadeur de France qui prétendait que la véritable héritière du trône d'Angleterre était Marie, reine d'Écosse, petite fille de la sœur de Henri VIII, déclara qu'il ne pouvait reconnaître le droit d'une princesse qui n'était pas née en mariage légitime, et dont la mère avait été flétrie du nom de concubine par les sentences de Clément VII et de Paul III; que la reine d'Écosse avait droit à la couronne comme descendante légitime de Henri VII; que cependant il était disposé à traiter Élisabeth avec toute l'indulgence que le permettrait l'équité, si elle voulait soumettre la discussion à son arbitrage et s'abandonner à ce qu'il lui plairait de décider.

Au moment où elle recevait cette réponse, Élisabeth apprit que Marie Stuart, reine d'Écosse, qui avait épousé François, fils aîné de Henri II, prenait conformément à la décision du pape, le titre et les armes de reine d'Angleterre. Ses conseillers l'engagèrent alors à répudier promptement une religion qui la déclarait illégitime. Cécil l'assura que la plus grande partie de la nation était attachée aux doctrines de la réformation, et que les intérêts de la reine étaient d'accord avec l'inclination du peuple; que cependant, bien que les anathèmes et les excommunications de Rome fussent devenus, près des esprits sages, un objet de ridicule plutôt que de terreur, il était prudent d'agir avec circonspection, et de marcher à pas mesurés afin qu'ils fussent plus sûrs. Il lui conseilla donc de se former un plan secret de conduite dont les principales dispositions étaient d'effrayer le clergé catholique par des procès de *Præmunire*, de défendre tous les sermons quels qu'ils fussent, d'avilir par des accusations et de destituer tous les magistrats et les dépositaires de l'autorité sous le dernier règne, de distribuer aux protestants les emplois civils et militaires, les chaires universitaires et les dignités ecclésiastiques. Le marquis de Northampton, lord John Gray, les comtes de Bedford et de Pembroke eurent seuls connaissance de ces résolutions; les obsèques de Marie furent même accomplies avec toutes les solennités du rituel catholique; mais, peu de temps après White, évêque de Winchester, fut emprisonné pour les doctrines émises dans le sermon qu'il avait prêché à ces funérailles, et l'évêque de Londres, Bonner, fut cité pour rendre compte de certaines amendes prononcées par ses ordonnances et perçues à son profit. Ce fut alors qu'Élisabeth fit défendre au clergé la prédication, et lui enjoignit de se conformer en tout à la manière d'officier usitée dans sa propre chapelle, jusqu'à ce qu'une nouvelle liturgie eût été déterminée. Ces dispositions alarmèrent tellement les évêques qu'ils se rassemblèrent et décidèrent entre eux qu'il leur était impossible d'officier au sacre d'une princesse qui annonçait ainsi l'intention formelle de modifier les coutumes de l'église catholique. Toutefois l'évêque de Carlisle consentit à couronner la reine, à condition qu'elle se conformerait à tous les rites accoutumés, et qu'elle prêterait le serment d'usage. Élisabeth dissimula son mécontentement et souscrivit à ces conditions; mais le jour même du couronnement, comme elle se rendait à l'église, un enfant, qui représentait la Vérité, descendit d'un arc de triomphe érigé par les corps de métiers et lui remit une bible en langue anglaise. Elle reçut gracieusement le livre saint, et caressa l'enfant qu'elle retint auprès d'elle. C'était faire voir qu'elle ne tarderait pas à se déclarer hautement en faveur de la religion réformée. (Janvier 1559.)

Les réformateurs attendaient avec impatience l'ouverture du parlement, sachant bien que la cour ayant envoyé aux shérifs la liste des candidats parmi lesquels ils devaient faire choisir les membres des communes, les élections n'avaient pas été favorables aux catholiques. La reine assista en grand appareil à la première séance. Le garde des sceaux y mit sous les yeux des chambres le tableau de la situation du royaume, peignit tous les maux, tous les crimes, tous les abus qui avaient affligé les peuples sous le règne de Marie, et montra, en perspective, les félicités qui les attendaient sous Élisabeth. La reine désirait que le parlement établît un règlement uniforme de religion, et qu'il adoptât un livre de commune prière qu'elle lui faisait présenter; elle demandait encore que l'on pourvût à la sûreté de l'état contre tous ses ennemis, qu'ils fussent étrangers ou nationaux. La chambre des communes vota d'abord une adresse pour inviter la reine à contracter une alliance qui assurât promptement son bonheur et la succession à la couronne. Quoique mécontente de cette tentative d'intervention dans ses engagements personnels, Élisabeth eut la prudence, en repoussant la requête des communes, de ne se servir que d'expressions dont nul ne pouvait se blesser. « Il convenait peu, disait-elle, à une « princesse indépendante d'écouter des représentations de cette nature ; elle avait « épousé l'Angleterre, et ne se considérait pas comme stérile au milieu d'une sem- « blable famille ; elle ne désirait personnellement, pour sa gloire, qu'un tombeau « sur lequel on graverait qu'elle avait régné et qu'elle était morte *reine vierge* ; « mais si le ciel voulait dans sa sagesse qu'elle prît un époux, son seul but en le « choisissant serait le bonheur et la grandeur de son peuple. » Cette affaire ainsi terminée, le parlement s'occupa du changement de religion. La reine fut déclarée gouvernante suprême de l'église ; on rapporta la plupart des actes de Marie, et l'on fit revivre ceux de Henri VIII et d'Édouard VI ; on déclara que tous ceux qui maintiendraient l'autorité du pape seraient sujets à la pénalité du statut de *Præmunire*, qui de la confiscation s'élevait, en cas de récidive, à l'emprisonnement perpétuel et à la mort ; on astreignit tout ecclésiastique entrant dans les ordres ou possesseur de bénéfices, tout magistrat ou officier gagé, tout laïque faisant hommage ou demandant l'investiture d'une terre, à reconnaître Élisabeth comme directrice suprême en toute cause, spirituelle ou temporelle, et à répudier toute juridiction étrangère. Le clergé opposant une vive résistance à ces bills, la reine institua une commission composée de cinq évêques et trois docteurs catholiques d'un côté, de huit théologiens réformés de l'autre, pour que les articles controversés fussent livrés à une discussion publique. Le lord garde des sceaux, Nicolas Bacon, fut nommé leur arbitre, et les séances des deux chambres suspendues, afin que les membres du parlement eussent la faculté de s'instruire des objets sur lesquels ils étaient appelés à prononcer. Les catholiques devaient ouvrir la conférence, et les réformés répondre à leurs questions ou à leurs objections. Mais les prélats, prétendant que cet arrangement leur apportait un grand préjudice, en mettant tout l'avantage de la discussion du côté de leurs adversaires, rompirent la conférence. Alors le conseil envoya à la Tour les évêques de Winchester et de Lincoln, et la discussion continua devant les six autres catholiques qui se présentèrent tous les jours à l'assemblée, mais refusèrent de prendre part aux débats. Tous furent condamnés à l'amende comme opiniâtres et rebelles, et le parlement adopta le livre de prières communes. Il rendit ensuite deux statuts en vertu desquels : 1° toutes les propriétés ecclésiastiques, restituées à l'église par la reine Marie, furent annexées de nouveau à la couronne ; 2° la reine fut autorisée, lors de la vacance d'un évêché, à prendre possession des terres en dépendant, à l'exception du palais épiscopal et de ses domaines, sous la condition de donner en retour un équivalent en dîmes et redevances.

Lorsque le parlement se fut séparé, Élisabeth fit demander aux évêques le serment de reconnaissance de sa suprématie, et tous, à l'exception de celui de Landaff, se refusèrent à le prêter. Un grand nombre de membres du haut clergé et des universités imitèrent leur exemple ; le clergé inférieur prit seul un autre parti. On transféra les hautes dignités de l'église réformée à ceux de ces ecclésia-

ÉLISABETH,

d'après le tableau original du Zucchero.

stiques qui montraient le plus de capacité, et le nombre des prêtres ne se trouvant plus alors assez considérable pour suffire à tous les besoins, on permit à des espèces de ministres improvisés, tirés de la classe des artisans, de lire le service dans l'église, en leur interdisant toutefois l'administration des sacrements.

Pendant ce temps, la France, l'Espagne et l'Angleterre, lasses des longues guerres qui les désolaient, traitaient de la paix à Cateau-Cambresis (2 et 3 avril 1559). Repoussé comme mari par Élisabeth et voyant cette princesse embrasser le parti de la réforme, Philippe II abandonna dans le congrès les intérêts de l'Angleterre. Par son alliance avec l'Écosse et la rupture de l'Espagne avec l'Angleterre, la France était alors en position d'obtenir des conditions très-favorables, ou, en cas de refus, de recommencer et de continuer avantageusement la guerre; cependant les intrigues du connétable de Montmorency et de Diane de Poitiers arrachèrent à Henri II le traité de Cateau-Cambresis, « où l'on céda d'un trait de plume ce que les armes espagnoles n'auraient pu arracher après trente ans de succès. » La pénurie du trésor d'Élisabeth et le défaut absolu d'armée régulière mettaient la reine dans la nécessité de conclure la paix à tout prix; aussi voulut-elle en vain stipuler la restitution de Calais. L'article principal du traité porta que le roi de France rendrait cette ville au bout de huit années, sous un dédit de cinq cent mille couronnes et la garantie de huit commerçants étrangers; mais que si la reine Élisabeth ou ses sujets en son nom, faisaient, par les armes, aucune tentative directe ou indirecte contre les territoires ou les sujets du roi de France ou de la reine d'Écosse, elle perdrait ses droits à toute restitution. Le peuple ne se trompa point sur la valeur réelle de cette stipulation et sentit que ce n'était qu'un subterfuge qui permettait à la reine d'abandonner un peu moins honteusement une place si importante pour l'Angleterre. On essaya de détourner son attention et de satisfaire son juste mécontentement en déférant aux tribunaux les gouverneurs qui avaient rendu Calais et les châteaux voisins. Ils furent condamnés à diverses peines, mais on n'exécuta jamais la sentence.

La tranquillité était rétablie en Europe; mais Élisabeth n'avait pas oublié l'injure qu'elle avait reçue de Marie Stuart, et quoiqu'elle même continuât à prendre le vain titre de reine de France, elle regardait comme un outrage que Marie prit aussi celui de reine d'Angleterre. Toutefois elle conclut à Cateau-Cambresis un traité de paix avec sa rivale; mais elle se réserva le droit de lui susciter secrètement autant d'ennemis qu'il lui serait possible. Elle y parvint aisément en favorisant les entreprises des réformateurs écossais.

La réforme avait été embrassée en Écosse avec ardeur; les vices du haut clergé catholique avaient depuis longtemps disposé le peuple à l'adopter. Les principales dignités ecclésiastiques de ce pays appartenaient en effet presque toutes aux puinés des grandes familles, gens sans instruction et sans mœurs, et dont la plupart, abbés et prieurs des plus riches abbayes, n'étaient pas même dans les ordres sacrés. Leur conduite désordonnée les rendit l'objet du mépris populaire, tandis qu'au contraire on admirait l'austérité et la régularité des prêtres du nouvel évangile; et en peu de temps les réformateurs devinrent si nombreux, que le comte d'Arran, régent, effrayé des rapides progrès de la nouvelle religion, obtint du parlement de faire revivre les anciens statuts contre les fauteurs de doctrines hérétiques. Mais la translation de la régence des mains du comte d'Arran dans celles de la reine-mère, Marie de Guise (1554), laissa respirer les partisans de la réforme, et le retour de Genève du célèbre Jean Knox, donna une nouvelle impulsion à leur

Knox, d'après le tableau original conservé au château d'Holy-Rood.

zèle. « Knox, l'apôtre de la patrie, était le disciple sincère et l'ami de Calvin. Sa conviction farouche ne connaissait pas de ménagement; presbytérien, ennemi de l'épiscopat, il refusa un évêché pendant son séjour en Angleterre, sous Édouard VI; son enthousiasme, la sévérité de ses mœurs, la mâle rudesse de son éloquence charmaient et entraînaient le peuple. » Aussi, tandis qu'en Angleterre la réforme, faite par le souverain et à son profit, était, à travers toutes ses métamorphoses, toujours restée aristocratique et plus ou moins luthérienne; en Écosse, faite par le

peuple et en haine de l'aristocratie, elle devint aussitôt démocratique et calviniste.
« Ce fut au sein de cette contrée sauvage, parmi une race d'hommes pauvres et indépendants, que parurent ces fanatiques sombres, insensibles et sourds comme la lettre morte de la loi, auxquels leur éloignement pour les bals, les spectacles, la bonne chère et les plaisirs les plus innocents, fit donner le nom de puritains.[1] »

En 1557, les réformateurs formèrent une association ou *corenant*, qu'ils appelèrent « la congrégation du Seigneur, » en opposition à l'église romaine, qu'ils nommaient la « congrégation de Satan. » A leur tête étaient les comtes d'Argyle, de Morton et de Glencairn. Tous s'engagèrent à combattre pour leur sainte cause; à former de fidèles ministres de l'évangile; à les soutenir; à les défendre, ainsi que toute la congrégation et chacun de ses membres en particulier, de tout leur pouvoir et au péril de leur vie; à renoncer à la congrégation de Satan; à s'en déclarer les ennemis publics ainsi que de ses abominations et de son idôlatrie. C'était une déclaration de guerre contre le clergé catholique et ses adhérents; il y répondit en faisant juger et condamner au feu un prêtre, jadis catholique, devenu protestant. Il se nommait Walter Milne, et menait, dit-on, une vie irréprochable. Le nouveau martyr subit sa peine avec un courage remarquable, et le spectacle de sa mort, qui devait intimider les partisans de la réforme, leur valut un grand nombre de prosélytes parmi le peuple, indigné de la cruauté des catholiques, ou entraîné par cet enthousiasme qui s'empare souvent des plus flegmatiques à la vue des actions empreintes d'un grand caractère.

L'année suivante (1559), Knox qui était retourné à Genève pour se soustraire aux vengeances dont on l'avait menacé, revint en Écosse. Il établit sa chaire à Perth, et reprenant le cours de ses prédications fanatiques, s'y mit à déclamer avec sa rude éloquence et sa violence ordinaire contre les abominations de l'église de Rome. Exaltés par ses discours, les habitants se précipitèrent sur les monastères, renversèrent les statues des saints, brisèrent, dispersèrent les vases sacrés, et livrèrent aux flammes les ornements sacerdotaux.

Ces violences irritèrent enfin la régente, qui marcha sur Perth accompagnée de deux mille Français et d'un petit nombre d'Écossais. Un nouvel acte d'association fut signé entre les réformés qui, devenus plus audacieux par l'indulgence qu'on opposait aux fureurs de leur zèle, renouvelèrent les scènes de Perth à Crail, Cambuskenneth, Antrusther, Scone, Stirling, Linlithgow, « qu'ils purgèrent des souillures du papisme. » La régente fut forcée de chercher un asile à Dunbar, et la cause des catholiques semblait perdue; mais, par suite de cet esprit d'inconstance qui s'attache dans l'histoire à toutes les déterminations des Écossais, les forces des insurgés diminuèrent tout à coup, tandis que celles de la reine augmentèrent dans la même proportion. Elle s'avança alors sur Édimbourg dont les réformés s'étaient emparés; les *Saints* s'effrayèrent à leur tour, et acceptèrent une capitulation.

Le cabinet de Londres s'était contenté de fomenter les mouvements des insurgés écossais; mais lorsqu'après la mort de Henri II, tué dans un tournoi donné en l'honneur du mariage de sa fille et de sa sœur avec Philippe d'Espagne et Philibert de

---

1. Théodose Burette, *Histoire moderne*, t. 1, p. 308.

Savoie (juin 1559), l'époux de Marie Stuart, François II, monta sur le trône, Élisabeth eut à craindre que l'union des couronnes de France et d'Écosse, n'entraînât son renversement, si le roi de France, qui ne la regardait que comme une reine illégitime, parvenait à diriger à son gré les affaires de l'Écosse. En conséquence elle équipa une flotte de treize vaisseaux qu'elle fit partir pour le Forth sous le commandement de l'amiral Winter, assembla une armée de huit mille hommes à Ber-

Costumes militaires du commencement du règne d'Élisabeth.

wick, conclut avec la congrégation un traité qui devait conserver toute sa force tant que durerait le mariage de François II et de Marie Stuart, et, tout en persistant à déclarer que sa ferme résolution était de maintenir la paix de Cateau-Cambresis, fit commencer les hostilités. (1560.) Marie de Guise s'était retirée à Leith où elle s'était fortifiée, et ses armes eurent d'abord assez de succès; mais les réformés furent bientôt rassurés par l'arrivée de la flotte de Winter, qui s'empara des vaisseaux de la régente. Marie se plaignit à Elisabeth d'une telle infraction aux traités. Celle-ci affecta de montrer une vive sollicitude pour le maintien de la paix, et chargea Norfolk, son lieutenant dans le nord, d'excuser l'amiral, en mettant sa conduite sur le compte d'une erreur; mais en même temps elle prenait part à diverses conspirations ourdies en France pour le massacre des Guise et le triomphe des protestants, et à l'époque de la conjuration d'Amboise, recevait à Londres La

Renaudie, amené par son ambassadeur Throckmorton, lui fournissait des fonds et lui donnait des promesses de secours. La conspiration fut déjouée, et La Renaudie périt dans le combat auquel cette découverte donna lieu. C'était le cas d'abandonner l'intrigue et d'agir ouvertement ; mais Élisabeth préféra les routes détournées, et, tout en déclarant que le roi et la reine de France étaient ses grands et bons amis, et en défendant de faire aucun tort à leurs sujets, elle prenait la résolution de ne pas poser les armes avant d'avoir chassé tous les Français de l'Écosse. Son armée vint camper devant Leith ; mais son humeur irrésolue paralysa les opérations du siége, et ses soldats ayant été repoussés avec d'assez grandes pertes, elle donna l'ordre à Cecil de traiter de la paix avec les commissaires français, Randan et Montluc. Les préliminaires étaient déjà signés lorsque la régente fut atteinte d'une grave maladie; transportée au château d'Édimbourg, elle y expira le 10 juillet 1560, après avoir recommandé aux chefs des deux partis de terminer leurs querelles, et de veiller à la prospérité du royaume et aux droits de la reine Marie. Après sa mort, les plénipotentiaires achevèrent le traité commencé. Il fut convenu que les troupes françaises évacueraient l'Écosse, à l'exception de Dunbar et d'Ichkeith; que les états se réuniraient après leur départ; que, sur une liste de vingt-quatre personnes, désignées par les négociateurs, ils choisiraient cinq membres, et la reine Marie sept, lesquels formeraient un conseil chargé du gouvernement du royaume; que les grandes charges de la couronne seraient réservées aux Écossais seuls; que le roi et la reine de France ne pourraient déclarer la guerre ou faire la paix sans le consentement des états; enfin, que les lords de la congrégation et leurs adhérents ne seraient point inquiétés pour le passé. Afin de hâter l'exécution de ce traité, Élisabeth envoya des vaisseaux qui transportèrent les troupes françaises dans leur patrie, et, par une convention subséquente, on stipula que François II et Marie, reconnaissant que le trône d'Angleterre appartenait légitimement à Élisabeth, renonceraient à porter le titre de souverains de ce royaume et de celui de l'Irlande. Élisabeth, que cet article remplissait de joie, se hâta de ratifier ce nouveau traité; mais le cabinet de France s'y refusa, sous le prétexte que les points principaux du traité d'Édimbourg n'avaient pas été accomplis. Il était vrai en effet que les états d'Écosse s'étaient assemblés sans l'autorisation royale, qu'ils avaient aboli la juridiction papale, l'administration du baptême, la célébration de la messe, et approuvé une confession de foi composée par Knox, et semblable à celle de Genève ; il était vrai aussi qu'Élisabeth elle-même continuait à soutenir les rebelles dans leur désobéissance.

Mais le lien qui unissait la France et l'Écosse, et faisait la force de la jeune reine Marie, allait être bientôt rompu. François II était depuis longtemps malade, il mourut le 5 décembre 1560. En butte à la haine de la reine-mère, Catherine de Médicis, et rappelée en Écosse par un parti qui se flattait d'être puissant, Marie Stuart résolut d'y retourner, et fit demander à Élisabeth un sauf-conduit pour traverser ses états. Mais bien que, depuis la mort de François II, Marie eût cessé de prendre le titre de reine d'Angleterre, elle n'avait cependant fait aucune renonciation formelle à ses prétentions, et les conseillers d'Élisabeth craignant qu'elle ne choisît un nouvel époux qui les ferait revivre, lui firent répondre qu'elle ne devait s'attendre à obtenir une telle faveur d'une souveraine qu'elle avait offensée en refusant de ratifier le dernier traité, qu'en lui donnant à cet égard toute satisfaction. En même temps Élisabeth prenait la résolution de s'emparer de celle qu'elle regardait comme sa rivale, ou de l'empêcher au moins de se rendre en Écosse, et envoyait un agent aux membres de la congrégation, afin de les déterminer à conclure avec elle une ligue perpétuelle. Le comte d'Arran, les lords Argyle, Morton, Glencairn, Maitland, et Jacques Stuart, frère naturel de Marie, s'engagèrent à servir les intérêts de la reine d'Angleterre.

Marie Stuart avait alors dix-huit ans; depuis la mort de François, elle résidait en Lorraine chez ses oncles maternels, les ducs de Guise. Elle fut indignée du refus d'Élisabeth, et répondit à l'ambassadeur anglais Throckmorton, qui la pressait de ratifier le traité : « Votre maîtresse, dont j'aurais désiré l'amitié, ne « conserve aucun ménagement pour ma personne; je retournerai dans mon « royaume sans sa permission, comme je suis venue en France malgré les embûches « de son frère Édouard. Elle me reproche ma jeunesse; c'est un défaut que chaque « jour corrige; mais, à plus forte raison, elle me reprocherait ma folie, si dans ce « jeune âge, sans l'avis de mon parlement, je me permettais de ratifier des traités. « Je suis reine comme elle, et ne suis pas sans amis. Elle a l'âme grande, je puis « l'avoir aussi grande qu'elle, et tous les procédés devraient être égaux entre nous. « Je n'ai nulle intention de favoriser les mécontents de son royaume, et je suis « affligée de la voir fomenter des intrigues avec les rebelles du mien. Je désirerais « que nous fussions aussi intimement unies par les liens d'une mutuelle affection « que nous le sommes par ceux du sang. Elle trouverait en moi une bonne parente « comme une bonne voisine, et notre alliance serait alors solide et durable. » Quoique sachant que la reine d'Angleterre avait chargé Winter de croiser dans le détroit, sous prétexte de donner la chasse aux pirates mais en résultat pour s'emparer de sa personne, Marie n'hésita pas à entreprendre le voyage, s'embarqua à Calais, et fit en pleurant ses adieux à cette terre de France où son enfance avait été si heureuse, sur laquelle elle avait régné, et qu'elle ne devait plus revoir[1]. Un épais brouillard la déroba aux recherches de l'amiral anglais, qui traversa cependant sa petite escadre et s'empara d'un de ses vaisseaux. Elle mit pied à terre à Leith; et, bien qu'inattendue, fut accueillie par toute la population avec des transports de joie et d'admiration. Son extrême beauté, sa jeunesse, son affabilité, les charmes de son esprit, lui firent dès le premier moment un parti nombreux, et ce fut au milieu de l'allégresse universelle qu'elle fit son entrée dans

---

1. Voici les vers qu'elle fit en quittant la France :

> Adieu, plaisant pays de France,
> O ma patrie
> La plus chérie,
> Qui as nourri ma jeune enfance,
> Adieu, France! adieu, mes beaulx jours!
> La nef qui desjoint nos amours
> N'a ci de moi que la moitié;
> Une part te reste; elle est tienne;
> Je la fie à ton amitié,
> Pour que de l'autre il te souvienne.

sa capitale (août 1561); mais dès le lendemain, une tentative de meurtre, faite sur un de ses chapelains par une populace fanatique qui le désignait comme un prêtre de Baal, vint la rappeler aux embarras de sa position. Élisabeth s'excusa d'avoir fait courir ses vaisseaux sur l'escadrille de Marie en disant que son amiral avait cru attaquer des pirates que le roi d'Espagne lui avait signalés.

Bien que la reine d'Angleterre donnât constamment à entendre que le célibat seul pouvait assurer sa félicité, on croyait peu qu'elle persévérât dans la résolution de le garder, et les princes étrangers comme les principaux de ses sujets, aspiraient à l'honneur de sa main. Parmi les poursuivants, on distinguait l'archiduc Charles d'Autriche, fils de l'empereur Ferdinand, et le duc de Holstein, Adolphe. Celui-ci, beau, jeune, distingué par ses qualités guerrières, semblait devoir l'emporter. Élisabeth, qui l'aimait, le combla d'honneurs, le décora de l'ordre de la Jarretière, lui assigna sur le trésor une pension considérable, mais sans consentir à lui donner le titre de roi. A côté de ces princes se présentait le comte d'Arran, fils de l'héritier présomptif de la couronne d'Écosse, réformateur des plus ardents qui se flattait d'être récompensé par Élisabeth de son zèle pour la religion évangélique. Des députés de la congrégation et du parlement écossais, les comtes de Morton, de Glencairn et de Maitland, expliquèrent à la reine quelle était la récompense que le comte d'Arran attendait de ses services; mais la reine répondit que Dieu ne lui avait donné aucune inclination pour le mariage, et qu'elle ne désirait rien au delà de sa position actuelle. Arran fut tellement affecté de ce refus qu'il en perdit la raison.

En repoussant ainsi ces propositions, la reine accordait cependant à de simples sujets des distinctions propres à flatter leurs espérances. Sir William Pickering, homme d'une naissance obscure, naguère simple agent près de quelques petits princes de l'Allemagne, osa se mettre au rang des concurrents. La régularité de sa figure lui valut l'attention de la reine, qui l'honora même de tant de bontés, durant quelques semaines, que les courtisans ne mettaient plus en doute l'accomplissement prochain de cet étrange hymen; mais cette fantaisie céda bientôt à l'amour qu'inspira à Élisabeth le jeune Robert Dudley, frère du feu duc de Northumberland, proscrit à l'époque où ce seigneur avait été décapité. La reine Marie lui avait pardonné; Élisabeth le nomma maître de la cavalerie, le créa chevalier de la Jarretière, et peut-être, dans les premiers moments de son entraînement, l'eût-elle épousé, s'il n'eût été déjà marié. Lady Dudley était la fille d'un simple gentilhomme du Devonshire; elle mourut, bientôt après son mariage, dans une demeure solitaire du Berkshire où son mari l'avait reléguée. On rapporta de cette mort d'étranges circonstances, et le bruit courut que Dudley avait assassiné sa femme dans l'intention d'aplanir le seul obstacle qui s'opposât à son mariage avec la reine. L'enquête juridique ordonnée le justifia de cette imputation, et les courtisans furent plus que jamais convaincus que Dudley ne tarderait pas à porter la couronne; on alla jusqu'à publier que la reine, dans la vivacité de sa passion, lui en avait donné la promesse solennelle, et l'on cita même les personnes de l'intérieur du palais qu'elle avait prises à témoin de sa parole. Le secrétaire intime Cecil s'effraya de l'ascendant toujours croissant que prenait le jeune lord, et, n'osant témoigner ouvertement à la reine sa désapprobation du projet qu'elle avait formé, il eut recours à l'habileté de l'ambassadeur Throckmorton qui, sous prétexte d'informer la souveraine de tout ce qui se disait dans les cours étrangères, lui envoya un messager secret chargé de lui faire part des remarques, réelles ou prétendues, faites en cette circonstance par divers ambassadeurs étrangers sur la reine et sur l'infâme caractère de Dudley. Élisabeth écouta le messager tantôt de l'air du dédain et en faisant des éclats de rire, tantôt en se couvrant le visage dans ses mains comme accablée de honte. Elle lui répondit enfin que sa démarche était fort inutile, qu'elle n'avait point formé un tel projet d'union, mais que d'ailleurs elle possédait des preuves certaines de l'innocence de Dudley, faussement accusé du meurtre de sa femme. On continua cependant, durant plusieurs années, à penser que ce mariage aurait lieu.

Tandis que Dudley jouissait ainsi de toutes les faveurs de la reine, et se flattait d'obtenir le plus haut rang que puisse convoiter un ambitieux, le comte d'Arundel, descendant d'une maison aussi ancienne qu'illustre, espérait de son côté fixer le choix d'Élisabeth. Il possédait une expérience politique appréciée de tous les hommes d'état, et une fortune immense ; mais il comptait déjà près de cinquante années. La reine usa de beaucoup de coquetterie envers ce soupirant. Elle en accepta de riches présents et des fêtes splendides qui absorbèrent la plus grande partie de ses richesses ; ce fut de lui qu'elle reçut la première paire de bas de soie qu'on eût encore vue en Angleterre. Lorsque le dérangement des affaires du comte lui eut interdit la faculté de concourir avec la même magnificence à ses amusements, Élisabeth accabla cet amoureux suranné du poids de ses rigueurs, et, quelques années après, elle lui ordonna, comme coupable d'avoir fait partie d'une conspiration catholique, de garder à perpétuité les arrêts dans sa maison.

Les amours éphémères d'Élisabeth ne portaient point obstacle au cours de sa politique, et de même que Philippe II se posait en champion du catholicisme et de l'unité religieuse, elle se déclarait le rempart et l'appui des protestants des diverses nations de l'Europe, entrait dans toutes les intrigues ourdies par les partis religieux, et fomentait, surtout en France, les fureurs de la guerre intestine que faisaient aux calvinistes commandés par le prince de Condé, l'amiral de Coligny, et son frère d'Andelot, les catholiques à la tête desquels étaient le connétable de Montmorency, le duc de Guise et le cardinal de Lorraine. Quatorze armées étaient en mouvement, et toutes les horreurs des guerres civiles signalaient également les triomphes momentanés des deux partis. Des deux côtés on avait recours aux étrangers : les Guise demandaient assistance à Philippe II et au pape ; Condé à Élisabeth et aux princes d'Allemagne. Le roi d'Espagne envoya six mille soldats ; Élisabeth conclut avec le prince de Condé un traité secret, par lequel elle s'engagea à lui fournir une somme de cent mille couronnes, et une armée de six mille hommes (juillet 1562). De son côté le prince promit de lui remettre la ville du Havre que la reine devait garder, non-seulement comme garantie du remboursement de l'argent prêté, mais aussi de la restitution de Calais. Aussitôt après la signature de ce traité, les six mille hommes débarquèrent au Havre et à Dieppe qui furent livrées à l'Angleterre.

L'ambassadeur français à Londres réclama vainement contre cette conduite d'Élisabeth. Aux vives plaintes du cabinet français la reine affecta de témoigner la plus grande surprise; elle éprouvait une vive affection pour son jeune frère le roi de France, et elle s'étonnait qu'il ne la remerciât pas du secours qu'elle avait envoyé à ses peuples, afin de les mettre en état de repousser la tyrannie de la maison de Guise. Une proclamation dans ce sens, qu'elle fit publier en Normandie, indigna les Français attachés à leur patrie; de toutes les provinces ils accoururent dans les rangs de l'armée royale, et le duc de Guise mit le siège devant la ville de Rouen que possédait Condé. Elle fut emportée d'assaut, nonobstant les efforts d'un détachement que le comte de Warwick, chargé du commandement de toutes les troupes anglaises, était parvenu à jeter dans ses murs. La garnison fut passée au fil de l'épée et la ville livrée au pillage. Toute la Normandie se soumit, à l'exception du Havre. (1562).

Cet échec était de nature à exciter un tel mécontentement dans l'esprit de la reine que ses ministres n'osèrent lui en donner connaissance; Dudley seul pouvait se charger de le lui annoncer; il le fit en lui reprochant sa parcimonie, cause évidente de la perte qu'on venait de faire. Élisabeth l'écouta avec patience, convint de ses torts, et donna l'ordre de lever en Allemagne une armée de douze mille hommes. Réunis aux Anglais et aux protestants, ces mercenaires rencontrèrent les royalistes catholiques aux environs de Dreux (5 janvier 1563). Dès le commencement de l'action, le prince de Condé et le connétable de Montmorency, qui commandaient les deux armées opposées, furent l'un et l'autre faits prisonniers; alors le duc de Guise, qui ne servait que comme simple gentilhomme, s'empara du commandement des troupes royales, et remporta une victoire qui d'abord avait semblé plus que douteuse. L'amiral de Coligny sauva les débris de son armée et demanda de nouveaux secours à l'Angleterre.

Élisabeth avait promis beaucoup d'argent; mais son extrême avarice la retenait toutes les fois que le moment arrivait de réaliser ses promesses. Cependant elle convoqua un parlement, et, sous le prétexte que la maison de Guise avait fomenté des conspirations contre sa personne, elle fit approuver sa conduite envers la France, et obtint un subside considérable. La conspiration qu'elle signalait avait été tramée par deux frères, neveux du cardinal Pole, qui aspiraient à obtenir dans l'état le rang qui leur était dû comme descendants directs du duc de Clarence, frère d'Édouard IV. Une indisposition de la reine ayant donné lieu à des propos populaires sur le peu de durée de l'existence qui lui était réservée, les frères Pole formèrent le projet de passer sur le continent si elle venait à mourir, d'y réunir un corps de troupes, de débarquer sur les côtes du pays de Galles, et d'y proclamer Marie Stuart héritière d'Élisabeth. L'un des deux devait épouser la nouvelle reine d'Angleterre, et l'autre prendre le titre de duc de Clarence. Ce complot ne fut pas tenu suffisamment secret; Élisabeth en eut connaissance et fit arrêter, juger et condamner les deux frères, puis leur pardonna (1562).

Le parlement, dans cette session, étendit l'obligation de prêter le serment de suprématie aux membres de la chambre des communes, aux tuteurs, aux procureurs, aux maîtres d'école, à toute personne ayant tenu un emploi dans l'église sous ce règne ou sous les trois précédents ; à quiconque enfin serait soupçonné de désapprouver le culte établi, ou aurait assisté à la célébration d'une messe. La peine de mort était prononcée contre tout individu qui refuserait, après deux sommations, le serment de suprématie ; mais cet épouvantable statut devait faire couler tant de sang que la reine, effrayée, ordonna d'envoyer au métropolitain et à tous les évêques chargés de recevoir le serment, une lettre confidentielle qui leur prescrivait de ne jamais le demander une seconde fois sans ordre de la cour. Cette conduite, humaine et prudente, comparée à celle de sa sœur Marie, lui valut un grand nombre de partisans, et l'affermit beaucoup mieux sur le trône que n'aurait pu le faire un nouveau déploiement de rigueurs. La convocation du clergé prépara ensuite un symbole de croyance nationale qui fut rédigé et publié en peu de jours, et la reine donna une seconde preuve de sagesse en refusant son assentiment à la proposition de considérer et de punir comme hérétique toute personne qui n'adopterait pas en totalité les doctrines contenues dans ce livre. Les chambres, instruites de l'opinion d'Élisabeth, repoussèrent comme inutile la sanction pénale présentée par la convocation.

Tandis que les factions religieuses ne se combattaient encore en Angleterre que par les paisibles moyens des délibérations parlementaires, les catholiques et les protestants ou huguenots couvraient la France de sang et de larmes. Cependant, lorsque le duc de Guise eut succombé sous le coup d'un assassin, Condé se rappelant qu'il était le premier prince du sang et espérant en cette qualité la lieutenance générale du royaume, signa à Amboise, nonobstant le traité passé avec Élisabeth et le subside qu'il venait d'en recevoir, un traité d'accommodement avec les chefs catholiques. Une amnistie complète était accordée aux calvinistes ; le culte protestant autorisé dans les maisons des nobles, dans les domaines des seigneurs hauts-justiciers, et dans une ville par bailliage. (1563.)

Élisabeth, à qui le prince de Condé fit part de cette pacification inattendue, en l'invitant à rendre le Havre au roi de France, répondit qu'elle conservait cette ville comme garantie de la restitution de Calais. Le gouvernement français lui proposa vainement d'exécuter dans tous ses points le traité de Cateau-Cambresis, et lui offrit de nouveaux otages et de nouveaux engagements : elle refusa tout accommodement et même de recevoir le remboursement des sommes qu'elle avait avancées aux huguenots. Cependant, lorsqu'elle vit que les troupes royales pressaient fortement le siége du Havre, elle revint sur les propositions faites et voulut entrer en négociation. Il était trop tard. Une maladie pestilentielle enlevait chaque jour une partie de la garnison ; deux brèches furent pratiquées, et le comte de Warwick ne se croyant pas assez fort pour soutenir un assaut, capitula (28 juillet 1563). La nécessité d'obtenir la paix fut, par cet événement, démontrée à Élisabeth qui s'empressa d'envoyer des ambassadeurs en France. Ce ne fut qu'après cinq mois qu'ils parvinrent à se faire écouter. Le traité qu'ils conclurent assura la possession de Calais à la France, et les otages livrés comme sûreté de la restitution de cette ville furent mis en liberté contre le paiement du quart de la somme promise dans l'origine.

Pendant ces événements, Marie Stuart semblait avoir reconquis l'amitié d'Élisabeth. Les deux reines entretenaient une correspondance remplie des expressions les plus tendres; les deux seigneurs les plus en crédit dans les deux cours, lord Robert Dudley et lord Jacques Stuart, imitaient leurs souveraines, et les deux secrétaires d'état, Cecil et Maitland, s'écrivaient également sur les intérêts de l'Angleterre et de l'Écosse avec une apparence de confiance et de sincérité. Cependant le différend relatif à la reconnaissance des droits d'Élisabeth et à la renonciation de Marie Stuart au titre de reine d'Angleterre n'était pas encore ajusté. Marie paraissait disposée à satisfaire aux désirs d'Élisabeth; mais elle voulait que celle-ci, à défaut d'enfants légitimes, la déclarât son héritière. Dans l'espoir d'aplanir toutes les difficultés, on imagina une entrevue et une conférence entre les deux reines, et déjà Marie avait reçu ses passe-ports et saufs-conduits pour elle et sa suite, lorsque la reine d'Angleterre refusa le rendez-vous sous les plus futiles prétextes. Le fait est que, vaine de sa beauté, devant laquelle ses courtisans étaient en adoration, elle ne voulut pas s'exposer à la comparaison qu'ils en eussent faite avec celle de Marie Stuart.

La meilleure intelligence continua cependant à subsister entre les deux reines, et les Guise ayant formé le projet de donner la main de leur nièce à l'archiduc Charles, Marie fit part à Élisabeth de la demande de ce prince. Pour empêcher ce mariage, la reine d'Angleterre noua une intrigue en Allemagne, afin d'engager l'empereur à reprendre les négociations qui avaient existé entre elle et l'archiduc; mais Ferdinand répondit assez durement qu'il n'entendait pas être dupé une seconde fois. Repoussée de ce côté, Élisabeth voulut engager Marie à refuser elle-même le fils de l'empereur et lui envoya des agents secrets chargés de lui faire entendre que du choix de son époux dépendait l'admission de ses prétentions à la succession d'Angleterre; en se résignant au célibat, disait-elle, elle voulait voir sa *jeune sœur* unie à un seigneur anglais, car il fallait que son époux eût assez de connaissance des intérêts des deux nations pour accroître et conserver l'union qui devait exister entre les deux couronnes, et l'archiduc d'Autriche, présenté par le cardinal de Lorraine, devait être considéré comme un ennemi de l'Angleterre. La reine d'Écosse, moins habile que sa rivale et sans dissimulation, demanda quel était l'époux que recommanderait son auguste sœur, et, après quelques mois d'hésitation, Élisabeth lui désigna son favori, Robert Dudley, qu'elle venait de créer comte de Leicester (1564). Cette proposition singulière ne plut pas à l'amant en titre de la reine d'Angleterre, qui soupçonna Cecil d'avoir imaginé ce projet afin de lui faire perdre les bonnes grâces d'Élisabeth. Marie répondit qu'il était au-dessous de sa dignité d'épouser un simple seigneur, et la correspondance des deux reines fut quelque temps interrompue.

Les sujets de la reine d'Écosse insistaient cependant pour qu'elle se donnât un époux, et lord Darnley, fils du comte de Lennox, qui descendait des rois d'Angleterre par sa mère, et des rois d'Écosse par son père, se mit sur les rangs. Marie reçut avec plaisir l'ouverture qui lui fut faite de réunir, par ce mariage, en un faisceau, tous les droits à la succession d'Angleterre, et dépêcha lord Melville, l'un de ses confidents, vers Élisabeth, afin de s'assurer de ses intentions réelles, et de faire cesser, s'il se pouvait, un refroidissement qui l'affligeait. Melville, aimable, adroit, insinuant, parvint à mettre en défaut la méfiance d'Élisabeth, et à lire dans son cœur. Il reconnut qu'un amour-propre sans mesure y régnait avec toute la déraison qu'un esprit de jalouse coquetterie pouvait inspirer à une femme; et, en effet, pendant toute la durée de son ambassade, Élisabeth n'eut d'autre pensée que de lui faire avouer qu'elle l'emportait en beauté sur la reine d'Écosse. Comme Melville avait beaucoup voyagé, et qu'il lui avait parlé des parures diverses qui, dans les lieux qu'il avait parcourus, ajoutaient aux charmes du beau sexe, elle affecta de se montrer à lui chaque jour sous le costume féminin de l'une des nations qu'il avait citées. Elle tirait grande vanité de la beauté de ses cheveux, quoiqu'ils fussent d'un blond très-ardent, et prit l'habitude de se coiffer à l'italienne parce que Melville lui avait dit que l'usage des femmes de l'Italie était de les laisser flotter sur les épaules; puis elle entrait dans les détails les plus étranges sur les charmes et les qualités de sa rivale; s'informait du rapport de sa taille à celle de Marie, et, en apprenant que Marie était la plus grande, elle s'écria : « Elle est donc trop grande, car ma taille est dans les plus justes proportions. » Enfin elle demanda à Melville, en exigeant une réponse catégorique, quelle était la plus belle, d'elle ou de Marie. Melville se tira de ce mauvais pas en répondant que la reine qui l'interrogeait était la plus belle personne de l'Angleterre, et Marie la plus belle de l'Écosse; mais ces faiblesses du caractère d'Élisabeth l'effrayèrent pour l'avenir de sa souveraine, et il se hâta de lui faire savoir qu'elle ne devait jamais compter sur l'affection de la reine d'Angleterre.

La conduite de cette princesse était en effet pleine de ruse et de fausseté, et presque inexplicable. A sa demande, le comte de Lennox, qui était en exil depuis vingt ans, avait reçu de sa souveraine la permission de rentrer en Écosse, et elle-même avait engagé le jeune Darnley à suivre son père à Edimbourg. La présence du jeune lord acheva de décider Marie, et elle informa la reine d'Angleterre qu'elle accordait sa main à Darnley, et l'appelait à partager son trône. A cette nouvelle, Élisabeth envoya la comtesse de Lennox à la Tour, fit saisir tous les biens que cette famille possédait en Angleterre, et donna l'ordre à Throckmorton de partir pour la cour d'Écosse, et de protester contre le mariage de la reine. Quand cet ambassadeur se fut bien convaincu que la résolution de Marie était inébranlable, il s'adressa aux lords mécontents, prétendit que la nouvelle religion courait le plus grand danger par cette union, les excita à la révolte, et leur promit les secours de l'Angleterre. On répandit le bruit que Marie faisait des tentatives pour restituer aux évêques catholiques une partie de leur juridiction civile, qu'elle avait écrit au concile de Trente une lettre où elle protestait de son attachement à la foi de ses pères, et qu'elle nourrissait l'espérance de faire rentrer un jour ses états dans le sein de l'église universelle. Afin d'empêcher un mariage qui lui enlevait ses droits éventuels au trône d'Écosse, le frère naturel de Marie, lord Jacques Stuart, récemment créé comte de Murray, se réunit au comte d'Arran, duc de Châtellerault, aux comtes d'Argyle, de Rothes, de Glencairn, aux lords Ochiltree, Boyde, Kirkaldy de Granges, Pittarow et à d'autres. Ils déclarèrent que la religion de l'évangile était en danger, formèrent le projet de s'emparer de Marie, de Lennox et de Darnley, de tuer ces deux derniers, d'enfermer la reine à Lochlevin, de confier le gouvernement au comte de Murray, et choisirent pour l'exécution de leur complot le moment où Marie se rendait de Perth à Callendar. Le duc de Châtellerault occupa Kinneil ; Argyle, Campbell-Castle ; Rothes, Parret-Wall ; Murray, Lochlevin ; ils devaient se rassembler dans l'église de Leith et se saisir de la reine à son passage ; mais elle fut informée de ces dispositions, et elle atteignit Callendar avant l'heure fixée pour leur réunion. Déçus dans leur espoir, les lords se rencontrèrent à Stirling, et, sous prétexte de pourvoir à la sûreté de la religion, ils s'engagèrent à se défendre mutuellement, et demandèrent de prompts et efficaces secours à Élisabeth qui leur envoya trois mille livres sterling.

Instruite de la réunion de Stirling, Marie se hâta de publier une apologie de ses desseins, déclara que jamais elle ne troublerait aucun de ses sujets dans sa croyance et son culte, appela à sa défense tous ceux qui lui étaient fidèles, conféra à Darnley les titres de comte de Ross et de duc d'Albany, ordonna la publication de ses bans, et l'épousa dans la chapelle de Holy-Rood (29 juillet 1565), en prescrivant de lui donner le titre de roi et de placer en tête de ses ordonnances les mots : « De par Marie et Henri, reine et roi d'Écosse. » L'activité et la résolution de ses mesures lui valurent en peu de jours une nombreuse armée. Elle prit le ton qui convenait à une souveraine, pria sa bonne sœur de ne point se mêler du gouvernement de son royaume, marcha contre les lords mécontents avec dix-huit mille hommes, et les força de chercher un asile en Angleterre. Murray se rendit à Londres, et Élisabeth, qui n'aimait les traîtres que lorsqu'ils avaient réussi, refusa d'abord de le recevoir ; mais comme elle avait à cœur de persuader qu'elle était entièrement étrangère à la conspiration, elle l'admit ainsi que l'abbé de Kilwinning, agent du duc de Châtellerault, en présence des ambassadeurs de France et d'Espagne, les obligea tous deux de convenir à genoux qu'ils n'avaient point agi par ses conseils et qu'elle n'avait pris aucune part à la rébellion, puis les chassa de sa présence en les appelant traîtres. Pour les consoler de leur bassesse, elle leur accorda une petite pension (1565).

Tandis qu'Élisabeth entourait d'obstacles le mariage de la reine d'Écosse, elle semblait prendre elle-même la résolution de se marier, mais elle hésitait dans le choix de l'époux qu'elle voulait se donner. Si son amour la portait vers Leicester, son orgueil la détournait d'un homme qui n'avait ni richesse, ni pouvoir personnel, ni influence sur l'esprit du peuple. Ses conseillers lui persuadèrent qu'elle ne pouvait songer qu'à un prince souverain, et elle fit part de cette résolution à Leicester qui feignit un grand désespoir et s'absenta de la cour ; mais la reine le rappela, et parut renoncer aux poursuivants étrangers. Plus tard, Catherine de Médicis la demanda pour son fils Charles IX, alors âgé de quatorze ans. Après quelques réflexions, Élisabeth refusa en alléguant la différence d'âge, et on en revint à l'archiduc Charles. L'empereur ne paraissait plus si opposé à cet hymen ; mais il mourut durant la négociation qui continua toutefois. Par ses intrigues et son inconstance, Élisabeth la fit durer près de trois années ; enfin elle imagina d'exiger que l'archiduc renonçât à la religion catholique. Ce prince, s'apercevant alors qu'il était dupe de la dissimulation de la reine d'Angleterre, épousa la fille du duc de Bavière.

La reine d'Écosse était loin d'avoir trouvé le bonheur dans son union avec Darnley. Si la jeunesse et les avantages personnels de ce seigneur l'avaient d'abord séduite, son insolence, ses goûts grossiers, ses scandaleux excès, sa violence et son ingratitude le lui présentèrent bientôt sous un jour moins favorable; elle résolut de mettre plus de réserve dans sa confiance, et de ne lui accorder aucun pouvoir. Instruits de la colère de Darnley, ceux des mécontents qui n'avaient point été exilés en Angleterre parvinrent à l'engager à faire cause commune avec eux, et, pour se l'attacher tout à fait, les lords Morton, Lindsay, Ruthwen, Maitland, éveillèrent sa jalousie en lui inspirant des soupçons sur la nature des relations de Marie et de son secrétaire Rizzio. David Rizzio, Piémontais, qui jadis avait suivi en Ecosse un ambassadeur de Savoie, avait été, sur la recommandation de ce ministre, placé par la reine parmi les pages de la chambre. Il chantait avec goût, jouait du luth, et possédait parfaitement la langue française. Cette connaissance lui valut la place de secrétaire pour les dépêches de France, et, comme toute la correspondance avec les princes étrangers se faisait en français, elle passa par les mains de Rizzio qui eut occasion d'approcher souvent de la reine et de lui donner des preuves d'intelligence et de dévouement. A l'époque de son mariage, elle le créa garde du trésor privé.

Pendant que Georges Douglas, l'ami de Darnley, se chargeait du soin d'aigrir son ressentiment en lui parlant incessamment de l'ambition de Rizzio, de son avidité, et de son insolent amour pour Marie, les relations journalières de cette princesse avec son secrétaire étaient exploitées aussi par le clergé réformé, qui saisissait avec avidité toutes les occasions de répandre dans le peuple une opinion défavorable à la reine. Égaré par des conseils perfides, Darnley souscrivit un engagement avec les lords exilés, Argyle, Boyde, Rothes, Murray, Ochiltree, et promit de les soutenir, de défendre leur religion, d'obtenir leur grâce, tandis que, de leur côté, ils s'obligèrent à lui maintenir durant sa vie la part qu'il devait avoir comme roi dans le gouvernement de l'Écosse, et dans cette vue, à prendre parti pour lui « envers et contre tous, à la vie et à la mort; » enfin à faire prévaloir, à la mort de Marie, ses justes prétentions à sa succession. Un article de ce traité portait l'engagement secret de saisir et de tuer partout où l'on pourrait les rencontrer, David Rizzio, les comtes de Huntley, de Bothwell et d'Athol, les lords Fleming, Livingston et sir James Balfour.

Marie ouvrit le parlement le 7 mars 1566, et les lords, restés en majorité fidèles à sa cause, présentèrent un bill de proscription contre ceux qui ayant pris part à la dernière rébellion se trouvaient encore en Écosse. Ce bill devait être discuté peu de jours après; mais le samedi 9, vers huit heures du soir, Morton, accompagné de quatre-vingts hommes armés, s'empara des portes du palais, et fit prévenir le roi que le moment d'agir était arrivé. Marie, que fatiguait une grossesse très-avancée, était en ce moment à souper dans un cabinet attenant à sa chambre à coucher, avec la comtesse d'Argyle, sa sœur naturelle, et l'abbé commandataire de Holy-Rood House. Erskine, le capitaine des gardes, Beton, le grand-maître de la maison, et Rizzio, se trouvaient ce jour-là de service et entouraient la table. Le roi pénétra dans l'appartement par un passage dérobé, s'assit près de la reine, et lui passa un bras autour de la ceinture comme pour lui dérober le spectacle qu'on lui préparait ou l'empêcher de fuir. Lord Ruthwen, le sire de Ruthwen, et les lords Douglas, Ballentyne et Kerr le suivirent armés de pied en cap. Ce fut Ruthwen qui frappa d'abord les regards de Marie ; effrayée à son aspect, elle lui ordonna de sortir, sous peine d'être puni comme traître pour avoir osé s'introduire, sans son ordre, dans la chambre royale ; mais Ruthwen, fort de l'assentiment de Darnley, répondit arrogamment qu'il venait dans l'intention de faire subir à Rizzio le châtiment qu'il méritait. L'infortuné secrétaire courut vers sa souveraine, et tenta de se mettre à l'abri derrière son fauteuil, en implorant sa protection et criant à genoux : « Justice ! ô ciel, justice ! » La reine employa les pleurs, les supplications, les menaces pour le sauver ; mais on les dédaigna, Kerr osa lui présenter un pistolet, Ballentyne leva sur elle un poignard, et Douglas, saisissant la dague de Darnley, en porta un coup terrible à Rizzio par dessus l'épaule même de Marie, et au risque de la blesser. Le fer resta enfoncé dans le corps du malheureux qui, luttant contre la mort, renversa la table, et couvrit de son sang les vêtements de la reine. Les assassins le traînèrent à travers la chambre à coucher jusqu'à l'antichambre où ils achevèrent de le massacrer. Marie déclara qu'elle n'oublierait jamais l'outrage qu'elle venait de recevoir, et jura de se venger ; mais elle était prisonnière. Le tumulte et le bruit avaient inutilement attiré quelques-uns de ses amis ; ils ne soutinrent qu'un léger combat. Bothwell et Huntley furent forcés de s'échapper par une fenêtre, et les autres capitulèrent. Darnley, en possession de l'autorité, cassa le parlement et promit aux conspirateurs de ne point s'opposer à l'emprisonnement de Marie dans la forteresse de Stirling ; mais la douceur de la reine, la modération qu'elle montra dans une entrevue subséquente avec son époux, lui rendirent une partie de son ascendant ; elle le fit rougir de s'être ainsi livré à ses propres ennemis, le convainquit de son imprudence, et lui fit sentir la nécessité de recouvrer une liberté qu'il avait perdue aussi bien qu'elle. Les préparatifs de leur départ ne demandèrent qu'un petit nombre d'heures, et, dans la nuit du 12 mars, accompagnés de quelques serviteurs, ils quittèrent sans bruit leur palais et gagnèrent le château de Dunbar où l'étendard royal fut arboré. Marie avait plus d'amis que les révoltés ; en peu de jours une armée de huit mille hommes se rassembla autour d'elle, et elle s'avança sur Édimbourg ; les conjurés prirent la fuite, et se trouvèrent heureux d'atteindre le sol de l'Angleterre. Elisabeth n'osa, dans sa politique, les accueillir ouvertement et leur ordonna même de sortir de ses états, mais elle les fit prévenir secrètement qu'ils pouvaient y rester, pourvu qu'ils se conduisissent avec prudence ; et, tout en envoyant féliciter de ses succès sa bonne sœur, la reine d'Écosse, elle songea à lui préparer de nouvelles embûches.

Marie ne poursuivit sa vengeance et le châtiment des assassins de Rizzio qu'avec une grande modération. Un petit nombre d'entre eux fut puni, et elle accorda grâce entière à Murray et à ses adhérents ; mais Darnley ayant repris ses désordres accoutumés, elle l'accabla de ses dédains et le réduisit à une complète nullité. Enfin le moment de ses couches arriva, événement qui intéressait l'Angleterre autant que l'Écosse. Elle mit au jour un fils (19 juin 1566) et dépêcha sur l'heure

Melville pour annoncer cette nouvelle à Élisabeth. La reine d'Angleterre en fut vivement affectée, et tomba dans une profonde mélancolie ; mais le lendemain elle reprit sa dissimulation, remercia Melville de lui avoir rapidement apporté une aussi bonne nouvelle, et déclara qu'elle voulait être la marraine de l'enfant, qui reçut le nom de Jacques.

La naissance d'un héritier du trône d'Écosse fit éclater le mécontentement que causait au peuple anglais la résolution qu'Élisabeth semblait avoir prise de vivre dans le célibat. La reine n'ignorait pas ce mécontentement, et pour se soustraire aux remontrances du parlement sur ce sujet, elle l'avait prorogé six fois de suite ; mais elle fut forcée par la détresse de ses finances de le convoquer enfin, et, en dépit de toutes les contraintes imposées par les ministres à la liberté de la parole, la chambre des pairs, prenant l'iniative, la sollicita de s'expliquer sur ses intentions relativement à son mariage et à la succession au trône. Élisabeth voulut encore éviter de donner une réponse catégorique, et ses courtisans déclarèrent officieusement aux chambres qu'ils l'avaient entendue dire positivement qu'elle était résolue à se marier ; mais la chambre des communes ne se contenta pas de cette assertion, et refusa de voter aucun subside jusqu'à ce que la reine eût au moins assuré l'ordre de la succession à la couronne. En même temps, la chambre haute lui envoyait une députation chargée de lui représenter les maux qui pouvaient résulter de son silence.

Élisabeth répondit avec hauteur que la demande de la déclaration d'un successeur était une sorte d'attentat à la sûreté de sa personne ; que la faveur qui environnait un héritier présomptif et les espérances que l'on fondait sur son prochain avénement pouvaient creuser la tombe du souverain titulaire ; que les communes agissaient en rebelles, et n'eussent pas osé se comporter envers son père comme elles le faisaient envers elle ; qu'elle saurait choisir des conseillers plus sages et plus discrets que des politiques brouillons, et qu'elle ferait part aux lords de sa décision quand elle jugerait le moment favorable. Cette réponse déplut aux deux chambres et souleva dans la discussion des idées que les possesseurs du pouvoir n'avaient pas l'habitude d'entendre, car il y fut dit en termes exprès qu'une grande nation ne devait pas être sacrifiée aux fantaisies d'une femme capricieuse ; que les souverains ne possédaient l'autorité que pour l'employer au bien du pays ; et que si la reine négligeait son devoir, les lords et les communes avaient le droit de la forcer à l'accomplir. Puis les chambres se réunirent pour rédiger une pétition qui fut lue à Élisabeth par le garde des sceaux en présence d'une nombreuse députation. La reine répondit sans colère, mais elle enveloppa sa pensée dans des phrases obscures sous lesquelles il était difficile de la reconnaître. Ces paroles énigmatiques ne satisfirent nullement la chambre des communes, et on y parlait avec plus d'énergie que jamais, lorsque la reine envoya défense de s'occuper plus longtemps de cette affaire. Les députés soutinrent que cet ordre était une infraction à leurs libertés, et refusèrent à leur tour de s'occuper des subsides. Après quelques négociations, la reine eut la prudence de céder ; elle révoqua ses ordres, et, par cette concession, elle obtint l'impôt qu'elle sollicitait ; mais à peine le bill fut-il passé qu'elle prononça la dissolution du parlement, et, dans son discours de clôture, elle avertit les membres de cette assemblée, du ton le plus amer et le plus hautain, de ne pas se risquer désormais à mettre la patience de leur souveraine à une aussi violente épreuve. Elle les assurait toutefois que, malgré les dégoûts qu'elle avait éprouvés, la plupart d'entre eux pouvaient compter sur son affection. (2 janv. 1567.)

Pendant ces discussions, de graves événements se passaient en Écosse. Marie Stuart ne pouvait oublier l'outrage qu'elle avait reçu par l'assassinat de Rizzio, et, loin de partager avec Darnley l'autorité souveraine, elle le laissait sans influence et sans pouvoir. Elle forma un nouveau conseil qu'elle composa de son frère Murray, de Bothwell, que ses fonctions d'amiral héréditaire et de gouverneur des Marches faisaient un des plus puissants seigneurs d'Écosse, de Huntley, chancelier, et du comte d'Argyle, et manifesta l'intention d'accorder un entier pardon à Maitland. Darnley s'y opposa de tous ses moyens, menaça Murray de mort, et demanda son exclusion du conseil d'état, ainsi que celle de Bothwell et de Huntley. Marie s'y refusa, et Darnley, s'absentant de la cour, se retira à Stirling, d'où il

Château de Stirling.

annonça le projet de quitter le royaume. Le comte de Lennox, son père, parvint à l'en dissuader, et le ramena à Édimbourg où Marie le conduisit devant le conseil, le conjura dans les termes les plus précis de détailler ses plaintes, de ne point dissimuler ce qui causait son déplaisir, et le pria de lui pardonner si elle avait commis quelque faute involontaire. Darnley déclara que la reine ne lui avait jamais donné aucun sujet de plainte, mais il se garda de s'expliquer avec autant de franchise sur son projet de voyage. Il repartit bientôt pour Stirling, et, dans une lettre à Marie, il lui apprit que le sujet réel de son mécontentement venait du peu d'autorité qu'elle lui laissait et du dédain que lui marquait la noblesse.

Pendant son absence, une affaire d'état ayant appelé la reine à Jedburgh avec les lords du conseil, elle alla faire au comte de Bothwell qu'un proscrit avait tenté d'assassiner quelques jours auparavant, une visite dont ses ennemis devaient bientôt tirer parti. Là, elle fut atteinte d'une indisposition causée par les inquiétudes et les ennuis que lui donnait son mari, et qui prit en peu de jours un caractère si grave qu'on désespérait de sa vie. Elle se rétablit cependant, et se retira au château de Craigmillar, où Darnley la rejoignit dans l'espoir d'obtenir de

Château de Craigmillar.

sa faiblesse le renvoi du conseil et la mise en accusation de ses ennemis. Mais Marie ne céda pas à ses obsessions, et les lords du conseil, ne voulant pas rester plus longtemps exposés à une inimitié qui, au premier retour d'affection de Marie pour son époux, pouvait leur devenir funeste, résolurent de se débarrasser de Darnley. Dans cette vue, Huntley, Bothwell, Murray, Argyle et Maitland, se rendirent auprès de la reine, et après lui avoir rappelé les outrages qu'elle avait reçus de son mari, l'engagèrent, avec les plus vives instances, à faire prononcer son divorce. Elle s'y refusa, craignant qu'une telle action ne nuisît aux droits de son fils, et répondit que Darnley parviendrait peut-être à se corriger et qu'elle pensait que les choses pouvaient aller jusqu'à ce qu'il plût à Dieu d'y apporter remède. Cette réponse rendant inexécutable le projet de divorce, les ennemis de Darnley se résolurent à l'assassiner. Un engagement rédigé par sir James Balfour, fut signé de Huntley, Bothwell, Argyle et Maitland. Bothwell se chargeait de l'exécution du crime, et les autres le garantissaient contre toutes ses conséquences.

De Craigmillar la reine se rendit à Stirling, où elle fit baptiser son fils avec une grande solennité. Sollicitée en cette circonstance par les ambassadeurs de France et d'Angleterre, elle accorda une amnistie au comte de Morton et à soixante-seize proscrits ; acte de grâce dans lequel Darnley vit une nouvelle offense, et à la suite duquel il se retira à Glascow. Là, il fut attaqué de la petite vérole. Aussitôt Marie accourut afin de lui prodiguer ses soins ; elle lui témoigna beaucoup de tendresse, son affection parut renaître, et dès qu'il put voyager, elle le ramena à Édimbourg et le plaça dans une maison située hors des murs de ville et vulgairement nommée l'église du Champ. Là, elle le visitait tous les jours, et couchait fréquemment dans une salle située au-dessus de sa chambre à coucher.

Cette réconciliation des deux époux ne fit que hâter la catastrophe qui se préparait. Le comte de Morton, rentré en Écosse, s'était arrêté à Wittingham parce qu'il lui était défendu d'approcher de la cour à une distance de sept milles ; mais Bothwell et Maitland s'étaient hâtés d'aller à sa rencontre, et, dans leur conférence, le meurtre de Darnley avait été définitivement arrêté. On savait que, le 9 février 1567, Marie coucherait au château de Holy-Rood afin d'assister, selon sa promesse, à un bal masqué donné à l'occasion du mariage d'une de ses femmes, et les conjurés résolurent de profiter de cette circonstance pour l'exécution de leur complot. Ce jour-là, en effet, la reine alla voir son mari, et après être restée auprès de lui depuis six heures jusqu'à onze heures du soir, elle revint à Holy-Rood House, parut au bal, et se retira un peu après minuit dans ses appartements. Vers deux heures du matin, une commotion terrible qui ébranla toutes les maisons alarma les habitants de la ville comme ceux du château, et bientôt la nouvelle se répandit qu'une explosion de poudre avait détruit la maison de l'église du Champ et que le roi n'existait plus.

Lorsque l'on apprit à la reine qu'elle n'avait plus d'époux, elle fondit en larmes, déplora le sort de Darnley, déclara qu'elle pensait qu'on avait voulu la rendre également victime de cet attentat, et annonça qu'elle était résolue à tirer une vengeance éclatante des coupables. Elle s'habilla de deuil, se renferma dans une chambre tendue en noir, et n'admit près d'elle qu'un petit nombre de serviteurs dévoués. Des récompenses furent offertes à qui procurerait la découverte et l'arrestation des assassins, et des lettres adressées aux cours étrangères leur apprirent les douleurs de Marie et les mesures qu'elle prenait pour la punition des meurtriers de son époux. Cependant les mêmes seigneurs se pressaient autour de sa personne et composaient son conseil, et, tandis que la voix publique accusait Bothwell et ses serviteurs, elle ne laissait percer aucun soupçon sur leur participation au crime. La faveur dont elle continua à combler le comte indigna les masses populaires au point que bientôt le bruit courut qu'elle-même était complice de l'assassinat de son mari. Des placards injurieux répandirent cette accusation : la reine le sut et eut le tort de faire rechercher les libellistes avec plus de rigueur peut-être qu'on n'en mettait à la poursuite des régicides.

Cependant le comte de Lennox avait réuni des preuves contre les assassins de son fils ; il écrivit à la reine pour lui demander justice, en accusant du crime le comte de Bothwell, sir James Balfour, Gilbert Balfour, son frère, David Chalmers, et quatre officiers du palais. Marie convoqua le parlement, et Lennox fut appelé devant la cour de justice afin de soutenir son accusation. Il quitta en effet Glasgow ; mais à peine rendu à Stirling, il apprit que Bothwell, quoique accusé, n'avait pas cessé de siéger au conseil, qu'il logeait au palais habité par la reine, se faisait escorter d'une troupe de gens armés, et que son complice, sir James Balfour, commandait le château d'Édimbourg. Intimidé par la puissance de ses ennemis, Lennox sollicita un ajournement. On n'eut aucun égard à sa prière, et le jury s'assembla. Bothwell se rendit au Tolbooth où se tenait l'assise, accompagné de deux cents soldats et de quatre mille gentilshommes ; Maitland était à cheval à ses côtés ; le comte d'Argyle présidait la cour en qualité de grand-juge héréditaire de l'Écosse, et Morton présenta la défense de l'inculpé, qui fut acquitté à l'unanimité, attendu qu'il ne se présenta pas d'accusateur. Bothwell fit à l'instant afficher un placard dans lequel il affirmait son innocence, et offrait le combat singulier à tout Écossais, Anglais ou Français qui oserait affirmer sa culpabilité.

La session du parlement s'ouvrit deux jours après (avril 1567). Les partisans de Bothwell s'y trouvèrent en majorité, et leurs mesures jetèrent quelque lumière sur le but qu'avaient eu les conspirateurs en assassinant Darnley. La généreuse et facile Marie avait déjà donné à ses ministres et à leurs partisans les deux tiers des propriétés de la couronne ; mais la loi permettait au souverain, jusqu'à sa vingt-cinquième année, de révoquer les concessions qu'il aurait faites au détriment du domaine royal. Darnley avait souvent blâmé la reine de son imprévoyante générosité, en avait obtenu des révocations partielles, et se proposait de l'engager à retirer ses donations avant qu'elle eût atteint l'âge de vingt-cinq ans. Ses ennemis le savaient, et la crainte qu'à la suite de la réconciliation qui venait de s'opérer entre lui et Marie, il ne réussît dans ce projet n'avait pas été étrangère à la détermination qu'ils prirent de le mettre promptement à mort. Pour éviter toute nouvelle appréhension de ce genre, les lords obtinrent du parlement la confirmation des donations faites à Bothwell, Murray, Huntley, Morton, Maitland, Rothes et autres, avec une décision qui privait à l'avenir la reine et ses héritiers au trône de tout pouvoir révocateur. Le parlement ratifia ensuite l'acte de la convention de 1560 qui abolissait la juridiction papale, en déclarant cependant par un autre statut que tous les Écossais étaient libres de servir Dieu selon la direction de leur conscience. Enfin un rapport sur le jugement qui avait absous Bothwell fut soumis à la chambre-haute, la procédure révisée, et le verdict du jury déclaré juste et légal. Cette session ne dura pas plus de six jours. A peine terminée, les lords se réunirent au nombre de vingt-quatre, et signèrent un pacte par lequel, reconnaissant l'innocence de Bothwell, ils s'obligèrent à le défendre envers et contre tous, dans son corps, ses héritages et ses biens, et promirent d'engager la reine à l'épouser aussitôt que la loi et les convenances le permettraient.

Cette infâme association, tache éternelle pour la noblesse d'Écosse, fut bientôt suivie d'entreprises audacieuses contre la faiblesse de Marie Stuart. Cette princesse s'étant rendue à Stirling pour voir son fils, Bothwell, sous prétexte de donner la chasse à des brigands qui infestaient les campagnes, rassembla un corps de cavalerie, se mit en embuscade en un lieu nommé Foulbridge, à un demi-mille d'Édimbourg, et se saisit de sa personne. Huntley, Maitland et Melville, qui accompagnaient Marie, furent arrêtés en même temps, et conduits au château de Dunbar. Le lendemain, on relâcha les deux premiers, mais la reine fut retenue prisonnière et séparée de ses amis pendant dix jours, après lesquels on publia qu'elle acceptait volontairement la main de Bothwell et l'épousait sans contrainte.

Les ennemis de Marie Stuart prétendirent que cette affaire était arrangée depuis longtemps; que la princesse s'était éprise d'amour pour Bothwell du vivant de Darnley, et ils citaient comme preuve la visite qu'elle lui avait faite pendant sa maladie; qu'elle était complice du meurtre de son mari, et qu'on avait eu l'air d'user de violence uniquement afin de ménager sa réputation : mais les propres déclarations de Marie démentent ces assertions. Suivant elle, Bothwell l'avait informée, depuis la mort de Darnley, de son désir de l'épouser, mais elle avait repoussé cette proposition, non parce qu'elle soupçonnait le comte d'être l'auteur du meurtre de Darnley, tous ceux qui l'entouraient lui avaient toujours déclaré que cette accusation était sans le moindre fondement, mais parce qu'elle regardait ce mariage comme au-dessous d'elle. La fermeté de sa réponse convainquit Bothwell que la force seule pourrait le faire réussir; de là son enlèvement et sa détention. Durant son séjour à Dunbar, Bothwell, en la suppliant d'attribuer sa conduite à la violence de son amour, lui avait donné connaissance du pacte signé par les lords, ce qui, loin de dompter sa répugnance, n'avait fait qu'accroître son indignation. Pendant quelques jours, elle avait espéré que ses amis embrasseraient énergiquement sa cause; mais nulle épée n'était sortie du fourreau pour sa défense; cependant elle ne s'était déterminée à épouser Bothwell qu'après que ses violences et ses attentats sur sa personne même lui eurent rendu tout refus impossible.

Quelles que fussent les causes de ce mariage, il ne tarda pas à s'accomplir. La reine, déclarant qu'elle pardonnait à Bothwell toutes ses violences, le créa duc des Orkneys, et, le 15 mai 1567, un ministre protestant les maria tous deux dans la grande salle de Holy-Rood House. L'infortunée princesse ne recouvra cependant pas sa liberté, des gardes veillèrent constamment sur toutes les issues de son appartement, nul ne put désormais parvenir en sa présence sans l'approbation expresse de son mari, et bientôt elle ne compta ses journées que par ses humiliations et ses souffrances.

Mais la chute de Bothwell devait être aussi rapide que son élévation. Son ambition, ses prétentions despotiques, et quelques tentatives qu'il fit pour se rendre maître de la personne du jeune prince d'Écosse, héritier présomptif de la couronne, donnèrent lieu de craindre qu'il ne voulût, afin de s'assurer à jamais le pouvoir, se défaire de cet enfant comme il s'était délivré du père; moins de deux mois après l'avoir assis sur le trône de Marie, les lords qui avaient souscrit l'engagement de le défendre, de le soutenir envers et contre tous, furent les premiers à l'abandonner, et à se liguer pour le renverser du haut rang où ils l'avaient élevé.

Élisabeth saisit avec empressement cette occasion de perpétuer les troubles qui désolaient l'Écosse, et, sans intervenir directement, elle fit signifier secrètement aux principaux membres de la noblesse d'Écosse, qu'afin d'éviter d'être considérés comme complices du crime de Bothwell et dévoués à l'infamie, il ne leur restait qu'à prendre immédiatement les armes contre l'assassin. Les lords se rassemblèrent donc à Stirling, et formèrent une nouvelle association dans laquelle entrèrent les comtes d'Argyle, de Morton, de Marr, d'Athol, de Glencairn, de Ruthwen; les lords Montrose, Home, Semple, Lindsay, Sinclair; les lairds Kirkaldy de Grange et Tullibardine, et le secrétaire d'état Liddington. Ils résolurent de s'emparer de Bothwell et de la reine; et le lord Home, avec huit cents chevaux, s'avança pour les surprendre au château de Borthwick. Bothwell eut avis de la tentative projetée, et gagna avec Marie la forteresse de Dunbar. Il est probable que s'il eût laissé ses ennemis tenir la campagne, le défaut d'argent et de subsistances les eût promptement dispersés; mais, suivi d'un petit nombre de troupes, il marcha contre les confédérés qu'il rencontra près de Carberry-Hill, à six milles d'Édimbourg. L'ambassadeur français, Lecroc, usa de toute l'autorité que lui donnait sa position pour opérer une réconciliation, et offrit au nom de Marie une amnistie générale; les lords exigèrent qu'elle abandonnât Bothwell au châtiment qu'il avait mérité. Le comte offrit alors le combat singulier à Morton ou à tout autre de ses accusateurs : Tullibardine et Lindsay acceptèrent successivement; mais les confédérés s'y opposèrent, et, après quelques discussions, il fut arrêté que Bothwell aurait la liberté de se retirer, que la reine serait reconduite à Édimbourg, et qu'elle y retrouverait les honneurs et l'obéissance qui lui appartenaient comme souveraine. Ces conditions acceptées, Bothwell partit pour Dunbar, d'où il parvint à se rendre en Danemark; et Kirkaldy de Grange, offrant la main à la reine, la conduisit à l'armée des lords, où Morton la reçut en fléchissant le genou, et en lui disant : « Ici, madame, est la place où vous devez être, et nous voulons « vous honorer, vous servir et vous obéir comme la noblesse de ce royaume l'a « toujours fait à l'égard de vos aïeux. »

La liberté que Marie croyait avoir recouvrée n'était qu'une cruelle captivité, et une heure suffit pour lui apprendre le sort qu'on lui réservait. A son entrée dans la capitale, elle fut insultée par les cris de la populace; et, pour comble d'outrage, on déploya sous ses yeux une bannière où l'on avait représenté le cadavre sanglant de Darnley, et son fils à genoux, s'écriant : « O mon Dieu! sois le vengeur de ma cause! » Au lieu de la conduire au palais, on l'enferma dans une chambre de la maison du prévôt, où elle fut pendant vingt-deux heures privée de tout secours, même de celui de ses femmes de service. Plusieurs fois elle parut à la fenêtre de sa prison, « et, dans un misérable état, ses cheveux épars sur les épaules et sur son sein, le corps, jusqu'à la ceinture, presque entièrement nu et à découvert, elle s'adressa au peuple d'une voix forte, en disant comment elle avait été jetée en prison par ses propres sujets qui l'avaient trahie. Personne ne pouvait jeter les yeux sur elle sans être ému de douleur et de compassion [1]. » Malgré le fanatisme puritain dont les prédications de Knox et du clergé réformé avaient enflammé les habitants d'Édimbourg ; malgré les calomnies sans nombre dont on avait souillé la réputation de Marie, les ennemis de cette princesse craignirent que la vue de ses misères n'inspirât la pitié, et ne réveillât les sympathies populaires en sa faveur. En conséquence, dès le lendemain soir, une escorte de quatre cents hommes commandée par Athol et Morton vint la prendre et la conduisit au château de Lochlevin, résidence de lady Douglas, mère de Murray, et ancienne

Restes du château de Lochlevin.

maîtresse du feu roi d'Écosse. Il semblait qu'on eût choisi cette demeure pour abreuver la captive de douleurs et d'humiliations. (Juin 1567.)

L'outrage fait à la reine d'Écosse frappa vivement Élisabeth. Elle ne redoutait plus en Marie une rivale de puissance et de beauté, et, songeant aux conséquences que pouvait entraîner un tel exemple, elle s'indigna de ce que des sujets eussent osé porter la main sur la personne sacrée d'une souveraine. Dans cette situation d'esprit, elle envoya en Écosse Throckmorton, et le chargea d'exiger la liberté de Marie tout en blâmant hautement la conduite qu'elle avait tenue. Throckmorton ne pouvait se dispenser d'obéir à sa maîtresse, et de menacer les seigneurs écossais d'une prompte vengeance s'ils refusaient satisfaction à Élisabeth ; mais, conformément aux instructions particulières que lui avait données

[1]. Lettre de Beton, du 17 juin 1567.

Cecil, il s'arrangea secrètement de manière à ne point obtenir ce qu'il demandait. On ne lui permit pas de voir la prisonnière; et, tandis qu'il échangeait avec la reine d'Angleterre une lente correspondance, les lords du conseil d'Écosse, excités par les chefs de l'église réformée, discutaient et arrêtaient des mesures qui enlevaient la couronne à Marie Stuart. Par la première, la reine devait abdiquer en faveur de son fils; par la seconde, le comte de Murray était élevé à la régence; et par la troisième, un conseil de gouvernement était créé pour remplacer Murray, en cas d'absence ou de mort. L'inflexible et fanatique lord Lindsay fut chargé de présenter ces actes à Marie et de l'engager à les signer. En entrant dans la chambre de cette infortunée, il les jeta sur une table en lui intimant, de la part du conseil, l'ordre d'y apposer sa signature si elle ne voulait être accusée de l'assassinat de Darnley, et d'adultère avec Bothwell. Marie lui fit observer que de pareils actes ne pouvaient, en aucun temps, être considérés comme légaux, et les signa sans daigner même jeter un regard sur leur contenu.

En vertu de cette abdication forcée, le jeune prince fut sacré et couronné sous le nom de Jacques VI, le 29 juillet 1567. Ce fut Morton qui prêta le serment en son nom, car l'enfant royal ne comptait guère que deux ans et demi. De plus de cent comtes, évêques ou lords qui avaient voix au parlement, il ne s'en présenta pas douze à la cérémonie.

A peine Murray, qui était sur le continent, fut-il arrivé (15 août), qu'il se hâta de visiter, à Lochlevin, la royale captive. Marie était sa sœur; elle l'avait constamment comblé de marques d'affection, elle s'était dépouillée pour l'enrichir; et quoiqu'il fût entré dans tous les complots qui avaient menacé sa puissance ou sa vie, elle lui avait constamment pardonné sa trahison, et lui avait conféré de nouveaux honneurs. Elle se jeta dans ses bras en l'apercevant; mais elle n'en obtint aucune parole de consolation. Le comte lui parla avec la plus cruelle dureté, et la menaça du tribunal et de l'échafaud : « Que Dieu soit votre refuge, lui dit-il en la quittant, car vous n'avez à espérer qu'en sa miséricorde! » Le lendemain, toutefois, il la revit, et parut s'adoucir. Marie le supplia de la sauver, elle et son fils, en acceptant la régence. C'était là justement ce que demandait Murray. Il parut hésiter, puis il consentit à se charger d'un si grand fardeau, uniquement à cause de son attachement pour elle, mais à condition qu'elle n'agirait que d'accord avec lui et qu'elle n'essaierait pas de fuir. On le proclama régent deux jours après, et il prétendit n'avoir cédé qu'aux larmes et aux prières de Marie.

Murray, en prenant la régence, avait déclaré à l'ambassadeur d'Élisabeth que les lords ne s'abaisseraient pas à des récriminations, non plus qu'à justifier leur conduite vis à vis des puissances étrangères. Cependant, au bout de quelques mois, ils songèrent à le faire, en accusant Marie des crimes qu'ils avaient commis. Une cassette en argent que François II avait donnée à cette princesse, et dont Bothwell avait fait usage, étant tombée entre les mains de Morton, on répandit le bruit qu'on y avait trouvé des lettres de la reine qui prouvaient qu'elle avait été complice du meurtre de Darnley. Ces lettres, qui furent niées par Marie lorsque, longtemps après, elle en eut connaissance, furent communiquées secrètement aux chefs du parti et à la reine d'Angleterre, et six mois après leur découverte, on en fit usage au parlement pour accuser Marie d'adultère et de meurtre ; à cet acte d'accusation l'on en joignit un contre Bothwell, à qui l'on reprochait d'avoir employé la plus odieuse violence pour forcer la reine à l'épouser. Il n'est pas nécessaire de faire remarquer la contradiction qui existait entre les deux actes ; si Bothwell était coupable de violence, Marie ne pouvait passer pour sa complice ; aussi produisirent-ils un effet contraire à celui qu'on en attendait ; un grand nombre de lords éclairés par ces calomnies revinrent au parti de la reine, et se rassemblèrent à Hamilton pour aviser aux moyens de venir à son secours.

Tandis que l'opinion publique se manifestait en faveur de Marie, elle songeait elle-même à recouvrer la liberté. Lady Douglas, mère du régent, veillait sur sa captive avec une tyrannique vigilance ; mais elle ne put empêcher que Georges Douglas, le second de ses fils, ne fût touché de la beauté et des malheurs de Marie. D'accord avec l'un des fidèles serviteurs de la reine, Beton, qui se tenait caché dans un des villages voisins, il introduisit près d'elle une blanchisseuse dont elle prit les vêtements et le panier. A la faveur de ce déguisement, elle sortit du château et monta dans le bateau qui avait amené la blanchisseuse ; mais un des rameurs ayant soulevé le plaid dont elle se couvrait le visage la reconnut, et la ramena à Lochlevin. Georges chercha son salut dans la fuite, mais cinq semaines après, son projet fut mis à exécution par un jeune page de lady Douglas. Un soir, tandis que celle-ci soupait, il s'empara de ses clefs, et, sans perdre un moment, conduisit hors du château Marie et Kennedy, l'une de ses filles d'honneur. Georges Douglas et Beton attendaient les fugitives dans un bateau, et Marie atteignit bientôt une maison appartenant à lord Seton ; elle y passa le reste de la nuit, et le lendemain elle arriva au château de Hamilton (3 mai 1568). Là elle révoqua l'acte par lequel elle avait résigné la couronne comme illégalement arraché à sa faiblesse durant sa captivité à Lochlevin, et les seigneurs qui avaient blâmé les rigueurs dont elle était victime accoururent en foule auprès d'elle.

Ce fut alors seulement qu'elle reçut, pour la première fois, quelques détails circonstanciés sur le crime de Bothwell dont on la prétendait complice, et sur l'histoire réelle du meurtre de Darnley. Elle écrivit aussitôt à Murray pour l'engager à soumettre à un parlement libre toutes les causes de dissension qui les séparaient, et à s'en remettre à la justice de la recherche et de la punition de toutes les personnes qui auraient pu tremper dans l'assassinat de son second mari. Cette proposition porta l'effroi dans l'âme de Morton et de Maitland, et à leur instigation, le conseil déclara traîtres à la nation tous les partisans de la reine. La force des choses eût cependant amené un rapprochement, si la fatalité qui poursuivait Marie ne l'eût mise en présence de Murray, un matin où, accompagnée de ses plus zélés serviteurs, elle se rendait à cheval au château de Dunbarton. La troupe que commandait le régent était inférieure en nombre, et les partisans de Marie, ne considérant que leur supériorité, l'attaquèrent aussitôt, mais sans ordre et confusément. Leurs ennemis étaient parfaitement disciplinés ; ils soutinrent le choc avec courage, et après un combat sanglant, que l'on nomma le combat de Langside, ils mirent en pleine déroute les défenseurs de la reine (15 mai). L'infortunée princesse n'eut de ressource que dans la fuite la plus prompte, et, après une course de soixante milles, elle atteignit l'abbaye de Dundrennan. Dans son désespoir, elle exprima la résolution de chercher un asile en Angleterre, près de sa *bonne sœur* Élisabeth. Ce fut en vain que ses amis s'y opposèrent, que l'archevêque de Saint-Andrew se jeta à ses genoux pour la détourner de cette funeste détermination ; Marie persista dans son dessein. Les derniers procédés de la reine d'Angleterre lui semblaient si généreux qu'il était impossible qu'ils cachassent un mauvais vouloir. En effet, durant ces événements, Élisabeth s'était déclarée hautement la protectrice de la reine d'Écosse, avait refusé de reconnaître Murray comme régent, défendu à son ambassadeur d'assister au couronnement du jeune prince, annoncé aux puissances étrangères qu'elle se proposait de rétablir Marie sur le trône, et demandé d'un ton péremptoire qu'on la remît en liberté. Marie lui envoya par Beton un anneau de diamants, qu'elle en avait reçu comme gage d'affection et garant d'assistance dans les dangers qu'elle pourrait courir, et, s'embarquant sur le Solway, dans un bateau pêcheur, elle descendit le même jour au port de Workington, à trente milles de Carlisle, où elle se rendit le lendemain. Elle envoya un courrier à Londres pour prévenir la reine de son arrivée, implorer sa protection et solliciter la permission de la voir.

Mais, par malheur pour elle, la faction qui triomphait alors en Écosse se composait des partisans de l'alliance anglaise, professait la même religion qu'Élisabeth, avait identiquement les mêmes intérêts politiques. Pour rétablir Marie sur son trône, il eût donc fallu que l'Angleterre fît la guerre à ses propres partisans ; qu'Élisabeth, la reine protestante, combattît et vainquît en Écosse le parti protestant, et cela dans quel but ? Pour rendre Marie à l'influence des Guise, qui auraient alors formé une ligue entre les catholiques d'Écosse, d'Angleterre, d'Espagne et de France, contre la religion et le gouvernement d'Élisabeth. Un danger à peu près pareil était à redouter si on laissait Marie se rendre sur le continent, où elle pourrait alors solliciter le secours de quelque puissance étrangère. Les intérêts de la religion réformée et ceux de l'Angleterre exigeaient donc qu'elle demeurât en Angleterre le reste de ses jours. Mais il fallait cacher l'iniquité de ces desseins sous le voile de l'équité et du bon droit ; ce fut l'affaire de Cecil. Aussitôt après son arrivée, Marie avait demandé à voir Élisabeth, afin de lui expliquer les calomnies et les fourberies de ses adversaires. De crainte que cette entrevue ne nuisît à ses projets, Cecil résolut de l'empêcher, en faisant entendre à sa maîtresse qu'il ne serait pas séant que la *reine vierge* admît en sa présence une femme accusée d'adultère et de meurtre : que la honte d'une action déshonorante retombait sur tous ceux qui la souffraient ou l'autorisaient ; que la reine d'Écosse devait d'abord prouver son innocence, et que le résultat d'une enquête exacte apprendrait au monde si le soulèvement des Écossais contre leur souveraine était excusable, ou si la reine d'Angleterre devait le généreux secours de son amitié à une princesse indignement persécutée ; que d'ailleurs Élisabeth avait le droit d'exiger que Marie se justifiât, puisque la couronne d'Écosse était vassale de celle d'Angleterre, et que toutes les discussions entre le peuple de ce pays et son roi devaient se décider devant le suzerain. Élisabeth fut facile à persuader. En conséquence, elle chargea lord Scrope, gouverneur des marches, et sir Francis

Knolles, son chambellan, de visiter Marie en son nom, et de lui déclarer que la reine ne pourrait l'admettre en sa présence que lorsqu'elle aurait détruit les accusations de ses ennemis devant un conseil de commissaires anglais qu'Élisabeth, en vertu de sa suzeraineté, avait le droit de lui imposer. Marie répondit avec dignité qu'elle ne concevait pas qu'une personne, quelle qu'elle fût, osât se proposer comme son juge; qu'elle n'en reconnaissait aucun; qu'elle était reine indépendante, et n'abaisserait jamais la couronne d'Écosse en la soumettant à une autre couronne. Elle se bornait en conséquence à demander la liberté de retourner dans ses états ou de traverser l'Angleterre pour se rendre en France. Le conseil d'Élisabeth se garda bien d'accorder ce qui pourtant n'était que justice, et Marie reconnut bientôt le piége où elle était tombée. Dans ses lettres à Élisabeth elle se récria vivement contre l'oppression dont elle était victime. « D'après quel principe légal, demandait-elle, la retenait-on prisonnière? Elle n'était pas la sujette d'Élisabeth, et n'était venue dans son royaume que sur une invitation expresse. Ses ennemis n'étaient pas ses égaux, mais ses sujets; elle préférait la mort à les regarder comme ses pairs. Qu'on la mît en liberté, et alors elle se ferait une loi de prouver son innocence devant sa bonne sœur, mais comme amie et non comme juge, et elle confondrait et Morton et Maitland, véritables fauteurs du meurtre de son mari. »

Mais ces lettres ne pouvaient produire d'effet sur les ministres anglais, et sous prétexte qu'ayant jadis affirmé son droit à la couronne d'Angleterre, Marie pourrait, si on lui rendait la liberté, le faire encore valoir et fomenter des troubles parmi les catholiques dont elle partageait la croyance, il fut décidé qu'on la renfermerait au château de Bolton tout le temps qu'elle resterait en Angleterre, et pour avoir un motif de l'y faire rester comme de sa propre volonté, l'adresse de Cecil suggéra un moyen qui n'était qu'un nouvel artifice. Il s'agissait de faire le procès, non de Marie, mais de ses ennemis, qui conserveraient leurs domaines et leurs dignités, s'ils se justifiaient devant les commissaires anglais nommés à cet effet, et dans le cas contraire, seraient abandonnés à la merci de leur souveraine. Si la reine d'Écosse acceptait ces propositions, Élisabeth, de son côté, consentait à signer un traité par lequel elle s'engagerait, sous de certaines conditions, à réduire à l'obéissance les sujets rebelles de Marie, et à la replacer elle-même sur son trône. Malgré l'avis de ses plus sages conseillers, Marie adopta ce parti qui devait la perdre, et la reine d'Angleterre fit signifier à Murray de se présenter devant une commission nommée par elle, et chargée d'examiner sa conduite. Le régent, rassuré par les avis secrets de Cecil, déclara qu'il était disposé à obéir aux ordres d'Élisabeth, mais en même temps demanda l'assurance que, dans le cas où elle serait convaincue, Marie ne retournerait jamais en Écosse. Celle-ci, de son côté, insista pour qu'il fût exprimé dans les pouvoirs délivrés à ses commissaires, qu'Élisabeth engagerait sa parole royale de la rétablir sur son trône.

Les conférences se tinrent dans la ville d'York. Élisabeth désigna pour examiner l'affaire, le duc de Norfolk, le comte de Sussex, et sir Ralph Sadler, créature de Cecil; Lesley, évêque de Ross, les lords Herries, Livingston, Boyd et trois autres se présentèrent en qualité de commissaires de Marie; Murray, Morton, lord Lindsay, l'évêque des Orkneys, l'abbé de Dumfermline, Maitland, assistés de l'historien

Georges Buchanan et de quatre autres conseillers, se portèrent accusateurs de Marie Stuart, sous prétexte de se défendre personnellement.

Les commissaires de la reine d'Ecosse commencèrent par demander que le fait de leur comparution ne pût jamais être considéré comme un acte de dépendance de la couronne d'Ecosse envers celle d'Angleterre, ce à quoi les commissaires anglais répondirent par des réserves; puis, ils accusèrent Murray et ses associés d'avoir outragé leur souveraine depuis son mariage avec Bothwell, d'avoir traîtreusement pris les armes contre elle, de l'avoir enfermée au château de Lochlevin, d'avoir abusé de sa captivité pour lui arracher par la terreur une renonciation à sa couronne, d'avoir rejeté toutes ses propositions d'accommodement, attaqué et défait les troupes qui protégeaient sa personne après son évasion de sa prison, et de l'avoir enfin forcée, pour sauver sa vie, à se réfugier sur le territoire de l'Angleterre. Murray repoussa ces griefs par un récit sommaire et tronqué des événements; il rappela l'enlèvement de la reine par Bothwell, le meurtrier de Darnley, l'influence qu'il avait exercée sur l'esprit de Marie, son mariage scandaleux, la honte qui en rejaillissait sur la nation, et le danger auquel était exposé le jeune prince destiné à la gouverner. Voilà ce qui avait engagé la noblesse écossaise à prendre les armes, ce qui l'avait portée à s'assurer de la personne de sa souveraine, afin que dans son amour violent pour Bothwell elle ne s'opposât pas au jugement et à la punition de cet assassin et de ses complices; il ajouta qu'elle n'avait point abdiqué par terreur, mais simplement par dégoût des soins et des soucis de la royauté.

Les commissaires de Marie triomphèrent facilement dans leur réplique de ces accusations sans preuves à l'appui; alors Murray alla trouver en secret les commissaires anglais, et leur offrit de leur communiquer des pièces qui établiraient d'une manière certaine la culpabilité de la reine d'Écosse; mais comme ces preuves exposaient sa vie et celle de ses associés, il demandait qu'avant de les produire au procès on lui donnât la certitude que la commission les considérait comme suffisantes pour établir l'accusation; qu'elle était autorisée à prononcer sentence définitive contre Marie; qu'elle exercerait cette faculté; enfin qu'après cette sentence Marie ne remonterait jamais sur le trône.

Les pièces dont Murray entendait faire usage pour perdre sa sœur se composaient principalement des huit lettres trouvées, disait-il, dans la cassette d'argent de Bothwell; ces lettres, écrites par Marie à Bothwell avant le meurtre de Darnley, et depuis sa captivité, étaient accompagnées d'une suite de sonnets adressés par la reine à son amant.

Les commissaires ne se crurent pas suffisamment autorisés pour faire une réponse directe à ces propositions, et en référèrent à Élisabeth. Pendant ce temps la ville d'York fut le théâtre d'intrigues de toutes sortes, et d'altercations continuelles entre les Écossais qui se divisaient en deux partis appelés : l'un « les lords de la reine, » l'autre, « les lords du roi. » A la tête des premiers était le comte d'Arran, duc de Châtellerault, héritier présomptif après le jeune Jacques; il redoutait les menées de Murray et les prétentions rivales de la maison de Lennox, et voulait que le trône fût rendu à Marie, Jacques VI élevé près d'Élisabeth, et le gouvernement dirigé par un conseil de nobles placés à raison de leur rang.

Murray, le chef des seconds, peu confiant dans la validité de ses preuves, consentait à abandonner son accusation contre Marie, mais à condition qu'elle ratifierait son abdication, et qu'elle consentirait à vivre en Angleterre en lui laissant la régence. « Ces deux partis, écrivait le comte de Sussex, ballottent entre eux la « couronne et les affaires publiques de l'Écosse, et ne s'occupent nullement (comme « je le pense devant Dieu), de la mère et de l'enfant, mais de servir leurs « intérêts. »

Les ministres anglais firent enfin connaître leur avis. Leur but étant surtout de prolonger l'affaire, ils répondirent à Murray que ses preuves semblaient insuffisantes, qu'on ne pouvait s'éclairer facilement par une correspondance souvent interrompue, et qu'il était nécessaire que deux commissaires de chaque parti se rendissent à la cour, afin de donner à la reine toutes les informations qu'elle pourrait désirer. Marie s'étonna de cette mesure, mais elle y consentit dans l'espoir qu'enfin Élisabeth voudrait prendre elle-même connaissance de sa cause ; elle envoya donc près de la reine l'évêque de Ross et lord Herries ; Murray délégua deux de ses défenseurs.

Mais tout à coup Marie apprit que Murray s'était lui-même rendu à Londres, et qu'en violation de la parole royale, il avait été admis en présence d'Élisabeth. Dévorée d'inquiétudes, elle chargea ses commissaires de solliciter et d'exiger pour elle une audience de la reine, afin d'être confrontée avec ses ennemis et de prouver son innocence en combattant des accusations que l'on avait écoutées. Élisabeth ne donna aucune réponse. Les commissaires s'adressèrent au conseil, présentèrent des pétitions, et protestèrent contre la procédure ; enfin ils allèrent, de l'avis des ambassadeurs de France et d'Espagne, jusqu'à déclarer la conférence terminée : tous leurs efforts furent inutiles. Le ministre refusa de recevoir leurs protestations et déclarations, et Murray, à qui la reine avait répondu d'une manière encourageante, accusa Marie Stuart « d'avoir projeté, conseillé et commandé l'as-« sassinat de son mari, et d'avoir destiné à une mort pareille le jeune prince, son « propre fils, en âge d'innocence, afin de transférer la couronne d'Écosse à un « meurtrier couvert de sang. »

Cette épouvantable accusation, dénuée de toute vraisemblance, au moins quant au second chef, fut appuyée de la communication des lettres, engagements et sonnets trouvés dans la cassette de Bothwell, et d'autres papiers qui pouvaient expliquer leur contenu. La reine avait ordonné que les principaux membres de la noblesse anglaise seraient adjoints à la commission primitive, mais au lieu de requérir leur opinion sur l'authenticité des pièces produites et sur la culpabilité de Marie, on n'appela devant le conseil que les comtes de Warwick, de Worcester, de Northumberland, de Huntingdon, de Shrewsbury, de Westmoreland, et on leur dit seulement que la reine d'Écosse demandant à s'expliquer devant Élisabeth, celle-ci répondait qu'il n'était pas convenable à la modestie d'une reine vierge d'accorder une telle faveur : les lords donnèrent leur approbation à cette mesure, et dès le lendemain il fut signifié aux commissaires de Marie qu'Élisabeth ne pouvait recevoir leur maîtresse et qu'elle eût à se justifier comme elle croirait pouvoir le faire.

A peine Marie eut-elle connaissance de ce qui s'était passé, qu'elle donna l'ordre à ses commissaires de déclarer à la reine et au conseil que Murray et ses complices, qui prétendaient qu'elle avait projeté, conseillé ou commandé le meurtre de son mari, avaient faussement, traîtreusement et méchamment menti en lui imputant le crime dont ils étaient les auteurs, inventeurs et fauteurs, et quelques-uns les exécuteurs; que s'ils avaient osé dire que l'intention d'une mère était de faire mourir son fils, son enfant unique, le sentiment seul de l'amour maternel suffisait pour repousser une fausseté qui révoltait la nature, tandis que c'étaient eux qui avaient tenté de le tuer dans ses entrailles en assassinant Rizzio en sa présence; que de pareilles calomnies ne pouvaient être passées sous silence, et qu'elle demandait que l'on remît copie des pièces à ses commissaires, afin qu'elle les examinât, engageant sa parole de convaincre du meurtre plusieurs de ses accusateurs, pourvu qu'on lui permît de voir la reine, et qu'on lui donnât le temps de recueillir ses preuves.

On croira difficilement que l'on ait pu refuser à Marie l'inspection des lettres qui l'accusaient. Ce fut cependant ce qui arriva, et sous les prétextes les plus insignifiants. On voulait l'amener à une nouvelle ratification de son abdication, et elle repoussait ce genre de transaction de toute l'énergie de son caractère. On tirait contre elle un grand argument de culpabilité de son refus de plaider, si ce n'était devant la reine, tandis qu'en réalité elle n'était pas placée dans les mêmes conditions de faveur que ses adversaires, qui étaient libres et qui présentaient leurs pièces en personne. Cependant, au moment où elle apprit qu'Élisabeth ne consentait point à sa demande, elle écrivit à ses commissaires de reprendre les conférences, en rejetant l'accusation sur les accusateurs. Cette détermination effraya Murray, qui sollicita d'Élisabeth l'autorisation de retourner en Écosse, et qui même en reçut un secours de cinq mille livres sterling; il emporta les pièces originales et les copies qu'on en avait faites, et toute cette affaire parut assoupie. Après son départ, la reine d'Angleterre, persuadée que Marie, accablée par ses malheurs, s'estimerait heureuse de couler le reste de sa vie à l'abri des orages qui l'avaient agitée, lui fit promettre l'oubli de tout ce qui s'était passé pourvu qu'elle consentît à céder volontairement sa couronne à son fils, et à reconnaître Murray comme régent durant sa minorité. Mais Marie répondit constamment : « Je suis résolue à mourir plutôt « que de le faire, et ma dernière parole sera celle d'une reine d'Écosse. » Élisabeth alors ordonna de transférer sa captive à Tutbury, dans le comté de Stafford, et la plaça sous la garde du comte de Shrewsbury. (1569.)

Pendant les conférences, il avait été plusieurs fois question des prétentions du duc de Norfolk à devenir l'époux de Marie sans que l'on sache si ce projet avait été formé par Murray ou par le duc lui-même. Lorsqu'à son retour de la ville d'York, celui-ci reparut à Windsor, Élisabeth le reçut avec froideur, et, comme il s'informait du motif des rigueurs de la reine, elle lui dit : « S'il convient à la tranquillité de « mon royaume et à la sûreté de ma personne que vous épousiez ma sœur d'Écosse, « j'ai lieu de croire qu'il vous sera doux de m'obéir ? — J'espère, répondit Norfolk, « que jamais Votre Majesté ne me voudra forcer à épouser une femme qui a osé lui « disputer le trône, et sur l'oreiller de laquelle un mari ne saurait dormir en paix. »

Ce sarcasme fut suffisant pour détruire les soupçons d'Élisabeth, car elle parut satisfaite et rendit à Norfolk ses bonnes grâces. Cependant Murray revint sur ce projet, et avant son départ pour l'Écosse il eut avec Norfolk une entrevue où furent posées les bases d'une transaction qui avait ce mariage pour objet. Marie, à qui l'on en donna connaissance, répondit que le célibat était le seul état qui convînt désormais à son cœur; qu'elle n'avait rien à prévoir au-delà tant qu'elle était en captivité, mais que lorsqu'elle aurait recouvré son autorité, son amour pour le bien public la porterait à obéir aux vœux de sa noblesse et de son peuple.

Cette adhésion de Murray à une alliance qui devait nécessairement lui enlever la régence n'était qu'un acte de duplicité. Il savait que de puissants amis de Marie, soutenus par les comtes de Northumberland et de Westmoreland qui commandaient dans les provinces du nord où il fallait qu'il passât pour retourner dans sa patrie, se proposaient de l'attaquer et de s'emparer de sa personne. De plus, le duc de Chatellerault et les comtes d'Argyle et de Huntley prenaient en Écosse le titre de lieutenants de la reine et y préparaient un soulèvement. Il fallait éviter ces deux dangers, et il y parvint en obtenant de Norfolk des lettres pour les lords gouverneurs des marches, et de Marie des invitations à ses lieutenants de renoncer à toute hostilité.

Cependant ce projet de mariage avait trouvé faveur dans la noblesse anglaise. On le communiqua à une assemblée de comtes, où se trouvaient Wood et l'évêque de Ross, agents de Murray et de Marie; les comtes de Pembroke, d'Arundel, de Southampton, de Derby, de Bedford, de Sussex et plusieurs autres. Leicester y abjura toutes ses prétentions à la main de la reine d'Écosse, et il fut convenu que l'on écrirait à cette princesse une lettre dans laquelle la noblesse lui offrirait de la replacer sur le trône et de lui assurer la succession à la couronne d'Angleterre, sous la condition : de ne jamais porter atteinte aux droits d'Élisabeth et des héritiers de son sang; de conclure une paix perpétuelle, offensive et défensive, avec l'Angleterre; de tolérer l'établissement de la réformation religieuse dans ses états; d'accorder une amnistie générale à ses sujets désobéissants, et enfin, d'épouser le duc de Norfolk (1569). Marie répondit favorablement sur tous les articles; elle exprima seulement, quant au dernier, sa ferme volonté d'obtenir préalablement le consentement d'Élisabeth; elle avait fait, dit-elle, une douloureuse expérience du mariage, et elle attribuait tous ses maux au mécontentement qu'avait éprouvé sa sœur d'Angleterre de son hymen avec Darnley.

On ne se rend pas compte de l'imprudence avec laquelle tant de grands personnages ourdissaient une pareille intrigue, sans rechercher préalablement l'aveu de leur souveraine qui ne laissait cependant pas impunément toucher à son autorité. Quoi qu'il en soit, on proposa dans le conseil la liberté de Marie, et les quatre premiers articles de la convention secrète furent adoptés. Quant au mariage, on remit à en parler à Élisabeth jusqu'au moment où Maitland serait revenu d'Écosse, et ce fut sur lui qu'on se reposa de cette ouverture. Norfolk, par l'intermédiaire de l'évêque de Ross, se mit en correspondance avec Marie; Bothwell, retiré en Danemark, envoya son consentement au divorce; les rois de France et d'Espagne, consultés en secret, exprimèrent leur assentiment par leurs ambassadeurs, et il ne restait plus qu'à obtenir l'adhésion d'Élisabeth et celle du parlement écossais aux articles proposés.

Mais ce n'était pas là le but de Murray, et lorsque le parlement d'Écosse fut assemblé, il usa de toute son influence pour l'empêcher de prendre en considération la délivrance de Marie, et fit rejeter les propositions du cabinet anglais. Maitland, qui s'était chargé de faire part à Élisabeth de l'accord pacifique des lords anglais et écossais, du mariage projeté de Norfolk et de Marie, et du consentement de Murray, reconnut avec terreur la perfidie de ce dernier. Il était lui-même trop compromis dans le meurtre de Darnley pour n'avoir pas tout à redouter de l'inimitié du régent, et il se hâta de chercher un asile dans le clan du comte d'Athol, son ami. Ce fut alors à Leicester que fut remis le soin de présenter toute l'affaire à Élisabeth. Mais celui-ci recula de jour en jour l'accomplissement de cette mission, et, avant qu'il eût osé s'y décider, la reine fut instruite de ce qui se passait. « Il y a des gens qui devraient faire attention à l'oreiller sur lequel ils « reposent leurs têtes! » dit-elle un jour au comte en le regardant. Leicester, effrayé, tomba aussitôt malade à Tichfield, où la cour s'était transportée. Élisabeth, dont la faiblesse amoureuse durait encore, sentit s'évanouir sa colère à l'aspect du danger que courait son favori; elle vint s'asseoir au chevet de son lit, reçut sa confession au milieu des sanglots, des larmes, des reproches et des protestations, et lui pardonna aussitôt. Norfolk fut sévèrement réprimandé, et on lui défendit, sous peine de trahison, de penser désormais à son projet de mariage. Il quitta la cour et se retira dans ses terres, d'où il écrivit à la reine avec l'espoir de regagner sa faveur, et de l'adoucir par sa soumission.

Vers ce temps, un page soupçonné de complicité dans l'assassinat de Darnley, avait été arrêté en Écosse. Murray le fit aussitôt mettre à la torture. Par la première des dépositions qu'il fit au milieu des tourments, le page accusa Maitland de l'invention du complot, Argyle, Huntley et Balfour d'avoir été ses complices, et Morton, Lindsay et Ruthwen de s'être associés à Bothwell pour l'exécution. Il n'était nullement question de Marie dans cette déclaration; mais dans une seconde déposition, il prétendit que la reine avait été avertie de ce qui se tramait, et qu'elle y avait donné son consentement. Élisabeth demanda que cet homme lui fût envoyé; mais Murray avait redouté ses rétractations, et une fois en possession de ses dépositions l'avait fait rapidement juger et mettre à mort. En même temps, et afin de prévenir les intrigues de Maitland en faveur de la reine d'Écosse, il feignit de vouloir se réconcilier avec lui, l'attira à Stirling, et le fit arrêter comme complice du meurtre de Darnley. Il voulait profiter de la position dangereuse de l'ex-secrétaire d'état pour l'obliger à dénoncer le duc de Norfolk à la reine d'Angleterre; mais ne pouvant y parvenir, il se fit lui-même le délateur d'une intrigue qu'il avait contribué à ourdir, et envoya les lettres du duc à Élisabeth, en rejetant le silence qu'il avait gardé sur la nécessité de pourvoir à sa sûreté personnelle durant son voyage. La reine fit aussitôt arrêter et conduire Norfolk à la Tour de Londres. Les comtes de Leicester, d'Arundel, de Pembroke reçurent défense de paraître à la cour; l'évêque de Ross, lord Lumley, Throckmorton et plusieurs autres furent mis aux arrêts, et l'on transféra la reine d'Écosse à Coventry, sous la surveillance rigoureuse des comtes de Shrewsbury et de Huntingdon, et du vicomte de Hereford. On interrogea séparément les prévenus ; on compara ensuite leurs réponses ; mais, de tous ces interrogatoires, il ne résulta d'autre délit que celui d'avoir traité avec une princesse étrangère sans avoir pris l'autorisation d'Élisabeth

La détention de Marie en Angleterre commençait à entraîner des conséquences que les conseillers de la reine n'avaient pas prévues. Tous les cœurs généreux s'intéressaient au sort d'une princesse jeune et belle, qui montrait dans sa conduite autant de raison que de modestie et de dignité. Le nombre de ses amis s'accroissait journellement ; on n'accueillait plus qu'avec l'expression du doute le récit des crimes qu'on lui imputait, et les personnes qui l'approchaient, séduites par le charme de sa conversation, la finesse et la douceur de son esprit, la grâce et l'élégante simplicité de ses manières, se trouvaient disposées à défendre sa cause et à s'indigner de la prolongation de ses infortunes. La pitié qu'elle inspirait redoubla le zèle de ses partisans, et ils se proposèrent d'agir ouvertement en sa faveur. Marie elle-même, effrayée de se trouver sous la garde de deux de ses plus ardents ennemis, songea à leur échapper, et elle invita les comtes de Westmoreland et de Northumberland à tout tenter pour l'arracher aux mains de ses bourreaux. Ces seigneurs, ainsi excités, s'entendirent avec lord Égremont Ratcliffe, frère du comte de Sussex, avec lord Léonard Dacres, avec les familles nombreuses et puissantes des Norton, des Markenfield, des Tempest, et bientôt la cour fut alarmée des bruits de révolte qui se propageaient. L'ordre donné d'arrêter Northumberland détermina l'explosion du mouvement que l'on préparait sans doute, mais qui n'était pas encore définitivement convenu. Le comte partit en toute hâte pour Branspeth, réunit ses vassaux à ceux du comte de Westmoreland, et, d'accord avec lui, leva l'étendard de l'insurrection. Tous deux publièrent un manifeste adressé aux catholiques, dans lequel, en jurant une fidélité inébranlable à Élisabeth, ils déclaraient que leur but unique était de rétablir la religion de leurs ancêtres, d'arracher à sa ruine l'ancienne noblesse du royaume, d'éloigner certains esprits dangereux du conseil de Sa Majesté, et de réconcilier Norfolk avec la reine. Ils justifiaient leur conduite par l'exemple même d'Élisabeth qui n'avait pas hésité à soutenir les calvinistes de France contre leur souverain parce qu'ils réclamaient le droit de leur conscience. (Novembre 1569.)

Mais les insurgés s'étaient trompés dans leur calcul. La plupart des gentilshommes catholiques rejoignirent l'armée royale, et renoncèrent au projet de délivrer la reine d'Écosse. Cependant les deux comtes firent le siège de la forteresse de Barnard, s'en emparèrent en peu de jours, et prirent ensuite possession de Hartlepool. De là, ils expédièrent une nouvelle proclamation à la noblesse des comtés, et appelèrent à leur aide toutes les personnes qui s'intéressaient à la prospérité du royaume ; mais ils reçurent peu de renforts. L'armée du comte de Sussex, lieutenant de la reine, qui commandait à York, s'accrut au contraire de douze mille hommes que le comte de Warwick et le lord amiral Clinton venaient de lever dans les provinces méridionales. Sussex prit alors l'offensive, et les insurgés, hors d'état de tenir tête à de telles forces, abandonnèrent toute idée de résistance. L'infanterie se retira comme elle le put dans ses foyers ; cinq cents hommes de cavalerie, accompagnés de trois cents Écossais partisans de Marie, traversèrent la frontière à

Liddesdale, et se crurent sauvés sur une terre hospitalière (décembre 1569). Cependant un traître vendit à Murray le comte de Northumberland. Élisabeth le réclama : Murray toutefois n'osa commettre une lâcheté qui eût soulevé l'Écosse, et se contenta d'enfermer le comte au château de Lochlevin.

Cette première révolte, nonobstant son peu de succès, fut suivie d'une tentative plus imprudente encore, excitée par Léonard Dacres, chef de la famille des Dacres de Gillsland. (Janvier 1570.) Ayant appris que le comte de Sussex avait reçu l'ordre de l'arrêter comme coupable de haute trahison, il rassembla trois mille hommes, et s'avança contre un corps d'armée commandé par lord Hunsdon. Malgré le courage de ses partisans, il ne put résister à des forces supérieures, et, après une action sanglante, il s'embarqua et se réfugia en Flandre.

Les clans écossais de Karr, de Hume, de Scot, de Maxwell, de Johnston avaient, nonobstant les menaces du régent et de la reine, accueilli le comte de Westmoreland et la comtesse sa femme, les lords Norton, Égremont Ratcliffe, Tempest, Swinburn, Markenfield et d'autres, et leur avaient facilité les moyens de passer sur le continent; mais une impitoyable sévérité frappa les malheureux qui ne purent quitter l'Angleterre; la loi martiale fut déployée dans les campagnes, et plus de huits cents personnes périrent par la main du bourreau. Dans le comté de Durham, le nombre des accusés fut si grand, qu'au dire de l'évêque, il ne restait plus d'innocents pour juger les coupables.

Lorsque l'ardeur de sa vengeance fut un peu amortie, Élisabeth fit publier une proclamation dans laquelle elle expliquait sa conduite et ses intentions. Elle ne réclamait, disait-elle, aucune autorité ecclésiastique, autre que celle qui lui provenait de ses prédécesseurs ; elle ne songeait nullement à gêner son peuple pour ses opinions religieuses, et ne voulait être hostile qu'à ceux qui s'opposaient aux Écritures et à la foi catholique et apostolique, et qui troublaient les cérémonies saintes ; elle ne prétendait en rien au droit de définir les articles de foi, de changer les anciens rites, ni d'administrer les sacrements de Dieu ; elle regardait seulement comme de son devoir de pourvoir à ce que l'Église fût gouvernée et instruite par les archevêques, évêques et ministres.

Sur ces entrefaites, le comte de Murray périt assassiné (23 janvier 1570) par un gentilhomme nommé Hamilton de Bothwellhaug, dont il avait si gravement insulté la femme, qu'elle en avait perdu la raison. Le duc de Châtellerault, les comtes d'Argyle et de Huntley, partisans de Marie, s'emparèrent à l'instant des rênes du gouvernement, comme lieutenants de la reine d'Écosse, et Kirkaldy de Grange leur remit le château d'Édimbourg ; mais leur ascendant ne dura pas longtemps. Par l'ordre d'Élisabeth, le comte de Sussex et lord Scroop passèrent les frontières, et ravagèrent de la manière la plus barbare les clans des Johnston, des Karr et des Scot; Hume-Castle et Falcastle furent livrés aux flammes; on détruisit de fond en comble les domaines des Livingston, des Hamilton et de plusieurs autres seigneurs, et les Écossais se virent forcés de s'humilier de nouveau sous le sceptre de la reine d'Angleterre. Elle signifia sa volonté, et le comte de Lennox, père de Darnley, grand-père du jeune roi, fut élu régent à la place de Murray.

Pendant qu'Élisabeth comprimait ainsi chez elle et en Écosse les tentatives des catholiques, elle favorisait celles des réformés du continent. Par ses intrigues et ses promesses secrètes elle avait déjà plusieurs fois soulevé les protestants de France ; elle protégea de même ceux des Pays-Bas.

Les habitants de ce pays, ceux surtout des provinces septentrionales, avaient embrassé le protestantisme avec ardeur ; mais ils avaient à lutter contre le plus terrible défenseur de la foi catholique, contre le fanatique Philippe II. Philippe haïssait ses sujets belges et bataves, délaissait leur noblesse, et voulait ruiner leurs priviléges et leur esprit d'indépendance pour les ramener à l'obéissance politique et religieuse. « Tous se tournèrent contre lui, et les calvinistes, persécutés par l'inquisition qu'il avait établie ; et les nobles, désormais sans espoir de rétablir leur fortune ruinée au service de Charles-Quint ; et les moines qui craignaient les réformes ordonnées par le concile de Trente, ainsi que l'établissement de nouveaux évêchés dotés à leurs dépens ; enfin, les bons citoyens, qui voyaient avec indignation l'introduction des troupes espagnoles et le renversement des vieilles libertés du pays [1]. » Des troubles éclatèrent ; on exigea de la duchesse de Parme, Marguerite, gouvernante des Pays-Bas, la suspension des édits contre les hérétiques et le renvoi de son ministre, le cardinal Granvelle, impitoyable exécuteur des volontés de Philippe II. « Débarrassée de ce tyrannique surveillant, Marguerite put suivre les inspirations de son caractère modéré, » et parvint à calmer les esprits en choisissant les gouverneurs des provinces parmi les nobles du pays. Les principaux étaient le comte d'Egmont, prince de Gèvre ; le comte de Horn, d'une des plus riches et illustres familles des Pays-Bas, et Guillaume de Nassau, prince d'Orange [2], que Charles-Quint avait fait *stadt-holder* (teneur d'état ou tenant l'état ou lieutenant) des provinces de Hollande, de Zélande et d'Utrecht. Mais Philippe n'abandonnait point la politique qu'il avait une fois adoptée. Il rendit de nouveaux édits contre les hérétiques et voulut introduire dans les Pays-Bas l'inquisition espagnole. « Lorsque quatre cents gentilshommes allèrent porter les plaintes de l'ordre à la gouvernante, un de ses courtisans, plein de mépris pour cette noblesse pauvre et obscure, s'écria qu'il fallait châtier tous ces *gueux* (1566.) Cette injure devient à l'instant un mot de ralliement ; les nobles parcourent les rues une besace et une écuelle pendues au cou, et les calvinistes s'emparent de ce nom pour confondre leur cause avec celle du peuple, qui, en Brabant, en Hollande, en Frise, se soulève, détruit les églises et abolit le culte catholique. Aussitôt Philippe envoie dans les Pays-Bas le duc d'Albe avec une armée de quatorze mille hommes, un pouvoir absolu, « et l'ordre d'employer les bourreaux autant que les soldats. » Les comtes de Horn et d'Egmont, qui s'abandonnent à la foi espagnole, périssent sur l'échafaud avec des millions de leurs compatriotes (1568) ; le prince d'Orange s'enfuit en Allemagne avec cent mille Flamands réformés. De là, il implore l'aide d'Élisabeth, qui, tout

---

1. Michelet, *Précis de l'Histoire moderne*, p. 137-138.

2. Guillaume de Nassau, prince d'Orange, dit le Taciturne, dont l'arrière petit-fils devait régner sur l'Angleterre, naquit en 1533 de Guillaume-le-Vieux, comte de Nassau. Dans le partage de la succession paternelle, il obtint les terres des Pays-Bas auxquelles il joignit (1544), après la mort de son oncle René de Nassau, la principauté d'Orange en France, ancien fief du royaume d'Arles, tombée, par une donation, de la maison de Châlons dans celle de Nassau.

en conservant publiquement des relations d'amitié avec le roi d'Espagne, lui fournit d'importants secours. La majeure partie des troupes qui envahirent alors les Pays-Bas, prit en effet les armes à l'instigation des ministres anglais, et fut payée avec l'argent de l'Angleterre. En outre, une escadre espagnole, chargée de sommes destinées au paiement des troupes de Philippe, s'étant réfugiée dans les ports d'Angleterre pour échapper à la poursuite d'une flotte appartenant aux protestants de France, Élisabeth s'empara de cet argent en disant que, puisqu'il appartenait à des marchands génois qui l'avaient exporté par spéculation, ces marchands recevraient d'elle des intérêts aussi élevés que de tout autre souverain. Cette mesure semblait devoir amener la guerre entre l'Angleterre et l'Espagne; on se borna cependant de part et d'autre à d'amères récriminations, Élisabeth aidant toujours les insurgés de son argent, et levant en Allemagne des hommes pour leur service; Philippe continuant à soutenir les espérances des mécontents en Écosse et en Angleterre.

Durant ces discussions, au pape Pie IV avait succédé Pie V, vieillard d'une dévotion exaltée, d'une sainteté évangélique, d'une austérité et d'une humilité dignes des apôtres, mais aussi le plus énergique, le plus intrépide, le plus cruel des ennemis de l'hérésie. Il avait été grand inquisiteur, et porta les mœurs inquisitoriales dans la chaire de Saint-Pierre. La restauration catholique reçut de lui une impulsion telle, qu'à sa mort, son triomphe était assuré en Pologne, en Hongrie, dans l'Allemagne méridionale, en Belgique et en France [1]. Pie V se crut personnellement engagé à tenter la délivrance de la reine Marie, qu'il regardait comme le dernier espoir des catholiques en Angleterre ainsi qu'en Écosse. Il fit donc commencer des procédures contre Élisabeth, comme ayant renoncé à son ancien culte, établi un nouveau système de croyance, déposé et emprisonné les évêques canoniques, et s'étant arrogé le titre de chef suprême de l'église. Douze Anglais, exilés pour cause de religion, servirent de témoins et d'accusateurs, et bientôt après (25 février 1570) parut une bulle qui déclarait Élisabeth coupable d'hérésie, la dépouillait de ses prétendus droits à la couronne d'Angleterre, et relevait ses sujets de leur allégeance. Les foudres du Vatican n'avaient plus la puissance de renverser les trônes; mais elles avaient encore celle de troubler les consciences populaires, et d'irriter les monarques contre lesquels elles étaient dirigées. Élisabeth, tout en affectant le plus profond dédain de l'inutile agression du successeur des apôtres, s'en plaignit à tous les souverains, comme d'un outrage à la majesté royale, et défendit, sous les peines les plus rigoureuses, l'introduction en Angleterre des copies de la bulle d'excommunication et de déposition. Cependant, le matin du 15 mai, on en reconnut une affichée à la porte du palais épiscopal de Londres. Des recherches sévères mirent bientôt sur la trace des coupables. Un étudiant en droit du collége de Lincoln's-inn, chez lequel on découvrit une autre copie, fut mis à la torture, et la violence des tourments lui arracha l'aveu qu'il l'avait reçue d'un gentilhomme de Southwark, nommé John Felton. Felton n'attendit pas la torture pour déclarer qu'il avait distribué des copies de la bulle, comme tout

---

1. Théoph. Lavallée, t. II, p. 465.

bon chrétien s'y trouvait obligé, et il refusa constamment de nommer ses instigateurs ou complices ; il subit la mort des traîtres, et fut mis par les catholiques au rang des martyrs de la foi.

Il y avait déjà plus de deux années que la reine d'Écosse était prisonnière ; vers la fin de 1570, les remontrances des rois de France et d'Espagne, et les efforts des hommes d'état qui regardaient la détention de Marie comme un fardeau pour l'Angleterre, parurent enfin disposer Élisabeth à rendre sa captive à la liberté. Cecil et Walter Mildmay furent chargés d'en discuter les conditions avec Marie, alors détenue à Chatsworth. Marie déploya dans cette discussion une logique et une perspicacité qui étonnèrent ses antagonistes ; mais elle fut contrainte par la nécessité de céder sur tous les points, et il ne resta bientôt plus qu'à négocier un accommodement entre les deux partis qui divisaient les lords écossais, et qu'on nommait les lords du roi et les lords de la reine. Élisabeth consentit à les entendre contradictoirement. (1571.) Les lords du roi, par l'organe de Morton, soutinrent une thèse qui déplut vivement à la reine. C'était le droit que possèdent les sujets de déposer leurs souverains immoraux ou illégitimes ; les lords de la reine discutèrent sur les sûretés qu'on exigeait de Marie. Mais quand il fallut conclure, Élisabeth, mécontente d'une part des principes républicains émis par l'un des partis, craignant de l'autre de rendre sa couronne à une princesse qu'elle avait si cruellement outragée, retomba dans ses irrésolutions accoutumées, et après de longs délais, elle congédia les commissaires sous prétexte que ceux du roi devaient se faire donner des pouvoirs plus explicites par le parlement écossais.

Ce n'était qu'un artifice pour gagner le temps nécessaire à la conclusion de la négociation entamée par Cécil afin d'amener un mariage entre Élisabeth et le duc d'Anjou, frère du roi de France. Dans la pensée de cet habile ministre, la liberté de Marie devait être subordonnée à la réalisation du mariage de la reine avec le prince français. En effet, si cette union s'accomplissait, et si la reine avait des enfants, Marie cessait d'être son héritière présomptive ; Élisabeth n'eût-elle pas de postérité, le roi de France n'en était pas moins intéressé à la maintenir sur le trône, et dans les deux cas, la reine d'Écosse n'étant plus redoutable, on pouvait lui rendre sa liberté. Mais si ce mariage ne pouvait s'accomplir, la captivité perpétuelle de Marie, sa mort même, étaient regardées par Cécil comme des nécessités devant lesquelles il ne reculait pas. On congédia donc les commissaires écossais, et la négociation avec le duc d'Anjou se continua. Le prince écrivit à la reine qu'on lui avait offert la main de Marie Stuart, mais qu'il ne sacrifierait point aux plus hautes espérances du monde entier, si elles lui étaient permises, celle qui touchait le mieux son cœur, la félicité d'adorer « la beauté la plus parfaite que Dieu eût fabriquée depuis plus de cinq cents ans. » Cette ridicule flatterie plut à Élisabeth, qui déclara qu'elle était résolue à se marier. Mais les négociations se prolongèrent parce que la reine voulait absolument que le duc d'Anjou renonçât à la foi catholique, et ce délai ayant amorti son ardeur, elle annonça définitivement sa détermination de vivre et de mourir sans époux.

Pendant ce temps, le parlement d'Angleterre s'était ouvert (2 avril 1571) ; les derniers événements, la rébellion du Nord, la bulle du pape, le bruit des intrigues de Marie Stuart, avaient exalté les protestants; aussi les premières mesures des communes furent-elles d'adopter deux bills dont le premier comprenait au rang des traîtres tout individu qui, du vivant de la reine, réclamerait un droit quelconque à la couronne, affirmerait que ce droit pourrait appartenir à quelque autre qu'à Élisabeth, publierait qu'elle était schismatique, hérétique, tyran ou usurpatrice, et nierait que l'héritage de la couronne pût se régler par des statuts parlementaires. Le second appliquait la pénalité de *præmunire* à quiconque consignerait dans un écrit ou un imprimé qu'une personne spéciale était héritière de la reine, à moins qu'il ne fût question de sa descendance naturelle. D'autres bills étendirent la même pénalité à tout individu qui solliciterait, obtiendrait ou mettrait à exécution aucune bulle, aucun mandat ou acte de l'évêque de Rome; qui introduirait des *Agnus Dei*, croix ou chapelets bénits par ledit évêque ou ses agents; qui recevrait la communion sous l'ancienne forme. Enfin, il fut ordonné à toute personne qui aurait quitté le royaume, avec ou sans permission, d'y rentrer dans le délai de six mois, sous peine de confiscation de ses biens et meubles au profit de la reine.

Mais les catholiques n'étaient pas les seuls qui donnassent à Elisabeth de continuels motifs d'inquiétude. Les puritains, classe de religionnaires instruits et formés par les ministres protestants qui, dans leur exil sous la fille aînée de Henri VIII, s'étaient nourris des doctrines de Calvin, pressaient la reine de pousser à ses fins la réformation commencée. Ils ne voulaient plus rien avoir de commun avec l'église de Rome, ni rien conserver des cérémonies et des usages de l'ancien culte : « Toute « condescendance à cet égard, disaient-ils, est une connivence avec l'Antechrist. « Qu'avait à faire Jésus-Christ avec Bélial? Qu'avaient de commun les ténèbres et « la lumière? Si les bonnets carrés, les surplis et les étoles étaient les vêtements « caractéristiques des idolâtres dans l'exercice de leur idolâtrie, pourquoi le prédi- « cateur de la liberté chrétienne, l'ennemi déclaré de toute superstition partage- « rait-il les abominations du monstre romain? Qui ne serait effrayé de tenir dans « ses mains ou de porter sur son front les caractères et les symboles de ce monstre « odieux? Aussi, proscrivaient-ils la suprématie des évêques et la juridiction des cours épiscopales, le signe de la croix dans le baptême, l'anneau bénit dans le sacrement du mariage, l'observance des fêtes, la musique religieuse et les vêtements sacerdotaux durant la célébration du service. Mais Élisabeth, loin de vouloir dépouiller la religion du peu d'appareil qui lui restait, inclinait, au contraire, à la rapprocher du rituel romain et des anciennes cérémonies, moyens innocents d'attirer, d'amuser et de fixer le vulgaire. D'ailleurs, beaucoup de points dans les principes des puritains l'avaient blessée. Ils avaient écrit contre le gouvernement des femmes, et voulaient que l'église fût indépendante de l'état. Élisabeth s'arma de tout son pouvoir pour écarter de semblables discussions, et institua une « haute commission », qui taillée sur le modèle de l'inquisition fut investie de pouvoirs tout à fait extraordinaires pour informer sur toutes opinions hérétiques, livres séditieux, complots, enfin sur tous les actes contraires aux statuts de suprématie et d'uniformité Les catholiques furent les premiers atteints par ce tribunal d'inquisition; mais bientôt les puritains devinrent également l'objet de son attention.

Sampson, doyen de Christ-Church, Humphrey, principal du collége de la Madeleine, et trente-sept membres du clergé de Londres, furent suspendus comme dissidents jusqu'à ce qu'ils se fussent conformés aux ordonnances de la reine sur les vêtements et la liturgie. Cet acte de rigueur souleva les puritains; ils abandonnèrent les églises et formèrent des conventicules séparés. On les poursuivit dans ces réunions, et l'on en arrêta plus de cent, dont trente et un furent détenus pendant près d'une année; mais s'ils étaient réduits au silence dans l'église, ils avaient encore accès dans les chambres, et dès l'ouverture du parlement un membre de la chambre des communes, Strickland, présenta sept bills tendant à obtenir une réformation plus complète. La reine lui fit intimer par le conseil la défense de reparaître à la chambre, acte d'autorité qui fut attaqué avec vigueur. On fit observer que Strickland n'était pas un simple particulier, mais le représentant d'un grand nombre de citoyens; que les priviléges parlementaires étaient violés, et qu'à la chambre seule appartenait le droit de juger un de ses membres s'il était accusé; qu'il était convenable qu'on n'attentât jamais à l'autorité du prince, mais que cette autorité était limitée par les lois, et que le souverain, qui ne les faisait pas, n'avait pas non plus le droit de les détruire. La discussion fut vive. Des principes nouveaux furent posés sur les priviléges des membres du parlement, sur leur importance personnelle, sur la nécessité de résister aux prétentions arbitraires de la couronne. « Dans ces temps heureux d'un gouvernement doux et paternel, « dit le député Yelverton, l'autorité se trouve entre des mains trop équitables pour « qu'on en ait quelque chose à craindre; mais ces temps peuvent changer; et ce « que nous aurons toléré aujourd'hui s'exigera dans la suite comme de droit. » Il ajouta que toutes matières qui ne renfermeraient ni trahison ni attentat à la puissance royale pouvaient, sans offenser le souverain, être agitées au parlement, où tout ce qui concernait le bien public et même les droits du trône devait se décider en dernier ressort. Le conseil n'osa lutter contre ce langage énergique; on chercha un expédient pour céder avec honneur, et l'on crut l'avoir trouvé. Le président invita la chambre à surseoir à toute délibération, et le lendemain Strickland reçut de la reine la permission de reprendre son siége, ce qu'il fit aux acclamations générales. Les communes continuèrent alors à discuter les autres bills de religion, mais elles furent interrompues par un nouveau coup d'autorité de la reine. Un message royal leur signifia que Sa Majesté avait pris connaissance des articles de réforme qu'elles examinaient, qu'elle les approuvait, et que son intention était de les faire exécuter en vertu de son autorité, mais qu'elle ne permettait pas qu'ils fussent discutés au parlement.

Un privilége exclusif accordé, au profit de quatre courtisans, à une société de marchands de Bristol, et qui ruinait sept ou huit mille sujets industrieux, excita aussi le mécontentement de l'assemblée, et ce fut encore un puritain, Robert Bell, qui, le premier, blâma vivement cette mesure. Cette tentative d'opposition n'eut cependant point d'effet; Bell fut mandé par le conseil et sévèrement réprimandé; lorsqu'il rentra dans la chambre, il avait l'air si consterné que les députés furent saisis de terreur et se montrèrent respectueux et soumis jusqu'à la fin de la session. Mais Élisabeth ne put entièrement dissimuler son ressentiment, et le garde des sceaux, en congédiant la chambre des communes, lui dit, au nom de la reine, que plusieurs de ses membres avaient montré une audace, une arrogance, une présomption que rien n'excusait, « et que Sa Majesté condamnait et désapprouvait entièrement la sottise qu'ils avaient faite de s'occuper de choses qu'il ne leur appartenait pas de connaître comme fort au-dessus de la capacité de leur entendement. »

Ces paroles prouvent quelle idée se faisait la reine des droits du parlement ; aussi, lui interdisait-elle la connaissance des affaires de l'état et de celles de l'église, qu'elle entendait réserver exclusivement à elle-même ou à son conseil ; elle était forcée de lui laisser le contrôle de tout ce qui était relatif à la police générale du royaume, aux manufactures, aux ponts et routes, à la répression de la mendicité, aux lois municipales, et enfin à la fixation des subsides ; mais sur tout autre sujet, un représentant se rendait criminel en proposant des remontrances, même dans la forme la plus respectueuse. Du reste, Élisabeth ne dissimulait pas ces maximes gouvernementales, qu'elle étalait sans ménagement dans toutes les occasions, et de toute la nation, les puritains seuls osaient s'élever contre ses prétentions despotiques. Ce furent eux qui, en portant avec courage l'examen dans les principes et les règlements de la religion, amenèrent les esprits à discuter les doctrines du gouvernement, les prérogatives et les libertés du peuple, les ordonnances administratives et les constitutions de l'état.

Si les protestants aimaient et admiraient leur souveraine, on sent qu'il n'en pouvait être de même des catholiques, qu'accablait l'intolérance des lois civiles et religieuses. Exclus de toutes les fonctions publiques, les fils des familles nobles n'avaient plus d'avenir, plus de carrière dans laquelle ils pussent servir l'état et se distinguer ; les plus riches craignaient sans cesse que leur fortune ne tentât la cupidité des favoris d'Élisabeth, et qu'une application du statut de *præmunire* ne vînt les priver de leurs rentes et de leurs biens ; tous en étaient arrivés à désirer un nouveau souverain ; mais, pour exécuter la révolution qu'ils projetaient, il leur fallait un chef. Ils jetèrent les yeux sur le duc de Norfolk, sorti depuis quelque temps de la Tour, puis entrèrent en négociation avec l'ambassadeur d'Espagne, et, par son intermédiaire, avec le duc d'Albe, commandant des troupes espagnoles en Belgique, qui leur promit des secours. Cependant les agents d'Élisabeth surveillaient avec soin leurs démarches, et ils arrêtèrent à Douvres un des serviteurs de la reine d'Écosse, porteur d'un paquet de lettres écrites en chiffres. Ces lettres, quoique de nature fort innocente, donnèrent des soupçons ; le porteur fut mis à la torture, et déclara que Rudolphi, jadis banquier florentin à Londres, ménageait par son entremise des relations entre le duc d'Albe et les mécontents. Cet aveu n'était pas suffisant pour compromettre les personnes soupçonnées, mais il accrut la surveillance des ministres, et, peu de temps après, un nommé Brown apporta au conseil un sac d'argent que le duc de Norfolk envoyait à son intendant ; on trouva dans le sac une lettre qui prouvait que cet argent était destiné à lord Herries, partisan de la reine d'Écosse. Norfolk fut ramené à la Tour (1571) ; Higford et Barker, ses secrétaires ; Bannister, son intendant ; l'évêque de Ross et d'autres personnes furent arrêtées. L'intendant et les secrétaires, appliqués à la question, avouèrent tout ce qu'ils savaient, et d'après leurs déclarations, on rédigea une série de charges, sur lesquelles on interrogea Norfolk et l'évêque de Ross. Celui-ci, voyant les ministres d'Elisabeth si bien instruits, crut devoir, afin d'atténuer le mal que pourraient causer des aveux inexacts, faire connaître la vérité. On apprit donc que l'argent envoyé par le duc à Bannister provenait de l'ambassadeur de France; que Rudolphi avait reçu de Marie des instructions, comme son agent près des puissances étrangères; que Norfolk avait lu et corrigé la lettre qui l'accréditait; que Rudolphi avait présenté au duc deux projets : l'un tendant à arrêter Élisabeth au moment où elle se rendrait à la chambre des lords; l'autre consistant à favoriser un débarquement du duc d'Albe, à la tête de dix mille hommes, dans le but de forcer la reine à changer ses ministres, à reconnaître Marie pour son héritière, à consentir au mariage de Norfolk avec cette princesse, et à rendre à ses sujets la liberté de conscience et de culte. On ne savait auquel des deux plans s'était arrêté le duc; mais il était notoire que Rudolphi avait quitté l'Angleterre, et s'était présenté au pape, au roi d'Espagne et au duc d'Albe.

Élisabeth voulut que les conspirateurs fussent poursuivis avec toute la rigueur des lois. L'instruction dura deux mois, et après ce temps, vingt-six pairs, choisis par les ministres, reçurent l'ordre de se réunir à Westminster-Hall, sous la présidence du comte de Shrewsbury nommé lord grand sénéchal, pour procéder au jugement des coupables. (Janvier 1572.)

Norfolk était condamné d'avance. Détenu depuis dix-huit mois sans aucune communication avec ses amis, et dans l'ignorance des charges qui pesaient contre lui, il n'avait appris qu'on lui faisait son procès que la veille même de son jugement; on lui refusa l'assistance d'un conseil, et la lecture de l'acte d'accusation lui fut faite seulement à la barre. On y établissait qu'il avait comploté le renversement et la mort de sa souveraine, en persistant à épouser Marie Stuart, qui réclamait la couronne d'Angleterre et considérait Elisabeth comme usurpatrice; en préparant l'invasion du royaume par les puissances étrangères; en fournissant de l'argent aux Anglais rebelles et aux Écossais ennemis de la reine. Le duc répondit que la reine d'Écosse ne réclamait pas la couronne d'Angleterre; que dans les conférences qu'il avait eues avec Rudolphi, il n'avait été question que de procurer des secours aux Écossais privés de ressources par suite de leur fidélité; qu'il n'avait point envoyé d'argent à des Anglais rebelles, et qu'il ne comprenait pas qu'on lui fît un crime d'avoir permis que son domestique se chargeât d'une somme d'argent pour lord Herries, l'un des serviteurs de Marie Stuart, parente d'Élisabeth; enfin, il s'éleva contre les extraits tronqués de ses lettres, dont on faisait de fausses applications, et contre des témoignages arrachés par la torture. On lui répondit que les déposants avaient juré de dire la vérité, et que ses dénégations ne pouvaient infirmer leurs aveux, et lorsqu'il protesta de son innocence, on lui opposa un message de la reine qui annonçait qu'un ambassadeur étranger avait confirmé à Sa Majesté la culpabilité du duc, déclaration royale dont il serait imprudent de divulguer les détails en public, et qui seule suffisait pour éclairer le tribunal. La consultation des jurés ne dura qu'une heure, et le verdict, qui

faisait un coupable de l'accusé, fut rendu à l'unanimité. Le duc, en écoutant sa sentence, conserva un calme rempli de dignité : « Mylords, dit-il, vous me décla-
« rez traître, et cependant je suis aussi fidèle à la reine qu'aucun de vous;
« vous me rejetez de votre sein, j'espère une meilleure place dans le ciel; mais
« que la reine au moins prenne en pitié mes enfants orphelins; mon attachement
« pour elle était aussi loyal que celui que je porte à mon pays. Adieu, mylords ! »

On était alors au samedi 11 février; la reine signa l'ordre de l'exécution pour le lundi; mais le lendemain, des terreurs, des perplexités, s'emparèrent de son esprit. Norfolk était le chef de la noblesse anglaise; il lui était allié par le sang; elle révoqua son mandat. Il fallait cependant sacrifier d'abord le duc pour arriver à une victime plus illustre, et les ministres représentèrent à Élisabeth que sa clémence attirerait sur elle de nouveaux dangers. Elle hésita, signa encore, puis retira une seconde fois sa signature. Enfin, on lui répéta si souvent que sa couronne et sa vie seraient en danger tant qu'elle ne porterait pas la hache dans la racine du mal, qu'après cinq mois elle consentit à signer l'ordre définitif de l'exécution. Le duc fut livré au bourreau (2 juin), et mourut avec fermeté. Son supplice n'ajouta aucun degré d'évidence au crime dont il était chargé; c'était un ambitieux, ce n'était pas un traître.

La mort du duc de Norfolk fut peu de temps après suivie de celle d'un autre partisan dévoué de Marie, du comte de Northumberland. On le fit sortir du château de Lochlevin où il gémissait depuis deux ans et demi, en lui laissant croire que le vaisseau sur lequel on l'embarquait faisait voile pour la Flandre; mais il était vendu à Élisabeth par Morton, qui avait déjà reçu le prix de cette odieuse trahison. On le mit à terre au port de Berwick, d'où il fut conduit à York, et décapité sans jugement, en vertu d'un acte de proscription du parlement (22 août).

La mort de Norfolk et de Northumberland était le prélude de celle de la reine d'Écosse. On n'osait toutefois se porter encore contre elle aux dernières extrémités, mais on favorisait la publication d'une foule de libelles qui tendaient à prouver qu'Élisabeth était tenue de faire mettre à mort la coupable Marie, adultère, meurtrière, conspiratrice, blasphématrice, idolâtre et abandonnée de la Providence qui voulait son châtiment. Des avis où la question était discutée et résolue par des jurisconsultes, des monitoires où des théologiens faisaient parler la volonté divine, furent adressés aux membres des deux chambres qui prirent la résolution de mettre en jugement la malheureuse captive. Élisabeth s'effraya d'une procédure dans laquelle il fallait nécessairement fouler aux pieds cette inviolabilité qu'elle considérait, dans son propre intérêt, comme le droit imprescriptible des têtes couronnées; en conséquence, elle défendit au parlement de poursuivre. Les ministres insinuèrent alors à leurs affidés de présenter un bill qui déclarât Marie incapable de succéder, et, malgré la défense de la reine de s'occuper de quoi que ce soit qui eût rapport à la succession à la couronne, les deux chambres l'adoptèrent. Élisabeth s'en formalisa comme d'un attentat à sa prérogative, et prorogea le parlement; cependant elle envoya vers Marie lord Delaware et trois autres commissaires, pour lui reprocher les torts dont elle s'était rendue coupable, et en demander réparation. Marie répondit qu'elle n'avait eu aucune intention hostile envers Élisabeth en consentant à épouser Norfolk ; elle n'avait correspondu avec le banquier Rudolphi que pour ses arrangements pécuniaires et personnels ; ses demandes aux puissances étrangères s'étaient bornées à solliciter : leur médiation, afin d'obtenir la liberté ; leur assistance, pour ses sujets fidèles de l'Écosse ; si quelque délit, quelque imprudence avaient été commis, ce ne pouvait être de son fait à elle, captive et privée de toute libre communication. Mais sa mort était jurée, et sa justification ne pouvait être écoutée dans ce moment surtout où ses partisans en Écosse succombaient sous les attaques de leurs ennemis.

Le régent Lennox avait enlevé par surprise aux amis de Marie la forteresse de Dumbarton, que l'on regardait comme imprenable, et reconnaissant parmi les prisonniers l'archevêque de Saint-Andrew, membre de la famille des Hamilton, qu'il détestait, il le fit pendre comme complice des meurtres de Darnley et de Murray. (Avril 1571.) De Dumbarton il se rendit à Édimbourg, y convoqua un parlement tout à sa disposition, dont il obtint la proscription de Maitland, comme meurtrier de son fils, et des Hamilton, comme ses ennemis personnels. Mais Kirkaldy de Grange, qui commandait le château d'Édimbourg, se déclara ouvertement pour Marie, et força Lennox à se retirer à Stirling où il fut poursuivi par un détachement des partisans de la reine, sous les ordres de Huntley, de Claude Hamilton et de Scot de Buccleugh, qui parvinrent à se rendre maîtres de sa personne, et le poignardèrent en lui disant : « Souviens-toi de l'archevêque de Saint-Andrew ! » Mais la mort même du régent ne fut point favorable au parti de Marie. Les lords dissidents conférèrent (septembre 1571) la régence au comte de Marr, homme énergique et prudent, qui, par son habileté, se fit bientôt de nouveaux partisans, et réduisit à une poignée d'hommes les amis de la reine d'Écosse. Élisabeth déclara ouvertement l'intention où elle était de le soutenir.

La France n'était pas alors en état de venir au secours de l'infortunée Marie Stuart. Le fanatisme religieux, mêlé aux intrigues de l'ambition, avait fait prendre les armes aux protestants et aux catholiques, et les deux partis, commettant les crimes les plus atroces, rompant les traités les plus solennels, inondant de sang leur malheureuse patrie, portaient l'incendie et la dévastation du prêche à l'église, et de la chaumière au château. L'amiral de Coligny, noble et vertueux vieillard, était l'âme de la faction des réformés, et le jeune roi de Navarre en était le chef nominal.

Cependant un édit de Charles IX avait commandé et semblait avoir obtenu la réconciliation des deux partis, et, pour mieux cimenter cette paix, Charles avait offert en outre au roi de Navarre la main de sa sœur, et invité les membres les plus distingués de la noblesse protestante à embellir de leur présence les fêtes du mariage. Mais pendant que les deux partis semblaient avoir oublié leurs haines au sein des plaisirs, le massacre des huguenots avait été décidé entre Catherine de Médicis, le duc de Guise, et le cardinal de Lorraine. Il ne restait plus qu'à faire adopter au jeune roi cette sanglante mesure. Catherine de Médicis et les membres de son conseil rappelèrent à Charles les révoltes successives des protestants, lui dépeignirent la puissance formidable que l'amiral avait usurpée et qui en faisait comme un second souverain dans le royaume, lui représentèrent qu'une trame odieuse, inouïe, s'était formée parmi les chefs de ce parti, et que divers rapports, dignes de foi, annonçaient que sa mère, ses frères, ses amis les plus dévoués, et lui-même peut-être, seraient, dès le lendemain, livrés à la rage des réformés. Il fallait prévenir une telle cruauté, il fallait agir contre eux avec des armes semblables. Le jeune roi hésitait; mais il fut enfin subjugué par l'ascendant de sa mère, et donna son consentement « en jurant par la mort de Dieu que, puisqu'elle voulait qu'on « tuât l'amiral, il le voulait, mais qu'on tuât aussi tous les huguenots de France, « afin qu'il n'en demeurât pas un seul qui pût le lui reprocher après. » Le 24 d'août 1572, à quatre heures du matin, le tocsin sonna à Saint-Germain-l'Auxerrois et au palais du parlement, et les protestants furent abandonnés à la fureur de la populace catholique, soutenue par les troupes royales, les courtisans et le roi lui-même. Coligny, son gendre, le jeune Téligny, la Rochefoucauld, Soubise, Caumont de la Force, Pardaillan, Lavardin, une foule d'hommes distingués par leur rang, par leurs grandes actions dans la guerre, par leur fortune, par leurs vertus, furent massacrés sans pitié; on n'épargna pas même les enfants. Orléans, Lyon, Rouen, Toulouse, Bordeaux, renouvelèrent les scènes sanglantes de Paris.

Un cri d'horreur s'éleva dans toute l'Angleterre à la nouvelle de cet attentat. En vain la cour de France essaya-t-elle de pallier ce crime, en donnant ordre à son ambassadeur de déclarer qu'on avait découvert une conspiration des huguenots, dont le but était de s'emparer à force ouverte de la personne du roi; les protestants anglais ne virent, dans l'horrible massacre de la Saint-Barthélemy, que le résultat d'une conspiration des catholiques, tendant à la destruction de la nouvelle religion et de ses adhérents. Aussi, lorsque l'ambassadeur français se rendit auprès de la reine, il trouva dans les appartements du palais « les dames et les courtisans rangés en haie de chaque côté, tous en grand deuil, et quand il passa au milieu d'eux, aucun ne lui jeta un regard de politesse, ni ne lui rendit son salut. » Cependant les ministres d'Élisabeth ne lui donnèrent pas le conseil d'en venir à une rupture ouverte avec le roi de France, mais d'équiper ses flottes, d'exercer ses troupes, de favoriser les efforts intérieurs des réformés, et de se tenir prête à leur porter secours. Ils l'exhortèrent en outre à se délivrer d'une rivale, d'une ennemie dont l'existence mettait incessamment en péril sa vie et la sûreté du royaume. A cet effet lord Killegrew fut envoyé près du régent avec la mission ostensible d'opérer un accommodement entre les partisans de Marie, qui se défendaient encore au château d'Édimbourg, et les lords révoltés. Si Killegrew reconnaissait dans ces derniers l'intention de servir le ressentiment d'Élisabeth, il devait conclure avec eux un traité dont un article établirait que la reine d'Angleterre remettrait Marie aux lords du roi, « pour recevoir ce qu'elle avait mérité, « selon l'ordre de la justice. » Mais le comte de Marr n'était point de caractère à écouter de semblables propositions; son vœu le plus ardent était de guérir les blessures de sa malheureuse patrie, et de rallier tous les intérêts autour de son pupille, le jeune roi Jacques, dont il ne jugeait ni équitable ni convenable de perdre et déshonorer la mère. Lorsque Killegrew arriva près de lui, il traitait avec les lords de la reine pour la reddition du château d'Édimbourg. Les conditions, déjà réglées, étaient de nature conciliante, et les sages Écossais s'en réjouissaient publiquement; mais il tomba subitement malade, et expira en peu de jours. Le bruit courut qu'il était mort empoisonné. Les lords du roi procédèrent à l'instant à la nomination d'un nouveau régent, et ce fut Morton, qui, soutenu par les intrigues

Jacques Douglas, comte de Morton,
d'après le portrait original conservé dans la collection du comte de Morton.

de l'Angleterre, l'emporta sur les concurrents. Cet ennemi de Marie exigea sur-le-champ la reddition du château d'Édimbourg sans conditions (1573). Kirkaldy et Maitland s'y refusèrent, et se disposèrent à soutenir un siége. Ils ne s'attendaient pas à voir arriver, sous le commandement de Drury, maréchal de Berwick, une armée anglaise et une artillerie formidable qui eurent bientôt investi la place. Après trente-quatre jours de combat, ils se virent forcés de capituler, et se rendirent à la reine d'Angleterre, qui les livra au régent. Maitland s'empoisonna pour échapper aux supplices que lui réservait Morton, et Kirkaldy périt sur l'échafaud dans les tortures épouvantables qu'on infligeait aux coupables de haute trahison.

Pendant qu'Élisabeth maintenait son influence en Écosse, en assurant le triomphe du parti protestant, elle soutenait secrètement de ses conseils et de son argent les réformés du continent.

En France, loin d'abattre le parti huguenot, la Saint-Barthélemy n'avait été que le signal d'une nouvelle guerre civile. A la nouvelle du massacre, La Rochelle, Montauban, Nimes, Sancerre, avaient fermé leurs portes aux catholiques, tout le Haut Languedoc et la Guyenne s'étaient révoltés.

Accompagné des princes de Bourbon qui avaient abjuré de force le calvinisme, le duc d'Anjou vint mettre le siége devant La Rochelle avec une armée de vingt mille hommes, mais la ville se défendit avec héroïsme. Malgré les promesses d'Élisabeth à Charles IX et ses protestations d'amitié, le comte de Montgommery équipa dans les ports de Plymouth et de Falmouth une flotte de cinquante bâtiments, qui, montés par deux mille réfugiés, vinrent au secours des Rochellois. Après vingt-neuf assauts infructueux, il fallut abandonner le siége et traiter de nouveau avec les huguenots (6 juillet 1573). Ce succès redoubla leurs exigences; « ils se mirent en relation avec le roi de Navarre, le duc d'Alençon, second frère du roi, les Montmorency, et une vaste conjuration se forma sous les auspices de l'ambassadeur d'Angleterre : il s'agissait à la mort de Charles IX, alors très-malade, d'assurer le trône au duc d'Alençon, au détriment du duc d'Anjou qui venait d'être élu roi de Pologne; d'éloigner Catherine de Médicis du gouvernement; de convoquer les états et de décréter la liberté religieuse. »

Charles IX mourut (30 mai 1574), et au bout de quelques mois de règne, son successeur Henri III, devenu un objet de haine pour les catholiques autant que pour les réformés, vit se dresser devant lui une immense coalition, à la tête de laquelle étaient le duc d'Alençon et le roi de Navarre. Élisabeth, qui n'avait contribué à cette levée de boucliers que par ses conseils et son argent, fut sollicitée par les deux princes de se déclarer publiquement en leur faveur, et la question de la guerre fut sérieusement agitée dans le cabinet anglais. Les amis de la paix l'emportèrent; et, par l'entremise d'Élisabeth, un accommodement fut conclu à Chastenay (6 mai 1576), qui permettait aux protestants l'exercice de leur culte par tout le royaume, excepté à Paris, et leur donnait de nombreuses villes de sûreté. Le duc d'Alençon recevait, en outre, de ses apanages, l'Anjou, la Touraine et le Berry, avec tous les droits régaliens. Il prit dès lors le titre de duc d'Anjou. Les catholiques furent irrités de cette paix humiliante, et alors se forma cette association connue sous le nom de la Sainte-Ligue, qui devint si célèbre par les crimes dont elle fut la source, et par les maux sans nombre qu'elle versa sur la France. Son but apparent était de maintenir la religion catholique, son clergé, sa hiérarchie et les formes de son culte; bientôt elle devint un état dans l'état.

« Dans les Pays-Bas, la terreur s'était changée en haine, et les échafauds ne dispensait pas le duc d'Albe d'une guerre réglée. Il avait battu Louis de Nassau, frère de Guillaume, et celui-ci perdit lui-même dans deux batailles l'armée nombreuse que l'enthousiasme de la religion et l'espoir du pillage avait associée à sa fortune. (1568.) Mais Guillaume d'Orange, comme son beau-père Coligny, était de cette famille de généraux opiniâtres qui gagnent une partie en perdant des batailles. Il s'allie avec les « gueux de bois et de mer » proscrits qui cachés au fond des bois et des marais, n'avaient point cessé d'inquiéter les Espagnols par leurs brigandages et leurs pirateries. Bientôt deux cent cinquante d'entre eux, chassés des ports d'Angleterre par suite des remontrances de Philippe II à Élisabeth, sortent de Douvres et s'emparent de la ville de Brille (1572), hardi coup de main qui est le signal d'une révolution en Zélande et dans la plupart des villes de Hollande. Les états de Zélande, de Hollande et d'Utrecht s'assemblent à Dordrecht, proclament Guillaume d'Orange stathouder, et s'engagent à ne traiter avec leurs ennemis que d'un commun accord [1].

Mais cette nouvelle puissance du prince d'Orange effraya la reine d'Angleterre : elle savait qu'il demandait des secours à Henri III, et qu'il était question à la cour de ce prince d'une expédition dans les Pays-Bas ; elle craignit la réunion des dix-sept provinces à la France. En conséquence, les troupes anglaises furent rappelées de Flessingue, et un traité, conclu avec le lord trésorier et l'envoyé du duc d'Albe, déclara que l'ancienne amitié qui unissait les cours d'Espagne et d'Angleterre n'avait jamais été rompue, et que le commerce était rétabli entre ce dernier pays et les Pays-Bas. (1er mai 1573.)

Bientôt après le duc d'Albe fut rappelé et remplacé par Requesens, grand commandeur de Castille. C'était un homme modéré, mais qui ne put ramener à la soumission un peuple aigri par de longues années de tortures. A sa mort (1575) ses soldats laissés sans chefs se livrent à tous les excès. Catholiques et protestants se réunissent pour leur résister, et un traité d'union générale connu sous le nom de « pacification de Gand » est signé entre les provinces du midi et celles du nord. La Flandre et le Brabant reconnaissent Guillaume d'Orange pour gouverneur ; mais, jalouse de lui, la noblesse de ces pays appelle l'archiduc Mathias, fils de l'empereur Rodolphe II. Guillaume consent à servir de lieutenant à ce prince incapable. Cependant les insurgés sont battus à Gemblours (21 janvier 1578) par don Juan d'Autriche qui avait succédé à Requesens. Effrayée des succès de don Juan et du projet qu'il avait formé de débarquer en Angleterre, de délivrer Marie Stuart, de l'épouser et de monter ainsi sur les trônes d'Écosse et d'Angleterre, Élisabeth change encore une fois de politique, envoie des secours aux insurgés, et solde une armée d'aventuriers allemands ; les ravages de ces mercenaires ne font que ramener plusieurs provinces sous la domination espagnole. Alors les Belges renvoient Mathias et appellent le duc d'Anjou. Ce prince était important à cause de ses richesses, et de la France qu'il pouvait entraîner dans sa querelle. Malgré les ordres de son frère Henri III, il rassemble sept mille hommes et entre dans le Hainaut. Mais les intrigues d'Élisabeth, qui craignait que les Pays-Bas ne tombassent sous la domination de la France, paralysent tous ses efforts. « Il n'y avait, d'ailleurs, d'autre unité dans le soulèvement des Pays-Bas que la haine de toutes les provinces contre la tyrannie espagnole. Celles du nord, calvinistes et même anabaptistes, étaient

---

[1]. Burette, *Histoire moderne*, t. I, p. 285.

républicaines et elles n'attendaient leur salut que d'elles-mêmes; celles du sud, catholiques et attachées à la France par leurs souverains, penchaient à recommencer sous le duc d'Anjou une nouvelle dynastie de Bourgogne.[1] » Le prince d'Orange reconnut lui-même que l'union des dix-sept provinces était impossible, et qu'il fallait réduire la confédération à celles du nord. Par suite de ses efforts, les sept provinces de Hollande, de Zélande, de Frise, d'Utrecht, de Gueldre, d'Over-Yssel et de Groningue, formèrent un traité d'union perpétuelle sous le nom de *Provinces-Unies* (23 janvier 1579). Les Provinces-Unies devaient former une république fédérative dont le chef, sous le nom de stathouder, veillerait à l'exécution des lois, traiterait avec les puissances étrangères, choisirait les magistrats des villes, et présiderait à l'administration de la justice. Guillaume fut élu stathouder. Rassurée par cette séparation sur les projets de la France, Élisabeth embrassa plus ouvertement que jamais la cause des insurgés, autorisa un emprunt que le prince d'Orange ouvrit à Londres, et conclut avec les états une alliance offensive et défensive.

Mais depuis leur déclaration d'indépendance les Provinces-Unies n'éprouvèrent que des revers, et bientôt effrayées de l'ascendant que prenait le duc de Parme, Alexandre Farnèse, successeur de don Juan, elles offrirent au duc d'Anjou le gouvernement et la souveraineté de leur pays. (16 septembre 1580.) Le prince accepta, et, profitant de la paix qui venait d'être signée en France entre les catholiques et les huguenots, leva promptement une armée de quatorze mille hommes, calvinistes pour la plupart. Il marcha alors sur Cambrai, assiégé par le duc de Parme, et délivra la ville; mais, au lieu de se joindre au prince d'Orange, il traîna la guerre en longueur, et bientôt s'en alla en Angleterre pour hâter la conclusion du mariage qu'il négociait avec Élisabeth (1581.) En embrassant la cause des Provinces-Unies, cette princesse n'ignorait pas qu'elle s'exposait au ressentiment du roi d'Espagne; son espoir était alors dans le génie du prince d'Orange et dans la nouvelle force qu'allait lui donner l'union des provinces insurgées. Mais les progrès rapides du duc de Parme, l'acquisition du Portugal par Philippe, vinrent bientôt augmenter ses terreurs, et elle sentit la nécessité de se précautionner contre les entreprises d'un monarque dont la puissance semblait s'accroître tous les jours. Un mariage avec un prince français devait nécessairement amener une alliance entre les couronnes de France et d'Angleterre; aussi les propositions du duc d'Anjou furent elles accueillies avec faveur par Élisabeth, qui, après avoir reçu dans son intimité Simier, envoyé du duc, homme adroit et spirituel, manifesta le désir de voir le prince lui-même. D'Anjou, averti par son agent, arriva déguisé à Greenwich, resta près de la reine durant quelques jours, à la faveur de l'incognito, et repartit pour la Belgique, rempli des plus grandes espérances.

En effet, Élisabeth rassembla son conseil et lui fit part de ses intentions. Quelques membres objectèrent la religion du duc d'Anjou et l'âge de la reine, dont une grossesse, si elle pouvait avoir lieu, mettrait la vie en danger. Surprise de cette opposition, Élisabeth exhala son humeur en paroles amères, versa des larmes et

---

1. Théophile Lavallée, t. II, p. 517.

congédia brusquement ses conseillers, en leur donnant à entendre qu'elle saurait en choisir de meilleurs. Tous s'empressèrent de se soumettre, et un traité préliminaire fut négocié avec Simier; mais deux mois après, la reine avait changé d'avis; sa résolution suivait la fluctuation des affaires de Flandre. Enfin, une ambassade vint demander sa main, et, par un traité régulier, l'on arrêta que le mariage se contracterait six semaines après (1581, juin). Divers incidents et la crainte de s'engager dans une guerre immédiate avec le roi d'Espagne fournirent encore à Élisabeth des objections à la célébration de cet hymen; cependant lorsque le duc d'Anjou revint en Angleterre, il fut reçu par la reine avec les démonstrations du plus vif attachement, et elle donna à *son poursuivant d'amour* une déclaration écrite de sa main, par laquelle elle s'engageait à regarder les ennemis du duc comme les siens, et à lui prêter assistance en toute occasion. A la fête de l'anniversaire de sa naissance, qui eut lieu à quelques jours de là, elle lui remit l'anneau nuptial, et ordonna aux comtes de Leicester, de Bedford, de Sussex, à ses ministres Hatton et Walsingham, et à l'évêque de Lincoln, de préparer et de signer l'acte qui réglait les cérémonies à observer et la formule du contrat de célébration.

L'union des augustes fiancés ne présentait plus de doute, et les ambassadeurs des diverses puissances en firent part à leurs cours respectives. Mais, bien qu'écarté du trône à jamais par son mariage avec la veuve du comte d'Essex, Leicester n'en désirait pas moins conserver sur le cœur de la reine un ascendant qui devait évidemment lui échapper si le duc d'Anjou devenait roi d'Angleterre. En conséquence, il gagna les femmes d'Élisabeth, qui les trouva un soir baignées de larmes et feignant une étrange désolation. Lorsque la reine les eut forcées de s'expliquer, elles lui avouèrent, à genoux, qu'elles gémissaient sur les maux que lui préparait son hymen avec le duc, prince jeune et frivole qui ne tarderait pas à l'abandonner pour une autre maîtresse. Elles lui parlèrent du mécontentement de ses sujets, de sa propre gloire qu'elle ternirait en épousant un papiste, du péril où l'exposerait la naissance d'un enfant, et obtinrent un tel crédit sur son esprit, que, dès le lendemain, Élisabeth signifia au duc qu'elle était déterminée à sacrifier son bonheur aux préjugés de son peuple qui ne se soumettrait qu'avec peine au gouvernement d'un étranger, et dont la tranquillité lui était plus précieuse que la vie; Hatton, qui était présent, ajouta que la reine avait quarante-neuf ans, et que, sans perspective de postérité, le mariage n'avait plus de but raisonnable. Le duc d'Anjou irrité se retira en jetant l'anneau d'Élisabeth et maudissant les femmes d'Angleterre, aussi changeantes, dit-il, que les vagues qui entourent leur île; puis il se disposa à quitter le royaume. Ce furent alors des scènes d'une autre nature; Élisabeth déclara qu'elle ne pouvait supporter l'idée d'une telle séparation, accabla le duc de caresses et le retint encore trois mois au milieu d'amusements de toute sorte qu'elle inventait pour le fixer. Enfin il fallut se quitter; le peuple murmurait de la conduite peu mesurée de la reine; d'ailleurs le duc était appelé par les états de Belgique. Élisabeth le conduisit jusqu'à Cantorbéry, et lui fit promettre de revenir dans un mois; puis, par son ordre, Leicester et six autres lords accompagnèrent le prince jusqu'à Bruxelles où il fut couronné duc de Brabant et comte de Flandre. Mais vaincu en toute rencontre par le duc de Parme, et abandonné de ses partisans, le duc d'Anjou rentra en France, où il mourut au bout d'une année (1584). Sa mort mit fin à l'une des amoureuses folies d'Élisabeth, et la sauva des malheurs qu'eût entraînés un mariage aussi imprudent.

La politique d'Élisabeth soutenait tous les réformés du continent, quelle que fût leur doctrine ; mais elle n'en tolérait qu'une seule en Angleterre, celle qu'elle pratiquait elle-même. Les puritains et les catholiques devinrent donc passibles des peines les plus sévères. Les premiers comptaient de nombreux partisans dans la chambre des communes, et ils eurent quelque temps l'espoir d'obtenir la liberté de conscience et de culte. Quand ils se virent trompés dans leurs conjectures, ils se livrèrent à des actes de violence, et publièrent les libelles les plus outrageants pour la reine. Un des plus furieux, Burcket, étudiant de Middle-Temple, tua un officier public dans un accès de fanatisme. Il fut condamné et exécuté. L'archevêque de Cantorbéry, Grindal, soupçonné de trop de tolérance, fut dépossédé de son siége. Son successeur, Whitgrif (1580) suspendit de leurs fonctions tous les ecclésiastiques qui refusèrent de reconnaître que la reine était chef suprême de l'église, et que l'ordinal et le livre de commune prière ne contenaient rien de contraire à la parole de Dieu. Il fit décider aussi que le statut qui déclarait crime de félonie toute composition, impression, distribution d'écrits en vers ou en prose, tendant à encourager l'insurrection ou la révolte dans le royaume, serait appliqué aux auteurs de tout traité contre le livre de commune prière, comme offensant la souveraine et tendant à la subversion de la constitution de l'église. Deux ministres non conformistes, Thacker et Copping, accusés de ce délit, furent condamnés et moururent en martyrs de leur foi.

Les catholiques étaient traités avec plus de rigueur encore que les puritains. Les uns cherchaient un asile au delà des mers ; les autres, épiés par leurs ennemis, étaient journellement convaincus de papisme et condamnés à l'amende, à la confiscation, à la réclusion à perpétuité. La sévérité de ces mesures avait, depuis le commencement du règne d'Élisabeth, si rapidement fait diminuer le nombre des prêtres catholiques, que des Anglais, attachés à leur ancienne croyance, avaient fondé à Douai, et ensuite à Reims, un collége où de jeunes étudiants, animés d'un zèle ardent, venaient prendre les ordres, et retournaient ensuite en Angleterre s'exposer à toute la sévérité des lois. Le conseil prononça la peine capitale contre ces missionnaires, et trouva bientôt l'occasion de l'appliquer. Un ecclésiastique, nommé Cuthbert Maine, fut convaincu d'avoir dit la messe dans la maison d'un riche propriétaire, du nom de Tregean. Maine périt du supplice des traîtres (1577), Tregean fut condamné à la prison perpétuelle, et ses biens confisqués au profit de la reine. Une foule d'autres infortunés subirent le même sort ; mais plus on persécutait, plus le zèle religieux se reproduisait avec énergie. La compagnie de Jésus se montra plus active qu'aucune autre corporation catholique à répandre des missionnaires de son ordre dans le royaume, et deux jésuites anglais, Robert Persons et Édouard Campian, hommes d'un grand mérite, firent de nombreux prosélytes dans les campagnes. Les promesses et les menaces furent employées au nom de la reine pour les découvrir ; on représenta au parlement leur existence dans le royaume comme la preuve d'un complot papiste permanent, et l'on arrêta que tous ceux qui tenteraient d'éloigner les autres de la religion établie, ou qui s'en laisseraient écarter, subiraient la peine de haute trahison ; que tous ceux qui diraient la messe seraient condamnés à une amende de 200 marcs et un an d'emprisonnement ; ceux qui l'entendraient à 100 marcs et un an de prison ; que ceux qui ne fréquenteraient pas l'église paieraient 20 livres par mois ; que tout prêtre catholique, remplissant les fonctions d'instituteur, serait passible d'un an de prison, etc. etc. En réponse à ces statuts tyranniques, Campian publia une lettre adressée aux lords du conseil, et un autre écrit où il demandait à discuter la religion devant la reine. L'activité des recherches redoubla ; le nom de toutes les personnes soupçonnées de papisme avait été envoyé au conseil, et chaque jour des visites domiciliaires étaient faites chez elles avec une rigueur et une brutalité inouïes. Des femmes en moururent de frayeur, d'autres devinrent folles ; les prisons regorgeaient de captifs de tout rang et de tout sexe. Enfin Campian fut

Campian appliqué à la torture, d'après une gravure du temps.

arrêté, conduit à la Tour, et quatre fois appliqué à la question. Dans les tourments de la torture, il laissa échapper des expressions où l'on crut reconnaître une allusion à quelque complot contre la vie de la reine, et il fut mis en jugement avec douze autres prêtres, sous l'accusation de conspiration. Campian prouva qu'il n'avait jamais existé aucune relation entre lui et ses prétendus complices, qui ne se connaissaient pas les uns les autres, et déclara qu'il était catholique, mais nullement assassin ni conspirateur. Un verdict les condamna en masse. Deux de ces malheureux furent immédiatement livrés au bourreau avec Campian (déc. 1581); trois autres, dont un jésuite, obtinrent, par diverses concessions, que la peine de mort fût commuée, à leur égard, en détention perpétuelle; les six derniers eurent un peu plus tard le sort des premiers; ils moururent comme eux en protestant de leur innocence et de leur fidélité à leur souveraine.

Aucune secte n'était à l'abri des poursuites du clergé anglican. Les anabaptistes s'étaient glissés à Londres sous la protection de l'église hollandaise. Un ordre royal leur enjoignit de sortir du royaume dans un bref délai, et l'on saisit bientôt après vingt-sept personnes qui n'avaient point obéi. Les évêques de Londres, de Rochester, et trois magistrats, les interrogèrent, et les déclarèrent hérétiques. Ceux qui témoignèrent du repentir furent chassés de l'Angleterre, après avoir fait amende honorable à Saint-Paul; deux d'entre eux, Peters et Turwert, qui persistèrent dans leur croyance, périrent à Smithfield, au milieu des flammes; et les années suivantes les bûchers s'allumèrent encore pour quelques malheureux que la reine « avait retranchés du troupeau du Christ. »

Pendant ce temps Marie Stuart gémissait toujours dans une déplorable captivité. On avait diminué le nombre de ses domestiques, réduit les dépenses de sa table, et défendu l'admission en sa présence de tout étranger, même de l'ambassadeur français; on lui refusait jusqu'à l'air et l'exercice. Élisabeth se méfiait de toutes les personnes qu'elle chargeait de surveiller sa captive, et les entourait elles-mêmes d'agents secrets qui épiaient constamment leur conduite. Le régent d'Écosse, Morton, était le seul homme dont la haine pour Marie lui inspirât une confiance entière. Mais la rapacité de ce meurtrier de Darnley et l'altération des monnaies ayant excité des plaintes générales, les principaux membres de la noblesse se réunirent et lui intimèrent l'ordre de résigner son autorité, qu'ils exercèrent eux-mêmes sous le patronage du jeune roi, Jacques VI, quoiqu'il ne fût encore que dans sa treizième année. Deux mois après, Morton s'empara de nouveau de l'enfant royal, et reprit l'autorité qu'il avait perdue. Mais un rival inattendu éveilla bientôt sa jalousie. Le jeune roi avait fait revenir de France Esmé Stuart, lord d'Aubigny, fils du lord Ochiltree; il s'était attaché à ce jeune seigneur, l'avait créé comte, et l'avait comblé d'honneurs et de richesses. Morton voulut se délivrer de ce favori, et publia que c'était un agent du duc de Guise; mais un jour qu'il présidait le conseil en présence de Jacques, Stuart, se jetant à genoux, l'accusa du meurtre de Darnley, et s'offrit à le prouver; il fallut que le régent se constituât prisonnier au château de Dumbarton. Élisabeth voulut défendre son protégé, et envoya à Édimbourg un ambassadeur qui sollicita sa vie auprès du conseil et des états; mais tous répondirent que le roi était engagé par honneur à suivre la procédure. Élisabeth menaça de faire marcher un corps de troupes sur la frontière; Randolph essaya de susciter une guerre civile; le prince d'Orange et le roi de Navarre écrivirent en faveur de Morton : Jacques fut inébranlable, et le procès commença.

On prouva contre l'accusé qu'il avait, à Wittingham, fait partie du conciliabule où s'était résolu le meurtre de Darnley ; qu'Archibald Douglas, son cousin et son ami, et Binning, son domestique, avaient été agents actifs de l'assassinat ; que le premier cri de Marie, quand on l'arrêta à Carberry-Hill, avait été, en le voyant : « Voici l'un des assassins ! » qu'il était un des signataires de l'engagement souscrit pour préserver Bothwell du châtiment de l'attentat ; et qu'enfin celui-ci, à son lit de mort, en Danemark, en avait fait la déclaration écrite. Le verdict de culpabilité fut rendu à l'unanimité. Cependant le roi ne voulut point que le comte subît le supplice des traîtres, et le commua en décapitation. Morton avoua dans sa prison, aux ministres de la religion, qu'il était coupable d'avoir tenu secret le complot dont Bothwell lui avait donné connaissance, mais déclara toujours qu'il avait refusé d'y prendre part, parce que celui-ci, tout en alléguant le consentement de la reine, ne lui en montrait pas de preuves. Il mourut lâchement. Binning avait été supplicié la veille ; Douglas se sauva en Angleterre.

Les jésuites, surpris du caractère que déployait le jeune roi d'Écosse dans un âge aussi tendre, conçurent l'espérance qu'un jour ce prince retournerait au culte de ses pères, et Persons envoya secrètement deux prêtres de son ordre à la cour de Holy-Rood. Ils y furent traités avec bonté, et Jacques consentit à en conserver un près de lui comme maître de langue italienne. Cet ecclésiastique l'entretint de la déplorable situation de Marie, et n'eut pas de peine à en obtenir l'aveu du ressentiment qu'il en éprouvait, ainsi que l'assurance de l'empressement avec lequel il coopérerait à tous les projets qui seraient formés pour arracher sa mère à la captivité ; mais il était roi sans revenu, et à la discrétion d'Élisabeth. A ces nouvelles, Persons partit pour Paris, vit le duc de Guise, le nonce du pape, l'ambassadeur d'Espagne, l'archevêque de Glascow, résident de Marie à la cour de France, Mathieu, provincial des jésuites, Allen, directeur du séminaire des missionnaires anglais, et il fut convenu entre eux que, la reine d'Écosse une fois en liberté, Jacques et Marie gouverneraient conjointement comme roi et reine. Le roi d'Espagne et le pape s'engagèrent à fournir quelque argent ; et cette espèce de traité fut présenté à Marie qui l'approuva ; son désir n'était, disait-elle, que de donner légalement à son fils ce qu'il ne tenait actuellement que de la force. La teneur de cet acte alarma un moment le jeune Jacques ; on lui avait inspiré tant de prévention contre sa mère qu'il craignit qu'elle n'entendît s'arroger l'entier exercice de l'autorité souveraine qu'il voulait lui-même se réserver. On le désabusa, et il donna son assentiment.

Mais, comment agir aussi ouvertement sans éveiller l'attention des agents de l'Angleterre ? Les projets de Persons ne purent longtemps se dérober à leur vigilance, et Élisabeth se hâta d'organiser une nouvelle révolution en Écosse. A son instigation, le comte de Gowrie, ayant invité le roi Jacques à sa terre de Ruthven, s'assura de la personne du jeune souverain qui n'avait conçu aucun soupçon d'un tel complot, se fit conférer l'autorité de régent par les seigneurs qui composaient la faction anglaise, et gouverna sans obstacle sous le protectorat d'Élisabeth. (1582.) Jacques savait déjà dissimuler ; il affecta d'approuver la conduite de ses oppresseurs, et renferma dans son sein ses projets de vengeance.

Lorsque Marie apprit quel était le sort de son fils, elle crut y retrouver une image de sa propre destinée, et, du lit où la retenait une grave maladie, elle écrivit à Élisabeth. Elle suppliait la reine de se transporter avec elle, en idée, devant le trône du Tout-Puissant, leur commun juge, et là elle racontait les injustices accumulées, et les atroces calomnies dont elle était victime; elle énumérait les maux que lui avaient fait souffrir les ministres anglais, dont l'or et les promesses avaient animé contre elle ses sujets égarés; elle disait que sa sœur, la reine d'Angleterre, loin de la recevoir dans ses bras, quand elle était venue s'y jeter volontairement, l'avait réduite à une captivité plus dure que celle qu'elle fuyait, et cependant son innocence avait été pleinement prouvée aux conférences d'York et de Westminster. Maintenant on plaçait dans la même situation son fils, cet enfant si cher, le seul objet d'attachement qui lui restât au monde! Qui donc voulait-on punir en cette circonstance? Quelle nouvelle offense avait-elle commise envers Élisabeth? Qu'on l'accusât, et si elle ne réfutait toutes les charges avec la plus entière évidence, elle appelait elle-même le châtiment qu'elle aurait mérité. Le seul crime qu'on eût à lui reprocher était d'être la plus proche parente et l'héritière présomptive de la reine d'Angleterre. Hélas! elle était au bord de la tombe; ses chagrins, plus encore que sa captivité, l'y avaient conduite; elle ne pensait à d'autre royaume qu'au royaume de Dieu, et pourtant on lui refusait les consolations de sa propre croyance, les secours spirituels dont on ne privait pas les plus vils criminels dans les pays les plus barbares. Enfin elle implorait l'équité, l'humanité, la douceur naturelle d'Élisabeth; elle conjurait la reine de revenir à son propre caractère, de la délivrer de sa prison, d'embrasser les intérêts de son fils, et la suppliait, dans le cas où elle devrait rester captive, de lui accorder au moins un prêtre catholique pour la préparer à la mort, et deux servantes pour lui donner des soins durant sa maladie.

Cette lettre n'apporta aucun changement à sa position. Cependant le roi de France, Henri III, redoutant la puissance de la faction anglaise en Écosse, envoya la Motte-Fénelon à Édimbourg afin de rendre le courage aux partisans de Jacques VI, et d'aider le jeune monarque à ressaisir sa liberté. Jacques, avec une dissimulation qui n'était pas de son âge, mais qui formait le trait principal de son caractère, trompa la vigilance de ses gardes, prit possession du château de Saint-Andrew et y convoqua ses amis; ils y vinrent en assez grand nombre pour effrayer la faction opposée. Une amnistie générale fut proclamée et le roi reprit l'exercice de l'autorité. (1583.)

A la nouvelle de cette révolution, d'autres intrigues se nouèrent en France entre les partisans de Marie dans le but de la délivrer à force ouverte, en fournissant des troupes à son fils. La princesse captive refusa de donner son approbation à ce moyen qui eût été le signal de sa mort, et proposa encore à Élisabeth une alliance et une amitié perpétuelles entre les couronnes d'Angleterre et d'Écosse. La reine consentit à traiter; mais son inconstance ordinaire mit bientôt fin à des conférences dont elle redoutait le résultat pour elle-même et pour ses partisans en Écosse. (1584.)

Cependant, en prolongeant la captivité de Marie Stuart, Élisabeth n'ignorait pas qu'elle excitait le mécontentement de ses sujets catholiques ; elle savait que ceux qui étaient restés en Angleterre entretenaient des correspondances avec ceux qui avaient quitté leur patrie, et elle en ressentait de vives inquiétudes. Afin de connaître leurs projets, elle chargea son secrétaire d'état Walsingham de les faire surveiller.

Sir Francis Walsingham,

d'après le portrait original, faisant partie de la collection du duc de Dorset.

Celui-ci envoya secrètement dans toute l'Angleterre et sur le continent une foule d'espions qui se présentaient comme agents confidentiels de Marie, en exhibaient des lettres contrefaites, s'insinuaient ainsi dans la confiance des catholiques, parvenaient à connaître leurs dispositions et celles de leurs co-religionnaires, et lui faisaient aussitôt part ce qu'ils avaient appris. Ces dénonciations sans contrôle étaient pour les ministres et les plus puissants des courtisans d'Élisabeth, un moyen facile de se venger et de perdre leurs ennemis dont ils s'empressèrent de profiter.

La première de leurs victimes fut un gentilhomme papiste du comté de Warwick, nommé Arden, qui ayant eu des discussions d'intérêt avec Leicester, avait bravé imprudemment le ressentiment de son puissant adversaire, quitté la livrée du comte que portaient tous les gentilshommes voisins, et n'en parlait plus qu'en le traitant de parvenu, d'adultère et de meurtrier. Sa fille avait épousé un catholique nommé Somerville. Celui-ci, étant devenu fou, attaqua un jour des voyageurs, l'épée nue, et criant qu'il voulait tuer la reine et tous les protestants. Il fut aussitôt arrêté ainsi que son beau-père, sa belle-mère, sa femme, sa sœur et le prêtre missionnaire Hall, que l'on trouva dans leur maison. Arden subit le supplice des traîtres, et ses terres furent données à Leicester. Somerville périt étranglé dans son cachot; les autres reçurent leur grâce. Vers le même temps, de nouvelles délations faites à Walsingham compromirent encore Francis et Georges Throckmorton, fils de sir John Throckmorton, que Leicester, son ennemi mortel, avait fait déjà destituer de la charge de grand juge de Chester. Tous deux furent immédiatement arrêtés et envoyés à la Tour (nov. 1583). On les accusait de complicité dans un projet d'invasion en Angleterre formé par le duc de Guise et le roi d'Espagne. Francis Throckmorton, trois fois appliqué à la question, avoua, à la quatrième, qu'un projet d'invasion et de révolte avait été formé; mais il rétracta ensuite cet aveu, qu'il attribua aux douleurs de la torture; cependant on le trouva suffisamment convaincu, et il fut exécuté. L'arrestation des deux Throckmorton avait été suivie de celle du comte de Northumberland et de son fils, de lord Paget, frère d'un catholique exilé, du comte d'Arundel et de sa femme. Jadis favori d'Élisabeth, le comte d'Arundel s'était vu supplanter par Leicester dans l'affection de sa souveraine. Sa conversion au catholicisme devint le prétexte et le signal d'une incessante persécution. Afin de s'y soustraire, il avait pris le parti de s'expatrier, mais, poursuivi dans sa fuite par ordre d'Élisabeth, il fut arrêté et jeté en prison. Après y avoir langui plus d'une année, il fut accusé devant la Chambre Étoilée d'avoir voulu quitter le royaume sans permission, ainsi que d'avoir correspondu avec les ennemis de la religion et de la reine, et se vit condamner à payer une amende de dix mille livres sterling, et à rester en prison au bon plaisir de Sa Majesté.

L'innocence du comte de Northumberland était tellement évidente, qu'il était impossible de sévir contre lui. Cependant on le laissa à la Tour pendant plus d'une année, et le 21 juin 1585, il fut trouvé mort dans son lit, le cœur percé de trois balles. On répandit le bruit qu'il s'était suicidé, mais la veille même de ce jour, le lieutenant de la Tour avait reçu l'ordre de remplacer le gardien habituel de Northumberland par un domestique de sir Christophe Hatton, et l'opinion générale fut que le malheureux comte était mort assassiné.

Pendant qu'Élisabeth se débarrassait ainsi de ceux qu'elle redoutait, elle favorisait les intrigues et les conspirations de ses partisans en Écosse. Mais le jeune roi, soupçonnant leurs complots, en fit, par le conseil du comte d'Arran, exécuter quelques-uns, bannit les autres, et confisqua leurs biens. Il paraissait alors tellement décidé à faire triompher la cause de sa mère, qu'Élisabeth crut de son intérêt d'écouter de nouveau les propositions de sa captive, et de conclure avec elle un accommodement définitif. Malheureusement, à ce moment même, Creighton et Abdy, jésuites écossais, agents actifs des partisans de la reine Marie, furent pris en mer par un croiseur danois, et conduits en Angleterre, où on les enferma dans la Tour de Londres. Appliqué à la torture, Creighton dévoila toutes les particularités de l'invasion projetée par les puissances catholiques amies de Marie Stuart. Aussitôt les ennemis de cette princesse et les sectateurs ardents de la religion nouvelle formèrent une association dont tous les membres s'engageaient à poursuivre jusqu'à la mort, non-seulement tous ceux qui attenteraient à la vie d'Élisabeth, mais encore ceux en faveur desquels de pareilles tentatives seraient faites. On demanda au parlement de donner son approbation à cette association. Mais une approbation pure et simple eût indiqué d'une manière trop ouverte le désir qu'on avait d'en finir au plus tôt avec la reine d'Écosse, puisqu'une seule conspiration supposée ou même réelle, mais faite à l'insu de Marie Stuart, aurait suffi pour la mener à l'échafaud; et quoique ce fût là en définitive le but que voulait atteindre Élisabeth, elle tenait cependant à colorer la perte de sa captive des apparences de l'équité. En conséquence, elle fit déclarer par le parlement « que les confédérés dont l'association était d'ailleurs approuvée, ne pourraient poursuivre à mort que les personnes qui auraient été d'avance déclarées complices de la trahison par une cour de vingt-quatre commissaires nommés par la reine. »

En même temps, et quoique les échafauds dégouttassent encore du sang des catholiques, on décréta contre eux des rigueurs nouvelles. Un statut déclara que tout ecclésiastique né dans les états de la reine, et ordonné par l'autorité de l'évêque de Rome, qui se trouverait dans le royaume après le délai de quarante jours, serait considéré comme coupable de haute trahison et puni comme tel; que toute personne qui l'aiderait ou le recevrait serait passible des mêmes peines; que quiconque saurait qu'il en existait un dans le royaume et ne le dénoncerait pas sous douze jours, serait mis à l'amende et emprisonné à la volonté de la reine; que tous les Anglais qui étudiaient dans les séminaires du continent, qui ne seraient pas revenus dans le délai de six mois, seraient punis comme traîtres; que les personnes qui leur feraient passer de l'argent, de quelque façon que ce fût, encourraient la pénalité de « præmunire », c'est-à-dire la confiscation et l'exil; que les parents qui enverraient leurs enfants à l'étranger sans permission seraient condamnés pour chaque enfant à une confiscation de la valeur de 100 livres, et que les enfants qui entreraient ainsi aux séminaires deviendraient inhabiles à succéder aux biens de leurs parents.

Pendant la discussion de ces statuts, les catholiques avaient adressé à la reine une pétition qu'avaient approuvée les membres du clergé papiste et la noblesse des comtés. Ils y déclaraient que tous les catholiques, prêtres et laïques, la reconnaissaient pour leur souveraine, en droit comme en fait; qu'ils regardaient comme coupable du plus grand crime quiconque porterait la main sur celle qui avait reçu l'onction du Seigneur; qu'il n'était au pouvoir ni d'un prêtre ni du pape d'autoriser à faire ce qui est criminel, et que si de pareilles opinions étaient soutenues par qui que ce fût d'entre eux, ils le renonceraient, lui et ses opinions, comme diaboliques et abominables hérétiques, et contraires à la foi catholique. En conséquence, ils priaient la reine de ne pas les considérer comme des sujets infidèles, mais de prendre en pitié leurs souffrances, et de ne pas bannir du royaume tous les prêtres catholiques. Élisabeth répondit à cette humble supplique en envoyant mourir en prison le gentilhomme qui avait eu le courage de la lui présenter.

Dès que Marie Stuart eut connaissance de l'association formée par ses ennemis, de l'approbation donnée par le parlement à cette mesure, et des nouveaux statuts rendus contre les catholiques, elle comprit le sort qui lui était réservé. Vainement elle rédigea un engagement par lequel elle déclarait regarder comme ses ennemis les personnes qui attenteraient à la vie ou à la puissance de sa bonne sœur; on lui répondit en lui donnant pour nouveau gardien sir Amyas Paulet, homme d'un rang inférieur, puritain exalté et farouche, et en faisant pendre devant ses fenêtres un jeune prêtre catholique que l'on avait enfermé avec elle au château de Tutbury.

C'est qu'alors la reine et ses ministres ne redoutaient plus l'intervention de Jacques en faveur de sa mère. Secondé par l'or et les intrigues d'Elisabeth, le parti anglais avait repris le dessus en Écosse, et s'était emparé de la personne du roi, qui, moyennant une pension considérable et en échange de la promesse que les ministres anglais ne feraient rien au préjudice de ses droits de succession au trône d'Angleterre, consentit à un traité par lequel Élisabeth et lui s'obligeaient à défendre la religion réformée contre les efforts des puissances catholiques, et à venir mutuellement au secours l'un de l'autre, si une invasion avait lieu dans l'un des deux pays. (1586.)

Dès lors les ennemis de Marie n'eurent plus d'autre but que de la mettre dans le cas prévu par les articles de l'association anticatholique. Walsingham s'en chargea.

C'était du reste une tâche facile. Les amis de la malheureuse reine d'Écosse semblaient s'être ligués avec ses ennemis pour la conduire à l'échafaud. En Angleterre comme sur le continent, la division régnait sans cesse parmi eux; beaucoup d'ailleurs de ceux qui se disaient ses partisans avaient embrassé sa cause par cupidité plus que par dévouement; ceux-là ne restèrent pas longtemps inaccessibles aux séductions de Walsingham, qui eut bientôt pour agents secrets les hommes que Marie croyait lui être le plus dévoués.

Malgré la vigilance de son gardien, la reine d'Écosse avait trouvé moyen de nouer une correspondance avec ses amis d'Angleterre et du continent, par l'entremise de deux gentilshommes catholiques, Thomas Throckmorton et Gilbert Gifford. Mais ce dernier était vendu à Walsingham et lui remettait toutes les lettres qu'il recevait, soit qu'elles fussent adressées à Marie, soit qu'elles fussent écrites par elle. Dans le cabinet du ministre, ces lettres étaient habilement ouvertes, déchiffrées, transcrites, refermées et rescellées, puis dirigées vers leur primitive destination. De la sorte, Walsingham fut bientôt initié à tous les secrets de la reine d'Écosse, et put suivre dans tous ses détails la marche et les progrès d'une conspiration formée pour délivrer la princesse captive. Le chef de cette conspiration était un jeune catholique du comté de Derby, nommé Babington, qui avait été en relation avec Marie pendant son séjour à Sheffield. Il avait embrassé avec exaltation la cause de cette princesse ; mais il pensait que tant qu'Élisabeth vivrait, toute tentative en faveur de la reine d'Écosse serait complétement inutile. Aussi, lorsqu'il apprit qu'un nommé Savage s'était engagé à assassiner la reine d'Angleterre, il alla le trouver, lui fit observer que c'était là une chose trop importante pour s'en reposer sur une personne, et se chargea de trouver six autres gentilshommes déterminés qui tenteraient l'entreprise tandis que d'autres délivreraient Marie Stuart, et que le duc de Parme, débarqué avec un corps d'armée considérable, rétablirait le culte catholique en Angleterre.

Babington s'occupa aussitôt de se faire des complices parmi ses amis, mais il les trouva tous opposés à ses desseins. Afin de lever leurs scrupules il résolut d'obtenir l'approbation de Marie. En conséquence, il lui envoya une lettre dans laquelle il lui disait que son intention et celle de ses amis étaient, non-seulement de la délivrer, mais « d'expédier » Élisabeth, usurpatrice de ses droits, l'assurait qu'ils n'attendaient plus que son approbation, et la pressait de les autoriser à agir en son nom.

Marie, dans sa réponse, accepta les offres de délivrance que lui faisait Babington ; mais elle lui recommanda de ne pas faire un pas avant de s'être assuré d'un parti puissant dans le royaume, et de la coopération du duc de Parme. Cette réponse fut mise en chiffres par Nau et Curle, secrétaires de Marie ; mais avant de parvenir à son adresse elle fut remise à Walsingham qui en fit prendre copie, et alors, sûr de ses moyens, fit arrêter Babington et ses complices au nombre de quatorze. Parmi eux, Babington et Savage seuls étaient résolus à assassiner Élisabeth, et des autres, deux seulement s'étaient offerts pour tenter la délivrance de Marie ; le reste repoussait également les deux projets, leur seul crime était de ne pas avoir trahi leurs amis en dévoilant leurs complots ; tous furent cependant condamnés à la mort des traîtres. La reine, dans sa rage de vengeance, voulait leur faire subir un supplice plus affreux encore que celui réservé aux condamnés pour crime de haute trahison, et elle ne consentit à ne pas augmenter les tourments fixés par la loi, qu'à la condition qu'ils seraient prolongés « jusqu'à l'extrémité de la peine », c'est-à-dire tant qu'il resterait aux condamnés un souffle de vie. Elle fut obéie pour les trois premiers ; mais l'atrocité du supplice excita tellement l'horreur et l'indignation du peuple, qu'elle fut obligée de permettre que les sept qui restaient expirassent sur le gibet avant qu'on ne leur ouvrît le ventre pour en arracher les entrailles (1586).

Au moment où on arrêta Babington et ses amis, Pawlet avait reçu l'ordre de s'emparer de tous les papiers de Marie. En conséquence, un jour qu'elle était sortie pour prendre l'air, on l'empêcha de rentrer au château où elle était détenue, et on la conduisit dans un lieu nommé Tixal où on la retint durant trois semaines au secret. A son retour elle trouva ouverts ses cabinets, ses coffres, ses armoires, et reconnut qu'on avait emporté ses sceaux, son argent et ses papiers ; cependant, elle conserva toute sa dignité, et se contenta de dire à Pawlet : « Il me reste encore « deux choses, monsieur, que vous ne pouvez me retirer : c'est ma naissance royale « qui constitue mon droit à la couronne d'Angleterre, et mon attachement à la reli- « gion de mes pères. »

La saisie de la correspondance de Marie mettait cette princesse entièrement à la merci de ses ennemis : Élisabeth résolut d'en finir avec elle. Quelques-uns de ses conseillers seulement pensèrent que l'âge avancé de la reine d'Écosse et ses infirmités la mettaient désormais dans l'impossibilité de nuire ; les autres soutinrent que la sécurité de la religion réformée exigeait la mort d'une de ses plus puissantes ennemies ; Leicester proposa le poison comme moyen plus sûr et plus secret; Walsingham insista pour un jugement public, et son avis prévalut.

Élisabeth créa une commission composée de quarante-sept personnes, pairs, conseillers privés et juges, qu'elle revêtit du pouvoir d'interroger et de juger Marie, *autrefois* reine d'Écosse et héritière de Jacques V, et de déterminer toutes les offenses commises par elle contre le 27° statut de son règne. Trente-six membres de cette commission se rendirent auprès de la reine prisonnière, et sir Amyas Pawlet remit à la princesse une lettre d'Élisabeth qui lui annonçait l'ouverture de son procès. Marie reçut le messager avec dignité : « Je suis affligée, lui « dit-elle, de me voir accusée par la reine de ce dont je suis innocente ; mais « qu'elle se souvienne que je suis reine aussi, et que je n'ai à rendre de comptes « devant aucune juridiction étrangère; jamais je ne dégraderai la couronne « d'Écosse en me tenant en criminelle à la barre d'une cour de justice anglaise. » Ce refus de se défendre et la persistance que mettait Marie à soutenir le droit d'indépendance du rang suprême embarrassaient les ministres et la reine, qui voulaient un simulacre de procès. Mais le chancelier, sir Christophe Hatton, lui ayant fait entendre que l'inutile privilége de sa dignité royale ne lui serait actuellement d'aucun secours, qu'elle devait se fier à son innocence, et se désister d'un système de silence qu'on attribuerait certainement à la conscience de sa culpabilité, elle se laissa persuader par ce discours artificieux, et se contenta de demander que sa protestation contre l'autorité de la cour fût admise, ce qu'on lui accorda. Par ce consentement irréfléchi, elle donna une apparence de légalité à la procédure.

La malheureuse princesse se trouvait placée dans la plus funeste position. Seule, sans amis, sans conseil, sans connaissance des lois ni des formes judiciaires, sans preuves à l'appui de ses déclarations, comment pouvait-elle prouver l'innocence qu'elle alléguait? Et quels étaient la plupart des hommes chargés de prononcer sur son sort? des gens de loi, créatures de la reine, des réformés exaltés, des seigneurs favoris d'Élisabeth, qui depuis longues années avaient demandé sa mort au parlement ou au conseil. Cependant elle se défendit avec autant d'esprit que de noblesse, réduisit souvent les accusateurs au silence, et si elle ne sortit pas victorieuse du procès, c'est que d'avance elle était condamnée.

L'accusation portait sur deux points : 1° conspiration avec des étrangers et des traîtres dans le but d'amener une invasion dans le royaume ; 2° dessein formé de faire assassiner Élisabeth. A l'appui du premier chef, on produisait des lettres interceptées, écrites par Marie elle-même, par le jésuite Allen qui lui donnait le titre de reine d'Angleterre, ou par l'ambassadeur espagnol Mendoza, et par les lords Paget, père et fils. Marie nia l'authenticité de la plupart de ces lettres, et répondit relativement au titre de reine d'Angleterre qui lui était donné, qu'elle ne pouvait diriger le style dont voulaient se servir les personnes qui lui écrivaient.

Quant à avoir sollicité le secours des étrangers, elle ne repoussait pas cette charge d'une manière absolue; elle n'était point liée par les lois anglaises; égale d'Élisabeth, elle ne reconnaissait entre elles que la loi de la nature, qui l'autorisait à chercher tous les moyens de mettre fin à une injuste captivité: elle avait offert à sa persécutrice des conditions toutes raisonnables; mais, détenue contre le droit des gens, contre celui de l'humanité, voyant que ses prières, ses concessions, ses pleurs mêmes étaient dédaignés, elle avait accepté les offres de service de ses amis. Qui donc pouvait la blâmer en de telles circonstances?

A l'exposé des preuves relatives à l'assassinat d'Élisabeth, elle fondit en larmes et repoussa cette accusation avec la plus grande véhémence. On lui donna alors lecture : 1° de la lettre dans laquelle Babington lui confiait que six gentilshommes, ses amis dévoués, se chargeaient de l'assassinat de l'usurpatrice; 2° de sa réponse à cette lettre, et l'on appuya sur le passage suivant : « Par quels moyens les « six gentilshommes songent-ils à procéder? » et sur celui-ci : « Les affaires « étant ainsi préparées, et les forces en état de se mettre en mouvement au « dedans et au dehors du royaume, il sera temps de mettre les six gentilshommes « à l'œuvre, en faisant en sorte qu'au moment de l'accomplissement de leur « dessein je puisse être transportée hors de ce lieu. » Si ces deux passages étaient authentiques, il serait évident que Marie avait consenti à l'assassinat d'Élisabeth; mais il faut remarquer que les pièces produites devant la cour furent déclarées n'être que des copies, et cependant le conseil avait tous les originaux entre les mains. S'ils étaient conformes aux copies qu'on en présentait, pourquoi ne pas les produire eux-mêmes? N'eût-ce pas été le meilleur moyen de prouver d'une manière irrécusable la participation de Marie au projet de Babington. Lorsque l'accusée demanda qu'on lui montrât ces originaux, prétendant qu'elle n'avait jamais ni écrit ni reçu de pareilles lettres, les avocats de la couronne se contentèrent de dire qu'ils avaient existé, que Babington avait reconnu sa lettre et la réponse de Marie; que Nau et Curle, les deux secrétaires de la princesse, mis à la torture, avaient déclaré qu'ils avaient écrit en chiffres à Babington par ordre de leur maîtresse, et que la copie, actuellement produite, leur semblait la reproduction correcte de ce que la reine leur avait dicté. Marie répliqua que, pour connaître la vérité, il eût fallu conserver Babington comme témoin au lieu de le faire mourir; que sa confession faite dans les tourments de la question et peut-être dans l'espoir d'obtenir sa grâce était sans valeur; que Nau et Curle, gens simples et timides, avaient pu penser qu'un tel aveu sauverait leurs jours sans exposer ceux de leur maîtresse, mais qu'ils ne soutiendraient pas devant elle un tel mensonge. Elle ajouta que ce n'était pas la première fois que ses lettres avaient été ouvertes, copiées, et qu'on y avait fait des interpolations; qu'il n'était pas difficile d'imiter les chiffres et l'écriture, et elle accusa Walsingham d'avoir agi ainsi pour la conduire à l'échafaud. A cette accusaton directe, Walsingham ne put répondre autre chose sinon qu'il n'avait jamais rien fait comme particulier qui fût indigne d'un honnête homme, et comme officier public qui fût indigne de son emploi. Marie demanda alors à être entendue en plein parlement, ou devant le conseil en présence de la reine, puis se retira. L'assemblée fut ajournée au 25 octobre suivant, à la chambre étoilée de Westminster.

Ce jour-là on entendit Nau et Curle, mais en l'absence de Marie rigoureusement gardée au château de Fotheringay. Si l'on en croit les rapports imprimés du procès,

Restes du château de Fotheringay.

ils persistèrent dans leurs aveux; mais si l'on s'en réfère à l'apologie publiée par Nau sous le successeur d'Élisabeth, ils soutinrent comme ils l'avaient soutenu dans toutes les occasions, que les principaux chefs d'accusation, ceux qui seuls pouvaient motiver une condamnation, étaient complétement faux. En vain Walsingham reprocha à Nau de parler contre sa conscience, et lui opposa les aveux des conspirateurs précédemment exécutés; Nau répéta sa déclaration, dit aux commissaires qu'ils auraient à répondre devant Dieu et tous les rois et princes chrétiens, si sur des charges d'une telle fausseté ils condamnaient une princesse non moins souveraine que leur reine, et demanda hautement que sa protestation fût inscrite sur le registre. Ces nobles efforts furent inutiles. L'audition des secrétaires terminée, les commissaires, à l'unanimité moins une voix, déclarèrent que depuis la dernière session du parlement, Marie, fille de Jacques V, communément appelée reine d'Écosse, prétendant avoir des droits à la couronne d'Angleterre, avait imaginé et organisé, avec l'aide de Nau et Curle, ses secrétaires, plusieurs complots tendant au préjudice, à la mort et à la destruction de la personne de la reine, crime qui, d'après les statuts, méritait la peine capitale. On ajouta, toutefois, que cette sentence n'enlevait rien au droit ni à l'honneur de Jacques VI, roi d'Écosse, et qu'il devait jouir toujours des mêmes rang, prérogative et dignités, que si elle n'eût jamais existé.

Le but que poursuivait Élisabeth depuis tant d'années était donc atteint; la vie de cette rivale qu'elle avait tant haïe, tant redoutée, était actuellement à sa merci. Rien désormais ne pouvait plus la soustraire aux effets de sa vengeance, et d'un mot de sa bouche dépendait l'existence de Marie Stuart, reine douairière de France, reine d'Écosse, héritière légitime de la couronne d'Angleterre. Mais ce mot il fallait le prononcer, et ici reparut toute l'indécision du caractère d'Élisabeth. Elle frémissait à l'idée de l'opprobre dont son nom resterait entaché si elle versait le sang de sa parente, d'une souveraine qui s'était jetée dans ses bras en réclamant l'hospitalité. Elle-même allait se trouver jugée à un tribunal dont les têtes couronnées ne peuvent repousser la juridiction, elle qui avait foulé aux pieds les droits du sang, l'éclat de la majesté royale, les priviléges sacrés de l'humanité. Son imagination se peuplait de fantômes, et déjà bourdonnaient à ses oreilles les reproches des rois, des grands, des peuples, du siècle et de la postérité. D'abord, elle songea qu'en prenant des délais il pourrait arriver que les infirmités de Marie devinssent plus graves, et qu'une mort naturelle la délivrât de la responsabilité d'une décision; elle espérait d'ailleurs qu'on assignerait pour cause à ces retards sa douleur et sa répugnance à donner l'ordre de mort; puis enfin, elle se résolut à signer, et pour qu'on pensât qu'elle ne s'y était décidée que malgré elle, et forcée par des raisons d'état, elle convoqua un nouveau parlement (octobre 1586.) Elle connaissait bien les dispositions ordinaires de cette assemblée, et en effet les premières mesures prises par les deux chambres furent de ratifier la sentence prononcée contre Marie et de présenter à la reine une pétition où elles sollicitaient la prompte exécution de cette princesse. Élisabeth, dans un discours assez embarrassé, demanda quelque temps pour en délibérer, et conjura les membres du parlement d'examiner s'il n'existerait pas un expédient qui pût garantir la sûreté de ses jours ainsi que la tranquillité de l'Angleterre, et qui lui épargnât la douleur de signer l'arrêt de mort de sa parente. Le parlement ne reçut cette communication qu'avec impatience et répondit que la clémence était impossible. L'orateur de la chambre des lords, porteur de la décision de ses collègues, déclara à la reine « que « ceux qui avaient souscrit à l'association s'étaient obligés par serment à tuer la « reine d'Écosse; que s'ils le faisaient sans autorisation, ils encourraient l'indi- « gnation de Sa Majesté; que s'ils ne le faisaient pas, ils seraient parjures, et « encourraient l'indignation de Dieu; que d'ailleurs, dans cette occasion, non- « seulement la vie, mais le salut de Sa Majesté étaient exposés, que ce serait offen- « ser Dieu que d'épargner la méchante princesse qu'il avait remise entre les mains « de la reine afin de la faire mourir, et qu'elle devait se garder d'imiter Saül qui « avait épargné Agab, et Achab qui avait épargné Bénhadad. » Selon son habitude,

Élisabeth ne répondit à ce discours que d'une manière obscure et ambiguë : « Si je « vous disais, dit-elle, que j'ai résolu de ne pas consentir à votre demande, par ma « foi ! je vous en dirais peut-être plus que je ne veux ; et si je vous disais que j'ai « l'intention de vous l'accorder, je vous en dirais plus qu'il n'est convenable que « vous en sachiez. Aussi je ne puis donner qu'une réponse qui n'en est pas une. »

Cependant, malgré toutes ces démonstrations hypocrites, la mort de la reine d'Écosse était décidée, et il devenait nécessaire de l'avertir. Lord Buckhurst et le secrétaire du conseil furent envoyés pour lui notifier la sentence des commissaires, la ratification du parlement et les sollicitations de ce corps pour hâter l'exécution, et ils l'engagèrent à ne mettre aucun espoir dans la miséricorde de la reine, parce que son existence était incompatible avec la sécurité de la religion réformée. « La sen-« tence est bien injuste, reprit Marie avec calme ; je le vois, mon seul crime est « mon attachement à ma religion ; je meurs donc martyre ; que le saint nom de « Dieu soit béni ! » Elle demanda qu'on lui permît de faire venir un aumônier catholique, ce qu'on ne lui accorda que pour un temps très court, et obtint la permission d'écrire à la reine d'Angleterre, et de lui adresser ses dernières requêtes. Cette lettre, où règne un admirable esprit de douceur et de charité, est un modèle d'éloquence et de grâce douloureuse et touchante. Marie demandait que son corps fût envoyé en France, et inhumé près de celui de sa mère ; qu'on n'enlevât point aux domestiques qui l'avaient aimée, qui avaient souffert, qui avaient pleuré avec elle, les petits legs qu'elle voulait leur laisser, et qu'enfin on l'exécutât publiquement, afin d'ôter à la calomnie la possibilité de dire que le désespoir l'avait portée à abréger ses jours. Élisabeth ne fit aucune réponse à cette lettre.

Et les rois de l'Europe, quel intérêt prenaient-ils à Marie ? par quelles démarches tentaient-ils de la sauver ? En France, le parti de la ligue disait que Henri III, en représailles de la haine que lui portaient les princes de la maison de Guise, abandonnait une princesse de leur sang à l'échafaud ; mais, dans le fait, Bellièvre avait été envoyé en Angleterre avec ordre de tenir à Élisabeth un langage énergique et sévère. Son arrivée contraria vivement les ministres de la reine, et sous prétexte de rechercher quatre assassins à gages, qui devaient s'être glissés au nombre de ses serviteurs, on l'empêcha assez longtemps de se rendre à Londres. On prétendit ensuite que ses gens apportaient en Angleterre une maladie contagieuse, et durant quelques jours on les tint en séquestre. Enfin il parut devant la reine, qui le reçut en grande cérémonie sur son trône, et entourée des officiers de la couronne. Élisabeth répondit avec aigreur à ses remontrances, et lorsque Bellièvre lui dit que le roi se ressentirait éternellement de l'exécution de Marie : « Monsieur, dit-elle, votre « souverain vous a-t-il autorisé à tenir un tel langage ? — Oui, Madame, il me l'a « expressément ordonné. — Cette autorisation est-elle signée de sa propre main ? — « Oui, Madame. — Alors je vous requiers de me l'attester vous-même par écrit. » Quand elle eut cette attestation, Élisabeth écrivit à Henri III la lettre suivante : » M. de Bellièvre m'a fait entendre un langage que je ne puis trop bien interpréter, « car pour vous en ressentir que je me sauve la vie, me semble une menasse d'en-« nemy, que, je vous le promets, ne me fera jamais craindre, ains est le plus court « chemin pour dépescher la cause de tant de malheurs... laissez-moy, je vous prie,

« entendre en quels termes je prendray ces motz, car je ne vivray heure que prince
« quelconque se puisse vanter de tant d'humilité mienne que je boive à mon dés-
« honneur un tel traict... Je ne suis naye de si bas lieu ni gouverne si petite
« royalmes que en droict et honneur, je céderay à prince vivant qui m'injurera
« et ne doute, par la grâce de Dieu, que ne face ma partie assez forte pour me
« conserver[1]. »

Après le départ de Bellièvre, l'ambassadeur résidant L'Aubespine, continua la négociation, mais il fut, tout d'un coup, accusé de tramer un complot contre Élisabeth. On intercepta ses dépêches, on arrêta son secrétaire, et toute correspondance officielle cessa entre les deux cours ; mais aussitôt après la mort de Marie, le cabinet anglais fit des excuses au cabinet de France. Les ministres avaient ainsi obtenu ce qu'ils voulaient, qui était d'empêcher que les remontrances de Henri III ne parvinssent de nouveau jusqu'à Élisabeth.

Les démarches du roi d'Écosse semblaient devoir mériter plus de considération car c'était sa mère qui allait subir une mort ignominieuse. Il avait écrit à Élisabeth et terminé sa lettre en disant que, lors même que les sentiments de la nature ne lui feraient pas un devoir de venger sa mère outragée, l'honneur seul l'exigerait de lui, et qu'il était déterminé à braver tous les dangers pour la sauver. Sir Robert Keith, lord Gray et sir Robert Melville, successivement envoyés auprès de la reine, se réunirent à l'ambassadeur écossais Archibald Douglas, pour demander, au moins, que l'on épargnât la vie de Marie, à la condition qu'elle résignerait le trône à son fils; mais on répondit que Marie condamnée n'avait rien à résigner. Élisabeth ne pouvait sérieusement s'inquiéter des menaces de Jacques, lorsque les envoyés de ce prince, après avoir réclamé publiquement la liberté de Marie, disaient secrètement à la reine d'Angleterre « que les morts seuls ne pouvaient plus mordre. »

Avec le roi d'Espagne Élisabeth n'avait aucun ménagement à garder. Conspirations, révoltes, invasions, Philippe II avait tout tenté contre celle qu'il considérait comme la personnification du protestantisme; son but était de placer Marie Stuart sur le trône d'Angleterre, et de rendre ainsi ce pays au catholicisme. Mais contre tous ces efforts, Élisabeth n'était pas restée inactive, et, non contente de soutenir de ses armes et de son argent les insurgés des Pays-Bas, elle avait encouragé les attaques faites contre les possessions du roi d'Espagne dans le Nouveau-Monde, par Frobisher, Hawkins, Drake, audacieux aventuriers, intrépides flibustiers, dont les heureuses pirateries devaient donner l'éveil au génie maritime de la nation. Dans trois expéditions successives aux Indes occidentales, le plus célèbre d'entre eux, Francis Drake, pilla Carthagène, Nombre di Dios, un grand nombre de villes importantes, et captura plus de cent bâtiments espagnols. Pendant sa dernière expédition, il aperçut du haut des montagnes de l'isthme de Darien le grand Océan Pacifique, et jura de déployer le pavillon de l'Angleterre sur cette mer jusqu'alors inconnue à ses concitoyens. En effet, à peine de retour dans sa patrie, il se mit en mesure de tenir son serment. Les ministres secondèrent ses efforts, et la reine elle-même voulut concourir pour une somme de mille couronnes aux frais

---

1. Registre des Dépêches de M. de Villeroy, secrétaire d'état, cité par Lingard.

de l'expédition qu'il préparait. Avec cinq vaisseaux et un équipage d'hommes déterminés (1577), Drake traversa l'Atlantique, ravagea les côtes du Brésil ; puis,

Sir Francis Drake,
d'après le tableau original appartenant au marquis de Lothian.

franchissant le détroit de Magellan, surprit et pilla toutes les possessions espagnoles du Pérou et du Chili. Chargé d'un immense butin, il se disposait à retourner en Angleterre par le chemin qu'il avait pris pour venir ; mais, craignant de rencontrer sur sa route une flotte espagnole, il forma le hardi projet de traverser l'Océan Pacifique et de regagner l'Angleterre par le cap de Bonne-Espérance.

Avec un vaisseau, le seul qui lui restât de toute son escadre, il entreprit cette immense traversée où Magellan, le seul navigateur qui l'eût tentée avant lui, avait rencontré tant de désastres et une mort si cruelle, et, plus heureux que son illustre devancier, il arriva en sûreté à Plymouth après une absence de trois années (1580). Il rapportait sur son vaisseau un trésor de plus de huit cent mille livres qui fut partagé entre l'équipage, la reine et ses courtisans.

Philippe se plaignit de ces déprédations, et fit réclamer par son ambassadeur, comme appartenant à ses sujets, la totalité des prises de Drake. La reine, ne voulant pas rompre ouvertement avec l'Espagne, fit en partie droit à cette réclamation; mais peu de temps après, elle consentit à prendre part à un banquet que Drake lui offrit à bord de son vaisseau, le créa chevalier, et ne tarda pas à employer directement son audace et ses talents en lui donnant une commission signée de sa main, et en l'envoyant de nouveau aux Indes occidentales avec une flotte de vingt et un vaisseaux, dont dix avaient été fournis par elle. Avec son bonheur accoutumé, Drake brûla la ville de Santiago, pilla Saint-Domingue et Carthagène, rasa deux forts espagnols sur la côte de la Floride, et revint en Angleterre chargé d'un butin immense.

Les armes anglaises n'avaient point été aussi heureuses dans les Pays-Bas. Lorsqu'en 1584 Guillaume d'Orange eut péri sous les coups d'un assassin aux gages de Philippe, les Provinces-Unies, effrayées des progrès incessants du duc de Parme, auquel elles n'avaient à opposer que le fils de Guillaume, jeune prince qui devait un jour égaler son père, mais qui n'était alors âgé que de seize ans, avaient envoyé à Londres une ambassade solennelle, chargée d'offrir à Élisabeth la souveraineté de leur pays. La reine n'accepta pas cette offre et se contenta de conclure une ligue avec les États aux conditions suivantes : elle s'engageait à envoyer en Flandre une armée de cinq mille hommes de pied et de mille chevaux, entretenue à ses frais pendant toute la guerre; le général de ces troupes et deux de ses sujets qu'elle désignerait devaient être admis au conseil des États; aucune des parties contractantes ne pouvait faire sa paix sans le consentement de l'autre; les frais que faisait la reine devaient lui être remboursés après la fin de la guerre, et, en attendant, on remettait entre ses mains, comme garantie, les villes de Flessingue, de Brille, et le château de Rammekins.

Leicester fut nommé général des troupes auxiliaires, et partit pour la Hollande, accompagné d'une suite somptueuse. Les États l'accueillirent avec des transports d'enthousiasme, lui conférèrent le titre de capitaine-général des Provinces-Unies, et lui donnèrent des gardes pour sa personne. Mais orgueilleux autant qu'inhabile, le favori d'Élisabeth ne visait qu'à obtenir pour lui-même la souveraineté des Provinces-Unies; il ne parvint qu'à s'attirer la haine des peuples qu'il venait secourir et à se faire battre par le duc de Parme. Élisabeth se vit bientôt après dans la nécessité de le rappeler (1585-1587.) La mort de Marie Stuart devait être sa réponse aux victoires des Espagnols.

Cependant Élisabeth eût désiré que des mains hardies et complaisantes lui épargnassent l'horreur de tremper les siennes dans le sang d'une reine. Divers messages furent expédiés à cet effet pour sonder les dispositions de Pawlet et celles de Drury, son adjoint; mais bien que ces fanatiques détestassent leur captive et la regardassent comme une émanation de l'enfer, ils répondirent « que leurs biens, leurs emplois, « leur vie étaient au service de la reine; qu'ils étaient prêts, si elle le désirait, à les

« perdre dès le lendemain, mais que répandre le sang sans que cela leur eût été
« ordonné par un warrant ou par la loi, serait un crime dont ils ne souilleraient
« jamais leur conscience, une tache ineffaçable qu'ils n'imprimeraient jamais à leur
« postérité. » Après beaucoup de tergiversations, il fallut en venir aux formes
accoutumées. L'ordre d'exécution fut signé par Élisabeth, revêtu du grand sceau,
et confié aux comtes de Shrewsbury et de Kent, qui se transportèrent à la forteresse
de Fotheringay.

Le 7 février 1587, les deux comtes firent annoncer à Marie leur arrivée, et
demandèrent à être introduits près d'elle. La princesse ne parut point effrayée;
elle se leva de son lit, s'habilla avec une sorte de recherche, s'assit près d'une
petite table et fit ranger autour d'elle ses serviteurs des deux sexes. Le comte
de Shrewsbury entra la tête découverte, suivi du comte de Kent, du shériff et
de plusieurs gentilshommes du comté; puis Beal, le secrétaire du conseil,
lut à haute voix le warrant qui ordonnait l'exécution. Marie l'écouta d'un air
calme, fit le signe de la croix, et prenant la parole, dit d'un ton de voix fort
doux : « Je n'aurais jamais cru que ma sœur pût consentir à ma mort; mais
« puisque telle est sa volonté, je remercie le Ciel que ce jour soit enfin arrivé.
« Depuis vingt ans je languis en prison, inutile à moi-même, et nuisible à
« mes meilleurs amis. Je quitte la vie, heureuse de verser mon sang pour la
« religion. » Après avoir énuméré les maux qu'elle avait soufferts, et les sacrifices
qu'elle avait voulu faire pour les éviter, elle posa la main sur le livre des Saintes-
Écritures, et prit Dieu à témoin que jamais elle n'avait trempé dans aucun complot
tendant à la mort de la reine « — Votre serment, s'écria le fanatique comte de
« Kent, est fait sur une Bible papiste, et il est nul. — Oui, reprit-elle, c'est une
« Bible catholique, mais c'est celle que je révère le plus, et vous devez regarder
« mon serment comme le plus sacré que je puisse prononcer. » Le doyen de Peterborough, savant théologien anglican désigné par la reine, se présenta pour l'assister, mais Marie le refusa, et demanda, comme dernière grâce, un aumônier
catholique. Elle ne put l'obtenir.

Lorsque les comtes se furent retirés, les gémissements de ses serviteurs éclatèrent de toutes parts; mais elle leur imposa doucement le silence : « Dans peu
« d'heures, dit-elle, mes infortunes seront terminées. Je meurs pour ma religion,
« résignez-vous, et laissez-moi à mes dévotions. »

Elle se fit servir à souper, mangea comme à l'ordinaire, et, prenant un verre
qu'elle remplit de vin, but à tous ses gens qui lui firent raison à genoux et la
prièrent de leur pardonner les fautes qu'ils avaient commises dans leur devoir;
à son tour elle leur demanda pardon des mortifications qu'elle avait pu leur
causer, et leur donna, au milieu de leurs larmes et de leurs sanglots, de courts
conseils pour leur conduite future dans la vie.

Une partie de la nuit fut employée par Marie à écrire son testament et diverses
lettres; elle se retira ensuite dans son cabinet, où elle lut la passion de N. S. Jésus-
Christ et pria jusqu'à quatre heures du matin; alors elle se jeta sur son lit, mais
elle ne put reposer, et se remit à prier.

Vers le point du jour, elle se revêtit d'une magnifique robe de soie et de velours, car il fallait, dit-elle, que dans une telle solennité une reine parût en habit convenable; puis, après avoir lu à haute voix son testament, elle distribua entre ses domestiques ses meubles, sa garde-robe, ses bijoux et son argent, embrassa les femmes et donna aux hommes sa main à baiser. Tous la suivirent ensuite à son oratoire où ils s'agenouillèrent et prièrent derrière elle.

Vers huit heures, le shériff entra et lui annonça qu'on l'attendait. Marie prit un crucifix de sa main droite et, portant son livre de prières de la gauche, elle s'avança lentement, guidée par le shériff. Les comtes de Kent et de Shrewsbury, les gardiens, Amyas Pawlet et Drue Drury, la rejoignirent au bas de l'escalier où elle trouva aussi André Melville, le grand maître de sa maison. Ce vieillard se précipita à ses pieds en se tordant les mains et s'écriant : « Ah ! que je suis malheureux! « quel homme aura porté tant de douleur que moi, quand je dirai dans ma patrie « que ma bonne maîtresse, ma gracieuse souveraine a péri en Angleterre sous le fer « d'un bourreau ! » Ses pleurs couvrirent sa parole, et Marie, partageant son émotion sans montrer de faiblesse, lui répondit : « Cesse de t'affliger, mon bon « Melville, tu as plus de sujet de te rejouir que de pleurer; les peines de Marie « Stuart sont à leur fin. Tout est vanité en ce monde; il renferme plus d'amertumes « que n'en rachèterait un océan de larmes. Rapporte à tous que je meurs fidèle à « ma religion, fidèle à l'Écosse et à la France, mes deux patries. Que Dieu pardonne « à ceux qui ont eu soif de mon sang comme le cerf altéré de l'eau du ruisseau. « O mon Dieu, toi l'auteur de toute vérité, toi la vérité même, tu connais « les replis les plus secrets de mon cœur, tu sais que j'ai toujours désiré de réta- « blir l'union entre l'Écosse et l'Angleterre. Et toi, Melville, dis à mon fils de se « souvenir de sa mère; dis-lui que malgré mes maux je n'ai rien fait de préju- « diciable à la dignité ni à l'indépendance du royaume d'Écosse ! » Alors, le visage baigné de larmes, elle se pencha vers Melville, et en l'embrassant : « Adieu ! bon Melville, lui dit-elle, une dernière fois adieu ; prie pour ta maîtresse « et reine. »

Cette scène de douleur, ces touchantes paroles, ne purent attendrir les comtes de Kent et de Shrewsbury; et lorsque Marie demanda pour dernière grâce qu'il fût permis à ses serviteurs de la suivre au lieu de son supplice, le comte de Kent refusa, sous prétexte qu'ils importuneraient les spectateurs de leurs cris, ou qu'ils se livreraient à quelque pratique superstitieuse de la religion catholique. « Mylords, dit Marie, je donne pour eux ma parole; ils ne mériteront aucun « reproche. Votre maîtresse, une reine vierge, connaît trop bien les bienséances de « son sexe pour ne pas permettre que j'aie, à ma mort, mes femmes auprès de « moi. On ne le refuserait point à une personne d'un rang inférieur. » Et comme les commissaires gardaient le silence, elle ajouta : « Ne suis-je donc plus la cou- « sine de votre reine, issue du sang royal de Henri VII, reine de France par « mariage, et sacrée reine d'Écosse? » Le comte de Kent parut ébranlé; il eut une courte conférence avec le comte de Shrewsbury, et il permit enfin que deux des filles d'honneur de Marie et quatre officiers de sa maison l'accompagnassent. La reine chargea Melville de soutenir son manteau.

Le cortége s'avança : la salle où il entra était tendue de noir, et l'échafaud y était dressé. Marie en soutint la vue sans faiblesse, et elle accepta le bras que Pawlet lui offrit pour en monter les marches. « Je vous remercie, lui dit-elle, c'est « la dernière peine que je vous donnerai et le plus agréable service que vous m'ayez rendu. » Elle s'assit sur un tabouret, ayant les deux comtes à sa droite, le shériff et le secrétaire Beal à sa gauche, l'exécuteur en face, vêtu de velours noir. Beal donna lecture de la sentence, et Marie s'étant levée, harangua les assistants d'une voix ferme et sonore. Elle déclara qu'elle périssait victime de l'injustice et de la violence, mais qu'elle pardonnait à tous ses ennemis et remerciait Dieu de lui avoir donné l'occasion de faire publiquement sa profession de foi. En ce moment, le docteur Fletcher, doyen de Peterborough, l'interrompit en lui disant qu'il était envoyé pour la ramener dans la véritable voie du salut, et dans la communion du Christ, hors de laquelle on ne rencontrait que la damnation éternelle. Durant sa longue prédication, Marie ne put s'empêcher de témoigner de l'impatience; mais Fletcher continua son sermon et la somma d'abjurer à l'instant ses opinions erronées. « N'insistez pas davantage, répondit la reine, je suis née, j'ai vécu et je « meurs dans la religion catholique romaine. » Puis, se tournant de côté, elle se mit à réciter ses prières, implorant le ciel pour l'église persécutée, pour son fils, Jacques VI, et pour la reine Élisabeth. En finissant elle éleva son crucifix et s'écria : « Ainsi que tes bras, ô mon Dieu! furent étendus sur la croix, reçois-moi « dans ceux de ta miséricorde et pardonne-moi mes péchés. — Madame, lui dit « alors le comte de Kent, cessez ces farces papistes, c'est dans le cœur qu'il faut « avoir le Christ et non dans les mains. — C'est aussi là, dit-elle, que je porte « ses souffrances, et leur sainte représentation me les rappelle sans cesse. »

Ses femmes, baignées de larmes, commencèrent à la déshabiller; mais les bourreaux réclamèrent ce droit comme leur appartenant. Marie se récria d'abord, puis se soumit en faisant observer aux deux comtes, avec un sourire, qu'elle n'était point accoutumée à de tels valets, ni à se déshabiller en si nombreuse compagnie; et comme ses femmes ne pouvaient retenir leurs sanglots, elle se tourna vers elles, mit le doigt sur sa bouche pour les rappeler au silence, leur donna sa bénédiction en leur recommandant de prier pour elle; puis elle s'assit pendant que Kennedy, l'une de ses filles d'honneur, lui couvrait les yeux avec un mouchoir brodé d'or. Les exécuteurs la prirent alors par les bras et la conduisirent vers le billot. Avertie de s'agenouiller, elle le fit et se plaça elle-même, en répétant plusieurs fois d'une voix ferme : « O mon Dieu! je remets mon âme en tes mains! »

Comme le bourreau se disposait à frapper, des cris de douleur s'élevèrent de toutes les parties de la salle qui contenait plus de deux cents spectateurs, et cet homme troublé manqua son coup; il redoubla, mais ce ne fut qu'au troisième que la tête fut séparée du corps. Il prit cette tête sanglante, toute contractée par les convulsions de la mort, la montra au peuple, et s'écria, selon l'usage : « Vive la reine « Élisabeth! — Ainsi périssent tous ses ennemis! reprit le doyen de Peterborough. « — Et les ennemis de l'Évangile! » ajouta le comte de Kent. (8 février 1587.) Le silence seul de l'assemblée leur répondit, et l'on n'entendit plus qu'un murmure général d'horreur, d'admiration et de pitié! Marie Stuart avait quarante-cinq ans, et depuis dix-neuf années elle était prisonnière d'Élisabeth. Son corps, inhumé d'abord dans l'église de l'abbaye de Peterborough, fut ensuite transporté à Westminster par les ordres du roi Jacques.

Marie Stuart,
d'après le tableau original appartenant au comte de Morton.

L'hypocrisie d'Élisabeth se montra tout entière quand on lui apprit la mort de Marie. Elle feignit une grande surprise et la plus vive indignation, versa des larmes, se répandit en regrets et en lamentations, et prit le deuil le plus rigoureux. Elle menaça de sa vengeance les ministres qui avaient abusé de sa confiance, et s'étaient rendus coupables du crime d'avoir mis à mort sa bonne sœur la reine d'Écosse, et les suspendit en effet de leurs fonctions; mais il ne leur fut pas difficile de s'excuser, et ils ne tardèrent pas à rentrer en charge et en faveur. Toutefois elle ordonna de mettre à la Tour, fit condamner à dix mille livres sterling d'amende et à garder prison à la volonté royale, son secrétaire Davison, qui, dépositaire du warrant de mort scellé du grand sceau, l'avait, d'après ses ordres mêmes, remis à Walsingham pour le faire exécuter. Le vrai motif de cette rigueur était que Davison avait osé blâmer ses rigueurs envers Marie, et qu'il avait refusé de faire partie de la commission de Fotheringay.

Ce ne fut qu'un mois après que le roi d'Écosse apprit la mort de la reine sa mère. Il montra une douleur extrême, et rappela son ambassadeur. Les États partagèrent son indignation, et protestèrent qu'ils étaient prêts à tous les sacrifices pour venger le meurtre de Marie; les grands l'excitèrent à prendre les armes, et lord Sinclair parut même un jour devant lui, armé de toutes pièces, en déclarant que c'était là le deuil qu'il fallait porter. Ce fut alors que Jacques reçut d'Élisabeth une lettre où elle affirmait qu'elle était innocente de la mort de Marie, et qu'elle punirait sévèrement ses ministres, qui avaient abusé de sa signature; en même temps, elle avait fait écrire, par Walsingham, au secrétaire d'état d'Écosse, Thirlestone. Walsingham s'étonnait d'abord qu'un monarque aussi prudent, aussi modéré que Jacques, se décidât à des mesures de violence; puis il faisait adroitement entrevoir au roi d'Écosse que l'inégalité de force des deux états devait lui ôter tout espoir de succès; que cette mort, déplorable sans doute pour un fils, ne portait aucun préjudice à ses droits ni à ses espérances; qu'il était actuellement l'héritier présomptif de la couronne d'Angleterre, et qu'il ne fallait pas compromettre la certitude d'obtenir un jour ce magnifique héritage, en offensant une reine qui pouvait l'en priver. Jacques était naturellement pacifique; peut-être d'ailleurs avait-il redouté pour lui-même la rivalité de sa mère; il se contenta de la pleurer. Les conseils de la prudence furent écoutés; les cris de vengeance cessèrent peu à peu, et le manteau royal d'Angleterre devint le voile qui couvrit le corps ensanglanté de Marie. Quelques avances amicales faites par Élisabeth, à l'ambassadeur de France et à Henri III lui-même que d'ailleurs les guerres religieuses occupaient entièrement, rétablirent les anciennes relations entre les deux puissances.

Seul, le roi d'Espagne entreprit de venger la mort de la reine d'Écosse. Il obtint du pape le renouvellement de la bulle de déchéance décrétée contre « la louve de Bretagne, » ainsi qu'un subside d'un million de couronnes, et hâta le départ de la formidable expédition qu'il préparait depuis cinq années. Une flotte de cent trente-cinq vaisseaux de guerre, montée par huit mille matelots et dix-neuf mille soldats, fut bientôt prête à quitter les côtes d'Espagne. Des renforts qui devaient se joindre à ce gigantesque armement furent disposés dans les principaux ports de Flandre; ils composaient à eux seuls une armée de plus de trente-cinq mille hommes. On avait abattu la forêt de Waës pour construire des bâtiments de transport; Anvers, Gravelines, Dunkerque, Newport, devenus les arsenaux de la flotte, étaient remplis d'artificiers, de constructeurs et de marins; toutes les routes furent longtemps couvertes de troupes qui se rendaient à leur destination et de seigneurs de la plus haute noblesse d'Italie et d'Espagne qui s'empressaient de venir prendre part à l'honneur de cette grande entreprise.

Le bruit de tant de préparatifs n'avait pu échapper à l'attention des ministres d'Élisabeth; mais on ignorait si l'orage devait fondre sur l'Angleterre ou sur la

Belgique. La reine cependant établit un conseil de défense, fit enrôler tous les hommes de dix-huit à soixante ans, leva cinq mille matelots, et ordonna à l'amiral d'Angleterre, lord Howard d'Effingham, de prendre la mer. On demanda aux

Howard Effingham, comte de Nottingham.
Fac-simile d'une gravure de cette époque, conservée au cabinet des Estampes de la Bibliothèque royale de Paris.

principales villes ce qu'elles pouvaient fournir pour la défense du royaume, et l'on fixa à quinze navires et cinq mille hommes le contingent de la Cité de Londres.

Deux jours après, les bourgeois « prièrent humblement la reine d'accepter comme « témoignage de leur loyal et parfait attachement, dix mille hommes et trente « navires. » Élisabeth en avait déjà trente-quatre, des particuliers en donnèrent dix-huit, et la noblesse en loua quarante-trois qu'elle arma et équipa. Effingham eut le commandement de cette flotte, dont on confia les meilleurs vaisseaux à Hawkins, à Frobisher et aux marins qui avaient acquis une grande expérience dans les voyages de piraterie, de découvertes ou de commerce. Drake fut nommé lieutenant de l'amiral. Les Belges envoyèrent une escadre de vingt vaisseaux, et s'engagèrent à intercepter la navigation de l'Escaut.

Afin d'exciter encore le génie belliqueux de ses sujets, Élisabeth parut au camp de Tilbury, soit à cheval, soit portée sous un dais par les principaux seigneurs de sa

Élisabeth au camp de Tilbury,
d'après une gravure de cette époque, conservée au British-Museum.

cour, et parcourant les rangs, haranguant les soldats. « Mes amis, leur dit-elle, « nous avons été avertis, par différentes personnes attentives à notre sûreté, de « prendre garde, en nous confiant à une multitude armée, de nous exposer à

« quelque perfidie; mais je vous assure que je ne désire pas vivre s'il faut que ce
« soit en me défiant de l'amour et de la fidélité de mon peuple. C'est aux tyrans
« de trembler; je me suis toujours conduite sur ce principe, qu'après Dieu je
« devais trouver ma plus grande force et mon rempart le plus sûr dans l'affection
« et la loyauté de mes sujets. Je viens donc parmi vous aujourd'hui, non pour
« m'amuser comme à une fête, mais dans la résolution d'y vivre ou d'y mourir et
« de répandre jusqu'à la dernière goutte de mon sang pour Dieu, mon royaume et
« mon peuple. Je sais que je n'ai que le faible bras d'une femme, mais j'ai l'âme
« d'un roi et d'un roi d'Angleterre. Je ne pense qu'avec indignation que Parme,
« l'Espagne, ou quelque puissance de l'Europe que ce soit, veuille s'emparer des
« frontières de mes états. Avant qu'un pareil affront me soit fait, je m'armerai
« plutôt moi-même, je marcherai à votre tête, jugeant de votre valeur, et récom-
« pensant toutes les actions qui la signaleront sur le champ de bataille. Je sais
« déjà que par votre empressement vous avez mérité ces récompenses, et je vous
« donne ma parole royale que vous les recevrez; j'attends de votre obéissance à
« vos chefs, de votre bonne intelligence dans le camp, et de votre bravoure dans
« le combat, une prompte et glorieuse victoire sur les ennemis de mon dieu, de
« mon royaume et de mon peuple. »

Cependant il existait dans l'intérieur du royaume une classe d'hommes que la reine redoutait autant que les efforts de l'Espagne : c'étaient les catholiques, dont le nombre s'élevait peut-être à la moitié de la population. On avait à redouter qu'ils ne reçussent les ennemis comme des libérateurs, et qu'ils ne voulussent se venger, par la rébellion, des persécutions dont on les accablait. Le conseil proposa contre eux l'expédient d'un complot supposé et une autre Saint-Barthélemy. Élisabeth repoussa cet avis barbare, mais fit surveiller activement toutes les personnes soupçonnées de papisme. Une foule de catholiques de tout rang et de tout sexe furent sur tous les points du royaume jetés dans les prisons. Cependant ceux que la persécution épargna déployèrent autant de patriotisme que les protestants, et beaucoup de gentilshommes catholiques se présentèrent pour combattre comme volontaires.

Au milieu de ces préparatifs, Élisabeth et Philippe continuaient à négocier avec une apparente bonne foi, mais uniquement pour gagner du temps, car aucun des deux cabinets ne supposait qu'un accommodement fût possible. Enfin, la flotte espagnole, qui se donnait elle-même le titre pompeux de *l'invincible Armada*,[1] se trouva prête au commencement de mai 1588. Mais pour première disgrâce le marquis de Santa-Cruz, marin habile, qui devait la commander, mourut au moment de mettre à la voile, et fut remplacé par le duc de Medina-Sidonia, officier sans expérience de la mer. Santa-Cruz avait insisté sur la nécessité de s'assurer d'un port capable de recevoir la flotte dans le cas d'une de ces tempêtes ordinairement si fréquentes sur une mer étroite et orageuse, et le duc de Parme avait sollicité la permission de réduire celui de Flessingue. Mais après la mort du marquis, Philippe n'admit aucun délai, et donna l'ordre d'appareiller au premier vent favorable. L'Armada quitta donc l'embouchure du Tage le 19 mai 1588; mais deux

---

1. Armada en espagnol veut dire flotte.

jours après, une tempête furieuse l'assaillit à la hauteur du cap Finistère, dispersa les vaisseaux, en fit échouer plusieurs sur les côtes de la Galice, d'autres sur celles de France, en démâta un grand nombre, et causa des avaries considérables à la plupart. Le duc de Medina fut obligé de relâcher dans le port de la Corogne, et de consacrer trois semaines à réunir sa flotte et à la réparer. On annonça ce désastre à Élisabeth, comme la destruction complète de l'Armada et la fin de l'expédition, et, par suite de son économie habituelle, elle donna aussitôt l'ordre de désarmer les principaux vaisseaux de la marine royale; heureusement l'amiral osa désobéir, et fit voile vers la Biscaye, afin de reconnaître l'état de la flotte ennemie. Le vent, qui le protégeait, changea tout à coup, et l'obligea de rentrer à Plymouth, où il était à peine rendu que l'on signala l'escadre espagnole à la hauteur du cap Lézard.

Les instructions données par Philippe au duc de Medina lui prescrivaient d'éviter toute hostilité partielle, de faire voile jusqu'aux côtes de Flandre, en longeant celles de France, de se réunir au duc de Parme, puis de se rendre dans la Tamise et d'opérer le débarquement de toute l'armée, afin d'arriver d'un seul effort à la conquête de l'Angleterre. L'Armada pénétra donc fièrement dans la Manche, mais elle fut suivie par la flotte anglaise dont les vaisseaux légers, manœu-

Attaque de l'Armada par la flotte anglaise,
d'après l'ancienne tapisserie de la Chambre des lords.

vrant avec plus de facilité, coupèrent les bâtiments les plus lents et engagèrent une vive cannonade avec l'arrière-garde (21 juillet). L'amiral espagnol sentit la nécessité de ralentir sa marche afin de protéger les navires qu'un audacieux ennemi désemparait par des engagements successifs, ou forçait de se jeter à la côte sur des bas-fonds inconnus ; après six jours, il n'avait pas encore atteint les côtes de Flandre et il commit la faute de jeter l'ancre dans le voisinage de Calais, pendant que quatorze mille hommes de renfort l'attendaient à Dunkerque, et qu'une division aussi forte était déjà embarquée à Nieuport, sur les bâtiments de transport. La nuit du 29 juillet, sombre et orageuse, fut éclairée par de nombreux brûlots qui, détachés de l'escadre anglaise, s'avançaient rapidement sur la flotte espagnole. Pour échapper à l'incendie, les vaisseaux menacés n'eurent d'autre ressource que de couper leurs câbles et de gagner la haute mer ; mais, dans l'obscurité, dans la terreur, dans la confusion inévitable d'un tel mouvement, plusieurs d'entre eux s'abordèrent et se mirent hors d'état de servir. Au point du jour, l'Armada se trouva dispersée le long de la côte de Calais à Ostende. Alors les centres des deux flottes ennemies s'attaquèrent avec fureur (30 juillet). Les vents furent défavorables aux Espagnols, qui perdirent plusieurs vaisseaux sur les bas-fonds des Bouches-de-l'Escaut ; néanmoins le gros de l'escadre parvint à sortir du danger.

Mais sa position était alors bien compromise. Elle avait déjà perdu environ cinq mille hommes et quinze vaisseaux, et ceux qui restaient avaient pour la plupart considérablement souffert. Médina consulta ses capitaines. Ceux-ci résolurent de prendre la fuite devant l'escadre anglaise, et, plutôt que de s'exposer à ses attaques en repassant le détroit, de faire route en contournant le nord de l'Écosse et de l'Irlande, et en affrontant des mers orageuses qui leur étaient inconnues. Ils auraient couru beaucoup moins de dangers en suivant les conseils du courage et en attaquant la flotte ennemie qui avait aussi éprouvé des pertes, quoique beaucoup moindres, et qui faute de munitions ne put pas même les poursuivre. L'Armada eut en effet à lutter dans l'Océan du Nord contre la violence des tempêtes, qui jetèrent plusieurs vaisseaux sur les rochers des Orcades, les îles occidentales de l'Écosse et les côtes inhospitalières de l'Irlande. Dix-sept navires et cinq mille quatre cents hommes y périrent, et lorsque l'amiral espagnol atteignit enfin le port de Saint-André, il constata une perte totale de trente vaisseaux de premier rang et de plus de dix mille hommes.

Philippe remercia Dieu de lui avoir donné d'assez grandes ressources pour supporter et réparer des pertes aussi considérables ; les Espagnols ne se considérèrent point comme vaincus, mais comme victimes d'un événement qu'aucune prudence humaine ne pouvait empêcher, et les moines déclarèrent que si le ciel leur avait refusé la victoire, c'était uniquement parce que le gouvernement souffrait que les Maures et les Juifs vécussent paisibles dans le royaume.

Ce fut ainsi que l'Angleterre se vit délivrée des dangers dont la menaçait depuis si longtemps cette gigantesque expédition. Élisabeth récompensa les services de ses braves marins ; mais ce fut principalement sur Leicester que tombèrent ses faveurs ; elle le nomma lord-lieutenant d'Angleterre et d'Irlande, charge nouvelle qui conférait au favori une autorité presque égale à celle de la souveraine. Et quelle en était la cause ? Ce n'était pas que Leicester eût combattu les Espagnols, il n'avait pas quitté la cour ; mais lorsqu'au camp de Tilbury, Élisabeth avait témoigné son intention de marcher elle-même à l'ennemi, il avait pris la liberté de s'opposer fortement à ce projet : « Car, s'était-il écrié, le monde « a-t-il rien de plus nécessaire à conserver, rien de plus précieux que votre « personne sacrée ? Je périrai plutôt, très-chère reine, que de vous voir affronter le « danger. Plus votre grandeur d'âme est rare et royale, moins vos sujets doivent « consentir à ce que vous vous exposiez. » Leicester ne put jouir de sa nouvelle grandeur ; il tomba gravement malade et mourut avant que la commission qui la

Robert Dudley, comte de Leicester,
d'après le portrait original appartenant au marquis de Salisbury.

lui conférait fut scellée. Quelques personnes prétendirent que sa femme l'avait empoisonné. Elisabeth versa des larmes abondantes, mais sa douleur ne tarda pas à s'évanouir ; et elle oublia si bien son favori qu'elle fit vendre publiquement ses biens, afin d'obtenir le prompt remboursement de certaines sommes qu'elle lui avait prêtées. D'ailleurs, d'autres affections ne tardèrent pas à prendre dans son cœur la place de Leicester. La veuve du comte avait, en premières noces, épousé le comte d'Essex qui lui avait laissé un fils. Ce jeune homme, distingué par ses grâces et son esprit, avait été présenté par son beau-père à Élisabeth, qui l'accueillit avec bonté, en fit son grand écuyer, et, à l'apparition de l'Armada, le nomma colonel général de la cavalerie. Il avait à peine vingt ans. Au camp de Tilbury, elle lui conféra l'ordre de la Jarretière, et, dès que Leicester fut mort, elle exigea qu'il résidât constamment près d'elle.

La défaite de l'Armada fut suivie de mesures sévères contre les catholiques. Nombre d'ecclésiastiques périrent du supplice des traîtres, et l'on conduisit également à l'échafaud les imprudents qui leur avaient donné asile. Le comte d'Arundel, qui, depuis de longues années était détenu dans une prison rigoureuse, fut accusé d'avoir imploré, dans des prières dites en commun avec des catholiques prisonniers comme lui, la défaite d'Élisabeth et le triomphe des Espagnols. Cité devant une commission de vingt-quatre pairs, il fut déclaré coupable et condamné à la peine de mort. Élisabeth cependant défendit de mettre la sentence à exécution, mais elle laissa le comte sous l'appréhension d'une mort toujours présente.

Durant plusieurs années, les catholiques gémirent sous le poids d'une persécution continuelle. Plus de cent d'entre eux périrent sur l'échafaud; des autres, ceux qui étaient riches, furent ruinés par d'énormes amendes, les pauvres étaient jetés dans des prisons où ils finissaient leurs jours. Élisabeth sévit avec autant de sévérité contre les protestants non-conformistes. Comme pour défendre leurs principes, ils en appelaient au public dans des libelles déclamatoires et grossiers, mais mordants et populaires; on restreignit l'exercice de l'art d'imprimer à la métropole et aux villes universitaires. Ces prohibitions n'arrêtant pas la publication des écrits ultra-réformistes, une foule d'auteurs, distributeurs ou commentateurs de ces pamphlets théologiques furent mandés devant la commission ecclésiastique; mais leur condamnation leur valut plus de prosélytes que ne l'aurait fait leur acquittement. C'est ainsi qu'un fou, nommé Hacket, ayant déclaré un jour que son corps était animé par l'esprit de Saint-Jean-Baptiste, et ayant été condamné à être fouetté en public, la charrette qui traînait cet homme fut entourée d'exaltés qui s'en allaient criant que la reine serait privée de la couronne, puisqu'elle ne voyait pas que Hacket était revêtu du corps glorieux de saint Jean. Tous furent arrêtés et condamnés comme traîtres, et le parlement, afin de ramener les sectaires à l'unité du culte, ordonna que tous les réfractaires, catholiques, puritains, disciples de Cartwright, Brownistes, séparatistes ou autres, auraient à prêter serment de se conformer à la religion anglicane dans le délai de trois mois; ceux qui s'y refusèrent subirent la peine de mort. Cependant, quand on s'aperçut que l'intolérance ne réduisait pas l'opiniâtreté des dissidents, et que la prison et le bannissement n'en diminuaient pas le nombre, on cessa graduellement de les poursuivre, et, plusieurs années avant la mort d'Élisabeth, ils pouvaient se livrer assez tranquillement aux pratiques de leur religion.

Les dépenses causées par la guerre et par la victoire remportée sur l'invincible

Armada avaient été excessives, et quoique le parlement convoqué (1589) eût accordé à la reine deux subsides et quatre quinzièmes payables dans le cours de quatre années, cette somme ne suffisait pas pour éteindre les dettes contractées par Élisabeth. Mais si le trésor de la reine était épuisé, l'enthousiasme anglais ne l'était pas, et la nation brûlait du désir de se venger des attaques de Philippe. Bientôt une association se forma, et vingt-deux navires, montés par vingt et un mille hommes, furent en peu de temps réunis à Plymouth sous le commandement de Drake et de Norris. Leur destination était le Portugal.

Après la mort du cardinal Henri, successeur du roi dom Sébastien, mort en Afrique à la bataille d'Alcaçar-Kébir (1578), Philippe II avait réclamé la couronne de Portugal comme en étant le plus proche héritier par les femmes, et avait fait occuper le pays par ses troupes (1580). Don Antonio, prieur de Crato, qui lui disputait le trône en qualité de dernier descendant mâle, quoique illégitime, de la maison d'Avis qui venait de s'éteindre, avait été vaincu et s'était réfugié en Angleterre. Élisabeth donna l'ordre aux commandants de la flotte de débarquer en Portugal et d'y tenter une révolution en faveur du prieur; mais Drake avait conservé l'habitude de n'obéir qu'à ses propres impulsions : au lieu de se rendre directement en Portugal il commença d'abord par attaquer la Corogne, prit quelques vaisseaux marchands, brûla des magasins dans les faubourgs, perdit beaucoup de monde et fit néanmoins à la reine un récit pompeux de ses succès. De la Corogne il fit voile vers le Portugal où l'attendait le comte d'Essex.

Malgré la faveur dont il jouissait auprès d'Élisabeth, ce jeune seigneur n'avait pu voir sans envie l'expédition de Plymouth, dont il brûlait de partager la gloire et les dangers. Certain que la reine lui refuserait la permission de la quitter et ennuyé de la société de « la vieille femme, » comme il l'appelait, il partit en secret et s'embarqua sur le *Swiftsure*, vaisseau royal, qui mit immédiatement à la voile. Le comte de Huntingdon, chargé par Élisabeth de lui ramener le fugitif, n'arriva qu'après son départ. A l'arrivée de la flotte de Drake, Essex fit voile avec elle vers l'embouchure du Tage, et les troupes débarquées s'avancèrent sans obstacles jusqu'aux portes de Lisbonne. Mais le cardinal Albert, gouverneur du Portugal pour Philippe, les força de se retirer, et le peuple ne se soulevant point en faveur de don Antonio comme celui-ci s'en était vanté, il fallut se rembarquer et s'exposer de nouveau à la violence d'une tempête dont la flotte avait déjà beaucoup souffert. Poursuivie en outre avec vigueur par l'amiral Padilla, l'expédition rejoignit Plymouth, ayant perdu près de la moitié des troupes et plus de quatre cents gentilshommes (1589).

A son retour, Essex reconnut que l'absence lui avait donné des rivaux dans le cœur de la reine. Sir Walter Raleigh et sir Charles Blount semblaient alors en possession des faveurs d'Élisabeth et composaient sa cour la plus intime. Walter Raleigh, soldat de fortune, après avoir, dès l'âge de dix-huit ans, fait la guerre en France et dans les Pays-Bas, avait été à son retour dans sa patrie envoyé combattre les Irlandais. Il débuta par le massacre d'une garnison catholique qui s'était rendue à merci; on ne pouvait, dit le poëte Spencer, se débarrasser autrement de ces misérables. Raleigh se lassa bientôt de cette guerre sans honneur dans un pays que, dans une de ses lettres, il appelle « la république de commune misère. » « J'aimerais mieux garder le bétail que de rester ici plus longtemps, » écrivait-il à Leicester. Pour en sortir, il se mit en opposition avec le chef de l'armée anglaise, sachant bien que la reine elle-même voudrait être juge du différend, et confiant

Sir Walter Raleigh,
d'après le portrait original du Zucchero, appartenant au marquis de Bath.

dans son habileté pour profiter de l'occasion qui allait lui être offerte de paraître devant elle. En effet, cité devant le conseil privé que présidait Élisabeth, il s'y défendit avec une adresse extrême, développant avec éloquence ses observations militaires sur l'Irlande plutôt que ses griefs contre son chef, et comblant d'éloges sa souveraine. « *The queen's ear was taken*, » dit Naunton ; la reine fut séduite et

Raleigh resta à la cour comme son amant. Son adresse, les ressources de son esprit et son beau langage surent lui conserver sa position. C'est lui qui, dans une promenade d'Élisabeth, jeta son manteau sur un endroit fangeux afin que la reine pût le passer à pied sec. Sir Charles Blount, second fils de lord Mountjoy, simple étudiant, avait été remarqué par la reine dans un dîner public; elle lui avait donné sa main à baiser, et, quelques jours après, l'ayant reconnu dans un tournoi, lui avait envoyé une reine de jeu d'échec en or que Blount portait toujours à son bras, attachée à un ruban couleur de feu. Essex ne tarda pas à se délivrer de ce rival; il se battit avec lui, fut blessé, et la reine, charmée d'une querelle causée par ses *charmes*, lui rendit toutes ses bontés. Raleigh lui-même parut un moment éclipsé. Afin de relever son crédit par quelque entreprise importante, il prépara une expédition aux Indes occidentales, et une foule de gentilshommes s'engagèrent à servir sous ses ordres comme volontaires. Mais la flotte fut si longtemps arrêtée dans le canal par les vents contraires, que la saison favorable se passa. La reine rappela Raleigh auprès d'elle et donna son commandement à sir Martin Frobisher. Celui-ci s'empara près des Açores d'une caraque richement chargée et en coula une autre à fond. Là se borna l'expédition. D'autres entreprises tentées antérieurement n'avaient pas même eu ce succès. En 1592, Élisabeth avait mis en mer une escadre de sept vaisseaux, dans le but de s'emparer des galions qui portaient en Espagne l'or de l'Amérique. Mais Philippe était prévenu, et une flotte de cinquante voiles était partie des ports de la Péninsule pour protéger les galions. Cette flotte rencontra l'escadre anglaise, lui prit un de ses bâtiments et força le reste à revenir en Angleterre.

Ces expéditions infructueuses épuisaient les ressources d'Élisabeth. Depuis le commencement de la guerre avec l'Espagne, elle avait dépensé en Flandre, en France, et dans ses expéditions maritimes, plus de douze cent mille livres sterling. Aussi, malgré la répugnance qu'elle avait toujours éprouvée à convoquer le parlement, il lui fallut se résoudre encore à cette mesure (19 février 1593). Les nécessités pressantes où elle se trouvait auraient dû, ce semble, la porter à traiter avec douceur les députés afin d'en obtenir des subsides plus considérables; cependant, jamais elle ne déploya tant de hauteur et ne ménagea si peu leurs priviléges. Lorsque l'orateur des communes lui adressa les trois demandes accoutumées de sûreté pour les personnes, de libre accès auprès d'elle et de liberté de discours, elle lui fit répondre par son chancelier qu'elle accordait la liberté de la parole, mais que cette liberté ne résidait pas dans le droit que chaque membre prétendait s'arroger de dire inconsidérément ce qui lui passait par la tête, et qu'elle consistait seulement à répondre oui ou non sur les sujets présentés par ses ministres; qu'elle n'avait pas l'intention d'attenter à la sûreté des membres du parlement, mais qu'ils ne devaient pas s'imaginer que ce privilége leur donnât le droit de tout oser; qu'elle ne refuserait jamais un libre accès auprès de sa personne, mais qu'elle voulait que ce fût seulement pour des causes réellement importantes. Elle défendait en outre à l'orateur de permettre la présentation d'aucun bill tendant à réformer l'église ou le gouvernement.

Malgré ces injonctions, dès les premières séances, l'intrépide puritain Peter

Wentworth présenta au lord chancelier une requête tendant à obtenir que la chambre haute se joignit à la basse pour supplier la reine de régler la succession à la couronne. Élisabeth, que ce sujet blessait toujours vivement, envoya à la Tour Wentworth et quelques membres qui avaient appuyé sa motion. Cet acte de despotisme ne suffit pas pour intimider le zèle des puritains, et Morrice, l'un d'eux, attaqua vivement les abus qui se pratiquaient dans les juridictions des évêques, et surtout les rigueurs de la haute commission ecclésiastique qui exigeait des accusés sous peine d'emprisonnement, le serment de répondre à toutes les questions, même à celles qui tendaient à leur propre condamnation. La reine irritée fit arrêter Morrice en pleine chambre des communes, et l'envoya dans le fort de Tilbury où il resta enfermé pendant plusieurs années.

La chambre effrayée vota alors sans discussion deux subsides et quatre quinzièmes. Mais cette somme ne fût pas jugée suffisante par les ministres, et à leur instigation les lords adressèrent à la chambre des communes un message dans lequel ils rappelaient les besoins considérables de la reine et demandaient que les députés nommassent un comité chargé de conférer avec eux sur ce sujet. La conférence eut lieu; les lords proposèrent d'accorder un don de trois subsides et de six quinzièmes, et demandèrent que les communes autorisassent le comité qu'elles avaient nommé à se réunir à eux dans une nouvelle conférence et à adopter cette proposition. Mais sir Francis Bacon fit observer qu'il ne lui paraissait pas convenable que les communes se réunissent aux lords pour voter sur une question de subsides, attendu que les bills de cette nature avaient toujours passé des communes aux lords; en conséquence, et malgré tous les efforts des ministres et des courtisans, la proposition d'une seconde conférence fut rejetée par une majorité de deux cent dix-sept voix contre cent vingt-huit.

Quoique la chambre eût ensuite et séparément voté le subside additionnel proposé, Élisabeth, dans son discours de clôture, réprimanda vertement « ces députés
« qui perdaient le temps en longues harangues et en raisonnements superflus,
« manquant d'égards à ses conseillers privés qu'on ne devait pas considérer comme
« le commun des chevaliers et bourgeois de la chambre qui n'étaient conseillers
« que pendant la session, tandis que les autres étaient des conseillers permanents,
« appelés par leur sagesse et leurs lumières à s'occuper constamment du service
« de l'état. »

Cependant, des événements graves se passaient en France; le roi Henri III était mort, assassiné par un fanatique nommé Jacques Clément (1590), et le roi de Navarre, descendant de saint Louis par le plus jeune de ses fils Robert, comte de Clermont, avait pris le titre de roi de France, sous le nom de Henri IV. De son côté, la Ligue, soutenue par les secours du roi d'Espagne, avait proclamé roi le cardinal Charles de Bourbon. Henri IV demanda des secours à Élisabeth, et ses lettres, pleines de flatteries exagérées [1], obtinrent de la vanité de la reine ce que son

---

1. Quoique Élisabeth eût alors soixante-trois ans, Henri lui écrivait qu'elle était plus belle que sa maîtresse Gabrielle d'Estrées.

économie lui aurait refusé. Aussitôt après la mort de Henri III, elle lui envoya 20,000 livres et quatre mille soldats anglais, et continua à l'aider soit de ses troupes et de son argent, soit en portant la guerre dans les possessions espagnoles du Nouveau-Monde. En effet, Drake et Hawkins furent alors chargés d'une expé-

Hawkins, fac simile d'une gravure de son temps.

dition en Amérique; mais ils n'y obtinrent pas leurs succès accoutumés. Les établissements espagnols n'étaient plus comme jadis faciles à surprendre et sans moyens de défense; partout les attaques des Anglais furent reçues avec vigueur, et bientôt les deux commandants et une grande partie des équipages succombèrent sous le poids des fatigues et des maladies (1596); le reste revint en Angleterre sans gloire et sans profit.

Pendant ce temps, une flotte de plus de cent vaisseaux à laquelle s'étaient joints vingt-six bâtiments hollandais, avait été chargée de ravager les côtes d'Espagne. Le 20 juin 1596, elle parut devant Cadix et força l'entrée de la rade. Les Espagnols ne comptaient que quinze vaisseaux de guerre; dans l'impossibilité de résister, ils les brûlèrent ainsi que les bâtiments marchands dont ils avaient débarqué les cargaisons. Alors Essex, qui avait le commandement des troupes de débarquement, mit quinze cents hommes à terre, et, nonobstant la résistance des habitants, parvint à s'établir dans les faubourgs. Le lendemain, les Espagnols capitulèrent, rachetèrent leur vie moyennant une somme de cent vingt mille couronnes, et abandonnèrent aux vainqueurs la ville, les marchandises et toutes leurs propriétés. Cadix fut incendiée, et l'expédition revint à Plymouth. Mais tandis que le peuple accueillait Essex avec transport, la reine ne lui fit qu'un froid accueil; le crédit du comte avait cédé, pendant son absence, à l'influence du vieux lord Burleigh et à celle de son fils, Robert Cecil.

Cependant Philippe n'oubliait pas l'outrage qu'il venait de recevoir à Cadix, et recommençait ses armements contre l'Angleterre, avec l'intention cette fois de placer sur le trône de ce pays l'infante d'Espagne sa fille. Pour préparer les voies à cette princesse, les jésuites anglais exilés composèrent un traité intitulé : *Conférence sur la prochaine succession à la couronne d'Angleterre*, dans lequel ils établissaient que l'infante était l'héritière d'Élisabeth, comme représentant la ligne de Jean de Gand, fils d'Édouard III [1]; et pendant que Philippe envoyait en Angleterre des émissaires chargés de sonder les dispositions des catholiques, une flotte presque aussi formidable que l'Armada sortait des ports d'Espagne. Élisabeth avait, de son côté, préparé un armement nombreux qu'elle confia au comte d'Essex, auquel elle avait rendu sa faveur; mais le comte ne devait plus éprouver que des malheurs. Retenue, durant plusieurs semaines, par des vents contraires, sa flotte n'avait pas fait quarante lieues, qu'elle fut forcée de rentrer à Plymouth, par une tempête qui brisa un grand nombre de vaisseaux. Après les réparations indispensables, il remit à la voile, et ne se trouvant plus assez fort pour attaquer de front l'escadre espagnole, il changea de route, atteignit les Açores et se rendit maître des petites îles de Fayal et de Flores. Mais les galions, véritable but de l'expédition, s'étaient réfugiés à Terceire, et échappèrent à ses poursuites. Pendant ce temps les Espagnols étaient sortis du Ferrol et avaient insulté différentes parties des côtes d'Angleterre. Ils n'osèrent point cependant opérer de débarquement et regagnèrent leurs ports, après avoir perdu seize vaisseaux dans une tempête.

Ces attaques et le peu de succès de l'expédition d'Espagne ranimèrent le mécontentement de la reine contre Essex; à son retour, elle éclata en reproches, et pen-

---

1. Les droits que Philippe II mettait en avant lui venaient de sa mère Isabelle de Portugal, fille d'Emmanuel-le-Grand, qui descendait de Jean de Gand, duc de Lancastre, par Philippa, fille de ce prince, mariée à Jean Ier, roi de Portugal, premier souverain de la race d'Avis.

dant quelque temps les querelles du favori et de la souveraine suspendirent le cours des affaires publiques; l'influence de Robert Cecil y mit un terme. Il venait d'être choisi par Élisabeth comme ambassadeur extraordinaire près la cour de France, et ne voulant pas, pendant son absence, avoir à la cour un ennemi aussi actif que le comte d'Essex, il se réconcilia avec lui, lui fit faire sa paix avec la reine, et lui obtint, avec de riches présents, le titre de comte maréchal d'Angleterre. Essex, par reconnaissance, veilla loyalement aux intérêts du secrétaire d'état pendant tout le temps que dura son séjour en France.

Les affaires de ce pays avaient, en quelques années, complétement changé de face. Aidé par les secours de l'Angleterre et des Provinces-Unies, Henri IV avait longtemps guerroyé avec succès contre Mayenne et le parti catholique, que soutenaient l'or et les armes de l'Espagne; mais enfin, persuadé « qu'il lui serait impossible de jamais régner pacifiquement tant qu'il ferait profession extérieure d'une religion qui était en si grande aversion à la plupart des grands et petits de son royaume, » il résolut de se convertir, et malgré les énergiques remontrances d'Élisabeth, abjura solennellement le protestantisme (25 juillet 1593). Le mécontentement de la reine fut extrême, et elle accusa hautement le Béarnais de perfidie et de duplicité. Mais elle était toujours en guerre avec Philippe II, et les Espagnols, maîtres en Bretagne de plusieurs points du littoral, tenaient constamment l'Angleterre sous le coup d'une nouvelle tentative de débarquement; son ressentiment dut fléchir devant ses intérêts, et elle conclut avec le roi de France un traité par lequel les deux parties s'engageaient à continuer les hostilités contre le roi d'Espagne tant que ce prince serait en guerre avec l'une d'elles.

La conversion de Henri, plus que les faibles secours qu'il n'arrachait qu'à grand'peine à Élisabeth, décida de la soumission du royaume. Il reçut celle des principaux seigneurs catholiques, s'empara de Paris (21 mars 1594), et se mit en mesure de chasser les Espagnols des autres villes de France où ils tenaient encore. Après trois années de guerres sans résultats marqués, le pape Clément VIII interposa sa médiation entre les puissances belligérantes. Henri, qui souffrait de voir la France dévastée, misérable, et qui ambitionnait « la gloire de remettre l'ordre et rétablir son royaume en sa plus grande amplitude et magnifique splendeur, » accepta cette offre avec empressement, et informa Élisabeth et les Provinces-Unies qu'à moins d'un secours beaucoup plus puissant que celui qu'elles semblaient vouloir lui accorder, il serait forcé de conclure la paix.

La reine reçut cette nouvelle avec déplaisir, et c'était pour engager le roi de France à continuer la guerre avec l'Espagne qu'elle envoyait en France son secrétaire Robert Cecil. Henri reconnut ses obligations envers Élisabeth, et protesta que, quoiqu'il sût bien qu'en le protégeant, elle n'avait fait qu'obéir à ses propres intérêts, il n'oublierait jamais ce qu'il lui devait; mais la paix était nécessaire à la France, et il était déterminé à l'obtenir. Elle fut, en effet, conclue à Vervins, le 2 mai 1598. L'Espagne et la France se restituèrent mutuellement leurs conquêtes.

L'Angleterre et les Provinces-Unies avaient refusé de prendre part au traité de Vervins; cependant, au retour de Cecil en Angleterre, la question de la paix fut agitée de nouveau dans le conseil. Essex parla en faveur de la guerre; les Cecil soutinrent avec chaleur l'opinion opposée, et la jalousie qui avait divisé ces hommes d'état ne tarda pas à renaître. Elle éclata lorsque Élisabeth voulut nommer un lord député en Irlande. Les deux antagonistes présentèrent chacun un candidat, et le débat devint si vif, que la reine ayant adressé quelques reproches au comte d'Essex, celui-ci lui tourna le dos avec dédain. « Va-t-en donc au diable! » lui cria la reine en fureur, et elle lui donna un soufflet. Essex porta la main à son épée; mais retenu par le lord amiral, il sortit de la chambre en disant « qu'il n'eût jamais souffert « cette insulte du père d'Élisabeth, et qu'il la supporterait encore moins d'un « roi en cotillons. »

Cette honteuse querelle mit pendant plus de deux mois toutes les affaires en suspens. La réconciliation s'opéra sans bruit, et le comte reparut à la cour; mais l'amour d'Élisabeth était bien affaibli; la conduite qu'Essex allait tenir en Irlande allait l'éteindre complétement.

« Quoique la domination de l'Angleterre sur l'Irlande fût établie en apparence depuis plus de quatre siècles, on peut assurer qu'elle était plutôt reconnue qu'exercée, et qu'elle n'ajoutait qu'un vain titre à ceux des monarques anglais. Les princes et les grands d'Irlande, divisés entre eux, étaient toujours prêts à donner des marques extérieures d'obéissance à une puissance à laquelle ils n'auraient pas été en état de résister; mais comme on ne tenait point sur pied des forces régulières pour les contenir dans leur devoir, ils reprenaient bientôt leur esprit d'indépendance. Cependant, si l'autorité de l'Angleterre se faisait sentir trop faiblement chez ces peuples grossiers pour y introduire l'ordre et la subordination, elle était suffisante pour s'opposer à ce qu'il s'élevât parmi eux quelque génie entreprenant, qui en créant un gouvernement stable et régulier eût donné au pays la civilisation, l'unité et la liberté; elle n'avait pour résultat que d'empêcher que de l'association intérieure des Irlandais et de leur assujettissement même, il ne résultât un plan d'administration capable de leur faire secouer totalement son joug.

« La plupart des institutions anglaises par lesquelles l'Irlande se trouvait gouvernée étaient en effet absurdes au dernier point, et telles que jamais aucun état n'en avait établi de semblables pour conserver sa domination sur des provinces conquises. Ainsi, la petite armée que les Anglais avaient dans ce pays ne recevait jamais exactement sa paie; et comme on ne pouvait faire des levées d'argent dans une île qui n'en possédait point, on permettait aux soldats de vivre à discrétion et aux dépens des indigènes. Les rapines et les cruautés, suite de ce système, devaient nécessairement allumer une haine insurmontable entre la nation conquérante et la nation conquise; le défaut de sécurité, en réduisant les Irlandais au désespoir, ne fit qu'accroître encore la paresse naturelle de ce peuple presque sauvage.

« Les Anglais portèrent encore plus loin leur impolitique tyrannie : au lieu d'engager les Irlandais à adopter les usages civilisés de leurs conquérants, on refusa même à leurs sollicitations les plus pressantes, de les associer aux avantages des lois de l'Angleterre, et l'on affecta en toute occasion de les traiter en étrangers et en ennemis. Ainsi privés de la protection de la justice, les malheureux indigènes, fuyant le voisinage des villes dont ils ne pouvaient s'approcher sans danger, cherchaient dans leurs forêts et dans leurs marais un asile contre l'insolence de leurs cruels dominateurs. A force d'être traités comme des animaux féroces, ils le devinrent en effet, et joignant l'ardeur de la vengeance à leur naturel farouche, ils furent de jour en jour plus intraitables et plus dangereux.

« En outre, les rois d'Angleterre regardant plutôt la soumission des Irlandais dispersés comme l'ouvrage du temps et de la patience que comme une source de gloire militaire, en abandonnaient volontiers l'entreprise à des aventuriers. Plusieurs particuliers, ainsi autorisés, avaient en effet levé des troupes à leurs propres frais, et conquis à leur profit diverses provinces de l'île. Tous ces petits tyrans formaient une foule de principautés diverses, où ils établissaient différentes juridictions, s'arrogeaient le droit de faire la guerre ou la paix, et soumettaient bientôt à la loi du glaive les Anglais qui les avaient secondés. Bientôt ils dégénéraient eux-mêmes jusqu'à contracter la grossièreté irlandaise, et renoncer aux vêtements, à la langue, aux mœurs et aux lois de leur propre patrie.

« Cette imprudente conduite de l'Angleterre maintint les Irlandais dans le même avilissement où les parties occidentales et septentrionales de l'Europe étaient plongées avant que la valeur et la politique raffinée des Romains leur eussent donné à la fois la civilisation et des fers. Aussi, même vers la fin du seizième siècle, lorsque tous les états chrétiens cultivaient avec ardeur tous les arts utiles et agréables, l'Irlande, dans un climat tempéré, avec un sol fertile, une situation aisément accessible, un très-grand nombre de ports, était encore, malgré tous ces avantages, couverte d'habitants plus semblables à des sauvages sortant des mains de la nature qu'à des hommes qui avaient déjà vécu en société.

« Comme l'ignorance et la grossièreté des Irlandais étaient extrêmes, ils ne pouvaient s'élever à ce désir curieux, à cet amour de la nouveauté qui, au commencement de ce siècle, s'était emparé de toutes les autres nations de l'Europe et qui les avait engagées dans des innovations et des disputes de religion dont elles étaient encore violemment agitées. Les anciennes coutumes, les pratiques et les observances de leurs ancêtres, mêlées et corrompues avec des superstitions encore plus bizarres, conservaient toujours sur eux un empire absolu. Il suffisait d'ailleurs que l'exemple de la réformation vînt d'Angleterre pour qu'elle leur fût odieuse, et à l'antique opposition de mœurs, de lois et d'intérêt, vint encore se joindre l'antipathie de la religion [1]. »

Malgré ses mesures habiles et énergiques, Henri VIII n'était parvenu à mettre la nouvelle doctrine en vigueur que dans les villes où les Anglais étaient tout puissants, et, dès le commencement du règne de Marie, le culte catholique fut, sans attendre les ordonnances du parlement irlandais, rétabli dans toute l'Irlande. Mais, à l'avénement d'Élisabeth, le parlement fut forcé de détruire ce qu'il avait fait quelques années auparavant, et de décréter que l'église d'Irlande se réformerait sur le modèle de celle d'Angleterre. Les nouveaux statuts ne purent cependant être observés que dans les lieux où l'on en soutint l'exécution par la force, et des soulèvements eurent lieu dans plusieurs provinces, notamment dans l'Ulster où

---

1. Hume, t. 6, p. 315 et suiv.

dominait Shane O'Neil ou O'Nial, l'aîné des enfants légitimes du comte de Tyrone. Henri VIII, qui redoutait son caractère audacieux et sa popularité, l'avait déshérité de la succession de son père pour la donner à Matthew, l'un des bâtards du comte; mais Shane revendiqua le gouvernement de l'Ulster et le titre de roi, et fut reconnu avec empressement par les indigènes. Lorsque Élisabeth monta sur le trône, il se rendit auprès d'elle pour en obtenir la reconnaissance de ses droits, et parut à la cour d'Angleterre, suivi de sa garde, revêtue comme lui du costume national

Costumes irlandais du temps d'Élisabeth, d'après un imprimé extrêmement rare de la collection de feu M. Douce; au-dessus se trouvent ces mots : DRAVN AFTER THE QVICKE (*dessiné d'après nature*).

(1562). La reine, après s'être amusée de ce spectacle, le renvoya avec des promesses qu'elle se garda bien de tenir; aussi O'Nial ne tarda-t-il pas à lever l'étendard de la révolte. Battu en plusieurs rencontres, il périt assassiné à l'instigation d'un officier anglais. Un acte du parlement déclara éteints pour toujours le nom d'O'Nial et le titre de roi d'Ulster qu'il avait pris; ses terres et celles de tous ses adhérents, qui comprenaient plus de la moitié de l'Ulster, furent confisquées au profit de la couronne.

La réduction de cette province ne ramena pas la paix. Par toute l'Irlande, des insurrections incessantes témoignaient de l'horreur des habitants pour la domination anglaise. Ce fut alors que le comte d'Essex, père de celui qui devint le favori d'Élisabeth, proposa à la reine un plan de colonisation qui consistait à distribuer les terres confisquées à des paysans anglais, lesquels, ayant ainsi un intérêt au sol, devaient, pour la défense de leur propriété, être toujours prêts à combattre les indigènes. C'était une armée permanente qu'on établissait dans le pays, et qui ne coûterait rien à l'état. La proposition du comte fut agréée, et il s'engagea à coloniser avec douze cents hommes le district de Clandeboy dans la province d'Ulster ; la dépense devait être supportée par la reine et le comte, et la colonie partagée entre eux dès qu'elle compterait deux mille fermiers. Mais le seul résultat que l'on obtint fut que les districts dont les nouveaux colons prirent possession devinrent bientôt, par suite des guerres dévastatrices qui s'élevèrent entre eux et les anciens habitants, des déserts incultes et inhabitables. Essex, obligé d'abandonner son entreprise, mourut quelque temps après à Dublin, de chagrin au dire des uns, et suivant l'opinion des autres du poison que lui avait fait administrer Leicester, l'amant de sa femme (1576).

Ce nouveau mode de colonisation ne fit que raviver la haine des Irlandais. Plusieurs chefs implorèrent alors les secours des puissances catholiques ennemies d'Élisabeth, et Grégoire XIII signa une bulle dans laquelle il déclarait cette princesse déchue de la couronne d'Irlande, comme de celle d'Angleterre, et donnait le pays au premier occupant.

Un aventurier nommé Stukely et Jacques Fitz-Maurice, frère du comte de Desmond, s'offrirent pour mettre la bulle papale à exécution. Pendant que Maurice allait à Lisbonne solliciter les secours du roi de Portugal, dom Sébastien, Stukely obtenait du saint-siége un vaisseau de guerre, six cents hommes et trois mille fusils. Mais, après avoir rejoint Fitz-Maurice en Portugal, Stukely au lieu de se rendre en Irlande avec ses troupes, accompagna dom Sébastien en Afrique, et périt comme lui à la bataille d'Alcaçar. Fitz-Maurice ne se découragea pas ; avec l'assistance de l'ambassadeur du pape, il se procura d'autres vaisseaux et débarqua en Irlande, n'ayant avec lui que quatre-vingts soldats espagnols et quelques Irlandais et Anglais exilés. Mais sa tentative n'eut aucun succès, et il périt quelque temps après dans une querelle particulière. Ses compagnons se réfugièrent parmi les vassaux du comte de Desmond qui, dès ce moment, fut déclaré coupable de trahison, et vit ses domaines ravagés par le gouverneur anglais lord Gray de Wilton. A l'aide d'un secours de huit cents hommes et de sept mille fusils, qui lui arrivèrent du Portugal, le comte se maintint pendant quelques années contre ses ennemis ; mais enfin il fut défait en plusieurs rencontres, et périt assassiné. Sa tête, envoyée à Élisabeth, fut exposée sur le pont de Londres, et ses terres, formant environ six cent mille acres, confisquées au profit de la couronne (1580-1586).

A lord Gray succéda, comme gouverneur d'Irlande, sir John Perrot, dont la sévère impartialité rendit quelque tranquillité au pays. Mais, lassé de se voir contrarié dans toutes ses mesures par les ministres d'Elisabeth, Perrot demanda et obtint son rappel, et bientôt après il fut accusé de haute trahison, sous prétexte d'avoir encouragé la rébellion et négocié avec l'Espagne, mais en réalité parce que, en voyant rejetés par le conseil tous ses plans pour l'amélioration de l'Irlande, il s'était exprimé avec trop de liberté sur la reine et ses favoris. Il fut condamné à la peine capitale, et mourut dans la Tour où l'on pense qu'il fut empoisonné.

La reine avait élevé au rang de comte de Tyrone, Hugh O'Nial, neveu de Shane O'Nial, pour le récompenser des services qu'il avait rendus dans la guerre contre le comte de Desmond (1585). L'ambition de Tyrone ne fut pas satisfaite, et en 1598 il reprit le nom d'O'Nial et le titre de roi de l'Ulster. La guerre recommença.

Après plusieurs alternatives de victoires et de défaites, de trêves et de combats, une bataille décisive se donna en 1598 au fort de Blackwater; le général anglais y fut tué avec quinze cents de ses soldats : l'artillerie, les munitions et la forteresse tombèrent au pouvoir de l'ennemi. Tyrone O'Nial fut dès lors regardé par les indigènes comme le sauveur de l'Irlande, et de tous les côtés ils se soulevèrent en masse.

A la nouvelle de cette insurrection, le conseil se réunit pour aviser aux mesures à prendre. Essex témoigna le désir d'être nommé gouverneur, et ses ennemis saisirent avec empressement cette occasion de l'éloigner de la cour; mais depuis la mort de lord Burleigh, arrivée quelque temps auparavant, Élisabeth avait

Cecil, lord Burleigh,
d'après l'original de Marc Gérard, faisant partie de la collection du marquis d'Exeter, à Burleigh House.

rendu au comte toute son affection; aussi hésita-t-elle longtemps avant de consentir à son départ. Lorsqu'elle s'y fut décidée, elle lui lui accorda tout ce qu'il demandait : une armée de dix-huit mille hommes, un présent considérable en argent, et des priviléges dont jamais n'avaient joui ses prédécesseurs, tels que celui de conclure la paix ou de prolonger la guerre à sa volonté. En le congédiant, elle lui témoigna une vive tendresse; et cependant, par suite de son esprit de défiance, elle l'entoura d'espions chargés de lui rendre un compte fidèle de toutes ses actions (1599).

Le premier acte d'autorité que fit Essex à son arrivée en Irlande fut de nommer général de la cavalerie son ami, le comte de Southampton, jeune seigneur qui avait encouru la disgrâce d'Élisabeth pour s'être marié sans son aveu. La reine avait formellement défendu à son favori de donner aucun commandement à Southampton; mais Essex ne tint pas plus compte de cette défense que de l'ordre qu'il reçut bientôt après de retirer la commission qu'il avait donnée. De nouvelles désobéissances mirent bientôt le comble à la colère d'Élisabeth, et donnèrent un vaste champ à la malignité des ennemis du comte. Ses instructions portaient, qu'aussitôt arrivé en Irlande il marcherait directement contre Tyrone. Soit par mollesse, soit par esprit d'indépendance, au lieu de s'y conformer, il se borna à réduire quelques châteaux peu importants, à soumettre quelques petits chefs indigènes, et perdit dans des marches longues et pénibles la moitié de son armée. Lorsque ensuite il demanda des renforts que la désertion de ses soldats et les maladies lui rendaient nécessaires, Elisabeth mécontente les refusa. Alors il marcha vers le principal corps de Tyrone; mais, avec trois mille hommes seulement, il n'osa risquer un combat, et consentit à une conférence que le chef irlandais lui fit proposer (septembre 1599). Un armistice en fut la suite; et le comte se chargea de soumettre à la reine les réclamations d'O'Niall. Les principales étaient que le culte catholique fût toléré en Irlande; que les juges et principaux officiers fussent choisis parmi les indigènes; que Tyrone et ses partisans rentrassent en possession des terres enlevées à leurs ancêtres depuis deux cents ans; que la moitié de l'armée d'occupation fût composée d'Irlandais, et que le gouverneur en chef fût un comte revêtu du titre de vice-roi.

Ces demandes excitèrent au plus haut degré la colère d'Elisabeth qui voulait la soumission absolue de Tyrone. L'entretien secret qu'Essex avait eu avec ce rebelle lui fit suspecter la loyauté du comte, et elle craignit qu'il n'eût formé le projet de s'emparer avec l'aide d'O'Nial de la souveraineté de l'Irlande. Les ennemis d'Essex l'entretenaient dans ces idées, lorsqu'un matin, celui-ci, averti par ses amis des soupçons que la reine nourrissait contre lui, parut tout à coup devant elle, dans sa chambre à coucher, et, se jetant à ses pieds, la supplia de lui pardonner son apparition inattendue, et de ne l'attribuer qu'à l'excès de son zèle qui l'avait amené de l'Irlande pour lui faire voir sous son vrai jour l'état de ce pays. La reine, ne se montrant ni satisfaite, ni irritée, lui donna sa main à baiser, et le comte en sortant annonça à ses amis qu'il avait conjuré la tempête et ramené le calme parfait; mais l'orage éclata le soir même. Sir John Harrington, qui avait été chargé de tenir un journal des opérations de l'armée en Irlande, fut mandé devant Élisabeth. Après avoir entendu la lecture de ce journal, « elle jura, par le fils de Dieu, rapporte Harrington, « que nous étions tous de misérables fainéants, et le lord député

« pis encore ; » puis elle marchait en long et en large, le visage tout décomposé, « et je me souviens qu'elle me saisit à la ceinture au moment où je m'agenouillais « devant elle, et me dit : « Par le fils de Dieu, je ne suis donc plus reine! Cet « homme est donc au-dessus de moi! Qui lui a ordonné de se rendre ici aussitôt? « Je l'avais envoyé pour une tout autre affaire. » Alors elle me commanda d'aller « chez moi, et je ne me le fis pas dire deux fois. Tous les révoltés irlandais eussent « été à mes talons que je n'eusse pas fait une plus grande diligence [1]. » Essex reçut ordre de se considérer comme prisonnier, et fut placé sous la surveillance du garde des sceaux.

Cependant la voix publique se déclara en sa faveur. On le plaignit, même à la cour ; on pria pour lui dans les églises ; on fit dans les sermons allusion à la sévérité d'Élisabeth ; et le peuple exprima hautement un tel mécontentement, que Cecil et le comte de Nottingham, lord amiral, sentirent la nécessité de l'apaiser. Mais la fureur de la reine était au comble, elle voulait se venger, et tout en disant que son intention n'était pas de perdre Essex, mais de le corriger, elle demanda qu'il fût accusé de haute trahison ; et comme les juges ne trouvaient dans sa conduite rien qui pût fonder une telle accusation, elle redoubla de sévérité à son égard et défendit de laisser pénétrer dans sa prison aucun de ses amis, ni même sa femme. Essex tomba gravement malade, et le mal devint si sérieux qu'on perdit l'espoir de conserver sa vie ; la reine s'attendrit alors, et le comte revint à la vie ; mais la colère d'Élisabeth reparut à mesure qu'il se rétablissait. Plusieurs circonstances tendaient à la ranimer, et par dessus tout les mauvaises nouvelles qu'elle recevait d'Irlande. Loin de se soumettre, Tyrone avait rompu la trêve et recommencé ses ravages. Il se posait en défenseur de la religion catholique, et sollicitait des secours du roi d'Espagne Philippe III, qui venait de succéder à son père Philippe II. Élisabeth envoya Mountjoy contre lui. A son arrivée, le nouveau gouverneur trouva le pays en pleine révolte. Cependant il agit avec tant de vigueur et d'habileté, qu'en peu de mois il avait forcé les révoltés à chercher un refuge dans les bois et dans les marais, et rendu la plus grande partie du pays à l'autorité de la reine.

La comparaison de l'administration de Mountjoy avec celle d'Essex aigrit encore davantage Élisabeth contre son ancien favori, et elle donna l'ordre de commencer son procès (15 juin 1600). Les délits qu'on lui reprocha étaient sa négligence dans la guerre d'Irlande, sa conférence et son traité avec Tyrone, et son retour en Angleterre sans autorisation. La commission nommée pour le juger le condamna à être suspendu de ses fonctions de conseiller privé, de grand maître de l'artillerie et de comte maréchal, et à garder la prison dans sa propre maison au bon plaisir de la reine.

Frappé dans ce que son amour-propre avait de plus cher, Essex montra une humilité sans exemple, parut consacrer son temps à des exercices de dévotion, annonça qu'il avait fait divorce avec le monde, que les larmes de son repentir, comme celles de Nabuchodonosor, étaient la rosée qui éteignait le feu de son am-

---

[1]. Harrington, *Nugæ antiquæ*.

bition, et qu'il n'avait plus qu'un seul but sur cette terre, celui d'être pardonné de la personne qu'il révérait comme l'image vivante du Tout-Puissant. Élisabeth, touchée, eut pitié de son ancien amant, et, sans lui faire grâce de sa peine, lui permit de sortir à volonté de sa maison. Essex reçut cette grâce avec reconnaissance; « cet excès de bonté, écrivit-il à la reine, laisse dans mon âme une aussi douce « impression que si Votre Majesté m'avait dit : *Ne meurs pas Essex; car, quoique* « *je punisse ton offense, cependant un jour je serai encore servie par toi;* et mon âme « prosternée répond : J'attends en ce bienheureux jour.¹ » Bientôt, croyant au retour de son crédit il demanda la faveur de reparaître à la cour, mais il reçut un refus blessant, et une nouvelle lettre qu'il adressa à la reine pour l'anniversaire de son couronnement resta sans réponse.

De ce moment, il changea diamétralement de conduite, et, cessant de se contraindre, il ouvrit à la foule les portes de son palais. Toutes ses anciennes créatures, tous les aventuriers hardis et intrigants, ainsi que les plus zélés des prédicateurs puritains, furent admis dans son intimité. On s'y permit les propos les plus libres sur la personne d'une vieille reine qui prétendait encore à la palme de la beauté; on y discuta la question de savoir s'il n'était pas légitime, en cas de mauvaise administration, de forcer un souverain à gouverner suivant les lois. En même temps, le comte envoyait un agent secret au roi Jacques pour lui faire des

---

1. Dans une circonstance à peu près semblable (il était renfermé à la Tour pour avoir séduit une des filles d'honneur d'Élisabeth), Walter Raleigh avait envoyé à son ami Robert Cécil, afin qu'il la mît sous les yeux de la reine, la lettre que voici :

« Jamais mon cœur n'avait été aussi déchiré qu'il l'est aujourd'hui que j'apprends le départ de la « reine. Elle m'abandonne seul dans une prison obscure, moi qui l'ai suivie pendant tant d'années « dans un si grand nombre de voyages, et avec tant d'amour et d'empressement. Du moins, lorsque « j'étais à portée d'avoir de ses nouvelles tous les deux ou trois jours, ma peine était plus supportable; mais me voilà précipité dans un abîme de douleur, moi qui étais accoutumé à la voir conduire « un coursier comme Alexandre, chasser comme Diane, et marcher comme Vénus. Tantôt elle paraissait semblable à une nymphe dont le zéphyr agite les beaux cheveux flottant sur un cou d'albâtre; « tantôt, négligemment assise sous un ombrage frais, on l'eût prise pour une déesse; quelquefois elle « chantait comme un ange; quelquefois les accents mélodieux de son clavecin surpassaient les prodiges « d'Orphée. Mais voyez les revers affreux qu'on éprouve ici bas! Une seule faute m'a tout ravi. Ô félicité « magnifique que l'on ne comprend bien que dans l'infortune, qu'es-tu devenue? Toutes les blessures « se cicatrisent, hors celles du cœur : toutes les passions s'apaisent, hors celle qu'on a ressentie pour une « telle femme. Et pourtant quelle est la pierre de touche de l'affection, si ce n'est le malheur? En quoi « consiste la clémence, si ce n'est à pardonner lorsqu'on a le droit de punir? La miséricorde est un attribut « de la divinité; la vengeance n'est qu'une passion humaine et brutale. Tout est-il donc fini? L'amour, « les soupirs, les regrets, les désirs, ne l'emporteront-ils donc pas sur une faute légère? Une goutte « de fiel ne peut-elle se perdre dans un torrent de douceur? Faut-il donc que je m'écrie : *spes et for-* « *tuna, valete*. Elle est partie, celle en qui je reposais toute ma confiance; ne lui reste plus le « moindre penchant à me faire grâce, ni le moindre souvenir de ses anciennes bontés. Faites donc de « moi maintenant tout ce qu'il vous plaira. Je suis plus las de la vie que mes ennemis ne sont ardents à « me l'arracher. Si j'avais péri pour la reine, au lieu de périr par ses coups, je me serais cru trop heu-« reux. »

La sœur d'Essex, écrivant à Élisabeth en faveur de son frère, lui disait : « J'espérais, ce matin, avoir « les yeux charmés de la beauté de Votre Majesté, » et finissait ainsi : « Que le pouvoir divin de votre « Majesté ne soit pas plus éclipsé que votre beauté dont l'éclat se répand sur tout l'univers, etc. » Shakespeare l'appelait « la belle vestale assise sur le trône d'Occident. » Il faut cependant remarquer que cette nymphe, cette Vénus, cette déesse, cet ange, cette vestale dont la beauté brillait par tout l'univers, avait alors plus de soixante-cinq ans.

Jacques envoya deux messagers au comte, pour l'assurer de sa protection et combiner avec lui les mesures à prendre en cette circonstance. Pendant ce temps, il avait été convenu entre les conspirateurs qu'à un jour fixé on marcherait en force vers le palais, qu'on s'emparerait des portes, et que les comtes d'Essex et de Southampton ainsi que plusieurs membres de la noblesse, se jetteraient à genoux devant la reine et refuseraient de se relever jusqu'à ce qu'ils eussent obtenu d'elle ce qu'ils désiraient. Mais avant le jour fixé pour l'exécution de ce complot, les ministres, avertis du concours de peuple qui se portait au palais d'Essex, envoyèrent au comte l'ordre de paraître devant le conseil, et une main inconnue lui fit tenir un billet qui l'avertissait que sa vie était en danger, et qu'une prompte fuite devenait sa seule ressource. Essex crut pouvoir se fier à son activité. Il rassembla ses amis dans la nuit, leur dit qu'on en voulait à ses jours, et les pria de l'accompagner chez la reine, dont il irait solliciter la justice et la protection. Avant l'heure fixée pour leur départ, le lord garde des sceaux, Egerton, le comte de Worcester, Knollys, et le lord grand juge Popham, se présentèrent chez le comte. Surpris de cette apparition, Essex les introduisit en défendant qu'on laissât entrer les gens de leur suite. Egerton, en apercevant dans le palais plus de trois cents gentilshommes de la plus haute distinction, demanda la cause de cette réunion. Essex lui répondit qu'ils étaient rassemblés pour défendre leur existence compromise par un complot de meurtriers, et que des assassins étaient gagés pour le tuer dans son lit. « Prou- « vez-le, dit Popham, nous en ferons un fidèle rapport, et la reine vous rendra « justice. » Alors quelques voix s'écrièrent : « On vous abuse, mylord, nous per- « dons notre temps. » Essex enferma les envoyés dans une salle basse, et mettant l'épée à la main, s'élança dans la rue, suivi des comtes de Southampton et de Rutland, des lords Sands et Mounteagle, auxquels se joignirent le comte de Bedford, lord Cromwell et deux cents autres gentilshommes. Cette troupe s'avança en criant : « Pour la reine, pour notre bonne maîtresse ! » Mais le peuple resta calme, et peu de personnes accrurent le nombre des révoltés. Rendus au palais, ils en trouvèrent les avenues fermées et fortifiées, et tous les passages obstrués de chaises et de voitures. Tandis qu'ils délibéraient, le comte de Cumberland et Robert Cécil, précédés d'un héraut, proclamèrent, au nom de la reine, qu'Essex était un traître, et mirent sa tête à prix : comme ils ajoutaient qu'un pardon général était accordé à tous ceux qui reviendraient à leur devoir, le nombre des adhérents du comte diminua tellement, qu'il n'eut d'autre ressource que de retourner à son palais, où il croyait pouvoir soutenir un siége. Quelques moments suffirent pour le désabuser, et il se rendit à la première sommation qui lui fut faite. Il fut conduit à la Tour avec Southampton.

Leur procès ne tarda pas à commencer. Essex, dans sa défense, annonça qu'il ne parlait pas pour sauver sa vie, mais pour préserver son honneur. Il n'avait point dit-il, attenté aux jours de la reine, et n'avait pris les armes que par nécessité et pour échapper aux assassins payés par lord Cobham et sir Walter Raleigh. Southampton avoua que divers projets avaient été mis en avant, mais qu'aucun n'avait été définitivement arrêté. Tous deux furent déclarés coupables. Essex déclara qu'il ne solliciterait pas sa grâce, mais qu'il supplierait qu'on lui accordât celle de Southampton, qui ne s'était compromis que par amitié pour lui. Il ne persévéra cependant point dans sa fermeté, et pour fléchir Élisabeth, il remit au ministre qui lui apporta les secours de la religion une confession écrite dans laquelle il révélait sa négociation avec le roi d'Écosse, et faisait connaître les noms de tous ses complices.

On ne pouvait croire que la reine envoyât Essex à l'échafaud; on pensait que le souvenir de son affection l'emporterait sur sa colère; et en effet, elle hésita longtemps, signa et révoqua plusieurs fois l'ordre d'exécution; mais la connaissance d'une lettre du comte où il disait, en parlant d'elle : « Cette vieille femme, aussi disgraciée d'esprit que de corps, » mit un terme à ses irrésolutions. Essex fut exécuté le 25 février 1601. Il n'avait que trente-trois ans.

Robert Devereux, comte d'Essex,
d'après le portrait original de Hilliard, appartenant au comte de Verulam.

Ce brillant favori, aussi généreux que brave, avait conquis l'affection du peuple; la popularité de la reine fut ensevelie dans son tombeau. Depuis sa mort, jamais Élisabeth ne fut accueillie par les acclamations auxquelles elle était accoutumée, et ses conseillers ne reparurent en public que poursuivis par les témoignages bruyamment exprimés de l'exécration générale. On n'osa exécuter Southampton à qui l'on accorda un sursis indéfini ; mais sept ou huit autres individus, compromis par des déclarations irréfléchies, périrent sur l'échafaud. Tout le reste fut amnistié.

Les messagers de Jacques VI, le comte de Marr et le prieur de Kinross, n'arrivèrent que pour être témoins du supplice d'Essex et du désespoir de ses amis. Ils déclarèrent qu'ils étaient envoyés pour féliciter la reine, et en même temps ils donnèrent à entendre à Cecil, que le moment viendrait où ce serait au roi d'Écosse devenu roi d'Angleterre, à demander compte du passé. Mais Cecil était trop habile pour se perdre d'avance dans l'esprit de son futur souverain ; déjà, dans une correspondance secrète avec Jacques, il avait pris l'engagement de préparer en silence les voies qui devaient, sans obstacle, conduire ce prince sur le trône, et en témoignage de sa sincérité il fit augmenter de deux mille livres sterling la pension qu'Élisabeth faisait au roi d'Écosse. Toutefois, il exigea le secret comme condition indispensable pour la réussite de ces projets ; car si la reine eût conçu le moindre soupçon de l'intrigue, l'échafaud se fût dressé pour lui, et l'exhérédation eût frappé le prétendant.

Cependant la guerre d'Irlande continuait toujours, et Tyrone avait reçu d'Espagne d'importants secours de troupes et d'argent. Quatre mille hommes sous les ordres du duc d'Aguilar étaient débarqués à Kinsale (21 septembre 1600). Mountjoy se mit aussitôt en devoir de résister aux envahisseurs, et demanda des secours à Élisabeth qui convoqua le parlement afin d'en obtenir des subsides. Pour dissimuler le ravage des ans et des infirmités, elle voulut s'y montrer dans tout l'appareil de la royauté ; mais elle s'affaissa sous le poids de l'or et des diamants [1] qui devaient, par leur éclat, déguiser sa caducité, et elle serait tombée, sans l'aide d'un seigneur qui se trouva près d'elle et la porta sur le trône.

Avant de passer à la discussion des subsides qu'elle demandait, les communes sollicitèrent le redressement de quelques griefs, et surtout la destruction des monopoles qui conféraient à un seul individu le privilége exclusif de vendre une denrée particulière. Ces monopoles qui permettaient aux détenteurs privilégiés de chaque denrée d'en élever le prix à leur fantaisie étaient la ruine de toute espèce de commerce, et aussi celle de toutes les personnes peu fortunées. En peu de temps en effet, tous les prix avaient augmenté dans d'incroyables proportions ; ainsi, et pour n'en citer qu'un exemple, le sel, qui valait d'ordinaire 16 pence la mesure, finit par être payé 14 ou 15 shellings : il en était à peu près de même de la plupart des autres denrées, car presque toutes, même celles de première

---

[1]. Jamais femme ne poussa aussi loin qu'Élisabeth l'extravagance de la parure. Presque chaque jour elle portait un vêtement différent de celui qu'elle avait la veille, et toujours varié de forme et d'ornements. Toutes les modes qu'elle croyait avantageuses à sa personne, elle les essayait, et comme son avarice était extrême et qu'elle ne put jamais prendre sur elle de se défaire en faveur de ses femmes des habits qu'elle ne portait plus, on les retrouva presque tous à sa mort, au nombre de plus de trois mille.

nécessité, avaient été monopolisées. Lorsqu'on en lut la liste[1] dans la chambre des communes, un membre s'écria : « Le pain n'y est-il pas compris ? — Le pain ! « répondit-on de toutes parts avec étonnement. — Oui, le pain; et s'il n'y est « pas compris, je vous assure que, les choses continuant ainsi, il sera réduit en « monopole avant le parlement prochain. »

Il y avait longtemps que la chambre des communes se plaignait de ces priviléges destinés à enrichir quelques courtisans au détriment du reste de la nation; déjà même elle avait présenté des requêtes à la reine pour la prier d'y mettre ordre. Comme ces suppliques étaient toujours restées sans résultat, quelques membres demandèrent que l'on votât une loi expresse qui supprimât ces monopoles et les interdît pour l'avenir; mais les courtisans en masse soutinrent que cette matière était entièrement du ressort de la prérogative royale : « J'espère, dit Francis « Bacon, que la prérogative du prince ne sera jamais discutée. La reine, à titre de « souveraine, a le pouvoir d'étendre et de restreindre; car, en vertu de sa préroga- « tive, elle peut permettre les choses défendues par quelques règlements ou sta- « tuts que ce soit, et défendre celles qui sont permises. A l'égard des monopoles et « autres priviléges de même sorte, il a toujours été d'usage de nous humilier sous « la main de Sa Majesté, et de ne lui demander le soulagement de nos maux que « par des requêtes soumises, surtout lorsque le remède nécessaire touche de si près « à sa prérogative. Je dis et je répète donc que nous ne devons traiter, juger et « nous mêler en aucune manière de cette prérogative, et je souhaite que tout le « monde soit attentif à la respecter. » Quelques membres montrèrent cependant plus d'indépendance : « Je sais, dit M. Francis More, que la prérogative de la « reine est un sujet délicat à traiter; cependant, tous les abus ne sont pas compa- « rables; mon cœur et ma bouche ne peuvent suffire à sentir et à vous exprimer « tous les maux que souffrent la ville et les campagnes que je représente, maux « causés par les pernicieux effets de quelques-uns de ces priviléges exclusifs. Ils « concentrent dans les mains d'un particulier les profits qui devraient se répandre « généralement, et le partage du peuple est la misère et la servitude. Nous avons « voté une loi qui règle la meilleure préparation des cuirs : au lieu de tenir cette loi « en vigueur, un privilége émané de la reine donne une liberté entièrement con- « traire à ce qu'elle prescrit. A quoi servira-t-il que le parlement dresse des actes en « vue du bien public, lorsque la reine, au moyen de sa prérogative, détruira tout ce « que le parlement aura voulu faire ? C'est sans sortir de la soumission que je dois « à Sa Majesté, que je parle sur cette matière, et j'ose assurer qu'aucun acte d'au- « torité de la part de la reine, n'a été ou n'est plus contraire à ses propres intérêts, « plus odieux à ses peuples, et plus funeste au bien public que les monopoles « qu'elle autorise. » Après lui, M. Martin prenant la parole s'exprima ainsi : « Je

---

1. Voici la nomenclature d'une faible partie des denrées données en monopole par la reine à ses courtisans : le sel, le fer, la poudre, les cartes, les cuirs de veau, les pelleteries, l'huile de baleine, les lisières de drap et plusieurs sortes de draperies, la potasse, le plomb, l'anis, le vinaigre, le charbon de terre, l'acier, l'eau-de-vie, la brosserie, le salpêtre, la poterie, les rudiments, les verreries, le papier, l'étain, le soufre, les raisins de Corinthe, la palamide sèche, le transport des canons, de la bière, de la corne, des cuirs, l'importation des laines d'Espagne et des laines filées d'Irlande, etc., etc.

« parle pour une ville ruinée et gémissante, pour une contrée qui murmure et lan-
« guit sous le poids des vexations énormes qu'exercent les prête-noms des mono-
« poleurs autorisés au débit exclusif de l'empois, de l'étain, du poisson, des draps,
« de l'huile, du vinaigre, du sel, etc., etc. Sais-je tout ce qu'ils vendent, ou
« plutôt ce qu'ils ne vendent pas ? Les denrées les plus nécessaires à la ville et à la
« campagne que je représente sont envahies par ces sangsues publiques. Si, après
« avoir tiré du sang d'un malade, on l'abandonnait sans secours, comment se réta-
« blirait-il? Tel est l'état de notre ville et de ma province. Le commerce est
« anéanti ; les marchandises et les denrées qu'elles produisent en sont soustraites,
« et l'on ne peut en faire usage sans la permission de ces privilégiés. Si ces sang-
« sues sont toujours autorisées à s'emparer des meilleures et des principales
« richesses que nous tirons de nos terres, que deviendrons-nous, nous, à qui les
« productions de notre propre sol, celles de notre industrie, celles qu'à la sueur de
« notre front, du sein de la fange et de la poussière, nos travaux parviennent à
« nous procurer, sont arrachées en vertu d'un acte d'autorité suprême que le
« pauvre peuple n'ose contredire. »

Il fallait du courage pour prononcer de pareilles paroles, car des discours moins *séditieux* avaient souvent fait envoyer à la Tour ceux qui les avaient tenus. Aussi trouvèrent-ils peu d'écho dans la chambre, et M. Georges Moore traduisit l'opinion générale en disant : « Nous savons que le pouvoir de Sa Majesté ne peut
« être restreint ; pourquoi donc délibérer à ce sujet. Si nous dressons un statut
« avec un *nonobstante* [1], la reine accordera aussitôt un privilége exclusif avec un
« autre *nonobstante*, pour traverser le nôtre. Je crois donc qu'il est plus sage et
« plus décent à cette chambre de procéder, en toute humilité, par voie de requête,
« que par celle de bill. »

Cet avis fut adopté; mais avant la présentation de la requête, Élisabeth manda le président, le remercia des bons conseils qui lui avaient fait connaître ces abus, et promit de révoquer, par proclamation, toutes les licences qui porteraient préjudice aux libertés de ses sujets, et de suspendre les autres. La manière dont la chambre des communes accueillit cette réponse est digne d'être rapportée. Un des membres s'écria, les larmes aux yeux, que lors même qu'on viendrait lui donner la certitude d'un bonheur éternel, il ne pourrait éprouver une joie plus vive que celle dont il était pénétré dans cette occasion. Un autre dit que ce message de la part de la personne sacrée de la souveraine était une sorte d'évangile, de nouvelle céleste, et la chambre décida que l'orateur, avec une partie des membres, se rendrait auprès de la reine pour lui rendre grâce des faveurs qu'elle répandait sur la nation.

Introduits auprès d'Élisabeth, l'orateur et les députés qui l'accompagnaient tombèrent à genoux, restant dans cette posture jusqu'à ce que la reine leur fît signe de

---

1. *Nonobstante* (néanmoins), premiers mots d'une clause autrefois très-fréquente dans les statuts rendus par le parlement et les lettres patentes délivrées par la couronne. Elle indiquait : dans les statuts, la restriction apportée par les chambres à l'exercice d'un droit légitimement permis par la loi commune (the common law); dans les lettres patentes, la permission accordée par le souverain d'exercer ce droit, *nonobstant* les prohibitions du parlement. Cette partie de la prérogative royale qui la mettait ainsi au-dessus des lois, fut, à la suite de la révolution de 1688, annulée par le fameux bill des droits.

se relever. Alors l'orateur commença un long discours où il la comparait à la divinité, elle qui, veillant sans cesse au bonheur de ses sujets, était plus prompte à répandre sur eux ses bienfaits qu'ils ne l'étaient à les désirer et surtout à les mériter. « Il n'est point d'expression, dit-il en finissant, ni de témoignages extérieurs « qui puissent égaler votre sublime bonté; mais nous nous prosternons à vos pieds; « et avec le plus profond respect, nous vous présentons nos cœurs fidèles et sen- « sibles, et nous vous protestons que jusqu'à la dernière goutte de notre sang, et « jusqu'à notre dernier soupir, nous consacrerons nos jours au soin de votre sûreté. »

La chambre passa ensuite au règlement des subsides : « Je suis fort étonné, « monsieur l'orateur, dit l'avocat Heyle, que la chambre délibère si elle accordera « un subside et sur le temps de le payer, tandis que tout ce que nous avons « appartient à Sa Majesté, et qu'elle peut à son gré exiger de nous légitimement « tout ce qu'il lui plaira; oui, elle a autant de droits sur nos terres et sur nos effets « que sur tout le revenu de la couronne. » A ce discours, une huée générale, des éclats de rire et un murmure confus s'élevèrent de toute part; et quoique la chambre accordât les subsides demandés, la désapprobation énergique que témoignèrent la plupart de ses membres aux doctrines d'omnipotence royale professées par l'avocat Heyle, prouva que l'esprit de liberté et de résistance aux empiètements du despotisme était comprimé, mais non complétement éteint dans leur cœur.

Le vote des subsides ayant permis de renforcer l'armée d'Irlande, Mountjoy

Costumes militaires du règne d'Élisabeth. Fusilier.

reprit vigoureusement l'offensive, et après avoir battu Tyrone en plusieurs rencontres, vint mettre le siége devant Kinsale où s'était renfermé le duc d'Aguilar avec ses soldats. Tyrone, secondé par un corps de deux mille Espagnols nouvellement débarqué, marcha aussitôt au secours du duc; mais il fut battu de nouveau et forcé de se sauver dans la province d'Ulster. D'Aguilar abandonné à lui-même se vit forcé de capituler; il rendit Kinsale, et il lui fut permis de se retirer avec ses vaisseaux, ses gens, ses armes et ses approvisionnements. Tyrone, vivement poursuivi après le départ des Espagnols, offrit de déposer les armes et de reconnaître l'autorité de la reine à des conditions honorables; mais Elisabeth voulait une soumission sans condition, et les plus sages représentations ne purent la faire changer d'opinion; si quelquefois elle cédait aux insistances de ses conseillers, le lendemain elle envoyait à Mountjoy des instructions contraires. Néanmoins, averti par ses amis que la fin de la reine semblait prochaine, Mountjoy prit sur lui de traiter avec O'Nial, qui consentit à renoncer à son titre de roi d'Ulster, et qui obtint en échange la confirmation de celui de comte de Tyrone, la restitution de ses terres, la conservation de ses honneurs et une amnistie pour ses partisans (1603).

La soumission d'O'Nial était un événement des plus heureux pour l'Angleterre; mais Elisabeth n'était plus en état d'en goûter les avantages; la décrépitude envahissait rapidement toutes ses facultés. Elle affectait encore la vigueur et la gaîté de la jeunesse, essayait de se livrer aux exercices qui lui plaisaient jadis, à la chasse, aux courses de chevaux et à d'autres amusements pénibles, mais ses infirmités l'accablaient, et les soins que l'on prenait, d'après ses ordres, pour en dérober la connaissance au public, ne pouvaient empêcher que sa situation ne fût devinée.

Bientôt une profonde mélancolie s'empara d'elle. Elle s'aperçut que les personnes dont l'amitié lui était le plus chère l'abandonnaient. Le sort d'Essex lui revint en mémoire, et on prétend qu'elle reçut alors de la comtesse de Nottingham un aveu qui lui fit d'autant plus déplorer sa rigueur. Essex avait, dit-on, reçu de la reine une bague qu'il devait lui faire représenter, si jamais il tombait en disgrâce, et ce gage d'un tendre sentiment devait lui assurer son pardon, quel que fût le crime qu'il eût commis. Le comte, dans sa prison, avait confié sa bague à la comtesse de Nottingham, en la priant de la remettre à la reine; mais la comtesse, empêchée par son mari, ennemi juré d'Essex, n'avait pu exécuter la commission. Elisabeth, en apprenant ce fatal secret, tomba dans le plus profond désespoir, et passa désormais ses jours dans les larmes, et ses nuits dans d'épouvantables terreurs. Quoi qu'il en soit de l'authenticité de ce récit, toujours est-il que vers les derniers temps de sa vie, la reine refusa de prendre des aliments, repoussa toute parure, resta plusieurs jours sans changer de vêtements; en outre, convaincue que si désormais elle se couchait dans un lit, elle ne s'en relèverait plus, elle resta durant dix jours par terre, étendue sur un tapis et appuyée sur des coussins, s'emportant sans mesure contre les dames qui la servaient, les menaçant avec d'incroyables imprécations d'une épée qu'elle avait auprès d'elle, refusant toute nourriture, et brisant tout ce qu'on lui présentait.

Elle languit ainsi pendant quelque temps, et mourut, le 24 mars 1603, après avoir, selon quelques contemporains, désigné le roi d'Ecosse pour son successeur. Elle était âgée de soixante-dix ans, et en avait régné quarante-cinq. Un tombeau lui fut, sous le règne suivant, élevé dans l'abbaye de Westminster.

Tombeau d'Élisabeth à Westminster.

GOUVERNEMENT, LOIS, ETC., ETC. — En montant sur le trône, Élisabeth s'était trouvée en possession de l'autorité despotique de ses prédécesseurs: impérieuse, égoïste et dissimulée, secondée d'ailleurs par quelques-uns des plus habiles ministres que prince ait jamais employés, elle ne devait pas laisser s'énerver entre ses mains le pouvoir que lui avaient laissé ses ancêtres.

Un des instruments les plus énergiques de ce pouvoir était la cour de la Chambre étoilée, dont les membres, choisis par le souverain, partie dans le conseil privé, partie parmi les magistrats, étaient tous à sa dévotion. Lorsque le roi présidait ce tribunal, lui seul prononçait, les juges n'avaient plus que voix consultative. « Dans quelque espèce de gouvernement que ce soit, une cour semblable suffit pour anéantir tout plan légal et régulier de liberté; car quel est celui qui, exposé sans cesse aux rigueurs d'une juridiction aussi arbitraire, oserait s'opposer à la couronne et aux ministres, et aspirer au titre de défenseur de la liberté? [1] » Cependant Élisabeth ne s'en contenta pas et, en 1583, elle institua la Cour de haute commission ecclésiastique, juridiction plus terrible que toutes les autres ensemble, en ce que le crime d'hérésie dont elle connaissait est plus indéfinissable encore que toutes les prévarications civiles, et qu'il pouvait s'étendre à tous les actes, selon la volonté des juges. Aussi les condamnations prononcées par cette cour étaient-elles extrêmement fréquentes; et pendant un certain temps, le nombre des ecclésiastiques dépouillés par elle de leurs bénéfices ou suspendus de leurs fonctions pour crime de *non-conformité* aux statuts, comprit le tiers du clergé d'Angleterre.

La loi martiale devint entre les mains d'Élisabeth une arme non moins redoutable que la Cour étoilée et la Cour de haute commission. Jusqu'alors l'exercice de cette loi avait été généralement limité aux cas de révolte et de guerre civile; Élisabeth l'employa en pleine paix. Une de ses proclamations ordonne de sévir par la loi martiale contre tous ceux qui introduiraient dans le royaume des bulles ou même des livres et des pamphlets, et cette proclamation, en autorisant les officiers publics à appliquer les peines qu'ils jugeraient convenable, *quels que fussent d'ailleurs les lois, statuts ou règlements contraires*, les garantit contre les informations et accusations que ces mesures arbitraires pourraient leur susciter. Ce fut ainsi que, pour chasser de Londres les vagabonds et mendiants dont cette ville était infestée, on donna à sir Thomas Wilford une commission de prévôt-maréchal, « portant pou-
« voir et lui ordonnant, à la première dénonciation faite par les juges de paix de
« Londres ou des provinces voisines, de l'apparition de ces perturbateurs du repos
« public, de les attaquer et de se saisir de leurs personnes, et, en présence desdits
« juges, conformément à la justice de la loi martiale, de les faire pendre publique-
« ment à des gibets près des lieux où lesdits rebelles et incorrigibles délinquants
« auraient été trouvés commettant leurs désordres. »

Du reste, les ministres pouvaient parfaitement se dispenser d'avoir recours à ces juridictions, et se contenter de traduire les accusés devant les tribunaux ordinaires. Jamais un juré n'eût osé absoudre un homme que la cour avait résolu de condamner, et il n'y a pas d'exemple que depuis Henri VIII, souverain ou ministres aient échoué une seule fois dans les accusations qu'ils intentèrent. Si en effet les jurés eussent osé désobéir, la Chambre étoilée était là, tribunal terrible qui paralysait toutes les juridictions inférieures, et dénaturait les libertés vainement garanties par la constitution. Le procès d'Udal, prêtre puritain, est un des plus scandaleux exemples de la servilité des tribunaux et des jurés. Udal avait publié, en gardant l'anonyme, un livre contre le gouvernement des évêques. Il fut accusé d'avoir contrevenu à la loi qui rangeait au nombre des crimes capitaux les paroles

---

1. Hume, t. VI, p. 389.

séditieuses proférées contre la reine, et comme dans son livre il n'était point question d'Élisabeth, on prétendit que les évêques faisaient partie du corps politique de la reine, et que parler contre eux, c'était l'attaquer elle-même, et par conséquent se rendre coupable du crime de félonie. Pour être plus sûrs de la condamnation, les juges ne permirent aux jurés que de décider du fait matériel, à savoir si Udal était ou non l'auteur du livre incriminé, et du reste, on ne produisit même pas de témoins pour certifier ce fait; les avocats de la couronne se contentèrent de lire la déposition de deux personnes absentes, dont l'une assurait qu'Udal lui avait dit qu'il était l'auteur du livre, l'autre qu'elle avait entendu dire la même chose à un ami de l'accusé. Udal voulut répliquer; on lui ferma la bouche en déclarant qu'il n'était jamais permis de produire de preuves justificatives contre le souverain, et le malheureux, déclaré coupable, fut condamné à la peine de mort.

Souvent même il arrivait qu'on se dispensait de ce simulacre de justice, et le simple ordre d'un secrétaire d'état suffisait pour faire jeter en prison ceux qui gênaient la reine ou les ministres. C'est ainsi que dans le cours de ce règne nous avons vu, au moindre trouble, au moindre soupçon, les cachots remplis de catholiques arbitrairement enlevés de leur domicile.

Aussi, peuple et courtisans, grands et petits, tous pliaient et s'humiliaient devant la volonté, devant le moindre désir d'Élisabeth. Elle faisait défendre la culture de la guède, plante de teinture dont l'odeur lui déplaisait, et, choquée de la longueur des épées et de la largeur des fraises que l'on portait alors, elle envoyait ses officiers réduire les unes et les autres à une dimension qu'elle-même avait déterminée. Je suis résolue, dit-elle dans une lettre adressée à l'archevêque de Cantorbéry, à ne pas souffrir que, d'un côté ou d'un autre, personne s'écarte de la ligne tirée par l'autorité, par les lois et par mes injonctions; et elle écrivait à l'évêque d'Ély, qui se refusait à un échange de terres désavantageux pour son évêché :

« Présomptueux prélat,

« J'apprends que vous différez de conclure l'affaire dont vous êtes convenu.
« Ignorez-vous donc que moi, qui vous ai élevé, je puis également vous faire ren-
« trer dans le néant? Remplissez au plus tôt votre engagement, ou, par Dieu, je
« vous démîtrerai à l'instant.

« Votre amie tant que vous mériterez que je le sois.

« ÉLISABETH. »

Et cependant, malgré tous ces actes de despotisme, ces iniquités, ces impudentes violations de la loi, l'état de l'Angleterre était bien différent de celui des principaux royaumes du continent. « Aucune loi permanente, aucune taxe intérieure, n'avait jamais été imposée à l'Angleterre sans le consentement des représentants du peuple. Sur le continent, au contraire, et en France, par exemple, jamais loi n'avait reçu cette sanction, et les taxes énormes qui accablaient ce pays n'avaient jamais été établies que par des ordonnances royales. Si quelques voix généreuses avaient protesté contre la tyrannie des Valois et prêché la résistance à l'oppression; si les partisans de la ligue avaient cherché à gagner les cœurs par des idées de liberté civile et populaire, ces idées offraient peu d'intérêt à la nation qui ne les comprenait pas, et qui, à peine échappée aux convulsions du fanatisme religieux, retombait aussitôt dans l'apathie et la servitude [1]. »

En Angleterre, au contraire, le peuple avait depuis longtemps compris et partagé ces idées de liberté, et l'on a vu qu'à la chambre des communes un parti qui tendait chaque jour à s'accroître revendiquait en toute occasion le privilége de connaître des griefs publics et de tout ce qui intéressait la nation. Élisabeth parvint à comprimer ces généreux efforts en introduisant dans la chambre soixante-deux membres appartenant pour la plupart à de petits bourgs soumis à l'influence de la couronne, et en la peuplant de fonctionnaires et de gens de loi, « tourbe docile aux ordres de ses maîtres et distinguée seulement par la servilité de son langage; » cependant et peu à peu, les communes acquirent, au moins en principe, la reconnaissance de ces droits et immunités particulières qui constituent ce qu'on appelle le privilége du parlement; elles parvinrent même à les exercer fréquemment. Vers la fin du règne d'Élisabeth, il était établi qu'aucun membre ne pouvait être assigné à comparaître devant une cour quelconque sans une permission de la chambre, et que tous ceux qui obtenaient ou remettaient une pareille assignation étaient coupables d'attentat à ses priviléges, et, comme tels, soumis aux peines qu'il lui plairait d'infliger. L'établissement de ce principe fut le premier pas fait contre ces actes arbitraires du conseil privé, qui avaient si souvent atteint les membres les plus distingués de la chambre.

Ce fut encore sous ce règne que les communes établirent leur droit exclusif à statuer sur toutes les contestations en matière d'élections. Jusqu'alors la décision de ces contestations avait toujours été remise à la chancellerie. Pour la première fois, à propos de difficultés survenues dans les élections du comté de Norfolk, la chambre nomma un comité chargé de faire une enquête. La reine lui fit signifier de ne pas s'occuper d'une affaire qui ne regardait que le lord chancelier; le comité répondit à cette injonction en disant à la chambre dans son rapport : « qu'il n'avait
« pas cru devoir s'informer auprès du chancelier de ce qu'il avait jugé à propos de
« faire, parce qu'il avait pensé que ce serait déroger au privilége de la chambre
« que de soumettre la contestation à d'autres qu'à elle-même; qu'il avait une haute
« opinion du chancelier et des juges, comme organes de la loi sur leurs siéges de
« justice; mais qu'il ne pouvait les considérer comme juges dans une chambre du
« parlement. »

Jamais, en outre, la chambre des communes ne voulut admettre l'opinion que tâchaient de faire prévaloir les ministres d'Élisabeth, à savoir : qu'indépendamment de ses prérogatives ordinaires, la couronne était investie d'une espèce de pouvoir absolu, extra-légal, résultant de l'obligation de pourvoir au salut de l'état, et Onslow, avocat-général, osait adresser à la reine ces paroles remarquables : « Quoique notre loi commune ait investi le souverain de nombreuses prérogatives,
« il ne peut cependant prendre l'argent ni le bien de son peuple, ni agir arbitraire-

---

[1]. Hallam, *Constitutional history of England.*

« ment selon son caprice et sa volonté, et, tandis que d'autres princes peuvent
« dépouiller leurs sujets selon leur bon plaisir, lui, doit laisser les siens jouir
« paisiblement de leurs biens sans les opprimer. »

Ces remontrances blessaient vivement l'orgueil d'Élisabeth ; mais elle était obligée de les souffrir de ceux qui possédaient seuls le droit de voter les subsides. D'ailleurs, trop habile pour méconnaître les progrès et la puissance de cet esprit d'examen et de liberté qui devait tôt ou tard s'attaquer aux prérogatives de la couronne, elle ne songeait qu'à retarder le moment de la lutte.

Ce fut là le secret de sa politique et de l'économie quelquefois sordide qui présida à toutes ses actions. Plutôt que de compromettre son autorité en ayant fréquemment recours aux dons du parlement; plutôt que de payer par des concessions le vote de subsides plus considérables, elle aima mieux restreindre les dépenses de sa maison et de sa cour. Aussi, pendant les quarante-quatre années de son règne, elle ne reçut des chambres que dix-neuf subsides et trente-huit quinzièmes[1], produisant en tout environ 2,500,000 livres sterling. A cela il faut ajouter 360,000 livres sterling votées par l'assemblée du clergé, ce qui porte à 60,000 livres par an environ le montant des sommes votées par les assemblées ecclésiastiques et parlementaires. Ce n'était là, il est vrai, qu'une faible partie du revenu de la reine, et nous voyons qu'à la fin de son règne, il était d'environ 500,000 livres, somme qui provenait d'une grande quantité de sources diverses, régulières et irrégulières. Parmi les premières, il faut ranger les produits des domaines de la couronne, considérablement augmentés depuis Henri VIII par les confiscations sur le clergé; les revenus féodaux des duchés de Lancastre et de Cornouailles ; les droits de tonnage et de poundage ; les premiers fruits et le dixième des bénéfices ecclésiastiques. A ces revenus réguliers et légitimes s'en joignaient d'autres qui l'étaient moins, tels que les produits des évêchés vacants, et la reine avait soin de les laisser inoccupés le plus longtemps possible, témoin le siége d'Ély qui resta vide pendant dix-neuf ans; la vente aux catholiques et aux non-conformistes de la remise des pénalités qu'ils encouraient en ne suivant pas le culte établi; les dons de nouvel an, sommes que la reine extorquait au commencement de chaque année de toutes les personnes qui fréquentaient la cour, et qui ne s'élevaient à guère moins de 20,000 livres sterling ; les embargos sur les vaisseaux et les marchandises; les emprunts forcés, les monopoles, etc.

Toutes ces sommes réunies n'étaient cependant pas suffisantes pour couvrir les dépenses nécessitées par la politique d'Élisabeth. En effet, au lieu de recevoir comme quelques-uns de ses prédécesseurs des pensions des souverains étrangers, elle assistait de ses propres deniers le roi de Navarre et les Hollandais; en Écosse, son

---

1. Ainsi que nous l'avons déjà dit, le subside était une aide, une taxe, un tribut accordé au roi dans certains besoins pressants de l'état. Le montant en était fixé par le parlement et levé sur tous les propriétaires du royaume proportionnellement à la valeur de leurs biens meubles et immeubles.

Le quinzième était une imposition qui portait sur les villes, bourgs, etc. On l'appelait ainsi parce qu'il montait au quinzième des biens de chaque habitant. C'était donc un impôt d'une quotité fixe et déterminée, tandis que le montant du subside était toujours incertain. L'un et l'autre devaient être votés par le parlement. Tomlin's, *Law Dictionary*, passim.

influence ne se maintenait qu'à force d'argent, et les huit années de la guerre contre Tyrone lui coûtèrent environ 400,000 livres par an. Pour subvenir à ces charges onéreuses elle eut d'abord recours aux moyens employés par ses prédécesseurs en contractant à l'étranger des emprunts ruineux à cause de l'intérêt énorme qu'elle était obligée de payer. Mais en 1569, Thomas Gresham,[1] riche et habile

Sir Thomas Gresham,
d'après le portrait original d'Holbein, conservé dans la salle des Marchands de soie (Mercers'Hall) à Londres.

marchand qu'Élisabeth et ses deux prédécesseurs avaient jusqu'alors chargé

1. Ce fut Thomas Gresham qui bâtit à ses dépens la première Bourse qu'eut la Cité de Londres. La reine voulut honorer ce bâtiment de sa présence, lui donna le nom de Change Royal (Royal Exchange), et en reconnaissance des nombreux services rendus par Thomas Gresham au commerce national, lui conféra, dans cette occasion, le titre de chevalier.

de leurs transactions financières avec le continent, fit consentir la Compagnie des Marchands Aventuriers à prêter à la reine les sommes qu'elle voulait demander à la ville d'Anvers. Les intérêts de cet argent ayant été régulièrement payés par Élisabeth, le crédit de cette princesse s'établit dans la Cité, qui lui avança désormais tous les fonds dont elle eut besoin. La reine montra la même exactitude pour le remboursement du capital de ces emprunts, et plutôt que d'avoir recours au parlement pour en obtenir les fonds nécessaires elle préféra aliéner la plus grande partie des domaines de sa couronne, mesure qui, en mettant ses successeurs à la merci du parlement, devait plus tard devenir fatale à la royauté, mais qui eut pour résultat immédiat de rendre populaire une souveraine qui paraissait aimer mieux vendre ses propres biens que d'accabler ses sujets de taxes et d'impôts.

D'autres causes que celles-là concilièrent à Élisabeth l'amour de son peuple. La tranquillité intérieure dont le pays jouit pendant tout son règne, la prépondérance de l'Angleterre sur son ancienne rivale l'Écosse, la fierté d'Élisabeth dans ses rapports avec les puissances étrangères, sa protection sollicitée par différents souverains et peuples du continent, les victoires remportées sur les ennemis de l'Angleterre, et notamment la défaite de l'invincible Armada, les expéditions maritimes secondées, le commerce encouragé, tous ces actes d'une politique sage et habile devaient satisfaire l'amour-propre de la nation, non moins que ses intérêts. A l'abri de ces succès et de la paix intérieure, le génie commercial du peuple anglais put en effet se développer à l'aise; les entreprises tentées par d'audacieux marins vinrent encore en favoriser l'essor. Ce fut sous le règne d'Élisabeth que furent jetés les premiers fondements de cet empire des Indes auquel l'Angleterre actuelle doit sa grandeur et sa puissance.

Découvertes, Marine, Commerce. — Un siècle s'était écoulé depuis le jour (1497) où Vasco de Gama avait immortalisé son nom en découvrant le passage d'Europe aux Indes par le cap de Bonne-Espérance. Pendant ce temps, les Portugais profitant, sans rivaux, des avantages que leur donnait la civilisation européenne sur des peuples faibles et peu éclairés, avaient accompli les plus brillantes conquêtes, exploré l'Océan Indien jusqu'au Japon, découvert ses îles si riches en produits naturels de toute sorte, et répandu à profusion dans toute l'Europe ces denrées de l'Orient auxquelles les nations occidentales attachaient tant de prix.

Toutes les circonstances de ces découvertes avaient éveillé l'attention de l'Europe. Le commerce de l'Inde, même lorsqu'il était resserré dans les étroites limites du transport par la voie de terre, avait suffi pour transformer de faibles états en puissants royaumes; c'était par lui que la petite et obscure république de Venise s'était élevée au rang et à l'influence qu'elle avait possédée jusqu'alors; aussi la découverte d'une route nouvelle pour cet important commerce et les prodigieux avantages obtenus en quelques années seulement par les Portugais ne manquèrent-ils pas d'enflammer la cupidité et l'ambition de toutes les nations maritimes de l'Europe. A cette époque, l'esprit mercantile de la nation anglaise avait déjà commencé à se développer. Dans le cours du XVIe siècle, les relations commerciales avec les Pays-Bas avaient pris plus d'extension; les marchands de Bristol en avaient ouvert de nouvelles aux îles Canaries, ceux de Plymouth sur les côtes de Guinée et du Brésil; des Anglais pêchaient sur les bancs de Terre-Neuve et exploraient les mers du Spitzberg; un privilége exclusif leur assurait le commerce de la Russie; ils prenaient une part active à celui de la Méditerranée; et la compagnie qui portait le nom de Compagnie des Marchands Aventuriers, entretenait avec l'Allemagne et le centre de l'Europe des relations tellement actives qu'elles excitaient vivement la jalousie des villes anséatiques. Les ressources commerciales du pays se trouvèrent en outre considérablement augmentées lorsque les protestants, fuyant la persécution, vinrent des Pays-Bas et de la France s'établir en Angleterre, et y apportèrent leurs capitaux et leur habile industrie.

L'esprit d'aventures et de découvertes était d'ailleurs et depuis longtemps répandu dans toute la nation. Les Anglais avaient été les premiers à imiter l'exemple des Espagnols, en visitant le nouveau monde, et nous avons vu, sous le règne de Henri VII, en 1497, Sébastien Cabot explorer avec une petite escadre les côtes d'Amérique depuis le Labrador jusqu'à la Virginie, et découvrir l'île de Terre-Neuve. En 1527 environ, un marchand anglais nommé Robert Thorne, qui avait longtemps résidé à Séville, et savait quelles richesses les Portugais tiraient déjà de leur commerce avec les Indes, présenta à Henri VIII un projet dont la réussite devait procurer à l'Angleterre des résultats non moins avantageux. Comme les Portugais prétendaient à la possession exclusive du passage aux Indes par le sud-est, ainsi qu'au commerce avec tous les pays par eux découverts, prétention justifiée du reste par le droit international de ce temps, Thorne voulait arriver aux Indes par le nord-ouest et s'assurer ainsi une route non disputée vers des terres encore inconnues. On ne sait quelles suites eut ce projet, mais il fut repris quelques années plus tard, et deux voyages furent entrepris sous le règne de Henri VIII, pour arriver à la découverte d'un passage par le nord-ouest.

Rien ne prouve plus clairement de quelle envie les Anglais brûlaient alors, de prendre leur part des richesses acquises par les Portugais, que les efforts persévérants qu'ils firent pour découvrir une route d'où ces derniers ne pourraient avoir la prétention de les exclure. Les deux essais tentés sous le règne de Henri VIII n'ayant pas réussi, on espéra un résultat plus heureux d'un voyage au nord-est, et pendant le règne d'Édouard VI, une petite escadre aux ordres de sir Hugh Willoughby prit cette direction, longea les côtes de Norvége et doubla le cap Nord. Là, elle fut assaillie par une violente tempête, et le vaisseau de Willoughby, jeté sur les rivages de la Laponie russe, périt avec tout son équipage. Un autre bâtiment de l'escadre trouva un abri dans le port d'Archangel; c'était le premier navire étranger qui y eût jamais pénétré. Chancellour, le capitaine, sut tirer un heureux parti de cet événement: il ouvrit aussitôt des relations commerciales avec les habitants du pays, visita dans sa capitale le czar, Ivan IV Vasilievitch, stipula d'importants priviléges en faveur de ses concitoyens, et jeta les fondements d'un commerce qui prit rapidement une grande extension. Cependant le passage par le nord-est n'était point trouvé; de nouveaux essais furent tentés; le dernier eut lieu en 1580. De deux vaisseaux envoyés à la recherche de la route tant désirée, un seul revint en Angleterre, après avoir failli périr au milieu des glaces.

On reprit alors l'idée du passage par le nord-ouest, et, en moins de six années, six voyages furent successivement entrepris dans le but de le découvrir. Dans un de ces voyages, le capitaine John Davis s'avança jusqu'au 66° 40′ de latitude nord, et découvrit le détroit qui porte son nom. Son voyage n'eut point d'autre résultat.

Tant d'essais infructueux ne décourageaient pas la nation. Ce but qu'on ne pouvait atteindre par mer, on y était arrivé par une autre voie. Déjà « la Compagnie de Turquie » allait par la Méditerranée chercher dans les ports du Levant les marchandises de l'Inde apportées là par les caravanes. Déjà, sept fois, un des agents les plus entreprenants de l'association qui possédait le monopole du commerce avec la Russie avait descendu le Volga, traversé la mer Caspienne, pénétré en Perse et établi avec ce pays des relations de commerce qui, dès 1563, étaient assez considérables pour nécessiter à Casbin, résidence de la cour persane, la présence de trois agents spéciaux.

Ce fut alors que Drake débarqua à Plymouth après avoir fait le tour du monde. Dans sa longue traversée, il avait exploré l'archipel indien, visité les îles Moluques, établi des relations amicales avec le roi de Ternate, ennemi juré des Portugais. Les récits qu'il fit de la richesse de la cour de ce prince, de la prodigieuse fertilité de toutes les îles indiennes, de la douceur de leurs habitants, jetèrent la nation dans un enthousiasme voisin du délire. Discours, poëmes, chansons, épigrammes, tout fut employé pour célébrer la gloire et les exploits du capitaine Drake. Ce fut bientôt à qui suivrait son exemple. Les comtes de Cumberland et d'Essex, sir Richard Greenville, sir Walter Raleigh et sir Humphrey Gilbert, son frère utérin, sir Robert Dudley, et une foule d'autres seigneurs, équipèrent des escadres à leurs propres frais et firent voile dans toutes les parties du monde. De toutes ces expéditions, la plus importante fut celle de Cavendish.

Thomas Cavendish, riche gentilhomme du comté de Suffolk, avait été, dès sa jeunesse, dévoré de la passion des aventures. Jaloux de la gloire et des succès de Drake, il vendit ou engagea ses domaines, équipa à ses frais une petite escadre de trois vaisseaux dont le plus considérable n'était que de cent quarante tonneaux, la pourvut de deux années de vivres, et, accompagné de cent vingt-six officiers et matelots dont plusieurs avaient servi dans la dernière expédition de Drake, partit de Plymouth le 21 juillet 1586. Après avoir franchi le détroit de Magellan, ravagé les côtes occidentales de l'Amérique et capturé un riche navire espagnol, il se lança dans le grand Océan Pacifique, parcourut dans toute son étendue l'archipel indien, visita les îles des Larrons, s'arrêta quelque temps aux Philippines, passa au milieu des Moluques, explora cette chaîne d'îles qui s'étend du détroit de Malacca à l'extrémité de Timor, et, franchissant le détroit de la Sonde, jeta l'ancre sur la côte sud-ouest de l'île de Sumatra où il conclut avec les habitants une sorte de traité qui, en cas de retour, lui assurait une réception favorable. De là, il fit voile pour le cap de Bonne-Espérance, étudiant sans cesse pendant sa route le temps, les vents, les marées, faisant des observations astronomiques, notant la forme et la position des terres qu'il rencontrait, n'omettant rien, en un mot, de ce qui pouvait assurer le succès des voyages que lui-même ou ses compatriotes entreprendraient ultérieurement ; il rentra à Plymouth le 9 septembre 1588. Cet heu-

RUINES D'AGRA (HINDOUSTAN).

reux voyage devait nécessairement diriger vers l'Inde l'imagination de tous les aventuriers; d'autres circonstances contribuèrent encore à entraîner les esprits vers ce pays.

Quelques années après l'expédition de Cavendish, sir John Boroughs, à la tête d'une escadre équipée par sir Walter Raleigh, s'était emparé près des Açores de la plus grande des caraques portugaises. Lorsqu'il rentra dans le port de Plymouth, les voiles de son navire étaient de soie pourpre, les cordages de fil d'argent, les menus agrès de fil d'or, et il exposa à la vue et à l'admiration de ses concitoyens le plus riche chargement d'or, de soie, de toiles, de perles, d'épices, de drogues diverses, de porcelaine, d'ébène, etc., que l'on eût jamais vu en Angleterre. A la même époque, quelques membres de la Compagnie de Turquie revenaient aussi d'une expédition dans l'Inde. Emportant d'Angleterre de la laine, du drap, de l'étain, etc., ils s'étaient rendus à Alep; de là, à Bagdad; puis, en descendant le Tigre, à Ormuz dans le golfe Persique, et enfin à Goa, le grand marché des Indiens et des Portugais sur la côte de Malabar. De Goa, ils avaient visité toutes les contrées environnantes, s'étaient rendus à Agra, alors résidence de l'empereur du Mogol, puis à Lahore, avaient traversé le Bengale, poussé jusqu'à Pégu et Malacca, et enfin étaient retournés par mer à Ormuz et de là à Alep, d'où ils avaient fait voile pour l'Angleterre.

Le récit détaillé de leur voyage, la description des magnifiques pays qu'ils avaient parcourus, la vue des riches productions qu'ils rapportaient et qui de toutes parts affluaient en Angleterre, déterminèrent enfin les marchands anglais à ne pas se laisser arrêter plus longtemps par les prétentions des Portugais, et une société se forma, dont le but était l'exploitation du commerce de l'Inde par la voie directe du cap de Bonne-Espérance. On fixa à la somme de 33,133 livres sterling le montant du capital social qui fut divisé en 101 parts ou actions variant de 100 à 3,000 livres; la gestion des affaires de la société fut confiée à un comité de quinze membres; c'est l'origine de la cour des Directeurs. Ce comité adressa aussitôt à la reine une pétition tendant à obtenir une charte de privilège et l'autorisation d'équiper trois vaisseaux à destination de l'Inde. Mais, en ce moment même, Élisabeth traitait de la paix avec l'Espagne, et le conseil, tout en donnant son approbation tacite aux plans de la compagnie, l'engagea à en différer momentanément l'exécution. Vainement, dans un nouveau mémoire, les marchands associés établirent qu'en dehors des lieux où les Portugais avaient déjà des établissements, il existait dans l'Inde une foule d'autres places où les Anglais pouvaient se livrer à un commerce avantageux, l'autorisation demandée ne fut pas donnée et la reine se contenta d'envoyer par la voie de terre une ambassade au Grand-Mogol. Cette ambassade eut peu de succès. Les agents portugais et vénitiens présentèrent sous un faux jour les desseins des Anglais et rendirent inutiles tous les efforts de leur ambassadeur.

Pendant ces hésitations du gouvernement anglais, les Hollandais avaient pris pied dans les Indes. « Dès longtemps les Hollandais étaient familiarisés avec la mer; la pêche nationale du hareng était pour eux une école de marins, et leurs vaisseaux allaient chercher à Lisbonne les marchandises de l'Inde qu'ils distribuaient de là au reste de l'Europe. Quand Philippe II se fut emparé du Portugal, il en interdit l'entrée à ses anciens sujets, et le commerce hollandais, privé d'un courtage sur lequel il reposait presque tout entier, se crut un moment frappé à mort. Bientôt on reprit courage; on résolut d'aller prendre à leur source même ces richesses qu'on ne pouvait plus avoir de seconde main. Les premiers essais furent infructueux; on aborda la question, depuis soulevée tant de fois, du passage aux Indes par le nord, et quelques vaisseaux furent envoyés de ce côté, mais il fallut bientôt y renoncer. L'on n'osait encore se hasarder sur des mers inconnues et dominées par un ennemi puissant, quand un Hollandais depuis longtemps au service du Portugal, Cornélius Houtman, emprisonné à Lisbonne par ses créanciers, proposa à ses compatriotes de les conduire aux Indes s'ils consentaient à payer ses dettes. L'offre est acceptée, et, dès le premier voyage, Houtman revient avec une riche cargaison, l'alliance d'un roi de Java et un pilote indien (1595). Les marchands d'Amsterdam forment sur-le-champ une compagnie des Indes: Van-Neeck, qu'ils envoient à Java avec une flotte, bat les Javanais mécontents des nouveaux venus, reconnaît les Moluques, et retourne en Hollande chargé d'épices et de ces précieux tissus qui s'achetaient au poids de l'or [1]. »

Au bruit de ces succès, les Aventuriers renouvellent leurs instances et obtiennent enfin du gouvernement l'autorisation de préparer une expédition aux Indes par la voie du Cap; mais les ministres mettent pour condition à la concession du privilége demandé par la compagnie, qu'un commandement important sera confié à un gentilhomme nommé sir Édouard Michelbourne. La réponse du comité est un témoignage intéressant de l'esprit d'égalité et d'indépendance qui animait ces hardis marchands. Ils y établissent « qu'ils ont pris la résolution formelle de n'em-
« ployer aucun gentilhomme; que la collation d'emplois à des gens de qualité
« aurait pour effet de déterminer un grand nombre d'Aventuriers à retirer leurs
« souscriptions, » et ils demandent en conséquence « qu'il leur soit permis de con-
« fier la gestion de leurs affaires à des gens de leur condition. » Le gouvernement fit droit à ces observations, et le 31 décembre de l'an 1600, la charte de la compagnie fut signée.

Cette charte, source du pouvoir immense et exorbitant qu'acquit par la suite la Compagnie des Indes, ne contenait rien qui la distinguât sensiblement de celles qui étaient accordées à cette époque à toutes les associations de commerce. Elle constituait les Aventuriers en corporation sous le nom de « Gouverneur et Compagnie des marchands de Londres pour le trafic aux Indes orientales, » les revêtait des pouvoirs et priviléges accoutumés, confirmait et rendait obligatoires les dispositions déjà prises par l'association pour la gestion de ses affaires, c'est-à-dire le choix d'un comité directeur de vingt-quatre membres et d'un président, nommés chaque année par l'assemblée; concédait à la compagnie le privilége exclusif du commerce avec les Indes orientales, c'est-à-dire avec tous les pays compris entre le cap de Bonne-Espérance et le détroit de Magellan, en exceptant toutefois les places déjà occupées par les sujets des puissances amies de Sa Majesté, la reine Élisabeth; lui accordait la faculté d'exporter à chaque expédition la valeur de

---

[1]. Burette, *Histoire moderne*, t. 1, p. 356.

30,000 livres sterling en or ou en argent; enfin, exemptait des droits de douanes les exportations anglaises pour les quatre premiers voyages, les marchandises de l'Inde importées sur vaisseaux anglais, pour toute la durée du privilége. Conformément aux usages du temps, cette charte était exclusive et défendait au reste de la nation de trafiquer dans l'étendue des limites assignées à la compagnie, à moins de licences délivrées par elle. La charte était concédée pour une période de quinze années, avec cette réserve cependant que si elle n'était pas avantageuse pour le pays, le gouvernement pourrait toujours l'annuler sous la seule condition de prévenir les intéressés deux années à l'avance; si, au contraire, ses opérations étaient favorables à la nation, la compagnie avait le droit de la renouveler pour quinze autres années.

Les préparatifs de la première expédition furent dès lors poussés avec la plus grande activité. Quinze vaisseaux portant ensemble cinq cents hommes d'équipage furent réunis dans le port de Torbay. Ils emportaient un chargement de fer, d'étain, de plomb, de drap, de coutellerie, de verroterie et autres petits articles, destinés à être donnés en présents, et dont la valeur s'élevait à 6,860 livres. Trente-six facteurs ou subrécargues furent chargés des transactions commerciales, et l'escadre confiée au commandement du capitaine Lancaster, marin habile et expérimenté. Elle mit à la voile le 2 mai 1601, emportant des lettres de la reine pour les souverains des différents pays où elle devait aborder.

Lancaster toucha d'abord à Achem, une des principales villes de l'île de Sumatra, y reçut un accueil favorable, conclut un traité de commerce avec le souverain du pays, obtint de lui l'autorisation d'établir une forteresse dans l'île, prit un chargement considérable de poivre, et mit à la voile pour les Moluques. Dans le détroit de Malacca il rencontra un vaisseau portugais de neuf cents tonneaux, chargé d'épices et de toiles, et s'en empara; alors il changea de route et vint aborder à Bantam dans l'île de Java, y laissa quelques agents et reprit la route d'Angleterre où il arriva heureusement dans le mois de septembre 1603. Cette première expédition ne produisit pas, comme on le voit, des résultats bien remarquables; mais c'était un premier pas après lequel on ne devait plus s'arrêter : la Compagnie des Indes était fondée, et avec elle la grandeur future de l'Angleterre.

LITTÉRATURE. — Depuis la mort de Chaucer (1401), jusqu'au règne de Henri VII, les annales littéraires de l'Angleterre présentent une longue lacune. Occleve, Lydgate, le roi d'Écosse, Jacques Ier [1] et son compatriote Barbour, sont les seuls poëtes dont les noms méritent d'être cités; dans leurs écrits, on trouve çà et là des passages d'une véritable beauté, témoin ces vers de Barbour, sur la liberté :

> Ah! freedom is a noble thing,
> Freedom makes man to have a liking;
> Freedom all solace to man gives.

---

[1]. C'est ce prince qui, tombé entre les mains de Henri IV (voyez à ce règne, p. 449), fut enfermé au château de Pevensey, où il resta pendant dix-huit ans. Il y composa son *King's quair* (le livre du roi).

> He lives at ease that freely lives :
> A noble heart may have none ease
> Nor nought ehe that may it please
> If freedom fail.

« Ah! la liberté est une noble chose! la liberté rend l'homme heureux, la liberté donne à l'homme toute consolation. Il vit en joie, celui qui vit libre : un noble cœur ne peut avoir aucune jouissance ni rien qui puisse lui plaire, si la liberté manque. »

« Un sentiment immortel, dit Chateaubriand, semble avoir communiqué à ce langage une immortelle jeunesse. Le style et les mots n'en ont presque point vieilli; »[1] mais de pareils éclairs sont rares et ne font que rendre plus pénible l'obscurité où nous rejette à chaque pas le pédantisme et l'enflure d'une versification confuse et embarrassée. On ne trouve vivacité et grâce soutenues que dans les ballades et chansons populaires, tant écossaises qu'anglaises et irlandaises. Robin Hood, le chef célèbre des outlaws, en est toujours le personnage favori.

Cette disette de poëtes n'a rien, du reste, qui doive nous étonner; c'était alors l'époque des sanglantes guerres des deux Roses : la poésie demande avant tout le repos et la paix.

Complétement abandonnées pendant ces temps de troubles et de terreur, les lettres et l'étude ne commencèrent à revenir en honneur que sous le règne de Henri VII. Sous son successeur, Henri VIII, lui-même prosateur et poëte, elles prennent un développement tout nouveau; les modèles de l'antiquité pénètrent en foule en Angleterre; Latimer, Fisher, Thomas More, appellent Érasme à une chaire de l'université de Cambridge. « Vers la fin de ce règne, dit Puttenham, écrivain du temps d'Élisabeth, surgit une société de faiseurs de cour, dont sir Thomas Wyat l'aîné et le comte de Surrey étaient les deux chefs, lesquels, après avoir voyagé en Italie et avoir goûté de la douceur et de la magnificence de la poésie italienne, écoliers nouvellement sortis des écoles de Dante, d'Arioste et de Pétrarque, polirent grandement notre poésie jusqu'alors rude et grossière.[2] »

Sous les deux règnes suivants la nation tout entière sembla se concentrer, s'absorber dans les questions religieuses, et de toute cette époque un seul nom est resté, celui de Thomas Sackville, depuis lord Buckhurst: son *Miroir des Magistrats*, recueil de récits sur les malheurs de personnages célèbres d'Angleterre, est l'anneau qui rattache l'école de Chaucer et de Lydgate à la *Faery Queen* de Spenser.

L'avénement d'Élisabeth fut une époque heureuse dans les annales des lettres comme dans celles du gouvernement. Cette princesse trouva les universités bien différentes de ce qu'elles étaient au temps de son père; pour le clergé, c'était pis encore. Peu d'ecclésiastiques, à quelque secte qu'ils appartinssent, avaient la plus légère teinture de la littérature grecque; la majorité n'entendait même plus le latin. Sous une reine aussi instruite que l'était Élisabeth, un pareil état de choses

---

1. Chateaubriand, *Essai sur la Littérature Anglaise*, p. 112.
2. Puttenham, *Arte of english poetry*, édit. de 1589, in-4°, p. 48.

ne pouvait durer. Les lettres anciennes furent bientôt cultivées dans les universités avec tant de succès, qu'en 1564 la reine ayant été visiter Cambridge, fut accueillie, entre autres discours, par un compliment en vers grecs auquel, du reste, elle répondit sur-le-champ, et dans la même langue [1].

Sous le rapport littéraire, il existe une grande différence entre le commencement et la fin du règne d'Élisabeth. La première de ces époques a été admirablement caractérisée par sir Philippe Sidney dans sa *Défense de la poésie*, écrite en 1584 et 1586. « De tous les auteurs de ce temps, excepté Sackville, Surrey et « Spenser, il en est peu, dit-il, qui aient le nerf poétique. Chez eux le vers ne fait « qu'amener le vers suivant sans que l'auteur s'occupe dans le premier de ce qui « doit venir dans le dernier, d'où il résulte une masse confuse de mots, avec grand « carillon de rime et maigre assortiment de raison. En vérité, la plupart de ces « écrits, qui portent pour devise « amour irrésistible, » ne me persuaderaient « jamais, si j'étais femme, que leurs auteurs aient été amoureux. Il y a tant de « froideur au fond de leurs discours enflammés, qu'ils ont plutôt l'air de gens qui « ont lu des lettres d'amour et retenu quelques phrases ronflantes, que d'hommes « qui sentent véritablement cette passion. » »

Mais vers l'année 1580 un changement s'opère dans l'esprit de la littérature anglaise. Alors fleurissent Sydney, Raleigh, Lodge, Breton, Marlowe et une foule d'autres au nombre de plus de deux cents; au-dessus d'eux tous s'élève et brille Edmond Spenser, l'auteur célèbre du *Calendrier du Berger* (Shepherd's Kalendar), et de *la Reine des Fées* (the Faery Queen), le seul poëte qui par son imagination brillante, son invention féconde, son abondance rhythmique, puisse soutenir la comparaison avec les meilleurs écrivains de France, d'Espagne et d'Italie. C'est de l'époque de Spenser que date la poésie anglaise. *Vénus* et *Adonis*, *Tarquin* et *Lucrèce*, *le Marchand de Venise*, *Richard III*, *Roméo et Juliette*, etc.; plusieurs autres pièces ont révélé le génie naissant de William Shakespeare. [2]

ARCHITECTURE, BEAUX-ARTS. — A toutes les périodes de l'histoire des beaux-arts, la prodigalité et l'abus des ornements a été un signe certain de décadence. Dès la fin du xv° siècle l'architecture gothique en Angleterre était entachée de ce vice; aussi, à mesure que l'on avance dans le xvi° siècle, la voit-on dégénérer de plus en plus jusqu'au moment où la réforme de Henri VIII vient la

---

[1]. Voici ce que disait d'elle son précepteur Roger Hascham, qui fut lui-même un écrivain distingué de cette époque :
« Indépendamment de la connaissance parfaite qu'elle a du latin, de l'italien, du français et de l'espagnol, je suis convaincu qu'elle lit chaque jour à Windsor plus de grec que maint chanoine de cette église ne lit de latin en une semaine. » On a en effet d'Élisabeth des lettres en diverses langues et des traductions de plusieurs ouvrages de l'antiquité. Comme preuve de son érudition, tous les historiens contemporains rapportent qu'un jour que l'ambassadeur de Pologne lui avait manqué de respect elle le réprimanda vertement en latin, et se tournant ensuite vers ses courtisans : « Mort dieu, « Mylords, dit-elle, j'ai été forcée aujourd'hui de dérouiller mon vieux latin que j'avais laissé enfoui depuis si longtemps. »

[2]. Le drame de Shakespeare et de ses contemporains, principale gloire de ce qu'on appelle le siècle littéraire d'Élisabeth, appartient plutôt au règne de Jacques Ier qu'à celui de cette princesse. Nous en réserverons l'examen jusqu'à cette époque.

frapper d'un coup mortel L'abbaye de Bath, commencée en 1500, est le dernier

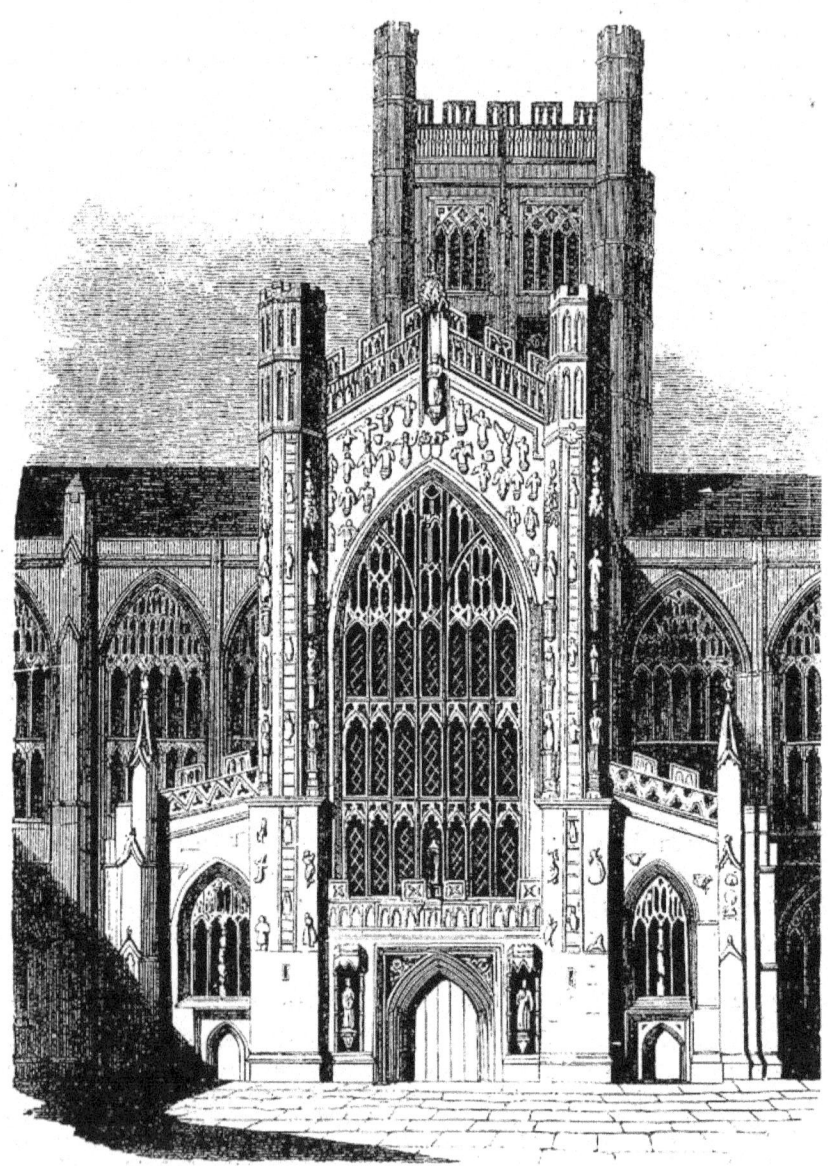

Abbaye de Bath.

monument religieux de quelque importance, construit dans le style gothique;

chaque pierre y porte le cachet de la dégénération et de la décadence de l'art. En effet, l'ère de l'architecture religieuse est terminée, et avec elle l'ère de l'architecture gothique.

Alors fleurit un style que les Anglais caractérisent justement par le nom de *debased style*, style sans base, bâtard, altéré, falsifié. De ce genre d'architecture qui régna depuis le commencement du xvi° siècle jusqu'au milieu du xvii°, le palais de Richmond, construit tout entier dans les dernières années du règne

Palais de Richmond.

de Henri VII, est le type le plus remarquable et le plus complet. Ces innombrables tourelles, cylindriques, carrées, polygonales; avançant, rentrant, fuyant; jetées çà et là sans ordre, sans symétrie, et surmontées de créneaux, de pignons et de dômes bulbeux; ces cheminées élancées, toutes différentes de forme et de grandeur; ces fenêtres juxtaposées dont la multiplicité faisait dire à lord Bacon que bientôt il ne serait plus possible en Angleterre de se garantir du soleil et du froid; ces portes rares, basses, écrasées, mesquines; voilà les traits caractéristiques de cette architecture; voilà ce qu'elle produisit de plus parfait tant qu'elle resta pure de tout mélange avec l'architecture classique qui venait de renaître en Italie.

Cette architecture ne pénétra en Angleterre que lorsque Henri VIII, jaloux d'imiter les brillants souverains de la France et de l'Espagne, appela, lui aussi, à sa cour, des artistes d'Italie. Ce ne fut même que vers le milieu du xvi° siècle que le nouveau style parvint à modifier l'architecture anglaise autrement que dans les décorations intérieures et extérieures. Jusqu'à cette époque, la coutume semble avoir été de laisser aux architectes indigènes le dessin et la construction du monument, et de n'appeler le secours de l'art étranger que pour tout ce qui était relatif à l'ornementation, à la sculpture et à la peinture. C'est ce que l'on peut observer au palais de Hampton-Court, dans la décoration des portes, dans les délicieux pendentifs de la grande salle ; c'est ce qui était surtout frappant dans le palais de *Non-Such* (sans pareil), bâti par Henri VIII. Cet édifice que les écrivains anglais

Palais de Non-Such.

contemporains ont célébré comme un chef-d'œuvre inimitable, pour l'exécution duquel toutes les ressources dont l'architecture peut disposer avaient été employées, fut construit par un Anglais; les bas-reliefs, les statues, les colonnes, toute l'ornementation, en un mot, furent confiés à l'habileté d'artistes étrangers.

Dans les dix palais qu'il bâtit, restaura ou compléta, Henri VIII employa toujours le même système que pour le palais de *Non-Such*, le style anglais rehaussé par les détails de l'art italien. Ce fut aussi là le caractère des châteaux qu'à l'exemple de son souverain la noblesse s'empressa d'élever de tous côtés.

Aussi c'est seulement de la fin du règne de Henri VIII et de l'arrivée à sa cour de Jean de Padoue (1544), que peut dater l'introduction de l'architecture classique en Angleterre ; la façade du palais que cet artiste exécuta pour le protecteur Somerset (Somerset-House), est regardé comme le premier monument d'architecture régulière construit dans le pays. Mais les lignes droites et les beautés simples des écoles romaine et florentine ne devaient pas trouver grande faveur devant des yeux accoutumés aux compositions compliquées et bizarres du genre anglais. Aussi, tout en adoptant les principes du style classique, les architectes indigènes pensèrent-ils qu'ils devaient chercher à le vivifier en le mélangeant avec ce que leur style propre offrait de plus remarquable, et en y ajoutant un peu de la décoration tortueuse et recherchée qui caractérisait l'architecture de Flandre et d'Allemagne. Le château de Wollaton, dans le Nottinghamshire, est un des résultats les plus remarquables

Château de Wollaton.

de ce mélange de genres ; la fusion heureuse, la combinaison sagement ordonnée des différents principes semblait annoncer un style nouveau d'un caractère particulier et original ; mais il n'en fut pas ainsi. Bientôt les artistes indigènes ne daignèrent même plus mélanger leur manière de celle de Bramante et de Palladio, et ceux qui se firent conscience de la rejeter tout à fait, se contentèrent de lui emprunter çà et là quelques détails, un cintre, une niche, un porche, une archivolte. C'était comme un mot étranger qu'ils introduisaient dans une phrase anglaise afin de la rendre plus piquante.

Cette perpétuation d'une architecture sans goût et sans principes est d'autant plus regrettable que, sous le règne d'Élisabeth, l'Angleterre se couvrit de châteaux et de manoirs. Quelques-uns subsistent encore aujourd'hui; parmi eux, un des plus remarquables est celui que fit construire lord Burleigh. Il peut donner une

Château de Burleigh.

idée de la grandeur et de la somptuosité des édifices qu'élevèrent de tous côtés les courtisans d'Élisabeth.

Cet exemple fut bientôt suivi dans toutes les classes de la société, depuis la petite noblesse de province jusqu'au simple fermier. Avec la tranquillité et la paix s'étaient accrus le travail, le commerce et l'aisance, et le temps n'était plus où Erasme se plaignait de ne pouvoir respirer dans les appartements qui ne recevaient le jour et l'air qu'au travers de treillis extrêmement serrés; où Holinshed ne comptait dans les villes les plus riches et les plus considérables, les maisons religieuses et quelques palais exceptés, que deux ou trois cheminées au plus; où les maisons des fermiers, faites de bâtons et de boue, renfermaient dans la même chambre maîtres valets et bétail; où celui qui possédait un matelas de laine et un oreiller rempli de son, excitait l'envie de son voisin réduit à dormir sur une claie, avec une bûche pour traversin. « A présent, dit Harrison dans sa Description de l'Angleterre, les fermiers ont trois ou quatre lits de plume garnis de couvertures, de tapis, de tentures de soie; leurs tables sont parées de linge blanc, leurs buffets garnis de vaisselle de terre, d'une salière d'argent, d'une timbale et d'une douzaine de cuillers de même métal. »

Malgré ce développement inouï que prit sous le règne des Tudor l'amour du bien-être, du luxe et de la magnificence, les arts restèrent stationnaires; l'Angleterre, si pauvre en architectes de talent et de goût, ne fut pas plus riche sous le rapport des peintres et des sculpteurs. Aussi les artistes dont les noms et les œuvres figurent dans les annales des règnes de Henri VIII et d'Élisabeth sont-ils tous étrangers. A leur tête est Hans Holbein, génie universel, aussi éminent comme architecte, sculpteur et graveur, que comme peintre. Par sa protection éclairée et son amitié constante Henri VIII sut le retenir et le fixer en Angleterre, mais il n'y fonda point d'école, et laissa en mourant l'art national au point où il l'avait trouvé; jusqu'à la fin du règne d'Élisabeth et même longtemps après, il en fut de même des artistes étrangers qui vinrent de temps à autre enrichir de leurs œuvres un pays auquel ils ne purent, malgré leurs efforts, transmettre ni leur génie ni leurs lumières.

Costumes du temps d'Élisabeth.

MAISON DE STUART.

JACQUES IER.

(1603 - 1625)

urant les dernières années du règne de Henri VIII, un statut du parlement avait autorisé ce prince à régler l'ordre de la succession au trône, et, en vertu de cet acte, Henri, par son testament, avait ordonné que, dans le cas où ses enfants ne laisseraient pas de postérité, la couronne serait dévolue aux descendants de Marie, duchesse de Suffolk, la plus jeune de ses sœurs, par préférence à ceux de l'aînée, Marguerite, reine d'Écosse. Néanmoins, quoiqu'à la mort d'Élisabeth il existât en Angleterre des descendants de la duchesse de Suffolk, et que l'on comptât en outre jusqu'à quatorze prétendants qui depuis plusieurs années s'efforçaient de faire prévaloir leurs droits à la couronne, Jacques VI d'Écosse[1] monta sur le trône sans aucune difficulté. De puissantes considérations de religion et d'intérêt public, la volonté d'Élisabeth, et par-dessus tout les dispositions habiles du secrétaire d'état, Robert Cecil, qui avait fait signer à trente-cinq des principaux personnages du royaume une déclaration en sa faveur, assurèrent à Jacques l'assentiment de toute la nation. A peine Élisabeth eût-elle expiré, que, devant le palais de White-Hall et à la croix de Cheapside, Cecil proclama le roi d'Écosse roi d'Angle-

---

1. On verra par le tableau suivant où est retracée la généalogie d'Arabella Stuart dont il sera parlé par la suite, et celle de son mari Guillaume Seymour, héritier des droits de Marie, duchesse

terre et d'Irlande, sous le nom de Jacques Ier (24 mars 1603). Les acclamations unanimes des citoyens confirmèrent cet acte décisif par lequel les deux parties de la Bretagne allaient être réunies, sinon sous les mêmes lois, au moins sous le même sceptre.

A la nouvelle de la proclamation de Cheapside, Jacques partit immédiatement pour l'Angleterre avec un nombreux cortége d'Écossais. En route il s'arrêta pendant quelque temps à Theobalds, maison de plaisance de Cecil, et là, d'après les avis de ce seigneur qu'il créa successivement baron d'Effindon, vicomte Cranborne et comte de Salisbury, il ordonna la formation d'un nouveau conseil composé de six Anglais et de six Écossais. Tous, à l'exception du comte de Northumberland, étaient partisans dévoués du secrétaire d'état, qui profita de la faveur que lui valaient ses habiles services pour perdre dans l'esprit du roi et faire disgracier les lords Grey et Cobham, sir Walter Raleigh et tous ses autres ennemis.

L'entrée de Jacques à Londres eut lieu le 7 mai 1603; elle fut signalée par une proclamation qui suspendait tous les priviléges et monopoles et réformait les abus du droit de pourvoyance; mais le nouveau roi diminua le bon effet de cette mesure par la profusion avec laquelle il prodigua les titres et les honneurs. Sa répugnance pour les acclamations de la foule, et surtout son antipathie marquée pour la mémoire et même pour le nom d'Élisabeth, commencèrent, dès les premiers jours de son règne, à indisposer contre lui une partie de ses nouveaux sujets. Son extérieur n'avait d'ailleurs rien de prévenant. Sa langue était trop grande pour sa bouche, ses yeux vagues et effarés, sa démarche et ses manières sans grâce ni dignité; on lui reprochait en outre la défiance et la pusillanimité qui lui faisaient des vêtements matelassés à l'épreuve de la dague, et pardessus tout cela il était Écossais.

Roi d'Écosse, Jacques n'avait eu à se préoccuper d'autre chose que de ménager l'amitié de sa puissante voisine Élisabeth; roi d'Angleterre, il lui fallait prendre parti dans la politique européenne, et celle-ci se compliquait tous les jours. Protectrice constante des réformés des Provinces-Unies, Élisabeth avait été l'ennemie acharnée

de Suffolk, sœur cadette de Henri VIII, que Jacques VI d'Écosse était, par son père aussi bien que par sa mère, le plus proche héritier de Henri VII.

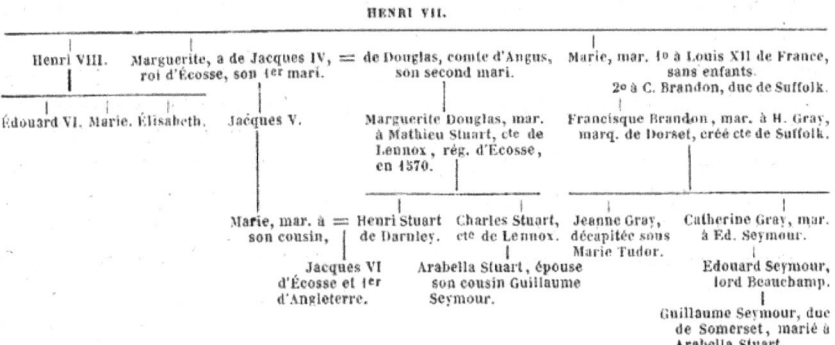

des Espagnols et la fidèle amie du roi de France. Par ses secours et ceux de Henri IV, le jeune prince d'Orange, Maurice, qui avait succédé à son père Guillaume dans la dignité de stathouder des Provinces-Unies, avait continué les hostilités contre l'Espagne avec tant d'habileté et de succès que Philippe II, pour ne pas s'humilier à traiter de la paix avec un ennemi qu'il désespérait de vaincre, avait abandonné les Pays-Bas à sa fille, l'infante Isabelle, mariée à l'archiduc Albert d'Autriche. Cette mesure n'amena pas la paix, et les Hollandais continuèrent à faire à l'Espagne une guerre acharnée. Mais Jacques ne pouvait éprouver contre cette puissance, protectrice constante de sa mère, la haine qu'avait ressentie Élisabeth : aussi reçut-il avec faveur le comte d'Aremberg, ambassadeur de l'archiduc Albert, tandis qu'il se refusait à accorder seulement audience aux envoyés des Provinces-Unies. Cette conduite alarma le roi de France, qui se hâta d'envoyer en Angleterre le marquis de Rosny, depuis duc de Sully. Secondé par l'opinion publique et par les courtisans dont il avait acheté l'appui, Rosny triompha des secrets penchants de Jacques, et lui fit signer le 25 juin un traité par lequel les rois d'Angleterre et de France s'obligeaient à secourir les Provinces-Unies par de secrètes avances d'argent, et, en cas d'hostilité de la part de l'Espagne, à se prêter un appui mutuel. Cependant Jacques, qui avait cédé avec regret aux sollicitations de l'ambassadeur de France, n'en continua pas moins à poursuivre l'objet de ses vœux les plus ardents, la paix avec toute la chrétienté. Bientôt, en effet, les relations de bonne intelligence entre les cours d'Angleterre et d'Espagne semblaient sur le point d'être reprises; la découverte d'une conspiration dans laquelle l'ambassadeur espagnol se trouva mêlé vint faire revivre les anciennes inimitiés.

Tout dans cette conspiration, le but comme les moyens, était et est resté mystérieux; ce que l'on en sait, c'est qu'au nombre des conjurés figuraient le comte de Northumberland, sir Walter Raleigh, les lords Grey, Cobham, Georges Brooke, sir Griffin Markham, etc.; et que leur prétexte était de faire valoir les droits de lady Arabella Stuart à la couronne. Lady Arabella, cousine germaine du roi (voir le tableau généalogique), était fille du comte de Lennox, frère cadet de Henri Stuart de Darnley; elle descendait, comme Jacques, de Marguerite Tudor, sœur aînée de Henri VIII, et avait sur le roi l'avantage d'être née Anglaise. Il ne paraît cependant pas qu'elle-même ait jamais songé à faire valoir ses droits au trône. Les conjurés se servirent de son nom pour se concilier l'appui de l'Espagne et pour masquer le motif réel qui les faisait agir et qui n'était au fond que le mécontentement de se voir disgraciés par le nouveau roi, et dépouillés de leurs emplois. Leur but était de se saisir de la personne de Jacques, de s'emparer du gouvernement, et de tirer vengeance de leurs ennemis, et notamment de Cecil et de l'Écossais sir Georges Hume. Cecil, qui avait été prévenu des entrevues des conjurés avec les agents de l'Espagne, voulait laisser éclater le complot pour frapper plus sûrement ceux de ses ennemis particuliers qui s'y seraient compromis; mais les conjurés ayant été dénoncés au conseil par un des leurs, il fallut procéder immédiatement à leur arrestation et à leur jugement. Tous, à l'exception du comte de Northumberland qui avait eu la prudence de s'arrêter à temps, furent condamnés et plusieurs d'entre eux exécutés; le roi fit grâce sur l'échafaud aux lords Cobham et Grey et à sir Markham, et substitua à la peine capitale celle de la détention ou de l'exil. Quant à Raleigh, la lâcheté et la bassesse qu'il déploya dans le cours de l'instruction, avouant, se rétractant, accusant faussement ses complices, avaient fourni de nouvelles armes à ses ennemis et redoublé contre lui la haine du peuple, qui le regardait toujours comme l'auteur principal de la mort du brillant comte d'Essex; mais dans sa défense il déploya tant de talent, d'éloquence et de grandeur, il répondit avec tant de présence d'esprit, avec une simplicité si noble, aux injures dont l'accablait l'attorney général, sir Édouard Coke, que les esprits tournèrent tout à coup en sa faveur; l'opinion publique se manifesta même avec tant de force, que ses ennemis les plus acharnés n'osèrent conseiller à Jacques de le faire exécuter; l'on se contenta de le retenir prisonnier à la Tour de Londres.

Délivré des embarras de cette conspiration, Jacques eut à s'occuper d'affaires non moins graves, des affaires de religion. Dès les premiers temps de la révolution religieuse opérée par Henri VIII, deux réformes avaient existé en Angleterre; « l'une incertaine, servile, plus attachée à des intérêts temporels qu'à des croyances, alarmée du mouvement qui l'avait fait naître, et s'efforçant d'emprunter au catholicisme tout ce qu'elle en pouvait retenir en s'en séparant; c'était celle du prince et des hauts dignitaires ecclésiastiques; l'autre spontanée, ardente, méprisant les considérations mondaines, acceptant toutes les conséquences de ses principes, vraie révolution morale, entreprise au nom et avec la passion de la foi; c'était celle du peuple et du bas clergé. [1] » Tenant tous ses droits du pouvoir souverain, la première était nécessairement vouée à la cause du despotisme royal et contrainte d'en professer les maximes pour légitimer son origine, d'en servir les intérêts pour sauver les siens propres. Républicaine, démocratique, voulant faire triompher le principe du gouvernement de l'église par elle-même, la seconde haïssait les évêques et le haut clergé anglican, héritier des richesses et du pouvoir du clergé catholique, de même que le roi était l'héritier du pape.

La réforme populaire comprimée en Angleterre par la main vigoureuse d'Élisabeth, s'était rapidement développée en Écosse. Là, « les réformateurs disciples de Calvin avaient d'un même coup renversé la domination papale et la hiérarchie ecclésiastique. Le pouvoir royal avait vainement lutté contre eux sous la veuve de Jacques V, sous Marie Stuart et pendant la minorité orageuse de Jacques VI. Ce dernier avait été forcé de souscrire à la ruine de l'épiscopat et à l'établissement d'une nouvelle Église, constituée en presbytères, en synodes provinciaux et grands conciles. Ces diverses assemblées, liées entre elles dans un certain ordre de dépendance, avaient ainsi formé dans l'État une sorte de république religieuse, ayant les chaires pour tribunes, les églises pour places publiques, et pour loi l'ancien Testament. [2] » Jacques y paraissait fermement attaché; souvent on l'avait entendu remercier Dieu « de ce qu'il appartenait à la plus pure église du monde; » souvent il avait déclaré « qu'il en maintiendrait les principes aussi longtemps qu'il vivrait. » Aussi son avénement fut-il salué avec transport par les puri-

---

[1]. Guizot, *Histoire de la Révolution d'Angleterre*, t. 1, p. 14.

[2]. A. Carrel, *Histoire de la Contre-révolution en Angleterre sous Charles II et Jacques II*, p. 23.

tains d'Angleterre, qui, croyant leurs idées montées sur le trône avec le nouveau souverain, réclamèrent aussitôt une simplification de la liturgie en tout ce qui regardait le costume des prêtres, la décoration des églises, la pompe des cérémonies, etc., et une réforme complète de la hiérarchie ecclésiastique.

Mais, avant d'arriver au trône d'Angleterre, Jacques avait appris à préférer la discipline soumise d'une église qui regardait le souverain comme son chef, aux formes indépendantes d'une secte républicaine qui portait jusque dans le gouvernement civil son esprit d'investigation et de liberté, et reconnaissant que la hiérarchie ecclésiastique était le plus ferme soutien du pouvoir royal, il avait déclaré hautement « que là où il n'y avait point d'évêques, il n'y aurait bientôt plus de « roi. » Cependant, ne voulant ou plutôt n'osant sévir contre les puritains, il invita quatre de leurs principaux ministres à venir à Hampton-Court (janvier 1604) conférer avec les évêques anglicans; c'était d'ailleurs pour lui une occasion de faire parade de son éloquence et de sa science en théologie. Aussi de longs discours sur les réformes qu'ils sollicitaient furent à peu près tout ce qu'obtinrent les ministres non conformistes. « Si vous visez, leur dit le roi en finissant, au presbytériat d'Écosse, « sachez que c'est une chose qui s'arrange aussi bien avec la monarchie que Dieu « avec le diable. Alors Jack, Tom, Will, se réuniront, et selon leur bon plaisir « viendront censurer moi, mon conseil et toutes nos déterminations. Will se lèvera « et dira : Cela doit être; puis Dick répondra : Non vraiment, mais nous voulons « que cela soit de cette façon. Aussi je dois encore une fois vous répéter ici mon « premier mot : *le roi avisera.* »

La conférence ne produisit donc aucun des résultats qu'on en avait attendus; les prélats étaient mécontents des légères modifications qu'avaient obtenues les puritains, ceux-ci l'étaient aussi de ne pas avoir obtenu davantage, Jacques seul était satisfait; il avait parlé, et après l'avoir entendu, l'évêque de Londres, transporté d'admiration, ainsi que tous les autres prélats, s'était écrié « que son cœur se « dissolvait de joie en écoutant un roi tel qu'il n'en avait pas existé depuis le temps « du Christ. »

Une année s'écoula avant que Jacques convoquât son premier parlement. Pendant ce temps, la nation put observer la marche et signaler les fautes de l'administration de son nouveau souverain, et déjà l'opinion publique éclatait dans des libelles mordants, tandis que le roi, enivré par les flatteries de ses courtisans, s'occupait à promulguer sur la toute-puissance royale certaines maximes qu'il avait déjà énoncées dans son traité sur *la Vraie Loi des monarchies libres.* L'ordonnance de convocation (mars 1604) du parlement fut dictée dans l'esprit de ces maximes. Jacques y indiquait aux électeurs sur quelles personnes ils devaient porter leur choix, établissait une catégorie d'inéligibles, et annonçait que toutes les élections seraient vérifiées à la chancellerie, et que celles qui seraient trouvées contraires à la présente proclamation seraient considérées comme nulles [1].

A ces prétentions, la chambre des communes répondit dans sa première adresse en disant : « que le droit d'instituer de nouvelles lois, de réformer ou d'abroger

---

1. Hallam, *Histoire constitutionnelle d'Angleterre* trad. Borghers, p. 88.

« les lois imparfaites, n'appartenait qu'à la haute cour du roi en parlement ;
« laquelle se composait de la chambre des communes, de celle des lords et du sou-
« verain ; qu'au roi appartenait, sans aucun doute, le droit de ratifier ou de refu-
« ser ; mais que seul il ne pouvait créer, et que tous les bills devaient passer dans
« les deux chambres avant d'être soumis à sa sanction ; » puis, joignant l'effet aux
paroles, elle déclare bonne et valable une élection que la chancellerie avait cassée.
Jacques, en prétendant que les priviléges de la chambre dépendent de la faveur et
du bon vouloir du roi, veut maintenir l'élection ; les communes répondent : « que
« leurs libertés ne sont pas des faveurs de la couronne, mais des droits impres-
« criptibles ; qu'aucune cour du royaume ne saurait entrer en conflit avec la cour
« suprême du parlement qui fait des lois pour les autres cours, et n'en reçoit d'au-
« cune ; qu'aux communes seules il appartient de juger du mérite des élections ;
« que, par égard pour le sexe et pour l'âge de la feue reine, elles avaient fermé les
« yeux sur beaucoup d'abus sur lesquels elles espéraient revenir plus tard ; et
« qu'elles voyaient avec peine que leurs priviléges et leur indépendance étaient
« attaqués avec plus de violence que jamais. » Ces discussions, et d'autres non
moins vives sur les droits de pourvoyance et de garde-noble, remplirent toute la
session, et si le roi parvint, à l'aide de ses courtisans de la chambre haute, à
triompher des efforts tentés par le parti puritain contre la discipline de l'église, il
ne put faire passer dans la chambre basse les mesures qu'il avait proposées, ni
obtenir un subside additionnel au droit de tonnage et de poundage. Les deux partis
ne s'accordèrent que sur un point : la persécution contre les catholiques. On renouvela le code sanguinaire d'Élisabeth en y ajoutant de nouvelles rigueurs ; et pour
récompenser ceux de ses compatriotes qui, en Écosse, lui avaient rendu quelques
services, Jacques leur transféra la faculté de procéder judiciairement, en son nom,
contre les plus riches réfractaires, et de composer avec eux, soit pour une somme
considérable immédiatement payée, soit pour des annuités viagères.

Ces imprudentes mesures réduisirent au désespoir des chefs de famille qui, jusqu'alors, n'avaient montré que de la modération, et donnèrent naissance à une des
plus étonnantes conspirations dont l'histoire ait gardé le souvenir.

Parmi les victimes des persécutions ordonnées par la reine Élisabeth et par le
nouveau roi, se trouvait un gentilhomme du Northamptonshire, nommé sir Robert
Catesby. Depuis longtemps, le but unique de ses pensées était de délivrer ses
frères du joug tyrannique sous lequel ils gémissaient. Conspiration avec les catholiques de l'intérieur, insurrection et révolte, invasion avec les étrangers et
surtout avec les Espagnols, il avait tout tenté et toujours sans succès. Mais
Catesby était un de ces hommes dont les obstacles ne font que doubler le courage, et bientôt sa pensée s'arrêta au projet de détruire d'un seul coup le roi, les
ministres, les lords et les communes, en un mot, tous les chefs de la religion
réformée. Il s'ouvrit de ce dessein à un de ses amis nommé Thomas Winter, ancien
soldat de fortune dans les Pays-Bas, et agent secret des catholiques anglais auprès
de l'Espagne. Winter refusa d'abord de concourir à l'exécution d'un aussi épouvantable projet ; mais, en lui rappelant les nombreuses victimes qui avaient péri
sous la hache du bourreau, sous les verrous des prisons ou sous le poids de la

misère, en lui montrant que tel était le sort désormais réservé à tous les catholiques, Catesby parvint à le décider. Tous deux alors se mirent à chercher des associés. En peu de temps, ils en eurent recruté trois : Guy Fawkes, camarade de camp de Winter ; Thomas Percy, intendant du comte de Northumberland et parent éloigné de ce seigneur ; John Wright, beau-frère de Percy. Avant d'initier ces nouveaux compagnons aux détails de son projet, Catesby les réunit dans une maison isolée, et là fit prononcer à chacun d'eux le serment suivant : « Par la « très-sainte Trinité et par le saint sacrement de l'Eucharistie que je vais recevoir « en ces lieux, je jure de ne jamais découvrir directement ni indirectement, par « paroles ou par actions, le secret qui va m'être confié, et de ne point me désister « de son exécution tant que je n'y serai pas autorisé par tous mes associés. » Alors Catesby dévoila son plan. Il consistait à faire sauter le palais du parlement, par le moyen de la poudre à canon, au moment où le roi, accompagné de ses enfants, de ses ministres et des grands officiers de l'état, irait à la chambre des lords faire l'ouverture de la session. Après avoir renouvelé leur serment sur la sainte hostie, qui leur fut donnée par le père Gérard, missionnaire jésuite, les conjurés se séparèrent pour aviser aux moyens d'exécution.

Quelques-uns d'entre eux espéraient cependant encore de ne pas être forcés à en venir à cette terrible extrémité. En ce moment Vélasco, connétable de Castille, était arrivé à Londres afin de traiter de la paix entre l'Angleterre et l'Espagne, et l'on savait qu'il devait, au nom de son souverain, solliciter de Jacques le rappel d'une partie des mesures rigoureuses prises contre les catholiques. Le traité de paix fut en effet conclu le 18 août 1604 ; mais au lieu de se rendre aux sollicitations de Vélasco en faveur des partisans de la religion romaine, Jacques fit donner aux magistrats et aux juges l'ordre de maintenir avec plus de rigueur que jamais l'exécution des lois pénales portées contre les papistes. Alors les conjurés n'hésitèrent plus, et, comme de nouveaux Machabées, jurèrent de périr pour la délivrance de leurs frères.

Près du palais du parlement était une maison vacante dont l'un des murs s'appuyait contre la grande salle où les lords tenaient leurs séances. Percy la loua et les conjurés se mirent aussitôt en devoir d'ouvrir une large mine qui, traversant les fondations du mur de séparation, devait aboutir sous la salle d'assemblée ; mais avant qu'ils eussent commencé, le roi prorogea le parlement au 7 de février 1605. Rien ne pressant plus, ils se séparèrent jusqu'au mois de décembre suivant.

Pendant ce temps, les persécutions continuèrent avec plus de force que jamais. Aux assises du comté de Lancastre, six prêtres catholiques furent déclarés coupables de félonie et exécutés pour le seul fait de résidence dans le royaume, et un vieux gentilhomme nommé M. Pound, ayant adressé au roi une pétition où il se plaignait de ces rigueurs, fut traduit devant le conseil privé qui le condamna au pilori, à la détention pendant tout le temps qu'il plairait au roi, et au paiement d'une amende de mille livres. Ces iniquités, et les mesures nouvelles qui chaque jour étaient décrétées pour appréhender tous les papistes, ne satisfaisaient point le fanatisme des réformistes ; partout l'on entendait dire « que le glaive de la loi

« allait être aiguisé de nouveau au prochain parlement, » et dans un sermon solennel prononcé devant le roi à la Croix-de-Saint-Paul (20 juin) l'évêque de Londres

L'évêque de Londres prêchant à la Croix-de-Saint-Paul, en présence du roi et de la cour ;
fac-similé d'une gravure du temps.

pressa Jacques et les ministres d'avoir recours à des moyens plus efficaces pour opérer la complète extirpation du catholicisme.

Cette intolérance furieuse n'était pas faite pour attiédir le zèle des conjurés. Au mois de décembre 1605, tous se trouvèrent réunis dans leur maison de Westminster. Percy l'avait munie secrètement de provisions de toute espèce, de crainte que la nécessité de se procurer journellement des vivres pour plusieurs personnes ne fît soupçonner qu'elle était habitée par d'autres que par lui. La mine fut aussitôt commencée ; mais le mur était d'une telle épaisseur et de continuelles infiltrations d'eau rendaient le travail si difficile que, pour arriver en temps utile, un supplément de bras fut jugé nécessaire. Christophe Wright, frère de John Wright, l'un des conjurés, et Robert Kayes, gentilhomme catholique que les persécutions avaient réduit à la plus profonde misère, vinrent grossir le nombre des travailleurs. Dès ce moment, ils se mirent à miner et à saper sans relâche, se relayant deux par deux, et de telle façon qu'il y en eût toujours quatre occupés à creuser. Pendant ce temps, Fawkes, qui avait pris le nom de Johnson et se faisait passer pour le domestique de Percy, faisait le guet autour de la maison, prévenant à la moindre alerte, arrêtant le travail lorsque le bruit pouvait se faire entendre au dehors. Ce pénible labeur fut interrompu de nouveau par une seconde prorogation du parlement, dont l'ouverture fut remise du 7 février au 3 octobre ; les conjurés retournèrent dans leurs provinces.

A leur retour à Londres, l'association s'était augmentée de trois autres membres : John Grant, riche gentilhomme du Warwickshire, qui possédait entre les villes de Warwick et de Stratford sur l'Avon un manoir fortifié, destiné à recevoir un dépôt d'armes et de munitions; Robert Winter, son beau-frère et frère de Thomas Winter ; enfin Bates, valet de confiance de Catesby, que sa condition obscure n'avait pas mis à l'abri des persécutions. C'était de tous les conjurés le seul qui ne fût pas gentilhomme.

Le travail avait été repris avec une ardeur nouvelle, lorsqu'un jour les mineurs entendirent du bruit au-dessus de leurs têtes. Ils se crurent découverts, et tous, saisissant leurs armes, se préparaient à vendre chèrement leur vie, quand Fawkes vint les tranquilliser. Le bruit qui les avait si fort alarmés partait d'un caveau situé précisément au-dessous de la grande salle du parlement, et au-dessus du point qu'ils s'efforçaient de percer. Ce caveau avait jusqu'alors été occupé par un marchand de bois et de charbon qui, cessant son commerce, avait vendu son approvisionnement et allait mettre sa cave à louer. C'était une occasion miraculeuse dont les conjurés se hâtèrent de profiter. Fawkes alla aussitôt louer la cave au nom de Percy, et l'on y transporta de nuit trente-six barils remplis de poudre dans le milieu desquels on avait, afin d'ajouter encore à l'effet de l'explosion, introduit de grosses pierres et des barres de fer. Le tout fut soigneusement caché sous des monceaux de bûches et de fagots. Comme on n'était encore qu'au mois de mai, on se sépara de nouveau. Fawkes fut envoyé dans les Pays-Bas pour y recruter parmi les catholiques exilés une troupe d'hommes déterminés qui devaient revenir en Angleterre vers le mois d'octobre, époque de l'ouverture du parlement.

Le jour attendu avec tant d'anxiété approchait, lorsque les conjurés furent alarmés par une prorogation imprévue. Cette fois ils se crurent découverts. Pour s'assurer du fait, Thomas Winter se rendit à la séance de prorogation. Là, ses craintes furent dissipées. Les commissaires du roi et les membres présents causaient tranquillement entre eux, juste au-dessus du caveau qui recélait les trente-six barils de poudre; la prorogation n'avait d'autre cause que la répugnance de Jacques à convoquer un parlement dont il redoutait l'esprit d'indépendance.

L'ouverture de la session n'avait été retardée que d'un mois (du 3 octobre au 5 novembre). Les conspirateurs employèrent ce temps à faire leurs dispositions définitives. Comme il leur fallait de l'argent, trois conjurés nouveaux furent initiés au complot. Le premier était sir Everard Digby, riche propriétaire du comté de Rutland, qui promit de fournir quinze cents livres (37,500 f.), et de réunir pour le 5 novembre, sous prétexte d'une partie de chasse, tous ses amis catholiques à Dunsmore, terre qu'il possédait dans le Warwickshire. Le second, Ambroise Rookwood, possédait un haras nombreux et en mettait tous les chevaux à la disposition des conjurés; il devait se trouver avec toutes ses relations à la réunion de Dunsmore. Le troisième, Francis Tresham, quoique ayant déjà été compromis dans l'affaire d'Essex et dans plusieurs autres complots, inspirait peu de confiance à la plupart des conspirateurs. Cependant il était proche parent de Catesby, et avait de l'argent disponible; cette raison décida son admission. Il s'engagea à verser immédiatement deux mille livres sterling (50,000 fr.).

Aux approches du jour fatal, tous les conjurés se réunirent pendant la nuit pour arrêter définitivement le rôle que chacun aurait à jouer. Fawkes fut destiné à mettre le feu à la mine, et un navire frété par Tresham dut se tenir en rivière, prêt à le transporter sur-le-champ en Flandre, d'où il devait envoyer des secours en hommes et en munitions. Percy, auquel sa charge de pensionnaire du roi donnait la faculté d'entrer au palais, se chargea de s'emparer de la personne du jeune prince Charles, second fils de Jacques, dans le cas où il n'aurait pas accompagné son père au parlement, et de le conduire à Dunsmore, rendez-vous général des conspirateurs qui, de là, devaient se rendre chez lord Harrington, où se trouvait la princesse Élisabeth, fille du roi. Pendant ce temps, Catesby proclamerait à Charing-Cross le prince Charles, s'il survivait, sa sœur s'il n'existait plus; publierait une déclaration portant abolition des monopoles des droits de pourvoyance et de tutelle, et nommerait le protecteur désigné pour exercer l'autorité royale pendant la minorité du nouveau souverain. Un seul point restait à décider : parmi les membres du parlement, et surtout dans la Chambre Haute, se trouvaient des catholiques, quelques-uns parents, amis ou protecteurs des conjurés; fallait-il les envelopper dans le massacre général, et ne devait-on pas plutôt les avertir de ne pas assister à la séance d'ouverture? Mais alors comment le faire sans éveiller les soupçons?

Catesby s'était depuis longtemps préparé à ces objections. Dès le commencement du complot il avait exposé au père Garnet, provincial des jésuites en Angleterre, ses doutes sur la légitimité d'une entreprise qui, devant tourner au bénéfice de la religion, causerait cependant, avec celle d'un grand nombre d'hérétiques, la mort de quelques catholiques. Le père Garnet avait répondu que dans le cas où le projet serait évidemment bon et utile, l'opinion de tous les théologiens était qu'on ne devait point être arrêté par la crainte de faire périr quelques innocents au milieu d'un grand nombre de coupables. Catesby communiqua cette réponse à ses associés, « d'ailleurs, ajouta-t-il, les membres catholiques me fussent-ils aussi « chers que mon propre fils, je les ferais sauter, plutôt que de renoncer à l'exécu- « tion de mon projet. »

Cependant ses complices ne furent pas tous convaincus, et quelques jours après Tresham se trouvant avec lui, Fawkes et Thomas Winter, demanda de nouveau et avec instance qu'un avertissement fût donné à lord Mounteagle, son beau-frère. Comme les trois conjurés hésitaient, il ajouta que ne pouvant verser actuellement l'argent qu'il avait promis, et qui était nécessaire au succès de l'entreprise, il vaudrait mieux en remettre l'exécution à la séance de clôture du parlement. Son véritable but était d'empêcher par ce délai, et sans cependant compromettre ses associés, la réussite d'un complot dans lequel il regrettait de s'être laissé engager ; mais ses efforts furent vains, et il ne parvint à ébranler ni la résolution de Catesby ni celle de ses deux amis.

Néanmoins, quelques jours après (26 octobre) lord Mounteagle reçut une lettre anonyme ainsi conçue :

Mylord,

« En outre de l'affection que je porte à quelques-uns de vos amis, je prends inté- « rêt à votre conservation, c'est pourquoi je vous avise, si vous faites cas de votre « vie, de chercher quelque excuse pour vous dispenser d'être présent à ce parle- « ment, car Dieu et les hommes se disposent à punir la perversité du siècle ; et ne « méprisez pas cet avertissement, mais retirez-vous dans vos terres pour y attendre « l'événement en sûreté, car sans qu'il y ait la moindre apparence de tumulte, le « parlement recevra un coup terrible et ne pourra voir d'où il vient. Ce conseil « n'est pas à mépriser, parce qu'il peut faire votre salut et ne peut vous faire aucun « mal, car le danger est passé aussitôt que vous aurez brûlé cette lettre. J'espère « que Dieu vous donnera la grâce d'en faire bon usage, et je vous recommande à sa « sainte protection. »

Lord Mounteagle s'était fait lire cette lettre par un de ses gentilshommes. Le lendemain celui-ci alla trouver Thomas Winter, lui raconta ce qui s'était passé la veille, ajouta que lord Mounteagle avait porté la lettre au secrétaire d'état Cecil, et le conjura, ainsi que tous ses complices, de prendre aussitôt la fuite. Dès qu'il fut parti, Winter se rendit chez Catesby et lui fit part de ce qu'il venait d'apprendre. Tous deux s'accordèrent à penser que Tresham était l'auteur de cette lettre. Mais avait-il révélé les particularités du complot ? L'état du cellier, où Fawkes trouva tout comme il l'avait laissé, leur fit espérer le contraire, et ils se décidèrent à persévérer dans leur projet. Fawkes s'engagea à visiter le caveau tous les jours. Au moyen de certaines marques qu'il faisait derrière la porte, il pouvait, chaque fois, s'assurer que personne n'était entré pendant son absence.

Cependant Cecil, auquel Mounteagle avait remis la lettre anonyme, avait compris que les termes mystérieux dans lesquels elle était conçue ne pouvaient signifier qu'un effet de la poudre, et au retour du roi, qui était alors à la chasse, il lui avait communiqué ses soupçons en émettant l'avis qu'on ne fît rien pour interrompre les conspirateurs, mais qu'on les laissât s'avancer et se découvrir eux-mêmes. Ce ne fut que la veille de l'ouverture de la session que le lord chambellan, dont le devoir était de s'assurer que tous les préparatifs de la cérémonie du lendemain étaient terminés, reçut l'ordre de visiter le palais du Parlement. Dans le cours de cette inspection, il entra dans le cellier accompagné de lord Mounteagle, remarqua l'immense amas de bois qui s'y trouvait, et aperçut Fawkes qui se tenait dans un coin obscur, toujours en qualité de domestique de Percy. Sa mine fière et résolue frappa vivement le lord chambellan, qui cependant se retira sans témoigner d'étonnement de sa présence en ce lieu. Fawkes resta à son dangereux poste, mais le 5 novembre, vers deux heures du matin, comme il sortait du caveau où il avait passé une partie de la nuit, pour retourner auprès de Percy, il fut saisi tout à coup par une troupe de soldats apostés aux environs.

Il était habillé et botté comme pour un voyage ; on trouva trois mèches dans ses poches, et dans un coin, derrière la porte, une lanterne sourde allumée ; les recherches firent bien vite découvrir sous les fagots les trente-six barils de poudre. A quatre heures du matin, le roi assembla son conseil pour interroger le prisonnier. Fawkes déclara qu'il s'appelait Johnson ; qu'il était domestique de Percy ; que son but était d'anéantir le parlement, de mettre ainsi fin aux persécutions religieuses ; et, ajouta-t-il, en regardant les nobles écossais qui siégeaient au conseil, « de faire « sauter tous ces mendiants d'Écosse jusque dans leurs montagnes. » Interrogé sur ses complices, il dit qu'on ne saurait jamais de lui s'il en avait eu ou non. Sa contenance était si fière et si intrépide que Jacques le surnomma le *Scœvola de l'Angleterre*, ce qui ne l'empêcha pas de faire torturer jusqu'à l'extrémité le courageux conspirateur : supplice inutile, car Fawkes ne voulut rien dire tant que ses amis ne se furent pas eux-mêmes découverts.

En apprenant l'arrestation de leur complice, les conjurés étaient aussitôt montés à cheval, et le soir même ils arrivèrent à Dunsmore où sir Everard Digby avait réuni ses amis ; mais dès qu'ils eurent appris que le coup principal avait échoué, la plupart de ceux-ci se hâtèrent de s'en retourner chez eux. Poursuivis par le shérif de Worcester, accompagné du *Posse comitatus*[1], les conspirateurs poussèrent alors jusqu'à Holbeach, sur les frontières du Staffordshire, sollicitant, mais en vain, les secours des catholiques des comtés qu'ils traversaient. Au château d'Holbeach, bien qu'ils ne fussent que quatre-vingts en comptant leurs domestiques, ils se décidèrent à livrer combat aux troupes qui les suivaient ; mais, avant l'action, l'explosion fortuite d'une provision de poudre blessa dangereusement Catesby et plusieurs autres. Alors, ils commencèrent à croire que Dieu désapprouvait leurs

---

1. *Posse comitatus*, pouvoir du comté. C'est la réunion de tous les hommes du comté, âgés de plus de quinze ans, que le shérif convoque, en cas de rébellion, d'émeute, d'opposition aux ordres du roi ou de la justice. Chaque homme doit se rendre à l'appel, muni des armes nécessaires. Les juges de paix et même de simples particuliers peuvent, dans les cas d'émeute et de rébellion, convoquer et commander tout ou partie du *Posse comitatus*. Tomlins' *Law dictionary*.

projets, et ne pensèrent plus qu'à mourir les armes à la main, pour éviter la hache du bourreau. Dans cette intention, Catesby, Percy et les deux Wright, armés de leurs épées seules, sortirent dans la cour, et, s'exposant sans précaution au feu des assaillants, furent bientôt mortellement atteints. Thomas Winter fut fait prisonnier dans le château avec Rookwood, Grant et Kayes. Digby, Robert Winter et Littleton, un de leurs nouveaux compagnons, parvinrent à traverser les rangs ennemis; mais le premier fut cerné dans un bois; les autres, qui avaient trouvé une retraite à Hagley chez une cousine de Littleton, furent trahis par une servante.

Plus de deux mois s'écoulèrent entre l'arrestation et le jugement des conspirateurs. Pendant ce temps et durant leur procès, tout fut employé pour leur arracher des aveux qui pussent servir de base à l'accusation intentée contre les pères Gérard, Garnet et Greenway. Mais jusque sur l'échafaud, où ils montèrent le 30 janvier 1606, ils protestèrent de l'innocence des jésuites. Néanmoins une procla-

Bates.   R. Winter.   C. Wright. J. Wright. Percy.   Fawkes.   Catesby.   T. Winter.
Principaux accusés dans la conspiration des poudres, d'après un imprimé extrêmement rare, publié après leur arrestation (1605).

mation royale ordonna l'arrestation de ces derniers en déclarant que, comme fauteurs du complot, ils étaient aussi coupables que les exécuteurs. Gérard et Greenway parvinrent à se rendre sur le continent. Garnet se cacha à Hendlip-House, près de Worcester, château appartenant à Thomas Abington, beau-frère de lord Mounteagle; mais, dans l'espoir de sauver sa vie, Humphrey Littletone avait dénoncé sa retraite, et Garnet y fut saisi avec le jésuite Oldcorne et ses domestiques Owen et Chambers. Afin d'obtenir la preuve de la complicité de Garnet, Owen fut torturé jusqu'à la mort, et pendant cinq jours et durant cinq heures chaque fois, Oldcorne fut appliqué à la question; mais on ne put leur arracher aucun aveu. On eut alors recours à un autre moyen. Les deux prêtres furent enfermés dans des cellules contiguës, mais disposées de manière à ce que, du dehors, on pouvait entendre tout ce qu'ils disaient. Un des officiers de la Tour et le secrétaire de Cecil furent chargés de recueillir leur conversation ; elle prouva jusqu'à l'évidence qu'ils avaient eu connaissance de la conspiration, et tous deux furent condamnés à mort et exécutés (mai 1606).

Le comte de Northumberland avait aussi été envoyé à la Tour. On supposait que c'était à lui que les conjurés voulaient conférer la dignité de protecteur, et, sous le prétexte qu'il avait reçu Percy au nombre de ses gentilshommes sans en avoir exigé le serment de suprématie, il fut condamné à la prison perpétuelle, à une amende de trente mille livres sterling et à la perte de toutes ses charges. Quelques autres lords éprouvèrent un sort pareil. Lord Mounteagle fut récompensé de sa loyauté par le don d'une terre considérable et d'une pension viagère.

La découverte de la conspiration des poudres avait servi au roi de prétexte pour proroger de nouveau le parlement ; il fut enfin ouvert le 21 janvier 1606. Cette session, ainsi que les deux qui, à des intervalles éloignés (en 1608 et 1610) lui succédèrent, fut remplie par des demandes continuelles d'argent de la part de Jacques ; par des réclamations de réformes de la part des communes. Les discussions auxquelles ces prétentions diverses donnèrent lieu, ne tournèrent pas à l'avantage de la couronne. D'ailleurs, vain, pédant et bavard, Jacques semblait prendre à tâche de compromettre lui-même le pouvoir royal que l'esprit de liberté battait déjà en brèche de tous côtés. Ses prétentions à l'éloquence, son amour immodéré pour les subtilités de l'argumentation, lui firent commettre la maladresse de vouloir définir théoriquement l'origine et les droits de la royauté ; il ne fit par là que provoquer la discussion sur un sujet où toute la politique d'Élisabeth avait, au contraire, été de l'interdire. Ses raisonnements furent loin de convaincre les communes, et lorsqu'il énonça la doctrine que les rois étaient sur la terre les représentants et les images de Dieu; que comme lui, ils pouvaient faire et défaire, élever et abaisser, donner la vie ou la mort sans avoir à rendre compte de leurs actions, il fut forcé d'ajouter que, si tel était son pouvoir, abstractivement parlant et comme roi en général, comme roi d'Angleterre son intention était de gouverner d'après les lois ; et, quoiqu'il déclarât qu'il ne pouvait être forcé d'en agir ainsi que par sa conscience et non par le parlement, les communes lui prouvèrent bientôt le contraire. Lorsqu'en effet, arguant de sa prérogative quasi-divine, il voulut soutenir son droit à augmenter, sans l'autorisation du parlement, les impôts du tonnage et du poundage votés à un certain taux pour toute la durée du règne, la chambre basse lui dénia ce pouvoir en disant que la perception d'un impôt de la seule autorité de la couronne était une infraction à la grande charte, au statut d'Édouard III « de tallagio non concedendo, » et à douze autres arrêtés du parlement ; et lorsque parut l'ouvrage de Cowell dans lequel ce jurisconsulte soutenait que le roi n'était pas engagé par les lois du royaume ; qu'il pouvait faire des lois sans le consentement du parlement ; que s'il demandait le concours des chambres, c'était par un simple effet de sa volonté et qu'il n'y était point obligé, les réclamations des deux chambres contre ces doctrines furent tellement vives, que Jacques fut obligé de supprimer l'ouvrage et d'en faire emprisonner l'auteur.

Les communes ne se prononcèrent pas avec moins de vigueur contre les abus causés par les droits de pourvoyance et de garde-noble; mais ce qui affligea par-dessus tout le roi fut le constant refus du parlement de décréter la réunion de l'Angleterre et de l'Ecosse en un seul royaume. Confiant dans le consentement des chambres, Jacques avait pris, dès l'année 1604, le titre de roi de la Grande-Bretagne; mais sa libéralité maladroite envers ceux de ses compatriotes qui l'avaient suivi, l'orgueil et les prétentions de la noblesse écossaise, la crainte des Anglais « de voir leurs pauvres voisins descendre de leurs montagnes pour venir s'engraisser sur le sol de la riche Angleterre » firent repousser son projet par les parlements des deux nations. Tout ce qu'il put obtenir, après des discussions qui se renouvelaient à chaque session, fut que les lois hostiles à chacun des deux pays seraient rapportées, que les douanes seraient abolies, et que la génération, qui datait de son avénement au trône d'Angleterre, serait par le seul fait de la naissance depuis cette époque, naturalisée dans les deux états.

Le seul point sur lequel le roi fut d'accord avec son parlement était la persécution contre les catholiques. On rédigea un nouveau serment d'allégeance, qui contenait une renonciation formelle à la reconnaissance du pouvoir temporel du pape et de ses droits d'intervention dans les affaires de l'Angleterre, et tous les catholiques durent jurer cette renonciation, sous peine d'un emprisonnement perpétuel et de la confiscation de tous leurs biens.

La légalité de ce nouveau serment devint un sujet de division pour les partisans de l'église romaine. Parmi les membres du clergé catholique, les uns l'adoptèrent, tandis que d'autres le condamnaient. On en référa au pape, qui déclara le serment illégitime « comme contenant plusieurs choses contraires à la foi et au salut. » Jacques entreprit alors d'éclairer la question au moyen de ses lumières théologiques, et publia un traité intitulé « Apologie du serment d'allégeance. » Mais ses écrits ne terminèrent pas la controverse. Prêté par un grand nombre d'hommes importants dans le clergé et les laïques, et par tous les pairs catholiques, un seul excepté, le serment fut refusé par la majorité des catholiques, dont plusieurs s'expatrièrent.

Pendant les démêlés du roi avec son parlement, une insurrection, qui éclata subitement au cœur du royaume, vint lui donner de nouveaux embarras. La cause de cette révolte était la misère du bas peuple; le prétexte fut l'envahissement des terrains communaux, que les grands possesseurs de terres avaient insensiblement accaparés en les faisant entourer de clôtures. Ces usurpations, qui diminuaient les moyens de subsistance des pauvres tenanciers, avaient provoqué de leur part de nombreuses réclamations auprès du roi et du conseil. Mais Jacques avait bien autre chose à penser : la chasse, les combats de coqs, les plaisirs de la table, telles étaient les occupations qui remplissaient toutes ses journées, et lorsqu'on le pressait de se livrer aux affaires de son royaume, il répondait que « que sa santé, qui était la « santé et le bien-être de tous, demandait de l'exercice et des plaisirs, et qu'il retour- « nerait en Ecosse plutôt que de consentir à se claquemurer dans un cabinet, ou à « s'enchaîner à la table du conseil. » Aussi le peuple, voyant qu'on négligeait ses plaintes, entreprit de se rendre lui-même justice. De nombreux rassemblements d'hommes, de femmes et d'enfants, dirigés par des inconnus masqués, se montrèrent (1607) tout à coup dans les comtés de Northampton, de Warwick et de Leicester. La démolition des clôtures et l'enlèvement des grains étaient du reste les seuls actes de violence auxquels ils se livrassent; aussi, partout où ils paraissaient, les habitants les recevaient-ils avec bienveillance, et leur fournissaient-ils avec empressement des outils et des vivres. Une proclamation royale leur ordonna inutilement de se disperser; les lords-lieutenants furent obligés de convoquer la milice des comtés; mais les habitants, peu disposés à combattre des hommes dont ils approuvaient les ressentiments, ne répondirent qu'en petit nombre à cet appel; il fallut que la noblesse, qui possédait des domaines dans les districts insurgés, se réunît pour aller combattre la révolte. Des corps nombreux de cavalerie parcoururent les campagnes, et parvinrent, après de longs efforts, à disperser les insurgés et à s'emparer des principaux chefs, qui furent punis de mort.

A peine remis de la terreur que lui avait causée cette insurrection, Jacques se vit en proie à de nouvelles craintes. Après la découverte du complot de Raleigh et de lord Cobham, lady Arabella Stuart était rentrée en grâce; mais, tout en la traitant avec l'apparence de l'affection, le roi la considérait toujours comme une rivale, et, craignant pour sa postérité les prétentions des enfants d'Arabella, il l'avait condamnée au célibat. Sans tenir compte de cette défense, lady Stuart épousa secrètement William Seymour, fils de lord Beauchamp. Lorsque Jacques eut connaissance de ce mariage, de nouvelles terreurs s'emparèrent de son esprit, car Seymour, descendant de Marie, duchesse de Suffolk (voir le tableau généalogique, p. 749), pouvait, en vertu du testament de Henri VIII, légitimement prétendre à la couronne d'Angleterre. Il fut aussitôt envoyé à la Tour de Londres, et Arabella confinée au palais de Lambeth. Tous deux ne tardèrent pas à s'échapper; mais Arabella retomba entre les mains du roi, qui la fit condamner à un emprisonnement dont la durée était laissée à son bon plaisir. Seymour était parvenu à gagner la Flandre. Après quatre ans de captivité, lady Stuart mourut dans sa prison, victime de craintes imaginaires auxquelles l'égoïsme du roi ne rougit pas de sacrifier la liberté et la vie d'une femme, sa proche parente. Comme Henri, le fils aîné de Jacques, mourut aussi peu de mois après, la nation attribua ce malheur à la vengeance divine.

Ce jeune prince était tout l'opposé de son père; franc, brave, actif, n'aimant que les exercices guerriers, il passait tout son temps à manier la pique et l'épée, à tirer de l'arc et à monter à cheval. La chasse était sa passion favorite, Henri V et le Prince-Noir ses héros, et il n'aspirait qu'après le jour où, suivant leur exemple, il pourrait reconquérir « son royaume héréditaire de France. » Les puritains exaltés voyaient en lui le réformateur futur de l'église anglicane, et une chanson populaire disait : « Henri VIII a jeté bas les abbés et les cellules, Henri IX jettera bas les évêques et les cloches [1]. »

---

1. Henry the Eighth pulled down abbeys and cells;
But Henry the Ninth shall pull down bishops and bells.

La mort prématurée de ce prince (6 novembre 1612), plongea tous les réformistes dans le chagrin, et coupa court aux projets du roi, qui pensait à l'unir à l'infante Marie, fille du roi d'Espagne.

Le prince Henri et lord Harrington.
D'après une ancienne peinture appartenant au comte de Guildford.

Peu de temps auparavant (24 mai), Jacques avait perdu son principal ministre Robert Cecil. « C'est le malheur des ministres attachés à des princes faibles et entêtés d'être, aux yeux de la postérité, responsables du mal qu'ils sont obligés de souffrir, sans qu'on leur tienne compte de celui qu'ils ont empêché [1] ». Cecil était un homme de talent, formé dans les conseils d'Élisabeth, mais toute son habileté ne put lutter

1. Hallam, p. 100.

contre les difficultés de sa position. Nommé trésorier, il parvint à mettre quelque ordre dans l'administration des revenus de l'état, et, en deux années, paya près d'un million de livres sterling aux créanciers de la couronne ; mais la prodigalité du roi rendit inutiles tous ses efforts ; « c'était, disait Jacques, l'affaire de ses ministres, de trouver de l'argent ; la sienne était de le dépenser. » Aussi le trésor était-il toujours vide : de là ces impositions illégales, ces emprunts forcés, qui motivaient le mécontentement et les incessantes réclamations des communes. Malgré l'influence immense que Cecil avait sur son maître, il ne put jamais obtenir de lui qu'il réformât ses folles dépenses.

Jamais non plus Cecil ne put décider cet esprit pusillanime et irrésolu à continuer à l'extérieur la politique grande et habile d'Élisabeth, et à prêter au roi de France Henri IV l'appui que la feue reine avait promis à ce prince dans le projet formé pour l'abaissement de l'Espagne et de la maison d'Autriche.

Les plans formés par le roi de France étaient gigantesques. Ce n'était rien moins qu'un remaniement complet de l'Europe. « Au lieu de cette unité basée sur la foi catholique que la maison d'Autriche voulait établir, et qui aurait immobilisé l'Europe sous une seule domination, Henri IV voulait fonder une fédération de tous les états chrétiens, fédération toute politique qui ne tenait pas compte des différences de croyances et d'institutions, mais qui les plaçait tous, grands ou petits, sur un pied d'égalité, et formait entre eux un système d'équilibre, par lequel le projet d'une domination universelle devenait impraticable. Le point capital était l'abaissement de la maison d'Autriche. C'était la base, le moyen, le but de tous ces projets. « L'Europe, disait Sully, est partagée en deux factions politiques, la protestante et la romaine ; cette dernière, plus grande et forte, dominée par la maison d'Autriche ; l'autre, formée de la France, de l'Angleterre, des Provinces-Unies, des trois royaumes du Nord, des petits états d'Allemagne. Il faut qu'une alliance soit conclue entre cette dernière faction pour la destruction de la première, pour réduire la maison d'Autriche à la possession de l'Espagne, et lui enlever surtout l'hérédité de l'empire [1] »

L'Angleterre était l'alliée sur laquelle Henri IV comptait le plus. Élisabeth avait embrassé ses plans avec une ardeur extrême et le pressait vivement d'en commencer l'exécution ; mais elle mourut, et son timide et pacifique successeur, lorsqu'en 1603 Sully lui proposa d'entrer dans « la faction française contre la faction autrichienne », refusa, consentit seulement à un traité d'alliance en faveur des Provinces-Unies, et peu de temps après conclut même la paix avec l'Espagne. »

La pusillanimité de Jacques le rendit bientôt un objet de mépris pour toutes les puissances étrangères, à un tel point que, lorsqu'en 1607 les Provinces-Unies, cédant aux instances de la France, qui interposait sa médiation entre elles et l'Espagne, consentirent à traiter de la paix avec Philippe III, le prince Maurice répondit aux observations des ambassadeurs anglais, qui le pressaient de continuer la lutte, qu'il se garderait bien d'une pareille folie, sachant que Jacques l'abandonnerait infailliblement au moment du danger ; que jamais il n'aurait le courage

---

[1] Théoph. Lavallée, tom. III, p. 22 et suiv.

d'entreprendre la guerre ; qu'il n'oserait même pas ouvrir la bouche pour contredire le roi d'Espagne.

Mais si Jacques était peu désireux de se mesurer avec ses ennemis dans une guerre véritable, il ne reculait devant aucune occasion de déployer dans une guerre de plume ses connaissances théologiques. Il avait combattu les puritains à Hamptoncourt, il avait écrit contre le pape, il prit part à la dispute qui, vers cette époque, s'éleva entre les Arminiens et les Gomaristes. Arminius ou Harmensen, ministre protestant, avait professé en 1605 à l'université de Leyde une doctrine dans laquelle, en opposition avec Calvin dont les principes avaient jusqu'alors été suivis en Hollande, il niait la prédestination comme contraire à la justice divine. Cette opinion lui suscita de vives querelles avec son collègue Gomar, qui voulait faire dominer, dans toute leur rigueur, les dogmes fatalistes de Calvin, et bientôt toute la Hollande se trouva divisée en deux partis qui prirent le nom d'Arminiens ou de Gomaristes, selon qu'ils suivaient l'une ou l'autre doctrine. Élevé dans les principes de Calvin, le roi d'Angleterre condamna les opinions d'Arminius ; et lorsqu'à la mort de ce ministre on nomma, pour lui succéder dans la chaire de Leyde, Vorstius, un de ses disciples, Jacques protesta contre les erreurs de ce théologien, rappela aux états que la base de l'alliance entre l'Angleterre et la Hollande était la pureté de la religion, et déclara formellement qu'il fallait qu'ils abandonnassent Vorstius ou qu'ils renonçassent à son amitié. « A l'égard de brûler Vorstius pour ses blas-
« phèmes et son athéisme, écrivait-il à son ambassadeur en Hollande, je m'en rap-
« porte à la sagesse des Hollandais, mais jamais hérétique ne fut plus digne du
« feu. » Les états repoussèrent d'abord cette singulière intervention dans une affaire qui ne devait regarder qu'eux-mêmes ; cependant, pour ne pas se faire un ennemi de Jacques et s'aliéner l'Angleterre, ils cédèrent, et bannirent Vorstius de leur territoire.

Malgré son refus formel de prêter secours au roi de France dans ses plans contre la maison d'Autriche, le roi d'Angleterre faillit être entraîné malgré lui dans la guerre immense que projetait ce prince. Jean, duc de Clèves, de Juliers et de Berg, était mort en 1609, sans laisser d'enfants. Quatre prétendants à la succession se présentaient, tous quatre protestants, lorsque l'empereur Rodolphe, voulant empêcher qu'un prince protestant ne vînt prendre possession de ces duchés, qui étaient catholiques et voisins des Pays-Bas, ordonne le séquestre des trois états entre les mains de l'archiduc d'Autriche, Léopold, évêque de Strasbourg, et s'empare de Juliers. Aussitôt une ligue est formée entre la France, les Provinces-Unies, la Savoie et Venise. Les instances de Cecil et les clameurs des puritains de son royaume forcent Jacques d'y accéder et d'envoyer quatre mille hommes se joindre aux troupes françaises qui se disposaient à entrer dans les états contestés. Cette guerre terrible, d'où dépendait le sort de la maison d'Autriche, allait commencer, lorsque Ravaillac, en assassinant le roi de France (14 mai 1610), vint priver la ligue de son chef et faire avorter tous ses projets. Les alliés se contentèrent de s'emparer de Juliers, qui fut remis au prince palatin de Neubourg et à l'électeur de Brandebourg, tous deux prétendants à la succession du duc défunt, et bientôt après ils signèrent la paix de Wilstett, qui laissait indécis tous les objets de la querelle (octobre 1610).

Cette démonstration fut le dernier acte qui à l'extérieur signala la politique de Cecil ; depuis cette époque il fut tout entier absorbé par les embarras financiers du roi. Les difficultés sans cesse renaissantes que lui créaient les folles prodigalités de son maître hâtèrent la fin de sa vie.

Cette mort produisit un changement aussi funeste dans les affaires du dedans que dans celles du dehors. Jusqu'alors Jacques s'était bien entouré d'Ecossais auxquels il avait prodigué les richesses et les honneurs ; mais tant que Cecil vécut, aucun d'eux n'avait exclusivement possédé sa confiance. A la mort de ce ministre commença le règne des favoris. Le premier fut Robert Carr, jeune Ecossais dont le père avait souffert pour la cause de Marie Stuart. Jacques, charmé de son esprit et de sa beauté, ne put bientôt plus se séparer de lui ; il le nomma baron Branspeth, vicomte de Rochester, et lui conféra l'ordre de la Jarretière (mai 1612). A la mort de Cecil, ce fut le favori qui, sans porter le titre de premier ministre, en remplit réellement les fonctions. Tant qu'il se laissa guider par les sages conseils de son ami Overbury, Rochester fit bon usage de son pouvoir ; mais lorsque, pour épouser lady Francis Howard, femme du comte d'Essex, dont il était épris, il voulut intenter au comte un procès d'impuissance et faire annuler le mariage, Overbury, craignant pour son ami le tort d'un pareil scandale, s'y opposa de toutes ses forces. Irrité de ces remontrances, et à l'instigation de la comtesse qui redoutait l'influence d'Overbury, Rochester fit envoyer son ami à la Tour, où il mourut quelque temps après. Le bruit se répandit aussitôt qu'il avait été empoisonné. Dès lors Rochester poursuivit avec ardeur l'exécution de son projet, et Jacques ne rougit pas de s'entremettre dans cette indécente affaire, s'interposant auprès des juges, répondant à leurs arguments, et promettant des places et de l'argent aux opposants. Le divorce fut prononcé, et la comtesse d'Essex épousa Rochester, que Jacques créa en cette occasion comte de Somerset (décembre 1613). Cependant l'ascendant du favori ne tarda pas à décroître. Tourmenté par sa conscience qui lui reprochait l'emprisonnement et la mort d'Overbury, il avait perdu son humeur enjouée, et bientôt le roi ne lui témoigna plus le même empressement. Ses ennemis songèrent aussitôt à lui donner un rival, et décidèrent la reine à recommander à son époux un de ses échansons, nommé Georges Villiers. La belle figure, l'esprit vif et enjoué, les manières distingués du jeune page avaient déjà fixé l'attention du roi. Dès le lendemain il fut créé chevalier, et de ce moment Somerset fut perdu. Ses ennemis parlèrent à Jacques de la mort d'Overbury, en accusèrent le favori et la comtesse d'Essex, et l'ordre d'arrêter le comte fut expédié au lord grand-juge, sir Edouard Coke. Afin que Somerset n'eût aucun avis de ce qui se tramait contre lui, Jacques continuait à le recevoir avec ses démonstrations ordinaires, et lorsque le messager d'état pénétra dans la chambre royale pour exécuter l'ordre d'arrestation, le roi avait le bras passé autour du cou de son favori, et le baisait sur la joue. Somerset, surpris, se récria vivement sur l'injure que l'on faisait au roi en venant l'arrêter en sa présence « Silence ! dit Jacques ; si Coke m'envoyait prendre « moi-même, je marcherais ! » Et comme Somerset, atterré, suivait le messager, le roi ajouta : « Que le diable t'accompagne, j'espère bien ne plus te revoir ! Que « la malédiction de Dieu retombe sur moi si je te pardonne ! »

La comtesse de Somerset avait été arrêtée en même temps, sous l'accusation de sorcellerie et d'empoisonnement. Tous deux furent condamnés à mort (mai 1614), puis graciés par le roi. Quatre accusés subalternes furent seuls exécutés.

Robert Carr, comte de Somerset, et lady Essex, son épouse, d'après un imprimé de cette époque.

Cependant les embarras financiers du roi s'accroissaient de jour en jour. Ils étaient encore augmentés par l'envoi obligé et l'entretien permanent d'une armée en Irlande dont les habitants s'étaient de nouveau soulevés.

Les Irlandais s'étaient félicités de l'avénement au trône d'un prince qui, suivant eux, descendait de la race de leurs anciens rois; et, à la nouvelle de la mort d'Élisabeth, une foule de villes avaient repris ouvertement le culte catholique; mais le gouverneur Mountjoy se mit aussitôt à la tête d'un corps de troupes considérable, et obligea les habitants à se soumettre. Il leur promit une amnistie générale, et repassa, triomphant, en Angleterre, accompagné des deux principaux chefs Irlandais, Tyrone et O'Donnel.

Tous deux furent gracieusement accueillis par le nouveau roi; Tyrone recouvra ses anciens honneurs, et O'Donnel reçut le titre de comte de Tyrconnel; mais loin d'avoir égard à la demande que lui adressèrent alors les Irlandais, du libre exercice de leur religion, Jacques, fit intimer à tous les prêtres l'ordre de quitter l'Irlande, sous peine de mort, et aux principales familles celui de paraître aux exercices du culte réformé, sous peine de se voir condamner à l'amende et à la prison. Tous ceux qui osèrent réclamer furent arrêtés et renfermés à la Tour de Londres (1605). Tyrone et Tyrconnel reconnurent bientôt qu'on les avait induits en erreur, et que le gouvernement anglais se proposait d'anéantir à jamais la religion des indigènes. Réunis à Richard Nugent, baron d'Elvin, ils prirent la résolution de défendre leur culte, fût-ce à force ouverte, s'il devenait nécessaire, et Tyrone se chargea de sonder le roi d'Espagne sur ses dispositions à l'égard des Irlandais catholiques. Jacques reçut avis secret de cette démarche, et, pour attirer Tyrone sur le territoire de l'Angleterre sans éveiller sa méfiance, il le fit mander à Londres, sous prétexte de s'expliquer avec lui relativement à la possession de terres réclamées par la couronne. Mais Tyrone et Tyrconnel soupçonnèrent une trahison, et s'embarquèrent avec tous les membres de leurs familles pour les côtes de la Normandie, qu'ils atteignirent heureusement, et d'où ils se rendirent à Bruxelles (1606). Jacques demanda leur extradition, et, ne pouvant l'obtenir, s'en vengea sur les amis des fugitifs, en confisquant, au profit de la couronne, environ deux millions d'acres de terre, qui formaient la presque totalité des comtés de Tyrone, Tyrconnel, Fermannagh, Armagh, Derry et Cavan (1608). Sous le règne d'Elisabeth, on avait tenté quelques efforts infructueux pour coloniser l'Ulster. Ce projet fut repris, et l'on suivit un nouveau plan qui laissait plus de chances à la réussite. On divisa le terrain en lots de mille, quinze cents et deux mille acres. Les plus grandes portions furent concédées, sous de légères redevances, aux officiers civils et militaires de la couronne, et les autres à des indigènes tenus de faire le serment de suprématie. Toutefois, à peine un quart fut-il colonisé ; encore fallut-il tenir constamment sur pied une force militaire considérable, afin de protéger les colons et de tenir en respect une population turbulente. Pour solder cette armée permanente, on proposa au roi la création d'un nouveau titre d'honneur, celui de baronet, intermédiaire entre ceux de baron et de chevalier ; ce titre, transmissible aux héritiers mâles seulement et limité à deux cents individus, devait être conféré par lettres patentes, au prix de 1095 livres sterling. Jacques approuva le projet, et se procura ainsi environ 100,000 livres sterling.

La présence continuelle d'une armée ne put étouffer les plaintes des catholiques, et ils réclamèrent vivement auprès du roi contre les vexations sans nombre dont on les accablait. Ils étaient exclus des fonctions publiques et des honneurs. Leurs avocats ne pouvaient plaider dans les cours de justice. On leur déniait le droit d'envoyer leurs enfants étudier dans les universités étrangères, et les classes inférieures, surchargées d'amendes et d'autres châtiments, périssaient de misère. Jacques répondit à ces plaintes par une proclamation qui ne laissait au clergé catholique que le choix entre le bannissement et la mort. Une rébellion générale devint alors imminente ; elle fut prévenue par l'habileté du nouveau lord député, Chichester. Quelques paroles de clémence ramenèrent l'harmonie parmi les membres du parlement irlandais, qui fut convoqué (1615), reconnut à l'unanimité le droit de

Jacques à la couronne d'Irlande, et confirma le bill de proscription de Tyrone, de Tyrconnel, ainsi que la colonisation de l'Ulster.

Mais quelques années après (1623), un nouveau gouverneur ordonna à tous les prêtres papistes de quitter le pays dans le délai de cinquante jours; et, afin d'extirper définitivement le catholicisme de cette contrée, Jacques entreprit de coloniser tous les comtés comme celui de l'Ulster. A la suite des procédures les plus iniques, on déclara que les titres de la plupart des propriétaires étaient défectueux, et que leurs terres appartenaient à la couronne, et aussitôt on colonisa les bords de la mer, entre Dublin et Waterford; puis les comtés de Longford et de Leitrim, et ceux du roi, de la reine et de Westmeath. On laissait un quart de la terre au premier occupant, les trois autres quarts étaient distribués à de nouveaux venus, qui n'y avaient d'autre droit que leur qualité de protestants; des clans entiers furent transplantés d'un comté dans un autre, avec défense sous peine de mort, de revenir aux lieux de leur naissance. Ces mesures en imposèrent pendant quelque temps aux malheureux Irlandais, et Jacques, abusé par une tranquillité momentanée, put se considérer comme le pacificateur de l'Irlande; mais les victimes de ces violences et de ses injustices en conservaient au fond du cœur un ressentiment qui ne devait pas tarder à éclater.

Cependant les besoins du roi devenaient de plus en plus pressants; ses conseillers étaient à bout de ressources. Souvent on avait eu recours aux emprunts; mais les prêteurs, mal payés de leurs intérêts, inquiets sur les remboursements, finirent par manquer. Il fallut convoquer le parlement. C'était l'avis de sir Francis Bacon, l'attorney général. Pour arriver au pouvoir, Bacon n'avait pas rougi d'abaisser son génie, une des gloires de ce siècle, à de petites intrigues de cour, et de mettre sa puissante intelligence au service des passions mesquines et de la politique étroite de Jacques. Il représenta au roi qu'il était facile de gouverner les communes mieux qu'on ne l'avait fait jusqu'alors; qu'en dirigeant habilement les élections, en caressant les gens de loi, en faisant au besoin quelques légères concessions pour sauver des points plus importants, on obtiendrait à peu près ce qu'on voudrait; et avec l'assentiment de Jacques, il *entreprit* de faire sortir des élections une majorité dévouée. Mais ces plans ne purent rester secrets, et furent déjoués par l'attitude de la nation. Flétris du nom d'*entrepreneurs*, les agents de la couronne furent chassés des lieux d'élections, et les choix furent diamétralement opposés à ceux que la cour avait désirés. Lors de l'ouverture de la session (5 août 1614), le discours royal, tout conciliateur qu'il était, fut écouté avec défaveur; la chambre des communes, mécontente, se plaignit hautement des entrepreneurs, cassa plusieurs élections, et ne permit à sir Francis Bacon, qui quoique attorney général avait été élu député [1], de siéger dans ses rangs que par tolérance, sous prétexte de nécessité d'état, et seulement pour la session actuelle. Puis, au lieu d'accorder le subside demandé par le roi, elle se mit à discuter le droit auquel prétendait Jacques de lever des impositions et de créer des monopoles de sa propre autorité; enfin elle exigea la

---

1. Jusqu'alors aucun officier de la couronne n'avait pu être élu membre de la Chambre des Communes.

punition de l'évêque de Lincoln qui, dans la chambre haute, s'était permis de dire que l'opposition des communes à cette prérogative de la couronne avait une tendance séditieuse. L'évêque fut forcé de désavouer l'intention qu'on lui supposait, et de protester de son respect pour la chambre des communes. Jacques, irrité, ordonna aux députés de discuter, sans autre délai, la question du subside, et, voyant que ses ordres n'étaient pas écoutés, cassa le parlement (7 juin 1615), en envoyant à la Tour les membres qui lui étaient le plus hostiles.

Il fallut de nouveau avoir recours à des moyens arbitraires pour combler le déficit du trésor; on exigea de tous les citoyens des dons de *bienveillance*, et cela avec tant de rigueur, qu'un habitant de Londres, qui avait refusé de contribuer, et qui avait protesté contre l'illégalité de ces extorsions, fut condamné par la chambre étoilée à une amende de 5,000 livres et à un emprisonnement illimité.

Le produit de ces amendes vint pendant quelque temps au secours du roi; mais toutes ces ressources étaient précaires. Aussi, quoique Jacques eût promis à ses compatriotes de les visiter au moins une fois tous les trois ans, quatorze années s'étaient écoulées sans qu'il lui eût été possible de tenir une seule fois sa promesse. Enfin ayant, en 1616, restitué aux Hollandais, moyennant 2,700,000 florins, ou environ le tiers de leur dette, les villes qu'ils avaient engagées à Élisabeth, il résolut de se rendre en Ecosse, afin de mettre la dernière main à la nouvelle organisation que ses ministres avaient donnée à l'église de ce pays.

L'église réformée d'Ecosse était, on l'a déjà vu, devenue, pendant la minorité de Jacques, une véritable république religieuse d'où l'épiscopat avait nécessairement été proscrit. Trop jeune alors pour apprécier la portée de ce grand changement, Jacques eût d'ailleurs été trop faible pour s'y opposer; mais à peine monté sur le trône d'Angleterre, il reconnut combien étaient dangereux pour son pouvoir les principes républicains du clergé d'Ecosse, et résolut de se servir de la force que lui donnait sa nouvelle position pour détruire l'édifice élevé par Knox et ses disciples. Secondé par deux ministres habiles, sir George Hume et le comte de Dunbar, il parvint en quelques années à relever l'épiscopat de ses ruines, et à faire reconnaître sa suprématie au clergé écossais.

Mais la soumission de l'église et du peuple d'Écosse était plus apparente que réelle, et lors de son voyage à Edimbourg il fut facile au roi de le reconnaître; aussi, après avoir obtenu du parlement et du clergé quelques concessions peu importantes, se hâta-t-il de retourner en Angleterre. Il connaissait trop bien le caractère indomptable des religionnaires écossais. Le fanatisme farouche avec lequel ils avaient persécuté sa mère était encore présent à son esprit; aussi répondit-il à son chapelain, le docteur Laud, qui l'engageait à prendre contre eux des mesures plus vigoureuses, qu'il aimait mieux conserver en paix ce qu'il avait obtenu que de risquer, par des moyens violents, de tout perdre et de soulever contre lui l'Écosse tout entière. Il lui tardait d'ailleurs de quitter ce pays de mœurs austères et d'aller retrouver ses plaisirs habituels, ses courtisans et son favori, Georges Villiers.

Créé successivement baron, comte, vicomte, et marquis de Buckingham, Villiers avait complètement remplacé Somerset dans la faveur du roi; il était devenu conseiller privé, chevalier de l'ordre de la Jarretière, grand écuyer, et enfin lord

Georges Villiers, créé duc de Buckingham en 1623.
D'après le portrait original de Jansen, actuellement en la possession du comte de Clarendon.

grand amiral. C'était en réalité lui qui régnait, lui qui créait les pairs, disposait des emplois, et même des dignités ecclésiastiques. On achetait sa faveur par des sommes d'argent, et ce fut ainsi que Walter Raleigh parvint à sortir de la prison où il avait jusqu'alors été retenu.

Par sa conduite pendant son procès, Raleigh avait reconquis l'estime et la popularité. Son *Histoire du Monde*, vaste ouvrage auquel il consacra tous les loisirs d'une détention de douze années, lui valut la gloire et l'admiration générale. Il allait bientôt perdre l'une et l'autre.

En 1596, ayant obtenu d'Elisabeth des lettres patentes qui lui concédaient le droit de découvrir et de conquérir toute terre étrangère qui n'appartiendrait à aucun prince chrétien, il avait entrepris d'aller à la recherche de l'Eldorado (pays de l'or), contrée fabuleuse qu'un Espagnol, nommé Martinez, prétendait avoir découverte et disait être située entre l'Orénoque et le fleuve des Amazones. Raleigh commença par piller et détruire la colonie espagnole de la Guyane, puis remonta l'Orénoque; mais après une longue et pénible navigation sans résultats, il fut obligé de revenir à ses vaisseaux. De retour en Angleterre, il publia de son voyage le récit le plus merveilleux, espérant enflammer la cupidité de ses compatriotes, et obtenir ainsi de nombreux compagnons, avec le secours desquels son véritable but était de piller les établissements espagnols de l'Amérique; mais diverses circonstances l'avaient jusqu'alors empêché de mettre ces idées à exécution. A peine sorti de prison, il sollicita et obtint du roi la permission d'aller de nouveau à la recherche du pays de l'or, mais avec défense expresse de nuire à aucun des sujets du roi d'Espagne. Quatorze voiles composèrent son expédition. Raleigh oublia bientôt les prescriptions pacifiques de Jacques, et, à peine rendu aux rives de l'Orénoque, il fit attaquer et incendier l'établissement espagnol de Saint-Thomas. Le gouverneur de la colonie, frère de l'ambassadeur d'Espagne près du roi d'Angleterre, fut tué dans l'action. Après cet exploit, Raleigh voulut engager ses compagnons à courir les mers, mais ceux-ci s'y refusèrent, et le forcèrent à retourner à Plymouth, où, sur les représentations énergiques de l'ambassadeur d'Espagne, il fut arrêté de nouveau. Renfermé à la Tour et traduit en jugement pour avoir saccagé et brûlé une ville appartenant à un souverain allié du roi, il fut condamné à mort. La grandeur et la force de caractère qu'il déploya dans tout le cours de son procès étonnèrent jusqu'à ses ennemis. Ses accusateurs ne lui parlaient qu'avec respect : « Allez, lui dit le grand juge, homme plein de calamités; vous qui avez « été général, grand capitaine et d'un mâle courage, jetez-vous dans la mort « comme vous vous jetiez dans la mêlée. » Cette fermeté stoïque ne se démentit point sur l'échafaud. Il prit la hache, en toucha le tranchant et dit : « Le remède est sévère, mais il guérit tous les maux. » Puis il salua amicalement le bourreau, lui pardonna et le pria de frapper, à un signal donné, vite et juste (29 oct. 1618). Le peuple considéra Raleigh comme une victime injustement sacrifiée au ressentiment de l'Espagne et aux anciennes haines du roi.

De sept enfants que Jacques avait eus de sa femme Anne de Danemark, il ne lui en restait plus que deux, Charles, prince de Galles, et la princesse Élisabeth. Dans l'année 1612, Élisabeth avait été demandée en mariage par le roi d'Espagne, Philippe III, et par Frédéric, électeur palatin. Le roi penchait pour l'Espagnol; mais les protestants et tout le clergé se soulevèrent à l'idée d'une alliance avec un prince catholique, et Jacques fut malgré lui contraint de choisir l'électeur pour gendre. Ce mariage devait rompre la paix que depuis le commencement de son règne il avait mis tant de soin à maintenir.

Dans l'année 1618, les protestants de Bohême avaient pris les armes contre l'empereur Matthias, et, persévérant dans leur rébellion contre son successeur Ferdinand de Gratz, qui, deux ans auparavant, avait été couronné roi de Bohême, avaient repoussé la ratification qu'il leur offrait de leurs priviléges, parmi lesquels on comptait la liberté de conscience. Ils exigeaient le rétablissement complet de leurs anciennes lois et de leur constitution. Tous les princes catholiques de l'Empire embrassèrent la défense de Ferdinand. La Pologne, la Saxe et l'Espagne, se déclarèrent en sa faveur. Alarmée de leurs préparatifs, la Bohême sollicita aussi des alliances étrangères, et pour se faire une alliée de l'Angleterre, les états offrirent la couronne au gendre du roi Jacques, l'électeur palatin Frédéric, qui se rendit sans différer à Prague, où il se fit couronner roi (1619).

Cette nouvelle excita des transports d'enthousiasme en Angleterre, et la fermentation devint telle, que toute la nation se jeta, pour ainsi dire, aux pieds du roi afin de l'engager à prendre les intérêts de Dieu, évidemment attachés, disait-on, à ceux de son gendre. Le timide Jacques n'approuvait point l'entreprise de Frédéric. Il ne lui convenait pas de sanctionner le principe que des sujets, même pour cause de religion, eussent le droit de déposer leur souverain; cependant il ne pouvait abandonner son gendre aux efforts combinés des puissances ennemies. Il prit un parti intermédiaire, en refusant de seconder les prétentions de l'électeur à la couronne de Bohême, mais en lui envoyant quatre mille hommes, sous le commandement des

Costumes militaires du temps de Jacques Ier.

comtes d'Essex et d'Oxford, afin de protéger ses propriétés patrimoniales. Ce secours n'était pas suffisant pour faire triompher la cause de l'Union protestante. La bataille de Prague (4 novembre 1620) renversa de son trône le nouveau roi;

les états de Bohême furent obligés de reconnaître leur ancien souverain, et Frédéric, mis au ban de l'Empire, fut réduit à se réfugier en Hollande, où les états lui accordèrent une petite pension.

Ce désastre ne fit que redoubler l'enthousiasme de la nation anglaise, et le peuple demanda à grands cris la continuation de la guerre. Les ministres de Jacques lui conseillèrent alors de profiter de cette ardeur pour convoquer un parlement, et en obtenir enfin de puissants subsides. Jacques y consentit, mais à regret, et redoutant toujours l'esprit audacieux des réformateurs puritains. Les premières mesures des communes furent en effet de se plaindre, avec amertume et emportement, de l'emprisonnement des membres du dernier parlement, et Jacques fut obligé de déclarer que son intention était de maintenir désormais la liberté de la parole dans toute son étendue (1621).

Ce fut seulement alors que les communes consentirent à s'occuper des demandes du roi; elles lui accordèrent deux subsides, mais sans dixièmes ni quinzièmes. C'était une somme bien insuffisante pour l'objet qu'on avait en vue; mais le but de la chambre était de toujours tenir le roi dans sa dépendance. Quelque irrité qu'il fût de cette défiance, Jacques affecta de se montrer satisfait; il remercia gracieusement son parlement, et l'exhorta à se livrer au redressement des griefs dont la nation pouvait avoir à se plaindre, en réitérant l'assurance qu'il était disposé à y faire droit. Le parlement mit aussitôt à profit ces bonnes dispositions; un comité d'enquête fut nommé; la conduite des juges et celle des officiers de la couronne soumise à une sévère investigation, des abus nombreux reconnus, punis et déracinés; la chambre des communes fit en outre revivre le droit qu'elle avait jadis et qui était tombé en désuétude, de citer les criminels d'état devant la chambre des pairs. Les monopoles créés par lettres patentes attirèrent ensuite son attention, et si les coupables ne furent pas punis avec une grande rigueur, les communes puisèrent dans leurs succès le courage d'attaquer des abus d'une nature plus importante, et un homme qui occupait une des plus hautes fonctions de l'état.

Sir Francis Bacon était enfin arrivé au but où il tendait sans cesse avec tant de persévérance. Il avait été successivement créé lord Verulam, vicomte de Saint-Albans, et lord chancelier du royaume; mais sa cupidité égalait son ambition, et l'on prétendait qu'en trois années il avait reçu des plaideurs sur les causes desquels il avait à prononcer, plus de cent mille livres sterling. La chambre des communes le mit en jugement, et le roi, qui ne l'aimait pas, déclara qu'il le punirait sévèrement, si le délit était prouvé. Accusé d'avoir, en vingt-deux occasions, reçu des présents considérables, Bacon reconnut sa faute, avoua chaque fait en particulier, prétendant seulement pour sa défense, que les sommes reçues par lui ne l'avaient été que comme des prêts qu'il devait rembourser. Il fut condamné à une amende de quarante mille livres sterling, à garder prison à la volonté du roi, et déclaré incapable de remplir jamais aucune fonction publique (3 mai 1621).

Son emprisonnement ne dura pas longtemps. Le roi lui fit remise de l'amende à laquelle il était condamné, et lui accorda même une pension de 800 livres sterling, sous condition de revoir ses ouvrages et de les faire traduire en latin, tâche à laquelle Bacon ne se livra qu'avec répugnance, ayant toujours les regards fixés vers la cour, et cherchant tous les moyens de s'y faire rappeler. Ses pétitions, ses lettres, les énumérations, renouvelées sans cesse, de ses anciens services, ne montrent plus qu'un caractère de bassesse indigne de son génie et de son éminent savoir. Dévoré par le regret et l'ambition trompée, il ne survécut que cinq années à sa disgrâce (9 mai 1626).

Sir Francis Bacon, vicomte de Saint-Albans, comte de Verulam,
d'après l'original de Van Somer, actuellement en la possession du comte de Verulam, à Gorhambury.

Après la punition de Bacon, le parlement continua ses enquêtes, et la chambre des lords condamna à diverses peines plusieurs hauts personnages convaincus de malversation; mais exclusivement occupées de ces accusations et de ces enquêtes, les communes avaient entièrement perdu de vue les besoins du roi et sa demande d'une augmentation de subsides. La patience de Jacques s'épuisa, et il ajourna le parlement au mois de novembre suivant (4 juin 1621).

Avant l'ouverture de cette session, et afin de réduire au silence les meneurs populaires, Jacques se décida à prononcer l'abolition de trente-six des monopoles les plus vexatoires, et à réclamer hautement, par ses ambassadeurs auprès des souverains étrangers, en faveur de l'électeur palatin; mais sur ce point ses efforts n'eurent aucun résultat; et lorsque le parlement fut rassemblé (4 novembre), les orateurs populaires se montrèrent aussi mécontents et irrités qu'aux précédentes sessions. Sir Edwin Sands et sir Édouard Coke, le célèbre jurisconsulte, qui après avoir été tout dévoué au pouvoir, était maintenant un des chefs de l'opposition, avaient été, durant l'intérim, soumis à des enquêtes ordonnées par le roi; leurs amis à la chambre prétendirent qu'ils n'avaient été poursuivis que par esprit de vengeance et à cause de l'indépendance de leur conduite, et ils les représentèrent comme des martyrs de la cause du peuple. Puis, le bruit s'étant répandu qu'un mariage était projeté entre le prince de Galles et l'infante d'Espagne, les communes rédigèrent une remontrance ou pétition, où elles établissaient que les catholiques anglais, encouragés par le pape qui aspirait à la domination spirituelle sur tous les états de l'Europe, et par le roi d'Espagne qui prétendait à la monarchie universelle, ne cachaient plus leur espoir de voir leur religion tolérée en Angleterre, et qu'ils étaient entretenus dans ces idées par la facilité avec laquelle ils étaient reçus à composition pour les confiscations qu'ils avaient encourues; en conséquence, elles invitaient le roi à les détromper en prenant une part vigoureuse à la guerre d'Allemagne, et en se déclarant hautement pour l'électeur palatin; en envoyant une expédition sur le territoire espagnol; en ne consentant à marier son fils qu'à une princesse protestante; en ordonnant que tous les enfants des papistes leur fussent enlevés, pour être instruits dans la religion anglicane, et en faisant annuler, par une loi, toutes les compositions favorables, accordées jusqu'à ce jour aux réfractaires catholiques.

Jacques eut secrètement connaissance de cette remontrance avant qu'elle lui fût présentée. Aussitôt il écrivit au président, qu'il ne comprenait pas que la chambre se permît des discussions si étrangères à ses priviléges; qu'il défendait expressément qu'elle s'immisçât dans des mystères d'état qui, tels que le mariage de son fils, ne concernaient que le roi, et qu'il ne lui convenait pas qu'on attaquât le caractère du roi d'Espagne, ni d'aucun autre prince de ses amis ou alliés. Il ajoutait que la couronne saurait, au besoin, châtier les déportements des membres du parlement dont les indiscrets principes pourraient insulter à la majesté royale.

Les communes répondirent à cette lettre en présentant une justification de leur conduite, conçue en termes respectueux mais toujours énergiques, et elles relevèrent vivement la menace du roi contre la liberté des délibérations, droit qu'elles avaient, dirent-elles, hérité de leurs ancêtres. Jacques répliqua que tant que les communes se renfermeraient dans les limites du devoir, il maintiendrait leurs priviléges; mais qu'au lieu de regarder ces priviléges comme un droit, elles auraient dû reconnaître qu'elles les tenaient de la munificence de ses prédécesseurs et de la sienne. Cette assertion ne pouvait rester sans réponse. Les communes comprirent que leur sûreté individuelle, leur existence même comme corps délibérant, était alors en jeu, et après une discussion longue et animée (10 déc. 1621) elles adoptèrent une protestation, où elles établissaient en principe : que les priviléges et la juridiction du parlement étaient des droits incontestables et héréditaires; que les grands intérêts de l'état et de l'église, la rédaction des lois et le redressement des griefs étaient de sa compétence et de son domaine; qu'il pouvait traiter ces affaires dans l'ordre qu'il le jugeait convenable, et que chaque membre avait le droit de proposer, discuter, conclure, comme bon lui semblait, sans pouvoir jamais être inquiété ou emprisonné (si ce n'est par ordre de la chambre elle-même) en raison de ses discours et opinions. Furieux de cette manifestation d'indépendance, Jacques se fit apporter les registres de la chambre, déchira de sa main la page où était écrite la protestation, prononça la dissolution du parlement, cita devant le conseil et fit emprisonner deux membres de la chambre des pairs, les comtes d'Oxford et de Southampton, et quatre membres de la chambre des communes, Coke, Pym, Philips et Mallory. D'autres reçurent l'ordre de se rendre en Irlande, pour y remplir quelques emplois publics. La prérogative royale permettait alors au souverain de disposer de ses sujets, même contre leur volonté, pour les attacher à un service du gouvernement, et ce privilége devenait un moyen d'exil, lorsque le conseil ne savait comment atteindre les personnes dont la présence le gênait.

Les observations des communes n'avaient pas empêché Jacques de donner suite au projet de mariage de son fils Charles avec une princesse d'Espagne, et le nouveau roi Philippe IV, après avoir stipulé pour sa sœur le libre exercice de la religion catholique, avait donné son consentement à cette alliance. La dot de la princesse fut fixée à deux millions de ducats, et les fiançailles remises à quarante jours après la réception de la dispense demandée au pape. Mais le pontife refusa de la donner, à moins qu'il n'en résultât quelques grands avantages pour l'église romaine, et Jacques, afin de satisfaire à cette condition, fut obligé d'ordonner qu'on accorderait leur pardon à tous les catholiques réfractaires qui le réclameraient dans le délai de cinq ans (1623).

Cependant la dispense n'arrivait pas, et la cour de Madrid faisait traîner les choses en longueur, lorsque tout à coup on apprit que le prince de Galles était parti secrètement avec Buckingham pour la capitale de l'Espagne. Il espérait, par ce trait galant et hardi, se faire aimer de la jeune princesse, et terminer, en un jour, un traité qui depuis près de sept années tenait en suspens les deux nations. Les deux aventuriers allèrent descendre chez le comte de Bristol, ambassadeur d'Angleterre à Madrid (7 mars). Dès que le prince eut été reconnu, le roi, la noblesse et même la population espagnole, l'accueillirent avec de grands transports de joie et des honneurs inaccoutumés; on ouvrit les prisons, on lui donna le pas sur le roi lui-même, on lui remit des clefs d'or qui ouvraient à toute heure les appartements royaux. Mais Charles s'aperçut bientôt que l'on voulait tirer avantage de son séjour en Espagne, et que l'on regardait sa venue comme un gage anticipé de sa conversion à la foi catholique; il écrivit alors à son père pour lui demander jusqu'à quel point il devait reconnaître l'autorité du saint pontife. Jacques, effrayé, se hâta de lui répondre qu'il ne savait ce qu'on voulait lui dire ; que pour le monde entier il ne reconnaîtrait la suprématie spirituelle du pape, et qu'il ne changerait pas de religion comme de chemise.

Quand on connut en Angleterre le voyage du prince et la réception qu'on lui avait faite à la cour de Madrid, le mécontentement général éclata. Le clergé voulut faire des remontrances au roi ; mais Jacques refusa de les entendre, et s'engagea à ratifier tout ce que *Baby Charles* et *Dog Steenie* (c'est ainsi qu'il avait surnommé son fils et son favori) pourraient conclure avec le ministère espagnol. Les négociations s'ouvrirent entre eux et le duc d'Olivarez, et il en résulta deux traités, l'un public, l'autre secret. Le premier, relatif à tout ce qui concernait la célébration du mariage, d'abord en Espagne, puis en Angleterre, stipulait la concession d'une église et d'une chapelle pour le culte de l'infante et de ses serviteurs, dont les chapelains seraient espagnols et ne ressortiraient que de leur évêque national. Le second établissait que les lois pénales contre les papistes ne seraient plus exécutées, que le roi en demanderait au parlement le rappel, que le culte catholique serait toléré, et qu'on ne tenterait jamais de détourner la princesse de la foi de ses pères. Le traité public fut juré par le roi et les lords du conseil, dans la chapelle de Westminster ; Jacques jura seul l'exécution du traité secret à l'hôtel de l'ambassadeur espagnol.

Mais ce mariage ne devait point s'accomplir. Par la légèreté de ses manières et la dépravation publique de ses mœurs, Buckingham s'était perdu dans l'esprit des Espagnols, et s'était fait un ennemi irréconciliable du comte-duc d'Olivarez dont il avait voulu séduire la femme. C'était lui qui avait décidé Charles à se rendre en Espagne, ce fut lui qui, pour se venger du comte-duc, détermina le prince à retourner en Angleterre avant la conclusion du mariage. A son instigation, Charles pria son père de le rappeler immédiatement. De nouveaux arrangements furent pris pour les fiançailles ; elles devaient avoir lieu à Noël, et don Carlos, frère de Philippe, fut chargé d'y représenter le prince de Galles, qui laissa sa procuration entre les mains du comte de Bristol. L'infante prit dès-lors le titre de princesse d'Angleterre ; on lui forma une cour convenable ; en se séparant, Philippe et Charles se traitèrent en frères, et les deux favoris en ennemis acharnés.

La dispense papale arrivée, Philippe fixa le 29 novembre pour le jour des fiançailles, et le 9 du mois suivant pour celui du mariage. On fit de grands préparatifs de fêtes et de réjouissances publiques, et les cérémonies nuptiales allaient commencer, lorsque trois courriers, qui se succédèrent à peu d'heures de distance, apportèrent au comte de Bristol la défense de livrer la procuration, l'ordre de retourner en Angleterre, et des instructions pour informer Philippe que Jacques consentirait à terminer le mariage, si le roi d'Espagne s'engageait à prendre la défense de l'électeur palatin, et à commencer immédiatement les hostilités en sa faveur. Philippe, indigné, déclara qu'ayant reçu les serments des princes anglais, il les croyait tenus à remplir leurs obligations, comme lui-même à remplir les siennes. Il contremanda les fêtes de l'hyménée, prescrivit à l'infante de quitter le titre de princesse d'Angleterre, et ordonna des préparatifs de guerre.

Cependant le roi avait compté sur la dot de l'infante pour se délivrer de ses embarras pécuniaires ; cette ressource manquant, il se vit, malgré ses répugnances, obligé de convoquer un parlement. Le 19 février 1624, il ouvrit la session par un discours dont l'humilité contrastait singulièrement avec la hauteur des précédents, mais il sut profiter de la popularité momentanée que la rupture du traité avec l'Espagne avait donné à Buckingham, et demanda 700,000 livres sterling pour les préparatifs de la guerre contre l'empereur, et un subside annuel de 160,000 livres pour éteindre ses dettes. Malgré leurs dispositions favorables, les communes ne votèrent que 300,000 livres, et en exprimant le désir que cette somme fût exclusivement employée en faveur de l'électeur palatin. Jacques ne se décidait à la guerre qu'avec répugnance; mais Buckingham ne respirait que vengeance contre l'Espagne, et lui cherchait partout des ennemis. Bientôt une grande ligue contre cette puissance et la maison d'Autriche fut formée avec la France, la Hollande, le roi de Danemark, Venise, le duc de Savoie, etc. La France envoyait en Italie une armée qui se joignait à celles de la Savoie et de Venise; l'Angleterre devait attaquer les côtes d'Espagne; la Hollande faire une forte diversion dans les Pays-Bas et les colonies espagnoles; enfin le nord de l'Allemagne, centre de la réforme, était disposé à prendre les armes. Le comte de Mansfeldt, célèbre aventurier qui avait longtemps soutenu seul le parti de Frédéric, vint alors en Angleterre, et on lui donna une armée de douze mille hommes et un subside, annuel de vingt mille livres sterling (1624). Mansfeldt fit voile pour la Zélande, où ses troupes furent décimées par une maladie épidémique. Il n'en poursuivit pas moins sa marche vers le Rhin; mais son armée était tellement affaiblie, qu'il fut obligé de rester sur la défensive.

En entrant dans l'alliance française, Jacques avait eu un autre but que celui de faire à la maison d'Autriche une guerre à laquelle il ne s'était décidé qu'à regret ; il voulait marier son fils avec une princesse du sang royal de France.

En traversant la France l'année précédente, le prince Charles et Buckingham avaient vu à la cour la princesse Marie-Henriette, la plus jeune des filles du feu roi Henri IV, alors âgée de quatorze ans seulement. L'ambassadeur d'Angleterre reçut ordre de demander sa main pour le prince de Galles. Le cardinal de Richelieu venait alors d'arriver au pouvoir, et reprenant les plans de Henri IV, songeait à commencer la guerre contre la maison d'Autriche. L'Angleterre était pour lui une alliée indispensable ; aussi la demande de Jacques fut-elle agréée avec empressement, à la condition que la princesse et sa suite jouiraient du libre exercice de leur religion, et qu'elle surveillerait l'éducation de ses enfants jusqu'à ce qu'ils eussent atteint l'âge de treize ans. La dot fut fixée à huit cent mille couronnes, et le cardinal exigea, comme clause indispensable à l'honneur de la France, que les avantages promis aux catholiques par le traité de Madrid fussent garantis par celui de Paris. Cette prétention manqua de faire rompre la négociation ; cependant, après de longues discussions, un engagement secret, signé du roi Jacques et de son fils, stipula que tous les catholiques arrêtés pour cause de religion seraient relâchés; qu'ils auraient le droit de suivre leur culte dans des chapelles particulières ; que les amendes perçues seraient restituées. On peut remarquer déjà dans ces concessions, si contraires à l'esprit national, l'origine de ces actes clandestins qui effrayèrent les Anglais sur le maintien de leur religion, leur apprirent à douter de la loyauté de leurs souverains, et préparèrent la catastrophe du règne suivant.

La sollicitude de Jacques en faveur de son fils qu'il ne voulait marier qu'à la fille d'un roi arrivait enfin à un résultat cherché depuis neuf années; mais il ne lui fut pas donné d'en jouir. Une grave indisposition vint suspendre les préparatifs qu'il se plaisait à diriger, et, le 27 mars 1625, il expira dans la vingt-troisième année de son règne et la cinquante-neuvième de son âge.

Jacques Ier, d'après le portrait original de Van Dyck.

Jacques était un homme instruit, éclairé, ne manquant ni de bonnes intentions, ni de vertus réelles; ce fut cependant un monarque inhabile et presque incapable. Chacune de ses qualités, en effet, était contrariée et souvent annihilée par le contact du vice voisin. Sa prudence touchait à la ruse, sa générosité à la profusion, son amour de la paix ressemblait à de la pusillanimité; ses amitiés n'étaient dirigées que par un vain caprice, par des fantaisies que rien ne justifiait, et qui ont donné naissance aux plus graves accusations. Tandis que ses flatteurs l'appelaient le

Salomon de la Grande-Bretagne, Sully le nommait le plus sage des fous de l'Europe; ses écrits sont en effet remarquables par une sagesse sans cesse contredite par la folie de ses actions.

Ce fut pendant ce règne sans éclat et sans gloire que fleurirent deux des plus grands génies dont puisse s'honorer l'humanité, Bacon et Shakespeare. Alors **Bacon composait** son *Instauratio magna*, œuvre immense dont l'idée fondamentale était de faire une restauration complète des sciences, et particulièrement des sciences naturelles, en substituant aux vaines hypothèses, aux subtiles argumentations de l'école, l'observation et l'expérience; alors Shakespeare laissait deux ou trois fois l'an, et sans en prendre aucun souci, tomber de son génie ces chefs-d'œuvre, à peine remarqués par les beaux esprits de ce temps, et qui sont aujourd'hui la plus grande gloire de la littérature et du théâtre anglais.

Jusqu'au règne d'Élisabeth, l'Angleterre n'avait guère connu, en fait de productions théâtrales, que les mystères et les moralités; mais, à cette époque, les mystères avaient perdu beaucoup de leur faveur; les moralités seules fournissant d'abondantes occasions de satires, de bouffonneries, d'attaques contre la nouvelle et l'ancienne religion, étaient restées populaires; d'ailleurs chaque jour elles se rapprochaient de la comédie régulière.

Élisabeth aimait ces représentations théâtrales et les favorisa. Des troupes d'acteurs se formèrent sous la protection des grands seigneurs de la cour, et en 1576 les « serviteurs privilégiés du comte de Leicester » firent construire « le Globe, » premier théâtre public que posséda l'Angleterre. C'est là que Peele, Greene,

Le Globe,
d'après l'ouvrage intitulé : « *View of London as it appeared in* 1599 » [1].

Marlowe, les créateurs, les pères du théâtre anglais, firent représenter leurs

---

[1]. Ce théâtre, dont Shakespeare était un des propriétaires, fut, dans l'année 1613, entièrement

pièces. C'est là, dans cette espèce de grange, que Shakespeare, d'abord simple valet de coulisse (*call boy*), puis acteur lui-même, fit jouer ces inimitables chefs-d'œuvre auxquels leur auteur n'attachait même pas son nom, et qu'il ne se donnait la peine ni de recueillir ni de faire imprimer, comme s'il eût pressenti que la postérité se chargerait de ce soin.

Shakespeare mourut en 1616. A cinquante ans, dans la plénitude de son génie et de ses succès, il avait brusquement quitté le théâtre, et s'était retiré à Stratford-sur-l'Avon dans la maison où il avait reçu le jour. Le quart de siècle pendant lequel dura sa carrière dramatique, fut illustré par une foule d'autres auteurs, Ben Jonson, Fletcher, Beaumont, Chapman, le traducteur d'Homère, etc., dont les œuvres contiennent des parties véritablement remarquables; mais ce ne sont que des lueurs passagères, de fugitifs éclairs qui font paraître encore plus épaisse l'obscurité d'une action confuse, irrégulière et sans intérêt. Rarement on trouve dans leurs ouvrages de ces caractères soutenus, complets, que l'on rencontre à

détruit par le feu. On le rebâtit l'année suivante sur un plan plus vaste, et dans des proportions colossales pour l'époque, qui excitèrent l'étonnement et l'admiration universels. Un poëte contempo-

Le Globe, après sa reconstruction,
d'après l'ouvrage de Wischer « *View of London in 1616.* »

rain célèbre ainsi cette reconstruction : « De même que l'or est plus pur et plus brillant lorsqu'il a passé par le feu, de même le Globe, qui vient d'être dévoré par les flammes, s'est changé en un majestueux édifice, lui qui n'avait auparavant qu'un pauvre toit de chaume; emblème des grandes actions qui ne peuvent s'accomplir qu'au prix des plus terribles dangers. »

chaque pas dans Shakespeare, et qui de personnages fictifs et imaginaires font des êtres réels et vivants. Aussi, depuis longtemps, n'y a-t-il plus que les érudits qui connaissent de ces auteurs autre chose que leur nom. Shakespeare les a tous fait retomber dans l'indifférence et l'oubli. C'est que, pour nous servir des expressions de Châteaubriand, « il est un de ces génies mères qui semblent avoir enfanté et allaité tous les autres. » L'Angleterre, en effet, est toute Shakespeare, et jusque dans ces derniers temps, il a prêté sa langue à Byron, son dialogue à Walter Scott.

Tombeau de Shakespeare, dans l'église de Stratford sur l'Avon.

NOTICE HISTORIQUE

EXPLICATIVE ET CRITIQUE

SUR LA

TAPISSERIE DE BAYEUX

n considérant avec attention et en comparant tous les monuments du moyen-âge qui sont parvenus jusqu'à nous, on en trouve peu d'un intérêt aussi puissant que *la Tapisserie de Bayeux*. Là revivent tout entiers, en paix comme en guerre, dans leurs demeures comme sur le champ de bataille, avec leurs armes, leurs costumes, leurs meubles, leurs édifices, leurs usages, les Normands et les Anglais du xie siècle.

Ce monument inestimable, qu'on attribue à l'aiguille de la reine Mathilde, femme de Guillaume le Conquérant, est resté pour ainsi dire inconnu pendant six siècles. Exposé seulement certains jours de l'année dans la nef de la cathédrale de Bayeux, où il était conservé, la tradition l'avait surnommé *Toilette du duc Guillaume*. Un inventaire des ornements appartenant au trésor de Notre Dame de Bayeux, dressé en 1476, est la seule mention historique qu'il obtint pendant cette période ; elle consiste en ces mots : « Item, une tente très-longue et estroite de telle (toile), à broderie d'ymages et « escripteaulx, faisant représentation de la conqueste d'Angleterre, laquelle est tendue envi- « ron la nief de l'église, le jour et par les octaves des reliques. »

En 1724 M. de Boze, secrétaire de l'Académie des belles-lettres, rencontra un dessin enluminé d'une partie de cette tapisserie, et, après de longues recherches, le père Montfaucon parvint à découvrir que l'original était conservé à Bayeux ; il en inséra la copie dans ses *Monuments de la monarchie française*.

Quand Napoléon se proposa de faire une descente en Angleterre, il entendit parler de ce monument et voulut le voir ; la coïncidence de l'apparition d'une comète pendant les préparatifs des deux expéditions le surprit et le fit sourire. Il fit transporter la tapisserie à Paris, où elle fut exposée au Musée du Louvre ; depuis elle a été rendue à la ville de Bayeux.

Quelques mots sont nécessaires pour rappeler la position des divers personnages du drame dont elle contient le récit.

Edward, roi d'Angleterre, n'ayant pas d'enfants, avait pris en affection les Normands, et surtout leur duc Guillaume ; il avait eu même la faiblesse de lui confier les otages obtenus de la famille de Godwin (voir au règne d'Edward le Confesseur. p. 67) ; mais Harold, l'un des fils de ce seigneur, obtint après la mort de son père tant d'influence sur Édward, qu'il obtint de lui l'expulsion d'Angleterre de tous les Normands. Bientôt il demanda au roi d'aller retirer d'entre les mains du duc de Normandie son frère et son neveu.

Ici commence la tapisserie. Le roi Edward (*Rex Edwardus*) est sur son trône, la couronne en tête, le sceptre dans la main gauche, de l'autre il donne des ordres à deux de ses vassaux ; l'un d'eux, le comte Harold, doit passer la mer pour se rendre auprès de Guillaume.

Harold part, non pas en costume de guerre, mais comme messager de paix, en habits de chasse, à cheval, le faucon au poing ; sa meute de chiens jappe à l'entour ; il fait route vers Bosham, jadis petit port de la côte de Sussex. *Haroldus, dux Anglorum, et sui milites equitant ad Bosham.* (Harold, chef des Anglais, et ses soldats chevauchent vers Bosham.)

Bosham possédait un petit monastère, une église (*ecclesia*) ; le Scot Dicul s'y était retiré, nous dit le vénérable Bède, et cinq ou six frères suivaient avec lui, dans la pauvreté, la vie du Seigneur ; c'est devant la porte du lieu saint que deux hommes, les bras croisés, prient pour Harold, pendant que ses soldats réunis dans un château voisin boivent dans des coupes et des cornes de bœuf à son heureux voyage.

On s'embarque, les uns portant sous leurs bras les chiens de la meute, les autres tenant les avirons. Ce ne sont plus ces fragiles barques d'osier couvert en peau ; premier progrès dans l'art maritime, le gouvernail dirige la course moins vagabonde, le grand mât s'élève muni de sa voile, et l'ancre est là pour amarrer au port.

« Héralt ordonne son voyage et prins deux nefs et se mit en mer à Boubham, et comme ils singloient par la mer, ils aperçurent un bastel pescheret, et firent signe aux pescheurs qu'ils vinssent à eux. L'un des pescheurs cognut bien Héralt pour ce qu'il l'avoit autrefois veu en Angleterre ; et quand il fut départi des nefs, si s'en vint arriver à terre à Abbeville et incontinant alla devers Guiou, comte de Pontieu, qui là estoit, auquel il dit que s'il lui vouloit donner vingt livres, il lui feroit avoir un grand prisonnier qui lui en rendroit mil. — Guiou lui octroya sa demande » (*Chroniques de Normandie.*)

(*Hic Harold mare navigavit et velis vento plenis venit in terram Widonis comitis*; Harold a traversé la mer et vient à pleines voiles échouer sur le territoire du comte Gui.)

C'était alors l'usage de faire prisonniers tous ceux que la tempête jetait à la côte, et de les traiter rigoureusement pour en arracher une splendide rançon Gui, comte de Ponthieu, s'avance à la tête de ses vassaux, tous à cheval, la lance en arrêt, les boucliers chargés d'emblèmes et de devises. Il donne ordre d'arrêter le chef anglo-saxon qui débarque. (*Hic apprehendit Wido Haroldum et duxit eum ad Belrem et ibi eum tenuit*; Guy arrête Harold et le conduit à Belrem, où il le tient prisonnier). L'ordre est exécuté ; les Anglo-Saxons, inférieurs en nombre, cèdent à la force ; Harold est fait prisonnier ; ses compagnons et lui, tête nue, marchent devant le comte que l'on voit à cheval, la toge retroussée, le faucon au poing. Les gardes de Guy, la lance sur l'épaule, ferment la marche. La résidence suzeraine était à Montreuil ; et à deux lieues de Montreuil se voit encore Beaurain-le-Château (*Castrum de Bello Ramo*) ; c'est Belrem. Arrivé dans l'une des salles, où l'on traite de la rançon, Guy, assis, l'épée haute, impose ses conditions à Harold, qui l'écoute, la contenance humble, la pointe de son épée vers la terre. (*Ubi Harold et Wido parabolant*; Harold et Guy font leurs conventions).

« Quand Héralt se vist prins si fist tant qu'il fist sçavoir secrètement au duc Guillaume comme Edward l'envoyoit en message devers lui pour le fait du royaume. » (*Chroniques de Normandie.*)

Guillaume ne laisse pas échapper l'occasion d'avoir entre les mains son rival, et satisfait à la suppliante missive. — Guy reçoit les chefs normands qui redemandent les prisonniers. (*Ubi nuntii Willelmi ducis venerunt ad Widonem*; les envoyés de Guillaume arrivent auprès de Guy). Le comte est debout, son manteau ouvert sur l'épaule droite, retroussé sur l'épaule gauche; il tient une hache à la main; derrière lui sont ses gardes la lance sur l'épaule; les envoyés lui adressent la parole. Un varlet (*Turold*) tient leurs chevaux par la bride. — Les Normands échouent dans leurs démarches. Guillaume s'irrite. Deux cavaliers, la lance en arrêt, le bouclier au bras, se dirigent vers le palais du comte Guy. (*Nuntii Willelmi*, les envoyés de Guillaume).

Les menaces ont été vaines; Guy, qui connaît la position des deux rivaux, ne cédera qu'à forte composition; une belle terre sur les bords de la rivière d'Eaune sera le prix de la rançon; un varlet en porte la nouvelle au duc de Normandie. (*Hic venit nuntius ad Wigelmum ducem*; ici le messager arrive vers le duc Guillaume). A genoux, aux pieds de Guillaume qui est sur son trône, celui-ci lui remet le message. Sa posture, sa taille exiguë semble indiquer Turold, dans lequel un ingénieux commentateur, M. Lechaudé d'Anisy, croit voir le nain du comte de Ponthieu.

Harold est remis par le comte Guy entre les mains du duc Guillaume (*Hic Wildo adduxit Haroldum ad Wigelmum, Normanorum ducem*; Guy amène Harold à Guillaume, duc des Normands.)

Hic dux Wilgelm cum Haroldo venit ad palatium suum; le duc Guillaume arrive avec Harold à son palais.

Voici le moment où Harold expose au Normand le motif de son voyage et lui demande la liberté de son frère et de son neveu. L'inscription qui suit fait croire que Guillaume, qui voulait enchaîner l'Anglo-Saxon, lui offre sa fille en mariage. Entre deux colonnes qui sembleraient indiquer la porte d'un appartement, un homme se présente devant une femme, lui met la main sur la tête; on lit au-dessus : *Ubi unus clericus et Aelfgyva* (ici un clerc et Aelfgyva.) Quelle était cette Aelfgyva? Que nous dit cette scène? Plusieurs commentateurs veulent que ce soit un des clercs de Guillaume, envoyé vers sa fille pour lui annoncer la promesse que vient de faire Harold de l'épouser. Elle s'appelait donc Aelfgyva? L'histoire ne la nomme pas ainsi; la Chronique de Normandie l'appelle Aelle et Aeliza; mais, quand on voit les changements qu'ont subis plusieurs noms, il est permis de croire que cette Aelfgyva n'est autre qu'Aeliza.

Harold et ses compagnons se sont promenés de château en château, de ville en ville, prenant part aux joutes militaires, et comblés de présents par le duc. Guillaume met à profit leur bravoure, et les mène avec lui contre Conan, duc de Bretagne. Ses troupes se mettent en marche et s'avancent vers le mont Saint-Michel, représenté sur un petit monticule. (*Hic Willelm dux et exercitus ejus venerunt ad montem Michaelis*; le duc Guillaume et son armée arrivent au mont Saint-Michel). Plus de chiens, plus de faucons, l'équipage de guerre a remplacé le costume de voyage. La troupe qui se dirige vers le mont Saint-Michel est composée de sept cavaliers; au milieu, armé d'une lance, est Harold; celui qui est à gauche, portant l'étendard à trois pointes, ou gonfanon, appuyé sur son étrier, c'est Guillaume; derrière eux, deux hommes habillés et armés à l'ordinaire désignent l'armée du duc.

Du mont Saint-Michel, on se dirige vers la rivière de Gosnon ou Coesnon, limite de la Bretagne et de la Normandie. Selon les marées, les sables mouvants changent le lit de cette rivière, et rendent le gué très-difficile; les soldats le traversent en portant leurs boucliers et leurs armes sur leur tête. (*Hìc transierunt flumen Cosnonis* ; ici ils traversèrent la rivière de Cosnon.) Un cavalier relève ses jambes sur sa selle pour ne se point mouiller ; quelques-uns, renversés par les sables mouvants, tombent sur leurs genoux ; leurs armes flottent sur l'eau. Un homme emploie toutes ses forces à les retirer, les uns par la main, les autres sur ses épaules. (*Hìc Haroldus trahebat eos de arena* ; ici Harold les retirait des sables.)

L'armée continue sa marche vers Dol. (*Et venerunt ad Dol* ; et ils vinrent à Dol.) Un groupe de cavaliers court au galop vers la ville représentée par une tour sur une éminence ; le plus avancé de tous est déjà au pont. Dol appartenait alors au sire de Rual, en guerre aussi contre Conan, et assiégé par lui ; au côté opposé de la tour, un homme de guerre, casque en tête, se sauve de la ville en glissant le long d'une corde attachée aux créneaux ; à quelques pas, des cavaliers fuient à toute bride. (*Et Conan fuga vertit* ; et Conan prend la fuite.) Ce château crénelé, surmonté d'un donjon, situé comme Dol sur une éminence, c'est Rennes (*Rednes*), la première ville où s'arrêta le duc de Bretagne pour rallier ses forces.

L'armée victorieuse a pénétré dans le pays et se trouve arrêtée devant Dinan, à six lieues de Dol ; elle en forme le siége. Des cavaliers, devant un château fort élevé, lancent leurs piques sur les murs. Des gens de guerre, sur la porte et sur les murailles, répondent par des javelots ; les traits se croisent dans l'air : au pied du château, deux hommes à pied et armés, tenant deux flambeaux ou brandons, mettent le feu aux palissades. (*Hìc milites Willelmi ducis pugnant contrà Dinantes* ; les soldats de Guillaume combattent contre ceux de Dinan).

Les efforts des assiégés sont inutiles, il faut se rendre, et Conan lui-même, debout sur la porte du château opposée à celle du côté attaqué, présente au bout du fer de son étendard les clefs de la ville à un cavalier armé de toutes pièces, qui les reçoit au bout de sa lance. (*Et Conan claves porrexit* ; et Conan remit les clefs.)

Ce fut dans Avranches, dit le roman de Rou, que Guillaume arma Harold chevalier. Guillaume debout, armé de pied en cap, porte une main sur le casque du Saxon, l'autre sur son bras ; Harold debout et armé, l'épée au côté, s'appuie sur sa lance à laquelle pend le gonfanon. (*Hìc Willelmus arma dedit Haroldo* ; ici Guillaume donna des armes à Harold.)

Voici le retour. (*Hìc Willelm. venit Bagias, ubi Harold sacramentum fecit Willelmo duci* ; là Guillaume vient à Bayeux, où Harold prêta serment au duc Guillaume). Guillaume, assis sur son trône, un manteau sur les épaules, tient son épée de la main droite, il étend la gauche vers Harold ; derrière sont deux officiers. Harold, revêtu d'une tunique qui descend jusqu'aux genoux, est debout entre deux reliquaires couverts de tapis, et étend la main sur chacun d'eux. Au-delà du dernier reliquaire sont deux hommes armés de lances ; leur chaussure n'est plus en anneaux de mailles : ce sont des bandelettes, signe distinctif de la haute noblesse.

Écoutons ce que disent les *Chroniques de Normandie* :

« Le duc fist assembler à Bayeux plusieurs prélasts et barons du païs et fist apporter plusieurs saintuaires et corps sains, et tous les fist mettre en une huche noblement couverte d'un riche drap d'or tellement que Hérault ne les povoit veoir, et sur le drap d'or fist mettre ung messel, et en la présence d'Hérault, des prélasts et barons qui là estoient, récita comme Hérault devoit avoir à femme la fille du duc, Alle, et que, après la mort, Edward, roi d'Angleterre, devoit rendre le trône au duc Guillaume. Et quant le duc eust recordé ces paroles, Hérault mist la main dextre sur les évangiles et messel et sur les reliques, et jura sous ce que sa main estoit qu'il tiendroit et accompliroit tout ce que le duc avoit recordé sans aler encontre. Après le serment fait, le duc Guillaume fist oster le drap de dessus la niche, fist ouvrir et montrer à Hérault les saintuaires et reliques sur quoi il avoit juré. Quand Hérald les vist il commença fort à frémir. »

Peu de temps après Harold partit, mais seulement avec son neveu ; son jeune frère restait comme otage auprès de Guillaume, qui, heureux d'avoir arraché au Saxon l'aveu de son vasselage et de sa future soumission, lui dit : « Qu'il pensast de bien tenir son convenant, et lui donna de beaux dons, puis le convoya jusques à la mer. »

Un vaisseau avec son mât, une voile et des matelots, semble près d'aborder ; un peu plus loin s'élève un château. (*Hic Haroldus reversus est ad Anglicam terram*; Harold est de retour en Angleterre. — *Et venit ad Edwardum regem*; et il vient vers le roi Edward.) Edward est sur son trône, son manteau sur les épaules, une couronne sur la tête. Derrière lui se tient un de ses officiers, debout avec sa hache d'armes ; Harold sur le devant, suivi d'un officier armé d'une hache, s'incline et semble rendre au roi compte de son voyage.

A cet endroit, il y a, dans *la Tapisserie*, transposition manifeste. Après l'audience arrive immédiatement l'enterrement d'Edward, et l'on voit plus loin sa maladie et sa mort ; passons donc au moment où, sa couronne sur la tête, Edward est malade dans son lit ; un homme le soutient dans ses bras ; deux autres sont à côté du lit, étendant leurs mains en signe de douleur ; vers les pieds du lit est inclinée une figure, on dirait une femme qui pleure. (*Hic Edwardus rex in lecto alloquitur suos fideles*; le roi Edward, dans son lit, harangue ses fidèles.)

Edward est mort (*Hic defunctus est.*) le 5 janvier 1066 ; il gît étendu sur un drap mortuaire parsemé de larmes ; deux hommes, l'un à la tête, l'autre aux pieds, arrangent le corps ; à côté, un prêtre en chasuble, debout, tenant deux doigts de la main droite levés, lui donne les dernières bénédictions. Le lendemain du jour des Rois, le corps fut porté à Saint-Pierre de Westminster. Westminster se dessine avec ses trois portes en plein cintre ; à l'extrémité s'élève une tour. Un homme monté sur le toit de l'abbaye touche d'une main la plate-forme de la tour, et de l'autre un coq fiché sur une flèche. Une main qui sort des nues semble bénir l'édifice. La bière ouvre le cortège ; elle est couverte d'une draperie à bandes parsemées d'ornements et de croix. Huit hommes la soutiennent, quatre en avant, quatre autres en arrière ; ils la portent sur leurs épaules au moyen de longs bâtons, comme il est d'usage dans nos campagnes. Aux deux côtés de la bière paraissent deux enfants, une sonnette à chaque main ; un groupe de personnes qui semblent fondre en larmes ferme le convoi (*Hic portatur corpus Edwardi regis ad ecclesiam sancti Petri apostosli*; le corps du roi Edward est transporté à l'église de l'apôtre saint Pierre).

A peine le corps d'Édouard reposait-il à Westminster, que Harold se fit proclamer roi. Le manteau sur l'épaule, appuyé sur sa hache d'armes, il a devant lui deux grands vassaux en manteau, dont l'un lui présente d'une main une couronne (*Hic dederunt Haroldo coronam regis*; ici ils donnèrent à Harold la couronne du roi). Plus loin, Harold siége sur le trône, une couronne à trois fleurons sur la tête ; de la main droite il tient un sceptre, et de la gauche un globe, surmonté d'une croix (*Hic residet Haroldus rex Anglorum*; ici est sur son trône Harold, roi des Anglais). A sa gauche, un prélat étend les mains ; au-dessus de sa tête se lit : *Stigant archiepiscopus*, l'archevêque Stigant.

Les grands vassaux reconnaissent Harold ; à gauche, deux hommes en manteau, dont l'un a l'épée nue et haute, représentent la noblesse ; à droite, un groupe de vassaux en simple tunique, tendant les mains et courbant la tête, figure la population saxonne.

Mais l'heure des vengeances arrivait. Un sanglant pronostic éclaira les cieux, une comète parut dans le mois d'avril de cette même année 1066. Dans une salle contiguë à la salle du trône, des gens la regardent (*Isti mirant stellam*; ceux-ci admirent une étoile).

« L'année de devant que le duc Guillaume conquist l'Angleterre, il apparut au ciel une estoile qui avoit trois longues queues qui s'enclinoient vers le Midy, et fust lors déclairié par les clercs que telles estoiles se montroient quand ung royaume devoit avoir nouvel roy, et dirent selon la science que elle étoit nommée commète. »

Harold est sur son trône, s'appuyant sur sa lance; un messager s'approche et lui parle à l'oreille. Que disent-ils ? L'inscription se borne à nommer Harold, la bordure semble peindre l'idée qui les occupe, c'est la mer couverte d'une multitude de petits vaisseaux.

Les Normands n'avaient pas été tous expulsés des emplois qu'ils occupaient dans l'île; c'est un message de leur part qui vient annoncer à Guillaume la mort d'Edward et l'élection du fils de Godwin. — Une barque a pris terre; un matelot marche sur la grève et jette l'ancre; d'autres plient les voiles. (*Hic navis anglica venit in terram Willelmi ducis*; ici un navire anglais aborde la terre du duc Guillaume.)

Aussitôt Guillaume ordonne de construire des navires. Les ordres s'exécutent; deux hommes abattent des arbres à coups de hache, un troisième les ébranche, un quatrième les équarrit, d'autres travaillent à construire les bâtiments mêmes, ou, dans l'eau jusqu'à mi-jambe, tirent avec des câbles des bâtiments sans mâture. On y transporte les provisions de guerre et de bouche : ceux-ci portent des habillements de fer, des haches, des casques, des épées, des massues, des lances, des sacs et des barils; ceux-là traînent un chariot chargé de tonneaux, et dont la partie supérieure est surmontée d'un ratelier de lances et de casques. (*Isti portant arma ad naves, et hi trahunt currum cum vino et armis*; ceux-ci transportent les armes aux vaisseaux, et ceux-là traînent un chariot chargé de vin et d'armures.)

Le rendez-vous fixé pour l'embarquement est à l'embouchure de la Dive, petite rivière qui se jette dans l'Océan, entre l'Orne et la Seine. Guillaume est à cheval, son manteau rejeté sur l'épaule gauche; de la main droite il porte une lance à laquelle est attaché un gonfanon; derrière lui chemine un groupe de cavaliers en habillements de guerre.

On est parti, les vaisseaux voguent à toutes voiles, les uns contenant des soldats, les autres des cavaliers et leurs chevaux; au milieu d'eux est le vaisseau du duc avec sa bannière surmontée de la croix, et remplacée la nuit par un fanal. (*Hic Willelmus dux in magno navigio mare transivit et venit ad Pevensæ;* ici le duc avec sa grande flotte traverse la mer et débarque à Pevensey.)

Un des bâtiments sans voiles, dont on abat les mâts, est sur la grève, un homme à terre tient par la bride deux chevaux qui en sortent; beaucoup de navires, côte à côte et sans agrès, sont déchargés. (*Hic exeunt caballi de navibus;* ici les chevaux sortent des vaisseaux.)

Quand Guillaume eut mis pied à terre, et que, nouveau César, il se fut écrié : Terre, je te tiens. « Un de ses chevaliers alla à la couverture de feurre d'une maison, en prinst une poignée qu'il tendist au duc en disant : « Sire, je vous baille la saisine de ce royaume, et vous promets que ançois qu'il soit ung an je vous en verray seigneur ou je serai mort. »

Quatre cavaliers, habillés de fer, le bouclier au bras, la lance ornée de pennons, galopent à toutes jambes. (*Hic milites festinaverunt Hastinga ut cibum raperent;* ici des soldats gagnent à grande hâte Hastings pour enlever des vivres); Hastings, petite ville à peine éloignée de trois lieues de Pevensey.

Des hommes à pied reviennent avec le butin qu'ils ont pris; l'un traîne un cochon, l'autre un mouton; celui-ci lève sa hache pour achever un bœuf déjà frappé d'une flèche à la cuisse, celui-là semble porter des hardes ou de la toile. Au-dessus d'eux on aperçoit des cabanes. Sont-ce les habitations que l'on vient de piller, seraient-ce les huttes d'un camp? Plus loin, au milieu des bouchers et des cuisiniers, un cavalier revêtu d'une cotte de mailles, portant au bras gauche un long bouclier, et un javelot de la main droite, ayant la chaussure à bandelettes, semble donner des ordres et surveiller. Devant lui un homme éperonné tient un cheval par la bride et une hache d'armes; c'est Wardard (*Hic est Wardard*). Sa condition a donné lieu à bien des commentaires; nous pensons que ce pourrait être le sénéchal de Normandie.

Deux bâtons fourchus, traversés horizontalement par un autre, soutiennent une chaudière sur le feu, deux hommes s'occupent à la placer. (*Hic coquitur caro ;* ici se cuisent les viandes.) D'autres présentent le rôt à des officiers qui, debout, arrangent les mets sur la table : l'un d'entre eux fait l'essai des vins dans une corne. (*Hic ministraverunt ministri ;* ici les officiers arrangent le service.) La table du duc est chargée de poisson, de gâteaux et de petites burettes; elle se dessert par devant : un officier à genoux présente une écuelle couverte. Odon, évêque de Bayeux, élève deux doigts sur une coupe qu'il tient ; à sa droite est le duc ; lui seul à cette table porte le manteau. (*Hic fecerunt prandium et hic episcopus cibum et potum benedixit ;* ici ils firent le repas, et l'évêque bénit le boire et le manger.)

Le repas fini, Guillaume tient conseil. Trois personnages composent ce conseil. Il est à croire qu'un plus grand nombre de seigneurs y assistait, mais ces trois personnages étant les plus importants, ont servi à formuler la pensée de l'ouvrière. Au milieu, cet homme en manteau retroussé, l'épée à la main, la pointe relevée en signe de commandement, c'est Guillaume (*Willelm*); celui à droite, sans manteau ni épée, c'est Odon, son frère utérin, évêque de Bayeux (*Odo episc.*); celui à gauche, sans manteau, l'épée sur les genoux, c'est Robert, comte de Mortain, son autre frère utérin (*Rotbert*). Le résultat de ce conseil fut qu'on se fortifierait dans le lieu où l'on était débarqué. Le comte Robert devait surveiller les travaux. (*Iste jussit ut foderetur castellum at Hestenga castra ;* il ordonna de creuser les fossés d'un château-fort au camp d'Hastings.) Le comte, une bannière à la main, donne des ordres aux ouvriers. Les terrassiers sont armés de pics, de pelles ; un d'eux semble enfoncer une bêche. (*Hic nuntiatum est Willelm de Haroldo ;* Guillaume reçoit des nouvelles d'Harold.) Pour n'être pas surpris, le conquérant fait incendier les chaumières qui environnent les retranchements. (*Hic domus incenditur ;* les maisons sont incendiées). Une femme s'enfuit son enfant à la main. Un homme d'armes amène au duc son cheval de bataille.

(*Hic milites exierunt de Hestenga et venerunt ad prælium contra Haroldum regem ;* l'armée sort d'Hastings et marche contre le roi Harold.)

Guillaume est à cheval à la tête de ses troupes, une massue à la main, son frère Robert le suit armé de même, derrière vient la cavalerie armée de lances.

Un cavalier arrive au galop, envoyé sans doute pour reconnaître l'armée d'Harold; il montre de la main que le Saxon n'est pas éloigné. (*Hic Willelmus dux interrogat Vital si vidisset exercitum Haroldi ;* le duc demande à Vital s'il a vu l'armée d'Harold.)

De son côté Harold a fait reconnaître l'approche des Normands, un homme d'armes lui parle. (*Iste nuntiat Haroldum regem de exercitu Willelmi ducis :* celui-ci rapporte au roi Harold ce qu'il vient d'apprendre de l'armée de Guillaume.)

(*Hic Willelmus alloquitur suis militibus, ut præparent se viriliter et sapienter ad prælium contra Anglorum exercitum ;* Guillaume recommande à ses soldats de se tenir prêts à se battre en gens de cœur contre les Anglais.)

La bataille s'engage ; les Normands s'avancent.

Les cavaliers fondent la lance en arrêt ; les archers bandent leurs arcs; les flèches, les javelots obscurcissent l'air ; les hommes sont foulés aux pieds ; le champ de bataille est jonché de morts et de mourants.

Harold a pris position sur une éminence où la cavalerie ennemie ne peut l'attaquer ; les soldats anglais font des prodiges de valeur.

Les Normands perdant beaucoup de monde, Guillaume use de stratagème ; son armée se débande et tourne le dos; les Anglais s'ébranlent, descendent la colline, et entrent dans la plaine à la poursuite de l'ennemi ; mais il fait volte-face, resserre ses rangs : l'avantage du terrain a disparu ; la victoire restera au plus brave, le carnage est horrible (*Hic ceciderunt Lewine et Gurd, fratres Haroldi regis :* ici tombèrent Lewine et Gurd, frères du roi Harold), et cependant la fortune s'acharne contre Guillaume. Un fossé, couvert de hautes herbes, lui enlève un grand nombre de ses hommes d'armes, les Anglais y sont aussi entraînés, (*Hic ceciderunt simul Angli et Franci in prælio*; là tombèrent en même temps beaucoup d'Anglais et de Français.) Cet échec fait perdre courage aux Normands. L'évêque de Bayeux, Odon, armé de toutes pièces, à cheval, un bâton à la main, les excite au combat; il arrête un cavalier qui veut prendre la fuite. (*Hic Odo episc., baculum tenens, confortat pueros.*)

Mais Guillaume voit le danger; il accourt pour ranimer ses soldats (*Hic Willelmus dux*; c'est Guillaume), il est déjà blessé; trois chevaux ont été tués sous lui; Eustache, comte de Boulogne, frappé d'un coup de lance, tombe à ses pieds; il fond sur les Anglais; la mêlée devient effrayante; les Anglais sont culbutés. (*Hic Franci pugnant et ceciderunt qui erant cum Haroldo*; ici les Français combattent et font mordre la poussière à ceux qui étaient avec Harold.) Mais « celui qui, dans toutes les batailles, s'était montré le plus brave soldat « de son armée, » ne pouvait résister à la fatalité.

Le voilà à bas de son cheval, étendu sur la terre (*Hic Harold interfectus est*; Harold meurt.) Un chevalier lui coupe le jarret; Guillaume en fut si indigné qu'il dégrada celui qui avait osé commettre une telle action. Après la mort d'Harold ses soldats ne résistent plus : *et fuga verterunt Angli*.

Ici la tapisserie ne laisse plus rien distinguer; les traits sont effacés, les inscriptions totalement détruites. On croit voir la poursuite des Français et le massacre des Saxons.

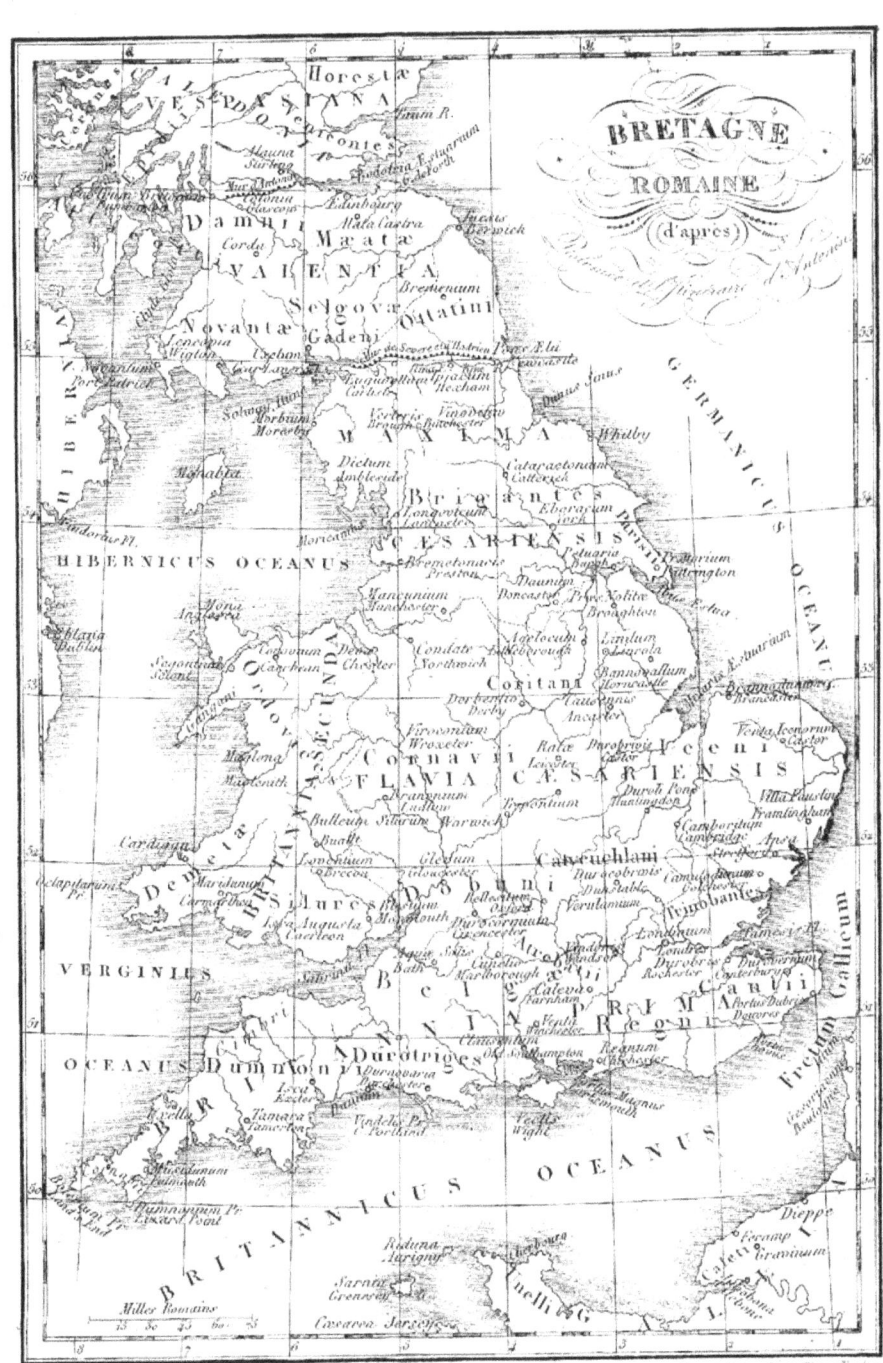

TAPISSERIE DE BAYEUX.

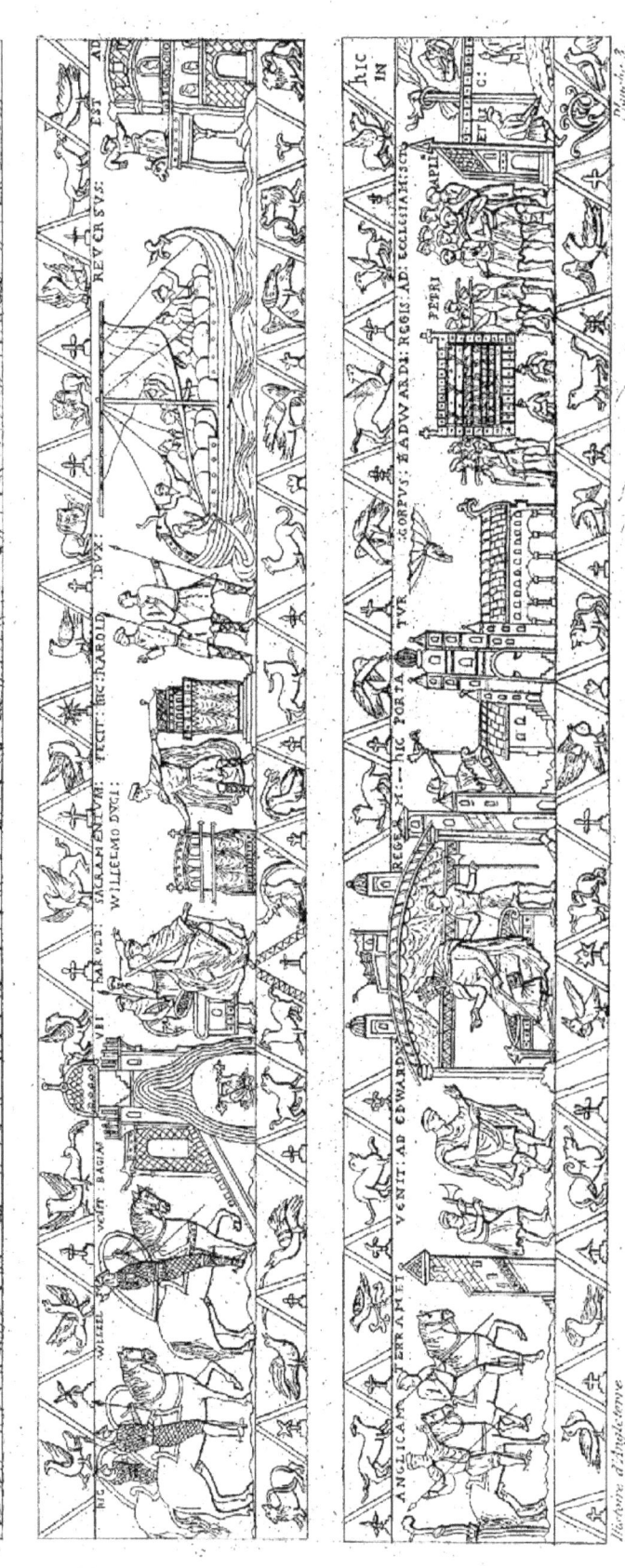

TAPISSERIE DE BAYEUX.

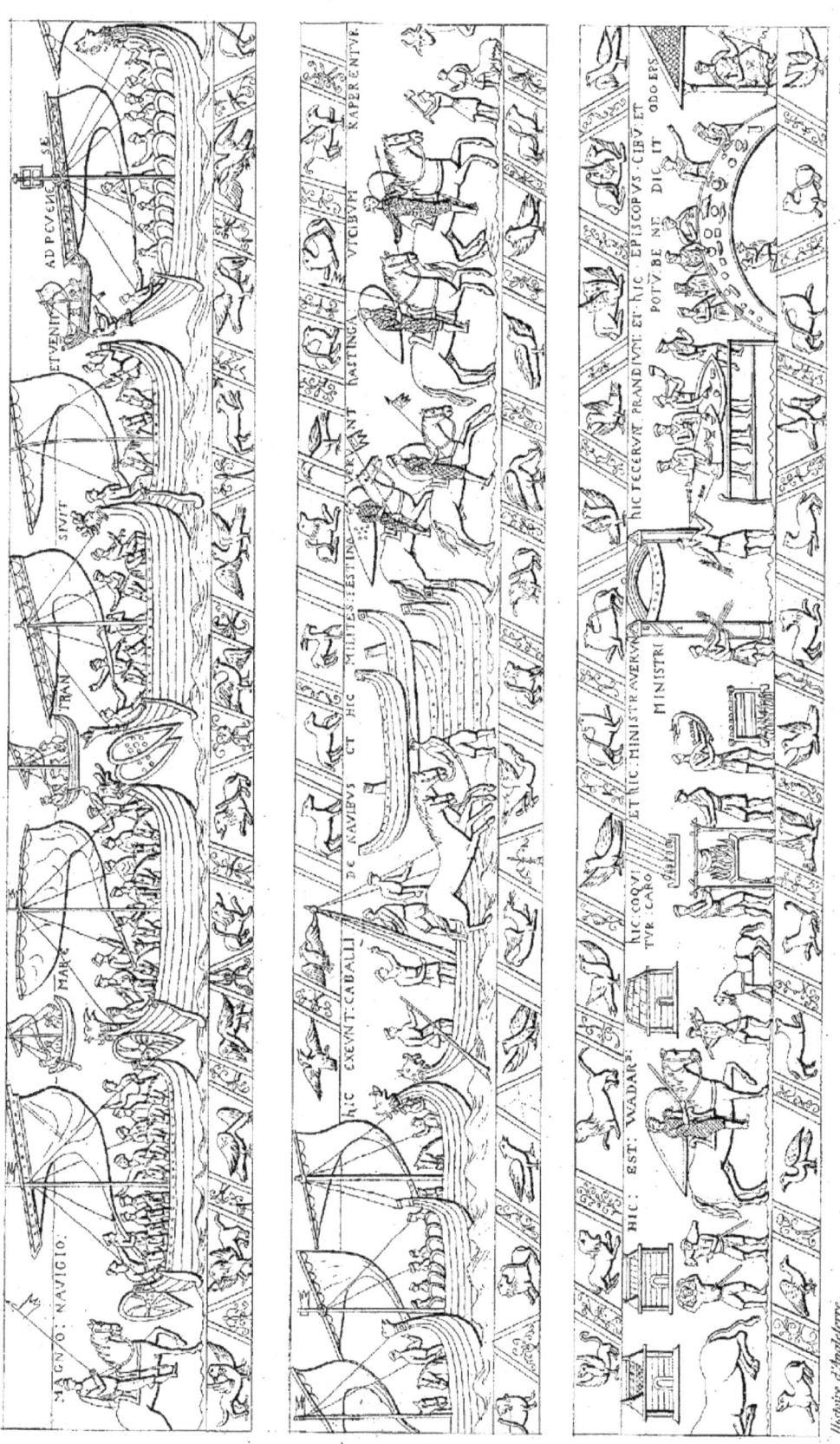

TAPISSERIE DE BAYEUX.

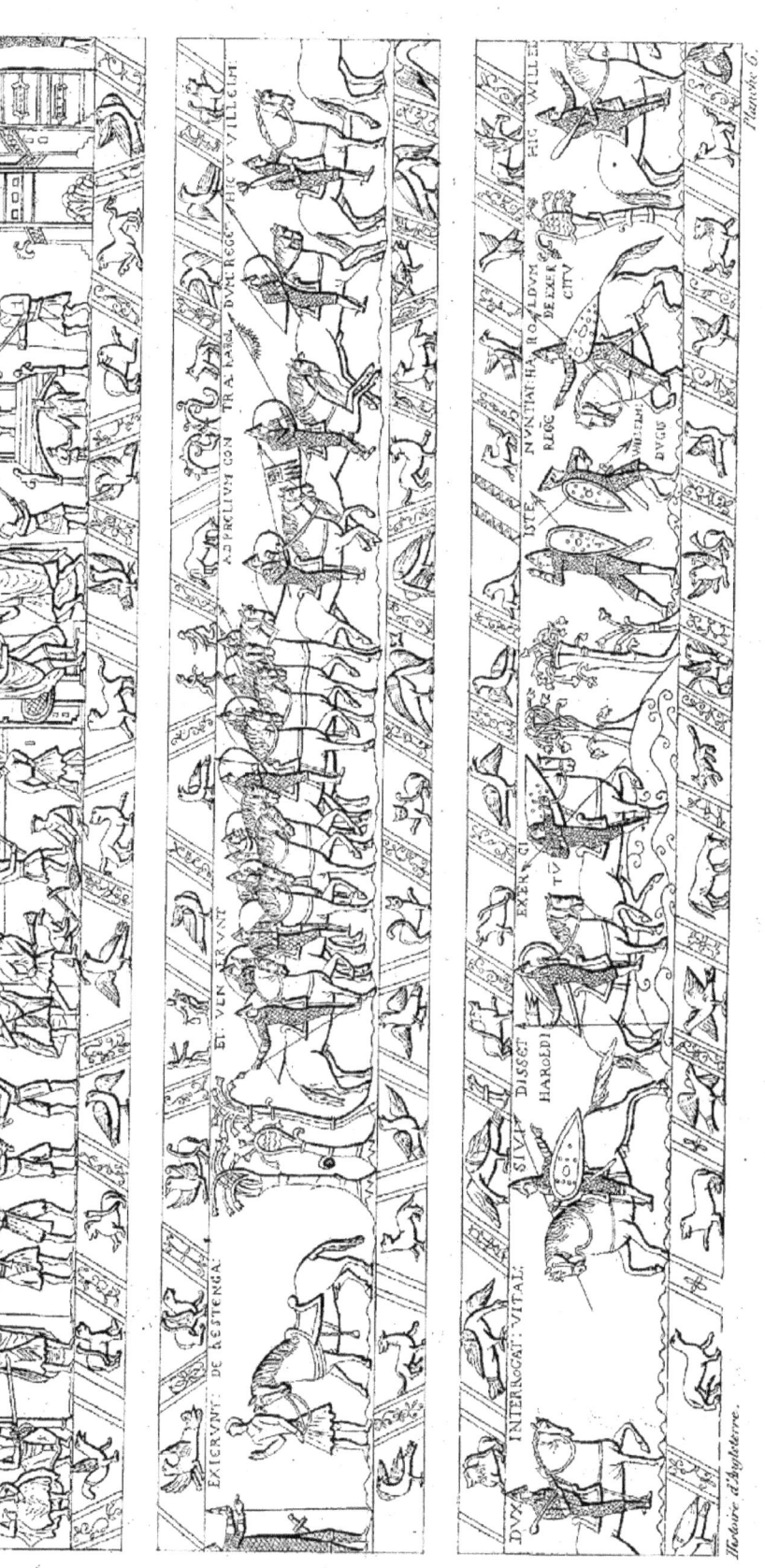

TAPISSERIE DE BAYEUX.

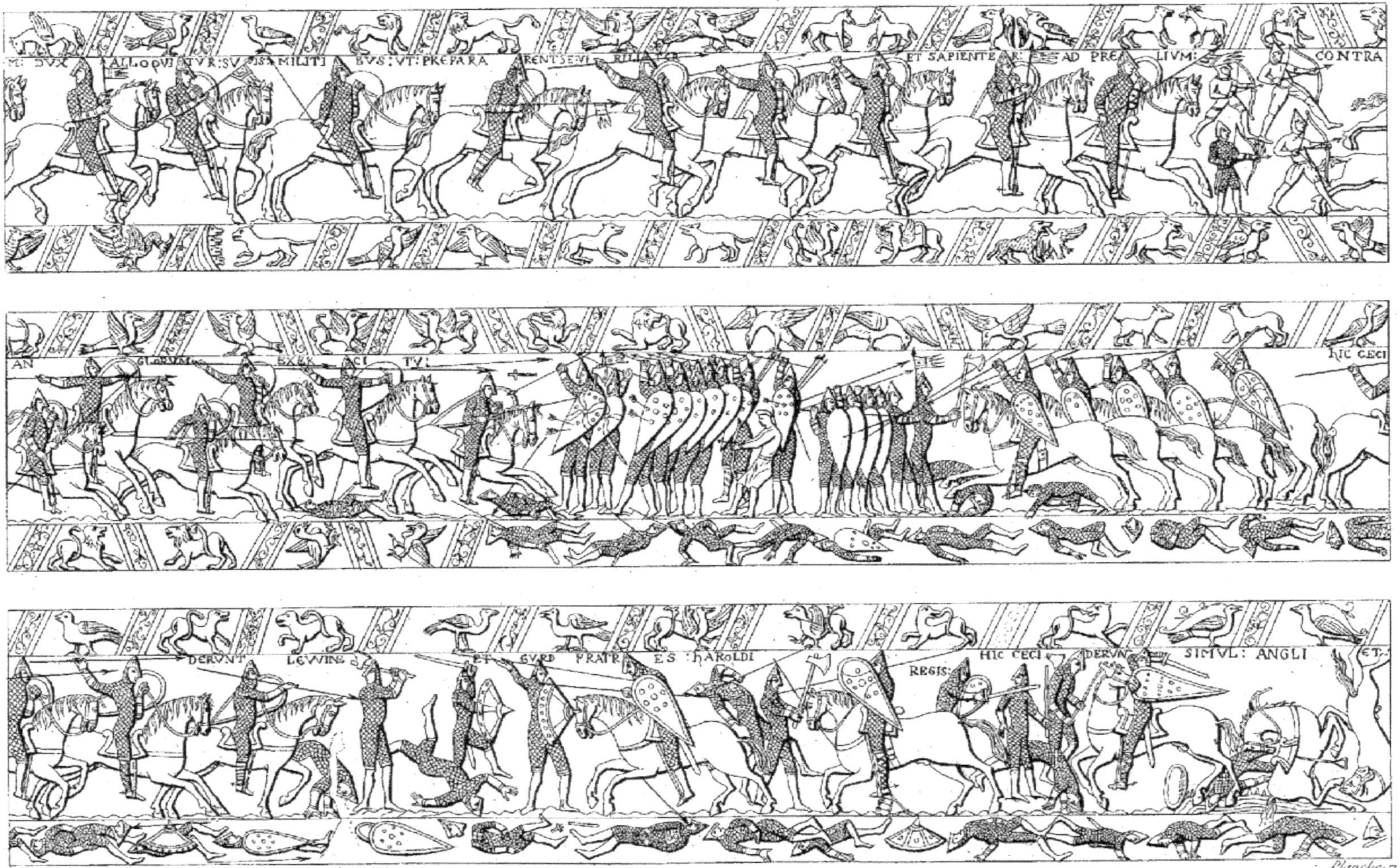

Planche 7.

Histoire d'Angleterre.

TAPISSERIE DE BAYEUX.

Planche 8.

Histoire d'Angleterre

CLASSEMENT

DES GRAVURES SÉPARÉES, TABLEAUX, CARTES GÉOGRAPHIQUES.

(Le relieur devra avoir soin de mettre les gravures en regard de la page indiquée.)

Le camp du Drap d'or. — Entrevue d'Henri VIII et de François 1ᵉʳ (1520), entre le titre et le faux-titre.

	Pages.
Tableau statistique des colonies de l'empire britannique.	3
Monnaies frappées en Angleterre par les empereurs romains.	13

Ces monnaies sont à l'effigie : 1° D'Allectus; 2° de Carausius; 3° de Tibère; 4° d'Antonin.

Les efféminés.	139
Restes de l'abbaye de Jedburgh.	202
Château de Corfe.	228
Costumes militaires du temps de Henri III.	283
Effigie de Philippa, femme d'Édouard III.	363
Cathédrale de Durham.	413
Cathédrale de Lincoln.	414
Cathédrale de Péterborough.	415
Cathédrale de Lichfield.	418
Le duc d'Orléans à la tour de Londres . . . . . *au règne de Henri V* [1].	450

Cette gravure, reproduction d'une miniature d'un MS. du xvᵉ siècle, conservé au Musée britannique, est doublement intéressante en ce que d'abord elle représente la ville et la Tour de Londres telles qu'elles étaient au xvᵉ siècle, et en second lieu, nous montre le duc d'Orléans dans les différentes phases de la longue captivité qu'il subit après avoir été fait prisonnier après la bataille d'Azincourt (1415-1440). On le voit en bateau, et près de passer sous la voûte de la *Porte des Traîtres*; dans sa prison, gardé par des soldats et écrivant ses poésies; à la fenêtre, au moment où on lui annonce sa délivrance; dans la cour, embrassant l'envoyé du roi de France; à cheval et prêt à sortir par la porte du fond.

---

[1]. Par suite d'une erreur typographique, la feuille 28, qui devait être paginée de 433 à 448, l'a été de 449 à 464, pagination semblable à celle de la feuille 29. Grâce au millésime courant, et à l'indication du règne qui se trouve en haut de chaque page, cette erreur n'a pas d'inconvénient réel. Le relieur devra seulement faire attention à placer la gravure qui représente le duc d'Orléans à la Tour de Londres, à la page 459, *règne de Henri V* et non à la page 459, règne de Henri VI.

794 CLASSEMENT DES GRAVURES.

	pages.
Cathédrale d'York.	519
Église Saint-Nicolas à Newcastle.	520
Tombeau et chapelle de Henri VII à Westminster.	521
Henri VIII.	522
Embarquement de Henri VIII à Douvres	528
Chapelle de Windsor.	584
Élisabeth.	623
Ruines d'Agra.	737

Au commencement ou à la fin du volume, ad libitum.

La carte générale des îles britanniques.
    —   de la Bretagne romaine.
    —   de la Bretagne anglo-saxonne.
    —   des possessions anglaises en France.

A la fin du volume.

Les huit planches de la Tapisserie de Bayeux.

TABLE DES MATIÈRES

DU TOME PREMIER.

		pages.
	Aperçu géographique.	1
	La Bretagne avant les Romains.	4
	Depuis la première invasion de Jules César jusqu'à la retraite des légions impériales (de l'an 55 avant J.-C. à l'an 420 de l'ère vulgaire).	10
420-584.	Depuis la retraite des légions romaines jusqu'à la fondation du dernier royaume saxon	15
584-827.	Heptarchie anglo-saxonne.	20
	Conversion des Saxons au christianisme.	22

DE LA FIN DE L'HEPTARCHIE A LA CONQUÊTE DANOISE (827-1017).

827-836.	Egbert.	29
836-858.	Ethelwulf.	30
858-866.	Ethelbald, roi de Wessex. — Ethelbert.	31
866-871.	Ethelred Ier.	32
871-901.	Alfred.	34
901-925.	Edward l'Ancien	39
925-940.	Athelstan.	40
940-946.	Edmond.	43
946-955.	Edred.	ib.
955-959.	Edwy.	45
959-975.	Edgard	46
975-978.	Edward le Martyr.	48
978-1016.	Ethelred II.	49
1016-1017.	Edmond Côte-de-Fer.	52

DEPUIS L'AVÉNEMENT DE KNUT LE DANOIS JUSQU'AU RÉTABLISSEMENT DES ROIS ANGLO-SAXONS (1017-1042).

1017-1035.	Knut le Danois.	54
1035-1040.	Harold Pied de Lièvre.	67
1040-1042.	Harde-Knut.	62

DEPUIS LE RÉTABLISSEMENT DES ROIS ANGLO-SAXONS JUSQU'A LA BATAILLE DE HASTINGS (1042-1066).

1042-1066.	Edward-le-Confesseur.	65
1066.	Harold.	76
	Gouvernement, mœurs et coutumes des Anglo-Saxons.	89

TABLE DES MATIÈRES.

DYNASTIE NORMANDE.

	Pages.
1066-1087. Guillaume Ier dit le Conquérant.	101
1087-1100. Guillaume II.	130
1100-1135. Henri Ier, Beau-Clerc.	138
1135-1154. Étienne.	150

Maison de Plantagenet.

1154-1189. Henri II.	160
1189-1199. Richard Ier Cœur-de-Lion.	206
1199-1216. Jean-sans-Terre.	225
1216-1272. Henri III.	260
1272-1307. Édouard Ier.	298
1307-1327. Édouard II.	325
1327-1377. Édouard III.	344
1377-1399. Richard II.	381

Branche de Lancastre (Rose rouge).

1399-1413. Henri IV.	427
1413-1422. Henri V.	454
1422-1461. Henri VI.	465

Branche d'York (Rose blanche).

1461-1483. Édouard IV.	474
1483. Édouard V.	490
1483-1485. Richard III.	498

Maison de Tudor.

1485-1509. Henri VII.	505
1509-1547. Henri VIII.	522
1547-1553. Édouard VI.	583
1553-1558. Marie.	601
1558-1603. Élisabeth.	623

Maison de Stuart.

1603-1625. Jacques Ier.	748
Notice sur la tapisserie de Bayeux.	785
Classement des gravures séparées, tableaux, cartes géographiques.	793

www.ingramcontent.com/pod-product-compliance
Lightning Source LLC
Chambersburg PA
CBHW070858300426
44113CB00008B/885